本论文集是教育部教师工作司委托课题“中小学数学教师信息化教学能力显著提升的研究与实践”的部分研究成果

数学教育数字化创新研究

——中小学数学教师信息技术应用能力显著提升项目论文集

（上册）

主　编　方海光　焦宝聪

副主编　董黎明　刘秀丰　唐剑岚　刘雍潜

首都师范大学出版社
CAPITAL NORMAL UNIVERSITY PRESS

图书在版编目（CIP）数据

数学教育数字化创新研究：中小学数学教师信息技术应用能力显著提升项目论文集. 上册 / 方海光, 焦宝聪主编；董黎明等副主编. — 北京：首都师范大学出版社, 2022.12

ISBN 978-7-5656-7035-0

Ⅰ. ①数… Ⅱ. ①方… ②焦… ③董… Ⅲ. ①数学课—计算机辅助教学—教学研究—中小学—文集 Ⅳ. ①G633.602-53

中国版本图书馆CIP数据核字（2022）第098120号

SHUXUE JIAOYU SHUZIHUA CHUANGXIN YANJIU

数学教育数字化创新研究

——中小学数学教师信息技术应用能力显著提升项目论文集（上册）

方海光　焦宝聪　主编

董黎明　刘秀丰　唐剑岚　刘雍潜　副主编

责任编辑　王　晶

首都师范大学出版社出版发行

地　址　北京西三环北路105号

邮　编　100048

电　话　68418523（总编室）　68982468（发行部）

网　址　http: //cnupn. cnu. edu. cn

印　刷　中煤（北京）印务有限公司

经　销　全国新华书店

版　次　2022年12月第1版

印　次　2022年12月第1次印刷

开　本　710mm × 1000mm　1 / 16

印　张　64.75

字　数　1124千

定　价　130.00元（全二册）

编　委　会

指导专家委员会

李信巧	玉林师范学院
李兴贵	成都师范学院
刘卫军	新疆师范大学
陕昌群	成都市教育科学研究院
罗理想	西安市教科院科研部
孙元勋	海口市教育研究培训院
陈万忠	雅安市教育科学研究所
王彦鹏	沈阳市皇姑区政府教育督导室
杜　斌	北京市东城区智慧教育研究中心
张　硕	北京市东城区智慧教育研究中心
吴颖惠	北京市海淀区教育科学研究院
马　涛	北京市海淀区教育科学研究院
石群雄	北京教育学院丰台分院
李俊杰	北京教育学院丰台分院
张大光	北京教育学院石景山分院
张　莉	沈阳市皇姑区教育研究中心
孟　锦	沈阳市皇姑区教育局
鲁　涛	成都市青白江区教育局
赖虎强	成都市邛崃市教研培训中心
孟伯谨	济南市槐荫区教育教学研究中心
汪时冲	北京市通州区教育发展研究所
李文录	雅安市石棉县教育科学研究所
王鹏远	北京大学附属中学
刘　刚	沈阳市第一二〇中学
张玉华	成都市武侯区教育科学发展研究院
马绍萍	成都市青白江区教育局研培中心
张永胜	成都市邛崃市教研培训中心
李艳霞	沈阳市第四十三中学
张留杰	北京市陈经伦中学
何　其	北京市第 101 中学

陆 兴 华	成都市棕北中学
尧　　刚	成都景中教育软件有限公司
杨 承 云	景中动态数学研究院
霍　　亮	狸米研究院
韩　　凯	智科人工智能技术研发（辽宁）有限公司
左 传 波	广州市皓骏教育科技有限公司

前　言

教育信息化是社会信息化的重要组成部分，是构建现代化教育体系、形成学习型社会的内在要求。而教师教育的信息化发展，则是推动教育信息化发展的关键，也是实现教育信息化的重要前提。信息化社会中，教育的思想观念、教学模式、教学方法、教学内容等都发生了重大变革，信息化社会对教师的知识体系、能力结构、职业素养等都提出了新要求。

“中小学数学教师信息化教学能力显著提升的研究与实践”是教育部教师工作司委托的专项课题，课题以数学教师专业发展为目标，数学教育技术深度应用为抓手，精准帮扶教师提升教学实践能力，旨在通过技术赋能缩小城乡数学教师信息技术应用能力差距，促进教育均衡发展。自 2020 年 8 月启动子课题研究任务征集以来，总课题组通过了 41 个实验区和 183 所实验校的研究方案立项，并历时近两年的扎实研究和实践探索，不仅切切实实地提高了中小学教师的信息化教学能力，而且取得了一系列研究成果。我们希望将这份来自教学第一线的实践与经验传递出去，让更多的教育工作者受益，为此，经总课题组研究决定编辑出版《数学教育数字化创新研究——中小学数学教师信息技术应用能力显著提升项目论文集》。教育部数学教育技术应用与创新研究中心主任方海光教授向基地学校发出撰写论文的通知之后，得到了中小学教师们的大力支持。另外，为保证论文质量，在撰写前期，我们邀请了董黎明教授在线授课，从论文选题、内容撰写、格式要求等方面进行了体系性的讲解培训；在撰写中期及后期，我们的研究生团队也全程“手把手”指导论文写作，并逐篇进行讲解与修改。

在张景中院士、黄荣怀教授、蔡春院长等专家的支持下，在焦宝聪教授、刘雍潜研究员、唐剑岚教授、董黎明教授、刘秀丰老师等课题组成员的指导下，在参加的各实验区 / 校的密切配合下，我们从收到的论文中精选 168 篇高质量的优秀论文，并按类别不同划分为“数学教育信息化理论与教学能力提升路径”“核心素养与数学信息化教学实践研究”“‘互联网+’AR融合数学教学思路探索”“‘互联网+’数学实验课程设计与深度学习”“智慧课堂环境下数学精准教学方法分析”五大模块。由于时间仓促，难免有误，不妥之处恳请读者批评指正。

最后，我们要向教育部数学教育技术应用与创新研究中心、北京市教育大数据协同创新研究基地、首都师范大学教育学院、成都景中教育软件有限公司、首都师范大学出版社等单位的相关同人以及积极参与投稿的作者老师们，表示衷心的感谢。正是大家创新务实的实践研究、长期不懈的努力付出以及齐心协力的团结合作，才有今天本书的出版面世。

编　者

2022年4月

目　录

模块一　数学教育信息化理论与教学能力提升路径

模块二 核心素养与数学信息化教学实践研究

模块三 互联网 + AR 融合数学教学思路探索

模块四　互联网＋数学实验课程设计与深度学习

模块五　智慧课堂环境下数学精准教学方法分析

模块一
数学教育信息化理论与
教学能力提升路径

机制创新添活力　深耕细琢新突破

——区域整体提升数学教师信息化教学能力的探索

成都市青白江区教育研究培训中心　马绍萍

【摘　要】随着“一带一路”倡议的实施，“陆海联运枢纽·国际化青白江”为区域经济发展带来了新的机遇，对教育发展提出了新的挑战，对教师专业能力提出了新的诉求。“没有信息化就没有现代化”，信息技术对教育发展产生革命性的影响。面对区域教师信息技术应用水平差异大、学科教学效能差距明显的现状，如何从薄弱学科切入，整体提升教师信息化教学能力，以此促进薄弱学科教学质量提升？本文从区域实际出发，以数学学科为突破口，以城区、乡镇和农村山区的十八所中小学的数学教师为研究对象，以网络画板资源建设为基础，以创新应用为核心，探索总结了创新协同联动机制，构建了教学资源库，创新了教学模式等，在数学教师信息化教学能力提升方面实现了新突破。

【关键词】信息化教学；机制；数学

新时代教育需要以先进的教育理念和现代教育技术为支撑，新时代教师必须具备专业素养和信息素养。教育信息化催生数学教育的质变，支撑数学教育高质量发展，从教育思想的变革到管理机制的创新，从教育行为的转变到课堂生态的重构，从教学模式的搭建到教学评价的重建，以实现学生的全面发展。《义务教育数学课程标准（2011 年版）》指出：“信息技术要改变学生的学习方式，使学生乐意并有更多的精力投入到现实的、探索性的数学活动中去”。从问卷调查了解数学教师需求，全区有 86.90% 和 76.19% 的教师对电子白板和微课应用比较熟悉，有 92.86% 的教师对网络画板不够熟悉，他们要求聘请专家持续给予培训指导。网络画板的简单、快捷、易学、易用、高效的特点，得到教师一致认可。通过创新机制、学习培训、搭建资源、创新应用、激励评价，培育数学教师信息化思维，提升数学教师应用信息技术对数学教学过程和教学资源设计、开发、实施、管理和评价的能力，推动区域内教育信息化应用水平。

一、建立协同联动机制，打通关节，激活师生内生动力

（一）建立“1+4+X”协同管理机制，凝聚工作合力

为了整体提升区域内中小学数学教师信息技术应用能力，结合本区实际我们建立了“1+4+X”协同管理机制，“1”是指由教育局一把手亲自负责；“4”是指教育局人事科、教研室、电教馆、督导室四部门协同管理，人事科在教师评优选先、评定职称中向参与信息技术应用能力提升研究的教师倾斜，教研室负责数学学科专业指导，电教馆负责信息技术帮助，督导室负责学校目标考核，将此项工作作为年末学校目标考核加分项目；“X”是指参与区域内整体提升教师信息技术应用能力的各学校。这样打通环节、疏通经络，为建设和应用提供了政策、财务、人事、技术、专业、评估等支持和保障，改变了过去“唱独角戏”的状况。

（二）建立层级联动研究机制，助推高效运行

为了保证工作有效进行，区域建立了由决策层、指导层、实施层和推广层组成的层级联动学习共同体（图 1），分工明确、任务落实、协调谐动，既符合本地实际，又关注教师需求；既有体制保障，又有文化培育。“学习共同体内的资源是流动的、交互的，学习共同体是一个连续的、便利的、友好的支持系统”。既能充分调动师生的积极性，又能保证工作落地落细见实效。

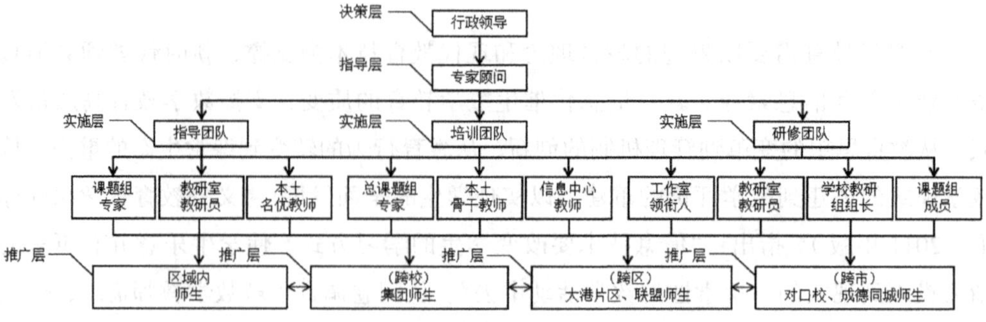

图 1　学习共同体

（三）搭建多维立体培训机制，持续支持学习

为了提高数学教师网络画板应用水平，我们坚持“问题驱动、应用驱动”和“多

级培训、活动牵引”相结合，发现问题，解决问题，边学边做，边做边改。坚持多维立体培训机制，将外聘专家与本土骨干培训结合、区级培训与联组培训结合、集团内培训与学校内培训结合、微型培训与对点帮扶结合，充分发挥本土信息技术“领头羊”的作用。重点开展一课一师点对点的指导帮助，同伴手把手的精准帮扶，问题随时化解，能力步步提高。多维立体培训，重心下沉、精准高效，改变了“外在植入”的弊端，从倾听教师声音开始，尊重教师自身需要，唤醒教师自我发展的内生动力。

同时，结合区域学校学生需求，开展师生同训、同行共进活动，教师的行动激发了高年级学生的学习愿望。区域内网络画板应用好的实验小学、华严小学等学校，利用延时服务课和第二课堂培训学生，大弯中学、青白江中学等利用中午延时课和晚自习培训学生，到2021年底，会用网络画板的学生有1000多人。青白江中学的高博文同学制作的“太阳系”课件（图2），多次在全国研讨会上交流。既发展了学生的动手能力，又发展了学生的思维品质，还提升了学生的信息素养，促进教师和学生共同成长。

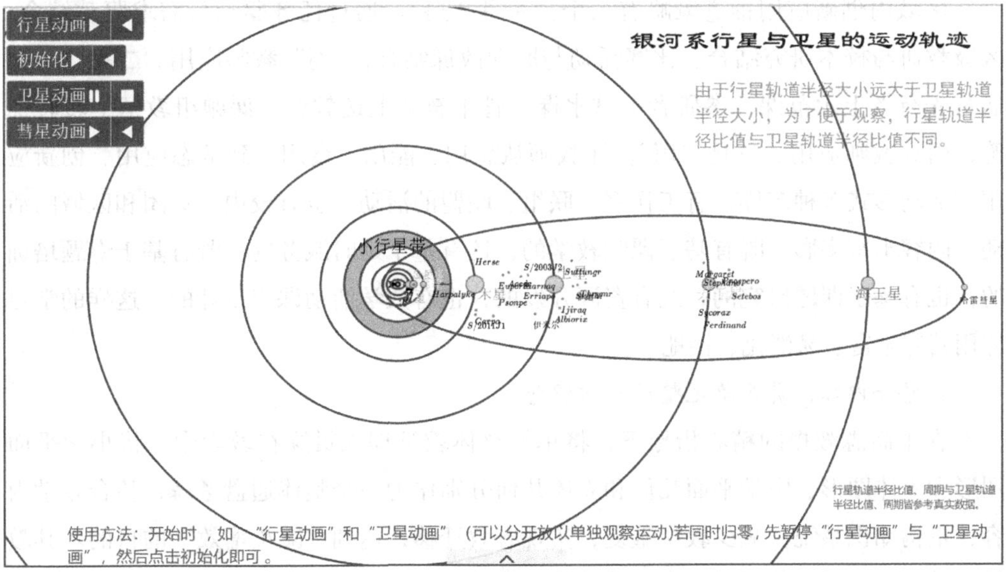

图2　学生作品“太阳系”

二、搭建多元研修平台，深耕细琢，推动区域全新突破

（一）群建共享，形成本土资源体系

采用“五步走”的办法有效建立区域网络画板资源体系：一是组织教研员、参研教师对《义务教育数学课程标准（2011 年版）》和十二个年级的数学教材进行研读，构建资源框架；二是梳理出小学、初中和高中数学教材的知识点，反复进行分析对比，确定哪些知识点适合应用网络画板课件，哪些知识点更适合应用其他技术工具；三是筛选出适合应用网络画板课件的知识点；四是落实了制作资源素材任务，每个参研学校按照不同学段、年级分配了任务；五是用于实践，修改完善，建立资源包。一年多来，建立网络画板资源总数 13847 个，素材原创 10547 个，再创 2679 个。制作网络画板培训微视频 98 个，网络画板教学微课 326 个，形成了一套读本绘本教学设计。既为教师的教学和培训提供了足够的资源保障，又为学生的个性化学习和培训提供了有力的支持。

（二）深耕细琢，推动教学创新应用

区域内创新应用推进策略有三个：一是“逼”。通过任务驱动与需求驱动结合、区级教研与校本研究结合、比赛活动与磨课改课结合，“逼”教师应用。二是“引”。通过先行者上示范课、参研者上试水课、骨干教师上送教课、课题组教师上转转课等，引导教师应用。三是“用”。让教师从想用、能用、会用，到常态应用、创新应用。活动形式多种多样，有工作室、联组、联盟的活动，也有校内、集团和区域的活动。内容丰富多彩，既有基于课堂教学的，还有基于延时服务的；既有基于专题培训的，也有基于课题研究的；既有资源开发的，也有数学活动课程设计的。这样的学习应用营养丰富、易消化、接地气。

1. 整合内容，贯穿单元整体教学理念

在王尚志教授的精心指导下，将单元整体教学理念贯穿在教学中，将小学平面图形和立体图形、中学平面几何和立体几何分别作为一个整体通盘考虑，整合教学内容，重构知识系统，减少教学重复，实现有效迁移，达到“减负增效”的目的。其教学设计框架包括“单元学习内容的功能和价值、单元学习内容的前后联系、单元教学目标、单元教学设计原则、单元教学课时划分、单元教学技术应用思路、单元教学评价标准、单元教学课时设计”。比如：六年级上册“圆”这个单元，学生已有平面图形知识基础和活动经验，但对于怎样把曲线图形转化为直线图形学生却是第一次接

触。因此，教学重点放在学生利用已有研究图形的经验解决新问题，在多种探索活动中，经历由具体到抽象、曲线图形转化成直线图形的探究过程，积累活动经验，体会“化曲为直”“极限”的数学思想。于是把教材内容重新组合，教学时间由原来的12课时缩短为9课时，其中新课教学4课时，拓展练习2课时，整理复习2课时，综合实践1课时。虽然时间缩短了，但是效果更好了。

2. 同课异构，构建数学动态教学模式

数学具有高度的抽象性、逻辑的严密性和广泛的应用性，如何让难学的数学变得容易、变得简单、变得美好？张景中院士说过：“熟悉了就容易了，简单了就容易了，想通了就容易了，直观了就容易了。”为了探究动态教学的策略和方法，区域内开展同课异构、异课同构活动，由执教者讲设计意图，听课者不断追问，在交互碰撞中使问题层层深入。在集体研讨中，总结了“网络画板＋白板”“网络画板＋微课”“网络画板＋视频”等应用技术的策略和方法，构建了动态教学模式（图3）。

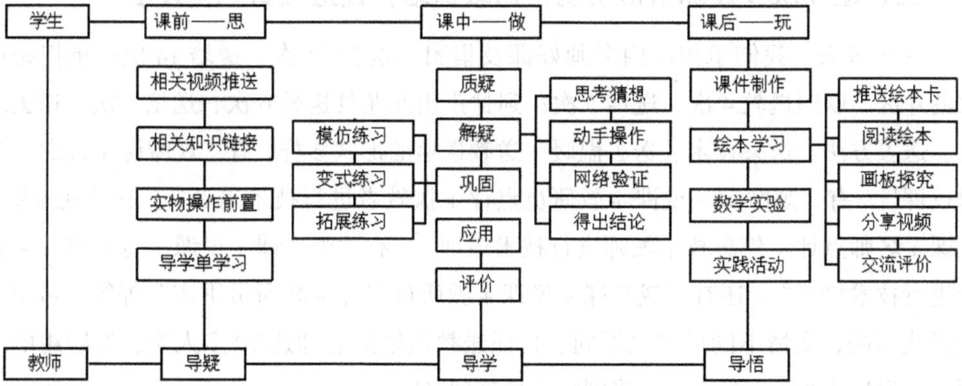

图3　数学动态教学模式

动态教学以学生为主体，教师创设一个课前、课中、课后的学习场，“尚简数学开放实验室”、“好玩数学e实验室”、“动态数学开放实验室”及实验绘本等，为学生提供了“做数学”的机会，搭建了“做数学”的舞台，拉长了学生“做数学”的动态时空，让知识的形成过程及时“暴露”，抽象的问题直观“可视”，学生的深度思考不断“诱发”，教师的巧妙点拨有机“跟进”，学习成果不断生成，学生在玩中学、在玩中思、在玩中悟，课堂“活”了，学生“动”了，教育生态“变”了。

3. 研课改课，建构“三好”课堂教学评价标准

认真对待每一次观摩研讨活动，反复研课、磨课、改课，研读教材，优化素材，

寻找数学教学与“网络画板+”的深度融合点。通过研、磨、改，完善教学设计，优化网络画板资源，改善课堂形态，使课堂主体性更强、生长性更好、思维含量更高。观摩研讨的流程是这样的：第一，课题组确定主题；第二，由教师代表围绕主题选课，教研团队研课、磨课、改课；第三，教师代表在研讨活动中执教研讨课；第四，执教者谈设计意图及网络画板使用解决的问题；第五，观课议课后教研员引领并提出改进建议；第六，活动总结。据不完全统计，一年多来，参研教师承担国家、省、市公开课、研究课180节，承担区、集团、联盟、大港片区公开课、研究课98节。在实践研究中，不断尝试、不断改进、不断完善，将“网络画板+”技术与数学教学深度融合，促进了学生“好学”“好好学”“学好”，形成了“网络画板+”的“三好”教学评价标准，达到了“学”“教”“评”一体，实现了生命教育、智力教育与灵魂教育的协调统一。

三、建立城乡校际帮带机制，送教送培，促进教育均衡发展

一年多来，我们承担区内名师好课及集团内送教41次、送培14次；承担跨区大港片区、联盟送教4次、送培5次；到甘孜州九龙县送教6次、送培5次。送去理念、送去方法、送去技术、送去温暖。送教送培的形式多样，有“观摩课+说课+观课议课”，有“观摩课+说课+教研员点评+执教者进行技术培训”，有“观摩课+说课+名师点评+信息技术教师进行技术培训”，有“观摩课+说课+专家点评+骨干进行技术培训”，还有“观摩课+说课+教研员点评+教研员讲座”等等，需求不同形式不同，实情不同形式也不同。担任送教送培的老师达70多人次，课题组的老师多次到甘孜九龙送教送培，将网络画板带到藏区。

四、总结与展望

信息技术的应用促进学生的发展，促进教师的发展，促进学校的发展。2021年10月华中师范大学硕士研究生唐浩松调查的结果显示，在新授课使用“网络画板+”信息技术的老师占92.10%，在复习课使用的占49.57%，在习题课使用的占53.91%，在数学实验课使用的占49.57%。网络画板应用激发学生学习兴趣，使教与学方式发生了改变。从成绩对比统计知道，全区成绩提高的班级数占57.0%，成绩下降的班级数仅占4.7%，其中，农村学校学生的平均分、及格率、优生率提高的幅度比城镇学校提高的幅度明显。其经验先后在光明社《教育家》杂志主办的“卓越教师的成长之路”

线上圆桌论坛第 53 期、中国高等数学教育学会 2021 年数学教育分论坛、甘孜州九龙县和成都市交流。

信息技术是新时代教育发展的新支点，是区域教育质量提升的助推器，是新时代教师的必修课。坚持从群建资源走向资源共享，从应用常态走向应用生态，从教师用走向学生用，从学生课前学到课中课后学，从学数学到做数学，实现课程、课堂、教学评价的转型升级，以重构学习促教育质的飞跃。

参考文献

[1] 中华人民共和国教育部．义务教育数学课程标准（2011 年版）[M]．北京：北京师范大学出版社，2012.

[2] 张运卉，张丽．学习共同体：教师培训模式的理论与实践 [J]．中小学教师培训，2007（7）：15−16.

[3] 张景中．教育数学：把数学变容易 [J]．科技导报，2013，31（17）：3.

[4] 周国平．人身上有三样东西是最宝贵的 [N]．新华日报，2019−03−22（14）.

[5] 王成娟．国际可持续发展教育：教育和学习的变革与创新 [J]．上海教育，2018（32）：28−29.

作者简介

马绍萍：成都市青白江区教育研究培训中心教师，中小学高级教师，四川省特级教师。

微课在小学数学教学中的应用策略

陕西师范大学锦园小学　尹　苗

【摘　要】落实“双减”政策是当前义务教育阶段学校的主要任务，微课教学作为一种新的教学模式，以其时间短、内容精、操作易、效果强等特点，有效地促进了课堂教学质量的提升，更好地满足了学习者个性化、自主化、碎片化的学习要求，使得学生能更高效积极地参与到数学学习中，培养和发展了学生们的思维品质，减轻了课业负担，受到了师生们和家长的一致好评。但在实际应用中，却因教师切入时机和方法不当，使用效果不尽如人意。本文结合微课在小学数学教学中的实践应用经验，简要分析微课教学在课前预习、课中学习、课后练习、复习拓展、单元整理等方面的应用策略和技巧。

【关键词】微课；小学；数学；应用策略

随着网络信息技术的迅猛发展，教育领域迎来了新的挑战，《教育信息化 2.0 行动计划》和《中国教育现代化 2035》等纲领性文件，要求全面推进教育现代化，使得微课等新型教学模式不断深入课堂。微课的主要特点是“短小精悍”，符合儿童心理特点和认知基础，能促进学生自主化和个性化学习，丰富课堂教学模式。但在实际应用中，我们发现，很多微课的使用效果不尽如人意。只有恰当地用好微课，将“微课”科学合理地应用于课前预习、课中学习、课后练习、复习拓展、单元整理等不同的时段，才能真正实现优化课堂教学。具体说来，微课的应用可从以下几个方面具体实施：

一、应用微课课前铺垫，引发学生探究新知

新课标指出，数学教学应激发学生兴趣，调动学生学习的积极性和主动性，引发学生产生数学思考，鼓励学生的创造性思维，要求构建自主、开放、探究的学习方

式。教师要运用科学的教学方法，营造出自主探究、合作交流的课堂氛围，才能达到有效的学习效果。将微课应用于课前，做好学习铺垫，可以让学生在愉悦的氛围中开始数学学习。

（一）创设生动生活情境，体会乐趣丰富认知

兴趣是最好的老师。小学生处于形象思维的阶段，对形象直观、生动具体的事物才会有较丰富的感知。在教学过程中，微课将教材中的数学问题变得生活化、具体化，真实生动的生活情境，使学生身临其境，有利于激发学生学习热情，使其理解更加深入。绘声绘色的微课展示，也使得课本知识变得更加鲜活，使学生感受到学习过程就是探究生活、发展思维的过程，从而更加热爱数学学习。

在教学北师大版数学二年级上册“买文具”这节课时，认识人民币是教学中的一个重要环节。而随着现代社会的发展，人民币已远离了人们的生活。借助微课视频，将人民币购物的现实情境重现，使学生体会到人民币与日常生活的密切联系。借助视频讲解，学生认识了解各种面额的人民币，并了解文化内涵，树立民族自信。而将人民币元、角、分各单位之间换算关系，借助视频进行动态的演示，化繁为简，使得教学过程简洁明了，学习过程入情入境，学生学习的兴趣被激发。

（二）结合旧知做好复习，唤醒记忆做好铺垫

在课前预习阶段，学生初学新知识，会对数学知识点存在疑问，此时的微课，要为学生答疑解惑，为学习新知、掌握基本的数学知识和方法扫除障碍。例如，“折纸”是北师大版数学五年级下册的第一节课，主要是学习异分母分数相加减的算理和方法，要用到同分母分数相加减的相关知识。而学生对于之前的知识可能会有所遗忘，对此教师制作了“同分母分数相加减”微课视频课前分享。通过复习题的训练和讲解，唤醒学生旧知识记忆，为异分母分数加减法学习做好铺垫。

（三）借助微课课前预习，发挥学习主观能动性

数学学习要注重思维能力的培养，除了通过教师引导组织教学活动，也要培养学生自主学习的能力。在学习人教版数学四年级下册“三角形的高”时，学生通过课前自学以及观看微课视频《三角形底和高的认识及画法》，掌握了画锐角三角形的三条高、直角三角形的两条高和钝角三角形的一条高，这些是本节课的基础知识和基本技能。但对于教学难点，钝角三角形另外两条高的画法，学生还是不太理解，甚至可能出错。因此，当有学生在课堂上提出这个问题后，教师可以引导学生在微课学习的基础上，继续小组合作开展研究。在学生自己尝试解决、交流后，再通过板书演示的方法印证大家的想法。课堂教学方法多样，重点突出，难点着重突破，整个教学过程体现了“提出问题—理解新知—大胆猜想—自主探究—积极验证”的过程，微课视频与课堂教学有机地结合在一起，课堂效果显著提升。

二、应用微课课中剖析，突出重点化解难点

微课在教学过程中使用，更加突出重点核心部分的讲解。微课的使用可以让课堂中的重点内容通过视频、声音的方式集中呈现，使得课堂重点突出，繁杂内容精简化，抽象的问题形象直观化，使学生便于理解和掌握，提高课堂效率，减轻学生的学习负担，也使得课堂的把控更加轻松。

北师大版数学五年级上册“尝试与猜想”这节课属于综合应用课，要借助“鸡兔同笼”问题情境引导学生通过列表，并经历尝试和不断调整，熟练掌握列表法的解决策略。面对解决“鸡兔同笼”问题的方法多样性，学生更倾向利用假设法、画图法来解决问题。为了突破惯性思维，教师渗透尝试与猜测的数学思想方法，让学生领悟列表法的策略。教师适时引入微课，介绍《孙子算经》中的数学名题“鸡兔同笼”，以此引导学生感受我国数学历史的源远流长以及古人的聪明才智。再引导学生采集题目中的信息，以“猜测法”感受“不断尝试、逐渐逼近”的数学思想方法。在视频中，通过淘气和笑笑的思考方法，揭示逐一列表法的方法，系统总结了鸡兔的只数与腿的条数变化的规律。学生看视频专注度高、学习兴趣浓、学习效果显著，整节课以学生为核心，教师成为学生学习的支持者、引导者、合作者、交流者，凸显了微课的教学优势。

三、利用微课巩固练习，多次回看发展思维

课后使用微课，可以使得学生的数学学习向纵深处迈进。课后使用的微课，必须要有一定的深化、升华，使学习的知识更加系统化、更加深刻、更有应用性，让学生的数学思维的灵活性和创新性等得以培养。

（一）微课使学习方式更加灵活多样

通常每节数学课是四十分钟，在有限的时间内，作为教师，得注意把握课时进度，即便是精心备课、用心上课，教学进度也只能以大多数同学为基准。对于教学重难点，个别学生在听的过程中，并不能完全领会，而教师却没有办法顾及这些基础薄弱的极少数同学，导致这些同学掉队。微课让教师们解除了这个烦恼，通过课堂上的

反馈进行知识点整理，将重点、难点、易错点制作成小视频，分享给学生。微课就像是教师的助教一样，对那些基础薄弱的学生不厌其烦地多次讲解，由学生自主来掌控进度的快慢，让学习与思维发展同步。学生利用自己的课余时间反复观看视频进行学习，克服了时间和空间的限制，让学习随时随处发生。

对于教师而言，教学中的重点、难点问题通过个人或集体的研究制成微课，经过教研组反复研磨，成为公共教学资源，为教师转变教学方式提供了动力，促进了教师的专业发展，提高了教学能力。微课也促进了学生自主学习，为学生课后巩固和提高提供第一手资料，减少了教师课后辅导学生的工作量，提高了教学效率。

（二）学生讲题录制微课，培养自信提高能力

在教学实践中，越来越多的教师们组织学生开展讲题大赛，鼓励同学们录制微课视频，自主讲解练习题目，发到班级群内共享。实践证明，通过微课录制活动，同学们的创造力被无限激发，他们积极思考、大胆表达，解题方法更加多样化。还有的同学借助家里的学具，不失时机地进行现场演示，镜头面前自信满满，语言表达流畅自如，同学之间共鸣更多、交流更深，使得数学理解更加深刻。

四、单元微课提纲挈领，综合应用提升能力

单元微课是微课的一种创新形式，要求结合教材单元教学内容录制微课，此类微课以整理复习和综合提升为目的。

我和工作室成员着手录制单元微课，经过前期的充分研讨，我们研修共同体将单元微课结构设计为七大板块：学习目标、温故知新、指点迷津、智慧闯关、聚沙成塔、披荆斩棘、学而时习。分别从以下七个方面进行设计：

1. 明确本单元数学知识的要点和学习目标。

2. 将本单元知识点以思维导图形式呈现，建立起知识间的相互联系。

3. 结合内容设计典型例题，唤醒对单元旧知的回忆。

4. 结合生活情境精心设计练习题目，发展思维能力和应用能力。

5. 对解决问题的方法进行简要小结。

6. 进行拓展练习，促进思维提升。

7. 布置课后作业，巩固所学内容。

教师结合单元复习内容，灵活选用微课设计环节，使得微课制作脉络清晰，简单实用，所录制的单元微课受到学科专家的一致好评，也成为微课新形式探索的大胆

尝试。

五、系列微课构成体系，自主学习灵活深入

系列微课是指在某一专题框架下设计的，由多个相互关联核心知识点的微课组成的相对独立完整的知识系统。对于概念相对复杂的数学知识点，可以以教材里的每一节为设计单位，每一节的内容相对完整，节与节之间的内容相对独立，从而体现概念的不同属性。例如，六年级下册圆柱的知识点就可以设计为七节微课：圆柱的认识、圆柱的侧面积、圆柱的表面积、圆柱的表面积在生活中的应用、圆柱的体积、圆柱的体积在生活中的应用、圆柱典型例题讲解。通过这七节微课，学生对于圆柱的知识点的理解更加深入，应用数学解决生活问题的能力不断增强。

六、总结与展望

掌握正确策略，合理运用微课，可以激发学生的兴趣，也使得小学数学课堂教学的效率和质量大幅度提升。微课教学在教学运用中虽然具有一定的优势，但是它也只是我们数学教学的一种方式，数学课堂教学模式的探索依然任重而道远，需要我们继续不断探索、研究和实践。

参考文献

［1］于芳．微课使用的误区和对策［J］．小学数学教师，2016（10）：74–75.

［2］中华人民共和国教育部．义务教育数学课程标准（2011 年版）［M］．北京：北京师范大学出版社，2012.

［3］李文德．情境微课开发［M］．北京：电子工业出版社，2019.

［4］胡小勇．设计好微课［M］．北京：机械工业出版社，2017.

［5］李宏贞．提高微课可用性的三种特征内容设计［J］．中小学信息技术教育，2021（12）：40–42.

作者简介

尹苗：陕西师范大学锦园小学校长、数学教师，中小学高级教师，陕西省学科带头人，西安市“名师 +”研修共同体主持人。

提升小学数学教师信息化教学能力的实践研究

——基于“课例研究”的视角

桂林市秀峰区教育局教学研究室 桂 华 阳 燊

【摘　要】信息化时代背景下，提高教师信息化教学能力已经成为教师队伍建设的主要方向。本文基于“课例研究”的视角，阐述了运用“三磨”主题式教研模式，帮助小学数学教师在教学中，合理运用皓骏动态数学技术转变教师教的方式和学生学的方式，以提高教学效率和提升教学质量，探索出一条区域整体“提升小学数学教师信息化教学能力”之路。

【关键词】课例研究；信息化教学能力；小学数学教师

一、引言

习近平总书记强调“没有信息化就没有现代化”。2019 年 3 月国家教育部印发的《关于实施全国中小学教师信息技术应用能力提升工程 2.0 的意见》中指出，信息技术应用能力是新时代高素质教师的核心素养，要提升中小学教师队伍信息素养，全面促进信息技术与教育教学融合创新发展。推动融合的主体是教师，教师的主阵地是课堂。新课改以来，课例研究作为一种改进课堂教学质量、提高教师专业发展水平的重要载体，一直备受瞩目。课例研究是一种以典型教学内容为载体、以教学实践情境为场域、以实践共同体为单位、以专业引领为支撑、以同伴互助为主要形式、以优化课堂教学质量和提高教师专业能力为核心目的的螺旋上升式的教学研究活动。课例研究的概念源于日本，在中国内地课例研究最初是由上海教育科学院顾冷沅教授引介并作为一种教师培训形式加以推广。本研究立足课堂，以“课例”为载体，聚焦小学数学教学“问题”，开展融理论学习、信息技术运用、教学实践和教师培训为一体的研究活动，逐步探索出基于课例研究的“三磨”主题式教研模式，合作形成有质量的教学经验，提升教师的信息技术应用能力，提高城区小学数学教学有效性。

二、“三磨”主题式教研模式的实践

本研究在查阅梳理课例研究相关文献的基础上，聚焦一线小学数学教师的教学困难点，以“课例”为载体，通过对案例的跟踪、观察、文本分析及数据整理，逐步摸索出“三磨”主题式教研模式（图1）。

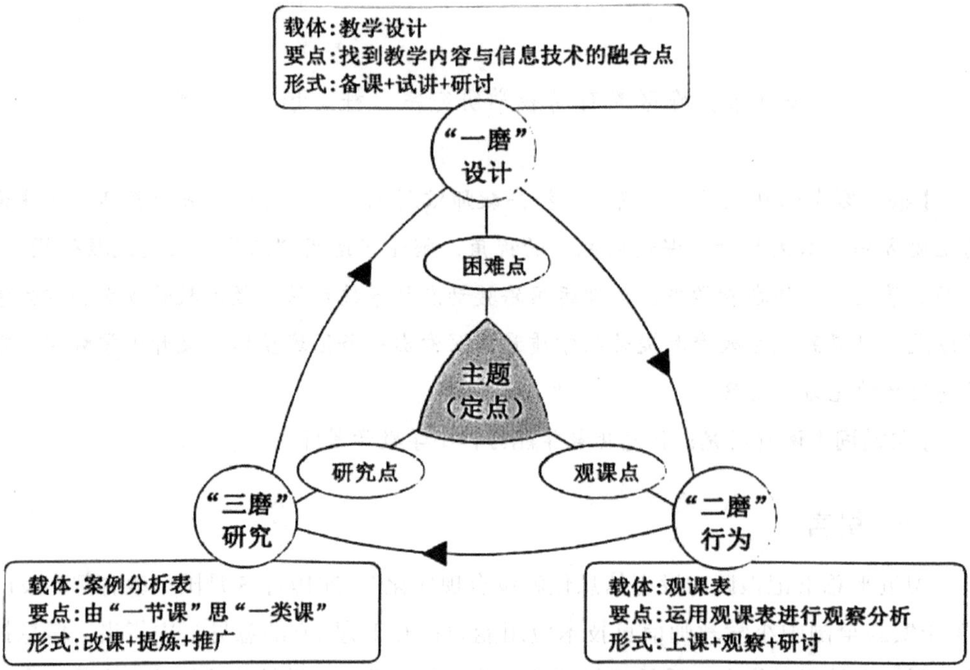

图1　秀峰区“三磨”主题式教研模型

下面以课例“分数的基本性质”为研究载体，“利用皓骏（Hawgent）动态数学技术突破教学重难点”为研究主题，以“三磨”教研活动为例，进行详细阐述。

（一）调查访谈，科学确定研究主题

通过对一线教师的调查访谈，发现教师使用频率较高的是PPT、希沃等常用教学软件，但数学知识的形成往往需要动态呈现，才更利于学生理解和掌握。皓骏动态数学技术作为一种数学型信息技术具有多元数学表征的功能与作用，它能让数学图形在变化过程中保持数学关系不变，这正是数学教学、数学学习和数学研究的过程所需要的。还发现年轻教师在“准确把握教材，突破教学重难点”方面较薄弱，如何把“有效地突破教学重点”与“信息技术”相融合，成为亟待解决的问题。

鉴于以上考量，将教研活动的主题定为“利用皓骏动态数学技术突破教学重难点”，旨在促使教师自主研读思考教材，学习和研究皓骏软件，达到教学技能提升与信息技术能力提高的“双赢”目的。

（二）“一磨”，定设计，是促进教师精准把握教材、突破难点的重要手段

以研究小组为单位，教师自主研读教材、学习皓骏软件，选取一个课例作为载体，进行自主备课。教师首先选择了“什么是周长”作为课例，经过试讲、研讨，发现常用教学软件都能达到效果，皓骏动态数学技术的优势并不凸显，不能紧扣教研主题。于是重新选题，以“分数的基本性质”为例展开新的研究，常规教学是通过让学生动手折（纸）、涂、比，体会分数的基本性质，但是根据 2011 年美国得克萨斯州圣马克中学的折纸实验结论，理论上一张 A4 纸最多能折叠 13 次。要让学生由直观感知到抽象出“分数的基本性质”的数学本质，只通过实际动手折纸，学生的感知是不充分的。皓骏技术能把抽象的分数与直观的图动态结合，更便于学生理解分数的基本性质，再通过观察、猜想、验证，就能帮助学生理解变化的对象中不变的数学性质。

在选课、备课、试讲、确定教学设计的阶段中，教师经历了学习、实践、反思、再学习、再实践的过程，教师们根据教学内容准确判断资源的适用性这项微能力得到了提升。通过与同伴合作互动，发现设计中的优点供自己借鉴，发现不足以反思自己的教学行为，也达到与团队共同进步的目的（表 1）。

表 1　信息技术与教学融合课例教学设计模板

教学内容			
教学目标			
教学重难点			
教学环节	教学过程	运用何种信息技术手段	设计意图 （阐述如何将信息技术与教学融合）

（三）“二磨”，磨行为，是提升教师信息化应用能力的主要手段

“二磨”为课堂实践，观课教师运用“观课表”，从教学难点的突破性、皓骏技术的直观化等方面进行教学观察分析。通过“分数的基本性质”课例的第一次试教，肯定了“一磨”所进行的调整，教师利用皓骏课件将任意分数的图形进行逐一呈现，充分体现了数形结合思想；在让学生由直观感知到抽象出“分数的基本性质”的数学本质时，从实际操作（动手折）到借助皓骏（操作软件）的设计，解决了“纸张在实际折叠8—9次之后，就无法通过‘折’直观得出结论”“学生动手折纸，更多只能呈现分母为偶数的分数，分数变化时也是成偶数倍进行变化”的局限性。用皓骏课件提供了无限量“值”相同的分数，引导学生运用不完全归纳法推理出分数的基本性质，弥补了教材仅“从几个（但不是全部）特殊情况推断出一般性结论”的不足（图2和图3）。

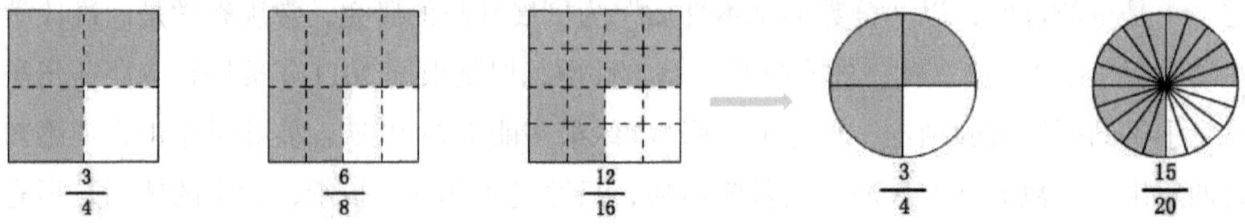

图2　多元的研究素材

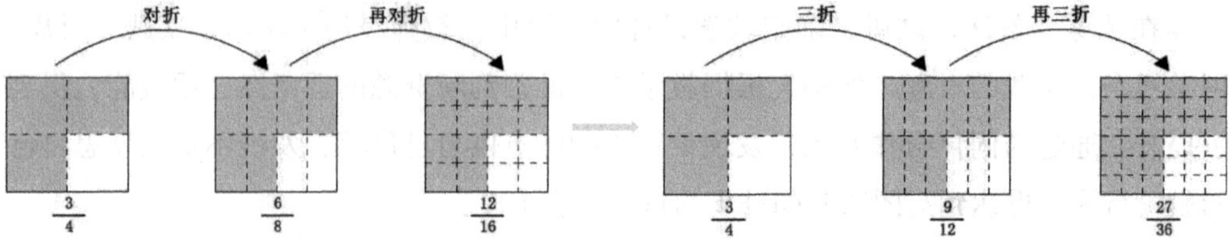

图3　打破学生折纸（对折）常态，呈现更丰富的学习素材

皓骏动态数学技术的介入，能把抽象的分数与直观的图动态结合，在文本框中输入不同的分数，对应的图示也随之发生相应的改变。学生通过操作，充分感受到只有“同时乘或除以一个（非0）数”才能保证分数大小相等，而“同时加或减一个数”是不能保证分数大小相等的，在此过程中学生对“分数的基本性质”的认识得到了加深（图4）。

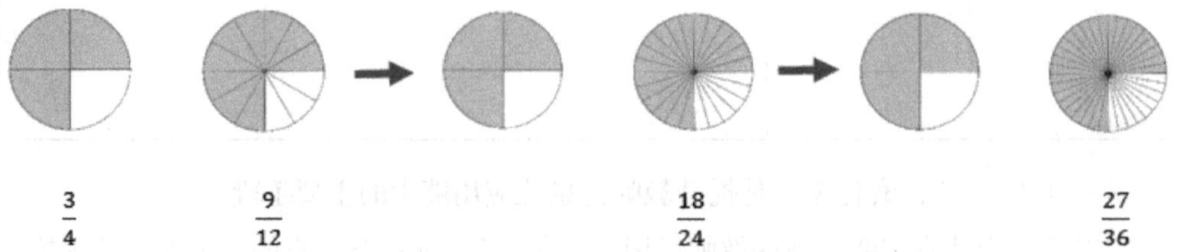

图4　运用皓骏动态数学技术理解分数的基本性质

《义务教育数学课程标准（2011 年版）》重视“让学生在动手操作中，经历知识形成的全过程”。在观课中发现，只有部分学生获得操作的机会，呈现出的素材也很有限，不能保证让每个学生都自主操作，去经历“分数的基本性质”产生的过程。如何解决这个问题，经过研讨，我们决定改变学生的学习方式，在实验室（计算机室）环境下进行自主操作，充分获得数学活动经验（表 2）。

表 2　信息技术与教学融合课例观课表

观课者		所在学校	
教学内容	五年级上册“分数的基本性质”	执教者	
观课引导	观察：皓骏动态数学技术何时介入教学？ 思考：皓骏动态数学技术为教学服务的优势体现在哪里？		
教学重难点	皓骏动态数学技术使用	分析 （作用、是否不可替代、还可用于哪些数学内容中）	

（四）“三磨”，重研究，是提升教师反思、归纳、提炼能力的重要手段

改课，针对“二磨”暴露出来的问题，执教者重构再上，观课者依旧利用观课表，再次进行课堂观察、记录、分析。“三磨”重在提炼与应用，提炼出好的做法，应用在其他教学实践中。课后通过对比“三磨”的变化，从“教学效果”角度进行研讨，提炼出皓骏动态数学技术在突破教学重难点上较好的做法——“以数形结合促数学模型的建立”“皓骏动态数学技术的介入，在运用不完全归纳推理展开‘归纳—猜想—证明’教学的效果要优于传统教学”。由“一节课”思“一类课”，从教材中梳理出“乘法运算律”“加法运算律”“减法性质”“除法性质”“小数基本性质”“商不变的规律”“比的基本性质”“分数和除法的关系”等教学内容，与分数的基本性质一样，都是从一定数量的特例进行观察分析，应用不完全归纳推理出相关命题的结论，再进行验证。皓骏动态数学技术的“数形结合”和“动态变化”这两个融合点及介入方式也同样适用于这些教学内容，可以选择新的课例作为载体，仍聚焦在“利用皓骏动态数学技术突破教学重难点”，展开新一轮的教研活动（表 3）。

表 3　案例分析表

<table>
<tr><td>观课者</td><td colspan="2"></td><td>所在学校</td><td></td></tr>
<tr><td>教学内容</td><td colspan="2">五年级上册“分数的基本性质”</td><td>执教者</td><td></td></tr>
<tr><td rowspan="4">教学重难点
的突破</td><td>“三磨”</td><td>皓骏动态数学
技术的使用</td><td colspan="2">分析
（信息技术的辅助作用、介入时机、突破教学重难点的效果）</td></tr>
<tr><td>“一磨”
教学设计</td><td></td><td colspan="2"></td></tr>
<tr><td>“二磨”
课堂教学</td><td></td><td colspan="2"></td></tr>
<tr><td>“三磨”
课堂重建</td><td></td><td colspan="2"></td></tr>
<tr><td>提炼做法
拓展思考</td><td colspan="4">1. 梳理此课例中，在“突破教学重难点”上的好的做法。
2. 这些做法还能在哪些课例中推广使用？</td></tr>
</table>

三、教师能力的“三提升”

通过课例“三磨”，既提高教师思考的深度，又促进教师能力“三提升”。

“一提升”，是教学设计能力提升。教师们能根据教学内容的目标和重难点，结合已有知识和教学经验，利用现代化信息技术突破教学重难点，在选用信息化教育资源时，已经能够很好地根据教学主题准确判断数字教育资源的适用性，提高了数学教师信息技术与教学设计相融合的能力。

“二提升”，是信息技术应用能力提升。根据《广西中小学教师信息技术应用能力提升工程 2.0 整校推进实施指南（试行）》中提及的微能力点，城区选择了 9 个微能力点，对城区小学数学教师信息化教学能力进行了前测与后测。通过前后数据的对比，发现教师在这 9 个微能力上都有不同程度的提升，其中 A4（数字教育资源管理）能力的提升幅度高达 42.85%，A2（数字教育资源获取与评价）、A7（技术支持的总结提升）和 B2（微课程设计与制作）能力的提升幅度都在 25% 以上（图 5）。

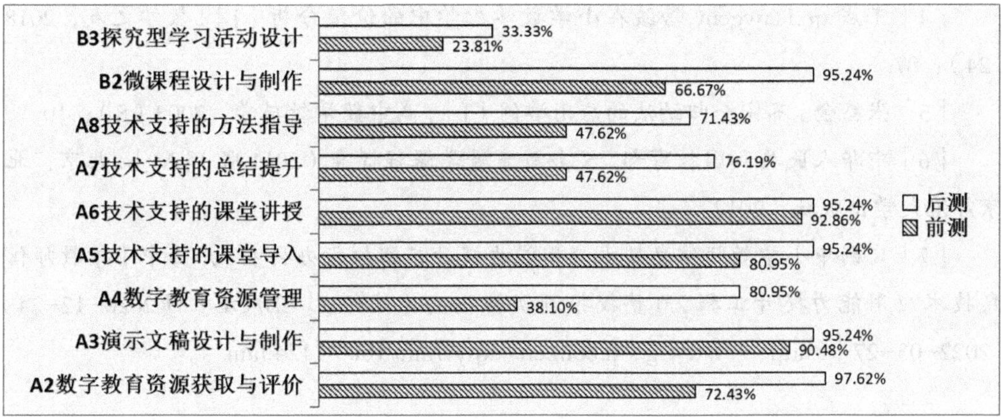

图 5　城区小学数学教师信息技术应用能力前、后对照

“三提升”，是反思、归纳、提炼的能力提升。教师们将在研究中的所思、所想、所得、所获进行总结，在实践中反思积累经验，以“1”思“N”，提升教师反思、归纳、提炼的能力，成为反思型实践者。

四、总结与展望

信息技术与教学的深度融合是时代发展的必然要求，秀峰区探索出的“以课例为载体的‘三磨’主题式教研模式”，能有效帮助小学数学教师不断丰富和完善自身专业技能，提升信息技术教学应用能力，从而保障教学质量和效率。展望未来，聚焦研究点的“三磨”主题式教研模式在区域教研、校本教研活动都同样适用，用课例研究助推教师的专业发展，全面提升教师的信息化教学能力。

参考文献

[1] 中华人民共和国教育部. 关于实施全国中小学教师信息技术应用能力提升工程 2.0 的意见 [EB/OL].(2019-03-21)[2022-03-27].http://www.moe.gov.cn/srcsite/A10/s7034/201904/t20190402_376493.html.

[2] 杨彦军，童慧，郭绍青. 中国式“课例研究”中教师学习资源需求调查研究 [J]. 现代中小学教育，2015，31（5）：89-94.

[3] 袁丽，胡艺曦. 课例研究对促进教师专业发展的作用、不足与改进策略——基于文献的考察 [J]. 教师教育研究，2018（4）：100.

［4］王成娣 .Hawgent 皓骏在小学数学教学中的价值分析［J］. 数学之友，2018（24）：87.

［5］张昌金 . 不完全归纳法的应用举例［J］. 高中数学教与学，2003（8）：10.

［6］中华人民共和国教育部 . 义务教育数学课程标准（2011 版）［M］. 北京：北京师范大学出版社，2012.

［7］广西中小学教师信息技术应用能力提升工程执行办公室 . 广西中小学教师信息技术应用能力提升工程 2.0 整校推进实施指南（试行）［EB/OL］.（2020-12-24）［2022-03-27］. http：//www.gxou.com.cn/xxjsyy/info/1003/1124.htm.

作者简介

桂华：桂林市秀峰区教育局教研室主任，中小学高级教师。

阳燊：桂林市秀峰区教育局教研室数学教研员，中小学一级教师。

狸米教学促使小学数学教师分层教学能力提升

天津市河西区闽侯路小学　张建伟　刘　阳

【摘　要】狸米智能化教学系统为教师教学和学生学习提供了“纵向能分层练习、横向能举一反三”的大量资源，对小学数学教师进行分层教学提供了便利条件。以狸米教学促使小学数学教师分层教学能力提升为主题，依托狸米智能化教学系统，研究发现在课堂中运用狸米智能化教学系统可以根据学生的学习情况给予更有针对性的指导，通过研究为运用狸米教学提升小学数学教师分层教学的能力提供一些范例。

【关键词】狸米教学；信息技术；分层教学

一、引言

分层教学是当下教育教学所关注的“热点”问题之一，是指教师根据学生现有的知识、能力水平和潜力倾向把学生科学地分成几组各自水平相近的群体并区别对待，这些群体在教师恰当的分层策略和相互作用中得到最好的发展和提高。在实际教学中，教师则是在班内根据学生的能力或学习情况进行相应的指导，有效地提高学生的课堂学习效率，实现课堂的“轻负优质”。

只靠传统教学方式加常规信息技术手段，教师很难精准判断学生对学习内容的掌握程度；单靠练习又会使课堂的师生互动氛围大打折扣，容易降低学生的学习兴趣。对此，我们对“在课堂中引入‘狸米智能化教学系统’助力教师运用分层教学”进行研究，找到相应策略。

二、研究对象

在李辉老师的不断关注和孙玫老师的指导下，我校共15位教师，6个年级，29个班，1142名学生参与了这项研究（表1），在使用狸米智能化教学系统的过程中，我们发现了狸米智能化教学系统的几点优势：

从教材角度，练习题选择切合教材，讲解正确简捷，适合小学生。纵向来看，根据学生的学习实际提供不同难度的练习，实现水平分层。横向来看，如果题错了，很快找到类似题，有同步练习的机会，做到了及时巩固，举一反三，能及时检验自己是否学会了。

从教师角度，教师日常备课方便，课堂效率高，作业布置针对性强，体现熟能生巧，做到因材施教，特别适合教学经验还不丰富的年轻教师。

从学生角度，学生对于狸米系统有兴趣，能利用资源自主学习，有利于逐步掌握正确的学习方法。

表 1　我校实验班级表

序号	年级	班级	教师姓名	班级人数
1	三	5	张建伟	39
2	三	3、4	刘阳	76
3	五	1、2	奚郡阳	79
4	四	13、14	李继振	88
5	六	9、10	白艳伟	80
6	六	15、16	朱哲	80
7	一	21、22	张凤娜	75
8	五	17、18	刘霞	80
9	一	11、12	高薇	79
10	一	27、28	孙玥	77
11	五	13、14	张馨予	72
12	一	1、2	傅于	75
13	四	7、8	吴桐	65
14	三	19、20	秦莹	88
15	二	15、16	姜阳	89

三、信息技术的运用

（一）利用信息技术为学生创设生动有趣的情境

信息技术是吸引学生注意力、激发学习兴趣的重要媒介，它将视、听、声、像等融为一体，以一种多功能的方式，声情并茂地将贴近学生日常生活的情景或生活中不易察觉到的数学问题，以更加直观的表现形式呈现在学生的面前。

在北师大版小学数学教材中，基本上每一课都为学生创设了生动的情境，教师要做的就是把学生带入这些情境之中，引导学生在解决问题过程中快乐地学习。借助多媒体技术，教师可以把教材中的图片变成动画，甚至还可以为教材中出现的人物配音，使学生感觉教材中的人物就是我们生活中的朋友，这样，在帮助教材中的人物解决问题的过程中，学生会有更大的成就感和自豪感。

例如，在讲解“体积单位”一课时，为了使学生对体积单位形成清晰、正确的表象，量感经验的积累必须通过实验操作，经历体验、比较的过程都要以数学活动为基础，放慢体验的过程，让学生在活动中充分思考，丰富感知表象，才能唤起学生对量感的感知。在设计小组合作探究“做一个 1 m^3 的空间”的活动时，合理运用狸米智能化教学系统中的倒计时和小组竞赛的工具，在给予学生探究机会的同时，启发学生合理安排时间、有序思考、积极探索。将抽象概括的知识转变成形象具体的感知，在增添教学趣味性的同时达到精讲实操，帮助学生理解、掌握知识。

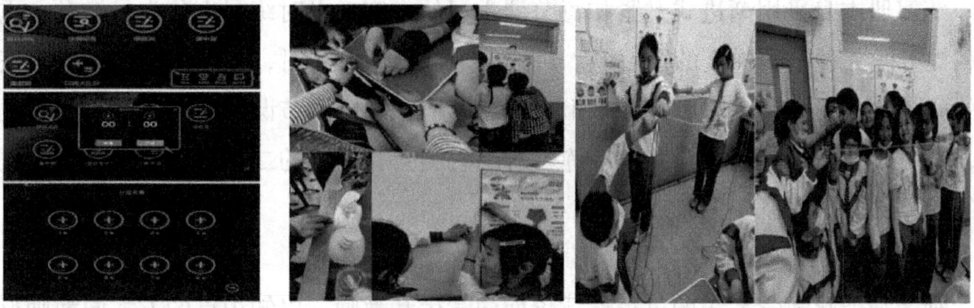

图 1　在课堂中应用狸米智能化教学系统

（二）利用信息技术及时反馈学生练习

教师可借助狸米智能化教学系统对学生的课堂练习进行反馈，该系统智能化地将习题分成不同的难度，能够很好地识别学生的水平，并为其匹配最适宜的习题。这一功能，很大程度上实现了分层教学。还能利用平台中的趣味习题闯关模式，让学生在游戏中掌握知识，游戏体验能让学生更加愿意做练习，练习精而不多，闯关成功更有成就感。

例如，在学习北师大版三年级数学“乘与除”这一单元后，教师可以借助狸米软件的分组做题功能，布置基础题（简单的计算题），布置提高题（较为灵活的填空题），布置能力题（充分结合生活的应用题）。这三部分内容，都需要计算，在夯实基础知识的前提下，适应不同水平学生的需要。

四、狸米智能化教学系统的优势

（一）狸米学习

狸米学习 App 能够由任课教师自主挑选每节课的基础题、口算题及提升题，并针对所选题目进行难度搭配，这样就可以为不同学习水平的学生设置符合自身知识基础和潜能的相关习题。在学生做完题后狸米学习会做出及时反馈表扬做对的学生，做错的题目也会提供解题的方法讲解，并有配套的订正巩固练习。教师在选择题目时要注意练习的设计要有梯度、有层次、从易到难、多种题型相结合，避免学生感觉枯燥。对于基础扎实、能力较强的同学可以通过提高题进行进一步的巩固、理解和拓展提升；而基础知识相对薄弱的同学也能通过做达标基础题型去建立学习自信，获得学习数学的成功体验，从而激发学习数学的兴趣。

（二）狸米练习册

练习册本身采用渐进式，紧扣每节课学习的内容。平时练习也分为易错题、重点题和提升题三种不同梯度的练习题。讲完一节课再做练习时，掌握比较牢固、速度较快的同学在写完书后练习后，会拿出狸米练习册，完成本节课的平时练习。对于提高题，则由同学们自愿选择，完成后练习册的右侧会有相关的二维码，扫一扫会有一对一的内容讲解及举一反三练习。

（三）狸米智能化教学系统

狸米智能化教学系统的过程性评价面向学生和教师，以知识点的方式向教师反馈学生学情，教师能清楚地通过星级等级、订正人数、完成人数了解到学生对知识的掌握情况，从而开展分层教学，让每个学生都能在原有的知识经验的基础上得到提升，获得课堂成就感，提升学习数学的兴趣以及自信心，优化课堂教学。狸米智能系统过程性评价的有效反馈便于教师准确地找到学生的“最近发展区”，通过课堂教学有针对性地理解和加深，从而形成一个良性的循环。

五、应用狸米教学进行分层教学实验

（一）备课分层

根据不同水平的学生选取不同水平的练习，提出不同的要求，学习的针对性更强。

（二）讲课分层

讲课依据学生的接受能力提出不同要求，并在学生的能力范围内展开课堂教学。

确立分层目标、分层设疑、分层讲解、分层指导。做到有同有异，有分有合。

（三）学生分层

学生自主选择分层中的组别，在一段时期内能根据自身情况进行调整。

（四）课堂练习分层

这也是分层教学实验的重点，可以为三个层次：一是给出一些与课堂例题题型相近的题目，让学生根据所学举一反三，使学生对于所学内容加以理解，将知识内化。二是对题目稍作变化，以了解学生是否掌握了所学内容。三是给出较为综合的题目，以了解学生是否能够运用所学知识解决实际问题。

（五）作业分层

课堂练习可以采取先学后练、先讲后练、先练后讲、边讲边练等多种模式。课后作业按难度大小可分为 A、B、C 三个层次，学生自选，完成其中的部分或全部，各尽所能、各取所需、各有所得。

（六）考核分层

针对不同水平制定不同的考核标准，选择不同的题目。

六、研究结论

教师针对不同层次的学生实行不同的教学策略，充分展现了新课程改革提出的以学生为本的教学原则。狸米教学能快速、准确地帮助教师对学生进行有效分层，根据学生的特点布置练习，供学生自己选择，更好地实施分层教学。同时，借助狸米软件对学生进行有效检验，不仅能了解某个学生的学习水平，更能整体把握全班同学的学习状况，结合实际情况对学生进行分层教学。

七、研究展望

狸米个性化教学平台中的资源覆盖的知识点全面，内容与课标要求紧扣，加上吸引学生的卡通界面、活泼的互动问答方式，在实现课堂分层教学的同时提高了趣味性，轻松的氛围促使学生主动地获取知识，实现“轻负优质”，可以进行大范围推广。本次研究的不足之处在于，参与实验的教师信息技术能力较强，不足以代表其他教师，在今后的研究中选取参与实验的教师应更广泛些。

参考文献

[1] 孙建尧 . 巧用“数学活动”引领学生自主学习 [J]. 科学咨询，2016（2）：106–107.

[2] 唐亚男 . 分析如何运用信息技术提升小学数学课堂实效性 [J]. 小学生（中旬刊），2022（1）：75–76.

[3] 郭木生 . 小学生“量感”培养的实践探究 [J]. 教育与实践研究（A），2021（10）：25–27.

[4] 王爽 . 浅谈多媒体信息技术对小学数学教学的重要性 [N]. 江苏科技报，2018–12–14.

[5] 孙洪志 . 探究数学本质，积累小学数学活动经验 [J]. 软件（电子版），2017（4）：164.

[6] 罗琳 . 初探分层教学模式在数学课堂中的应用 [J]. 小学教学参考，2019（11）：92.

作者简介

张建伟：天津市河西区闽侯路小学数学教学主任，正高级教师。

刘阳：天津市河西区闽侯路小学数学教师，二级教师。

基于STEAM教育理念的数学综合实践课设计研究

——以北师大版五上“轴对称再认识一”为例

银川市灵武市第四小学　马自娟　杨学言

【摘　要】国家“双减”政策落地实施以来，小学数学综合实践活动课程越来越受到大家重视。不过，虽然很多学校都将综合实践活动纳入小学课程体系建设的环节当中，但在具体实施过程中仍有待改进之处。作为国内外主流的教育理念之一，STEAM教育理念倡导的以跨学科融合及从实际生活中发现问题进而解决问题的观点，为数学教学提供了一种新的思路。本文基于STEAM教育理念，从合作学习角度出发，结合课堂教学实例，阐述STEAM教育理念下小学数学“综合实践”活动课如何通过学生间小组合作的形式来培养学生的创新能力和数学素养，从而为相关研究与实践提供参考。

【关键词】STEAM教育理念；综合实践课；小学数学

在新时代背景的要求下，培养创新型人才成为当下教育改革的目标。而STEAM教育理念的出现以及与教学实践的结合无疑为实现这一目标提供了一条可供探索的途径。过去传统数学课堂局限于数学知识内容的教授，学生缺乏探究精神与学科融合的学习能力训练，并没有做到知识内化，且数学课堂只是数学课堂。因此STEAM教育理念与数学课堂综合实践课的有机结合很有必要。本文基于STEAM教育理念在数学课堂“综合与实践”活动实施过程中巧妙融合美术剪纸作品、科学界各种轴对称现象等为学生呈现生动有趣的数学课堂，并在借助多媒体信息技术创设生活情境的基础上，通过学生间的小组合作学习以及自主探索，让学生体验数学学习操作过程，助力学生实现知识内化。

一、STEAM 教育理念概述

所谓 STEAM 教育是一种提倡通过多学科协作来开展教学的全新教学理念。对于其具体概念，学者们基于不同的角度提出了不同的理解，具有代表性的观点有以下几种。世界 STEAM 教育联合会 2017 年首次将其定义为：“STEAM 教育即融合创新教育，是一种基于现行教育与未来社会发展相匹配的需求，将科学、技术、工程、人文、数学等多学科有机融合，极大刺激学生的好奇心，同时培养学生的持续学习能力，运用情景式、任务型的教学方法，采取探究式的学习方式，提升直观发散思维和融合创新思维能力的教育理念”；而亚克门教授从跨学科融合角度出发，认为“STEAM 教育是通过基于项目学习、问题的学习，引导学生小组合作实践，从而培养学生的解决问题能力和创造力”；其还根据 STEAM 教学设计过程提出了“教学过程从教学目的、教学过程和教学效果三模块帮助学生更好地了解项目活动，旨在于教师的指导下发挥最大主体作用”。

虽然对于 STEAM 教育的定义重心各有不同，但是都强调注重培养学生的创新思维能力。有鉴于此，本文所举之“轴对称再认识一”教学设计，主张在数学综合与实践课活动的实施过程中，通过小组合作学习，加强学生间的合作学习和自主探索的能力，并通过组织指导学生用数学语言将探索的结论进行汇报交流，培养学生的创新意识和创新能力。

二、数学综合实践课与 STEAM 教育理念的关系

STEAM 教育理念与数学综合实践课是相互依存、相互促进的关系，STEAM 教育理念为数学综合实践课的更好应用提供了思想指导，而数学综合实践课为 STEAM 教育理念提供了有力的实践应用场所。

（一）STEAM 教育理念是综合实践课的理论基础

作为一种全新教学理念，STEAM 教育强调跨学科有机融合创新教育，注重学生的自主学习能力和创新思维的培养，这些理念为数学综合实践课科学、高效地实施提供可行的理论指导意见，为数学综合实践课真正实现促进学生创新意识和数学素养的发展提供了切实有效的理论指导支撑。

（二）数学综合实践课是 STEAM 教育理念的实践场所

数学综合实践课是多学科、生活化、功能化的课程，它强调对学生生活的影响，

重视生活能力的发展和态度的形成，是以“问题”为核心的综合实践活动，它能发挥出整体效应，具有高度的综合性。同时数学综合实践课还能培养和考查学生的数学知识运用能力，意在让学生在课上进行自主探究、小组合作，最终解决数学问题。而这些观点恰好与 STEAM 教育理念不谋而合，为将其应用于数学学科的科学实践提供了有效的实践场所，为数学综合实践课真正实现促进学生创新能力的发展提供了切实有效的应用。

三、基于 STEAM 教育理念的数学综合实践课教学设计案例展示

（一）设计理念

本节课通过欣赏剪纸作品集，让学生利用所学数学知识去解决实际存在的问题，体会数学思想的重要性。培养学生小组合作交流的能力和探究的能力，重视知识的形成过程，学会类比迁移。借助 STEAM 教育倡导的多种学科融合理念，把轴对称再认识知识点与科学内容有机结合，促动学生深度思考，打破学科之间的壁垒。

（二）教学过程

表 1　教学过程表

教师组织和引导	学生活动	设计意图、媒体使用
1. 激趣导入、剪纸作品欣赏 出示剪纸作品。 大家在欣赏图片时，看这些图片中蕴含着哪些数学思想？ 出示问题： （1）这些剪纸作品都是什么图形？ （2）你是怎么理解轴对称的？	学生欣赏 AR 剪纸作品集 学生回答：都是轴对称图形。 生 1：轴对称图形是可以左右完全重合的。比如我的左手、右手可以重合。	设计意图：在 STEAM 教育倡导多学科融合理念下巧妙融合美术剪纸作品图片，既能宣扬传统文化魅力所在，又能激发学生的学习兴趣。 4D 书城播放视频。

续表

教师组织和引导	学生活动	设计意图、媒体使用
2. 探究新知 观察、判断是否是轴对称图形。 问题：这些图形哪些是轴对称图形？ 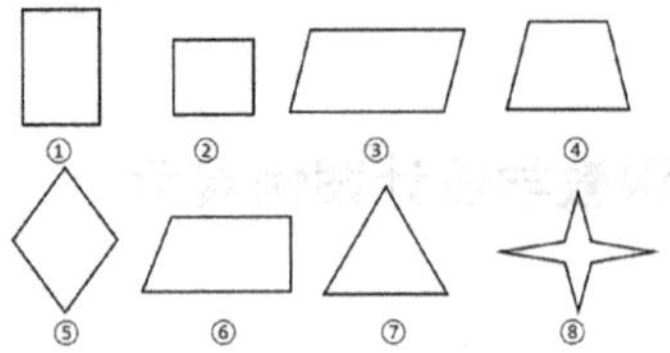 问题： （1）什么样的图形是轴对称图形？ （2）平行四边形为什么不是轴对称图形？ 网络画板演示平行四边形不是轴对称图形。 小结：如果一个图形沿着一条直线对折，直线两边的部分能够完全重合，那么这个图形就是轴对称图形。	学生小组活动（5 min） 折一折（四人一小组） 学生将信封里的图形折叠，小组汇报结果（动手操作演示，展现多种不同折法）。 生 2：左右两边的图形和大小都一样，它是轴对称图形。	设计意图：STEAM 教育是通过基于项目的学习和问题的学习，引导学生通过小组合作实践，培养学生的解决问题能力和创造力。充分发挥学生的主体性，培养学生的发散思维。 STEAM 教育和“综合与实践”在活动实施过程中，都注重学生间的合作学习以及自主探索，在分享与交流时培养用规范的数学语言表达想法。
3. 课外延伸 （1）轴对称在日常生活中的应用。 （2）了解大自然中的轴对称现象，认识轴对称的多种形式，包括旋转、空间、平面对称等。	学生集体观看 AR 微课	设计意图：STEAM 教育理念倡导多种学科融合式学习理念，从生活出发让学生感受数学与科学、与建筑、与日常生活的紧密联系，从而加深印象。 4D 播放轴对称图形小微课。

四、基于 STEAM 教育理念的综合实践课教学设计原则

在进行数学综合实践课教学设计时，应遵循以下三个原则。

（一）以学生全面协调发展为核心

在当今社会背景的要求下，当务之急是培养创新型人才。不过，如何培养创新型人才对教育改革发展提出了更高的要求，比如如何更新教育理念、变革教育模式等。而 STEAM 教育理念注重不同学科知识的有机融合和适应，将学生作为学习的主体，以实际问题、现象作为教育的载体提高课堂教学质量和效率，进而引领学生全面协调发展。例如在本文所举的案例中，学生学习平面图形的轴对称概念后再以 AR 微课视

频形式介绍大自然中的空间对称（）、旋转对称（雪花片、五角星）等现象开阔学生的视野，诱发学生深度思考。因此 STEAM 教育理念的数学实践活动课更加注重学生们的创新意识的提升、创造能力的培养，促使学生全面协调持续发展。

（二）以学科核心素养提升为重点

明确创新型人才应具备的品格和关键能力，引领育人模式变革和课程改革，这就使培养核心素养变得尤为重要。在具体的教学中，教师要对教材内容进行挖掘，寻找到数学核心素养与教材内容的契合点，将核心素养设计在具体的教学中。如在前述案例中，教师通过对北师大版教材的深度解读发现，让学生以小组合作的方式自主探究题目所给的 8 种平面图形是否为轴对称图形，为什么？其次，教师还需要给学生更多的关注，根据小学生的年龄特点，制订不同阶段的核心素养培养计划，在此过程中逐渐渗透数学核心素养要素。而 STEAM 教育理念无疑是学生核心素养和迁移能力形成的最佳方式，因为在传统的分科教学中，容易忽视学科之间的密切联系，导致培养出的学生缺乏整合思维和迁移的能力，但 STEAM 教育理念以其特有之功能，打破了学科之间的疆域、壁垒，并通过多种学科的共同作用，促使学生提高创新能力，从而培养出综合性的人才。因此，实施 STEAM 对核心素养的动态生成有着不可替代的作用。

（三）以师生之间的高效互动为基础

STEAM 教育和“综合与实践”在活动实施过程中，注重学生间的合作学习以及自主探索，在完成上述任务后，教师需要组织学生把探索的结论汇报交流，让学生尝试去探索解释，学会用规范的数学语言表达自己的发现，培养学生的倾听习惯。此过程生生互动、师生互动有效提高学生的课堂效率。在 STEAM 教育理念指导下的数学课堂中，教师是引导者，学生是主体，所以师生之间信息的高效交流显得尤为重要，故在本节课中教师尤其重视学生的小组汇报交流环节，穿插必要的追问和教师小结帮助学生厘清学习思路。此外教师还要鼓励学生敢于分享，不要片面否定学生的想法。

五、小结

本研究基于 STEAM 教育理念，以“轴对称再认识一”课程为例，提出在综合实践课中借助信息技术手段创设问题情境，并通过小组合作学习培养学生的创新能力和数学素养。然而，任何一种教学模式都需要不断的尝试和改革，才能做到在课堂上成熟运用。本研究仍然存在以下不足：一是笔者还未曾教授过高年级数学中的“综合与实践”课程，因而缺少一定的实际教学经验和组织高年级学生进行有效课堂活动的策略；二是所设计的教学活动不够高效，对 STEAM 教育所提倡的跨学科融合、学生主体、以实际问题作为教育的载体等理念，在教学活动开展中体现得欠缺和生硬；三是在学生动手操作过程中存在因小组分工不明确而造成部分基础较弱的学生在小组活动中“角色”缺失的现象，这在一定程度上违背了本教学设计的初衷——让处于不同层次的学生都能在课堂上有所参与、有所体验。

当然，需要明确的是，STEAM 教育理念对于培养学生的认知发展和数学素养来说，意义不言自明，所以 STEAM 教育必须面向未来，面向今天的学生。

参考文献

［1］王钰淇 .STEAM 教育理念下普通高校公共艺术教育课程建构研究［J］. 美术教育研究，2018（22）：100–101.

［2］赵慧臣，陆晓婷 . 开展 STEAM 教育，提高学生创新能力——访美国 STEAM 教育知名学者格雷特·亚克门教授［J］. 开放教育研究，2016，22（5）：4–10.

［3］许新海 . 小学综合实践课程的探索与思考［J］. 课程·教材·教法，2000（12）：11–15.

［4］陈晓慧，徐彬，张哲，等 . STEM 教育研究与实践的理念与路径——访不列颠哥伦比亚大学科学教育专家 Samson Nashon 教授［J］. 中国电化教育，2019（4）：6–9，27.

［5］饶雪 . 基于 STEAM 教育理念的小学数学教学设计研究［D］. 厦门：集美大学，2020.

作者简介

马自娟：银川市灵武市第四小学数学教师，二级教师。

杨学言：银川市灵武市第四小学美术教师，一级教师。

“狸米”技术支持下的小学数学计算课教学研究

广州市番禺区东湖洲小学　陈琰华　何洁霞

【摘　要】《普通高中数学课程标准（2017 年版）》对计算教学给予了充分的关注，将“计算”作为重要的数学活动并明确指出“应该注重发展学生的运算能力”；在学生应具有的数感、符号意识、推理等素养的阐释中，也显示出计算的重要作用。在“双减”政策的推动下，信息化资源就逐渐被应用到数学教学中，尤其是应用在数学计算练习的反馈上，帮助教师获得实时的学生学习效果，以促进教师及时进行教学调整，提高课堂教学效率。因此，本文尝试把狸米技术引进小学数学计算课堂，借助信息技术资源以改进传统教学方式。

【关键词】狸米课堂；信息化技术；小学数学

一、正确认识信息化课堂的概念和优点

（一）信息化课堂的概念及特征

信息化课堂教学是指通过数字化的技术与学生具有更高的交互程度，让计算机拥有强大的展示不同媒体形态的功能。

信息化教学具备以下特征：

实时性——应当在要求的时间范围内按照事先的要求完成既定的任务，通过合理地传递教学信息，准确、及时地完成教学任务。

直观性——通过在教学过程中融入多样的信息化技术，教师在互联网的支持下借助平板电脑向学生发布有关课堂数学知识的微课、习题，学生在平板电脑上借助狸米平台观看微课，使用色彩、文字、图像、声音等多种感官渠道让学生获取多重刺激，让学生利用直接的感官信息获取对学习内容的深刻印象，使得学生对抽象的知识产生清晰的表象认识，推动学生在产生感性认识的同时，逐渐过渡、升华为理性认识，最终为提高智力提供良好的现实基础。

反馈性——信息技术还不受时间和空间的限制，在这一教学过程中，学生也可以在平板电脑上完成教师布置的习题，教师通过学生实时的答题正确率，能及时了解学生在数学课堂上对知识点的掌握情况，以对教学内容进行调整，真正做到因材施教，从而提高数学课堂教学质量。

（二）利用狸米课堂教学的优点

1. 构建数字化课堂，激发学习兴趣

利用狸米平台构建数字化课堂，能够真正有效激发学生的学习兴趣，营造出充满探究欲望的学习氛围。把狸米学习与传统数学教学相结合，即将“狸米个性化教学平台”引进课堂，教师和学生需要登录对应的狸米账号，狸米软件对数学练习题进行加工、运用，狸米数学练习题分为前置研究题、课中巩固题和课后拓展题，既可以在上课前布置练习，以检测学生已有的知识水平，也可以在课堂教学中进行巩固练习，课后布置作业，不受时空和地点的限制，狸米练习可以应用在不同时段。孩子通过平板电脑完成狸米的练习，不限于在作业本和书本上的纸笔练习，孩子完成习题的方式多样，可以自主选择完成练习的方式，从而提高对数学学习的兴趣。

2. 培养自学能力，体会成功喜悦

利用狸米平台提高学生自主学习数学的能力，学生能够主动及时改错、有针对性地进行复习。学生在狸米平台完成当堂课时的练习测评后，如果出现错题，可以对照参考答案进行自主思考，分析错题的原因，再选择完成一道同样难度的题目，本节课的测试成绩才能合格。狸米平台会根据学生的错题进行有针对性的分析，并重新出题加以巩固。如果学生重新完成的检测习题正确，狸米平台会给孩子勋章进行奖励，让学生在不断地分析错题、改正错题、重新完成错题的过程中，体会到数学学习成功的喜悦。

3. 提高课堂效率，减轻教师负担

利用狸米平台提高课堂教学的效率，减轻数学老师的负担。狸米平台根据学生的答题情况，后台自动总结并分析全班学生的学习效果，也能够关注某一位学生的具体情况。通过学情分布，不仅可以看出未做题、达标以及优秀的人数和姓名，还可以看到错题数量以及测评次数。

4. 促进家校合作，形成有效互补

利用狸米平台可以把学校教育与家庭教育有机地融合，形成互补，促进家校合作。家长借助狸米平台，不限时空、不限地点，随时可以了解自己孩子对于每个知识点的掌握情况，孩子没能理解掌握的知识点，在家里可以利用狸米平台进行针对性练习，再一次巩固，减轻了家长辅导孩子学习的压力，使得家长辅导也更具针对性。

二、信息在数学教学中的应用

（一）利用狸米课堂，激发学习兴趣

相关研究显示：一个人要想在某一领域获得成功，首先必须有兴趣作为支撑。想要学生们的计算水平得到提高，首先要培养学生们对计算题的兴趣，学生们有了兴趣，在课余时间就会积极地去学习，教师在上课过程中的教学也会事半功倍。在这一点上，教师可以运用信息技术，转变计算题的答题模式。如在教学前可以通过狸米课堂给孩子们发布口算练习题，学生利用平板电脑进行操作，在有限的时间内，比赛完成计算，又有趣又刺激。同时教师也可以讲解计算的技巧，让学生们从内心深处喜欢上计算，并适当地提出一些思考性问题让学生产生疑惑，利用学生的好奇心，让学生们积极主动地去解答问题。

（二）利用狸米课堂，理解计算算理

在数学计算课的教学过程中，算理往往难以通过语言表述清楚，学生没有形成初步的感官认识，便无法深刻地掌握知识。当代的信息化技术能够通过较为简单的动画向学生们展示丰富多彩的知识画面，如在向学生们讲授“一位数除两位数的笔算除法”这一课程时，可以选择利用信息技术进行展示：$42\div2$，可以把 42 根小棒（4 捆和 2 根）平均分成 2 份。先把 4 捆平均分成 2 份，每份是 2 捆（20 根）；再把 2 根平均分成 2 份，每份是 1 根。把两部分加起来得 21 根，所以 $42\div2=21$。在向学生们展示分小棒视频的同时，再辅以生动的解说，学生们便能很轻松地就懂得了一位数除两位数的过程。在这一基础上，进而让学生们探究一位数除两位数竖式计算的方法。利用声情融汇、动静结合、图文并茂的信息化课堂方式，让学生能够积极融入课堂教学，提高课程质量，充分发挥出学生的思维能力。又例如，在讲授“乘法分配律”这一课程时，向学生提问：“$(4+2)\times25$ 和 $4\times25+2\times25$ 有什么关系？为什么？”学生可能通过计算得出这两道算式是相等的，但是如果要学生明白为什么这两道算式计算的结果会相等，学生可能一下子无法联系，对此进行思考的能力相对较弱。此时，我们可以利用信息技术，通过计算机将这一问题情境化，教师在进行备课时创设学生种树的情境，一共有 25 个小组，每组里 4 人负责挖坑种树，2 人负责抬水浇水，一共有多少人种树？在由学生们进行小组讨论后便可发现，有两种计算方法，一种是先计

算一组的人数，再算 25 组的人数；另一种是先分别计算挖坑种树的人数和抬水浇水的人数，然后再算总人数。在这个过程中，学生明白了 4 个 25 加上 2 个 25 就是 6 个 25，因此（4+2）×25=4×25+2×25。在教学课程中，适当地利用信息技术能够让学生更容易理解新的课程，轻松进入课堂状态。

（三）利用狸米课堂，扩大教学容量

在数学教学过程中，信息化技术能扩充课堂教学的知识容量，让教学节奏更加紧凑。计算的正确率和速度，尤其需要学生进行一定的计算练习加以巩固，计算算理的理解和算法的总结，不能只通过教师的课堂讲授来完成，更要通过学生系统的计算练习来进行巩固和提高，这样才可以让学生用教师的教与学生自主的学相结合的方式，逐步实现数学计算素养的提高，进而在此基础之上实现对自身数学知识体系的丰富，从而为后续难度更加大的数学计算知识学习奠定扎实的基础。

把狸米技术作为教师数学课堂教学的辅助工具，既可以实现对有限课上教学时间的拓展，也可以让教师的教学节奏更加紧凑，在减负的前提下提高质量。具体来说，小学数学教师在狸米技术的辅助之下，能够不受时空的限制，有效地为学生呈现形式多样的练习题，学生借助狸米技术，获得比以往更多的练习机会。

（四）利用狸米课堂，进行实时反馈

教师可以利用信息化技术（如：智慧卡、狸米课堂等）向学生发布习题，学生则可以通过平板电脑来完成题目，教师可以即时获取全班的答题情况，将班级学生所完成的计算错题通过狸米平台进行展示，组织班上学生进行错题分析并更正，如此便达成了带领学生共同进行学习评价的目的。

狸米能够紧扣新课标要求，全面覆盖主流教材要求的知识，教师利用生动活泼的界面设计，游戏化的答题方式，智能化的辅导流程，最终帮助学生完成快乐学习，提高成绩。学生能将狸米学习软件应用在课外学习上，作为学习辅导助手来提高学习效果，部分学生的学习成绩有明显的提升，只要我们巧用狸米技术，数学的计算课必将丰富多彩，收效喜人。

参考文献

［1］杨彦才，冯鸿．信息技术在小学教学中应用的优势分析［J］．四川教育学院学报，2003（6）：21–22.

［2］中华人民共和国教育部．普通高中数学课程标准（2017 年版）［M］．北京：

人民教育出版社，2018.

［3］邓友祥．谈中国小学数学教育之走势［J］．上海师范大学学报（教育版），2000（5）：66–70.

［4］袁智强．关于计算机辅助教学的调查与分析［J］．数学教学学报，2002，11（2）：95–97.

［5］孙杰远．信息技术与课程整合［M］．北京：北京大学出版社，2002.

作者简介

陈琰华：广州市番禺区东湖洲小学数学教师，中小学二级教师。

何洁霞：广州市番禺区东湖洲小学数学教师，中小学二级教师。

小学数学应用信息技术能力现状与改进对策探究

西安高新第六小学　王燕红

【摘　要】随着信息技术时代全面展开，实施信息化教学建设，已然成为教育教学改革的重要环节。数学作为小学阶段的主要学习科目之一，与信息技术紧密结合，提升小学数学教师信息化技术的使用和创新能力变得尤为重要。现阶段的小学数学教学中，信息化技术的应用随处可见，但大多数浮于表面，“形式化”的信息化根源于部分教师信息化技术能力的不足。本研究以提升数学教师应用信息技术为目标，结合课堂教学实例，从宏观和微观两个方面出发，提出教师不但要有将信息化技术引进课堂的意识，更要尝试利用信息化创新课堂教学形式，创建信息化课堂新样态，带动学生成为适应信息化时代潮流发展的新主人。

【关键词】小学数学；信息技术；改进现状；对策探究

小学数学教师要升级成为信息化社会教师，必须具备一定的信息技术应用能力。现阶段，部分小学数学教师将信息技术引进课堂的能力还需要提升，首先要充分了解什么是信息技术的关键。深化学习信息化技术应用能力，巧妙结合数学课堂，不断探究新形势下的小学数学课堂教学方式，转变固有教学观念与习惯，实现小学数学教师自我职业成长的突破与超越。

一、现状研究：信息技术的“形式化”使用

随着社会经济和科学技术的飞速发展，小学课程也逐步添设了多种信息技术媒体进入校园，硬件设施基本完善。通过调查，大部分小学数学教师已经认识到信息技术在课堂中应用的重要性和优越性，教师自身和学校也组织了集中学习。但大多数组织的学习时间长，次数少，教师对于所学知识不能很好地吸收利用。在教学实践中只运用了其中一部分，久而久之也会产生遗忘。还有一部分教师对信息化技术的理解就只

是使用了电脑、多媒体等，没有将信息技术真正融入课堂。以前在黑板上进行的板书和需要展示的数学知识点，简单地转移到了投影或者屏幕上去使用，这样的应用片面且不灵活，根本没有发挥出信息技术在数学教学上的优势。

二、改进措施："活用"信息技术，"用活"信息技术

（一）融入信息技术，拒绝片面使用

比如在教学"长方体的展开图"一课时，有的教师仅是利用课件，把一个长方体的多种展开图"静态"罗列在屏幕上引导学生观察特点，而事实上，利用信息技术完全可以实现"动态"展开的过程，这就不仅仅利于学生发现展开图的特征，更是对学生空间观念的培养与渗透。这样的课例还有很多，因为数学本就与信息技术联系密切，教师应当更多地去探究信息技术对课堂内容所产生的变化，将信息技术融入内容中去，而不是表象化于形式，因此，小学数学教学需要根据内容，量体裁衣融入信息技术，但要拒绝片面且不灵活地使用信息技术。

（二）去繁就简，增强课堂互动性

应用了信息技术的课堂，在视觉、听觉上能给予学生相较于传统课堂更好的体验感，相对纸质课本具有更多的学习状态和课堂形式。多媒体器材的使用，更容易吸引学生的注意力，让精力不集中的学生不容易分神。教师不用时刻去进行板书，对于课堂组织性不好的学生能给予更多关注，把控好课堂纪律。将信息技术运用于课堂中，例如在认识三角形这一课中，教师向学生展示长方形、正方形、圆、椭圆、三角形、梯形，邀请不同学生上来选择其中一个用鼠标拉动图形，只有选择三角形的学生如何滑动，形状都不变。这个互动让学生明白了三角形最具稳定性，再引导学生去发现生活中哪些地方用到了三角形。学生们举例，教师在最后通过PPT展示生活中带有三角形的图片。让数学走进生活中去，贴近孩子生活，激发孩子学习数学的热情，细心体会生活中存在的数学知识。在这个"信息化"的教学过程中，学生学习的积极性和主动性会得到显著提升，多项感官得到刺激，对于数学知识的理解和领悟能力也会得到相应的提升。

在一次下午课堂中，学生们比较疲惫，教师提问：一头牛向东转一圈，向南转半圈，再向西转一圈，请问牛尾巴朝向哪个方向？学生有在纸上演示的，也有自己站起来转的，并纷纷给出答案。教师点动多媒体上的牛，牛发出声音说："我的尾巴都是朝下的，你答对了吗？"这样的课堂互动，让学生的关注力回归课堂，增强了课堂的

活跃度。善于在数学课堂中使用信息技术，不要仅限于与数学相关的图表，采用更生动形象的音频动画让课堂互动性更强。

（三）成立信息技术指导组，让课堂动起来

数学信息技术运用能力的提升离不开教师和学校的共同努力，虽然信息技术已经普及开来，但是学校教师大多为年轻教师，在信息技术使用上能力参差不齐，有些教师甚至不会使用多媒体器材，谈何将信息技术深入进教学。学校对教师信息技术的培训主要针对器材的使用，教研主要针对信息技术在课堂中的实际运用。想要呈现精彩的课堂，离不开对各类软件的学习，例如用于展示的 PPT 制作，美化修饰图片的美图秀秀，进行格式转化的格式工厂，这几个都是数学教学中常用到的软件。信息技术培训多次进行，每次内容不宜太多，教师精力有限，太多吸收不完全，容易遗忘，时间长了只记得简单的操作。

巧妙运用信息技术，让课堂动起来。在学习“比例”这个知识点时，练习题目是果农伯伯有 120 平方米的地准备用来种葡萄和蜜瓜，两者按 1∶5 的比例种植，请问：葡萄和蜜瓜各占地多少？教师通过 PPT 制作图画，利用动态效果图将果园划分成 6 块，屏幕上果农动起来给一份地种上葡萄，其余种上蜜瓜。利用更直观的动画效果，让数学学习不再那么抽象，学生更容易理解。举一反三，教师跟学生互换角色，让学生们一步一步解决练习题并说出步骤，教师在屏幕上利用动画跟随学生一步步展示。这样既丰富了课堂形式，又加强了学生的学习自主性，让原本抽象的数学问题通过图表画线具象化，最终轻松解决，学生在之后遇到类似题目脑海中也会自己进行画线。

（四）发掘信息承载功能，满足学生多样化的学习需求

通常情况下，在小学数学教学的过程中，教师通过信息技术为学生学习提供一定的便利。在这个过程中，学生的知识需求会得到满足，也会让学生的知识视野得到拓宽。在这个过程中，学生所接触的数学课堂就会变得更加生动和形象。教师在实际进行教学的时候，就应该积极挖掘学生自身的潜能，让学生处于最佳学习状态。多媒体技术和网络技术可实现对小学数学教学最有效的组织和管理，包括图形、文字、影像和视频等媒体信息。通过这些载体，可以在极大程度上增加课堂信息容量和教师控制教学信息的灵活度。教师通过网络学习资源的合理运用，让学生的知识体系得到丰富。比如，教师在引导学生学习“轴对称图形”的过程中，通过网络搜集资料让学生学习拥有充足的知识和广阔空间，学生在接触多样的内容的情况下，就会强化探究欲望。学生联系自身的生活，进行相应的讨论和分析。教师还可以通过微视频教学模式，让学生积极参与到课堂学习中，提升实践操作能力。因此，信息技术的应用，给学生的多重感官刺激和直观教学提供了可能，可以有效地改善学习方式，加深学生对数学抽象知识的理解层次，增强学生的认知能力，满足不同层次学生的个性化学习需求。

信息技术带给小学数学教师的益处，除了体现在课堂教学上的“直观、形象、具体”以外，在班级学生的日常管理以及学生数学学习情况的跟踪分析上，也是“一骑绝尘”。比如利用班级管家软件可以实时监测与评价学生的课堂听讲，追踪学生在一段时间内的学习情况，分析对某一部分知识点的掌握情况，以及班级测试成绩的统计分析等，为教师的日常教学管理、调整教学策略提供高效保证。

三、结语

信息技术还在不断发展优化，这也意味着我们的数学教学还要不断进步升级。数学教师们更是要紧跟时代潮流，顺应时代的需求，加强自身的学习能力和教学能力。真正将信息技术使用到课程教学中，开发多媒体更多功能，多学习使用新软件，为教研提供新形式。勇于探究学习，深度挖掘信息技术在数学课堂中更多的运用方式，让学生感受数学的乐趣，引导学生热爱数学。

参考文献

[1] 胡玉萍. 信息技术与小学数学融合的教学应用探究 [J]. 读写算，2019(15)：28.

[2] 江德华. 浅谈信息技术在小学数学“图形与几何”课堂教学中的应用 [J]. 中外交流，2019，26(40)：338-339.

[3] 丁建兵. 信息技术在小学数学教学应用中的思考 [J]. 魅力中国，2019(49)：68.

[4] 刘付，超鹏. 应用信息技术培养小学生数学思维能力 [J]. 教育信息技术，2015(1)：156-159.

作者简介

王燕红：西安高新第六小学数学教研组组长，中小学一级教师。

利用信息技术让数学课堂“动”起来

——以二元一次不等式（组）与平面区域教学为例

成都市青白江区川化中学　邓洪亮　肖　成

【摘　要】《普通高中数学课程标准（2017年版）》指出，要“注重信息技术与数学课程的深度整合”。提倡在课堂中利用信息技术呈现以往教学中难以呈现的课程内容，利用各种数学教育技术平台，加强数学教学与信息技术的结合，鼓励学生运用计算机、计算器等进行探索和发现。把信息技术合理引入课堂，利用电子白板的交互性和“网络画板”的动态演示，为学生创造图文并茂、色彩丰富、动态呈现的学习环境，学生在这一环境中多种感官协调活动，充分调动学生学习的积极性和主动性，真正使数学课堂“动”起来。

【关键词】网络画板；信息技术；二元一次不等式（组）与平面区域

一、引言

当下信息技术的发展十分迅猛，越来越多的信息技术融入课堂教学之中，使课堂教学手段发生着日新月异的变化。在高中数学课堂中，各种专业软件，比如：几何画板、网络画板、GeoGebra图形计算器的应用，改变了高中数学课堂中教师讲解多、学生探究少，结论告知多、过程经历少，解题训练多、活动体验少的窘境。韩淑芳老师将电子白板与“几何画板”软件结合在一起使用，整节课24次动态演示“几何画板”，不但有效突破了重难点，而且提高了学生的直观想象能力，使课堂教学真正互动起来，充分展示学生“学”的过程。孙彦老师利用“几何画板”，以“数学实验”为手段，通过对一道试题的实验性探究，让学生去发现一个个结论，然后再去证明结论，充分调动学生学习的积极性，化被动接受知识为主动获取知识。通过以上案例分析可以得出一个结论，那就是信息技术的合理使用，可以让数学课堂“动”起来，不但能提高教学效益，而且还能充分调动学生学习的积极性、主动性，使学生真正成为学习的主人。

笔者结合我校特色课赛课活动，在电子白板环境下，利用“网络画板”软件，以二元一次不等式（组）与平面区域为教学内容进行一次教学设计。本节课的教学思路拟定为“动图激趣—动手实验—猜想验证—画图总结—巩固内化—拓展延伸”。

二、教学设计

（一）情景引入

师：请同学们观看白板上展示的动态曲线（图 1），你们知道它是什么曲线吗？

图 1　网络画板制作的心形线动图

生：心形线。

师：对，这就是笛卡尔心形函数，老师是根据前人给出的方程画的。随着信息技术的发展，我们可以由方程画图像，这节课我们一起探究二元一次不等式（组）所表示的图形是什么。

设计意图：利用网络画板制作动图和笛卡尔心形线的爱情故事引入课题，激发学生学习兴趣，感受数学之美。

（二）用数学实验探究二元一次不等式所表示的区域

师：请在坐标纸上画出方程 $x-y+4=0$ 的图象，说一下你是如何作出其图象的。

学生思考作图后回答。

生：$x-y+4=0$ 可以化成 $y=x+4$ 的形式，它是一次函数，其图象是一条直线，所以取直线上的 2 个点就可以画 $x-y+4=0$ 的图象了。

1. 尝试探究，猜想结论

师：我们知道以二元一次方程 $x-y+4=0$ 的解为坐标的点构成一条直线，那么二元一次不等式 $x-y+4 \geqslant 0$ 的解对应的点能构成什么图形呢？下面我们借助“网络画板”

来做个实验。

请一位同学到电子白板前，拖动课件中的点 P，观察式子的结果，并请该学生边操作边讲解。

生：拖动点 P（图 2），我发现该点在直线上和其右下方时，满足不等式 $x-y+4 \geqslant 0$，该点在直线左上方时，不满足不等式 $x-y+4 \geqslant 0$，而是使 $x-y+4 < 0$。

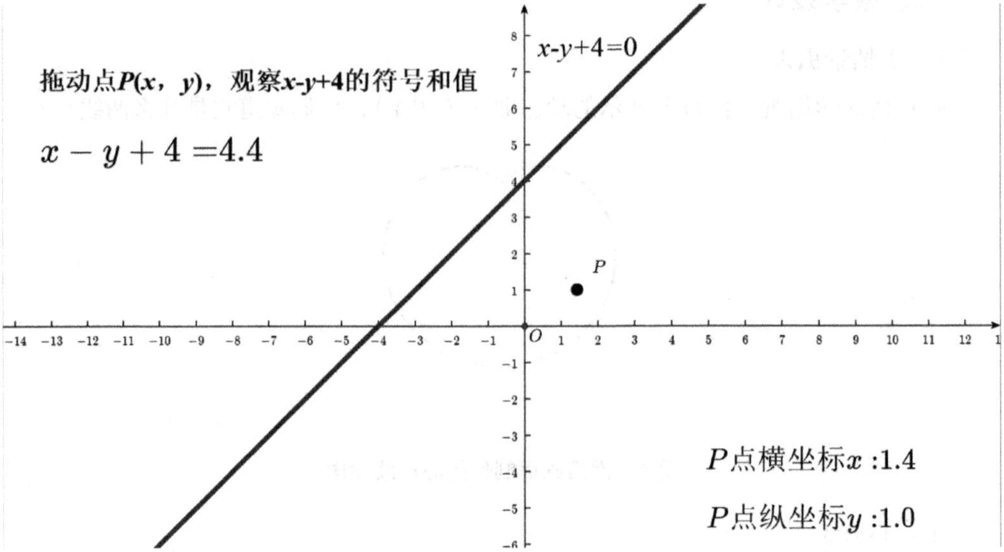

图 2　学生拖动点 P 进行探究

师：根据该同学的描述，我们发现直线上及其右下方的部分点满足不等式 $x-y+4 \geqslant 0$。你能说明直线右下方的所有点的坐标都满足 $x-y+4 \geqslant 0$ 吗？对于这个猜想，我们如何证明呢？

设计意图：学生动手画图，到电子白板前亲自操作软件得出猜想，感受到的是“活生生”的数学。

2. 猜想证明，实验验证

师：我们通过刚才的实验猜想出直线右下方的所有点满足 $x-y+4 \geqslant 0$，但这需要理论上的证明。由于该不等式中有 2 个变量，所以我们可以尝试固定一个变量，然后观察另一个变量的方法。比如令 $x=1.33$，则 $y \leqslant 5.33$，此时这些点构成什么图形呢？

生：一条射线，这条射线以点（1.33，5.33）为端点，方向向下（图 3）。

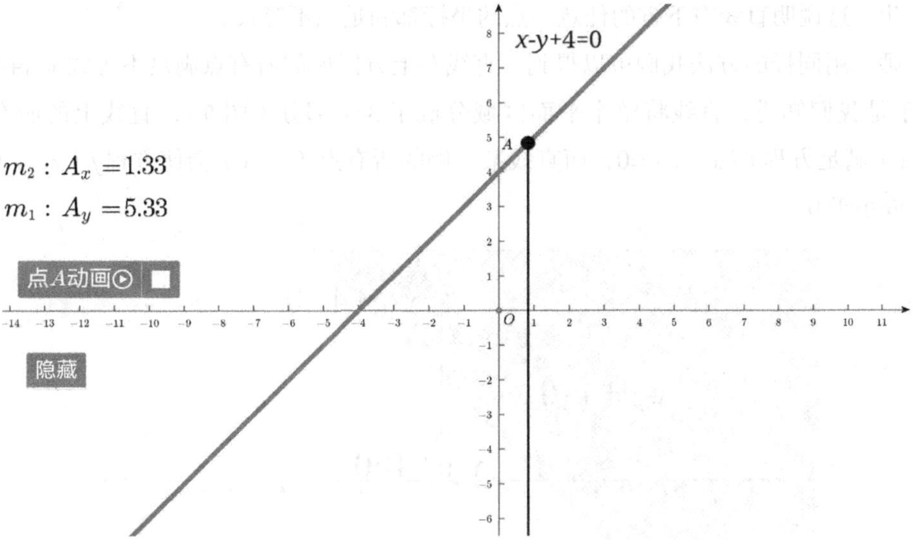

图 3　猜想满足条件的点构成的图形

师：若令 $x=-0.89$ 呢？

生：$y \leqslant 3.11$，还是一条以点（-0.89，3.11）为端点的射线，方向向下。

师：如果取完所有的实数，会有什么事情发生呢？

教师展示课件（图 4），学生可以看到满足条件的射线逐渐覆盖了直线右下方的所有区域。

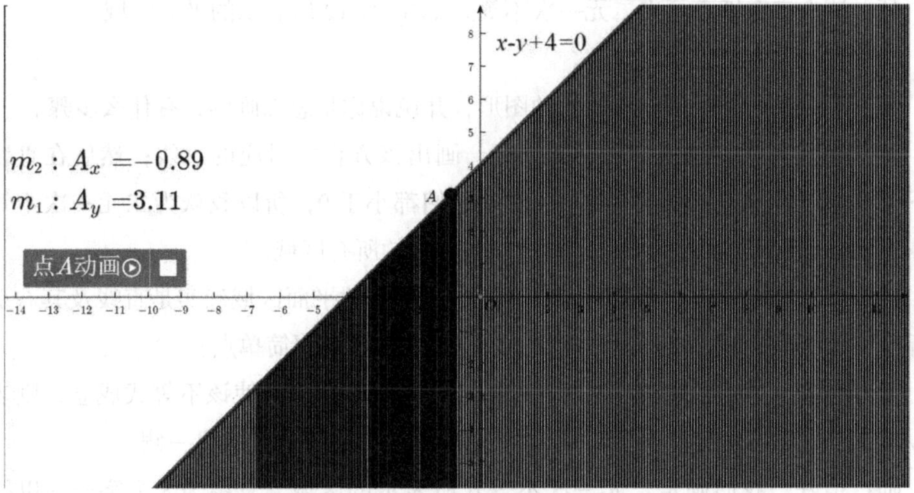

图 4　实验验证刚才的猜想

生：这说明直线右下方的任意一点的坐标都满足该不等式。

师：用同样的方法我们可以得到，直线左上方区域的所有点满足不等式 $x-y+4<0$。于是我们知道，直线将整个平面区域分成了3个部分（图5），直线上的所有点（x，y）满足方程 $f(x, y)=0$，而直线某一侧的所有点（x，y）会使方程 $f(x, y)$ 大于0或小于0。

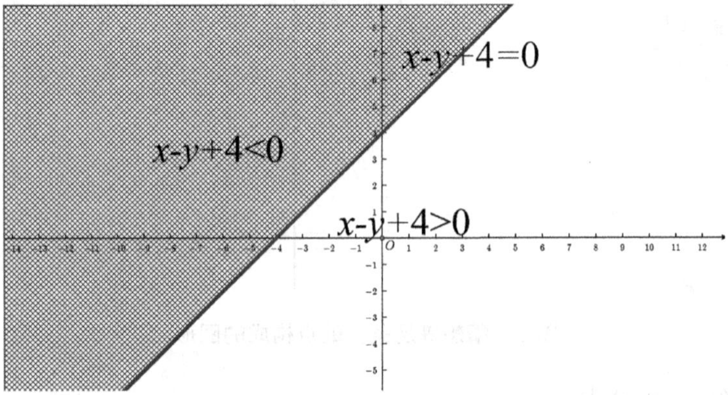

图5　二元一次不等式所表示的区域

设计意图：数学是一门严谨的科学，只靠部分点满足结论还不够，这就可以借助信息技术得到证明。同时在这一过程中培养学生严谨的科学精神。

3. 动手画图，总结方法

师：请大家在纸上画出二元一次不等式 $x+3y\geqslant 12$ 所表示的平面区域。

学生先独立完成再相互交流。

师：请一位同学展示你所画出的图形，并说说你是怎么画的，有什么步骤。

生：我先算出直线上2个点的坐标，画出该方程所对应的直线；然后在直线的左下方取几个特殊点代入 $x+3y-12$，发现它们都小于0，所以我认为二元一次不等式 $x+3y\geqslant 12$ 所表示的区域应该是直线及其右上方的所有区域。

师：不错，二元一次不等式 $x+3y\geqslant 12$ 所表示的平面区域确实是直线及其右上方的所有区域。在确定区域时，需要取几个点吗？能不能更简单点？

生：只需取原点，将其代入不等式 $x+3y\geqslant 12$，如果它使该不等式成立，则表明 $x+3y\geqslant 12$ 所代表的区域就是原点所在的区域，否则在该直线的另一侧。

师：很好，我们确定二元一次不等式所表示的区域，总结为8个字——以线定界，以点定域。第一步，确定边界直线；第二步，取特殊点（0，0）、（0，1）、（1，

0）中的一个代入不等式，满足该不等式，则不等式所表示的区域就是所取点所在区域，否则就是直线的另一侧。

师：请大家画出二元一次不等式 $x+3y>12$ 所表示的平面区域，并想想它和 $x+3y\geqslant 12$ 所表示的区域有什么区别。

生：从这两个不等式来看，一个有等号，一个没有等号，所以它们的图形就相差一条直线。

师：对，为了区分不等式有无等号，我们把不等式有等号时的边界直线画成实线，无等号时的边界直线画成虚线（图 6）。

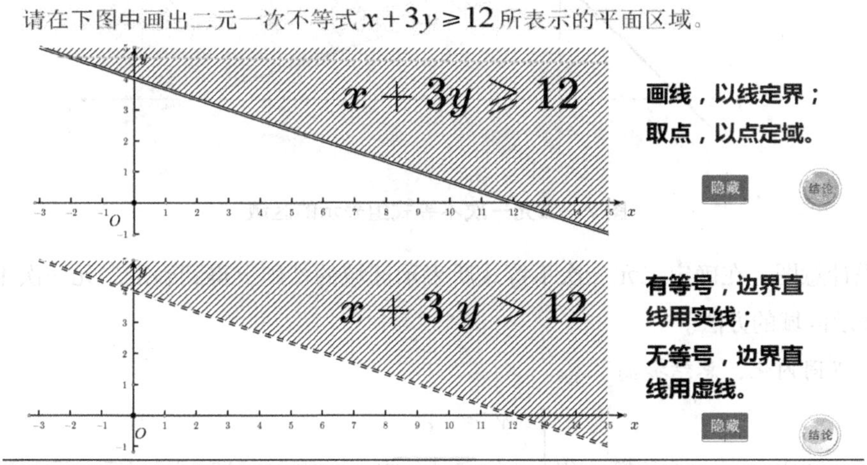

图 6　二元一次不等式表示区域的结论展示

设计意图：确定二元一次不等式所表示的区域归纳为“以线定界，以点定域”，“有等号与无等号”对应着边界直线的“实与虚”。

（三）探究二元一次不等式组所表示的区域

1. 动手操作，总结步骤

师：接下来，我们探究二元一次不等式组表示的区域。请在下图中画出二元一次不等式组 $\begin{cases} x-y\geqslant -4 \\ x+3y\geqslant 12 \end{cases}$ 表示的平面区域。

师：请一位同学展示你所画的图形，并说说你是怎么确定二元一次不等式组所表示平面区域的，有什么步骤。

生：我先画出每个不等式对应的区域，然后找出它们的公共部分。

师：不错，确定不等式组对应区域的具体步骤是先确定每个不等式对应的区域，再取这些区域的交集（图 7）。

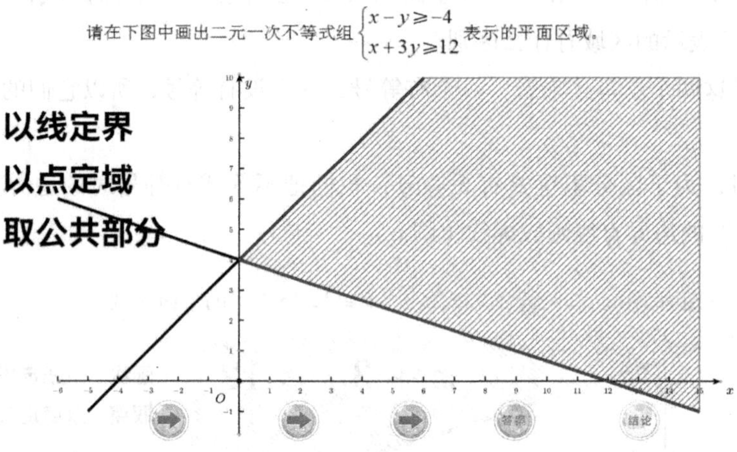

图 7 二元一次不等式组表示的区域

设计意图：在确定二元一次不等式所表示区域的基础上得到确定二元一次不等式组所表示区域的方法。

2. 巩固内化，总结提高

师：画出二元一次不等式组 $\begin{cases} x-y \geqslant -4 \\ x+3y \geqslant 12 \\ x+y \leqslant 8 \end{cases}$ 表示的平面区域。画完后，再总结由这节课，你学到了什么知识，掌握了什么方法，还有什么问题。

学生画完后，相互交流。教师请部分学生总结。

生 A：通过这节课，我知道二元一次不等式所确定的区域就是对应直线某一侧所有点组成的平面区域。确定二元一次不等式所表示的区域，分 2 步，第一步，以线定界，第二步，以点定域。

生 B：确定二元一次不等式组所表示的区域只需要在刚才的基础上取这些区域的交集即可。

设计意图：归纳总结，形成一般性结论，为后面的学习打下基础。

（四）拓展延伸，能力提升

师：同学们总结得很不错，最后请同学们分组合作，大胆想象，在纸上设计出美丽的图案，并尝试用不等式组来表示它。

学生分组活动，随后教师邀请部分小组上台展示。

师：同学们设计的图案都很有创意。此情此景，让我想起了数学家华罗庚写过的一首词（图 8，师生齐读中间的两句话）。

> 数与形，本是相倚依，焉能分作两边飞。
> 数缺形时少直觉，形少数时难入微。
> 数形结合百般好，隔裂分家万事非。
> 切莫忘，几何代数统一体，永远联系，切莫分离！
>
> ——华罗庚

图 8　数学家华罗庚总结的体现数形结合的词

设计意图：学以致用，就是要将学到的知识应用于实际。通过学生自己设计“美”的作品，发表设计意图，提高学生能力素养，形成美的才智、美的情趣。

表 1　部分学生作品展示

学生手绘作品	网络画板美化后的作品
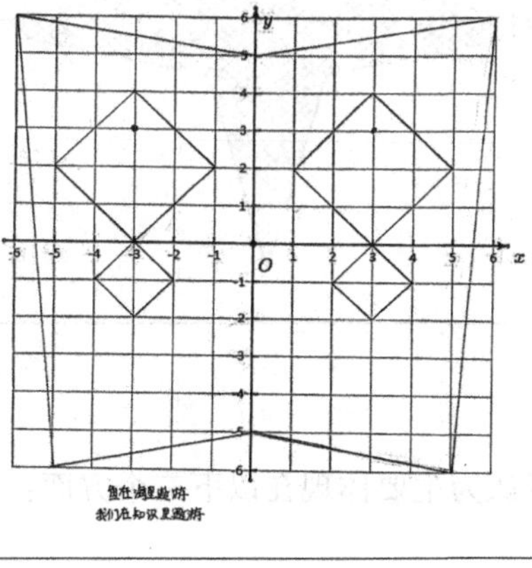	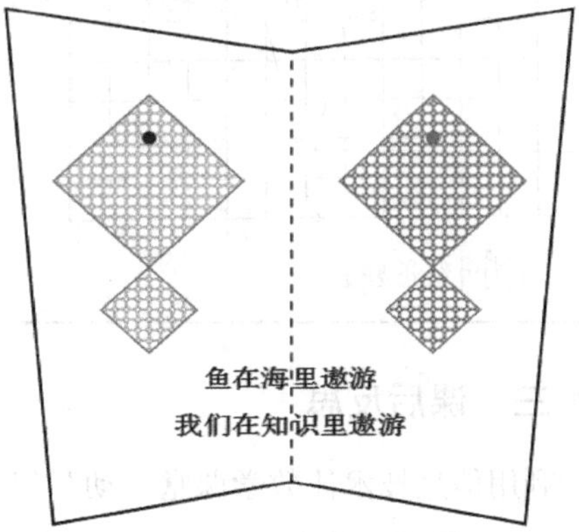

续表

<table>
<tr><th>学生手绘作品</th><th>网络画板美化后的作品</th></tr>
<tr><td>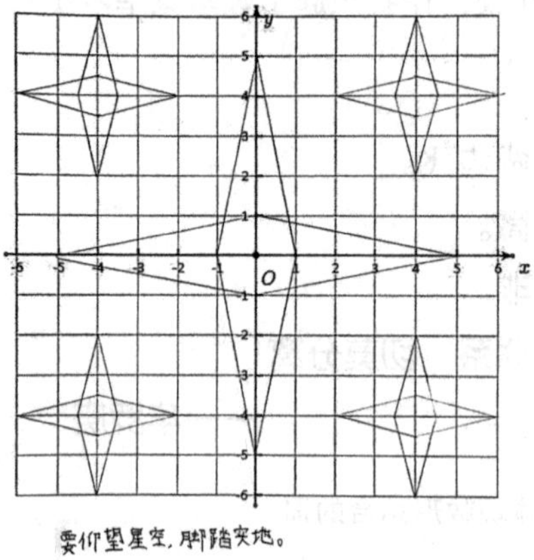
</td><td>
</td></tr>
<tr><td>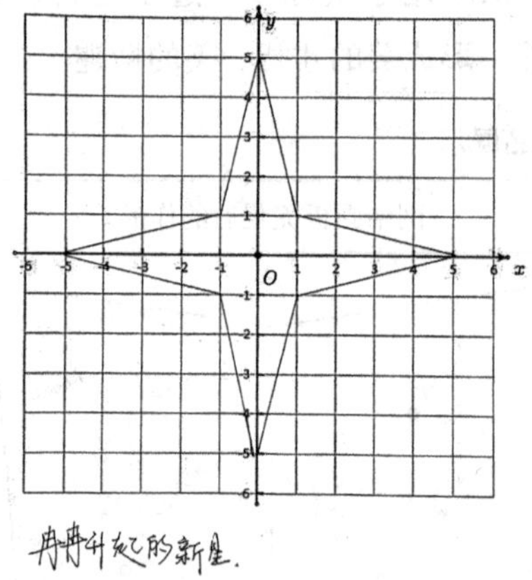
</td><td>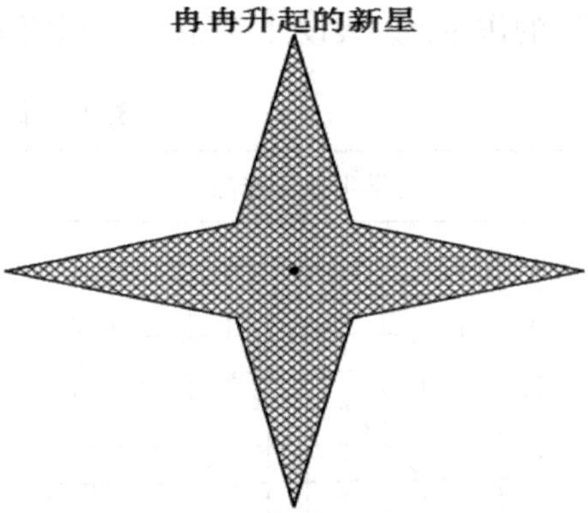
</td></tr>
</table>

三、课后反思

利用信息技术让数学课堂“动”起来，笔者认为主要体现在以下三个方面：

（一）教师“动”

教师要围绕本节课的教学目标、重难点等内容，思考如何利用信息技术，才能充分调动全体学生的学习积极性，集中注意力。本节课用“网络画板”制作的动图“心形线”引入，意在吸引学生的注意力，同时强调图形与方程之间的联系，体现“数形结合”的思想。为了突破本节课的难点“直线某一侧的所有点（x，y）会使方程f（x，y）大于0或小于0”，笔者利用“网络画板”设计了跟踪射线使射线扫过整个不等式区域的过程，验证了结论，加深了学生的理解。

（二）软件“动”

适合做数学实验的主流软件有几何画板、网络画板、GeoGebra 图形计算器等。这些软件操作方便，可实现可视化，具有交互性，还具有强大的动态功能，通过动态演示，让学生反复观察、尝试、共同研讨，最终得出结论。在探究不等式表示的区域的时候，笔者没有直接给出结论，而是让学生拖动任意点来观察代数式值的情况，学生通过观察很容易得到结论。

（三）学生“动”

在问题解决的过程中，学生亲身经历动手画图，动脑思考问题，在电子白板上拖动点，一起设计美丽图案等活动。通过这些活动，学生真正地参与到课堂教学之中，亲自体会和感受到数学带来的乐趣；学生可以更好地理解问题的来龙去脉，信息技术的使用让一切可以发生在眼前，数学中抽象的表述，用“电子白板 + 网络画板”的形式表达出来，具有可视化、生动具体、形象直观等特点，帮助学生更好地理解数学中的抽象，从而提高学生学习数学的兴趣，拉近学生和数学之间的距离，这样学生就能在数学课堂上自主地“动”起来。

总之，合理运用现代信息技术，可以改变数学课堂中的一些现状。学生从以前的“听数学”变成在教师指导下“做数学”；学生以前是被动地接受“现成”的数学知识，而现在可以像数学家一样，通过实验、观察、发现、猜想、验证、归纳、表达等活动，去发现、探索数学知识，感受数学发现的艰辛、挫折和快乐，学生真正成为课堂的主人。数学课堂也因现代信息技术的运用而生动起来。

参考文献

［1］中华人民共和国教育部．普通高中数学课程标准（2017 年版）［M］．北京：人民教育出版社，2018.

［2］韩淑芳，胡玲君．基于电子白板应用的几何变换教学初探［J］．中学数学教学参考（中旬），2017（5）：22–25.

［3］孙彦．让“数学实验”走进中学课堂［J］．数学通报，2018（3）：41–43.

［4］刘志蕊．课例：线性规划（第一课时）［J］．中学数学教学参考（上旬），2016（9）：6–8.

［5］张志勇．高中数学可视化教学：原则、途径与策略［J］．数学通报，2018(7)：

21–24，28.

[6] 戈峰 . 现代教育技术下高中数学实验案例的开发与研究 [J] . 中学数学教学参考（上旬），2018（6）：18–21.

作者简介

邓洪亮：成都市青白江区川化中学数学教师，中小学一级教师。

肖成：成都市青白江区川化中学数学教师，中小学高级教师。

信息技术下小学数学教学优化策略

广州市番禺区东湖洲小学　梁智丽

【摘　要】当今的社会是一个信息化的时代，我国的初级教育教学也应跟上时代的步伐，教育教学要结合互联网的信息技术。由于小学教育属于我国的初级教育教学，因此该阶段的教学模式对于学生日后的发展以及学生养成自主学习的思维模式起着至关重要的作用。在此基础上，笔者将以小学数学教学为例，对小学数学在信息化的新时代下如何教学进行分析，从而使我国教学模式不断创新，为我国的教育教学的发展出一分力。

【关键词】信息技术；小学数学；教学；优化

一、引言

伴随着计算机和信息技术的快速发展，人们进入了互联网的信息化时代，信息技术的概念将广泛应用在每个领域，从而加快了我国社会经济的发展。目前，信息技术在教育领域也得到了广泛的运用，既转变了以往老旧的教育观念，又对我国的教学模式进行了改革和创新，从而使我国的教育教学迈上了新的台阶。在小学阶段，数学是一门重要的课程，在互联网的新时代下，教师对小学数学教学进行研究达到优化策略，这样有利于形成现代化和创新的教学模式，从而大大提高我国的教学质量，使小学生得到全面的发展。

二、信息技术为小学数学教学带来的优势

（一）增强学科的科学性

在以前的教学模式中，教师由于在时间和空间上都受到很大的限制，因此只能根据教学资料来上课，导致学生的知识面比较狭窄，致使教师的教学质量得不到很大提高。但自从教师使用信息技术的授课模式以后，传统的教育教学不断完善和健全，这

样的教学模式具有科学性，同时教学的质量也得到很好的提高。

（二）大幅度提升课堂容量

运用信息技术进行授课，使网络和课堂相结合，这样的授课模式使学生能够积极主动地投入到课堂当中，提高学生学习兴趣，不再被动接受学习。另外，在学生接受网络授课时，能打破很多的限制，使学生可以随时随地地学习，想要学的知识随时都可以搜到，这样学生所学的知识量以及学习的空间都可以拓宽，更有利于学生的成长和发展。

三、信息技术时代下小学数学教学现状

在信息技术高速发展的新时代，人们也已全面进入信息化时代的洪流中，不管是国家，还是企业、学校等各个领域，都已广泛应用了信息化的技术。《教育信息化十年发展规划（2011—2020年）》明确表示信息化的教育模式是我们教育事业未来发展的方向。

信息技术学习空间主要是借助信息化使教学和学习相结合的一种教学模式。数学是一门思维空间比较抽象的学科，如上所述，在学生计算数学题进行推理的过程中，需要学生转变思维模式，使用三维空间的思维进行推理。因为各个学生的思维模式都各不相同，在学习进度一致的情况下，很难使数学的教学成果达到优秀。因此，将信息技术应用于数学教学中，这确实是一大创举。信息技术可以运用在推算数学题的过程中，结合实物进行教学，从而使学生借助信息技术下的虚拟空间来锻炼学生的推理能力。

四、信息技术下小学数学教学优化策略

（一）激发学生学习兴趣，提高数学课堂整体教学效果

由于小学生对未知事物有很强的好奇心，比较好动，上课时很难十分专注，导致学生不能在课堂上完全掌握所学的知识内容。那么，教师可以创设有趣的故事情境，激发学生的学习热情，结合信息技术通过多媒体给学生展示生动有趣的动画教学材料，吸引学生的注意力，使学生产生极大的学习兴趣，从而不断提高教学质量和教学水平。

比如，教师可以把教学内容制作成动画教材，给学生授课。在“0的含义”这节课的授课当中，大部分学生都不明白0意味着什么都没有，但为什么还要有0的存在

呢？在以往的教学模式中，教师常常会通过讲故事的方法来引导学生明白，把0放在其他数字后面就可以使整个数据增大；借助多媒体技术，教师还可以把每一个数字制作成动画人物，可以让学生来比较这些数字的大小，因为0比任何数字都小，所以比赛失败，就特别难过，其他数字们比较善良，此情此景，不愿看到0伤心，就愿意和0结为一队，变成10，20，30……因此取得了比赛的胜利，数字朋友们之间的友谊更牢固了。借助这一次的动画教学，学生的注意力高度集中，被动画内容牢牢吸引，从而使学生在寓教于乐中明白了0的深刻内涵。

（二）运用信息技术辅助数学课前预习，奠定良好的基础

无论学习什么课程，课前预习都是一项重要的环节。学习小学数学更不能例外，预习环节必不可少。在以往的教学中，学生预习只依赖课本，预习资源比较单一，不能科学合理地预习，致使很多学生的课前预习都停留在形式上。伴随着信息技术的广泛运用，学生预习的方式更加科学合理，预习资料更加丰富，这样就可以不断提升学生的学习效果。

比如，在学习“认识人民币”时，教师可以借助信息技术界面向学生出示人民币的动画图片，之后引导学生在生活中和网络中收集各种人民币，使学生通过观察和思考来区分各种人民币，从而了解人民币的差异。通过思考的方式使学生的自我认知能力得到很大提高，从而为开展课堂教学打下坚实的基础。

（三）运用信息技术帮助教师提升数学教学水平

信息技术的应用，可以使教师针对课堂教学进行多样化的展示。在以往的教学模式中，教师只能运用黑板、粉笔、实体教具等对知识点进行讲解，不够灵活。在信息技术应用中教师可以使用动画、音频等形式的教学资源，从而使自身的教学质量得到提高；也可以在互联网信息技术中汲取其他教师网络教学的优良成果，将其运用到自身的课堂教学中去，提高自身的教学成果。

比如，当教师给一年级学生讲“认识图形”这一节课时，在讲解有关“图形”的内容时，如果教师只通过传统的工具——黑板和粉笔的话，想画出一些标准的图形是很困难的，所画的图形有可能不符合事实，这样就会影响教学的质量和成效。然而，当电子白板应用以后，我们就可以轻松解决这一问题，不但节省了教学时间，而且画出来的图形能够合理地操作变形，加深学生的理解。这样开展教学活动就会更加方便，学生的知识形态也发生了改变。

（四）运用信息技术创新课堂检测方法

小学数学课堂的传统检测方法，普遍为计算练习、课后习题等书面练习，内容过于单一。而且教师只能通过巡堂粗略查看学生们的掌握情况，针对错得比较多的题目进行再次讲解，不能覆盖所有学生。在信息技术下，许多产品以及功能都能帮助教师弥补此缺陷。就如狸米学习 App，它的“智能化达标评测”功能，能选择与我们匹配的教材版本和教学进度，每个课时都会有智能化的训练和评测。在保持难度和题型一致的前提下，做到题目新颖、题型全面。根据正确率，狸米为每一次评测都给出相应的星级评价，让学生及时得到知识掌握程度的有效反馈。通过数据传输，教师可以及时知道这些题目的正确率以及做错的学生是谁，选了哪个错误选项，从而有针对性地评讲。如果学生错过了课堂教师的评讲，那么它的另一个功能“个性化错题辅导”能起到补缺的作用。在学生进行评测后，它能提供每一道题目的答案和文字解析，针对难题配备“讲题视频”，通过“视频化题目讲解”实现有效辅导，突破难题。此外，狸米学习不要求学生订正原题，而是通过举一反三的变式题目来检测掌握情况，能够帮助学生突破重难点和易错点。这些信息技术给教师进行学生学习情况的检测提供了便利，也为学生在家自学提供了技术支持。

五、总结与展望

伴随着科学技术的飞速发展，信息化教学使我国的教育事业发生了翻天覆地的变化，坚持信息技术下的教学优化是我们数学教师不懈的追求。信息化教学不仅能应用于我们的小学数学教学中，还体现在我们创立了现代化的创新课堂，我们既可以快速地获得信息，又可以丰富我们的教学手段，从而使小学数学的教学课堂更加的丰富多彩。既可以提高学生的自主创新能力，也可以优化我们的教学成果。

参考文献

［1］张作嵫．“互联网 +”视域下小学数学教学的优化策略［J］．西部素质教育，2019（23）：112-113.

［2］毛晓云．“互联网 +”时代如何提高小学数学教学效果［J］．新教育时代电子杂志（学生版），2017（19）：20.

［3］赵越．移动互联网时代下的小学数学教学实践［J］．学苑教育，2019（5）：56.

［4］杭韫．“互联网 +”时代小学数学教学的优化途径探析［J］．考试周刊，2019

（84）：2.

［5］徐艳芳. 互联网＋背景下小学数学智慧课堂的构建策略探讨［J］. 读写算，2019（5）：7.

作者简介

梁智丽：广州市番禺区东湖洲小学数学教师，中小学二级教师。

深度教学与信息技术融合的实践研究

——以数学应用问题教学为例

成都市青白江区川化中学　肖　成　邓洪亮　庞　萍

【摘　要】在高中数学建模、“数学作文”及数学文化等内容的课堂教学中引入信息技术，不仅对创设问题情境、增大课堂容量、激发学生兴趣、培养学生思维能力、提升课堂教学质量有很大帮助，而且也能促进师生掌握网络画板、CAS 等信息技术，进而提升教师信息化教学水平。

【关键词】信息技术；数学教学；实践案例

一、引言

现代教育思想指导下的数学课堂教学，是以学生发展为本，以思维训练为核心，以丰富的信息资源为基础，以现代信息技术为支撑，学生通过自主探究，合作研讨，主动创新，获得知识和掌握技能。新课程改革背景下，高中数学应用问题和实践探究内容的教学越来越多，教学难度也越来越大，而教学时间又不充裕，高考评价体系也明确提出“一核”即立德树人、服务选材、引导教学，“四层”即核心价值、学科素养、关键能力、必备知识，“四翼”即基础性、综合性、应用性、创新性的评价要求。而应用性要求主要以贴近生活、贴近社会、贴近时代的生活实践进行考查。因此，建构“数学建模”“数学作文”“数学文化”等探究、应用内容的高质量课堂就显得至关重要。课堂教学中，借助网络画板、CAS 手持技术等信息技术手段让学生积极参与并实践体验，培养学生探究创新能力，从而适应社会的飞速发展。本文结合自身教学实践给出了三个利用信息技术深度教学的实践案例，以飨读者。

二、数学建模深度教学实践案例

新课程标准的实施给我们带来了全新的教育理念。注重课程内容与学生的生活和社会的联系，关注学生的兴趣和已有的知识经验，重视学生的感受与体验；倡导培养学生主动参与、乐于探究、勤于动手以及搜集资料信息和处理信息、分析解决问题、获得新知识的能力。我国高中数学建模是在2003年国家《普通高中数学课程标准（实验）》的颁布之后正式提出的。由严士健等主编的《普通高中数学课程标准（实验）解读》中的第十一章，对数学研究、数学建模和数学文化作了详尽的解读，其中提出数学建模的含义从两个层面理解：一是作为贯穿整个过程的指导思想，在每个数学内容的学习过程中通过"问题情景—建立数学—运用数学"的过程，在学习数学的过程中，获得对数学的理解；二是作为一种学习方式，一种过程，一种活动。在新一轮数学课程改革中，数学建模已作为一个全新的主题单元。如何从数学的角度出发，利用信息技术分析和处理我们周边生活及生产的实际问题亟待解决。

数学建模深度教学实施步骤如下。

第一步：将班级学生分成4—5人一组，明确组员的主要职责。

第二步：指导学生学习相关数学软件，如网络画板、CAS手持技术等。

第三步：介绍数学建模方法及操作过程，按提出问题、分析问题、建立模型、求解模型、检验分析、撰写小论六个环节进行例题讲解和指导。

第四步：结合教材编拟数学建模问题，设置问题要有深度。

第五步：学生实践操作，对学生成果评价指导。

在上述实践过程中，学生在模型求解及检验分析的环节必须借助信息技术才能更好地完成任务。

三、数学作文深度教学实践案例

数学作文是学生根据对某个数学问题或数学现象进行深度理解和思考，并将所学知识进行归纳和总结，再用自己的语言表达出来的过程。通过数学作文能加深对数学概念、原理、公理、定理的理解，也是深度学习的必然要求。加强数学作文教学不仅有利于培养学生数学应用知识的能力，而且对提升学生数学素养也有较大帮助。

（一）开展数学作文的操作步骤

第一步：命题。数学教学过程中，教师可根据教学中的重点、难点给学生设置数学作文题目。如《我心目中$y=A\sin(\omega x+\Phi)+B$的图象和性质》，又如《双曲线渐近线之我见》《圆锥曲线焦点弦性质探究》等。

第二步：分组。将本班学生分成四人一组，对小组成员再进行详细分工，四人各司其职。

第三步：作文。教师希望学生在两周内根据作文题目，查阅资料，相互讨论，并结合自身的理解和认识，用较为优美、简洁、严密的语言写出自己的数学作文。

第四步：小组评选。小组同学抽课外活动时间将自己的作文在小组内相互交流分享，共同修正，最后每小组推荐一篇优秀的作品共同修改提炼，设计信息技术演示方案，共同署名。

第五步：班内交流遴选。任课教师利用自习课在数学实验室让各小组同学交流展示，由全班同学和教师共同投票评选出一、二、三等奖，现场发奖给予鼓励。

通过数学作文教学的开展，学生们加深了对数学问题的理解，激发了数学学习的热情。同时，学生们广泛参与，团结协作，积极为小组贡献力量，学生参与过程中，相互理解和包容，形成了良性的竞争氛围，不仅调动了学习的积极性，而且增强了集体荣誉感。每学年结束，将全班选出的一、二等奖作品编辑成册，也能让学生享受到成功的喜悦。数学作文班内展示阶段，学生利用自己掌握的信息技术，如 CAS 手持技术、网络画板软件、几何画板软件等在数学实验室演示验证自己的结论，很多时候让教师感到惊艳，进一步拉近了师生之间的距离，让师生相互促进，相互欣赏，融洽了师生关系。

（二）数学作文案例展示（学生习作）

我心目中的 $y=A\sin(\omega x+\Phi)+B$ 的图象总是那么优美又绚丽多姿，A、ω、Φ、B 四个参数各显神通。当 Φ 变大时，图象的横坐标就会缩小相应的倍数，如 $y=A\sin(x+\Phi)+B$ 变为 $y=A\sin(3x+\Phi)+B$，横坐标就会缩为原来的$\frac{1}{3}$，反之亦然。Φ 和左右平移有关，当 $\omega\neq 1$ 时，先平移后伸缩和先伸缩后平移，平移量就会改变，如将 $y=A\sin x+B$ 的图象变成 $y=A\sin(\omega x+\Phi)+B$ 的图象，若先平移后伸缩，平移量为 Φ；若先伸缩后平移，平移量为$\left|\frac{\Phi}{\omega}\right|$，正因为这一点比较混淆，所以我们在考试中经常见到它。A 和 B 与纵向变化有关，A 和纵向伸缩有关，B 和纵向平移有关，它们和横向变化是一致的，先平移后伸缩和先伸缩后平移，平移量也不相同。

小组利用 CAS 手持技术展示说明当四个参数 A、ω、Φ、B 变化时，$y=A\sin(\omega x+\Phi)+B$ 图象的变化情况。

展示过程：

第一步：展示改变 ω 图象发生的变化；

第二步：展示改变 Φ 图象发生的变化；

第三步：展示改变 B 图象发生的变化；

第四步：展示改变 A 图象发生的变化。

四、数学文化深度教学实践案例

数学文化是指数学的思想、精神、方法、观点、语言，以及它们的形成和发展，除上述内涵以外，还包含数学家、数学史、数学美、数学教育、数学发展中的人文的成分、数学与社会的联系、数学与各种文化的关系等。

数学的内涵包括用数学的观点观察事实，构造数学模型，学习数学的语言、图表、符号表示，进行数学交流。通过理性思维培养严谨素质，追求创新精神，欣赏数学之美。数学文化离不开数学史，但不仅限于数学史，当数学文化的魅力真正渗入教材、到达课堂、融入教学时，数学就会更加平易近人，数学就会通过文化层面让学生进一步理解数学、喜欢数学、热爱数学。那么如何挖掘试题中的数学文化，并借助信息技术高效解决数学问题呢？下面给出一个实践案例。

题目：在△ ABC 中，a，b，c 分别为内角 A，B，C 的对边，且 $b=2$，$c=2a$。

（1）若 $B=60°$，求△ ABC 的面积；

（2）求△ ABC 面积的最大值。

本题若用普通的解三角形知识求解，则解法如下：

解：（1）∵ $b=2$，$c=2a$，$B=60°$，故由余弦定理：$b^2=a^2+c^2-2ac\cos B$，

可得，$a^2=\dfrac{4}{3}$，从而 $S_{\triangle ABC}=\dfrac{1}{2}ac\sin B=\dfrac{\sqrt{3}}{2}a^2=\dfrac{2\sqrt{3}}{3}$；

（2）因为 $b=2$，$c=2a$，由余弦定理：$b^2=a^2+c^2-2ac\cos B$，

可得，$a^2=\dfrac{4}{5-4\cos B}$，从而 $S_{\triangle ABC}=\dfrac{1}{2}ac\sin B=a^2\sin B=\dfrac{4\sin B}{5-4\cos B}$，

令 $y=\dfrac{4\sin B}{5-4\cos B}$，则 $5y-4y\cos B=4\sin B$，即 $\sin B+y\cos B=\dfrac{5y}{4}$，

可得 $\sqrt{y^2+1}\sin(B+\theta)=\dfrac{5y}{4}$，其中 $\tan\theta=y$，θ 的终边经过点 $(1,\ y)$ $(y>0)$，

因此取 θ 为锐角，所以有$\frac{5y}{4} \leqslant \sqrt{y^2+1}$，解得 $0 < y \leqslant \frac{4}{3}$，

因此，当 $\theta = \arctan \frac{4}{3}$，$B+\theta = \frac{\pi}{2}$即 $B = \frac{\pi}{2} - \arctan \frac{4}{3}$时，$S_{\triangle ABC}$ 取得最大值$\frac{4}{3}$。

若挖掘题目条件，以数学文化中阿波罗尼斯圆为背景，发现三角形 ABC 顶点 C 满足阿波罗尼斯圆的条件，利用网络画板软件，制作以上课件进行展示，则学生很容易发现三角形面积的取值范围，再引导学生建模寻找该阿波罗尼斯圆的半径，从而使问题获得解决。这样不仅激发了学生学习数学文化的兴趣，而且也有助于培养学生思维能力。图 1 为网络画板制作的演示课件。

图 1　利用网络画板辅助教学公开课

五、研究展望

利用信息技术进行数学应用问题的教学，优势在于激发了学生的求知欲望，充分调动了学生们参与的积极性，培养了学生的动手动脑能力。例如在数学建模和数学作文教学中，每位学生既会在小组中承担一定的任务，又要配合小组成员完成教师布置的作业任务。在这个过程中，他们团结协作，荣辱与共，相互学习，共同进步，不仅帮他们树立了团队协作意识，也有助于他们对一些数学原理、数学概念进行深入理解，准确表达，缩短了学知识到用知识的周期。又例如在数学史、数学文化试题讲评教学时，让学生们深入挖掘试题涉及的数学文化，再利用信息技术制作动画演示，有

利于激发学生的学习热情，优化解题方法。当然，在我们的实践研究中也存在一些问题，教师和学生的信息技术水平的高低会制约问题解决的优劣。例如，有些时候，学生们建立好了数学模型，但不会用制作网络画板的课件，因此在演示和分析模型求解结果时就显得有些苍白。所以抽什么时间对学生学习所需的信息技术进行培训和指导，使用什么培训内容教程等问题一直困扰着我们。随着高考新课程的进一步实施，我们相信有更多的同行会进行研究和实践，也一定能解决好当前存在的问题。

参考文献

［1］李成海. 浅谈多媒体在数学教学中的应用［J］. 教育界（中旬），2015（2）：22–25.

［2］李勇，赵静宇，史辰羲. 高考评价体系的基本内涵与主要特征［J］. 中国考试，2019（12）：7–9.

［3］刘秀芬. 浅谈如何运用多媒体丰富小学数学课堂［J］. 读与算（教育导刊），2015（22）：1.

［4］张莫宙. 多一点数学文化的考题［J］. 数学教与学，2019（9）：18–19.

［5］王新香. 数学阅读理解能力培养与初探［J］. 教学管理与教育研究，2017（22）：21–22.

作者简介

肖成：成都市青白江区川化中学数学教师，中小学高级教师。

邓洪亮：成都市青白江区川化中学数学教师，中小学一级教师。

庞萍：成都市青白江区川化中学数学教师，中小学一级教师。

小学数学教师信息化教学技能现状及提升对策

阳江市阳东正雅小学　陈晓华　刘　蓉

【摘　要】数学在信息时代的作用越来越重要，它与其他学科融合并向前发展。因此，数学学科在学生学习阶段的重要性不言而喻。同时，小学数学的信息化教学越来越普遍，这对小学教师的信息化建设提出了额外的要求。提高小学数学教师的信息化水平在日常数学教学中发挥着越来越重要的作用，因此提高小学数学教师信息化技能的策略也是了解小学数学教师教学能力的重要方面。本研究通过分析小学数学教师信息化教学存在的问题，提出了对小学数学教师信息化教学能力提高的策略。

【关键词】小学数学；信息化教学；教师

一、引言

随着大数据时代的到来，全国许多小学数学教师面临着将大数据转化为信息和知识的挑战。长期以来，传统的小学数学教师往往根据自己的教学经验和感知能力来决定教师队伍的未来决策。这虽然有一定的优点，但具有强烈的情感色彩，判断很容易出现偏差。尤其是小学数学教师每天面对数十名学生，不能关注每一位学生的需要，了解每一位学生固有的缺点。随着大数据时代的到来，小学数学教师必须能够利用数据为个人提供服务，并在未来更加积极地参与。因此，小学数学教师应该能够使用数据。目前，大多数小学数学教师往往只注重数学教学的成果，把成绩作为衡量学生的唯一标准，而忽略了成绩的重要信息。通过对成绩数据的分析，小学数学教师能够利用这些重要的信息来评估学生的学习效果，并深入研究各种数据，找出问题并提出解决方案，从而为教育决策中有效利用信息提供动力。小学数学教师可以利用每天收集到的数据和信息，运用严格的逻辑推理，客观地展示学生的真实形象，让学生了解其优缺点，为学生设计相应的课程，有针对性地克服薄弱环节。

二、小学数学教师信息化教学能力要求

《中小学教师信息技术应用能力标准》中明确了教师在教学过程中应用信息技术的基本要求。特别是教师要应用信息技术进一步优化课堂教学，具有运用信息技术进行课堂教学，讲解知识、启发、示范教学、指导和评价等信息化教学能力。只要有合适的网络条件，教师还应具备利用教学信息技术支持学生的自主学习、共同学习和提高信息化知识的能力。具体要求包括：

第一，教师要明确未来人才培养的新要求，理解信息技术在改进小学课堂教学中的重要作用，要有自主运用信息化技术来优化课堂教学的意识。

第二，教师要充分地了解信息化教学的各种工具和手段，包括各种多媒体教学资源环境的功能以及各种类型，熟练操作互联网及各种多媒体设备。

第三，教师要了解各种与教学以及学科相关软件的功能，并且能够熟练地应用与操作，积极探索各种自主学习的资源与平台。

第四，教师要能够通过多种途径来获取信息化教学资源，掌握加工处理信息化教学资源的能力，从而将学校、家庭以及社会连接成一个网络，来拓宽学生学习的广度和宽度。

第五，教师要具备信息安全意识以及信息道德，以身作则，从而帮助学生建立信息道德与信息化安全意识。

三、小学数学教师信息化教学存在的问题

（一）教师缺乏信息技术的探究意识

教师缺乏信息技术知识是当前教学中的重要问题。在全时代都是技术使用者的信息化时代，要积极探索信息，科技能为人们带来什么，如何正确使用，使其获得更大的价值和意义。在具体数学学科的教学实践中，发现这种信息化模式很难在老教师中实施，原因是一些教师对传统教学方法过于熟悉，导致了一段时间以来年纪越大的教师对学习信息技术越没有热情。笔者还发现，一些教师在收集信息教学资源的同时，往往局限于教科书，不善于在更大范围内拓展教学视野，只是复制教学标准和课程，课程结构缺乏灵活性。但年轻教师更喜欢接受新事物，更容易掌握资讯科技，更有干劲，更善于策划课堂上最好的 PPT 课程，吸引学生的注意力。

（二）教师传统的教学方式与信息化融合困难

部分教师不习惯使用现代信息化手段，对信息化手段的操作掌握不好，在将信息化方法融入数学课堂中遇到困难，难以发挥实际作用。虽然教师对信息化教学有很多的准备，但他们在将信息技术与小学数学教学融合方面，往往会采用僵化的方法，这导致了信息化技能教学困难问题的产生，进而导致数学课堂质量下降，学生出勤率下降。而且在信息化教学过程中，随着信息传播的日益普及，信息化教学手段不断涌现和更新，导致教师虽然很想与信息化技能的发展相适应，但在实践中，他们表现出与信息化技能发展不相适应。因此，小学数学教师需要不断探索信息化教学的途径和手段，同时完善信息化教学。

（三）课堂上忽视学生信息化能力的培养

教师有时候十分注重按照信息化教学模式设计课堂，却忽视了学生信息化技能的培养。很多学生会使用信息技术，但不是用在学习上，而是太热衷于玩网络游戏，所以教师在教学过程中，应教导学生正确使用资讯科技作为工具，教导学生认识事物，尤其是网络中的虚拟事物，并提高学生运用信息技术的能力。在具体的教学实践中，教师不仅要让学生了解数学学科的实用性，还要联系日常生活。课余时间，教师可以在多媒体教学设备中展示与生活相关的数学知识，利用信息技术使知识更容易为学生获得和理解。

四、小学数学教师信息化教学能力提高对策

（一）改变教学观念，提高信息化教学意识

观念是人的行动的指挥者，只有正确的观念，道路才能正确。目前，在小学数学专业，教师们仍然很少运用信息丰富的数学教学方法来教授具体的数学知识。要改变现状，小学数学教师必须改变对信息化的认识，意识到它在小学数学教学过程中的重要作用。当前，在进一步提高小学数学教师信息化教学技能的战略中，首先需要改变小学数学教师的观念，以认识信息化在教学过程中的重要性。提高小学数学教师的信息化水平，不仅仅是运用现代信息化手段或课堂教学辅助手段，如课堂教学资料、电子黑板等现代教学手段。如果仅仅如此，那么小学数学教学方法和传统的“全效”课堂教学方法并没有不同，因为教师没有信息化的技能，只会使用现代教学工具。为小学数学教师培养信息技术教学技能，当然不受这些现代教学工具的运用所影响，但亦不局限于这些工具，更重要的是，教师必须具备信息素养，不断研究教育信息化和深

度融合问题，构建新型教学信息系统，更加有效地将智能教育与基础教育相结合。因此，有必要改变小学教师的旧数学观念，更加深刻地认识到信息化技能在现代信息时代的重要性。

（二）总结学科特点，提高信息化教学设计能力

小学数学课堂的信息化教学要把小学数学课堂与信息技术相结合，各种知识的内容、教材必须与各种信息技术相结合，如果不注意小学数学的知识体系，这样的数学课教学效果不好。这就要求小学数学教师必须能够控制课堂，并根据课堂情况使用各种信息化手段。因此，在提高小学数学教师的信息化教学技能的同时，既要提高他们的信息化能力，又要重视培养小学数学教师监督课堂的技能，比如在特殊课堂上，要注意引进新的课程和时间，它发生在相应的知识节点上，在教学课堂上，思维更加动态，逻辑更加合理，动画在教学中的出现、视频和音乐是合适的。还可以建立相应的学生评价体系，对学生进行更全面的评价。作为小学数学教师，为避免零碎不断的教学，要把课堂上的每一个小环节都放在心上，更好地把小学数学课与信息化技术手段结合起来，提高数学教师的信息化知识水平，从而突出计算机科学教学的优势。

（三）利用信息化资源，提高信息化教学实施能力

小学数学教师的信息化能力主要体现在小学数学教师运用信息化的一些常用手段和工具的能力，以及将信息化方法融入具体数学学科的能力。因此，实现信息化的能力不仅直接存在于数学课堂，而且存在于数学教师运用信息化手段的能力。小学数学教师将信息教学方法与数学学科内容相结合的能力更为重要。教师的教学信息化能力是通过建立新的教学信息网络、改变旧的教学方法和教师的教学结构来实现的，从而实现了新的网络教学方法的创新。从目前信息化的现状来看，可以得出这样的结论：大多数小学数学教师都是根据教学内容在网上进行搜索和下载，部分教师通过与同事的联系和信息共享获取教育信息资源，从而产生了学生在课堂上的主体地位被忽视和教师教学思想难以实现的问题。教师只能使用机械手段，缺少将数学学科融入信息化的技能。

五、结语

小学数学是义务教育中最重要的科目之一，学生在学校除了可以自己努力外，还可以通过教师获得数学知识，提高数学技能。随着时代的进步和现代信息科技技术的发展，小学数学知识更加抽象。因此，在小学数学中，教师必须利用信息技术来促进数学知识的传授。在日常教学活动中，小学数学教师的教学负担较大。因此，要提高信息化知识，不仅需要小学数学教师自身的努力，也需要各级学校和教育机构的大力支持，以进一步提高信息化在小学数学教师日常教学中的比重，提高小学数学教师教学技能。

参考文献

［1］方静．信息化教学在小学数学课堂的应用［J］．教师教育论坛，2021，34（8）：89.

［2］景虹．基于教学做合一的小学数学信息化教学探究［J］．科学咨询（教育科研），2021（4）：194–195.

［3］张晗珺．大数据背景下小学数学信息化教学研究［J］．科学咨询（科技·管理），2021（2）：259–260.

［4］崔社超．小学数学课堂网络信息化教学实践研究［J］．中国新通信，2020，22（12）：161.

［5］陈启文．浅析教育信息化技术在小学数学教学中的应用［J］．中国新通信，2019，21（24）：165.

［6］李林和．以信息技术为载体的数学探究式教学模式思考［J］．成才之路，2020（9）：78–79.

作者简介

陈晓华：阳江市阳东正雅小学数学教师，二级教师。

刘蓉：阳江市阳东正雅小学数学教师，二级教师。

浅谈提升教师信息化教学能力的重要性

陕西师范大学锦园小学　宁秋平

【摘　要】“双减”政策下，教师的信息化教学能力在提高教学效果方面有着非常重要的作用；同时，目前疫情形势仍然严峻，混合式教学模式将成为一种常态化教学；着眼现在，放眼未来，提高自身的信息化教学能力，是当代每一位人民教师必须要面对和解决的问题。

【关键词】“双减”政策；疫情；信息化；效率

随着时代的进步，科技的发展，信息技术在提高教学效果方面发挥着传统教育方式所不可替代的作用，加强自身信息化教学能力的学习，是新时代的教育赋予新时代教师的一项非常重要的任务。

一、新形势下，提升教师信息化教学能力的必要性

（一）“双减”形势下，教师过硬的信息化教学能力将助力打造高效课堂

2021年9月，我国出台了“双减”政策，在学生作业量减少的情况下，如何保证学生学习效果只增不减，高效课堂显得越发重要。教师娴熟的信息化教学能力是提高课堂教学效果的催化剂。比如在学习小学数学北师大版五年级上册第四单元“多边形的面积”的这一单元时，教师充分利用信息化教学，直观展示各种图形面积的推导过程，变静态为动态，不仅可以增加课堂的趣味性，而且有效地降低了知识难度，帮助了那些理解能力较弱的孩子；当得出“等底等高的三角形面积相等”和“等底等高的平行四边形面积相同”等结论时，通过用几何画板直观展示，可以促进学生进一步理解其中的道理，同时也培养了学生的空间观察和想象能力；当学完本单元的知识之后，教师还利用几何画板直观向学生展示极限思想，动态展示这几种图形之间的关联，使得学生深刻感受到原来这些图形之间存在着千丝万缕的关系，既培养了学生的

空间几何能力，又使得学生的数学能力得到了非常大的提升，既夯实了基础，又为今后几何知识的学习奠定了一定的基础，增强了学生的学习自信。所以，教师在教育课堂过程中，灵活、恰当、合理地把信息技术渗透到课堂教学中，不但提高了课堂教学的趣味性，还能够助力打造更有效的课堂教学，为“双减”政策助力。

（二）疫情形势下，混合式教学模式将长期存在

2020 年 1 月，一场突如其来的新型冠状肺炎疫情，打乱了人们正常的生活节奏，为了控制病毒肆意蔓延，我国采取了居家隔离的政策，教师们不得已开启了一段漫长的线上教学之旅，突然之间，QQ 直播间、腾讯会议、抖音等多种直播软件登上教学舞台，成了教师们研究和学习的焦点。据调查，当时有很多教师被焦急、迷茫等多种情绪缠绕着，如何在最短的时间内熟悉各种软件的操作方式以达到灵活应用，尽最大能力减少线上教学的弊端呢？教师们在不断尝试和改进过程中，逐渐地适应了腾讯会议、QQ 直播间等直播方式，领悟到了其中的一些操作技巧，才使得线上教学有序进行。将近 3 个月的线上教学经历让教师们印象深刻，在此期间，一些教师由于信息化教学能力不强，导致线上教学效果非常不好，孩子们的学习效果低得吓人，家长焦虑。相信从那时起，一线教师们都深刻认识到了信息化能力真的太重要了。据医学专家预测，新型冠状病毒很有可能将长期存在，且在秋冬季节极易盛行，为了有效地保障受教育儿童的生命安全，线上教学将成为一种常态化教学方式，此时此刻，我们要随时做好线上与线下教学自由切换的准备，这就迫切地要求我们在掌握基本直播软件的同时也要深刻领悟其他的一些碎片化信息化能力，比如微课的录制、EV 剪辑、课件的动态展示、“敲黑板”App 的使用能力，这将为线上线下的教学效果增光添彩。

（三）教师队伍的信息化教育能力，是新时期教育系统自身学科发展的基本要求

处在教育信息化发展时期的每一个教师，都必须带着探索与终身学习的精神，教师们身为传道授业释疑解难者，一定要具有超前意识，率先适应时代新趋势、进入全新角色，时刻清楚社会需要什么样的人，培养怎样的人，从教学理念、教育思维、教学内容、教育观、学生观、人才观等各个方面展开多维思索和全面研究，并着眼现代化发展，将这些思维与精髓领会渗透，去指导学校、家长与社会各界顺应新趋势，发展新教育，创造新人才。不断突破自身的教育适应圈，通过尝试新鲜事物、探究新鲜事物、运用新鲜事物、掌握新技能、获得新认识、建立新自信，迅速地调适甚至转变自己的教育行为，并主动地投入到当前信息化发展教学改革的大潮中去，深入研究幕布、腾讯会议、EV 录屏、雨课堂、问卷星、UMU、几何画板等信息化发展教育工具，这既是当今教育改革的需求，又是作为新时期的信息教育对自身职业发展的重要需求。教师们要有开阔的心态、勇于实践的气魄，与教学的信息化时代相随共舞，做一个当代合格的新教师。

（四）教师的信息化教学方式是当代学生身心发展的需要

古往今来，万事万物都在发生着潜移默化的变化，教育如此，受教育者亦如此。现在的儿童是一群生活在新时代、高科技下的个体，孩子们的生活环境已不再是以前的样子，学生对课堂的期望也不再停留在以往的“三尺讲台，一个教师，一根粉笔”上，他们追求个性化发展，个性化创造。在这样一个日新月异的新时代，我们的课堂必须要符合学生的身心发展规律，投其所好，不可再用昨天的方式教今天的学生，这样的教育注定是要失败的。所以，学校必须要不断提升自身现代化教育管理水平，以便更有效地提高教育教学质量，从而促进中小学生核心素养的全面发展，形成教育战线上大势所趋的洪流。

二、提升教师信息化教育能力的有效途径

（一）积极参加培训活动

为了进一步提高教师的信息化教育技术水平，校内外会定期举办师资培训活动，重点是对教师进行信息化技能培训，使其可以在自己所任课程里应用信息技术实现二者有效融合，以便提升课程质量。作为一线教师，我们一定要积极投身到各种培训与学习中，为信息化能力的提高铺就一条理论学习、探索之路。

（二）主动参与课题研究

在新冠疫情的影响下，更多的教师们主动投身到了与提高教师信息化水平有关的课题探索中，如“如何提高教师的信息化教学水平”“微课在小学数学学习中有效应用的案例研究”“如何利用信息化手段对学生学习情况进行针对性评价”等，教师们在探索过程中不断实践，不断反思，逐步提升自己的信息化学习能力，优化教学方式。通过课题研究帮助教师们逐渐摆脱了以前教育信息化的“傻白甜”特质，增强了自身的教学自信，提高课堂教学质量，新的教学方式受到学生的青睐。

（三）合理利用网络功能

人机共教时代正在缓缓地向我们走来，校园内随处可见互联网教学的影子。网络资源内涵尽管多姿多彩，但是在课堂中我们往往只需要其中很小的部分，这就需要我们下载可用的网络资源，并结合自身教学所需对其进行重组，优化后再运用到课堂

中，从而大大提高课堂效果。教师们务必熟练掌握互联网应用技术，为学生搭建更好的人机学习平台。

（四）积极投身实践

俗话讲，实践是检验真理的唯一标准，在平时的教学与科研过程中，我们一定要牢固树立实践意识，敢于实践，大胆创新，不做“思想上的巨人，行动上的矮子”，积极行动起来，充分发挥理论知识的价值。

三、存在的问题和努力的方向

经过不断地学习、钻研、应用，笔者自身的信息化教学实力获得了极大提升，微课制作、几何画板、EV 录屏以及信息化学习评价方式都可以熟练运用，教学效果相比之前有了显著提高。但是在平时的信息化应用过程中，偶尔会出现过度依赖、应用不科学等现象，今后仍需进行更深层次的学习，在不断熟练应用的基础上，务必达到科学合理地应用它们。

总之，教师教育信息化既是学校教育信息化的重要组成部分，也是促进教育信息化建设的关键力量，作为当代教师，我们的教育意识要信息化，教育行为也要信息化，努力为国家培养社会主义接班人。

参考文献

[1] 谭文娜．浅谈提升高校教师信息化教学能力的意义与途径［D］．潍坊：潍坊学院，2019.

[2] 黄加珍．“互联网 +”时代给小学生数学课程带来的改变［J］．教研周刊，2018（10）：222.

[3] 董瑞之．浅谈信息化教学的重要性［D］．潍坊：潍坊学院，2017.

[4] 王卫军．教师信息化教学能力发展研究［D］．兰州：西北师范大学，2009.

[5] 钟明健．浅谈培养教师教育信息技术能力的重要性［J］．新教育时代电子杂志（学生版），2016（9）：129.

作者简介

宁秋平：陕西师范大学锦园小学，西安市二级教师。

小学数学课堂与信息技术的融合实践研究

广州市白云区江夏小学　肖家欣

【摘　要】随着教育信息化的发展，构建信息化小学数学课堂是对当前小学数学教育工作者的挑战和改革。基于此，本文将以希沃白板 5 为例，探究交互式电子白板与小学数学教学的切实融合，推进信息技术和小学数学课堂的整合，提升小学数学的课堂效率。

【关键词】信息技术；小学数学；希沃白板

一、引言

随着信息化教育的不断发展，小学数学的教学也在不断地优化与发展，这无疑是对小学数学教师的一种挑战。且小学阶段的数学课程是一门基础性课程，也是一门相对比较枯燥的课程，信息技术与数学教学活动的融合可以让课堂更加高效，让课堂更加趣味盎然。

但在实际调查中发现，不少数学教师仅限于应用 PPT 课件于课堂，或者在具体的教学中更加适应以黑板和粉笔为主要教具，这说明不少数学教师的信息素养较低，信息技术并不能与实际教学高度融合。但在大数据时代背景下，顺应时代潮流、实现教育方式的跨越是必然的趋势。我们作为一线教师，应当充分学习使用学校所配备的信息技术工具，并将其充分应用于课堂。基于此，本文将以希沃白板 5 为例，探究交互式电子白板与小学数学教学的切实融合，推进信息技术和小学数学教学的整合，提升小学数学的课堂效率。

二、信息技术应用于小学数学课堂的意义

（一）有效激发学生的课堂兴趣

兴趣是小学生学习的最大动力，小学阶段的学生对一切未知的事物充满了好奇心，偏爱于探索和动手操作，也非常容易被有趣的现象吸引注意力。信息技术与小学

数学课堂的融合对于小学阶段的学生来说，恰恰是未知的事物，能够吸引他们的注意力。基于此，教师可以将信息技术应用于课堂，设计有趣的互动工具，增添一些有趣的动画背景，同时将学生的注意力从信息技术的画面引导到教师的授课内容上，从而真正实现信息技术和小学数学课堂的有效融合，并有效激发学生的课堂兴趣。

（二）有利于提高课堂教学效率

在以往的数学课堂上，教师开展小组活动或一些交互性强的课堂活动都不容易把控时间，导致课堂任务无法按时完成，而且设计课堂活动并调控好课堂秩序是比较考验教师精力的事情。但信息技术和小学数学课堂的融合可以有效改善这一点，比如在希沃白板 5 上，教师可以轻松实现趣味分类、分组竞争、课堂评价等丰富的课堂活动，因此信息技术运用于课堂有利于提高课堂教学效率。

（三）培养学生的信息化能力、数学思维

数学知识的形成过程并非机械的、一成不变的，教师应当重视课堂的生成，注重培养学生的数学思维能力。同时，大数据时代下，所培养的学生也应该具备一定的信息化能力。在信息技术与小学数学课堂的融合下，教师可以将抽象的数学知识具体化、形象化，将静态的数学知识动态化。比如在希沃白板 5 中教师可以通过白板的功能实现展示、发现、生成数学知识的全过程，有利于培养学生的探究能力与数学思维。同时在应用信息技术的过程中通过实现人机交互，也在一定程度上培养了学生的信息化能力。

三、信息技术应用于小学数学课堂的应用策略

（一）趣味性策略

小学阶段的学生对一切未知的事物充满了好奇心，利用这个心理特点，小学数学课堂的设计可以更加具有趣味性，从而提高学生学习数学的兴趣。比如，教师可以在希沃白板 5 上利用图片、音频、动画等功能设计简单、有趣的教学情境，让学生沉浸于所创设的教学情境，在情境中构建数学概念和技能，在情境中突破教学重难点。教师也可以利用希沃白板 5 开展趣味性很强的课堂活动，比如开展趣味分类、知识配对、选词填空、分组竞争等课堂活动，让学生们都积极踊跃地参与课堂活动，实现课堂交互性。

（二）思维性策略

数学的教学本质往往需要教师的“启发”和学生的“感悟”，数学的思维过程并

非机械的，学生学习数学的本质是独立思考，探索数学背后的意义。因此在小学数学课堂上，教师应该通过各种教学形式、课堂活动引导学生思考。而信息技术的运用可以很好地让数学知识形象化、可视化，具有很好的呈现效果，从而让学生能够更直观地感知并增强对数学知识的认知与理解。比如在教学人教版二年级下册数学“轴对称图形”时，教师可以将题目中的图形设计“对折”的动画，让学生观察图形是否能够重合，从而让学生更加直观地理解什么是轴对称图形。

（三）互动性策略

数学课堂中学生的互动交流是必要的。信息技术运用于数学课堂中，可以有效丰富课堂互动的活动，这种互动主要表现在师生互动、生生交互、人机交互等。希沃白板 5 具备丰富的课堂活动，可以有效促进师生互动和生生交互。比如希沃白板 5 中具有同屏投影的功能，能够通过手机拍照将学生的课堂练习同屏投影在大屏幕上，而不再需要打开教室配备的投影仪，也不需要教师请学生上台轮流展示课堂练习。同时投屏投影可以展示多个同学的课堂练习，使得生生之间可以相互交流分享各自的思考过程，以促进全班同学的思考。同时希沃白板 5 还具备自由操作功能，学生可以在白板上书写、拖曳等，可以很好地实现人机交互，也让学生能够充分展示他们的思维过程；教师也可以在教学过程中即时批注和书写，增强小学数学课堂的交互性。

四、信息技术应用于小学数学课堂的具体途径

（一）创设教学情境，调动学生热情

良好的教学情境可以很好地推进教学，调动学生的热情。精心创设教学情境，可以最大限度调动学生的视觉、听觉器官，可以帮助学生更好地理解数学知识，最大限度地降低学生的学习难度。而在希沃白板 5 中教师可以在前期备课过程中利用丰富的资源库来创设有趣的教学情境，使学生能够在情境中汲取知识、生成知识。比如在教学“乘法的初步认识”时，教师可以设计游乐场的动画情境，并配上音乐，让学生沉浸于课堂知识的探究中。同时在课堂练习时，教师还可以设计知识闯关等形式让学生能够兴致勃勃地参与解题，让枯燥的解题过程都变得有趣起来。

（二）完善教学形式，增加交互式教学活动

教学过程并非单向传授的过程，而是双向沟通交流的过程，数学课堂的知识生成过程离不开师生交互、生生交互等，信息技术的发展可以很好地改善其交互性。因此教师要注重在课堂中完善其教学形式，通过希沃白板 5 中的各项功能开展各种有趣的

课堂活动，并增加交互式的教学活动，起到启发学生独立思考的作用；并通过课堂投屏展示等加强生生交流、师生交流，以促进全班同学的思考、理解。

（三）优化课堂学生评价，激发学生潜能

新时代深化教育评价改革正是当下的热点，课堂学生评价也是课堂中的重要环节之一。课堂学生评价运用得当，可以有效激发学生的课堂积极性，同时有利于激发学生的潜能。比如在希沃白板5中，教师可以利用白板对每一个学生或者每一个小组进行科学合理的评价，使学生的课堂积极性大大提高。

五、结语

综上所述，教育信息化是必然趋势，它给教育工作者带来了挑战和改革。因为信息技术的发展，现在的小学数学课堂交互性强，可以更好地培养学生的思维能力和学习积极性，也更好地实现学生在活动中独立探究、互动交流的教学形式的转变。但在实际教学中信息技术应用效果欠佳，一是教师的教学理念未及时跟进，信息技术能力不够；二是信息技术有一定的学习难度。面对这一现状，学校可以加强教师的信息技术培训，重塑教师的教学理念；教师也应该主动接受教育信息化，主动接受信息技术的学习和培训，在课堂中主动构建信息技术下的交互课堂，让学生能够在丰富的课堂活动中领略数学的美丽。

参考文献

[1] 曹燕华．信息技术与小学数学高效课堂的融合策略［J］．启迪与智慧（中），2021，（6）：37.

[2] 苟顺康．交互智能平板在小学数学课堂教学中的应用研究［D］．长沙：湖南师范大学，2019.

[3] 高红梅．浅析如何打造小学数学生态课堂［J］．学周刊，2018（5）：77-78.

[4] 卢嘉萍．刍议构建交互式电子白板环境下的小学数学互动有效课堂［J］．试题与研究，2020（16）：40.

[5] 陈小静．信息技术与小学数学课堂教学的深度融合分析［J］．学周刊，2019（15）：127.

[6] 张祺．信息技术与小学数学融合的教学应用研究［D］．锦州：渤海大学，2017.

[7] 姜丽. 信息技术与小学数学教学深度融合的实践研究——数与代数领域[D]. 哈尔滨：哈尔滨师范大学，2016.

作者简介

肖家欣：广州市白云区江夏小学数学教师，二级教师。

基于数字式教学平台的数学教师教学能力提升

运城市垣曲县中心小学　王　茹

【摘　要】随着信息技术在数学教学中的发展以及当前数字式教学平台对教师专业化的要求，数学教师的信息化教学能力水平变得愈发重要，成为各地教育部门的建设重点。数字式教学资源平台以其强大的整合能力脱颖而出，呈现出在建多、建成多、应用多、推广多、总量多的特点，成为数学教师信息化教学能力提升的重要手段。本文针对数字式教学平台的使用优点以及当前教师的信息素养两方面阐述了如何通过数字式教学平台对教师教学能力进行提升。

【关键词】数字式教学平台；数学；信息素养

随着数字化时代的到来，传统的说教式教学已经被基于教学平台的混合式教学所改变并逐渐取代。本研究旨在探讨混合式教学法对学生学习成绩及学习态度的影响。分析表明，混合学习体验不仅对学习结果有积极影响，而且对学生们在混合环境中学习的态度也有积极影响，从而提升教师的教学能力，且使学生受益。学生在体验了混合式学习后，对数字学习平台的使用给予了积极的反馈。本文笔者借助相关研究成果以及本人的工作学习经验，对基于教学平台的交互式混合教学方法的优势以及强化对教师信息素养能力的培训进行研究。

一、数字式教学平台的优势

在理想的情况下，如果我们能将课堂教学和电子学习的优势结合起来，学习效果将在混合模式中得到增强和扩展。教师将能够对课堂上遇到学习困难的个别学生进行指导，而其他学生可以独立完成需要简单推理和记忆的内容。学生只有独立分析、推测、探究问题，获得问题的选项或可选答案，才能达到学习的目的。通过这种新的教学方法，教师可以引导学生稳步进步，因为自学和独立的态度是研究和创造动机的基础。近年来由于网络技术的飞速发展，许多多媒体教学平台如 Moodle 被广泛应用。

（一）传统课堂教学

传统的课堂教学方式包括：讲解、演示教材，安排观察、实验、户外活动、小组讨论、实践、演示、课堂问答等学习活动。这些活动强调课堂互动，学生参与，如测验和测试，实践和学校作业练习，以及作业批改。课外活动包括项目报告、文献研究和辅导班。在数学等具有挑战性的课程中，努力学习的学生往往会变得沮丧。使用传统方法教学的课程，无论学生的掌握程度如何，所有学生都以相同的速度学习课程。课堂上教师经常没有时间帮助个别学生，学生经常在家里没有人可以求助。最终的结果是学生的挫折感，导致不会做家庭作业以及随后糟糕的学习成绩。这种重复的经历往往导致学生自我认同感低，失去学习兴趣。

（二）基于教学平台的交互式混合教学

随着技术的进步，传统的课堂教学模式已经被基于教学平台的交互式混合教学方法所改变和逐渐取代。混合式教学是一种融合多种教学模式的教学方式，近年来受到广泛关注。混合式教学是指利用电子邮件、流媒体、互联网等技术与传统教学方法相结合的教学模式。

使用数字式教学平台的功能模块，教师可以进行在线小组讨论、考试、评估等互动活动。它提供了一种收集学生对其学习过程的意见和信息的手段，帮助教师了解学生的个人能力和学业成就，以提高教学质量和效率。从宏观来讲，数字式教学平台的使用有三大显著的特点：

首先，数字式教学平台提供了一种“以学习者为中心”的教学模式，该模式允许学生不受时间和距离的限制来学习。

其次，使用在线计算机辅助评估，既减少了教师的工作量，又满足了对学生学习即时解答的需求。它还具有环保意识、降低纸质考核成本、提高教学效率、向学生提供即时反馈等优点。

再次，数字式教学平台还可以提供给教师更多的选择，使用文字、图片或图形进行详细的讲解，演示教学材料。对于学生经常会误解的抽象的数学概念，可以通过视觉图像来加深他们对数学概念的理解。

由于在地点和时间上具有更大的灵活性，计算机辅助教学方法已经发展并改变了传统的课堂教学方式，即学生单方面从教师那里获取知识。将科学技术与教育相结合，创造了师生之间、学生之间的互动讨论，使学习过程具有主动性、多面性、灵活性，提高学习质量，激励学生进行自主和负责任的学习，学生成为主动的学习者，而不是知识的接受者。

另一方面，在实际的教学实践中，我们发现使用数字式教学平台还可以提高学生的学习积极性，转变学习态度。

学习效率的一大指标就是态度。态度是一种习得的倾向，对特定的对象、情况或人做出积极或消极的反应。态度影响人们做什么，反映出他们是怎样的人，因此是决定人们行为的一个因素。在数学教育领域，人们认为态度在数学学习中起着至关重要的作用。

在数学的教与学中，我们通常会遇到一些问题，对于初学数学的人来说，面对面的教学是很难解决问题的。他们可能缺乏兴趣、动机和积极的学习态度，有些人并没有打算专心学习，因此，他们很少或根本不注意理解基本的数学概念。在实际教学活动中发现采用混合式学习方法可以提高学生的学习兴趣，产生积极的学习态度。在学业成绩方面，混合式学习方法比传统方法更有效。原因可能是，在以教师为基础的传统学习中，学生不能按照自己的节奏学习，如果他们分心，就很难赶上他们错过的东西。当每个学生都有自己的计算机，可以通过数字式教学平台访问教学资源，他们可以控制自己的学习进度，他们可以持续学习且不被打断。学生可以浏览尽可能多的学习材料，重复练习并加以理解，同时他们可以得到教师的即时反馈，有助于提高学习效果。

此外，学生主动利用互联网资源，而不是被动地接受教师的信息，来获取知识和学习数学概念。在课程中，教师只起到帮助学生学习的作用，提高了学生学习的参与度。在这个过程中加强了学生对数学概念的学习，培养了学生解决相关问题的能力，使学生能够自主地思考和解决数学问题。传统教学忽视了教师与学生、学生与学生之间的互动，导致了课程的效率低下。通过数字式教学平台的学习过程，学生们对数学学习产生了极大的兴趣，对数学的态度也有所好转。这有助于学生表达自己的观点。此外，它还能促进同龄人之间、师生之间的互动，学生从小组讨论和合作学习中受益。

二、强化培训，用好数字式教学平台

信息素养是一种“使人能够更有效地选择、查找及评估传统或网上资源的技巧”。21 世纪信息技术和电脑网络已经给教育行业带来了深刻的变革，促进教育教学改革，提升教学质量至关重要，要使信息技术有机融入学科教育中，教师的信息素养起到关键的作用。然而，根据相关统计数据分析，数学教师教龄至少在10年以上，教学课时超过1万才有可能发展到专家水平阶段，也就是说在25—40岁年龄段的数学教师是我国教学一线的中坚力量。无论是从信息素养的概念定义出发，还是从数学教师年龄结构层面考量，强化培训以提升数学教师信息素养都是数字式教学平台在数学教师信息化教学能力提升中发挥作用的重要保障。强化培训以提升数学教师信息素养不仅能够赋予中青年数学教师更加强大的专业成长动力，也能够提高年长数学教师对新型教学环境的适应力，进而推动区域内数学教师专业水平的整体提升。

三、总结

综上所述，提高中青年教师的信息素养，加大对教师信息应用水平的培训刻不容缓。在实际工作中，教师的信息应用水平与平常的教学实践密不可分，提高教师的信息应用水平的重要途径就是创造积极向上的学习氛围，具体实现路径如下：

首先，建立完善的教师计算机培训制度，设立专业的教师对其进行培训和指导。指导教师学习计算机操作系统、多媒体应用等。

其次，加强教师之间以及学校之间的交流与合作，开展学习、评比、观摩以及研讨交流，相互促进、学习、提高。

最后，运用行政手段和激励奖励措施，促进教师积极参与学习交流，可以将信息技术的掌握和运用情况列为评定职称以及评功评奖的条件。

参考文献

［1］林宜正．试分析新课标下的初中数学校本作业的设计［J］．考试周刊，2016（61）：80.

［2］师诺．基于MOOC的高校混合式教学准实验研究［J］．陕西学前师范学院学报，2020，36（10）：127-132.

［3］张鹏君．“学习中心课堂”实质审思［J］．教育评论，2019（8）：36-40.

［4］贺建虎．思维导图在高中信息技术教学中的应用研究［D］．陕西：陕西师范大学，2014.

［5］孟祥萍．追寻智慧——思想政治课智慧教学探索与实践［M］．上海：复旦大学出版社，2014.

[6] 臧绪隆.关于兴趣驱动视角下的小学数学教学有效性的思考[J].新课程(上)，2019(5)：181.

[7] 曹瑞霞.基于数字平台的数学教师信息化教学能力的提升[J].学周刊，2019(30)：136.

作者简介

王茹：运城市垣曲县中心小学教师，二级教师。

STEM 教育理念下的小学课程整合的研究

银川市灵武市第四小学　王　霞　杨学言　郭志军　李艳琴

【摘　要】随着科学技术的快速发展，STEM 教育理念在教学上的应用已经成为教育事业的重要组成部分。在这个信息时代，伴随着信息网络、计算机和移动端的应用和普及，STEM 教育理念与教学俨然已经密不可分，并且在深刻地改变着我们的学习方式。基于教学实践出发，本文就 STEM 教育理念与小学数学课堂整合进行探究与实践，并提出一些相关的建议和方法，希望能为读者提供有效的帮助。

【关键词】STEM 教育理念；小学课堂；课程整合；研究实践

现代化信息技术的迅猛发展，给小学数学课堂教学提供了新思路、新方法，使小学数学教学质量得到了进一步的提升。针对 STEM 教育理念在小学数学课堂上的应用，我们需要建立有效合理的措施方案，使 STEM 教育理念在数学课堂发挥更大的作用。

一、STEM 教育理念在教学应用上的重要性

在当今信息化发展的大趋势下，STEM 教育理念和现代教育已经成为一个不可分割的整体。通过信息网络，不仅可以获得海量的数学资源，诸如资料、视频、电子图书等等，还能通过一些学习平台和学习软件来进一步优化教学内容。STEM 教育理念能够有效培养学生自主学习能力，大大调动了学生学习数学的兴趣。教师通过课前的教学安排，如推荐课程视频资源，或者是让学生自行搜索学习等途径；课中利用多媒体、智慧课堂等兴趣导向学习，帮助学生提高学习效率；以及在课后的作业软件和知识库等形式。在 STEM 教育理念下，将小学数学的课前、课中和课后有效地整合串联在一起，能够科学合理地进行课程规划，有效提升了教学质量，使学生的综合素质得到了全方位的提升。而且，它可以让学生从多方面得到培养和锻炼，让学生摆脱传统

教学的局限，极大地开阔了学生的视野，对于培养综合素质人才起到了良好的推动作用。

二、STEM 教育理念与小学数学课程整合的策略研究

（一）善用 STEM 教育理念整合优化教学环节

STEM 教育在实施过程中要把多学科知识融于有趣、具有挑战性、与学生生活相关的问题中，问题和活动的设计要能激发学习者内在的学习动机，问题的解决要能让学生有成就感，因此需有趣味性。融合的 STEM 教育具有跨学科、趣味性、体验性、情境性、协作性等核心特征。依托于信息网络、计算机以及移动端的快速普及，人们获取知识的成本逐步降低，并为师生提供了更多获取资源的渠道。在小学数学的教学过程中，仅仅通过教材内容的知识，已经无法满足现阶段学生学习培养的要求，还需要一些外在的手段和途径来进一步促进学生学习能力的提升。而这个信息时代，给学生提供了更多更广泛的内容。在教学过程中，教师要在 STEM 教育理念引导下，多途径获取高质量资源，满足教学计划的发展。并且可以利用一些学习软件，将课堂中讲解的内容进行分类整合，给学生课堂内容进行备份，并且留作学习资料以便学生课后进行知识回顾。

例如，在讲解“认识图形”这一内容时，教师可以通过教材上提供的简单图案来讲解其中存在的图形，如三角形、长方形、正方形、圆等，告知学生这些图形区别的特征。在学生了解了简单图形之后，再利用多媒体、智慧课堂等信息化手段，给学生展示稍微复杂的图形或者简单图形的嵌套，让学生对图形有进一步的认知和了解。并在课程结束后，给学生推荐一部分网课或者视频供学生学习认知。通过教材和信息技术的有效结合，不仅增加了学生学习数学的热情，而且有效提高了课堂的教学效率。

（二）妙用 STEM 教育理念整合课堂内容

“STEM 教育即融合创新教育，是一种基于现行教育与未来社会发展相匹配的需求，以解决未来世界性的问题为目的，将科学、技术、工程、人文、数学等多学科充分融合，以激发学生好奇心为出发点，培养学生的持续学习兴趣，运用情景式、任务型的教学方法，采取探究式的学习方式，提升直观发散思维和融合创新思维能力的教育理念。”在这个信息大爆炸的时代，在 STEM 教育理念下对小学数学课堂教学进行整合，为小学数学教学提供了新方法、新思路，使教学质量得到了有效提升。但另一方面，网络信息资源的繁杂性，信息资料的参差不齐，在学生自主学习过程中起到了

反作用，不仅可能会误导学生正确的学习方向，而且容易使学生进入学习的误区。因此，在 STEM 教育理念的引领中，教师要根据班级整体水平，对网络信息资源进行有效筛选，从中找到适合的内容推荐给学生。

例如，在讲授“九九乘法表”的内容时，只通过教材上生硬的讲解，不仅不利于学生理解，而且不利于培养学生自主学习的能力。所以在这个教学过程中，教师可以在课堂上播放关于九九乘法表有效记忆法的小动画，给学生提供简单容易记忆的背诵模式。并在课后把该小动画推送到学习软件上，供学生后续的记忆和使用。通过利用网络丰富的学习资源，不但能够提高学生对于数学知识的学习兴趣，而且能够帮助学生提高学习效率。用这种形式学习，学生易于接受和理解，有利于学生自主探索能力的培养。

（三）巧用 STEM 教育理念整合教学模式

STEM 代表科学、技术、工程、人文、数学。STEM 教育理念在小学数学课堂中的应用，给教师教学提供了新的教学手段，通过巧妙利用 STEM 教育理念整合课堂教学手段，STEM 教育理念已经深刻改变了当今教学模式，而传统单一的教学手段也已经不再适合现阶段教学。小学是学生数学思维体系建立和数学学习兴趣培养的重要阶段。因此，我们要巧用信息化手段，整合教学模式，把学生放在教学的主体地位，注重学生兴趣培养。并且由于小学数学具有抽象性的特点，教师以往的单一模式无法将教学内容充分表达出来，而利用现代信息化技术手段的形式教学，通过立体动态图像、视觉刺激的形式能够使学生记忆更加牢固，更容易理解。

例如，在讲授“观察图形”这一内容时，通过教材上的知识内容，帮助学生建立观察图形的思维认知，然后通过三维软件的展示，从不同视图帮助学生进一步地加深和理解。并在这个过程中，让学生利用身边的刻度尺、铅笔或者笔记本等进行实际操作，通过自主学习，帮助学生培养立体空间思维。通过 STEM 教育理念与传统课堂教学模式相结合，增加了学生学习兴趣，使学生在自主探索的过程中，真正理解和掌握基本的数学知识与技能、数学思维和方法，同时获得广泛的数学活动经验。

三、STEM 教学理念下课堂学习者的学习时效性是通过学生来实现的

STEM 教育是通过基于项目的学习和问题的学习，引导学生通过小组合作实践，培养学生的解决问题能力和创造力的；其还根据 STEM 教学设计过程提出了“教学过程卡从教学目的、教学过程和教学效果三部分帮助学生更好地了解项目活动，以便在

教师的指导下发挥最大主体作用”。

因此研究如何运用“互联网+”信息技术来帮助学生在课堂中更加高效地学习的问题，改善无效枯燥的学习方式。如教师在北师大版三年级上册“需要多少钱（两位数乘一位数）”，如何计算 12×3 的教学中，当教师提出要求，请学生用画一画、写一写尝试着解决 12×3 后，学生在练习卡上开始独立思考解决，有学生写出了 10×3=30、2×3=6、30+6=36 这样的算式，还有学生用数线的方法（图 1）。有学生用加法 12+12+12 解决，还有用圈点子图解决的（图 2）。

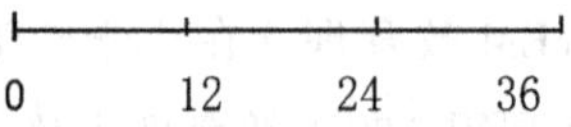

图 1　数线法

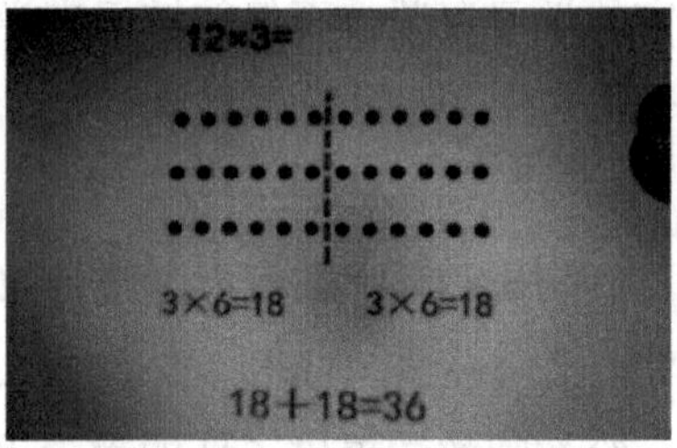

图 2　点子图法

学生通过自主探究，想出了很多解决的方法，好方法需要共享，这样有助于发展学生的思维能力，教师这时适当地运用了互联网，将学生的不同策略拍照上传至大屏幕，教师提问：仔细观察，谁和某某同学的方法一样？那没有用这个方法的同学上来说一说你看懂了吗？某某同学是怎么解决的？教师一个一个地发问，引导学生观察、分享、讨论交流、质疑、补充及完善，通过互联网技术学生能够清晰地看到其他同学的不同做法，由一种方法学会了两种甚至更多的解题策略，帮助学生理解算理，培养学生的创新能力，提高学生的数学素养。

四、结束语

综上所述，在这个互联网的信息时代，通过“互联网+”有效利用信息技术手段，对小学数学课堂教学进行科学整合，才能使教学质量得到更好的提升。STEM 教育理念与小学数学教学的结合，是符合当今时代学习发展的需求的，通过 STEM 教育理念与课堂教学相结合作为支撑，让学生充分发挥学习的自主性，把学生本身的发展作为基本，使学生在兴趣导向学习的过程中，逐步建立纵向数学知识体系。

参考文献

［1］余胜泉，胡翔.STEM 教育理念与跨学科整合模式［J］. 开放教育研究，2015，21（4）：13–22.

［2］王祖刚. 信息技术与小学数学课程整合的研究与实践［J］. 课程教育研究：学法教法研究，2019（4）：30.

［3］王钰淇.STEM 教育理念下普通高校公共艺术教育课程建构研究［J］. 美术教育研究，2018（22）：100–101.

［4］吕璐霞. 信息技术与小学数学课程整合的研究与实践［J］. 散文百家·国学教育，2019（11）：227.

［5］李杨. 信息技术与小学数学课程整合的研究与实践［J］. 数码设计，2019，8（18）：157.

［6］赵慧臣，陆晓婷. 开展 STEM 教育，提高学生创新能力——访美国 STEM 教育知名学者格雷特·亚克门教授［J］. 开放教育研究，2016，22（5）：4–10.

作者简介

王霞：银川市灵武市第四小学语文教师，一级教师。

杨学言：银川市灵武市第四小学美术教师，一级教师。

郭志军：银川市灵武市第四小学信息技术教师，一级教师。

李艳琴：银川市灵武市第四小学语文教师，一级教师。

“双减”+“双增”实现作业的育人价值

——信息技术赋能小学低段数学教学的案例研究

内蒙古师范大学附属学校　刘凤祥

内蒙古自治区教育装备技术中心（电化教育馆）　李　刚

【摘　要】“双减”是国家为深入贯彻党的十九大和十九届五中全会精神，切实提升学校育人水平采取的重大政策举措。然而数学本身的抽象性、作业的高知识性低情境性、个性化学习配套资源不足、学生学习数学的情感体验差等问题导致数学教学的育人价值很难达标。本文从作业的育人价值角度探究解决问题的策略：采用增强校内教育质量与增强课后作业育人功能（简称“双增”）这样“双减”+“双增”的作业设计模型，借助信息化手段从影响创新人才成长的内部因素和外部环境两方面入手，实现作业的育人价值并辅以案例说明，拟为小学低段一线数学教师教学提供参考。

【关键词】双减；双增；育人价值；小学数学；信息技术

一、引言

21世纪以来，世界范围内科技革命和产业变革持续孕育兴起，培养创新型人才的迫切性日益突出，“双减”政策应运而生。“双减”政策强化学校育人主体地位，旨在构建教育良好生态，然而在深化“双减”政策时不可避免会遇到一些新问题。

根据相关研究可知，导致小学生数学学习困难的因素可以分为外部因素和内部因素两大类。外部因素主要包括数学本身的抽象性使得数学学习存在一定困难；外界对数学的片面评价，如数学很难、很枯燥等，让学生对数学学习产生畏惧和排斥心理；教师不注重知识的整体性导致学生未能形成良好的认知结构；作业重复性、知识性高，情境性和开放性低导致作业育人价值较低；个性化学习配套资源不足，学生的学习困难很难被发现并解决。内部因素主要包括学生学习数学的动力不足；情感体验不足，尤其是数学学习困难学生很少在数学学习中产生愉悦的情绪体验；元认知水平较低，难以对自己的各种认知活动进行积极的监控和调节。

本文结合小学数学学科特征和小学低段学生身心特点，针对上述问题，从作业的育人价值角度探究解决问题的策略，总结实现作业育人价值的可推广模型，并辅以案例说明，拟为一线低段数学教师布置作业提供参考。

二、“双减”+“双增”实现作业的育人价值

（一）小学生数学学习困难的解决策略

1. 消除小学生数学学习困难的外部因素

根据文献分析和访谈得知数学本身的抽象性是造成数学学习困难最主要的外部因素，笔者利用网络画板制作交互式数学实验和游戏，将抽象问题具体化、形象化，有效降低了数学学习难度。比如：小学二年级学生在学习“图形的运动”时很难总结出轴对称、平移和旋转的特点，通过图 1 所示的数学实验，学生可以准确归纳出图形运动的特点，并留下深刻印象；通过同面异面探究实验（图 2）学生可以直观感受到两条边同处于现实中看不到的一个斜面，进而理解长方体上下底面各边的位置关系；通过圆柱体积公式探究实验（图 3）学生不但能推导出圆柱体积公式，而且在这个过程中运用数学的转化思想、极限思想和变中有不变思想，从而感受数学的魅力，类似案例不胜枚举。

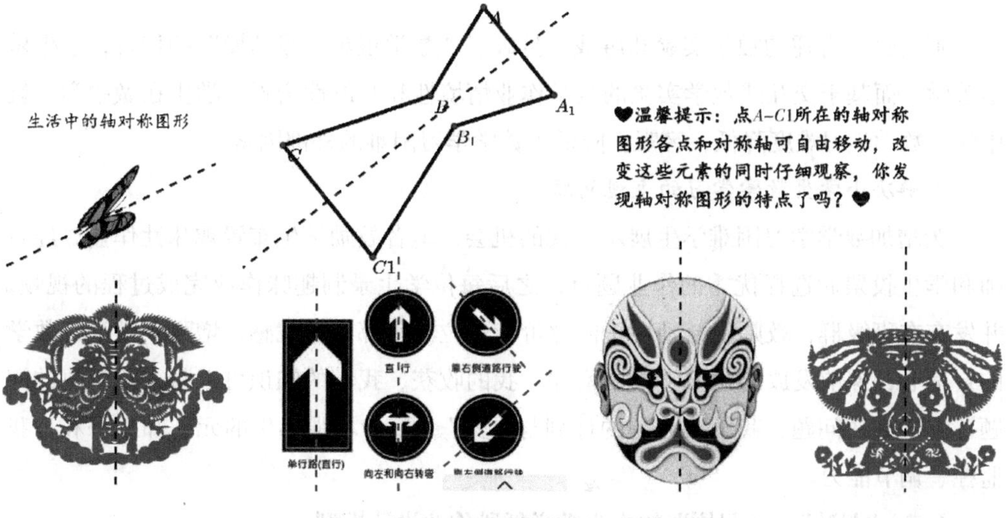

图 1　“图形的运动”数学实验截图

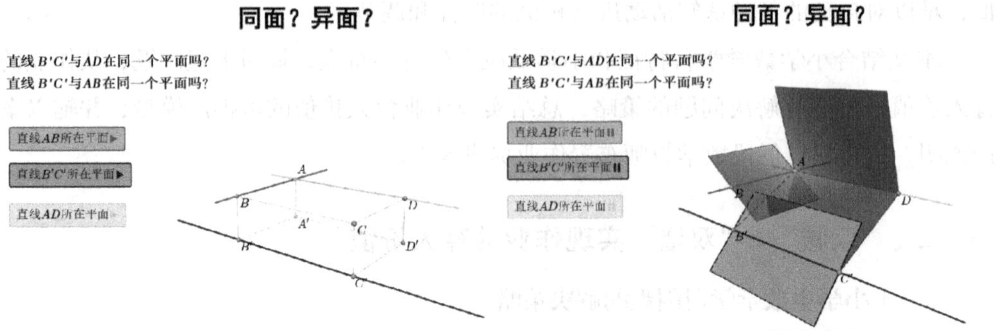

图 2 “同面、异面”数学实验截图

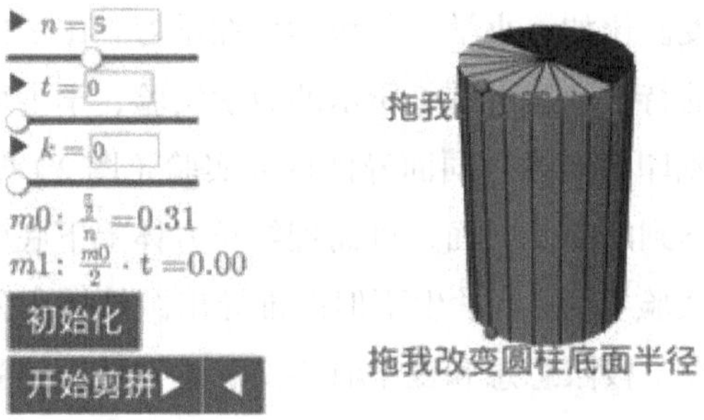

图 3 “圆柱的体积”数学实验截图

通过这些有趣的数学实验和游戏，打破了“数学很难、很枯燥”的传言，学生乐学善学，而基于交互式数学实验的数学作业情境性和开放性增强，学生在做中学、玩中学，数学学习难度降低，客观上降低了数学学习困难的外部因素。

2. 解决小学生数学学习的主观问题

为增加数学学习困难学生展示自我的机会，笔者鼓励学生布置趣味性作业，经教师和学生投票后选择优秀的作业题目，之后每位学生录制趣味作业完成过程的视频，并发布在班级群，教师的鼓励性正向评价让每位学生都有成就感，增强了其学好数学的自信心；课前发放的预习学案中增加“我的收获、我学的知识可以帮人们解决的问题、我遇到的问题、我解决问题的计划与步骤”，逐步增强学生的元认知水平和自我监控、调节能力。

（二）“双减”+“双增”的小学数学低段作业设计模型

基于“双减”政策，笔者通过增强校内教育质量与增强课后作业育人功能（简称

“双增”）发挥学校育人主阵地功能，实现减负增效，将学生培养为德智体美劳全面发展的创新型人才。“双减” + “双增”模式如图 4 所示。

翻转课堂教学模式尊重学生差异，给学生留足思考的时间，为深度思考的发生提供可能；在教学和非书面作业布置中注重数学知识内部联系，引导学生构建数学学科知识体系；引导学生用数学的眼光观察世界、用数学的思维思考世界、用数学的语言表达世界，感受数学与生活的紧密联系，降低恐惧和焦虑情绪，帮助学生从生活科学的具体形象思维逐步发展为数学科学的逻辑抽象思维；让学生自己创设情境、布置趣味性非书面作业，将学习的主动权交还学生；在预学单中设置“我的收获、我学的知识可以帮人们解决的问题、我遇到的问题、我解决问题的计划与步骤”增强学生元认知水平；借助信息化手段制作趣味性强的交互式数学实验和数学游戏，降低学习难度，增加学生的数学学习投入；借助智能移动办公平台、在线问卷调查平台在课前发布预学单并获取学习效果反馈信息，及时给予鼓励和点评，同时设置同伴互评，增加学生情感体验。

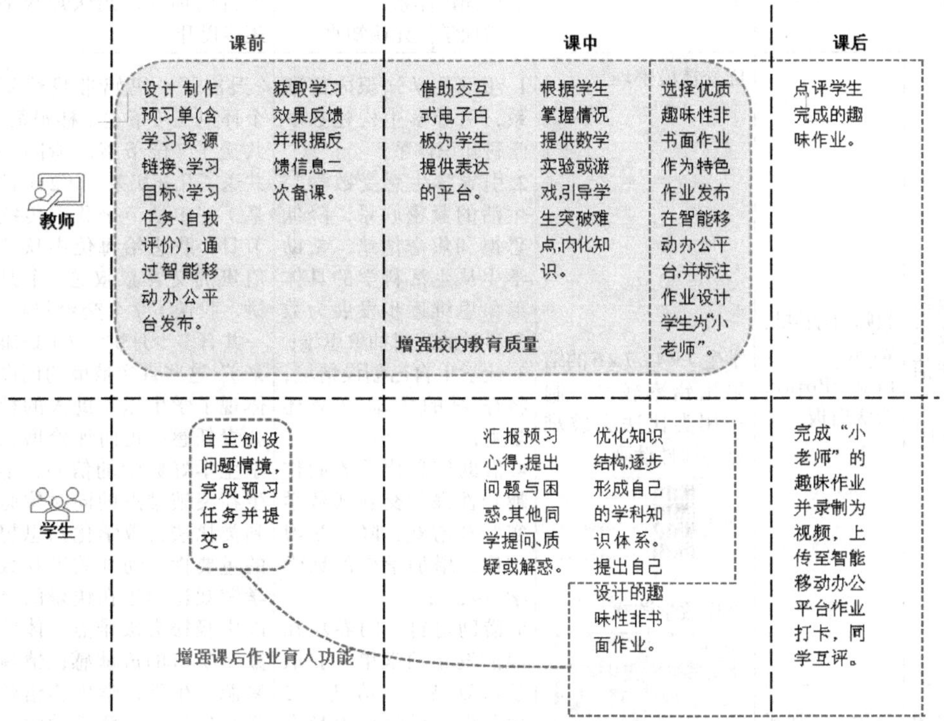

图 4　“双减” + “双增”模式示意图

三、案例分析

基于“双减”+“双增”模式的人教版教科书二年级第六单元“表内乘法”第1课“7的乘法口诀”作业设计如表1所示。

表1 “7的乘法口诀”作业设计表

作业实施过程	执行者/信息化工具或平台	学习资源/作业内容	设计意图	效果分析
课前制作学习资源	教师/网络画板	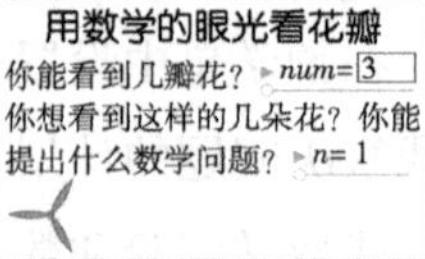	1. 增强趣味性； 2. 增加直观性，降低学习难点。	数学实验有效增加了学生的学习兴趣，学生在预习7的乘法口诀的同时还复习了2～6的乘法口诀。
制作预习单并发布	教师/问卷星、钉钉	https：//www.wjx.cn/vj/ObDVk55.aspx	1. 给学生留足思考的时间和空间，为深度思考的发生提供可能； 2. 注重数学知识内部联系，引导学生主动构建学科知识体系； 3. 增加学生元认知水平。	包括学习困难学生都完成了预习任务；学生创设的情境真实感人，在提升迁移能力的同时增加社会责任感；随着预习效果自我评价的训练，元认知水平逐步提升。
完成预习任务	学生/钉钉			
回收预习效果反馈信息，二次备课	教师/问卷星、Word、PowerPoint、希沃白板	优秀情境整理  学生7×4、7×6的结果出错率较高，制作用类比法突破难点的课件动画 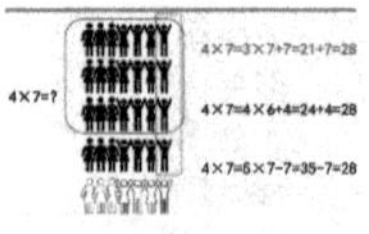 制作数学游戏 	1. 注重数学知识内部联系，引导学生构建数学学科知识体系； 2. 引导学生感受数学与生活的紧密联系，降低恐惧和焦虑情绪，帮助学生从生活科学的具体形象思维逐步发展为数学科学的逻辑抽象思维； 3. 让学生自己创设情境，将学习的主动权交还学生； 4. 借助信息化手段制作趣味性强的交互式数学实验和游戏，降低学习难度，增加学生的数学学习兴趣； 5. 借助钉钉、问卷星在课前发布预学单并获取学习效果反馈信息，二次备课，增强校内教育质量。	“天冷了，妈妈带我给每个环卫工爷爷送2杯奶茶，共送了7位爷爷，请问一共送了几杯奶茶？（2班常某）”“中秋节是我国传统节日，我想给每位中秋节值班的交警叔叔送5个月饼，我送了7个交警叔叔，一共有多少月饼？（1班康某）”这些真实情境的创设体现了学生乐于助人的社会责任感；正向评价增强学生学好数学的信心；学生在突破难点的同时体验到类比法、数学化归思想的重要性；动画效果和数学游戏让学生在快乐的氛围中轻松突破难点，体验数学学习的成就感；情境来源于生活，学生感悟数学与生活紧密联系的同时也增强了迁移能力。
内化知识	学生/交互式电子白板			

续表

作业实施过程	执行者/信息化工具或平台	学习资源/作业内容	设计意图	效果分析
布置趣味性作业并完成	学生、教师/钉钉	从其他学科中找7的乘法口诀有关情境，录视频发在钉钉群（由学生布置的趣味性作业）	学生为了让自己布置的作业入选会想办法在趣味作业中融合当堂课的学科知识，同时还具有趣味性才能备受学生欢迎；教师认同和点评使学生有被重视的体验感。	被选中趣味作业的“小老师”有满满的成就感；有学生想到语文中的七律诗，实现了更高程度的数学抽象，同时跨学科融合为创新人才培养提供可能。

四、研究展望

“双减”+“双增”模式可有效增加学生数学学习兴趣，促进学生全面发展，实现作业的育人价值。而且所需软件如钉钉、办公自动化等为大众化常用软件，师生使用成本低；网络画板和希沃白板都提供大量系统化资源及搜索导航，一线教师可择优选用；同时笔者结合小学数学典型案例制作网络画板、课堂活动资源制作方法及技巧的微视频发布在内蒙古教育云平台，一线教师可先模仿、后创作符合自己教学风格和学习者特征的原创资源。

综上所述，笔者认为“双减”+“双增”模型具有一定的推广价值，后期再辅以大数据支撑的数字画像，效果会更好。

参考文献

［1］李晓雅．“双减”，基础教育阶段创新型人才培养的新契机［J］．广西师范大学学报（哲学社会科学版），2021，57（6）：107-115.

［2］中华人民共和国教育部．中共中央办公厅、国务院办公厅关于进一步减轻义务教育阶段学生作业负担和校外培训负担的意见［EB/OL］．（2021-07-24）［2022-03-20］.http：//www.moe.gov.cn/jyb_xxgk/moe_1777/moe_1718/202107/t20210724_546576.html.

［3］马陆亭，郑雪文．“双减”：旨在重塑学生健康成长的教育生态［J］．新疆师范大学学报（哲学社会科学版），2022，43（1）：102-113.

［4］李建华．“双减”，需要我们重新认识作业问题［J］．河南教育（教师教育版），2021（10）：19-20.

［5］胡庆芳 .“双减”背景下作业设计的问题分析及标准建构［J］. 基础教育课程，2021（24）：4-8.

［6］史宁中 . 数学基本思想与教学［M］. 北京：商务印书馆，2018.

作者简介

刘凤祥：内蒙古师范大学附属学校教师。

李刚：内蒙古自治区教育装备技术中心（电化教育馆）主任。

基于网络画板与教育数学创新实验的实践研究

——以成都市邛崃区域为例

邛崃市教研培训中心　张永胜　赖虎强
邛崃市宝林中学　杨永红
邛崃市冉义中学　黄　菲

【摘　要】信息技术 2.0 背景下，如何区域化提高数学教师信息技术应用能力，是区域教研部门面临的难题。本研究以邛崃区域为例，基于网络画板区域化推动数学教师信息技术应用能力提升，以“行政推动—课题引领—平台支撑—课例培训—示范引领—创新实践—反思修正—推广应用”的模式，探索网络画板与教育数学双资源融合创新的区域实践，提升区域数学教师信息技术应用能力，促进区域基础教育优质均衡发展，使人民群众有获得感和幸福感。

【关键词】网络画板；教育数学；双资源融合；创新实验

2013 年教育部印发了《关于实施全国中小学教师信息技术应用能力提升工程的意见》，旨在全面提高中小学教师的信息技术应用能力水平。意见指出：整合相关项目和资源，采取符合信息技术特点的新模式，提升教师信息技术应用能力、学科教学能力和专业自主发展能力；推动每个教师在课堂教学和日常工作中有效应用信息技术，促进信息技术与教育教学融合取得新突破。并于同年 11 月开始启动全国中小学教师信息技术应用能力提升工程。2019 年，教育部发布《关于实施全国中小学教师信息技术应用能力提升工程 2.0 的意见》。因此，提升教师信息技术能力，促进信息技术与学科课程整合是国家教育的要求，也是时代发展的整体趋势。

信息技术 2.0 背景下，如何区域化提高数学教师信息技术应用能力，是区域教研部门面临的难题。邛崃市现有初中数学教师 200 余名，服务学生 12000 余名，教师信息技术应用能力相对成都市较落后。调查问卷、调查报告显示：有 94.41% 的教师认为信息化教学对提高教学效果的作用“比较明显”或“非常明显”，但是教师的网络画板技术水平仅有 7.60% 处于“中级水平”，0.02% 处于“高级水平”。教师们一方面意识到信息化教学非常重要，另一方面却又水平低下，形成了强烈的反差。

一、网络画板的特征

网络画板是在中国科学院张景中院士亲自参与下，在张院士团队多年积累的成果——超级画板的基础上，为适应互联网、移动互联网环境下教育信息化发展的新趋势，运用国内领先的动态几何技术、智能推理技术、符号运算技术、网络交互技术开发的第一款国内领先的移动互联网环境下的动态数学学科教学工具。网络画板具有跨平台、多终端，资源丰富，共建共享，支持多种资源形态，免安装、基本功能完全免费，使用便捷、易分享等特点，是难得的数学专用信息技术工具。

二、教师信息技术应用的研究现状

查阅相关资料，国外教师信息技术应用能力的文献主要集中在对各国教师信息技术应用能力的政策探讨，各国政府都制定了相关文件，内容包括对教师的要求、评价标准和采取的提升能力的举措。在知网中以“网络画板”或“网络画板教学”为检索词进行主题搜索，得到以下指标分析和趋势分析，如表 1 和图 1。

表 1　2001—2021 年“网络画板”研究的历史发文量总体指标分析表

文献数	总参考数	总被引数	总下载数	篇均参考数	篇均被引数	篇均下载数	下载被引比
65	1155	131	10513	17.77	2.02	161.74	0.01

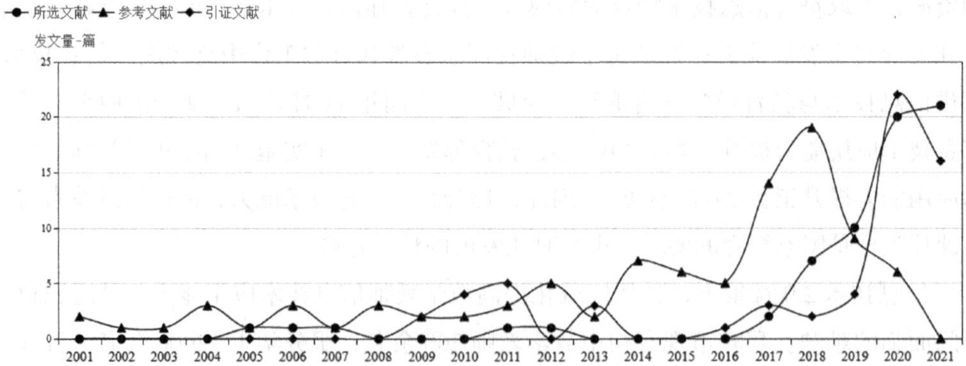

图 1　2001—2021 年“网络画板”研究的历史发文量总体趋势分析图

数据表明网络画板被越来越广泛地应用于中小学数学教学中，“网络画板”教学研究进入快速发展阶段。

将网络画板与教育数学结合起来进行研究的论文鲜见，基于网络画板融合教育数学进行创新实验的实践应该有，但公开发表的论文却没有。本研究将基于区域化推动网络画板，提升数学教师信息素养，特别是提升网络画板专用信息技术应用能力，融合教育数学进行创新实践，提供可复制的模式，借以填补该领域的空白。

三、“网络画板＋教育数学创新实验”的双资源融合创新模式

本研究以邛崃区域为例，构建“网络画板＋教育数学创新实验”双资源融合创新的新模式，探索网络画板与教育数学双资源融合创新的区域实践，提升区域数学教师信息技术应用能力。具体流程如图 2。

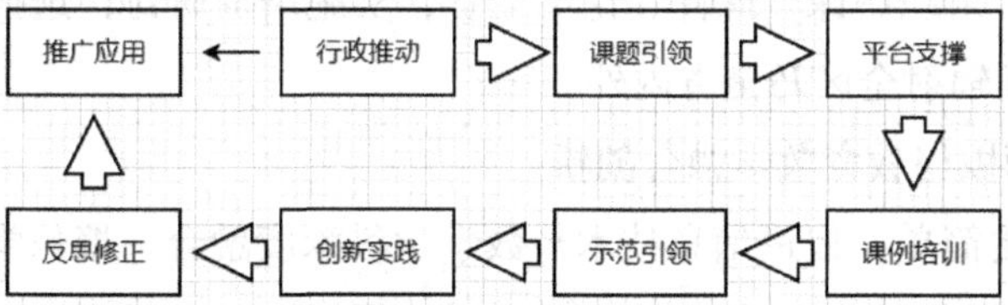

图 2　“网络画板＋教育数学创新实验”的双资源融合创新流程图

（一）教研专业机构行政推动保障

本研究确立以邛崃市教研机构负责人、省市县级学科带头人、省级特殊贡献专家和网络画板技术骨干教师组成核心团队，依托教研培训中心，以行政力量推动研究工作的开展。

（二）立项教育部课题研究为抓手

为提升邛崃区域初中数学教师信息技术能力，邛崃市申报立项了教育部教师工作司委托课题“中小学数学教师信息化教学能力显著提升的研究与实践”专项研究的子课题“区域推广网络画板显著提升初中数学教师信息技术应用能力实践研究”，进行区域性推广实践研究，进行基于网络画板区域化推动数学教师信息技术应用能力的研究与实践。

（三）借力高校平台作为技术支撑

本研究以张景中院士的教育数学为核心理论，依托首都师范大学总课题组、成都景中教育软件有限公司教育资源，邀请曲阜师范大学中国教育大数据研究院研究员作

数据定量分析，为邛崃区域数学教师搭建学习平台。

（四）定期开展网络画板课例培训

课题引领专业发展，定期开展课例培训活动。课题组由培训专家技术骨干作网络画板新用法展示、优秀作品评鉴、个人作品秀等课例培训方式进行上机实际操作培训。全面进行网络画板与教育数学的深度融合，借助网络画板促进课堂教学效益的提升并开展课堂教学模式的探索。

（五）课题成员以点带面辐射引领

教学业务主管部门参与组织管理，网络画板教学专家技术指导，课题成员以点带面辐射引领模式，以课例为载体，实施教师全过程反思和行为跟进；坚持教师队伍以同伴互助、作品研究、公司在线帮助等方式进行课例学习，重实践操作；选择动点问题等为培训内容，选编信息技术培训教材，创建区域网络画板教育资源；开展信息技术应用教学研讨，组织微课、课件、论文比赛，实施培训研讨；选拔校级和区域级骨干教师，以点带面辐射全区乃至省内外。

（六）网络画板与教育数学融合创新

为了让数学更简单，促进信息技术与数学学科深度融合，聚焦学科育人，推进素养落地，本研究采用“双融合”方案实施策略。聚焦课堂，实施“2+X”速成推广方案。“2”是指张景中院士提出的单位菱形引入正弦和邛崃原创的面积法引入锐角正切，“X”为张院士的教育数学拓展内容。在保留传统教材内容的基础上，操作、推广更加简便。在“重建三角”实验方案中，三角形正弦面积公式有广泛的作用，可以“一步推理”获得传统初中数学教材中的核心知识。

本研究主张将传统九年级下册的三角内容逐步下移到七、八年级，及早实现勾股定理（八上）与解直角三角形（九下）两大章节的融合与拓展。通过三角下移，让学生及早进行比的训练，分散九年级学习难点，优化初中数学课程结构。

双资源融合是指张景中院士的网络画板与教育数学融合。网络画板是运用国内领先的动态几何技术和网络交互技术开发的理科教学工具。张景中院士的“让数学变简单”的教育数学主张，在网络画板技术的支持下得以彰显其“简单”“容易”的特点。创新实验的关键是抓住核心，聚焦首课：抓住新体系、新方案的核心概念，简化实践方案，进行研究与实践；聚焦首课，开启实践门径。

（七）双资源融合创新反思修正

六年两轮创新实践，通过不断反思修正，对方案进行进一步优化，新方法更简捷。创新实践中，本研究还进行了首课创新：即七年级可让学生轻松学习锐角正切定义，亦为“先三角，后相似”提供了又一范例。锐角三角函数定义亦有一线串通、结构归一之妙。创建网络画板与教育数学区域资源。

四、研究结论

（一）双资源融合创新实践有助于区域教育质量提升

“融合创新”方案在邛崃市实践已达六年之久，从 2019—2021 三年中考来看，实验班级的成绩明显高于非实验班级。全市推广后，2019—2021 年区域中考成绩居成都市中上水平，甚至达到第六（2019）的位置，区域教育质量大幅提升。邛崃市第二轮、第三轮、第四轮实践者还在第一轮实践的基础上进行了创新，不仅节约了教学时间，切实减轻了学生的学业负担，而且还提升了学生数学思维品质及解决问题的能力。

（二）双资源融合创新实践显著提升教师信息素养

本研究通过问卷星作前期和后期的问卷调查数据对比，利用 SPSS 25 进行对比，本研究取得一定效果，使得邛崃区域数学教师信息素养有了很大的提升。

针对 14 题的前后测作答，本研究以麦克尼马尔检验进行检验。结果显示，麦克尼马尔检验 x^2=10.31，p=0.02，说明两次调查在本题的作答，有明显的改变。转变最大的是从培训开始时的选项“不会搜索网络资源、不会用动态数学工具画图”转变为“初级水平”。具体数据见表 2。

表 2　14 题前后测交叉表

前测	后测			
	A. 不会搜索网络资源，不会用“动态数学”工具画图	B. 初级水平	C. 中级水平	总计
A. 不会搜索网络资源，不会用“动态数学”工具画图	23	52	10	85
B. 初级水平	34	58	7	99
C. 中级水平	3	2	1	6
总计	60	112	18	190

针对 11 和 12 题，本研究采用成对样本 t 考验比较每周使用信息技术教学与近一个月制作课件的数量，是否在前测与后测问卷中有所差异。结果显示：教师在培训后使用信息技术教学的次数与制作课件的数量都显著高于培训刚开始时，两者的 t 值分别为 2.64 与 8.14，达到 p=0.01 与 p<0.01 的水平。具体数据见表 3。

表 3　11 和 12 题 t 检验结果

问题	平均值（标准差）		自由度	t 值	p
	前测（N=190）	后测（N=190）			
11. 平均每周使用信息技术教学的次数是	2.84（0.84）	3.06（0.78）	189	2.64	<0.01
12. 近一个月你制作课件的数量是	1.91（0.75）	2.50（0.87）	189	8.14	<0.01

通过数据对比得出结论：数学教师信息技术应用能力较之前有明显提高。

五、总结与展望

本研究以邛崃区域为例，基于网络画板区域化推动数学教师信息技术应用能力提升，融合教育数学创新实验，以“行政推动—课题引领—平台支撑—课例培训—示范引领—创新实践—反思修正—推广应用”的模式，即以教研行政力量为推动力，以课题研究为抓手，以借助平台为支撑，以课例培训为主要方式，以学科指导专家为示范引领，整合张景中院士的重建三角和网络画板资源，丰富区域资源建设，不断进行创新实践、反思修正，探索网络画板与教育数学双资源融合创新的区域实践，提升区域数学教师信息技术应用能力，促进区域基础教育优质均衡发展，使人民群众有获得感和幸福感。

下一步本研究将开展“基于教学改革、融合信息技术的新型教与学模式”的数学课堂教学模式研究和基于数学核心素养的教育数学评价研究；将现有网络画板与教育创新的实践成果推广到高中学段和小学段，联通小学初中高中，真正实现“一线串通，全盘皆活”。

参考文献

［1］中华人民共和国教育部．关于实施全国中小学教师信息技术应用能力提升工程的意见［EB/OL］．(2013-10-25)［2021-03-27］.http：//www.moe.gov.cn/srcsite/

A10/s7034/201310/t20131028_159042.html.

［2］中华人民共和国教育部．关于实施全国中小学教师信息技术应用能力提升工程 2.0 的意见［EB/OL］.（2019-03-20）［2021-03-21］.http：//www.moe.gov.cn/srcsite/A10/s7034/201904/t20190402_376493.html.

［3］陆兴华．基于培训提升初中数学教师信息技术应用能力的实践研究［D］．成都：四川师范大学，2018.

［4］杜佳佳，古丽娜·玉素甫．网络画板教学应用研究工作现状和趋势分析［J］．信息与电脑（理论版），2021，33（17）：246-250.

［5］陆兴华，李兴贵，尧刚，等．互联网 + 动态数学——网络画板推进数学教学变革［M］．长沙：湖南教育出版社，2019.

作者简介

张永胜：邛崃市教研培训中心副主任，数学教研员，中小学高级教师。

赖虎强：邛崃市教研培训中心教师，成都市名师工作室领衔人。

杨永红：邛崃市宝林中学教师，中小学一级教师。

黄菲：邛崃市冉义中学教师，中小学一级教师。

网络画板助力“双减”的价值意蕴与实施路径

——以五年级上册“多边形面积”为例

台州市椒江区人民小学　金美琴

【摘　要】“双减”要求减少机械低效练习，提高作业设计质量。网络画板助力作业设计，以“多边形面积”为例，实现网络画板促进数学学习减负增效的学科价值、满足个性化和弹性学习需求的工具价值、积累课后学习资源提升综合素养的社会价值。本研究采用“目标拟定—提出问题—解决问题”路径，以数学核心素养为目标导向，以单元整体为设计序列，以自主探究为学习方式，推进实施。

【关键词】网络画板；双减；数学素养；学习资源

“双减”要求学校合理调控作业结构，提高作业设计质量，克服机械无效作业，鼓励布置弹性和个性化作业。作业设计要把握住“学科知识：引导迁移运用”“学习方式：走向真实深度”“内在本质：承载思维发展”等。本文探讨网络画板助力“双减”的价值意蕴与实施路径。

一、网络画板助力“双减”的价值意蕴

（一）学科价值：提升作业设计质量，网络画板促进数学学习的减负增效

减轻学生的作业负担，并不是简单地一味地减少作业量，而是优化提升作业质量。网络画板是一款赋能数学智能学习的软件，用它来助力作业设计，能促进数学学习的减负增效。以人教版五年级上册“多边形的面积”为例，在单元整体视角下，用网络画板助力作业设计，能减少机械套用公式的作业，促进知识联系并迁移运用，增强学习效率。

（二）工具价值：满足个性化和弹性的学习需求，拓宽数学交流的渠道

网络画板作为表征数学的工具，可以呈现出多样化的学习成果，满足个性化和弹

性的学习需求。网络画板有图形、算式、文字、音频等形式，拓宽了数学语言的交流形式与渠道。在“多边形的面积”单元里，设计“风筝里的数学”单元主题式的探究性作业，用网络画板充分展现学生的想法，满足个体之间的弹性、差异发展，数学交流的学习需求。

（三）社会价值：积累线上的课后学习资源，提升学生的综合素养

网络画板提供学生做数学实验的平台，积累的学习资源即可服务于课后学习。多边形面积计算的推导过程，承载着“转化”“空间想象”“数学抽象”等数学素养。数学探究性作业与网络画板创作互相交融，协同促进数学思维的深刻性、灵活性、综合性等品质的发展，提升数学素养（图 1）。

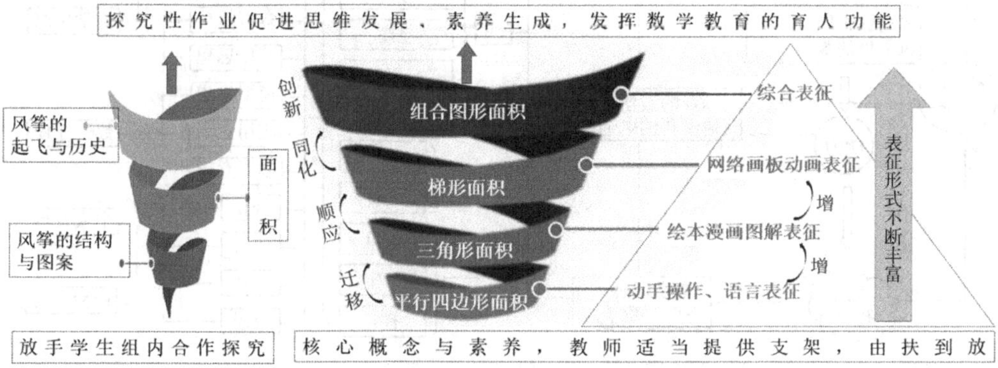

图 1　网络画板与数学作业共促素养提升

二、网络画板助力“双减”的实施路径

（一）准备阶段：单元整体，梳理数学核心概念与学习目标

1. 聚焦数学结构，梳理核心概念与学习目标

数学知识结构是数学的概念、命题的关联所形成的模型和体系，基于单元整体数学结构的视角，拟订目标为：经历用平移、旋转、缩放、对称、迭代等图形变换方法推导三角形与梯形面积计算公式的过程，渗透转化思想与数形结合思想，提升空间想象、数学抽象与数学建模等数学素养。经历用多种方法转化和计算图形面积的过程，培养数学思维的发散性、批判性、聚合性和创新性等品质。

2. 聚焦数学核心素养，梳理网络画板的助力点与学习目标

数学核心素养指会用数学的眼光观察世界，会用数学的思维思考世界，会用数学

的语言表达世界。拟订目标为：能用网络画板，在2D环境下，用图形的变换、动画和音频表征出平行四边形、三角形和梯形的面积推导过程，提升网络画板应用水平；在探究、交流和评价过程中，提高学生用网络画板做数学实验的兴趣和能力，提升数学素养、高阶思维能力与5C素养，用网络画板表征数学。图2梳理了网络画板助力多边形面积计算的着力点与对应的数学素养。

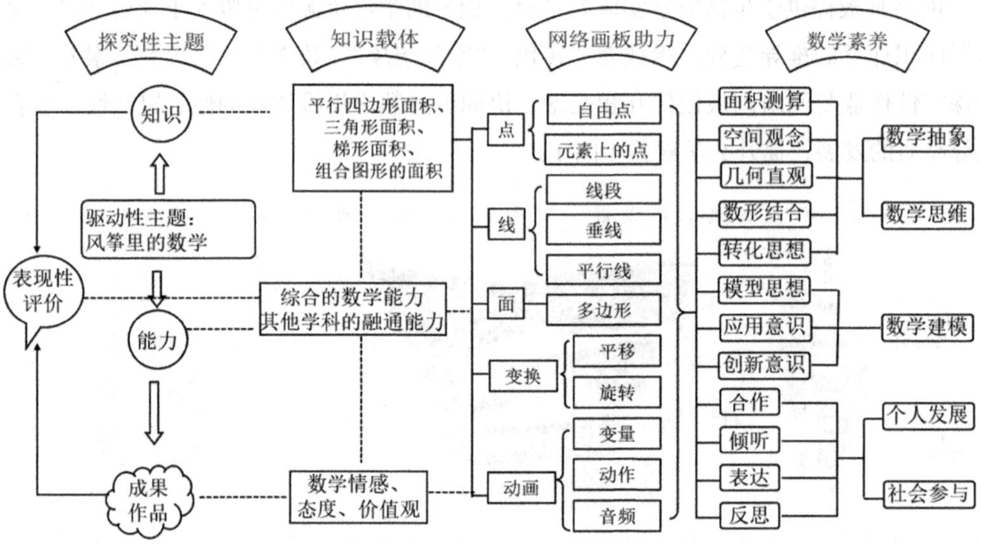

图2　网络画板助力多边形面积计算

（二）启动阶段：学生立场，激发用网络画板探究数学的兴趣与动力

站在学生的立场，从学生感兴趣的角度想，将现实生活的真实或者有挑战性的任务作为项目主题，用“风筝里的数学”作为主题，找准核心问题，激发学生思维的内部需求。

1. 搜集资料，提出问题，关注网络画板相关问题

学生通过网上搜索、书上查资料等渠道，提出数学问题。这些问题的涉及面很广，有关于形状与结构的，有关于角度类的，有关于面积类的。

2. 梳理问题，分类拟订计划，重点设计网络画板相关的路径

把问题分类，非面积类的，科学利用课余时间分小组自主合作完成。面积类的，各种形状风筝的面积怎么求？网络画板怎么画风筝？把课本例题换成风筝主题，课前预习—课堂分享反馈—课后探究操作（图3）。

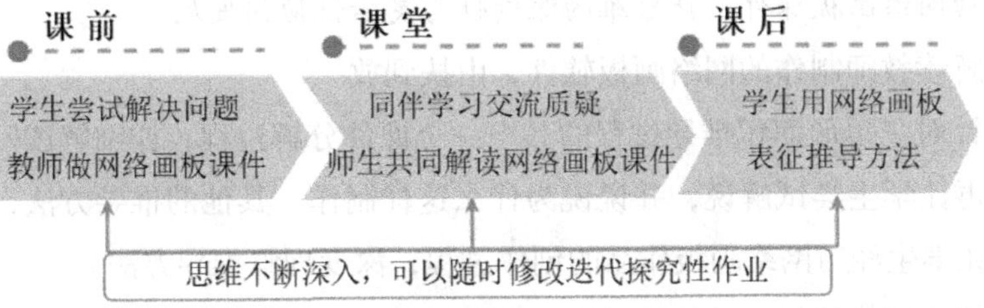

图 3　面积类探究性作业实施框架

（三）实施阶段：真实操作，提升网络画板的应用能力与思维品质

用网络画板设计作业，鼓励多种方法推导，从直观操作中概括抽象出面积公式，在“不知不觉间”，将“温故推新”的关联、转化、几何直观等方法进行迁移应用到各类图形的面积计算中。先解决“各种形状风筝的面积怎么求？”，从平行四边形的面积推导开始，经历直观操作推导三角形面积后再并行解决“网络画板怎么画风筝？”，不断丰富表征形式，提升几何思维和数学素养（图 4）。

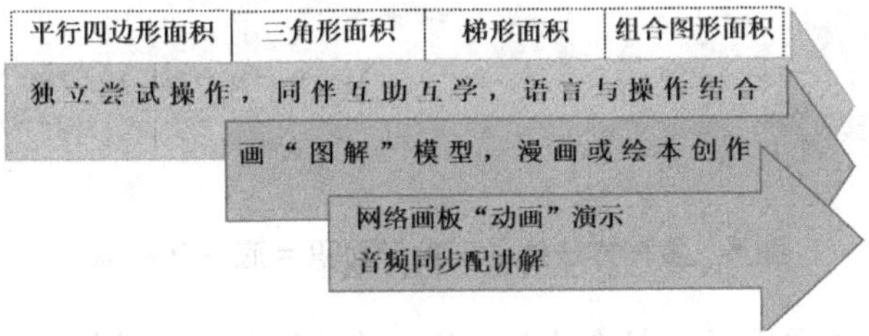

图 4　网络画板表征数学的方式不断丰富的过程

1. 直观操作、语言与形象结合：让思维与表达在操作的过程中协同发展

以三角形风筝的面积计算为例，网络画板表征面积公式推导过程，调动学生全脑的参与，激活多种联系。

（1）直观表征，为网络画板表征的制作过程厘清思路

三角形风筝的面积怎么计算呢？我们先让学生课前尝试，课内先组内同伴讨论，再全班交流，多样化方法全部呈现，教师用自己制作的网络画板课件辅助理解，由扶到放。学生在画、剪、拼、说、算的过程中真正理解推导的过程。

（2）语言表征，为制作网络画板的音频积累语言素材

为了让每位学生都内化“转化”的方法，准备道具，边操作边讲解，要求用规范的数学语言表征推导过程。

2. 解读网络画板课件：让思维的深刻性与灵活性协同发展

（1）解读教师制作的网络画板软件，由扶到放

教师针对三角形面积推导过程的其中一个课件分解过程，详细解读网络画板里的"对象"。再让学生尝试解说，并说说为什么这样制作。其他的推导方法，放手让学生去尝试，让学生经历网络画板作品的创作过程，深度理解推导方法。

（2）解读网络画板作品的效果图，图文结合

有三类方法：底 ÷2× 高、底 ×（高 ÷2）、底 × 高 ÷2。学生图文结合解读作品的效果图，比如第一类方法（图5），可以从底的一半向另一边的中点剪开，分成一个三角形与一个梯形，再把三角形旋转。或者沿两边的中点分别向底边画垂线段，分割出两个小三角形。

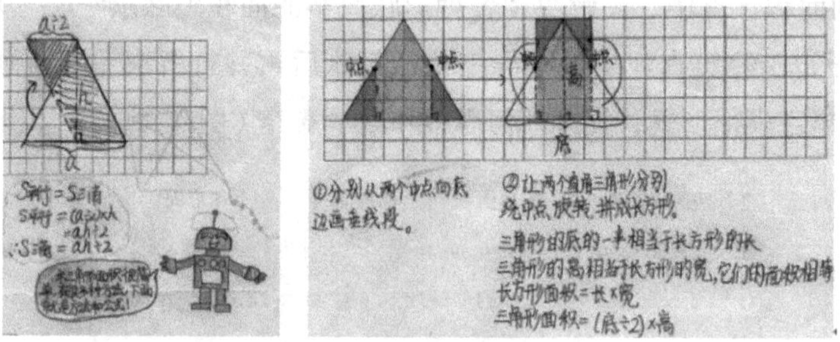

图5　多种方法推导三角形面积 = 底 ÷2× 高

3. 动画、静态表象和动态想象结合：让思维的综合性与创新性协同发展

（1）尝试制作：用网络画板制作《探索三角形面积计算》

学生有了直观操作、语言表征、图解模型的基础，这时候用网络画板制作过程水到渠成了，下面是一个学生创作的获得冠军的作品（图6）。

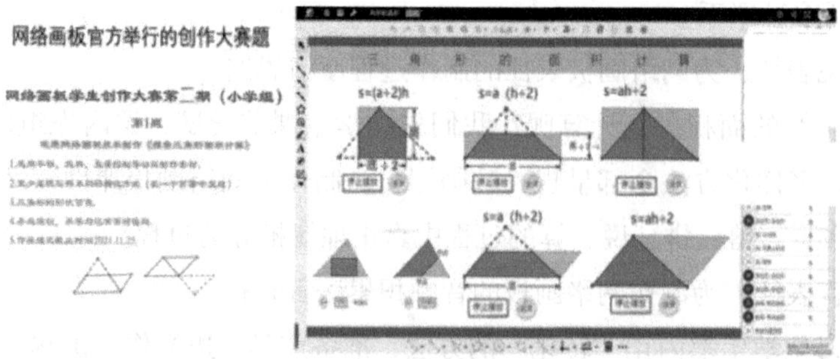

图6　探索三角形面积计算的题与获得冠军的作品

（2）迁移运用：用网络画板制作梯形面积计算的多种方法

学生把前面推导三角形面积的计算方法迁移到了梯形的面积计算上，配上音频。学生综合运用图形的变换知识与转化知识，表象与想象结合，在试误与成功交织中、静态表象与动态想象的结合中发展思维的综合性和创新性。

三、网络画板助力“双减”的成效反思

（一）以数学核心素养为目标导向

首先，要鼓励学生用数学的眼光观察现实世界，“风筝里的数学”让学生从数和形等方面抽象出数学问题。再者，要鼓励学生用数学的思维思考现实世界，多边形面积的推导方法有多种，引导学生不断迁移方法，自主创新推导。还有，要鼓励学生用数学的语言表达现实世界，让学生用漫画、图解、算式和网络画板等方式理解面积计算公式，并应用于组合图形与不规则风筝图案的面积计算中。

（二）以单元整体为设计序列

单元整体有利于学生进行联系性学习，包括学科内的联系、跨学科的联系以及与现实生活的联系。用网络画板助力“双减”作业设计，要注意所承载的整体知识结构，既有利于学生迁移应用，或同化，或顺应，又有利于网络画板技术的学习巩固与应用创新。解决“风筝里的数学”问题包含着多边形的面积计算，整体设计学习序列，由扶到放，由模仿到创作，满足不同层次的学生多样化的学习需求。

（三）以自主探究为学习方式

学生的探究学习过程是设计学与教活动的主要参照，用网络画板设计的作业要促进学生的自主探究，有利于学生基于已有的认知基础和活动经验，经过独立思考或合作讨论，解决数学内部问题或联系现实世界的问题，经历解决问题的过程。给予充足的时间与空间，促进学生深度学习。经历“课前自主探究—课中交流讨论改进—课后迭代优化”的学习过程，数学素养得到有效提升。

四、研究展望：迭代优化基于网络画板的学习资源

网络画板提供让学生体验数学实验乐趣的平台，能有效地改进学生的学习方式，避免机械作业，满足弹性作业与个性化需求。学生既可以模仿学习教师的，也可以自行创作，既有静态的图形表征，也可以动态表征，还可以语音表征。网络画板为学生和学校专设了空间，提供线上数学学习资源，有待我们继续研究迭代优化，为“双

减”政策落实发挥它的价值。

参考文献

［1］王永春．小学数学核心素养教学论［M］．上海：华东师范大学出版社，2019.

［2］徐斌艳．数学素养与数学项目学习［M］．上海：华东师范大学出版社，2021.

［3］卢琴．PBL 主题拓展教学：完善学生数学思维结构的一种有效路径［J］．江苏教育，2019（7）：22–26.

［4］夏雪梅．PBL 项目化学习设计：学习素养视角下的国际与本土实践［M］．北京：教育科学出版社，2018.

［5］周振宇．项目学习基于学校的行走［M］．南京：江苏凤凰科学技术出版社，2020.

［6］张悦颖，夏雪梅．跨学科的项目化学习：“4+1”课程实践手册［M］．北京：教育科学出版社，2018.

作者简介

金美琴：台州市椒江区人民小学教科室主任、STEAM 与项目化主任，高级教师。

网络画板的区域推广与应用研究

广州市番禺区北片教育指导中心　卢志明

【摘　要】网络画板是一款符合数学教学特点的动态数学软件，在中小学数学教师中推广应用，有助于信息技术与数学学科的融合创新。在教育部发布“教师信息技术应用能力提升工程2.0”的背景下，本文以成人学习理论为指导，通过实证研究，创新教师培训方式，构建了“需求＋服务”的区域推广网络画板应用于课堂的培训模式，提出了推广方式、信息技术应用、应用着力点、培训形态四个方面的培训改进策略，提升培训的实效性。

【关键词】网络画板；信息技术；成人培训；数学教学

网络画板是由张景中院士团队在超级画板的基础上开发的动态数学软件，融合了动态几何、智能推理、符号运算、网络交互等多项技术，高度符合数学学科教学的需要，如能通过简单的操作将抽象的数学对象形象化，将运动变化的过程呈现出来，将精确的数量关系和高度概括的数学模型表达出来。从推行几何画板和超级画板10多年的实践结果来看，对中小学在职教师的培训往往遇到两难境地：如果先进行系统的培训再应用于课堂教学，那么会由于时间过长导致教师未培训完毕就已失去兴趣；如果经历多次不系统的培训，那么通常是应用于一时，难以取得持久应用的效果。本研究以成人学习理论为指导，通过整合本区域教研力量开展实证研究，探索区域推广网络画板应用于课堂教学的有效方式。

一、基于网络的“需求＋服务”推广培训

调查发现，在中小学数学课堂上PPT课件一直占据绝对地位，只有少数教师偶尔使用几何画板或超级画板辅助教学，导致课堂上信息技术与数学学科的融合长期处于停滞的状态。为此，区域教研部门探索在中小学校推广网络画板进入数学课堂，以提

高数学课堂教学效益和提升数学教师的学科信息技术应用能力。

经过尝试与比较，我们探索出一种基于网络的“需求 + 服务”的推广培训方式，取得了较好的效果。大致运行方式如图 1。

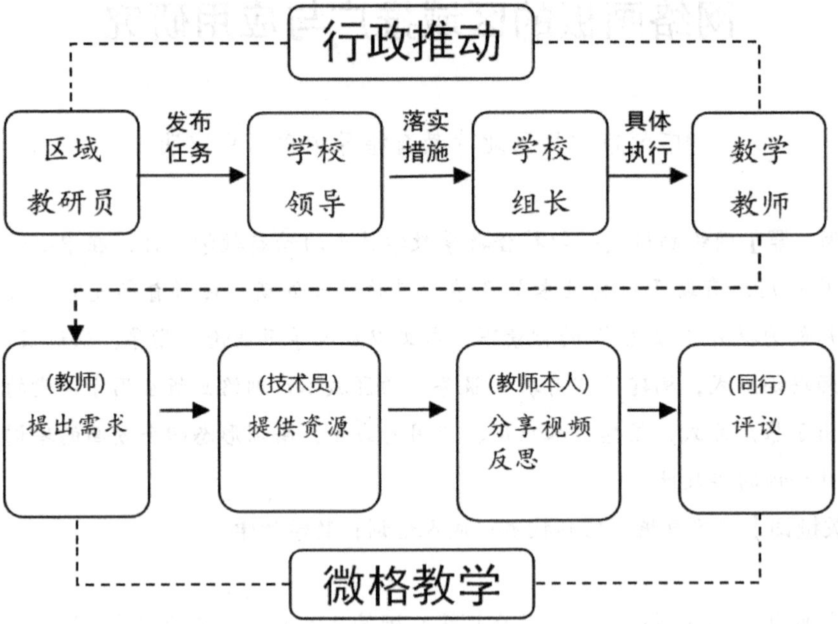

图 1　基于网络的“需求 + 服务”推广培训的运行方式

（一）构建“行政推动”的指挥系统

“行政推动”指挥系统就是由“区域教研员—学校业务领导—数学科组长”构成一个自上而下的三级指挥架构，依赖网络和网络通信工具建立由全体数学教师组成的“推广群”，在其中分享使用网络画板的教学片段、教学反思、评议意见等，形成应用和教研的氛围；建立由学校业务副校长组成的“发动群”，负责落实区域教研员发出的任务；建立由学科带头人组成的“评议值班群”，负责对当天分享的教学片段进行发展性和鼓励性的评议。

（二）构建“微格教学”的运行机制

在“行政推动”的保障下，教师们根据自己的教学内容和需求，采纳技术员提供的网络画板资源，直接在课堂上“拿来用”；把使用过程片段拍摄下来，附上必要的说明发到“推广群”里分享；群里其他教师对这些片段进行评议，区域教研员做阶段性的小结评议。这种方式，包含了使用前的思考、使用后的反思与大家的评议，实质就是一个“微格教学”的过程。

（三）网络画板资源和教学片段视频的生成机制

生成机制是这样的：教师提出需求—技术员提供资源链接—教师在课堂教学中使用—拍摄成教学片段—按规范发到“推广群”。

经过一个学期的实践，取得如此成效：一是让数学教师更深刻地认识网络画板，增强了亲切感；二是网络画板广泛进入数学课堂，得到广大教师的好评与信赖；三是形成了一种“以网络画板应用效能为主题”的长效推广培训机制。

二、区域推进网络画板的教学应用

采用“需求 + 服务”的区域推广方式能够在较短的时间内取得成效，主要得益于以下“四个转变”。

（一）推广方式实现从传统“培训 + 创作”到“需求 + 服务”的转变，符合成人教育的特点

现代成人学习理论认为，成人培训是基于“体验”和“需求”，不是“缺什么补什么”，而是“需要什么学什么”“通过团队学习影响个体学习”。因此，要吸引教师们学习使用网络画板必须要让教师体验它的优势，产生学习的意愿；并且学习在具体的情景中进行并能解决实际问题；还要营造团队学习的氛围。

采用“需求 + 服务”的推广方式，符合成人学习的特点。“需求”就是绕过系统学习课件“制作”的阶段而直接进入课件“使用”阶段，让教师们提出教学课件“希望能达到什么效果”的要求；“服务”就是由网络画板官方技术员按前述“需求”提供课件让教师们直接“拿来用”。

例如，在小学推导圆的面积公式时，能够把圆平均分成 n（从 1~100 甚至更大的整数，任意选取）份，然后可以动态演示重新组合成一个近似的长方形的过程。n 的值从小到大选取，每个值重复一次重组的过程，学生逐步感受“化曲为直”和“无限接近”的思想（图 2），从而提高课堂教学的直观性、趣味性。

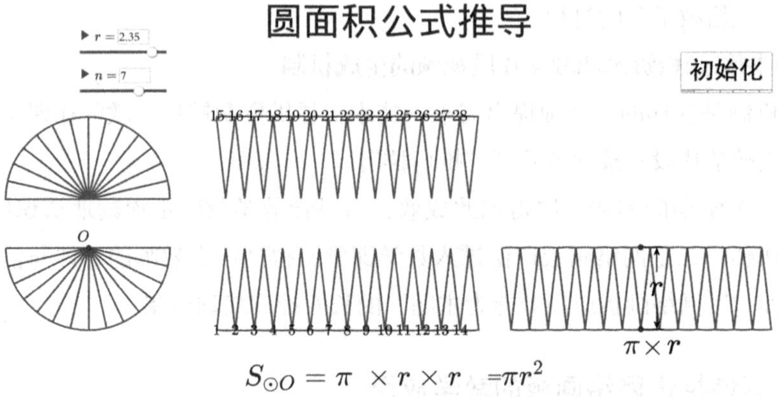

图 2　圆的分割与重组——推导圆的面积公式

另外，建立区域数学教师推广群、发动群、评议群等，营造共同学习的浓厚氛围，通过团队影响个体学习产生积极的效果。

（二）信息技术应用实现从“通识应用”到“学科应用”的转变，迈向数学与信息技术的融合运用

教育部提出“提升教师信息技术应用能力、学科教学能力和专业自主发展能力，建立教师主动应用机制，推动每个教师在课堂教学和日常工作中有效应用信息技术，促进信息技术与教育教学融合取得新突破”。

提升教师信息技术应用能力着重于“学科应用”。数学是一门抽象的学科，从数学对象到数学思想方法都是抽象的，还具有精确的数量关系、严格的结构关系和运动与变化的数学规律等特点。数学教师应该具备借助信息技术手段，化抽象为形象，化静态为动态，创设知识演示实验、情景模拟实验、原理验证实验和问题探究实验等，激发学习兴趣，丰富数学活动的内容等能力。在“需求＋服务”的方式中，网络画板官方技术员针对每一个教学内容都提供若干个课件供选择。教师们虽然没有经历制作课件的过程，但并不是随意拿来就用。而是通过课前对课件的审核、解读、消化和比较，结合对学生、对数学、对教学的综合分析理解，最终采纳网络画板课件应用于教学。教学时，教师们尽力把课件隐含的数学功能发挥到极致。数学教师多次经历对课件的“分析、比较、使用、反思”过程，自然提高数学学科的信息技术应用能力。

（三）推广应用的着力点从关注“整课教学”到“教学片段”的转变，突出应用的效果

微格教学理论与实践证明，用微格教学对在职教师进行培训的效果明显优于传统方法的效果。课堂中应用网络画板资源教学只是一个教学片段，时间3~5分钟不等，对这个片段的讨论可以认为是一个微格教学课例。

一个简短的“教学片段”，我们可以从“学生的学”“教师的教”“课程性质”“课堂文化”等多个视角分析网络画板课件的制作质量和教师运用的合理性等。对教学片段的评议，其价值可以体现在鼓励与引领教师们专业发展：提出一个亮点可以照亮其本人或他人；指出一个发展性的意见，可能让教师们豁然开朗。

为了让分享的教学片段视频更具交流及研讨的价值，我们对分享的视频还要求配备相应的说明，提出“五点要求”的规范结构：网络画板使用截图、教学内容、网络画板应用意图、教学效果或反思、资源链接（图3）。特别强调的是“网络画板应用意图”，以期促使教师结合教学内容思考使用该网络画板课件的必要性和实用性。

【1 网络画板使用截图】（略）

【2 教学内容】三年级下册《长方形、正方形面积的计算》

【3 网络画板应用意图】这是针对教材第66页例4设计的。因为平面图形的面积计算是初始知识，所以还是需要学生动手拼一拼，摆一摆。但部分学生动手能力差，在摆图形的过程中，由于1平方厘米的小正方形很小，有的学生动作慢，会导致在这一环节浪费很多时间。所以加上网络画板，能让那些动作慢的同学再一次体验求长方形面积的推导过程。运用网络画板可以清晰地强调乘号的来源：在摆图形的过程中，当表格填完后，我会让学生说一说每排摆的个数相当于长方形的什么？摆的排数相当于长方形的什么？

【4 数学效果或反思】长方形和正方形面积计算公式的推导是本节课的重点和难点。根据本节课的数学目标，在数学中，重视直观数学，重视学生的动手实践，合作探究和合作交流，使抽象的内容具体化，让学生在轻松愉快的学习环境中完成了学习任务。利用网络画板，形象、直观、易懂，非常好。孩子们都非常积极。今后必须不断总结经验，让几何画板的功能在教学过程中发挥更大更好的作用。

【5 资源链接】

https: // www. netpad. net. cn/presentationEditor / presentationPlay. html # share / c8abbbc0-aa7b-11ec-ab7c-312ec1612615

图3　区域分享教学片段的“五点要求”结构样式

（四）培训的形态实现从“线下短期”到“线上长期”转变，构建区域线上教研生态

一般的培训都是“线下短期”进行的，而采用“需求+服务”的推广方式是需要“线上长期”坚持的，要“长期”就要构建区域线上教研生态。

线上教研生态区别于线下的教研生态，就是要利用互联网优势将现行的一些做法常规化、制度化，保障现有机制持续运行。具体做到：

“领导推”，就是行政推动，由区域教研员、学校业务领导、学校数学科组长构成，要求每校发动教师分享教学片段，按规模大小给予任务。

“专家领”，就是学科带头人阶段性地按照前段时间分享的视频进行归纳、解读，

提炼出共性的优点，引领发展方向。

“同行扶”，就是安排人员对当天分享教学片段的教师，给予发展性评价，既肯定优点，也指出不足，保护教师的积极性。

“技术帮”，就是网络画板官方安排技术员按教师们提出的需求，搜集现有资源供教师们使用，或者按教师们提出的需求进行修改使用。

“建立激励机制”，就是根据质量评选“优秀作品（教学片段）”，根据数量评选“积极分子”，根据数量与质量评选“优秀教研组”，以激励教师个人持续努力和激发集体的力量，作为保障教研氛围的一种手段。

三、网络画板的区域推广的教育启示

区域推广网络画板应用于课堂的培训方式能取得成效，关键是在服务意识和成人学习理论的引领下，整合区域行政力量等多因素共同作用。从中我们可以获得关于中小学教师培训的几点启示：

一是应以成人教育理论指导培训方案的设计。一个良好的培训方案是实施有效培训的有力保证。面向在职教师的培训方案，应根据成人学习的特点，充分考虑适合的时机、环境、内容、目标和方式等，尊重和利用教师的经验和学科教学实际，结合教师面临的普遍问题和个性问题而设计。

二是培训的内容应以解决教学实际问题为导向。教师参与培训的动机就是要解决遇到的教育教学问题，培训的过程也是解决问题的过程。将教学的具体问题融入培训内容之中，以解决问题带动教师理念转变和能力等多方面发展。

三是在启动阶段，培训的形式应要“即学即用”，而不是系统学习。好的开始是成功的保证。如果在培训之初不能获得教师的好感和信赖，那么培训很难推进。所以启动阶段适宜采用“即学即用”的办法，轻松用信息技术有效解决困扰教师的问题，自然让教师迅速产生收获感和信任感，便于培训的深入开展。

此外，领导重视也是一个重要因素。区域领导重视便能调动和整合辖区内的人力、物力资源，便于工作有序而持续推进。“有领导支持的学校，教育信息化工作就开展得比较好。”

四、总结与展望

“需求＋服务”的方式推广网络画板课堂应用，符合“方法重于技术，组织制度创新重于技术创新”和“应用为王，服务至上”的理念，也符合“教师提出需求，多方提供服务”的要求。随着研究的深入，我们有必要对“需求”和“服务”的内涵作进一步的探讨。在课堂教学中，即使有“好的资源”，也未必能够把“好资源用好”，即通过运用该资源取得获得知识、提升思维能力的最佳效果。能否用好与教师的专业水平有关，教师的专业水平往往滞后于教育教学理论的发展，因此，教师的“需求”就应包括“如何被引领和帮助提升专业水平能力”，而“服务”也应包括“获得指导如何运用相应的理论指导把好资源用好”。可见，“需求”和“服务”的内涵需要多方力量的参与，如一线教师、教学专家、技术专家等相向而行，共同为教师信息技术应用能力提升做出更多的努力。

参考文献

[1] 吴军其，罗攀，沈红云．中小学教师信息技术能力培训策略的研究综述[J]．电化教育研究，2016（1）：123-128.

[2] 陆兴华．基于培训提升初中数学教师信息技术应用能力的实践研究——以成都市 W 区为例[D]．成都：四川师范大学，2018.

[3] 中华人民共和国教育部．关于实施全国中小学教师信息技术应用能力提升工程 2.0 的意见[EB/OL]．(2019-03-21)[2022-02-28].http://www.moe.gov.cn/srcsite/A10/s7034/201904/t20190402_376493.html.

[4] 张景中，葛强，彭翕成．教育技术研究要深入学科[J]．电化教育研究，2010（2）：8-13.

[5] 中华人民共和国教育部．以教育信息化推动教育高质量发展[EB/OL]．(2022-02-22)[2022-02-28].https：//baijiahao.baidu.com/s？ id=1725423361493097264&wfr=spider&for=pc.

[6] 中华人民共和国教育部．关于印发《教育部基础教育司 2022 年工作要点》的通知[EB/OL]．(2022-02-08)[2022-03-02].http://www.moe.gov.cn/s78/A06/tongzhi/202202/t20220209_598277.html.

作者简介

卢志明：广州市番禺区北片教育指导中心教师，中学数学高级教师。

数学教师信息化应用能力提升策略实践研究

——以网络画板应用为例

成都石室双楠实验学校　任小平　张坤蓉

【摘　要】教育信息化、教育智能化促使教师信息化应用能力提升，如何快速、有效提升教师信息化应用能力成为研究的主要内容，研究发现：专家引领、团队支持，明确提升方向，找到问题的切入点和突破口。任务驱动主要基于皮亚杰关于建构主义的基本思想，通过必要的资源学习，对原有经验重建和再创造。培训形式多元化，线上与线下结合，网络画板教程与团队现场指导结合。根据夸美纽斯的教学论原理，教一个活动的最好方法是演示，骨干教师示范，而后重要的就是其他教师从简单模仿开始进行自己的再创造。每个教师上一堂展示课，成果验收策略行之有效。

【关键词】网络画板；信息技术；策略

随着教育信息化、教育智能化时代的来临，2014年教育部办公厅印发《中小学教师信息技术应用能力标准（试行）》。2020年7月教育部教师工作司委托专项课题“中小学数学教师信息化教学能力显著提升的研究与实践”，我校成功申报子课题“数学信息技术在分享学习课堂中的实践研究”，开展基于网络画板提升教师信息化教学能力的课题研究，采取的是专家引领促提升、认识提升增内力、任务驱动提动力、研培结合显时效、骨干示范升活力、成果验收强实效的研究策略。

一、网络画板的应用优势

网络画板界面清晰，菜单简洁，功能强大，尤其制作图形演示动画效果突出，利用其解决平面几何中的动态问题生动、形象，能很好地突破难点。

一年多时间以来，课题组参研教师网络画板技术能力提升的成效显著。2020年8月立项之初课题组8人，只有负责人一人对网络画板有一定的了解，占比12.5%，现在课题组全组教师人人会使用网络画板，会制作课件，熟练运用网络画板技术于课堂教学，占比 100%（图 1）。课题组教师利用网络画板上展示课、到民族地区开展送教，受到一致好评。研究活动在中国网、今日头条、搜狐网、凤凰新闻以及学校的科研平台等多家媒体和平台共 13 次报道或转发。课题组教师在学校赛课获一等奖，在武侯区第 16 届教学大赛中获区一等奖。

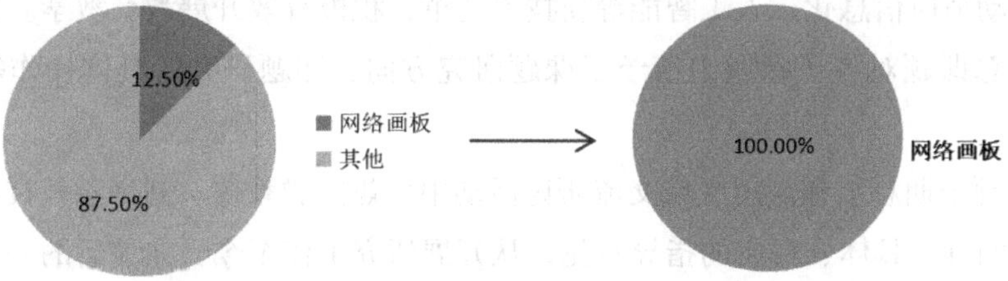

图 1　掌握网络画板技术的参研教师比例变化

二、网络画板的应用案例

一个古老的问题：甲、乙两人在公园散步，一只小狗在两人之间来回跑动，两人开始相距 1000 米，相向而行，甲的速度是每分钟 72 米，乙的速度是每分钟 53 米，狗的速度是每分钟 200 米，当两人相遇的时候，狗跑了多少米？

这个问题对于中学生来说都有一定难度，对小学生来说就更难了，但是应用网络画板制作动画展示运动过程，小学生也基本能够理解解答，如图 2。

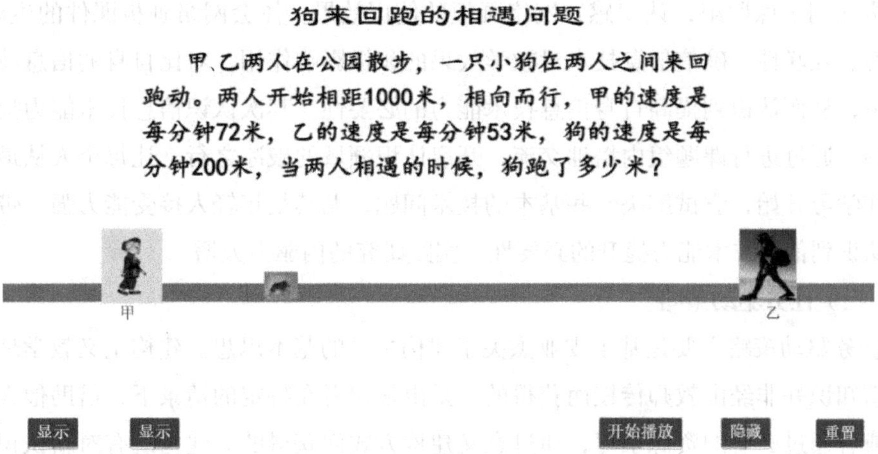

图 2　小狗在两人之间来回跑的问题

三、数学教师信息化应用能力提升策略

（一）专家引领策略

专家引领犹如黑夜前行中的一盏明灯，它能照亮前进的方向。

教育部教师工作司司长任友群在2020年10月13日总课题开题会上讲话指出：教师要主动适应信息化、人工智能等新技术变革，积极有效开展教育教学。其强调的是有效。总课题对各子课题组给予了课题研究方向、课题研究的具体操作等方面的指导。

在课题中期总结和四川区域交流研讨活动中，焦宝聪教授、刘雍潜教授对课题研究给予了明确、具体、现实的指导意见，从开展研究工作至今，在前后的一年多时间里，组织的各种培训达到25场次，对教师认识水平的提升起到十分重要的作用。网络画板平台的团队在技术层面给予了充分的培训支持，平台公司总裁尧刚还组织技术团队现场开展指导活动。专家的引领、团队的支持，使课题组教师明确了研究的方向，找到了问题的切入点和突破口，提高了对信息技术的认识，提升了信息技术应用能力。有引领，有平台，才有了教师们应用信息技术能力大幅提升的保证。

（二）认识提升策略

教师数学信息技术能力提升，需要有内因和外因的作用。外因是环境，是可以帮助提升能力的平台。内因就是教学需求，起着决定性的作用。认识的提升既是理论的基础，也是行动动力的源泉。首先认识信息技术能力提升的必要性。一批态度坚定的教师进入到子课题组，认识感知网络画板的使用效果，体会网络画板课件的生动性、直观性、互联性，确信信息技术对教学效果的积极影响作用，对比自身的信息技术能力水平，从而认识到提高自身信息技术能力的必要性。其次认识信息技术能力提升的可行性。通过进行课题组内培训交流，开启认识领域的破冰之行，让每个人从最简单的操作学习开始，尝试解决一些基本的技术问题，尤其是年轻人接受能力强，带头尝试，认识到信息技术能力提升的必要性，实践研究的内驱力大增。

（三）任务驱动策略

任务驱动策略主要是基于皮亚杰关于建构主义的基本思想。建构主义教学理论指出，新知识并非经由教师传授而获得的，是由学习者在特定的情景下，借助他人的帮助，或者通过必要的资源学习，通过意义建构方式而获得的。建构既有对新认识意义的重新建构，亦有对原有经验的重建和再创造。

任务驱动法是由主持者按照当前的研究主题设计和提交任务，并提供实现任务目标的方式与指导，进而带动参加者在学中做、做中学实现目标的方式。

多媒体课件和现在的智能平台一步步优化了课堂教学辅助手段，但同时也增加了教师的备课量，对教师掌握信息技术的水平提出了更高要求。很多教师停留在过去的教学方法和手段上，也是基于这个原因，我们成立课题组，提出了阶段目标。对教师掌握数学信息技术能力，给出了明确具体的要求，并对使用信息技术能力界定了具体的操作任务。利用各级培训平台，让教师既有学习的机会和环境，又有定期任务的驱动。在这样的情形下，每个教师利用网络画板上了一堂汇报课，并上报相应完整的教学课件、教学设计、网络画板资源和课堂实录；制作了至少 10 个网络画板资源实例；录制了一个利用网络画板的微课课例。所有参研教师完成了预期的任务。事实证明，教师们的信息技术能力得到了显著提升，从不会到会，从会一点到比较熟练地掌握应用，在中期和后期成果中都得到了充分的体现。

（四）研培结合策略

弗赖登塔尔认为：狭义地说，苏格拉底所做的就是在教学过程中再创造或再发现所教的东西，题材都是在学生的眼前发生而不是教条式地灌输。学生的学习如此，教师的学习也一样，一样需再发现再创造。这样我们的学习和研究才是有用和有价值的，只有当我们感受到有价值的东西的时候，我们学习的动力才是最足的，效果才是最好的。教师们通过培训学习自己制作课件，在制作课件的过程当中，能够体现一种创造和一种再学习，而当教学课件在课堂上能够有效提高课堂教学效益的时候，会再次激发教师学习信息技术的内在的动力。

首先是培训形式多元化。总课题组采用线上培训与线下区域交流研讨结合，网络画板平台提供使用教程、视频教程，以及网络画板平台研究团队现场指导。其次是培训方法的多样化。第一，点对点：有基础的、领悟快的 1 对 1 指导帮助组内的教师。第二，点对线：经验丰富有一定研究的教师，在研究活动中上现场培训示范课。第三，点对面：在总课题组线上培训和线下区域交流活动中，全体参研教师共同学习。第四，面对面：开展学校之间的相互交流研讨活动。再次是培训内容具体化，在研讨中培训，在培训中研讨。课题组内的教师展示课课前互助、反复打磨，课后互评、研讨，从而实现信息技术能力的共同提升。实践证明，在相互研讨中实现培训提高是十分可行和有效的。

（五）骨干示范策略

夸美纽斯的教学论原理是“教一个活动的最好方法是演示”。引用这么一句话并考虑我们今天该怎么说将是有用的。弗赖登塔尔的意见是“学一个活动的最好方法是做”。所以我们采用的方法是骨干教师给大家一个示范，而后重要的就是其他教师在示范的作用下进行一个简单的模仿，从简单模仿开始，进行自己的再创造。

子课题组负责人早在十年前就对画板软件有了一定的了解，在近年的不断学习和不断应用中，水平达到了一定的高度。首先在课题组内组织教师们进行软件使用的培训，并率先上示范课、设计录制微课、制作并展示网络画板资源实例进行引领示范。这样迅速产生一些年轻的骨干力量，形成新的骨干示范。有骨干的示范，大家迅速行动起来，每一个教师都上一堂展示课，并及时研讨，发现优点，找到不足，不断改进完善。可以肯定的是，这样让大家使用网络画板的能力迅速得到了提升。

（六）成果验收策略

弗赖登塔尔教授指出“数学课的现场实录在教学法研究中仍然是卓越的成就”。我们让每个教师都上一堂演示课，并制作一个微课，作为我们课题研究的一个阶段任务，就是要突出课堂教学现场实录在数学教师信息技术能力提升中的重要意义。每一个教师利用网络画板上一堂展示课，并汇报交流教学设计、教学课件、课堂实录；每个教师设计录制了一节微课课例，完成了至少10个网络画板资源实例。经过一年多的努力，教师们从不会到会，实现了质的提升，都通过了子课题组的内部验收，完成了阶段任务。实实在在的成果说明课题研究实现了教师们信息技术能力的步步提升。

实践证明，专家引领、认识提升、任务驱动、研培结合、骨干示范、成果验收是可以迅速提升教师数学信息技术能力的有效策略。

四、研究展望

开展课题研究，教师信息化教学技术能力提升成效突出，产生的社会影响显著。数学教师信息化应用能力提升策略应用前景可期。信息技术日新月异，应用能力提升还需继续前行。

参考文献

[1] 何克抗.关于《中小学教师教育技术能力标准》[J].电化教育研究，2005（4）：5.

［2］任友群．如何开展提升教师信息化教学能力的研究［J］．中国信息技术教育，2020（21）：4–6.

［3］弗赖登塔尔．作为教育任务的数学［M］．陈昌平，唐瑞芬，译．上海：上海教育出版社，1995.

［4］韩建梁，赵晋华．中小学教师信息技术应用能力提升研究［J］．中国电化教育，2016（10）：123.

［5］辛崇恩，宋天华．信息技术在初中数学教学中的应用探讨［J］．中国教育技术装备，2018（11）：105–106.

作者简介

任小平：成都石室双楠实验学校教师，中小学高级教师，四川省骨干教师，四川省教学名师。

张坤蓉：成都石室双楠实验学校教师，中小学一级教师，区优秀教师，区学科带头人。

数学信息化教学能力培养途径及策略探析

成都市青白江区龙王学校　陈池蓉

【摘　要】社会信息化发展势不可挡，身处新时期的各阶段教师都需要改变教学理念，明确信息化课程能力对教学所产生的重要影响，并适时提高自身信息化课程能力的发展水平，促进教学质量的提高。本文就数学信息化教育创新能力的培育路径与对策方面展开研讨，紧密结合中小学校信息化教育教学与科研实际情况，就教师信息化教学能力提高的四条途径以及教师信息化课堂教学能力提高的三种策略进行了探讨，以促进教师信息化教学能力的提高。

【关键词】信息化教学能力；培养途径；培养策略

一、引言

新时代的学生最能适应新时代的进程，当今世界是社会信息化的世界，学生适应社会变化、掌握信息化的能力十分强大。作为新时期的授课教师，如果不积极应对教育信息化、人工智能等新型互联网信息技术的变化，及时改变教学观念，完善教学模式，提高自身运用互联网信息技术的水平，并运用现代信息技术提高教学质量，将很快被社会和时代所淘汰。身为新课程时期的教师，我们需要积极应对信息化、人工智能等新兴科技的变化，并参与到新的教育教学改革实验中，以进一步加强自身的信息化教育能力，并促进学校教育教学质量的提升。文章主要从教师信息化教学能力提升的四条途径以及教师信息化教学能力提升的三种对策方面展开探讨，以推进教师信息化教学能力的提高。

二、教师信息化授课技术水平培养的方式

（一）抓牢基础，普及培训

首先，要在思想上意识到提高信息化教育教学能力的重要性，加强基础理论与技

术的学习，增强相关软件的操作与运用。对培养方向和教学内容都要有清晰的了解，而现代教育信息技术基础理论、计算机技术应用的基本知识、多媒体和互联网基础知识、教育办公应用软件等基本内容则是最基础和需要掌握的知识技能。培训方式上要丰富多彩，拒绝单一枯燥，低质低效。多种训练方法既能适应教师的各种教学需要，也能帮助教师对信息化教学方法更好地把握。如对新任教师进行岗前培养训练，或在职老教师对新教师进行组队帮带、共同研究，开展“请进来”“走出去”双向交流，利用有效平台进行自学等。

（二）立足实际，制作应用

吸收中国传统教学方法的精髓，根据新时期教学发展的趋势与特点，把原来以教师为中心的传统教学方法，逐步调整为以学习者为认知主体的教学方法，以便于更好地满足信息时代发展的要求，同时适应国家培育高层次创新型人才的要求。在信息化教学大背景下，学习资料的设计更要注意给学习者提供不同主题课程中所必需的信息资料与保障，同时教师也要及时给出相应的信息引导与支持，让学习者在获取信息的正确方向、获取信息的途径以及信息资源的有效利用等方面更得心应手，实现“受”“授”有效转化。教师在信息技术的实际操作应用中，对多媒体技术的运用、信息网络资源的选择、运用信息化手段展示教学设计等方面需进一步加强培训，反复操练运用，通过对教学资源和课程教学的深入研究和不断反思，不断提高运用信息化教学的能力。

（三）重构创新，添砖加瓦

教师需改变“应用信息化教学是信息化教师才应该熟练掌握运用，自己能简单使用投影、PPT、电子白板等手段就可以了”等不恰当的认知，要积极主动投入到信息化教育改革的洪流中去，增强对信息化教学理论知识和基本技能的深入学习研究，争取做时代的弄潮儿，而不是被时代所抛弃。在教育教学与实践中积极利用现代信息化技术手段，充分发挥教育信息化的巨大功效，以推动教育教学质量的提升与教学改革目标的实现。教师要逐渐适应运用信息化技术手段开展教学评价，运用信息化推动教学变革，运用信息化技术手段进行重构课堂教学过程等新需求，共同携手，与其他教师通力合作，形成教育技术共同体，共同推动课程教学改革的优质发展。

（四）互动相长，双向成长

教师的教学是为了促使学生健康成长，更是为了学生的终生成长服务。在授与受的双向过程中，能实现师生的共同成长是更有意义的教学实践活动。为了达到此目标，在信息化背景下的教学设计也应该是围绕师生的双向成长而展开。这是对学校教师运用信息化构建课堂综合实力的全面考查，从互联网课程平台的使用和课程设计、网上教学到精品课程构建、运用多媒体拓展课堂的空间，以及帮助学习者进行自主性教学等方面都提出了更高的要求。根据每一个学习者的个性特点和学习需要，提出有利于学生掌握的课程方法，这样才能够因材施教。在信息化背景下，教师们必须主动改变课堂理念，更侧重把学生当成课堂的中心，并强调学生与教师之间的双向交流，以扩大学生学习空间，促使学生成长，实现作为光荣的人民教师的崇高价值。

三、教师信息化教学水平提高的策略

（一）从实践中练就信息化教学本领

实践是检验真理的唯一标准。要想熟练掌握信息化教学技能，必须通过不间断的实践训练，通过实践来验证信息化手段的运用带来的价值感。在日常教学实践活动中，我们要更加强化积极使用信息化手段教学的意识，不能将理论知识停留于书本，记录于脑袋，要结合教学实践活动本身，不断增加运用信息化技术的频率，通过实践—反思—再实践的反复操作训练，使信息技术观念和方法在思想上生根，在行动上发芽。教师要积极主动适应信息化发展的大背景，不断尝试新设备、新技能，敢于突破自我。比如在智能白板中，既有传统的投屏功能，还具有聚光灯、书写笔、计算器、几何画板等各式各样的功能，如果教师仍然仅仅运用 PPT 而不做其他功能的尝试和运用的话，就找寻不到更加便捷和高效的教学方式。再如在学习六年级“圆的面积”时，在课程中主要是让学习者将圆均分为几等份，然后剪下来拼一拼，以验证拼出来的形状在面积上没有改变。而利用这种动手操作的方式，建立圆的面积与拼出来的近似的长方形的面积相等的认识，学习者仅仅以有限的静态认识来概括与总结出规律。在运用信息化技术手段教学的过程中，我们先将时间和空间都交给了学习者，由学生自己动手实验、自己操作，以经历认识的转变与形成过程，然后再通过运用信息化技术手段完成课程作业，通过多次改变圆均分的份数，以发现圆的面积还是与变化后长方形的面积相等。在此过程中，学习者能清晰地看到、对比、总结出“分的份数越多，拼出来的形状也就更接近于长方形”的极限思想。通过这样利用网络画板的信息化实践过程，就可以全面调动学生的学习热情，从而节省了课堂时间，可以轻轻松松攻破课堂难题，极大地提高了课堂的教学效果，远远胜出不使用信息化手段教学的效果。

（二）善于借力汲取信息化教学养分

随着现代化多媒体和互联网技术的发展，教学设备和设施相比较于传统的教学配套设施而言出现了更加智能和便捷的趋势。利用互联网查找所需的资源的方法甚至普及老年人和儿童，大家都可以在巨大的网络信息资源库中搜寻有效的资源。在信息化条件下提高教师的授课水平，必须借助信息化技术手段才能实现，而利用诸如 QQ 群、微信、微博、小程序等各类新兴媒体方式，就完全可以做到由个人到校际、团队甚至是网络共同体的融入。同时，信息化资源也能更新师生的互动模式，解决时空错位的难题。如：学生可以在微信留言自己对疑难问题的困惑，教师可以根据实际情况在微信语音留言，或者在线运用网络画板动态答疑等等，从而实现教学互动时空的延长。

（三）多渠道提升信息化教学能力

任何人的学习都是一个终身的动态过程，教师的学习进步也不例外。在信息化时代，教师需要不断学习，除积极主动加强自我能力提升以外，参加各级各类培训也十分重要。众所周知，家长最初可能会仅以一个学校的硬件设施来评价一所学校的品质，但随着了解的深入，家长更倾向于以一个学校教师队伍的质量来评价学校品质。因此，学校一直都非常关注教师专业素养的成长，积极为教师才能的提升创造多种教育提升的平台。教育信息化课程与创新能力训练的具体内容主要涉及教育信息技术的知识、教材编制的技巧以及教育媒体的研究和应用，通过信息化建设与教学融合的方式，展开课堂的方方面面。教师需积极主动抓住这些机会，努力学习，不断从中汲取养分，提升自己的信息技术化教学能力，为成为优秀的人民教师做好准备，实现自己崇高的人生价值。

四、总结与展望

信息化的发展早已无法逆向，提升信息化教育水平是对教育提出的无法规避的新需求。对使用和提高现代化教育能力水平的研究是一个不断创新的历程，还有更加广阔的探索空间。教师信息化授课能力的提升并不可以一蹴而就，而是一种长期持续摸索、优化的过程，一线教师需在清楚概念、了解要求、分辨路径的基础上积极参加各级各类师资培训班，切实地把信息化教育的理念与手段渗透到教师自身的授课理念与教育活动之中，以适应全新的社会发展态势，并不断更新教育理念，积极提升教师信息化的教育实力，从而能够在课堂上高效运用信息化手段解决问题，提高教学质量，促进学生更好地成长。

参考文献

[1] 曹建.小学数学“图形与几何”中的合情推理[J].小学教学参考，2019(1)：44-45.

[2] 吴湘云，何天荣.面向基础教育的“小学课件制作”课程建设研究[J].科教导刊，2017(3)：131-133.

[3] 王晓琴.现代教育信息技术与小学数学教学的整合[J].职业教育与培训，2020(3)：247.

[4] 陈芳.信息技术在小学数学“图形与几何”课堂教学中的应用[J].信息素养，2019(11)：149.

[5] 朱晨捷.现代信息技术在小学数学教学中的应用——以几何画板为例[J].信息技术教育，2021(33)：202-204.

[6] 张芸.信息技术在基础数学教学中的应用[J].创新应用，2021(6)：162-163.

作者简介

陈池蓉：成都市青白江区龙王学校数学教师，中小学一级教师。

浅谈网络画板促进教师专业素养的提升策略

——子课题实践研究管理感悟

昌吉市第十二小学　骆　瑛　胡阿提·玉山

【摘　要】为了促进数学教师信息技术应用能力提升，以学校数学教学质量提升为目的，针对学校教师大多数为年轻教师，有一定的计算机基础，但是对学科性的教学软件仍停留在了解阶段，并没有在课堂上深入使用的现状，近年来学校申报了国家级课题，总结和分析了网络画板对小学数学教师信息化能力提升促进教学质量的重要意义，通过专家引领、反思研讨、骨干带动、完善制度等措施，学校数学教师信息技术能力得到显著提升，实践证明，“双减”背景下通过网络画板课题实验研究来促进教师专业素养提升是一条行之有效的路径，不仅是教师学习领会最新的教育教学理念的平台，更是教师专业素养提升的摇篮，实现真正意义上的“双减”政策落地落实。

【关键词】网络画板；课题研究；教师专业素养

为了促进数学教师信息技术应用能力和学校数学教学质量提升，针对学校教师大多数为年轻教师，有一定的计算机基础，但是对学科性的教学软件仍停留在了解阶段，并没有在课堂上深入使用的现状，近年来学校申报了国家级课题，总结和分析了网络画板对小学数学教师信息化能力提升促进教学质量的重要意义，通过使用网络画板教学案例并运用到课堂中，学校数学教师信息技术应用能力得到显著提升，促进教师专业素养提升。

一、促进教师专业素养提升的外援条件——专家引领

学校申报了国家的重大课题，立项后我们积极争取资金外援，并特聘了新疆师范大学的著名信息化专家刘老师为课题辅导专家，对课题实验教师们开展了关于网络画板方案的技术培训，并围绕着课题研究内容进行了关于网络画板应用策略的培训，网

络画板有关知识专题讲座也在课程研究中迅速开展了起来，解决了实验教师们在网络画板课程中所面临的障碍与难点。同时线上进行的课题组专题讲座培训，由资深专家学者们深入浅出地把“双减”背景下网络画板的理念贯穿其中，使实验教师们受益匪浅，素质提高。在选定了研究课题之后，课题组的成员们共同探讨学习方法，并查阅了广泛的资源收集论文，在学校内开设了网络画板的相关账户，在每一次的课题教学活动中都组织教师们认真地学习理论知识，并积极引导教师们根据在实践教学过程中出现的问题，结合查找到的与课题教学相关的论文，从资料文献中查找答案。在课题研讨活动中定主研人，作为主研的指导老师，给大家推荐自己所搜集的理论文章，达到资源共享的目的。坚持举办课题研究讲座，主动上好课题公开课，与专家学者一起研究网络画板的组织战略。从教师的参与中，开展理论探讨，提出新观点，在剖析总结失败案例、学习总结成功者的经验过程中，给出了解决问题的具体对策，并进行了实验研究与经验交流，有效地提高了教师信息化能力和与数学融合的学术水准。专家引领，制定完成了符合数学教师信息技术应用能力提升的培训方案，为整个课题研究奠定基石。

二、促进教师专业素养提升的重要途径——反思研讨

在课题研讨过程中，根据研究小组成员丰富的课堂教学经历和课程研发经历，深入分析了提升我校数学教师的信息化建设课堂教学能力的意义和对策，在课程研发的过程中，我们以丰富的课堂教学经验为基础，以实际问题解决为中心，采用了网络画板课程设计、案例征集、教学微课、课件自制等方法，鼓励教师自主反思，自我完善，自主提高。

在课题研究中提高教师反思能力，促进教师的专业发展。课堂上教师们通过测试、问卷等形式观察了学生的学习能力和反思能力，实施了网络画板教学技术的手段，对学生学习的方法以及学生成长的分析评价进行引导。课题调研工作开始之后，我们需要教师做好观察记录，但是教师们十分抵触，认为这加大了工作量，毫无必要，但是经过大量的观察日记，以及一次次的数据展示，大家都看出了问题，在记录的过程中，发现了不恰当和需要修改完善的环节，经过及时地沟通交流，教师们完善了观察记录的方案，这样培养了教师们“发现问题”的意识。这时候课题实验教师们已经是主动地观察学生状况，即使下课了还与同年级非实验组教师们讨论问题，网络画板课题研究工作对于实验教师的分析与探究能力的训练，也发挥着不可或缺的

作用。

举办教学比武活动与课程研究。学校通过举办形式多样的课程比赛，以及以赛代训使教师的课程技术水平突飞猛进，比如课题实验教师通过汇报课程，精心设计授课流程，运用现代化的教育技术手段，努力实现了课程的全面优化。在一次次的课题研发过程中，教师们累积了大量的网络画板经验，逐渐建立了具有个人特色的数学现代信息化能力课程，在进行网络画板课程研发的时候，通过关于网络画板中各资料的合理利用，问题的巧妙设定，研究中记录的数据运用情况等问题，教师们基本实现了一课多研，从研究实验中教师们认真总结宝贵的经验，积极撰写相关的论文并发表。“双减”对教师专业技能提出了全新的需求，在一次次实际教学的情境中进行了互动，教师的眼光和思路更加敏捷和客观，懂得了质疑，也懂得了分析，而提升这些技能的有效途径，便是实验与反思。

三、促进教师专业素养提升的有效方法——骨干带动

教师的学科发展也需要相应的教学载体来推动，所以我们将逐渐地通过课程研发的平台，要求每个课题教师都从自己的实际情况入手，根据甘特图制订个人研究计划。学校建立了课题实验骨干教师培养项目、青年教师培养项目，通过线上线下的学习，专家的授课，以讨论课的形式，为课题实验教师的发展创造条件，把自主开发变成实验教师的一项自发行为。另外发挥我校网络画板骨干课堂的引领功能，举办了网络画板骨干课程课堂，由骨干教师给大家作网络画板课堂经验讲座，青年教师的思路得到启迪扩大，展示了网络画板技术在课堂教学中的运用，使现代教学技术与教师的教学研究有效结合起来。

经过培训与科研，学校造就了一批理念新、业务精、技能成熟的学校科研师资队伍，一批中青年骨干教师的数学课堂教学设计的有效性明显提高，教师们在各类教育行政部门赛事中荣获大奖就是最好的例证。刘岑老师作为一名年轻的数学教师，参与课题组实践研究一年来，她从默默无闻到积极踊跃参与网络画板课堂教学实践，撰写教学论文，通过在备课中积极思考在网络画板环境下加强有效教学，培养学生深度思维的能力，形成受益终身的教学素养。同时，通过大量的课堂教学的实践，她积累了丰富的教学案例，并利用课余时间撰写论文、案例等。同时多次在昌吉市数学竞赛中取得优异成绩，获得了市教研室专家的高度好评，并在教科研展示中，多次面向全市进行展示。她交流的关于网络画板在教学中的渗透引起了兄弟学校极大的兴趣，得到

了集团总校专家的指导和充分的肯定。数学骨干教师们踊跃地参与到了课题研究中，带动学校 12 名教师参加了中央教科所信息化案例评比活动，他们的作品被评为优秀研讨作品，他们的迅速成长，源于在课题研究这个大平台得到了锻炼。

四、促进教师专业素养提升的有力保障——完善制度

每周三课题组定时举办科研活动，按照规范开展课题科研活动。课题组教师们按照甘特图年计划、周计划，认真进行课题研究活动，并通过不同的网络画板专题、网络画板课件，很高效地进行每一次课题研讨活动，对承担课题任务的教师，课题组要求他们做到：一、听课前先备课，让教师有话题；二、专家引领，让教师敢于说；三、课后研讨交流，让教师们愿意说。还有中期阶段小结和成果总结会。课题组开展了“‘双减’背景下看网络画板研究提升教师专业成长”为主题的经验交流会，共同分享成功的喜悦。

制定相应的激励制度。学校建立了一整套的机制，包括信息化能力提高机制，优秀论文评比机制，课程研发工作机制，公开观摩课活动机制，课堂教学大奖赛评比等机制。对课题组成员按每月科研经费比例给予了相应的补贴，教师们参加教科研工作的积极性得到充分调动。同时，每学期的组内竞赛课教师都要上一次课题研讨课，并分组听课评价，更多的是对我校课题组教师的课堂教学及网络画板操作进行现场指导。

学校信息化投入制度，保证了课题研究的顺利实施。学校投入 29 万元购置 12 台一体机，更换教室中的多媒体教学设备，从硬件上改变教学模式，促进网络画板教学的应用。请专业工作人员培训讲解一体机的使用同时配合网络画板，一体化教学，大大提升了教师的理论与课堂教学实践水平。多次的培训，不断地进行课题实践，使教师们在课堂教学中恰当运用网络画板的水平稳步提升。

经过对网络画板课题实验调研，课题组教师数学信息化能力获得了很大的提高。教师们的教学文章经常在各种竞赛中得奖，并形成近六万字的教学资料，从学校中获得了大量教研教学的视频和光碟，并建立了昌吉市第十二小学的网络画板成果电子资源库，供非实验组教师们共享，同时向教育集团总校延伸，通过课题研究的实施，学校从原来的薄弱校向区域名校的行列迈进。

五、总结与展望

当今的教育“双减”措施已经势在必行，我们很高兴地看见了学校发展的需要，我们教师的学科素质也得到提高，这就集中体现了新时代发展观——教师学生一起发展，从网络画板课程研发的探讨与实施过程中，我们清醒地意识到，教育“双减”背景下必须需要优秀教师的学科基础理论和教学技术作保障，而深入开展的网络画板课程研发，不仅仅是教师学习领会先进教育理论教学技术的平台，更是进一步提升教师专业素养的重要助推器，让“双减”政策落地落实，关爱学生，成就教师，发展学校，让党的惠民政策幸福千万个家庭。

参考文献

［1］新华社．中共中央国务院关于全面深化新时代教师队伍建设改革的意见［EB/OL］．(2018-01-31)［2022-03-31］．http：//news.cyol.com/yuanchuang/2018-02/01/content_16919086.htm.

［2］陶利．浅谈课题研究中教师专业成长［J］．科学教育前沿，2019（6）．

［3］范有好．碎思与印迹——芜湖市镜湖区校园长访谈录［M］．合肥：安徽教育出版社，2013.

［4］王玉杰．在课题研究中如何促进教师专业成长［J］．教育教学论坛，2012（17）：244-245.

［5］教育部师范教育司．教师专业化的理论与实践［M］．北京：人民教育出版社，2001.

作者简介

骆瑛：昌吉市第十二小学校长，正高级教师，自治区特级教师。

胡阿提·玉山：昌吉市第十二小学信息技术教师，中级教师。

信息技术应用能力提高成就现代化教师

西安市高新第一学校　许宇维

【摘　要】信息产业的迅猛发展，为中国带来了翻天覆地的变化，信息技术也正在悄无声息地改变我们生活中的各个领域，教育行业也不例外。因此研究教师信息技术能力为何提高，怎样提高迫在眉睫。利用现代信息技术，享受最新的、最先进的知识成果，并应用到最富有创造性的教学工作中去，学生最终是真正的受益者；用信息技术武装自己的教师，才能适应时代的发展，为自己的职业生涯增加筹码。

【关键词】信息技术；小学数学；教育技术现代化

一、引言

信息技术的迅猛发展，为中国乃至全球带来了翻天覆地的变化，信息技术也正在悄无声息地改变我们生活中的各个领域，教育行业也不例外。因此研究教师信息技术能力为何提高，怎样提高迫在眉睫。教师信息技术应用水平的提高，可以整合各种有效资源，让课堂丰富、充满趣味；应用办公软件和网络软件让教师工作更加高效；教师信息技术水平的提升，也能为自己的职业生涯增加筹码。

二、时代大背景

信息技术的迅猛发展，为中国将近 20 年的发展带来很多曾经不敢想，又早已实现的翻天覆地的变化。从可视的即时通信到全网交通，从航空航天到生活中的旅游导航，从军事上的无人机到民用的智能扫地机器人，方方面面都给我们的工作和生活带来便捷。信息技术也正在悄无声息地改变我们生活中的各个领域。

三、教育环境变革

教育行业也不例外。20 世纪 90 年代的小学数学教师上课主要靠挂图、小棒、简笔画等手段，资源简陋、费时，而且互动、直观效果不强。2000 年开始，有了幻灯片胶片技术，但胶片制作费时且不易保存，这种技术也很快被淘汰。到现在各种交互式学习工具的产生，加之网络覆盖校园，各种网络教育资源使得学校教育发生翻天覆地的变化。触屏电脑、掌上电脑等硬件设施的更新，各种各样的网络学习资源、课件制作软件的应运而生，使得所有教师被卷入一场教学方式革命当中。

21 世纪的竞争是人才的竞争，是教育的竞争，而教育成败的关键在教师。随着终身学习观念在全社会的进一步确立，实现教师在任教学校的终身学习发展，已成为摆在每位校长和教师面前的首要任务。

先进的教育思想决定着教育的发展方向，先进的教育技术决定着教育的质量和效益。教育技术的现代化在当前的教育教学中起着重要作用，深刻地影响着教育教学的改革和发展。特别是把信息技术引入教学已越来越引起教师的普遍关注。教师仅凭一支粉笔、一本书站稳讲台的时代显然已经不再。传统教学理念和模式显然不适应当代的学生，教师只有随着教育改革更新教育理念和方式方法，更新知识，时刻葆有“空杯心态”，才不会被时代淘汰。教师行业不会被取代，但是不懂信息技术的教师肯定会被懂技术的教师取代。时代的特点和对教师自身的考验已是既定事实，接受并学习才是真道理。

用计算机技术和网络武装自己，教师自身的眼界和学识都是空前扩大的；发现工作效率倍增，事半功倍；工作方式也发生可喜的变化。利用现代信息技术，享受最新的、最先进的知识成果，并应用到最富有创造性的教学工作中去，学生最终是真正的受益者。

四、学校及教师发展

（一）学校在软硬件上的大力投入，是全面推进数学教师信息技术应用能力提高的强大支持

西安市高新第一学校，在互联网时代全面摸索探究一条运用信息技术构建教师终身发展大环境的现代化教师教育之路。学校所有办公室、所有班级都安装了电脑、可触屏电视。互联网为学校发展、教师备课打开了一扇通往世界的窗户，从而让教师放开眼界，站在高处，用全新的眼光审视我们的教育，反思教学。通过网上培训、微课大赛等线上优秀作品的评比以及信息化 2.0 项目培训，引导全体教师更新教育观念，提高网上搜集信息、利用信息的能力；同时引导教师利用网上信息展开讨论，锻炼处

理信息、批判信息的本领。

网络使信息传递变得方便而快捷，使交流变得广泛而轻松。利用钉钉这款软件，可以做到免下载在线编辑，文件的收集、数据的分析和整理以及有关工作的方方面面，钉钉的功能都非常强大。

（二）教师培训发展方式，由现场观摩学习方式逐渐向云端学习模式转变

一场场腾讯直播课堂，一次次网上专家培训指导，一次次线上交流讨论活动让当代教师时刻保持充电状态。在线培训最大的优势就是云集全国各地知名专家和教师为一线教师进行指导，解决一线教师现存的教学困惑，缩小教育间的差距，为最大限度地实现教育的公平而努力。其中每次的培训内容都有涉及教师如何应用网络信息技术改变工作方式方法，提高工作效率。

（三）停课不停学，保证教学正常开展

还记得全民抗疫吗？全国各地中小学教师秒变主播，他们没有主播经验，却被逼成“十八线主播”，短时间内克服困难学习各种录屏软件、剪辑软件和直播软件，为的就是能在“停课不停学”线上教学开始时不让学生失望，不让家长失望，要让党和国家相信，当代的教师可以应对这场突如其来的考验。停课不停学催生了直播课、录播课以及空中课堂这些新名词，让学生的学习不间断。多种作业 App 为疫情期间教师收集、批改学生作业提供了方便；多种录屏软件和视频剪辑软件让教师制作微课变得简单；倘若没有这些信息技术的开发，没有教师不断学习，出现这种突发情况，教育工作将无法正常开展。

那段时间的每位教师都不例外，天天录课、剪辑、直播讲课、线上批改作业及反馈、收集数据、分析数据，使得教师自身信息技术水平有所提高，使得我们国家的教育事业没有因为疫情而中断。相反，由于疫情的到来，国家和地方各级教育部门整合全国各种优势教育资源，推出国家级网络学习平台和地方各级网络学习平台，学生享受到了更加优质的课堂。学生返校之后，通过丰富的方式方法对学生的学习效果进行测查，发现学生的学习水平整体比较理想。

五、取得的成果

（一）自从学校引进白板交互式学习硬件和软件以来，课件资源库丰富了，共享成为一种习惯

集成各个优秀教师的课件，制作个性化的创新课堂，课堂变得更加有趣，交互式的学习方法以及更多学生没有见过的游戏课堂体验，使得课堂“活”起来了。我们对使用白板上课的学生和使用PPT上课的学生做了对比，明显发现低年级学生更加喜欢可操作的游戏式学习体验。而设计了这些环节的课堂，学生学习效果均很好，学习兴趣提高，课堂参与率高。

（二）在课堂教学环节中，应用AR融合技术，能更大程度调动学生的感官和积极性

学生身临其境，体验感非常丰富，教学效果显著。AR课程的录制，使得全校数学教师录制微课和应用AR技术的能力得到提升。

（三）思维导图在大单元学习中的梳理作用明显

教师平时的复习、总结、课堂板书中经常使用思维导图，帮助学生建立清晰的知识体系，学生整体知识脉络更加清晰。

实践证明，信息技术在教育教学中的实际运用，既符合学生的年龄特点和时代特点，又符合学校教学特色，适合当前的教育教学的实际和发展，同时也大大地提高了教育教学实效，优化了教学过程，更加适应新世纪的教育要求。

六、总结与展望

白板的交互式教学更加适合小学阶段的课堂，功能涉及互动游戏、几何模型、简单函数操作等，而对于较为复杂的函数模型、动点变化、多种函数问题，白板的局限性就很大。随着网络画板的普及与应用，教师还应该掌握更多的信息技术，为自己的课堂注入新的活力。

因此，教师行业已不是20世纪八九十年代的“铁饭碗”。教师除了需要过硬的专业知识，较强的沟通能力，更需要掌握教育现代化技术，为自己的职业生涯不断增加筹码，让自己拥有把“铁饭碗”变“金饭碗”的能力。

参考文献

［1］袁金光．论网络信息时代的来临对教育者的挑战［J］．中国现代教育装备，2006（10）：38-42.

［2］王其云．媒体与学习［J］．中国电化教育，1999（11）：15-20.

［3］张奠宙．数学教育的全球化、开放化和信息化［J］．数学教学，1998（5）：3.

［4］刘云生．信息网络时代与教育最优化［J］．教育学报，2002（3）：29-32.

作者简介

许宇维：西安市高新第一学校教师，一级教师。

4D电子书在初中数学学习中的应用研究

西安市西咸新区秦汉新城兰池学校　扫阿联　杜玉银
西安市西咸新区秦汉新城白庙中学　叶　佩

【摘　要】信息技术融入数学教学，改变了教师的教学模式，也改变了学生的学习方法和思维理念。在AR技术支持下，利用4D电子书开展初中数学教学应用与研究是信息技术在数学教学应用中的最新研究方向，本文通过对自主开发设计的北师大版初中数学4D电子书在数学教学中的应用实践分析，发现总结其在数学教学中的作用，发现应用过程中出现的问题，并提出可行性的应用策略，有利于4D电子书在数学教学中的应用，培养学生学习兴趣，养成自主学习习惯，提高教学效率。

【关键词】4D书；初中数学；教学作用

AR图书创新之处就是让普通的图书从平面到立体，让静态的图文"活"起来，借助智能终端将静态的图画扩展到视听多方位体验，实现与虚拟图像的"互动"。在阅读AR图书时，读者需要用手机或平板电脑等终端设备下载一个和图书配套的App，然后扫描图书，才可以在手机或平板上展现AR内容。把手机或平板电脑变成一个神奇的入口，带领大家进入图书的立体世界。AR技术可以创造出栩栩如生的3D立体形象，为读者提供视觉、听觉、触觉等多感官刺激的一个载体。相较于传统图书的单调乏味，AR图书更能引起人们的兴趣，是满足人们好奇心的新选择；其次更具有体验感，人们可以参与其中，感受事物的发展变化；再次，解决了孩子读书缺少陪伴的困扰。从小学到初中数学教学阶段，学生已从感性认知逐渐过渡到理性认知阶段，学生既有好奇心，又有探索的欲望，结合学生的认知特点以及新的应用程序的优势，使AR技术融入初中数学教学中契合学生的心理与认知现状的可行性，提出在AR技术支持下，利用4D电子书开展初中数学教学中的应用与研究，总结其在教学中的作用，发现其存在的问题，并提出可行性的应用策略，有利于4D电子书在教学中的应用，培养学生自主学习的习惯，提高教学效率。

一、4D 电子书情况介绍

（一）4D 电子书的价值

4D 书城是梦想人科技推出的国内首创集成 AR 和 VR 技术的少儿教育娱乐内容平台 App。4D 书是依托 4D 书城，在 AR 技术支持下，采用理想编辑器编辑，聚合三维模型、图像、声音、视频等媒体内容，接入 ISLI 标准关联服务，实现全媒体化服务的电子书。此书让书本上的东西呈现到现实中来，大大激发孩子们的好奇心，让孩子对读书感到新鲜、好奇。

（二）4D 电子书的运用方法

打开书本，进行离线阅读。点击页面中的黄色按钮，进行点读；点击“+”按钮，可添加自定义内容；点击左下角按钮，进入“扫一扫”模式；点击右下角按钮，通读整本书。对准书中相应的页码扫一扫，可以查看 4D 内容。

（三）4D 电子书编辑

采用理想编辑器编辑，可以根据教学需要添加自定义内容包括音频、图片、视频和网页链接，然后生成二维码，把二维码发给学生，通过二维码依托 4D 书城，实现数学教学与学习。

（四）4D 数学电子书简介

4D 电子书中的 AR 技术主要针对北师大版七年级上册第一单元和九年级上册第五单元内容，而其他教学内容没有涉及，所以与 AR 技术有关的内容仅有上述两个单元。笔者以北师大版初中数学教材为依据，开发了八年级上下册和九年级上下册的全套 4D 数学电子书。

二、4D 书在数学学习中的实践应用

（一）利用导学案开展 AR 融合教学，实现“双减”

课前预习，在开发 4D 书时，以北师大版课本为依据，在每节课的开篇都加入了学习目标展示，同时加入了知识点的分析视频和预习学案。目的是通过学法指导，指引学生进行预习。学生通过自主学习完成导学案，第二天带着问题听课，有利于学生深度探究和学习习惯的培养。减少学生搜集资料时间，可以看到更多经过教师筛选的优质资源以及最新的信息技术产品，大大提高学生学习效率，让国家推行的“双减”

政策落地。

（二）利用4D电子书，优化了教学环境

4D电子书中有个AR场景，可以让学生自己动手模拟操作、感受及分享，将一系列真实的现象、在身边不容易观察到的事物进行展示，尤其像几何体的展开与折叠、几何体的拼接、几何体的截面、几何体的三视图、平行投影、中心投影等等，不再局限于课本的叙述，而是更真实化，有真实场景的体验感，让学习内容变得更加有趣。激活了学生的感官体验，大大激发了学生的学习兴趣，有助于学生知识体系的建构，有利于深度学习的发生与实现。

（三）利用4D电子书，课后复习

每节课后都有利用思维导图整理的小结，同时配有拓展知识提升，并且每节课的课后练习都配有答案解析（答案解析分为文字解析和视频解析）。这样方便学生课上没听懂的课后继续复习巩固，拓展知识提升有利于学生课后的提高。4D电子书能将文本、图形、视频和音频集成到学生的实时环境中，与传统的学习方法相比，丰富的资源，声情并茂、多彩的呈现形式，改变了单一的教学模式，提高了学生的参与感，增加了学生的学习动力。其次，实现时间与空间的随意性，学生可根据自己的实践安排学习。

（四）利用4D电子书，发挥“小老师”在教学中的作用

当今小组合作已成为提高教学效率的一种重要形式，学校在数学课堂开展小组合作学习模式，“小老师”在班级中起到举足轻重的作用，如在课堂小组讨论、自习课帮扶中发挥重要作用。为了提高“小老师”在教学中的作用，课题组把“小老师”延伸到课外，在周末，帮扶对子可以以4D电子书为载体，对课堂教学中不会或者理解不到位的同学进行帮扶。看视频、听名师课、“小老师”陪讲、互帮互学的教学模式，开创了没有教师亲自指导也能学习的模式，同时有同学陪伴，纠错与复习效果会更好。

（五）学生参与4D电子书的编辑与素材收集，提高学生学习兴趣

编辑中由于素材的限制，教师们想到把学生作业中书写较好的题目拍成图片收集起来，利用社团开展一题多解，让学生自己选择课堂教学中比较好的习题，写出结题过程；课题组组织学生开展了数学“小老师”讲题比赛活动，鼓励学生全员参与，教师给定范围，学生们根据自己的数学能力选择自己擅长的题目进行讲解，同时录制成小视频参与比赛。评委老师们将获奖小视频加入到4D书的设计中，教学生编辑4D

书，学生的学习方式、课后作业形式的改变，极大地增加了学生们的学习兴趣。

三、4D 电子书存在的不足

4D 电子书在教学中的应用，增强了课程资源的情境化和互动性，提升了学生对数学学习的兴趣，化被动为主动，促进学生学习习惯的养成，但在教学中存在许多问题。

（一）不利于手机管理

在 4D 书的应用过程中，教师发现在利用手机或平板阅读时，有学生借此机会玩游戏、刷视频或是聊天等。这又与“五项管理”中的手机管理发生了冲突。

（二）对学生的视力产生影响

我们在教学中使用 4D 电子书时，也要考虑运用时机的选择。学生长时间看手机、平板电脑等电子产品，会产生眼睛疲劳、干涩等症状。若长期长时间看手机、平板电脑等电子设备，眼睛很容易形成近视。

（三）技术限制

梦想编辑器中的 AR 数学模型资源需要开发。该 AR 教学模型的交互能够满足基本的教学需要，尤其在生物、地理、物理、医学、天文等学科上，但是在数学学科上，还存在明显的不足，还可以增加方块拼接等功能，让学生可以动手、动脑进行操作。

四、小结与展望

在今后的教学中，挖掘出更多适合 4D 教育教学的新方法，有更多创新材料充实 4D 电子书资源。4D 电子书为学生随时随地自主学习数学提供了有利条件，它可以打破传统课堂的边界、知识章节的边界、时间空间的边界甚至学科之间的边界，有助于教学方式的改革，给数学学优生提供成长空间，给数学待优生增加复习的机会，从而满足学生个性化的发展需求。鼓励学生参与到课堂中，主动参与学习，化被动为主动，把抽象的学习内容尽量具体化、形象化，从而促使教师教学能力不断提高，学生学习积极性不断增长。4D 电子书在初中数学学习中的应用可以推广，但是如何更好地促进其在应用中的有效性还需要进一步研究。

参考文献

［1］樊凡．“玩学”结合图书诞生记［J］．教育研究，2021（6）：21.

［2］陈岩 .AR 技术应用于初中地理教学的探索与研究［J］．文理导航，2021（4）：69.

［3］袁波，张学佳．AR 技术在信息化教学中的应用研究［J］．数理化解题研究，2021（9）：164–165.

［4］周灵，张舒予，朱金付，等．增强现实教科书的设计研究与开发实践［J］．现代教育技术，2014，24（9）：107–113.

［5］杨继林，姚亮，杨彦军，等．数字教材新形态：AR 数字教材的应用与开发［J］．上饶师范学院学报，2021，41（3）：25–26.

作者简介

扫阿联：西安市西咸新区秦汉新城兰池学校教师，初中数学正高级教师。

杜玉银：西安市西咸新区秦汉新城兰池学校教师，初中数学一级教师。

叶佩：西安市西咸新区秦汉新城白庙中学教师，初中数学二级教师。

思维导图在初中数与代数教学中的案例分析

西安市西咸新区秦汉新城白庙中学　叶　佩
西安市西咸新区秦汉新城兰池学校　杜玉银　扫阿联

【摘　要】思维导图是一种有效的教学工具，本文通过研究思维导图在初中数与代数新授课、复习课和习题课教学中的应用案例分析，总结出初中数与代数新授课、复习课、习题课的思维导图的画法及在教学中的作用，有利于提高教学效率。

【关键词】思维导图；数与代数；案例分析

一、引言

笔者所在的学校，生源几乎都来自农村，优秀生源流失严重，学生基础知识相对薄弱。在区域组织的研讨活动中，我们发现各自学校的学生存在相同的问题：学生没有养成主动总结知识点的习惯，甚至有的学生从不总结，大多数学生学习数学也采用机械记忆的方式。他们大脑中的数学知识呈现出的特点是零散的，似无章可循，这种形式上的散乱，给他们的数学学习带来困难。数与代数部分约占整个初中知识的47%，在陕西中考中约占40%。对于初中生来说，大部分的式、不等式、函数等是抽象、难以理解的，尤其是用数学符号建立方程、不等式、函数等，学生们不能理解这三者之间的关系。许多数学很好的学生升入初中，尤其到了八、九年级，数学成绩开始下降，这种现象产生的原因是这个阶段的学生还不具备很好的逻辑推理能力。学生的知识碎片化，没有有效的学习方法，学习效率低下。而思维导图可以通过各种各样的图形，帮助学生整理零散的思维，将零散的、片段的知识结构及时补充，根据知识点之间的联系进行有效的连接，比以文本的形式线性地传递更加具体和形象，使学生可以形成知识的整体认识，提高学生分析、归纳的能力。更有助于学生清楚地认识到新、旧知识之间的逻辑关系。

通过大量的文献和书籍阅读，笔者发现思维导图在教学中的研究大部分集中在小学，而思维导图在初中数学教学的研究中，又主要集中在整个课程的策略研究上或是绘制上。思维导图在具体的数学知识中的应用，主要集中在图形与几何的复习课、数学概念型新授课的应用上，对数与代数部分的研究较少。因此，本文希望对思维导图在初中数与代数部分内容的不同课型中的应用进行研究，以期得到思维导图在课堂中的有效使用方法。

二、研究案例分析

（一）思维导图在新授课中的案例分析

在新授课的讲授过程中，可以利用思维导图设计板书，也可以利用思维导图进行课堂小结归纳。在构建思维导图的过程中，学生们可以很清楚地感知到一节课的知识脉络以及重难点，这样有利于目标的达成，重难点的突破。通过思维导图板书和小结对一节课的梳理，可以提高教师的教材解读能力和教育教学能力。

以北师大版八年级下册第五单元分式为例，选取分式乘除这节课构建知识导图，分式的乘除法包含分式的乘法和分式的除法。以分式的乘除法作为中心主题，分式的乘法和分式的除法作为一级主题，通过引导学生类比分数的乘法和除法，总结归纳出分式的乘法和除法法则。将两个法则的文字表述分别作为分式乘法和分式除法的二级主题。同时，鼓励学生用符号语言分别表示两个法则，再将两个法则的符号表述分别作为对应的二级主题的关联主题。这样，就构建完成了本节课的小结导图，如图 1 所示。

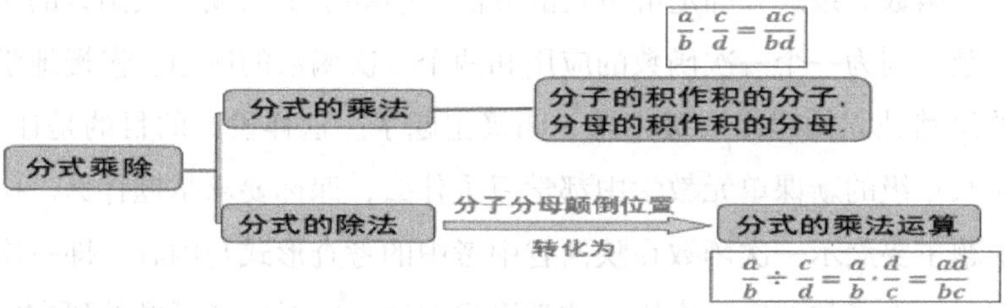

图 1　分式乘除思维导图

在分式加减运算的应用这节课中，教师先在黑板上板书分式的加减，将其作为中心主题。再与学生一起回顾分式加减法的分类，可分为同分母分式加减法和异分母分式加减法，回顾到此时，教师引导学生一起构建一级主题。学生已有学习相关知识的经验，自然会想到接下来需要了解其法则，从而构建二级主题和关联主题。这样师生一起参与，就形成了本节课的板书思维导图（如图 2）。知识点回顾完后，学生就可以参考这些依据，完成相应的练习了。

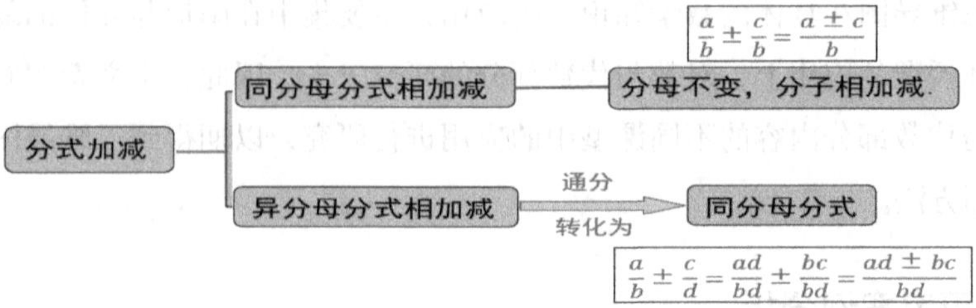

图 2　分式加减思维导图

（二）思维导图在复习课中的案例分析

复习课中应用思维导图的案例相对来说比较多，因为复习课需要学生将零散的知识点穿起来，而思维导图恰好起到了这个作用。它可以通过主题之间的关联关系，将知识点之间的因果关系、对比关系、包含关系、类比关系等通通反映出来。这种网络化展示知识间的内部关系，不仅有利于学生对知识的记忆，也可以让学生对单元知识和专题知识有个系统性的认识。尤其在单元复习课和专题复习课中应用效果更显著些，大大地提高了初中数学课堂的质量。

如一次函数应用的中考专题复习课，以“一次函数的应用”为中心主题，左侧的一级主题展示一次函数单元复习的基本知识，即确定一次函数解析式和一次函数的实际应用，引导学生思考二级主题，确定一次函数解析式可分为确定正比例函数关系式、确定一次函数关系式、确定解析式的方法。引导学生回顾一次函数的实际应用对应的二级主题分别为一个一次函数的应用和两个一次函数的应用。慢慢地学生们就会按照脑中的思路独立构建出三级主题、四级主题了。这样设计的目的是让学生明白，一次函数在八年级的新课单元教学中都学习了什么，课标要求掌握什么。中心主题右侧的一级主题主要展示一次函数在陕西省中考中的考查形式与内容，即一次函数应用的三种题型，一次函数的实际应用，数学思想方法。在对中考试题的研究中，学生能够构建出一次函数应用的三种题型的二级主题——表格型、图象型、文字型，一次函数的实际应用的二级主题为分段函数问题和决策性问题。经历数学思想方法的总结，学生会慢慢地体会到解决函数这类问题的通法。中心主题左侧主题上课时直接复习得出，右侧主题经历一节课的探究逐步归纳完善，最终形成图 3。

（三）思维导图在习题课中的案例分析

在数与代数习题课中，思维导图可以帮助学生分析问题，将学生凌乱的思路条理

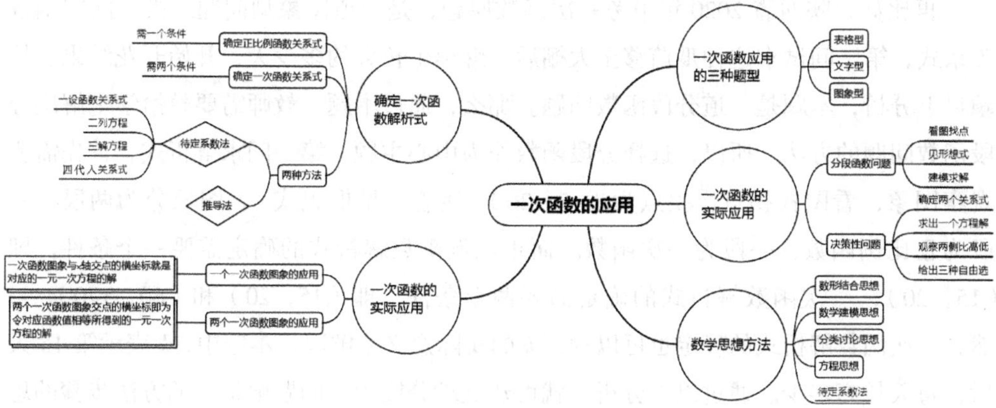

图3　一次函数的应用思维导图

化，培养学生分析问题的习惯，教给学生解决问题的方法。思维导图丰富的形状、色彩提高了学生学习数学的兴趣和效率。尤其在函数习题的分析上，效果明显。

如确定一次函数表达式时，根据题型分析，分析出一步，确定一步的方法。如杂交水稻这道题，第一问填表，是以表格形式呈现的题目，属于表格型问题，从表格中获取信息，弄清楚 k 表示的实际意义，进行推导。根据题目中的表述"如果一次性购买 2 千克以上的种子，超过 2 千克部分的种子的价格打 8 折"，说明本题需要进行分类讨论，由自变量的取值范围，确定函数该如何分段。对于一次函数图象的画法，教师引导学生思考一条直线该如何确定，学生自然想到两点确定一条直线，本题中的两段函数恰好是正比例函数和一次函数。对于正比例函数，选择过原点和图象上的任意一点作直线。对于一次函数，选择过图象上的任意两点作直线。这样就得到了分段函数的图象。而两问很自然通过自变量的取值范围建立起了联系。

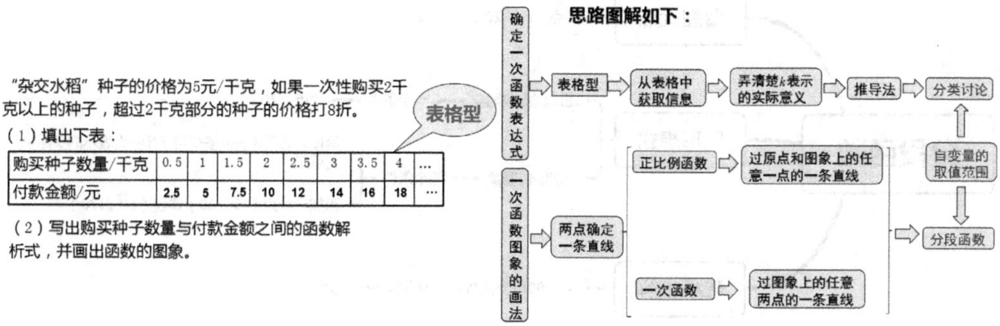

图4　题目1及思路分析思维导图

再比如，陕西省 2020 年中考一次函数原题，是一道图象型问题。第一问求函数关系式，第二问试求这种瓜苗移至大棚后，继续生长大约多少天，开始开花结果。从题目上分析，本题是一道分段函数问题。那么，通过本题，教师需要教给学生解决分段函数问题的方法。所以，选择分段函数作为中心主题。第一问求解析式，首先需要观察图象，看图找拐点，拐点为（15，20）。接着“见形想式”，图象分为两段，一段为正比例函数，一段为一次函数。而正比例函数解析式的确定需要一个条件，即（15，20），一次函数解析式的确定需要两个条件，即（15，20）和（60，170）。当然，一次函数解析式的确定也可以利用 k 的实际意义来解决，本题中，k 表示第 15 天后，每天长高多少。通过以上分析，就可建立求分段函数问题解析式的方法步骤的思维导图。第三问求继续生长大约多少天，开始开花结果。可以根据实际问题建立数学模型，即当 y=80 时代入函数解析式，可将函数转化为方程，解决此题。同时可以引导学生总结出本问采用的是方程思想。根据分析思路，在上一问的基础上继续构建思维导图。最后所得导图如图 5 所示。

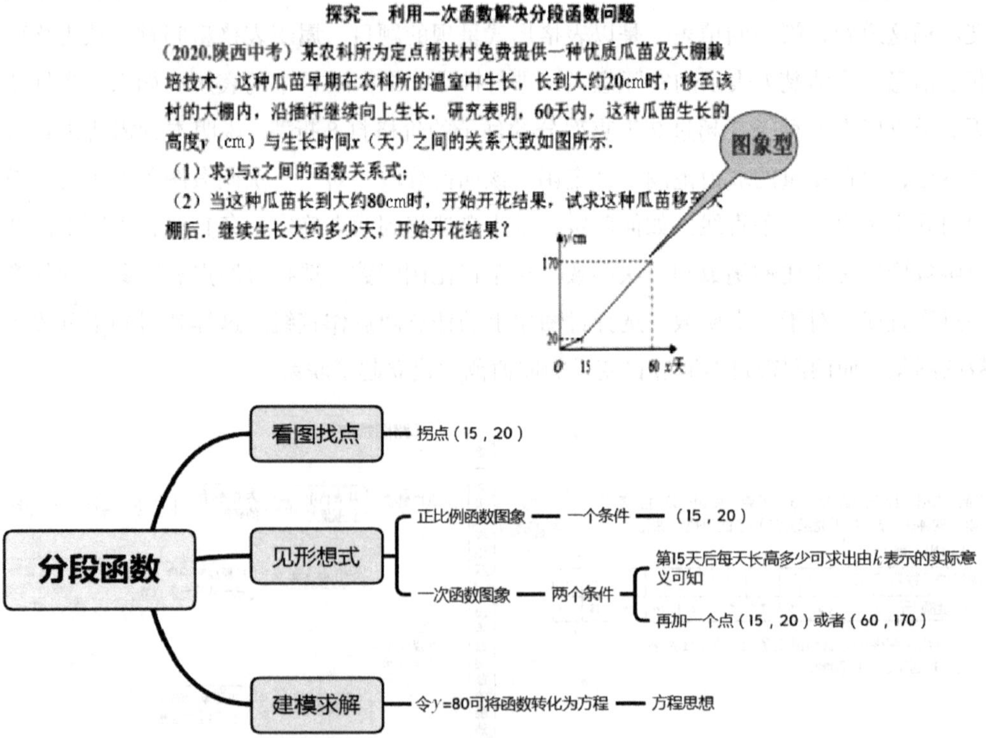

图 5　题目 2 及分段函数解题思路分析思维导图

三、展望与不足

本案例的研究目前仅仅局限在八年级和九年级的数与代数专题。而且大部分的研究主要集中在函数，同时思维导图的构建主要体现的是教师层面，对学生层面的体现并不多。所以，今后可以将思维导图的应用拓展到七、八、九年级的所有数与代数内容，同时，还可以将其应用拓宽到图形与几何、概率与统计、综合与实践部分，使其在整个初中数学教学中得到推广应用。

参考文献

［1］牛立新．基于思维导图的高中数学教学实践研究［J］．数理化解题研究，2020（6）：32-33.

［2］叶兰，尹国益．思维导图　问题驱动　探索新知——“正方形的性质及判定”教学设计与思考［J］．上海中学数学，2018（9）：29-31.

［3］扈正云．初中数学思维导图应用策略解析［J］．学周刊，2021（33）：97.

［4］张媛媛．例谈思维导图在数学解题中的应用［J］．学周刊，2019（28）：94.

［5］张红囡．基于思维导图的教学模式在初中数学教学中的应用研究［D］．烟台：鲁东大学，2015.

作者简介

叶佩：西安市西咸新区秦汉新城白庙中学教师，初中数学二级教师。

杜玉银：西安市西咸新区秦汉新城兰池学校教师，初中数学一级教师。

扫阿联：西安市西咸新区秦汉新城兰池学校教师，初中数学正高级教师。

（二）范例

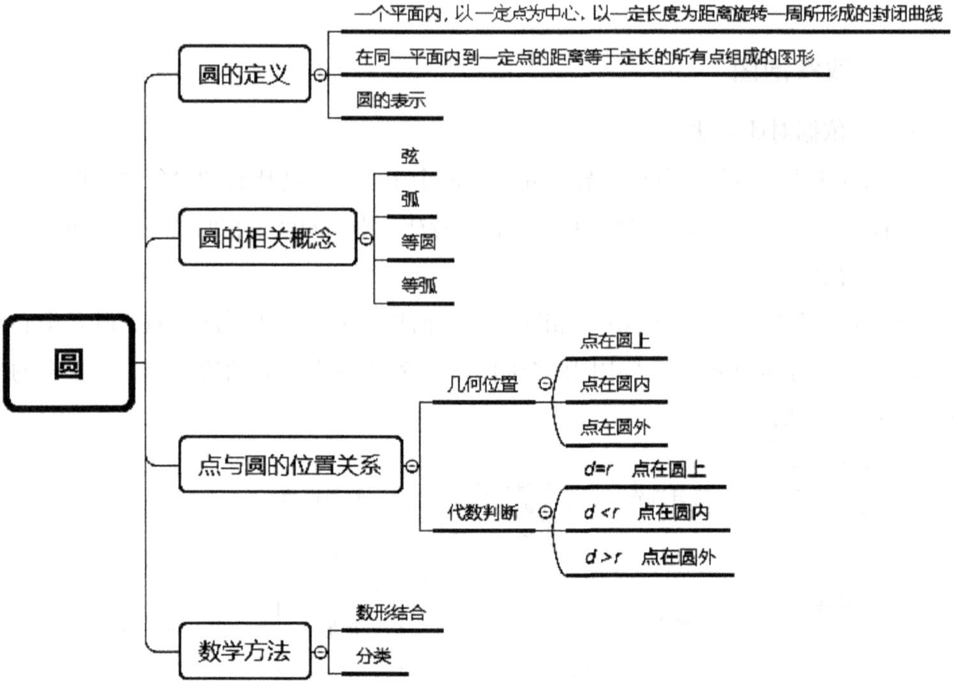

图 4 “圆”小结知识框架图

（三）评价

上面是对“圆”一节课的小结，通过思维导图，学生把本节课所学知识点进行归纳总结分类呈现，让本节课条理化，加深学生的记忆。应用树状图把所学知识归纳、分类总结，起到提纲挈领的作用，便于自己记忆和寻找。形象地说，我们的大脑好像一个房子，记忆的知识，就像存放在房子里的东西，乱七八糟堆放在一起，杂乱无章，当我们需要的时候，乱翻一气，费时费力，有时我们可能都不记得有哪些东西了，但它确实就存在于我们大脑的某个角落。树状图为我们提供了整理归纳的方法，将不同的知识按照类别，有序地摆放在一起，并用特有的图案颜色做出标记，让大脑存储系统井然有序。其次，这种方法可以缩短记忆链。学生可以根据任务需要，分类计划，逐条记忆，让学习更有规划，更轻松。最后，提高搜索速度。根据需要，搜索相关词语，分类检索，或跳跃检索，节约时间，提高效率。专题训练课中，每一种解题方法，知识点容量都很大，但通过分类归纳，我们会发现运用知识点的共性，为以后解决此类问题提供更好的借鉴。如在圆中求线段的长度，我们通过长期练习会发现常用的方法为相似和解直角三角形，有利于提高做题速度和准确率。

五、因果关系图

（一）依据原因与结果关系

应用分类归纳的思想，帮助学生分析一个事件所产生的原因和导致的结果，在几何教学中，即体现条件与结论之间的推理关系：中间是该事件，左边是事件产生的多种原因，右边是事件导致的多个结果。因果图主要在几何图形的判定与性质中运用。

（二）范例

原因即条件，结论即结果。左边满足“两角相等、对应边成比例且夹角相等、三条边成比例”中任意一个都可以推得两个三角形相似这个结论，同时，两个三角形相似又能推出其性质——对应边成比例，对应角相等。

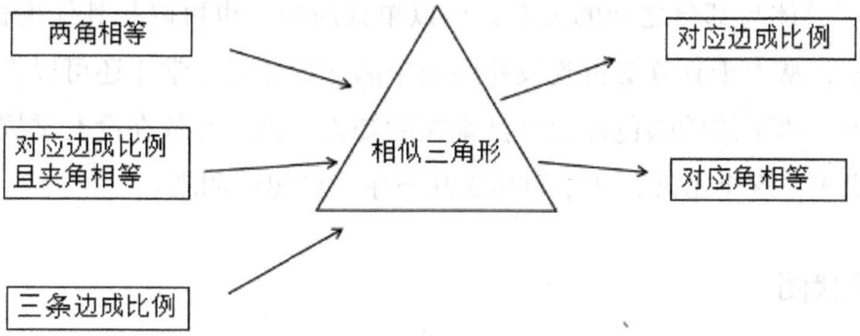

图 5　相似三角形

（三）评价

学生通过对相似三角形这一中心词应用因果关系模板，感受前提与结论的关系。条件与结论的确定性，在证明中可根据题目的需要选择。几何与图形部分命题如判定定理、性质定理、数学概念的形成运用较多。学生通过思维导图建立了因果推理关系，能够厘清条件与结论的内在联系，但应注意顺序——条件在前，结论在后。

六、括号图

（一）依据整体和局部关系

这种图我们平时用得很多，分析整体与局部的关系。多用于单元或整本书等构建整体框架复习。

（二）范例

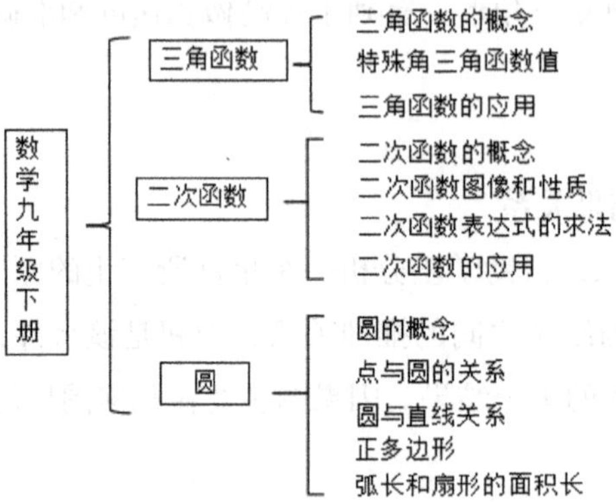

图 6　北师大版九年级下册知识结构图

（三）评价

它适用于整体与部分之间的关系，可以单独应用，也可以与其他模板混合使用，构建知识框架，从主干到分支再到枝叶逐渐丰满知识体系，学生还可以把此图用于初三最后总复习，用不同的颜色标记自己掌握的知识，把重心放在没有掌握的知识，将其一一列举出来，逐个击破，让学习从无从下手，到思路明晰。

七、桥状图

（一）依据类比法

类比对象之间要有共同属性，类比是一种平行式思维。桥状图，在桥型横线的上面和下面写下具有相关性的一组性质或特性，然后按照这种相关性，列出具有类似相关性的知识。通过类比，对不同对象之间相同特性或性质进行比较，在对比中找出差异，区分异同点，在教学中应用很普遍。

（二）范例

图 7　平行四边形与菱形性质

前面学习了平行四边形性质，在学习菱形时可以类比学习。虽然内容相似或相同，但结果有差别，在类比学习中发现异同点，有利于加深记忆学习。

（三）评价

学生在已有知识学习的基础上，通过类比研究内容，区分异同点，形成突破一类问题研究的方法。而引导学生把许多问题归结为一类问题研究，能起到触类旁通的作用。

八、结束与展望

以上是思维导图模板在图形与几何教学中的应用，学生在熟悉后，可根据自己的认知需要，把不同种类的思维导图模板单独应用，也可以综合应用，让模板多样化、人性化，更适合人的思维，更有利于发现内在自然规律；长期坚持，能够养成良好的思维习惯，形成有效的学习方法，能提升学生自信心，从而实现教学效率的高效性，减轻学生学习负担。上面只是在教学中发现的几种模板应用方法，起到抛砖引玉的作用，希望在今后的教学中，能够探索出更多更好的思维导图模板应用案例，使其成为学生有效学习的工具，从而达到增效减负的效果。

参考文献

［1］冯晓音．思维导图在初中数学复习课中应用的研究［D］．西安：陕西师范大学，2019.

［2］张红．基于思维导图数学模式在初中数学教学中的应用研究［D］．烟台：鲁东大学，2015.

［3］李丁．思维导图对学生的创新能力的培养［D］．石家庄：河北师范大学，2014.

［4］马俊琴．思维导图在高中信息技术教学中的应用［J］．新课程（下旬），2017（5）：110.

［5］邢文骏．思维地图在英语阅读教学中的运用［J］．教学月刊中学版，2019（9）：48–51.

作者简介

杜玉银：西安市西咸新区秦汉新城兰池学校教师，初中数学一级教师。

扫阿联：西安市西咸新区秦汉新城兰池学校教师，初中数学正高级教师。

叶佩：西安市西咸新区秦汉新城白庙中学教师，初中数学二级教师。

基于“双减”政策下的中小学数学教师信息化教学能力的研究

西安市经开第四小学　张燕芳

【摘　要】近些年我国的网络技术不断发展，在教育领域已经将信息化教学渗透到各种学科当中。数学课程的设计与实施应根据实际情况合理地运用现代信息技术，要注意信息技术与课程内容的整合，注重实效。对于小学数学课程来说，里面有的知识点学生不能很好地掌握，教师采用信息化教学能够将教学知识点直接呈现到学生面前，帮助他们更好地进行学习。本文主要对小学数学信息化教学进行研究。

【关键词】“双减”政策；中小学数学教师；信息化教学能力

一、引言

众所周知，将信息技术运用到课堂教学活动中，可以实现课堂教学效果的优化。前提是教师要具备良好的信息化教学能力。尤其在“双减”政策实施、信息技术快速发展的今天，信息化教学能力是教育工作者必须要具备的专业素养之一。中小学教师要清楚认识到这一点并予以重视，结合实际情况不断提升自己的信息化教学能力，利用信息技术构建高效的课堂。

二、提升小学数学教师信息化教学能力的重要性

信息化教学能力指的是以信息技术为支撑的教学资源、课程教学、教学评价的发展，信息化教学能力是信息时代教师必备的能力之一。随着信息技术和小学数学教学的不断融合，信息技术和数学知识的结合、利用信息技术创新教学模式都离不开教师这一个主体。教育部在颁布的《教育信息化 2.0 行动计划》中明确指出：利用信息技术开展数学教学已是大势所趋。但教师的信息技术应用能力和学科的整合能力、创新

能力依然与新时代的要求存在很大差距。小学数学教师作为小学数学教学信息化发展的推动者，在做好日常教学工作之余必须用先进理念武装自己，提升自身的信息技术应用、设计以及教学评价能力。

三、加强信息化基础设施建设

巧妇难为无米之炊。要想提升中小学教师的信息化教学能力，必须要加强基础设施的建设。换言之，如果缺乏信息化教学基础设施，信息化教学也就无从谈起。因此，加强信息化教学基础设施的建设是提升中小学教师信息化教学能力的根本和前提。基础设施建设主要包括软件环境建设和硬件环境建设。学校要想顺利开展现代教育技术工作，关键的一个环节就是软件环境的建设。一般来说，软件环境的建设可以从以下几个方面去落实：第一，学校要定期举办关于“双减”新政策下的学术交流会，给教师之间的经验交流搭建平台，让教师将各自的教学资源在交流过程中展现出来，从而实现资源共享。第二，鼓励教师团队走向研、学、教相结合的道路，鼓励教师开发教学软件，根据教学目标和教学需求建立教学资源库。第三，学校要积极筹备资金，依据教学需求选购教学软件，给中小学教师的信息化教学提供技术力量。硬件环境的建设也需要投入大量的资金，这是学校发展信息技术的根本和基础。中小学的基础设施环境在近些年得到很大程度的改善，对于教师的教学需要基本上能够满足，但是仍需进一步加强。

四、建立完善的激励保障制度

在当前这个信息化时代，信息化教学能力是每个教师必须要掌握的基本素养，也是教师提升课堂教学效果的重要手段。为了提升中小学教师计算机实际操作能力，学校可以根据具体的教学情况建立完善的激励保障制度，以此调动教师的主观能动性，逐渐提升教师的信息化教学能力。首先，学校可以挑选一些信息素养较高的骨干教师开展学术研讨会和专题讲座，将信息技术教学与传统教学方式进行对比，让教师能够清晰、直观地看到信息化教学的优势。与此同时，学校领导也要积极参与其中并给予相应的引导，与教师共同学习、共同进步。其次，学校可以组织授课展示活动，要求教师积极应用信息技术。对于参加授课展示活动的教师给予鼓励和评比，同时还要针对优秀教师给予物质和精神双重奖励，在这个基础上开展经验交流会，既能增强展示者的自信心，也能让其他的教师看到自身的不足以及彼此之间的差距，从而激发教师学习信息技术的积极性和主动性。除此之外，学校还要最大限度地满足教师的学习需求。比如，学校要加大资金投入力度，给教师配备多媒体教室和多媒体办公室，还可以为其配置一台专门的服务器，让教师在服务器上根据自己的工作需求建立文件夹和账号，对于各种教学资料能够及时保存。

五、强化教师信息技术能力培训

对于提升中小学教师信息化教学能力而言，信息技术能力的培训是最有效也是最直接的措施。就目前实际情况来看，大多数中小学教师都具备一定的计算机操作能力，但是掌握的现代教育媒体功能以及教学设计理论知识不够扎实，表现出来的整体应用能力比较差。因此，学校要加强对教师信息技术能力的培训，以此提升教师的信息化教学能力和信息素养。一般来说，学校可以采取的培训形式主要如下：一是案例教学。案例教学就是以教学活动为载体，讲述一些通过应用信息技术获取成功的例子。在具体的培训活动中，将技术与学科紧密结合起来。需要注意的是，为了提升教师的信息化教学能力，应当强化培训授课内容的针对性，针对每个学科列举一个案例，这样就可以让每个学科的教师都能体会到信息技术的优势，并且学会如何将信息技术运用到学科教学中。二是校本培训。这是一种以解决实际问题为主的培训形式，可以提升教师的问题解决能力和教育技术能力，具有全面提升教师信息素养和综合素质的优势。

六、更新小学数学教师理念

教学理念是教学价值的重要体现，教师只有认识到信息技术教学的重要性，才能以端正的态度明确自己的方向和行为。教学理念要求教师一定要有教学的具体方向，只有在方向的指引下进行教学才能保持持久的动力。提升教师的信息化教学能力，要从理念转变开始，也就是要求教师树立信息化的教学理念。将信息技术和数学教学结合起来，构建具有现代化气息的数学课堂，实现现代化技术和教学的结合，让教学内容、氛围发生根本性改变。用新技术、新教学手段为学生提供丰富的资源和智能化的学习环境，实现从粗放教学到精准教学的转变。

七、加强优质的信息化课堂效果

信息技术在课堂中的应用使教学内容更加丰富有趣。纸质教材与 AR 技术结合，让学生不仅可以看到纸质教材中的内容，还能将文字和图像不能表达的内容进行展示。学生可以随时随地与 AR 内容进行互动，大大提高了学生的兴趣和学习效果。除此之外，学生形成“自主探究、合作交流、操作实践、和谐发展”的学习方式，培养了学习的习惯。主要有以下作用：（1）提高课堂效率。由于学生的认知水平正处在具体运算阶段向形式运算阶段过渡的层面，学生整体的抽象思维水平不高，且用单纯的语言无法更加形象地表示数量关系、几何关系，所以课堂效率较低。借助信息技术的直观性来阐明数量关系及几何关系，进而帮助教师确定针对性的教学目标、教学内容和教学策略，实现教与学的相互协调，提高课堂教学的效益。（2）教学模式发生变化。教师逐渐更新了教学观念，确立个性化、培养人格的教学新模式。经过实践，信息化教学的应用研究更能有效地突破重难点，使学生的学习更加有效，课堂更加生动、高效，学生不仅学得轻松，教师也教得轻松。

八、总结与展望

提升中小学教师信息化教学能力，对于提升信息化教学质量、加快教育信息化进程具有积极的促进作用。尤其在信息技术遍布社会各个角落的今天，中小学教师必须要认识到信息技术的优势并有意识地提升信息素养，能够将信息技术的教学辅助功能充分挖掘出来，给学生提供最优质的教育。

参考文献

［1］中华人民共和国教育部．义务教育数学课程标准（2011 年版）［M］．北京：北京师范大学出版社，2012.

［2］李娜．教育信息化 2.0 时代下：高校教师信息化教学能力的培养与提升［J］．建筑工程技术与设计，2018（34）：1.

［3］杜玉霞．基于“互联网 +”的中小学教师信息化教学能力提升研究［J］．中国电化教育，2017（8）：7.

［4］蒋红梅，陈雪梅．教育信息化视域下农村中小学教师信息化教学能力提升策略探究［J］．科教文汇（下旬刊），2014（30）：3.

［5］张娜．浅谈小学数学信息化教学设计［J］．信息技术与教学，2014（8）：1.

［6］马晓玲．宁夏移民区中小学教师信息化教学设计能力提升策略研究［J］．教育探索，2015（11）：123-128.

［7］孙丽燕.浅析关于信息技术下的小学数学有效教学［J］.考试周刊，2018（33）：1.

作者简介

张燕芳：西安市经开第四小学数学教师。

浅谈小学数学教师信息技术应用能力提升的有效途径

广州市番禺区剑桥郡小学　徐保瑜

【摘　要】数学教师的信息技术应用能力提升是教育信息化和教育现代化的关键要素，借教育部全面启动中小学教师信息技术应用能力提升工程2.0之际，结合本区“三融六乐”教学理念，本校数学课程实施情况，总结出四个有效途径：加强信息技术的学习与运用；加大学校对信息化设备设施的投入，提供应用保障；加强片区教研，以赛促学，以赛促用；加强数学与信息技术的整合，打造数学创新课堂。

【关键词】小学数学；信息技术应用能力提升；有效途径

一、小学数学教师信息技术应用能力提升的研究背景

（一）提升小学数学教师信息技术应用能力是实现教育信息化、现代化的需要

随着社会的发展，我们早已迈入了信息时代。我国培养教师信息技术应用能力实施的相关政策从2000年发布的《中小学教师信息技术基础培训》，到2004年颁布的《中小学教师教育技术能力标准（试行）》，再到2013年颁布的《关于实施全国中小学教师信息技术应用能力提升工程的意见》，再到2019年颁布的《关于实施全国中小学教师信息技术应用能力提升工程2.0的意见》，充分体现了教师信息技术应用能力的提升是教育信息化的重要内容和加速器。

教学是教育领域的中心工作，教学信息不仅局限于教科书。教育信息化要求数学教师在教学过程利用计算机、多媒体、大数据、人工智能和网络通信作为教师教学的载体，结合数学内容，开发适合学生学习的教育资源，优化教育过程，以培养和提高学生的信息素养，促进教育现代化。

（二）提升小学数学教师信息技术应用能力是后疫情时代互联网线上教学发展的需要

2020年春节，暴发了新冠肺炎疫情，国家教育部迅速组织各省市进行线上教育，“停课不停学”。教师们积极利用教育资源平台和在线学习平台，从开始的录播，到直播，通过一次次的应急教学，一次次的新的尝试，不断学习各种信息技术，发挥网络优势，推动教育信息化、多元化发展，取得了卓越的成绩。

数学线上教学可先组织学生认真观看直播，然后针对易混淆的问题和重难点，利用平台直播进行集中答疑，也可以采取个别答疑，利用QQ和微信两种平台“谁有问题单独教”的方式进行。数学教学活动，练习大概占了15分钟左右，教师可利用教学平台如“钉钉”，发布练习，然后让家长上传练习，教师在线批改，再通过“钉钉”群反馈给家长和学生。虽然线上教学存在不足之处，需要家校合作，但它具有时空灵活化、资源共享化、行为数据化、信息众筹化、关系网络化、系统联通化等典型特征，打破传统教育“物理空间＋社会关系空间”的二元结构，形成“物理空间＋社会关系空间＋信息空间”的三元结构。

（三）提升小学数学教师信息技术应用能力是《番禺区教育发展“十三五”规划》提升教育现代化水平的需要

为认真贯彻国家政策及文件精神，番禺区教育局制定了《番禺区教育发展“十三五”规划》，设立了教育装备提升工程。通过推进中小学图书馆标准化建设，加强中小学实验教学及教育装备的创新应用，全面推进“互联网＋”工程，加快“人人通”平台进程，实现教育和信息技术的有机融合，加快教育现代化的进程。

番禺区“上品教化”教育理念在“研学后教”和“特色打造”两轮驱动下取得巨大发展。为进一步深化“上品教化”教育理念，在新时代新发展背景下提出新的要求：通过教学技术升级上品教化，推动番禺教育现代化。在提出“研学后教”升级版后，围绕番禺区研学后教“三融六乐”的核心理念，融合五育、融通技术、融汇四评，在学科课堂中借助教育技术辅助学科教学，实现教育技术与学科教育的深度融合。

二、小学数学教师信息技术应用能力提升的有效途径

（一）加强信息技术的学习与运用

主要从“外引内培”和“自主探索”两种途径获取新技术来源。

"外引"方面学校可组织专家团队对教师进行线上或线下的信息技术培训。"内培"方面可以请本校信息技术水平较高的教师举行专业讲座；或把信息新技术在数学科组教研会上进行说明、展示、观看实例、集体操作、评价等步骤；或在每周的科组教研会上分板块探讨"数与代数""空间与图形""统计与概率""实践与综合应用"四大领域怎样与信息技术有效地融合。

"自主探索"可以利用网络教研进行学习。如在广州市中小学教师继续教育平台，选择多媒体操作课程报读，如"几何画板的操作与运用"等。

教师把所学的信息新技术与自己的个人教学特色相结合，选择适合自己的新技术，结合教学内容，运用到数学课程当中。

（二）加大学校对信息化设备设施的投入，提供应用保障

硬件设施和软件设施是教师有效开展信息化教学的基本保障。硬件设施对我们广州地区学校来说不成问题，但软件设施却难以保障，很多软件上网下载是需要付费的，所以学校要加大对软件设施的投入，创设信息技术应用的良好环境。

（三）加强片区教研，以赛促学，以赛促用

区级及以上的公开课，都是一个磨课团队的集体智慧，尤其需要用到信息新技术的地方，一定是为了教学内容精心设计的，所以我们平时要多观摩，多学习，取别人之长，思考我们在数学教学过程中是否可以借鉴，甚至用得更好。

很多一线教师经验丰富，但却一直不愿意参加教学比赛，很大一个原因就是"我没有别人的课件做得那么好"，对信息技术这一块不够自信，其实人的能力是无穷的，只要你想做，总会想办法去克服，虽然一时半会没有做得很好，但这何尝不是一种成长，慢慢地总会成为一棵参天大树。广州市教育局为推进教师主动适应信息化、人工智能等信息技术变革，以赛促学，以赛促用，提升教师信息化教学水平，这两年都会举办"广州市中小学教师信息技术应用能力提升工程 2.0 微能力比赛"，多媒体应用创新大赛，一师一优课比赛，这对一线教师是一个很好的机会，可以锻炼自我，提升自我。

（四）加强数学与信息技术的整合，打造数学创新课堂

教师在教学过程中，信息技术的应用能力主要以课程为主，教师要明确信息技术作为辅助工具，不能本末倒置。所以在使用信息技术的时候，必须进行有效的整合，主动掌握课程需要，开发课程教学的方式，选取多样的教学课程资源，增强课堂实践的操作性，使信息技术的应用能力与教学方式变革相互促进。

鼓励数学教师以优质课、研讨课作为“点”，积累信息技术使用经验，收集信息技术与数学课堂有效融合的优秀案例，编辑成教学实录和案例，为日常教学提供范例，带动日常数学教学课堂的“面”，真正让信息技术走入课堂。

三、小学数学教师信息技术应用能力提升的主要意义

（一）提高数学教师自身教学水平，改变教学方式，优化教学手段

现代社会是信息化社会，数学教师加强信息技术应用能力，有利于培养信息素养，改变以前只运用一块黑板、一支粉笔、一张嘴、一本教材的传统教学模式，利用多媒体的声音、图像、影像等手段优化教学，化静为动，化抽象为直观。

（二）激发学生学习兴趣，启发学生想象力

数学学习的过程中，枯燥的文字难以引起学生的兴趣，而且学生对枯燥的文字有时理解得不到位。如果将信息技术与数学学科整合，为学生创设一个利于多种感官参与的学习环境，既提高了学生的学习兴趣，又提高了学习效率。如人教版数学六年级下册第 27 页例 7：一个内直径是 8 cm 的瓶子里，水的高度是 7 cm，把瓶盖拧紧倒置放平，无水部分是圆柱形，高度是 18 cm，这个瓶子的容积是多少？这个数学问题只看文字，学生难以入手，如果借助课件，动态展示，学生就会豁然开朗，明白空气部分的体积是 18 cm 高的圆柱体积。

问题解决——求瓶子容积（转化）

水的体积 + 空气体积 = 整个瓶子的容积

7 cm 高的圆柱体积 + 18 cm 高的圆柱体积 = 整个瓶子的容积

$$3.14\times(8\div2)^2\times7+3.14\times(8\div2)^2\times18=1256\ (\text{cm}^3)=1256\ (\text{mL})$$

（三）丰富数学教学内容

小学“数学”，顾名思义，“数”占了一大部分，但随着时代的发展，不仅要求学生会“算术”，还要求学生掌握伴随社会发展而增添的新内容。如在小学数学“数与代数”领域中，在信息技术环境下，“数码”的出现；在“图形与几何”领域中，在信息技术环境下，三维物体的学习；在“统计与概率”领域中，在信息技术环境下，大数据的处理，分析事件发生的概率；等等。正是因为有了信息技术的支持，才有了小学生解决问题的可能，是小学数学内容的有益补充。

（四）加快数学教学反馈

小学数学教师信息技术应用能力的提升，使数学教学反馈更便捷。在传统的教

学环境中，教师的板书需要比较长的时间，为了节省时间，有时教师要写在纸上，上课时用来粘贴。现在有了信息技术，教学内容很方便在课堂中展示，也便于大家针对展示的内容展开进一步的讨论与交流。传统教学为了掌握学生学习情况要通过批改作业，花很多的时间去统计数据，才能有效分析问题所在，现在利用信息技术只要扫一扫码或传一传就能统计数据，节省了很多时间，加快了教学反馈。

参考文献

[1] 李彦敏．中小学教师信息技术应用能力提升优化策略研究 [J]．现代远距离教育，2020（5）：68.

[2] 中国与联合国儿童基金会合作项目研究课题组．中小学教育信息化发展现状及趋势 [M]．北京：中国广播电视大学出版社，2008.

[3] 姚锋．“互联网 + 教育”提升教师信息技术应用能力价值 [J]. 中学教学参考，2019（18）：73–74.

[4] 冯润胜．研学后教 [M]．广州：广东教育出版社，2016.

[5] 教育部基础教育课程教材专家工作委员会．小学数学课程标准解析与教学指导 [M]．北京：北京师范大学出版社，2012.

作者简介

徐保瑜：广州市番禺区剑桥郡小学教师，番禺区小学数学中心组成员，番禺区南村镇小学数学中心组成员。

小学数学与信息技术如何有机整合

阳江市正雅学校　李　宁

【摘　要】信息技术的高速发展全面改进了课堂教学方法，积极创新和转变了教学理念，拉近了学生与数学学科之间的距离，将枯燥的数学知识生动形象地呈现出来，不仅有利于学生对知识的理解和记忆，而且也能够全面开阔学生的学习视野，拓展更多的学习思路。小学数学与信息技术的有机整合，能够充分发挥信息技术的优势，实现教学的最优化，促进教学更加富有灵活性、交互性和创新性，促使小学数学迈上一个崭新的教学台阶。

【关键词】小学数学；信息技术；有机整合

一、引言

21 世纪是信息发展的高速时代，信息一体化的到来影响着我们的日常生活。小学数学新课程标准中也提到根本理念：信息技术的开展对数学教育的价值、目的、内容以及教学方式产生了很大的影响。在教育教学过程中必须做好迎接信息技术的准备，通过与学科之间的有机整合建立一种新时代的新型教学模式，改变传统单一化的教学模式。数学教学也在信息技术强有力的支撑下，与信息技术有机整合实现教育教学的全面创新。

二、动静结合，焕发课堂活力

小学阶段的学生活泼好动，面对抽象复杂以及严谨的数学知识时，由于传统教学方法和手段存在一定的局限性，学生的学习兴趣很难被全面激发出来。信息技术能够全面激发学生的学习兴趣，为学生创造一个多维的教学情境，引导学生主动去学习知识，逐渐融入课堂学习中，开阔学生的学习视野，增强学生的学习热情，使学生从枯燥乏味的数学知识中感受到学习的乐趣，从而起到优质的教学效果。

例如，在学习“时、分、秒”的数学知识时，很多学生对时间的概念并不是十分理解，对书本中的文字也没有学习的兴趣和热情，教师可以运用现代信息技术的优势为学生呈现各种视频动画，引导学生感受不同时间，如呈现出一些学生比较喜欢的动画角色，这些角色做各种各样不同的事情，如可以为学生播放“汤姆猫的一天”动画视频，教师可以引导学生去推算不同事情所需要的时间，以时、分、秒为单位说出，动画能够激发学生的学习兴趣，引领学生的学习思路，锻炼学生自己主动地去探索知识。在学习“年、月、日”的数学知识时，教师可以为学生播放关于地球、太阳和月亮之间运行方式的相关视频资料，使学生能够更加动态地感受到年、月、日的产生。如果仅仅凭借传统的教学，则是无法轻易讲解清楚的，在动画的带动下将数学知识化静为动，有利于学生理解，也有利于知识的进一步深化。信息技术的到来可以将书本上的知识进行有效的转化，以图片、声音、动画等组合加工的方式呈现在教师以及学生面前，激发学生强烈的好奇心和探索欲，通过生动形象的特点实现强烈的感官刺激，促使整个课堂教学变得更加活泼。

教师可以充分运用现代信息技术的优势为学生制作各种图片、声频和视频等资料，在条件允许的情况下还可以多花一点心思制作富有创意且趣味性较强的课件，在兴趣的引导下加深学生对知识的理解和记忆。

三、繁简转换，突破教学难点

小学阶段的学生年龄较小，在学习过程中知识量少，认知面也相对狭窄，尤其是一些学生在接受新知识的过程中呈现出相对吃力的状态。传统的教育教学模式相对生硬，尤其是对于相对抽象和复杂的知识，教师不仅教得吃力，学生也难以接受和消化。在信息技术的帮助下教师能够有效地将烦琐的知识进行转化，帮助学生化繁为简，有效突破教学难点，掌握数学知识的本质。

例如，在学习“分数的初步认识”的数学知识时，由于学生是处于初步学习分数的阶段，学生对分数理解和认识起来也会感觉到有些困难，因此为了降低教学难度，教师可以充分运用现代信息技术的优势，通过与小学数学学科的相互融合，通过动画演示的方式进行教学演示，教师可以在信息化平台上为学生展示四个一样的苹果，并请学生运用鼠标平均分给两个学生，使学生对平均分有一个初步的了解和认识，接着教师可以继续让学生操作，将一个苹果分给两个学生，并引导学生回答：“每人会分到多少？”学生操作后感觉到无法用整数来回答这个问题，进一步引出教学主题“分数”。教师要给予学生充分展示自我的空间与舞台，鼓励学生大胆操作。教师可以让学生通过现代信息技术中的画图功能去给小熊分饼，可以分成三分之一、三分之二、五分之三、五分之二等等，并引导学生用分数进行表示，有助于学生更加富有条理地思考和表达，信息技术能够帮助学生将复杂的知识逐步向简单转化，还可以鼓励学生动手去折一折、剪一剪，提高学生的理解能力，使学生可以在层次性、递进性的知识构建中，不断拓展思维潜能，创造性地运用信息技术知识解决问题。

虽然信息技术对于教育教学产生了很大的帮助，但是在教育教学过程中教师要把握好信息技术与数学知识整合的“度”，恰当地在教学中进行引入，不能喧宾夺主，也不能完全替代传统教学，一味地展示技术或者是博取学生的眼球并不可取，要真正从教学目标以及教学内容出发，引导学生在思考中提高对知识的掌握和应用能力。

四、互动交流，增强巩固探究

信息技术为学生提供了一个良好的交流与互动平台，有利于学生合作协商能力的增强和提高，学生可以随时随地去查询和获取知识，同时也为学生之间的交流和互动提供了便利。信息技术也使得学生、教师以及家长之间有了更加便捷的沟通渠道，同时信息技术的到来有效节约了更多的教学时间，提高了课堂的容量，能为学生收集海量的知识与资源，通过强大的传授容量拓展学生的知识面，将现实中丰富的学习资源展示给学生，促使学生在知识的海洋中遨游。

例如，在学习“复式统计表”的数学知识时，在课堂教学的基础上，为了进一步巩固学生的学习成果，教师可以引导学生以小组合作的方式进行交流和互动，进一步增强学生的统计能力，在课下为学生布置相应的课后练习。随着疫情防控的常态化，体温已经成为学生每天都需要记录的一部分，教师可以引导学生将家中成员的体温记录下来，并制作成复式统计图，充分运用现代信息技术的优势在课后创建学习小组，进行线上小组交流和讨论，讨论问题范围可以是：“从统计表中你能看到体温发生了哪些变化？”“最高体温与最低体温之间相差多少？”“哪一天的体温最高或者是哪一天的体温最低？”“哪一天谁的体温异常？”“通过统计你发现了什么？”等等，在统计过程中学生对复式统计图有了更加深入的了解和认识，不仅有效地巩固了课堂所学知识，而且还提高了学生对数据的分析能力，小组成员也实现了随时随地的在线交流与沟通。教师要以数学知识为场景，激发学生参与到学习中，从而让学生在解决问题的过程中，敏锐地感觉到信息技术的价值，体验到信息技术与数学学习密切相关。

信息技术的到来有效简化了整体的教学流程，能够使小学阶段的学生对数学知识有更加直观易懂的显著优势，可以将相对抽象复杂的知识以更加直观形象的方式展现出来，教师可以引导学生运用信息技术浏览校内专门设立的学习板块，给予学生自主学习的时间和机会，让学生能够通过信息技术学习和查询相关的学习资料。信息化的学习环境就像是为学生插上了学习的翅膀，摆脱了单一教授的方式，促使学生在开放性的学习状态下感受到学习的快乐之处。

五、总结与展望

总之，信息技术与小学数学的有机整合，让每一位教师和学生都感受到了现代化的强烈气息，教师要充分挖掘信息技术教学过程中的内在优势，为教学拓展更加广阔的空间，全面丰富学科教学内涵，不断注入新的活力与生机，紧跟时代发展的脚步。相信在师生的共同努力下，教育教学必定会变得更加绚丽多彩。

参考文献

[1] 郭永祥．新课标下信息技术与小学数学课程整合的思考 [J]．试题与研究，2021（36）：171-172.

[2] 胡斌年．小学信息技术与小学数学课堂整合策略探讨 [J]．数学学习与研究，2021（27）：136-137.

[3] 李雪荣．小学数学中多媒体信息技术教具的整合应用探索 [J]．中国新通信，2021，23（18）：200-201.

[4] 丁海燕．小学数学与信息技术整合路径研究 [J]．中小学电教（教学），2021（9）：91-92.

[5] 骆元国．信息技术与小学数学课程整合实践探析 [J]．数学学习与研究，2021（23）：118-119.

作者简介

李宁：阳江市正雅学校数学教师，小学一级教师。

信息技术与小学数学的深度融合

广州市番禺区剑桥郡小学　冯龄怡

【摘　要】随着现代科技的快速发展，信息技术在理念、程度和模式上，都对数学教学产生着极大的影响，形成“主导—主体”的新型师生教学模式，有效地促进了教育教学的发展，教师若要调动学生学习的积极性和主动性，就必须适应现代信息技术。目前，现代信息技术在教育中的运用已经成为一个社会热点问题。因此，教学的内容和方法也应该随之变化，关于信息和数学课程融合的问题研究，也就变得尤为重要。

【关键词】信息技术；学科融合；数学教学

进入信息化时代，数据信息成了现代社会的重要组成要素，数学知识是发展信息技术以及理解信息技术的主要手段。数学学习对学生的要求较高，由于部分学生的理解能力欠缺，导致学习困难，在传统的教育教学环境下，这部分学生的成绩难以得到提高。当今信息技术已广泛应用到课堂中，成为学校推进教育教学变革的“突破口”，学校利用创新、前沿的现代教学信息，激发出良好的教学火花，在未来的教学中，这一技术必定能带来更有意义的效果。

一、利用信息媒介巨大的信息承载功能，适应学习者多元化的学习需要

建构主义者认为，学生学习之前就已经有了生活的经验，他不会空着头脑就进入课堂的。所以从数学探究课程之始，我们就应该最大限度地激发学生自身的生活经验与数学潜能。同时，新课标还提出：学生的教育的信息内容必须是现实的、有意义的、具有挑战性的，对其教学内容的表达也应该选择多样化的方式，以适应学生多元化的学习需要。

在教学活动“圆的认识”时，学生下载用 Flash 制作的动画片表现了树林中的小

猪、小狗、小兔、小熊等小哺乳动物，分别骑着带有圆形、方形、椭圆形等各种造型轮子的自行车比赛运动的场景。多媒体精彩滑稽的画面一经出现，立即抓住了学生。学习兴趣被生动活泼搞笑的画面给充分调动了出来，学生们显示出了旺盛的探索求知欲，并立刻积极主动地投身到了教学活动中去。教师在放映竞赛画面以前，首先让学生们猜一猜谁最先抵达终点。然后学生们通过生活经历，猜测骑着圆形轮子自行车的小狗会得第一名。然后竞赛就开始了，在音乐声中，小狗们骑得又快又稳，终于取得了第一名，而小猪、小兔、小熊们虽然拼命奋进，但仍落于后面。学生们心情逐渐激动，而事实也果然和猜测结果相符。这时，教师提出了疑问："小狗为什么能得第一？""轮子为何要做成圆的？""车轴为何要装在圆心上才能跑得又快又稳？"这一连串的疑问大大地调动了中小学生的探索求知欲，兴趣也得以高效引发。

在其中能够发现运用计算机技术开展课堂教学，可以成功地创造情景，调动学生的学习兴趣。因为多媒体形式具体，动静结合，声色兼具，所以合理地进行运用，就能够变抽象为具体，充分调动学生的各种感官协同效应，从而破解了教师难于说明，学生不易听懂的问题，进而高效地进行精讲，突出重点，攻破教学难题。

二、运用多媒体技术表达形式的生动有趣，激发学习者自主探究的欲望

苏霍姆林斯基认为："教师在教学中如果不想方设法使学生产生情绪高昂和智力振奋的内心状态，而是不动情感的脑力劳动，就会带来疲倦。"所以讲，在数学教育课堂上需要创造一个轻松融洽的情境，去充分调动学生的学习兴趣，让他们快乐学习。而利用多媒体教学电脑的定格、慢放、复杂画面的改变，以及颜色和音乐的改变等对视觉效果的完整展示，将带给学习者直观、形象、新颖的视觉效果，并有助于学习者的多向思考，激发学习积极性，从而帮助学生学好数学知识。建构主义教育强调在教材引领下的以学习者为核心的教学，即突出学习者在学习活动中的知识基础与作用。同时在新课标中也明确提出了："高效的数学学习教育活动不宜简单地依靠模拟与记忆，实际动手、积极思维与合作是学生掌握数学的方法。"

在教学三角形的面积推导方法中，除了用两个梯形的拼摆给出面积推算公式之外，对于怎样经过一组三角形的拼切，推导出梯形的面积公式方法，我们利用几何学画板可以简便地体现利用"平移""转动""翻折"的手段将三角形转换为已有的基本形状，更深入地认识了梯形面积的计算，从而渗透了数学教育的转化思维。在这里我们可以发现，运用互联网等多媒体技术能提供动静结合的课堂内容、活泼的课堂环

境，从人物形象生动活泼的图片、声像同步的场景、适时高效的思维反应过程中，更深入地提高了学习者对三角形面积公式的理解。多媒体还能运用于数学课程中的实践模拟与难题突破，然后我们可以指导学生积极地探究，通过观察、发现、探究、交流探索三角形面积运算方程与已学图形面积运算方程间的内在联系，并大胆演绎三角形面积运算方程。最后还可以引导学生利用几何画板对已推算方程加以证明，并以此完成对知识意义的重新建构。

三、运用信息媒介中强大的互动功能，以实现社会自我建构过程

建构主义教学理论是提倡以学习者为中心，需要将学习者群体从传统知识的灌输对象转化为信息加工的主体。传统的教学方法指在数学教育过程中一切问题都由教师决定，其中课程、策略、教学方法、过程，乃至学生所做的练习都是由教师先期布置好的，而学生则只是被动地参加了这种过程。但人们也可以运用信息媒介中强大的互动功能改变传统教学方法，提出全新的教学方式和学习方式。将现代教学技术中多媒体所具有的视听一体功能和电脑的互动功能糅合在一块，形成了一种全新的图像并茂的、多姿多彩的人机交互方式，并且信息能够及时反映。

如在教学“年、月、日”时，我们能够运用多媒体教学资源创造合作与自主性教学的环境。由学生自己选定教学内容，学生能够从电脑上看到每月的不同：有的月是三十一天，有的月只有三十天，但有的月则只是二十八或二十九天。同时学生还能够打开资料库进行知识检索，自己去主动探究，从而找到规律性。学生能够根据自我摸索得出：有三十一天的是大月，有三十天的是小月，还有一个特殊月。学生利用电脑实现师生交互、生生交互，从而能够摸索出闰月和平年的概念。同时学习者还能够尝试寻找闰月的计算公式，并能通过随机出题来检验自己所总结的计算公式是不是准确。学习者也能够按照要求，从“知识扩展中理解到中国农历基础知识和当今世界上有关年、月、日分类的某些基本知识”。就这样，在现代信息化环境下学习者从传统的被动接受、机械练习中摆脱了出来，从而极大激发了学生学习的主观能动性。学习者更加积极投入、乐于探索，以便更好地完成自我建构过程。

四、利用传统网络教育无法比拟的优点，使学生自主调控、自我发展

探索型课堂即学生在掌握定义和基本原理之时，教师往往只是给学生几个具体案例和问题，由学生经过读书，通过观察、实践、反思、探索、听讲等途径自主探索，

从而主动发现和掌握有关基本原理与结论的这种教学模式。它的指导思想是在教师的引导下以学生为主导，使学生有意识地、积极地探索事情，学会认识世界和问题的方式与过程，探索客观事物的性质，研究事物发展的原因及其与事件之间内在的密切联系，在生活实践中寻找规律性，并建立自己的新概念。由此可见，在探究型课堂教学流程中，学习者的主体作用都得到了体现，自主性创新能力也都获得了提高。现代信息技术在课堂教学中的广泛使用，彻底改变了中国传统课堂教学流程的特征，课堂教师从最初的内容讲解者、灌输者，成了课堂的主要参与者和指导者；学习者也从原先单一的知识接受者变成知识的探索者，学习者的自主性也得以发挥，从原先教师课堂上的辅助媒介变成孩子掌握与理解的工具；灌输式的教育过程也变成了开放性的全新教学方式，从原先沉闷的具有师道尊严的课堂气氛，变成了平等、公正、轻松的课堂气氛。

以“从节水谈数据”为例，教师利用教材上的知识讲解，使学生对中国地理的自然资源状况有了全面了解。这时穿插的一些照片明确告知了学生中国现在自然资源匮乏，并指导学生利用网络主动查询我国各地最近的降水量状况，进而绘制统计图。我们教师设计了两种活动，最后展示方式分别是手绘和利用电脑绘制的两个统计图，主要是希望使学生既能自行绘画也能利用计算机制图。不过，在教学总体的设计方案中也有不足之处，主要体现为：1. 教师不能及时给学生提供资料列表，可能造成学生在检索资料时会较为迷茫；2. 由于教学活动设计时包含的资料年限过多，学生检索工作量也相当大。

五、研究展望

信息技术和数学课程教育的融合，必定为数学教育模式带来质的变化，教师在教学过程中把教师、学生、课程、教育资源等要素有机融合在一起，转变传统教学方式和教学手段，教学前制定教学 App 对学生学习过程进行远程监控，过程中，通过多媒体的教学使课堂气氛轻松活跃，提高教学效率，教学后布置趣味性的习题增强学生对数学学科的热爱，这样即可取得传统教学方法无法比拟的效果，以此培养学生的学习兴趣，进而有效促进新课程改革的进程。我认为，只要信息利用得恰到好处，就一定能给新课程的改革“插翅添翼”。

参考文献

［1］于胜泉．推进技术与教育的双向融合［J］．中国电化教育，2012（5）：5–14.

［2］张海涛．论信息技术与学科整合促进学生学习方式的转变［J］．中小学电教，2008（12）：20–21.

［3］何克抗．创造性思维理论［M］．北京：北京师范大学出版社，2008.

［4］于福强．浅谈信息技术与学科教学深度融合的有效途径［J］．课程教育研究（新教师教学），2014（29）：67.

［5］周学东．信息技术与学科教学深度融合的实践探索［J］．中国信息技术教育，2014（11）：136–137.

［6］吴长虹．运用信息技术优化小学数学课堂教学［J］．中国校外教育，2015（Z1）：1–3.

作者简介

冯龄怡：广州市番禺区剑桥郡小学教师，小学二级教师。

中小学教师信息化教学能力现状与对策研究

西安市经开第四小学　王增战

【摘　要】通过调研中小学教师教育信息能力的现状，本文分析了信息技术运用于教学中的问题，寻找其中的原因，探讨解决问题的方法，分层设计培训内容、案例培训方法、讲修学习与教研实践交互开展的培训方式、过程性评价方法，为更深入促进教师教育信息能力发展提供理论支持。

【关键词】分层设计；信息技术；案例教学

一、引言

信息技术的迅猛发展触发了教育与教学的深层次改革，实现信息技术与教育教学的深度融合是推进教育信息化的必要条件。教育信息化发展进程中，教师队伍发展是发展建设教育信息化的基本保障。教师信息化教学能力的建设是教育信息化的关键因素，是信息化社会中教师能力发展必备的专业要求。为此近年来我国颁布了一系列的政策与法规，以促进教师信息化教学能力的提高。教育信息化是促进教育现代化的关键，本研究以整个西安市经开区教育信息化教学能力为背景，抽取经开区二小、四小，借助问卷调查和实际走访调查的方式，用Excel处理问卷所得的数据分析出经开区中小学教师信息化教学能力的现状，并根据调查所得的结论提出与之相符合的解决措施，以此来提升西安市经开区中小学教师的信息化教学能力。

二、信息技术应用水平现状分析

调查了解到教师使用最多的是多媒体课件制作工具，对专用学科教学软件、网络教研平台、网络教学平台、阅卷工具和成绩分析工具使用较少。经单因素方差分析可知，中小学教师使用软件工具的频率在性别上存在显著差异，女教师使用软件工具的频率明显高于男教师。使用软件工具的频率在学段上存在差异，小学教师使用软件工具的均值高于初中教师。另外，使用软件工具的频率在学科上存在显著差异，从总体上看，文科类课程使用软件工具的频率高于理科类课程。

调查显示，中小学教师使用数字教学资源的频率在性别上存在显著差异，女教师使用数字教学资源的频率明显高于男教师。中小学教师使用数字教学资源的频率在专业上存在显著差异，即按从高到低的顺序排列为：历史、地理、语文、物理、化学、音乐、数学、生物、英语。

经单因素方差分析，中小学教师对信息技术应用的态度在性别、教龄、学校所在地、学历、专业、学科等方面不存在显著差异，但在学段上存在显著差异，初中教师对数字教学资源在学生课堂学习中运用的态度要明显高于小学教师。

中小学教师信息技术活动开展相对侧重教师，忽视学生。中小学教师信息技术活动开展主要是围绕教师个体进行的，包括教学设计、教育教学和在线学习，而在支持学生发展方面，教师利用信息技术开展的活动较少。

中小学教师网络应用类型较集中，最多的是备课和上课，在在线考试、实验等方面应用较少，尤其是在作业批改方面，教师很少运用到网络。学生网络应用最多的是拓展阅读，应用最少的是网络课程。

三、中小学教师信息技术应用存在的问题分析

通过问卷调查和数据分析可以看出，目前中小学教师对信息技术应用的态度较为积极，能够认识到信息技术在教育教学中的应用为教育发展的必然趋势，但在教师信息技术应用能力方面还存在不足。

应用较普遍但深度融合不够。随着技术应用的深入，教师在课堂上普遍应用信息技术，但缺乏信息技术与课堂的深度融合。

认识水平较高但应用类型较集中。信息技术走入中小学课堂，改变了课堂教学环节，实现了信息技术与学科的整合，使得课堂教学面貌焕然一新，但这只是在形式上和方式上对课堂教学进行了表层的改变，传统课堂教学结构和师生地位等并未出现实质性变化。

另外，通过不同学科教师与教材配套的数字教学资源的交叉分析可知，在信息技术、思想品德等学科，配套资源相对缺乏。

四、中小学教师信息技术应用的影响因素分析

（一）教学平台和资源建设与教师联系不够紧密

当前，我国教育信息化的发展已经从“基础设施建设”阶段逐步转向对信息与信息技术的“教学应用”阶段。在这个阶段中，“路”“车”“驾驶员”的建设已经基本完善，但“货”的问题开始愈发突出。在所调研县（区），教师在宁夏教育资源公共服务平台（教育云）开通个人空间数1805个，学生开通空间数26190个，上传资讯992条、各类资源38244个。但教师上课、学生学习、家校互动还是以传统方式为主，信息化手段为辅。教师上课由“黑板变成白板”，但仍然是讲授式的教学方式，网络学习空间未得到有效利用。教师自制优质教育教学资源相对匮乏，名师课堂、优质资源未充分实现共享。

（二）教师培训数量可观，质量有待提升

调查显示，教师参加信息化培训的数量比较可观，各级各类培训比较丰富，但教师参加信息化培训的质量还有待提升。

（三）硬件设施配套不到位，设备老化问题突出

目前，学校基础设施建设在数量上已基本普及，但质量上还应有所提高。在所调查的县（区），有14所学校达到无线网络全覆盖，中小学配备交互式多媒体教学设备857套，同时配备校园电子图书阅读机43台和微课仪110台，8间电子书包教室、9间创新实验室配备学生用计算机3317台，生机比为5.6∶1，备课教师办公用机共1875台，师机比为1∶1，宽带网络校校通接入比例达100%，多媒体教学终端班班通配备比例达100%。但是，校园网速受限，学校出口带宽多为100Mbps，部分学校是50Mbps甚至20Mbps。机器设备老化，存在管理不当等问题。

五、校长信息化领导力不足

目前，大部分校长在信息素养方面还存在不足。校长信息化领导力还涉及对教师的引领、示范和激励，在实地走访的过程中我们发现，由于校长疏于管理，部分学校信息化设备使用率低、资源应用率低，很多设备损坏无人维护。此外，对教师应用信息技术，学校还缺乏相应的激励措施。

六、中小学教师信息技术应用能力提升的对策

（一）资金投入，形成优质资源共享机制

在学校信息化建设发展过程中，无论是硬件设备还是软件资源，都需要资金投入。应按照“政府主导、多级多渠道投入”的原则，调动社会资本参与学校信息化建设。资金投入主要用于多媒体设备更新、网络速度提升、数字校园建设、课堂平台建设、网络学习空间覆盖工程等。

（二）意识提升，增强校长信息化领导力

无论是教育行政管理部门还是学校，都应当高度关注教师信息技术应用能力的有效提升，因为没有未来教师就没有未来教育，应帮助教师获得与信息化教学相匹配的意识和能力，鼓励教师利用信息技术创新教学，促进教育理念、教学内容和教学方式的深刻变革。在关注教师信息化应用能力提升的同时，也要关注校长的信息化领导力，使其真正起到引领、示范、带动的作用。

（三）教师个人实践与群体实践结合

目前各级各类的信息技术能力培训活动内容和形式还比较单一，教师被动参与，表现出一定程度的应付和抵触态度，这在很大程度上削弱了教师的信息技术应用热情和效果。相比之下，教师的信息技术应用过程是主动的、积极的，更重要的是在这个过程中实现了知识技能到实践应用能力的转化。与此同时，教师之间、信息技术教师与学科教师之间的分享交流，能够帮助教师克服信息技术应用过程中的孤独感和恐惧感，将教师个人实践和群体实践相结合是一种有效提升中小学教师信息技术应用能力的可行方式。中小学教师的信息技术应用能力决定了信息技术是否能与学科教学深度融合，在数字化校园中发挥着愈发重要的作用，它对于提升基础教育的质量和创新性人才的培养都具有十分重要的影响。

（四）顶层设计，形成多元投入机制

“互联网＋教育”发展到最后阶段，将会对传统学校教育体系和管理制度提出挑战，其实践的重点和难点是推动教育制度改革，最终的目标是构建开放创新的教育服务体系来解决深层的教育需求问题。中小学教师信息技术应用能力的提升需要财力、物力、人力的大力支持和配合，教育行政部门应成立信息化领导小组，建立“一把手”责任制，明确“时间表”和“路线图”，制定具体工作措施，配齐配全硬件设备，提高教师信息素养，强化督导，建立坚持评估机制，保障经费，形成多元投入机制。

各县（区）和学校也要紧密结合学校实际，制订本地区、本学校的行动计划，切实推动“互联网＋教育”工作。

（五）培训跟进，全面提升教师信息素养

中小学教师信息化应用培训应按学科分层级进行，完善培训内容，切实促进教师信息素养的提升。因此，应根据中小学教师的实际需求，结合成人学习的“7-2-1”法则，合理安排培训内容和培训方式。成人学习的“7-2-1”法则是，成人学习的70%来自真实生活和工作经验、具有挑战性的任务以及解决问题和完成任务的过程，20%来自和其他榜样一起工作时不断观察、学习并及时反馈的过程，10%来自有计划、有结构的正式培训。也就是说，中小学教师信息技术培训应在真实场景中进行，结合教师在实际教育教学中遇到的困难和问题，通过观摩、同伴合作等多种方式进行学习。

参考文献

［1］马晓玲．宁夏移民区中小学教师信息化教学设计能力提升策略研究［J］．教育探索，2015（11）：123-128.

［2］杜玉霞．基于“互联网＋”的中小学教师信息化教学能力提升研究［J］．中国电化教育，2017（8）：86-92.

［3］王荣良，李锋．中小学教师教育信息能力培训方法的研究［J］．中国电化教育，2004（11）：22-25.

［4］蒋红梅，陈雪梅．教育信息化视域下农村中小学教师信息化教学能力提升策略探究［J］．科教文汇（下旬刊），2014（10）：166-167，194.

［5］中华人民共和国教育部．义务教育数学课程标准（2011年版）［M］．北京：北京师范大学出版社，2012.

作者简介

王增战：西安市经开第四小学数学教师。

程。教师在备课的时候可以联系日常生活，从我们的日常生活寻找一些与平行四边形和梯形相关的物体，让学生们更好地去理解什么是平行四边形，什么是梯形，从而更好地去绘画平行四边形和梯形。在遇到平行四边形、梯形类似的问题的时候，能够自己去找到问题的答案。教师还可以在课堂当中为学生们创造出他们喜欢的游戏情景，小学生的年龄比较小，都对游戏比较感兴趣。因此，教师可以组织学生玩“你画我猜”游戏，在幻灯片上画出物体，让学生自己去说出这个物体是什么。当学生能够说出这个物体是什么的时候，还可以引导学生自己去尝试着画出这个物体。比如说我们展示了长方形的图片，学生们就能够说出长方形；我们展示了梯形的图片，那么，学生们就能够说出梯形；我们展示了正方形的图片，那么，学生们要能够说出它是正方形。在游戏的环境当中，提高学生们对学习的兴趣。教师在教学的过程当中还应当及时地去引导学生参与到游戏当中。教师也要参与到游戏的过程当中，及时地对学生的表现进行评价，对学生的进步进行鼓励，让学生知道教师在关注自己，在学习的过程当中，学生愿意全身心地投入到学习当中。在反反复复的游戏以及学习中，让学生逐渐地了解图形之间的关系，以及图形有什么样的应用，应当如何去解决类似的问题。

（二）搭建知识体系提升教学质量

在教学小学数学知识的时候，教师不能照抄照搬地为学生们开展讲解，信息技术的应用可以让课堂的讲课方式变得更加的多彩，让学生的知识储备变得更加的丰富。当学生们遇到较难的问题的时候，教师就可以运用信息技术，将较难的问题转化为较为简单的问题，让学生们更好地去解决问题。教师还可以利用信息技术突出教学的重点以及教学的难点，让学生知道哪一点是需要重点学习的，哪一些是比较难的，降低学生对知识理解的困难程度，让学生对知识的学习充满兴趣。教师可以利用信息技术帮助学生搭建相关的知识体系，从学生的实际情况出发，考虑学生的身心特点，让学生更好地去接受新型的教学方式。可以在教学的过程当中，利用信息技术构建思维导图，利用多媒体为学生们播放熟悉的歌曲，还可以将信息技术与教学的游戏融合在一起等等，各种各样的方式把教学的内容变得更加的简单生动，让学习变得不再那么的枯燥无味。例如，在学习体积与表面积的时候，为了让学生正确地区分长方体与正方体的表面积与体积的概念，教师要明白区分概念的目的不是让学生死记硬背概念，而是能够通过学习体积和表面积的空间观念，从而更好地去理解概念，并且运用概念。在学习正方体与长方体体积与表面积的区别时，教师还可以充分地借助信息技术，为学生们选取相应的长方体和正方体的图片，展示出相关的动画效果，帮助学生们建立立体模型的系统的概念，让学生在脑海当中拥有正确的立体图形的模型，这样学生才能够更好地理解体积与表面积之间的区别，更好地去接受这个概念。

三、结束语

数学是一门知识点比较多的学科，它的知识点之间具有一定的关联性。因此，教师在讲解的时候可以利用信息技术，创新讲课的方式，创新教学的手段，给学生更多的自主学习的时间和空间，培养学生的综合能力以及数学素养。

参考文献

［1］周振永．关于在信息技术支持下优化小学数学课堂教学模式的策略研究［J］．天天爱科学（教学研究），2021（12）：25-26.

［2］李静．信息技术支持下的小学数学教学创新研究［J］．知识文库，2021（22）：43-45.

［3］齐永平．信息技术与小学数学课堂深度融合策略探究［J］．考试周刊，2021（30）：63-64.

［4］季永亮．信息技术与小学数学课堂深度融合的教学策略研究［J］．读与写（中旬），2022（5）：3.

［5］刘悦红．信息技术与小学数学课堂教学深度融合的策略［J］．辽宁教育，2018（11）：2.

作者简介

古广贵：广州市番禺区剑桥郡小学教师，小学二级教师。

农村小学数学与信息技术融合的教学策略研究

银川市西夏区南梁小学　王静涛

【摘　要】在信息时代不断发展的过程中，国家的科技水平得到了良好的提高，教育均衡工作的进展状况备受关注，因此，更多新的信息技术教学手段已深入农村学校，为农村教育教学高质量发展提供有利条件。本文就信息技术融入农村小学数学课堂教学的意义进行分析，并研究出行之有效的教学策略，进而优化课堂教学效果，提高学生学习质量。

【关键词】农村；小学；数学；信息技术

在大数据发展的时代下，教育均衡工作带动教学技术呈现出多样化的开展模式，越来越多的全新教学手段融入其中，为农村学生的知识学习带来了全新的体验。本文在信息技术背景下，重点研究农村小学数学课堂教学工作基于信息技术背景下的具体创新形式，希望能够优化课堂教学效果，打造高效课堂教学环境。

一、农村小学数学与信息技术融合的意义

农村小学数学这一科目与信息技术之间有效的整合，可以把抽象的知识向形象化转化，也能够把复杂的知识变得简单化，把不可能变为可能，最大限度地吸引学生的注意力。利用信息技术中鲜明的色彩，以及具有趣味性的动画图片和视频内容，保证学生更加直观地了解数学知识，突破课堂学习的重点难点。信息技术在农村小学数学课堂中的融入，能够彻底地改变以往课堂中一言堂的模式，也能够避免一练到底的传统教学方法，丰富了教学的资源，提高了课堂教学的效率。

实际上，信息技术与小学数学课堂有效整合的意义主要分为几个方面：

（一）信息技术在小学数学课堂中的融入，能够最大限度地利用有效的教学方法，以及趣味性的教学模式，激发起学生学习的兴趣；

（二）信息技术与小学数学课堂的整合，能够帮助学生深入地对所需要学习的知识内容进行探索，并且在探索的过程中发现新知识、学习新知识；

（三）信息技术与小学数学课堂有效的整合，能够最大限度地增加课堂所具有的信息容量，提高知识学习的效果，促进学生的发展和进步。

所以能够看出，在小学数学课堂教学中，融入信息技术的教学方法，有着不可忽视的重要意义。

二、农村小学数学与信息技术融合的教学策略

（一）打造知识的直观性，帮助学生理解和接受

小学阶段学生数学知识的学习，一直以来都存在着一定的难度，主要就是因为数学这一学科本身就具有一定的特殊性，即抽象性和逻辑性。农村小学生抽象性思维能力普遍比较低，对于事物的理解都是以形象思维为主，所以对于数学知识的学习容易遇到一定的困难和坎坷。在这样的情况下，教师就需要意识到当前学生在知识学习过程中所遇到的困难，有针对性地改善课堂教学工作的开展方法，利用学生喜闻乐见的形式，把知识传递给学生，只有这样才能够打造高质量的课堂教育环境。

在传统的教学模式中，大多数教师都是根据教材的内容，利用一些辅助的道具帮助学生理解，教师所能够选择的辅助工具类型不多，一般情况下就是折纸、画图等，久而久之学生会感觉厌烦，导致课堂教学的整体质量下降。但是在现代信息技术得到快速发展之后，教师就可以利用信息技术为数学课堂教学工作的顺利开展找到最佳的方法和策略。其中，在理解抽象和概念性知识内容时，教师就可以通过网络获取最佳的视频，利用剪辑等技术手段，获取实用性视频，把烦琐的动手操作过程有效呈现出来。通过知识从抽象向具体转化的过程，能够更好地帮助学生对其进行分析和理解，也能够让学生了解到数学知识所包含的特色，从而直观地学习数学知识内容，提高学生的学习效果，进而打造高质量小学数学课堂环境。

（二）借助交互式一体机教学软件，突破数学重难点教学

知识学习的效果也是农村的小学数学课堂重要的关注点，在重点知识内容讲解的过程之中，对农村小学生的逻辑性思维能力有着较高的要求。因此，教师在课堂教学阶段，想要真正地发挥出教育所具有的优势，就需要在根本上把教学工作实际开展的方法进行合理有效的改善，以便于达到提高课堂整体工作开展效果的目的，把原本比较复杂的数学知识内容，转化成生动形象的知识学习模式，帮助学生在最大的空间

中，学习到更多的难度较高、重要性较强的知识内容。

例如，在进行“图形的运动（三）”例3相关内容知识传授的阶段，教师就可以把信息化的技术真正地融入课堂之中，利用交互式一体机教学投影设备把一个三角尺固定在方格上观察，或通过制作白板课件，利用动画展现给学生。在动画中三角尺旋转90°，让学生观察这个三角尺位置的变化，然后进一步地思考，到底位置上发生了哪些变化？这样就可以引导学生初步地对所学习的知识内容进行探究。然后教师结合使用动画中的知识点，对旋转的功能进一步分析，让学生发现三角尺的两个直角边也会围绕着一个固定的点进行旋转，通过这样的动画展示，学生就能够有效地了解到图形运动的具体知识内容，使其更加轻松地掌握课堂上的难点。同时，教师还可以利用手机投屏功能，对学生的课堂生成进行反馈和讲评，力争从各个角度、多个方面保障学生在相关知识学习阶段的效果，使其整体的能力得到提高。

（三）AR技术的深度融合，增强师生互动

现代化的信息技术融入农村小学数学课堂中，可以保证教师在教学的过程中，结合先进的技术手段，真正地实现学生学习效果的提升。AR技术的应用可以帮助教师对课堂的知识进行讲解，学生结合其中的逼真的画面，以及身临其境的功能，把静态的知识转化成动态的知识内容，增强课堂知识点所具有的具体性。AR技术不仅可以运用到课堂上，还可以实现课后辅导，满足农村学生对知识巩固和预习的需求。

例如在讲解“圆的面积”这部分知识时，教师就可以结合使用AR这一技术，在教学的过程中，对这一部分重难点内容，插入动画演示、音频和视频的讲解。同时，学生还能通过居家点读，对当天所学的知识进行巩固，排除疑惑。如圆的面积推导公式比较难以理解，教师通过制作把圆剪成若干的等分小扇形，然后进行组合，组合成学生熟悉的长方形或者三角形，从而得到圆的面积公式。此过程用教师自制的微课演示，插入AR课件相应位置，学生居家随时点读学习，可以看到自己的老师进行讲解，更容易理解和吸收所学知识，有效解决了农村地区学生居家无人辅导的窘境，加强了师生互动，提高了数学的教学质量，实现农村学生数学学习的积极性提升。

（四）巧用数字教材，提升学生学习兴趣

信息时代教学技术的变革给农村学校的教师同样带来了实惠，数字教材就是其中的一种技术手段，数字教材是学生开展数学阅读的首选材料，其内容与人教版小学数学教材相匹配，增加了交互性的视频、音频、图片、前测和补充阅读材料等，内容丰富、立体，功能强大，农村教师要利用好这一资源，帮助学生进一步拓展思维，提升数学素养。

数学教学一定是基于真实情境解决真实的问题，数学教材上每一单元都有一个主题插图，主题插图贯穿于整个单元的教学情境。如“图形的运动（一）”主题图中，教师可以直接利用交互资源进行情景式、沉浸式授课，不用再费精力来单独制作动画，学生基于动感式的场景，对所学习的知识内容充满兴趣，也能够提高学生知识学习的整体效果。所以，通过数字教材对课堂进行优化，就要求教师能够从学生的兴趣角度着手，发挥出信息技术所具有的优势，最大限度地为小学数学教学工作的顺利开展给予支持，以便于达到满足和优化学生知识学习的目的。

三、结束语

综上所述，按照农村小学中数学相关教学工作的开展，在具体实施过程中所呈现的情况来看，教师仅仅关注基础知识的学习，却忽略了学生综合素质的培养，导致课堂教学环境单一枯燥。所以本文在以上内容中，提出了信息技术支持下的农村小学数学课堂最新的教学模式，希望能够为学生的知识学习找到最佳的方法。以上研究只基于农村学校现有的技术环境展开，有一定的局限性，突出表现为信息技术融入小学数学教学还不够深入和紧密。下一步将拓宽信息技术下农村数学教学的路子，多方位探究有效融合的策略，助力农村小学数学教学质量的提升。

参考文献

［1］曹珠．农村小学信息技术与数学课程教学的有效整合研究［J］．学周刊，2021（13）：33–34.

［2］乔志军．农村小学教育信息化环境下信息技术与数学教学整合探究［J］．中国教育技术装备，2018（9）：14–16.

［3］袁乐生．农村小学数学一体机教与学的有效策略探究［J］．散文百家，2017（2）：117.

［4］关贞贞，段静静．AR 技术在学前教育教学中的融合应用［J］．宁夏教育，2021（3）：77–78.

［5］李静．云平台支持下小学数学教材阅读路径探析［J］．中小学数字化教学，

2021（s1）：54–56.

作者简介

王静涛：银川市西夏区南梁小学副校长，一级教师，西夏区级数学骨干教师，自治区信息技术应用名师。

信息技术与小学数学课程整合的策略探析

广州市番禺区剑桥郡小学　黄诗婕

【摘　要】现代信息技术的广泛应用为各行各业带来诸多便利，小学教学的不断向前发展，信息技术成为有效的催化剂。分析课堂教学问题不难发现，学生的学习兴趣减退，致使学生在课堂教学中难以融入环境，处于低效发展状态。教师作为课堂教学的引导者以及实践者，在全面进行教学改革的过程中，应尊重学生的实践学习优势和学习基础，考虑学生真正感兴趣的方向，通过信息技术的合理应用，充分调动学生的学习主动性，让学生在形成数学情感的同时，直观形象地进行数学问题的分析及理解，形成逻辑推理思维，强化学生的课堂互动和课堂合作，让学生犹如身临其境，深化学生的学习体验。文章开展对信息技术与小学数学课程整合的策略探析。

【关键词】信息技术；小学；数学；课程整合

《义务教育数学课程标准（2022 年版）》对小学数学教师提出了明确的要求：基于小学数学核心素养下的教学目标，教师应给学生营造良好的学习环境，灵活借助现代信息技术，改变教学内容的呈现方式，促进数学与信息技术之间的有效整合。但是在具体的小学数学课堂教学中，受到多种因素的制约，小学数学课堂与信息技术的整合程度不够，难以达到既定的教学目标。基于此，在教师的积极引导和评价下，信息技术变成学生学习的手段，提升了学生的思维能力，在走出学习困境中提升学生的综合学习效果。

一、信息技术与小学数学课程整合的价值

将小学数学课堂教学与信息技术相融合，无论是对学生数学核心素养的发展还是数学教育改革来说，都具有非常显著的作用和价值。首先，激发了学生的学习兴趣。以往教师在实施小学数学课堂教学过程中，通常采用的都是口头讲解加板书的教学形

式，缺乏趣味元素，不但使数学课堂丧失生机和活力，也很难激发学生的自主探究积极性。而融入信息技术就可以妥善解决这个问题。信息化教学手段最大的优势就是具有趣味性和创新性。信息技术与小学数学教学的结合展现出信息技术的教育价值，信息技术成为学生知识呈现的另一种方式。小学数学课堂教学实践中，将逻辑性较强的复杂数学问题，通过信息技术形象直观地展现在学生的面前，吸引学生的注意力，让学生在加速思考以及实践分析中提升对数学学习活动的参与度。信息技术同样打破了小学数学教学的局限性，优化传统教学模式，让教师在创新教学实践中，应用信息技术做好教学规划和教学方案，应对学生课堂教学中的不同问题，抓住目标方向，有针对性地引导学生对重点问题的解决。通过对数学学习情感的不断升华，采用多媒体课件以及相应的学习电子产品，让学生应用信息技术形成多种学习方法，提高学生的学习效率。自主学习环境中信息技术变成数学学习的新空间，通过动手实践以及创新联想，提高学生的知识内化速度，合作学习实践中促进学生的全面发展。

二、信息技术与小学数学课程整合的策略

（一）灵活运用多媒体培育学生兴趣

教师可以根据需求将多媒体灵活融入小学的课堂，按照小学生感兴趣的方面进行数学课堂教学，这样的教学方法既满足了小学生们的好奇心，也更加容易被小学生接受。并且丰富多彩的图片和动画还可以拉近课本上的数学知识与小学生的生活之间的距离，让小学生初步感受到数学来源于生活，有利于小学生在生活中学习数学。

比如，在进行人教版小学数学六年级上册的第五章节“圆”的教学时，教师便可以运用多媒体技术，把日常生活中可以看到的大大小小的圆，利用多媒体以图片的形式展现出来，如一个圆形的喷泉和游乐场中常见的摩天轮，让学生可以通过这些例子，想象日常生活中常见的圆，并由此向学生提出一些问题让学生思考，培养学生自主思考的能力。比如说教师在用多媒体展示摩天轮的图片时，就可以向学生提问：“摩天轮是如何准确地建造出来的？游乐园的工程师在建造摩天轮时，是如何计算摩天轮的周长和面积的？”同时教师利用提问可以活跃课堂气氛，吸引学生的注意力，让学生从课堂开始就跟着教师的思维进行学习。此外在进行圆这个图形的教学时，教师可以利用多媒体画一个圆，对于圆心、半径、直径，用不同的颜色来进行标注，这样学生们便可以直观地结合书本认识到这些概念。教师可以在上课之前让学生们带两根细线和一个圆形硬纸片、一块长方形硬纸片，一根细线的长度要是长方形硬纸片的

周长，另一根细线的长度要是圆形硬纸片的周长，即细线要不多不少，刚刚好围住圆形硬纸片的边框。在教师利用多媒体展示圆的面积近似等于被切割后由三角形组成的长方形的面积后，可以让学生们拿起细线，比较两根细线的长度。学生们会发现，能够围住圆的细线的长度是能够围住长方形的细线长度的两倍。教师带领学生们实际检验证明长方形的周长是圆周长的1/2，让学生们亲身体会数学的魅力。

（二）运用信息技术创设学习情境

首先，利用信息技术创设学习情境，吸引学生注意力。俄国著名思想家托尔斯泰曾说："成功的教学不是强制的，而是激发兴趣"，只有让学生对数学学习产生浓厚的学习兴趣，才会将学习数学转化为一种内在驱动力，学生才会积极主动地投入到数学学习中。现代教育技术善于将多媒体技术和网络资源结合，通过生动活泼、形象有趣的方式将数学知识点展示给学生，能够有效激发学生兴趣，吸引学生的课堂学习注意力。

例如在"认识千克、克、吨"的教学中，教师可以制作多媒体课件，用图片、音频、视频等多媒体技术展示生活中见过的可以称重的工具，比如磅秤、天平、电子秤、弹簧秤等，先用这些熟悉的生活元素拉近学生与数学之间的距离，激发他们学习新内容的主动性。为了让学生理解千克与克的含义，可以举例：1枚一角硬币约重1克，用手掂一掂，感觉怎么样？1袋盐500克，2袋盐是1千克，可以选择合适的工具称一称。然后可以抛出一些趣味性的脑筋急转弯，比如"一千克铁与一千克棉花哪个重？"，鼓励学生根据自己的认知能力进行抢答，然后教师统一讲解其中的奥秘，活跃课堂教学的气氛。

（三）运用微课辅助教学

在数学教学过程中，总有一些重难点内容是令学生们学习起来很困难的部分，教师教学起来也十分困扰，即使教师们讲很多遍也很难让大部分学生都能够将其掌握好，这时教师的个人教学意义就不大了，但是微课教学就可以在重难点教学环节起到很好的教学辅助效果。

例如在学习"长方体和正方体"的相关内容时，长方体和正方体的体积和表面积计算总是会有学生将其混淆，出现概念上的理解错误和计算错误等。此时，教师们就可以单独就长方体和正方体的体积和表面积录制专题课程，主要用于区别长方体和正方体的表面积和体积。内容需要包括长方体和正方体的体积和表面积的概念辨析、图形对比、题目讲解和课后习题练习几个部分，学生们可以针对自己不理解的部分反复观看学习，反复练习，然后可以将自己不懂的部分整理出来，在课堂上和其他学生共同讨论交流。教师则可以结合学生们的问题反馈，帮助学生们有针对性地解决相关的数学问题，加深学生们对数学学习的理解。经过这样的加强学习，学生们的学习效果就会大大提升。

微课在教学内容的讲解优势体现在可以反复学习上，而且通过录制专题内容的方式，学生们能够切实结合自己的学习需求进行学习，教师们也可以更加明确学生们在哪些方面需要得到帮助，这样学习和教学效率都能够得到显著的提升。

（四）运用信息技术突破教学重难点

每个学生的学习状况、理解能力都是不同的，这就需要教师充分尊重他们的个性差异，采用因材施教的方法，帮助他们快速突破学习中的重点与难点。在小学数学课堂中，分层教学主要是对学生实施针对性的引导，力求全面减轻学生的学习压力。信息技术的出现，为分层教学带来了非常便捷的教学条件，它不仅可以快速完成对学生的层次划分，还可以锻炼学生的数学应用能力、分析能力以及概括能力，推动了数学教学工作的顺利开展。俗话说“授人以鱼不如授人以渔”，在数学教学中要讲究方式方法，引导学生掌握学习数学的技巧，这样才能有效提升学习的实效性。

例如，在学习克与千克时，教师在教学过程中将生活中不同质量的物品进行展示，1 千克的水和 1 千克的大米质量相同，在质量单位的探索中，教师结合多媒体技术，让学生融入实践购物环节，了解克与千克的表示方法以及不同质量物品的比较，形成数学估算能力的同时，融入生活情境，理解克与千克在生活中的意义。在动态的教学环境中，教师让学生自主提出问题并能够解决问题，在克与千克的逐步感知中，认识抽象概念。教师通过互动式白板将学生的生成资源作为可利用的资源进行教学的总结和评价，给予学生鼓励以及自主验证，提升其综合素养。

三、研究总结与展望

综上所述，信息技术与小学数学教学的结合，需要教师在应对课堂教学问题中，展现信息技术的独有教育价值，在立体化以及直观化的教学环境中，感受信息技术所带来的学习乐趣，教师提高自身的信息技术水平以及教学能力，综合性运用信息技术探索有效的结合途径和结合策略，共同学习，共同实践，实现学生的全面发展。

参考文献

[1] 胡冬余. 信息技术与小学数学课程整合的研究与实践 [J]. 百科论坛电子杂

志，2020（3）：230–231.

［2］姚红珍．信息技术与小学数学空间与图形教学的有效融合［J］．考试周刊，2020（1）：84–85.

［3］韩国娜．信息技术环境下小学低学段数学逆向思维教学设计研究［D］．长春：吉林大学，2019.

［4］李金艳．信息技术与小学数学课程整合的研究与实践［J］．百科论坛电子杂志，2020（10）：965.

［5］梁天默．信息技术与小学数学课程整合的探讨［J］．百科论坛电子杂志，2020（13）：217–218.

作者简介

黄诗婕：广州市番禺区剑桥郡小学数学教师。

数学师范生信息化教学能力现状的调查研究

——以成都师范学院为例

成都师范学院　麦秋月　左　航

【摘　要】信息化教学能力是数学师范生专业能力的重要组成部分，通过从数学师范生的角度调查他们的信息化教学水平，结果显示：数学师范生有一定的信息素养，对常用搜索软件、网络通信软件、信息发布工具掌握情况良好，对课件制作工具、几何画板、网络画板、信息化教学软件掌握情况都不足；他们认可信息化教学的重要性，认为信息化教学能够提高教学效果；对自身信息化教学水平不太满意，认为实习前有必要进行相关的培训；希望得到学校学习资源、培训、教师指导相关的支持。

【关键词】数学；师范生；信息化；教学能力

一、问题的提出

智能时代的特征使教师的角色发生变化，新的育人目标要求教师的教育观与能力相应地升级迭代。《教育信息化 2.0 行动计划》强调要“加强师范生信息素养培育和信息化教学能力培养”。《教师教育振兴行动计划》强调要“提高师范生信息素养和信息化教学能力”。《教育信息化“十三五”规划》也提出“将信息化教学能力培养纳入师范生培养课程体系”。

1988 年英国颁布了《ICT 应用于学科教学的教师能力标准》，该标准是为了促进英国教师技术应用能力和该国教育现代化。美国国际教育技术协会于 1998 年发布了《国际教育技术标准》。2001 年日本已基本完成了教育信息化的环境建设。华东师范大学任友群等，回顾我国已有关于教师信息化教学能力的研究，发现其中面向师范生的相关研究明显不足：从研究对象看，偏重职后教师研究，对师范生关注度不够；从研究内容看，如涉及师范生，基本上聚焦的是培养策略；从研究依据看，往往以在职教师的能力标准作为研究师范生相应能力的依据。杨宁等认为，师范生的信息化教学能力发展中最直接的影响因素是教育技术实践。赵玉、解月光等对职业院校教师信息化教学能力培养进行了一些实践探索。唐瓷等对中小学教师信息化教学能力培养进行了探讨。杨哲、周红春等从不同角度研究了高校（青年）教师信息化教学能力培养问题。

通过文献研究，发现以往对在职教师信息化教学研究较多，对数学师范生群体关注较少。本研究以成都师范学院为例，了解数学师范生信息化教学水平，并在教学实践中探寻信息化教学能力提升途径，以期为培养卓越数学师范生提供参考。

二、现状调查

（一）调查背景

教师的信息化教学能力被视为是未来教师必不可少的关键能力之一，成都师范学院数学学院作为培养未来中小学数学教师的高校，了解数学师范生信息化教学水平，有利于由此调整学院的课程教学方式、人才培养方案，提升人才培养质量。

（二）研究对象

本问卷研究对象为成都师范学院数学学院数学与应用数学（师范）大一到大四学生，了解他们对常用信息技术工具、常用信息化教学设备和信息化教学的掌握几个方面的情况。采用问卷星发放问卷，共 586 人参与回答，剔除 12 份无效问卷，有效率为 98.0%。以下是调查对象构成情况（表 1）。

表 1　调查对象组成

内容	变量特征	人数	有效百分比（%）
性别	男	172	30.0
	女	402	70.0
年级	大一	197	34.3
	大二	105	18.3
	大三	186	32.4
	大四	86	15.0

（三）调查结果及分析

1. 常用信息技术工具掌握情况

问卷将常用信息技术工具掌握情况分为 4 个等级（不熟悉、一般、较好掌握、熟练掌握），用 SPSS 将答案分别录为 1、2、3、4，得分越高表示掌握情况越好，得分 $3.6 \leqslant M \leqslant 4$ 为优秀，$3.2 \leqslant M<3.6$ 为良好，$2.8 \leqslant M < 3.2$ 为一般，$M < 2.8$ 为不足，通过调查结果发现学生对常用搜索软件、网络通信软件、信息发布工具掌握情况良好，对 Mathematica 掌握情况较差，对课件制作工具（PPT、Flash）、几何画板、网络画板掌握情况都不足（表 2）。表明学生对生活中常用的信息技术工具掌握情况良好，这也符合学生的实际情况。学生掌握课件制作相关工具情况不足，但学校又开设了“现代教育技术”“网络画板”等课程，表明学校相关的教学效果不佳，有待进一步反思教学情况，做出调整，提升学生的信息技术工具掌握水平。

表 2　常用信息技术工具掌握情况

问题	均值
常用的搜索引擎掌握情况	3.5871
文件下载软件掌握情况	3.2979
文字处理掌握情况	3.3955
数据处理软件掌握情况	3.2404
网络通信软件（Email、QQ 等）掌握情况	3.5314
课件制作工具（Flash 等）掌握情况	2.2213
几何画板、网络画板掌握情况	2.2265
Mathematica 掌握情况	1.8118
信息发布工具（如 QQ、微信、微博等）掌握情况	3.5157

2. 常用信息化教学设备掌握水平不足

根据问卷结果显示，学生常用信息化教学设备掌握水平不足。白板、多媒体、投影、学科创新实验室平均得分都低于 2.8（表 3），表明该校数学师范生常用信息化教学设备掌握水平不足。

表 3　常用信息化教学设备掌握情况

内容	均值
白板掌握情况	2.7056
多媒体掌握情况	2.7387
实物投影掌握情况	2.3101
学科创新实验室掌握情况	1.7369

3. 绝大部分师范生认为将信息技术与课程结合对实际数学教学有帮助

通过结果显示，95.6% 的数学师范生认为信息技术与课程结合对实际数学教学有帮助，其中 44.9% 的数学师范生认为“有一定帮助，但实际教学过程中存在难度”，50.7% 的数学师范生认为“非常有帮助，能够改进教师的教学方式，提高学生的学习兴趣”。此结果表明绝大部分数学师范生认可信息技术在教学中的辅助作用，能够充分认识到信息技术的重要性。

表 4　信息技术对教学的作用

问题		频率	百分比（%）
有效	不确定，不够了解信息教学及其作用	16	2.8
	没有帮助，比较认同传统的教学方式	9	1.6
	有一定帮助，但实际教学过程中存在难度	258	44.9
	非常有帮助，改进教师的教学方式，提高学生的学习兴趣	291	50.7
合计		574	100

4. 数学师范生年级与信息化教学意愿呈显著相关

将师范生年级和是否愿意采用信息化教学作为变量，进行相关分析，结果显示年级与是否愿意采用信息化教学呈正相关（表 5）。大一、大二数学师范生对信息化教学了解较少，也缺少教学实践，不能够充分地认识到信息化教学的重要性，而随着大三开始“现代信息教育技术”“网络画板”“教学设计”等课程的开设，他们接触到相关技术，也有一些实践经验，采用信息化教学的意愿明显提升。

表 5　年级与采用信息化教学意愿的相关性

内容		年级	你愿意根据信息化教学设计方案来进行教学吗
年级	Pearson 相关性	1	0.105*
	显著性（双侧）	—	0.012
	N	574	574
你愿意根据信息化教学设计方案来进行教学吗	Pearson 相关性	0.105*	1
	显著性（双侧）	0.012	—
	N	574	574

*. 在 0.05 水平（双侧）上显著相关。

5. 绝大部分数学师范生认为实习前有必要针对数学师范生进行信息化教学培训

通过调查发现，93.7% 的数学师范生认为实习前有必要进行信息化教学培训，说明他们认为信息化教学在教学实践中是非常重要的。受访的数学师范生 95% 愿意选修针对他们开展的信息化教学能力培训课程。

6. 大部分数学师范生对自己的信息化教学能力不满意

58% 的受访者表示对自己的信息化教学能力不满意或仍需提高，表明他们对信息化教学的要求还是比较高的，也能够认识到自身的不足。其中大三、大四的数学师范生对自身的信息化教学水平满意度较高，大一、大二因为相关课程并未开设，普遍不满意，表明师范生对这部分课程的需求比较高，在问卷最后，设置了一个开放问题："为了提高自身的信息化教学能力，你最想得到学院哪方面的帮助？" 学生提到最多的是："开设相关培训，提供更多学习资源，有更多实践机会和老师指导"。通过学生们的反馈也能够反映出他们目前对信息化教学的困惑和需求，学院之后的课程开设可以参考他们的意见，增加相关课程。

三、总结及建议

调查显示，数学师范生有一定的信息素养，对常用搜索软件、网络通信软件、信息发布工具掌握情况良好，对课件制作工具、几何画板、网络画板、信息化教学软件掌握情况都不足。数学师范生认可信息化教学的重要性，认为信息化教学能够提高教学效果。他们对自身信息化教学水平不太满意，认为实习前有必要进行相关的培训。学生希望得到学校学习资源、培训、教师指导相关的支持。通过调查，总结如下建议：

（一）学校应为师范生提供多样化的学习资源

师范生在校期间开设的课程较少使用中小学广泛使用的信息化教学设备，PPT使用最多，网络画板仅在开设的相关课程上使用，学校有希沃、HiTouch等软件，但使用率很低，有的师范生甚至到毕业也不了解。建议高校开设“现代教育技术”“微格课”“数学教学设计”等课程时，注重对师范生信息化与教学融合的引导，提升师范生信息化教学的意识和能力。除此之外，增加师范生的实践机会，将理论学习与实践相统一，提升师范生的核心竞争力。增加学习网站、学习视频的提供，为师范生提供多样化学习途径。

（二）增加到一线课堂实习、见习的机会

中小学数学课堂变革日新月异，也是信息化教学的前沿阵地，多让数学师范生见识一线课堂的教学方式，对师范生的教学观有最直接的冲击和影响，也能为师范生提前了解课堂要求，为实习、就业奠定基础。

（三）加强师范生应用创新意识的培养

数学师范生的创新应用意识普遍缺乏，教师上课时多与实际课例相结合，让师范生主动创造、共同分享、相互成长。

（四）以赛促教、赛教融合——促进数学师范生教学能力提升

充分调动数学师范生参赛的积极主动性，数学专业的师范生通过参加各类各级比赛，更新教育教学观念，学习更多更好的教学方法和技巧，增强师范生的教学文化氛围，取长补短，共同提高自身信息化教学能力。探索出一条“以赛促练、以赛促学、以赛促教”的师范生信息化能力培养之路。

参考文献

［1］中华人民共和国教育部．关于印发《教育信息化2.0行动计划》的通知［EB/OL］.（2018-04-13）［2022-03-25］.http：//www.moe.gov.cn/srcsite/A16/s3342/201804/t20180425_334188.html.

［2］教育部等五部门．关于印发《教师教育振兴行动计划2018—2022年》的通知［EB/OL］.（2018-03-22）［2022-03-25］.http：//www.moe.gov.cn/srcsite/A10/s7034/201803/t20180323_331063.html.

［3］中华人民共和国教育部．关于印发《教育信息化“十三五”规划》的通知［EB/OL］．（2016-06-29）［2022-03-25］.http：//www.moe.gov.cn/srcsite/A16/s3342/201606/t20160622_269367.html.

［4］任友群，闫寒冰，李笑樱．《师范生信息化教学能力标准》解读［J］．电化教育研究，2018，39（10）：5-14，40.

［5］唐瓷．师范生信息化教学能力培养改革与实践——以成都师范学院为例［J］．教师教育论坛，2019，32（1）：67-73.

作者简介

麦秋月：成都师范学院数学学院教师。

左航：成都师范学院数学学院教师。

信息化教学与初中学生数学个性化学习双向融合初探

西安交通大学附属中学航天学校　高　敏

【摘　要】“互联网 + 教育”信息化时代，对教师的专业素养和信息技术素养提出了新的要求。个性化学习是指不同学生有不同的学法，可以自选进度、自主选择学习资源，教师指导学生根据学习需要从教学网络资源中获取知识和解决问题的方法，使学生完成一定程度的自主学习，并建立学习效果的评价机制，以此提高学生借助信息化方式自主学习的能力。本文将探究信息化教学在数学教学全过程中的有效应用，从备课、课堂教学、作业安排与反馈到教学目标达成分析与评价，为促进学生的个性化学习提供新的有效策略，提高教师在信息化条件下运用现代教育技术的能力，探索总结教师教育信息化能力提高的方法和有效途径。

【关键词】教育信息化；个性化教学；双向融合

一、引言

随着信息社会的发展，新课改的推进，信息技术融入多个社会领域，当然也有教育领域。教育信息化要求教师和教学过程都要信息化，所以教师的信息化应用和教学能力成为大家关注的焦点，教师信息化教学能力的高低将会直接影响整个教学过程的质量和效果。目前虽然各个学校都拥有较先进的信息技术设备，但多数教师的信息技术应用能力欠缺，并没有很好地利用已有资源，使得不管是教师教学或是学生学习方面，都有一定程度的受限。

信息化教学正逐渐成为中学生进行个性化学习的有效手段。传统教学中教师对学生学情的判断依靠作业、课堂提问、阶段性测试的成绩等，这种判断不够精确。信息技术进入课堂，使课堂更加生动、有趣、高效，也带来了许多新理念，例如，强调发挥学生的主动性，以学生为中心，教师主要起引导作用。因此本文主要探讨应用信息化手段促进初中学生数学个性化学习的有效策略。

二、整合教学资源，梳理形成校本化资源库

教学资源的积累是学生个性化学习需求的第一步。团队教师做了大量教学资源积累工作，尤其是微课视频资源，并对其整合分类并上传至网页，获取了大量的点击与观看次数，无论对教师或学生而言都收获颇丰，同时也使教师获得了专业技能和信息技能水平上的大幅度提升。具体从备课准备、课程设计、信息化教学手段辅助、课程跟进、课后辅导视频资源的原创都做了充分翔实的实践工作。

备课准备方面，使用 GoodNotes 笔记软件，记录和整理听课笔记和收集并完成相关习题，听洋葱数学、孙维刚数学等网络课程进行备课资料储备；课程设计上，利用 GoodNotes 笔记软件进行板书设计、探究单设计和教案书写；在信息化教学手段辅助上，通过 Desmos 画函数图象、GeoGebra 演示几何动图、希沃白板动图演示这些信息化教学工具在课堂上的使用，运用课堂的对比分析信息化工具对课堂教学效果和学生学习效果的影响；在课程跟进上拍实景板书写反思，利用希沃时间胶囊录思考题，有教师和学生的讲解。其次，通过周测错题视频讲解记录、中考几何压轴题讲解视频集、难点专题（二次函数、圆）视频集等，为后续学生的自主学习提供平台和资源。最后，通过信息化手段整理电子教案、板书、学习笔记、试卷习题、重难点试题讲评视频等，为后续教学提供分析数据和内容借鉴。

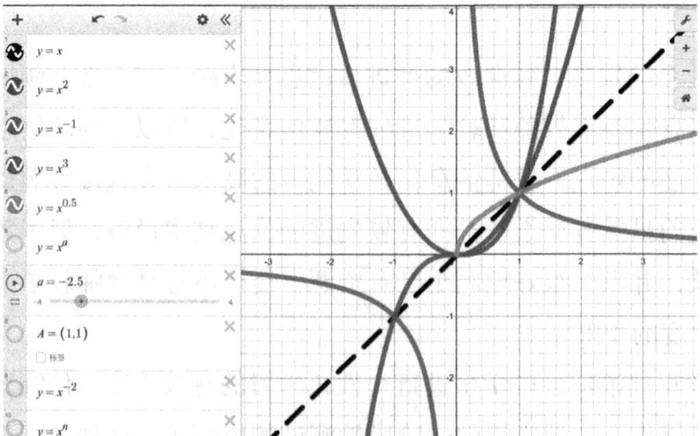

图 1　Desmos 画函数图象

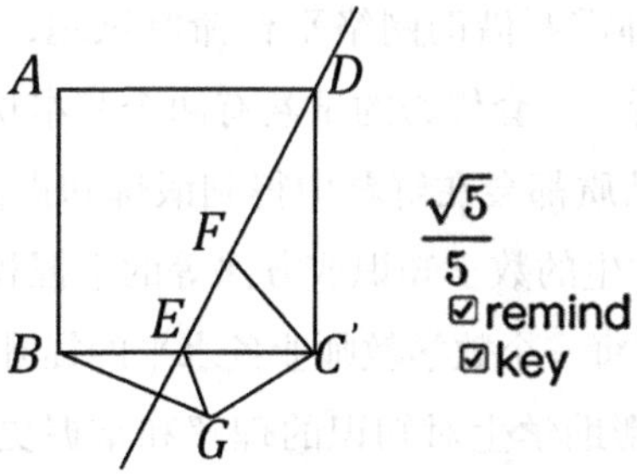

图 2　GeoGebra 演示几何动图

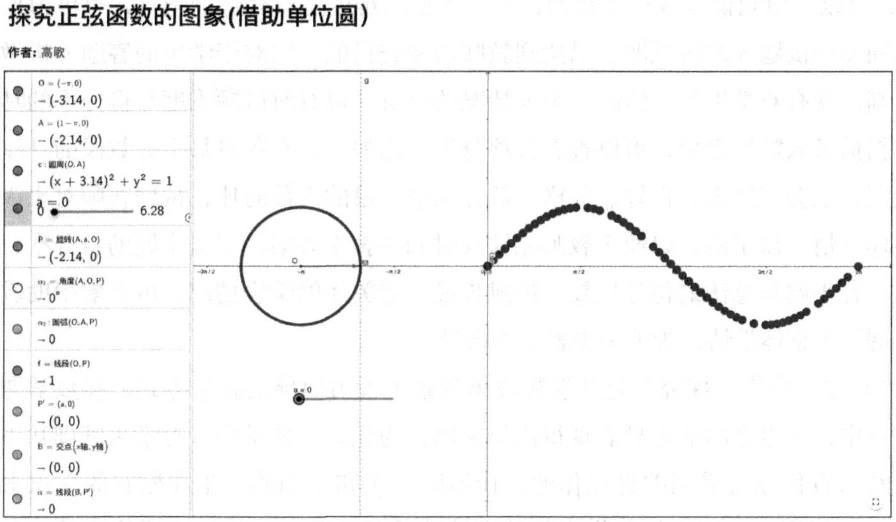

图 3　希沃白板动图演示

三、建立在信息化教学下的试题命制及评价反馈，差异化教学更精准垂直

对学生学习效果的检测与反馈是准确把握学情并有效指导教师后续教学的重要举措。大数据背景下，数据分析能够代替教师的主观判断更加精准了解学生知识掌握情况，从而能够准确找到问题，有的放矢，逐个击破薄弱环节，帮助学生查漏补缺，稳步提升。不仅可以从整体角度分析整个班级对某阶段知识的掌握情况，为课堂教学提供方向指导；也可以对每位学生的学习情况进行分析，生成个人学习报告，了解学生在数与代数、几何直观、逻辑推理等方面的优势与劣势，为学生的个性化学习指出方

向，给予指导。为此，教师需要借助网络平台命制试题，将学生的答题情况扫描录入，进行数据的整合与分析。一套优秀的试卷有两个基本功能：一是培养能力，学生的数学技能、能力、思维品质都会在解题中得到锻炼和提高；二是检查与评价功能，数学考试可以很好地检查学生的数学知识或方法等的掌握程度以及能力发展水平。因此，进行有效的命题，对于每一个数学教师业务水平的提升，都是非常重要的。

精准有效的命题可以帮助学生对知识的理解和掌握更加深入，也能锻炼学生的思维，激发学生的数学学习兴趣，同时帮助学生查漏补缺，强化弱点问题。平时选用的命题平台比较多样，如菁优网、七天网络、一起作业等。如借助网络平台“一起作业”，可以按照知识点或章节命题，并设置预期难度选取合适的题目，也可根据需要替换同类型试题或改编试题，以达到教师的考查目的。它对于学生的答题分析做得比较详细，既有对学生整体情况与个人情况的分析，也有对试题难度与得分率的具体分析。扫描录入数据之后，可以查看各项分析，比如，会有各班每个分数段的具体人数柱状图，也会有优秀、良好、及格、低分四个分段的人数对比，帮助教师对班级学生的整体学情加以了解，以便于教师能够及时调整教学方案。每道小题的得分率，错误人数，各小题与总体的得分比较，进退步最大需关注的学生情况，可有效帮助教师及时掌握学生整体学情，为下一步教学做指导。

“自主、合作、探究”是新课程改革背景下大力倡导的教学方式，在数学课堂教学过程中，学生之间的差异表现得比较突出，为此，在教学中针对学生基础知识的差异，在布置作业时采用差异化作业，让不同层次和基础的学生在原有的知识水平上得到不同程度的发展。作业作为教学设计的重要环节，也是教学评价的重要组成部分。由于班级学生数学基础知识和学生接受能力的差异，因此对他们的作业要求有所差别。在每节课教学之后，根据课堂教学内容，设计合理的分层作业。通过对全班学生的动态监督，对学生的分层进行及时有效的评价，进而对他们的分层进行适时的调整，确保学生的动态管理，使得学生的学习有了长足的发展，学生的学习积极主动性有了很大程度的提高，促进了学生自主学习意识的提升，从而更加主动地投入到学习中去，使得全体学生的整体学习素质得到有效的提升。

四、利用信息化资源分类整合，进行有效个性化学习指导

基于前期以上的尝试与探索，尤其是积累了大量的电子资源和视频资源之后，为了使学生能够按需选择学习资源进行自主学习，初步建立个性化学习指导和评价方案

如下。学生根据自身学情选择相应模块进行课前预习或课后巩固与拓展，对存疑的知识点可反复思考学习，完成相应练习与自我测评后可对自学情况得出评价，以了解对知识的掌握情况，评价结果将以雷达图呈现，进而决定下一步学习计划，可进一步反馈回原学习计划进行巩固，也可提升进入下一模块的自主学习。方案框架图如图 4。

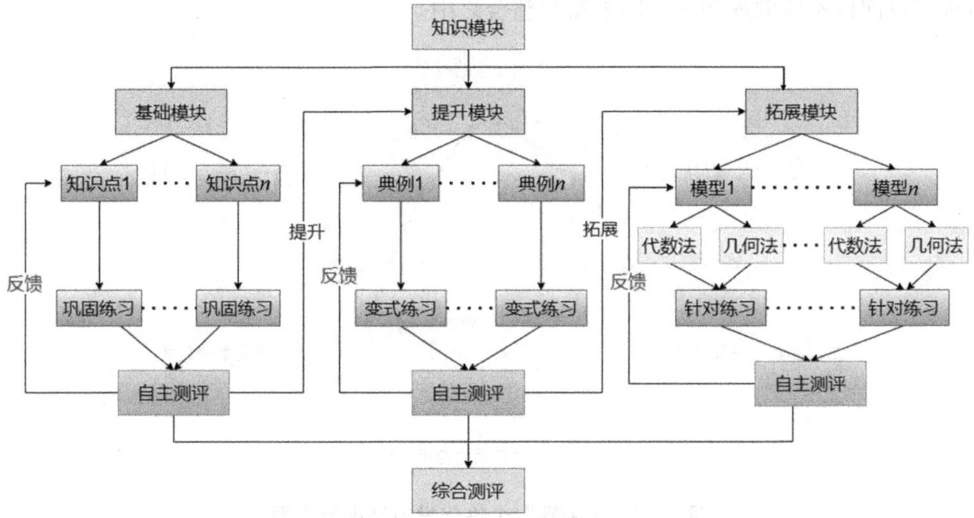

图 4　个性化学习指导和评价方案框图

以二次函数的个性化学习为例（如图 5）。

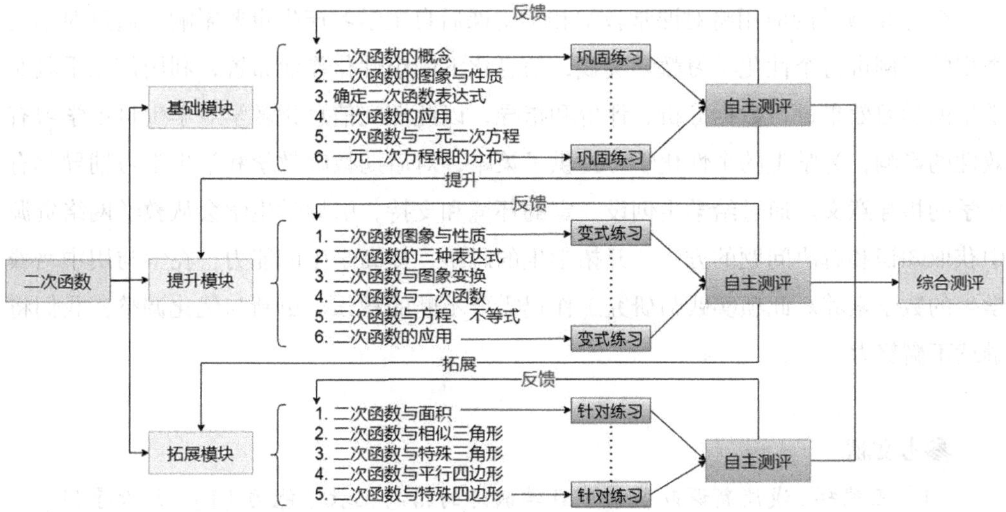

图 5　二次函数个性化学习指导和评价方案框图

学生自选进度、自主选择学习资源完成个性化学习并自主测评之后，会得到相应的学习评价结果。以二次函数中基础模块的知识掌握程度为例，自主测评结果将以相应知识点的得分率为数据，以雷达图的结果呈现，可直观了解学生对知识的掌握情况，进而决定下一步的学习计划，使自主学习在不断反馈中良性循环，最终完成学习目标。目前校本资源库还在不断丰富与整合之中。

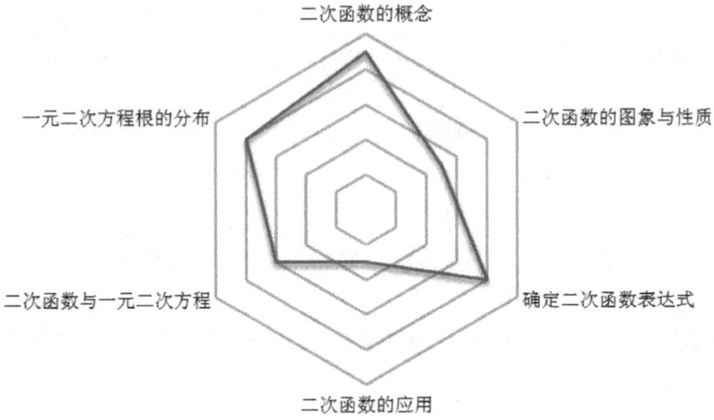

图 6 “二次函数”个性化学习结果示意图

五、总结与展望

信息化教学的应用将对课堂教学和学生课后自主学习产生重要影响。通过对不同类型的课例进行个性化学习教学实践，信息化下的个性化作业布置，利用信息手段对学生的学习效果进行数据分析、评价和指导，以此探究信息化教学对学生自主学习有效性的影响，为学生的个性化学习提供了策略，对后期教师教学和学生学习辅导都有科学的指导意义。通过给学生创设一定的环境和支持，引导学生学会从教学网络资源中获取知识和解决问题的方法，开拓学生的思维，提高学生的能力，在学与用中培养学生的数学素养。此项实践与研究工作仍需要不断的积累、更新与优化调整，我们将继续不懈努力。

参考文献

[1] 王瑞祥．浅谈新课改背景下数学教师的信息化教学能力 [J]．科教导刊（中旬刊），2012（35）：23-24.

［2］饶玲，朱晓颖．义务教育学校管理标准要点实施案例［M］．北京：北京师范大学出版社，2018.

［3］张礼芳，沈正凯．信息化背景下初中学生数学个性化学习研究［J］，试题与研究：教学论坛，2020（5）：1.

［4］刘凤娟，郑宽明，龙英艳．现代教育技术［M］．北京：科学出版社，2020.

［5］浦舒玥．基于思维导图的数学整体单元再学习［J］．启迪，2020（12）：10-12.

作者简介

高敏：西安交通大学附属中学航天学校数学教师，一级教师。

中小学数学教师信息化教学能力显著提升策略研究

西安滨河学校小学部　赵　娟

【摘　要】 随着时代的发展，信息化教学在整个教育环境中已经成为一种常态教学，社会对于中小学教师信息化教学的能力也提出了更高的要求。而提升教师信息化教学能力是一项需要长期坚持、不断推进的伟大工程。因此，为了更好地促使中小学数学教师在信息化社会中从事教学活动，文章结合学校课题研究，从培训、实践、不断更新资源库三个方面对中小学数学教师信息化教学能力提升策略进行研究和论述。

【关键词】 信息化教学能力；数学教师；提升策略

自2020年新冠肺炎疫情暴发以来，我们已经第三次利用信息化教学手段，开展面向全体学生的在线教育实践。《中共中央、国务院关于全面深化新时代教师队伍建设改革的意见》中明确提出：教师应主动适应信息化、人工智能等新技术变革，积极有效开展教育教学。教师教育信息化的水平既是教育信息化的重要组成部分，又是推动教育信息化建设的重要力量。然而，很多教育工作者与一线教育教学人员重视信息化教学的思想意识还没有形成，在技术应用能力上也是参差不齐，理念上显得比较保守，这就极大地阻碍了中小学数学教师在信息化教学能力方面的提升和推进。因此，培养、提升中小学教师的信息化教学能力变得尤为重要。

目前，提升教师信息化教学能力已经成为各学校校本研修、提升培训的重要工作。本研究从小学数学教师的视角出发，对现阶段提升中小学教师的信息化教学能力的策略展开研究。

一、培训在前，扫清教师提升信息化教学技能的障碍

在课题前期，我们完成了一项针对本校数学老师的调查问卷，分析结果显示，目前教师应用较多的信息技术首先就是课件的制作，其次是练习卷文档的编排以及班级

检测成绩表格的应用，最后是实时有效的评价方式。对于智能教学软件、家校沟通终端等软件的了解和应用不是很多，微课的录制、在线教学等的应用，也是现学现用，走了不少弯路。因此，结合本校教师的信息技术应用现状和需求，我们每两周对教师进行一次线下现代化教育技术运用能力的理论和实践的培训，更新教师的观念，分享实用有效的案例以达到最优教学目标。具体内容包括：课堂生成时图片的采集与实时展示；使用画图软件自己绘图，导入 Word 文档的方法；学习希沃白板区别于 PPT 的功能；结合课堂实例说明希沃白板中使用“蒙层”的方法和效果；课堂小游戏的制作和操作过程；班级优化大师的使用步骤及效果；“刮刮乐”的制作过程和使用；制作动态温度计的过程；白板中立体图形的展开与折叠功能的介绍；练习卷中图形的叠加与遮挡技巧；利用“狸米”数学技术开展智慧课堂。在培训中通过大量丰富的案例学习，将信息化教学呈现与传统教学呈现相对比，使教师们感受到信息化教学所呈现的优势，产生学习信息化教学技能的动力。

二、实践在中，打开教师提升信息化教学技能的大门

鼓励教师科学合理地进行信息化教学实践，定期组织教师开展信息化教学经验交流，分享在课堂实践中的感受和收获，让这种收获感和成就感成为提升教师信息化教学技能的内在动力。

（一）打破传统 PPT 局限，探索信息化教学新技能

在北师大版一年级上册“一起来分类”一课中教师使用希沃白板软件技术制作课件，用到希沃软件中的授课克隆模式、拖曳功能和蒙层功能以及游戏开发功能。在课堂实践中，请学生上台在希沃课件上运用拖曳的功能将四本书进行分类。克隆模式方便了学生多次拖曳，并直观展示了不同标准下的分类过程及结果，结合课堂生成运用蒙层功能展示分类标准，使标准与学生的展示过程一一对应，自然呈现，打破了传统 PPT 的呈现顺序固定的问题。

在三年级的“搭配中的学问”一课中，在“搭配服装”这一教学环节，教师利用白板课件里的拖拉功能让学生直接拖动课件里的衣服进行搭配，激发了学生参与学习的热情，学生在动手搭配的过程中初步发现了搭配的规律。在优化搭配表示方法时，利用交互式电子白板的传屏功能及时捕捉学生课堂生成资源，借助学生的生成资源进行对比教学，培养学生符号意识，有效地达成了教学目标。最后利用多媒体课件的动画效果，直观展示搭配服装的过程，让学生深刻领悟到“$2\times3=6$”这一算式表示的意义，有效地

突破了教学的重难点。课堂游戏“探索解密”利用交互式电子白板插入游戏与学生进行互动，激发了学生二次学习的热情，学生在游戏中加深了对排列组合问题的理解。

另外，学习五年级的“长方体的表面积”“展开与折叠”，六年级的“圆柱的表面积”等内容时，教师都利用希沃白板里的制图功能，形象直观地向学生展示了长方体、正方体、圆柱、圆锥的展开图，学生也自己现场动手操作，这既激发了学生学习图形的兴趣，又在操作中培养了学生的空间想象能力。

（二）丰富教学形式，微课小视频成为教学强有力的补充

信息化时代，学生的信息收集是多方位的，课堂教学自然也应该是多方式、多角度的。微课是一种创新型教学资源和学习资源，它的应用促进了教学模式和学习方式的变革。

微课可以是针对某节课重难点知识的再次梳理讲解，比如针对六年级“圆柱的体积”一课，在微课视频中使用多媒体重现圆柱与长方体间的转化，梳理两者间的联系，帮助学生理解圆柱体积公式的推导过程；微课也可以是针对某一内容的知识拓展和补充，比如针对五年级“找质数”一课，微课视频中可以补充质数在生活中的各种应用以及自然界中存在的神奇的“质数现象”，帮助学生将知识扩充到课本之外的生活之中，感受质数与自然界的奇妙关系；微课也可以是针对某节课后练习题的讲解和示范，归纳和总结解题方法，比如六年级的关于“400 米跑道运动员相隔多少米”的课后练习题，在微课中展示赛跑过程，帮助学生直观理解“相隔多少米”的科学性。

在数学课堂中，教师们借助现代信息技术既增加了课堂教学的趣味性，节省课堂教学时间，又及时捕捉了课堂生成资源，变抽象为直观，降低教学内容的难度，从而有效提高了数学课堂教学的效率。学校给教师们提供展示和互相学习的平台，定期举行微课大赛、课件制作和观摩、网页制作比赛和信息技术论文评比和交流等活动，既能定期了解教师们信息化教学能力的水平，更能形成教师之间提升信息化教学能力的内在动力。

三、不断更新，创建学校优质信息化教育资源库

教师是教育的灵魂，课程是教育的核心，资源库是教学的材料，多媒体是展示的手段。信息化教学是现阶段中小学教师必备的教学技能，但信息化教学不仅限于做个简单的课件，完成一个简单的表格等。学校作为教育核心阵地，建设并不断更新自己的素材库，才能为教师提供有针对性和有效的可加工资源。因此在校内建立优质资源

库是一个行之有效的基本途径。教育资源库的建设主要分为辅助教学软件和教育教学资源。辅助教学软件如 EV 录屏、格式工厂、希沃白板、Office 办公软件等的安装、功能及使用方法等，教育教学资源包括电子教案、课件、微课、优质课视频等各种与教学相关的资源，按照年级、学科分类整理，方便教师们查找、再加工。学校对资源库内容要进行定期的增减及优化完善。

四、总结与展望

当前，大多数的教师还不能主动应用新技术进行学科教学，因此需要打破传统教学的局限，培养教师大胆创新的融合能力。学校做好顶层设计，通过多种调查问卷及量化分析了解教师的需求，根据需求制订校本研修的计划。下一步，逐步在教学中推进云技术、人工智能、大数据等优质资源库中资源的使用频率，定期分析调整并完善优化资源库，使其为教师的专业发展、教育教学的有效进行提供丰富的资源保障。

提升教师信息化教学能力是一项需要长期坚持、不断推进的伟大工程，作为教师，我们更应该在平时的工作中不断学习，积极实践，及时反思，常常交流，使信息化教学技能真正为教学服务，为提高教育教学质量助力。

参考文献

[1] 陈峰．教师信息化教学素养的内涵、现状及提升［J］．深圳职业技术学院学报，2013（2）：25-29.

[2] 马艳波．论高等院校在职教师信息化能力的培育［J］．高等教育，2013（11）：179-181.

[3] 黄国纯．利用混合学习模式提升教师信息化教学能力的研究［J］．现代教育技术，2010（7）：62-65.

[4] 杜玉霞．基于“互联网 +”的中小学教师信息化教学能力提升研究［J］．中国电化教育，2017（8）：86-92.

[5] 左明章，卢强，雷励华．困惑与突破：区域教师信息化教学能力培训实践研究［J］．中国电化教育，2016（5）：104-111.

作者简介

赵娟：西安滨河学校小学部，中小学二级教师。

提升小学数学教师信息化应用能力的有效途径

广州市白云区江夏小学　姚少旭　广州市南沙区石基小学　冯杏英

【摘　要】小学生尚不具备完善的思维能力，若一味地应用传统枯燥的教学方式，则不能很好地培养学生的学习兴趣，也无助于发展其思维能力，如此一来也就凸显出在小学教学中应用信息技术的重要性。信息化教学一方面能够创新教师的教学理念，另一方面能够给学生提供更高效的学习环境。教师在课堂中应用信息技术能够具化抽象的概念，使学生更好地接受知识。与此同时，也可在小学课堂教学中应用微课教学等方式，帮助学生具备较强的信息化学习能力，养成良好的学习习惯。对此，本文简要论述了小学数学教师信息化应用能力现状，并对提升小学数学教师信息化应用能力的有效途径展开了详细探讨，希望能够为大家提供有效参考。

【关键词】信息化应用能力；小学数学；教师

信息化社会最必不可少的一项能力就是信息化能力，它也是现代化教师必须具备的一项基础能力之一，对教师开展的数学教学活动影响极大。信息化社会重视对信息化以及创新型人才的培养，具备良好信息化应用能力的教师方可与国家教育部门的需求、标准相符。所以，国家、学校一直都在强调的一项内容就是对教师的信息化应用能力予以培养。而“双减”政策的落地也对小学教学提出了更高的要求，即要求教师除了要将自身的教学理念不断完善外，还应具备应用信息技术教学教育的能力。所以，教师应同信息化教育的思想潮流保持同步，跟随时代发展将自身的信息化应用能力不断提高，真正做到对信息技术的合理有效运用。

一、小学数学教师信息化应用能力现状

（一）小学数学教师的信息知识现状

信息知识主要由两部分内容构成，分别是信息文化基础知识、信息理论知识。前

者主要指的是获取、掌握信息的能力。调查发现，如今大多数的小学数学教师均可在网络上下载相关文件与图片，了解基本的获取知识的途径。而就后者来说，有研究显示，现在很多小学数学教师均可理解信息理论知识的内容，但却不会在实践中应用这部分理论知识。

（二）小学数学教师的信息能力现状

小学教师的信息能力主要指的是可借助一定工具将相关信息获取，同时拥有加工、处理信息的能力，如此方可有助于教师的信息化应用能力获得更好的提升。现阶段，小学数学教师信息能力主要分为以下几种情况：第一，很多小学数学教师均可借助一些硬件设备开展教学，包括计算机、投影仪和扫描仪等，使用得也非常熟练，仅有少部分教师还不熟练，只知道该怎样使用；第二，信息和课程内容整合的能力，此项能力在一定程度上也充分体现出了小学数学教师的信息化应用能力，但经调查发现，超过一半的小学数学教师均是直接从网上下载课件，还有一些教师是直接对学校其他教师的课件进行复制，仅有少部分教师的课件是自己制作的，由此能够看出，当前急需进一步提高小学数学教师的信息能力。

二、提升小学数学教师信息化应用能力的有效途径

（一）更新小学数学教师理念

教学理念可以将教学价值充分彰显出来，教师只有充分认识信息技术教学的重要性，才能端正教学态度，同时明确自身的行为与方向。教学理念对教师提出了明确要求，教师必须掌握教学的具体方向，只有借助方向的引导，才可以确保教学高效开展。要想促进教师的信息化应用能力增强，首先就应革新理念，也就是教师必须形成信息化教学理念。在数学教学中运用信息技术，创建充满浓厚现代化气息的数学课堂，以密切结合现代化技术与教学，营造良好的教学氛围。例如，在小学数学课堂教学实践中，教师应以数学的教材为核心，通过上网、教学参考辅助书等多种方式收集资料，设计合适的课堂实践设计。在设计过程中，首先要仔细分析某些教学因素，如：学情、教学内容、教学目标、教学重难点、教学评价等。接着在进行教学设计时，教师还需根据学情、教学内容、学生学习兴趣等因素，适当插入颜色鲜艳的图片、有趣味的音视频等吸引小学生的教学资源，保持学生课堂上的学习兴趣。与此同时，利用新教学手段和新技术提供给学生丰富的资源，为其构建智能化的学习环境，用精准教学替代以往的粗放教学。

（二）加强运用信息化教学的基础设施

提升小学数学教师信息化应用能力的一个基础条件就是信息化教学的基础设施建设。倘若缺少了先进的信息化教学设备，那么也就无法培养与提升教师的信息化素养与能力，信息化教学也就无从谈起。所以，学校应对信息化教学的基础设施建设引起高度重视，以进一步提升小学数学教师的信息化应用能力。具体来说，学校应先展开建设软件环境的教学，且在建设信息设备方面投入较多的资金。比如，在对“观察物体”一课进行教学时，教师就可把学校提供的多媒体利用起来，发挥多媒体的优势为学生们找到和这一课有关的图片，接着再通过多媒体投影，使学生能够从多个方面看到用四个相同小正方体摆出来的几何体的不同面，包括正面、侧面、上面。之后，教师借助多媒体分别从正面、左面和上面等对几何体展开投影。而学校也应通过积极筹集资金为信息教学基础设备建设打下良好的基础，同时把各个学校的教学情况与内容联系起来购买优秀的教学软件，安装希沃平台，建立教学资源基地。这样一来，教师在开展小学数学教学活动时，便可获得学校提供的设备支持，进而同信息化技术相结合，促进自身信息化应用能力的进一步增强。

（三）完善培训方式

小学阶段的信息技术培训方式比较单一，同时培训内容缺乏连贯性和系统性。“集中面授、团体推进、整齐划一”的培训方式通常难以有效解决小学教师工作与学习之间的矛盾，同时也不能让教师对学习充满浓厚的兴趣，进而也就无法满足其学习生活需要。因此，需要按照“以古人之规矩，开自己之生面”的原则，对培训工作进行设计和开展。在对培训工作做具体安排时，应联系优秀培训经验，充分考虑到小学阶段的特殊性，并基于区域统一规划，根据实际情况设计适合小学教师的培训活动，让培训职能得到最大限度的发挥。

结合集中培训和校本研修。集中培训以理论层面的培训为主，常借助多种形式，如专家讲座、同伴交流等来帮助教师将现代教育思想、观念建立起来，同时和学习与实践体验相结合，具有时间固定、目标明确、内容大众化、覆盖面广等优点。而校本研修则是以学校教师的实际情况为基础进行的，尽管培训时间不固定，但内容具有很强的针对性，有助于本校教师有效解决在信息技术应用方面的问题。集中培训和校本研修能够为教师全方位和多层次地学习起到积极促进作用，前者为后者提供了理论方面的支持，而后者又帮助前者将具体问题较好地解决，二者相辅相成。

结合网络研修和骨干辐射。对于网络研修而言，其表现为“远程培训”的模式，是通过计算机、互联网等进行开发形成的，主要涉及学员互动交流、线上学习以及专题讲座等。而骨干辐射从字面上理解即是在每个学校中选择在信息技术应用方面的“行家里手”，发挥出“网络先锋”的作用，让校内教师能够获取到良好的信息技术支持，确保他们在对信息技术进行实际运用时出现的问题可以得到及时的解决。融合网络研修与骨干辐射的方式，可以让教师顺利地解决因为信息技术引起的问题。同时，前者还能够解决教学中涉及的共性问题，后者则能够让教师获取到更具针对性的帮助。

（四）多向有经验的教师请教

在小学数学教学中融入信息技术，能够反映出教师所具备的信息化应用能力，此项能力属于新时代教师必须要具备的一项基础能力。参与学校开展的教师研讨会时，教师需要培养学习和信息化存在联系的教学思想，以此提高自身所具备的信息化运用能力。同时，在数学信息化教学交流活动方面，年轻教师应向经验丰富的教师学习，若发现其他教师制作的教学设计十分优秀，那么就需要积极转变自身的教学方式和观念，通过正确的方式将信息技术融入小学数学课堂中。另外，教师还需要加强对信息化知识的学习，掌握运用各类多媒体技术的方式。并且，优秀数学教师需要将自身的带头作用展现出来，积极运用信息技术开展教学活动，树立良好榜样。而学校也要围绕信息化技术教学，经常为教师们开展一些讲座活动与宣讲会，相关领导人员应引导教师们主动参与进去。身为教师，需要秉承“取其精华，去其糟粕”的理念，积极参与座谈会、交流会等，不断提高信息化教学素养，促进信息化应用能力的显著提升。

三、研究总结与展望

总之，在教学活动中，小学数学教师发挥着重要作用，提高教师的信息化应用能力，有助于小学数学课程教学的顺利开展，所以为了同信息化社会的需求较好地适应，就一定要想方设法将小学数学教师的信息化应用能力不断提高。

参考文献

［1］王华明 . 教育信息化 2.0 时代初中数学教师信息化应用能力调查与提升策略研究［D］. 重庆：西南大学，2020.

［2］赵郁华 . 基于资源公共服务平台提升教师信息化应用能力模式研究［J］. 现代信息科技，2019，3（22）：125-127.

[3] 覃志奎．民族地区中职数学教师信息化应用能力提升的有效途径［J］．广西教育，2019（18）：98-99，133.

[4] 魏轶娜．中小学教师信息化应用能力培训需求调查研究——基于对30位中小学教师的深度访谈［J］．中国教育信息化，2019（2）：66-69.

[5] 黄俊荣，邓本胜．构建促进深度融合的县域教师信息化应用能力教育平台［J］．教育科学论坛，2018（35）：71-74.

作者简介

姚少旭：广州市白云区江夏小学教师，小学数学一级教师。

冯杏英：广州市南沙区石基小学教师，小学语文一级教师。

小学数学教师信息化教学能力提升的研究与实践

西安市阎良区西飞第二小学　吴　娜

【摘　要】小学数学是小学教学体系中最为重要的学科，在当今小学数学教学中，运用信息化教学方式来进行教学已经成为教学发展的必然趋势，而信息化教学效果的好坏由小学数学教师的信息化教学能力决定。本文通过分析小学数学教师信息化教学能力的现状，进一步讨论了小学数学教师信息化教学能力显著提升的实践。

【关键词】小学数学；信息化教学；教学能力

一、引言

数学可以说是伴随着学生整个学习生涯的学科，小学数学可以说是学生以后学习数学的基础，信息化教学可以提高小学数学课堂教学效果，本文研究提高小学数学教师信息化教学能力的实践，因为，随着科技水平的不断提高，我国正处于信息化高速发展时期，信息化的社会需要信息化人才，在小学数学教学当中，使用信息化教学方式是培养信息化人才的基础环节。

二、小学数学教师信息化教学能力的现状

（一）信息知识现状

小学数学教师信息化教学能力在信息知识方面存在着不足，主要体现在两个方面。一方面是当前小学数学教师对于信息化教学的理论掌握不够充分，也没有足够意识到信息化教学理论对于推进小学数学信息化教学的重要性。很多教师没有深刻认识到信息化教学的真正含义，对于什么是信息化教学以及信息化教学的模式构建了解不足。大部分小学教师认为采用多媒体教学的方式就是信息化教学，而信息化教学的具体设计并不重要。这种认识是极为错误的。部分教师确实真正学习过信息化教学，但并没有发挥信息化教学的真正作用，信息化教学在课堂上的体现流于表面，效果不

佳。另一方面是由于很多小学教师的教学观念较为落后，导致在信息知识方面重视不足。在大部分小学数学课堂中，教师作为课堂的主宰者，学生处在一种强迫性学习的状态。教师授课将“教”看作最重要的内容，而忽视了学生“学”的方面，这就导致很多教师在设计信息化教学模型的时候，直接将书本上的知识点传输到电脑上，在讲解的过程中跟利用普通书本讲解并没有什么不同，不重视信息化教学的信息知识的运用，致使教学效果无法提高。

（二）信息能力现状

当前小学数学教师在采用信息化教学的过程中还体现出信息能力不足的现象。导致信息能力不足的原因主要有两种，一是小学数学教师本身的信息化教学能力不佳，我们信息化教学的起步较晚，发展也存在着一定的滞后性。这就导致很多教师，尤其是师龄较大的教师在课堂上运用信息技术的深度和广度不足，很多教师只是在模仿其他采用信息化教学方式的教师，对于教学目标、教学方式、教学过程以及教学内容没有进行系统化的设计，信息技术只能够作为辅助课堂教学的一项技术，而不能够实现真正的信息化教学。二是小学数学教师对于信息化教学设备的利用不合理、利用效率较低，导致教学效果不佳。我国大部分城镇小学对于信息化教学的设备配置率能够达到 80% 以上，但在一些经济条件较为落后的农村小学当中，信息化教学的设备配置还远远不够。开展信息化教学的硬件设备不足，也就导致很多小学教师信息化教学能力有限。并且在城镇小学当中，很多教师采用信息化教学模式时，一般只使用投影设备和计算机设备，而对于其他信息化教学设备的使用率较低，使得设备利用不充分，浪费教学资源。在课堂上教师只是进行简单的 PPT 播放，教学方式较为单调，学生的学习能动性下降，教师的信息化教学能力也无法提升。

三、提高小学数学教师信息化教学能力的实践

（一）以信息化理论为基础转变教学理念

为了提高小学数学教师信息化教学能力，可以以信息化理论为基础转变教学理念。要想将信息化理论作为基础，就要让教师充分认识到信息化理论的重要作用，不断提高自身的信息化理论水平。主要从两个角度来采取措施，一是小学数学教师应当加强理论学习，教师可以通过教育局组织的网络培训，用自学的方式来加强信息化知识，可以购买相关书籍进行阅读，也可以在网上查找信息化理论知识课程来学习，为信息化教学打好基础。二是不断更新教师的知识结构，通过构建教学科研组的方式与

其他教学教师进行交流，还可以与其他学科的科研组进行探讨，信息化教学不只是数学教学中会运用到，在小学其他科目中也会运用到，这种教学模式在不同学科之间存在着不同之处，但同时也具有一定的共性，通过教师之间的经验交流来更新自身的知识结构，是提高信息化理论基础的有效措施。信息化理论基础打好以后，教师才能够依据信息化理论来塑造一个合理化的教学理念，不再将信息化教学当成一种辅助性教学方式，而是将信息化教学作为数学教学的核心措施，努力提高数学教学水平。

（二）充分利用信息化技术创新教学方法

小学数学教学体系还需要充分利用信息化技术来创新教学方法，要想保证小学教学利用信息化技术，还要不断完善小学信息化教学的设备，除了最基础的投影仪器和计算机设备以外，还要完善交互式电子白板设备，并保证教师在课堂上要多使用信息设备。尤其是电子白板，不仅要在示范课和评比课上使用，在日常的数学课堂中也要使用，真正实现无纸化教学，并利用这些先进的信息化技术来创新教学方法。教师应当利用好网络上的教学资源，提高自身的创新能力，但是创新教学方法的过程中要注意依据小学学生的需要，还要注意不能偏离教学目标。例如，在给学生讲解人民币的加减法计算时，可以运用信息技术构建一个超市购买商品的教学场景，将产品和价格以图像的形式陈列在屏幕上，配上嘈杂的超市人群声，让学生作为顾客来进行购买，然后引导学生学习人民币的加减法，充分提高学生在数学课堂上的参与度，发挥信息化教学的优势。

（三）系统开展信息化培训提高教师技能

为了充分发挥信息化教学在小学数学课堂的作用，最主要的还是提高小学数学教师的教学技能。可以通过开展信息化的培训来提高教师技能，例如：教育局和学校联合组织培训课程，按照不同教师的需求，将教师根据信息化教学能力分为几个级别，不同级别采取不同的培训方式进行培训，具体可以划分为入门级别培训、巩固基础培训以及难度性较高的技术培训，充分提高教师的教学技能。如近期的中小学教师信息技术应用能力提升工程 2.0 的培训，教师们可以根据自己的信息技术应用能力和自己的教学需求去选择适合自己的培训内容进行学习，我和我身边的同事都收获很多，学会了微课的制作方法，学会了对学生进行在线测试与练习，学会了利用网络资源等提高自己的教学技能。还可以不定期地开展交流讲座、聘请专业的数学信息化教学教师来为本校教师开展技术性讲座，让小学数学教师有一个系统学习和交流的机会，能在此前提下不断提高教学水准。

（四）开发建设信息化平台辅助师生学习

为了确保小学数学信息化教学能够落实教学成果，学校还应当开发建设信息化平台来辅助师生学习，让师生可以通过这个平台进行交流，不仅可以提高学生的学习效率，还能够拉近师生之间的关系。例如，学习开发一款数学学习 App，分为两种模式，一种是教师模式，另一种是学生模式。教师模式应当包含最新的信息化教学资源，帮助教师不断完善自身的教学水平，教师可以利用软件给学生布置预习作业、课后巩固作业并在软件上对学生进行辅导。学生也可以利用软件进行自学，遇到问题可以及时与教师交流。

（五）重视教师信息化教学能力的培训考核

教育局和学校还应当重视教师信息化教学能力的考核，进行考核的目的是保证小学数学教师的信息化教学水平能够满足教学需求。考核结果还能够让教师充分认识到自身的短板，然后合理化地完善自身。例如，学校可以一学期安排一次教师信息化教学能力的考核，根据考核成绩进行评比，刺激教师主动提高信息化教学能力，同时保证信息化教学的落实，进一步提高小学数学教学的效率。

四、总结与展望

在现代化教学体系当中，小学数学教师的信息化教学能力直接影响着小学数学的教学效果，而提高小学数学教师信息化教学能力的实践包括：以信息化理论为基础转变教学理念、充分利用信息化技术创新教学方法、系统开展信息化培训提高教师技能、开发建设信息化平台辅助师生学习、重视教师信息化教学能力的培训考核。研究和实践过程中发现小学数学教师运用网络资源的能力还有待提高，我们在以后的教学实践中将继续努力。

参考文献

[1] 孔珍．小学教师信息化教学素养现状与提升策略 [J]．教育观察，2020，9（31）：42-43，87.

[2] 张茂聪，刘凯月．小学教师信息化教学能力研究——以某市 1579 名小学教师为例 [J]．中国教育信息化，2020（16）：63-69.

[3] 孟彩云．中小学教师信息化教学能力影响机制及提升策略研究 [D]．武汉：华中师范大学，2020.

［4］王小明．小学数学教师信息化教学能力提升的策略［J］．理科爱好者，2020（34）：184-185.

［5］李茜．基于 TPACK 的中职教师信息化教学能力提升模式构建研究［D］．贵阳：贵州师范大学，2019.

［6］邝丽萍．小学数学信息化探析［J］．教育现代化，2018（8）：75-77.

作者简介

吴娜：西安市阎良区西飞第二小学教师。

应用动态数学软件提升数学信息化教学能力有效性研究

玉林师范学院数学与统计学院　禤世丽　李信巧
玉林师范学院商学院　刘娜娜　玉林师范学院教育科学学院　陆灵明

【摘　要】 在中小学数学课程教学中合理应用动态数学软件对提高数学教学质量具有直接影响。因此，结合中小学数学课程教学实际分析应用动态数学软件的特点和应用问题，并制定科学的应用方案，使应用动态数学软件能够在中小学数学课程教学中扮演重要角色。

【关键词】 应用动态数学软件；数学信息化教学；有效性

动态数学软件优势突出，在中小学数学课程教学中发挥着不可替代的作用，分析动态数学软件在应用中存在的问题，制定有效的应用措施，使动态数学软件在中小学数学课程教学中能够得到全面应用，满足中小学数学课程教学的实际要求，为中小学数学课程教学奠定良好的基础。

一、动态数学软件简介及特点

（一）动态数学软件简介

常用的动态数学软件有“几何画板”“网络画板”“皓骏动态数学软件”“GeoGebra”等。“几何画板（The Geometer’s Sketchpad）”是一个作图和实现动画的辅助教学软件，用户可以根据教学需要编制出相关的图像和动画过程。“皓骏动态数学软件”采用 C/S 结构，用户的 PC 端在安装皓骏动态数学软件工具之后，无须再安装其他特定软件、插件或播放工具，即可新建、打开、展示、修改和保存动态数学教学资源。

（二）具有几何画图板属性

动态数学软件具有几何画图板的属性，在软件的功能设计和软件的功能调整方面以软件的应用要求为基准，为数学教学工作的落实和教案的编制以及教学方法的调整提供有力支持，保证动态教学软件在具体应用环节成为中小学数学教学的有效手段。

（三）可用于代数、几何及微积分的教学

动态数学软件在功能的设定方面能够满足代数、几何及微积分的教学要求，在功能的设定方面较为全面，能够根据中小学数学课程的要求做好功能的调整。由于软件在功能设定方面具有几何画图板的特征，在具体应用环节能够发挥几何画图板的优势，将代数、几何及微积分的内容有效地整合到软件中，使软件在学科内容的覆盖面更加广泛，解决教学内容的全面性问题。动态数学软件在具体教学环节能够根据教学的特征要求和教学的具体内容做好教学的落实。

二、动态数学软件在中小学数学课程教学中的应用现状及存在的问题

（一）应用现状

目前中小学数学课堂教学在演示环节需要数学软件的支持，动态数学软件由于具备这一特征和优势，在教学过程中能够发挥其作用和影响，根据教学的内容和特点做好课堂应用，使动态数学软件在课堂应用中能够围绕课堂应用的具体内容和基本情况做好课堂演示，使动态数学软件在应用的效果和应用的内容方面能够达到课堂教学要求。

（二）存在问题

动态数学软件在应用中具有一定的优势和特点，在应用环节能够根据应用的实际情况和应用的具体要求与教学内容相融合，但是与教学内容在融合方面存在问题，没有发挥出应用动态数学软件的优势，没有根据应用动态数学软件的学习特征制订有效的教学计划，在教学演示环节与教学内容的融合度不足，选择的教学内容不具代表性，在具体应用中没有根据教学的要求和教学的特点做好教学应用工作，增加了教学的难度，使动态数学软件在具体应用环节无法根据应用的特征和要求做好应用工作。

1. 软件应用形式化问题严重

动态数学软件由于具备良好的课堂演示功能，在课堂的演示环节得到了教师的认同，但是在目前应用中许多教师忽视了动态数学软件的实用性特点，导致在具体应用环节只注重课堂演示，没有将动态数学软件与教学的实际内容相结合，没有将其用在

题目的解答上，使动态数学软件在应用中仅仅成为单一的演示软件，其解题功能和演示方面的优势没有得到充分发挥，增加了动态数学软件的应用难度，使动态数学软件在应用中受到形式化问题的限制无法发挥其优势和特点。

2. 不重视软件的教学效果总结

动态数学软件在应用中需要对应用效果进行总结和复盘，需要评价软件在应用过程中存在的问题以及需要改进的内容，只有做好软件教学效果的总结，才能在后续的软件应用中取得积极效果，使软件在应用中满足教学要求，为教学提供有效的支持。但是目前存在的问题在于不重视软件的教学效果总结，在软件应用环节没有及时地梳理出问题，导致软件更新的要求和应用的具体情况没有得到及时反馈从而无法进行软件的更新和改进。由于未及时总结，导致软件在具体应用环节产生的问题以及存在的不足无法得到有效解决，这就增加了软件的应用难度，使软件在应用效果方面存在问题，不利于软件的有效应用。所以，在软件应用中了解软件应用的难点和软件应用存在的问题，通过教学效果总结和复盘的方式对容易出现的问题予以标注，使动态数学软件在应用效果方面得到提升。

三、动态数学软件在提高中小学数学课程教学质量上的应用及建议

（一）编制有针对性的教案

基于动态数学软件的特点，在应用中需要重新编制数学教案，在数学教案中涵盖软件的内容，使数学教案编制和实施环节能够对动态数学软件的特点和优势予以分析并解决动态软件的使用问题，使动态数学软件在应用中能够根据应用的类型特点做好软件的落实，使软件在教案的编制环节能够有效呈现，解决教案编制内容不全的问题和软件内容体现的问题。

（二）注重软件应用形式与内容的结合

软件在应用中应做好形式与内容的结合，这是软件的具体应用目标，在软件的应用有效性方面能够根据软件应用的具体特征做好软件应用，通过对软件功能模块的了解，在软件应用环节、教学内容的细化和教学内容的体现以及教学内容的融合方面对软件的应用产生直接的影响，以此为基础做好软件的应用，对提升软件应用效果以及推动软件应用落实具有有力的促进，在软件应用环节分析软件应用的特征，按照软件应用的类型和软件应用的具体要求做好软件应用工作，使软件成为数学教学的重要支持手段。

四、研究总结与展望

通过对软件应用的了解，我们在软件应用中应了解软件应用的特点和软件应用的实际内容，将动态数学软件作为中小学数学课程教学的重要知识手段，解决课堂教学难题，通过动态数学教学软件的应用为中小学数学课堂教学提供有力支持，推动教学手段的创新，为中小学数学课程教学奠定良好的基础。

参考文献

［1］康雯，唐剑岚．巧用动态数学软件轻松破解杠杆难题［J］．中国教育技术装备，2020（18）：35-36.

［2］徐晓雯．巧用动态生成资源，打造灵动数学课堂［J］．数学大世界（上旬），2020（3）：90.

［3］陈妮妮．用动态数学技术提效数学变式教学的实证研究［D］．桂林：广西师范大学，2019.

［4］茅俭．巧用动态生成资源构建高效小学数学课堂的探讨［J］．新课程（小学），2018（7）：176.

［5］赖达庶．巧用动态生成资源，构建高效小学数学课堂［J］．数学大世界（上旬），2018（2）：67.

作者简介

禤世丽：玉林师范学院数学与统计学院教师。

李信巧：玉林师范学院数学与统计学院副教授。

刘娜娜：玉林师范学院商学院辅导员。

陆灵明：玉林师范学院教育科学学院副教授。

模块二
核心素养与数学信息化教学实践研究

小学数学翻转课堂教学模式的设计与应用

北京市海淀区翠微小学　张海涛

【摘　要】随着教育信息化的发展和教育理念的不断创新，教育领域广泛应用翻转课堂模式。翻转课堂教学模式可以提升课堂时间利用率，增强学生的课程体验度，提高学生学习效率。本研究以“畅课”平台为媒介，以微课、课件、案例为学习资源，从课前学习、课中活动、课后作业、考核评价等方面构建了一套翻转课堂教学模式，并在本校小学数学课程中展开实践研究。以期通过对课堂的教学设计和实践研究，为翻转课堂应用于小学数学课程中提供借鉴。

【关键词】小学数学；翻转课堂；教学模式

一、问题的提出

信息技术的广泛应用推动着教育的变革发展，它不仅改变了教与学的方式，而且促使教学的效率飞速提高。《国家中长期教育改革和发展规划纲要（2010—2020 年）》明确指出，我们应该关注信息技术对教育的革命性影响。《教育信息化十年发展规划（2011—2020 年）》中强调，鼓励教师使用信息化方式开展教学，加强技术与学科教学的整合。“十三五”规划纲要中指出，教育质量的提升、教育公平的发展离不开教育现代化的完善。而“翻转课堂”教学模式将信息技术与学科课程相融合，改变了课堂灌输式的教学现状，将学生知识内化环节放在课堂上，提高了学生、教师的信息素养，是对传统课堂的一次重大改革。目前，翻转课堂逐步进入中小学课堂中，使学生从被动接受知识转变成主动探究知识，潜移默化地促进了学生的全面发展。

翻转课堂的理念最早来源于西点军校的教学方法，提倡学生课前学习教师发放的资料，课上采用小组讨论的方式解决问题，该教学方法为翻转课堂的发展奠定了理论基础。2007 年，“林地公园”高中的化学教师 Jon Bergmann 和 Aaron Sams 使用录屏软件录制了 PPT 的播放和讲解，将视频上传至网络，以此帮助缺席的学生补课，却意外发现未旷课的学生也会采用该方式进行学习，该教学模式得到了学生的广泛接受和传播。2011 年，Khan 创建的可汗学院为学生提供了个性化的学习空间，学生可以在该网站中自定步调进行学习，真正实现了“以学生为主体”的教学理念。国外的翻转课堂由探索走向实践，推广应用的范围逐渐扩大。

2010 年，翻转课堂教学理念引入中国，重庆市聚奎中学率先开展了实践研究，使该模式得到了全国范围的推广。2014 年 9 月，山东昌乐一中将翻转课堂教学模式引入全校的全学科之中，探索出具有本土特色的“二段四步十环节”模式，丰富了我国翻转课堂的实践经验。《义务教育数学课程标准（2011 版）》指出，有效的教学活动是教师和学生交往互动、共同发展的过程。而数学是一门抽象的学科，小学生的思维主要是形象思维，他们在学习数学的过程中，对抽象的数学概念很难理解，课堂中容易存在学生分层的情况。混合式学习是将传统学习模式和 e-learning 模式相结合。面对面学习和在线学习的结合既可以使基础薄弱的同学“不掉队”，也可以使学有余力的同学“吃得饱”。所以，为了营造良好的课堂学习氛围，翻转课堂教学模式应引入小学数学课堂中，实现小学数学课程的创新。

二、教学模式的设计

（一）制定教学目标

应用“翻转课堂”模式前，首先要根据教学大纲、学习者的特点、学习者的需要、人才培养方案等制定一个合理的教学目标，对教学内容的难易程度进行分层，将其分为低级、高级两个层次，低难度的教学内容主要是识记知识、理论知识，而高难度的知识则需要通过实践探究来掌握。因此，我们将低级难度的教学内容移出课堂外，让学生通过“畅课”平台提前对低难度的知识进行学习、识记，而将抽象的、难以理解的知识放在课堂上进行。

（二）课前准备活动

1. 课前教师的准备活动

课程开始前，教师要提前设计好课堂活动、评价及课后练习。提前一周将教学视频、思考题、测试题等教学资源上传到“畅课”平台，供学生们进行提前学习。同时，教师要将班级学生按照性格、兴趣、能力水平等分成不同的学习小组，要求每个小组在完成学习任务之后进行线上讨论，互帮互助，最后整理出自已小组中存在的未解决的问题，反馈到“畅课”平台中，教师根据反馈及时调整教学。

2. 课前学生的准备活动

课程开始前，学生要提前登录“畅课”平台学习相关知识，对自己不理解的问题进行记录，与小组同学在线进行讨论，最后将小组存在的问题整理并上传到“畅课”平台，提前做好进入课堂的知识准备和心理准备。

（三）课前测试

课前几分钟，教师在平台上发布测试题，时间控制在 5 分钟之内。通过题目检验学生对知识的掌握程度，收到反馈后，选择学生掌握薄弱的知识点，对教学内容进行针对调整。

（四）课堂活动

课堂活动包括组间探究学习和汇报交流环节，同学们将自己在课前学习中仍存有疑问的地方与其他组同学们进行交流，时间控制在 10 分钟内，讨论结束后，各组依次提出仍存在疑惑的问题，教师针对大家无法解决的问题进行深入讲解。最后，派小组代表汇报每组的成果以及经验交流。

（五）课堂评价

课堂评价包括教师评价、自我评价、组内互评、组间互评几种方式，每个同学根据自己在该节课的表现和收获以及其他同学的表现进行多维度的评价，通过“畅课”平台进行打分。教师通过评价能更加准确地了解每位学生的学习情况，对学习中遇到挫折的同学及时提供帮助。除此之外，要建立一对一帮扶小组，让超前学习的同学在课后去辅导学习困难的同学，不仅让每一个同学做到学习不掉队，还增进了同学们之间的感情。

（六）课后教学反思

课后，教师以问卷的形式去了解学生是否适应“翻转课堂”模式，以及对该课程的建议和对软件平台的建议，根据反馈去安排和调整接下来的教学内容和方式。

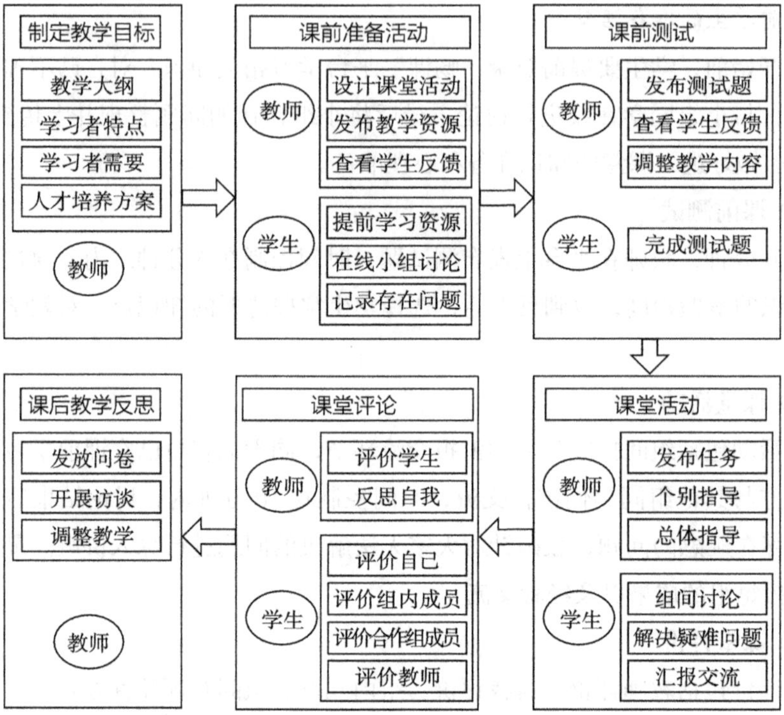

图 1　小学数学翻转课堂教学模式

三、案例应用

本研究以小学三年级“认识周长”一课为案例，将基于混合式学习的翻转课堂教学模式应用到课堂中，探究该教学模式对学生学习的影响，具体见表 1。

表 1　小学三年级“认识周长”的翻转课堂教学流程

教学过程	教师活动	学生活动
制定教学目标	1. 知识与技能：在抽象出物体与封闭图形周长的过程中，理解周长的概念，能够判断、测量物体和封闭图形的周长。 2. 问题解决：通过观察、测量等活动发展抽象思维。 3. 数学思考：探究不规则图形的周长，理解“化曲为直”的数学方法。 4. 情感与态度：在内化周长的过程中，培养学生数学学习的兴趣。 将目标 1 放在课外进行，目标 2、3、4 放在课堂上进行。	

续表

教学过程	教师活动	学生活动
课前准备活动	教师将 3 分钟的视频《周长的认识》上传到平台中，出示思考题 1：找出身边物体或图形的周长；思考题 2：如何计算它们的周长？教师引导学生以数学小组为单位讨论并将存在的问题上传到平台中。	每位学生登录平台，通过视频感知什么是周长，自主思考问题后与小组同学在线讨论，将疑惑的问题上传到平台中。
课前测试	教师通过平台反馈总结出学生的疑惑点，分别是物体的周长如何描述、有弧线的图形周长该如何测量，并为学生发布基础的测试题，找出学生存在的问题，结合学生课前在平台上发布的问题去调整教学活动。	每位学生登录平台，完成教师发放的课前小测试。
课堂活动	教师根据学生的知识薄弱点，设计了两个教学活动，学生以组间探究的方式进行学习。 活动 1：教师为每个小组发放一个正方体教具，以相邻小组为单位，互相描述正方体每个面的周长。 教师点拨：在描述物体的周长时，一定要指明是哪个物体的哪个面。 活动 2：教师为学生发放工具袋（内含有绳子、尺子），以前后小组为单位，分享测量半圆、圆的方法。 教师点拨：使用绳子测量半圆的周长，这种方法在数学上又叫作“化曲为直”，可以让弯曲的线变直，进而便于我们测量。 最后，小组代表汇报每组的成果，与同学们进行经验交流。	学生以组为单位，组间互助，消除组内的知识盲区，在探究周长的过程中，促进了学生交流表达能力的提升，增进了学生之间的感情，培养了学生的团队精神和对数学的热爱之情。
课堂评价	教师通过每位学生的课堂表现对每位学生进行多维度评价，同时反思自己在课堂中是否将“引导者”的角色发挥出来。	每位学生登录平台，根据课堂感受对自己、小组成员、合作组成员、教师进行多维度的评价。
课后教学反思	课后，教师以问卷、访谈的形式了解学生对于课堂的想法，根据学生的评价去调整教学内容和方式。	

经过对全班 35 名学生的问卷反馈，82.86% 的学生认为该教学方式、课堂氛围有益于他们对知识的内化，增强了其数学学习的兴趣，达到了预计的学习效果。

四、结语

小学数学翻转课堂教学模式重新安排了课堂内外的时间，改变了传统教学中教师课堂讲授和学生课后复习的模式，将学生知识内化阶段搬到了课上，将老师的讲授环节利用信息技术的方式搬到了课下，“先教后学”改为“先学后教”。对学生而言，他们可以根据自身特点去规划学习内容、学习节奏，极大地满足了不同学生的学习需求，让速度快的学生不受束缚，让速度慢的学生也能学会，学生的自主性得到了充分的发挥；对教师而言，他们有更多时间倾听每位学生的想法，对于不同学生存在的困惑都能及时地给予解答，教师不再是知识的传输机器，更多的是理解学生的问题和引导学生运用知识、分享知识，真正地做到因材施教。

参考文献

［1］国家中长期教育改革和发展规划纲要（2010—2020 年）［N］. 人民日报，2010-07-30（13）.

［2］中共中央国务院. 国家创新驱动发展战略纲要［EB/OL］.（2016-05-19）［2022-03-21］.http：//www.gov.cn/xinwen/2016-05/19/content_5074812.htm.

［3］中华人民共和国国民经济和社会发展第十三个五年规划纲要［N］. 人民日报，2016-03-18（1）.

［4］宋艳玲，孟昭鹏，闫雅娟. 从认知负荷视角探究翻转课堂——兼及翻转课堂的典型模式分析［J］. 远程教育杂志，2014，32（1）：105-112.

［5］张跃国，张渝江. 透视“翻转课堂”［J］. 中小学信息技术教育，2012（3）：9-10.

［6］牟艳娜. 可汗学院的成功基因［J］. 中小学信息技术教育，2014（10）：1.

［7］张红艳，龙荣培. 试析翻转课堂在国内本土化实践过程中的挑战［J］. 文教资料，2013（14）：158-159，164.

［8］张福涛. 基于学生自主发展的“翻转课堂”探索与实践［J］. 中国教育信息化，2014（14）：12-14.

［9］中华人民共和国教育部. 义务教育数学课程标准（2011 年版）［M］. 北京：北京师范大学出版社，2012.

［10］何克抗. 教育信息化发展新阶段的观念更新与理论思考［J］. 课程·教材·教法，2016，36（2）：3-10，23.

作者简介

张海涛：北京市海淀区翠微小学信息技术教师，北京市高级教师。

核心素养下的初中数学在线课堂“问题—互动”教学实践研究

——以北师大版八年级数学“图形的旋转”教学为例

西安市高新第一学校　车大鹏

【摘　要】在发展学生学科核心素养的视野下，初中数学课堂教学还需要教师们能够从学生的实际情况出发，注意引导训练学生的计算意识、空间想象力和逻辑思考能力，从而发展学生的数学课程学科核心素养。目前由于信息技术的发展，网络在线课堂学习已经变成了很多人的主要学习方式，但目前还面临着学生因参加的课堂教学时间、参加总量有限，而无法有效建构知识网格，学生对于数学知识点的理解程度较浅，对隐藏的数学思想、数学问题解决方式缺少感知能力等问题。根据初中生数学在线课堂教学的需要，形成了基于学生核心素养视野下的“创设情境—启发思考—互动探究—交流分享—总结提升”的数学学科互动式网上课堂教学流程，并在初中生的数学学科网络在线课堂中实际运用，尝试促进学生数学课程核心素养的实践落地。

【关键词】初中数学；学科核心素养；互动教学；信息技术；在线课堂

一、引言

2014年4月，国家教育部深入研究并发布了《关于全面深化课程变革　落实立德树人根本任务的意见》，《意见》中明确提出了学校全方位发展中小学生核心素养的教育体系，并确定了学校能够满足学生终身发展和经济社会发展需求的必要品质和重要能力。2016年9月，《中国学生发展核心素养》出台，进而帮助学校确定了中小学生未来的方向。核心素养定义与命题的明确提出有着重大的理论意义与实用价值，也意味着学校在教学思想方法上的重大转变，一方面可以引导与推动教师的学科能力提升发挥，另一方面也有助于学校确定学生未来的发展，并鼓励学校朝着这一目标继续奋斗。

学科核心素养从教学概念的提炼到对学生实践能力的贯彻是个艰苦的过程，包含课堂教学概念的养成，最后要贯彻到对学生各学科核心素养的培养上。基于核心素养视角的课程教育不仅仅是简单的课堂教学，更要求教师创造切合学生实践的课堂情景，激发、引领学生认识课程的本质，培养学生的学科思维。日益发达的计算机技术、互联网信息技术，促使学校课堂教学环境越来越信息化、智能化，学生的学习方式也在发生巨大的变化，在线课堂学习正成为许多人的学习方式，也成为学校教育教学的第二阵地。特别是2020年的新冠肺炎疫情，促使更多的学校学生进入网络在线课堂的行列。实施网络在线课堂的交互式教育，是培育和发挥学生核心素养的重要组成部分，也是发展学生学科核心素养的有效方法。

二、初中数学教学的要求

"数学素养是指在当前以及未来的社会日常生活中，为了适应个人作为一名会关心、会思考的公民的基本要求而所具有的意识，即认识数学在自然界、人类社会日常生活中的重要地位和能力，进行数理判断的能力，以及参加数理社会活动的能力。"而数学的专业核心素养，就是在数学的教和学过程中需要格外重视的基础素质，《普通高中数学课程标准（2017年版）》明确提出了数学六大核心素养，即数学抽象、逻辑推理、数学建模、直观想象、数学运算和数据分析。对初中数学课程教学内容加以分析，就可以得出与高中数学核心素养所对应的初中数学素质教育关键能力分解表（表1）。

表1　高中数学核心素养对应初中数学关键能力分解表

数学运算	直观想象	逻辑推理	数学抽象	数据分析	数学建模
口算、笔算、估算 实施运算 理解运算	直观感知 几何直观 空间想象	归纳、类比推断 演绎推理	抽象出数和图形 抽象出数量和图形关系 形成数感和符号意识	收集和整理数据 表达和分析数据	发现和提出问题 分析和解决问题

目前，初中数学课堂存在时间有限，学生不能积极主动学习建构知识，对数学概念、知识的理解不够深入，对隐藏的数学思想、数学方法缺乏体验与感悟的情况，存在教师对教材内容缺乏深刻理解，教学方式单一，学生创造性思维培养不足的情况，

部分初中数学课堂存在学生依赖教师讲授的情况，这些问题都成了初中学生数学核心素养培养和发展的阻碍。日益发达的计算机信息技术为课堂教学的个性化发展创造了机会，推动着全新的课堂环境的形成与发展，多媒体环境、混合学习环境、智能教学环境将走进课堂教学中；也促进着教师教学方式和学生学习方法的转变，与时俱进的网络课堂将促进学习者利用信息化设备用创新的思路主动发现问题、运用信息化的方法自主解决问题。网络课堂已经具有了双向互动性、情景认知性、工具多样化、学习体验式、智能推送等特点，是促进学生自主发展、自我生长的理想课堂。同时网络课堂也形成了培养学生数学等核心素质发展的新途径。

三、核心素养下的网络在线课堂构建

众所周知，网络在线课堂的教育设计必须依据建构主义教学论的观点，以“学习者”为导向；需要对教学活动和学习环境进行重点建设，两者缺一不可。又因为网上教学在较大程度上取决于学习者的自主学习，所以网上教学的基本功能结构就应该根据学生对自主学习的基本要求来设定。

本文通过总结已有的教学经验，并兼顾传统课堂教学流程、网络课堂环境以及教师和学习者等多种因素，试图提出包含“创设情境—启发思考—互动探究—总结提升”环节的核心素养视野下的网上在线课堂教学流程，如图1所示。

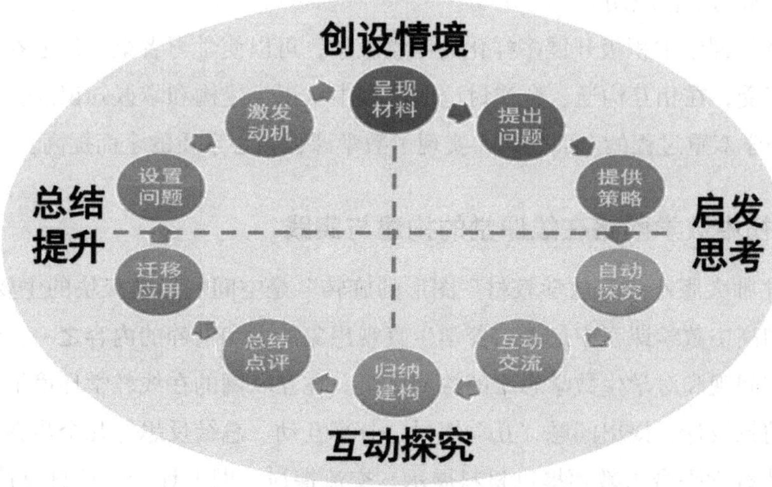

图1　核心素养视野下网络课堂教学流程

（一）创设情境，提出问题

网络在线教学中，教师要利用信息化的教育网络平台，如钉钉、腾讯课堂等，给学生在线发布学习微课、教学任务单等学习辅导材料，并运用信息化网络平台的功能开展交流问题、完成情景设计、提交学习要求等活动。学生通过在线网络平台，可以接受教师所提出的各类学习材料，并开展课前、课中和课后的自由探索练习、分组交流与合作，并利用平台自由上传照片、语音、录像等形式的学习材料，在完成任务的过程中，培养解决问题的能力。

（二）启发思考，互动探究

网络在线教学过程中，教师通过信息化的教学平台提出互动问题、学生自主探究的要求，并推送课堂练习题、互动讨论问题单、合作交流探究的策略，启发学生深入思考，进一步激励学生在线参与、合作探究。借助网络平台实现师生、生生的实时互动。

（三）总结反思，提高迁移意识

在网络在线课堂上，教师指导学生使用信息化的教育网络平台，在规定时段内进行学习效果自主测试，由教师依据学生的自主测试成果实时调节教学进度，从而实现了课堂教学质量达到精而优，课堂流程达到互动化、个性化与精细化，教学流程达到合作化与探究化，课堂结果达到共享化与可视化。教师在总结反思中进行提高，深化教学认识理解与迁移应用。

网络在线课堂中积极开展多样化的课堂教学，可以使学习者全方位地参与课堂教学、亲自感受，在相互沟通、合作讨论的过程中认识、建构和掌握知识点，从而达到对师生教与学双重过程的全面建构，实现了数学课程核心素质的全面提高。

四、初中数学网络在线课堂的构建与实践

初中北师大版八年级数学教材“图形的旋转”是空间和形状板块的主要知识点，同时也是初高中数学课程中最能培养学生直观想象能力和素养的内容之一，侧重于发展学生的空间观和对学生数学思维的深刻体悟。在互联网的在线教学环境下，课堂流程可包括情景设计、提出问题、互动探讨、分享互动、总结反思等几个步骤。信息化的网络在线教学平台为教师提供材料展示、交流探讨、网上评价、信息反馈等功能，让师生互动和生生交流更加方便。

在教学进行之前，教师通过网络平台上传课程，观看儿童游乐场旋转木马的旋转

视频，并介绍转动流程，学生在课外提前做好简易的小风车。

（一）创造现实情景，提出问题

展示日常生活中的现实场景，引发学生关注。利用多媒体等信息化教育的网络平台，由教师和学生共同通过观察日常生活中转动的物品，如手表、汽车、风扇等，以现实的情景、具体的物品创设“角度、旋转”的概念，从而激发学生思维，训练学生直观想象能力，并适时提示学生必须探究的问题：转动的图形具有怎样的特点？过渡到本节“图形的旋转”的学习。

（二）启发思维，互动研究

进一步确定关键概念，激发学生学习动机。教师立足学生已有的基础知识、经验，从日常生活中“转风车”的游戏入手，让学生分析、描述“旋转”要有什么要求，从游戏中体会转动的三个基本要素。在此次的教学活动中，借助电脑动画，让学生拨动动画钟表的指针，使学生具有独立思考和动手实验的空间、时间，并进行指针由某个地方转动向另一地方的描述，并能选择出最佳转动方式，从而渗透最优的数学思维，培养学生空间观念。

（三）自由探索，交流与合作

教师通过布置教学任务，让学生自由探究，探索在三角形转动过程中的变与不变。在这个过程中，教师通过多媒体动画呈现旋转的三角形，由学生自己操控转动三角形，采取学生自主实验、师生共同交流的研究方法，一起探究、记录在三角形转动过程中的变与不变：方位的改变，形状、边长、角度、体积等的不变，试图解答在课堂教学刚开始时提出的疑问，通过探索得出图形旋转的性质，总结出正确转动图形的方法，从而体会数学抽象、分析和逻辑推理的思维。教师在学生探究过程中利用互动平台，即时了解全班学生的掌握程度，并适时提出交流探究的方向和探究的对策，根据学生反馈情况及时调整教学进度与难度。

（四）分享交流，互动与学习

教师指导学生互动、交流并加以概括总结。教师为指导学生充分的交流、共享与互动，可先由小组长上传个人所绘制的旋转的三角形图，并介绍个人课堂实践的成果，进而提出旋转图的作法。在这个过程中，教师引导学生互动，进行总结点评；学生对问题进行归纳总结，并自己建立新概念。

（五）总结反思，迁移与提高

在网络在线课堂的最后，教师要指导学生借助旋转设计出不同的图形，并引导学生能深入思考、掌握旋转性质，并进行小组的图形设计制作评选，由小组共同讨论并决定评比的准则，按评比准则评选出组内最佳图形作品。在设计、评选作品的过程中，学生与教师共同总结、剖析、检验、设计旋转图形的作法，从而拓展并扩大知识点，体验举一反三的数学思想。

“图形的旋转”以学生的日常生活场景为切入点，传播动态数学教育观点。在信息技术的帮助下的网络课堂教学，使学生通过互联网，在空间和时间两方面全方位地参加课堂与交流，通过自主学习与建构、自主实践与运用，进一步掌握旋转的基本数学知识，掌握数学方法，提高数学思维，从而培养学生“用数学目光审视真实社会世界、用数学思维探索真实社会世界、用数学表达真实社会世界”。网络在线课堂教学流程，如图 2 所示。

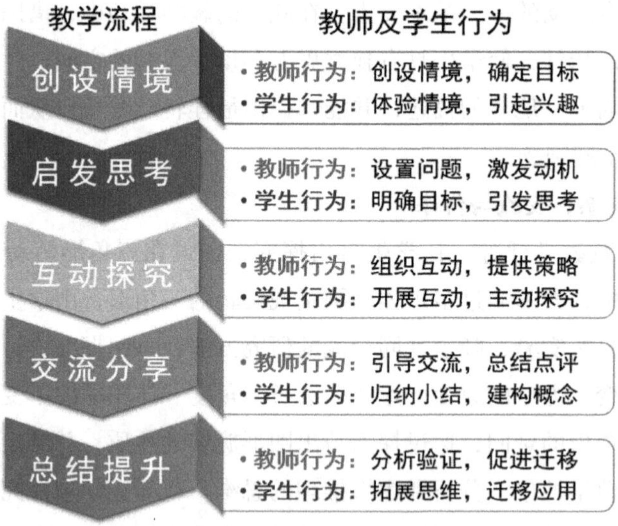

图 2　核心素养视野下初中数学网络课堂教学流程

五、结束语

信息化、智能化教学时代的来临，将助力课堂迈向信息化、现代化，由于突发的疫情事件，让教师集体的班级化教学提前走向了单纯的个性化教学，而网络课堂也更加方便、更好地提升了课堂效果。本文把网络在线课堂和课程的核心素养相结合，形成了在核心素养视野下的初中数学课程网络在线课堂的教学流程，在培育学生数学课程学科核心素养的有效途径等方面提出了借鉴。“学有规律，教有优法”，教师在课堂中积极创造现实的问题情境，将现实和数学问题有机融合，重视解决问题的步骤，强调思维训练，以便于更好地训练学生的问题发现能力、处理能力，并发挥数学学科思维，从而提高学生的数学核心素养。

参考文献

[1] 核心素养研究课题组．中国学生发展核心素养[J]．中国教育学刊，2016（10）：1-3.

[2] 马云鹏，张春莉．数学教育评价[M]．北京：高等教育出版社，2003.

[3] 洪燕君，周九诗，王尚志，等．《普通高中数学课程标准（修订稿）》的意见征询——访谈张奠宙先生[J]．数学教育学报，2015（6）：35-39.

[4] 谢幼如．网络课堂协作知识建构模式研究[D]．重庆：西南大学，2009.

[5] 中华人民共和国教育部．义务教育数学课程标准（2011年版）[M]．北京：北京师范大学出版社，2012.

作者简介

车大鹏：西安市高新第一学校教师，中学数学高级教师。

浅谈交互式电子白板在小学数学课堂教学中的运用

广州市番禺区东湖洲小学　彭梦华　翟蓓贝

【摘　要】随着现代教育教学的不断进步和发展，在我国的小学基础教育阶段，教育教学也在逐渐改革和创新之中，其中交互式电子白板的出现，为小学数学课堂带来了新的生机，传统的教学模式已经不能适应现代教学的需求，学生更加需要这种新型的教学方式。本文主要论述的是在小学数学课堂教学中，如何运用交互式电子白板，不断优化小学数学的课堂教学内容，让小学生充分感受到数学课堂的魅力所在，吸引更多的学生主动参与到数学课堂的学习之中，让我国的教育教学工作体现出高效率的一面。

【关键词】交互式电子白板；小学数学；课堂教学；运用

在这个科技快速发展的社会中，现代教学也体现出更加先进化的一面，其中交互式电子白板教学模式的良好发展，让更多的小学生学习到更多的数学知识，同样也能更加形象生动地在课堂学习理论知识，教学中运用交互式电子白板，激发了学生的学习兴趣，让学生在学习中感受到了轻松和快乐，既拓宽了学生的知识面，又提升了教学的效率。

一、小学数学教学中存在的问题

（一）学生对学习没有兴趣

数学的高度抽象性和严密的逻辑性特点，让学生学习起来比较有难度，如果只是简单直接地讲解数学理论，就会让学生感到枯燥乏味，对数学产生抵触的情绪，只是被动地接受教师灌输的知识，对学习数学的知识失去积极性。目前教师教学的方法还总是以教为主，忽略学生对学习的兴趣，课堂没有一个轻松的氛围，教师总是保持严肃的态度，让学生在学习中感觉不到兴趣，慢慢形成为了完成任务而学习，教师没有以学生为中心的教学态度，忽略了学生的性格特点和个体差异，导致在数学课堂上，教学的质量和效率不是很高。

（二）课堂氛围不能调动起来

学生在严肃的学习氛围中容易产生抵触心理，不利于教学的开展，教师为了保持自己的权威，总是以严肃的态度面对学生，导致教师和学生之间没有平等的交流方式，学生总是盼望着学习快点结束，根本没有心情去学习知识，教师总是在不厌其烦地为学生灌输知识，一遍不明白讲解两遍甚至是三遍，但是根本收不到好的效果，学生甚至感到厌烦，起到相反的作用，教师和学生之间没有一个沟通的桥梁，教师也不明白学生为什么不去学、不想学。

（三）数学知识拓展困难

教师总是过分依赖教材进行教学，总是把教材的内容发挥得淋漓尽致，即便是这样教学生学习，还是收不到很好的效果。教师应该开阔学生的视野，开发学生的思维，让学生能灵活地运用数学知识，如果只是按照教材进行教学的话，学生的思维就会僵化，达不到举一反三的效果。教师要让学生去拓展知识，丰富自己的人生经验，教师和学生要进行适当的互动，还有情感的交流，有时候可能一句简单的鼓励学生的话，就可以让学生去发奋学习。教学中可以结合理论开展教学实践活动，让学生对数学产生浓厚的兴趣。

（四）学习效率无法保障

数学的特点就是抽象性和严密的逻辑性，数学知识前边的内容和后边的内容都是相联系的，所以教师在教的过程中，要将教学内容串联在一起形成一个体系，这样学生学起知识来就会联系在一起，学习起来就会比较容易理解，现在教师的教学方式基本都是在教某个知识点，学生在学习中，如果点与点之间没有很好地进行衔接，学习起来效果就不是很理想，所以教师在教学中要把点与点之间串联起来建立一套知识体系，这样学生学习起来就更加容易理解。

二、运用交互式电子白板优化教学设计

（一）创设情境

小学生身心处在发育阶段，接受新鲜事物比较快，对什么事情都比较好奇，所以教师要根据学生特点来进行教学，让学生能更好、更高效地进行学习，教师要精心地营造课堂情境，为学生认真设计课堂内容，让学生在营造的情境中激发学习热情，产

生浓厚的学习兴趣，去自觉主动地探索知识的奥妙。教师可以使用电子白板平台来进行直观生动的教学，这里边包括了图片、声音、文字等，还有绘画、书写、存储等功能，如果在课堂运用交互式电子白板来辅助教学，就会极大地提升教学效率和教学质量，比如讲解一个关于动物的数学问题，就可以在交互式白板中插入动物的影像，让学习内容变得直观生动、有趣好玩，让学生在和谐、轻松的环境下愉快地学习，进一步提升学生的学习质量。

（二）实施课堂互动

教学中教师一般都是采用问答的教学方法，在对学生的提问中让学生开动脑筋，学习知识。随着时代的发展和社会的不断进步，这种单一枯燥的学习方式终将是要被淘汰的。教师要和学生之间增加互动学习，在学习中和学生一起交流讨论，在交流中加深学生的理解，教学中灵活运用交互式电子白板，鼓励学生表达自己的独特的学习意见和对问题的见解，这样就可以丰富教学内容，让教学变得更加生动，比如在学习平面图形的运动形式中，在以往教师只能是使用抽象的教学方法进行静态的说明，而运用交互式电子白板教师就可以把高度抽象化的知识，形象地进行动态的讲解，还可以在讲解中和学生进行交流互动，比如解答图形移动数量的问题时，学生就可以到讲台上，利用交互式电子白板的移动功能，一边移动一边观察图形的数量，让观看的学生根据讲台上操作的情况进行研究，在讨论中加深对知识的理解。

（三）优化教学过程

教师在教的过程中要拓宽学生的知识面，丰富多彩的知识不会仅限于教材的内容里，教师要开阔学生的视野，让学生的思维充分地活跃起来，让学生学会去多角度地分析问题，在实践中串联起学习的知识，达到理想的教学效果。比如在讲解“关于角的问题”，教师依据角的知识对学生讲解直角、平角、锐角、钝角的含义时，就要运用交互式电子白板的拖动功能演示什么是90°、180°、360°的角，三个角是什么类型的分界线，让学生加深印象。如果有的学生对理论知识不理解进行提问，大于180°、小于360°的角是不是也有一个专用名称时，教师就可以运用交互式电子白板的旋转功能，演示出这个角是什么形状的，然后将一个圆引入角上，这样不用讲解学生就能明白，这就是分割圆周问题，教师就利用这个图形和学生说明优角是什么概念特点、劣角是什么概念特点。运用电子白板对学生进行知识的拓展，不仅让学生对数学的知识概念有了全面深刻的了解，还会让学生对更深层次的知识面有进一步的认识，在教学中使用交互式电子白板可以有效地提高学生的学习质量。

（四）进行教学总结

教师让学生把学过的每个知识点进行回忆和总结，然后让学生将知识点串联在一起，就会对学过的知识有更加深刻的理解和巩固。教师在运用交互式电子白板教学时，要着重对数学教材的内容进行研究梳理，让学生有条理、有目标、有计划地进行知识总结，比如在进行平移旋转的教学总结时，教师就可以运用交互式电子白板演示360°的旋转和平移的图画，让学生在形象的图画中去总结和复习学习过的知识，在学生经过观察和分析得出结论或是发现新的问题以后，就可以通过积极地回答问题来对以往的知识进行总结，教师这时就可以针对相关问题让学生进行练习，在练习中巩固已学知识、发现新的知识，让学生建立起关于图形的数学体系。

三、结论

教师在教学中灵活运用交互式电子白板，使得教学变得直观生动起来，让高度抽象化的数学理论变得形象易懂，极大地激发了学生的学习兴趣，让学生自觉主动地去学习数学理论知识，灵活运用电子白板让教师的教学变得简单起来，让学生的学习变得生动起来，进一步让学生拓宽了知识面。

参考文献

［1］舒娜，刘菁．电子白板下的教学交互行为研究［J］．中国现代教育装备，2010（6）：4.

［2］张庆珍，刘海琴．交互式电子白板在小学数学课堂中的应用［J］．教育学，2011（10）.

［3］杨伟．小学数学课堂教学优化设计中交互电子白板应用的价值［J］．中国教育技术装备，2015（1）：87-88.

［4］马晓雯．交互式电子白板在小学数学课堂中的应用［J］．电脑知识与技术，2016（8）：187-188.

作者简介

彭梦华：广州市番禺区东湖洲小学数学教师，广州市中小学一级教师。

翟蓓贝：广州市番禺区东湖洲小学数学教师。

基于网络画板的小学生数学思维能力培养研究

武汉市常青实验小学　刘重庆

【摘　要】信息化时代为小学生数学思维能力的培养，提供了前所未有的好机会。本研究通过合理运用网络画板技术，发现网络画板与数学教学有机融合能有效地帮助学生把“不容易动起来的”变得“容易动起来”，聚焦思维的形成过程，让概念得以生根发芽；把“不容易看见的”变得“容易看见”，聚焦思维提升的着力点，让判断变得有根有据；把“不容易理解的”变得“容易理解”，聚焦思维的难点，让推理变得顺其自然。

【关键词】网络画板；思维能力；小学数学

小学生数学学习呈现出如下特点：有的学生感觉数学学习越来越难，高年段两极分化加大。“把难学的数学变容易”是张景中院士的研究目标，也是一线数学教师的教学目标。张景中院士在2021年11月7日的《谈谈教育数学》提到了“四容易”：熟悉了就容易、简单了就容易、想通了就容易、直观了就容易，这为我们提供了很好的研究基础。笔者参与教育部教师工作司委托课题“中小学数学教师信息化教学能力显著提升的研究与实践”的研究，感受到网络画板技术与数学教学融合的神奇之处，网络画板能变静为动，变抽象为直观，把“不容易”变得“容易”，有效提高学生的思维能力。什么是思维？思维是一个过程，需要经过分析、综合、概括、抽象、比较、具体化和系统化的一个过程。这个过程外显在学生的数学学习过程中，通常表现为概念的建立、判断的过程和推理的形成。

下面结合案例谈谈在实际教学中，网络画板怎样在学生数学学习过程中，让概念得以生根发芽，让判断变得有根有据，让推理来得顺其自然。

一、聚焦思维的形成过程，让概念生根发芽

概念是思维的最基本的单位。概念理解的程度，决定学生思维的发展。因此小学数学相当重视概念教学。概念形成过程、概念的内涵、概念的外延等，教师都会创设不同的情境、设计合适的活动，帮助学生理解。学习概念是需要学生经历理解、内化的自我认知过程，不是记住了概念的文字表达就表示理解了概念。

“圆的周长”教学思路：通过找一些圆形物品，分别测出它们的周长和直径，并算出周长和直径的比值，发现这个比值比 3 多一点。介绍古代早就有人研究了周长和直径的关系，发现任意一个圆的周长与它直径的比值都是一个固定的数，我们把它叫作圆周率，用字母 π 表示。从$\frac{C}{d}=\pi$ 推理得到圆周长计算公式 $C=\pi d$。

教学中用滚动法、绕绳法等测量圆形物品的周长（如图 1），学生实际操作费时间，而且“动起来”的过程“不容易”准确得到数据，造成误差影响结论的推导。有的教师就采用现代化教学工具替代学生的操作，但这种做法导致学生对圆周率的理解不深刻。在实际教学的时候，笔者让学生先动手测量圆形物品的周长、直径，计算周长与直径的比值，在操作体验的基础上，出示网络画板动态演示过程如图 2 。

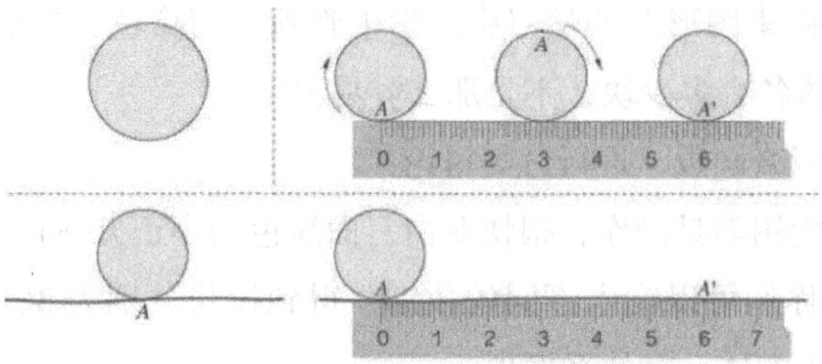

图 1　绕绳法、滚动法测量圆的周长

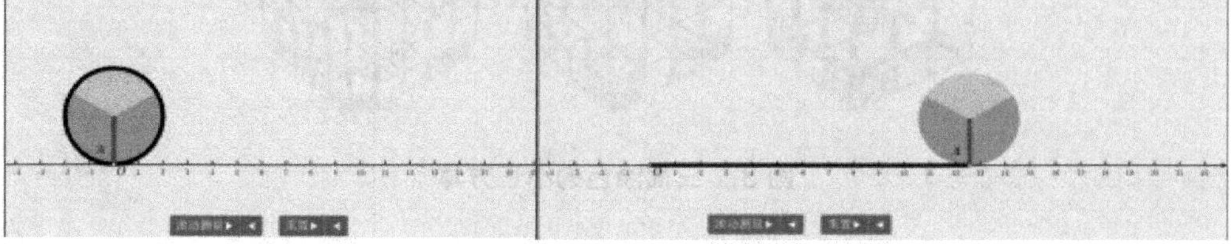

图 2　网络画板演示滚动法测量圆的周长

师：操作后我们来看屏幕，请输入半径 r，观察圆的周长，你发现了什么？

学生输入不同半径，能得到对应的周长，计算周长与直径的比值，很容易发现大小不同的圆，圆的周长与直径的比值都是一个固定不变的数，巩固圆周率的概念。基于学生操作后的网络画板教学，把不容易动起来的过程变得容易动起来，对学生研究圆周率、建立圆周率 π 的概念，起到了积极的推进作用。

数学中很多概念的学习，都可以用到网络画板，比如“体积”，让学生观看乌鸦喝水的动画，体会石头是要占用空间的，它所占的空间大小就是石头的体积……网络画板的动态呈现，可以帮助学生更深入地理解概念的形成过程。网络画板在某种程度上，能有效优化教学手段，丰富教学内容，有助于激发学生的数学学习兴趣，促进学生概念的建立和思维的发展，提高课堂教学效率。

二、聚焦思维提升的着力点，让判断有根有据

小学立体图形的学习对培养学生的空间观念非常重要，也是初中进一步学习立体几何的基础。小学生以具体形象思维为主，空间立体感、想象能力还未充分发展，给小学生的数学学习造成较大的局限性，网络画板的直观性能帮助学生建立空间立体感。

五年级数学“探索图形”的学习中，学生判断三面涂色、二面涂色、一面涂色、没有涂色的小正方体各有多少块，不是那么容易习得。

教学中，借助网络画板，进行分类讨论：

三面涂色：学生用学具操作，很快明白三面涂色的小正方体在大正方体顶点上。

师：同学们，你们可以输入不同的数据，得到棱长分别为 3、4、5 的大正方体，看看三面涂色的小正方体，有什么发现？

图 3　三面涂色的小正方体

学生输入不同的参数，很快得到棱长为 3、4、5 等不同的正方体，直观、立体地呈现在顶点处 8 块的样子，这比拿出不同大小的正方体更快速，通过实物到图，逐渐抽象起来形成的表象能很好地帮助学生发展空间观念。

二面涂色：输入不同的参数，学生观察到棱长不同的正方体二面涂色情况，通过对比，发现规律，即两面涂色的小正方体在正方体面与面相交的棱上，每条棱上两面涂色的有（棱长 −2）块，结合正方体棱的特征，就可以知道不管棱长是几，都用（棱长 −2）×12 就可以得到两面涂色的正方体块数。

一面涂色：网络画板能输入棱长，出现棱长不同的正方体一面涂色的情况，通过直观图，学生有多种方法得到一面涂色的小正方体块数，一面涂色的小正方体在大正方体的面上，形成一个正方形，用（棱长 −2）×（棱长 −2）得到一面上的个数，再乘 6 就得到一面涂色的块数。

图 4　一面涂色的小正方体

没有涂色：计算没有涂色的块数，有两种方法，一种是算，用总块数减三面涂色块数减二面涂色块数减一面涂色块数。课堂的重点放在第二种方法上，是为了发展学生的空间观念。它是如何进行的呢？

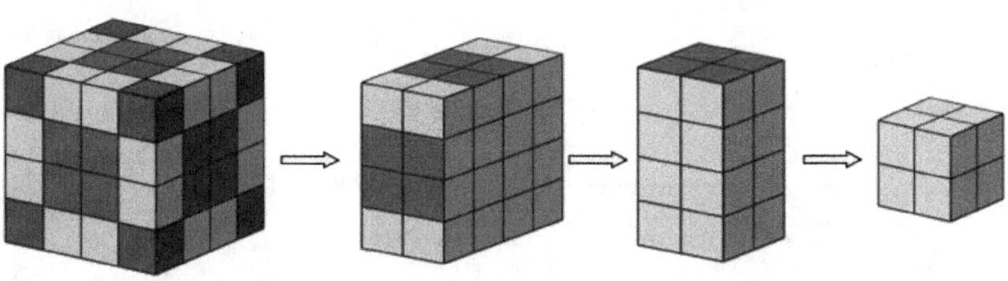

图 5　没有涂色的小正方体

用网络画板的动态呈现，一点点地剥掉左右层、前后层、上下层，剩下的就是中间部分都没有涂色的小正方体，学生直观看到没涂色的小正方体形成了一个棱长为（原来棱长 −2）的新的正方体，也就是同学们说的芯子也是正方体。这种发现和表象，存于学生的大脑之中，是多么有意义的画面呀。

很显然，网络画板动态演示的过程，能帮助学生发现不同涂色情况与位置之间的关系，帮助学生判断三面涂色的位置、特征、个数，促进学生空间观念和思维的发展。

像这样，网络画板帮助形成空间观念的教学内容不少，比较典型的有观察物体，图形的变换，包括平移、旋转、轴对称等。在这些教学内容中，网络画板聚焦思维的着力点，数形结合，让学生说理变得有根有据。

三、聚焦思维的难点，让推理顺其自然

对于小学生来说，在由直观形象思维过渡到抽象思维的过程中，推理是一个难点，推理是建立在观察、建立联系的基础上的。网络画板对素材直观性的呈现上，容易形成动态转变前后的对比联系，沟通不容易建立联系的知识要素间的关系，帮助学生突破思维的难点，把不容易理解的变得容易理解。

不同时代的数学老师，运用不同教学手段，让枯燥的数学变得生动、抽象变得直观、静态变为动态，努力帮助学生突破难点。比如平面图形的教学，以前采用的是实物、幻灯片、PPT、Flash 等，现在信息技术的发展，要达到直观和动态的过程，选择性很多，网络画板是目前较好的选择。如何用好网络画板，时机的选择、与其他手段和教学内容的融合，也是需要研究的。

同样是面积公式的推理过程，“圆的面积”和“平行四边形的面积”在网络画板的使用上是不同的。有的教师执教“平行四边形的面积”，直接利用现有的网络画板资源：

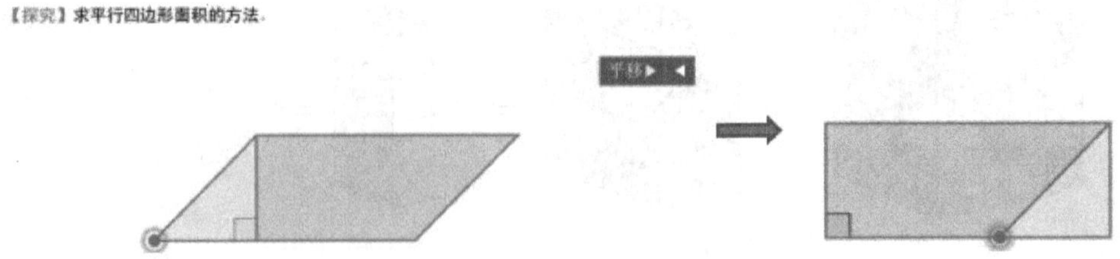

图 6　平行四边形面积公式的推导

通过动态的剪拼、割补、平移，把平行四边形转化成面积相等的长方形，完成推理过程。这个过程直观、动态，节约时间，但是并不可取。笔者是这样处理的：

师：同学们，我们猜想平行四边形面积＝底 × 高，那该怎么验证呢？

学生想到把平行四边形转化成长方形后，请学生们拿出平行四边形纸片，先画平行四边形的高，沿高剪下一部分，平移拼成长方形。

师：哪位同学汇报一下，通过你的操作，你发现了什么？

学生先汇报，会发现呈现操作的过程不方便。这时候笔者出示网络画板的动态课件，较好地解决了转化前后的操作对比，更重要的是学生发现：

生 1：我发现，转化后的长方形和原来的平行四边形面积相等。

生 2：转化后的长方形的长相当于平行四边形的底，长方形的宽相当于原来平行四边形的高。

生 3：通过观察，进一步想下去，因为长方形的面积 = 长 × 宽，所以平行四边形的面积 = 底 × 高。

这个推导过程，不建议用网络画板的动态演示代替学生的动手操作，主张结合学生动手操作使用，有操作的体验、建立表象后，观察、分析，建立联系，推理就变得顺其自然。

“圆的面积”，课本附页为学生提供了操作素材。分别是平均分成 16 份、32 份的两个大小一样的圆，给学生课堂操作提供方便，节约时间。

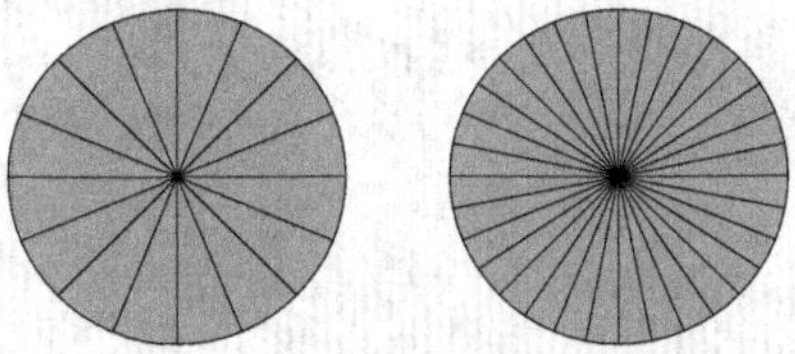

图 7　图的面积推导素材

学生剪开后，用这些近似于等腰三角形的小纸片拼一拼，下图是等分为 16 份拼摆的，当用 32 等份拼摆的时候会发现，分的份数越多，每一份越小，拼成的圆形就越接近一个长方形。

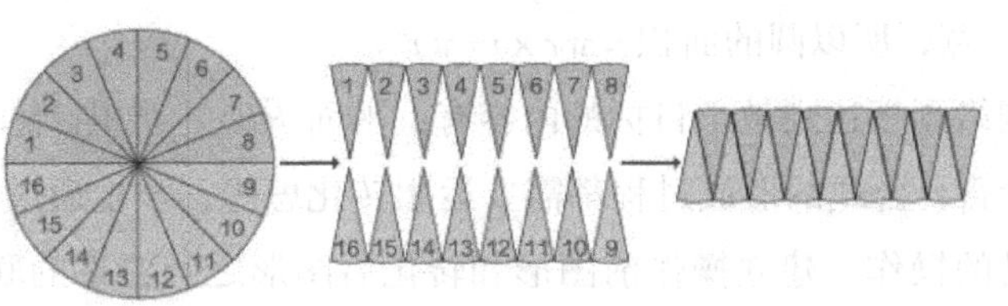

图 8　圆的面积推导过程 PPT 版本

师：同学们，你们想象一下，如果分的份数是 64 份、128 份、256 份、512 份、1024 份……会是什么样的呢？谁来输入平均分的份数，演示看一看？

生：平均分成 256 份。哇，好细，好小，剪拼看看。

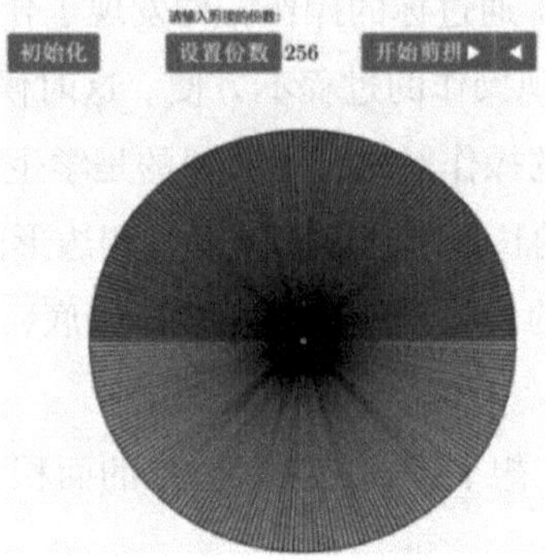

图 9　网络画板呈现圆等分

动态的剪拼过程，让学生瞪大了眼睛，现在看起来更像一个长方形了。学生再输入 512、1024，对比后发现更加是长方形了，帮助学生再现图形变化过程，更好地体会极限思想。

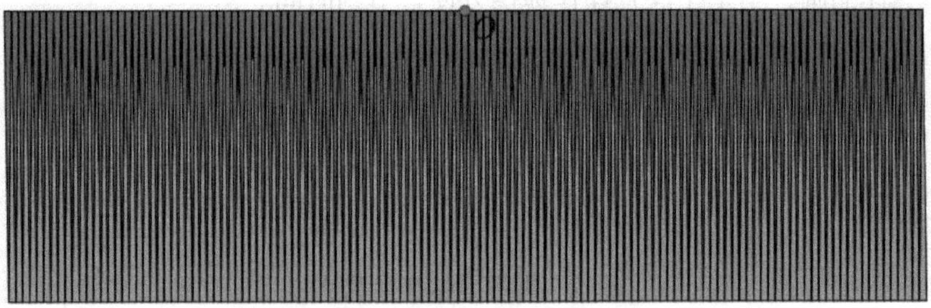

图 10　圆的面积推导过程网络画板版本

基于课件演示，学生探究更积极，对比观察圆和转化后的长方形得到：圆的半径是 r，长方形的长近似于圆周长的一半（πr），宽近似于半径 r。进一步推理，因为长方形面积 = 长 × 宽，所以圆的面积 $=\pi r\times r=\pi r^2$。

适合运用网络画板达到教学目标的内容有：平面图形的面积计算，立体图形的表面积和体积的计算，公式的形成过程都需要运用转化思想，学生通过网络画板的动态演示，结合自己的操作，建立操作前图形和转化后图形之间要素的联系，通过观察、对比、猜想、计算、推理、验证等活动，促进推理这一思维过程顺其自然地发生。

四、总结与展望

基于网络画板的小学数学教学，为促进学生思维能力培养提供了很好的教学手段。教学中，借助网络画板技术的运用，指导学生动手、动脑、动口，经历分析、综合、概括、比较、具体化和系统化的过程，对看得见的、动态的感性材料进行大脑加工，内化成为理性认识来解决问题，把不容易理解的概念、判断、推理变得容易理解和掌握，逐步培养学生初步的逻辑思维能力。当然，任何教学手段都是辅助实现教学设计的，网络画板与数学教学融合的过程中，需要我们注意以下几点：切忌本末倒置，重手段轻设计；避免审美疲劳，节节课用；网络画板不能取代学生的动手操作；网络画板与多种感官的教学要融合使用，相辅相成，相得益彰。最后，需要充分整合网络画板与其他信息技术手段，有效服务教师的教与学生的学，把“不容易”变“容易”，促进学生思维能力的发展。

参考文献

[1] 张景中. 院士谈教育数学，如何把数学变容易[EB/OL].(2021-11-11) 2022-03-22].https://mp.weixin.qq.com/s ?_biz=MzIxMTkxMDAzNw==&mid=2247486756&idx=1&sn=17dc407d74979bd59d051764a9c5f7df&chksm=974f61dea038e8c80343bcaf3bd9bb16b90d000ef2c4cd8ee95f24fbe52557de4b398e72ca56&mpshare=1&scene=23&srcid=1111qGOHaoxspDV6S8GfaUO9&sharer_sharetime=.

[2] 思维能力百度百科[EB/OL].[2022-03-22].https://baike.baidu.com/item/%E6%80%9D%E7%BB%B4%E8%83%BD%E5%8A%9B/1859428 ? fr=aladdin.

[3] 中华人民共和国教育部. 义务教育数学课程标准(2011年版)[M]. 北京：北京师范大学出版社，2012.

[4] 张书红. 培养从具体形象思维向抽象逻辑思维过渡[EB/OL].(2020-12-26)[2022-03-22].http://www.360doc.com/content/20/1226/08/727026_953520201.shtml.

作者简介

刘重庆：武汉市常青实验小学教研组长，高级教师，湖北省特级教师。

OBE 理念下指向数学思维生成的教学路径探索
——基于信息化教学融合视角

北京理工大学附属实验学校　黄姗姗

【摘　要】在信息化时代和"双减"的背景下，如何深度有效融合信息技术手段，助推课堂教学高质高效是教育工作者不可忽视的任务。结合数学学科的特点，如何在减负减时的同时，使学生的数学思维能力在有限的课堂内得到更好的发展是本文的出发点。教师的专业性和信息技术等能力如何更加有效地帮助学生逻辑思维的发展，而不是只简单停留在表面形象思维是课堂教学深度融合信息技术的关键点。本文结合OBE（Outcome-based Education）理念，从数学知识、问题解决以及数学思维三个层次切入课堂教学多元路径，结合理念路径下设计教学实例实践发现，路径多元有利于激发学生学习主动性和思维能动性，而激发学生探究的自主性是指向其思维发展必不可缺的一部分。

【关键词】信息化融合；OBE 理念；KST 多元路径；课堂教学

当下时代特别是"双减"背景下，如何助推中学数学课堂教学突破"难、负、繁"的局面，如何提升初中生数学思维生成的实效性，成为一线数学教育工作者必须思考并解决的基础性课堂问题。根据课程内容选择适合的信息技术工具，实现技术、知识及方法的有效融合是当代教师突破难题的切入口。本文尝试从数学知识、问题解决以及数学思维三条路径着手，对信息技术在指向思维生成的数学课堂教学中的深度融合进行思考。结合实际教学案例，为课堂教学增质提效提供更有利的帮助。

一、背景意义

（一）政策背景

教育以家庭为最小社会单元，教育焦虑已经严重影响人们的社会生活质量，因此

2021 年 7 月国家发布减轻义务教育学生学业压力一系列相关政策，而数学作为一直被学生评价为学习压力繁重的学科之一，数学教育工作者应在此次改革中思考教学。“双减”的根本目的是引导教师向课堂、向教学要“高效”，对于数学课堂思维生成、教学思维质量方面，不光不减，反而要增。

（二）课堂教研背景

中学数学内容相较小学，抽象思维上升，课时紧、内容多、作业难是学生常有的认识。而如何在有限的课程容量和学习时间内让数学思维得到有效的提升呢？作为数学教师，深知问题的矛头只能指向自身。提高课堂教学质量，提升现代化教学技术是当前问题的关键点，也是实际问题的拥堵点。

（三）信息技术与课堂融合背景

2019 年教育部《关于实施全国中小学教师信息技术应用能力提升工程 2.0 的意见》等文件相继颁发，当前人工智能大数据时代的到来，单一讲授的传统课堂已经不足以支持学生学习的兴趣点和成就感，需要教师不断加强信息技术应用能力。王以宁等在研究中构建了多种教师信息化教学能力测评模型来评价教师信息化能力，以期达到促进作用。

但教师的信息化能力并不一定能够较好地融合到教学的使用中。综合以上三方面的背景分析，为国家培养更加高素质多元化的未来人才就决定在教学课堂上、在开拓学生思维上，需要一线数学教师深度融合当代信息化技术，将传统课堂转化成多元化、更加生态、更加智慧的课堂。

二、研究理论依据及路线设计

（一）指向思维培养的课堂 KST 序列多元路径

结合《中国高考评价体系》以及数学核心素养的建构体系，不难发现数学课堂教学在可测量层面，可被划分为知识层面、能力层面与思维层面。即数学知识（Knowledge，K）、问题解决（Solving，S）与数学思维（Thinking，T）3 个层面。

其中，数学知识是数学思维形成的本源，由不同的数学知识模块 K_1，K_2，…，K_n 组成，具体包括对数学学科知识“概念和性质”的理解。

问题解决是数学能力和数学思维生成的重要前提，借助问题解决可以进一步形成数学能力，提升数学思维，而待解决的具体问题 S_1，S_2，…，S_n 往往由一个个具体的“情境”组成，波利亚曾经提出“问题是数学的心脏”，问题解决也是数学课堂教学的核心部分。

而数学思维是数学知识、方法技能内化的本质。每一个问题（S_1，S_2，…，S_n）背后可以包含不同的数学知识（K_1，K_2，…，K_n），学生在运用知识解决问题的过程，甚至在问题解决中获取知识的过程，都伴随生成具象内化的数学思维（T_1，T_2，…，T_n）。

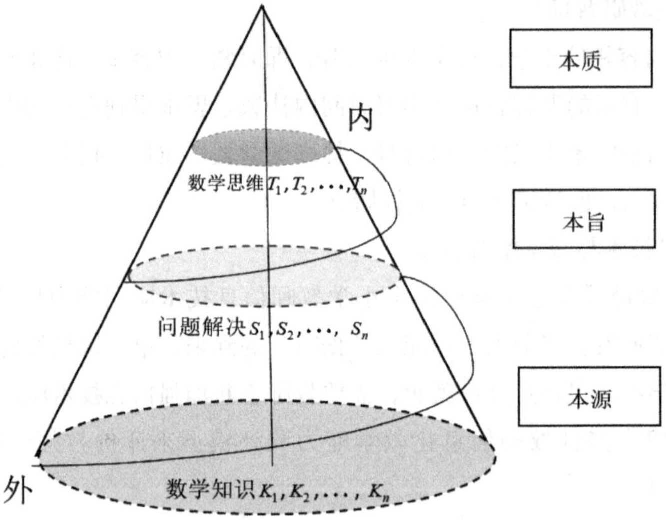

图 1　课堂 KST 序列多元路径

由上可知，在实际课堂教学中，生成数学思维的具体路径其实是多元的，基于以上三方面，生成数学思维的教学路径被统称为“KST 序列”。而当前“双减”课堂，教师运用信息技术手段试图深度融入课堂教学，也应该做到在实际教学的设计备课中，使掌握的信息技术手段服务于数学课堂生成的 KST 序列，服务于 KST 序列下的具体教学路径。

（二）OBE 成果导向教育理念

OBE（Outcome-based Education）理念，即成果导向教育理念，核心是把学生的能力培养放在第一位，教学重点不是教师教授了什么，而是课程完成后学生是否获得了相应的实践操作能力，能否将基础知识综合运用到实践项目解决问题中。而上述以问题解决为本旨，指向数学思维生成为本质的教学模式路径，恰好与 OBE 教育理念不谋而合。

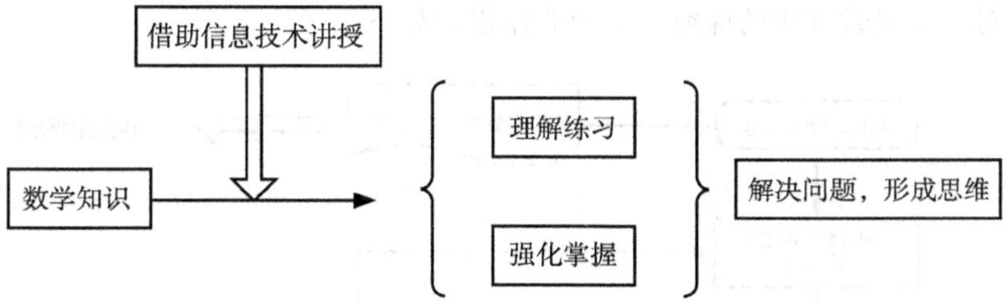

图 2　传统融入信息技术课堂教学路径

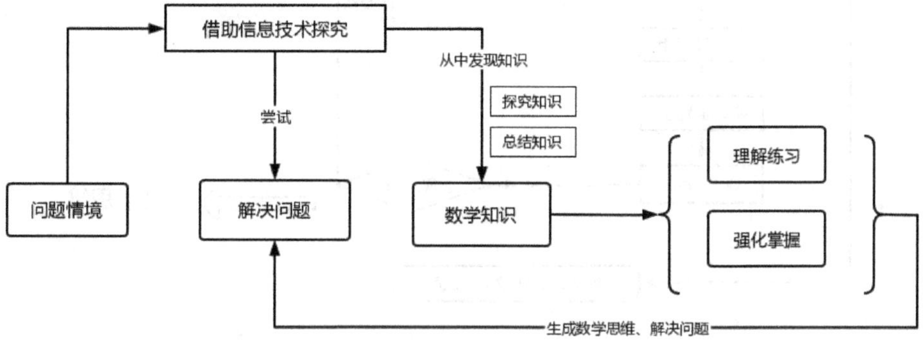

图 3　基于 OBE 理念融入信息技术课堂教学路径

因此，本文基于 OBE 理念，以学生为中心，问题解决成果为导向，指向数学思维的生成、持续性改进课堂知识教学路径、开启信息技术深度融入课堂教学的新探索，将传统“以教师讲授为主”的模式向“以学生主动式学习为主”的模式转变，通过教师构建情境、交互、体验、总结、反思为一体的深度学习场域，提高学生自主学习能力和兴趣，锻炼学生独立思考能力。

三、理论实例展示——以二次函数图象与性质课例为例

笔者在从教人教版八年级“二次函数图象及其性质”第三课时时基于以上教学路径分析设计教学。二次函数在初中学习阶段，其图象性质变化多样，是学生学习函数的一大难点。究其原因，是因为二次函数解析式的代数关系中包含参数多，加重了学生思维过程中代数到几何转变过程的负担。

那么，如何在基础知识教学中，较好地渗透发展学生数形结合这一重要思维模块呢？笔者结合上述教学理论依据，将对于学生来说使用门槛较低的网络画板融入课

堂，展开对二次函数性质的探究。简要介绍设计如下。

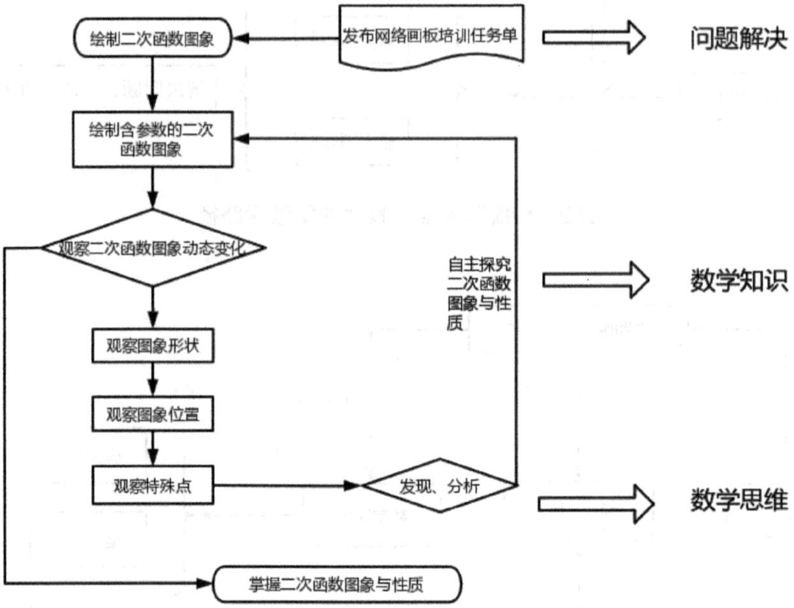

图 4　基于 OBE 理念二次函数图象与性质教学路径新探索

（一）设置网络画板培训任务单

1. 网络画板入门门槛较低，教师在引入环节对学生使用网络画板绘制二次函数图象进行简单培训；

2. 学生通过具体操作绘制 $y=x^2+2x+1$ 二次函数图象，掌握网络画板的使用方法；

3. 学生通过继续绘制 $y=x^2-2x+1$ 二次函数图象，感受两条函数图象的区别与联系；

4. 学习设置变量，输入含参数的 $y=ax^2+bx+c$ 的二次函数图象。

（二）借助网络画板自主探究二次函数参数对图象的影响

1. 观察函数图象的形状

通过函数的动态变化发现，当函数图象开口向上时，二次项系数 a 是正数；反之图象开口向下，二次项系数 a 是负数。当 c、b 不变时，发现 a 的绝对值越大，图象开口越小，上升或下降趋势越快；反之 a 的绝对值越小，图象开口越大，上升或下降趋势越缓。

2. 观察函数图象的位置

二次函数图象的位置主要观察对称轴的变化。当对称轴在 y 轴右侧时，不论开口朝哪，系数 a、b 符号相反；反之，当对称轴在 y 轴左侧时，此时系数 a、b 符号相同。

3. 观察函数图象上的特殊点

二次函数图象与 y 轴交点在正半轴还是负半轴，取决于此时常数 c 的正负，$c>0$，与 y 轴交点在正半轴；反之 $c<0$，与 y 轴交点在负半轴。

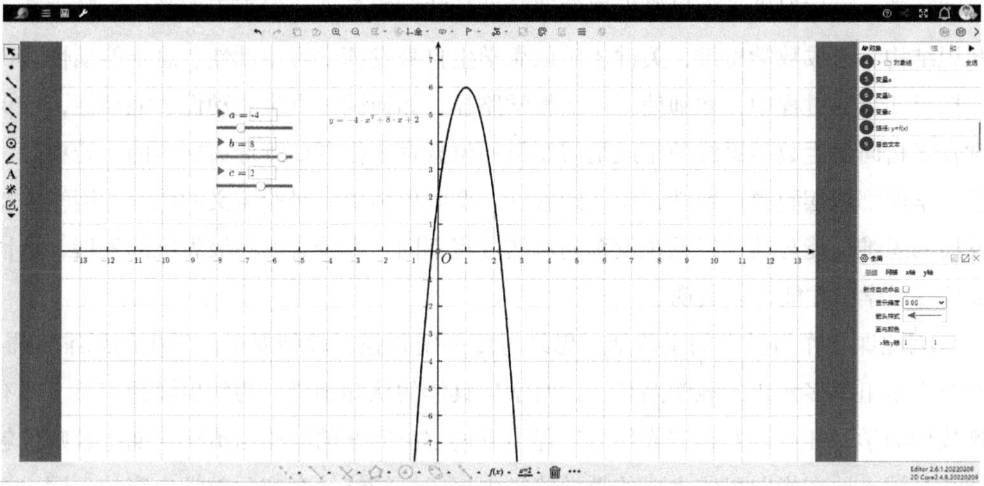

图 5　学生网络画板操作截图

（三）分析验证二次函数的图象及其性质

借助信息技术手段，确实是可以帮助学生通过动态直观，观察到函数变化的一些规律，但这只是几何直观素养，这一步相当于简化了学生由数思形的过程，因此下一步需要在观察规律的基础上，由形思数，再由数得形，分析、推理、验证，从数理的角度总结函数的性质，在眼睛看到的规律和性质上再次停留，思考探究。这段停留的时间看似是重复，但这一步却可以使学生真正有自主探究的兴趣与自主探究的方向，是使学生数形结合思维进一步得到锻炼的关键部分。

（四）生成本节数学知识的结构化

这一过程主要是将学生本节课思维生成的结果进行体现。而本节课所经历的自主观察与探究学习的过程，即知识获得的过程就是数学思维生成的过程，而在此前提下的习题训练，就不再仅仅是对数学知识的强化，更多的是对数学思维的加深，是促进学生形成数形结合思想的真实有效学习。

学生从观察变化的动态图像，到分析、总结、表达出二次函数在运动中的相关性质，整个过程有利于提升学生的数学符号化意识，帮助学生加深对参数的认识和理解，形成函数思维，助力逻辑推理素养的提升。

四、结束语

教师个人的专业知识、专业能力以及整合技术的能力毫无疑问是“双减”背景下更加高效、更加促进学生思维发展的课堂教学的前提条件，但真正在学生头脑中建立知识结构、形成数学思维，关键还需依靠学生自身发挥学习主动性、思维能动性。而在探寻知识的过程中，教师使用什么教学路径，如何调动学生主动性、能动性，使课堂真正指向学生数学思维的生成是需要每一位教育工作者继续琢磨探索的。希望每一堂数学课都能摆脱灌输数学知识式的教学，摆脱单纯依靠经验主义的练习，因学生待发展的思维机能与其神经系统发育的自然过程不同，人特有的高级思维的发展，恰恰需要在教学中才能得以实现。

因此课堂作为教学的主阵地，思维力度一定要强，教师要了解学生的思维障碍，有意识地组织多元化的教学路径，针对学生具体的认知困难，为学生设计完整、具有挑战性的学习任务，并在完成任务过程中重构解决问题的经验与策略。期待教师能够持续且深入地在指向思维生成的教学路径中探索，能够结合实际教学内容的不同去进行更加细化的探索。

参考文献

［1］中华人民共和国教育部．中共中央办公厅、国务院办公厅印发《关于进一步减轻义务教育阶段学生作业负担和校外培训负担的意见》［EB/OL］．（2021-07-24）［2021-12-05］．http：//www.moe.gov.cn/jyb_xxgk/moe_1777/moe_1778/202107/t20210724_546576.html.

［2］中华人民共和国教育部．教育部关于实施卓越教师培养计划 2.0 的意见［EB/OL］．（2018-10-10）［2021-12-05］．http：//www.moe.gov.cn/srcsite/A10/s7011/201810/t20181010_350998.html.

［3］徐鹏，王以宁，刘艳华，等．教师信息技术应用能力迁移影响因子模型构建研究［J］．开放教育研究，2015，21（4）：106-112.

［4］武丽莎，朱立明．高中数学学科核心素养：生成机制与培养路径［J］．数学教育学报，2021，30（4）：25-29.

［5］裴昌根．指向数学核心素养的高中课堂教学评价探析［J］．教学与管理，

2021（36）：92−94.

［6］林崇德，胡卫平．思维型课堂教学的理论与实践［J］. 北京师范大学学报（社会科学版），2010（1）：29−36.

［7］赵玲峰，杨剑冰，邓炯，等．基于OBE理念的混合式教学模式改革初探［J］．中国多媒体与网络教学学报（上旬刊），2020（5）：21−23.

作者简介

黄姗姗：北京理工大学附属实验学校教师，中学数学教师。

Hawgent 动态数学软件融入解析几何的教学探讨

西安市阳光中学　王志刚　西安市西光中学　郝思齐

【摘　要】解析几何是高中数学的难点之一，兼有运算量大、变式性强、入手难等特点，那么教学中如何有效突破难点，一直是教育工作者研究的热点问题。本研究以案例分析为抓手，探讨了 Hawgent 动态数学软件在解析几何教学中的应用和思考，为有效提高课堂教学效率，发展学生的学科能力提供了技术支持。

【关键词】Hawgent 动态数学；解析几何；高中数学

一、引言

在高中数学中解析几何具有运算量大、变式性强、入手难等特点，更是历年高考的重要考点，所以在中学的教学中教师和学生都给予了高度的重视。目前，解析几何在教学研究方面也取得了一系列的研究成果，大致分为以下几个方面：解析几何数学思想方法的研究、解析几何与高等代数的结合、解析几何高考试题的分析、解析几何的开放性试题探究，以及解析几何与数学教育技术的融合等等。

对于解析几何教学与数学教育技术而言，二者进行结合的研究比较少，朱恒元在新课程理念下，深度分析了解析几何的起始课，在引入了倾斜角的概念过程中，通过几何画板演示了直线的运动变化情况。陶维林通过现场制作展示直线与圆的关系时，用图形直观而难入微的特点恰到好处地创设了问题情境，提高了课堂有效性。周春等结合数学软件数值计算、符号计算、编程、图形的四大功能及具体应用案例，针对其在解析几何教学中的应用价值进行了深入分析。

近几年，唐剑岚教授团队在 Hawgent 动态数学软件技术应用方面取得一些成果。他们研究发现 Hawgent 动态数学软件技术对学生发展数学抽象、逻辑推理、数学建模、直观想象等核心素养都有着积极的影响。现有的文献对数学软件在解析几何中的应用虽有一些研究，但是对 Hawgent 动态数学软件融入解析几何教学研究还比较少。

因此，本研究基于皓骏动态数学软件辅助优点，以案例分析为抓手，探讨了该动态软件在解析几何教学中的应用和思考，为有效提高课堂教学效率，发展学生的学科能力提供了技术支持。

二、Hawgent 动态数学在解析几何中的应用

（一）认知过程视觉化，渗透思想方法

解析几何中蕴含着丰富的数学思想，该部分的主要知识点通过这些数学思想串联在一起，贯穿整个解析几何的学习过程。如果说在解析几何中，知识是载体，那么数学思想方法就是精髓和灵魂，只有让学生掌握了这些数学思想方法，学生才能够灵活地应用所学知识解决解析几何问题，才能提高教学的效果。

案例 1：在“圆与圆的位置关系”中，如何判断两个圆的位置关系呢？

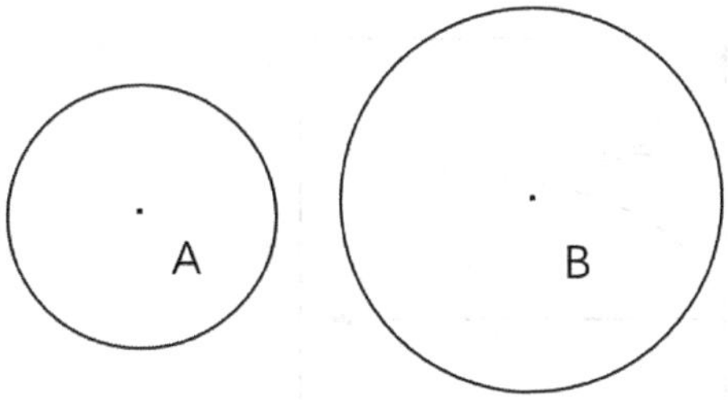

图 1　圆与圆相离

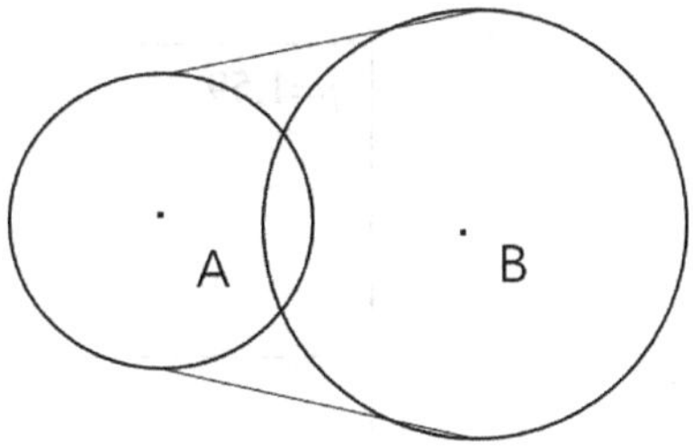

图 2　圆与圆相交

在探索圆与圆的位置关系时，首先借助 Hawgent 动态数学技术把两个圆圆心距、两圆半径和差关系等几何素材进行组合和打包，通过“数”与“形”之间的转译，有效消除学生的几何认知困惑。其次，学生动手操作，改变圆的相对位置，动态呈现出数形结合，把“看不见”的过程变成了“看得见”，可视化了位置关系变化的关键过程，调动学生视觉上的刺激，有助于培养学生的逻辑思维能力和空间想象能力，帮助学生在“数”与“形”直观感知的基础上推导出 5 种对应的位置关系。

（二）多元联系动态化，突破教学难点

在解析几何中，教学难点比较多，比如概念的理解、性质的应用等，那么如何有效地突破难点？研究课标和教材是教师的基本要求，更重要的是全面研究学生的认知和技能水平的实际情况，恰当地利用信息技术可以有效地突破难点，达到事半功倍的作用。

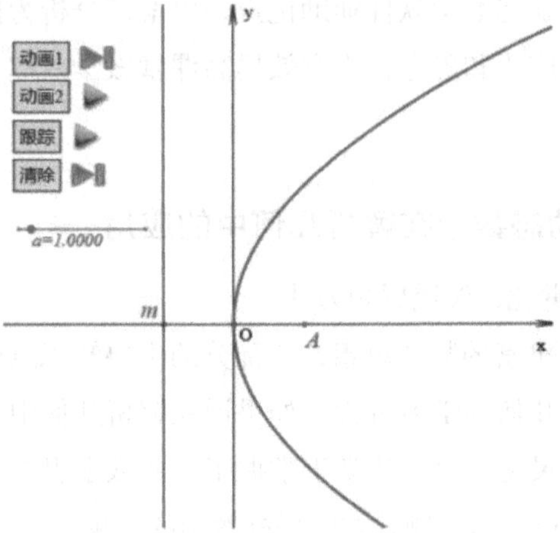

图 3　理解抛物线的定义

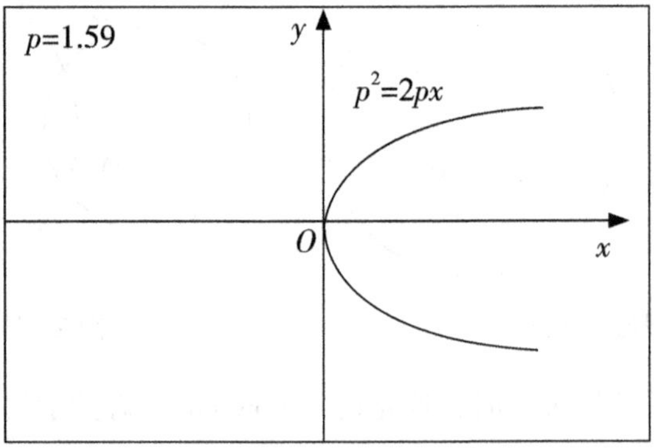

图 4　抛物线 p 的性质

案例 2：“抛物线的简单几何性质”应用 Hawgent 动态数学技术。

（1）借助 Hawgent 动态教学信息技术帮助学生理解 $2p$ 的几何意义，及对抛物线开口大小的影响。

（2）借助软件直观演示 p 对抛物线开口大小的影响，以开口向右为例，让学生操作其他开口方向，通过动态展示，学生更能直观地感受及理解 p 对抛物线开口的影响。

在传统的教学中，教师可以引导学生通过描点作图法作出抛物线的图象，再通过观察图象能够发现一些变化趋势。但问题是：第一，需要画出多少个图象，才能容易观察出变化趋势？第二，描点作图法费时、费力，效果不佳，到最后可能仍有学生存在很多疑惑。第三，如何验证学生的猜想，真正使学生“心服口服”？在教学中运用 Hawgent 动态数学技术，通过动态呈现图形的变化趋势能破解这个难点。首先，通过小组合作，每个小组画出三组不同 p 的抛物线，引导学生观察并猜想其特点。其次，教师应用 Hawgent 画出几个具体图象，让学生直观感受这些曲线图象的异同点，引导学生与组内描点法的图象对比。再次，拖动变量尺，师生共同验证猜想。通过观察 Hawgent 动态图象形成以及数据的变化过程，引导学生更深刻地认识 p 对图象变化趋势的影响。这种把隐匿的参数 p 可视化的过程，有效促进了学生对抽象数学的深刻理解，进一步对知识压缩、内化和吸收。

案例 3：“圆锥曲线与方程”章节课教学中应用 Hawgent 动态数学技术。

问题：什么是圆锥曲线呢？它与我们学习过的圆锥有什么关系？用平面去截取一个圆锥，当什么时候能够得到一个椭圆形状的截线呢？当什么时候能够得到一个抛物线形状的截线呢？当什么时候又能够得到一个双曲线形状的截线呢？

在探究“圆锥曲线与方程”的章节起始课时，传统教学中用模型切割圆锥能够帮助学生理解“圆锥曲线”的关系，但是难以让学生动态地、清晰地观察圆锥截面的轮廓曲线特征。如果教师运用动态数学技术，不仅可以视觉化轮廓曲线及切割过程（图 5~图 7），促进学生发现和理解“圆锥曲线”的特征和内在联系，还能突显“圆锥曲线”的知识本质内涵及其统一性，让学生在体验圆锥曲线的学习乐趣和美感的同时，增强对数学知识联系性的信念。

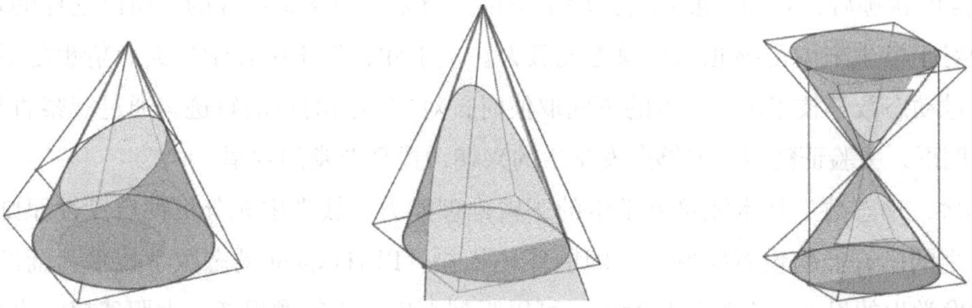

图 5　椭圆形状的截线　　图 6　抛物线形状的截线　　图 7　双曲线形状的截线

（三）认知结果明辨化，培育核心素养

在新课程背景下，基于学科核心素养的培养是教学的方向和目标，所以数学教学要立足于让学生形成和发展学科核心素养，让知识的发生发展过程变成发展学生的学科核心素养的过程。

案例 4：“圆锥曲线的共同特征”教学中应用 Hawgent 动态数学技术。

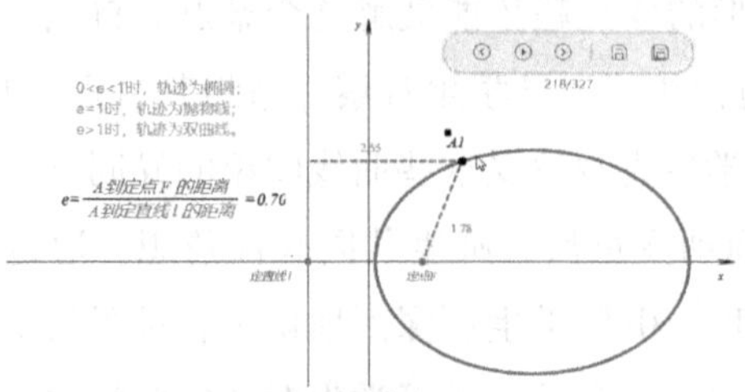

图 8　椭圆图象图

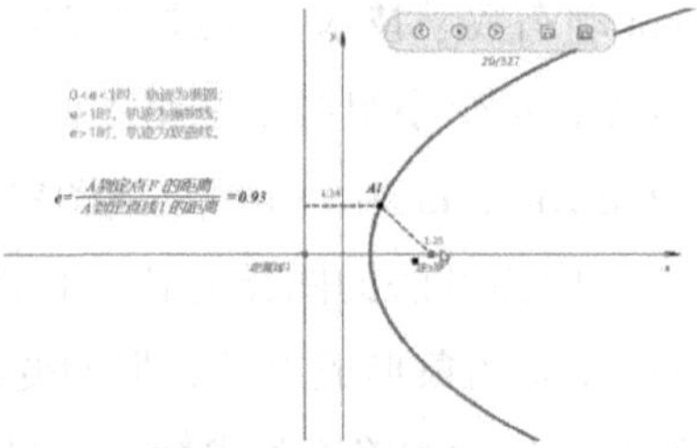

图 9　抛物线的近似图象

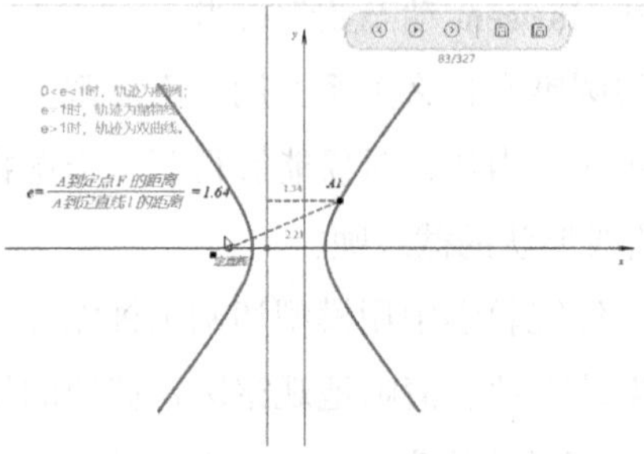

图 10　双曲线图象

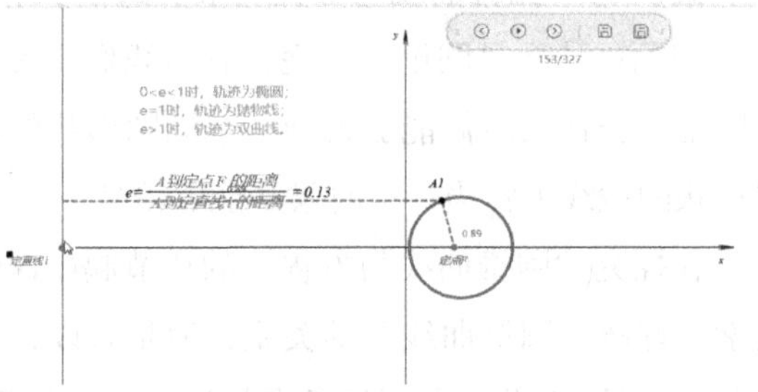

图 11　圆的近似图象

在教学中，借助 Hawgent 动态数学技术能够发展学生的认知，可以培育学生学科核心素养。首先，动态数学技术能培养学生的直观想象能力。常规教学中在学生大胆猜想 e 点的轨迹后，教师一般就直接展示结论。但是，数学是严谨的，所以这样的教学处理对于学生来说是突兀的且缺乏说服力。基于此，教学中在学生大胆猜想之后，可以通过动态数学技术展示 e 点的不同取值时，对应不同的点的轨迹。通过观察直观动感的图形，去验证猜想，能够激发学生的兴趣，提高课堂的效率。

其次，动态数学技术能培养学生的逻辑推理能力。教学中充分贯彻启发性原则，基于学生的已有经验设置问题，且问题环环相扣，以 Hawgent 动态数学技术为辅助，不断激发学生的思考。在教学片段中，可以听到学生经历问题思考—大胆猜想—直观感知—归纳概括的过程，循序渐进，自然而然得到 e 的统一性。

总之，在新课标的背景下，数学课堂是师生互动学习、共同创造的一段历程，数学课堂更是培养学生数学核心素养的一个重要载体，所以课堂上教师不能只重视数学知识的传授，而应该考虑利用 Hawgent 动态数学软件等信息技术辅助教学，多方面引导学生体会知识生成形成过程，追溯数学知识的本质内涵，真正发展学生的学科能力。

三、研究展望

在数学教学过程中，适当、灵活地运用 Hawgent 动态数学技术，将抽象的数学概念、数学知识或是静态的数学图形转变为直观的动态图，能够激发学生的兴趣，发展学生的数学思维，培养学生的学科能力。但我们必须清楚，Hawgent 动态数学技术应作为课堂教学的辅助工具，而不能过于依赖动态技术，教学中的核心知识和教学难点仍然需要教师进行精讲和互动。另外，本文对于 Hawgent 动态数学软件融入解析几何在教学中的研究仅仅是初步探讨，能否适用于其他数学知识的教学，是否都具有良好的效果，仍需要进一步验证和探究。

参考文献

［1］朱恒元. 新课程理念指导下的解析几何起始课教学［J］. 教学月刊（中学版），2009（8）：41-42.

［2］陶维林. 解析几何教学要突出坐标法思想——“直线与圆的位置关系”教学实践与思考［J］. 数学通报，2011，50（9）：34-37.

［3］周春，冷震北. 探究数学软件在解析几何教学中的应用价值［J］. 数学学习与研究，2016（22）：15-16.

［4］甘创，左传波，唐剑岚. 皓骏动态数学软件学习专题：快速入门［J］. 数学之友，2019（3）：69-71.

［5］赵雪梅. 在解析几何教学中渗透数学思想方法的策略研究［J］. 数理化解题研究，2020（30）：35-36.

［6］谢登峰，陈妮妮，唐剑岚.Hawgent 动态数学技术：提效学生数学认知的“神器”［J］. 中小学课堂教学研究，2018（1）：9-13.

［7］莫绍贵. 教学过程要以发展学生学科核心素养为重点——以椭圆标准方程的推导为例［J］. 中学数学研究（华南师范大学版），2019（7）：13-14.

作者简介

王志刚：西安市阳光中学教务主任，中学高级教师。

郝思齐：西安市西光中学高中数学教师，中学二级教师。

融合信息技术，让小学数学课堂妙趣横生

阳江市阳东正雅小学　袁　重　刘　蓉

【摘　要】随着信息技术的发展，教学领域也开始接受其带来的便捷性。在信息技术的加持下，教学活动可以变得更加丰富、教学资源更加富足、课堂容量变得更大、师生互动的形式也变得多元化。对此，凭借信息技术的东风，也能帮助教师突破传统教育中所存在的不足，使得教学达成更高的成效。本文就小学数学教学中信息技术的融合应用展开了论述，并就此提出了几点建议和意见，以促进小学数学课堂的丰富性提升。

【关键词】小学数学；信息技术；妙趣横生

一、引言

小学阶段，学生系统地认识和理解数学，是需要有感性的资源作为基础的。教师教学需要依托于生活、融合大量感性直观的教学资源，帮助学生建构立体化、系统化的知识结构。而上述教学效果的达成，需要借助信息技术，汇总大量为学生所熟知的教学资源，让学生在感知中成长。事实上，信息技术在小学数学教学中的应用优势，体现在课堂教学、对学生的引导和师生互动等各个方面。

二、信息技术在小学数学教学中应用的优势领域

（一）呈现感知资源

在数学教学中，感性的教学资源能改变数学教学给学生带来的枯燥乏味的印象，能让学生在感知生活、感受生活中的数与形的基础上，产生对数学规律的探索动机。当教师旁征博引，将生活中资源、生活中与数学相关的案例呈现在数学课堂中时，学生能从大量为学生所熟知的事物、被学生熟知的生活情境中探寻共性，进而让思维经历对事物的概括、归纳、推理和演绎等过程。信息技术的应用，能充分利用学生的生

活经验，为学生建立感知经验的基础。

（二）展现思维路径

利用数学知识解决数学问题、生活问题，是数学教学的重要目标。但是，在部分生活问题中，繁冗的题干对学生的理解能力要求较高。同时，复杂的数学问题中，学生也有着思路不清晰、解决问题无从下手等问题。而通过信息技术，精简问题，梳理并提炼问题要点，进而能让问题的解决以流程图等形式展现出来。这种方式之下，学生的思维过程变得更加清晰，直观化地呈现解题思路的方式，既能帮助学生掌握方法流程，更能强化学生对数学问题解决技巧和规范步骤的掌握，因而能提升学生解决问题的效率和准确度。

（三）丰富互动形式

在信息技术的加持下，教师和学生之间的交流和互动变得多元化。在师生交流时，教师和学生能通过网络平台进行答疑解惑，教师能依托网络平台的辅助获得学情。此过程中，学情的探知不需要耗费大量的精力，而是能通过信息技术的方式，获得平台中的大数据资源，并且能让教师在大数据资源的分析和利用下，敏锐地捕捉到学生学习中的薄弱点，进而帮助学生攻克难点、针对性地辅导，从而实现以学定教的效果。

基于上述分析，教师在小学数学教学中需要善于并充分应用信息技术，结合信息技术的优势突破传统数学教学现状。具体来说，教师可以通过如下措施展开教学。

三、信息技术与小学数学教学融合的教学措施

（一）深度融合生活，建立感知基础

深度融合生活，让生活走向课堂，帮助学生在生活中找寻数学经验和数学规律积累的知识生长点，以此方式让学习和生活无缝衔接，有效促进学生知识经验的生长。数学教学中，教师善于应用生活化资源，充分利用感知性经验，在帮助学生建立厚重认知的基础之上，再让数学教学实现从感性到理性、直观到抽象的过渡，这才是数学教学顺从学生的认知规律，实现由易到难教学原则的科学顺序。

例如，在“认识几分之一”这一节内容的教学中，教师便可以组织学生开展生活化的感性探索活动。在活动中，教师给学生提供硬卡片，并创建教学情境：同学们，你们家里几口人呢？妈妈做了几种不同形状的馅饼，需要同学们将这几种形状的馅饼进行等分，平均分给家庭中的每一个人。随后，教师鼓励学生通过手中的刻度尺、剪

刀等工具，将圆形卡片、正方形卡片、长方形卡片等进行均分。在均分的过程中，学生就经历了将一个整数“1”进行平均分割的过程，认识到部分和整体的关系，理解平均分后每一部分“馅饼”和整个“馅饼”之间的关系。这一感知经验建立之后，教师鼓励学生：请同学们汇报一下自己将馅饼分割成了几份，说出自己得到了几份？随着学生们汇报进程的推进，教师通过信息技术展现直观图形的方式，配合学生的表达，随后引入分数的概念。在此过程中，学生的生活经验、信息技术的直观配合表述的双向应用，引导学生借助感性经验并通过分数表达的方式，经历了从生活情境和生活经验过渡到分数认识和应用的过程。此后，教师还可以鼓励学生通过拼接“馅饼”的方式，认识到其他如$\frac{2}{4}$、$\frac{2}{3}$等分数。上述情境中，学生借助生活经验、借助感性的表达方式，将生活中的感知经验迁移到数学学习中的过程，便是依托信息技术、借助生活经验让分数教学变得通俗易懂的优秀教学方式。

（二）呈现思维导图，渗透方法引导

数学教学强调逻辑性、条理性、严谨性，因而日常教学中教师所想的知识渗透的教学方法、帮助学生掌握数学问题的解决技巧，都要遵循这一原则，让教学引导条理清晰、逻辑框架明确。对此，教师在信息技术教学时，无论是内容的呈现，还是数学问题的分析，抑或是解决问题方法的指导，都可以在信息技术的加持下通过程序图的方式帮助学生理解和掌握。

例如，在“简单的排列问题”这一节内容的教学中，由于该部分内容是学生学习概率的基础，并且在排列的过程中需要细致地通过枚举法罗列出事物排列的每一种可能，因此该部分内容将会给学生的学习带来一定的挑战。对此，教师可以创建教学情境：某位同学忘记了密码箱的后两位密码，只记得最后两位密码是由 3、7、9 中的两个数构成，你们能帮助他列举出密码箱的最后两位密码都有哪些可能吗？在上述问题情境建构之后，由于排列组合还有一定的顺序性，因而在解决时学生可能会出现思维混乱、重复组合的现象。对此，为帮助学生厘清思路，教师可以通过思维导图的方式将之呈现出来（如图 1）：

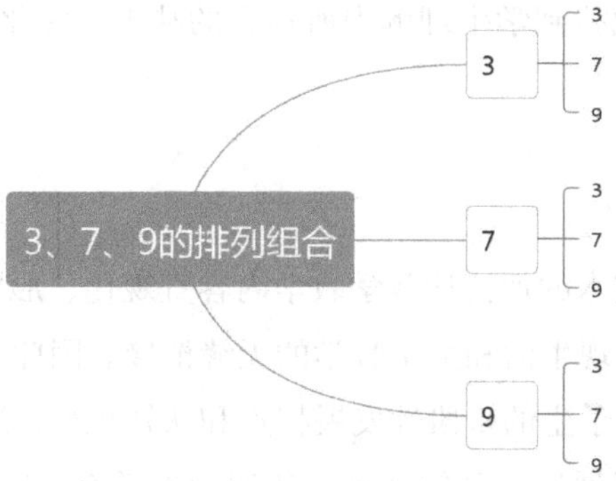

图 1　排列组合示意图

在上述排列组合的呈现之下，教师引领学生逻辑清晰地统计并汇总出所有密码的可能。这种示范方式，实际上也是在帮助学生掌握排列组合罗列的技巧。此后，当学生再遇到此类问题时，便可以通过这种条理化的方式进行枚举、排列并组合。再比如，在小学数学“行程问题”中，部分问题涉及往返过程，给学生对问题情境的理解、对问题的分析和解决问题的思路带来了一定的挑战。因此，教师通过信息技术的方式，绘制出往返过程及其路径，将其中的路程、时间或速度等量呈现在所绘制的图中，按照路程、时间和速度对应的原则，协助学生厘清思路，能更好地协助学生找到数学问题解决的突破口。如此种种方式，让思维路径以信息技术的手段展现出来，这是培养学生逻辑性思维、完善对学生方法引导的重要方式。

（三）开展课后答疑，优化辅导效果

在学生解决数学问题时，总是会受到难题的羁绊，因而会产生迫切想要解决疑难问题的需要。同时，学生们也期待着自己解答的问题能获得及时的反馈，因而课后答疑也就能满足学生的需求，避免学生在遇到难题后因解惑不够及时而出现遗忘问题甚至是将难题抛之脑后形成知识盲区、为学生数学学习留有“夹生饭”等问题。对此，教师可以通过信息技术、借助互联网平台开展线上答疑。

例如，在“火车过桥”问题中，总有学生在计算火车过桥的时间中不理解“完整经过桥体”题干的含义，因而在此问题中错误频出，但却不知如何解决。对此，教师可以通过线上答疑的方式，通过信息技术建立和学生互动交流的桥梁，鼓励学生说出自己的思路、还原学生出现错误的过程，并将之作为典型错误暴露在全体学生的面前。随后，通过信息技术，将火车过桥的整个过程以动画的方式演绎出来，帮助学生知道自己解决问题中所存在的疑惑，及时并有针对性地反馈给学生。以此方式开展的课后答疑活动，能有效地找到学生理解中所存在的缺失，深化学生理解深度的同时，增强对学生的辅导效果。

四、总结与展望

数学教学中，信息技术的加持让数学教学内容直观化、形象化成为可能，更贯穿了生活和学习的桥梁，实现生活和数学教学的无缝衔接。因此，教师需要把握数学教学内容的知识特点，结合学生的阶段性发展特点和认知规律，通过深度挖掘生活化资源、呈现思维导图和开展课后答疑等活动，让课堂教学有丰富的资源、清晰的方法，深化学生的理解、提升学生的应用能力，也帮助学生在信息技术平台的支持下及时获得反馈、释放疑问，不给学生留知识的“夹生饭”，进而让数学教学变得妙趣横生、趣味盎然。

参考文献

［1］蒋园园．小学数学课堂教学中“减负增效”的应用探析［J］．小学生（下旬刊），2022（3）：103-104.

［2］林芸琴．探讨课堂展示在小学数学教学中的思考［J］．当代家庭教育，2022（9）：111-113.

［3］石仲龙．小学数学教学中趣味性教学方法的应用［J］．学周刊，2022（10）：86-88.

［4］曹虎林．信息技术和小学数学相整合的实践探究［J］．新课程，2022（13）：109.

［5］陈忠明．运用多媒体信息技术，助力小学数学课堂教学［J］．清风，2022（4）：73-74.

［6］张楠，贯文涛．基于信息技术支持的小学数学教学创新策略［J］．天津教育，2022（3）：73-75.

作者简介

袁重：阳江市阳东正雅小学数学教师。

刘蓉：阳江市阳东正雅小学数学教师，小学数学二级教师。

在小学数学概念教学中培养学生的核心素养

——借助“狸米”平台以“平行与垂直”为例

广州市番禺区东湖洲小学　翟蓓贝　彭梦华

【摘　要】在当前信息技术时代，数学概念教学课堂中，必须重视对学生核心素养的培养。本文将结合自己的课堂教学实践，以培养核心素养为目标，借助“狸米”平台信息技术的支持，对于如何进行数学概念教学提出自己的观点。

【关键词】数学概念；培养；核心素养；信息技术

一、引言

数学概念教学是数学教学的基础，是整个小学数学教学的关键组成部分。小学数学概念教学这一板块是一个抽象的认知过程。建立良好的数学表征，让学生自主探索进行概念推理，可以更好地使抽象的概念运用到生活中，培养学生抽象思维的基本能力。因此，在学习数学概念的过程中，想要灵活运用概念，在一节课中需要借助大量的实例及练习才能得以巩固。只有这样把具体的教学内容带回实际生活中应用，才能深化对概念的认识。在信息时代，借助“狸米”数学平台，大大地提高了课堂检测效率，从而提高学生应用数学概念的能力和逻辑推理能力，培养学生应用知识、实践能力等基本数学素养。本文以人教版小学数学四年级上册“平行与垂直”一课，谈谈借助“狸米”平台在小学数学概念教学中如何培养学生的核心素养。

二、浅谈借助“狸米”平台在小学数学概念教学中培养学生的核心素养

（一）简单想象，培养学生空间思维

创设轻松愉快的课堂氛围，抓住学生已有的知识经验，通过简单的想象，让学生更快地进入课堂教学，从而提高学生参与课堂的积极性。

在教学“平行与垂直”这一课时，三次回顾已有知识经验，简单想象与新知构

建联系。一想：初步感知什么是“关系”？——例如：我和同桌是同学关系，和老师是师生关系……为继续学习两条直线之间的关系做好准备。二回顾：直线有什么特点？——直线没有端点，可以向两端无限延长。三想一想：假如在一张可以无限放大的白纸上画两条直线，想一想你会怎么画呢？通过三次简单的想象直奔本节课的主题，让学生快速进入本节课的学习情境。这样的课堂从学生实际已有知识经验出发，从直线特征入手，唤起学生的回忆，并且通过摸一摸感知一个光滑的平面，闭上眼睛想一想一张无限放大的纸建立同一个平面的表象，这时让学生先想象在同一平面内的两条直线，有利于学生想象出不同的位置关系，再动手画一画，培养学生的空间想象能力，为后续分类提供更多的素材。

（二）平台展示，激发思维创设问题

在教学“平行与垂直”这一课时，让学生在同一平面内画出两条直线，全班同学出现了各种类型的画法。为了更好地收集素材，便于学生浏览，借助“狸米”平台拍照上传，然后在大屏幕上展示出来。学生一目了然可以看到不同的画法，从而创设问题情境：这么多的画法能不能分类呢？怎么分类？分成几类？为什么这样分？

在数学课堂教学中，学生提出问题比解决问题的能力更重要，当学生能提出问题，就说明学生在认真地参与课堂。创设推进教学活动的情境，通过直观的素材，激发学生的灵感，碰撞出分类思维的火花，从而构建新的数学概念，促进学生抽象思维能力的提升。问题是思考的源泉，也是探究的载体，解决问题是思考的原动力之一。在引导学生提出问题的过程中，还要激发解决问题的信心，使得学生能从几何直观、文字语言的转换中，从具体到抽象中理解两条直线的位置关系，培养学生自身的直观想象和数学抽象思维的素养。

（三）自主探究，培养学生应用意识

“融乐”课堂的指引下，要求我们在课堂教学时，应当引导学生，创设愉快的课堂气氛，组织各种形式的自主探究学习，深化对概念的认识，不断地提高学生的应用能力。在教学的过程中，教师应以学生为主体，一、不过多地干涉学生自主理解概念；二、给予充足的思考时间，在生活中寻找平行与垂直的例子；三、把时间还给学生，让更多的学生在探究交流中体会到成功获得知识的乐趣。

在教学“平行与垂直”这一课时，学生提出了问题就要给学生时间做好分类，如何分呢？来源于学生的学习素材，有利于调动学生的积极性，传统与现代相结合，既展示自我，又为分类提供足够的素材。通过小组自主研讨学习，在倾听和交流中不断优化自己的分类方法，初步理解同一平面内两条直线的位置关系。整个探究过程以分类问题为导向，以如何分类这一任务为驱动，以兴趣和想象为动力，引起学生的探究，在平行与垂直这两个概念教学中培养学生空间想象力的同时也增强学生的数学应用意识。

不同的分类有不同的概念，这两个概念的学习借助课本分两个研学问题去探究。第一个研学问题：学生打开课本阅读平行线的概念，追问分析平行线的概念要抓住“同一平面”“不相交”两个关键词，借助生活中的经验不断内化，形成自己心中“平行线”的知识网络。第二步：教师通过课件展示，转动平行线中的一条直线使它与另一条直线相交成直角。这又叫什么呢？这就是本节课的第三个研学任务，使学生经历新知的动态生成过程，引导学生在观察对比中发现问题，发现两条直线相交成了直角，并借助三角板的直角验证，自主研学揭示“互相垂直”这一概念，这样在无形中培养学生养成科学严谨的学习态度和掌握探究问题的方法。

“平行与垂直”这节课我设计了三个合理的探究活动，让每一位学生都有充足的学习时间在小组内交流，给予不同小组展示机会，提高了学生的探究能力和交流能力，同时加深新旧知识的迁移，增强了学生的应用意识。

（四）学思练中，提高学生实践能力

当今信息时代，面对小学数学教学的新观点、新思想、新模式，我们不能忽视练习巩固这一环节。作为练习，不仅是竞争中一题题闯关，还要借助“狸米”平台清晰地掌握学生的学习情况，这样更有利于在练习中掌握学情，通过各种形式的练习结合生活提高学生的实践能力。

“平行与垂直”这一课的练习环节，为了突出重点，突破难点，由浅入深，我借助现代平板教学与传统模式相结合，学思练共融，变枯燥为趣味，设计了：我会选—我会判—我会找—我会折，这四种层层深入的练习题。通过“狸米”平台练习及时反馈学情，针对学生错误较多的知识点着重讲解，同时平台提供举一反三的习题让学生进一步巩固；为增强课堂的趣味性设计的“我会折”，让学生在动手操作中，更深入地理解平行与垂直两个概念；概念的学习最终要回归联系生活，本节课的课题几个字中也包含平行与垂直两种关系，学生既联系生活掌握了本节课的知识，又体会到中国汉字文化的博大精深，在积极参与中更好地促进数学思维的深刻性和灵活性，从而培养学生的实践能力。

一节概念课的教学，我们不仅要抓好学生的学习效率，还要提升学生核心素养的形成，面对信息化时代的快速发展，我们要顺应时代的潮流，借助“狸米”平台的及时反馈，更好地结合以上两点高效地完成课堂。

三、总结与展望

总而言之，概念教学这一复杂的思维过程、这一抽象的过程需要教师不断地提升自身专业素养，提高课堂教学实效。在教学中可以结合新课程理念研学的实际，在小学数学课堂中借助“狸米”数学平台的使用，在教学中设计符合小学生学习特点及认知规律的教学流程模式，提升学生课堂效率，完成高效课堂，以此循序渐进地培养小学生的数学核心素养。

参考文献

[1] 杨远章.基于核心素养下的初中数学高效课堂建立方法探析[J].读写算，2019（9）：134.

[2] 党兴云.浅谈核心素养理念下的高中数学课堂教学[J].青海教育，2019（10）：45.

[3] 陈育梅.分年段巧安排设问题有层次——小学数学小组合作学习有效性探研[J].新教师，2017（1）：51-52.

[4] 李玉发.小学数学学科核心素养及其培育的基本途径[J].新课程导学，2019（18）：60.

作者简介

翟蓓贝：广州市番禺区东湖洲小学数学教师。

彭梦华：广州市番禺区东湖洲小学数学教师，广州市中小学一级教师。

浅谈在极简教育技术支持下的小学数学教学模式

——以北师大版三年级下册第五单元“面积”单元式整体教学为例

成都市青白江区弥牟小学校　张　婷

【摘　要】当代数学倡导注重学生核心素养的培养，因此，构建切合实际的教学模式，能使课堂教学更好地服务于当代教育的需要。而单元式整体教学是教师在教学过程中依据本班学生实际学情确定教学的起点，在对学生知识的掌握、知识体系建构等多方面进行了解之后，确定具体而有层次的教学目标，有助于教学活动的顺利开展。再结合适宜的现代极简教育技术，既能将抽象的数学知识进行直观的动态演示，轻松地突破教学重难点，提高课堂教学效率，也能活跃课堂氛围，提升学生学习数学的兴趣。本文将以北师大版三年级下册第五单元“面积”为例，浅谈在极简教育技术支持下的小学数学单元式整体教学。

【关键词】极简教育技术；教学模式；单元式整体教学

一、引言

《义务教育数学课程标准（2011 年版）》指出：“数学知识的教学要注重学生对所学知识的理解，认识数学知识之间的相关性。”“数学知识的教学要着眼于知识的‘增长点’和‘延伸点’，把每节课所教授的知识放在整体的知识体系中，注重知识的结构和体系。”因此，教师可根据学生现有的认知水平，结合本班的实际学情，联系之前已学、现在要学、今后将学的内容，以及知识之间的纵横关系进行单元整体教学。当然，在教育信息化 2.0 全面推进的今天，教师应该如何在教学中借助一些方便、实用、易学、易用的现代化教育技术，来帮助其在授课过程中，对教学环节进行调整、对教学内容进行优化，有效地突破教学重难点，提升学生的学习效率，培养学生学习数学的兴趣，这是需要教师在教学过程中不断尝试、研究的。

二、梳理单元内容，做好学情分析，明确学生知识的“生长点”和“延伸点”

“面积”这一单元的主要内容包括“认识面积、认识面积单位、计算长（正）方形的面积、面积单位之间的转换、用所学的面积相关知识解决生活中的实际问题”。本单元的教学是在学生掌握了长（正）方形的特点、会计算长（正）方形的周长的基础上进行的，学生从学习长度到学习面积，这是对空间形式认识的一次飞跃。但是三年级学生的思维仍以表象思维为主，处在直观的辨认水平，所以本单元的教学内容应以具体的画图示意、实际动手操作、直观演示（课件、教具）为主，让学生感受到什么是面积、面积的大小，进而在合作交流中，在教师的引导下总结出长（正）方形的面积的计算方法。因此，教师应在极简教育技术的支持下，结合传统教学方法来安排本单元的内容，向学生展示概念形成的过程，有利于培养学生的空间概念，提高学生解决简单实际问题的能力，为以后学习其他平面图形的面积计算打下基础。

三、确定教学目标，明确教学重难点，选择合适的教育信息技术

（一）教学目标（单元目标—分目标—课时目标——明确）

基于对教材和学生学习情况的分析，我们首先应该确定本单元的教学目标：

第一，知识目标。学生能理解面积的含义；识别常用的面积单位，掌握常用面积单位之间的进率；能掌握长（正）方形面积的计算公式；并能运用长（正）方形的面积计算公式解决实际问题。

第二，过程目标。让学生通过直观的演示和实际操作初步建立面积和面积单位的表象；通过各种比较活动，发展其类比思维；学生可以灵活运用长（正）方形的面积计算公式解决问题，感受转化思想。

第三，数学思考。让学生通过观察、迁移、操作、比较来发现面积单位、面积计算之间的关系并总结相关规律。能够主动发现生活中的相关问题，并运用所学知识解决问题。

第四，情感目标。让学生经历由直接比较到间接比较的过程，在获得感性认识的基础上，理解面积的含义，体会到生活中处处有数学。在比较面积大小和推导面积计算公式的过程中，帮助学生养成独立思考、勇于探索的好习惯。

因此，依据本单元的教学目标，我们可以对教学内容进行整合，如：面积的定

义—微课导学—面积单位的认识 + 面积单位之间的进率—长（正）方形面积的计算—巩固应用 + 拓展。紧接着，再依据本班实际学情确定每一部分的教学目标及课时安排，并针对每一部分的内容选用适当的教学方法与教育技术，力争做到教学目标明确，教学手段适宜，教育技术简单直观。

（二）教学重难点（动手操作 + 现代的教育信息技术的动态展示——直观）

第一，教学重点。学生能理解面积的含义，掌握相邻两个面积单位之间的进率、长（正）方形的面积计算公式，并能运用计算公式正确计算。

第二，教学难点。学生能正确进行面积单位之间的换算、理解长（正）方形的面积计算公式的推导过程。

利用实物 + 技术的直观演示能帮助学生有效突破本单元的教学难点，也能让学生感受到数学与生活的紧密联系，提升学生学习数学的兴趣，因此，笔者在本单元的教学中会选用相应的"网络画板"中的素材以帮助学生直观感受。

（三）教育信息技术（网络画板 + 交互式电子白板——互补）

"网络画板"是一款"互联网 +"动态数学工具。教师可以用它来动态显示静态图形；将抽象的数学知识或问题可视化；帮助教师突出教学重点，突破教学难点；培养学生的学习主动性和实践能力。"网络画板"中的资源是十分丰富的，教师可依据自己班级的实际，选用相应的素材，亦可进行修改或直接原创制作，很大程度上帮助了教师的课堂教学。在数学教学中有机融入"网络画板"，能够有效改进课堂教与学的方式，为数学课堂教学营造一种动态、开放、新型的教学环境。但是，对于小学生来说，为了更好地达到教学目的，教师需要精心创设问题情境，利用图片、游戏、微课、音频等方式来调动学生学习新知的积极性，拉近学生与新知的距离，让学生亲近数学。而基于目前"网络画板"中存在的一些限制，笔者认为可以结合现在的一些交互式白板软件（如：希沃白板），以达到互补的作用。

四、合理分配课时，明确学生探究活动，制作配套课件

依据教材编排、学生学情、教师现状、学校实际，结合小学数学的学科特点、学生的认知特点、教学的多元目标特点，在确定了单元教学目标的基础上进一步确定每一课时的教学目标。

（一）依据课时的教学目标设计合理的教学环节，明确每一教学环节的设计意图

由于每个课时的教学目标是不同的，因此每个课时的设计也应根据教学目标而

有所不同。教师必须清楚自己每一个教学环节的设计意图。在本单元中，笔者认为可以将“面积单位”和“面积单位的换算”两部分内容相结合，在学生理解了面积的含义之后，便进行本部分的教学。在教学之前，可以将本课的新知录制成微课（手机拍摄、多种微课录制软件如 Camtasia Studio+PPT、Focusky、Axslide 等，各种录屏软件，也可网上搜索下载）推送给家长，这样可以激发学生的学习兴趣，让学生提前预习并发现问题，再在新授中解决问题，减轻学生的学习负担。而在新授的过程中通过学生观察发现（统一面积单位的重要性）—衔接迁移、展示交流（认识面积单位，知道面积单位的大小）—导疑启思、尝试探索（小组合作＋希沃白板或网络画板：发现面积单位间的进率）—演练巩固（希沃白板中的“课堂活动”：活跃课堂氛围、巩固新知）几个教学环节，结合极简教育技术，教师能有效地达到教学目标，学生也能感受到数学的趣味性，发现数学与生活的紧密联系。

（二）依据课时每一环节的目的设计适宜的学生活动，明确学生活动能达成的学习目标

笔者认为在本单元的教学中应注重加强直观教学，丰富学生的直接经验，将学生的合作探究与交互式教学有效地相结合，并针对每一课时的具体目标，合理安排学生课堂活动。如：在教学“面积的定义”时，可由周长相关的旧知入手，通过课件动画（电子白板、网络画板……）的直观演示，让学生产生疑惑，进而通过讨论发现“周长”与“面积”的联系与区别，导入新知。而在感知“什么是面积”这一环节时，笔者认为更侧重于学生的动手操作。借助身边的实物（数学书、作业本、桌面……），小组讨论—全班交流（实物演示）—概念总结（教师引导）—巩固新知（学生实物演示、教师课件展示），在整个课时的教学中，更多是让学生结合生活实际，突破教学重难点。因此，对于小学阶段而言，仅仅依靠先进的教育信息技术是不够的，要想学生较好地达到学习目标，有时还需要传统的教学手段相配合。

（三）依据课时的教学重点选用适宜的极简教育技术，确保有效突破教学重难点

教师在教育信息化过程中接触到的新媒体、新技术、新方法数不胜数。笔者认为，借鉴极简主义，选择合适、方便、实用、易学、好用的技术和方法来做教师工作和学生学习的好帮手，能有效地帮助提高工作和课堂的效率。在教学本单元“长（正）方形的面积”的教学中，可借助“网络画板”（有网格）的动态展示功能，通过直观地操作与对比，让学生发现长（正）方形的面积计算公式。而对于这部分的内容，需要教师进行适当的拓展，相应地，需要学生能够有一定的空间概念，能够根据题意画出示意图，所以，在进行拓展讲解的过程中，可让学生在独立思考、小组交流的基础上画出示意图并初步解题，教师可借助希沃授课助手App，方便地记录、展示学生的解题过程，学生也能够更加方便地看到自己及同伴在课堂中对知识的反馈情况，既能增强学生的竞争意识，又能激发学生的主观能动性。

五、结语

在现代极简教育技术的支持下，在单元式整体教学中，教师拥有着多重身份：作为引领者，对单元学习的内容进行梳理整合，明确教学目标、教学重难点；作为合作者，与学生共同体验、探讨，并给予及时的引导；作为促进者，选择适宜的极简教育技术、设计合理的教学活动，让学生能有效且高效地进行学习。以上为笔者关于极简教育技术支持下的小学数学教学模式的一些浅见，笔者将继续探究如何更好地利用极简教育技术来辅助教学，让小学数学课堂充满“灵气”。

参考文献

［1］黎加厚．极简教育技术在基础教育领域的兴起［J］．中国电化教育，2019（2）：6-9.

［2］于萍．浅谈小学数学单元整体教学［J］．教育（周刊），2019（10）：1.

［3］李星云．基于数学核心素养的小学数学教师课程体系建构［J］．教育理论与实践，2016，36（11）：45-48.

［4］赖其娟．谈构建新型课堂教学模式［J］．读写算：教育教学研究，2014（30）：26.

［5］吴善佳．极简教育技术在日常教育教学中的应用［J］．中国信息技术教育，2019（20）：2.

［6］彭文土．浅析如何在小学数学教学中运用多媒体技术——极简教育融入小学数学教学［J］．中国教工，2020（21）.

［7］孙悦．小学数学单元整体教学体系架构和实施分析［J］．赢未来，2018（25）.

作者简介

张婷：成都市青白江区弥牟小学校数学教师，二级教师。

关于如何利用信息技术上好小学数学练习课的思考

——以网络教学“比例”单元练习为例

陕西师范大学锦园小学　张　丹

【摘　要】针对线上教学教师与学生不在一起，教学效果不够理想，本文将以“比例”这一单元的练习课为例，介绍各个App：腾讯会议、QQ群作业、QQ群相册、一起作业等在教育教学过程中分别在哪个环节进行使用，各个App之间的相互补充，以课堂实例来进行思考和探究。希望可以为教师开展网络教学提供帮助。

【关键词】信息技术；网络教学；App；小学数学

2022年开学不久受新冠疫情再次影响，我校又将教学从“线下”搬到“线上”，授课时间由40分钟变为30分钟，师生互动、生生互动都面临一些新的挑战，授课的节奏、课程量的把控、学生的收获，这都是我们要面对的问题。在这种特殊情况下，远程教学教师如何利用信息技术上好一堂练习课，提高课堂效率呢？

一、课堂腾讯会议直播课：设“陷阱”，寻突破

在认识了比例以后，学生能掌握比例的判断方法：两内项积等于两外项积；求比值，比值相等积相等。但学生在书写上却出现没有过程直接得出结论的情况。

【片段一】

师：下面哪几组的两个比可以组成比例？把组成的比例写出来。

12∶18和8∶16　　0.2∶0.5和5∶7.5　　$\frac{3}{8}:\frac{1}{4}$和$\frac{1}{2}:\frac{1}{3}$

生：第一组和第二组不可以，第三组可以。

有的学生在聊天区很快地打字汇报答案，有的学生申请举手，有的学生直接在腾讯会议里就发言了，教师没有设置全员禁言，因为在课堂中还是要畅所欲言。

师：说出你判断的理由。

生：第一组第一个比的比值是 $\frac{2}{3}$ ，第二个比值是 $\frac{1}{2}$ 。很明显不相等，所以不成比例。

生：第二组两内项积是 2.5，两外项积是 1.5。很明显积不相等，所以不成比例。

生：第三组两内项积是 $\frac{1}{8}$ ，两外项积也是 $\frac{1}{8}$ 。所以成比例。

从课堂反馈来看学生们都说得很好，而且在这里教师的 PPT 通过共享桌面，和学生们的想法是一致的，看来学生们对这部分知识点掌握得还比较好。但是从学生们提交的作业来看，却出现了各种各样的问题。

【片段二】

师：比例尺分了几类?

生：两类。线段比例尺和数值比例尺。

师：比例尺表示什么意思你知道吗?

生：例如 1∶5000000 表示的意思就是图上 1 cm 表示实际 50 km。

学生汇报没有问题，但是在书写中却暴露了这样的问题。如：在学生的惯性思维中能用数学符号尽量用数学符号。可是当教师用等号把“图上 1 cm= 实际 50 km 吗？”这句话表示出来时，立刻得到了学生的反驳：它们不相等。学生的认知里它们不相等，但是落笔却是相等。这也暴露了学生对于数学符号的认识还是有些欠缺。

如果说在课堂教学中遇到类似问题，我们通过板书集体订正，这个问题就会很轻易地解决，可是隔空教学对于这种看似简单，但是容易出错的问题却很难引起学生的重视。

鉴于此，在第二天的练习课授课中，及时调整了授课方式，在 PPT 中展示教师的这两种做法：乱用等号和无过程，学生发现了教师的“错误”，授课方式由教师讲授变成了学生来找茬。在踊跃地发现教师错误的过程中，复习了两个比是否成比例的概念和比例的基本性质。

思考：线上教学授课时间短，教师讲授学生听课这种模式本身就有很大的挑战，基础部分的练习学生掌握了多少，确实很值得我们去深刻思考。讲解习题更是难上加难，程度较好的孩子觉得基础我都掌握了，所以“懒得听”，程度稍弱的孩子本身学习自觉性就不高，注意力更加难以集中。在利用腾讯会议授课在线上处理练习时，结合学生的易错点设置“陷阱”。激发了学生的学习兴趣。学生可以畅所欲言，也可以在 PPT 上及时打字板书，把学生由参与者变为主动发言者。学生在频繁“跳进陷阱”中，明辨自己的问题，收获颇丰。

二、课后 QQ 群相册：讲思路，促提升

在解决用比例解决实际问题时，只要找准两组比成比例这个关键点进行判断就可以解决问题。但是，由于有些题目稍微复杂，就会给学生寻找比例带来困难，加之学生没有养成用比例解决实际问题的思维模式，对于稍微复杂的题目就有畏难情绪，或是无从下手，所以教师如何在隔空教学中引导学生有序思考，也是思考的一个重点问题。

【片段三】

师：小明倒了两杯水，第一杯加了 10 g 糖，糖水重 150 g。第二杯水重 210 g，如果要使两杯糖水一样甜，那么要在第二杯水中加入多少克糖？（用比例解）

生：要使两杯糖水一样甜，也就是两杯中糖和水的比成比例。

师：两杯中糖和水的比成比例又是什么意思呢?

生：比值相等。

师：这就是这道题目的核心。那你会列出比例吗?

生：10∶140=X∶210。

师：我们在这里没有 140，你的 140 是从哪里来的?

生：需要在前面补一道算式 150–10=140（g)。还需要补充设第二杯水中加入糖 X g。

师：选一个学生汇报在刚才解决这道题目中我们遇到的问题以及解决策略。课后请录制讲题视频发至群相册。

师：刚才你们遇到的问题就是解决这道题目的关键——这两杯糖水一样甜说明它们的糖的含量和水的含量的比成比例，也就是先假设糖的含量为 X g，再根据题目列出等量式“10∶(150–10)=X∶210”。

反思：对于重难点题目，让学生讲出来发至群相册是检测学生是否掌握的一个有效手段。传统授课中我们可以通过和学生的眼神、神态交流来判断学生的疑惑是否得以解决，可是网络授课学生的疑惑是否得以解决一直是困扰我们的一个问题。另外群相册成员之间可以相互查看，在我们网络学习中起到了同伴互助的角色。

【片段四】

师：将正方形缩小，使缩小后的图形与原图形对应线段长的比为1∶3；将长方形放大，使放大后的图形与原图形对应线段长的比为2∶1。

生：按1∶3的比把正方形缩小，就是把正方形每条边都缩小到原来的$\frac{1}{3}$。按2∶1的比把长方形放大，就是把各边都扩大到原来的2倍。

生：图形的放大和缩小不改变图形的形状，只改变了图形的大小。

思考：这部分的图形学生汇报起来都没有问题，但是在实操中容易出错。在这部分教学中我使用了一起作业App，教师能方便快捷地发现学生的问题，学生也能通过适量的练习提高正确率，更好地理解各边按比缩小或扩大。在做练习时，也要注意练习的层次和梯度。

三、QQ群作业和一起作业App：双管齐下，及时快速收反馈

网络授课最大的问题是不能直面学生的书面作业。所以我选择了QQ群的作业功能，通过学生提交作业，可以在线对学生的作业进行批阅。也可以评选出来优秀作业，这样能激发学生完成作业的积极性。但是问题在于批改作业的及时性，还有个别学生不按时完成作业或漏提交作业。这样教师核查作业完成度的效率就比较低了。

一起作业App作为补充作业从另一方面解决了这个问题。它的首页就很明显地显示出谁未完成作业，图1是一起作业完成情况，谁未订正，学生完成作业的用时及订正率一目了然，图2是学生完成时间及正确率。这个作为补充可以很高效地对本节课具体到某个学生某个知识点的掌握情况，方便教师后续跟进。

图 1　一起作业完成情况

图 2　学生完成时间及正确率

四、勤总结，勤反思：高效使用 App，促进教学提效率

有效地将这些 App 结合起来，对于我们的网络教学有非常重要的意义。这就要求了我们教师不光要钻研教参、课本、教学内容，也要对 App 的功能进行试验。直播课，腾讯会议，查到课率，课堂发言，师生互动，生生互动，完整录课，方便回看。QQ 群相册，学生讲题，补充因为网络授课带来的学习中缺少的同伴互助。QQ 群布置作业，方便了解学生书面作业的完成情况，并能对作业进行批改。一起作业 App，高效地对本节课具体到某个学生某个知识点的掌握情况，方便教师跟进。

网络授课使得教师与学生分隔两端，但是如果熟练地使用信息技术，这将使得我们和学生的距离拉近很多。2020 年我们接触了三次网络授课，从最初的孩子看微课、到现在各个 App 结合使用，如果教师在这个过程中不积极主动探究这些信息技术的应用，那么在教学过程中将会遇到这样或那样的问题。网络授课中，有的孩子不愿意打开摄像头，也不愿意回答问题。短短的 30 分钟如何巧妙地“撬”开学生的嘴，让他们积极参与进来，发挥学生的积极能动性是教师在网络教学中需要解决的重要问题。

五、总结

著名的数学家华罗庚曾说过，学习数学而不做题犹如入宝山而空返。练习对于数学学习至关重要。在本节课的教学中我总结了之前网课中的经验和教训，精心设计了课堂练习，把学生的错误变成教师的错误；把教师讲题的微课变成学生讲题的微课，全班同课异构，同题众讲，让每个学生都参与进来，提高了线上教学质量。在后续的教学中教师还要继续研究各种 App，总结经验，提高线上教学的实效性，从而达到满意的教学效果。

参考文献

［1］中华人民共和国教育部．义务教育数学课程标准（2011 年版）［M］．北京：北京师范大学出版社，2012.

［2］王海峰．浅谈如何提高小学数学课堂教学效益［J］．当代教育管理杂志，2021（4）：30-31.

［3］赵晓娜．在数学课堂怎样培养学生的表达能力［J］．当代教育管理杂志，2021（4）：21.

［4］曾雪梅．让尝试性学习走进小学数学课堂［J］．当代教育管理杂志，2021（4）：27.

［5］马红．网络课堂中如何有效练习——判定两个量成正比例或反比例关系的练习教学实践与思考［J］．当代教育管理杂志，2021（4）：29-30.

作者简介

张丹：陕西师范大学锦园小学数学教师。

基于 GeoGebra 软件的高中数学教学研究

开平市第一中学 林庆伦

【摘 要】随着教育信息技术的发展，信息技术与数学学科深度融合已成为教育热点。多款动态数学软件被融合应用到数学教学中去，GeoGebra 是其中的佼佼者。GeoGebra 可以精确直观地等价转化代数和几何性质，使得“数”与“形”结合，并且可以动态演示，易于师生进行数学探究与数学实验，适应了高中数学教学需要。本文通过基于 GeoGebra 软件辅助教学，将数形结合的思想融合到高三数学的复习课当中去，引导学生主动探究，加强学生分析、解决问题的能力，增强他们的直观想象和数学建模等核心素养。

【关键词】高中数学教学；GeoGebra；数形结合

一、引言

《教育信息化 2.0 行动计划》的颁布，进一步推动了我国教育信息技术的发展。信息技术的进步为数学课堂教学提供了很多支持，而动态数学软件作为学生学习以及教师课堂教学的辅助工具之一，在数学学科教学中的运用受到不少关注，建立了师生交流的平台，为数学学科教学提供了便利以及丰富的资源。其中几何画板、超级画板等动态数学软件制作素材相对复杂，与之相比，GeoGebra 软件操作简单，作图规范，可直观实现代数与几何性质的等价转化，使得“数”与“形”结合，并且可以动态演示，使数学教学可视化，以形助数，以数论形，适应了课堂教学的需要。本研究发现，在高中数学课堂教学中，通过 GeoGebra 软件辅助教学，尊重学生学习的主体地位，激发学生学习的主观能动性，并用所学的数学知识、思想方法，独立思考、探索和研究，增强他们的直观想象和数学建模等核心素养，也为教师提高数学教学质量以及教学效率提供了参考依据，具有很强的教学现实意义。

二、解法研究

（一）在解答涉及不等式问题当中的应用

在高中数学教学中，由于学生数学运算不过关，直观想象能力较差，在理解、掌握和运用不等式问题的过程中会遇到重重困难。如果课堂上借助 GeoGebra 软件作图就可以帮助学生理解不等式相关题目，降低了题目难度，便于学生解题，也有利于学生直观想象能力的培养。

案例 1. 设 $x \in \mathbf{R}$，则“$x^2-5x<0$”是“$|x-1|<1$”的（ ）

A. 充分而不必要条件 B. 必要而不充分条件 C. 充要条件 D. 既不充分也不必要条件

解析：在 GeoGebra 代数区输入 $f(x)=x^2-5x$ 和 $g(x)=|x-1|-1$，结合图 1 可得出 $x^2-5x<0$ 表示为区域 α（圆点区域），$|x-1|<1$ 表示为区域 β（斜线区域），故选 B。

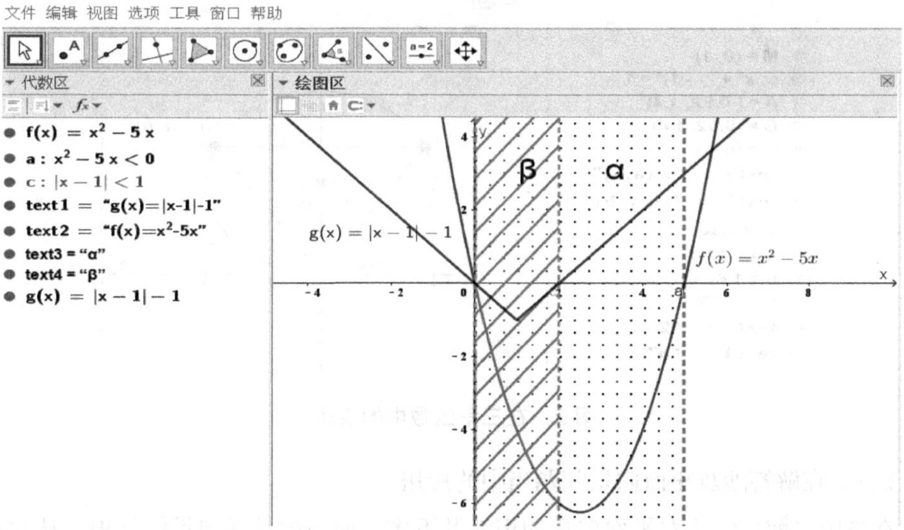

图 1 在不等式中的应用

（二）在解答涉及三角函数问题当中的应用

三角函数在高中数学中占据重要地位，涉及的公式、图象与性质较多，如果按照传统教学，难以吸引学生兴趣。当借助 GeoGebra 软件绘制三角函数图象的时候，可以让图象动起来，向学生展示三角函数图象的形成过程，将问题具体化，化静为动，让数学课堂变得生动有趣不再枯燥。提高学生独立思考的能力以及积极性，提高学生数学学习关键能力。

案例 2. 已知 $f(x)=2\sin x+\sin 2x$，则 $f(x)$ 的最小值是________。

解析：由 $f(x)=2\sin x+\sin 2x=2\sin x(1+\cos x)$，令 $a=\sin x$，$b=1+\cos x$，得 $a^2+(b-1)^2=1$，原问题等价在满足 $a^2+(b-1)^2=1$ 条件下求 $2ab$ 的最小值。

如图 2，在 GeoGebra 的工具栏中利用圆工具创建圆心为 $M(0,1)$，半径为 1 的圆，由题意知满足题意的点 $A(a,b)$ 在第二象限，易求点 A 关于 y 对称点 $B(-a,b)$，连接点 A、B、O，可得 $2ab$ 最小值即为 $\triangle OAB$ 面积两倍的相反数，即 $(2ab)_{\min}=-2(S_{\triangle OAB})_{\max}$，由圆内接三角形中等边三角形面积最大推出 $(S_{\triangle OAB})_{\max}=\frac{3\sqrt{3}}{4}$，得 $(2ab)_{\min}=-\frac{3\sqrt{3}}{2}$。

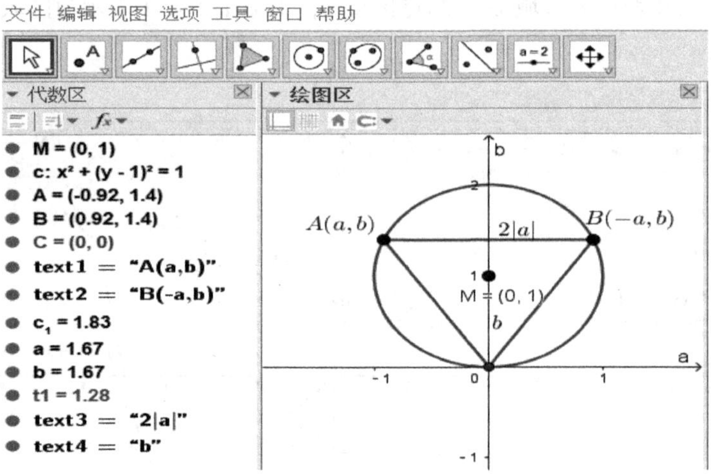

图 2　在三角函数中的应用

（三）在解答涉及平面向量问题当中的应用

在高中之前，学生对平面向量知识涉及不多，而高中教学向量的知识，从数量过渡到向量，学生理解认知不够，概念不清晰。在进行平面向量教学中有时候可以借助于 GeoGebra 软件的动态演示来突破平面向量重点、难点，使得学生易于接受，体验操作经历从知识模糊到深刻的过程，从而取得较好的教学效果。

案例 3. 已知 P 是边长为 2 的正六边形 $ABCDEF$ 内一点，则 $\overrightarrow{AP}\cdot\overrightarrow{AB}$ 的取值范围

是（　　）

A. $(-2,\ 6)$　　B. $(-6,\ 2)$　　C. $(-2,\ 4)$　　D. $(-4,\ 6)$

解析：$\because \overrightarrow{AP}\cdot\overrightarrow{AB}=|\overrightarrow{AP}||\overrightarrow{AB}|\cos<\overrightarrow{AP},\overrightarrow{AB}>$，如图3，在GeoGebra中利用正多边形工具作出正六边形 $ABCDEF$，P 是其内部一点，如图建立平面直角坐标系，$\overrightarrow{AP}$ 在 $\overrightarrow{AB}$ 方向上的投影为 $\overrightarrow{AP_1}$，结合 C、F 两位置知 $\overrightarrow{AP_1}$ 范围是 $(-1,\ 3)$，所以 $\overrightarrow{AP}\cdot\overrightarrow{AB}$ 范围是 $(-2,\ 6)$。

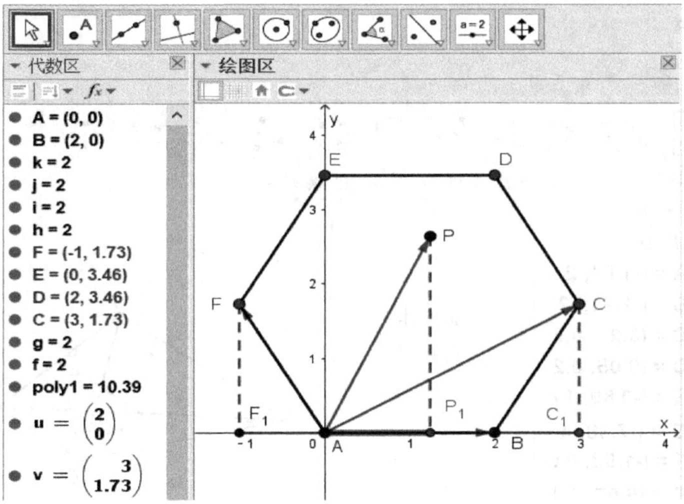

图3　在平面向量中的应用

（四）在解答涉及立体几何问题当中的应用

高中数学立体几何的难度比初中要高很多，空间想象能力要求高，在立体几何教学过程中，如果使用传统手段直接在黑板上作图，准确度不高，立体感不强，GeoGebra软件可以精准画图，并且可以从不同角度动态演示，可以让学生了解知识产生的过程，将抽象的知识可视化、直观化，使得学生可以更深入了解问题本质，快速找到解决问题的方案，提升教学效率。

案例4. 已知三棱锥 $P-ABC$ 的四个顶点在球 O 的球面上，$PA=PB=PC$，$\triangle ABC$ 是边长为2的正三角形，E、F 分别是 PA，AB 的中点，$\angle CEF=90°$，则球 O 的体积为（　　）

A. $8\sqrt{6}\pi$　　B. $4\sqrt{6}\pi$　　C. $2\sqrt{6}\pi$　　D. $\sqrt{6}\pi$

解析：∵ $PA=PB=PC$，△ ABC 是边长为 2 的正三角形，可得出 P–ABC 为正三棱锥，容易证明 $AC\perp PB$，由 $PB\parallel EF$ 得 $EF\perp AC$，结合∠ $CEF=90°$ 知 $EF\perp$ 平面 PAC，$PB\perp$ 平面 PAC，所以可证出 PA、PB、PC 两两垂直。

如图 4，在 GeoGebra 中，以 P–ABC 作为正方体的一角，补充成一正方体并作出外接球（复选框先隐藏），旋转正方体或外接球，学生直观地注意到三棱锥 P–ABC 的外接球 O 的半径就是正方体体对角线的一半，设半径为 R，$(2R)^2=6$，$R=\dfrac{\sqrt{6}}{2}$，$V=\dfrac{4}{3}\pi R^3=\sqrt{6}\,\pi$。

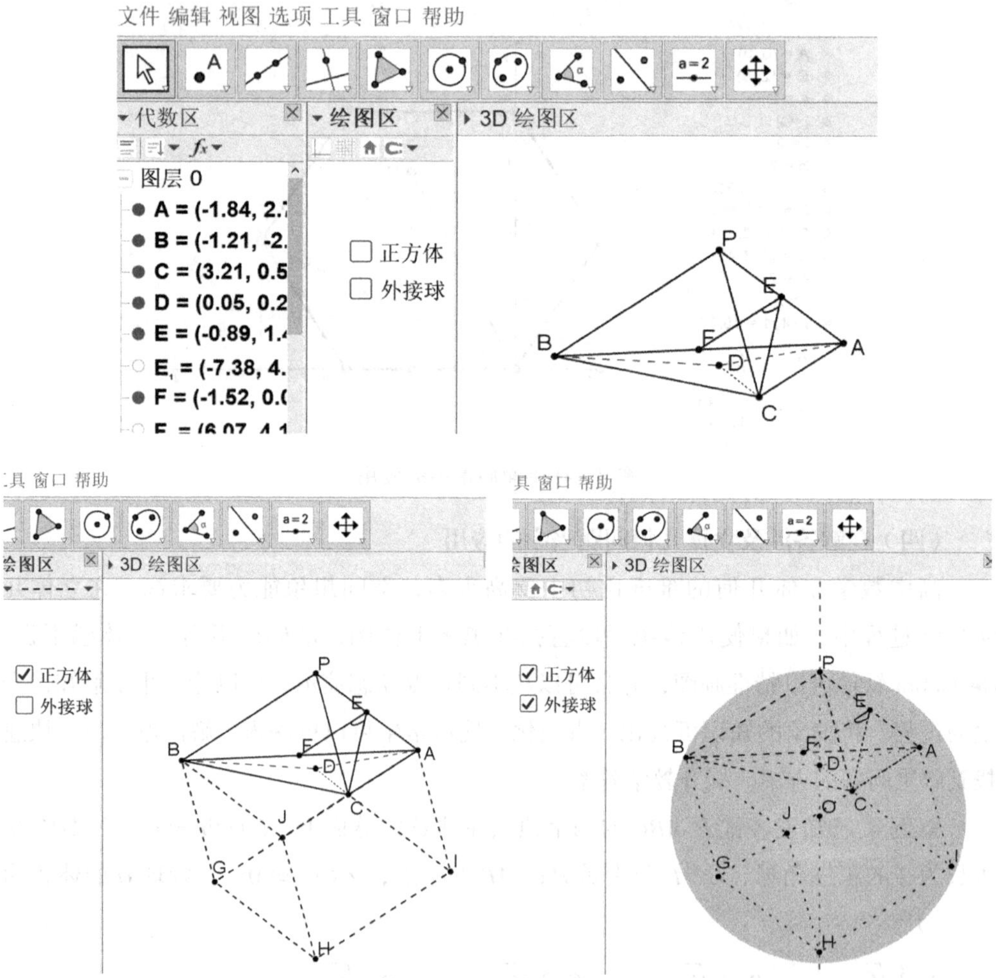

图 4　在立体几何中的应用

（五）在解答涉及函数零点或方程的根问题当中的应用

在历年的高考数学题中，函数相关的题目往往都是与导数有关的函数零点问题或者方程的根的问题，常以压轴题出现。此类题目知识综合性强，数学运算难度大，函数图象较为复杂，多数学生望而生畏。常规教学难以准确作图，借助 GeoGebra 软件作图能对参数取值后绘制图象，动态观察函数图象随着参数变化而变化，然后对比观察，帮助学生理解和思考，明辨解题方向，最终帮助学生优化解题方法、形成解题模式。

案例 5. 已知函数 $f(x)=|x-2|+1$，$g(x)=kx$，若方程 $f(x)=g(x)$ 有两个不相等的实根，则实数 k 的取值范围是（　　）

A. $(0,\ \frac{1}{2})$　　B. $(\frac{1}{2},\ 1)$　　C. $(1,\ 2)$　　D. $(2,\ +\infty)$

解析：如图 5，在 GeoGebra 中作出 $f(x)=|x-2|+1$ 和 $g(x)=kx$（恒过原点）图象，生成变量 k 的滑动条，当 $k=\frac{1}{2}$ 时，$g(x)$ 与 $f(x)$ 图象只有一个公共点，当 $k=1$ 时，$g(x)$ 与 $f(x)$ 图象只有一个公共点，当 $k\in(\frac{1}{2},\ 1)$ 的时候，$g(x)$ 与 $f(x)$ 有两个公共点，故选 B。

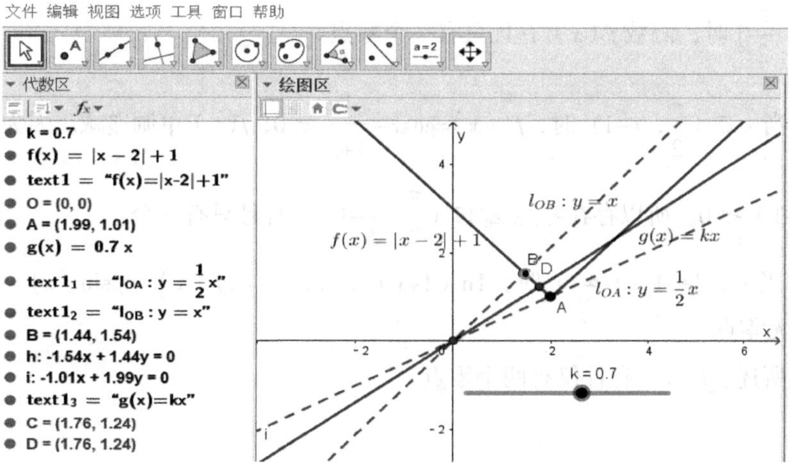

图 5　在方程的根中的应用

案例 6. 已知函数 $f(x)=\sin x-\ln(1+x)$。证明 $f(x)$ 有且仅有两个零点。

解析：$f(x)=\sin x-\ln(1+x)$，$x>-1$ 有且仅有两个零点即函数 $g(x)=\sin x$ 与 $h(x)=\ln(1+x)$ 图象有且仅有两个交点。

用 GeoGebra 作出 $g(x)$ 与 $h(x)$ 图象如图 6 上半部分，知 $x=0$ 是其中一零点，另一零点（不妨设为 x_0）的范围明显在 $(\frac{\pi}{2},\pi)$。对比图象可将 $x>-1$ 范围分为 $(-1,\frac{\pi}{2}]$、$(\frac{\pi}{2},\pi)$、$[\pi,+\infty)$ 三部分。结合三角函数的有界性，当 $\ln(1+x)>1\geqslant\sin x$ 即使 $x>e-1$ 时 $f(x)$ 无零点，可细化到 $(-1,\frac{\pi}{2}]$、$(\frac{\pi}{2},e-1)$、$[e-1,+\infty)$ 三部分进行讨论。因为 $f'(x)=\cos x-\frac{1}{1+x}$，

（1）当 $x\in(-1,\frac{\pi}{2}]$ 时，用 GeoGebra 作出 $p(x)=\cos x$ 与 $q(x)=\frac{1}{1+x}$ 的图象如图 6 下半部分。发现存在 $t\in(0,\frac{\pi}{2})$ 使得 $f'(t)=0$。$x\in(-1,0)$ 时，$f'(x)<0$，$f(x)$ 单调递减；$x=0$ 时，$f'(0)=0$，$f(0)=0$；$x\in(0,t)$ 时，$f'(x)>0$，$f(x)$ 单调递增，$x\in(t,\frac{\pi}{2})$ 时，$f'(x)<0$，$f(x)$ 单调递减，$f(\frac{\pi}{2})>0$。所以，当 $x\in(-1,\frac{\pi}{2}]$ 时，函数 $f(x)$ 有且只有一个零点。

（2）当 $x\in(\frac{\pi}{2},e-1)$ 时，$f'(x)=\cos x-\frac{1}{1+x}<0$，$f(x)$ 单调递减。因为 $f(\frac{\pi}{2})>0$ 且 $f(e-1)<0$。所以存在零点 $x_0\in(\frac{\pi}{2},e-1)$，有且只有一个。

（3）当 $x\in[e-1,+\infty)$ 时，$\ln(1+x)>1$，所以 $f(x)<\sin(x)-1\leqslant 0$。则 $f(x)$ 无零点。

综上所述，$f(x)$ 有且仅有两个零点。

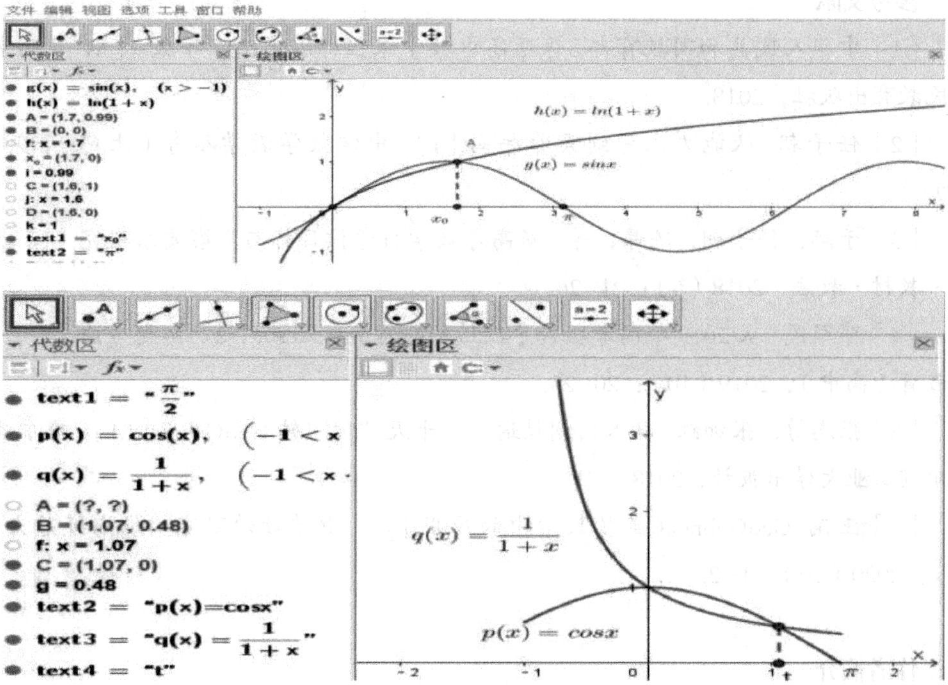

图 6　在函数零点中的应用

三、结束语

图引方向，依形辅数，通过 GeoGebra 软件将数形结合的思想融合在高中数学课堂教学中去，让师生进行数学探究与数学实验，改变了传统教学模式，使得数学问题可视化，培养了学生直观想象和数学建模能力，是理想的深度学习平台，并且在电脑、手机等终端都能方便使用，促进改革了学习方式。美中不足的是，部分 GeoGebra 软件做出来的教学素材还需要进一步改进才能更贴合课堂教学的需要，因此在后阶段教学实践中注意积累 GeoGebra 教学素材，加强对 GeoGebra 软件与高中数学教学的应用研究，在教学实践中注意与其他教学环节的磨合，以达到传统教学未曾达到的效果，使得 GeoGebra 软件辅助教学成为帮助课题教学过程中破解难题的利剑，实现信息技术与高中数学教学的深度融合与创新。

参考文献

[1] 中华人民共和国教育部. 普通高中数学课程标准（2017年版）[M]. 北京：人民教育出版社，2018.

[2] 任子朝. 从能力立意到素养导向[J]. 中学数学教学参考（上旬），2018（5）：1.

[3] 于涵，任子朝，陈昂，等. 新高考数学科考核目标与考察要求研究[J]. 课程·教材·教法，2018（6）：21-26.

[4] 邓军民. 从2019年高考理科导数压轴题看函数零点问题的解题方法[J]. 广东教育（高中），2019（10）：20-23.

[5] 张志勇，张加红. 从入门到精通——十天“玩”转GeoGebra[M]. 哈尔滨：哈尔滨工业大学出版社，2018.

[6] 王菡. GeoGebra在函数教学中的应用[J]. 中学数学研究（华南师范大学版），2020（10）：1-2.

作者简介

林庆伦：开平市第一中学数学教师，广东省高中数学一级教师。

基于几何直观的小学数学复习课教学设计研究

——以北师大版“多边形面积计算”复习课为例

银川市灵武市第四小学　马自娟　杨学言　王晓燕　李　军

【摘　要】随着国家推动“双减”政策的落实，教师作为课堂引导者更应该主动承担减轻学生作业负担、提高课堂质量的重任。鉴于当前大部分复习课都拘泥于课本知识点的浅层记忆和以学生大量做题为主的现象，本研究通过“双减”背景下从几何直观角度探讨小学数学复习课的教学设计，以“多边形面积计算”为例，以问题为引领、借助知识结构图帮助学生掌握知识点间的内在联系，实现迁移学习，达到深度学习目的。同时提出了“双减”背景下借助几何直观的小学数学图形与几何复习课教学设计原则。

【关键词】教学设计；几何直观；数学复习课

随着我国教育主管部门推动“双减”管理工作政策的进一步落实，当下对学生的教育和培养提出更高要求。“双减”背景下借助几何直观的小学数学复习课教学设计越来越成为教育研究与实践者关注的热点。福建省实验第三小学高奕惠老师从结构化角度研究本主题，提出了数学复习教学，需要教师们运用系统眼光、结构意识和整体思想来统整优化数学教学。对于实现同构共生、同生共长、协调互动，从而促进学生的数学素养的全面发展与提升具有重要作用。陈惠芳从问题驱动促思维提升角度研究本主题，提出了高质量的问题，能够驱动学生积极主动地思考，能使学生在持久的思维活动中加深对已学概念本质的理解，内化学习，不断提升认识。对于获得各种有价值的体验和感悟，提高数学思维品质具有重要作用。然而，随着“双减”政策的实施，越来越多的研究者聚焦于从借助几何直观角度来对小学数学复习课（空间与几何）的教学设计展开研究。本文基于“双减”背景下，从小学（空间与几何）复习课教学设计角度，提出借助几何直观以问题为引领，引导学生构建知识框架进行有效深度复习的观点，以期在小学数学复习课教学设计中得以广泛应用。

一、小学数学教学设计概述

对于教学设计的概念，学者们基于不同的角度对教学设计提出了不同的理解，比较有代表性的观点有以下几种：加涅指出，任何教学目的都应围绕学习者掌握学习知识展开，教学即尝试以科学理论为支撑，通过教学事件为辅助，进一步提升学生理解能力。同时他还认为教学设计即具有体系性与全面性的教学整体流程。瑞格鲁斯从优化教学方式的角度出发，认为对于教学设计展开针对性研究，其核心点在于找到更具效率性的教学方案，教学设计能够帮助教师实现对学生教学状态的即时监督，把握学生基本能力，确保学生自身理解能力与学习能力达到预期目标。陈碧芬则是从新课程理念的角度，提出教学设计应遵从的四大原则，第一，契合新课程理念要求；第二，符合教材特点，契合学生需求；第三，教学内容设计符合心理学以及教育学理论；第四，设计方案应确保具备良好创新性。虽然学者们对教学设计的定义重心各不同，但他们对教学设计的一些基本共识还是非常明显的：（1）以学生为出发点，提升学生的理解能力；（2）以教学事件为辅助，提供有效率的教学方案；（3）具有系统性；（4）具有创新性。

综上所述，本研究基于几何直观将小学教学设计的概念界定为以问题作为引领，引导学生借助几何直观自主构建知识框架体系，进行有效深度的复习。

二、小学数学教学设计与几何直观的关系

小学数学教学设计与几何直观是相互依存和相互促进的关系，几何直观概念为数学复习课教学设计的实践提供了思想指导，而小学数学教学设计则为几何直观概念的实施提供了实践应用。

（一）几何直观概念是小学数学教学设计的理论基础

《义务教育数学课程标准（2011 年版）》提出了与课程目标和内容有关的六个核心概念，几何直观就是在原来的基础上补充的新核心概念之一。所谓几何直观是指利用图形描述和分析问题。这些观点的实施，为学生将问题化繁为简的解决问题能力发展提供了切实有效的理论指导。

（二）小学数学教学设计是几何直观概念的实践应用

小学数学教学设计是为了提高数学教学效率和教学质量，根据《义务教育数学课

程标准（2011 版）》的要求，将教学等要素有序排列，确定恰当教学方案的设想和计划，在分析教学需求与问题的基础上，进一步确定解决教学问题的步骤和方案，通过评价和反馈来检验方案实施的效果，并修订完善以优化教学的一种过程操作。这些要求科学、高效地给几何直观理念应用于小学数学复习课教学实践提供了有效的实践场所，真正实现了为学生数学素养的发展提供切实有效的应用。

三、基于几何直观的小学数学复习课教学设计案例

（一）教材分析

“多边形面积计算”是北师大版五年级上册第四单元内容，本节课主要是引导学生系统复习整理所学习的平行四边形、三角形、梯形面积的推理过程，内化各种面积公式及其推导过程之间的联系。因此，本课的教学主要是帮助学生借助几何直观，加强知识点之间的内在联系，形成知识结构图以期进行更有效的复习。

（二）教学过程

表 1　教学过程表

教师组织和引导	学生活动	设计意图和媒体使用	所涉及的几何直观概念
（一）创设情境，导入新课 （1）播放图形小视频。 （2）你联想到本学期学过的哪些数学知识?	学生观察并回答问题。	建筑物、动物形体、生物学科里的基因模型等，与平面图形建立联系，借此导入新课。	空间观念：通过物体特征抽象出几何图形，反之根据几何图形想象出描述的实际物体。

续表

教师组织和引导	学生活动	设计意图和媒体使用	所涉及的几何直观概念
（二）梳理知识，构建体系 （1）学生自我构建知识网络图 （2）师生构建知识结构图 出示未整理的知识结构图，引导学生思考、质疑、整理。 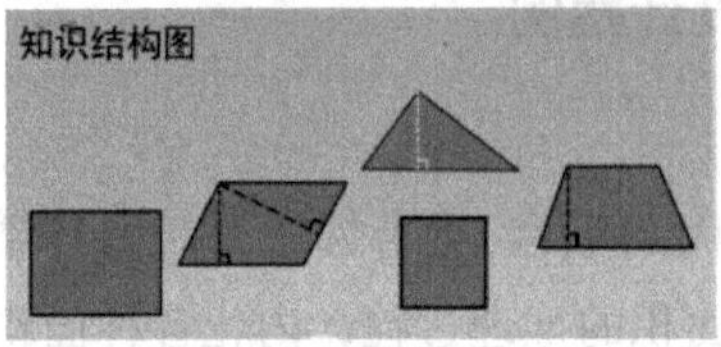 问题1：我们是根据哪个基础图形推导出其他平面图形的面积计算公式的？你能把推导的过程表示出来吗？ 问题2：三角形转化成什么样的平行四边形面积一半？ 问题3：梯形放在三角形后面，同意吗？梯形可以摆在哪里？ 问题4：我在这张结构图上面增加了箭头和面积公式，看起来更有条理性。箭头为什么这样指向？（出示整理过的知识结构图） 引导总结：根据转化思想，运用了割补平行、旋转平移的方法，把所求的图形面积转化为学过的图形面积进行推导，这是一个重要的方法，学习新知识此方法同样实用。 问题5：对于这张图还有疑问吗？平行四边形的面积公式是底乘高，指的是哪条高？	学生：作品可能是思维导图、知识框架图、知识结构图或者是知识网络图。 学生将知识结构图排序如图。 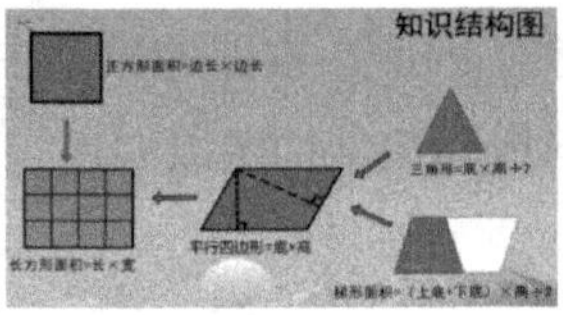 学生：等底等高的平行四边形面积一半。 学生：梯形和三角形并列放在平行四边形后面。 学生：关键词转化思想。 学生上黑板指，强调底和高的对应关系是高垂直于底。	达到生生间、小组间相互学习目的。 通过回忆整理，帮助学生在自主探索与合作交流的过程中真正掌握基本的数学知识与技能、数学思想和方法，获得必要的数学活动经验。 从“逆思维”反向推理图形面积公式，让学生的思考角度从“浅层的机械记忆，推理”转化成“深度学习的内在思考”，促使学生基于几何直观的深度思考，摆脱传统机械学习记忆。	借助几何直观让学生经历把零碎复杂的知识点主动梳理成条理清晰的知识网络结构图的过程，完善内化学生自我知识结构体系。 渗透应用转化思想在本章节的必要性和延伸性。
（三）夯实基础，加深理解 观察下图，请提出有深度的数学问题或猜想，猜想如何验证呢？ 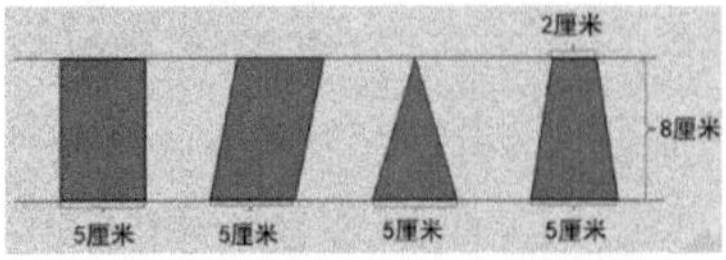 	学生：1. 哪个图形的面积最大？ 2. 它们的面积一样大吗？为什么？ 3. 等底等高的四种图形，哪两个图形的面积一样大？	培养学生借助几何直观提出问题的能力。	几何直观可以帮助学生化繁为简探索解决问题思路，预测结果。

四、基于几何直观的小学数学复习课教学设计原则

（一）以学生全面协调发展为核心

近年来促进人的全面发展作为建设小康社会的重要目标之一，被摆在突出的位置，成为当前社会关注的热点。显而易见教育是促进人的全面协调发展的重要环节之一。教师科学认识学生的全面协调发展的结构无疑是全部教育活动的基础。“双减”背景下，教师在遵循学生身心发展规律的前提下，要坚持课堂以学生为主体，促进其全面协调发展。例如，在本节课中，教师出示未经整理的知识点，引导学生思考根据哪个基础平面图形推导出其他图形的面积计算公式。此过程充分以学生为本，带领学生体验把零碎复杂的知识点主动梳理成条理清晰的知识网络结构图的过程，培养学生的整理、思考、质疑能力，促进学生的全面协调发展。

（二）以数学核心素养提升为重点

数学核心素养就是学生在数学学习实践活动中，在社会化生活情境中积极运用数学知识和数学思维分析、解决各种数学问题的能力。如本文在习题设计时，将所学的四种平面图形的面积计算公式隐含在题目信息中，旨在希望学生经过深度思考提出有价值的问题或猜想。在此过程中不仅提升了学生学习提问的能力，还让学生思考如何用数学的思维大胆猜想。在适应“双减”背景下学生全面发展的需求的同时加深学生对自我的认知。故要有效地将数学核心素养落实到课堂中去，关键要以数学问题为载体，对学生的思维活动进行启发和引导，将数学能力、数学核心素养的培养贯穿于数学课堂教学的整个过程，培养和发展学生的数学核心素养。

（三）以提升转化思想能力为基础

转化思想是指将未知解法或难以解决的问题，通过观察、分析、联想、类比等思维过程，将其化归为已学知识范围内已解决或容易解决的问题的方法或数学思想。在数学学习中，学生想要运用转化思想，必须先清楚需要转化的对象，然后才能运用其相应的转化方法。例如，学生在解决一个数学问题时，找到其问题和转化类型之间的内部联系，进而运用转化思想解决数学问题。如在本节课构建知识结构图的过程中，重点引导学生发现图形面积计算公式之间的内在联系，把没有学过的图形通过割补平移、旋转等方法转换成学过的图形，从而运用学过的图形计算面积公式。找到面积推导过程中的变与不变，把握数学问题的本质。深化转化思想在数学中的重要作用。

五、总结

本研究基于几何直观研究小学数学复习课教学设计，提出了以问题为引领，引导学生自主构建图文知识框架体系，并进行有效深度复习的观点。然而，任何一种思路在实际数学复习课堂教学中的成熟应用都需要一个过程。综合来看，本研究还存在以下不足：一方面，本研究是在实践总结的基础上完成的，提出了借助几何直观帮助学生构建图形面积计算公式知识体系，达到有效深度复习的目的；另一方面，本文所提出的观点目前只在图形与几何模块复习课中有过尝试，具有一定的片面性。

“双减”以来，由于每位教师对数学复习课的教学理解存在着较大差异，因而如何把本研究的结论体现在数学课堂其他类型复习课有待进一步研究和考证。

参考文献

［1］高奕惠.《图形与几何》复习课的结构要素［J］. 读写算，2021（2）：201-202.

［2］陈惠芳. 问题驱动促思维提升——以小学数学复习课为例［J］. 教育科学论坛，2021（34）：59-62.

［3］加涅. 数学设计原理［M］. 皮连生，庞维国，译. 上海：华东师范大学出版社，1999.

［4］瑞格鲁斯. 复杂时代的教学变革（第 2 版）［M］. 毛齐明，译. 上海：华东师范大学出版社，2011.

［5］陈碧芬. 例谈新课程理念下的数学课堂教学设计［J］. 浙江师范大学学报（自然科学版），2004（2）：87-90.

［6］董黎明，焦宝聪. 基于翻转课堂理念的教学应用模型研究［J］. 电化教育研究，2014（7）：113-120.

作者简介

马自娟：银川市灵武市第四小学数学教师，二级教师。

杨学言：银川市灵武市第四小学美术教师，一级教师。

王晓燕：银川市灵武市第四小学数学教师，中级教师。

李军：银川市灵武市第四小学数学教师，副高级教师。

借助新媒体及三元整合导学模式下新授课的导入设计

阳江市正雅小学　张燕云

【摘　要】基于各校纷纷推进的新媒体教学及三元整合导学模式，本文讨论了这种新模式下，新知识导入的方法。分析“等差数列”“奇偶性”这两节中概念的导入部分，总结出三元整合导学模式的导入技巧，这种模式下的导入，重点在于以学生为主体，培养学生的自学能力与小组合作能力，学生可以通过导学案，有目的、有重点地去预习，并能提出问题、分析问题、解决问题，达到可以自己理解概念、总结出概念的目的。这种方式能够做到分层预习，让能力不同的学生均能有效学习，给学生时间和空间。是一种高效的导学模式！

【关键词】新媒体；三元整合导学模式；新授课；导学案

一、前言

万事开头难。在学生的学习中，也是这样一个道理。大家都知道，一堂新授课，前5分钟精彩的导入，可以激发学生学习的兴趣，让学生更好地投入到课堂。因此，在我们的新授课的教学中，往往会采用各种方式进行导入。有的教师，利用生活中的俗语、诗词、吸引眼球的画面等各种方式将学生引入课堂，从而开始这节课的学习。

随着新课改的不断深入，很多学校都非常积极地利用新媒体推进了“三元整合导学模式”的方法。以培养学生的自学能力，以及实现高效课堂。经过几年的摸索与总结，也取得了一些效果。

三元整合导学模式下的新授课的导入，则是很好地借助了教材及多媒体这些工具。课程改革重在培养学生学习的精神，在习得知识的同时培养学生的综合能力。而三元整合导学这样的模式正好吻合了课程改革的要求。教师以文字及动画的形式引导学生看书、学习。在此，课本和电脑就是很好的导学方式。如果层次低的学生不能很好地吸收课本的导入，教师需要在导学案中做相关铺垫，或者利用多媒体的动态演示来帮助学生理解。随着学生层次越高，对教师的依赖性就越少。特别是，等学生上了大学，或者继续深造，就更加不会依赖老师。所以，这样的方式对学生的长远发展非常有利。

那么什么是三元整合导学模式呢?

“三元”是指在学生和课程内容已经确定的前提下，影响教学的三个主要因素（变量），即教学目标、学科课型、教学策略。

“三元整合导学模式”在实施过程中主要依靠导学案和导学课堂的生成。

“新媒体”是一个宽泛的概念，指利用数字技术、网络技术，通过互联网等渠道，以及电脑、手机、数字电视机等终端，向学生提供信息的传播形态。

二、实例分析

下面，我将通过两个导学案和课堂实例，浅谈三元整合模式下的导入。

（一）教学高中课本人教版 A 版必修 5 第二章 2.2.1“等差数列”

介于对课本素材的分析，我们发现：等差数列是学生学习完数列的概念后，所认识的一类特殊的数列。这类数列也是生活中很常见的一种。

为了认识这类数列，课本上采用了四个例子，来总结它们的共性。首先是数数，0，5，10，15，…；其次是奥运会中比赛的 7 个级别，48，53，58，63，…；再次是水库每天的水位，18，15.5，13，10.5，8，5.5；最后是银行存款的利息问题，本利和 10072，10144，10216…。

通过这四列数的引入，学生很快抓住等差数列的共性。从第二项起，后一项与前一项的差相等。而且这四个例子都源于生活，体现了知识与生活相结合。而奥运会、利息问题也是学生比较感兴趣的问题。因此，学生如果能好好预习课本，看懂这几个例子，就会很容易理解等差数列的概念。

为了让学生能很好地研读课本，我们利用课本例题设计了导学案。让学生以填空的形式检验自己对于课本例题的理解。若没有这样一个填空的形式，我们层次低的学生也只是走马观花地看一眼，最后画下等差数列的定义，充其量只是背诵定义。这样将不能很好地理解等差数列的实质。

针对以上情况设计的“数列”导学案部分：

“数列”导学案

1. 课本例

①我们经常这样数数，从 0 开始，每隔 5 数一次，

可以得到数列：0，5，10，______，______，______，______，…

② 2000 年悉尼奥运会上，女子举重被正式列为比赛项目。该项目共设置了 7 个级别。其中较轻的 4 个级别体重组成数列（单位：kg）：48，53，58，63。

③水库的管理人员……开始放水……，水库每天的水位组成数列（单位：m）：18，15.5，13，10.5，8，5.5。

对于数列①，从第 2 项起，每一项与前一项的差都等于（　　）；

对于数列②，从第 2 项起，每一项与前一项的差都等于（　　）；

对于数列③，从第 2 项起，每一项与前一项的差都等于（　　）。

2. 得出等差数列的定义：一般地，如果一个数列从第（　　）项起，每一项与它（　　）一项的（　　）等于同一个常数，这个数列就叫作等差数列，这个常数就叫作等差数列的（　　），常用字母（　　）表示。

3. 练习：判定下列数列能否构成等差数列？

（1）9，8，7，6，5，4；　　（2）4，5，6，7，8，9，10，…；

（3）1，0，1，0，1，…；　　（4）1，2，3，2，3，4；

（5）0，0，0，0，0，0，…；　　（6）a，a，a，a，…。

学生根据以上导学案的学习，能总结出等差数列的概念。同时，导学案又加入几个典型练习题帮助学生检验自己的理解。没有过多的文字解释，学生可通过导学案一步步学习知识，最后得出结论。

而在接下来的课堂中，以学生自主学习为主，教师导学为辅，然后借助多媒体直观、全面地展示学习内容，以及及时反馈学生的学习成果。

像这种有梯度有分层的导学案，充分体现了以学生为主体的特点，打破了以教师灌输为主的常规教学，为不同学习能力、不同兴趣的学生搭建了平台，充分发挥了学生个性特点。

（二）教学高中课本人教版 A 版必修一第一章 1.3.2“奇偶性”

基于学情的分析，我们发现，这一节的内容是学生在已经学习了函数的概念，了解了一些特殊函数的图象和性质，学习了函数的单调性的基础上，继续研究函数的另

一个性质，即函数的奇偶性。

奇偶性的导入是以图象为切入点。课本中首先画出了一些特殊的偶函数，二次函数与绝对值函数。二次函数，学生在初中阶段已经深入研究过。绝对值函数在高一分段函数中有所了解。因此学生可以在多媒体上用描点法画出它们的图象。课本的导入，首先给出图象，标出特殊点的值。最后通过图象和取值得到偶函数的定义，及图象特征，再用同样的方法学习奇函数。

而对于我们的学生，他们观察图象的能力还不错。但是类推能力还有所欠缺。他们可能无法从几个特殊的取值中总结出偶函数的实质，即当自变量互为相反数的时候，函数值相等。基于以上分析，根据学生的特点，我们设计出这样的“私人订制”导学案。

“奇偶性”导学案

一、回顾旧知识

1. 观察下面 4 个图，想想它们都有怎样的对称性?

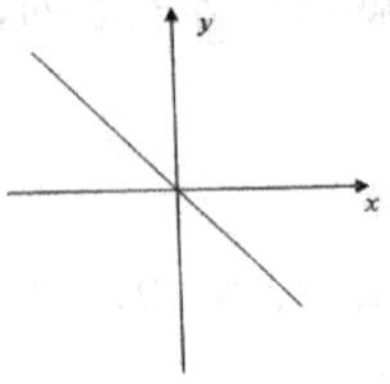

$y=-x$

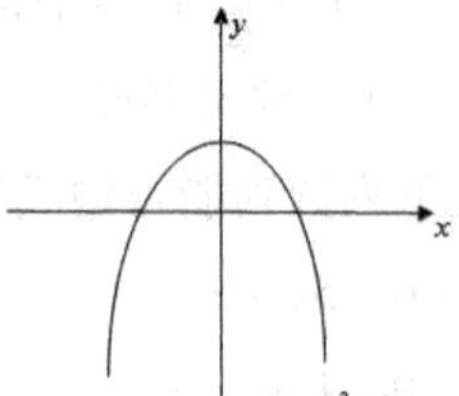

$y=-x^2+1$

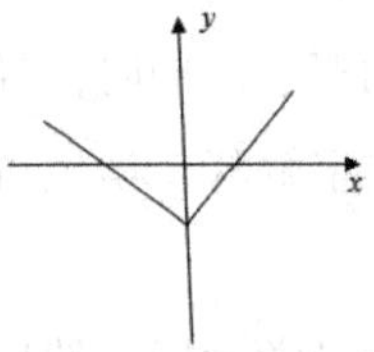

$y=|x|-1$

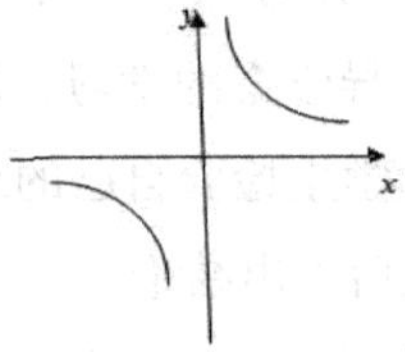

$y=\frac{1}{x}$

2. ①已知 $f(x)=|x|-1$，则 $f(2)=$________，$f(-2)=$________；

$f(a)=$________，$f(-a)=$________；

②已知 $g(x)=x^3-x$，则 $g(2)=$________，$g(-2)=$________；

$g(a)=$________，$g(-a)=$________；

③已知 $h(x)=0$，则 $h(a)=$________，$h(-a)=$________。

二、学习新知识

请同学们阅读教材第 33 页至第 35 页第 5 行，合上课本，借助多媒体完成以下任务。

1. 偶函数：如果对于函数 $f(x)$ 的定义域内的________一个 x，都有__________，那么函数 $f(x)$ 就叫偶函数。偶函数的图象关于__________对称。

例如：若 $f(x)$ 为定义在 $\mathbf{R}$ 上的偶函数，且 $f(3)=2$，则有 $f(-3)=$__________。

2. 奇函数：如果对于函数 $f(x)$ 的定义域内的________一个 x，都有__________，那么函数 $f(x)$ 就叫奇函数。奇函数的图象关于__________对称。

例如：若 $g(x)$ 为定义在 $\mathbf{R}$ 上的奇函数，且 $g(3)=2$，则有 $g(-3)=$__________，$g(0)=$__________。

基于学生识别图象、观察图象的能力较强，我们把奇函数共性的图象和偶函数共性的图象放在一起，便于学生找到共性和个性，然后引导学生从特殊到一般总结出奇函数和偶函数的定义，轻松高效地完成了这个概念的导入。

无论是等差数列概念的导入，还是奇偶性这一性质的导入，我们都是不脱离书本及借助多媒体。学生需认真研读书本内容，再通过学案加强对书本例题的理解。所以，课本本身以及新媒体的出现是一种很好的导学方式，能极大程度地帮助教师“导”和学生“学”。

以上精准掌握了学情、把握了课堂重难点的导学案有效避免了“满堂灌”的课堂模式，取而代之的是有针对性、不重复不啰唆，鼓励学生自我探究、主动合作、主动展示的新课堂导学模式。最后实现了轻松驾驭且高质高效的课堂。

三、结语

当然，一节课导入的方式还有很多种。基于我们目前的新课改方向，新知识导入则是结合了新媒体、书本内容和学生自身的基础，编写适合学生的导学案，导入新知。这样，不仅能让学生在学习中自主体会探寻新知的乐趣，也可以培养学生的团结合作能力，使学生可以充分参与课堂，既锻炼了能力，又培养了自信。我们借助动态的 PPT 演示圆锥曲线、椭圆、双曲线、抛物线的时候，同时也借助道具进行演示，甚至利用几何画板展示其动态效果。这样的多媒体辅助教学，使课堂紧紧围绕在教师的“导”和学生的“学”中，学习氛围轻松愉悦、学生兴趣高昂，使得学生学习完整堂课还意犹未尽。

参考文献

[1] 谭国华．三元整合导学模式：一种培养学生学会学习的教学模式 [M]. 广州：新世纪出版社，2012.

[2] 谢耘耕，陈虹．新媒体与社会（第八辑）[M]．北京：社会科学文献出版社，2014.

[3] 人民教育出版社，课程教材研究所，中学数学课程教材研究研发中心．普通高中课程标准实验教科书．数学．必修 5 A 版 [M]．北京：人民教育出版社，2007.

[4] 谭国华．高中数学教学设计的理论与实践 [M]．北京：人民教育出版社，2012.

作者简介

张燕云：阳江市正雅小学数学教师。

论辩证看待信息技术在小学数学教学中的辅助作用

陕西师范大学锦园小学　杨　柳　王　迪

【摘　要】现代社会已经步入信息时代，信息技术也已经融入我国的各行各业，在小学数学教学中如何辩证看待信息技术的应用显得尤为重要。本文针对以上问题，从传统教学方法不足、信息技术对小学数学教学的重要作用以及如何辩证看待信息技术作用等三个方面全面客观地阐述了信息技术在小学数学教学中的辅助作用。以指导广大师生和学校对信息技术的应用有一个全面辩证的理解，便于在小学数学教学中正确利用信息技术。

【关键词】信息技术；动画；视频；数学教学

一、引言

信息技术是一个广泛的领域，包括大量的工作和职能。它们的共同点在于旨在帮助组织更好地改善决策，分配和利用资源，并更有效地运作。信息技术的广泛应用正在对数学教育产生深刻影响。在数学教学中，信息技术是学生学习和教师教学的重要辅助手段，为师生交流、生生交流、人机交流搭建了平台，为学习和教学提供了丰富的资源。随着社会的发展，我国现代化教育改革也有了显著的成果。通过将多媒体信息技术与小学数学教学相结合，改变在小学数学课堂上教师只利用教材为学生讲授知识的单一教学方式，利用多媒体信息技术丰富小学数学课堂的内容，能够有效提升教师的教学质量。本文针对信息技术在小学数学教学中的辅助作用进行研究论述，让广大师生和学校管理部门对信息技术的应用有一个全面辩证的理解，以便于在小学教学中正确适当地利用信息技术，让信息技术真正起到教学辅助作用。

二、传统教学难以满足新时代小学数学教学需要

传统的数学教学方法是在长期的数学教学实践活动中形成的，主要包括讲解、交

流、演示、讨论等。“传道、授业、解惑”“温故而知新”“学而时习之”都是对传统教学方法的注释和说明。但是，随着时代的发展，新事物、新工具不断涌现，传统教学方法已经难以满足新时代数学教学的需要，特别是对于一些抽象思维、感官理解的新知识，传统教学方法由于无法直观体现，表现出明显的劣势。比如周长的理解、数学中追及问题、蚂蚁爬行、立体图形的理解等问题，如果能够借助动画或多媒体，进行直观的演示，在教学中会起到事半功倍的效果。

三、信息技术对小学数学教育具有重要的促进作用

（一）信息技术有利于激发小学生学习数学的兴趣

小学是人生的启蒙阶段，感性认识大于理性认识，他们好奇、敏感且对新奇的事物非常感兴趣。而传统的数学教学，更依赖于书本、教参、黑板、粉笔，向学生传递的是枯燥的数字、公式和脱离实际应用的数学运算。这些都不利于小学生激发好奇心和对新知识的兴趣。而信息技术中的多媒体、动画等先进手段搭配绚丽的色彩和奇异的音效，可以直观地冲击小学生的感官，让学生对枯燥的数学知识产生兴趣，将知识的学习融入兴趣中，从而避免了学生的懈怠和厌学情绪，让知识的学习更加趣味十足。

（二）信息技术有利于学生对数学知识的理解和掌握

小学数学知识本身具有抽象的特点，再加上学生年龄较小，思维发展并不完全，因此，教师有必要借助各种教学工具，降低学生的学习难度。实践证明，借助信息技术可以很好地丰富小学生学习数学知识的形式，有利于学生对数学知识的理解和掌握。比如圆的周长问题，可以借助动画，将圆展开，清楚地展示周长的概念及周长与直径的关系。再比如追及问题，可以以大家熟知的龟兔作为主人公，按照题目所表达的思路进行动画演示，不但直观地展示了应用题所叙述的烦琐过程，而且将深奥的分析融入直观的演示中，让学生一目了然。

（三）信息技术有利于教学方法的不断积累和进步

信息技术对于我们教师的数学教学方法的不断进步也有重要的促进作用。传统的板书和教案，虽然也可以不断修订，但知识积累有限。其呆板的形式和交流方法也限制了先进教学思路的开拓。而借助于信息技术，教师不但可以广泛搜集到各种教学资源和教学方法，博采众家之长，为我所用，而且，一旦形成课件，可以在此基础上不断精进，根据每一次课程的讲解和每一节课学生的交流与反馈，一步步优化，不断精

进，最终形成精品课件，这个过程不会额外产生过多的工作量。并且所形成的精品课件便于保存和交流，从而提高整个行业的教师素质和教学水平，是现代小学教师提升自己业务能力的有力工具。

四、要辩证看待信息技术的作用

在小学数学教学中，有效地利用信息技术中的课件、多媒体、动画等先进教学手段固然有着很多的优点，但是同时我们也要考虑它会产生的不利影响。

（一）过度依赖信息技术会导致教师的惰性

一切事物，过犹不及，如果教师过分地依赖多媒体和课件，这样反而会形成一种依赖思想，导致教师在授业方法、授业交流和授业思维方面产生惰性。现在各种信息充斥网络，各种资源应接不暇，特别是针对教学的幻灯片、课件、多媒体应有尽有，即使无法免费获得，花点小钱也很容易下载到。不可否认，某些课件质量很高，属于教学中的精品，具有很好的教学辅导和启示作用。但是如果教师采取拿来主义，将下载的东西直接应用，一成不变，一劳永逸，将会严重阻碍教师在教学方法的创新和教学思路的开拓，固化思维，千篇一律，不但不能起到应有的教学效果，还会严重影响教师素质的提高和教学思路的创新。此外，根据教师水平的不同，教学的内容会存在着一定的差异，千篇一律的课件，容易造成教学内容的空洞，对课程内容安排不当也会使得网络教学变成学生的休闲娱乐，不仅不能实现教学的目标，还影响学生正常的学习。

（二）过度依赖信息技术不利于学生逻辑思维和动手能力

多媒体、幻灯片、动画很好，可以将较为抽象的叙述具体化，直观地展示出来。但是应该用之有度。因为多媒体的直观展示，学生更多的是被动的接受，而且这种接受难以以引导的方式呈现。传统的板书，每一个字、每一句话、每一个思维图的一笔，都是教师和学生充分交流的情况下一点一点带入的，由于具有时间差，它给了学生充分的思维和考虑时间。黑板上的每一笔都在教师和学生思维交流碰撞中不断演绎，从而更好地引导学生开发逻辑思维能力。而信息技术，将复杂逻辑思维直观地展现，虽然容易接受，容易懂，但是学生往往自己遇到问题无法解决。容易造成能听懂、能看懂，但是让自己做就不会。小学尚可，到了初中和高中，题型和逻辑思维更为复杂，问题嵌套、因果循环，如果养成过分依赖直观展示的习惯，就会阻碍发展学生自己的动手能力，自己分析和推导演绎题目叙述的能力，从而限制学生向更高层次发展。

（三）过度依赖信息技术不利于学生健康发展

现在几乎所有利用信息技术的教学，都离不开电脑、手机，这些电子产品对孩子的视力影响很大，如果不能够适可而止，将会影响孩子的一生。此外，由于需要电脑、手机进行多媒体教学，用手机和电脑成为孩子冠冕堂皇的理由，家长既不能拒绝，也无法实时监督。而网络无异于社会，特别是现在的网络充斥着各种插件，随时弹出游戏、暴力、黄色网站的界面，其设计花哨，配音引人入胜，小学生好奇心强、独立分辨能力差，不自觉地被引入，掉入打游戏、看短片的陷阱，这对孩子生活和学习伤害极大。此外，现在好多家庭，都是父母在外打工，由老人带小孩，老人们对电子产品操作不懂，对信息技术新事物接受能力差，完全无法有效指导孩子正确使用信息技术进行学习，因此小学数学教学中对信息技术的依赖，应该把握正确的尺度。

五、结束语

现代社会已经步入信息时代，信息技术也已经融入我国的各行各业。在学校教育体系中，发挥现代科技优势、充分利用信息技术辅助教学，既是时代的要求，也是创新教育的要求。在小学数学教学中融入信息技术，有利于教师导入新课、提高学生理解力、增加学生的学习兴趣、提高教学效率、提升数学感悟，也有利于提高课堂教学效率，打造高效数学课堂。但是我们也应该辩证地看待信息技术的利用，小学生认识新事物处于启蒙阶段，生理和智力的发展尚不成熟，需要有限地利用信息技术，使其仅仅作为数学教学的辅助工具。

参考文献

[1] 陈川．现代信息技术与小学数学教学整合的有效策略[J]．数理化，2022(2)：58-60.

[2] 张红艳．信息技术和小学数学教学有效融合的实践分析[J]．教法探索，2021(12)：239-240.

[3] 李靖．信息技术应用于小学数学教学中的方式研究[J]．小学生，2022(2)：79-80.

[4] 刘坚，孔企平，张丹．数学（六年级上册）[M]．北京：北京师范大学出版社，2015.

［5］华应龙．我就是数学［M］．武汉：长江文艺出版社，2020.

［6］徐军．浅谈小学数学教学中信息技术的应用［J］．学周刊，2022（4）：111-112.

作者简介

杨柳：陕西师范大学锦园小学数学教师，西安市中小学二级教师。

王迪：陕西师范大学锦园小学数学教师，西安市中小学二级教师。

小学数学课与信息技术深度融合实践研究

——以“用字母表示数”为例

西安市西京小学　计艳飞

【摘　要】信息化的时代，社会对于人的综合素质的要求越来越高，单一、传统的教学模式已不再符合现实的发展。信息技术如何在教学中获得更好的应用成为教育界的热点话题。本文以“用字母表示数”课堂教学为例，将希沃易课堂这一智慧课堂应用工具、Pad 等与数学课堂深度融合，使知识点形象化、动态化、趣味化。激发学生的求知欲望以及学习数学的兴趣，增强学好数学的自信心，树立善于思考，严谨求实的科学精神，提升创新意识，提高数学课堂教学效果，培养学生数学核心素养，实现传统教学手段难以达到的效果。

【关键词】希沃易课堂；深度融合；用字母表示数；核心素养

一、引言

新课程标准明确指出信息技术的广泛应用正在对数学教育产生深刻影响，在数学教学中，信息技术是学生学习和教师教学的重要辅助手段，教师应注重信息技术与数学课程的深度融合，实现传统教学手段难以达到的效果 。小学数学课堂教学与信息技术的深度融合是在明确教学内容、厘清重难点知识的基础上，合理利用信息技术中的音频、图片等形式对教学内容进行设计，进而有效提升教学效果。

《义务教育数学课程标准（2011 年版）》中用“符号意识”替换了实验稿中的“符号感”，并将其列入十个数学核心概念之一，进而突出和强调学生主动领会和应用符号的心理特征。“用字母表示数”是培养学生符号意识的重要转折点，但大量研究表明学生对“用字母表示数”中字母的意义存在着理解困难。鉴于以上背景，笔者立足信息技术与小学数学融合制定教学设计，希望促进学生符号意识的建立。课堂中利用“数字魔盒”，使学生直观感受 $a+15$ 不仅可以表示输出的数，还可以表示输出的数比输入的数多 15 这样一个数量关系，不仅激发了学生的学习兴趣，也提高了课堂效率。同时有利于培养学生观察能力，体验猜想验证的数学探索过程。从而达到培养学生的数学学科核心素养、引导学生发现数学内容的本质的目的。

二、信息技术与导入部分相结合，激发兴趣

教师利用 PPT 呈现生活中常见的含有字母的图片，引导学生观察并说一说这些字母都表示什么含义。根据生活经验，学生很容易得出，这些字母表示确定的事物，并且引导学生回忆在数学运算律中也见到过字母表示数。并且由希沃蒙层出示运算律。

小结、揭题：字母不仅可以表示确定的数，还可以表示运算律，今天我们就一起来研究“用字母表示数”。唤起记忆，激发兴趣：利用生活标志中的字母缩写表示一定的信息，扑克中的“J、Q、K”表示某个确定的数，并回忆四年级时用字母表示运算律，让学生对字母的作用产生兴趣。

图 1　生活中的字母

三、“希沃易课堂”动态呈现资源，理解字母表示不确定的数和一种关系

师：（课件出示）摆这样的一个正方形需要几根小棒？可以怎样列式？画这样的 2 个正方形呢？怎么列算式？

像这样继续往下摆，摆 3 个、4 个正方形……

课件出示活动要求：

1. 摆一摆：摆 3 个、4 个……正方形用多少根小棒。

2. 想一想：摆得完吗？正方形的个数和小棒的根数有什么关系？你能用一个式子表示吗？

3. 说一说：把你的想法记录下来，并和同桌交流。

“希沃易课堂”推送课件，每位学生可在 Pad 上记录自己的想法。教师端可查看

每位学生的作业完成情况，并进行资源的选择。

设计意图：本环节充分体现学生的主体地位，将引领学生把深度思维放在首位，注重为学生搭建思维的平台，有效地展现知识的形成过程。首先让学生通过亲身体验，充分感受到这样的算式写不完，从而产生探究新方法的需求。然后给学生充分的时间和空间，让他们通过自主合作、交流、探究，真正经历用字母表示数这种方法形成的过程，感受用字母表示数的必要性和优越性，通过比较加深理解用字母表示数的意义。发展学生的符号感，渗透集合、函数等数学思想，让“创造与思维”成为课堂的主旋律。

出示学生资源：① a×4；②正方形的个数乘 4；③正方形 ×4

师：这 3 个式子分别表示什么意思？同桌两人说一说。

师：这三个式子都表示正方形的个数 × 每个正方形需要的小棒根数 = 一共的小棒根数。

师：在数学上，我们通常用字母来表示不确定的数，我们可以用字母 a 表示正方形的个数，用“$a\times4$”表示小棒的根数。和你的同桌再说一说这里的“$a\times4$”表示什么意思。

问：这里的 a 可以表示哪些数呢？

追问：这样的例子举得完吗？

师：a 可以表示像 1、2、3 这样的任意自然数。

追问：这里的 a 可以换成其他字母吗？

师：在这个问题中不确定的数可以用不同字母表示。

小结：通过摆正方形，我们知道了字母可以表示不确定的数，含有字母的式子还可以表示具体的数量。

初次建构：课件演示用小棒摆正方形，要求学生说出用的小棒根数。在学生回答“摆 2 个正方形用 8 根小棒”时，教师引导学生认识到还可以写成“4×2”根。引导学生继续思考：怎样用一个式子概括各种各样情况下摆正方形用的小棒根数？由于学生在以前的学习中有过字母表示的经历，所以部分学生能得出“$4\times a$”的写法。接着引导学生反思：这里的 a 还表示确定的数吗？并讨论“a”可以表示什么数，从而引导学生发现字母还可以表示不确定的数。

师：如果老师输入字母 a，会输出什么？【主观题推送】

魔盒游戏

进去	出来
11	26
30	45
121	136

图 2　魔盒游戏

展示云图：同学们写的“$a+15$”表示什么意思呢？

【教师端进行“收卷”操作，形成云图：最多的一种答案会较大地出现在正中间，其余答案在四周环绕。】

师：原来，这里的“$a+15$”不仅可以表示输出的数，还可以表示输出的数比输入的数多 15 这样一个数量关系，真了不起！

【再次建构：出示“数学魔盒”，从电脑中输入一个数，经过魔盒加工输出另一个数。学生甲说输入 2，加工输出 17；学生乙说输入 19，加工输出 34……学生纷纷举手时，教师提出：哪个同学的回答能把其他所有同学想尝试的情况都包括进来？如果输入 a，会输出什么数呢？引导学生探究魔盒加工数的“秘密”，使学生认识到“$a+15$”这个含有字母的式子既表示关系也表示结果。

四、“希沃易课堂”与 Pad 结合，分层练习，理解含有字母的式子表示数和数量关系

师：这三个线段图中，分别还剩多少个苹果，可以怎样列式？在 Pad 上写一写。

【课件推送】

资源呈现：同学们都是都是根据“一共的苹果数 - 已经卖掉的苹果数 = 还剩的苹果数”写的。（PPT 出示数量关系）

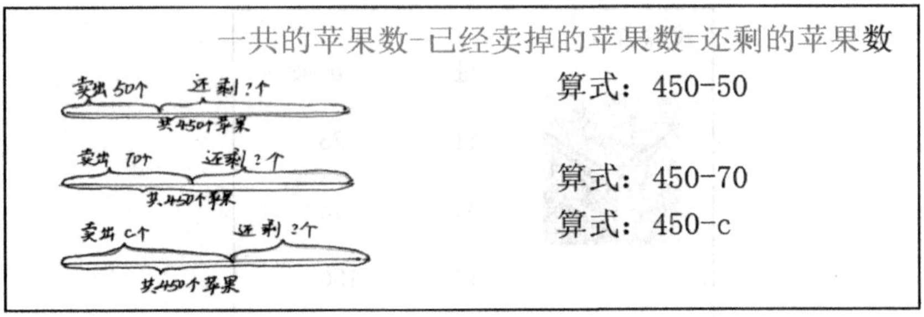

图 3　用字母表示数：例题 1

师：那这里的 c 可以表示哪些数呢？和你的同桌说一说。

师：在不同的情境中，字母表示的数有不同的取值范围。

第一关：【课件推送】

根据爸爸比小明大 25 岁填写下表：

表 1　用字母表示数：例题 2

小明 / 岁	1	2	3	4	……	x
爸爸 / 岁	1+25				……	

第二关：看谁选得又快又准。【选择题推送】

一只青蛙 1 张嘴，2 只眼睛，4 条腿，y 只青蛙（　　）嘴，（　　）只眼睛，（　　）条腿。

A. y，y，$2y$　　B. y，$2y$，$4y$　　C. 1，2，4

我们来看看大家的选择情况，有（　　）位同学选择 A，（　　）位同学选择了 B，（　　）位同学选择了 C，那到底应该选什么呢？和你的同桌说一说数量关系。

五、借助音频明确用字母表示数的规则

师：字母的作用可不只是这些，它还能清楚地表示计算公式呢！我们先试着在 Pad 上用字母表示出长方形的周长和面积公式。

师：数学追求简洁之美，我们先来听一听简写规则。

简写规则

一、在含有字母的式子里，数和字母之间的乘号可以记作小圆点，或省略不写。如：$a\times 2$ 或 $2\times a$，就可以记作 $2\cdot a$ 或 $2a$。但是要注意把数字写在字母前面。

二、1 与任何字母相乘时可以省略不写，如 $1x$，记作 x。

三、字母和字母相乘中间的乘号也可以记作小圆点或者省略不写，如 $a\times b$，记作 $a\cdot b$ 或 ab。

四、两个相同的字母相乘时，如 $c\times c$，可以记作 c^2，读作："c 的平方"。

图 4　简写规则

现在完善一下你的计算公式。【课件推送】

第一关：表示正方形的面积公式。

第二关：填空。

省略乘号，写出下列各式。

$3\times b$　　$x\times 7$　　$b\times c$　　$1\times y$　　$y\times y$

第三关：森林赛跑比赛。

六、总结

培养学生数学学科核心素养，引导学生把握数学内容的本质是我们数学教师不懈的追求与使命。合理利用信息技术，可以帮助数学基础较好的学生触类旁通，更加灵活地运用知识，数学知识较差的学生可以从基础知识入手，逐渐积累与进步。同时便于学生发散创新思维，发挥直观想象能力，探索数学知识；便于教师改进优化教学方式，提高教学效果；便于教师引导学生感悟数学的魅力；便于教师突破教学重难点，希沃易课堂这一智慧课堂应用工具、Pad 等与数学课堂深度融合，有利于转变传统教学方式，有利于培养学生核心素养，有利于引导学生把握数学内容的本质。

参考文献

[1] 中华人民共和国教育部. 普通高中数学课程标准（2017 年版）[M]. 北京：人民教育出版社，2018.

［2］靳秀玲．信息技术与小学数学课堂教学深度融合的策略［J］．文渊（小学版），2020（5）：868–869.

［3］方学儒．信息技术与小学数学课堂深度融合的教学策略研究［J］．文渊（小学版），2020（8）：703.

［4］田娇玲．信息技术与小学数学课堂深度融合的策略探究［J］．教师教育论坛，2020，33（12）：60–62.

［5］边静．信息技术与小学数学课堂深度融合的教学策略研究［J］．科学咨询（科技·管理），2020（12）：233.

［6］艾丽．小学数学课堂教学与信息技术的融合分析［J］．牡丹江教育学院学报，2020（11）：101–102.

作者简介

计艳飞：西安市西京小学数学教师，一级教师，西安市教学能手。

基于网络画板对培养高中生直观想象的实践研究

沈阳市第二十四中学　温琳静

【摘　要】信息技术与数学课堂的融合是时代发展的需求。《普通高中数学课程标准（2017 年版 2020 年修订）》中建议现代教师要重视信息技术的运用，实现信息技术与数学课程的深度融合。《修订》中还提出高中数学学科六大素养，其中直观想象为六大核心素养之一。直观想象是指借助几何直观和空间想象感知事物的形态与变化，理解和解决数学问题的素养。而中小学的数学教育大多数都是以静态代数或平面几何为主，直观想象能力较弱。相较于义务教育学段，高中数学更为抽象化、立体化、动态化。这就要求学生具有一定的直观想象能力。鉴于此，本论文将探寻基于网络画板培养高中生直观想象的教学方法，达到促进学生知识理解的同时提升直观想象素养，为一线教师提供参考。

【关键词】网络画板；直观形象；深度融合

一、引言

中共中央、国务院印发的《全面深化新时代教师队伍建设改革的意见》明确提出："当代教师要主动接受人工智能等新技术，并积极有效地应用到教育教学中。"在这种背景下，中国科学院院士张景中教授及其团队，研发出适应教育信息化发展的辅助软件"网络画板"。推进网络画板与数学课程内容的深度融合。首先，利用网络画板大量的资源让学生观看空间几何体，极大地丰富学生的认知与经验，培养了学生的直观想象素养。其次，在数学解题过程中我们经常要将一些代数问题几何化，利用几何直观形象的特点帮助我们解题，充分挖掘数形结合解决问题的方法，把数的问题图形化、形象化，以此提升学生直观想象能力。那么在教学实践中如何培养学生的直观想象能力呢？

二、借助网络画板并以立体几何为载体培养学生直观想象素养

我们生活在三维空间里，高中开设立体几何这一必修课程对于帮助学生们认识我们生活的世界具有很大的现实意义，而直观想象能力又是学生们学好立体几何的关键。因此，通过立体几何教学对发展直观想象核心素养是恰当、适宜的。

（一）在观察中培养学生的直观想象素养

在以往的数学教学中，对直观想象教学主要是通过对几何图形的讲解或利用简单的教具画立体几何的平面图形去实现的。通过这种传统方式很难建立学生的空间感。要发展学生的空间想象能力，首先要做的就是为学生提供丰富的素材，扩大其空间形象视野，而借助网络画板提供大量可旋转、可拆分组合的立体图形的直观图，分析立体几何中的点、线、面的位置关系，从视觉上丰富学生的空间经验，为学生空间想象能力的发展夯实基础。

（二）在想象中培养学生的直观想象素养

以“多面体与球”单元进行网络画板深度融合数学课堂教学的实例展示。本节课采用课上合作探究、课前与课后自主学习的学习方法。教师可以在课前与课后将网络画板资源分享给学生，学生一定会对多角度的观察方式感兴趣。在课堂上，教师以正方体与球为例，让学生通过想象、网络画板观察或是学生自己利用 iPad 打开网络画板多角度观察分析问题的本质并会转化成符号语言，最后通过变式对学生直观想象与举一反三的能力进一步提升。对习题中有关正方体与球的题目利用动态想象、实物模型、画板分享等方法进行图形语言到文字语言再到符号语言的转化。将正方体变式为简单的棱柱与棱锥、正方体与球的方法或构建球内直角三角形进行转化。使学生逐渐获得成就感与自信感，感受数学的对称美与和谐美。

表 1　教学实践案例“多面体与球”

标题	内容	图片示例
例题	正方体的内切球	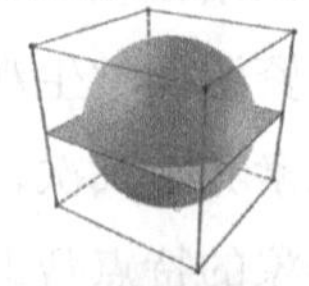
变式 1-1	正方体的棱切球	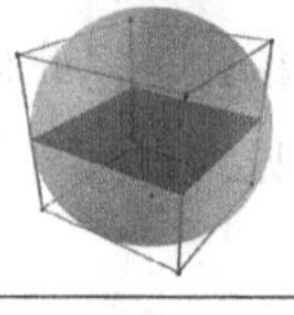

续表

标题	内容	图片示例
变式 1–2	正方体的外接球	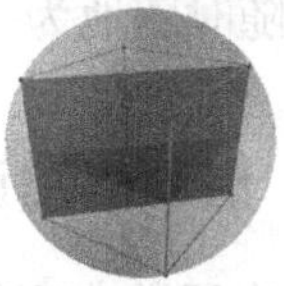
变式 1–3	侧面两两垂直三棱锥外接球	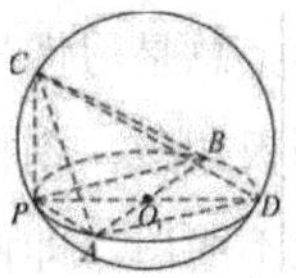
变式 1–4	正三棱柱外接球	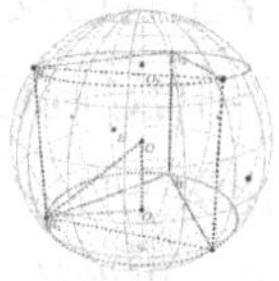
变式 1–5	正三棱锥外接球	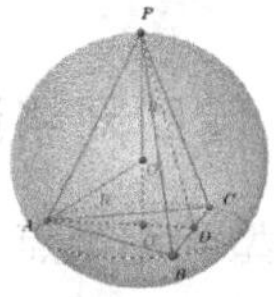

（三）在反思中培养学生的直观想象素养

在解决以上变式一类问题时，要构造“球心—球面一点—正三角形中心”的直角三角形，该三角形斜边为球半径，因此只需求出另外两边即可。

对于复杂的、无实物模型的变式，教师想要以板书的形式展示在黑板上难度较大，因此学生可以利用网络画板获取广泛的教学资源，直接利用其观察、分析与学习。重点观察与强调几何体顶点的位置，以及正三角形外接圆是球的小圆。培养学生在今后解决此类问题时自己动手画图的能力。

空间几何体作为立体几何初步的开端，是培养学生立体空间感的最佳时期。尤其是面临多个几何体相关联的题目，难度陡然上升。学生一时间难以靠以往的知识分析与解决，其次几何体与球的组合也给教师的板演造成了一定的困难，教师无法像讲平面图形一样完美地展现出来，因此网络画板是本节课必须要采用的手段，以此可以极大地丰富学生的认知与经验。极大地培养了学生的直观想象，为后续平行和垂直的判定与学习以及空间向量的学习奠定了基础。

尤其对于立体感不强的学生来说，上课吸收效果不好的时候可以课后通过扫二维码反复观看增强空间想象能力。而且网络画板汇集了全国数学教师的资源，操作方便，可以随时随地为一线教师的教学和有需求的学生提供丰富的资源。

三、借助网络画板以函数问题为载体培养学生的直观想象素养

如二次函数典型问题：定轴动区间最值讨论问题以及三角函数在给定区间求最值问题。学生总是习惯把端点代入求值，认为求出的就是最值。从认知心理学上讲，这是一种刻板印象，刻板印象一旦形成很难改变。所以无论教师怎么板演解释，仍有一部分学生不明白，即便当时觉得明白了，事后还是刻板地将端点值代入。自从利用网络画板让学生自己反复演示 t 取不同值时最值如何变化，这个问题才得到完美解决。所以在教学中教师认为的道理要是学生不认可，就是没有道理。一定要寻找更好的方式或手段让学生自己寻找真理，这样学生才会认可教师讲的道理。现在进入三角函数部分的学习，再做给定区间求最值问题时学生自己就完全明白了。

四、借助网络画板以动态问题为载体培养学生的直观想象素养

动点型问题难点在于需要学生利用几何直观了解动点的运动规律以及数与形的联系，有较强的综合性。需要学生准确把握图形的形状变化，注意形状变化的临界点，在运动中分析，在变化中求解。教学时借助网络画板可以将文字转化为图形、化抽象为直观。呈现动点的动态过程，有助于学生观察动点的变化情况，发现动点的运动规律。学生在图形变化中探索不变的性质，提高数形结合能力，让直观想象能力得以形成和发展。例如，解析几何中探寻动点到定点或动点到定直线或动点到某一平面的距离问题，传统教学在黑板上作图很难体现出点运动的规律，而我们只需要使用网络画板这一工具就可以很方便地让点运动起来，这样可以帮助学生提升直观想象的能力，从而达到解决问题的目的。

学生首先进行画图与猜想，寻找题目中固定的点和长度不变量并进行交流分享。若学生无思路，可以提供下面表格进行引导。

变式 2–1　圆 M：$(x+3)^2+y^2=64$ 圆心为 M，定点 $N(3,0)$，动点 A 在圆 M 上，线段 AN 中垂线交线段 MA 于点 P，求点 P 的轨迹方程。

表 2　椭圆的形成网络画板实操

固定不变点	
动点到点 M	
动点到点 N	
距离之______为定长	
轨迹图形	

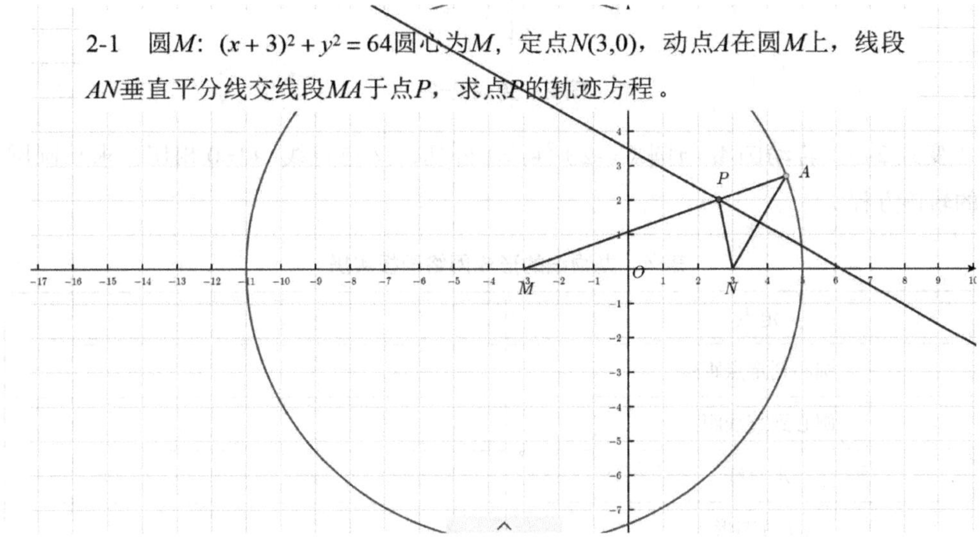

图 1　变式 2-1

变式 2-2　动圆 M 与已知圆 Q_1：$(x+3)^2+y^2=9$、圆 Q_2：$(x-3)^2+y^2=1$ 都外切，试求这个动圆圆心 M 的轨迹方程。

表 3　双曲线的形成网络画板实操

固定不变点	
动点到点 Q_1	
动点到点 Q_2	
距离之______为定长	
轨迹图形	

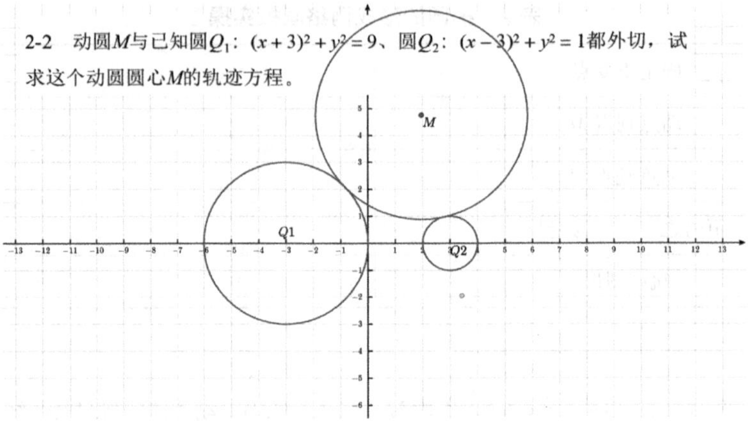

图 2　变式 2-2

变式 2-3　若动圆 M 与圆（x–2）^{2}+y^2=1 外切，又与直线 x+1=0 相切，求动圆圆心的轨迹方程。

表 4　抛物线的形成网络画板实操

定点	
圆心到定点距离	
圆心到直线距离	
定直线	
轨迹图形	

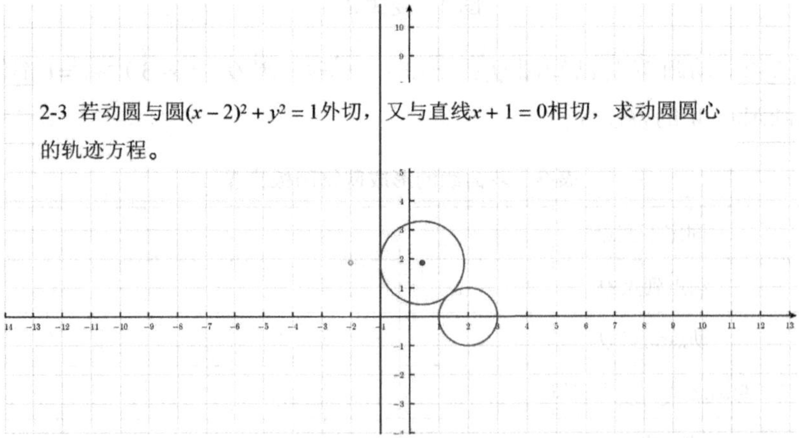

图 3　变式 2-3

利用网络画板辅助教学，将抽象轨迹问题用网络画板一目了然地展示出来，使学生明确轨迹形成原理，是“点动成线”的最好体现，体现动态美。

变式 2-4　线段 PQ 的端点 Q 坐标（-2，3），P 在圆 C：$(x-8)^2+(y-1)^2=4$ 上运动，求线段 PQ 中点 M 的轨迹方程。

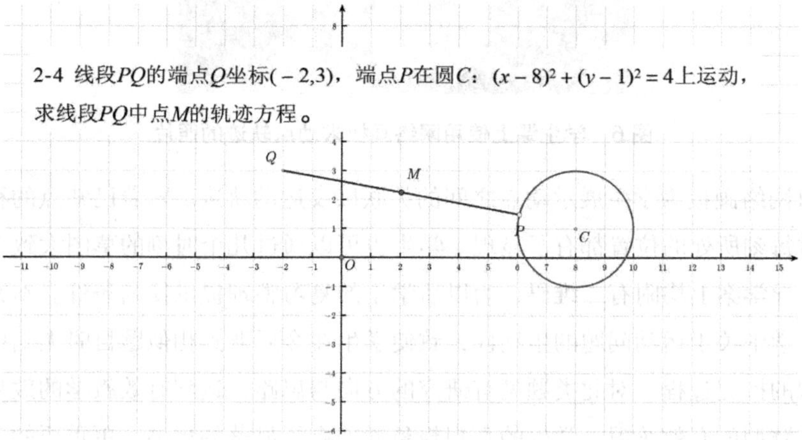

图 4　变式 2-4

变式 2-5　动点 M 在椭圆 C：$\dfrac{x^2}{2}+y^2=1$ 上，过 M 作 x 轴的垂线，垂足为 N，点 P 满足 $\overrightarrow{NP}=\sqrt{2}\,\overrightarrow{NM}$，求点 P 的轨迹方程。

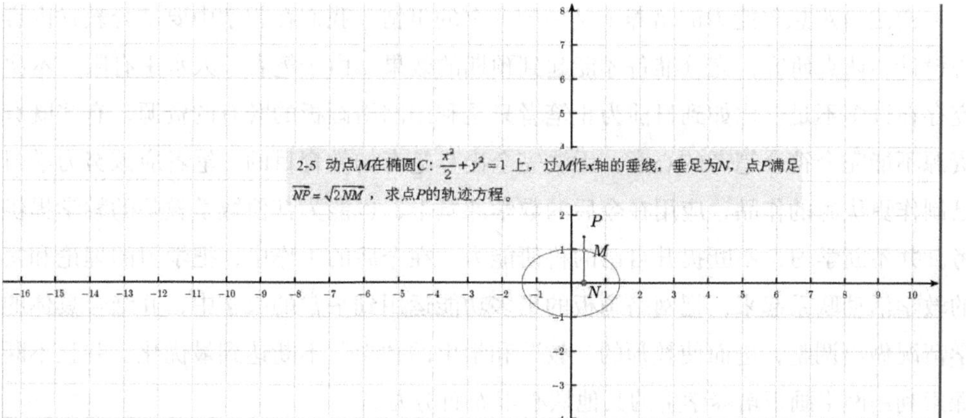

图 5　变式 2-5

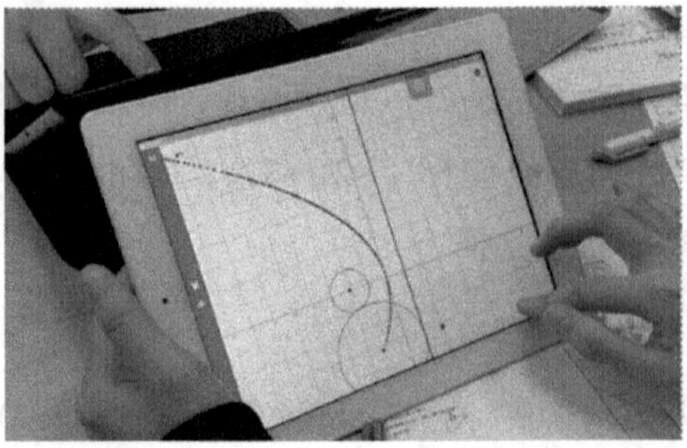

图 6　学生课上使用网络画板求动点轨迹的照片

通过网络画板为学生展示动点之间的关联以及运动轨迹。随着已知点的移动，动点在每时每刻所处的位置都有了显现。学生也可以通过几个时刻的草图大致感知图形的形状。导学案上均附有二维码，为以后学生的复习整理提供便利条件。本案例充分发挥了教学中关于运动问题的生动性，致使学生在今后遇到相似题目时大脑中会浮现出本节课的探究过程，对此类题型有研究的方向与思路，达到有效教学的效果。通过对这一类题型的有效练习，学生的直观想象素养有了显著的提高，更重要的是，他们也拥有了自信，也会尝试去解决一些难一点的问题，至少不会像以前一样直接选择放弃。

五、总结与展望

总之直观想象能力的培养不是一朝一夕的事情，我们在教学中要结合教材内容精心设计，认真研究，充分准备才能起到预期的效果。由于笔者个人水平有限，本次研究存在许多不足。比如到目前为止笔者只是利用网络画板的既有的资源，有些既有的资源不能完全符合笔者的心意，无法完全诠释笔者的教育目的。笔者应该努力学习自己制作更优秀的作品，应用在今后的数学课堂上，也能为其他数学教师的教学提供参考。并不断学习，不断提升自己的科研能力。在今后的工作中，把学习的理论和实际的教学活动联系起来，把网络画板的更多功能运用到平常的教学中，并结合具体的教学情况做出调整，进而使教师的“教”和学生的“学”不断达到最优化。并且不断为探索利用网络画板培养学生的其他核心素养而努力。

参考文献

[1] 中华人民共和国教育部．普通高中数学课程标准（2017 年版）[M]．北京：

人民教育出版社，2018.

［2］新华社．中共中央国务院关于全面深化新时代教师队伍建设改革的意见［EB/OL］．（2018-01-31）［2022-03-22］．http：//www.gov.cn/zhengce/2018-01/31/content_5262659.htm.

［3］方海光，王鹏远，焦宝聪，等．应用互联网数学实验室实现深度融合的设想［J］．中小学数字化教学，2018（3）：3.

［4］邓友祥．数学核心素养之直观想象：特征、层次与培养策略（下）［J］．湖南教育（C版），2019（7）：33-36.

［5］李赵容．基于网络画板培育高中生直观想象的教学实验研究——以“函数y=Asin（ωx+φ）的图像”教学为例［D］．贵阳：贵州师范大学，2021.

作者简介

温琳静：沈阳市第二十四中学数学教研组组长，中学一级教师。

例谈信息技术在概念教学中促进学生深度理解

成都市新都区谕亭小学　马　骞

【摘　要】小学生数学核心素养、核心能力的发展，是小学数学课堂教学实施中尤为重要的目标，其中数学理解能力尤为重要。在数学知识的建构过程中，教师所提供的学习素材，学生所采用的学习方式、所经历的学习过程，都在一定程度上引导了学生的理解，而对知识的理解到何种程度，更是尤为重要。信息技术快速发展的今天，信息技术的应用有高效、快捷、操作简单、资源丰富、工具多样、交互性强的特点。通过信息技术应用，变革内容的呈现方式，变革“概念”教学的方式，真正促进学生的发展。本文主要研究利用信息技术在“概念”教学中如何促进学生的深度理解。

【关键词】小学数学；信息技术；概念教学；数学关键能力

数学概念学习是合理应用数学的基础和前提，概念学习深刻鲜明，对后续的数学学习有着很重要的意义。概念教学往往是抽象、枯燥的，然而信息技术的快速发展，极大程度地变革了课堂情境的创设。在数学概念的建构过程中，教师利用信息技术，变革了学习素材的呈现方式、学生的学习方式、知识的获取形式，为学生对概念的深度理解架起了具象的桥梁。概念教学的过程划分成三个阶段，本文主要从概念的引入、建立、巩固深化三个阶段进行研究。

一、以激发兴趣为载体的直观引入

一位伟大的教育家说过：“教育的艺术不在于传播本领，而在于激励、唤醒和鼓舞学生。”

小学数学概念对学生来说比较抽象，小学阶段的学生主要是以具体形象思维为主要思维形式，所以认知方面有一定的难度。这个阶段的学生对事物的认识，主要是从具体到抽象、从低级到高级、从感性到理性、从一般性到共性，逐步上升发展的。因此，在概念的教学中，应该通过大量的实物图像，以及儿童熟悉的事例或已有的知识等，来形象直观地引出新的概念，以便于培养学生的数学直观与想象能力，以及数学模型的建立。

例如在讲授北师大版一年级上册“快乐的家园”，认识数量的概念，在对数量“1”进行认识时，利用信息技术给学生提供大量的生活实例直观感受，让学生在实例中去发现感受“1”既可以表示单个的1个，也可以表示1个群体，如：1群、1筐、1袋等；“1”既可以表示很渺小的物体，也可以表示庞然大物，不变的是它们的数量都可以用1来表示。

在教学北师大版二年级下册“角的认识”的概念时，可以从学生已有的认识出发，找到新旧知识之间的联系，从旧知识中衍生出新知识，这样引入：

教师向学生展示漂亮的利用几何图形构成的童话王国图片，让学生找到认识的图形：正方形、长方形、三角形、圆（旧知）。

师：在这些图形中有一种和其他的不一样，它是谁呢？

生：圆。

师：说说你的想法？

生：因为圆没有角（新知）。

师：你观察得真仔细，今天我们就一起学习“角”。

并利用网络画板将角放大或者缩小等演示，让学生直观感受和发现“角的大小与边的长短没有关系，而只与边之间的夹角有关”。

在讲授北师大版二年级上册“轴对称图形”的概念时，这样引入：

师：动物家族今天要举行盛大的森林派对，它们都盛装出席。看！它们来了，不过只有它们的半个身影。

教师展示折成一半的昆虫剪纸作品（实物展示）。

师：你能猜猜是谁来参加派对了吗？

学生兴趣高涨快速猜对。

师：你们怎么猜得这么准呀？（它的两边都是一模一样的。）

以上就是以激趣为载体的直观引入，利用网络画板直观有趣的演示特性，让学生对抽象的概念有了具体的形象，帮助学生更容易理解和掌握概念，让概念教学实施更加轻松高效。利用激趣的直观引用的概念教学可以更大限度地吸引学生的注意力，提高学生的学习兴趣，以便学生更加积极参与学习，让课堂教学更有效果。

二、以精准概念本质为呈现的教学过程

数学概念是人脑对现实对象的数量关系和空间形式的本质特征的一种反映形式，即一种数学的思维形式。在数学中，作为一般的思维形式的判断与推理，以定理、法则、公式的方式表现出来，而数学概念则是构成它们的基础。正确理解并灵活运用数学概念，是掌握数学基础知识和运算技能、发展逻辑论证和空间想象能力的前提。为准确认知概念的本质属性，帮助学生对概念内涵、外延的理解，培养学生的数学理解能力和数学抽象能力，要紧抓数学实质，从数学概念的核心内涵出发，并利用信息技术进行教学，向学生呈现精准的多维度的概念内涵。

（一）立足关键词，深层次呈现概念

数学概念的定义一般是由几个词或几个词组构成的。这些词语精练准确，结构严谨，对一类事物的本质属性给出了准确的阐述，然而在演示这些属性的过程中却有一定的局限性。但在利用信息技术的演示下，我们能紧抓概念本质，多角度多维度地抓住关键词，深入剖析数学概念，准确把握这些概念本质的属性，有利于让学生建立起正确完善的概念认知。

例如，利用网络画板演示分数，分数定义中的关键词是“平均分”，学生只有把这些词语的含义弄清楚了，才会理解分数的概念。

例如，利用网络画板演示整除概念的判断，一是被除数、除数（不为0）、商必须是自然数；二是没有余数。

再例如，利用网络画板揭示倒数概念时，两个数的乘积为1的数互为倒数，关键词：两个数、乘积为1、互为倒数，从这三个关键词出发给学生解释清楚。让学生明白，两个数，说明倒数是针对两个数；两个数相乘为1，互为倒数，指两个数互称，不能单独存在，不能说某一个数是倒数，而只能说某两个数关系是互相为倒数。这一概念要向学生强调的关键词是“乘积为1”和“互为”，让学生明白“互为倒数”是在描述两个数之间的关系，不是单独地描述某一个数。

例如，在解决“相遇问题”中，学生对于“速度和 × 时间 = 距离”难以理解，而利用信息技术，先演示两人同时从两地相向而行，经历一定时间在某地相遇，再演示单位时间内两人走的路程，并把它们合成单位时间内的速度和，从而帮助学生理解“速度和 × 时间 = 距离”。

（二）立足核心，多形式练习固化概念

我们要从概念的本质核心出发，给学生呈现多层次、多形式、多维度的变式练习。所谓变式，就是在其他教学条件不变的情况下，变化概念和规则的例证。变式练习是学习以产生式表征的程序性知识的必要条件。在教学中，教师精心设计的变式练习，对于避免大量的重复练习，消除题海战术，减轻学生的学业负担，提高学生对实际问题的解决能力有重要的意义。

变式练习要多阶段分层次，教师最好采用连续呈现多个变式的方法，以便使所提供的变式同时储存于学生的工作记忆中，从而更清晰地掌握概念。在教学过程中，可以利用信息技术的高效便捷，采用学生喜爱的“移动、拼、摆、量、缩放”等具体、直观的活动形式，把抽象难懂的概念转变成具体形象的可以看到、可以感知的概念，借助信息计算把身体感官调动起来，从而使学生多角度、多层次地理解固化概念，在这个过程中，不仅极大地提高了学生的数学理解能力，学生的数学抽象与表征能力、推理能力、数学直观与想象能力、发散性思维能力、问题分析与解决能力都得到了协调的发展。

（三）立足特性，多对比练习甄辨概念

数学概念的产生与发展是前后螺旋上升有紧密联系的，同时也是有源和流区别的。很多数学概念之间有着很相近的数学意义，所以学生对于此类数学概念容易产生混淆。例如：在讲解“24 里面有 2 个十和 4 个一”时，学生弄不明白为什么一个是数字一个是汉字。

例如，有史以来，“除以”与“除”两个概念也是学生最容易混淆的。教师在教学中，就需要对不同的概念进行深入的区别辨析，深入挖掘知识与知识之间的相同点和不同点，从知识结构上客观理性地分析，数学本质源与流的区别，构建活的数学知识结构，在这样的概念甄辨中极大地促进了学生对概念本质的深度理解，发展了学生完善的数学思维，培养了学生逻辑思维的严密性，对学生知识体系的架构具有重要的作用。

三、以概念深化应用为桥梁的概念体系构建

学生经历将概念内化吸收之后，第三个阶段就是将概念深化应用，并在原有知识结构中找到生长点、结合点，要引导学生把新的概念放到学过的概念中去，寻找概念

之间横向或纵向的联系，使概念知识本质由点汇成线，由线汇成面，形成完善紧密的概念知识体系，使数学中的抽象概念，有效转化成为头脑中的认识结构，利于学生对知识的长久记忆、提取和应用，促进概念认知的迁移。

例如，在认识了三角形边的关系，“三角形任意两边的和大于第三边”之后，利用网络画板，演示由线段中间某个点拉出一条折线，结合“两点之间直线最短”这个定理，学生从这个角度去深度理解为什么三角形任意两边之和一定比第三边大。

例如，当学生学习了乘法的意义之后，增加以下变式练习作业：

$7+7+7+7+7=$

$1+2+6+6+4+5=$

$5+5+\cdots+5+8=$

（一共有 9 个 5）

例如，当学习了三角形的几种类型以后，让学生思考“用两个形状大小一样的直角三角形拼图，可以拼成什么图形”。

当学生找到知识与知识之间的关联时，就像开通了很多扇知识的大门可以四通八达。在这个概念体系建立的过程中，学生的知识结构得到了升华，学生对概念本质的理解更有深度更加全面，促进学生理解能力多维发展。

四、总结与展望

概念教学是数学教学的重要组成，更是数学应用的前提与基础，在整个数学教学中占有极其重要的地位。而现代的信息技术的应用为抽象的概念教学建立起了直观的模型，因此在概念教学中合理巧妙地运用信息技术，有助于促进学生对抽象概念的深度理解，对发展学生的核心素养、核心能力具有重要意义。

参考文献

[1] 孙月明．小学数学概念教学策略 [J]．新课程（下），2005（3）：1.

[2] 陈剑．小学数学教学中如何提高课堂教学有效性 [J]．神州，2018（16）：1.

[3] 倪广林．浅谈如何提高小学数学概念的有效性 [J]．数学学习与研究，2013（18）：1.

[4] 朱学诚．小学数学概念教学策略 [J]．启迪与智慧（中），2014（4）：1.

[5] 洪亮．小学生数学关键能力研究：内涵、要素与培养策略 [J]．中小学教师

培训，2019（1）：5.

［6］张超．小学数学教学要重视概念教学［J］．魅力中国，2017（50）：223.

作者简介

马骞：成都市新都区谕亭小学数学教师，新都区优秀青年教师。

信息技术环境下小学数学课前预习的组织与实施研究

鄂托克旗赛乌素绿苑小学　高天云　吉布斯格图　马艳霞

【摘　要】“根据学习理论，人在学习新知识的时候，必须以自己原有的相关知识为基础，厘清新旧知识之间的联系，找到新知识的增长点加以强化，完成自己对新知识的意义建构。”课前预习正是厘清新旧知识间的联系、找到新旧知识增长点的过程。研究表明，利用以问题为引领的课前自主学习单，配微课辅助学习，以信息技术手段实施学习过程监管会很好地达成小学数学的课前预习，可实现学生有针对性地学、教师有针对性地教，更是新课程要求的学生自主学习在小学数学学科教学中的落地。

【关键词】信息技术；小学数学；预习；组织实施

“根据学习理论，人在学习新知识的时候，必须以自己原有的相关知识为基础，厘清新旧知识之间的联系，找到新知识的增长点加以强化，完成自己对新知识的意义建构。”课前预习，就是为了厘清新旧知识间的联系，就是为了找到新旧知识的增长点。然而，近年来科任教师对学生预习的要求有所放松，流于形式，甚至有些教师已不再要求学生预习，学生预习这么难吗？原因何在？什么内容、什么方式对小学数学预习有效？笔者所在的团队开展了一系列个案研究。

一、以阅读教材为内容开展课前预习收效甚微

2012年秋季学期，学校实验小组在其中一个班开展小学数学课前预习实验。实验班级为实验教师新接的班。选择该班的目的一是为了排除科任教师在任课过程中其他方法的干扰，二是五六年级学生有一定的自主学习、预习能力，预习方法为提前一天布置预习任务，要求学生认真阅读数学教材，批注疑问等。课堂教学观察，教师继续

以教材中的内容为学习内容，课件展示主题图、问题等，按正常教学流程开展教学。学生表现极其优秀，所有问题都能由学生解决或讲解完成，真正实现了以学生为主体的新课标要求。但从本学期末的终结性评价分析（第一次实验终结性评价对比）中，发现如下问题：一是学生的平均分并没有明显提升，开展预习与未开展预习的班级无显著差别；二是学生中优秀学生人数骤减，减幅近50%，不及格人数增加。实验小组对学生的调查发现，原因一是学生在预习时只记书中的算式或答案，未经认真思考；二是是否预习、预习到什么程度，教师未能及时（也无法）监管，造成一部分学生懒于预习、滥竽充数，致使在其他学生展示讲解时，连最基本的题意也不清楚。发现问题后，实验团队进行策略调整：改回原来的做法，取消课前预习。该策略于2013年3月至7月开展。实验教师、实验班级、实验学生均未发生变化。在2013年6月学校组织的终结性评价中，平均分、优秀率、及格率均得到提升。实验认为：在小学数学学科中，学生单纯以阅读教材为内容开展课前预习收效甚微。

表1 第一次实验终结性评价对比

评价时间	学生所在年级	内容	平均分	优秀人数	优秀率（%）	及格人数	及格率（%）
2012年6月	五年级	接班前	79.29	17	33	45	88
		校均	79.50	42	27	139	91
2012年12月	六年级	实验教师	72.32	9	18	37	73
		校均	72.94	32	21	117	76
2013年6月	六年级	实验教师	81.20	21	43	44	90
		校均	80.62	54	36	133	90

二、课前预习需要有效监管

实验小组在第一轮研究基础上，开展了以“什么内容在预习中有效”为主题的第二轮研究，实验依然从一个实验班开始，实验时间从2013年9月至2014年6月。实验班级依然采用实验教师新接班，目的与第一轮实验相同，改变预习方法，教师依据教材内容以问题为引领，依据导学案思想，编写预习提纲，将学习单印制给学生，由学生于授课前一天在家独立完成，并于授课当天早晨向教师提交学习单，教师翻阅学生提交的学习单，了解学生学习情况，并根据学生学习情况确定授课重点。课堂教学观察一段时间后发现，学生基本可以分为两类，一部分是课堂教学内容完全不在话下，真正达到了预习所设计的预期目标，但另一部分学生好像完全没预习，一点儿效果也没有。从实验期间两个学期末的终结性评价分析（第二次实验终结性评价对比）中可明显发现，优秀人数比例先升后降，平均成绩进步不大，及格人数的比例也有所降低。调查原因后发现：之所以学生会出现这种情况，是学生没有真正地去预习，学生经过一段时间摸索后发现，教师工作忙，根本没时间逐一查看，要么第一天晚上草草完成学习单内容应付差事，要么第二天早晨抄同桌的完成任务。实验后我们认为：在小学数学学科预习中，缺少教师对学生的有效监管，开展课前预习的效果会大打折扣。

表 2　第二次实验终结性评价对比

评价时间	学生所在年级	内容	平均分	优秀人数	优秀率（%）	及格人数	及格率（%）
2013 年 6 月	五年级	接班前	71.76	6	12	37	73
		校均	80.62	54	36	133	90
2013 年 12 月	六年级	实验教师	76.13	11	23	40	83
		校均	78.88	60	30	170	86
2014 年 6 月	六年级	实验教师	65.06	7	15	29	60
		校均	68.32	24	12	136	70

三、信息技术与小学数学课前预习深度融合效果明显

实验小组继续调整实验策略，开展第三轮实验，实验教师与前两次实验均为同一人，实验从 2014 年 9 月开始至 2017 年 6 月结束。实验班级依然采用实验教师新接班。之所以将实验放到四年级开展，其目的一是想研究课前预习是否受时间的影响，二是想研究探索信息技术环境下小学数学课前预习在小学中高年级的组织与实施。

实验以引导学生自主学习，启发学生思维为侧重点。数学新课程标准要求：在数学教学活动中，教师要把基本理念转化为自己的教学行为，处理好教师讲授与学生自主学习的关系，注重启发学生积极思考。

实验借鉴了启发式教学思想：启发式教学的关键在于设置问题情境，在教学观上，确立学生的主体地位；在教学过程中，强调学生的主观能动作用；在教学手段

上，创造良好的学习氛围；在教学目标上，重视学生的全面发展 。实验开发了小学数学预习配套学习资源，配套学习资源是教师提供或制作的，帮助学生完成“自主学习任务单”给出的任务的媒体资源 。实验为学生提供了自主学习任务单与微课，将信息技术与小学数学预习深度融合。学习资源的开发是信息技术与学科深度融合必备要素之一，开发相关学科的丰富学习资源，以便作为学生认知探究工具、协作交流工具和情感体验与内化工具。

实验效果一直明显，从实验期间多个学期末的终结性评价分析（第三次实验终结性评价对比），平均成绩一直保持领先优势。实验后我们认为：在信息技术环境下，可以很好地弥补小学数学课前预习教师监管的缺失，配微课，可以很好地辅导学生课前预习，开展信息技术与小学数学课前预习深度融合，是小学数学课前预习一种不错的选择。

表 3　第三次实验终结性评价对比

评价时间	学生所在年级	内容	平均分	优秀人数	优秀率（%）	及格人数	及格率（%）
2014 年 6 月	三年级	接班前	84.96	17	34	49	98
		校均	84.29	94	32	286	97
2014 年 12 月	四年级	实验教师	88.08	23	48	47	98
		校均	85.49	128	44	278	96
2015 年 6 月	四年级	实验教师	84.70	17	35	48	98
		校均	79.34	74	26	264	92
2015 年 12 月	五年级	实验教师	87.87	23	49	46	98
		校均	83.17	111	40	259	93
2016 年 6 月	五年级	实验教师	85.45	20	43	45	96
		校均	78.73	77	28	238	87
2016 年 12 月	六年级	实验教师	79.07	10	22	42	93
		校均	74.15	48	18	220	83
2017 年 6 月	六年级	实验教师	73.68	2	5	40	91
		校均	65.05	15	6	178	68

四、信息技术环境下小学中高年级数学课前预习的组织与实施

开展信息技术环境下的小学中高年级数学课前预习，其核心为编制课前自主学习任务单，并根据任务单设计开发辅导学生的微课。课前自主学习任务单包括五个部分，分别是知识链接、独立自学、微课助学、自学检测和自学小结。

数学学科知识编排特点是根据学生的年龄特点，由易到难层层递进、螺旋上升的。学习上一层内容，必须是以前面学习过的内容为基础，因此，设立知识链接就十分必要，让学生复习旧知识才能更好地学习新内容，也只有让学生扫清已有知识的障碍，才能更好地学习新的内容。而在传统的课堂教学中，学生只能在教师的带领下，快速、简单地进行复习，是否能完全扫清障碍就很难保障，那些还未扫清障碍的学生，也只能按照教师安排的进度进入课堂，可想而知，这样的学习效果是差的、效率是低的。将旧知识的复习安排到课前，学生就可以根据自己的学习情况，按照自己的安排，扫清学习新知识的每一个障碍，进入课堂学习，每一位学生的起跑线也几乎是齐平的。

没有思考，就没有发现。思维训练是数学学科的重点，引导学生从已学知识开始，寻找知识的增长点，一步步深入，通过探索、思考、观察、发现、总结来学习新知识，是学生学习新知识、探索新规律、培养学生创新思维的重要过程和方法，这也就是设立独立自学环节的目的。研究者通过设立对已学知识有桥梁和纽带作用的题目，由学生独立思考，并尝试完成，来探索新规律，得到新发现，总结新结论，进而学习新知识。当然，由于能力、水平的差异，有一部分学生是不能发现、学会和得到新知识的，但只要学生先去思考了，通过下一环节微课助学的帮助，效果也要远远强于不设这一环节、教师直接微课讲解。

微课助学是在学生课前学习中信息技术手段应用的最重要的一环。学生通过独立自学，经历思考、探索新知识的过程，一部分学生已经完全掌握新的学习内容，这时进入微课助学环节，就要对比自己与教师在讲解中的方法、思路是否相同，当然，也可以发现教师讲解过程中的不足，带着思考去学。那部分在独立自学环节还未掌握新知识的学生，带着自己在自学中出现的问题，去学习知识并解决问题。当然，还有一个优势是课前学生有充足的时间去学习，看一遍微课不明白可以看第二遍、第三遍……直至完全明白，这正体现了智慧教育中学生个性化学习的需求。

对于学生来说，学习还需要通过应用来检测学习效果，通过应用来及时巩固学习成果；而对于教师来说，可以了解到学生学习得怎么样，哪些内容已学会，哪些地方还有疑惑，另外对学生学习情况也有更准确的了解。这便是设置自学检测的目的。学生通过完成自学检测中安排的题目，并将完成情况上传到学习平台，上传后，可在平台上进行互相学习；教师可通过后台了解学生的学习情况，重新修改教案，重新设定教学重点、难点，真正了解了学生的学情，真正做到了以学定导、以学促导。而这些，在传统课堂课前预习中是无法实现的。

通过上面四步的学习，及时总结，梳理学习成果就显得十分必要，特别是对照学习目标来思考每一条是否达成，总结学习过程中的得失。既可以帮助学生梳理已掌握的知识，让掌握的知识形成体系，也可以让学生梳理问题、疑惑点，为学生第二天的学习确定目标和重点，让学生做到有针对性地去学。当然，将学生总结上传到学习平台，对教师确立课堂导学也是一个重要参考。

参考文献

［1］高天云．课前自主学习［M］．香港：中华书籍出版社，2018.

［2］中华人民共和国教育部．义务教育数学课程标准（2011年版）［M］．北京：北京师范大学出版社，2012.

［3］崔海江．小学数学教学关键问题指导［M］．北京：高等教育出版社，2016.

［4］金陵．翻转课堂与微课程教学法［M］．北京：北京师范大学出版社，2015.

［5］何克抗．如何实现信息技术与学科教学的“深度整合”［J］．教育研究，2017（10）：88-92.

作者简介

高天云：鄂托克旗赛乌素绿苑小学校长，小学数学高级教师。

吉布斯格图：鄂托克旗赛乌素绿苑小学教务主任，小学数学一级教师。

马艳霞：鄂托克旗赛乌素绿苑小学教研室主任，小学数学一级教师。

高中数学信息技术教学的作用分析

沈阳市第一二〇中学　程　跃

【摘　要】在当下的世界中，知识与科技发展的速度极快。在这样的时代背景下，高中数学教学水平也有了突破性的发展，高中数学的教学模式也从原始传统的“教师台上讲，学生台下听”变成了声音、图像、视频与文字等共存的多媒体模式。在这个多媒体时代中，信息技术已经成为辅助教师教学的利器，能够有效帮助教师提升教学效率，也能让学生的学习效率与成绩都有显著提升。作为新时代的教师，必须要掌握信息技术教学，以便得到事半功倍的效果。本文通过阅读文献、查阅相关书籍以及期刊论文，总结了信息技术与高中数学课堂融合的重要性，并给出了多种有效结合的途径，使学生的学习更有效。

【关键词】信息技术；网络画板；教学；高中数学

当前，高中数学教学与信息技术紧密相连的方式，必将对传统高中数学教学方式造成巨大冲击，在极大程度上改善传统教学模式中的短板，从而使学生的学习主观能动性与兴趣热情都能有所提升，帮助他们在数学学科上取得让人满意的成绩，对他们自身而言，也能够真正地掌握数学的相关知识点和解题的思维方式。此外，新课标在“实施建议”中提出，信息技术是数学教学中不可或缺的手段，强大的作图功能可以解决数学课堂教学中难以呈现给学生的直观形象问题，计算机数值随机模拟可以帮助学生理解随机事件问题等等。因此，在当下时代里，合格的高中数学教师应该熟练运用信息技术，通过信息技术与自身课程相连接的方式，让自己所教授的课程变得更加充满趣味，并深入浅出帮助学生更好地学习这门课程。

一、信息技术与高中数学课堂融合的重要性

（一）将抽象知识具体化，便于学生理解

高中阶段的数学科目通常给人一种抽象难懂的感觉，往往会让学生感觉枯燥无聊，让他们的学习成绩受到一定的影响，学习热情也会被消耗掉一大半。教师如果只用黑板、粉笔等基本教学工具讲课，很难将教材要求学生掌握的数学知识传授给学生。如果采用将多媒体信息技术与教学课堂相融合的方式，则会对自己的授课效果大有裨益。二十年前，高中数学教师开始尝试将 PPT 这种教学工具利用起来，通过在 PPT 里搭建趣味视频、多元音频、精彩图片与艺术文字等不同方式，将原本复杂的数学相关理论知识或者公式变得通俗易懂，也让整节课变得趣味盎然，从而帮助学生在轻松、愉快的氛围中学习数学知识。然而随着时代的变迁、科技的发展，这种教学模式已然满足不了新时期的学生需求，学生渴望更多的参与、渴望更多的互动，网络技术的支持也极大地激发了学生对信息获取的积极性。教师开始尝试用网络画板。网络画板是超级画板的网页版本，在中国科学院张景中院士的亲自参与下，于 2016 年正式发布，是运用国内领先的动态几何技术、智能推理技术、符号运算和交互技术开发的第一款互联网环境下的理科教学工具。“网络画板”辅助数学教学软件的出现，对“计算机与数学学科整合”提供了强大的技术支持。“网络画板”不仅能帮助学生理解数学概念，解决数学问题，探索数学知识，而且是一个智力开发工具。利用它可以改善认知环境，使数学对象直观化、形象化。

（二）增强学生学习兴趣，提高他们的积极性

数学这门课程本身就容易让学生感觉抽象枯燥，再加上高中数学对比学生之前学习的数学，会显得比较复杂难懂，久而久之，就会让学生失去学习的热情与兴趣，从而造成学生数学成绩严重下降。为了激发学生兴趣，引起他们的学习热情与学习的主动积极性，增强学生对学习数学的信心，教师在教学时，就可以适当地在教学过程中引入信息技术类型的教学方式，促使课堂的气氛能变得活泼、轻松。同时，教师也可以通过引入信息技术到课堂教学的方式，给学生更多的想象与创造空间，让学生能够在课堂上占据主体地位，从而能根据学生的兴趣，更好地设计课程教学内容，引导学生主动积极地参与学习，提高他们在学习上的注意力与对能学好数学这门学科的自信心。“网络画板”辅助数学教学普及应用与推广，促进信息技术与学科课程的整合，改变了教学内容的呈现方式、学生的学习方式、教师的教学方式和师生互动方式，充

分发挥信息技术的优势，为学生的学习和发展提供丰富多彩的教育环境。

（三）拓宽学生视野，活跃数学思维

高中数学教师在教学过程中引入信息技术这一教学方式，也能在很大程度上丰富学生的知识，扩宽他们的视野。因为信息技术教学最大的特征就是其网络丰富性、内容拓展性与展示的趣味性。借助信息技术教学的方式，高中数学教师在教授数学科目时，并不会受限于教材，而是会拥有更多的网络信息化课程资源，能让学生的思维更加活跃，从而增强他们的创造力与解决问题的能力。

二、信息技术与高中数学融合的有效路径

（一）通过情景模拟方式，实现动态教学

高中数学科目的理论性与专业性都极其强，整个学科也主要由大量的公式与抽象概念组合而成，相比其他学科显得晦涩难懂且枯燥无聊，教师在讲解这门学科时也很难将它讲得通俗易懂，轻松有趣，导致学生在长时间的学习后，就会处于疲惫的心理状态之中，学习效率也直线下降，变得非常低下。另外在高中教学中，许多抽象难懂的知识点，如果仅仅通过教师口头讲述，也会让学生产生听不懂的感觉，很难理解与掌握。为此，教师应充分地运用好信息技术教学，将这些抽象、难以用语言描述的知识点用现代信息技术的方式进行模拟演示，通过把这些静态知识点转化成动态知识点的方式，降低学生学习的难度，让他们能够更迅速和容易地消化和掌握知识点。

（二）简化数学教学知识，降低动态难度

高中数学的学习时间紧、任务重，整体的学习难度偏大，学生对重点、难点的数学知识更是难以掌握，导致学习效率较低。在这样的情况下，我们可以采用信息技术与高中数学课堂有效整合的途径，结合课堂教学的情况，将信息技术这种教学方式充分地利用起来，将原本复杂的知识变得简单，从而降低学生的学习难度。比如教师在高中的数学教学中就可以将复杂的知识点制作成有趣活泼的动画形式，让学生能从中轻松地掌握相关知识点。

（三）以大数据为依托，为学生开辟纠错之径

学生在学习过程中，难免会犯下形形色色的错误，这是无法避免的。但无论对于教师，还是学生而言，绝对不能将这些错误抛之脑后，而是需要将它们重视起来。教师在发现学生有错误时，需要想办法引导学生从自己题目的错误中反思与学习。而学生也需要不断地从错误中吸取与总结经验，从而提升学习效率。而在信息化教育时

代，教师可以以大数据为依据，对学生作业进行快速与细致的批阅，并帮他们总结容易犯错的“重灾区”题库，从而帮助他们从错题中学习更多数学知识。

（四）对教材内容进行筛选

信息技术虽然功能全面，对课程起到了极好的辅助作用，但信息技术在课堂中的运用并不是多多益善的，课堂终究是要坚持以人为本，需要把教师与学生当作课堂教学的主角。因此，教师对教材内容的筛选极为重要。教师可以在筛选时认真与专业一些，将适合信息技术教学与不适合信息技术教学的内容区分一下。而适合信息技术教学的内容一般有着教学内容枯燥，图案比较复杂等特点，作为教师应多加关注。

（五）利用信息技术使教学生动，提高教学质量

将信息技术这种方式运用在高中数学课堂中，也对提升课堂的活跃气氛，激发学生们的积极性与发散他们的思维有极大的优势。在整个教学过程中，教师运用多媒体等方式，将原本死板、枯燥的内容转化为生动、有趣的形式，将教师在台上讲课这样单一的模式转变成教师与学生能够共同探讨的模式，可以让学生们在更加轻松的氛围里学习，极大程度上降低了学习负担，提高了学生的学习愉悦感与教师教学质量。

（六）将信息技术资源与数学教学相结合

教师在讲解幂函数这一知识点时，可以通过网络画板制作一个动态课件，首先利用自定义坐标系绘制函数图象，可根据实际需要任意放大或缩小坐标系，调整函数图象大小；然后定义变量 a，x，其中 a 作为幂函数的指数，x 作为自变量底数，实现数据的动态演示，再计算 x^a 的值。网络画板通过绘制动态直角坐标点（x，x^a），对直角坐标点（x，x^a）、函数图象实施跟踪命令，得到点的运动轨迹以及函数图象变化过程。在上课前，学生可以通过自己的实践，体会不同参数的函数图象的变化情况。在课堂上应用信息技术的方式，学生们可以自己展示并总结函数的图象与定义，在此基础上，再辅助其他教学软件，让学生们能够自己绘制出相关函数，从而更加牢固而深入地掌握函数相关知识。

三、总结与展望

综上所述，我们不难看出在二十一世纪，信息技术为高中数学教师在教学上提供了极大的便利，成了教师与学生能够理解与探究知识的平台，教师通过信息技术的辅助教学方式，能掌握更多的授课方式，使自己的课堂能够不被高中数学的枯燥、抽象所限制，而是变得更加活泼、轻松，从而提升自己的教学质量与效率。而学生则能从书本和考试这种单一的学习模式中抽离出来，重新捡起对数学这门学科的学习兴趣与信心，回归数学科目本身，通过信息技术的教学方式，更加主动与积极地去学习，从而了解更多与数学相关的知识，让自己的成绩有大幅度的提升，同时也获得数学学习上面的乐趣。

参考文献

[1] 中华人民共和国教育部．普通高中数学课程标准（2017年版）[M]．北京：人民教育出版社，2018.

[2] 李兴贵，陆兴华，尧刚，等．互联网＋动态数学——网络画板推动数学教学变革[M]．长沙：湖南教育出版社，2019.

[3] 马冬兰，马东强．基于信息技术与高中数学教学的整合实践分析[J]．智力，2021（36）：10–12.

[4] 何举林．高中信息技术与数学课程教学的整合策略分析[J]．智力，2021（35）：166–168.

作者简介

程跃：沈阳市第一二〇中学数学教师，中学一级教师。

高中数学教学中信息技术手段的有效运用研究

沈阳市第一二〇中学　王新宇

【摘　要】将信息技术运用在高中数学的教学中，对传统的教育是一种冲击，对高中数学的教学而言也有着极为重要的作用。使用信息技术的新型教学方式，不仅能够打破传统教学模式带来的种种不便与限制，也能在对学生的数学教育上获得令人惊喜的教学效果。在培养学生对数学的学习热情与兴趣，提高学生学习时的注意力，增加他们对知识点的深入了解与掌握，大幅度提升他们的数学成绩上都是功不可没的。可以帮助教师更好、更有效率地完成对高中学生数学课程的教学目标与任务。

【关键词】高中数学；信息技术；教学

一、引言

新时代的教师已经顺应了时代的进步，不断尝试改变教学模式。突破传统教学模式，运用好信息技术这类全新的教学方式，合理、恰当地应用信息技术的教育模式的意义是非常重大的。它能促使学生的学习效率不断提升，以推动我国教育事业能够持续向前发展。另外，如何让信息技术有效地应用在教学中也是值得关注的。

二、高中数学教学中信息技术运用的意义

（一）可以让数学知识变得更加直观

数学这门学科因为抽象性与复杂性，会让学生在日常学习中感到较为枯燥与困难。尤其是在高中数学的学习阶段，对学生而言更是容易出现“学不会”“学不懂”的现象。而高中数学的学习又是比较关键的，对学生的成绩有着至关重要的影响。因此，需要教师采取一些能让学生“学得会”“学得懂”的教学方式，帮助他们在学习数学方面打下坚实的基础。而运用信息技术教学就是一种可以辅助教师教学，提升学生学习质量的方式。运用信息技术教学的方式，不仅能够将教学内容变得更加直观，

能将难题的整个解题步骤和解题原理清晰地展示，利于学生理解吸收，对于教师而言，也是调节课堂气氛的利器。教师可以通过美化与丰富 PPT 的内容去吸引班级同学的注意力，让学生们学习的过程不会过于枯燥无聊。

（二）能够提高数学课堂的教学效果

在高中阶段的数学教学过程中，最重要的就是通过教学让学生能够牢固地掌握教材上的内容，并在应试教育中获得较为理想的成绩。在目前高中阶段的数学教学中，因为大部分学校都采取了教师台上讲，学生台下听这样单一的填鸭式教育模式，导致学生对学习缺少主观能动性与对学习的热情，让学生对知识点的理解与吸收也受到了一定的影响，严重影响了学生们的学习效率与最后的成绩。而信息技术和数学课堂结合在一起的教学方式则能改变这样的课堂状态。利用信息技术结合数学的教学方式，既可以弥补教师在传统教学课堂上的缺陷，转变学生接受知识的方式，也可以促进学生的思维，让学生对知识点深入了解与掌握。而且也能让学生学习的过程较为轻松，不用有过多不必要的压力与负担。

三、高中数学教学中信息技术的有效应用

（一）利用信息技术突破重点与难点

在传统的高中数学课堂教学中，数学教师往往习惯运用黑板与粉笔，在讲台上进行对学生的教学，但只依靠黑板上的公式与数字、简单的几何图形等方式，无法让学生掌握相关的数学知识。为了让学生能够更好地掌握与理解知识，教师可以将对学生而言难以理解的数学知识转化成多媒体的形式，比如视频、音频或者图文等多样化的方式，让学生突破数学科目上遇到的难点，能够掌握数学相关的知识点，并牢记数学科目中的重点，从而大幅度地提升他们的数学成绩。

（二）利用信息技术巩固所学的知识

对于一个学生而言，除了在学校课堂上认真接受教学以外，想要完全消化与掌握知识点，课后的复习也是学习中必不可少的一个环节。而在高中数学的阶段里，因为高中数学的难度大、知识点较多，课后的复习对学生而言更为关键，是能检验他们有没有把知识点吃透的方式，能够让他们在及时的查漏补缺下，完全地掌握知识点。在信息技术发展迅速的当下，教师可以根据班级学生的整体学习状况，为他们制作相关的网络复习课件，并将之上传到班级群中，方便学生复习课程。同时，学生也可以运用网络教学软件，对自己在课堂上没有学懂的知识进行咨询，对不确定有没有掌握的

知识进行练习以便自我检查。而教师也可以通过网络的方式，在网上收集一些近年来的高考真题，为学生之后的高考做好准备。

（三）利用信息技术实现图像动态变化展示

在传统的几何立体教学模式中，教师一直使用的教学方式是用教学模具为学生展现几何图形的结构。但教学模具无法展示一些复杂的几何体结构，而且图形的几何关系与动态变化方面也是教学模具无法展示出的。而旋转体教学方式则很好地避免了教学模具无法完整展示的短处，在当下的高中数学教学中使用较为频繁。所谓的旋转体教学方式，就是教师通过信息技术的方式，将几何图形的动态变化清晰、直观地呈现给学生。让观看过教学课件的学生能够清楚地知道圆锥是由直角三角形绕圈旋转而得到的，直角梯形和矩形用同样的方式绕圈，则可以分别形成圆台与圆柱，这种明显直观的变化，能让学生更好地理解与掌握这方面的内容。此外，也可以使用网络画板等互联网技术，增加学生学习的互动性。

（四）利用信息技术进行课前预习与课后复习

高中数学教师可以鼓励学生利用信息技术与网络平台等方式，在课前进行预习，根据每天不同的学习内容，制订相应的预习计划，在预习时提前了解课堂要学习的知识点，从而能让学生在学习课程时更胸有成竹，游刃有余。预习时也可以鼓励学生将自己有疑惑的地方用笔标记出来，在第二天向教师提问。这样能使学生的学习更有针对性，对知识点更容易吸收。教师也可以主动搭建一个网络平台，例如微信群或者钉钉群等，在群里与学生进行一对一的互动交流，及时解答学生的困惑，同时也可以整理一些课程中的重点、难点归类到群文件，便于学生的课后复习等，以保证他们每天学习的效率。在空闲时间，教师也可以收集一些在学生之间典型的、有代表性的错题，将它们罗列出来，做成题库上传网络，让学生可以通过这一试题库进行自我检测，明白自己的弱势与不足在哪里，便于下次的复习与改进。

（五）教师能够利用信息技术辅助授课

教师在进行课堂教学的过程中，也可以根据课程内容的安排与实际需要，以科学合理地运用信息技术的方式为前提，采用这样的方式辅助自己授课，以提高课程整体的教学效果。例如，在给学生讲述基本函数这一概念时，如果教师采取传统的教学模式，只能在黑板上通过函数图象去划分不同的函数，用图象的方式去分辨指数函数、对数函数及幂函数，对学生而言不是那么直观与清晰。而且因为不同教师的画图功底与使用的工具不同，在他们绘制函数图象时，也难以达到很高的精准度与准确性，无法让学生具象地感受这些函数的差异性。而现代信息技术则可以轻松解决这些难题，教师可以利用一些强大的绘图教学软件，制作小的网络画板课件，就能够精准地将各个函数的图象在电脑上绘制出来，并能对自己所绘制的图象进行一定的观察与研究，从而得出函数的性质。教师可以在对学生教学函数时使用这款软件，让学生也通过在软件上亲自动手绘图，更好地吸收与理解函数相关的数学知识。

四、总结与展望

综上所述，我们不难看出以电脑为核心的教育技术运用对教师教学手段、方法和模式的改变，这不仅对传统的教育模式是一种冲击，更是人们在教育理念与教育方式上面的转变。尤其是对于高中数学的教学而言，通过信息技术化的教育方式，学生能够更加透彻和深入地理解数学相关知识，并牢固地将之掌握。对他们而言能够真正地学到知识，对教育事业而言，也能真正地产生推进。

参考文献

［1］杨艳丽．高中数学教学中信息技术手段的有效运用［J］．新课程，2021（31）：149.

［2］闵捷．高中数学教学过程中信息技术的有效应用［J］．数理化解题研究，2021（15）：2-3.

［3］王树龙．信息技术在高中数学课堂教学中的有效运用分析［J］．中国多媒体与网络教学学报（下旬刊），2021（5）：232-233.

作者简介

王新宇：沈阳市第一二〇中学教师。

信息技术与初中数学课堂有机结合与延伸

西安市鄠邑区第六中学 张 潇

【摘 要】数学是重要学科，学好数学对于学生很有必要且具有非常重要的意义。信息技术作为新时代的产物，凭借自身创造、展现情景，大容量、高速互动性、记录回放性、学生实用性强等优良作用，得到现代教学的青睐。本文以平移图像与移项为例，利用网络画板和二维码这两个信息技术与数学课堂密切结合，使学生能身临其境理解情景、意义，容易快速掌握知识，提高他们分析、解决问题的能力。增强学习数学的兴趣和自信心。

【关键词】网络画板；初中数学；有机结合；二维码；延伸

一、引言

教育部关于在中小学普及信息技术教育的通知中指出："努力推进信息技术与其他学科的整合，鼓励在其他学科的教学中，充分利用信息技术手段，并把信息技术教育融合在其他学科的学习中。"在多年的教学实践过程中，教师一直在努力尝试把信息技术与数学教学活动、数学课堂的教育结合为一体。把多媒体作为一种工具来改变传统的教学手段和模式，在此过程中，也在思考这样的问题，在信息技术和学科教学整合中，如何认识信息技术与数学学科结合的内涵，让我们能真切地利用信息技术和课程融合作用？

由于教育教学存在好多困难——教室局限，不能展示生活丰富多彩情景、动画过程；课堂时间有限，学生没有听懂、消化所学知识就已经下课了。随着信息技术广泛进入人们的学习和生活，教育也敏锐、及时地发现它的闪光点——像及时雨一样解决对应的问题。随着信息时代的到来，每个人都能感受到信息技术给我们的生活带来便利。就拿疫情的行程码、个人二维码来说，可真为我们对抗这场战"疫"立下了汗马功劳。这个我们深有体会，也惊叹科技的无与伦比。因此我们使用网络画板这个不占内存的工具，展现几何图形的动态过程，达到了理想注解数学内涵的效果，使学生的学习如虎添翼。二维码也是教师的一个有力帮手，为后进生解决后顾之忧。二者有机结合，能使学生提高课堂效率，达到现在相应的教育理念：为学生减负。课余自选补充，做到根据学生学情，有的放矢的教学程度。使学生天天有收获，天天有进步。做到符合教育原则：不舍弃任何一个学生，一切为了学生。

二、例谈网络画板对数学课堂的作用

（一）设置情景，有助于学生对于抽象问题的理解，提高理解、认知能力

在学习图形的平移时，由于在课堂上画图比较慢，且费时间，因此采用网络画板按照题目要求平移以后，让学生观察图形的坐标变化，他们就会脱口而出说出新旧坐标之间的关系，由此本节课的重点得以突破。教师启发，学生总结。为后边的课本习题留出较多时间得以巩固，学生对本节知识有游刃有余的感觉。

在图形的旋转这一节，全靠想象理解旋转过程，有的题目就有难度，例如下图：

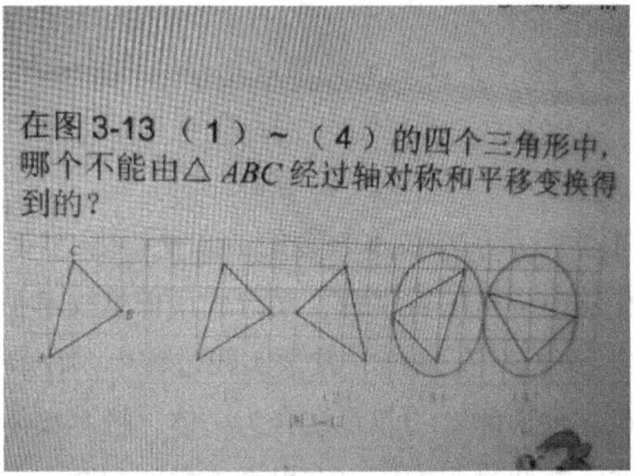

图1　图片的旋转

在课堂上学生和教师分析每个图形的形成过程，图（1）能明显看出是平移得到的，对于图（2）能不能通过原三角形旋转得到学生理解起来比较难，如果能用网络画板展示动态过程，那么根据观察原三角形的旋转，就能得到 AC 的对应线段应该在线段 BC 的左边，而不是右边。也就是说旋转不改变图形的相对左右，而轴对称就可以。这样不但能解决这个题目，而且可以顺理成章地总结出旋转和轴对称的重要区别，这部分重难点也得以突破。在解决（3）、（4）图形时，由于学生已经具有一定的观察和理论分析能力，可以让学生自己先分析结果，再演示旋转过程验证来解决，效

果显而易见。这样的处理方式不但适当地解放了老师，体现了课堂以学生为主体的教学理念，而且学生也学会了知识，提高了实践、观察、分析、总结、运用的能力。学习方法正确，效果理想，也增强了自信心和生活充实感。有助于他们健康、快乐成长。

（二）展示动态过程有助于学生注意力集中，观察能力得以培养

学生长时间坐在教室里，对于长时间的理论讲解、练习、作业已经不为所动；加上初中学生好动的天性，抽象能力又差，因此网络画板展示的动态过程能较好地吸引他们的感官，让学生注意力集中，积极加入反应、思考、学习的过程，为学习效果的提升提供有力保证。在演示重合部分时，能观察到平时调皮的学生几乎一动不动，睁大眼睛，自然把完全重合近乎完美地理解了。在此基础上，教师只要突出重点字，就能达到课堂效果，何乐而不为？也从另一个角度为教师开启因生而异的授课、习题思考。

图形的平移部分，由于有的题目涉及坐标较多，可以采用网络画板，教学生在班级内操作，其他学生观看，相当于全班同学都把这个题目做了一遍，同时为存在问题的学生提供了提出疑问的时间，全班讨论，教师必要时辅助。不但全班过关，也为后边课堂检测留下充足时间。

表 1　三角形在课堂结合点

章节	知识点	结合点
北师大版《数学》七年级下册第四单元	三角形（二）	网络画板呈现图形全等，帮助学生直观理解能够完全重合，全等图形的形状和大小都相同，激发兴趣。
北师大版《数学》八年级下册第三单元	图形的平移	演示图形的平移，三角形的平移。

（三）有助于教师和学生沟通，了解现代社会，开阔视野

学生在接触社会层面的东西时有很大的限制，通过信息技术在课堂使用，能让他们对于相应的科技有所了解，能更快适应社会，对认识社会、树立正确理想有积极促进作用。例如，在讲解认识三角形引入部分时，抓住孩子爱玩、爱逛的天性，想象带他们到下图的地方：

图 2　埃及金字塔

问题：猜这是什么地方？大部分同学脱口而出，埃及金字塔。这样展现，能较大容量直观、接近实际，了解自然、社会，培养适合社会素养的能力。也能使我们的距离感迅速减轻，进而问，这和数学中的什么图形有关？通过回答点题：认识三角形。达到水到渠成的讲课效果。

（四）二维码的记录和延伸，使学生方便学习，消化知识

对于教师精讲的题目，有的同学出现似懂非懂的情况，让教师重讲就涉及教师和学生时间能否同步的问题，并且学生在校时间都是提前安排好的，所以重讲的可能性很小；加上有些学生不好意思说没听懂，慢慢地就成了后进生。如果把教师的讲课制作成二维码，发在学生群里，学生就可以自由安排时间，周内放学的晚上可以学，礼拜天的时间更是自由。听课次数随意，这样学习效果绝对杠杠的，师生都满意。例如，初一的移项，注意力不集中就会很难懂，移项对于数学学习是重中之重。就可以把讲解移项例题制成二维码，发给移项不过关的学生，并附带几道练习题。结果七个学生中就有五个第二天给我交上满意的答案。第二天我对班上有问题的学生采用小组帮扶形式得以解决全班问题。

三、总结与展望

将现代信息技术与教学融合，是社会进步的需要。是现代科学技术发展的必然选择。是教学现代化的一种体现形式。它不仅能有效地提高教学的质量，而且能培养学生学习和应用信息技术的兴趣和意识。培养学生利用现代信息技术获取信息、分析信息和处理信息的能力。让学生获得适应未来信息社会需要的创新能力、动手操作能力和思维想象能力，并使学生学会学习。

教学围绕培养学生素质展开，数学来源于生活，最终应用于生活，是数学老师教学的初心。带着这样的使命，数学教学信息时代在高速展开，作为一线老师，应转变理念，多使用信息技术。例如网络画板不但为教师展示教学带来积极促进作用，而且让学生掌握问题本质，提高建模能力，分析、解决问题能力。二维码使用不失为课堂补充的有效手段。相信在国家倾向教育，教育工作者努力教育，信息技术支持教育的今天，教育行业将会有大的进步，为我中华添砖加瓦。

参考文献

[1] 中华人民共和国教育部 . 义务教育数学课程标准（2011 年版）[M]. 北京：北京师范大学出版社，2012.

[2] 吴中才 . 信息技术在数学教学中的应用 [M]. 上海：华东师范大学出版社，2021.

[3] 陆兴华，李兴贵，尧刚，等 . 互联网 + 动态数学——网络画板推进数学教学变革 [M]. 长沙：湖南教育出版社，2019.

[4] 周安琦 . 浅谈如何提高高中数学教学效率 [J]. 中国教育学刊，2020（2）：31-31.

[5] 高毅哲 . 聚焦立德树人　开创教育新局 [N]. 中国教育报，2022-03-09（1）.

作者简介

张潇：西安市鄠邑区第六中学数学教师，一级教师。

浅谈信息技术在小学数学教学运用中的重要性

西安市未央区三星小学　陈晓昱

【摘　要】小学数学是一门作为主科存在的基础学科。它具有较强的逻辑性思维，课堂上调动学生的积极性对课堂教学十分必要。本研究结合自己多年的教学实践，从数学教学面临的现状，以及信息技术在小学数学教学中的重要性进行了分析，旨在将信息技术作为载体，在日常教学中加以应用，将一些枯燥的数学知识通过动画、图形进行展示，有利于教学效率提高以及学生知识点的牢固掌握。

【关键词】效率；逻辑思维；信息技术；兴趣；抽象

一、引言

教育家陶行知先生曾说过："与时代俱进，才能做一个长久的现代的人。"小学数学是一门作为主科存在的基础学科。它具有较强的逻辑性思维，课堂上调动学生的积极性对课堂教学十分必要。与其他学科相比，数学教学中教师更多的是教，学生更多的是接受、去学，灌输式的教学特点十分明显，从小学低段到高段，学生独立思考问题的能力没有得到很好的锻炼，不利于以后的学习。互联网从问世到现在，对人们的生活产生了很大的影响，包括教学，对于学校教育的影响也是掀起了一股改革浪潮，在学校教学中引入信息技术来辅助教学成了教育发展的必然趋势。

二、小学数学教学面临的现状

小学及初中阶段的数学教育是基础课程，普及面广，数学学科的发展与人类社会进步息息相关，面对互联网信息技术日新月异的发展，数学作为基础学科的作用愈来愈重要。义务教育的小学教育是我国整个教育体系的基础，是个人一生中需要系好的第一粒纽扣，其中小学数学更是基础中的基础，对于学生逻辑思维、分析和解决问题能力的培养具有重要的夯实作用，甚至对学生情感认知、语言表达和美育教育产生重要的作用。目前，我国教育对小学数学教学工作十分重视，因此可见小学数学教育的重要性，作为小学数学教师，必须主动适应这些变化，提前做出调整，只有这样，才能不断推进小学数学教学工作逐步提升，不断提高小学生综合素质。改进教学方式以及应用信息技术来辅助教学，以加深学生对学习数学的爱好，利用信息技术辅助教学的教改迫在眉睫。

三、小学数学教学中网络信息技术的重要性

（一）激发学生学习积极性

小学生特别是低年级学生，由于年龄小、心智尚未成熟的特点，逻辑性思维能力较差，数学对于他们就是数字和符号，难理解而且乏味枯燥，时间久了，激不起学生学习数学的积极性，随之学习兴趣就会下降。而将网络信息技术融入小学数学课堂中，许多知识点便可直观、立体、形象地展示给学生，学生在学习中保持着新鲜感，感受到乐趣，学习的积极性逐渐提高，教学效果显著。比如在讲解追击问题和相遇问题的应用题时，因为这是一类动态的问题，所以黑板上简单的线条和箭头符号很难让学生理解其中的变化。此时，教师通过信息技术将这类问题用动态图像向学生进行演示，学生便于理解，教学效果事半功倍。

（二）优化教学模式

传统教育观念下的小学数学教师在教学的过程中所使用的单一的教学形式很难发挥出学生个体的积极主动性，而多媒体主要是集图片、文字、动画于一身，它的合理运用，能够让抽象问题形象化，对课程知识的难度不断进行降低，在一定程度上促进课堂教学活动的积极开展。教学方式和教学模式都会因为信息技术的使用得到改变和优化，学生在学习中的逻辑思维得到锻炼，空间想象能力得到提高。小学在高年级阶段几何图形的教学，图像由一维到多维的变化，对任何学生的理解都是一个不小的挑战，和黑板上简单的画图相比，运用信息技术制作动图或者短视频，使学生对图形的立体感有一个直观完整的感受，对于公式和概念的理解更加容易。在以往的教学中，作业反馈时教师只是对学生错误率高的题目在黑板上讲解，学生兴趣一般，对讲解后的题目没有掌握的学生大多还是未掌握。而信息技术在讲解中，通过动态变化，吸引学生注意力，加深印象。比如，在学生刚刚接触除法算式的过程中，学生对于算理的理解还是很欠缺，可以通过多媒体课件将过程以及意义再次展示给学生，还可以插入小视频教学的形式，有助于满足小学生的好奇感，提高学习兴趣。

（三）充分利用多媒体，对教学重点有效突破

在长方体的教学过程中，教师要结合该章节内容，对难易度要准确把握，对多媒体自身存在的多样化优势合理利用，体现出长方体的各部位，棱、面、顶点，将长方体的平面图形展示给学生，较好地认识长方体各部位，另外还可以借助网络信息技术，向学生展示图像的转动、拼接，配以相应的声音、图像等利于学生掌握长方体相关的知识点，对教学中的重难点积极突破，保障教学质量的同时，为学生后期相应数学知识点的学习奠定牢固的基础。

（四）提高小学数学课堂教学效率

在传统教学中，教师只能通过查阅教材和教参，以及订阅的有限期刊进行资料查阅，这种方式无形中增加了教师的备课压力。而现在，网络技术的飞速发展，各种数据库的建立和共享，资料查阅和教育动态的了解，节省了教师大量的时间和精力，在很大程度上提高了教师课堂的教学效率。学生课下预习和复习，也能轻松获取互联网中的学习资料。教与学的效率明显提高。

（五）信息技术增加学生学习信息量

在教学中，利用信息技术引入微课来加固学生对本节课知识的理解，比如在上北师大版三年级下册“什么是面积”一课时，我会插入一条视频，监督孩子们认真聆听，成功地将教师教的角色转化成了监督的角色，并且在教授本节内容时，恰好让孩子们认识了中国地图，为了让我们的孩子从小知道爱国，长大成为对社会有用的人，我进行了几分钟的政治教育，并且利用信息技术，加入了几张边境人员苦守边境的图片，让孩子们认识到我国的边境军人为了守护我国的边境所付出的辛劳甚至生命。使学生明白应该珍惜眼前的生活，并且为了建设祖国美好的明天，严格要求自己，成为国之栋梁，国之有用的人。让数学课不再是单一的知识学习，在教学中可以让学生的心灵受到爱国熏陶，这也是信息技术可以让学生直观看到的一些国家边境军人的现状，让思想教育更直观化。

（六）教师的多样化评价

以往的传统教学，批阅作业和课堂回答问题是检查学生对知识点掌握程度的主要方式，教师无形中工作量加大，学生往往疲于应付，为完成作业而完成作业，激不起学习兴趣。随着网络信息技术的课堂应用，教师通过资源共享，设计一些问题小游戏，将检验学生学习情况融入游戏的互动中，进而发挥学生主观能动性，鼓励学生自己设计知识游戏，和教师一起完成，掌握知识的同时，对学生的创造力和综合素质的提高十分明显。

四、总结与展望

新的教学课程目标强调，数学是人们生活及人类文化组成重要的部分，对提高公民的基本品质十分重要。小学数学是基础学科，地位和作用十分重要。学习数学有助于小学生从理性角度解决问题，有助于抽象性思维、逻辑性思维的培养和发展。但是数学学习乏味和枯燥，而信息技术能够改善数学知识枯燥的特点，将其应用到小学数学课堂教学中去，用图画、视频、图片展示等具体的载体来展示抽象的数学知识，便于学生理解掌握知识点，提高学习数学的兴趣，增强独立思考解决数学问题的能力。

参考文献

［1］中华人民共和国教育部．义务教育数学课程标准（2011年版）［M］．北京：北京师范大学出版社，2012.

［2］张革．在小学低年级语文教学中融入传统美德教育的研究［J］．当代教研论丛，2017（9）：51.

［3］刘晓红，王生军．信息技术在小学数学教学中的应用研究［J］．中国校外教育，2019（5）：166-167.

［4］李明月．小学数学教学面临的问题和对策［J］．教学信息课程教育研究，2018，9（17）：242-243.

［5］赵辉．信息技术在小学数学教学中的应用［J］．黑龙江科学，2018，9（17）：102-103.

作者简介

陈晓昱：西安市未央区三星小学数学教师，二级教师。

小学数学课堂教学的信息技术优化策略

阳江市正雅小学　吴昌晶

【摘　要】随着我国素质教育的改革，小学数学课程改革也得到了显著成效，为了实现素质教育对小学数学教学目标的要求，需要小学数学教师积极地进行小学数学课堂信息技术的优化。只有不断地优化小学数学课堂信息技术教学，小学数学的教学质量和教学水平才能够实现质的提升，才能够培养学生的综合数学素养。本文就是结合当前小学数学教学课堂的信息技术实际情况，有针对性地提出了几点信息技术优化小学数学课堂教学策略，以实现小学数学教学质量和水平的整体提升，培养学生们的综合数学素养。

【关键词】信息技术；小学数学；教学；优化策略

传统的灌溉式教学模式，使得孩子们对数学学习的主动性、积极性缺少，并且这种灌溉式教学模式学生没有兴趣，缺乏自主性探索，缺少创新，不利于数学思维的训练，数学课堂教学效率也会降低，达不到预期值，无法实现理想的课堂效果。数学新课标提出：数学课程的运用与执行应着重利用现代信息技术，在课程设计上，充分利用信息技术对数学的学习内容和学习方式的影响，努力创新数学课堂，向学生提供更为丰富的学习资源，利用当代信息技术积极融入课堂教学，优化课堂过程，让学生结合情景，自主探索，分析解决问题，替代原有的传统的灌溉式教学模式，使学生独立自主探索，积极主动投入到数学学习中去。因此，实现信息技术优化课堂，是当前现代教育技术运用改革和尝试突破传统教学模式束缚的有效途径，是发挥课程整体功能，全面实现课程目标的必要条件，是信息技术优化自我发展的必要条件。

一、对小学数学课堂信息技术教学模式进行创新优化

目前现有信息技术的教学过程，在教学学习内容的呈现方式上单一，使学生学

习也相对单一，但由于学生获得知识的过程和方法不一样，因此在教学过程中，要争取利用信息技术进行多样化教学，多融入生活情景，避免带给学生单一的数学课堂教学。通过信息技术的多样化教学，使学生在学习过程中能真正收获不一样的学习体验，对学生终身发展的影响也就有可能不同。所以，小学数学教师要积极地对数学课堂教学模式进行信息优化以及多样化创新。在信息技术科学、先进的课堂教学模式里，数学教师一定要明确学生的课堂主体地位，并且要强调学生的个体需求，根据学生的年龄、性格、爱好、能力制定出符合学生实际情况的教学内容和课堂开展方式。使学生的活动时间和空间在其中获得有效保障。例如，数学教师在为学生讲解有关倍数的知识时，教师可以运用信息技术的一些教学工具并结合场景模拟动画展示的方式让学生深刻理解倍数的含义，如演示一只水杯中的水，正好是一只小水杯中水的两倍，通过出示实物或动画演示，使学生更加直观清晰地观察变化，深刻理解；再如，三角形的面积和正方形面积的倍数等等。在课堂进行过程中，教师也要积极地进行语言引导来启发学生，运用信息技术结合情景，教师可以说："同学们看一看红色小花的数量，再看看白色小花的数量，数量之间有什么特殊的关系？"学生们通过数小花的数量，通过动画更加直观地观察思考，来深刻地体会到倍数的奥妙所在。这样场景模拟的教学方式就可以让学生迅速掌握倍数含义，另外数学教师要注意学生个体之间的学习差异。要想让每一名学生都能够掌握好知识点，那么教师一定要保证学生的参与度，信息技术的情景模拟，生动有趣也大大提高学生的兴趣和参与度。唤起学生的经验，打开学生的想象，启动学生的情感，还结合创新相关策略来调动学生参与课堂活动的积极性。在这个过程中，不仅每一名学生都能够有提升，学生们的创新、探索精神也得到了培养。

二、利用信息技术强化学生的数学知识学习兴趣

小学生因为年龄较小，他们的理解能力有限，那么学习起数学知识来就会感觉非常吃力，这样就引起了学生对数学知识学习的反感。数学教师一定要利用信息技术积极地进行策略创新，顺应孩子的天性，从孩子的爱好和兴趣出发，设计教学过程。让学生在数学知识的学习过程中轻松、易懂，并且能够快乐学习。这就需要数学教师结合学生的实际情况，同时运用多元的信息技术教学策略，提升课堂效果。例如，数学教师在让学生们学习加减法运算的时候，可以利用信息技术多媒体技术辅助教学，像10+5=15 这个算式，教师利用多媒体动画技术播放十只小羊在草丛吃草的画面，然后

又来了五只小羊。这样利用信息技术，动画播放加法算理，会有更直观的演示计算过程，学生理解起来更加容易，记忆更加深刻，并且学生们对动画片也有着浓厚的兴趣，课堂教学轻松活泼，学生的注意力也就被集中起来，学生学得扎扎实实。在这样的学习氛围中，不仅学生的积极性被激发，情感得以交流，个性得到张扬，思维也得到了训练。

在学习“分数初步认识”这一课时，充分利用信息技术，展示课件，通过出示学生在日常生活中最熟悉的美团外卖送比萨这一活动，贯穿整个课堂，激发学生学习兴趣。出示图片引导学生思考“4 个人怎样分 2 个比萨？”的问题。这一问题在日常生活中学生比较熟悉，会很自然地答出“一人一半”“平均分”等答案，这样通过分比萨引导学生自主思考探索，一步一步通过自主探究初步认识分数，进入本节课主题，同时出示课题，让学生深刻记忆平均分与分数内在关系。学生利用这一知识点轻松解决了这个问题（判断哪些图形可以用分数表示，如图 1），来突破本节课第一个重难点。

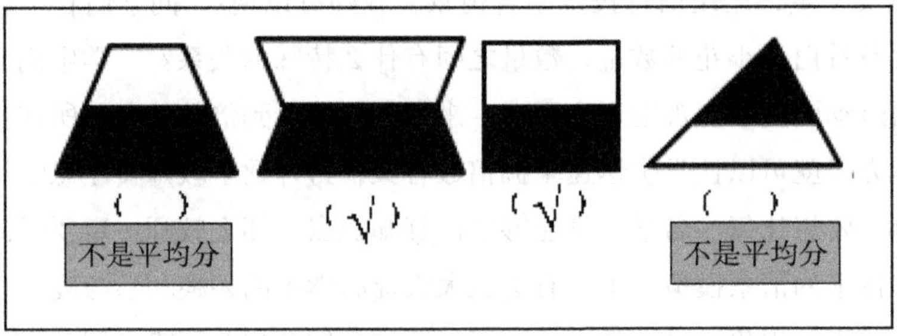

图 1　分数分布图

接着运用信息技术动画展示，把相同大小的比萨分别平均分成 2 份、3 份、4 份、5 份、6 份、8 份后，再把这些比萨图片贴在黑板上，并提问：“如果让你来选比萨你会选择哪一块？”第一个学生上台会选取二分之一的，马上追问学生：“你为什么会选择这一块？”学生答：“这一块比较大。”这样一个简单的对比选择，学生立马明白了$\frac{1}{2}$、$\frac{1}{3}$、$\frac{1}{4}$、$\frac{1}{5}$、$\frac{1}{6}$、$\frac{1}{8}$之间的大小关系，通过对生活中熟悉食物的选取、选择，可以顺利运用到本节课重难点的分数比大小的学习。这样生活化的数学知识使课堂不再枯燥，让学生在原有的旧知基础上构建新知，体现了学生的个性化学习，不仅让学生用眼睛去看、用耳朵去听，而且还要用脑子去想、用嘴巴去说、用手去操作、用身体去经历、用心灵去感悟，让学生亲身经历了知识形成的过程，学得轻松、学得扎实。

三、借助信息技术培养学生的自主学习能力

小学数学知识点非常多，并且数学知识是一个体系，学生要想学好数学知识就必须创建自己的数学体系，借助信息技术培养学生的自主学习能力，这样才能够拥有较强的逻辑能力学好数学知识。创建数学知识体系就需要学生们在课后多探索，自主地进行数学知识的学习。教师在课堂授课的时候，在借助信息技术展示的同时，还要重视学生自主学习的能力。例如，在学习过程中，学生遇到数学难题，教师不要急着给学生答案，要让学生通过信息技术的情景展示，自主思索，自主进行探究，当学生们通过自身的努力获得正确答案以后，他们就会拥有更多的自信，并且也会主动地去总结相关知识点，学生的数学知识体系也就能够更快地建立起来。例如，在学习“数学广角推理”一课时，利用信息技术优化教学课堂，通过动画演示环节，学生熟悉的《超级飞侠》乐迪送包裹快递这一情节，由“乐迪给同学送一份神秘的礼物，可在来的路上迷路了”引入。帮助乐迪猜一猜，到底哪一条路才是通往学校的路，学生能跟随动画情景很快调整状态进入到课堂，并积极主动参与其中，开始展开激烈讨论，这时包警长带来了一条信息：右边的路不是通往学校的（不是左边，就是右边）。这样学生通过自主思考探究，就很顺利找到答案进入课堂教学，结合孩子们的回答引出课题，从而进入本节课的高效学习。

四、鼓励学生模拟情景积极参加课后实践活动

中小学信息技术课程指导纲要提出：要注意培养学生利用信息技术对其他课程进行自主创造探讨的能力，注重培养学生的创新精神、自主学习能力和实践能力。数学知识和学生们的实际生活紧密相连，也只有学生利用信息技术把数学知识点多应用到生活中去，学生对数学知识点的掌握才能够更加牢固。所以，为了提升数学课堂教学效果，教师必须积极地鼓励学生参加课后实践活动。例如，教师在讲解有关统计的知识点时，就可以运用信息技术展示情景，鼓励小组合作的方式，把学生分成若干小组，模拟情景，安排他们进行课下实践的活动。这类的活动有很多，像可以让一个小组的学生去了解学校附近图书的销量情况，有哪些书籍深受学生的喜爱，然后学生们根据统计的数据用信息技术制作成柱状图。在这个实践的过程中，学生们不仅能够掌握好统计的相关知识点，而且还能够掌握如何利用信息技术运用统计知识。课后实践对提升学生的综合素养有着巨大的作用，它不仅让学生能够得到实践的机会，更可贵

的是通过信息技术结合，自主探索优化了课堂教学，课后实践强化了数学课堂成果，学生对知识点的掌握更加准确、牢固。

五、总结与展望

在新课程改革的指导下提升信息技术课堂教学有效性，从而满足小学生的综合发展需求。通过借助信息技术数学游戏、动画实现教学导入，利用信息技术创设教学情境，挖掘生活素材，丰富教学内容，能够深入挖掘小学生的潜在数学能力，有利于培养小学生的数学思维和数学素养。新课程改革对小学数学课堂的开展有了更高的要求，为了完成新课程改革目标，数学教师一定要积极地优化数学课堂信息技术教学。在这个过程中，数学教师们一定要积极地进行创新，关注学生们个性化的需求，并且灵活运用新科技，只有这样小学数学课堂教学质量和水平才能够得到较快提升，学生们的综合数学素养才能够得到培养。

参考文献

[1] 中华人民共和国教育部．义务教育数学课程标准[M]．北京：北京师范大学出版，2012.

[2] 张凤娟．浅谈小学数学课堂教学的优化策略[J]．教学管理与教育研究，2017，2(10)：98-98.

[3] 中华人民共和国教育部．中小学信息技术课程指导纲要(试行)[EB/OL]．(2000-11-14)[2022-03-17]．http://www.moe.gov.cn/s78/A06/jcys_left/zc_jyzb/201001/t20100128_82087.html.

[4] 汤伟平．浅谈小学数学课堂教学的优化策略[J]．学周刊，2017(2)：86-87.

[5] 陈夕．小学数学课堂有效性教学策略[J]．教育，2020(39)：26.

作者简介

吴昌晶：阳江市正雅小学数学教师，小学数学二级教师。

测量中的数学

北京市第十九中学　刘微微

【摘　要】《普通高中数学课程标准（2017年版）》指出，教师应结合相应的教学内容，促进学生数学核心素养的形成和发展；教师既要重视教，更要重视学，促进学生学会学习；不仅限于讲授与练习，也包括引导学生动手实践、自主探索、合作交流等。实习作业是密切联系实际，以亲身经历、探索为手段，调动学生的各种感官，通过数学实验、建模、调查、实践等多种形式，培育数学核心素养的一种研究性学习方式。本文通过带领学生测量不可到达的两点间距离与建筑物高度，注重对知识、方法的提炼与总结，对生成新问题的发现、转化与化归，以合作学习促进深度学习，逐步建立起了建模、转化的研究问题、思考问题的方式，提升了学生的数学核心素养。

【关键词】实习作业；测量；基本模型；深度学习；核心素养

一、引言

高中数学必修教材多个章节设计了实习作业，体现出新课程注重活动体验的新理念，然而在实际教学中，实习作业往往被当作非考试内容一带而过，作用甚微。曾有教师把测量高度的作业布置给学生，结果学生的完成情况很不理想，或者没有完成，或者只给出一个思路，或者测得的结果误差很大。因此，如果没有统一组织，不准备测量工具，不去实地测量，数据处理能力就会较弱，就会缺乏行动力。所以教师要带领学生走出课堂，师生共同了解和经历解决实际问题的全过程，让学生在完成“实习作业”的过程中动手、动脑，在自主学习中培养学习习惯，在合作交流中增长智慧，在动手实践中提升感悟，在探究中有所创新。下面就把笔者带领学生在实习过程中的学习经历分享给大家，以期引起同行们的关注和重视。

二、实例展示

研究问题：用经纬仪测量不可到达的两点间距离，或不可到达的建筑物高度。

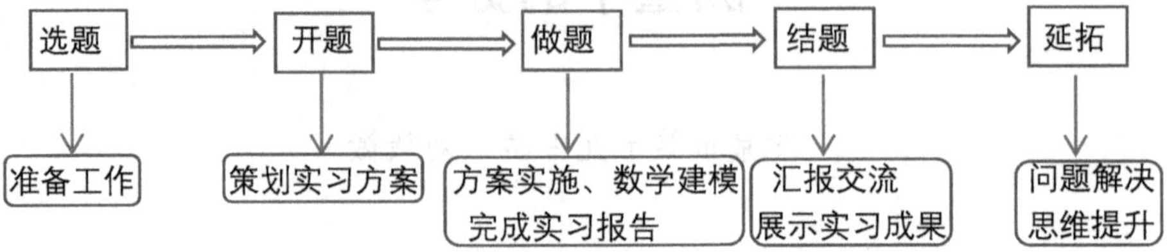

图 1　研究流程

（一）选题

1. 设计实习报告

包含：课题名称、组长组员、具体分工、预设方案、困难与困惑、如何解决、改进方案及步骤、数据测量、数据分析与问题解决、形成成果、反思与提升、感悟与体会、评价。

2. 做好实习动员及培训工作

略。

3. 强化理论支撑

基本模型：点 O 到不可到达的点 P 的距离

如图 2，在点 O 同侧，任取一点 M，测出 $\angle O$，$\angle M$，线段 OM 的大小，由正弦定理求出 OP 的长。

问题一：不可到达的两点 P，Q 之间的距离

如图 3，选定两个观测点 O、M，在 $\triangle OMP$ 中，类比基本模型，可求出 OP 长；同理在 $\triangle OMQ$ 中求出 OQ 长，然后在 $\triangle OPQ$ 中，测出 $\angle POQ$，由余弦定理求出 PQ 长。

问题二：不可到达的建筑物的高度

法一如图 4，经纬仪调平后，利用调高或降低经纬仪，选定两个观测点 O、M，可测仰角 $\angle PMA$、$\angle POB$、线段 OM，可求出 $\angle PMO$、$\angle POM$，$\triangle POM$ 中，由正弦定理可求出 PM 长，所以在 $\triangle PMA$ 中可求出 PA 长，再加上经纬仪的高度，就是楼高 PQ 的大小。

法二如图5，选定两个观测点 O、M，可测 $\angle AMO$（经纬仪的特殊功能）、$\angle AOM$、线段 OM，可求出 OA 长，又可测出 $\angle POA$，所以可求 PA，从而可求建筑物高度 PQ 的大小。

图2　基本模型

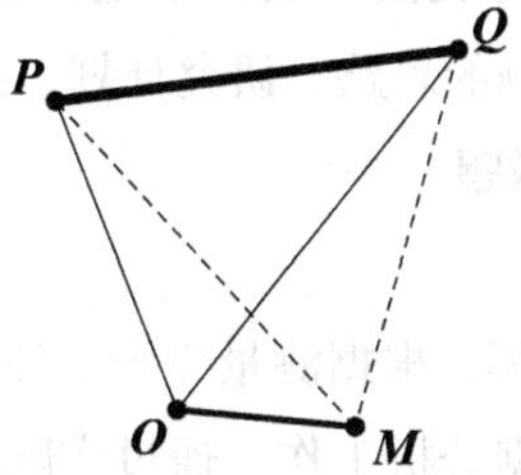

图3　不可到达两点间距离

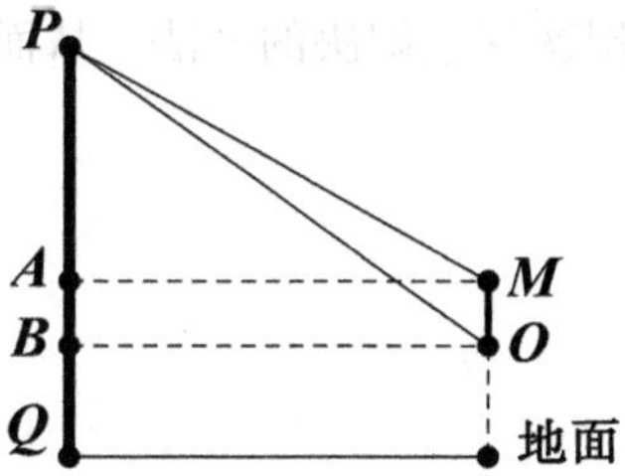

图4　法一测高度

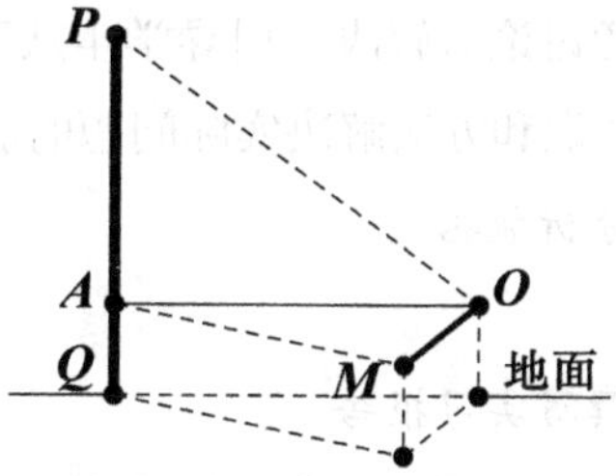

图5　法二测高度

模型化思想，强调要有2个观测点，为后面只有1个观测点及0个观测点的测量问题的解决做好铺垫；强调转化与化归，无论是距离问题还是高度问题，或是在具体操作过程中遇到的新问题，本质上都是源自基本模型。

4. 确定分组名单

略。

5. 确定实习课题

遵循源于生活、可行性、自主性原则，鼓励学生综合运用多学科知识。

6. 提供查阅资料的途径及相关工具，学习使用测量工具

测角时学生自制测角仪或使用激光笔误差太大。经纬仪是精确测角的仪器，由望远镜、水平度盘、竖直度盘、水准器、基座等组成，它测出来的是水平角或竖直角，所以在测量中，涉及的边、角，都要投影到同一平面内。通过对经纬仪这一陌生仪器的探索，考查学生询问、查阅资料、阅读理解的能力，培养学生锲而不舍的精神。

7. 勘察测量现场

略。

（二）开题

组织开题交流活动，学生需撰写开题报告，开题报告应包含选题意义、文献综述、解决问题的思路、研究计划、预期结果等。

（三）做题

1. 测量

正确建模，根据测量步骤、注意事项，各小组成员之间协同合作，明确分工，做好测量、数据分析工作。通过实际操作，学生对知识理解得更加透彻，培养团队精神与合作交流能力。

教师现场观察指导学生，善于抓住实施过程中遇到的问题，或及时解决，或留待小组思考讨论后解决。引导学生从不同角度、不同层次探索解决的办法，从而获得综合运用知识和方法解决实际问题的能力。

2. 分析数据

略。

3. 撰写实习报告

规范书写研究报告，培养概括与表达能力。

（四）结题

教师合理安排，各组按序进行汇报交流，强化理论知识、思想、方法的落实，使得复杂问题条理化、清晰化。选材的多样性，开拓了学生视野。各组展现个性、合作交流、归纳总结、发现问题、积累经验、提升素养、互相借鉴、共同进步。

第一组：“我校主席台的宽度、高度”

学生自制 PPT 展示：

主席台图片、介绍探究过程、之前的选题、为何舍弃、方案介绍、反思总结。

师生共同提炼出问题一、二的模型，帮助学生抓住问题本质，灵活转化与应用，强化模型化思想。

第二组与第三组均选择课题“教学楼顶牌匾的高度”，于是教师建议两组同学分别从地面仰视和高处俯视进行测量。

二组测法如图 6，要测量牌匾的高 PQ 长，在地面上取两个观测点 O、M，类比问题二的方法测量。学生的原始方案是使得 $OM\perp$ 教学楼底部边线，教师及时提出：如何才能保证垂直？引导学生得出两种改进方案。

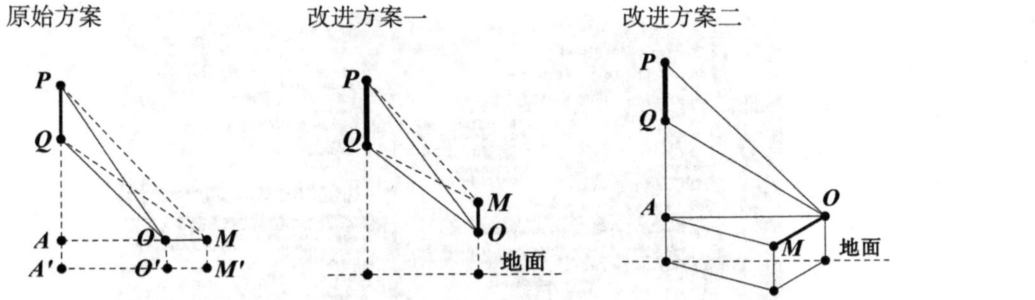

图 6　仰视测量牌匾的高度

三组测法如图 7，取两个观测点 O、M，类比问题二的方法测量。

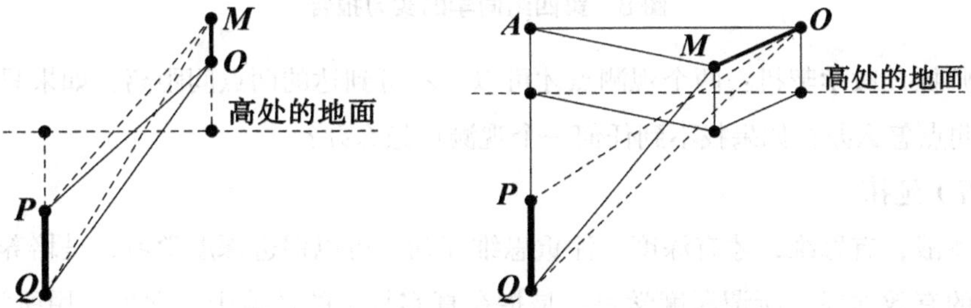

图 7　俯视测量牌匾的高度

该组同学不但汇报了自己的课题，还把前面两个组的课题模型分别进行总结，加深了同学们对模型化思想的认识。非常棒！三组同学在总结中还提到：既然测量竖直平面内的距离可以有两种方法，那么测量水平平面内的距离，也可以有两种方法，因为必须有两个观测点才可求，那么上下移一下经纬仪的镜头，也可以测出来。教师及时抓住教学契机，先让学生充分思考，再问是这样吗，答案是不可以，根据经纬仪的测角原理，上下移动镜头后，测出的水平角是不变的。

两组从不同角度对同一物体进行测量，一方面锻炼学生发散思维、多角度去思考问题的能力；另一方面通过与学校实际资料记载的数据进行比较，也是对学生的一个激励。

第四组汇报课题实施过程中的"坎坷"经历，找不到任何一个观测点！但该组同学遇到困难不退缩，积极想办法，终于找到相距特别近的两个观测点，激动之余他们却发现，求出来的误差较大。最后他们组就凑合着用所测的数据完成了实习作业（报告如图 8)。

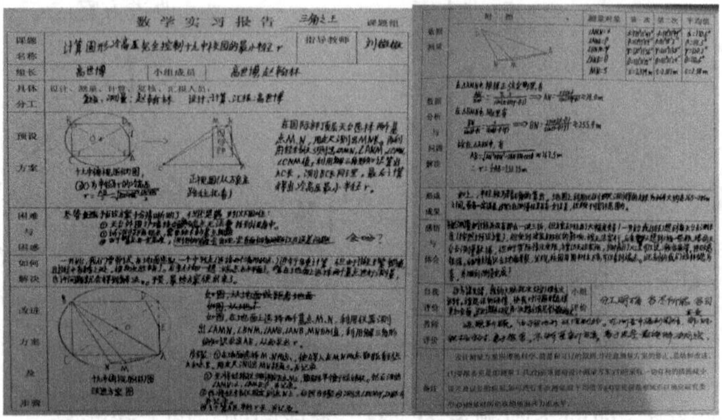

图 8　第四组同学的实习报告

教师抓住教学契机：两个观测点才可以求不可到达的两点间距离，如果只能找到一个观测点怎么办？如果找不到任何一个观测点怎么办？

（五）延拓

有挑战，有思维，才有深度。注重思维互动，可以促进深度学习，是培养学生思维能力的有效途径。所谓深度学习，是指在真实复杂的情境中，学生运用所学知识，运用常规思维和非常规思维，将所学的知识和技能用于解决实际问题，以发展批判性思维、创新能力、合作精神和交往技能的认知策略。

没有观测点的数学探究活动，是本节内容的拓展与提升，是培养学生深度学习很好的载体。未知问题转化成已知问题，缺少观测点，我们就虚拟出观测点。只要抓住基本模型解决问题的本质，灵活转化与化归，就可以解决问题。

基于核心内容去发现认知冲突并确定教学时机，是深度学习的基本保证。在高中数学教学中，关注深度学习背景下的学生的学习过程，是保证深度学习得以实现的最根本要点，抓住这个要点，深度学习才可以为核心素养的培育奠定坚实的基础。

三、教学启示

测量模型除可以用平面几何方法，也可以用三角方法，或物理方法等，应鼓励学生在合作学习的基础上自由设计，自己选择测量方法解决问题，使教学活动贴近生活，学生在做中学，在学中做，从中体会数学的应用价值，展现个性，尝试创新，培养学生抽象、推理、建模等学科素养。从建构主义来讲，更易于学生掌握知识。

在解决问题的过程中要多给学生思考的机会，要引导学生学会思考，学会深入思考。

重视过程性评价，做成量化表，自评、组内评、组间评、教师评。重视评价的整体性与阶段性，使学生感受成长的快乐，激发其数学学习的积极性。

引导学生反思总结，撰写小论文，可以是对这次探究学习的所思所感，也可以根据团队协作中自己的表现，组员的表现，提出如何构建更好的团队协作模式，也可以写实习作业的困惑与解决方案，数学学习中的独立思考与合作探究的对立统一，总之一切可能的、有意义的都可以去尝试。

四、结论与体会

实习作业有利于学生问题解决能力的培养，有利于学生知识广度的增加，深化对知识的理解，对学生的学习成绩有十分重要的积极影响。教师应遵照教材课标，在教学中坚决予以落实。

作为教师，首次尝试走出课堂的教学，一切都靠自己去探索。利用课余时间，带领学生完成一个又一个课题的测量，虽是休息时间，但同学们都能积极参与。师生共同经历了数学建模与数学探究活动的全过程，整个过程思路清晰、逻辑性强、工作扎实、特色突出，学生善于发现问题、提出问题。最终也还算成功，所以要敢于尝试，用心去做！对经纬仪的探索，体现出学生的巨大潜能，深刻体会到了教学相长。拓展问题告诉我们，有时候困难也会带来意想不到的收获。

学生表示：本次课题研究历经一周，简单的课本上的模型在实践中还是有许多操作上的困难，充分体会到了预想、设计与实际的出入和偏差。在思考过程中，也遇到了困难，锲而不舍勇于创新的科学精神，鼓励着我不能放弃，我们组员相互配合，齐心协力，收获良多，不仅学到了知识，也增强了实践与思考的能力，体会到了数学、科学、实践相结合的魅力！最后经过重重困难解决难题的喜悦是难以想象的，让我深深为数学的奥秘所震撼！再回过头看我的解决方案，可能不那么精彩，但其思考过程却是令人难忘的！让我们在未来的学习生活中，有一种对问题不断探索的求知精神。感谢老师为我提供了参加这次课题的机会，期间所锻炼的独自思考的能力，将成为我终生的财富。

参考文献

［1］中华人民共和国教育部 . 普通高中数学课程标准（2017 年版）［M］. 北京：人民教育出版社，2018.

［2］邱云 . 用好实习作业，培育核心素养［J］. 中国数学教育高中版，2019（1–2）：70.

［3］周德春 . 高中数学课外活动的种类、方式和教学价值［J］. 教学与管理，2017（31）.

［4］柏慧 . 人教 A 版高中数学教材（必修）“实习作业”教学研究［D］. 呼和浩特：内蒙古师范大学，2017.

［5］谈雅琴 . 让思维贯通教学　让学习真正发生［J］. 数学通报，2017（56）：9.

作者简介

刘微微：北京市第十九中学数学教师，北京市一级教师。

技术赋能初中生数学思维培养的实践研究

北京市第一〇一中学　吕晓琳

【摘　要】教育部“双减”政策和信息化时代对教育的要求，使课堂教学要“提质增效”，而提质增效关键又在思维培养。在技术环境下从抽象问题直观化、定性问题定量化、自主探究实验化、问题解决多样化四个途径培养思维，发展学生思维的深刻性、批判性、广阔性、创新性。技术使数学思维的培养有图可依，有迹可循，有法可想。

【关键词】数学思维；技术环境；网络画板；初中数学

一、引言

“双减”政策的目标是课堂教学“提质增效”，初中数学课堂“提质增效”关键在于发展学生核心素养，提升数学思维品质。相较于小学，初中数学抽象性、逻辑性更强，而学生思维正处于由直观思维向抽象思维的发展过渡期，对思维培养的研究一直是教师关注的热点，主要集中在策略、路径等方面，从教学内容、数学基本活动经验等角度探讨如何培养学生的思维素养。中共中央、国务院于2019年印发的《中国教育现代化2035》提出：加快推进信息化时代教育变革，构建基于信息技术的新型教学模式，以期促进信息技术与教育教学深度融合，从而推动以互联网等信息化手段服务教育教学全过程。技术与课堂教学的深度融合也成为教师的关注点，但是，利用技术工具以促进和落实学生思维能力的培养目前研究较少。因此，在技术环境下寻找培养思维的途径，将抽象问题直观化、定性问题定量化、自主探究实验化、问题解决多样化，可以培养学生思维的批判性、深刻性、广阔性、创新性。

二、技术环境下培养学生思维的路径

（一）图形可视，使抽象问题直观化，促进思维

抽象是数学的本质特征，初中生正处于直观思维到逻辑思维的过渡期，思维还习惯于借助图形、实物等，因此概念、符号的抽象性是初中生学习数学时面临的最大困难。帮助初中生理解概念，形成良好的思维习惯与思维能力，就需要将抽象问题直观化、具体化，使概念、符号易于理解掌握。借助网络画板的作图功能，将概念用可视的图形直观展示，是促进思维发展的有效途径。比如，在无理数教学中，如何理解无理数 $\sqrt{2}$？根据有理数的研究经验，学生已经能将有理数在数轴上表示出来，建立了有理数与数轴上点的对应关系。$\sqrt{2}$ 是否能与数轴上的点建立对应关系呢？借助边长为 1 的正方形对角线的长，$\sqrt{2}$ 被直观表示出来，通过数形结合，“以形思数”，学生理解了 $\sqrt{2}$，从而进一步理解类似形式的无理数概念，促进了思维的发展。

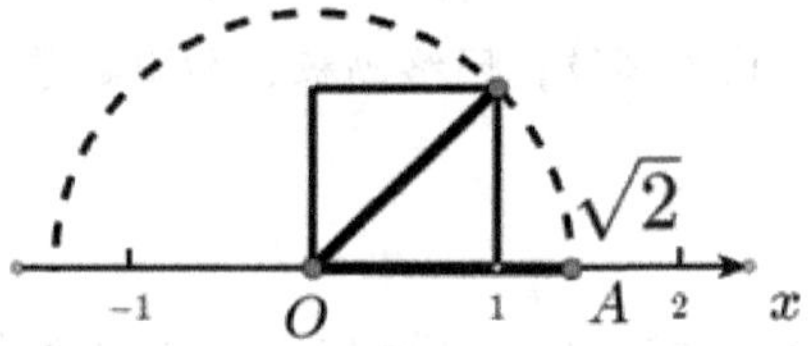

图 1　$\sqrt{2}$ 的线段表示

（二）数据分析，使定性问题定量化，推动思维

把定性的结果定量化，把存在的事物具体表示出来，这是数学追求的基本目标。如果定性的事物可以获得定量的表示，那就意味着我们可以把握这个事物的变化规律了。几何学的研究对象决定其研究方法，包括了直观实验与逻辑推理。但对于复杂的几何问题，有时不论是从条件入手还是从结论分析，往往都不易找到逻辑推理的途径与桥梁。此时，“以数解形”不失为为逻辑推理提供了一种新的方向。比如，在探究正方形 *ABCD* 中的线段关系时，如图 2，点 *P* 在对角线 *AC*（不与 *A*、*C* 重合）上运动，$PE \perp PB$，$EF \perp AC$，探究线段 *PB* 与 *PE* 的数量关系。虽然在点运动过程中，线段长度的数量值随之变化，但利用网络画板的测量功能，发现两线段的长度值相等，由此猜想：$PE=PB$，构造全等三角形可以证明。这个过程遵循测量、猜想、分析、比较、证明的思维过程，数据为猜想提供了基础，推动了思维发展。

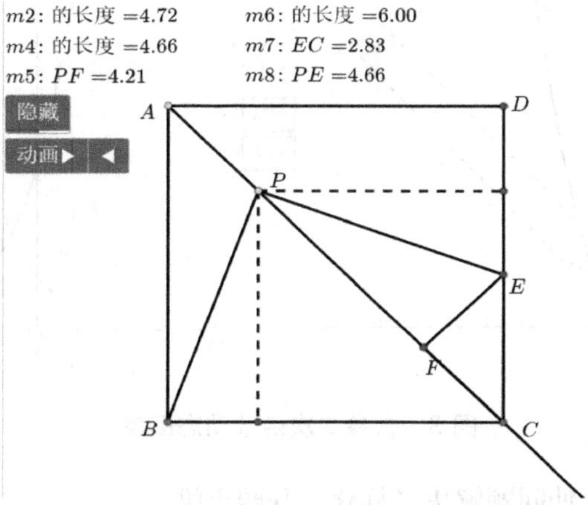

图 2　正方形中线段数量关系探究

（三）动态演示，使自主探究实验化，深化思维

问题是学生主动学习的助推器，也是学生对事物进行探索的基本诱因，激发学生探究的自主性是其思维发展不可或缺的动力。网络画板图形的动态功能，将图形的变化过程直观呈现，有助于学生在技术环境下通过实验，自主探究，寻求问题解决的途径，深化思维。

例如，2020 年北京市海淀区九年级数学一模 26 题：在平面直角坐标系 xOy 中，抛物线 $y=x^2-2mx+m^2+m$ 的顶点为 A。（1）当 $m=1$ 时，直接写出抛物线的对称轴；（2）若点 A 在第一象限，且 $OA=\sqrt{2}$，求抛物线的解析式；（3）已知点 $B\left(m-\frac{1}{2}，m+1\right)$，$C$（2，2）。若抛物线与线段 BC 有公共点，结合函数图象，直接写出 m 的取值范围。

问题（3）是此题的难点，m 的变化引起点坐标变，二次函数图象动，复杂的动态图象是学生难以通过想象得到的。利用网络画板绘制如下图象，构建起一个实验环境，从中观察图象变化，寻找数量关系与图形之间的内在联系，从数到形，再由形思数，自主探究，深化了学生思维。

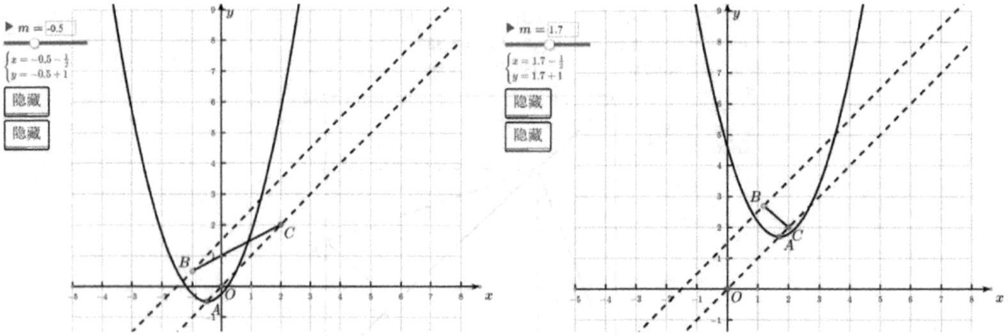

图 3　含参二次函数动态图象

（四）线上合作，使问题解决多样化，开阔思维

网络画板的线上功能，使师生、生生可以远程交流，实现小组合作、实时研讨，在合作与交流中实现思维的碰撞，最终实现问题的解决。在线学习的个性化、自主性、交互性等特点让学习的价值和意义回归人的主体性。

例如，在人教版教材八年级下册第十八章“平行四边形”第 64 页的活动课中，有一节数学活动课：活动 2　黄金矩形。教师以任务发布的方式，组织学生利用网络画板独立作图、小组合作，分享证明过程，学生的解法多种多样，相互学习与启发，开阔了思路，思维得到发展。

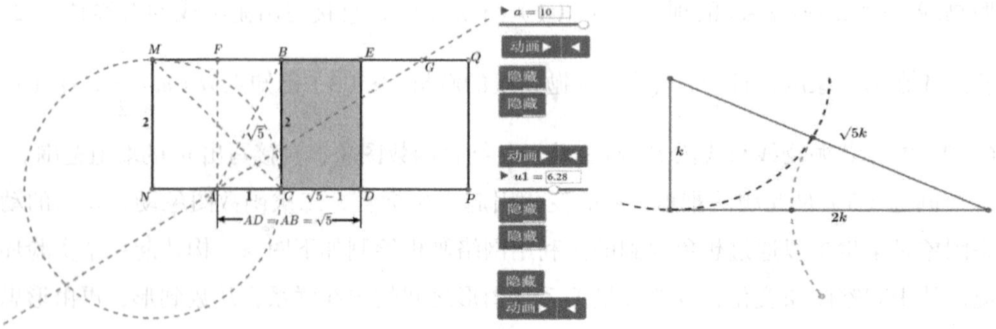

图 4　黄金矩形的证明

三、技术环境下促进学生思维品质的意义

（一）技术环境使问题解决过程清晰化，有利于培养学生思维的深刻性

技术环境将变化过程清晰呈现，将静止图形、动态图象充分展现，为思维创造了

适宜的环境，经过一段时间的练习，学生思维的深刻性在解题中充分展现。例如在计算下列问题时：

如图，在平面直角坐标系 xOy 中，抛物线 $y=ax^2+bx+c$（$c>0$）的顶点为 M，直线 $y=m$ 与 x 轴平行，且与抛物线交于点 A 和点 B，如果△ AMB 为等腰直角三角形，我们把抛物线上 A、B 两点之间部分与线段 AB 围成的图形称为该抛物线的准碟形，顶点 M 称为碟顶，线段 AB 的长称为碟宽。（1）抛物线 $y=\frac{1}{2}x^2$ 的碟宽为__________；（2）如果抛物线 $y=a(x-1)^2-6a$（$a>0$）的碟宽为 6，那么 $a=$______。

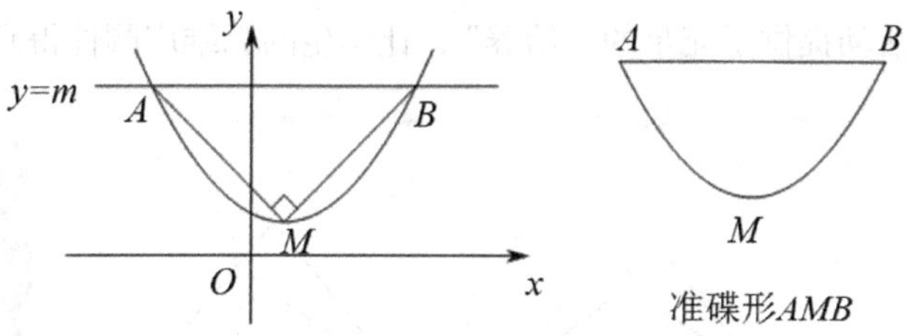

图 5　　碟形及准碟形

学生发现题（1）的思路是将直线代入抛物线中，求得交点横坐标，由此推出碟宽。但在解决问题（2）时，运算有一定困难。通过对图形的分析，不难发现更简洁的解题思路，只需利用 $y=ax^2$（$a>0$）的图象与直线联立，a 极易求解。理由是抛物线 $y=a(x-1)^2-6a$（$a>0$）与 $y=ax^2$（$a>0$）形状大小一致，只是位置不同，所求问题只与图形形状有关，与位置无关。

从这个解题过程，看出网络画板作图的练习，使学生思维的深刻性得到提升。

（二）技术适应思维差异化，有利于培养学生思维的批判性

不同的学生有不同的思维品质，即使是在使用网络画板绘制同一个图形的过程中，学生思维的差异也会使作图有所不同，网络画板完全适应学生的差异性。当学生在小组讨论时，这种差异，使学生思维碰撞出新的火花，有利于培养思维的批判性。在探索三角形全等的判定条件时，学生通过网络画板作图，发现 SSA 在一定条件下是成立的，从而对全等三角形的判定加深了认识。

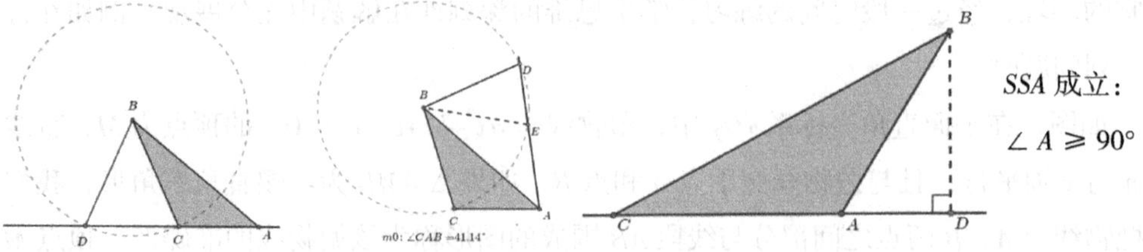

图 6　边边角全等的条件

（三）技术使图形多样化快速呈现，有利于培养学生思维的广阔性

在八年级探究三角形内角与外角的关系时，围绕点 C 的位置变化，网络画板给课堂上开展探究性活动提供了充足的“给养”，让学生的思维广阔性得到培养。

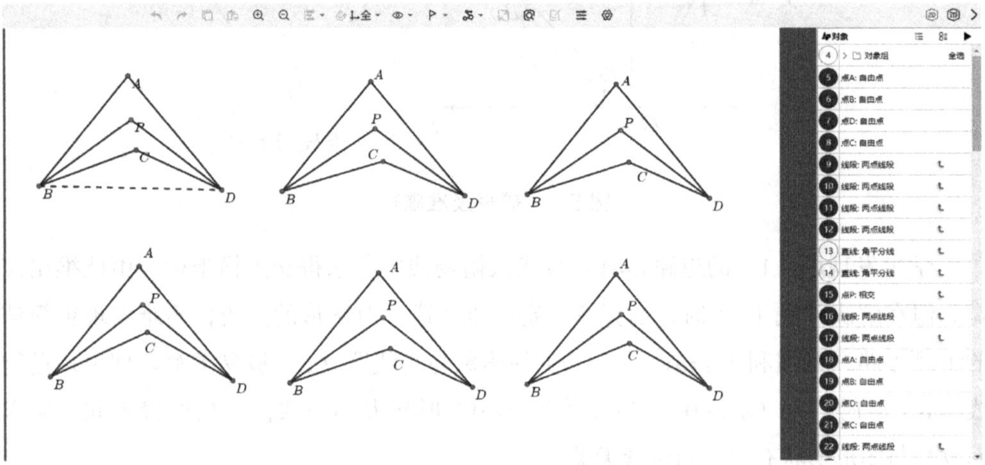

图 7　三角形内角与外角关系

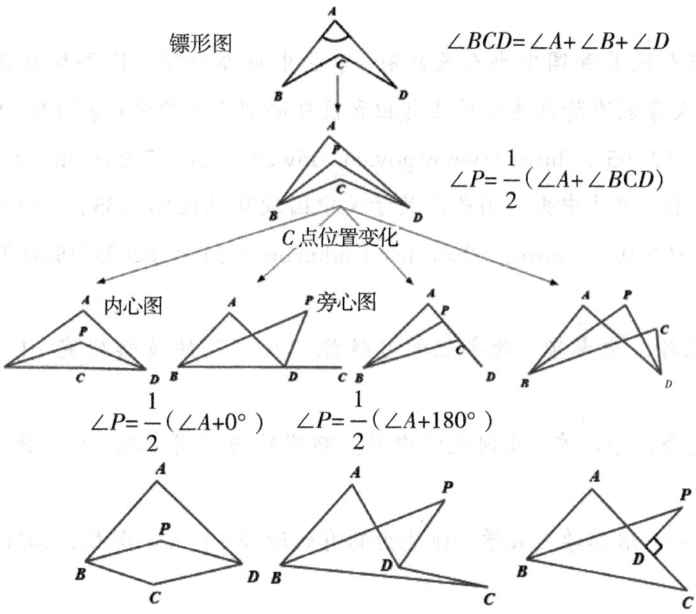

图8　三角形内角与外角关系探索结论

（四）技术使条件结论更开放，有利于培养学生思维的创新性

技术可以让新情况和新问题与原有问题间的内在联系直观呈现，通过找出问题的共性，探索解决问题的规律，这反映了思维的变通性，也是创造性思维的重要体现。而一题多变，多题一解，题目开放正是培养学生创造性思维的有效途径。例如，矩形都相似吗？借助网络画板，利用图形，测量角度、线段长度，就可以得到结论，由此可以将问题继续拓展到四边形相似、多边形相似的探究。

四、结束语

技术使数学思维的培养有图可依，有迹可循，有法可想。一个具体的教学环节和教学手段，往往很难确定是哪一种思维品质的表现，而是几个思维品质综合起作用的结果。在课堂教学中，技术的使用越来越频繁，它对帮助学生理解抽象概念、分析解题思路、寻求解题方法、揭示思维过程有着重要的作用。合理使用技术手段，使课堂提质增效，以学生为本，充分提升学生的核心素养，形成学生的数学思维，将是教师长期实践和探索要解决的问题。

参考文献

［1］中华人民共和国中央人民政府．中共中央办公厅　国务院办公厅印发《关于进一步减轻义务教育阶段学生作业负担和校外培训负担的意见》［EB/OL］．（2021-07-24）［2021-12-05］．http：//www.gov.cn/xinwen/2021-07/24/content_5627132.htm.

［2］新华社．中共中央　国务院关于《中国教育现代化 2035》［EB/OL］．（2019-02-23）［2021-12-05］．https：//baijiahao.baidu.com/s？id=1626257152189751688&wfr=spider&for=pc.

［3］孟亚玲，史慧丽．数字化学习赋能“双减”的策略研究［J］．教育导刊，2022（3）：6.

［4］田载今，李海东．几何教学中的直观实验与逻辑推理［J］．数学教学，2005（6）：2-4.

［5］唐长峰．培养学生数学思维能力的有效途径［J］．新课程，2021（32）：170.

作者简介

吕晓琳：北京市第一〇一中学教师，高级教师，海淀区学科带头人。

信息技术与小学数学课堂深度融合应用研究

——以“长方形周长”为例

桂林市秀峰区琴潭实验学校　唐　秋

【摘　要】伴随着时代的快速发展，信息技术在小学数学领域中获得了普遍的运用，教育行业的变革难以避免。目前，信息技术与小学数学课堂深度融合的研究，尤其在“图形与几何”领域研究较多，研究成果也逐渐进行了推广。本文以“长方形周长”课堂教学为例，将皓骏动态数学技术与小学数学课堂深度融合，发挥教师的主导作用，体现学生的主体地位，在课堂中授人以“欲鱼渔”，优化学生的数学认识过程，提高学习效果，培养学生数学素养，实现传统教学手段难以达到的效果。

【关键词】信息技术；深度融合；数学素养

一、引言

《义务教育数学课程标准（2011年版）》指出“把现代信息技术作为学生学习数学和解决问题的有力工具，有效地改进教与学的方式。使学生乐意并有更多的精力投入到现实探索的数学活动中去”。由此可见，信息技术在小学教育中的应用研究是适应现阶段教学改革的主要对策。当前小学数学的辅助教学也日趋多样化，比如皓骏软件、几何画板、网络画板等，这些软件各有优势。皓骏软件是广州市皓骏教育科技有限公司依据数学的特有属性而专门研发的一款动态数学软件。相对于较熟悉的几何画板、玲珑画板等动态数学软件，皓骏不但具备自主创新，并且具备使用灵便、简单、教育功能强、教学资源丰富多彩等优势，以及三个突出特点：命令面板可自行设定；内部及扩展函数丰富；数学对象与关系可复制。在日常数学教学中，运用皓骏动态技术开展课堂教学，不但有利于提升教师的信息化管理技术和专业能力，并且有利于激起学生学习的积极性，推动学生逻辑思维的发展，提升学生的学习效果，与此同时发展学生的素质，推动学生的全面发展。

二、例谈皓骏动态数学软件深度融合小学数学教学的应用价值

皓骏动态软件在小学数学图形与几何领域中具有“动态可视化”的优势，动态技术有利于形象化地表述抽象化观念，以动态、数据可视化的方式揭露事情规律性和相互关系，推动学生对知识的探究和了解，发展学生的空间意识和逻辑思维能力，塑造学生的创新精神。基于《义务教育数学课程标准（2011 年版）》的要求“学生通过义务教育阶段的数学学习，能获得适应社会生活和进一步发展所必需的数学的基础知识、基本技能、基本思想、基本活动经验”，本文试图将皓骏动态技术融入“长方形周长”教学中，优化教学内容，促进学生理解知识，自然破解教学难点的同时，授人以“欲鱼渔”。

（一）以技术激活起点，授人以“欲”

表 1　长方形周长在复习导入环节的融合点知识图谱

教学环节	知识点	融合点
复习导入　回顾旧知	（1）周长定义 （2）长方形周长及特征 （3）正方形周长及特征  **图 1　周长定义** 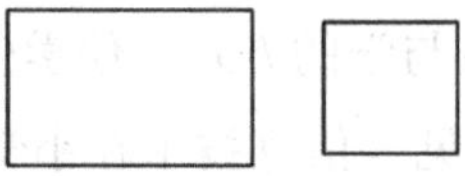 **图 2　长方形、正方形周长及特征**	（1）皓骏动态软件回顾周长的定义，动态呈现了三角形、圆、五角星、平行四边形等图形的周长，如图 1。 （2）皓骏动态软件呈现长方形的周长及特征，适时闪动对边并标色，如图 2。 （3）皓骏动态软件呈现正方形的周长及特征，适时闪动对边并标色，如图 2。

“长方形周长”是北师大版数学三年级上册第 5 单元“周长”的第 1 课，在此之前，学生已经学习了周长的实际意义及其特征。在复习导入阶段，提出有效的问题链，但是，如果仅通过学生回应教师问题的方式，不仅缺乏吸引力而且缺乏直观性，运用 Hawgent 皓骏动态数学技术形象化回顾周长的定义、长方形和正方形的周长及其特征，激活学生原有的知识经验，明确前后知识的内部关系，“有声”地结合，吸引学生注意力，积极参与课堂，即先授人以“欲”。

（二）以技术破解难点，授人以“鱼”

表 2　长方形周长在新授探知环节的融合点知识图谱

教学环节	知识点	融合点
自主探究　合作交流	（1）长方形周长 方法一：6+6+4+4=20（厘米），即长 + 长 + 宽 + 宽 = 长方形周长。 方法二：6×2+4×2=20（厘米），即长×2 + 宽 ×2= 长方形周长。 方法三：6+4+6+4=20（厘米），即长 + 宽 + 长 + 宽 = 长方形周长。 方法四：（6+4）×2=20（厘米），即（长 + 宽）×2= 长方形周长。 （2）正方形周长 方法一：3+3+3+3=12（厘米），即边长 + 边长 + 边长 + 边长 = 正方形周长。 方法二：3×4=12（厘米），即边长×4= 正方形周长。 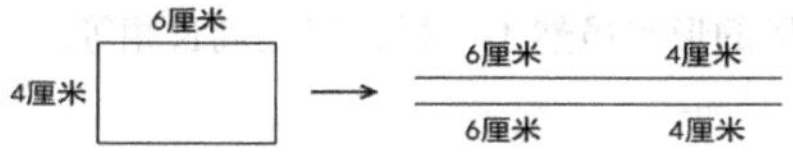 **图 3　长方形周长** 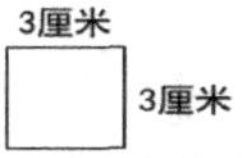 **图 4　正方形周长**	（1）长方形周长 方法一：学生操作皓骏软件，依次点击两条长和两条宽闪动标记。方法二：学生操作皓骏软件，依次点击两条长和两条宽闪动标记。方法三：学生操作皓骏软件，依次点击长、宽、长、宽闪动标记。方法四：学生操作皓骏软件，长方形两条长标蓝色，两条宽标红色，再把长方形的一条长和一条宽作为一组，可以分成这样的两组，如图 3。 （2）正方形周长 学生操作皓骏软件，依次点击边长并闪动、标色，如图 4。

由于学生对周长有了深刻的认识，在接下来的小组合作中精确地测量出了长方形的长、宽，并迅速求出了长方形的周长。在全班展示、交流中呈现了四种常见的计算方法，并在讨论中得出了最简洁的方法（6+4）×2=20（厘米），即（长 + 宽）×2= 长方形周长。教师趁机追问：“谁能解释一下（长 + 宽）×2= 长方形周长这种方法呢？”结果叫了好几个学生也没有解释详细，其他学生见状也都一脸疑惑的神情。这时，教师适时展示皓骏动态技术：把这个长方形的四条边分开，重新排列，在组合的图上分别标注“6 厘米、4 厘米”如图 3。这时学生皱着的眉头慢慢舒展开了，教师再次请举手的学生回答：“因为长方形的对边相等，所以把长方形的一条长和一条宽作为一组，可以分成这样的两组，先求一组长与宽的和，再乘以 2，得出长方形周长 =（长 + 宽）×2=（6+4）×2=20（厘米）。”有了长方形周长的探究经历，学生在独立尝试、对比、总结等探究活动中，快速得出了“正方形周长 = 边长 ×4”的结论。

本环节为新知探究环节，合作探究与自主学习相结合，以教师为主导，学生为主体，教师继续采用问题链的方式，引导学生主动探索长方形周长计算方法，积累丰富的数学活动经验，体会计算方法的多元性。可是学生们确实理解每一种方法吗？尤其是学生在理解长方形周长最简洁的算法时遇到了“瓶颈”，基于知识形成可视化策略，皓骏动态数学技术运用变色、闪动等标记在理解方法的过程中“形助数”，巧妙地借助直观的呈现方式，在最重要的地方点一下，以线段图方式将长方形的四条边展示出来，学生恍然大悟，难点随之突破。这看似不经意的点拨体现出了学生对周长意义的深刻理解，从而实现了授人以“鱼”。

（三）以技术提供支点，授人以“渔”

表 3　长方形周长在拓展提升环节的融合点知识图谱

<table>
<tr><th>教学环节</th><th>知识点</th><th>融合点</th></tr>
<tr><td>拓展练习　巩固提升</td><td>求 N 级阶梯图形的周长，体验转化过程，直观地感受图形中隐含的规律：N 级阶梯图形的形状虽然不一样，但是周长相等。
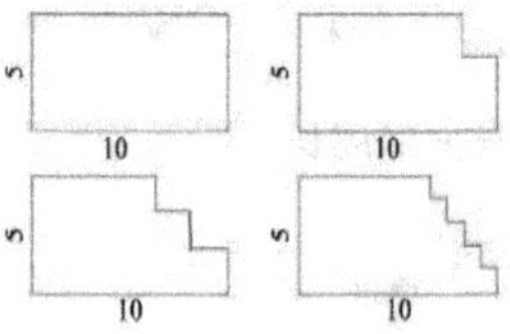

图 5　拓展练习：求图形的周长（单位：米）
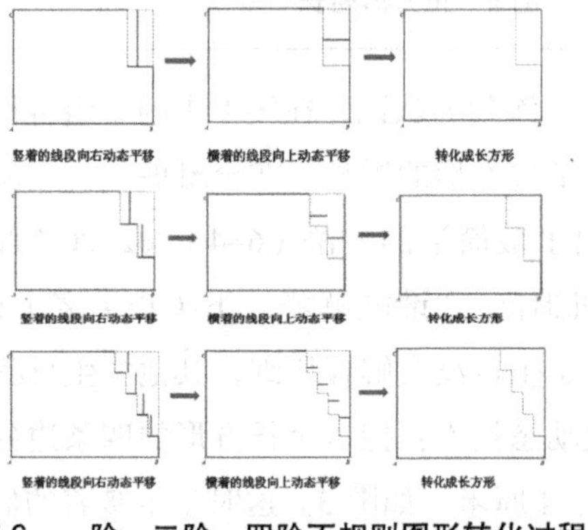

图 6　一阶、二阶、四阶不规则图形转化过程
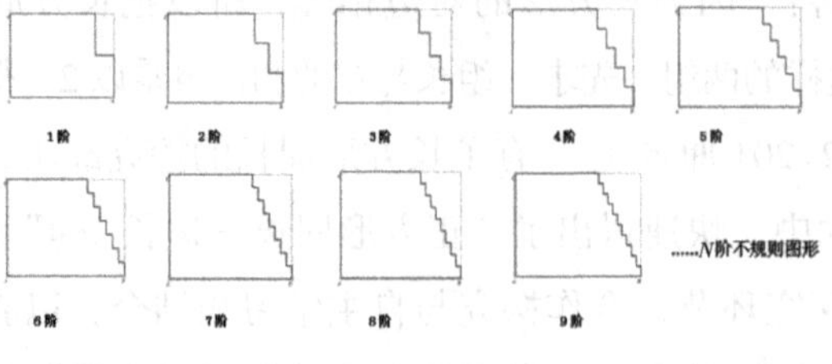

图 7　求 N 阶不规则图形周长总结“转化法”</td><td>皓骏演示：把不规则图形竖着的线段动态向右平移，横着的线段动态向上平移，最后转化成规则的长方形，如图 6。</td></tr>
</table>

在学生掌握长方形的基本计算方法后，尝试安排了拓展练习，引导学生深入理解长方形周长含义。学生碰到“求不规则阶梯图形的周长”此类问题，常常不知所措，加之三年级学生由于年龄小，空间观念较薄弱，把不规则图形转化成规则的长方形，图形的总面积变了，周长没有变，学生容易受图形面积变化的影响，难以理解。传统教学主要采用让学生动手画图的方式，把不规则图形转化成规则的图形，进而求出周长。基于课程标准中要培养学生的数学基本活动经验、空间想象力，在课堂中让学生亲自操作皓骏软件，体验皓骏动态数学技术，助力线段平移过程可视化，给学生视觉上的冲击，体验“变中不变”的数学思想，促进了学生对知识的转化，提高教学有效性。最后，通过动态数学技术直观演示 N 阶不规则图形转化成长方形（图 7），总结出“转化”法，留给孩子们课后用“转化”法研究生活中的楼梯状、十字形、L 形、凹字形等不规则图形周长，从而达到了授人以“渔”的目的。

三、总结与展望

本研究结合“欲鱼渔”三位一体的理念及义务教育课程标准要求，通过皓骏软件动态技术融入课堂，充分调动了学生操作的积极性，提升了学生观察、分析、猜想、验证、操作、总结、归纳等的有效性，让学生“知其然及知其所以然”，同时授人以“欲鱼渔”，破解了教学难点，让学生积累了基本的活动经验，优化了学生的认知过程，动感强化内在联系，发展空间想象素养，提高了教学效果。由于年龄问题，个别学生刚开始接触电脑，操控皓骏软件有一定难度，难以跟上课堂节奏，这些问题有待下一步解决。

本文对于动态数学技术与小学课堂深度融合的应用仅供参考，我们应该如何在常态课中有效发挥皓骏数学动态技术功能的最大作用，皓骏软件是否对于所有课程内容都具有促进效果，仍有待进一步研究。

参考文献

［1］唐剑岚，陈圆．基于“鱼渔欲”三位一体优化教学理念的数学创课设计：以“一次函数的图象与性质”的教学为例［J］．中小学课堂教学研究，2017（12）：34-37.

［2］王佳瑶．基于数学核心素养的小学数学“图形与几何”教学设计研究［D］．上海：上海师范大学，2019.

［3］中华人民共和国教育部．义务教育数学课程标准（2011 年版）［M］．北京：

北京师范大学出版社，2012.

［4］杨秀燕．几何画板、玲珑画板与 Hawgent 皓骏的比较及在数学教学中的应用研究［D］．桂林：广西师范大学，2018.

［5］张佳慧．小学三年级学生长方形周长与面积错解研究［D］．呼和浩特：内蒙古师范大学，2019.

［6］邓思扬，鲁依玲，唐剑岚．动感强化内在联系，发展空间想象素养——以“圆柱体积公式”教学片段为例［J］．数学之友，2020（1）：33-35.

作者简介

唐秋：桂林市秀峰区琴潭实验学校教师，中小学二级教师。

巧用信息技术提高初中数学课堂有效性

——以“截一个几何体”教学探究为例

沈阳市第四十三中学　刘家琦

【摘　要】随着现代信息技术的不断发展，数学课堂的信息化逐渐走向现实，如何能将信息技术与课堂更好地整合也是教师们一直在不断探索尝试的问题。本文将以“截一个几何体”为课例，说明网络画板融入、贯穿课堂的过程，展现网络画板的应用为“图形与几何”类课堂带来的巨大改变，感受现代信息技术在提高课堂有效性中不可替代的重要地位。

【关键词】网络画板；初中数学；几何直观

一、引言

现如今，在日新月异的大数据时代下，互联网的高速发展无疑对传统的数学教学模式发出了挑战。在新课程改革的过程中，众多教师开始有意识地利用 PPT、几何画板等工具完善课堂的教学内容，打破传统教学方法，探索研究新的方式。但如何将网络资源真正地整合到课堂中，使其渗透贯穿到课堂的始终，成为课堂中不可或缺的成员，而不是将信息技术与传统的讲学简单地累加，两者却依旧为独立的个体，这是我们仍需思考的问题。只有不着痕迹地真正融合，才能从根本上加强数学课堂的直观性，提高学生参与度，从而提高课堂有效性。

初中阶段的数学主要分为“数与代数”“图形与几何”“统计与概率”“综合与实践”四部分，其中“图形与几何”占据着近一半的教材内容，关系到学生的逻辑思维、抽象思维以及空间几何能力的建构与培养，在数学的整体学习中占据重要地位。《义务教育数学课程标准（2011 年版）》课程目标中指出：“教师教学应该引导学生独立思考、主动探索、合作交流；学生学习除接受学习外，还应进行实践、探索，有足够的时间和空间经历观察、实验、推理、验证等活动过程。”因此，本文将选取“截一个几何体”课节，探究网络画板如何融入教学，提高课堂有效性。

二、网络画板相关介绍

网络画板是在中科院张景中院士亲自参与下，在张院士团队多年积累的成果——超级画板的基础上，为适应移动互联网环境下教育信息化发展的新趋势，运用国内领先的动态几何技术、智能推理技术、符号运算和网络交互技术开发的第一款国内领先的移动互联网环境下的动态数学学科教学工具。网络画板主要具备以下几种特点。

（一）功能强大，多种工具一应俱全

网络画板既可以建立3D的几何模型，也可以还原2D图形的动态演示。利用网络画板巧妙地将一幅幅静态图实现动态化，外加其精确的度量功能，从图形和数据两个角度同时直观地展现重要几何变化规律，提升学生逻辑思维能力及空间想象能力。对于简单的可操作性强的几何模型，例如基础平面图形的轴对称、平移及旋转等过程，可以让学生直接进行简单操作，加强学生课堂参与感。另外，对于初中阶段的学习重难点——函数部分，同样可以让学生利用网络画板描绘函数图象，加强对函数相关概念的理解。

（二）资源丰富，提供系统的教材知识点体系的动态教学资源

网络画板中包含不同地区、不同学段、不同课型、不同版本的教材所对应的动态教学资源，供一线教师们参考利用。索引栏中可输入关键词有针对性地搜索，无论是讲解知识，还是习题，抑或是拓展延伸，都有丰富的资源供选择。

（三）接口丰富，适应多种终端

网络画板不仅支持PC机环境，也可以支持平板、手机、一体机、电子白板等，实现了多样化的教学环境。

（四）分享方式丰富，保证多方交流

网络画板支持教师与教师、教师与学生、学生与学生之间的多形式分享交流，平台开放，易找易存，真正实现人人皆学、处处能学、时时可学，为数学学科信息化打造舒适教学环境。

三、网络画板融入初中数学课堂案例展示

网络画板强大的功能可以有效地提高初中数学课堂的有效性，接下来将以“截一个几何体”课时为例展示网络画板融入课堂的具体方法，它对提高课堂效率、加深学

生理解、培养学生空间想象能力起到了重要的作用。

（一）明确网络画板应用方向及作用

首先对教材及学情进行分析：本章取自北师大版数学七年级上册第一章第三节内容“截一个几何体”，属于中小教材几何部分过渡衔接阶段的内容，也是学生学习立体几何的初始。因此，本课时重点内容为让学生自己动手操作网络画板软件，构建几何体并形成截面，在此过程中体会截面图形的变化。而对于刚刚步入初中的学生，空间想象能力仍处于发展阶段，令其仅凭借想象得出正方体截面形状的结论是十分困难的。传统课堂中，往往要求学生准备材料，动手创造真实几何体再进行切割的方式教学；这一过程充满很多不确定性，且准备起来费时费力，操作时易产生误差，同时学生对于如何一刀切到多个面也会感到十分困惑。

针对以上分析，本课时的重难点即为利用网络画板改革传统课堂，让学生做到通过操作网络画板得到几何体的不同截面，感受切割过程。从而缩短课前准备时间，提高课上学生参与度，加深课后知识体系的形成与理解。课堂目标见表 1 所示。

表 1 “截一个几何体”课时目标

基础性目标	知道正方体、圆柱、圆锥等几何体的截面形状。了解平面截几何体的抽象过程，识别几何体截面的形状，体会几何体截面的多样性。
发展性目标	经历切截几何体的活动过程，通过观察、操作、类比从而获得数学猜想的验证，体会与他人合作交流的重要性，并能合理清晰地表达自己的思维过程。提高动手能力，发展空间观念。
内生性目标	通过操作利用网络画板，观看演示，形成几何直观意识，发展空间想象能力。

（二）实际课堂应用过程及成果展示

本节课主要依靠学生的小组合作活动，对各几何体截面图形进行探究。首先由教师演示网络画板构建正方体、创造截面的过程，通过调整参数，可以观察正方体截面图形的变化，同时也可以转换视角对截面进行观察。接下来针对以下两个问题：（1）一个平面截正方体，可能得到什么样的图形？（2）是否能得到截面为七边形？学生四人一组，先进行猜想假设，再通过操作网络画板验证猜想，最后小组共同归纳总结，得出结论。

以下是通过网络画板操作得到的正方体各截面效果展示：

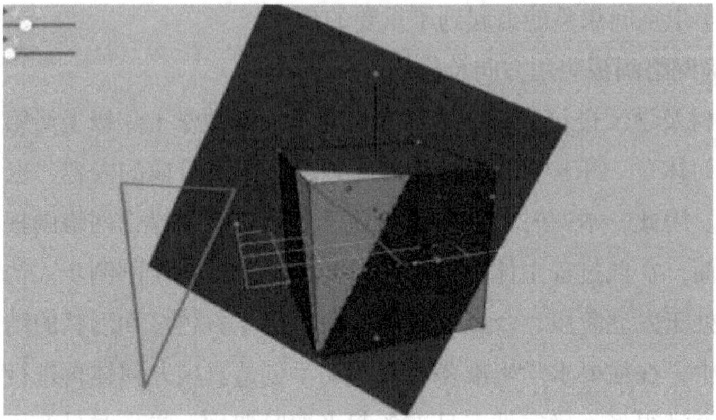

图 1　三角形截面效果

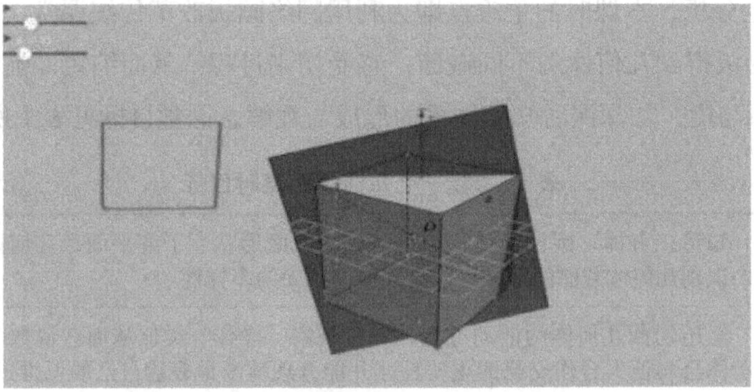

图 2　四边形截面效果

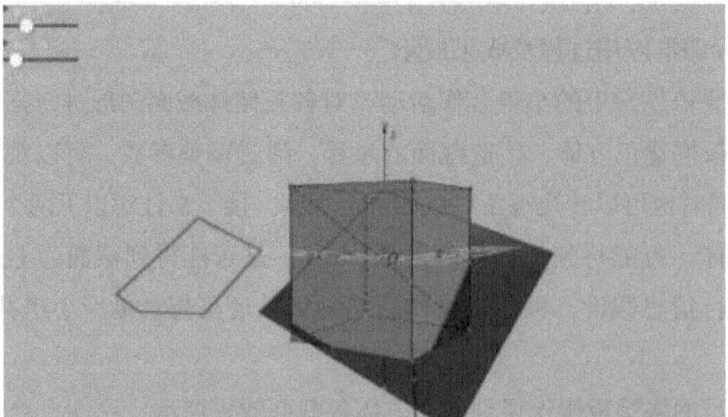

图 3　五边形截面效果

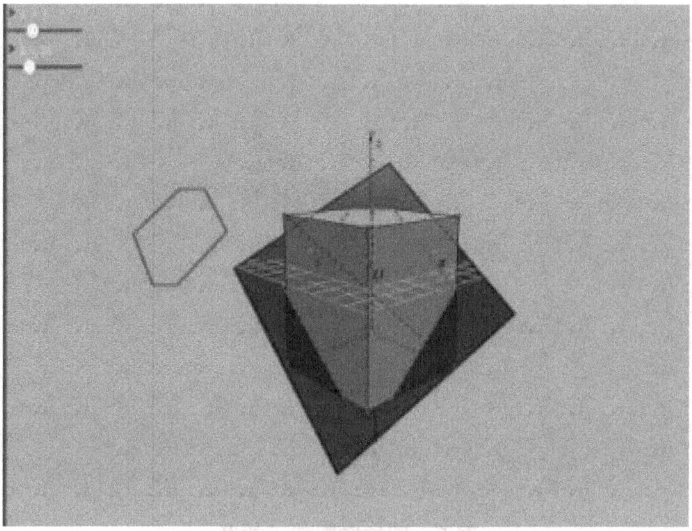

图 4　六边形截面效果

通过以上操作与集体探讨，学生得到结论：正方体的截面可能为三角形、四边形、五边形、六边形；不可能为七边形。从截面形成的过程中，学生感受到截面图形的边是由该截面与正方体的面相交形成一条线得到的。因此，可以从正方体推出更具一般性的结论：n 棱柱最多仅能截出（n+2）边形。

类比于正方体，同样可以通过网络画板展示圆柱、圆锥及其截面构建，观察其截面图形的变化情况。值得注意的是，当截面以一定倾斜角与圆柱圆锥相截时，得到的交线为曲线，得到的截面为拱面。这一点，如若没有网络画板中的操作观察，让学生仅凭想象理解是极困难的。我们利用网络画板，通过平移剥离出面与面之间的相贯线，从而剥离出截面图形；可以观察到，倾斜相截时截面为椭圆。另外，我们也可以利用网络画板中切割的动画效果，向学生演示切割成两个几何体的过程，更好地观察截面形状。有了网络画板，这一易错点就可以轻易规避掉了。

以下是通过网络画板操作得到的圆柱、圆锥截面效果：

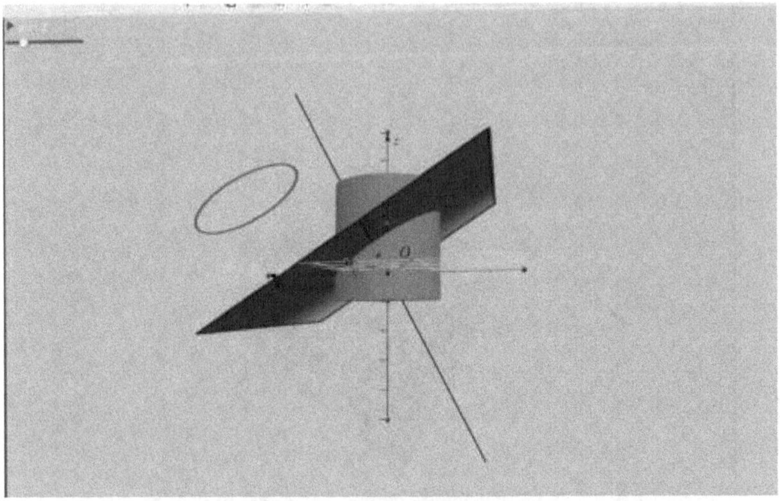

图 5　圆柱椭圆截面效果

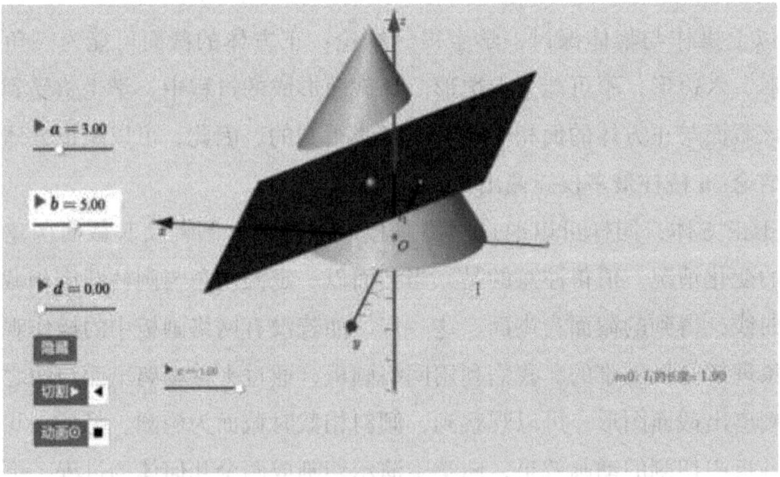

图 6　圆锥拱形截面效果

这一过程中学生利用网络画板，对截面的形成有一个直观记忆的过程，逐步发展自己的抽象能力及空间想象能力，为今后的几何学习打下基础。小组合作过程中，学生探究主要集中于正方体截出五边形及六边形，圆柱圆锥截出椭圆、拱形图形中。学生共同经历“提出问题—猜想假设—实践证明—得出结论”的过程，不仅可以掌握数学探究的基本方法，也提高了每位学生的小组合作能力、语言表达能力、动手操作能力，达到拓宽思路、开阔视野的效果。

表 2　不同几何体截面形状分类

几何体	截面形状
正方体	三角形、四边形（长方形、梯形……）、五边形、六边形
圆柱	圆、长方形、椭圆……
圆锥	圆、三角形、拱形……
……	……

四、总结与展望

（一）网络画板使课堂直观化

就“截一个几何体”而言，网络画板贯穿始终，避免了传统教学中仅由教师的语言和黑板上画出的静态图形构成课堂的情况。网络画板的应用，实现了课堂中图形由静态到动态的转变，极大地增强学生的视觉直观效果，使他们对立体图形有更深的感悟与体会。

（二）网络画板使课堂简洁化

网络画板的普及，使教师得以减少课堂中空泛的话语，缩短不必要的语言描述所花费的时间，让学生有更多的时间精力完成自身的实验探究，从而大大提高本节课的效率。

（三）网络画板提高学生参与度

学生对可以亲自探究的学习任务总会有更高的热情和好奇度，网络画板的便捷使得全体学生都可以参与到课堂中来，发表自己的想法见解。在得到结论后，学生的成就感会比传统课堂中强，从而记忆会更深。信息技术的使用极大程度地提高了学生对数学的学习兴趣。

本研究的不足在于对网络画板的研究不够深入，作为教师，应开动脑筋，充分利用更多的功能使课堂更直观。在未来，我将继续探索学习，将多种多样的信息技术手段应用到数学课堂中，用科学的应用精简数学课堂，致力于将课堂效益最大化，提高初中数学课堂的有效性。

参考文献

[1] 中华人民共和国教育部．义务教育数学课程标准（2011 年版）[M]．北京：

北京师范大学出版社，2012.

［2］伍雪莲．基于网络画板的初中数学探究教学研究［D］．成都：四川师范大学，2020.

［3］令松鹤，令莹莹．如何在初中数学教学中巧用现代信息技术［J］．学周刊，2021（17）：29-30.

［4］邬敏．基于信息技术的初中图形与几何教学设计研究［D］．兰州：西北师范大学，2015.

［5］龙应菊．基于网络画板的初中数学“图形与几何”教学研究［D］．贵阳：贵州师范大学，2020.

［6］王鹏远．网络画板平台支持下的新一代数学实验室［J］．中小学信息技术教育，2018（6）：54-56.

作者简介

刘家琦：沈阳市第四十三中学教师，二级教师。

信息技术在统计与概率教学中的应用研究

——以“用频率估计概率”为例

西安市铁一中分校　雷淑华　秦　瑛　胡　琳

【摘　要】统计与概率和现实生活息息相关，但其教学现状不容乐观。本研究基于文献梳理和教材、学情分析，结合现代信息技术，设计并进行了“用频率估计概率”线上教学的尝试，对学生表现进行全面评价，以此分析信息技术在统计与概率教学中的应用价值，为相关工作提供借鉴。在统计与概率的教学中，信息技术的合理使用对培养初中学生数据分析观念和模型思想大有裨益。

【关键词】信息技术；统计与概率；初中数学

一、引言

随着大数据时代的到来，统计与概率相关研究更加广泛地应用于生活的各个方面，推动着社会生产力的发展。统计与概率是义务教育阶段四大学习领域之一，主要研究数据的收集、整理、分析以及随机现象规律的认识，有助于培养学生数据分析观念。然而，其教学现状却不容乐观。李健等指出，由于相关内容认知难度较大，应试教育使教师不得不简化教学，教师专业发展的外部动力不够，使表面上看起来比较简单的统计与概率在教学中不被重视，这将导致学生数据分析观念的缺乏。这一现状对中学数学教师的教学发起了新的挑战。数学教学应紧跟时代，关注信息技术与课程内容的整合。张秀娟提出，信息技术通过激发学习兴趣、驱动学习动力等方法，对新课改的推进产生极大帮助。何大勇总结道，信息技术的使用能优化学生学习方式。信息技术在中学数学教学中的作用可见一斑。

针对上述现状，本研究基于教材、学情分析，结合现代信息技术，设计精细而科学的教学设计并进行了“用频率估计概率”线上教学实践，以此分析信息技术在统计与概率教学中的应用价值，为相关工作提供借鉴。

二、信息技术在统计与概率教学中的应用价值

（一）数据分析具体化

数学核心素养是“具有数学基本特征的、适应个人终身发展和社会发展需要的人的思维品质和关键能力”。统计与概率的学习中，主要培养数据分析观念。“用频率估计概率”一课的传统教学中，对于“50个同学中，有2人的生日相同”试验的处理，很有可能被教学进度、实施难度所限制而草草了事，学生未亲历试验过程，就被告知“频率稳定性”的实质，削弱了学生对科学的求真态度。本研究利用Visual Studio Code软件设计模拟试验，便捷地向学生完整展示了模拟试验的过程，试验所得的数据对学生而言更具有说服力；节省了真实调查数据所耗费的时间和人力，使得学生关注算理本身。真实还原大量数据的收集、整理、分析，有助于学生逐步形成数据分析观念，培养数据分析的能力。

（二）问题解决模型化

模型思想的建立是学生体会和理解数学与外部世界联系的基本途径。模型思想要求学生用数学眼光看待问题，用数学符号表达问题，用数学方法解决问题。本研究中对于“50个同学中，有2人的生日相同”的问题，以随机数的产生为背景，借助信息技术手段，将之转化为“50个随机数中，有2个数相同”的数学问题。抽丝剥茧，直击本质。包括摸球、转转盘、抽纸牌等模拟试验的设计，都来源于同一模型，都能解决同一类问题。信息技术提供了学习素材，使数学生活化，生活数学化，学科性知识与实践性知识实现有机结合，有助于学生建立模型思想，培养应用意识和创新意识。

（三）课堂参与主动化

数学活动经验的积累是提高学生数学素养的重要标志 。现实课堂的师生问答中，学生多为被动地位。用腾讯会议搭建线上课堂，打破了物理空间局限，促进了师生课堂交互。学生有充分的空间畅所欲言，利用语音、文字、批注即时地对师生的问题进行讨论和质疑，课堂生机勃勃，在提出和解决问题的过程中进行思维的碰撞、观点的交流，逐步积累数学活动经验。学生对知识体系的建构和深度思考显得更主动，凸显了学生课堂学习的主体地位。

三、信息技术在统计与概率教学中的案例展示

“用频率估计概率”是北师大版数学九年级上册第三章“概率的进一步认识”中

的第 2 节，以试验估算为主。七年级下册已涉及简单随机事件，本章是上述内容的延伸。对于没有理论概率或理论概率较难计算的事件，通过大量重复试验，用试验频率估计理论概率，借此揭示统计论断的一些理论依据，加强概率与统计的联系。学生已经会计算简单的可能事件的概率，并了解利用试验去估计随机事件概率的思想。但学生对随机事件及其概率的认识不是一蹴而就的，需要在数学活动经验的积累中逐渐加深。

（一）云端课堂，探索新知

素材引入：《红楼梦》中，宝玉、宝琴、平儿和邢岫烟同天生日。

问题 1：400 个同学中，一定有 2 人的生日相同（可以不同年）吗？ 300 个呢？

问题 2：“50 个同学中，很可能有 2 人的生日相同”，你同意吗？为什么？

在崭新的授课方式中，学生表现踊跃，参与积极。有的学生根据抽屉原理解释 400 人中一定有 2 人生日相同，300 人中则不一定。对于问题 2，学生结合生活经验得出直观的结论，认为不太可能。从必然事件到随机事件，引发学生认知冲突，激发学生探究兴趣。教师适时引导：为了解决上述问题，需要通过大量重复试验得出的频率去估计概率。

（二）设计试验，软件模拟

1. 设计试验

向学生介绍完整的试验计划，使之明确从收集数据到整理数据，再到用频率估计概率的过程，培养其科学探索的意识。

（1）每位同学课外调查 10 个人的生日；

（2）从全班的调查结果中随机选取 50 个生日，记录其中有无 2 个人的生日相同。每选取 50 个被调查人的生日为一次试验，重复尽可能多次试验，记录数据；

（3）根据表格中数据，估计“50 个人中有 2 个人的生日相同”的概率。

表 1　试验数据记录表

内容	50	100	150	200	250	……
“有 2 个生日相同”次数						
“有 2 个生日相同”频率						

2. 软件模拟

疫情期间，由于无法在现实生活中进行试验，所以利用计算机产生随机数的原理，利用 Visual Studio Code 软件方法模拟试验。计算机随机产生 50 个生日，并且自动去查找有没有重复生日，此为一次试验，如图 1。

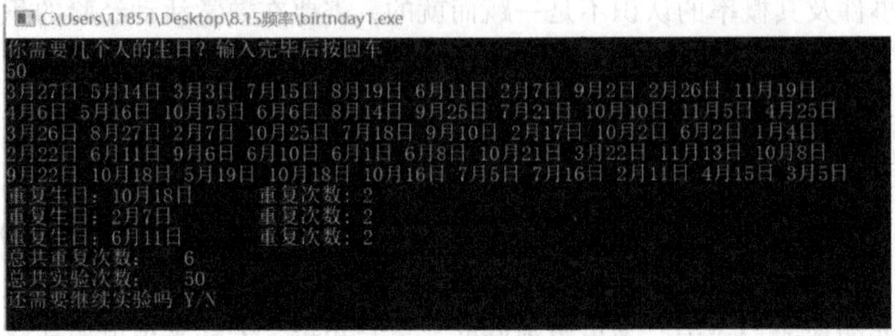

图 1　一次模拟试验屏幕截图

少数试验具有偶然性，因此需要大量试验，继续进行 100 次，150 次，200 次，250 次，300 次试验，频率逐渐稳定于 0.97 附近，如图 2。

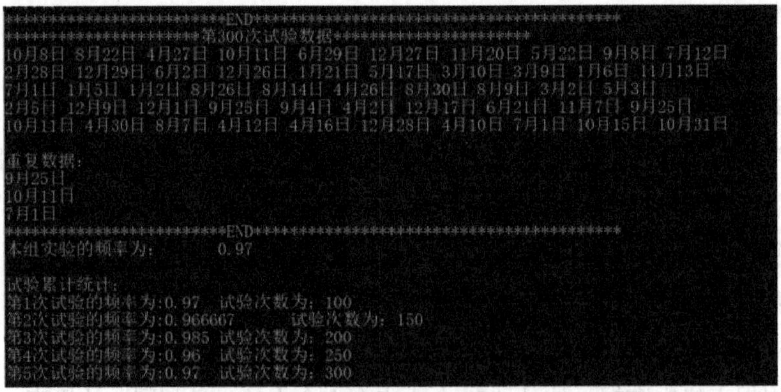

图 2　多次模拟试验屏幕截图

借助信息技术手段，便捷地向学生展示模拟试验过程，数据更有说服力。节省了真实调查数据所耗费的时间和人力，使得学生关注算理本身。学生通过分析数据，观察到随着试验次数的增加，试验频率稳定于 0.97 附近，深切体会理论概率与试验频率之间的关系。创新的教学手段使课堂生动起来，学生情绪激昂。

（三）数据说明，实时批注

展示“n 个人中至少有 2 人生日相同”的概率大小表（n 表示人数，P 表示 n 个人中至少有2人生日相同的概率），佐证理论概率与试验频率之间的关系，为模拟试验的结果提供理论依据。教师简单提及理论概率的计算方法，拓展学生思维，借助写字板可书写板书，学生仅作了解即可。学生也可通过实时批注功能进行板演，增强课堂交互性，凸显学生的课堂主体地位。

表2　理论概率对照表

n	P	n	P	n	P
40	0.8912	45	0.9410	50	0.9704
41	0.9032	46	0.9483	51	0.9744
42	0.9140	47	0.9548	52	0.9780
43	0.9239	48	0.9606	53	0.9811
44	0.9329	49	0.9658	……	……

（四）学以致用，新知深化

设置梯度明显的题目，巩固所学知识。例1已知绿球个数，求理论概率。例2反其道而行之，根据试验频率估计理论概率，估计黄球个数。例3需自主设计模拟试验，摸球、转转盘、产生随机数、抽纸牌等方法均可选择，具体如下：

1. 一个口袋中有2个绿球、8个黑球，这些球除颜色外都相同。从口袋里随机摸出1个球，求这个球是绿球的概率。

2. 一个口袋中有黄球若干个，这些球除颜色外都相同。请设计一个试验方案，估计其中黄球的个数。

3. 随机调查3个人的血型，他们中有2个人的血型相同吗？设计一个方案，估计3个人中有2个人血型相同的概率。

（五）全面评价

本节课中，学生主动参与课堂各个环节的思考和交流，已充分了解用频率估计概率的理论依据，有能力设计简单的模拟试验，在知识技能、数学思考、问题解决、情感态度方面均有良好表现。

四、总结与展望

信息技术在“用频率估计概率”案例中的成功应用表明，基于中学数学统计与概率部分的教学现状，信息技术的合理使用有助于培养学生的数据分析观念和模型思想，对教学效果产生了积极的影响，数学教育的教学方式发生了很大改变。中学数学教师应乐于开发信息技术资源，善于进行信息技术与教学内容的整合。

“教无定法，教学有法，贵在得法。”基于教学内容和学情的不同，信息技术在统计与概率其他课程中的教学设计有待进一步研究；此外，其在数与代数、图形与几何、综合与实践的课程内容中，将如何培养中学生数学学科核心素养，培养什么核心素养，可作为下一步研究方向。

参考文献

[1] 李健，甄祎明．高中数学教师的概率统计教学：困境与对策［J］．基础教育课程，2021（20）：76-80.

[2] 张秀娟．利用信息技术，助力数学教学［J］．数学教学通讯，2022（2）：62-63.

[3] 何大勇．信息技术对高中数学教学目标设计策略的影响［J］．中国电化教育，2022（2）：7.

[4] 孙立章，沈迎华．“具身认知”视域下的数学课堂教学——以“折平行线为例”［J］．中学数学教学参考，2021（4）：8-10.

[5] 中华人民共和国教育部．义务教育数学课程标准（2011 年版）［M］．北京：北京师范大学出版社，2012.

作者简介

雷淑华：西安市铁一中分校数学教师，西安市初级教师。

秦瑛：西安市铁一中分校数学教师，西安市中级教师。

胡琳：西安市铁一中分校数学教师，西安市高级教师。

信息技术辅助数与形在小学数学教学中的应用

西安市长安区美林小学　郭凯妮

【摘　要】数形结合思维，在数学学科教学中是一个不可或缺的存在。数学家华罗庚就数与形的关系给出了独特的见解——数与形，本是相倚依，焉能分作两边飞，数无形时少直觉，形少数时难入微，数形结合百般好，隔离分家万事非。而在我们的学习与生活中也确实是密不可分的。随着时代的发展，更多的教学手段扑面而来，信息技术成了不可或缺的辅助帮手。小学阶段是空间与几何部分构建的前期，充分利用数形结合这一数学思想，为学生进入更高一阶段的学习奠定了基础。作为“视觉为先”的我们，数形结合完全符合我们认识自然、认识世界的规律。在数学教学中利用数与形的一一对应来解决数学问题，可以使较复杂的问题简单化，较抽象的问题具体化，两者相辅相成，在解决问题时，使问题更直观，是优化解题过程的重要方法之一。

【关键词】信息技术；数形结合；直观性

一、引言

小学作为数学学科的基础启蒙阶段，各种数学思维方法都在逐渐认识层面上，而数形结合思维是最早被我们应用的，在进入小学系统学习前就有了相关的学前教育与生活认知与经验。数与形作为数学学科中最基本的研究对象，它们在一定条件下是可以相互转化，一一对应的。作为一种数学思想方法，数与形的应用可分为两种情形：一是“以数解形”，借助于数的精确性来说明形的某些特性，二是“以形助数”，借助形的几何直观性来说明数与数之间某种关系。对于这一思想的运用与理解，信息技术在教学中功不可没，既帮助了教师进行教学，又帮助了学生理解学习。

二、例谈数形结合在小学数学的应用

小学阶段是空间与几何部分构建的前期，充分利用数形结合这一数学思想，为学生进入更高一阶段的学习奠定了基础。作为“视觉为先”的我们，数形结合完全符合我们认识自然、认识世界的规律。在数学教学中利用数与形的一一对应来解决数学问题，可以使较复杂的问题简单化，较抽象的问题具体化，两者相辅相成，在解决问题时，使问题更直观，是优化解题过程的重要方法之一。它贯穿了整个小学数学学习，数字认知、算理的理解归纳、图形与空间的建构、生活与数学的练习无一例外。数与形相辅相成，可以在数学教学中随处见到其踪影。下面就教学中数形结合思维的运用与实践加以简单阐述。

（一）创设情境，利用数形结合解决问题

1. 创设情境：算理应用

要求学生利用学具小木棒摆一摆，表达加法的进位算理及减法的退位算理过程。

表 1　不同表示法表示加法进位原理和减法退位原理

横式	图示法	竖式
13+9=	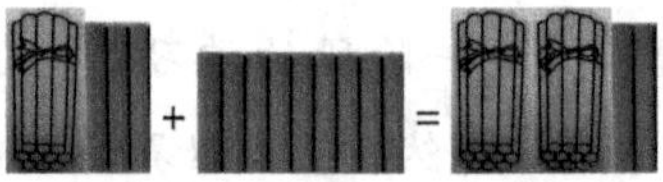	13 + 19 24
13−9=	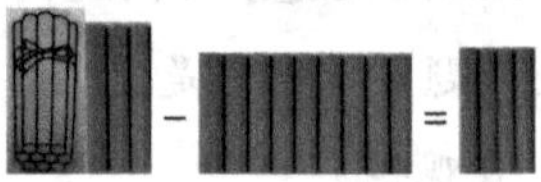	13 − 9 4

（1）通过摆一摆，画一画的方法使学生的大脑中形成了基本的图像，再根据学生的体会引导学生，先分析再实践归纳，及时抽象出进位加法的横式、竖式的表达形式。此时我们可以利用有效的多媒体展示、完善、梳理。结合图与横式、竖式各部分之间的关联。不管是学具的摆一摆，还是竖式计算模型都是数形结合的体现，通过这样的对比让学生有了表象能力的支撑，有了真正的体验，直观、明了地理解了原本抽象的算理，初步建立了竖式计算模型。学生学得很轻松，理解得也比较透彻。

（2）数学算理法则在小学主要是用于演算过程的具体实施方法。让学生明确法则的合理性、理解其推导过程的意义，而数形结合降低了抽象思维的难度，让学生建立了信心，掌握了归纳法则的能力。如上述的小学低段的进位加法、退位减法都是通过实物操作体会“凑十法”和“破十法”的过程；高段分数乘法则在折纸或分一分的过程中归纳算法。这些都是最基本的数形结合思维应用。

2. 创设情境：公式推导

利用知识迁移、转化思想辅助推导出平行四边形的面积公式。

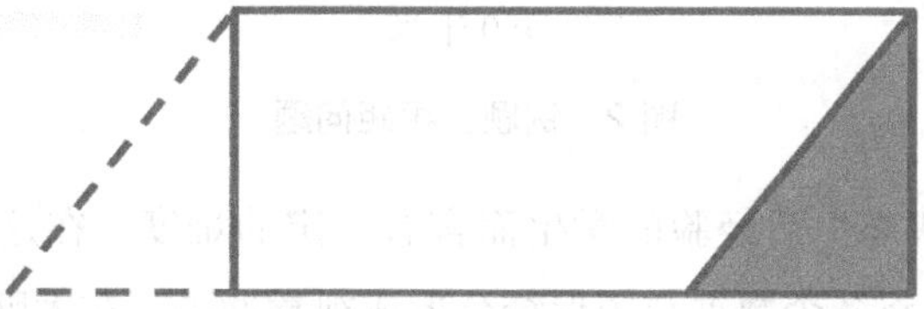

图 1　平行四边形面积公式推导

在研究初期学生们会利用数方格的方式来探究，这也是利用长方形面积公式的推导的方式迁移来完成的，在教学时引导学生利用“以盈补虚”的方式通过“猜想—操作验证—归纳”的方法得出结论。在整个过程中所有的操作过程可利用多媒体进行演示，让学生体会操作的完整性，学生根据摸到的、看到的，体会到平行四边形的底就是长方形的长，平行四边形的高就是长方形的宽。平行四边形的面积计算方法同长方形面积公式相同，即平行四边形的面积 = 底 × 高。学生根据图形的转化明确了平行四边形的面积推导，并从中对比出面积相等的长方形与平行四边形周长不一定相等。

图形学习方面除了平面图形面积公式的推导，还在小学阶段对立体图形的相关知识进行了学习。比如人教版数学中，贯穿全学段的观察物体的学习，为了学生在五年级下册学习长方体与正方体的表面积与体积能够无难度地衔接做了大量的铺垫。在真正接触体积这样一个抽象的知识点时，学生利用学具小正方体根据已有经验，摆出要求的几何体为后续的表面积与体积学习奠定了基础。让学生体会在组合立体图形中的“藏”与“露”。通过大量的图形“摆—数—想—归纳—应用”操作验证的方式，从而得到方法与结论。整个的数与形是在相辅相成的基础上呈链条式的趋势发展的。如四则运算从加减到乘除，图形由点到线，由线到面，由面到体。而两者又通过数形结合的方式前行。

3. 创设情境：利用线段图解决较复杂的生活问题

A、B 两地相距 480 千米。甲车从 A 地出发，每小时行驶 65 千米，乙车从 B 地出发，4 小时后两车相遇，乙车每小时行驶多少千米？

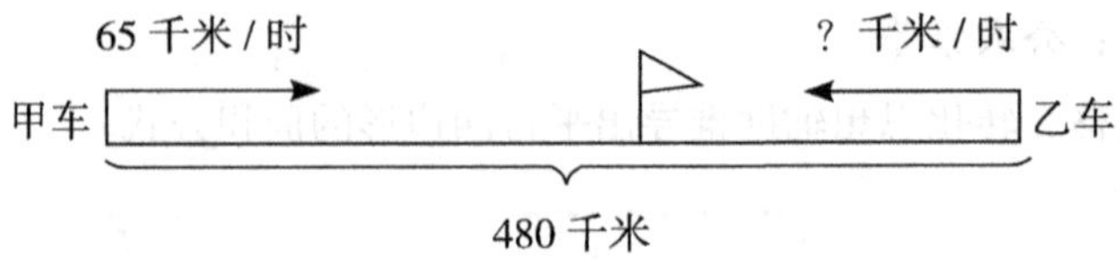

图 2　例题：相距问题

这类问题对于缺乏生活经验的学生而言有一定的难度，在这个时候我们可以利用线段图分析题目，将各个数据与图形结合形成视觉冲击，在大脑中形成小型的空间图，从而达到迅速理解的目的。这时利用多媒体呈现线段图，就大大提速了我们的教学。

这样的图形结合方法大大提升了学生分析题目的能力及做题速度。在解决行程问题、年龄问题、和（差）倍问题等中起到了至关重要的作用，使问题明了直观化。

（二）利用数形结合，化繁为简解决问题

在解决某些抽象的数学问题时，利用直观生动化的图形使问题化繁为简，激发学生学习兴趣。

表 2　创设情境：在长 100 米的小路一侧每隔 5 米栽一棵树

植树情况	图示法	列式	发现
两端都栽	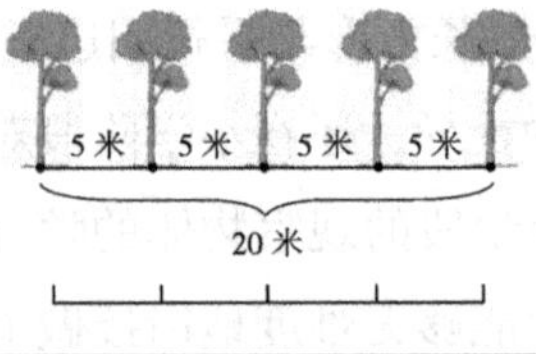	100 ÷ 5=20（棵） 20+1=21（棵）	棵数 = 间隔数 +1
一端栽一端不栽	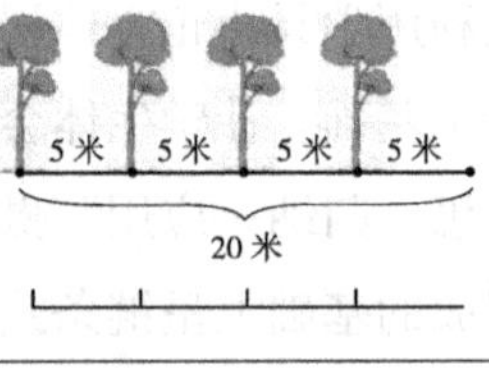	100 ÷ 5=20（棵）	棵数 = 间隔数
两端都不栽	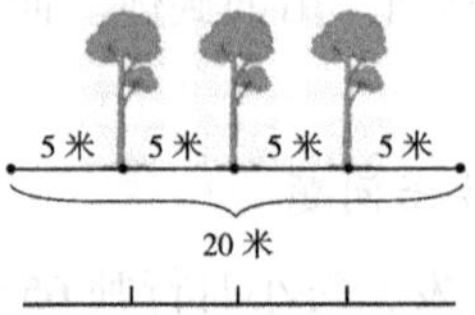	100 ÷ 5=20（棵） 20–1=19（棵）	棵数 = 间隔数 –1

在新授这部分内容时，对教材例题进行适度的改编，利用开放型的思维，让学生根据自己的认知与经验解决问题。多媒体的介入适时有效地将学生的想法与验证进行梳理，便于我们的教学总结。在解题时，利用不同的线段图表示不同的栽树情况。整个过程中学生利用画图、小组合作学习完成了三种情况的探讨从而得出结论。再通过总结应用到生活中去。在后期学习中，学生利用一一对应的数形结合方法理解生活中的各种"树"：看得见的树，如植树、摆花盆等；听得见的"树"，如敲钟问题；想象中的"树"，如锯木头、爬楼梯问题等。

在解决鸡兔同笼问题时，通过化繁为简的画图法，总结出可以利用假设法解决鸡兔同笼问题。化繁为简的好处，在于利于建立学生的解题思维与思考方式。而数形结合刚好辅助了化繁为简的解题思路，对于小学阶段的学生来说，既学得有趣，又能够加深对用假设法解题的思路的理解。

三、数形结合在小学数学教学中的创新应用

在教学中利用一切教学辅助工具帮助学生建立数与形的思想应用关系。在小学教学中给孩子们建立成体系的数与形的联系，让数学学习不再枯燥，课堂上多一些探讨，多一些乐趣，对于枯燥的算理问题，利用数形结合的方式给学生提供探究的平台，结合鼓励让每节课都是轻松有效的。对于空间与几何部分，建立数形结合概念给学生将图形的由点到线、由线到面、由面到体的结构逐次建立，从而达到利于算理的理解。利用当下的多媒体优势呈现给学生们不一样的视觉与思维冲击，利用多媒体现代教学手段大幅度地帮助我们解决了数形结合的展示问题，我们可以利用有效的多媒体手段将数形结合事例归纳整合，让学生从一开始就建立体系库，将整个学习归类成集，利于后期学习。

四、总结与展望

目前的课堂教学中我们还是因一些不可抗的外因而比较注重教师教、学生学的方法，有时候在遇到数形结合题目时因怕课堂乱、学生拿着学具玩的情况，而放弃让学生在操作中感受和体会数与形的紧密联系，所以往往一节课收效甚微，无法理解公式概念的真正含义。要让学生真正地理解所授知识，在教学中我们还需要加强运用数形结合的数学思想方法对学生进行引导，刻意的尝试对于培养学生的空间感是利大于弊的存在，而小学阶段是培养这一数学思维的最好契机。这样一件朴实而有用的礼物

是打开学生数学思维的钥匙，所以我们要把课堂还给学生，让他们利用稚嫩的双手与无限的想象构建自己的数形结合思维，开启属于他们的思维之旅。利用信息技术的优势，将数形结合模块进行框架整理，形成小的树状点，最后再以思维导图的形式呈现整个网状图，让学生更明了各知识点的内在联系。

总之，在小学数学教学中，数形结合能适时地为学生提供恰当的引导，不仅有利于学生顺利地、高效率地学好数学知识，更有利于学生学习兴趣的培养、智力的开发、能力的增强，使教学收到事半功倍之效。适时地利用多媒体手段辅助教学，是我们作为现代教师的必备技能，与时俱进才能真正达到探究中学习的目的，真正地将课堂回归于生生互动，这才是有效的课堂。

参考文献

［1］中华人民共和国教育部．义务教育数学课程标准（2011 年版）［M］．北京：北京师范大学出版社，2012.

［2］詹姆斯·M.朗．如何设计教学细节：好课堂是设计出来的［M］．黄程，雅淑，译．北京：中国青年出版社，2018.

［3］王竹立．零存整取：网络时代的学习策略［J］．远程教育杂志，2013，31（3）：7.

作者简介

郭凯妮：西安市长安区美林小学数学教师，小学数学二级教师。

信息技术与小学数学教学深度整合的思考

运城市垣曲县中心小学　王　芳

【摘　要】随着现代信息技术的发展和教育信息化3.0时代的到来，信息技术与现代教育在小学数学教学中的深度融合，不仅能提高课堂教学效率和效果，还有助于启迪学生的思维，培养学生的逻辑思维能力和创新能力，最终有利于学生的终身发展。本文主要分析了当前信息技术与小学数学课程整合中存在的问题，并从教学内容、教学方法、学生学习方法等方面结合具体案例加以阐述分析，实现信息技术与小学数学教学的深度整合。

【关键词】信息技术；小学数学；深度整合

一、引言

将先进的现代信息教育技术应用于小学数学教学中，可以使抽象的数学知识生动、形象、清晰地展示给学生，对提高整体教学水平起到至关重要的作用。越来越多的学校和教育工作者正在探索和探讨它，但是在实践中却暴露出一些问题。因此，本文针对信息技术与小学数学教学整合中应注意的问题，提出了信息技术与小学数学教学整合的有效策略和改进措施。

二、现代信息技术与小学数学教学整合中存在的问题

（一）“舍本逐末”颠倒了课程的主体地位

信息技术与小学数学教学深度融合的主体是数学课程的学习，而不是信息技术。为了反映信息技术的应用水平，一些教师注重多媒体的使用，认为在课堂上用多媒体课件播放视听资料是一种高效的课堂教学。实际上没有必要为了用多媒体而用多媒体，有时简单的粉笔+黑板效果更好。因此，教师应该更加注重课程学习这一主要任务，据此采用合适的方法进行辅助教学，而不是说使用现代信息技术就是课程改革，

没有现代信息技术就理念落后。

（二）"揠苗助长"淡化了学生的思维过程

在小学数学中，抽象知识的学习可谓一直是学生学习道路上的"拦路虎"，现代信息技术可以通过直观的图形、画面帮助学生克服这一难关。但如果使用不当，就可能丢掉最重要的思维技能训练，这也是数学教学最核心的部分。例如，在认识除法时，16个桃子被平均放在4个盘子里。每个盘子多少？一些教师在学生没有时间思考之前就匆忙使用课件来展示这个过程。这当然会使问题变得轻而易举，但却剥夺了他们从另一个角度培养学生思维和想象力的机会。因此备课时除了要考虑让学生在课堂上看到更形象、直观的数学知识外，更重要的是借助多媒体引导教会学生数学的思维，培养学生的空间想象能力、推理能力等必备能力，全面提升学生的数学素养。

（三）"生搬硬套"忽视了教学的本质需要

一些教师缺乏专业的信息技术操作能力，不能根据自己的设计意图制作课件和视频。于是，在教学过程中，他们随意下载一些课件和视频，而不进行筛选和修改，教学时完全遵循课件，根本不关注课件上的内容是否与本节课的教学目标紧密相关，更不考虑是否与自己所教班级学生的学习情况相匹配，只关注课堂上有无使用多媒体，是否符合学校的要求，可以说许多教师只是把多媒体作为课堂讲解和演示的工具，生动直观的图片和动画表面上声情并茂，能吸引学生的注意力，激发学生的学习兴趣，但实际上，过于浮华的表面会导致学生不加思考，不能很好培养学生的数学思维，这些都是信息技术与数学教学的机械整合，是一种新型的"灌输式"教学与形式整合。

三、现代信息技术与小学数学教学整合的策略

结合以上问题，要想实现两者真正意义上的整合，就必须要从内容、方式以及学生体验等多个维度进行全面整合，这样才能有效发挥现代信息技术的作用。

（一）现代信息技术与教学内容的整合

《义务教育数学课程标准（2022年版）》指出，学生数学学习的内容应该兼具现实意义以及挑战性，同时内容的呈现应该尽量采用多样的表达方式，以激发学习欲望、满足学习需求。在教学中，教师可以利用信息技术这一新型媒介整合教学资源，梳理和总结零散的知识，并制作相应的学案、课件和教学视频，使学生的学习内容更加多样化，并具有现实指导意义。例如，在长方体和立方体的体积教学中，设计了这样一个问题：将边长为5 cm的小立方体表面涂上红色，然后将其切割成体积为1 cm^3的小

立方体。总共可以切割多少块？一面为红、两面为红和三面为红的各有多少块？其余的小立方体又有多少块？这些问题需要很强的空间想象力。传统的实物立方体无法生动地显示切割立方体的过程，但有了现代信息技术的支持，学生可以通过电脑对立方体进行“切割”、“旋转”和“提取”，化虚拟为现实，深度参与到课堂学习中去。再比如，在统计学教学过程，通过提前录制十字路口的交通状况，然后引导学生根据生活经验踊跃发言，最后再对照视频进行分析统计，体验数据统计的整个过程，让学生认识到统计的魅力。这便是现代信息技术与教学内容的有机结合，通过这样的结合，很显然更好地培养了学生的空间想象力和逻辑思维能力。

（二）现代信息技术与教学方式的整合

由于数学的抽象性，传统的教学方法不能最大限度地发挥教学效果，但多媒体与数学教学的结合，尤其是希沃白板的强大功能，可以帮助我们找到重点，突破难点，提高课堂效率。例如，在教学图形的变换时，可以通过多媒体来展示图形的旋转、平移和对称。学生在对生活中图形的转化现象有了基本的了解之后，可以进一步理解数学中图形的转化，通过学生不断地观察、想象、推理，促进学生空间想象、逻辑推理等思维能力的形成。在教学中为满足不同层次学生的需要，教师也可以通过课堂上的视频录制和后期的简单制作，把一些重点内容录制成微视频。这样，接受度较差的个别学生可以在课后观看回放，发现不足，及时弥补。同时，也可以提前下发给学生，提前进行简单的自学，然后在教师讲解时，他们可以专注于倾听疑惑，从而满足不同类型、不同阶段学生的学习需求。

（三）现代信息技术与学习方式的整合

在传统的数学教学中，学生的学习工具仅仅是课本、练习册、笔、圆规和尺子，这极大地限制了学生对信息获取能力的锻炼、对问题深入探究的机会，也不利于培养学生合作讨论和知识建构的完整性，最重要的是由于缺乏工具，限制了学生的想象，抹杀了学生的创新意识。现代信息技术的应用则可以有效解决这些问题。例如，在学习一些简单的知识时，我们可以一改传统的讲课模式，通过播放微课的形式，让学生独立自主地学习；当遇到不易解决的问题时，可以利用微信建立班级互助小组，以聊天的形式讨论和交流，让学生团队的力量培养学生的合作意识；当遇到一些数学课外小知识时，我们可以引导学生及时使用信息化工具，查阅资料，这样既激发了学生的学习热情，也是对学生收集和处理信息的能力的锻炼。例如，在学习“梯形面积的计算”时，为了加深学生的理解，可以利用几何画板的便捷功能，展示用不同的方式将梯形转化成以前所学过的图形的过程，然后引导学生自主观察、探究，找到前后图形之间的联系，从而推导出梯形的面积公式，既帮助学生积累了活动经验，又让学生感悟了转化的数学思想。

四、现代信息技术与小学数学学科深度整合的改进措施

（一）加强教师培训，提高教师信息技术应用能力

工欲善其事，必先利其器。为避免工具不熟练出现上述生搬硬套的局面，应加强对教师的技能培训，并将其进行常态化和长期化。将希沃白板、Word、PowerPoint、Excel 等工具运用到日常教学工作中去，鼓励教师使用信息技术工具进行授课，制作课件演示，并定期参加信息技术培训。同时建立以校、班级为单位的各类资源网站，供学生更方便地获取资料进行学习，充分利用好各种软件的便捷服务，有机结合各种媒体，创新课堂教学模式，优化学习效率，提高课堂教学效果。

（二）开展教学实践，促使信息技术与课堂教学有效整合

只有通过大量的实践，才能不断地优化信息技术与课堂教学的结合方法，提升教学效果。我们可以定期开展示范课、研讨课、说课展示，使教师之间互相学习、互相借鉴，真正将现代信息技术应用到课堂教学中，并不断反思，总结方法，形成良性循环。

综上所述，当信息技术与小学数学教学做到真正融合，不仅能丰盈教师的教学方法，提高课堂的教学质量，同时也有利于学生长期发展，并为以后掌握现代化信息工具打下了坚实基础。因此，借助信息技术这股东风，我们需要从根本上转变教学观念，创新教学设计，丰富教学手段，正确引导学生利用信息技术进行学习。

五、总结与展望

信息技术与小学数学教学的深度整合虽然取得了一定的成绩，但仍有很多问题亟须解决。它注定是一个长期性的工程，实践出真知，这就要求我们要在实践中反思、实践中历练、实践中成长，同时秉持“学生主体”的理念，不断进行信息化教学创新，从而不断培养出符合新时代要求的创新型人才。

参考文献

[1] 周阳. 信息技术与小学数学教学深度融合的有效措施探讨 [J]. 教学周刊，

2021（6）：53-54.

［2］吴有昌，鲍银霞，李宇韬．信息技术与中小学数学教学深度融合的策略［J］．广东教育（综合版），2017（6）：40-41.

［3］彭茹．信息技术与小学数学教学深度融合的实践研究［J］．课程教育研究，2019（49）：2.

［4］包巧兰．让课堂有声有色——小学高段数学教学与信息技术的融合策略［J］．读写算，2020（34）：19-20.

［5］姜丽．信息技术与小学数学教学深度融合的实践研究——数与代数领域［D］．哈尔滨：哈尔滨师范大学，2016.

［6］林燕娜．刍议促进信息技术与小学数学教学深度融合的策略［J］．新课程，2021（3）：128.

作者简介

王芳：运城市垣曲县中心小学数学教师，山西省高级教师。

信息技术助力初中数学课堂教学实践

西安市铁一中分校　黄宁宁　朱改玲

【摘　要】新课程标准提出数学课程的设计与实施应根据实际情况适当运用信息技术，注重信息技术与课堂教学的融合。文章结合教学经验，讨论信息技术在课堂引入、抽象概念理解以及课堂实施等方面的应用。信息技术作为一种应用工具应用在数学教学中，向学生提供丰富的学习资源，有效地改良教学方式，使学生学有所思，学有所用。

【关键词】信息技术；初中数学；课堂教学

一、引言

新课程标准要求教师备课时充分考虑学生数学学习特点，以人为本，因材施教，注重生活化，这就需要教师在钻研课本的前提下合理借助信息技术，利用网络资源进行备课，为课堂教学打下坚实基础，丰富课堂内容。信息技术与数学教学的融合既是时代发展不可抗拒的趋势，也是培养学生数学核心素养的必要技术。信息技术在数学课堂中的广泛使用，改变了传统数学的教学模式。信息技术使抽象内容可视化，使概念教学变得容易，数学思想更易被理解和接受。为使信息技术更好地服务于数学课堂教学，学者、教授及一线教师对此进行了很多研究，主要集中在其内涵解读、课程研究、整合实践等方面。信息技术在课堂教学中的应用有效地提高了课堂教学效率，促进学生学习积极性。王露、陈咸存、张洁、苏冬雪等借助几何画板，进行实例分析，深入解读教育软件的实际应用意义。

基于建构主义学习理论，教师不只是知识的传播者，更应该引领学生探索知识，并在探索过程中相互讨论、质疑。本文结合教学案例探讨信息技术如何助力初中数学课堂教学。

二、信息技术推动课堂导入

柏拉图说："良好的开端是成功的一半。"巧妙的课堂导入能引起学生的注意、激发学生的学习兴趣、唤醒学生的求知欲、引导学生的思维和方向。教师可以借助多媒体设备展示图片、图表、视频、快闪等，增加课堂趣味性，引起学生注意，同时让学生明确这节课要讲的内容。

例如，在教学"有理数的乘方"这节课时，教师通过播放动漫视频《国际象棋盘上的米粒》，让学生感悟古希腊伟大数学家阿基米德的超群智慧的同时，体会数学来源于生活；引发学生思考如何简洁地表示每个方格中的米粒个数，引发认知偏差的疑问，激发学生的好奇心和求知欲。

三、信息技术辅助理解概念

初中生抽象逻辑思维正处于由"经验型"向"理论型"转化，即初中生下定义是依据具体事物形象，离开形象就很难概括出事物的本质特点。数学学科的显著特点就是抽象性，因此学生在理解一些数学概念时比较困难。信息技术的发展使数学对象可视化，可操作，触及学生视觉，加强学生的直观能力，辅助学生理解。

下面通过一个例子来具体阐述：

"一次函数的图象"的学习。在传统教学中，教师通常给出两个具体的一次函数，让学生通过描几个点的方式在草稿本上画出函数图象，感受一次函数的图象是一条直线。在理解 k 和 b 的意义、函数性质以及两个函数的关系时，也是用几个具体一次函数进行说明。这种处理方式过于特殊，学生只能被动接受这个结论，不能从根本上理解一次函数的概念。借助几何画板，笔者可以描更多点来说明一次函数的图象特征，如图 1：笔者取 50 个以 $y=-2x+1$ 的解为坐标的点，绘制在同一直角坐标系中，学生直观感受到一次函数 $y=-2x+1$ 的图象是一条直线，相较于"五点"更有说服力。

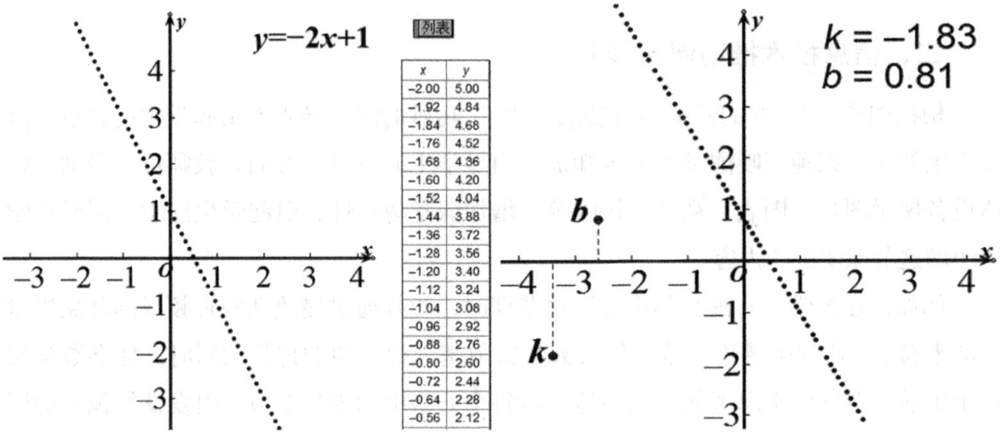

x	y
−2.00	5.00
−1.92	4.84
−1.84	4.68
−1.76	4.52
−1.68	4.36
−1.60	4.20
−1.52	4.04
−1.44	3.88
−1.36	3.72
−1.28	3.56
−1.20	3.40
−1.12	3.24
−1.04	3.08
−0.96	2.92
−0.88	2.76
−0.80	2.60
−0.72	2.44
−0.64	2.28
−0.56	2.12

图1　$y=-2x+1$ 图象图

笔者任意改变 k 和 b 两个参数的取值，所描点的连线依旧是一条直线。为探究一次函数的性质，笔者控制值 b 不变，改变 k 值，使 k 值可正可负。在这个过程中，学生可以清楚地观察到 k 值影响一次函数图象的增减性和倾斜程度，如图 2 和图 3：$k>0$ 时，y 随 x 的增大而增大，$k<0$ 时，y 随 x 的增大而减小，$|k|$ 越大，y 变化越快。追问：这些一次函数与 y 轴交点是否发生变化，交点坐标是什么？引导学生思考 b 的几何意义。

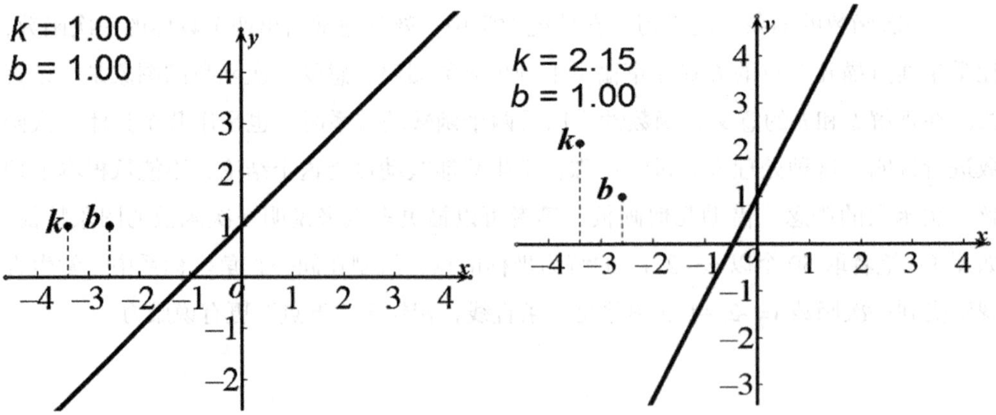

图2　$k>0$ 时函数图象图

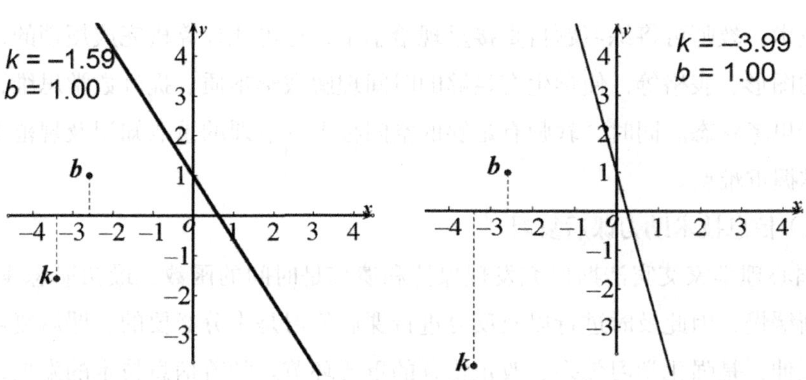

图3　$k<0$ 时函数图象图

为进一步探究 b 的几何意义，笔者改变 b 值，学生更直观地感受到 b 值为一次函数图象与 y 轴交点纵坐标，如图4。

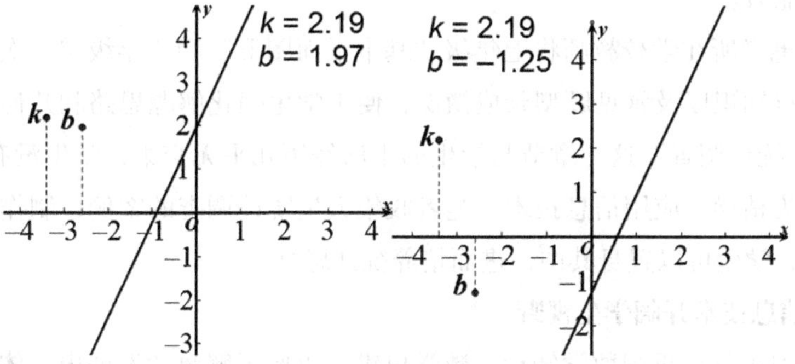

图4　b 取不同值时函数图象图

通过这样的教学设计，让学生理解 k 和 b 对函数图象及其增减性、特殊点的影响。这些知识的获得都是学生自己在学习过程中发现的，课堂上生成的，学生的学习方式从以前的被动接受转变为主动探索，更符合学生学习的特点。学生的学习过程发生了变化，必然导致学生对数学概念及其本质的认识过程、理解程度发生变化，畏难情绪也会有一定程度的克服，这就增强了学生学习数学的自信心，也激发了学生学习的主动性。

四、信息技术助力课堂教学

（一）信息技术提升课堂效率

传统教学中，教师需要板书习题、表格、图象等，传递速度慢，课堂容易小。借助信息技术，教师可将练习题目直接呈现给学生，也可让计算机完成烦琐的计算，绘制复杂的图形、表格等，使学生有足够的时间理解数学本质、提升数学思维，使学生一直处于思考状态。同时，教师有足够的空间板书一节课的重点知识及规范书写，便于学生掌握重难点。

（二）信息技术助力课后复习

德国心理学家艾宾浩斯研究发现保持和遗忘是时间的函数，最初遗忘速度很快，以后逐渐缓慢，因此及时进行以及反复进行课后复习是十分必要的。课后复习是课堂教学的延伸，是强化学习效果、改正错题的重要环节。随着信息技术的发展，教师更倾向于制作微课辅助课后教学。微课特点在于小而精悍，聚焦一个知识点，一种解题方法，方便学生复习巩固，强化薄弱知识点，锻炼自主学习能力，有效降低知识遗忘率。教师也可以将一些有难度的知识录成微课，供学有余力的学生课下学习，提升学生数学学科能力。

比如，笔者所在学校教师将七年级“基本平面图形”和八年级“一次函数”这两个章节的重点知识以及常见题型录成微课，便于学生强化解题思路和几何语言规范书写。比如，“统计调查”这一章节与学生的生活经历几乎无交集，学生没有生活体验，学习起来较为枯燥。应用信息技术，笔者收集大量统计调查的案例，制作成微课视频展示给学生，学生可以置身其中，进而培养统计思维。

（三）信息技术开阔学生视野

数学学习不仅要重视数学知识、数学思维，更要了解数学发展史，体会数学在人类发展历史中的作用与价值。在教材中，很多章节后都设置有读一读环节以拓展学生视野，但这个依旧有限。学生可以自主利用信息技术，通过网络、图书、多媒体等多种途经查阅资料，开阔视野、丰富知识面。

以“勾股定理”的学习为例：学习勾股定理前，笔者让学生自主查阅资料，了解勾股定理的由来以及证明方式，并在课堂上与其他同学分享。学生从勾股定理的提出者、记载古书（《周髀算经》《九章算术》《几何原本》）以及 500 多种证明方法进行阐述。学生对勾股定理的具体内容及在生活中的应用有了详细了解，学习过程也比较轻松。同时，他们的分享也让笔者感受到他们对我国古代数学文化的赞赏及浓浓的民族自豪感。

五、总结与展望

数学课堂永远是数学教育主阵地，信息技术的发展将数学语言、符号、图形、动画、隐蔽的几何关系具象地呈现在学生眼前，为突破数学抽象所造成的学习困难创造条件。融合信息技术的数学课堂教学能教会学生思考，增强学生数学技能的发展，促进学生学会数学地思考问题，并能将所学知识应用于生活实际，促使学生全面发展。但是现在教师多运用信息技术辅助课堂教学，如何更好地利用信息技术精准评价学生，让教师及时明确每个学生的薄弱点，真正将信息技术融合在数学课堂中，对一线教师来说仍是一个值得探索的问题。

参考文献

［1］中华人民共和国教育部．义务教育数学课程标准（2022 年版）［M］．北京：北京师范大学出版社，2022.

［2］章建跃．数学·信息技术·数学教学［J］．课程·教材·教法，2012（12）：62-66.

［3］周晓辉，唐恒钧．信息技术与数学课程整合研究的现状与展望［J］．中学教研（数学），2019（8）：26-29.

［4］曹志峰．信息技术背景下课堂教学功能的重构研究［J］．教学与管理，2020（7）：111-114.

［5］王露．例谈几何画板轨迹功能求解初中数学问题［J］．教育现代化，2019（31）：170-172.

［6］陈咸存．用几何画板探究一动态三角形的重心［J］．宁波教育学院学报，2019（1）：132-133.

［7］张洁，苏冬雪．建构智能课堂以“几何画板”聚焦“二次函数”图象问题［J］．教育教学论坛，2020（51）：316-319.

作者简介

黄宁宁：西安市铁一中分校教师，中学二级教师。

朱改玲：西安市铁一中分校教师，中学高级教师。

浅析小学数学教学中信息技术手段的有效运用

沈阳市皇姑区宁山路小学　王恩亮　吕　涛　陈　光　孙　婕

【摘　要】网络化背景下，现代教育与信息技术有着十分密切的关系。文章以电子白板、网络画板、智慧平板、微课为例，探讨现代化信息技术手段在小学数学教学中的具体运用。作为小学数学教师，不仅需要与时俱进，充分认识到信息技术手段在小学数学教学中的重要作用，还要深入挖掘功能，不断创新教学模式，让信息技术手段为小学数学课堂高效服务。

【关键词】小学数学；信息技术；有效运用

一、引言

数学是一门实用性比较突出的学科，很多知识点都与我们的日常生活息息相关。小学数学教师在教学的过程中要注重学生基础知识的积累和基本技能的形成，同时也要培养学生学习数学的兴趣。要实现这样的教学目标，可以辅之以必要的信息技术手段，如电子白板、网络画板、智慧平板、微课、云平台等，实现信息技术和现代教育的有机融合，使数学教学形式得以优化，提高课堂效率。

二、小学数学教学中信息技术手段的重要性

从教育改革的着眼点看，用新思维、新理念、新方式促进教育发展是当下教育改革的一大重点，实现信息技术手段与小学数学的有机融合，是促进小学数学课堂改革、提高课堂效率的关键所在。

（一）有利于在课前创设情境、激发兴趣

小学阶段的学生，尤其是低年段学生，集中注意力的时长相对较短，且注意力很容易被分散。教师可以将数学知识与信息技术做一个巧妙融合，借助信息技术的强大功能，打造趣味课堂，营造轻松、快乐的学习氛围。如在学习“分数的基本性质”这

一内容时，可以在课前借助动画呈现《猴王分饼》的故事：猴王给 4 只小猴子分一张饼，第 1 只猴子分到 1 块饼，第 2 只猴子说要 2 块，猴王分给它 2 块，第 3 只猴子说要 3 块，猴王分给它 3 块，第 4 只猴子说要 4 块，猴王分给它 4 块，一张饼还是平均分给了 4 只猴子，你知道猴王是怎样分的吗？通过播放这样一个故事，不但激发学生求知、探索的欲望，也会促使学生们主动参与到课堂中，提高课堂效率。

（二）有利于在课中将抽象的知识具体化

数学知识具有抽象性和逻辑性，在小学数学阶段的几何部分，若学生的空间思维能力相对薄弱，则对于这一部分内容的理解就会显得相对吃力。对于一些数学公式，如果用死记硬背的方式进行记忆，不利于学生知识的灵活运用和思维能力的发展。例如，在教学“圆的面积”这一内容时，就可以借助信息技术手段，通过动态“割补”，让学生真正理解公式的由来。把一个圆平均分成若干份，可以拼成一个近似的长方形。从图 1 中可以看出这个圆的半径是 r，长方形的宽约等于圆的半径，长约等于圆周长的一半，长方形的面积等于长 × 宽，所以圆的面积就等于 $\pi r \times r = \pi r^2$。借助动态割补的演示过程，学生可以清晰明了地看懂长方形的长是圆周长的一半，从而轻松突破教学难点。

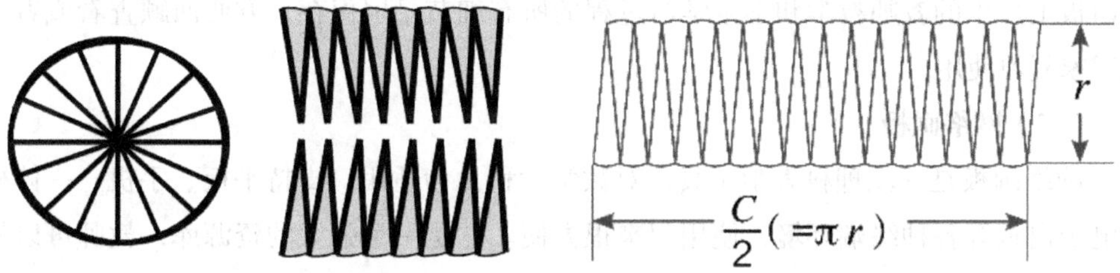

图 1　圆“割补”图

（三）有利于在课后设计灵活多样的作业

“双减”政策下，如何减轻学生的作业负担是一个重要问题。教师可以借助信息技术手段，灵活作业形式，利用一些趣味性的小学作业软件，让小学生置身于一种轻松、乐学的氛围中，激发学生主动学习的愿望。如作业盒子，学生可以通过教师下达的任务清单进行口算练习，系统会对每个学生提交的作业进行智能统计及学情分析，具体到每个选项选择的学生姓名，有利于教师有针对性地教学。有了学生的作业数据，作业盒子能准确描绘学生的知识图谱和能力模型，让教师以及家长更细致了解学生知识的掌握情况。软件还设置答题闯关、PK 等互动形式，让学生在游戏、竞赛的形式下积极主动地完成练习，符合小学阶段学生的学习心理，让整个学习过程更具趣味性。

三、小学数学教学中信息技术手段的具体运用

合理运用信息技术手段，将数学内容与信息技术巧妙融合，可以对小学数学教学起到推动的作用。下面，具体分析四种信息技术手段在小学数学教学过程中的运用。

（一）电子白板

电子白板又叫电子交互白板，是把传统的黑板、投影仪、电脑、展示台等许多功能集于一体的设备，使用起来方便灵活，使用方法简单易学，在一线小学数学教师中推广率和使用率都非常高，有效提高课堂的教学效率。电子白板在数学教学中的显著优势有以下几点：第一，书写优势，在电子白板上可以自由书写，有不同颜色、线条粗细的选择，方便对重点内容进行注释、批注，还可以直接点击板擦进行全擦或者圈擦。第二，绘图优势，通过智能画笔可以画出各种标准、漂亮的图形，省时省力，颜色不枯燥，让课堂变得有吸引力。第三，工具优势，有量角器、探照灯、闪烁、放大、拖曳、旋转、遮罩等常用数学工具，还可以对书写、标注的内容进行单页保存，对白板上发生的教师教学和学生学习过程的所有细节录屏保存，方便回顾查看或者学生回家复习使用。

（二）网络画板

网络画板是一款理科教学工具，对数学学科尤为适用，支持平板、手机、一体机和电子白板等各种终端环境，使用起来很方便。它是一个强大的资源库，教师可以根据自己的需求、设想创造实现自己理想效果的教学课件。例如，在教学“数的认识”这一内容时，可以借助网络画板，从一个小立方体逐步搭建一个大的立方体模型，帮助学生更好地体会相邻计数单位之间的十进制关系。在实际的课堂教学中，我们不可能现场操作 100 个小立方体，这么大的计数单位，学生在实际生活中也很少有机会接触到。如图 2，让学生在动手操作中真实感知相邻计数单位的关系，利用边长为 1 厘米的小立方体，10 个可以立成一个长方体条；十个十个地数，10 个长方体条可以搭建成一面正方体墙，这面正方体墙的数量为 100；一百一百地数，用 10 面正方体墙则可以搭建成数量为 1000 的立方体模型。学生在搭建的过程，就是理解十进制计数法的过程，学生的数感在潜移默化中也得到了加强。

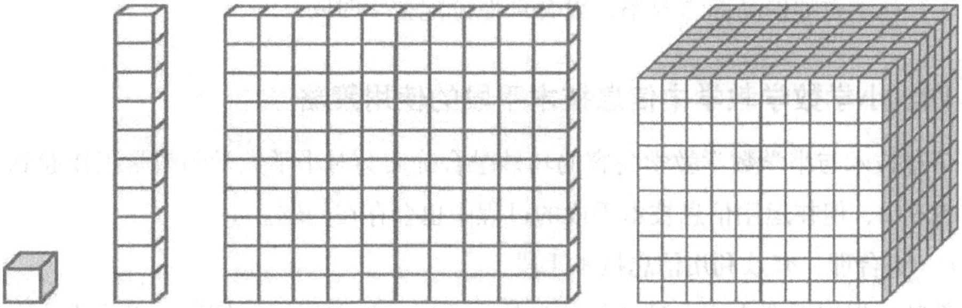

图 2　立方体模型图

（三）智慧平板

随着人工智能时代的到来，基于“互联网 +”的信息化课堂教学服务平台诞生了，教师使用智慧平板电脑进行教学，学生也运用智慧平板电脑进行线上学习，在评价反馈、交流互动、资源推送等方面实现了数据化、智能化、多样化，不仅培养了学生自主学习的意识，还能提高学生学习的能力。例如在教学“看一看”这部分内容时，通过智慧平板可以这样分层设置练习题：第一题，基础判断题，观察图形，从正面看到的形状一样吗？可以在平板上采用抢答的方法，既有新鲜感又公平公正。也可以设置为选择题，后台直接显示正确率，根据结果教师进行适当的讲解。第二题，搭一搭，要求学生先按要求用正方体摆一摆，然后拍照上传结果，教师在屏幕上可以时刻关注学生们的完成情况，先提交的学生可以查阅其他同学的作业，教师可以随机抽取 2~4 份作业进行讲解、对比、评价，激发学生学习的热情。第三题，画一画，观察图形，把从上面、左面看到的形状画在方格纸上，结果展示在屏幕上，师生一起检查，为完成好的同学投票，给予“你真棒”的表扬，并进行评价积分的积累。

（四）微课

微课是布置课前预习、前置性作业非常高效的信息技术手段，其明显的优势是突破时间、地域的限制，教师通过录制教学视频，引导学生自主学习，辅助学生探索新知，为课堂学习做准备。如在教学“认识钟表”这部分内容时，为了让学生更好地理解“1 时 =60 分”的结论，教师可以录制一个微课视频，先引导学生观察钟表，发现在钟面上一共有 12 个大格、60 个小格。时针走一大格为 1 时，此时分针恰好走一圈 60 个小格，所以推出 1 时 =60 分的结论。然后，可以要求学生动手拨一下钟表的时针和分针，拨动分针转动一圈，观察时针的变化。通过这个课前微课的层层引导，学生在动手操作中对 1 时 =60 分的结论有一个初步了解，这比学生自己看书预习的效果好，还有利于教师提高课堂效率，更合理地分配教学时间。

四、小学数学教学中信息技术手段的使用策略

信息技术与小学数学教学内容的巧妙融合确实会对小学数学的教学工作起到事半功倍的效果，但在运用信息技术手段的过程中也会存在问题。

（一）合理、有效利用信息技术手段

教师要根据授课内容合理选择信息技术手段，把握好运用信息技术手段的度，切实做到提高课堂效率。首先，对于一些内容并不复杂，学生只要稍动脑筋就可以得到答案的问题，教师没有必要通过多媒体制作效果进行呈现。其次，在使用信息技术手段的过程中，要注意教师与学生的良好互动，避免出现多媒体的单纯播放，忽视了师生之间的情感交流。最后，应合理控制使用时间，长时间观看电子屏幕不利于学生视力的健康发展。

（二）深度挖掘信息技术手段的功能

在小学数学的教学中，教师要在教学过程中不断挖掘、学习深层次的信息技术手段，具备一定的钻研精神。以网络画板为例，教师不能仅仅停留在网络画板的动态展现上，利用它认识图形、证明几何关系、动态旋转等操作上，应当不断更新理念，利用它创作特色、新颖的教学课件，真正做到服务于教师，为教师所用。

五、总结与展望

总的来说，信息技术手段与小学数学教学的深度融合，可以有效拓宽学生思路，激发学生学习兴趣，提高课堂效率。当然，在运用的过程中要合理控制使用时间、不要把信息技术手段“满堂灌”。作为小学数学教师，要不断学习前沿的信息技术手段，取其优势为自己的数学教学服务，有效运用信息技术手段促进教学工作，不断创新教学理念和模式，从而提高学生分析问题、解决问题的能力。

参考文献

[1] 王淑艳．浅谈如何利用信息技术手段辅助小学数学教学[J]．考试周刊，2021（60）：85-86.

[2] 褚燕青．如何利用信息技术手段打造小学数学高效课堂[J]．学周刊，2017（8）：68.

［3］王林山．信息技术与小学数学教学深度融合思考［J］．数理化学习（教研版），2020（10）：63-64.

［4］陆兴华，李兴贵，尧刚，等．互联网＋动态数学——网络画板推进数学变革［M］．长沙：湖南教育出版社，2019.

［5］冯青青．小学数学教学中信息技术手段的应用研究［J］．当代家庭教育，2020（15）：123.

作者简介

王恩亮：沈阳市皇姑区宁山路小学校长，高级教师。

吕涛：沈阳市皇姑区宁山路小学信息主任，一级教师。

陈光：沈阳市皇姑区宁山路小学教学主任，一级教师。

孙婕：沈阳市皇姑区宁山路小学数学教师，二级教师。

信息技术应用在小学数学教学中的重要性

西安市长安区美林小学　郭　妙

【摘　要】为了使小学数学课堂不再单调、乏味，小学数学教学要以发展学生学科核心素养为导向，创设合适的教学情境，启发学生思考，让学生成为课堂的主导，引导学生把握数学内容的本质。随着新课程改革的不断深入，教师应该使数学教学越来越接近生活，新课程标准明确指出信息技术的广泛应用正在对数学教育产生深刻影响。在数学教学中，信息技术是学生学习和教师教学的重要辅助手段，教师应注重信息技术与数学课程的深度融合，实现传统教学手段难以达到的效果。在小学数学教学中，教师一定要摆脱教材的限制，更多地从实际生活出发，采用生活实例开展教学。提高课堂教学效果，实现传统教学手段难以达到的效果。

【关键词】信息技术；小学数学；教学情境；激发兴趣

一、引言

《义务教育数学课程标准（2011 年版）》指出教师应该使教学越来越多地接近生活，要从学生已有的生活经验出发来开展教学。小学生受年龄、性格等的影响，在教学中他们不能完全地集中注意力，因此，教师要不断拓宽教学形式，以丰富多彩的形式来吸引学生的注意力，而信息技术就是很好的、改变教学形式的工具。教师应用现代化的网络信息技术手段来开展教学，能够调动小学生的学习积极性和主动性。在“互联网 +”时代，信息技术的广泛应用正在对数学教育产生深刻影响。在数学教学中，信息技术是学生学习和教师教学的重要辅助手段，为师生交流、生生交流、人机交流搭建了平台，为学习和教学提供了丰富的资源。

二、用游戏活动来展示教学内容

小学生由于年龄小，抽象思维能力弱，具体形象思维占优势，所以，根据这一特点，在小学数学教学中，用创设情境的教学方法，能更大地调动学生学习的积极性，使他们变得喜学，乐学。在上课的时候，教师要适当地组织一些游戏活动。游戏不仅能增加孩子们的学习兴趣，还能调动孩子们的学习积极性。通过这些游戏证明了适当的游戏教育对教学有很大的帮助。例如在小学一年级数学上册中学习数字“6”的时候，可以安排6名学生玩抢5个椅子的游戏。其他同学唱歌，6名学生围着5个椅子转圈，当歌声结束时，让他们去抢座位，看看谁先抢到座位。通过这个游戏让学生了解“6比5多1”，还知道了“5比6少1”。通过这个游戏既能复习以前学过的数字“5”，又能启发学生对新课的爱好，一举两得。

（一）创造生活情境，使学生了解数学

生活中时时都会用到数学，要想让学生学好数学这门课程，就应从学生感兴趣和熟悉的生活情境出发，让他们从实际生活当中去了解数学，感受到数学就在身边，从而体会到学习数学的乐趣。所以，我们要把数学教学中的问题与现实生活结合起来，从实际的生活经验出发，去创造生动而有趣的学习环境，从而感知学习数学的价值性。

（二）创设故事情境，给学生想象的空间

低年级的学生都爱听故事，在教学中我们可以用故事的形式把数学问题描绘出来，从而引起学生的学习兴趣。所以我们要根据儿童的心理特征，把书本上的知识和现实生活结合起来，编成故事，这样就可以激发学生的学习兴趣，从而达到好的教学效果。

（三）创造活动环境，培养想象力

儿童的思维是从动手开始的，切断活动与思维的联系，思维就不能得到发展。教学中，把问题活动情境化，就是让学生亲自到问题情境中去，在听、说、看、想、做的过程中增长知识，提高能力。在小学一年级数学上册中，教学“认识物体”这一课时，教师要按学生的特征，来组织学生交流合作，让学生学会自己去动手搭建积木，在游戏中感知物体形状的不同。并鼓励学生亲自动手去摸一摸，体会一下物体的特征。在游戏结束后，让学生自己说一说观察到的物体形状的特点。让学生们通过各种游戏来学习数学，去理解数学题，学生就会越来越对数学学习充满兴趣。

三、应用网络信息技术创新教学形式

在新课程改革的背景下，学生的学习方式应该摆脱单一、被动等缺点，而是在创新的学习方式下不断获取新的知识。在现代化网络信息环境下，教师的教学应该具有开放性，比如在二年级下册教学“有余数的除法”时，就可以先给学生们安排课堂练习，且在练习中学生们务必保证计算结果的正确性，在课堂上，教师就可以利用网络信息技术，将不同的解题过程呈现在学生面前，让学生能够学习各种各样的解题方式，这样在以后遇到此类问题的时候，就可以做到举一反三。这样做，既有利于加深学生对知识点的理解，也可以实现真正意义上的分层教学及个性化教学。在小学数学教学中应用网络信息技术，能最大限度地激发学生的兴趣，提高教学效率，使学生从被动地接受知识转变到主动地获取中。

（一）利用信息技术优化教学内容

小学数学教学，要以贴近生活、符合学生认知为基础，利用学生感兴趣的内容来开展教学。比如二年级下册，在统计知识方面，教材安排让学生先经历简单的数据收集和整理过程，学习简单的数据收集和整理的方法。然后又根据学生所学习的数学知识和生活经验，安排了一个综合与实践主题活动“小小设计师”，让学生通过小组合作的探究操作活动，综合运用数学知识解决问题，体会探索的乐趣和数学的实际应用，感受用数学的愉悦，培养学生的数学意识和实践能力。

（二）应用信息技术，拓宽教学形式

数感是人的数学素养的基本内涵之一。加强数感的培养，是数与运算教学领域的一个重要理念。因此，将数感作为数学教育的核心概念，使学生形成良好的数感应是数学教学的一个重要目标。因此，在小学数学教材的编排中不仅为学生提供了丰富的建立数感的学习素材，使他们在数学学习的过程中形成良好的数感，还安排了有助于学生理解的更多的生活实例，把这些内容用课件的形式展示出来，让学生在现实背景下，感受和体验数的含义。这样做能使他们更具体、更准确地理解万以内的数的意义。再通过课件提供丰富的练习形式，让学生感受并体验较大的数，比如用电脑课件出示 1000 个小方格，让学生数出 368 个小方格，通过生活中的以一、十、百为单位的事物，帮助学生直观认识数的结构。还比如，用肉眼能看到的星星大约有 7000 颗，广场上有 208 只鸽子等等，让学生结合现实素材感受这些较大数的含义。

利用网络信息技术教学，为课堂提供了很大的方便，可以大大节省课堂时间，这样就可以为学生留下更充分的时间去进行练习和思考，加大课堂教学内容的实用性，提高教学效果。比如在小学二年级的利用乘法口诀求积和求商的学习中就可以用多媒体课件来展示更多的练习题，并且能随时判断出答案的正确性。还可以先设定时间，超时电脑会自动出示答案，这样能激发学生的学习兴趣，提高他们练习的速度，也能减轻学生的负担，提高他们课后练习的积极性。让学生在愉快中学到知识，在愉快的氛围中得到锻炼，在兴趣中学到本领，提高教学的方向性。也能为教师及时提供对学生的评价和反映学生信息，增强教学的时效性。

（三）应用信息技术创新

小学数学教学中应用网络信息技术开展教学势在必行，教师们应高度重视网络信息技术对学习内容及方式的影响，在教学中应用网络信息技术，能在最大限度上激发学生的学习兴趣，提高教学效率。教师要不断引导，积极培养小学生通过网络信息技术来进行自主探究，提高获取知识的能力。现在的学生基本上都懂得通过网络技术去获取知识，了解相关资料，网络成为学生学习的重要途径之一。在数学教学方面，学生可以通过网络去搜集有关数学课堂教学的内容，搜集数学课堂教学的手段，从而为课堂学习奠定良好的根基，营造浓厚的学习氛围。

四、总结与展望

培养学生数学学科核心素养，引导学生把握数学内容的本质是我们数学教师不懈的追求与使命。信息技术的应用可以改变传统小学数学的教学方式及练习形式。并且在学习过程中，利用信息技术可以及时评价学生学习的过程，有利于学生更好地认识自己的学习效率。因此，要充分利用信息技术的评价方式，更加有效地促进自主合作，探究学习方式的落实。便于学生发散创新思维，发挥直观想象能力，探索数学知识；便于教师改进优化教学方式，提高教学效果；便于教师引导学生感悟数学的魅力；便于教师突破教学重难点，实现传统教学手段难以达到的效果。因此，网络信息技术的应用，是新时代新技术背景下的教学实践活动，有利于促进新课程改革，有利于转变传统教学方式，有利于培养学生核心素养，有利于帮助学生更好地掌握数学知识。

参考文献

［1］中华人民共和国教育部．义务教育数学课程标准（2011 年版）［M］．北京：北京师范大学出版社，2012.

［2］张海琴．数学教学中的多媒体技术［J］．科技资讯，2005（27）．

［3］刘会东．信息技术辅助数学教学的几点思考［J］．中国科教创新导刊，2010（25）．

作者简介

郭妙：西安市长安区美林小学数学教师，二级教师。

一波三折的数学课堂教学模式

——信息技术与高中数学课堂教学融合的一些思考

上海市金汇高级中学　陈　华

【摘　要】随着现代科技的发展和教育改革的进一步推进，信息技术已经深入教育实践中，各种软件、平台参与教学。但课堂应该采用怎样的模式，如何用好现代技术，使它为提高教学效果提供正面影响，需要进一步研究。因此我结合网络教学和电子书包课堂研究的经验，展开了一些实践和思考，总结出了“一波三折”的课堂教学经验。通过实际教学和与学生交流，发现这样的教学模式改变了教师讲得太多、活动枯燥无味的教学问题，改变了学生不爱参与、被动学习的学习情况，有利于提高课堂效率，提高学生的学习兴趣，培养数学学科素养。

【关键词】信息技术；数学课堂教学；电子书包

一、引言

《普通高中数学课程标准（2017年版）》提出基本理念之一就是“注重信息技术与数学课程的深度融合，提高教学的实效性”。并在理念、教学建议、教学评价、教材编写等方面提出了具体的建议，把数学学科核心素养放在了一个更加突出的位置。

2020年，随着一场新冠肺炎疫情的暴发，我国各地开展了“停课不停学”的网络线上教学活动。在这次大规模的网课实践中，积累了不少宝贵的经验和教训。为了继续延续网络教学的优势，结合线下教学经验，教育界开展了一系列混合式教学的研究和实践。我国的“后网络教育”时代已经正式到来，它为信息技术与数学课程整合的发展提供了指导和契机，同时也对教学和管理提出了新的挑战。

在课堂教学当中，采用怎样的模式提高信息技术促进教学的效果，已经成为重要的研究课题。

因此，我结合网络教学和电子书包课堂研究的经验，总结出了“一波三折”的课堂教学形式。相信这能为信息技术在数学学科中的应用研究提供参考和借鉴，也能为信息技术与其他学科的融合和发展提供依据。

二、“一波三折”的课堂教学模式及其应用价值

一个好的故事之所以吸引人，往往有丰富的内容、曲折的情节、能与读者共鸣的表达。所以我的“一波三折”的课堂教学形式，希望围绕知识重难点，经过“波折”的情节，通过及时有效的互动手段，吸引学生的注意和兴趣。

其中“一波”是指课堂以一波问题引入，问题贯穿活动，波及全班同学。同时也是一波信息技术与课堂教学相结合的过程，课前、课中以及课后都需要利用信息技术进行微视频制作、测试统计、图像研究、拍照交流、学习反馈等。

“三折”是指经历的三个阶段：知识理解、经验形成和能力转化。包含了三次教与学反馈互动活动：“一折”——通过统计课前测试结果，反映学生学习基础，找出学习中的不足，确定教学重难点；“二折”——通过展示课堂讨论过程，反映学生学习的思维深度，给师生交流、生生交流搭建平台，最终归纳思想方法；“三折”——通过课后测试或作品展示，反馈学习效果，及时进行课堂纠错，合理进行教学评价。

（一）代入式学习，问题引导，多方位呈现

网络教学中我发现，信息技术融入教学突破了传统教学在时间、空间上的限制，学生可以通过丰富的网络资料进行自习，许多艰涩难懂的学习内容变为可视可听的动画视频，用学生喜闻乐见的方式吸引了眼球，降低了理解的难度，更大大激发了学习兴趣。

但有的视频虽然精彩，可学生如果没有带入思考，参与其中的话，永远都是纸上谈兵，不会吸收和消化。《课堂研究》中提出课堂的学习成为一种“文化实践的参与”，是一种“对话性实践”。而且教学方法的选取要注重学生参与和信息技术有效应用。所以学习最重要的是能不能转化为自己的东西，这就需要有参与。

于是，课堂的第“一波”就要在激发学习热情的同时，让学生进入课堂成为主角。

一般在上课前，我会进行 2 分钟左右的相关视频介绍。新授课时，介绍这节课的知识点、数学史和相应的生活应用等等。复习课时，则是回顾这部分知识的重难点。探究课时，尤其是数学建模课时，则是通过视频引入实际问题。这些资料网上很多，由学生轮流查找，在上课前播放，就像是新片预告，让同学们有所期待。有些内容实

在没找到恰当的视频，轮到的学生就自己制作，被迫进行了预习和自学，有时还提出了自己的学习困惑。这部分虽然不在40分钟内但却能代入学习，培养学生预习的习惯、自学的能力，激发学习兴趣。

为了让所有同学都尽快代入课堂，我在课堂的前5分钟利用电子书包平台发放事先挑选好的简单测试题，全体学生在平板电脑上作答并提交，每个人的注意力得到快速集中，直奔主题。

然后利用平台上及时形成的统计数据，我得知各题得分率以及正确学生与错误学生的名单。接着按正确率确定讲题重点，对正确率较高的题略讲，对正确率较低的题目重点讲解，请答对的同学或答错的同学谈谈怎么思考的。因为这些题目自己思考过，学生更愿意表达。同时反映出了学生基础，找出了学习的不足，进行了针对易错易混题型的讲解。有时会遭到质疑或找到不同的解题方法，师生可以互相提问或补充，而且接下来的知识推导就会更受学生重视。

这样利用信息技术的先进展示手段，人手一台平板电脑或手机，进行时时传播和反馈，有效扩大了参与面，全员被带入参与课堂。问题的引入直接、自然、吸引人，哪些问题要详解，哪些问题已基本掌握，都有实际数据支持。这样以大部分的学生的学习需求作为主导，由他们来确定学的方向，也体现了学生的主体地位。

（二）教与学混合，注重过程，促进经验形成

以往的教学当中，往往是把“教”与“学”分割开来，不论“先教后学”还是“先学后教”都更注重教的方面是否条理清晰、层次有序。但在网课教学中，我发现有的学生自学能力强，掌握水平高一些，而有的同学基础弱，需要更多的时间或反复学习来理解。课上抛出的问题一部分学生已经不需要教师讲解就能解答，而有的却毫无头绪，所以经常顾此失彼，无法面面俱到地考虑到每一位同学。那为何不在教学中充分进行教与学的混合？

所以，我将“第一折”测试的部分题目改编成题组，通过层层递进的问题串提高思维难度，请同学们以小组为单位进行讨论求解，最终归纳解题方法和思想。这就是课堂的“第二折”。题组由前面的测试题改编，有前面知识点讲解为铺垫，让每个学生感觉熟悉不难入手。

在这过程中，我和学生都可以在电子书包平台上，利用作图软件（几何画板、GeoGebra等）展示动图变化，用拍照上传功能进行解题书写和自编题的交流与分享。同学们体验从具体到一般的研究问题的过程，有利于学会分解困难，挑战自我，积累学习经验。

美国著名哲学家、教育家杜威主张“以经验为中心”，认为一切学习和思维都始于经验，经验是发现活动和发生结果之间的联系，“从做中学”正是这一观点的体现。所以在这活动中，我尽可能多地展现知识和经验的形成过程，有思维层次上的提高，更有从具体到一般再到实际的探究过程，在过程中尽可能让学生进行“教”与“学”的转换，也是重在让学习者亲身经历和体验，促成深度学习的实现。让做对的学生和做错的同学谈谈思路和方法，互相辅助完善学习，让他们一边“学”的时候也一边“教”。这样小组讨论中也尽可能一题多解开拓思路，让不同的学习方法进行交流，让他们在交流中一边“教”的时候也一边“学”，最后达到学以致用。

（三）及时巩固和反馈，提高能力转化，进行综合评价

最后 10 分钟的展示和测试，就是课堂“第三折”。课后展示中让学生代表进行总结，用电子书包平台展示作品库。而 8 分钟的巩固测试，更是及时掌握教学效果和学习情况，进行课堂纠错，为下一步教学和学习的评价提供数据依据。有时我也会发布一些有难度的课后思考题，学生可以用信息技术录制解题视频，并进行分享。经过一段时间的学习，学生们对于信息技术的使用更加熟练，也学会使用一些数学专业软件（例如几何画板、GeoGebra、图形计算器等），制作小视频的能力也不断提高。这也不失为综合素质的发展和提升。

因此，我参考了教学基本要求，将各环节参与的情况加入综合评价（综合评价 = 参与度评价 + 测试评价 + 小组评价 + 课后展示评价），其中测试评价的比例仅占 50%，小组评价中既有个体的思考也有群体的合作精神的考查，由组员共同评分。课堂中上传的照片，课后自制的解题视频成为宝贵的材料留在作品集，教师可以及时进行加分评价，也鼓舞同学们不断探索，会产生更深的思考和创新。我相信给予积极评价，才能培养出“不气馁，勇于思考探索；不跟风，善于理性判断；敢表现，努力创新创造”的思维品质，相信这也将促进学生学习能力和数学素养的提高。

在“一波三折”的教学模式中，达到的三个思维过程：1. 课前自测寻找不足，促进学生问“为什么”，激励学生质疑，引发学习兴趣；2. 课中题组探究中，学生在教师的启发下或在小组合作下找到“怎么做”，学会解疑，提高逻辑思考；3. 课后展示测试中达到“我会做”，促进培养归因和“举一反三”的思维能力。虽然不同的同学思维水平会达到不同的层次，但经历了这堂课，有了从“为什么”到“怎么做”到最后“我会做”的过程，充分参与课堂，参与互动，有输入也有输出，有提出问题也有解决问题，参与合作与竞争，学会思考，有自己的感触，懂得总结过程，归纳经验。有这样的收获何尝不是一种优秀的表现？综合的评价，重在态度和过程，而不仅看重分数结果，将有利于保护和促进学生的学习兴趣，有利于培养学生数学核心素养，发挥出数学学科的育人价值。

三、总结与展望

“一波三折”的数学课堂教学形式将信息技术与课堂教学相融合，让信息技术为课堂教学提供更高效便捷的服务，进行多感官的交流和及时互动，激发学生主动学习的热情，注重学情，加强知识理解、促进经验形成、提高能力转化，真正做到技术为教学服务，促进教与学的发展。当然要达到这样的效果，教师要积累经验，精心备课，掌握多种信息技术，灵活处理课堂生成，还需要不断研究和探索。

参考文献

[1] 中华人民共和国教育部. 普通高中数学课程标准（2017 年版）[M]. 北京：人民教育出版社，2018.

[2] 朱雁，鲍建生. 从“双基”到“四基”：中国数学教育传统的继承与超越 [J]. 课程·教材·教法，2017，37（1）：62-68.

[3] 钟启泉. 课堂研究 [M]. 上海：华东师范大学出版社，2018.

[4] 上海市教育委员会教学研究室. 单元教学设计指南 [M]. 北京：人民教育出版社，2017.

[5] 尤小平. 学历案与深度学习 [M]. 上海：华东师范大学出版社，2017.

[6] 上海市教育委员会教学研究室. 上海市高中数学学科教学基本要求 [M]. 上海：华东师范大学出版社，2016.

作者简介

陈华：上海市金汇高级中学数学教师，上海市一级教师。

基于信息技术的应用下小学数学教学中的运用

广州市番禺区剑桥郡小学　杨艳霞

【摘　要】随着时代的进步，信息技术水平的提高，信息技术在我们的日常教学中应用得越来越广泛。在小学数学课堂教学中应用信息技术不仅能够拓展学生的知识面，还能够让学生更好地掌握当堂课知识的重难点，能很好地提高教师的教学效率和质量。而小学阶段是学生学习生涯中的起始阶段，这个时期的学习是学生今后学习的重要基础。本文主要从信息化条件下的课堂教学的优势及如何进行课堂教学方法进行阐述和探究，希望可以为大家提供有效的教学思路和方法。

【关键词】信息技术；小学数学；课堂教学

信息技术是社会、科技发展的产物，在教学中应用信息技术，既是现代教育发展的必然要求，也是新课程明确提出的改革目标。与传统的小学数学课堂教学模式相比，信息技术具有独特的优势。

一、利用信息技术提前掌握学生情况

（一）提前了解学情

在上课前，教师可以利用相关教学软件创设题目发送给学生，对学生已掌握的知识进行测评，这样教师就有了第一手的备课资料。通过软件反馈的数据，教师可以制定符合本班学生情况的个性化教学目标，设计更加有针对性的教学活动。如人教版二年级上册“认识时间（1）”一课，在上新授课前，由于时间单位对于低年级的学生来说比较不易理解，但学生在生活中常常用到时间，有一定的生活经验，所以教师在教学中要尽可能地联系学生的生活实际，这时教师可以利用信息化平台向学生快速呈现生活中时间应用的大量场景，直观地激活学生的生活经验，从而知道学生的知识起点，更好地提高备课和教学效率。

（二）高效及时反馈课堂结果

教师是教的主体，学生是学的主体，课堂既是教师的主阵地，同时，学生也是课堂的主人，教师在教育教学的过程中要充分发挥学生主体的优势，及时关注每个学生的学习状态和结果，这样才能更好地调控课堂，组织各项教学活动，在传统课堂中这给教师带来了很大的挑战。现在教师可以在课堂上利用信息化教学平台，如电子书包、狸米课堂等在线布置学习任务，学生独立完成，教师在软件后台看到每位学生的完成情况，根据不同的学习结果，教师可以快速地知道学生对该知识点的掌握情况，就能做到因材施教。同时，教师可以快速选择部分学生完成的作业，利用投屏设备或者相关教学软件并将这些作业有层次地呈现，方便学生进行交流和讨论，极大地提高了教师的教学效率和质量。

二、利用信息技术激发学生学习兴趣

（一）创设有趣的学习情境

创设教学情境能吸引学生注意力，调动学生学习积极性，从学生的生活实际情境引入，借此发现、提出问题，并努力探索解决问题，使得问题与生活相联系，生动有趣的情境容易引起学生的兴趣，使学生感受到学习即生活，学习是丰富、快乐的。在数学教学中，将数学概念转化成学生熟悉的日常生活，让学生感受到数学与生活的联系。借助多媒体技术，数字化软件可以结合图片、动画、音频、视频等为课堂提供丰富的教学资源。创设生动的情境，是诱发学习兴趣最有效的手段。有了兴趣就有了学习的动力，学生的探究活动就有了保证，教师要善于创设一些特定的情境，激发学生的好奇心和解决问题的强烈欲望，诱发学生的创造动机，使学生投入积极的创造性的学习中。又如在人教版一年级下册的“分类与整理”中，通过创设我们生活中垃圾分类的一个场景，利用动画的形式呈现在学生面前，动画中的卡通人物在认真地进行垃圾分类，提问：动画中的小朋友在干什么？按什么标准在分类？通过利用生动的动画，吸引了学生的注意力，也顺其自然地过渡到新的教学内容中。好的开始能起到事半功倍的效果，在上课之初，如果能充分地激发学生的好奇心和积极性，那么整节课会充满知识的热情和探索的欲望。

（二）设计有趣的操作活动

数学是人类智慧皇冠上最灿烂的明珠，是非常严谨抽象的一门学科，对于小学生来说理解偏难，很难联系到生活中的具体事物来帮助理解，那么如何提高数学课堂教学的直观性，给教师带来了一定的挑战。随着信息技术的广泛应用，许多数学问题可以利用信息技术来更直观地表征。如在学习“分类与整理”时，可以设计整理自己的房间活动：给出一个小朋友杂乱的房间图片，图片上的物品是可以自由移动的，利用信息化的平台孩子可以按照自己的分类标准自由地分类，打破了时空的界限，在课堂上学生也可以直观操作，给学生更多的思考空间。在这样直观有趣的学习活动中，每位学生都在尝试着用自己的方法解决问题，学生不仅能感受到分类的乐趣，也能通过直观感受分类的标椎。

三、利用信息技术突破教学重难点

对于大部分小学生而言，数学知识是复杂且抽象的。而多媒体信息技术能很好地将抽象、复杂的数学概念定理等变得直观具体，甚至是对于特别难以理解的知识能反复直观地呈现在学生面前，微课在课堂中的使用能很好地突破教学重点和学习难点，提高学生的学习效率。例如，在人教版二年级下册中轴对称图形在教授“剪一剪”这一课的教学中，为了让学生更加直观地理解怎样才能剪出 4 个手拉手的小人，首先是和学生一起分析得出这是对称图形，我们只要剪出一个小人即可，学生通过尝试发现，手不能拉起来，全班陷入思考中，通过思考发现，原来是我们把手之间剪断了，第二次尝试，认真折纸，不剪断对称轴，部分学生成功了，接下来教师可以用提前录制的微课剪纸视频回顾探索过程，节省教师和学生大量时间，总结提升方法，同时这个微课也可以放到课后给还没理解的同学再学，从而突破重难点，并且还可以利用互联网搜索功能，自学其他有趣的剪纸图案，非常直观生动。多媒体信息技术具有直观形象的独特优势，能够帮助学生更好地理解数学知识中的重难点，提高教学效果。

四、充分利用信息技术提高学生探究能力

在教育教学中，数学教师不仅只是教授学生书本中的知识，还要在课堂中注重学生探究能力和创新能力的培养。因此，数学教师可以充分利用信息技术的优势，使用大量的图形、视频、音频等信息拓展教学空间，调动学生多种感官的参与，让学生在课堂中主动探究数学问题，通过多种方式培养学生的探究能力，进而提高学生的数学学习能力，让学生养成自主学习的良好习惯。例如在教“平行四边形的面积”时，教师可以利用 PPT 动态演示方格的自由移动，给予学生想象的空间，为自主探究奠定基础，有利于提高学生的探究能力和兴趣。

五、运用信息技术改进练习

（一）及时进行练习

根据人的遗忘曲线规律，人的学习是先快后慢，所以学习完一个知识点后适当练习是非常有必要的。教师可以通过充分利用各种软件来设计有趣的练习，如在低年级的作业设计中设计有趣的闯关游戏、寻宝乐园、数学王国等，让学生在玩的过程中不知不觉地巩固所学的内容。与此同时，对于学生出错比较多的题目，可以增加变式闯关环节，直到通过为止，教师也可以设置锦囊妙计环节，增加趣味性，还可以增加挑战环节，提高难度让学生能够轻松地将所学到的知识进行迁移。教师也可以通过反馈的结果，因材施教，丰富教学内容，提高教学效率。

（二）增加练习的数量

在复习和练习课中，教师可以利用信息技术增加练习容量，提高复习效率。在传统的数学课中，教师要花费大量的时间抄写题目甚至画图，导致学生在课堂中练习的内容不够，练习效率低下。而应用信息技术进行复习，能够节约教师抄题画图的时间，增加课堂中的练习容量，使练习教学更加具有丰富性，大大提高了教学效率。数学教师在进行练习教学前，也利用信息技术提前做好教学课前或教学视频，在课堂中根据学生的实际情况选择合适的内容进行学习，既减少了板书的时间，又提高了科学性和系统性，使教学更加有效。

六、小结

总而言之，应用信息技术在小学数学课程中开展教学，能够丰富教学方式，能有效地提高课堂教学质量和效率。因此，作为一名教师要积极学习各种教学的信息技术，灵活地应用到教学中，激发学生学习兴趣、提高学生探究能力、培养学生数学思维，从而促进学生全面发展。

参考文献

［1］蔡珍妮．《24 时计时法》教学与反思［J］．小学教学设计（数学），2020（14）：3.

［2］李美文．学生思想政治教学艺术［M］．长春：吉林人民出版社，2017.

［3］沈怡．职业高中数学课堂情境的有效创设探析［J］．中学课程辅导（教学研

究），2019（5）：34.

［4］王晓然．浅议信息技术与数学课堂教学的有效整合［J］. 明日，2018（27）：1.

［5］马岳锋．小学数学教学中课外活动的开展浅析［J］. 魅力中国，2020（20）：142.

作者简介

杨艳霞：广州市番禺区剑桥郡小学教师，小学二级教师。

现代信息技术在小学数学教学中的应用研究

西安交通大学附属小学　李　丹

【摘　要】本文结合教学实践，研究了基于“双减”政策的“信息技术与小学数学教育”深度融合的新方式、新方法、新手段、新措施，结合具体案例从信息化教学设计、信息化教学实施、信息化教学评价等层面，谈了关于“增加学生兴趣”“实现减负增效”“促进学生综合学习能力及核心素养提升”几方面的做法，从而促进教师教学模式、学生学习方式的变革，切实把提升小学数学教师专业素养、信息素养和能力，把培养学生的创新精神、创新能力落到实处。

【关键词】现代信息技术；小学数学；减负增效；核心素养

大数据和人工智能时代的到来，以及“减负增效”教育教学改革的指引，对于一线教师而言，最迫切的问题就是如何有效融合现代新技术，提高课堂教学效率。《义务教育数学课程标准（2011 年版）》明确指出：“把信息技术作为学生学习数学和解决问题的强有力的工具，现代信息技术要致力于改变学生的学习方式，使学生乐意并有更多精力投入到现实的、探索性的数学活动中去。”小学数学教师如何提高自身信息教学能力，将现代信息技术全面贯穿于小学数学的教学设计、教学实施、教学评价等全过程，利用现代信息技术创新教学模式、打造高效课堂、提高教学效果，是一个值得探讨的重要问题。

一、信息技术与数学学科有效融合，提升学生参与度与有效学习力

数学是一门思维性很强的学科，对于小学生来说，要上好数学课，必须要激发学生学习数学的兴趣。在教学实践中，教师充分利用包括狸米、希沃白板、优学派智慧课堂、几何画板、3D one 等现代技术与数学课高效融合，通过有趣的动画和视听效果，创设情境，激发学生学习兴趣。

（一）利用现代技术的动画和视听效果，激发学生学习兴趣

在“生活中的大数”一课开始，教师设计了猜数游戏，利用狸米软件中的倒计时和幕布，增加了游戏的紧迫感和神秘感。“包装的学问”开课伊始，出示视频短片，使学生从生活中发现数学问题，调动学生研究“如何包装更节约包装纸”这一主题的欲望。

这样利用现代技术手段创设数学情境，使学生愉悦、主动地获取知识，成为学习的真正主体。

（二）巧妙运用智慧课堂竞技、激励功能，提升学生参与感与成就感

针对小学阶段学生学习抽象数学兴趣逐渐减弱的问题，教师运用信息技术将娱乐与竞赛的内容融入教学过程中，对学生的学习进行及时反馈与评价，给予虚拟荣誉奖赏，大大提高了学生的成就感。“生活中的大数”一课，利用狸米智慧课堂中的分组功能，学生在有效时间内运用小方块、计数器、数线、算盘、算式等多种方式表示大数 2117，学生参与度高，完成任务后及时提交分享作品，使智慧共享；练习巩固环节利用智慧课堂中“转盘”和拖曳功能，让学生在玩中思考游戏获胜策略，巩固所学。

这样的学习方式，符合小学生的心理，学生的注意力将更加集中，其专注度将得到提升，学生效果也得到加强。

二、信息技术与数学课有效融合，增加教学容量，实现“减负增效”，提高教学效率

使用狸米教学系统，学生的学习方式得到了较大的转变，学生有了较强的数学运用意识和实践能力，逐渐地学会数学化的方法，并自觉地把所学习的知识与现实生活建立起联系。

（一）运用信息技术改善课堂教学模式，提升学生学习深度与广度，辅助学生高效学习

“生活中的大数”一课，学生提前上传思维导图，课上分享，使学生借助平板电脑直观形象地复习巩固了这一单元的知识点，经历整理生活中的大数的有关内容的过程，形成了知识网络，初步养成反思和整理知识的好习惯。之后，借助狸米课堂习题库动手写一写生活中的大数，增加了教学容量，使学生巩固了读数和写数的方法。再利用智慧课堂截图功能给学生发送一段文字，让学生估计一共有多少个字，进而交流反馈估计方法。使学生再次经历估计的过程，回顾估计策略，积累估计的经验。最后

一环节通过播放视频——《算筹》，使学生了解古代计数方法，进而延伸到现代技术中的大数据，拓展学生的知识，激发了学生继续探究的欲望。在“一起来分类”活动和课堂练习环节中，利用希沃白板的“拍照上传”功能，不仅可以实现一屏多投，减少教师在学生与展台之间奔走的时间，而且实时、方便、清楚和快捷，大大提高了课堂效率。

（二）课堂中引用现代教育技术，使抽象的数学知识更加直观

“密铺”探究新知环节用智慧课堂中的选择功能，猜想能密铺的图形有哪些，再通过拍照上传功能，把自己密铺的图形上传分享，同时在线评价其他同学的密铺图形，探讨密铺奥秘，修正后再在平板上通过平移旋转相同大小的图形，上传成果，通过对比，使抽象的数学知识更加直观，便于学生发现能密铺图形的奥秘。

（三）基于信息技术的课堂为学生提供了个性化学习方式，是实现“减负增效”的有效手段

利用狸米等智慧平台个性化练习，省去了组长收作业环节，作业提交后平台自动批改，结合“个性化错题辅导”功能，在学生进行练习后给出每一道题目的答案和文字解析，并针对难题配备“讲题视频”，通过举一反三的变式题目来检测学生掌握情况，如果仍旧出错，会继续换题，直到做对才算过关。练习后教师将“评测的共同问题”快速投放在教室的屏幕上，以高效的方式进行教学纠正，让学生的学习和教师的日常工作同时实现“减负增效”。

三、信息技术与数学学科的融合，促进学生综合学习能力及核心素养提升

信息技术与数学教学整合，组内生生互动、组际互动、师生互动，学生畅所欲言，每个学生既是学习者，又是学习资源的创造者，有效培养了学生的独立思考能力、求异思维、创新能力和团队合作精神。

“包装的学问”一课，让学生在平板电脑中实际摆一摆，经历包装的不同方案，体会方法多样性，通过拍照上传功能，在线提交、反馈，教师利用智慧课堂的随机抽取功能，进行对比，从而发现重叠大面节约包装纸，培养学生运用优化思想的意识和能力。进而引入大数据视频，通过大数据和直观模型演示，使学生经历发现规律和感悟规律普遍性的过程，提升探究深度与广度。智慧课堂的适时使用，比如计时、发公屏、手机传屏、对比、投票、提交照片、共享学生拼摆视频等，能够及时反馈学生情

况，有效帮助学生深度交互式探究学习，更扩大了学生接受面。计算器的使用给学生腾出了思考的时间，更为深度学习提供了条件。真实的生活情景在以核心素养为本的教学中有非常重要的价值，拓展环节，通过链接，拓展链接生活中懂数学的小猫，将小猫睡姿和本节课立体图形结合，进一步理解重叠面越大，表面积越小；超市中的包装视频及布置的实践作业让学生进一步体会到数学的学习要和生活实际结合在一起，考虑多种因素，并延伸课堂教学，激发学生进一步探究的欲望。

“组合图形的面积”一课，教师利用几何画板，通过割补、旋转等手段，将不规则图形转化为规则图形，使学生体会形变、面积不变，培养学生思维品质。

在“圆的面积”公式推导过程中，教师引导学生借助 3D one 软件的实体切割功能，对圆进行不同份数的等分分割，再利用吸附功能将分割后的实体重新拼接来进行圆面积公式推导。通过学生自己动手以及思考，提升学生的动手能力以及空间想象能力，最终理解圆面积是如何推导出来的，学生学习兴趣盎然。

四、合理利用信息化教学评价，促进教学相长

课标提出，应建立评价目标多元、评价方法多样的评价体系。教师们在课堂中运用智慧课堂中的随机点名、抢答、奖励加分等竞技、激励功能，调动学生积极性，判断学生在学习、交流和实践活动中使用技术资源的有效性，用于反思实践以提高教学、促进学生的学习。同时将教师评价、学生自评、生生互评相结合，给予每个学生无论是学习上还是心理发展上足够的关爱。

五、结束语

综上所述，基于小学阶段学生认知能力发展特点，基于“减负增效”理念，基于落实核心素养，现代信息技术与数学教学的有效融合，大大增强了学生空间可视性、思维可视性，遵循了学生的认知规律，充分调动了学生学习的兴趣，突破了教学重难点，把数学学习同实际生活结合起来，将课外实验活动课内展示，延伸课堂教学，跨越了时间空间限制，提升课堂容量，培养了学生思维品质。运用信息技术实现师生互动、生生互动，运用大数据和人工智能技术实现错例分析和个性化辅导，实现了教育智能化。数学教师们纷纷表示在信息技术与数学课堂相结合的智慧课堂中，学生的操作反馈给自己带来很多启发，促使教学能力及教学效果不断提升，在以后的教学中，会继续摸索培养德智体美劳全面发展的时代新人的教育新模式，帮助学生形成适应终

身发展和社会发展的必备品德和关键能力。

参考文献

［1］中华人民共和国教育部．义务教育数学课程标准（2011年版）［M］．北京：北京师范大学出版社，2012.

［2］王佳．核心素养视角下的小学数学教学方式创新［J］．文理导航（下旬），2020（7）：31，34.

［3］孙东峰．核心素养视角下小学数学教学的创新探究［J］．天津教育，2020（26）：21–22.

［4］雍康俊．核心素养视角下小学数学课堂教学方式探析［J］．家长，2020（34）：64，66.

［5］于秦．利用信息技术提升小学数学课堂教学质量［J］．中小学电教，2021（12）：37–38.

［6］王丽，罗洪铁．新时代习近平教育人才思想及价值研究［J］．思想教育研究，2018（4）：3–7.

作者简介

李丹：西安交通大学附属小学数学教师兼教研组长，中小学高级教师。

小学数学“空间与图形”课程教学中信息技术的应用研究

广州市番禺区剑桥郡小学　刘安娜

【摘　要】 数学教学与信息技术的有效融合是实施现代化教育的需要。《义务教育数学课程标准（2011 年版）》认为：“信息技术能够向学习者提供和呈现形态多种多样的信息技术内涵，包含文章、语句、图片等，并能够灵活选用和表达；能够提供、模拟各种与信息内容相应的场景；能为学生进行数学研究提出重要的方法。”教师在开展空间和形状方面的课程时，都必须将抽象的问题系统化、生动化，才能让学生理解，也能提高学生学习的兴趣，这一过程中，信息技术就是一项有力的工具。

【关键词】 空间与图形；信息技术；教学应用

现代信息技术已成为学生掌握数学和解题能力的强大开发工具，并致力于改善学生的学习方法，让学习者乐意以更多的科学精神投身于实际的、探究性的当代数学教育实践活动。它能按照课堂教学要求，将内容进行大与小、远与近、动与静、快与慢、整与散、虚与实之间的交替变化，能冲破时间与空间的束缚，生动形象地反映事情产生与发展的过程，同时还能在小学数学课程的抽象性和逻辑性以及小学生逻辑思维的具体形象性之间搭建桥梁，为提升课堂效果创造了条件。在空间和图形的认知课程中，还能克服常规教育手段所难以解决的问题。通过采用灵活有效的教学方法，帮助同学们疏通思路，加强理解，提高学习效率。

一、巧用现代信息，创造生动有趣的课堂教学情境

在数学课程中，教师可利用图像、声音、视频、动漫等多媒体素材的提取与有机融合为教学提供新素材，但同时也要让学生进行灵活运用，在课堂中创造生动有趣的

教学情境，使学习者可以更为直接地掌握数学教育主要知识点。

根据中小学生的年龄特征，对情境的表现形式也十分关键，如教学三年级数学第五单元“面积”，学生可以运用信息技术创造一种动画的情境，将学生引进一个熟悉的课室，里面有可爱的同学们，还有生活中各种各样的图形，学生可以在生动的情境中学习图形的面积。

在“圆的认识”一课的教学中，利用信息技术让学生观看各种车子的车轮，所有车轮都是圆的，之后提出把车轮换成三角形、多边形等。学生在观察后会在小组内进行激烈的讨论，每位学生都因此非常感兴趣。最后教师把画面的圆轮换成了椭圆形，同学看完后都纷纷说：“车轮换成这种形状不行啊，坐在上面很颠簸！”这时教师抛出问题：“为什么轮子是圆的，而不是三角形、多边形的？”通过教师循序渐进地引导启发，唤醒学生深埋在心底的探究欲望，对于引导学生高效地参与学习有着积极的作用，从而更深入地理解及掌握圆这种图形的具体特征，以此更高效地提高学生学习效果。

二、巧用信息技术，丰富学习资源，拓宽学生探究思维

小学数学“空间与图形”课程的教学中，很多公式推导通常都会涉及高一级学段的数学思想方法，对于这些只能意会给学生，却无法用语言进行清晰讲解，在常规教学中这一问题都会是让教师皱眉的一件事。而多媒体的应用从中解决了知识点复杂化的问题，更好地帮助教师辅助教学。在“圆锥的认识”一课的教材中，圆锥是在学习者完全理解了圆锥以后才展开教学的，但实际上圆锥和圆柱之间在许多方面既有联系也有差异。想让学生能具体观察其中的区别和联系，就要应用到多媒体课件，以动态形式展示如果把圆柱的上底面慢慢地缩到圆心时，圆柱将会发生怎样的变化。先让学生猜想，再让学生观察整个变化的过程。学生更形象地理解圆柱和圆锥之间的联系，也有利于学习圆锥的体积。

在这个教学过程中，教师进行了合理引导，借助多媒体优势性，让课件和教材内容实现有机的融合，以此激发学生空间思维能力，并同时提升整体教学效率，促进教学实现最优化。

三、巧用信息技术，打破学习数学概念的困难

概念直接从日常生活中来，又产生于具体的事情，教师教育概念问题时就从具

体出发。教师利用多媒体技术能够很好地处理这一问题，并使之具体化、条理化，使学习者易于认识，便于掌握。比如在课堂教学“平移和旋转”时，教师利用计算机做动画，反映了日常生活中平移和旋转这两个最常用的物质运动方法，比看图片直观形象多了。这既提高了学习者对抽象化数学概念的认识程度，也使形象意识的发展取得了飞跃。又例如在教学“轴对称图形”内容的过程中，教师会运用多媒体技术表现日常生活中一些学习者较为常用的图像，并指导学生判别哪些图形具有轴对称图形特点，而那些没有轴对称的图形，例如：蝴蝶标本、扇叶、剪纸、国旗等各种图像，学习者应该依据图画中呈现的实际，逐一分类和判定，这既能够考查学习者的观察能力，又能够训练学生的数学意识。运用信息技术，教师的课前准备工作一般做得比较充足，课上教学时间更加充裕，可以全面提升教学效率，减轻“教”与“学”的负担。

“空间和图形”知识的学习一直是小学数学学科教学中的一个难点内容，然而，将信息技术有效地引入小学数学学科的“空间与图形”教学，恰好可以充分地解决这一教学困境。

四、巧用信息技术，突破空间与图形的教学难点

课程难点，通常是指对一般学习者而言认识和把握觉得较为困难的关键性的知识点或易于混淆、出错的问题。在小学数学中，难点知识往往也是重点知识，难点知识的学习效果对学生数学的成绩影响很大。所以，在小学数学课程中，教师要格外注意关于难点问题的教育，《义务教育数学课程标准（2011 年版）》将空间概念当成培育孩子初步的探索精神和实际技能的一项重点教学内容。由于学校以往的教学方式与使用教材等因素使得学生空间观念的建立困难度比较大，同时学校空间观念建立的活动也较为简单化与形式主义，使得学生的空间观念比较单薄。

鉴于小学生的思维直观、形象性，中小学生的抽象思维水平尚有待进一步提高。在低年级学生初次理解长方形、正方形、长方体、正方体以后，学生就可以从具体的物品中理解平面图形和立体形状了，但要从具体物品中抽象出相对应的形状却又相当困难，通过适时运用计算机技术，以动画展示从具体物件中抽象出的长方形、正方形、长方体、正方体，学生学得很容易，也学得很开心，使学生在愉快的教学中发现数学源于生活，跟我们的生活息息相关。

观察力在空间和图形认知教学过程中的地位举足轻重，中小学生们从看图到识图都离不开观察力。课堂教学中运用了现代技术，教师能够在屏幕中将运动的事件静态化，将静止的事件运动化，进而提高了学习者的学习兴趣，同时也便于教师对整个课堂过程的控制。在了解锐角、钝角、直角、平角、周角以及它们之间的互相关联时，发现有部分学生非常容易把这些角混淆，导致学生越学越没信心，巧妙运用信息技术手段，让学生把生活中静止的物品生动地化成学习的各种角，再合并让学生观察它们之间的大小关系，直观明了，课堂气氛马上能活跃起来。

五、研究展望

信息技术教学属于手段而并不是最终目的，与传统课堂教学相比，两种教学方式都各有特点。教师如想调动学生主观能动性，并同时培养学生的创造思维，便一定要把传统课堂同信息技术教学方式优势互补，促使两种教学方式各自的优势得到充分发挥，使多媒体设置的问题能够与学生产生共鸣，以此激发学生思维积极性。充分发挥了计算机技术的优越性和特性，利用了一切能够充分调动中小学生兴趣爱好的新技术，使中小学生充分发挥其主体能力，使数学教室变成了学生自主的教室，使中小学生变成了数学教育教材的主宰。只有巧用计算机技术与数学课程教学内容相互融通，并不断创新数学课程的教学模式和方法，才会使数学教学的模式、教学方法、研究手段和师生关系都出现明显的转变，也才会使课堂教学更加优化，学生的学习兴趣更加强烈。

参考文献

[1] 刘东华. 信息技术与小学数学空间与图形教学的整合探讨[J]. 新课程（小学），2017（8）：78–79.

[2] 冯忠元. 浅谈信息技术与小学数学课堂教学的深度融合[J]. 学周刊，2018（14）：136–137.

[3] 王光明，范文贵. 新版课程标准解析与教学指导[M]. 北京：北京师范大学出版社，2012.

[4] 徐孟宇. 小学数学教学中信息技术应用策略研究[J]. 考试周刊，2021（3）：75.

[5] 张文娟. 浅谈信息技术在小学数学教学中的运用技巧——“空间与图形”教

学案例［J］. 学周刊，2016（9）：182-183.

作者简介

刘安娜：广州市番禺区剑桥郡小学教师，小学一级教师。

浅谈信息技术在数学教学中的应用研究

西安市经开第四小学　王　沙

【摘　要】随着新课改的推进和素质教育的不断发展，信息技术教育已经被广泛地应用于各学科。在课堂上应用这种手段，一方面可以引发学生的好奇心，另一方面也可以调动学生的学习积极性，从而促进学生想要学习的愿望，也给学生营造了一种欢快、充满活力的课堂氛围，这种形式存在一定的优势，但是它也有一些缺点。作为一线数学教师，我们要充分利用信息技术的优势，同时结合自身学科特点，科学地处理好它的优点与缺点，才能让我们的数学课堂变得更高效。

【关键词】信息技术；多媒体；数学教学

一、引言

教育对社会而言，是事关国家和民族前途命运的基础工程，构建和谐社会，是我国新时期的一项重要决策。由于现代信息技术不断发展，计算机技术已经进入了教育教学领域，同时也在教学中发挥着不可或缺的作用。多媒体教学以其形象、生动、直观为特点，尤其对于像数学这样实践性较强的学科，多媒体也更能发挥出它的独特优势，那便是化抽象为具体，化枯燥为有趣。值得一提的是，它操作起来也比较方便。作为新时代的小学教师，我们也一直在寻求如何让信息技术与传统课堂有效结合，从而实现真正的高效课堂。

二、应用信息技术是对传统的教学模式进行革新

信息技术进课堂，对于传统课堂有以下两个提升。

（一）增加了学生学习的方式方法

应用信息技术教学让学生从二维过渡到三维，让知识变得更加立体，学生触手可及，在实际教学中，若有教学需要也可随时通过网络查询文字资料，以及音频资料给

学生以第一时间的视觉刺激。这种形式的教学打破了单一枯燥的学习方式，相对来说也更能使学生较为顺利地理解数学信息，吸引学生的课堂注意力，促进学生想要与同伴、教师表达的欲望，使学生变成自己学习的主导者。

（二）课堂教学也可以不在“教室”

尤其是在近两年的疫情背景下，线下教学活动有时无法有效开展，线上的教学活动就变得至关重要，网络教学也顺势而生，通过网络的传输，实现了师与生、生与生、师与师之间的云端见面、云端交流，也打破了不在一起的地域限制，使学习变成了随时随地。

三、以形象、直观为特点，从而突破教学重难点

在传统的教学活动中，数学课中的重难点常借助数学挂图或者具体的模型进行讲解，但它们有一个很大的特点，就是静止的，教师只能干巴巴地说，引导学生去想象，对于有些空间想象能力不高的学生，理解起来就比较抽象。现在的我们，如果借助多媒体教学，就可创设动态情境，以动态的画面、形象的物体把教学过程清楚地表现出来，既可突出重点，又可突破难点。

四、运用多媒体技术，培养学生的学习兴趣

兴趣是学生最好的老师。孩子如果对某一件事物有一定的兴趣，就可能会因此而产生强烈的求知欲，最根本的是让学生从自身出发，从自己的内心出发，使学生产生动力。随着学校素质教育的发展，信息技术与数学学科的相结合给我们的课堂增添了无限生机。基于这一思考，在日常的教学活动中我会主动让学生通过自己动手的方式查阅相关资料，比如说在学习“辨认方向”这一节课时，除了要知道可以利用太阳、指南针辨别方向之外，也可以利用树木年轮的疏密以及立竿见影等，这样可以把课堂上的东西延伸到课堂外，让学生通过自己的眼睛去发现问题、解决问题，既可以丰富学生的课余时间，也可以发展学生的发散性思维，进而使学生处理外界信息的能力得到一定的发展。

五、借用多媒体，培养学生创新能力

新一轮课程改革的真正内涵不是要求我们教会学生多少知识，重点是培养学生的创新思维。思维对于一个人来说至关重要。我们作为学生成长的引领者，发展的领路

人，一定要清晰地认识到学生本人是自身成长的主人，这一点是不容忽视的。因此，我们在日常教学中不能束缚学生的思维，要尽可能多地发挥学生身上的个体性，多给学生一些空间和时间，多一点耐心，鼓励他们大胆向前走。因此，教师应尽可能多地利用多媒体手段为学生提供丰富的知识，引导学生多方位地去思考，多方面地去探索，即无论什么，合理即可。例如，在教学“有多少个字”一课时，教材一开始展现了一个数学小故事，即关于“祖冲之”的故事，教材的设计意图是通过学生朗读这篇小故事，一方面让学生初步感知这些文章中的字肯定不是二三十甚至五六百，另一方面也是想促进学生情感态度价值观的发展，在感知出这两点之后，我让学生读了一下课题，首先让学生思考，如果给课题添加一个标点符号，你会添什么？进而将问题抛给学生，然后通过多媒体展示动画，设计一个大大的问号，通过这一举动引发了学生强烈的好奇心，进而鼓励学生通过自己的方式进行估计，只要合理便可，同时加以多媒体辅助，有效地发展了学生的数感，学生也相对准确地发展了估计意识。可见，利用多媒体辅助教学，既能充分调动学生学习积极性，又能培养学生解决问题的创新能力。

六、运用多媒体技术，在备课时应该注意哪些细节

（一）精准把握教材，紧贴课堂实际

我们目前所用的北师大版教材情境图较多，绝大多数教师在备课时不能通过教材里面的情境图看到教材本身的设计意图，在运用多媒体时，又一味依靠它，反而变成了在“过”课件。例如，在教学“对称图形”一课时，教材与实际生活相联系提供了多种多样的不同样式的对称图形以便学生感知，可以让学生在日常生活中感知对称图形的特点。而有一位教师在教学时却是这样处理的：教师利用多媒体给学生展示了动画人物喜羊羊的图片，学生从喜羊羊的五官方面进行探讨，虽然课堂气氛好，但是和基本的对称概念没有一丁点关系，因为对称图形是建立于平面图形之上的。

在运用多媒体教学之前，我们教师应该深入领会教材的编写意图，准确把握本节课的知识内容，一定要联系知识之间的前后关系，在此基础上科学组织教学内容，这样才能让多媒体更好地服务于我们的课堂教学。

（二）运用多媒体教学，学生的主体地位不能动摇

课堂教学的精妙之处在于师与生、生与生之间的思维碰撞，只有思维发生了碰撞，才能生出知识的火花。其实我们无论是听网上的一师一优课，还是线下的名师大

讲堂，都会发现名师对于课堂的把控无论是对课堂的组织还是对教材知识内容的讲解就是随机应变。根据学生的眼神以及面部表情，及时调整自己的教学顺序。如果滥用多媒体手段在一定程度也会限制师生之间的情感交流，使课堂缺乏本应该有的灵魂，也就无法与学生产生情感共鸣，也不利于学生专注力的培养。

（三）对于多媒体课件，要用之有度

多媒体教学虽好，但不是每一节课都适合。教学中是否使用多媒体，应多多去考虑本次的教学是否有需求，以服务教学为出发点，从而达到最优教学。在进行多媒体教学时，要注意处理主与次的关系，明确教师的主导地位、学生的主体地位，多媒体只是辅助手段。它是来帮我们的，不是我们的手铐脚镣，若有需要就用，若没需要就不用，把重点放在学生身上，心中、眼中要有学生。我之前听了“有多少个轮子”这节课，教师用多媒体出示了一辆自行车，并标出了1辆自行车是2个轮子，教师提问，2辆车呢？待学生回答后让学生算。学生没有领悟教师的意图，都用2×2，教师也不多说，进而又提问3辆、4辆……多媒体演示的确很生动，很快得出要求几辆车一共有多少个轮子就用几去乘2。这节课下来，学生知道了用乘法算，也仅用乘法算，了解到了2的乘法口诀，却忽略了加法与乘法之间的关系，教师运用了多媒体的快捷，但忽视了给学生充分的时间去思考、去尝试、去交流。所以，教师应把握时机，适时准确提问，要有传统教学与多媒体的有效结合，不能让多媒体“喧宾夺主”。总之，我们教师不能为了做课件而做课件，也不能因噎废食，将新的数学理念拒之门外。

七、总结与展望

总之，在新课改的教育理念下，多媒体技术在课堂教学中起的作用将越来越大。信息技术结合学科的教学方式会越来越多，越来越先进，但教师一定要结合自身情况，结合学校情况，结合学生情况。用科学有效的符合自身情况的方式方法，让学生获得知识。但是，并不是意味着每节课都需要多媒体，要多思考，多交流，多探讨，该用的课型积极去发挥它的长处，不该用的课型就合理摒弃，积极寻求其他教学方法，进一步推进高效课堂的生成。

参考文献

［1］李明洲．浅谈如何提高小学信息技术课堂效率［J］．学周刊，2013（4）：1.

[2] 任美娟. 浅谈提高小学信息技术课堂教学效率的策略 [J]. 中学课程辅导（江苏教师），2012（12）：1.

[3] 李娜. 动态互评在小学数学课堂教学中的应用探讨 [J]. 中国校外教育，2017（8）：1.

[4] 吴国光. 浅谈如何运用信息技术提高小学数学课堂教学效率 [J]. 读与写（教育教学刊），2017（7）.

[5] 徐军. 信息技术与小学数学课堂教学整合的利与弊 [J]. 读与写（教育教学刊），2017（3）：1.

作者简介

王沙：西安市经开第四小学数学教师，二级教师。

信息化环境下初中数学教学的课例研究

——对二次函数图象与性质的教学思考

西安交通大学附属中学航天学校　张　旭　强　盼　王润辉

【摘　要】教育信息化是教育系统性变革的内生变量，针对如何将信息化教学手段应用在数学课堂中，提高教学质量和课堂实效，本文以“二次函数图象与性质第二课时”教学为例，将几何画板、希沃授课工具等与数学课堂融合，使函数图象变换直观化、课堂生动化，以提高学生自主探究能力、增强团队合作意识、提高创新思考力，提升课堂学习效果，落实数学核心素养。

【关键词】教育信息化；二次函数；几何画板

一、引言

教育部《教育信息化 2.0 行动计划》中明确指出：教育信息化是教育系统性变革的内生变量，教育信息技术可以引领教育发展，推动教育理念更新落地。信息化教学模式是基于建构主义学习理论提出的，其主要是以学生为学习中心，在教师创设的教学与学习情境中充分发挥自身的主动性和积极性，对当前所学的知识进行意义建构并运用所学内容解决实际问题。整个过程教师由知识的传授者转变为学生学习的促进者，学生由知识的接受者转变为信息加工主体，教学过程则以问题探究为主线，通过问题情景、问题探究、合作分析、问题讨论等以学生为主体的过程完成课标任务。

如何将信息化教学手段应用在课堂中，增强教学的实效性，是教师需要不断思考和探索的问题。本文以北师大版二次函数图象与性质第二课时“二次函数 $y=ax^2+c$（$a\neq 0$）图象与性质”的教学为课例，共同探究信息化技术工具在初中数学教学课堂中的使用。

二、课例分析

（一）教材分析

1. 教材地位及作用

本节课是北师大版九年级下册的第二章第二节“二次函数的图象与性质”第二课时，二次函数是《义务教育数学课程标准（2011 年版）》中“数与代数”部分的内容。学生在前面已经学习过一次函数、反比例函数，掌握用描点法画函数图象的方法，已具备了一定的作图能力，并积累了利用函数图象探索函数性质的经验。在本章前几节课中，学生学习了二次函数的概念，经历了探索和表示二次函数关系的过程，获得了用二次函数表示变量之间关系的体验，并掌握了 $y=ax^2$（$a\neq 0$）的图象与性质。

2. 教学目标

（1）理解并掌握二次函数 $y=ax^2+c$（$a\neq 0$）的图象与性质，感受 a 和 c 对二次函数图象的影响。

（2）在探究二次函数图象的过程中，体会到分类讨论的方法，数形结合的思想，形成从特殊到一般、从具体到抽象的思维方式。

（3）通过自主探究、规范画二次函数 $y=ax^2+c$（$a\neq 0$）的图象，体会到二次函数图象的对称美，平移关系的图象之间的和谐美，培养学生细致、认真的学习习惯和严谨的态度。

3. 教学重、难点

（1）重点：二次函数 $y=ax^2+c$（$a\neq 0$）的图象特点。

（2）难点：能够比较 $y=ax^2+c$（$a\neq 0$）的图象的异同，理解 a 与 c 对二次函数图象的影响。

（二）教学过程设计及实录

【提出问题，复习引入】

复习回顾

师：上节课我们学习了哪种二次函数图象？还记得它是什么样吗？

生：$y=ax^2$（$a\neq 0$）图象与性质。

师：能说说它的图象与性质吗？请回答以下问题：

（多媒体展示）二次函数 $y=ax^2$（$a\neq 0$）图象与性质：

师：同学们，上一节课我们探究了二次函数 $y=ax^2$ 的图象，这是最简单的二次函

数 $b=c=0$ 的形式，那么当 $c\neq 0$ 而等于其他值时，二次函数图象又会是怎样的？今天我们就来一起探索吧。

引入新课

师：那这节课我们就来探究二次函数 $y=ax^2+c$（$a\neq 0$）的图象。请大家思考画二次函数图象的方法和步骤是什么？

生：画函数图象的步骤是，1. 确定（确定自变量 x 的取值范围，函数值 y 的取值范围）；2. 列表（按照自变量 x 由小到大的顺序列表）；3. 描点（先横后纵双垂直）；4. 连线（从左到右平滑连）。

【画函数图象，探究关系】

师：请同学们在同一坐标系中画出 $y=x^2+1$，$y=x^2-3$ 的图象，为了便于观察 $y=x^2+1$，$y=x^2-3$ 图象与 $y=x^2$ 图象的关系，也要画出 $y=x^2$ 图象。

请一位同学在黑板上完成画图，教师巡视指导学生列表、画图象。学生认真地在练习本上画图象（预设用十多分钟）。

教师在巡视中发现学生有两种不同的列表方法：

表 1　二次函数图象性质探究（1）

x	…	-3	-1	0	1	3	…
$y=x^2$	…	9	1	0	1	9	…
$y=x^2+1$	…	10	2	1	2	10	…
$y=x^2-3$	…	6	-2	-3	-2	6	…

表 2　二次函数图象性质探究（2）

x	…	-3	-1	0	1	3	…
$y=x^2$	…	9	1	0	1	9	…
$y=x^2+1$	…	10	2	1	2	10	…
$y=x^2-3$	…	6	-2	-3	-2	6	…

教师分别用实物投影展示了两种列表方法，同时提出问题。

师：请同学们思考，咱们都是按照画图象的四步在画图象，但是我们有的同学把三个解析式列在一个表中，有的同学列了三个表，你觉得哪一种列表方法更好？为什么？

生：列成一个表格，从列表进行观察易看出，当自变量取相同值时，二次函数 $y=x^2+1$ 的函数值 y 比二次函数 $y=x^2$ 的函数值大 1，二次函数 $y=x^2-3$ 的函数值 y 比二次函数 $y=x^2$ 的函数值小 3 的关系。

师：我们无论做什么事都要在做好的前提下，力求简单。我也同意这个同学的看法，这么列表好，但是它的好处还不止这些，下面结合图象进一步分析它的好处。

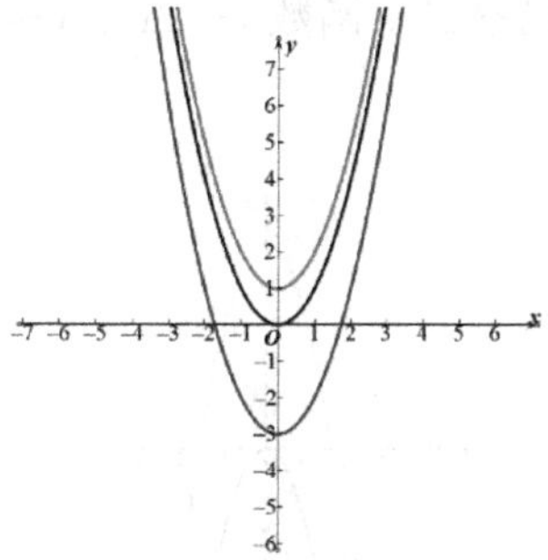

图 1　二次函数图象与性质探究（1）

教师结合学生画的图象，利用几何画板所做图象分析三个图象的关系：

师：同学们能说出这三个图象的关系吗？

生 1：从表格进行观察，当自变量 x 的值相同时，$y=x^2+1$ 图象上点的纵坐标都比 $y=x^2$ 图象上点的纵坐标大 1，$y=x^2-3$ 图象上点的纵坐标都比 $y=x^2$ 图象上点的纵坐标小。

生 2：从解析式进行观察，不难得到 $y=x^2+1$ 是在 $y=x^2$ 的基础上加 1，$y=x^2-3$ 是在 $y=x^2$ 的基础上减 3 的关系。

生 3：从图象的平移角度看出，二次函数 $y=x^2$ 图象沿 y 轴向上平移 1 个单位长度就得到 $y=x^2+1$ 的图象，二次函数 $y=x^2$ 图象沿 y 轴向下平移 3 个单位长度就得到 $y=x^2-3$ 的图象。

教师利用几何画板动态演示：二次函数 $y=ax^2+c$（$a\neq 0$）图象是怎么由二次函数 $y=ax^2$（$a\neq 0$）图象平移得到的。

师：请同学们猜测二次函数 $y=ax^2+c$（$a\neq 0$）的图象。

生：①由 a 确定开口方向（$a>0$，开口向上；$a<0$，开口向上）；②顶点是（0，c）；③对称轴是 y 轴（可以写成 $x=0$）。

师：同学们能用一句话概括出二次函数 $y=ax^2+c$（$a\neq 0$）的图象吗？

生：二次函数 $y=ax^2+c$（$a \neq 0$）图象是以（0，c）为顶点的一条抛物线。

【巩固练习，应用新知】

师：请同学们在同一坐标系中画出二次函数 $y=-2x^2$、$y=-2x^2+5$ 和 $y=-2x^2-2$ 的图象，并指出它们的顶点、对称轴以及相互之间的位置关系。

教师根据学生情况进行个别辅导，利用投影出示学生所画图象并提出问题：

师：在同一个坐标系中观察二次函数 $y=-2x^2$、$y=-2x^2+5$ 和 $y=-2x^2-2$ 的图象，同学们有什么发现？

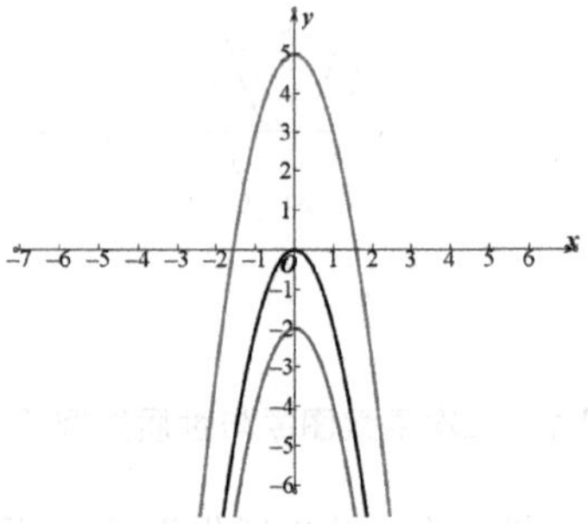

图 2　二次函数图象与性质探究（2）

生：三个图象是平移关系。

师：有时我们在研究问题时，只需画出二次函数的大致图象，想一想，确定哪些“要素”后，就能画出二次函数的大致图象？

生：开口方向，顶点。

师：大家试着画出二次函数的大致图象。

学生讨论这个函数图象的画法，体会 a 对图象的作用。

师：当确定了二次函数的开口方向、顶点、对称轴这些“要素”后，就能画出二次函数的大致图象了。

师：画出二次函数的大致图象。

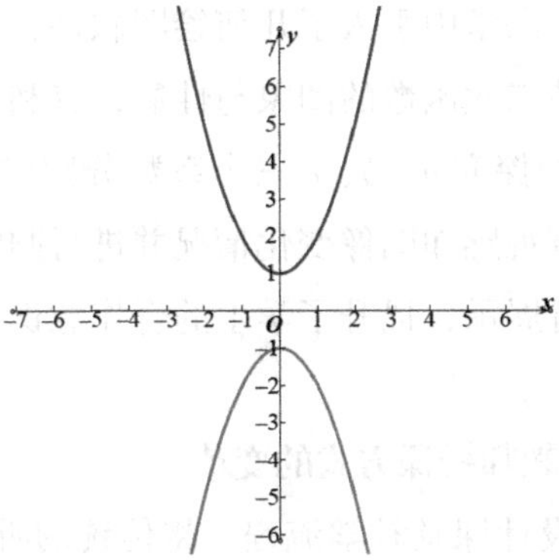

图 3　二次函数图象与性质探究（3）

学生通过画图象，体会到由 a 确定二次函数开口方向和大小，c 确定顶点位置，这样这类以 y 轴为对称轴的抛物线的大致图象就画出来了。

师：试画出二次函数 $y=-x^2+c$（c 是任意实数）的大致图象。

学生自主探究 $y=-x^2+c$ 图象的画法，请同学分享做法：

生 1：观察解析式，由 $a=-1<0$ 确定抛物线的开口是向下的，把 c 看成正数，把顶点（0，c）画在 y 轴的正半轴上。

生 2：观察解析式，由 $a=-1<0$ 确定抛物线的开口是向下的，由 c 是任意实数，将 c 按照正数、0、负数进行分类，当 c 为正数时，顶点（0，c）在 y 轴正半轴，当 c 为 0 时，顶点（0，c）在原点，当 c 为负数时，顶点（0，c）在 y 轴负半轴，这样就能画出三个符合条件的抛物线了，在同一个坐标系中画出能清楚地看到三个图象是平移关系。

基于信息化辅助教学的课程设计，以学生的自主探究，合作交流为主要学习策略，教师精心组织教学活动，针对学生有疑惑的重难点知识，通过具象的演示，让学生思辨能力在动态化的演示中逐渐生成，引发学生的深度思考，培养发散思维。

三、小结

（一）教育信息化促进课堂学习方式的变革

学生是学习的主体，在信息化环境中，学生都能够和教师实时反馈互动，展示不同思路方法。能使学生更有效参与课堂，提升其自主学习、自主探究的动力，更加高效学习。在信息化环境下，课堂中引入了几何绘图软件，有利于学生更好地观察函数图象变换规律，探究和总结二次函数的图象与性质，有利于提高学生的归纳和表达能力、观察和分析能力。比如探究 a、b、c 三个系数分别对二次函数图象性质的影响，通过画板演示，学生可以直观感知图像变化情况并进行归纳总结。同时，学生将自己的想法及时在希沃白板进行展示，提升了学生的合作意识和创造性，提高整体课堂参与度、思维活跃度。

（二）教育信息化促进教师授课方式的变革

教师利用信息化工具设计课堂教学流程，将传统的听讲模式变为自主探究模式，利用信息化工具实时反馈。在利用信息工具辅助课堂教学时，更重要的是数学思想方法的渗透，结合信息化工具的辅助效果，培养学生学会独立思考，拥有团队合作的意识、勇于探究与表达的精神，提高学生的数学核心素养。

几何画板和希沃白板这样的信息化工具引入课堂，有利于突破教学重难点、提高教学实效，促进新课程改革。以学生为主体，以信息化引领课堂，构建教育新生态系统，变革传统教学模式，是加快实现教育现代化的重要途径。

参考文献

［1］李保臻，马姗姗，房得阳．2011 版新课标下初中数学教材习题难度的比较研究——以人教版、北师大版及华东师大版“一元二次方程”一章为例［J］．中小学教师培训，2017（1）：5.

［2］中华人民共和国教育部．教育部关于印发《教育信息化 2.0 行动计划》的通知［EB/OL］．（2018-04-18）［2021-05-14］．http：//www.moe.gov.cn/srcsite/A16/s3342/201804/t20180425_334188.html.

［3］徐国清．信息化环境下初中数学教学的策略研究［J］．启迪与智慧：中，2017（11）：1.

［4］杨文．信息化环境下数学教学“新三学”课例研究——对《丰富的图形世界》的教学思考［J］．数学之友，2021（3）：4.

［5］林再生．微媒体下初中数学“三学互动”教学范式初探［J］．福建教育学院学报，2018，19（9）：2.

作者简介

张旭：西安交通大学附属中学航天学校数学教师。

强盼：西安交通大学附属中学航天学校数学教师。

王润辉：西安交通大学附属中学航天学校数学教师。

疫情背景下初中线上教学的问题与对策研究

沈阳市第四十三中学　李艳霞

【摘　要】2020 年春季，为了有效防控新冠肺炎疫情的传播，各大中小学校积极响应国家“停课不停学”号召，迅速开展了线上教学。线上教学作为疫情防控期间的一种常态化教学方式得以大面积快速推广使用，这对初中学校的所有教师和学生都是挑战。本文基于对教师和学生关于学校开展的线上教学情况的调查问卷，分析了线上教学实施中遇到的问题，如学生的自律意识不强、教师的教学内容形式单一、网络及平台稳定性差等。同时有针对性地提出解决问题的策略：以学生为中心，提升自主学习能力；以教师为引领，转变线上教学观念；以课程为核心，优化线上教学设计，对于未来实现线上线下混合教学，推动互联网＋教育有着重要的意义。

【关键词】疫情背景；线上教学；问题；对策

一、引言

2020 年春季开学前，突如其来的新冠肺炎疫情阻断了全国大中小学生的返校之路，党中央坚决把人民健康放在首要位置，国家教育部及时发布延期开学的通知，并要求“停课不停学”，利用网络平台开展线上教学。各地纷纷响应，积极实施，教师学生迅速投入到线上教学的探索与实践中。与传统教学方式比较而言，线上教学有很多优点。它不受时间和空间的限制，利用移动终端如手机、电脑、Pad 等都可以开展教学。同时教学组织方式也更为灵活便利，利用腾讯会议、直播课堂、微课等都可以实现教学。丰富的网络资源也最大化满足学生多样化、个性化的学习需求。但是在实施线上教学的过程中，也发现了很多问题，下面结合初中线上教学的调查问卷及教学实践中发现的问题展开论述。

二、疫情背景下线上教学存在的问题

本研究选取沈阳市皇姑区四所初中学校部分数学教师和学生作为调查对象，利用网络问卷星开展调查，共收回学生调查问卷714份，教师调查问卷145份，调查分析结果如下。

（一）学生方面反映出的问题

1. 学生自律性及线上自主学习意识与能力不足

通过问卷调查发现：线上学习期间，自主学习时间在1.5~3小时的学生人数最多，占总体的将近50%；自主学习时间在3~4.5小时以及1.5小时以下的学生人数较多，各占总体的五分之一左右，由此可见，相比于传统教学，学生线上自主学习时间不是很长。除学校组织的在线学习外，表示偶尔自主学习其他网络课程资源的学生人数最多，占总体的43%；总是和经常会自主学习其他网络课程资源的学生人数较少，由此可见，大多数学生缺乏学习自主性，较少学生能够独立利用网络获取知识。通过用SPSS软件对多选题进行多重响应数据分析得出，在线上课堂中，学生易溜号、做与课堂教学无关的事情的主要原因是自我控制能力不够强。

2. 线上教学内容形式单一，不能引起学生足够的学习兴趣

通过调查发现：一部分学生建议教师提前做好课前教学准备，希望线上教学与线下课堂一样要具备生动性和趣味性。在进行教学资源的选择时，选择“视频影像”的人数最多，占总体人数的67.5%；选择“文本材料”次数较多，选择人数占总体人数的63.2%；选择“音频资料”次数较多，选择人数占总体人数的39.1%。由此可见，视频影像和文本资料这两类学习资源更受广大学生的欢迎。与此同时，教师可以设计一系列教学活动，包括小组讨论、辩论、知识竞赛等，充分调动学生的积极性和参与度。教师还要注意巧用情境创设和课堂提问，注重学生反馈，促进师生互动和生生互动，还可以设计一些贴近实际生活的社会实践活动，提升学生的动手能力，也有利于知识内容的深刻理解与实际应用。

（二）教师方面反映出的问题

1. 平台的稳定性及教学功能需完善

在线上教学中，稳定、快捷的网络是保证线上教学顺利进行的首要因素。通过问卷调查发现，超过90%的教师使用WiFi进行在线教学，将近40%的教师表示线上教学过程中网络有时出现卡顿，5%的教师表示网络经常出现卡顿现象。相比于传统的

面对面教学，在线教学对于师生网络状态的要求更加严格。同时，网络教学平台的稳定性和功能性也是影响线上教学的重要因素之一，兼容性差、功能单一的网络教学平台不利于线上教学的顺利进行。通过数据分析发现：师生建议加强线上教学平台管理与服务功能，例如保证平台的稳定性，减少设备因为卡顿出现闪退的情况；同时，教师建议加强在线教学平台监督功能，例如设计未成年人保护模式，防止学生因为自控性差退出在线学习，以及由于网络弹窗广告太多干扰学习等。

2. 线上教学中有效师生互动少

通过用 SPSS 软件对多选题进行多重响应数据分析，调查在线教学对教师的最大挑战。其中，选择“如何调动学生参与课堂互动”为最大挑战的权重最大，选择次数占总选择次数的 48.1%，选择人数占总体人数的 86.7%。相比于传统课堂的面对面教学，线上教学受时间、空间等因素的影响，调动学生参与课堂互动的难度较大，如果教师教学缺乏一定的师生互动性，课堂很容易演变成“教师一人讲，其余学生听”的情况，不利于学生的自主学习和知识建构。

三、疫情背景下提升线上教学质量的对策

（一）以学生为中心，提升自主学习能力

美国作家迈克尔·霍恩在《21 世纪学习的革命》里写道，“线上教学的实践过程中，以学生为中心的线上教学理念，主要应基于学生个性化和学习力的学习，致力于培养学生自主学习意识，促使其意识到所学内容和进度都能自己把控”。学生的自主学习能力是保证线上教学高质量的最主要因素。首先要调整心态、从容应对。要引导学生树立战胜疫情的信心和决心，要保护好自己、在家上好网课同样是对国家抗击疫情的支持。其次是明确目标、做好规划，线上教学由于缺乏沟通，学生有时候容易迷茫。确立一个目标会使行动有方向，进而转化为每天、每节课的小目标，在完成中实现自我管理、自我提升。再次就是营造氛围、排除干扰。通过线上班会、线上学习经验交流等营造良好的学习氛围，树立典范、鼓励进步。同时由于在家学习难免受环境干扰，尽量固定学习场所、服装等与学校要求一致，家长也需要配合学校营造良好的家庭线上学习环境。

（二）以教师为引领，转变线上教学观念

线上学习打破了学习的时空限制，是互联网 + 教育发展的必然产物。首先教师更新观念，它不是线下课堂照搬到线上，而是从教学理念到学习方式的一次变革。其

次要加强教师信息技术与学科融合能力的培训，既要提升教师对平台软件的使用熟练度，又要掌握与教学融合的方式方法。学校可以通过线上培训、网上教研、课例研修等方式加强对老师的培训。再次，丰富与学生线上互动的方式方法。网络直播教学师生要利用网络隔空对话，情感、语言、肢体的交流也会因此产生距离感。在这种分离式的教学活动中，要想保证学生的学习效果、激发学习热情、提升学习兴趣，就要努力像传统线下教学那样实现师生互动，生生互动。利用丰富的课程资源、学科软件增加趣味性，如数学课利用网络画板呈现数学动点模型，实现数学可视化；利用平台的功能如随机提问、聊天作答、屏幕分享等功能，提升学生参与课堂教学的热情。

（三）以课程为核心，优化线上教学设计

线上教学要根据学生的学习规律、年龄特点、学科特征，利用网络资源优势进行课堂教学的重构，保证课堂效益的最大化。线上教学设计应遵循以学生为中心并且充分利用现代信息技术两条主线。线上教学设计要适应学生学习规律，最大化满足学生的学习需求。在实践探索的“基于移动互联网翻转课堂弹性教学模式”强调课前自主学习、课中解决问题、课后学习拓展，学习对象由个体到集体再到个体，学习空间由线下到线上再到线下，实现自主探究合作学习、线上线下相互融合的教学方式。以八年级数学“直角三角形”为例。课前线上推送洋葱数学的微课及教师设计的自主学习导学案，在自主学习中对学生进行相关测试，发现问题，带着问题进入课中学习。课中针对前置学习中的问题，利用网络直播课堂开展研讨交流。利用网络画板软件实现直观可视化的教学。小组讨论通过直播评论区、组建小组内聊天实现师生互动、生生互动。学生通过视频展示尺规作图作直角三角形的实验讲解。课后主要是学习检测、资源拓展。利用相关平台资源实现对学生消息效果检测及针对错题个性化资源推送。同时将本节课生成的微课推送给学生，供有需要的学生使用。网络画板在平面几何、立体几何以及概念教学的动态展示上具有一定的优势，辅助教学，可以提高课堂的效率，更易于培养学生的直观想象能力。

四、总结与展望

总之，线上教学在疫情背景下、停课不停学期间，对保证正常教学秩序、维护社会稳定具有重要的意义。未来线上线下混合教学将成为教育的发展趋势。混合教学不是简单意义上的两种教学方式的叠加，它是依照学生的认知规律和教学规律对传统教学的重构，是两种教学方式的有机融合，最终帮助学习者实现深度学习。未来我们还需要从线上资源建设、线下活动设计和线上线下教学评价三方面积极探究，让它真正激发起学生学习的能动性与创造性，让学习的发生无处不在，让教和学的效益都得到更大提升，混合教学必将成为未来教育发展的一种新常态。

参考文献

[1] 中华人民共和国教育部．教育部关于 2020 年春季学期延期开学的通知［EB/OL］．（2020-01-27）［2022-03-26］.http：//www.moe.gov.cn/jyb_xwfb/gzdt_gzdt/s5987/202001/t20200127_416672.html.

[2] 中华人民共和国教育部．教育部：利用网络平台“停课不停学”［EB/OL］．（2020-01-29）［2022-03-26］.http：//www.moe.gov.cn/jyb_xwfb/gzdt_gzdt/s5987/202001/t20200129_416993.html.

[3] 迈克尔·霍恩，希瑟·斯特克．混合式学习：21 世纪学习的革命［M］．混合式学习翻译小组，译．北京：机械工业出版社，2016.

[4] 刘俊杰．高校线上教学存在的问题与对策研究［J］．当代教育理论与实践，2021，13（5）：95-101.

[5] 吴悠，林小云．防疫特殊时期高校线上教学的问题与对策［J］．教育教学论坛，2020，12（52）：363-364.

[6] 韩筠．“互联网 +”时代教与学的新发展［J］．中国大学教学，2019（12）：4.

作者简介

李艳霞：沈阳市第四十三中学数学教师，高级教师。

微探究导课：基于信息技术的初中数学课堂深度教学行动研究

广州市新市教育指导中心　余振江　卢月明　广州市三元里中学　何小敏

【摘　要】“双减”政策的出台，对学校课堂教学质量提出了更高的要求。本文通过信息技术与教学在初中数学课上的深度融合，通过行动研究探索“微探究导课”提升课堂教学质量的问题。研究表明，多媒体直观微探究导课、视频微课微探究导课、虚拟情景微探究导课和游戏活动微探究导课这四种与信息技术手段结合的初中数学深度教学式导课取得了良好的教学效果，为建构高效数学课堂起着“微资源”的作用，并可以引发学生的“高思考”。

【关键词】微探究导课；教育信息技术；双减；初中数学

一、问题的提出

2021年7月24日，中共中央办公厅、国务院办公厅印发《关于进一步减轻义务教育阶段学生作业负担和校外培训负担的意见》，全面部署开展“双减”工作。然而，“减负”减的是学生课外负担，对课堂教学质量却提出了更高的要求，用现代技术的手段提升教学方法，才可更好更快地适应新时代赋予的更高的要求。《义务教育数学课程标准（2011年版）》（以下简称《课标》）提出了“倡导探究性学习”的理念，教师应根据不同的教学内容选择合适的教学方法，才能激发学生的学习兴趣与求知欲望，提高课堂效率。然而，一般教材的探究教学活动用时长、操作繁、过程多，在实际课堂定理教学中很难展开。如何让探究活动更好地适应课堂教学，特别是在导课时的探究活动中更好地吸引学生兴趣，使其更具有实效性呢？

信息技术的发展使教育方式发生了巨大的变化，对数学教育的价值、目标、内容以及教学方式将产生重大影响，数学课程信息技术与课程内容融合的趋势愈发清晰。

笔者所在的学校是广州市白云区第二批智慧校园试点学校，在试点工作中通过对初中数学导课进行信息技术与教学深度融合的“微探究导课”行动研究，试图回答上述提出的问题。

陈锋等的研究表明“微探究”对于初中数学的有效教学具有较好的作用，也有研究表明初中数学融入信息技术能有效提升课堂教学效率。本文提出“微探究导课”，是根据教学内容、课堂实际，灵活地利用课前 5~8 分钟，围绕某个小知识点或某一问题，以学生为主体、师生参与的研讨式、交流式的导课方式。它转变了以往以教师个体为主角的讲述式、发言式导课方式。“微探究导课”具有“小”(切口小、操作简单)、“短”（用时 5~8 分钟）、“平”（基于学生的水平）、“快”（认知快）、“准”（围绕特定知识点）的特点，真正让学生参与其中，提供给学生自主的时间和空间，提供给学生合作、交流的平台。

二、行动研究过程与效果

本研究采用了 4 种微探究导课方式，分别是：多媒体直观微探究导课、视频微课微探究导课、虚拟情景微探究导课和游戏活动微探究导课。

1. 多媒体直观微探究导课

现代信息技术中与数学教学有关的软件包括 PPT、几何画板、Flash 等，可以帮助画图，制作动画效果，特别适合在几何部分、函数图象部分，帮助教师把学生不易理解、晦涩难懂的知识改变形式展现在学生眼前，学生在后面的学习中更容易直观感受和理解。

【教学案例 1：用“割补法”探究面积公式】

微探究步骤 1：用动画演示“割补法”，让学生总结下面几种图形的面积关系和推导过程。

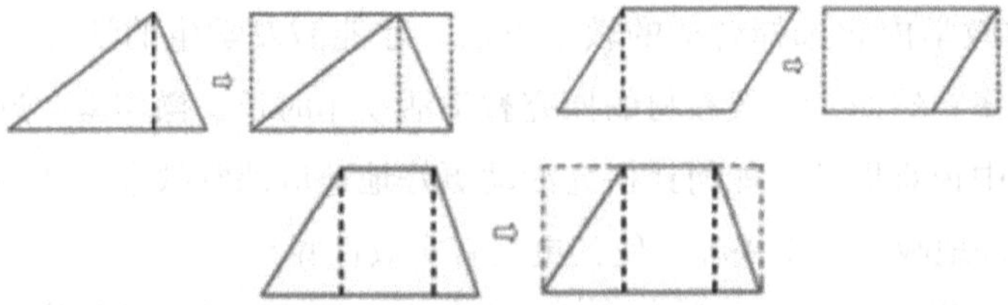

图 1　割补法演示 1

微探究步骤 2：圆的边不是直线，可否用割补法推导面积公式？（下面演示圆分为 8 等份，16 等份，32 等份，用割补法拼出什么图形。）

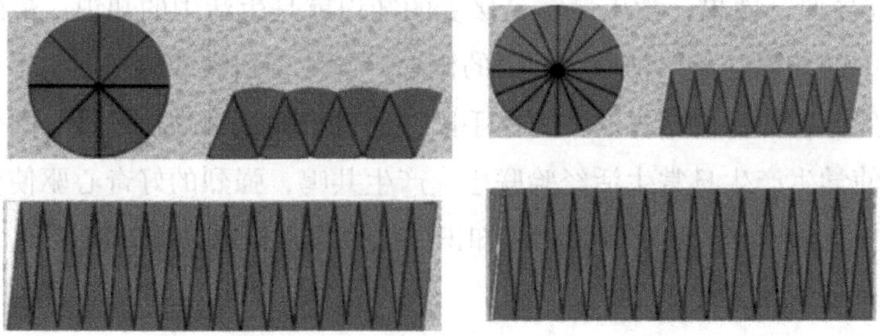

图 2　割补法演示 2

微探究步骤 3：用信息技术做出更多等份的效果，发现什么规律？如果分的份数越多，每一份就会越细，拼在一起的图形边框就会越接近线段，是否可以转换成长方形计算面积？

“微探究导课”效果：多媒体实现我们很难动手操作的图形变形的过程，动画地呈现了一个直观的现象。通过信息技术与课程整合，从另一个角度为学生展现我们很难实现的从一个新的图形变换为学生熟悉的图形的过程，从而激发学生运用已掌握的旧知识来探索未掌握的新知识，培养学生的逻辑思维能力。

2. 视频微课微探究导课

很多数学知识用一些传统的手段在黑板上无法展现，而通过现代信息技术的手段如图像、视频、动画、虚拟 VR 技术等等，能够带来丰富的视听体验。学生对于这些新颖的信息技术的接受程度比被动地听教师讲授要高很多，也愿意对数学知识开展探索。

【教学案例 2：“变量与函数”课堂教学引入】

先请思考下面几个问题：

（1）汽车以 60 km/h 的速度匀速行驶，行驶路程为 s km，行驶时间为 t h. 填写表 19-1，s 的值随 t 的值的变化而变化吗？

t / h	1	2	3	4	5
s / km					

图 3　教学案例“变量与函数”

根据教材的安排，这节课导入以上的探究问题，引导学生理解变量与函数的定义。但是学生对于书本的过于抽象的问题无法代入，很多学生都因这一思维模式未形成而觉得很难理解这两个概念，更是无法理解两者之间的联系，揭示不了问题的本质。教师选择播放洋葱数学中的微课，带学生走进课本的问题，仿佛身临其境。

“微探究导课”效果：学生最容易接受的知识就是生活中的知识，最感兴趣的知识也是生活中的知识。相比枯燥、抽象的概念，学生看到熟悉的现实情景，会感到格外亲切、自然。教师借助这样的多媒体手段，通过小剧场视频拉近数学问题和生活的距离，从而使学生产生日常生活经验联想，产生共鸣，强烈的好奇心驱使他们主动动脑思考，自主把常识和经验上升为科学知识，从而代入概念并理解概念。

3. 虚拟情景微探究导课

多媒体技术在课堂上运用的方式可以是播放音乐，播放视频，当用这样多媒体的方式展示数学学习内容时，学生能发现科学性最强的数学知识。

【教学案例 3：“最短路径问题”课堂教学引入】

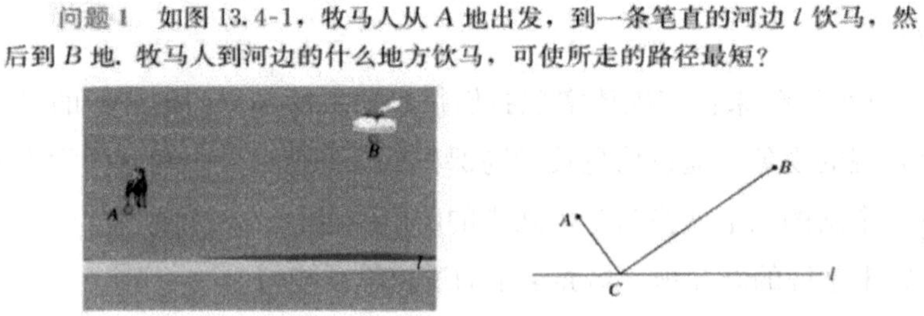
问题1　如图 13.4-1，牧马人从 A 地出发，到一条笔直的河边 l 饮马，然后到 B 地. 牧马人到河边的什么地方饮马，可使所走的路径最短？

图 4　教学案例“最短路径问题”

在引入“将军饮马”最短路径问题这一课题学习时，学生觉得远离我们的年代与生活环境。如何使抽象的数学知识形象化？数学教师可以利用多媒体，设计出现实的情境，学生能迅速在情境中理解问题。笔者用多媒体放映了一段电影视频，再利用学生平板里的网络资源，将场景虚化设置为将军饮马的情境。

图 5　教学案例“将军饮马”

“微探究导课”效果：视频导入很好地激起学生的兴趣去探究问题，课堂气氛也变得活跃，为课题学习的展开达到了引导的效果，帮助学生理解题意，突破难点。

4. 游戏活动微探究导课

在基础数学的学习中，要培养学生数学核心素养，使其汲取数学知识，形成数学能力，有效地让学生形成数学活动经验是一种较好的选择，教师可根据内容实际情况设计数学活动，例如运用多媒体工具进行一些本来传统课堂很难实现的动手操作的虚拟游戏。

【教学案例 4：“平面图形的镶嵌”课堂教学引入】

“微探究”小游戏：在平板一个小程序上可以把准备铺设的瓷片化为两边的正三角形、正方形、正五边形、正六边形、正八边形，利用小程序的操作方法把这些图形拖到中间，完成以下设计。1. 可以用 N 个全等正三角形，不留有任何的空隙，不重叠地去设计出一幅三角形（或者是多边形）形状来密铺地面，试试一般的直角三角形是否可以当作瓷砖来密铺地面？ 2. 如果单独使用 N 个正方形、正五变形、正六边形、正八边形瓷砖，可以完全密铺地面吗？ 3. 可以使用一般四边形，或者菱形来完全密铺地面吗？ 4. 可以用边长一样的正八边形以及正方形来密铺地面吗？ 5. 还有哪些图形组合可以用来密铺地面？请你设计方案。

“微探究导课”效果：小游戏的导课，将学生的数学知识学习与生活经验联系起来，突破时间、空间的距离，让学生们有足够的探究空间，将教学内容真正地化虚为实，让学生动手动脑全方位体验镶嵌的全过程，真正做到突破教学难点。

三、结论与讨论

数学教育家弗赖登塔尔认为学习数学的唯一正确方法是再创造数学知识，也就是在教学中，由学生自己去发现与创造需要学习的知识与内容。本文所研究的“微探究导课”是信息时代智慧教育背景下信息技术与教学深度融合的探索，“微探究导课”内容小、方法灵活、用时少、便于操作，作为“微资源”导课，加入信息技术多媒体的各种手段，提供给学生自主的时间和空间，提供给学生合作、交流的平台，真正让学生参与其中，为建构高效能的数学课堂起着很好的作用。“微探究导课”是对“微探究”的运用，也是对“导课”的教学创新，本研究提出多媒体直观微探究导课、视频微课微探究导课、虚拟情景微探究导课和游戏活动微探究导课等 4 种方法，可以成为我们建构高效课堂的一种常用手段。

本研究还存在一些不足，行动研究的规范和深度，微探究导课的运用广度方面还有待进一步加强，未来有关“微探究”的研究还可深入到基础数学教学中的每一个环节中去。

参考文献

[1] 中共中央办公厅、国务院办公厅．关于进一步减轻义务教育阶段学生作业负担和校外培训负担的意见［EB/OL］.（2021-07-04）［2022-03-22］. http://www.moe.gov.cn/jyb_xxgk/moe_1777/moe1778/202107/t20210724_546576.html.

[2] 中华人民共和国教育部．义务教育数学课程标准（2011 年版）［M］．北京：北京师范大学出版社，2012.

[3] 陈锋，薛莺．从课堂“微探究”谈初中数学有效教学［J］．中学数学教学参考：中旬，2013（4）：16-18.

[4] 高霞．初中数学教学与信息技术深度融合研究［J］．中国多媒体与网络教学学报（下旬），2020（9）：149-150.

[5] 国滢，佘玉星．初中数学课堂教学中信息技术的应用策略研究［J］. 互联网＋教育，2020：230-231.

[6] 杨金娥．初中数学课堂教学中导入方式有效性研究［D］．上海：华中师范大学，2017.

[7] 张劲松．浅谈初中数学教学有效导入的方法［J］．科教文汇，2009（32）：160.

[8] 弗赖登塔尔．作为教育任务的数学［M］．上海：上海教育出版社，1995.

作者简介

余振江：广州市新市教育指导中心副主任，中小学高级教师。

卢月明：广州市新市教育指导中心主任，中小学高级教师。

何小敏：广州市三元里中学教师，中学高级教师。

浅析信息技术在小学数学教学中的应用

陕西师范大学锦园小学　常　青

【摘　要】教育是为人的发展而服务的，在现代科技发展的进程中，数学学习是不可或缺的。小学数学学习，是小学生获得知识与技能、体验过程与方法、培养情感态度与价值观全面发展的教学活动之一，是一门不可缺少的学习课程。如何能够达到更好的教学效果，一直以来都受到一线教师的密切关注，而信息技术应用到小学数学教学中，达到了传统教学难以实现的教学效果，如：调动孩子们的好奇心、激发学习兴趣、强化生活想象、发展空间观念、促进数学思维能力的提升、提供丰富的学习资源等方面。本文浅析信息技术在小学数学教学中的应用。

【关键词】信息技术；数学教学；应用

一、引言

在小学数学的学习中，学生的学习过程应是教师在教学中的重点部分，学生在学习时，要经历观察—思考—探究—分享—提升这一过程，才能更加有效地体验、感悟数学。为了使学生的数学学习过程高质量地完成，小学数学教师把数学课堂教学和信息技术相结合。信息技术在小学数学教学中的应用，使学生的学习兴趣、生活想象、空间观念、思维能力等方面有进一步的提高，还为学生在学习中提供了优质的数学学习资源，满足了不同阶段孩子的需求，让学生们在数学学习的过程中增加体验感，深刻感悟数学，增加学习自信。

二、信息技术应用下的原则

小学数学教师把数学课堂教学和信息技术有效地进行结合，为了达到更好的教学效果，在运用信息技术的教学过程中我们还应该遵循一定的原则。

（一）注重学生的思维特点

小学生的思维特点是由建立模型开始，到理解、解释再到应用。孩子们都有好奇、好问、好探究、好分享等鲜明的天性特征，在未知的数学知识海洋里，教师把数学课堂教学与信息技术有效结合，让孩子们直观感知，积极调动孩子们的好奇心。产生了好奇心，从而产生学习兴趣，总希望一探究竟，当探究到完全理解时，愿意进行分享，成功的喜悦便油然而生。教师将信息技术应用到小学数学教学中，要遵循孩子经历感知、探究、分享，感受学习喜悦的思维发展过程，注重学生的思维特点，让学生深刻感悟数学。

（二）注重知识的形成过程

作为教师，将信息技术运用到小学数学教学中时，应有明确的认识，多媒体现代教学手段是为学生理解数学知识而服务的，它是作为一种数学学习过程中的辅助工具而存在的。多媒体可以将学生无法直接感知的事物，既生动又形象地呈现出来，在点燃孩子们学习激情的同时，教师还要注重学生学习数学知识的形成过程，让学生充分去经历观察、思考、探究、概括等数学活动，更深刻地掌握数学知识。

（三）注重学生的操作过程

教师将信息技术应用于小学数学教学，在学生学习探究数学知识的过程中，教师不仅要培养学生在端正的学习态度、严谨的思维模式下，深刻理解数学知识，构建丰富的数学知识体系，还应注重学生的动手操作过程。多媒体课件展示直观的过程，可以使复杂的问题简单化，降低难度。但教师要明确信息技术手段不能替代学生动手、形象、生动的思维活动，动手操作可以将抽象的数学知识变成看得清、讲得明的现象，有利于激发学生的数学思考。

三、信息技术在小学数学教学中的应用

（一）激发学生的学习兴趣

小学生的学习过程是基于丰富多样的情境的。在小学数学教科书中，多以设计情境＋问题串的形式进行呈现，将学生的思考、探究、分享以及提升充分体现。信息技术有效地融入小学数学教学中，将源于儿童日常生活及以学校生活为题材的情境，直观、形象、动态、趣味地呈现在课堂中，使学生们充满好奇，激发学生的学习兴趣。

在北师大版一年级上册“乘车”一课中，学生对于教材中所呈现的连环画式的

主情境，理解困难、兴趣不高。教师在备课时，可以利用信息技术手段将此情境动态化，帮助学生通过动态化演示，更加清楚地理解主情境，进一步激发学生的学习兴趣。

（二）强化学生的生活想象

小学数学教材中，教学内容与生活实际紧密联系。教师在教学时，需要结合学生的实际生活，将生活中的数学知识融入课堂，将课堂中学到的数学知识运用到生活实际，相互之间融为一体。学生在生活中已经积累了许多关于数学的经验，教师可以利用多媒体资源，在教科书已有的素材基础上，补充生活中的数学现象，丰富素材。这样不仅可以增强学生的学习能力，还可以挖掘数学知识的生活应用，结合实际生活，灵活运用数学知识，解决生活问题，从而强化学生的生活想象。

（三）发展学生的空间观念

在小学数学教学中，图形与几何部分这一板块中，观察物体、图形的运动、图形与位置等内容，要求学生经历从现实中抽象出图形的过程。教科书中设计观察、动手操作、思考、想象等教学活动，发展学生的空间观念。当观察角度增加，由整体感受到画图的综合应用等知识的逐渐抽象化，对学生的空间想象能力是一种考验。教师可以有效利用多媒体技术，将动态的画面呈现出来，先让学生们观察、感受、想象，然后再抽象出“画”，更利于发展学生的空间观念。

例如：在北师大版六年级下册“图形的旋转”一课中。因本节课的教学难点是在方格纸上将线段按顺时针或者逆时针旋转，并画出旋转后的线段。此时的教学过程已由生活中的旋转现象抽象到图形的旋转。教师在教学过程中，利用多媒体课件有序地进行展示，学生可以观察动态画面，用心去感受、去想象，并根据动态画面的演示，模拟地“转”，并在此基础上，通过观察、想象，然后再抽象到“画”，由此更高效地找到画图的方法。此时，多媒体课件就发挥了其应有的作用，不仅加深了学生对旋转要素的理解，又为学生后续的图形与几何部分的学习打下了坚实的基础，发展了学生的空间观念。

（四）促进学生的思维能力

数学是一门培养学生思维的课程，而小学生的思维还在具体形象思维占优势的阶段。教师在教学中，需要示范、指导，信息技术与小学数学教学的结合，可以促进学生直观形象思维的发展。教师还需要积极引导学生们勤思考、勤钻研，在准确地把握数学知识的基础上，充分理解知识的运用，以及知识的扩展延伸，促进学生的思维能力。因此教师备课时，可以利用信息技术设计一些具有发展性的问题，引导学生们不断地思考，促进学生的思维能力。

例如：北师大版一年级下册，学习“七巧板”这节课时，在解决“七巧板中为什么没有长方形？”等问题时，教师可以利用多媒体课件，对七巧板中图形的位置变化、不同图形拼凑时所形成的图案等进行展示，引导学生们不断地思考，促进学生的思维能力。

（五）提高课堂的教学效率

信息技术应用到数学教学中，给予了学生多重感官刺激，加快了学生对数学知识的理解进程，在增强学生认知能力的同时，缩短了学生的接受时间，增加了课堂教学容量，提高了课堂教学效率。在板书的文字、练习以及作图较多的课堂教学中，课堂容量在一定程度上受到了影响。

例如：在北师大版四年级上册“乘法分配律”一课中，学生不易理解，需要多练习，但教材设计中，课时少；北师大版四年级下册“四边形分类”一课中，图形较多，画图严重影响了教学效率，教师可以根据不同的课堂需求，设计教学内容。课堂中利用多媒体的特点进行及时的呈现，快速、准确地进行讲解。不仅简化了教学过程，还加快了教学节奏，加大了课堂教学容量，从而提高了课堂的教学效率。

（六）提供丰富的学习资源

随着现代科技技术的不断进步，在现阶段的教育发展进程中，信息技术在教学中的使用已经占据了重要部分。多媒体的运用可以帮助教师获取更新、更丰富、更优质、更全面的教学资源。当然，在网络飞速发展的今天，学生们对网络平台的使用也已经游刃有余，为了使其发挥更大的作用，教师也可以合理地引导学生运用网络平台，获取更新、更丰富、更优质、更全面的学习资源，为学生的学习提供有效帮助。

四、总结与展望

小学数学教师把数学课堂教学和信息技术有效地进行结合，不仅可以积极调动孩子们的好奇心，激发学习兴趣，还可以强化学生的生活想象，发展空间观念，更可以促进数学思维能力的提升，同时还为学生提供丰富、优质的数学学习资源。通过各类调查分析，不仅可以丰富小学数学教学手段，还可以直观地将教学资源呈现在课堂中，达到更好的教学效果。

参考文献

［1］李艺 . 信息技术课程：设计与建设［M］. 北京：高等教育出版社，2003.

［2］沈旭路 . 浅谈信息技术在中职数学教学中的应用［J］. 科学咨询（科技·管理），2020（12）：175.

［3］李成兰 . 信息技术在小学数学课堂教学中的应用［J］. 科技资讯，2020，18（33）：12-14.

［4］徐燕军 . 信息技术在小学数学“图形与几何”教学中的应用研究［J］. 新课程（小学），2017，13（9）：284-286.

［5］邹磊 . 微课在小学信息技术 Scratch 教学中的应用［J］. 科教文汇（上旬刊），2020（11）：163-164，172.

作者简介

常青：陕西师范大学锦园小学数学教师，西安市中小学一级教师。

网络画板赋能小学数学探究性学习的研究与实践

成都市青白江区实验小学　吴　杰

【摘　要】为了实现学生课堂的深度学习，提高学生学科的核心素养，我们需要把技术和资源变成孩子们自主探究的环境和工具。“网络画板”这款基于互联网的数学教学软件，以其较强的交互性、直观性、趣味性为孩子们在数学学习中开展数学模拟实验和探究性学习提供强大的技术支持。本文以几何直观这一主题教学为例，从课堂教学与课外实践活动的角度，探索了利用网络画板开展小学数学探究性学习的基本条件、实施途径和评价方法，并从课前、课中、课后等不同的角度还原了基于网络画板开展探究性数学实验的操作方法，这对于我们开展数字化探究、提高数学课堂的教学质量具有借鉴意义。

【关键词】网络画板；数学模拟实验；探究性学习；实践

一、引言

在传统教学对资源的应用上，学生真正动手操作体验的机会相对较少，学生对资源信息的获取缺少经历、体验、探索三个不同的阶段，很多资源应用局限于“教”，而乏助于“学”。然而伴随“网络画板”“Z+Z”“GSP”“GGB”等诸多数学动态软件的产生和迭变，学生的数学学习环境和资源发生了巨大的变化。同时“双减”政策的落地实施，也对我们课堂教学的质量提出了更高的要求，传统以“双基”为目标的质量观，被以核心素养的培养为目标的新质量观所取代。所有的这些预示着我们的教学方式和学生的学习方式以及资源的应用方式等都将发生相应的变化。为此，基于网络画板开发一种师生共用并能突破时空限制的云端教学资源，并探索出一种基于网络画板资源的以学生自主探究活动为主体，以核心问题解决为导向的新的教学流程的范式，对于改变当前学生以简单知识掌握和解题技巧训练为目的的被动学习方式具有重要的意义。

二、网络画板支持下的探究性学习的研究现状

网络画板是一款基于互联网环境下的动态数学教学软件，它能通过拖动变量尺，实现图形动态变化的控制，具有较强的交互性。目前基于网络画板开展探究性学习的研究相对较少。福建省福鼎市第一中学的马必武老师的《网络画板的新应用——指导学生进行研究性学习》，从学生的研究选题到指导、应用、评价等方面为我们提供了很好的借鉴，但是成果的应用仅仅局限在高中学段。邱学莲的《应用网络画板提升学生的高阶思维能力的探究》从小学、中学等不同的学段提出了基于网络画板探究式学习的基本流程的范式，但就其课堂组织与实现的环境条件以及课外探究并未做出系统的研究。并且专门在小学阶段基于网络画板开展探究性学习的系统研究在知网的词条搜索中尚未出现。因此在小学阶段开展网络画板支持下的探究性学习的研究不仅具有较强的理论意义，也有很强的现实意义。

三、网络画板支持下的探究性学习的基础和条件

要想在数学课堂或者课外实现基于网络画板的数学探究性学习，在硬件方面，显示终端只需 Windows7 配置或安卓配置，当然还需网络互通这一基础条件；其次我们需要开发或收集与探究主题相匹配的网络画板素材资源，建成相应的空间资源库。故网络画板素材资源体系建设是项目启动的首要任务。因此我们首先以单元教学为切入点，根据学习探究的内容以及学生的认知特点，精心选择以几何直观为主题的内容作为孩子们网络画板探究学习的主题。然后教师根据学生探究的任务和需实现的动画效果依托教研组实施素材协同开发，并采取边开发、边应用、边反馈、边修改的方式增加资源的实用性和适应性。素材资源库建设的基本流程为："教材知识分析" + "整理开发目录" + "组内任务分工" + "拟定开发脚本" + "拟定实现效果" + "相关技术运用" + "组内分享反馈" + "修改美化成型" 等。在完成素材创作后，以教研组线上教研的形式进行分享，组内教师们可以根据分享的链接登录网络画板素材界面，进行二次备课操作。通过二次备课明确画板素材的交互功能，以及存在的缺陷，便于素材的及时改进，为课堂学生的交互使用探究做好充分准备。最后项目的启动需要以"家校联席会议"的方式告知家长网络画板赋能数学探究的优势以及注意的问题，借此得到家长的大力支持。

四、基于网络画板开展课堂探究性学习的基本流程

基于网络画板的课堂探究学习其过程我们可以大致分为前期准备、课中探究、课后反馈三个阶段。其中前期准备工作包括“环境调试”“终端链接”“操作培训”等。课中环节包括“问题驱动”+“问题猜想”+“实物操作”+“素材推送”+“扫描探究”+“画板演示”+“生成新知”+“实际运用”等几个环节。以圆柱体的侧面积的探究性学习为例，当我们让孩子们在情境中提出本节课的核心问题“如何计算圆柱体的侧面积”时，我们可以引导学生围绕核心问题进行猜想：“圆柱的侧面展开是什么？想一想怎样展开？展开的图形与圆柱体有什么关系？”然后围绕自己的猜想首先进行实物操作活动。实物操作主要解决圆柱的侧面展开图是什么、怎么展开两个问题。在此基础上，我们可以组织学生利用网络画板对自己提出的猜想进行圆柱展开的探究实验。在实验探究的过程中，可以首先将画板素材以“实验菜单”+“素材链接”的方式进行推送。实验菜单用于指导实验的操作过程，记录实验的发现。素材链接用于辅助学生在实验过程中快速进入画板素材页面。然后学生根据实验菜单和二维码链接，扫描进入网络画板素材页面，并利用网络画板素材展开圆柱体侧面展开图与圆柱对应关系的仿真数学实验探究活动。在这一过程中，学生通过拖动“变量尺”，来控制圆柱侧面和底面的展开过程的快慢，底面圆形沿着展开侧面的长边滚动，底面半径大小，圆柱高矮变化，侧面展开图长，宽与圆柱底面周长、高的对应关系的动态对比等。通过图形的动态变化，实现知识从特殊到一般，从离散到系统，从现象到本质的结构化学习，并不断地帮助学生积累数学研究方法，发展学生的高阶思维，过程如图 1。

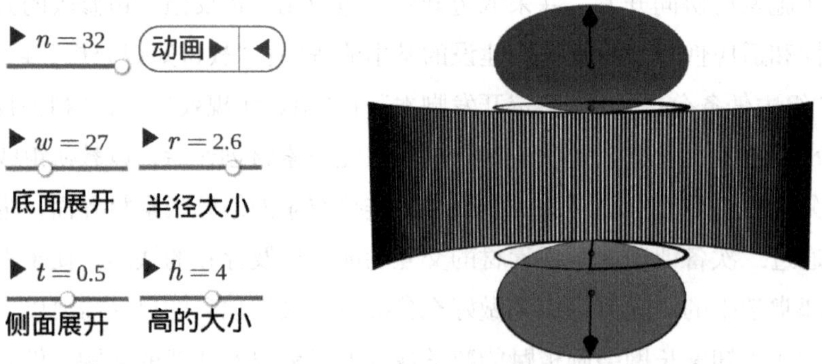

图 1　圆柱侧面沿高展开

在学生完成小组探究活动后，我们可以进行小组演示汇报交流的活动。交流过程中要做到人人有事可做，如让一人进行汇报发现过程与结论，一人利用网络画板演示探究过程，一人负责板书，一人负责现场信息反馈等。需要注意的是汇报交流的过程是思维的碰撞过程，因此学生的展示过程中允许别人提出疑问。例如，对于侧面展开的方式上，可能有的小组会提出“当圆柱侧面如果不是沿着高剪开而是斜着剪开，那么又是否会有相同的结论呢？”，通过网络画板的演示比较与学生的讨论，学生还是得到同样的侧面计算方法。这不仅发展了学生的求异思维、批判思维，同时帮助学生积累了数学的研究方法，如图 2。

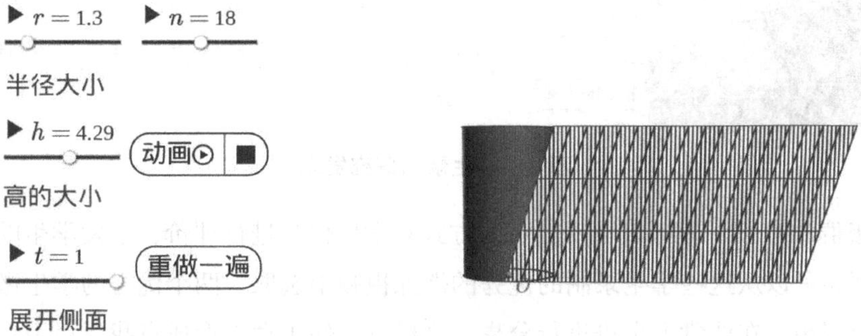

图 2　圆柱侧面斜着剪开

五、利用网络画板开展课外探究的基本流程

为了给更多的孩子创造课外独立探究和深度学习的机会，我们可以发挥网络画板的网络优势，创建网络画板资源空间——数学开放实验室，通过空间素材的创作与在线分享搭建一个不受时空限制的云端开放实验室。具体操作流程可以概括为“选择课外探究主题”+“开展素材制作培训”+“开展主题素材制作”+“分享主题素材链接”+“生成主题探究成果”+“学生成果评价应用”。以五年级的做最大容积的长方体纸盒课外探究为例。为了让学生对长方体表面积计算方法的推导过程有一个更加深入清晰的认识，我们可以让学生自己尝试制作网络画板素材来实现数学知识结构化学习。

首先要对学生进行网络画板素材制作的相关培训，然后在教师的指导下，根据长方体表面积的推导过程，自己动手设计长方形纸板折叠成长方体容器的动画过程，这不仅可以巩固无盖长方体表面的计算方法，同时还可以培养学生“计算思维”，在此基础上，师生把探究主题素材通过链接分享到班级 QQ 群，构建开放不受时空限制的数学开放实验室。让喜欢操作网络画板的孩子们，课外都可以在家长的监督和帮助下一边操作网络画板素材，一边进行知识的巩固或者拓展学习。学生网络画板探究的过程、发现可以用录屏的方式形成探究成果——微课视频，然后分享到班级 QQ 群中，过程如图 3。

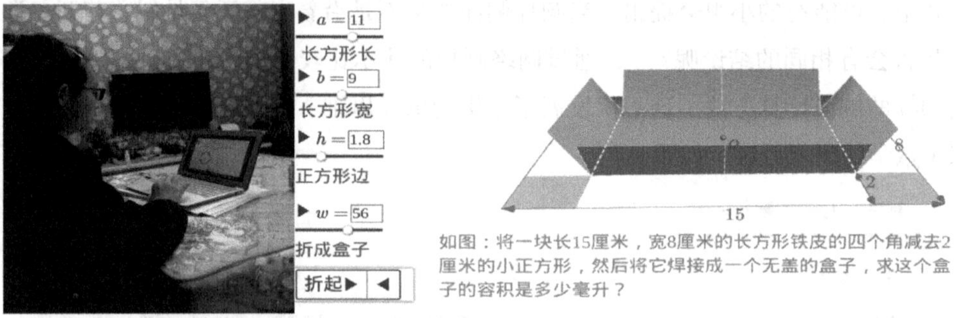

图 3 学生录制探究发现

班级群的家长、教师以围观点赞的方式对学生作品进行评价，激发学生的学习兴趣。教师还可以从这些学生录制的优秀的微课视频中选取一两个优秀的学生微课视频作为教学资源，在课堂上全班进行分享。这样不仅便于学生形成自我反思习惯，丰富我们教学的评价内容、形式，还可以提高学生利用信息技术进行探究性学习的能力，并且可以让孩子从一个知识的接受者变成一个知识的创造者和传播者。

六、总结与展望

通过将近两年的研究，学生利用网络画板进行探究学习已然成为学生课内课外最感兴趣的事情。从以前的要我“看一看”变成如今的我要“试一试”，部分学生还创建了自己的网络画板微课堂，如“紫涵微课堂”“佳课有约”等；还有一部分学生创建了自己的网络画板空间，并在全国“学生素材资源制作大赛”中频频获奖。当然利用网络画板开展数学探究学习的宗旨在于让学生通过自己操作网络画板素材发现“形变质不变”的规律，从而透过现象看到数学的本质，发展学生的高阶思维。一如迈耶所说：有意义学习是指学生在多媒体环境中通过自主探索及学习获得的新知识与自身知识内容体系相融合的构建过程。所以我们应给予学生足够的时间和空间经历观察、实验、猜测、计算、推理、验证等活动过程。因此在下一阶段的研究中要进一步研究教师讲授与学生自主探究的关系，实物操作与画板操作的关系，网络画板的课堂应用时间等。这样我们才能在保护学生视力与开展信息化探究性学习之间达到某种平衡。

参考文献

［1］王光明，泛文贵．新课程标准解析与教学指导［M］．北京：北京师范大学出版社，2012.

［2］李萌．基于网络画板的小学生数学抽象思维能力培养研究［D］．沈阳：沈阳师范大学，2020.

［3］马必武．网络画板的新应用——指导学生进行数学研究性学习［J］．福建中学数学，2017（10）：3.

［4］邱雪莲．利用网络画板提高学生高阶思维能力的探索［D］．沈阳：沈阳师范大学，2019.

［5］范雅惠，刘德山，魏迪，等．问题驱动教学模型实施计算思维教学的应用与实践［J］．计算机教育，2016（1）：4.

［6］迈耶．多媒体学习［M］．牛勇，邱香，译．北京：商务印书馆，2006.

［7］王鹏远，网络画板平台支持下的新一代数学实验室［J］．中小学信息技术教育，2018（6）：3.

作者简介

吴杰：成都市青白江区实验小学数学教师，成都市中小学一级教师。

活用希沃白板教学　塑造趣味互动课堂

广州市白云区汇侨第一小学　叶惠儿　广州市白云区蟠龙小学　李腾艳

【摘　要】随着教育信息化教学的推进，信息化辅助教学工具“希沃白板”走进了小学数学课堂，对增强课堂教学有效性具有重要的实践价值。本文分别从课前、课中和课后三个环节来探索希沃白板的各种功能在小学数学课堂教学中的运用，发现能优化前置导学、增强趣味互动课堂、助力课后复习巩固。

【关键词】希沃白板；趣味互动；小学数学

习近平总书记曾说过“中国要坚持推进教育信息化”，实现教育强国离不开教育信息化。2019 年由国务院印发的《中国教育现代化 2035》中提到我国教育信息化的目标是到 2035 年总体实现教育现代化。随着教育信息化的推进，我国中小学学校逐渐配备交互式电子白板，推动教师使用电子白板进行教学是我国教育的新趋势。希沃白板是一款交互性极强的教学工具，可以实现课堂上师生互动、生生互动，还拥有强大的学科资源及教学工具，能给教师和学生带来不错的体验，因而对希沃白板在小学数学教学的实践研究可以为一线教师提出更有效的教学借鉴。本文在教育信息化大背景下，探索希沃白板在小学数学教学中的功能运用，分别从课前、课中和课后活用希沃白板教学，提升小学数学课堂的趣味性、高效性。

一、课前明确任务，优化前置导学

在课前，教师根据教学目标，进行学情分析，在希沃白板上查找课件、乐乐课堂上录制知识胶囊等，整理成预习资源，设计好预习任务单，并利用希沃白板的“作业本”功能挑选纸质课前自检题，发送给学生。学生以预习任务单为指引，明确学习目标，利用教师发送的资源，自主完成预习任务，学习新课的前置知识点和基础内容，并完成纸质课前自检题后，用微信扫描二维码，填写提交答题卡。学生提交答题卡后，教师可以在“班级报告”里及时了解学生预习情况及答题情况，快速便捷地收集到学生的预习反馈，便于调整教学策略和课中进行针对性教学。

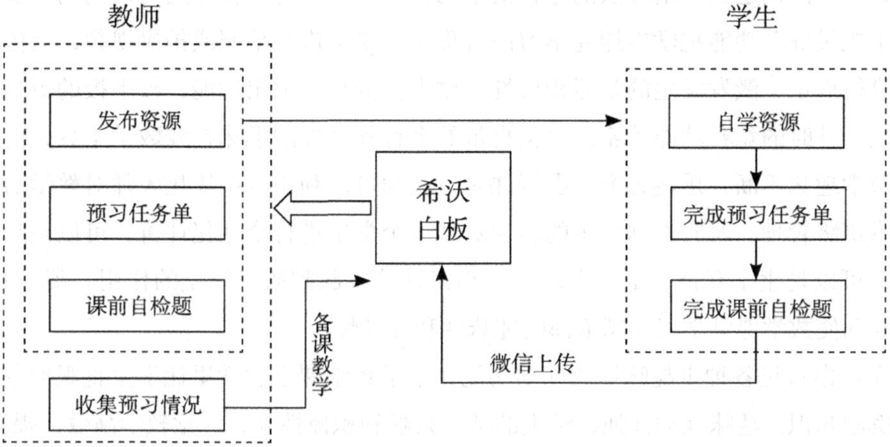

图 1　基于希沃白板的前置导学式教学模式

这种教学模式打破了传统预习中存在的问题：要求不明确、回收不到位、调整来不及，学生拥有明确的任务，会自主利用教师发布的资源，寻找适合自己的“工具”，让自己的大脑“动”起来，进行有效的学习。

二、课中互动趣味，尽展自我风采

课堂教学是一节数学课中最重要的部分，是学生探究知识的过程，理解知识构造、掌握知识运用的重要环节。交互式信息化希沃白板的互动式教学是一节数学课里课中教学的耀眼之光。

（一）直观形象探究例题知识，趣味互动性强

在小学数学课堂教学的例题学习中，教师可以根据教学内容需要，选择希沃白板里面的板中板、放大镜、白板功能，学科工具里的数学画板、课程视频等功能对例题进行分析和讲解，还可以批注，特别是低年级学生处于直观形象地认识事物的阶段，在低年级数学课堂教学中利用数学画板能直观形象地展现数学知识的形成 。如人教版一年级数学上册教学“认识时间”，教师利用数学画板里“常见的量”中的“认识钟表”，以动画的形式去认识生活中常见钟表的基础知识：时针、分针，钟面上有 12 个大格、12 个数字等，逐步学会“认识整时”，既生动又形象。又如在教学人教版二年级数学上册“统一长度单位”中“画一条长 4 厘米的线段”部分时，教师利用数学画板的“长度单位”里面“画线段”进行直观教学，展示画线段的步骤及总结画线段的方法，由例题到归纳方法的过程清晰明白，生动有趣。教师还可以利用希沃白板的“手机投屏”功能把学生探究学习的过程（成果）进行拍照或拍摄视频，上传到屏幕上进行展示，激发学生的学习积极性。放大镜的重点突出功能，板中板的板书、笔记功能，计时的竞赛功能等希沃白板自带的多种互动性的趣味在线数学工具，使数学课堂教学趣味不断，乐趣无穷。在授课时，教师可以利用班级优化大师对教学活动进行课堂班级管理，及时根据学生的表现对某一个学生进行个性化评价，可以是师对生评，也可以是生生互评，更可以对整个小组评价，起到激励学生的作用。师生互动、生生互动使数学课堂学习充满浓郁的趣味性和互动性 。

希沃白板里各种带趣味性的互动功能在小学数学课堂教学里让学生直观形象地去探究例题知识，趣味互动性强，学生的学习兴趣和积极性高，课堂教学高效、提质。

（二）互动趣味课堂活动练习，轻松掌握知识要领

趣味互动课堂活动练习时，教师可以利用希沃白板里面的“课堂活动”进行形式多样的分层趣味游戏练习、竞技判断游戏或选择题游戏等互动式竞赛趣味练习，学生在答题的同时，也在竞赛游戏，学生的好胜心与积极性随之调动起来。教师还可以直接利用希沃白板制作当前小学生喜欢的“砸金蛋”“吹泡泡”“刮刮乐”等个性化游戏习题课件，使课堂练习活动激情绽放。如人教版二年级下册“10000 以内数的认识”一课利用希沃白板的拖曳功能制作像“连一连”一样的练习，学生在动手拖曳小海豚到符合它身上答案的皮球下面，既在进行巩固练习，又在游戏，学生学习兴致高涨，练习的积极性强。利用希沃白板“学科工具”里面的“题库”还可以进行“变式练习”，使学生在掌握基本知识的同时能灵活运用、熟练掌握。如人教版三年级下册“笔算除法”在进行课堂练习时，可以选用希沃白板里面的题库“4 □ 8 ÷ 6，商是（　）位数，商的首位最小是（　）”作为变式题，解答此题关键是熟练掌握三位数除以一位数的计算法则，通过练习考查及巩固知识点。

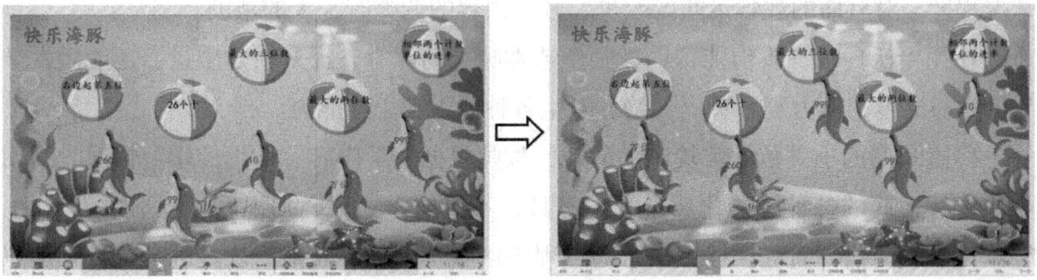

图 2　基于希沃白板制作的游戏练习范例

三、课后助力复习，学习毫无压力

对于课后复习，大部分学生感觉不知道从何复习，应该怎样去复习。对于学优生，复习就是把当天所学习的知识要点看一遍就可以了；但对于学困生，复习比上课还难，往往采用走马观花的形式完成复习任务。希沃白板有一个功能能助力课后复习，那就是“知识胶囊”。“知识胶囊”是教师在课堂教学时录制的课堂实录，是学困生进行复习巩固的良好途径和方法。教师只要把相应知识点的“知识胶囊”链接或二维码发到班级群里，学生就可以根据自己的实际情况轻松地进行复习。如果一个学困生对课堂上某一知识点还没有听明白，他就可以利用“知识胶囊”反复回顾复习，直到弄懂为止。根据对人类记忆能力的分析，人类对某一件事情的记忆，会随着时间而消失。所以对于知识的巩固，我们要经常反复记忆，也就是要经常回顾复习。“知识胶囊”可以帮助学生不定时地“温故而知新”。

“乐乐课堂”帮助学生课后复习，能力提升，拓展和巩固知识。教师在课后可以选择“乐乐课堂”里面合适的小视频发送到班级群让学生自由选择时间和知识点进行分层学习，提升个人思维能力，实现知识的延伸。例如，人教版二年级数学上册“认识时间”，教师在教学时选择希沃白板“学科工具”里“课堂视频”的“乐乐课堂”中“认识整时和半时”小视频发给班级群让学生自行复习巩固一年级的知识，防止知识的遗忘和脱节；学生在学有余力的情况下，可以选择“有头周期——求个数”，自主观看学习，进行个人能力的提升和知识的拓展。

除了课后复习，课后的巩固也少不了。教师利用希沃白板的“作业本”发布作业，学生可以在手机端或电脑端里利用“知识胶囊”复习知识后，在“作业本”功能做题巩固知识。教师通过查阅学生的完成情况和答题的详细情况，掌握学生对知识的掌握程度，对后面的教学策略的改进、教学内容的调整有很大的帮助。

活用希沃白板，不但能帮助教师塑造趣味互动课堂，提升教学质量，还能激发学生的学习兴趣，助力复习巩固，培养学生各种能力和思维能力。

经过长期的小学数学常规教学研究，教师根据教学内容、学生的学习情况，活用希沃白板里面的各种智能化数学教学工具，不但使学生探究知识的过程形象直观化、趣味化、互动化，而且在探究学习的过程中培养学生细心观察、认真思考的良好学习习惯，还培养学生的思维方式和思维能力。可是也有不足之处：有些教师过于依赖希沃白板，忽视了教学的本质，停留于课堂教学的游戏形式；学生过于留恋课堂练习中的游戏练习，忽略了学习的目的。在以后的教学中，教师在活用希沃白板时，要正视教学的根源，不能流于形式；还要正确引导学生明确学习目的，不能耽于游戏。

参考文献

[1] 徐格．希沃白板在小学数学教学中的实践研究［D］．合肥：合肥师范学院，2020.

[2] 葛福鸿，王云．基于智能教学平台的高校混合式教学模式构建与应用研究［J］．现代远程教育，2020（3）：26–27.

[3] 数学创新教学指导小组．数学教学的趣味运用设计［M］．沈阳：辽海出版社，2011.

[4] 王兴龙．运用“畅言、希沃”资源提高数学教学效率［J］．甘肃教育，2019（17）：121.

[5] 陈凌芳．电子白板在小学数学常态课教学中的使用［J］．西部素质教育，2018（6）：99.

[6] 王领．希沃白板在小学数学教学中的运用［J］．数学学习与研究，2020（17）：82–83.

作者简介

叶惠儿：广州市白云区汇侨第一小学数学教师，一级教师。

李腾艳：广州市白云区蟠龙小学数学教师，二级教师。

浅析信息技术在小学数学教学中的创新策略

西安市未央区三星小学　胡鹏龙

【摘　要】信息技术作为一种新型教育技术工具走进我们的课堂，为学生提供了更为鲜活、生动的学习资源，为教师“以学定教”创造了条件。在小学数学教学中，教师利用信息技术来辅助教学，使抽象的数学内容形象化、具体化，使数学知识由静态的、单调的“单向传输”变为图、文、声相结合的“双向互动”。信息技术与数学教学的融合，能够充分调动学生参与数学学习活动的积极性，培养学生提出问题、发现问题、思考问题、解决问题的能力。

【关键词】小学数学；信息技术；创新策略

随着我国信息技术的不断发展，学校信息化教育也得到了快速的发展。而在小学数学教学实施信息技术辅助教学，不仅能够激发学生学习数学的兴趣，同时也创新了教师的教学方法，从而大幅度提高了教师的教学效率。

一、信息技术在小学数学教学中的重要性

（一）能够激发学生学习的兴趣

学生一旦对学习发生兴趣，就会由“要我学习”转化为“我要学习”，甚至达到乐此不疲、废寝忘食的地步。因此，教师在教学中应根据小学生心理特点充分发挥信息技术作为教学手段的优势，创设良好的教学情境与氛围，增强审美感受，以激发学生的学习兴趣，调动学生学习的积极性。而“信息技术课堂”恰巧能为学生提供极为丰富的媒体资源，如向学生推送微课、短视频、图片等，充分调动他们的各种感官能力。图文音频并茂的信息化技术，大大激发了他们学习的兴趣和积极性，使学生的思维更加活跃，视野更加开阔，如此一来，学生学习数学的积极性也将大幅提升，最终从兴趣中增长能力。

（二）能培养学生自主学习的能力

信息技术在小学数学教学中的应用，“提高教学效率”是最终目标，帮助学生在技术的支持下更好地展现思维、获取知识是过程目标。这是当前我们学校参与实践的教师的共同认识。在上每一堂课之前，我们都会精心设计教学活动。以便于有针对性地设计教学内容。同时，教师可根据教学设计筛选部分有代表性的学生作业作为课堂拓展资源。

由于时间和技术的限制，学生课前所做的努力很难成为课堂教学的有效资源。而基于教师机的前置学习，学生可以自主学习，当天完成后，教师就可以通过平台检查和筛选，挑选出有价值的学生作品作为第二天课堂中学生讨论、交流的素材。而这些素材对学生的进一步学习有着不可忽视的作用。

二、信息技术在小学数学教学中的创新策略

（一）利用信息技术创设数学情境

信息技术可以让书本上的知识活起来，任意创设需要的任何场景。比如，在教学六年级“圆柱表面积”这一节的时候，我就利用教师机插播了一段“生活中圆柱体盒子的制作过程”的视频来导入新课。当一个圆柱体盒子制作完毕的时候，我请学生思考“在纸上记录制作一个完整圆柱体，最难的部分是哪里？如何计算出制作一个圆柱体盒子用去了多大纸板面积？我这里有 2 米 ×1 米的制作这个盒子的纸板，大致可以制作多少个？”等问题。以问题串的形式，让学生产生探究的动力，为学生积极参与课堂活动奠定意向基础。

数学知识具有一定的抽象性，小学生在认知方面会出现一定的困难和偏差。教师有效利用教师机融入课堂教学，只要把握好介入的准确时机，辅助到位，便可达到事半功倍的效果。因此，我会根据教学内容，尽可能地利用教师机使抽象的数学知识形象化、生活化。特别是在数学教学中的“图形与几何”板块，利用教师机，能使静态的知识动态化，化抽象为具体，让学生透过动画演示的情境有效地掌握知识，在这样的教学情境中，学生贴近了生活，减少了对知识的陌生感，积极参与进了课堂之中。

（二）创新数学课堂教学模式

我们把教师平板机融入小学数学课堂教学中，根据教材内容有效创设各种数学教学情境，能充分调动学生学习的主动性与积极性。特别是课堂导入环节，如果没有调动学生的积极性，学生后面的学习就容易“走神”。在我的教学中，有时我会让学生

在教师机上进行 5 分钟的“练习闯关”，帮助学生进入学习状态。有时我会利用教师机“恰如其分”地安排一个学生熟知的“日常生活”开头，引出数学探究问题，营造有趣的学习情境，使学生产生熟知感、好奇感，从而引出主题。

在教学六年级“圆柱的体积”时，我就用教师机向学生展示圆柱体拼成近似长方体的活动全过程：屏幕上出示一个圆柱体，接着把这个圆柱体沿着底面的直径分割成相等的 16 份，8 份为一组，电脑将每组涂成两种颜色，然后通过移动展开、拼凑，把这两组交错拼好，这样就拼成一个近似的长方体，让学生具体感知。学生可以在教师机上反复观看视频，观察演变过程，从而发现长方体与原来圆柱的对应关系，进一步推导出圆柱的体积公式。教师机中的 Flash 视频资源，把静态的知识以动态的方式呈现，更便于学生理解。学生在观看过程中，弄清了圆柱体积和近似长方体体积相等的来龙去脉，理解了圆柱体积的计算公式，更发展了个人的观察能力和空间想象能力。

（三）激发小学生的数学学习兴趣

在教学六年级“圆锥体积”时，我也采用了同样的方式，为让学生明白“等底等高情况下，圆锥的体积是圆柱体积的 1/3”的概念，我播放了教师机中的 Flash 视频资源：等底等高情况下，圆锥容器装满水倒入圆柱体的过程中，有不同杯数的选项，点击选项后就可以直观看到不同的结果。学生借助具体的实验过程进行观察，在观察中进一步理解圆锥体积的计算公式。

借助教师平板机，教师能将一些抽象的内容形象化、具体化，也可以更多地展示学生的思维，当没有技术介入时，课堂上教师一般选择个别学生的作品进行展示，难以看到整个班级的情况。借助教师机，教师可以让学生拍照上传作品，然后逐一浏览，查找出不同的思维表达方式；也可以在学生进行互动探究时，运用教师机的移动展台，在巡视过程中拍照抓取典型做法。然后，教师再把学生的想法呈现出来，组织学生进行交流讨论，从而展开教学，这样学生的兴趣得到了极大的提升。

在教学六年级“图形的运动”时，我是这样设计的：先呈现一幅美丽的图案，然后追问学生“它是如何通过基本图形旋转得到的？”。学生交流片刻后，通过教师机上传讨论结果，接着我发送视频给学生：一幅美丽图案形成过程的动态旋转图。学生可以在教师机上直观地看到基本图形旋转的全过程，从而理解旋转图形的“三要素”。最后，我要求学生在下发的方格纸上自主设计一幅图案，设计完成后拍照上传，学生上传的作品丰富多样，积极性极高，我采用随机对比的方式，让学生围绕这些作品展开交流，说一说如何旋转得出图案。学生在巩固旋转成图的过程中，找出了旋转与平移、轴对称之间的区别与联系，从而习得了旋转概念。

三、结语

总之，笔者实践中，深深体会到信息技术的课堂让学生主体地位越来越得到凸显，大大增强了学生学习的主动性和积极性，培养了学生的自主学习能力。学生每天期盼着体验信息技术带来的热情推动着教师积极改进教学，让信息技术真正成为教学的得力助手，让班里的学生们都能享受科技带来的便利。

参考文献

[1] 邢晶参. 科技引领，教学创新——小学数学信息技术与教学的融合 [J]. 计算机产品与流通，2020（3）：235.

[2] 卢慧卿. 信息技术支持的小学数学教学创新研究 [J]. 中国新通信，2020，22（3）：204.

[3] 姜丹，刘力. 基于电子书包的小学数学课堂教学互动研究 [J]. 中国信息技术教育，2014（21）：64-66.

[4] 胡卫星，张婷. 电子书包的系统构建与教学应用研究 [J]. 现代教育技术，2011，21（12）：120-123.

[5] 中华人民共和国教育部. 义务教育数学课程标准（2011 年版）[M]. 北京：北京师范大学出版社，2012.

作者简介

胡鹏龙：西安市未央区三星小学教师，中小学二级教师。

初中数学解题类微课优化设计的案例及思考

桂林市雁山中学　唐海明　华中师范大学数学与统计学院　杨一帆

【摘　要】教育信息化的推进推动微课成为中小学一线教师的重要资源。然微课质量参差不齐，优化微课设计成为亟待解决的问题。以解题类微课的优化设计为案例，从弄清题意、尝试解答、剖析解法、小结反思等环节提出优化思考。

【关键词】解题；数学微课；优化

2018年教育部出台《教育信息化2.0行动》的落实极大促进了微课走进中小学课堂。在"双减"大潮下，中小学数学教师很期待微课有所作为。数学微课虽然被广大教师期待，但还存在诸如"多数微课的质量不高，想改善微课但不知如何优化"等突出问题。本文试图以"二次函数最值问题（自变量有限定）"微课的优化设计为例，探讨初中数学解题类微课的优化设计，期待为数学微课优化设计提供一些思考。研究发现，较高质量的数学解题类微课的设计一般是基于波利亚解题思想而设计的，其主要环节如下：弄清题意、尝试解答、剖析解法、小结反思、迁移创新。如下就自己经历评审解题类微课案例后，对如何优化解题类数学微课的设计做一些探讨。

一、"弄清题意"环节的优化思考

著名数学家波利亚在其专著《怎样解题》中指出"弄清题意"至关重要，很多学生就在这一步被卡脖子了。在微课中，如何设计有效引导学生弄清题意？如图1呈现了原版与优化版的不同。在优化版中，通过讲解和提问等方式强调弄清问题的关键三问：已知的关键信息是什么？未知的关键信息是什么？隐含的关键信息是什么？微课设计需要在有限时间有效激发学生投入到弄清问题中，需要聚焦关键信息，精准发问，激发学生快而准地找到关键信息，养成快而准审题的好习惯。

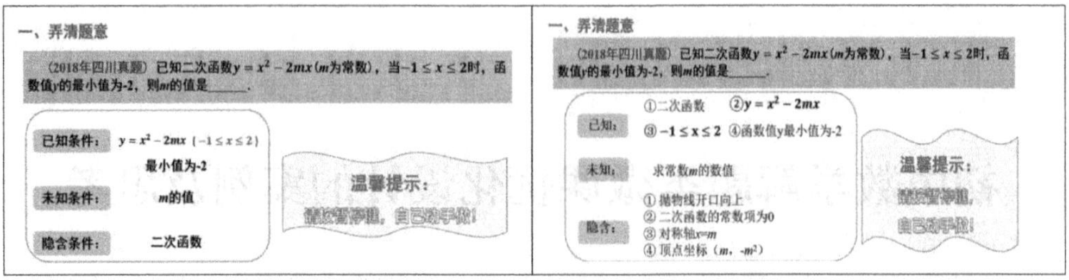

图 1 “弄清题意”环节（左图为原版、右图为优化版）

二、“尝试解答”环节的优化思考

在微课设计中，这个环节一般基于波利亚的解题表设计关键三问：“你见过相似的问题吗？它可否转化成相类似的问题？你能否联想到哪些所学过的知识？”激发学生亲自动手解题，同时引导学生多角度思考问题、多方法解答问题，为后续环节提供对比分析。对比原版，优化版主要通过聚焦如下提问实现：二次函数自变量的取值范围是全体实数，这种解法适合在自变量无限定的情况，如果自变量有限定呢？（停顿3~5 秒再追问）如果自变量有限定，又该如何考虑函数的最值呢？那么本题限定的范围是多少？这就顺其自然地凸显本题关键的已知信息“$-1 \leqslant x \leqslant 2$”。接着，简明扼要说明解答思路，教学生“怎样解题”的同时，启发学生“怎样思考”。

三、“剖析解法”环节的优化思考

“剖析解法”这一环节是基于“尝试解答”的初步分析解答，是对此问题的规范分析求解。此环节设计关键三问：“本质问题研究为何？信息技术助力剖析？问题解法是否唯一？”验证学生解题思路的同时，对比完善解题步骤。抽象所要研究的本质问题，引导学生会用数学眼光看问题、辨问题、思问题。引导学生转变思维一题多解，分析对比各种解法的优劣，体验一题多解的意义，养成一题多解的习惯。对比原版，优化版通过聚焦如下设计实现解答问题的“辨思解”：

首先，明确问题本质为何。在给定二次函数表达式（不含参数），自变量有限定的情况下，函数最值如何取得？对称轴与自变量取值范围的变与不变是研究问题的关键之处，应根据对称轴相对自变量取值范围的五种位置情况分类讨论较为完整。

其次，原版微课“最值”表述不够明确，根据题目和后面的意思应该表述为“最小值”比较切合题意。

最后，“变”与“不变”，参照物不同，视角不同，殊途同归。对称轴与自变量取值范围的变与不变，不论以谁为参照物，均可借助信息技术助力问题剖析探讨。通常选定不变量为参照物，以从左往右的顺序罗列探讨。

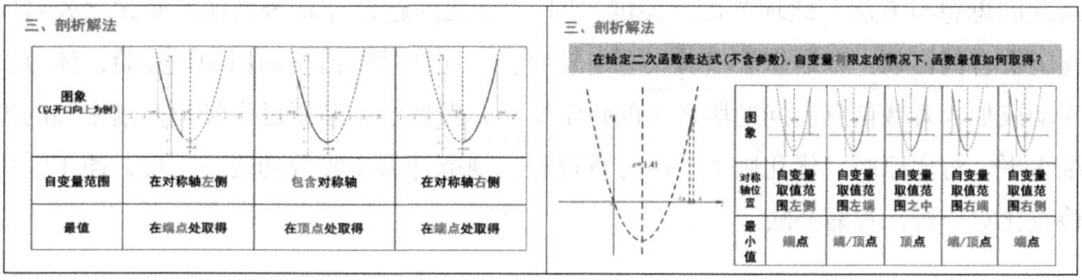

图 2　“剖析解法”环节（左图为原版、右图为优化版）

四、“小结反思”环节的优化思考

在微课设计中，这一环节一般教师侧重于小结解题方法，不够重视回顾解题思想。此环节设计关键三问：“能一题多解吗？能一题多变吗？能一题多用吗？”体悟解题方法的多样，拓宽解题思路的广度，充实解题思维的变形，能够在解母题的基础上形成学习迁移，适应题目变式，活化运用知识。由于微课时长限制，此环节在“精”不在“长”，运用凝练语言总结解题方法，提炼解题思路，活用解题经验，帮助学生开阔学习视野，形成学习迁移，提升学习能力。对比原版，优化版的小结遵循认知规律和书写思维习惯，以对称轴从左往右的五种相对位置顺序探讨，依据条件限制取舍，详尽叙述解题方法步骤，为后面课堂活动做好铺垫。

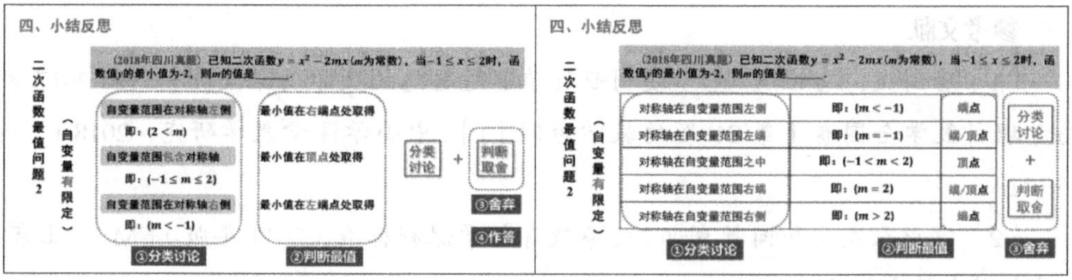

图 3　“小结反思”环节（左图为原版、右图为优化版）

五、“迁移创新”环节的优化思考

“迁移创新”环节是基于小结反思中解决母题的活动经验上的，尝试解决原题的变式问题，迁移或创新解题过程及其思想方法，进一步学以致用和深刻体悟解决此类问题的思想与方法。此环节设计关键三问：“变式问题设计是否创新？变式之处对问题解答有何影响？母题解答经验又有何转变？”促使学生活化运用知识经验，体悟在变动或加入某些信息后问题所产生的化学反应，发展学生基于已有经验探索未知的思维水平。对比原版，优化版中具体计算过程、规范计算步骤等的逐一呈现，便于学生检查比对分析，查漏补缺。

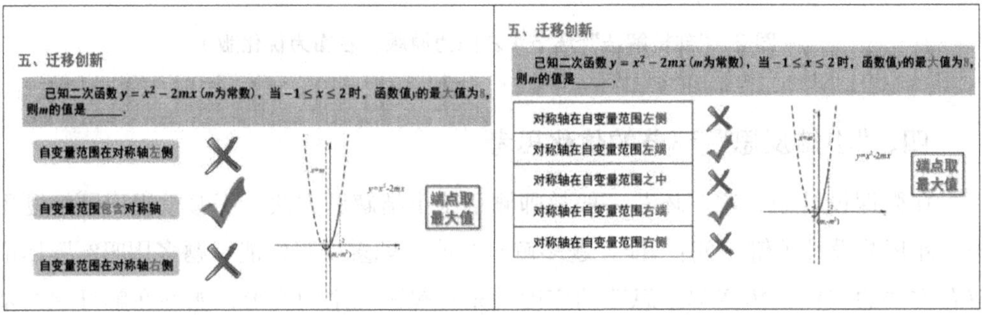

图 4 “迁移创新”环节（左图为原版、右图为优化版）

一般而言，解题微课的优化设计旨在培养学生对新知学以致用和用以致学的意识与能力，通过强调弄清题意、尝试解答、剖析解法、小结反思和迁移创新，助力学生养成良好的解题习惯和发展数学核心素养。

参考文献

［1］唐剑岚，冯耀庆．基于波利亚数学解题思想的数学创课设计——以 2017 年高考理科数学全国卷Ⅰ第 21 题的教学为例［J］．中小学课堂教学研究，2018（2）：15–21.

［2］中华人民共和国教育部．义务教育数学课程标准（2011 年版）［M］．北京：北京师范大学出版社，2012.

［3］波利亚．怎样解题——数学教学法的新面貌［M］．涂泓，冯承天，译．上海：上海科技教育出版社，2002.

[4] 仇雪梅.基于微课的混合式学习教学设计模式的应用研究——以“数据的计算”模块为例[J].中国信息技术教育，2021（13）：3.

作者简介

唐海明：桂林市雁山中学教师，中学高级教师。

杨一帆：华中师范大学数学与统计学院在读研究生。

信息技术有机融合数学教学，“减负增效”

——以“三角形内接矩形面积问题”教学为例

北海市合浦县常乐中学　邓桂林

【摘　要】“双减”政策对教师提出了更高的要求，动感技术融合数学教学可能是一个有效途径。以“三角形内接矩形面积问题”教学为例，探讨如何将动感技术深度融合到初中数学教学的设计和实践中，以期达到“减负增效”的目标，为初中数学“双减”提供一定的实践参考。

【关键词】动感技术；深度融合；皓骏动态数学

一、背景与问题

“最值问题”是二次函数综合应用的典型问题，也是培养初中生善于发现和分析问题的学科素养的良好素材，而“三角形内接矩形面积问题”也是教师常选的数形结合的实际应用问题。传统的教学是教师引导学生根据问题去探索和进行数学建模，最终转化成抽象的二次函数求最大值问题来解决。用抽象办法是难以解决疑惑的！如何才能解决这个问题呢？本文借助信息技术有机融合数学教学，使用数学创课让师生从数据到可视化中轻松地“看见”，从而解决师生的困惑。

二、设计与实践

《义务教育数学课程标准（2011年版）》指出：“信息技术的发展对数学教育的价值、目标、内容及教学方式产生了很大的影响。”“数学课程的设计与实施应根据实际情况合理地使用技术，要注意信息技术与课程内容的整合，注意实效。”基于课标的基本要求和教学现实的诉求，本文以“三角形内接矩形面积问题”为例，将传统课堂和动态技术深度融合课堂的片段实录对比分析，探讨动感技术融合数学教学的一些思考。

问题：如图1，在△*ABC*中，*BC*=5，*BC*边上的高*AD*=4，在△*ABC*中截取矩形*EGHF*，点*GH*在*BC*上，点*E*、*F*分别在*AB*、*AC*上移动，当*EF*为何值时，矩形*EGHF*的面积最大？

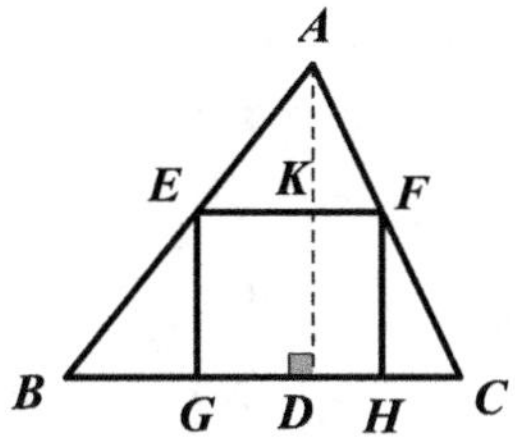

图1　三角形内接矩形面积问题

（一）传统课堂的实录

师1：大家看看这个问题是什么意思？有什么困惑？

生1：点*E*、*F*分别在*AB*、*AC*上移动，矩形*EGHF*的面积也会跟着变化，怎么才能确定当*EF*为何值时，矩形*EGHF*的最大面积是多少呢？

师1：大家讨论。

集体：经过对问题的梳理，找出问题中的已知条件：*BC*=5，*AD*=4，以及四边形*EGHF*是矩形；隐含条件：*EF*与矩形*EGHF*的面积关系；未知结论：当*EF*为某一个值时，矩形*EGHF*的面积最大。

师1：明确了本题的已知条件、隐含条件以及未知结论，那如何求解呢？

小组1：假设*EF*=*x*，矩形*EGHF*的面积为*S*，则*S*=*x*·*KD*，由于四边形*EGHF*是矩形，可知EF∥BC，因此△*AEF*~△*ABC*。而根据相似三角形的性质可知：$\frac{EF}{BC}=\frac{AK}{AD}$即$\frac{x}{5}=\frac{4-KD}{4}$整理，得$KD=-\frac{4}{5}x+4$，所以$S=x\cdot KD=x\cdot(-\frac{4}{5}x+4)=-\frac{4}{5}x^2+4x$，即$S=-\frac{4}{5}x^2+4x$，显然这是一个二次函数的问题，所以矩形*EGHF*的面积*S*是*EF*（*x*）的二次函数，只要找到*x*为何值时，函数值*S*的最大值即可。

生2：面积为什么就是这么大了呢？

师1：把问题转化成二次函数求最值问题来解决。

（二）融合课堂的实录

首先，教师按照问题提前设计动感积件，设 EF 的长度为 x，矩形 $EGHF$ 的面积为 y（如图 2）；然后根据学情适时引导学生经历观察、猜想、验证、计算、推理等数学活动。

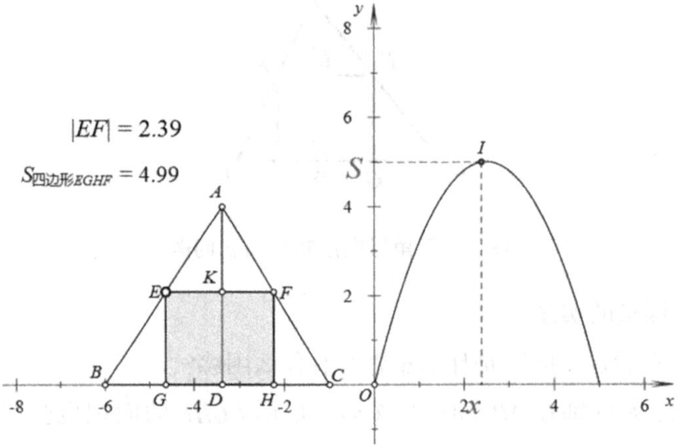

图 2　面积最大问题

师 2：大家对本题的隐含信息有什么发现？解决本题的关键是什么？

（如果学生没有太多的反应，改变 EF 的长度，呈现图 2 的左图，引导学生观察 $S_{矩形EGHF}$ 的数值变化情况，然后呈现图 2 的右图）

生 1：当 EF 变化时，$S_{矩形EGHF}$ 数值也跟着变化，点 I 运动的轨迹好像是一条抛物线。

生 2：是否可以说 $S_{矩形EGHF}$（y）是 EF（x）的二次函数？

生 3：$S_{矩形EGHF}$（y）是 EF（x）的二次函数，从动态图发现 $S_{矩形EGHF}$ 的数值有最大值。

师 2：很好的发现。（肯定学生的发现，再次变化三角形大小和 EF 的长度，让学生再次观察）

师 2：通过观察动态图，发现 $S_{矩形EGHF}$（y）是 EF（x）的二次函数，而且缺失最大值。那么我们如何计算这个最大值？（类似前面课堂实录，引导学生建立函数模型）

三、评析与反思

本题的难点是发现 EF 与矩形 $EGHF$ 面积的函数关系。在常态课堂中，通过观察发现，大多数学生被动接受教师的解法，但基本上不明白“为什么要这么解答”。也就是说，仅仅凭借教师讲解是很难破解难点的。

在技术深度融合的课堂，首先，通过提问引导学生发现隐含信息，当大多数学生不能发现时，才应用动感积件呈现隐含信息，破解解题的难点；接着，变式三角形大小和线段 EF 的长度，再次引导学生重新高效经历观察—猜想—验证等数学活动。一方面，技术配合提问破解了教学难点；另外，技术融合活动，促进了学生经历丰富的数学活动，促进学生积累数学基本活动经验，激发了学生的学习兴趣，可谓授人以“鱼”的同时授人以“渔”与“欲”。

通过对比分析，技术有机融合数学课堂不是简单将技术嵌入课堂，有效融合需要三点思考。首先，需要教师教学理念的变化；其次，需要深刻理解数学的本质；最后，需要掌握技术的功能与作用，充分发挥提问、讲解、演示等传统教学方法的优势，用好用活技术，突出重点和破解难点，让数学教学“减负增效”。

参考文献

[1] 中华人民共和国教育部. 义务教育数学课程标准（2011 年版）[M]. 北京：北京师范大学出版社，2012.

[2] 唐剑岚，陈圆. 基于“鱼渔欲”三位一体优化教学理念的数学创课设计——以“一次函数的图象与性质”的教学为例 [J]. 中小学课堂教学研究，2017（12）：34-37，57.

[3] 王鹏远，张景中. 从普适的信息技术到数学教育技术——信息技术与数学教学深度融合的思考 [J]. 中小学数字化教学，2017（1）：7-9.

作者简介

邓桂林：北海市合浦县常乐中学教师，中学高级教师。

本论文集是教育部教师工作司委托课题“中小学数学教师信息化教学能力显著提升的研究与实践”的部分研究成果

数学教育数字化创新研究

——中小学数学教师信息技术应用能力显著提升项目论文集

（下册）

主　编　方海光　焦宝聪

副主编　董黎明　刘秀丰　唐剑岚　刘雍潜

首都师范大学出版社
CAPITAL NORMAL UNIVERSITY PRESS

图书在版编目（CIP）数据

数学教育数字化创新研究：中小学数学教师信息技术应用能力显著提升项目论文集. 下册 / 方海光, 焦宝聪主编；董黎明等副主编. — 北京：首都师范大学出版社, 2022.12

ISBN 978-7-5656-7035-0

Ⅰ. ①数… Ⅱ. ①方… ②焦… ③董… Ⅲ. ①数学课－计算机辅助教学－教学研究－中小学－文集 Ⅳ. ①G633.602-53

中国版本图书馆CIP数据核字（2022）第098131号

SHUXUE JIAOYU SHUZIHUA CHUANGXIN YANJIU

数学教育数字化创新研究

——中小学数学教师信息技术应用能力显著提升项目论文集（下册）

方海光　焦宝聪　主编

董黎明　刘秀丰　唐剑岚　刘雍潜　副主编

责任编辑　王　晶

首都师范大学出版社出版发行

地　址　北京西三环北路105号

邮　编　100048

电　话　68418523（总编室）　68982468（发行部）

网　址　http: //cnupn. cnu. edu. cn

印　刷　中煤（北京）印务有限公司

经　销　全国新华书店

版　次　2022年12月第1版

印　次　2022年12月第1次印刷

开　本　710mm × 1000mm　1 / 16

印　张　64.75

字　数　1124千

定　价　130.00元（全二册）

模块三
互联网 + AR 融合
数学教学思路探索

基于核心素养的初中数学 AR 融合教学实践研究

——以三导三学六环节的习题课教学为例

西安市高新第一学校　金西平

【摘　要】学生发展核心素养，是近年来教育关注的热点。本研究是在“三导三学六环节”的教学流程下，将初中数学教学与信息技术相融合，有效地利用网络画板和 AR 技术，再结合习题课，发挥信息技术在教学实践中的作用。经研究表明，在初中数学教学过程中使用网络画板、AR 融合等信息技术能及时对学生进行数学教育、科技教育，可减轻学生的学习负担，提高课堂教学的效果，提升学生的思维能力，发展学生的核心素养。

【关键词】AR 融合；网络画板；核心素养；初中数学

随着现代信息技术的飞速发展，信息技术更加广泛应用于社会生产和日常生活的各个方面。习总书记在致国际教育信息化大会中指出，当今世界科技进步日新月异，互联网、云计算、大数据等现代信息技术深刻改变着人类的思维、生产、生活、学习方式，中国坚持不懈地推进教育信息化，努力以信息化为手段扩大优质教育资源覆盖面。同时随着我国 2021 年 8 月实施义务阶段双减政策以来，对课堂教学、作业设计、课后服务等方面有了更高的要求。为了连接虚拟世界和现实世界，创造了增强现实（Augmented Reality，简称 AR），其可应用于医疗、制造和维修、可视化、娱乐和教育等许多领域。与虚拟现实（Virtual Reality，简称 VR）相比，AR 在教育方面具有更多优势。AR 技术在教育领域中的应用并不少见，前有 AR 童话书，后有 AR 智慧课堂，随着 AR 技术的不断发展，AR 在物理、数学、地理、医学、幼儿教育等领域都有涉及。在信息技术日新月异的当下，教师还需要给予学生更多的创新与开发。网络画板、AR 技术在初中数学课堂中的运用与发展学生核心素养相互依存、相互促进，学生发展核心素养又为网络画板、AR 在初中数学教学中的运用提供理论依据和指导思想，网络画板、AR 技术在初中数学教学中的运用有利于提升学生的思维品质，为发展学生的核心素养提供了科学验证。本研究是在落实教育部教师工作司专项委托课题“中小学数学教师信息化教学能力显著提升的研究与实践”的子课题研究基础上，在初中数学教学中应用 AR 技术、网络画板等信息技术，对学生进行数学教育、科技教育和融合教育。在研究过程中，结合“三导三学六环节”的教学流程，将网络画板、AR 融合等技术融入初中数学教学，有目的、有针对性地进行研究。经研究表明，在初中数学课堂运用网络画板、AR 融合技术有利于情景创设，有利于以“问题驱动”和“任务驱动”作为学习和活动的主线，有利于充分利用信息技术资源进行自主学习和合作学习，有利于为学生提供有效的引导和帮助，从而减轻了学生的学习负担，提高了课堂教学的效果，提升了学生的思维能力，发展学生的核心素养。本研究以初中数学习题课“旋转变换——夹半角模型”为例进行具体阐述。

一、核心概念的界定

（一）AR 技术

AR（Augmented Reality）增强现实，是利用计算机生成一种逼真的视、听、力、触和动等感觉的虚拟环境，通过各种传感设备使用户“沉浸”到该环境，实现用户和环境直接进行自然交互。它是以交互性和构想为基本特征的计算机高级人机界面。

（二）网络画板

网络画板是在超级画板的基础上，为适应互联网环境下教育信息化发展趋势，运用国内领先的动态几何技术、智能推理技术、符号运算和网络交互技术开发的国内第一款互联网环境下的理科教学工具。

二、三导三学六环节教学模式概述

“思维型教学”是以建构主义学习理论为依据，激发学生动机，产生认知冲突，自主建构、自我监控，从而应用迁移。《义务教育数学课程标准（2011 年版）》指出数学教学活动应激发学生的兴趣，调动学生的积极性，引发学生的数学思考，鼓励学生的创造性思维。信息技术下的初中数学课堂利用教育云端、物联网等新一代信息技术打造智能高效的课堂。在本节课的教学中，将信息技术与初中数学教学相结合，应用“三导三学六环节”。“三导”：教师导学（引导学生学会且会学）、教师导释（引导学生消除疑惑）、导思（引导学生学会思考）。“三学”：学生自学（独立学习）、互学

（合作学习）、示学（交流和展示）。“六环节”：包括自主预习、合作探究、交流展示、有效检测、归纳拓展、分层作业六个教学环节，以学生为中心，以学定教。

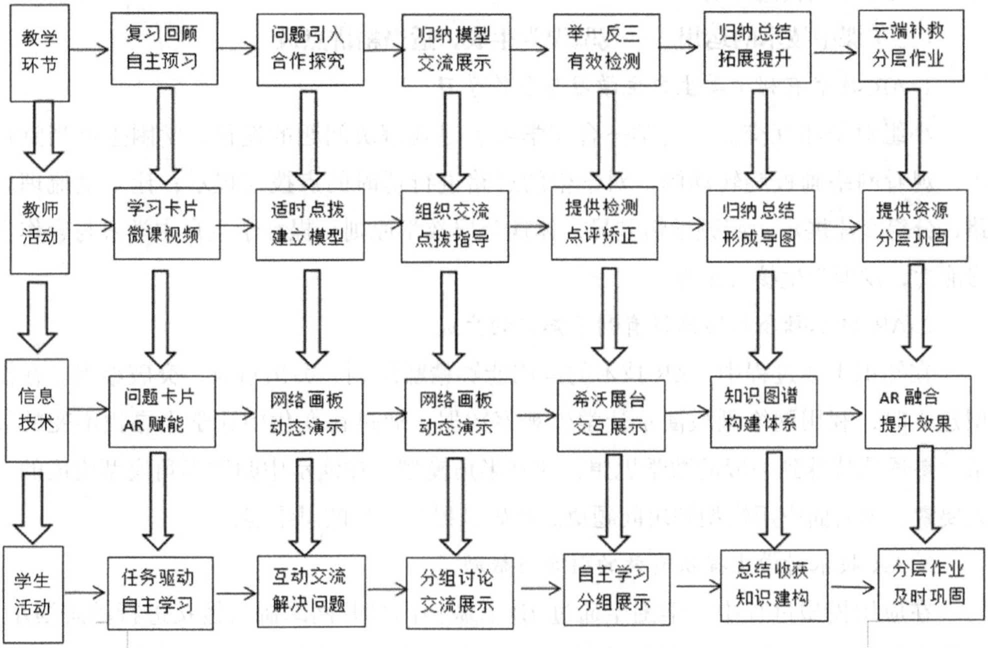

图 1　“三导三学六环节”教学流程图

三、信息技术的应用思路

（一）课前技术的运用——创设有效情景，恰当引入新课

1. AR 融合技术的运用

利用 AR 技术制作预习小卡片、推送导学单中的课前检测和中考链接进行自我检测，对于存在问题的同学可通过扫二维码的形式进入 4D 书城观看微课获得点拨和答案，既达到检测预习效果的目的，也让教师提前了解学情，调整教学策略，实现以学定教的目的。

2. 网络画板的运用

让优等生利用网络画板录制微课，向其余学生进行展示，归纳利用旋转变换解决问题可使复杂的问题简单化，归纳辅助线规律：等线段共端点用旋转。网络画板展示旋转动画，有利于情景创设，形象地理解知识，导入新课。学生理解旋转在解决半角模型中的作用，渗透转化思想，培养学生观察归纳、自主探究的能力，引出下一环节问题解决的思路，起到承上启下的作用。激发学生的学习兴趣，提高学生课堂的参与度，提升学生的信息素养。

（二）课中技术的运用——驾驭课堂生成，适当精讲点拨

1. AR 技术有利于学生自主学习与合作学习

小组对子相互交流（对学—合作学习）寻找解决问题的途径，学困生可当堂扫码，观看网络画板旋转动画，对学生的思路进行适时的点拨与提示；让学生梳理思路，分组交流展示，照顾学情差异，体现分层教学原则，提高学生自主学习与合作学习能力，发展学生核心素养。

2. AR 技术融合网络画板有利于知识的生成

在知识生成过程中，AR 技术的运用能够精雕细刻，突出重点，突破难点。在模型建立时，利用网络画板演示让学生观察数据，通过在变化中让学生寻找不变的关系，渗透从特殊到一般的数学思想，建立半角模型，在演示中归纳半角模型构成的三大要素，为后面应用模型解决问题奠定基础，提高学生的思维能力。

3. AR 技术对学生提供有效的引导与帮助

在应用模型过程中，学困生通过 4D 书城扫码打开网络画板链接进行动态演示，对其思路进行适时的点拨引导，有利于解决学生难点问题，体现信息技术在分层教学中的作用，体现量力性原则、启发性原则和因材施教原则。

4. AR 技术加深学生对知识的理解

AR 将图片、视频、思维导图、网络画板链接进行融合，通过 4D 书城推送课中知识，让学生有效进行课中学习。并能通过学习养成严谨的思维习惯，形成规范书写证明解答过程的习惯，加深对知识的理解。

5. AR 技术有利于学生巩固知识

在课堂检测环节，学生能独立完成课堂检测、互评。如有学习困难者，可以扫码或者扫描卡片通过 4D 书城观看练习题的网络画板动态演示、微课讲解和证明过程，体现了巩固性教学原则。

6. AR 融合思维导图帮助学生形成知识体系

在教师的启发引导下，学生交流、总结半角模型的构成要素、解题思路，总结本节课所涉及的数学知识、方法、思想以及本节课的核心素养，形成思维导图。利用 AR 将思维导图所涉及到知识点的微课、图片、音频等形式有机融合，学生课后通过

4D书城扫码选择性看学习，及时复习巩固，达到一对一个性化辅导，体现AR技术有效整合课堂内容，为课后复习巩固提供了有效的信息技术。

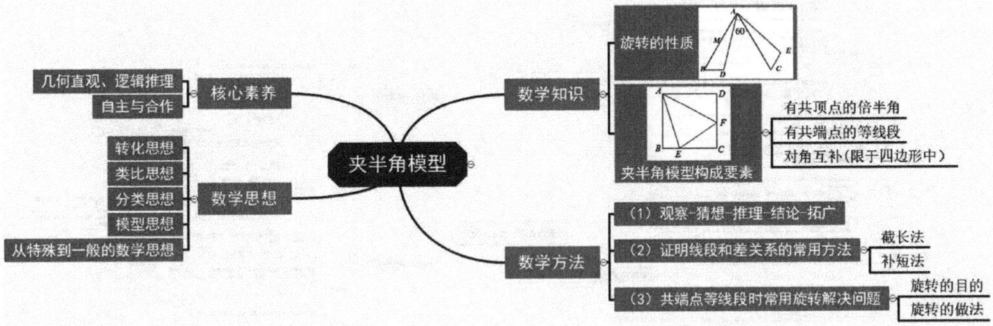

图2　“旋转变换——夹半角模型”思维导图

（三）课后技术的运用——课堂延伸课后，精准课堂评价

1. AR技术融合微课有利于提高课后服务质量，促进个性化辅导

拓展提升设置的题目难度较大，利用4D书城推送题目的网络画板动态演示、微课和证明过程，将课堂没有解决的问题延伸到课后，有效发挥AR在课后服务和个性化辅导中所起到的作用。

2. AR技术可开阔学生的视野，有利于学生创新思维培养

4D书城推送知识延伸，学生根据学习情况自主选择，课后扫码观看，拓展学生的知识视野，有利于优生培养，照顾学情差异，有利于学生创新思维的培养，有效发挥信息技术在延伸与拓广中的作用。

3.AR技术有利于创新作业形式

为了照顾学情差异，作业设计为必做题和选做题，学生根据自身的掌握情况选择，起到分层教学、因材施教的目的。使用4D书城推送课后作业的网络画板动态演示、微课、解题过程和本节课的知识图谱，学生登录4D书城选择性地扫码观看，凸显出信息技术在线上线下混合式教学中的作用，有利于落实分层教学，提高课堂教学的有效性，对学生学情及时掌控，精准进行课堂评价，指导教师及时调整教学计划，为后续教学提供依据。

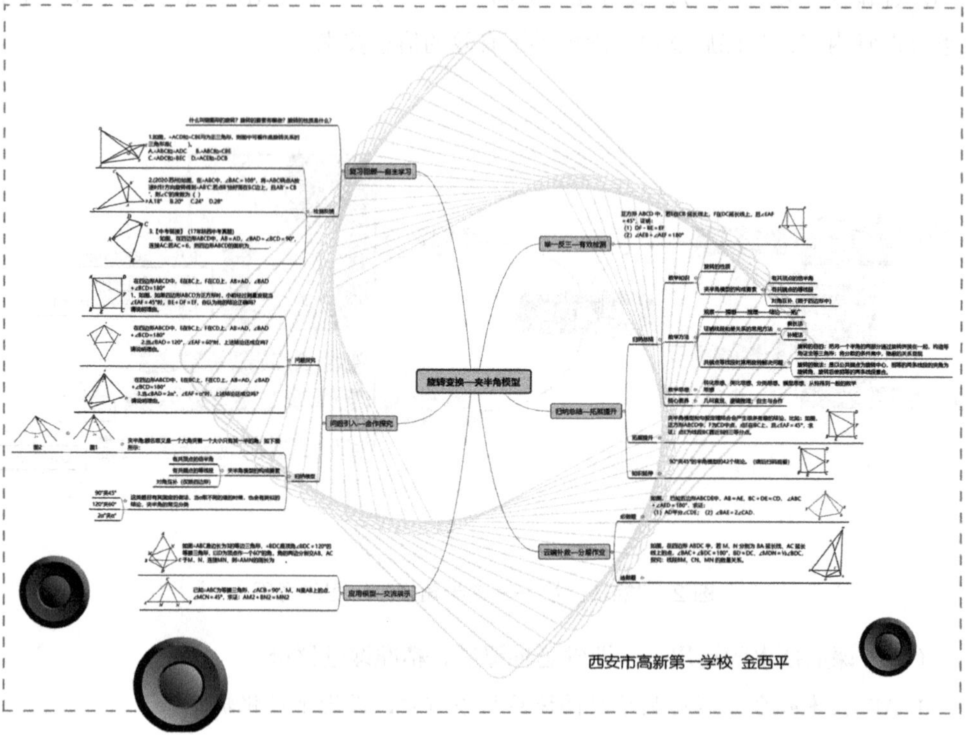

图 3 “旋转变换——夹半角模型”知识图谱

四、总结与展望

数学的思维方式是一种智慧，学习数学，掌握数学的思维方式，比起学会某些具体的知识更重要。随着新课程改革步伐的推进，信息技术教学逐渐成为中小学数学教学的新型模式，教师通过信息技术和多媒体设备，可以开展多元化、兴趣化的教学活动；通过信息技术教学激发学生学习兴趣，提升学生思维品质。在初中数学教学中，结合“三导三学六环节”教学模式，运用网络画板、AR 融合等信息技术有利于减轻学生的学习负担，提高课堂教学效果，提升学生的思维能力，发展学生的核心素养。在今后的研究与应用中，将多元化的教学评价融入其中，进一步完善“三导三学六环节”课堂教学模式，可发挥其信息技术对发展学生核心素养的促进作用，提高初中数学教学质量，为初中数学教学尤其是习题课教学提供有价值的借鉴和研究范本。

参考文献

［1］新华社．习近平致信祝贺国际教育信息化大会开幕［EB/OL］.（2015-05-23）［2022-03-24］.http：//www.gov.cn/xinwen/2015-05/23/content_2867643.htm.

［2］姚甜 .AR 技术在教育领域的应用［J］. 无线互联科技，2020，17（4）：2.

［3］AR 技术在教学中的应用［EB/OL］.（2018-11-05）［2022-03-24］.http：//www.ailaba.org/sell/184481766662920.html.

［4］教育部．教育部关于全面深化课程改革落实立德树人根本任务的意见 - 中华人民共和国教育部政府门户网站［EB/OL］.（2014-04-08）［2022-03-24］.http：//www.moe.gov.cn/srcsite/A26/jcj_kcjcgh/201404/t20140408_167226.html.

［5］张文兰，刘瑞儒．现代教育技术［M］. 西安：西北大学出版社，2015.

［6］陆兴华，李兴贵，尧刚，等．互联网＋动态数学——网络画板推进数学教学变革［M］. 长沙：湖南教育出版社，2019.

［7］胡卫平，严文法．教学设计能力实训［M］. 北京：高等教育出版社，2019.

［8］中华人民共和国教育部．义务教育数学课程标准（2011 年版）［M］. 北京：北京师范大学出版社，2012.

［9］张景中，王鹏远．数学家的眼光［M］. 武汉：长江文艺出版社，2021.

作者简介

金西平：西安市高新第一学校数学教师，一级教师。

基于 STEM 理念的 AR 融合数学课堂教学研究
——以北师大版“测量不规则物体的体积”为例

灵武市第四小学　杨学言　马晓燕　王　霞　马自娟

【摘　要】数学课堂教学是学生学习数学知识的过程，在师生、生生间的互动情景中探究数学知识具有重要优势。然而目前大部分研究与实践者聚焦于数与代数方面的研究，对 STEM 理念在数学课堂教学方面的关注并不多。本文通过从 STEM 教育理念的角度研究数学课堂教学，基于数学课堂教学的学习，本文以“测量不规则物体的体积”为例，对 STEM 教育理念在小学数学课堂学习中的应用实践，提出了对各种数学资源进行整合，发展学生的数学感知力和提高数学计算能力为目标的原则，以期对有关实践者提供借鉴。

【关键词】数学课堂教学；STEM 理念；AR 技术

随着“互联网＋”的到来，教与学的方式亦发生转变，数学课堂教学越来越成为教育研究与实践者关注的热点。熊觅老师从“小学数学生活化”的角度研究本主题，提出了积极探索小学数学教学生活化的理论与实践，对于理论联系实践具有重要作用；刘兰英老师从“师生对话的特征”进行实证分析，提出了完善小学数学课堂师生对话评价理论与技术，对于提升小学数学教师课堂师生对话水平具有重要理论价值和实践意义。然而，随着 STEM 教育理念融入教学带来数学课堂的变化，越来越多的有关数学课堂教学研究者聚焦于从 STEM 教育理念方向进行研究。本文从数学课堂教学角度，提出 STEM 教育理念融入数学课堂教学，创设生活化的教学情景使学生愉悦地学习，以望对数学课堂教学提出参考。

一、小学数学课堂教学概述

对于小学数学课堂教学的研究，学者们从不同的角度对小学数学课堂教学进行了研究，提出了不同的观点，比较有代表的观点有下列几种：(1) 周淑红老师从“小学数学核心素养”的角度研究，认为小学数学教育的最终目标是发展人，发展人的思维。(2) 姚永妃老师从“有效教学策略”方面研究，认为遵循小学生学习数学的心理规律，灵活地选择有效教学策略，提高学习数学的兴趣。(3) 刘文芳老师从“数学问题导向方式”方面探究，认为借助信息技术手段，通过创设问题情景、学生自主探究、直观性教学和师生互动来培养学生的“四能”，从而达到《国家中长期教育改革和发展规划纲要（2010—2020）》(以下简称《纲要》) 和《义务教育数学课程标准（2011 年版）》(以下简称《新课标》) 对小学数学教学提出的要求；虽然学者们对小学数学课堂教学的研究角度不同，但他们对小学数学课堂教学的一些基本共识还是非常明显的：(1) 情景性；(2) 趣味性；(3) 直观性。综上所述，本研究基于上述特点对小学数学课堂教学展开研究。

二、数学课堂教学与 STEM 教育理念的关系

数学课堂教学与 STEM 教育理念是相互促进的关系，STEM 教育理念为数学课堂教学的实践应用提供了理论指导，而数学课堂教学为 STEM 教育理念提供了实践应用目标等。

(一) STEM 教育理念是数学课堂教学的理论基础

STEM 教育理念是 1986 年，美国国家科学基金会（National Science Foundation，NSF）在《大学的科学、数学和工程教育报告》中首次提出的“科学、技术、工程和数学”教育融合的理念，强调其跨学科性、融合性和情景性，这些理念为数学学科高效地实施提供了切实有效的理论指导，真正实现促进学生的全面发展。

(二) 数学课堂教学是 STEM 教育理念的实践应用

数学课堂教学是师生间交互的过程，强调以人为本的理念，这些观点为数学课堂教学科学、高效地把 STEM 教育理念应用于数学学科实践提供了有效的实践场所，为数学课堂教学真正实现促进学生积极参与、自动探究学习提供了切实有效的验证。

三、基于数学学科 STEM 理念的教学设计

以北师大版小学数学五年级下册四单元“测量不规则物体的体积”为例进行教学设计，通过以解决问题为目的的数学方法分析、科学实验操作等活动，体现数学核心素养在教学设计中的指导地位。

（一）学习者分析

学生已学习了长、正方体的体积及掌握长、正方体的体积计算方法，对于不规则物体的体积如何去测量，感觉无从下手，好像已有的知识与技能无法解决这样的问题，对于“等积变形”有模糊的认识，但没有切实的操作体验。

（二）教学准备

水箱，量筒，水，大螺丝，苹果，土豆，梨，灯泡，尺子，丝巾。

（三）教学流程图

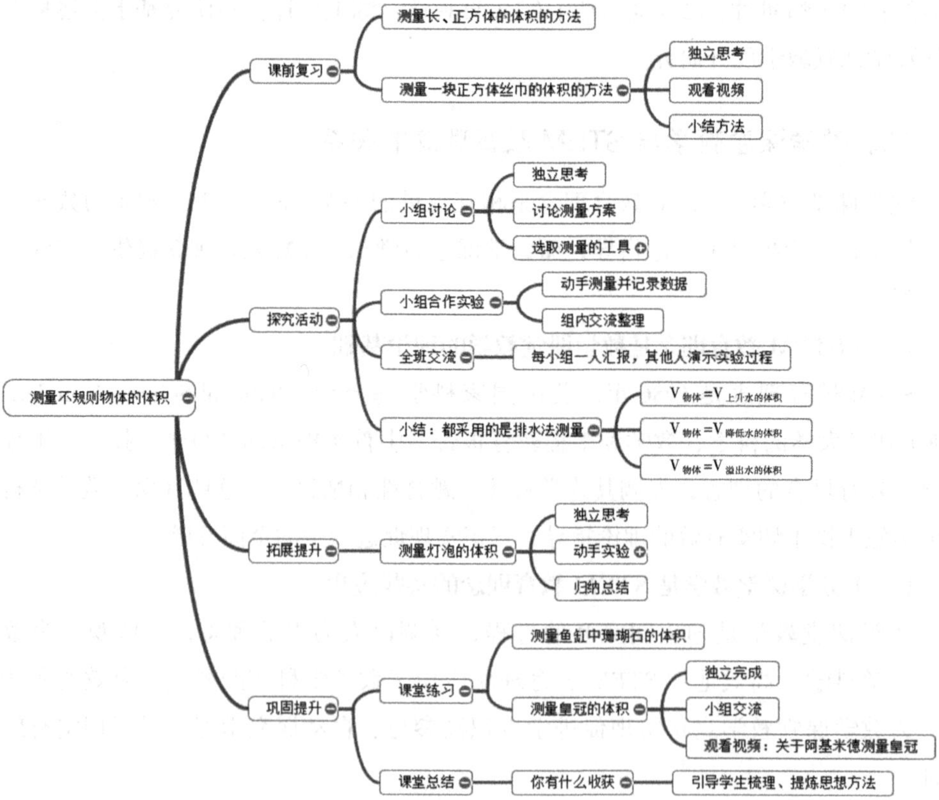

图 1　教学基本流程图

（四）教学过程

表1　教学过程表

教师活动	学生活动	设计意图	AR课件	所涉及的学科核心素养	STEM理念
一、复习导入 1. 请问：计算长方体的体积需要知道什么信息？ 2. 如何测量一块正方体丝巾的体积？	1. 回顾已知，需要测量出长方体的长、宽、高。 2. 思考：一条丝巾太薄了太滑了，没法测量。 3. 说说你从视频中学会了什么：先测一百条，再除以一百就可以了。	通过回顾已知，开启新知探究，初步体验通过“转化”的方法测量我们无法直接测量的物体的体积。	课件出示问题1、2，在问题2下方叠加丝巾的体积测量方法的视频。	1. 数学分析。 2. 转化思想。	使用自制小视频演示丝巾的体积测量方法，创设情景，激发学生学习兴趣。
二、探究学习 1. 规则物体的体积测量过了，课桌上的不规则物体的体积怎样来测量？今天我们就来测量不规则物体的体积。（板书课题。） 如何测量不规则物体的体积？ 2. 组织小组合作实验。 3. 请小组代表上台介绍。 4. 小结：大家都使用了排水法来测量不规则物体的体积： （1）$V_{物体}=V_{升高部分}$ （2）$V_{物体}=V_{降低部分}$ （3）$V_{物体}=V_{溢出部分}$ 我们现在懂得了利用转化思想测量不规则物体的体积。	1. 讨论：怎么测量？（给时间让学生小组讨论测量方案，选取所需要的测量工具。） 2. 小组合作：动手测量并将测量数据记录在记录单里。 3. 展示交流：一个同学汇报，组内同伴演示实验过程。	1. 实验前，先讨论交流，明确实验的任务，培养先制定实验方案再实验的科学态度。 2. 利用学生实验过程中的亲身体验，引导学生感悟测量不规则物体体积时转化思想的应用。 3. 激发学生积极思考不同的转化方法，使学生对利用排水法测量不规则物体的体积有一个丰富的体验和感受。	1. 课件出示学生熟悉的不规则物体图片。 2. 教师随堂用手机记录（拍照获小视频）学生探究的过程，小结时适时展示，激发学生探究的积极性。	以问题为导向，综合利用各学科知识解决问题。	1. 能通过科学实验来验证自己的想法，获取数学问题的解决方法。让学生体会到“做中学”的乐趣。 2. 记录学生闪光点，引导学生提高探究学习的实效性。

续表

教师活动	学生活动	设计意图	AR 课件	所涉及的学科核心素养	STEM 理念
三、拓展提升 测量灯泡的体积：教师出示灯泡，灯泡会浮起来怎样测量？	1. 先让学生独立思考，然后交流汇报。 2. 学生动手测量灯泡的体积。	拓展提升，激发学生的想象，让学生结合已获得的经验和转化思想，充分实验。	课件出示“猜想”卡通图片及方法：猜想—验证—方法—解决生活中的问题。指引学生大胆探究。	体验科学研究的一般方法，鼓励学生的创新意识。	数学思维方法与科学实验方法相结合，获取解决问题的方法。
四、课堂练习 1. 求鱼缸中珊瑚石的体积。 2. 求皇冠的体积。	1. 独立完成并交流。 2. 观看关于阿基米德测皇冠的视频。	巩固本节课所学知识、方法和技能。	课件出示本节课的知识、技能和方法，叠加阿基米德测皇冠的视频。	体验生活中处处蕴含知识。	叠加的视频增加课堂的趣味性，观看视频的过程中培养学生的应用意识和创新意识。
五、全课总结 师：今天这节课你们有什么收获？	交流。	梳理本节课所学习的思想方法，从而实现学生解决问题能力的提升。	展示学生课堂活动的照片，引导学生进行总结。	从活动中提炼出思想方法。	直观地反映学生课堂活动的过程，更好地激发学生学习兴趣，引导他们快乐学习。

四、基于 STEM 教育理念的数学课堂教学原则

（一）以学生全面协调发展为核心

STEM 教育强调分享、创造，强调让学生体验和获得分享中的快乐感与创造中的成就感。传统的数学课堂“教师说，学生听”的单一形式的信息传递逐渐被 STEM 教育学习所取代。从教师教学到学生自主学习的角色转换，教学形式的转变，学生在自主学习的环境中学习。STEM 教育理念指导下，学生在数学问题情境中发现和解决问题；在探究的过程中，体验学习的乐趣，且全面协调地发展。

（二）以学科核心素养提升为重点

核心素养的培养是以正常的课堂教学实践为基础的，在学习过程中养成的。STEM 教育理念下的小学数学课堂，教师更注重提升学生的数学学科素养，指引学生在数学

情景中用数学的思维方式思考问题、解决问题。教学基于学生核心素养，加强不同学段、不同学科课程目标之间的垂直衔接和横向整合，注重培养跨学科的、与社会适应相关的素养，在小学数学课堂的教学中融入其他学科元素，拓展学生数学视野。

（三）以“师生角色多样化”为基础

在基于 STEM 教育理念的教学模式中，学生由被动地接受知识者转变而成主动的知识应用者与知识创造者，成为集科学家、发明家、数学家、设计者等多方面的综合性角色。教师的角色也从传统的知识传授者转变成为教学的设计者、学生的引导鼓励者、创造过程中的支持合作者、管理者等综合性角色。

本研究基于 STEM 教育理念的小学数学课堂的教学研究，提出了 STEM 教育理念是小学数学课堂教学的理论基础，能够提升教师驾驭课堂的能力，运用互联网 +AR 技术，最大限度地实现学科大融合，让学生在有趣的情景中愉悦地学习，更好地将知识内化。学科融合过程中，不同的理论框架和教学模式不断涌现。然而，任何一种教学模式的提出，从实践到成熟应用都需要一个过程，本研究是通过文献提出的 STEM 教育理念在小学数学教学中的应用，此数学教学过程探索结果的精确性还需要通过专家、学者、老师进一步的实践进行验证。

参考文献

［1］熊觅 . 新课程背景下小学数学教学生活化的研究［D］. 长沙：湖南师范大学，2013.

［2］刘兰英 . 小学数学课堂师生对话的特征分析［D］. 上海：华东师范大学，2012.

［3］周淑红 . 小学数学核心素养培养研究［D］. 哈尔滨：哈尔滨师范大学，2017.

［4］姚永妃 . 新课程背景下小学数学有效教学策略的研究［D］. 桂林：广西师范大学，2014.

［5］刘文芳 . 信息技术支持下的小学数学问题导向式教学策略研究［D］. 济南：山东师范大学，2015.

［6］蒋志辉，赵呈领，周凤伶，等 .STEM 教育背景下中小学生学习力培养策略研究［J］. 中国电化教育，2017（2）：25-32，41.

［7］余胜泉，胡翔 .STEM 教育理念与跨学科整合模式［J］. 开放教育研究，2015，21（4）：13-22.

［8］董黎明，焦宝聪．基于翻转课堂理念的教学应用模型研究［J］．电化教育研究，2014（7）：113-120.

［9］董黎明，焦宝聪．基于课程融合的“创客”教学设计与应用模型研究［J］．中国电化教育，2018（3）：89-96.

［10］张屹，李幸，黄静，等．基于设计的跨学科STEM教学对小学生跨学科学习态度的影响研究［J］．中国电化教育，2018（7）：81-89.

作者简介

杨学言：灵武市第四小学美术教师，一级教师。

马晓燕：灵武市第四小学数学教师，副高级教师。

王霞：灵武市第四小学教师，一级教师。

马自娟：灵武市第四小学教师，二级教师。

AR/VR 在小学数学课程中的应用研究

西安市经开区第四小学　赵　洁

【摘　要】 AR/VR 技术在当前来说是非常流行的，正在逐渐进入各行各业，也在慢慢走入校园，逐步走进我们的课堂，利用 AR/VR 技术可以将一些数学知识直观地展现在学生的眼前，让学生有浓厚的学习兴趣，从而营造活跃的课堂氛围。当前的数学课程现状发生了很大的改变，相信随着 AR/VR 技术的不断改进，未来整个数学课堂教学模式也会随之发生变化，这些变化会帮助学生更深入体验数学知识的趣味性，熟练应用课堂上所学习知识去解决一些实际问题，为学生打造高效、生动的数学课堂。

【关键词】 AR/VR；小学数学；几何直观

在日常小学数学教学过程中，由于学生的认知水平不是很完善，正处于具体运算阶段向形式运算阶段转化过渡的时期，学生整体的抽象思维水平不高，更愿意通过直观的图形，或者简单的情景图来对新知识加以理解。比如：在教学“体积单位”这节课时，教材中展示出的体积单位有立方厘米、立方分米、立方米；然后接下来是探讨相邻的体积单位之间的进制转换，可是学生的认知并不十分明显。此时教师讲得再多也没有实际的效果，从而使得教学陷入停滞状态，而 AR/VR 技术可以帮我们完美解决这个难题。我们要充分利用多媒体的优点——动画效果，把每一幅图进行展示，这样让学生在看的过程中可以直观体会到 1 立方分米和 1000 立方厘米之前的转换关系。学生这样直观地感受，为后面长方体的体积学习打下了坚实的基础。因此，将 AR/VR 技术应用到课堂教学的过程中，不仅可以在最大限度上激发学生学习数学的兴趣，还能帮助学生突破学习中的重难点。

一、利用 AR 技术构建数学课堂

AR 类软件的出现在一定程度上解决了传统教学方式的痛点，当前数学课堂教学中难以实现的画面和几何图形均可以利用 AR 技术的形式展示出来，能引导学生进行细致的观察，使学生明白数学几何图形的关键知识点。在整个数学探究活动中，学生也会产生强烈的学习愿望和兴趣；在几何知识和数学图形的学习过程中，有大量的图形探索活动，很多图形知识的探索活动受到课堂教学环境等其他因素的影响，从而导致了数学研究探讨活动不能得到有效的开展。因此，在教学过程中大多数数学老师只能利用电脑图片、PPT 和视频相结合的传统教学方式，让学生用这种方法去了解生活中存在的图形，这样的教学模式让整个教学过程显得很单调，不能有效地调动学生研究数学课题的积极性，反而会使学生们失去学习的兴趣。

举个简单的例子，在“圆形图案”一课中，教师首先为学生布置学习任务，先让学生在方格纸上画出任意大小的一个长方形，然后让学生思考，沿着长边与短边旋转一周，所形成的图形体积是不是一样的，并且说出为什么。

第一个学生认为沿着短边进行旋转所形成的图形的体积大。

第二个学生认为沿着长边进行旋转形成的图形的体积更大。

第三个学生有不同的想法，认为两个图形的体积有可能是一样大的。

这时，AR 类软件就能解决当前问题，教师利用 AR 类软件对学生所画成的图形进行点评分析，点击转沿，沿长方形的短边进行旋转得到一个底面半径是五，高度是三的圆柱形图案；再点击旋转，沿长方形的长边旋转一周，得到一个底面半径是三，高度是五的圆柱形图案。最终学生经过观察，然后综合计算得出结论：沿着短边旋转所形成的立体图形的体积大。

二、运用 AR 技术优化教学节奏，提高教学效率

人们学习时利用教学媒体与注意力集中程度是息息相关的。关于注意比率的研究也证实：使用视觉媒体的注意集中比使用听觉媒体注意集中比率高大约百分之三十，若能视听结合则更容易集中注意力，可见视觉媒体比听觉媒体更能引起人的注意力，教学效率的主要衡量标准是在相同一段时间使学生获得更多知识。教育心理学研究表明：人们学习通过视觉获得知识占百分之八十，听觉只占百分之十一，剩余包括嗅觉、味觉在内的其他感受总共占百分之九。这足以说明视觉与听觉结合的教学方式在学习过程中的重要性，同样也可以看出视听在学习过程中起到关键作用。

以上种种研究结果表明：在学习中视觉和听觉最为重要，而信息技术的运用能充

分发挥人的感官的全部作用。学习过程中，必然获得更多的教学信息，提高课堂教学的效率。

在学习“统计图”这堂课时，讲解统计图表的画法，教师讲解通常要占用半节课。用多媒体课程分步绘制的讲解方式，仅需一首歌的时间，这样的差别是巨大的，能大大提升课堂教学的效率，而且绘制的图表既精确又美观，这样既能节省教学时间，又能提高课堂教学的效率，还能加快教学节奏，一举多得。这样的教学方式使学生学得容易，教师教得轻松。

三、运用 VR 技术优化数学素材，培养创新能力

在我们的课堂上，可以让学生有真实的感受，甚至能直接进入到当时的情景中，感受到图形与几何知识的联系。大多数老师还是用传统的教学方式，直接利用图形或者实物的展示方式，这对于学生的学习来说反而起不到很好的作用，既难以想象，又显得比较空洞，但是 VR 技术却可以为学生的学习带来不一样的感受。

例如：教学“圆形图案的认识”这堂课，由于圆形图案的知识是学生刚刚接触的，对于学生来说不是很熟悉，在这种情况下，教师可以运用 VR 语言画出圆形图案的实物图，然后让学生从各个角度进行观察，教师可以通过 AR/VR 的方式构建一个与实物相同的三维图案。对于学生来说，这种方式不用手动制作实物，也能让学生按照想法进行观察与学习。此外，在认识圆形图案的特征和一些关于直径与半径关系的知识，教师都可以比较容易地制出模型，虚拟与现实辅助数学课程教学。在一题多解和几何图形的移动等变换中利用现代多媒体信息技术能更好地发挥学生的创新能力。

四、AR/VR 交互式学习设计实现深度学习

AR/VR 其交互式学习模式主要由分支、推理、自建三种交互设计方式组合而成，其不同的重组会选择不同的情节结构，以及产生不同的学习效果，情景的深度学习需要人工智能的大力支持。自建交互式是在 AR/VR 学习情景中，学生能够针对一些学习资源进行创作过程中自主学习的一种交互式学习方式，在整个学习过程中学习者利用传感器，沉浸到虚拟的世界中，直接与虚拟人物对话，并且能随意在虚拟时空中进行活动，从而有效地推动学生整体学习活动的前行，取得与现实相同的学习感受。

学生根据自己学习的喜好，以及操作所使用的环境条件等其他方式，利用人机对话重组的方法进行自主选择，然后进行学习，那么其产生的效果也就大不相同。因此，当学生在学习图形与几何知识的过程中，应当注重设定多个不同的分支来引导学习者，结合自身对于知识所掌握的情况有效选择，帮助学生构建图形知识的框架。

例如："长方体和正方体"的课堂教学过程中，教师可以结合当前教学内容设计分支式教学内容，让学生根据自己实际的情况以及自己所在的环境进行学习。又比如"多边形的面积"这节课，学生在教师的引领下进行自主学习，利用传感器将学生带入虚拟的情景中，虚构出两个学生之间进行的对话。虚拟小学生：我家里有一间房子，现在想计算房子的面积，它的平面图并不是一个规则的形状，希望大家可以帮我解决这个问题。学生走进虚拟的世界中，围绕房子平面图进行观察研究，在研究的过程中询问学生：平面图呈现出类似于等腰梯形的一个形状，那么它的高是多少呢？学生回答：高三米。虚拟学生再次追问：另外一个短边与长边的宽度分别是多少呢？学生回答：我不知道，在建造房子的时候，由于土地形状不规则，所以在原来的土地对短边进行延伸了。学生利用已知的高，测量虚拟世界中的高度，通过高度的比例获得两个边的长度，从而算出房子的面积。

五、结束语

随着现代科学技术的发展，针对小学数学课程进行深入分析，AR/VR 技术在其他科学研究领域中都获得了有效的应用，并取得了非常不错的研究成果，也希望以后的 AR/VR 技术开发与课堂教学实际情况相结合，大力推动现代数学教育的快速发展。

参考文献

［1］莫莉敏 .AR 技术在职业教育中的应用前景初探［J］. 电脑知识与技术，2017，13（29）：213-215.

［2］严家丽 ."教师使用教科书水平"与课堂教学效果之间关系的实证研究——以小学数学为例［D］. 长春：东北师范大学，2014.

［3］尹思佳 .AR 与 VR 的技术推进与发展前景探析［J］. 当代教育实践与教学研究，2020（4）：243-244

［4］丁飞，张登银，师晓晔，等 . 基于 VR/AR 虚拟现实技术的互动式教学研究与实践［J］. 软件导刊，2018，17（12）：213–216.

［5］刘柱栋 .VR 与 AR 技术教育应用探究［J］. 计算机产品与流通，2019（1）：185.

作者简介

赵洁：西安市经开区第四小学数学教师，二级教师。

AR 技术在小学数学教学中的应用

西安市经开区第四小学　侯旭妙

【摘　要】AR 技术是虚拟现实的分支之一，涉及计算机图像学、人机交互技术、传感技术、人工智能等多种领域，其应用目标是对现实世界的扩充和延伸。“增强现实”这一概念最早是由波音公司的研究员 Tom Caudell 在 1990 年提出。在教学中，增强现实技术能够实现课程的数字化学习，可以将课程学习内容转化为学生的学习资源，实现资源共享；匹配教材，将教材知识点 AR 化、互动化，趣味立体地呈现在师生面前，把知识转变为学生动手实践、操作、探索的对象，辅助教师教学，提升学生对抽象知识的理解和应用能力。

【关键词】AR 技术；传统教学；微课 AR 化；教学设计应用

一、AR 技术简介

AR 技术，即增强现实技术，是一种实时地计算摄影机影像位置及角度再加之相应图像的技术，是一种现实世界与虚拟世界“无缝”对接的技术。它通过电脑将图形模拟仿真后与真实世界相叠加，从而达到虚拟信息环绕真实世界的效果，实现超现实的感官体验。增强现实技术的优势在于可以将现实世界中一定时间和空间范围内的人们无法体验到的信息或者场景实现，包括味道、触觉、视觉信息以及声音信息等，做到了虚拟物体和真实物体在同一空间内的共存。

二、AR 技术在教学中的应用

（一）在微课中的应用

微课是随着教育新理念诞生的一种新型教学手段，其新颖之处在于“微”和“时”。“微”是指教学内容主题鲜明，短小精练；“时”是指不受时空限制，实时重复观看。所以，微课被用于各学科的教学，旨在深刻理解知识，提高课堂效率。而 AR

技术和微课相结合，是指用 AR 技术辅助微课进行教学，让很多抽象的数学知识可视化，这无疑扩大了微课的优势，将抽象思维转变成形象思维，让学生更加清晰、准确地理解知识点，提升学习能力。

（二）在实际教学中的应用

随着社会的进步，教学手段也应与时俱进，将 AR 技术应用到教学当中顺应了教育改革的需求，对于增强学生的自主学习性、提升学习能力大有裨益。如头戴式 AR 设备在教学中的应用，即利用增强现实头盔体验学习，让教材内容变得可触摸、可感知，增强了知识的直观性。再如手持式 AR 设备在教学中的应用，即采用 AR、4D 书城等软件与移动设备相结合，丰富教育资源，使教学更加灵活、方便。总而言之，AR 技术应用于教育领域可以催生学生学习动力，大大提升学生的学习质量和教学效率。

三、AR 技术在实际教学中的优势

（一）增强课堂的趣味性和学生的实际体验

尤其进入小学高年级以后，知识的复杂性、抽象性和教学、升学的紧迫性使得课堂变成了一个高压场所，根据实际经验学习的方式已不能够很好地解决问题。而实现微课的 AR 化却可以改变这种现状，活跃课堂气氛，增强课堂的趣味性和实效性。信息化社会科学技术的不断发展，为教育信息化注入新的活力。

（二）增加抽象知识概念的直观性

无论什么学科，有些抽象的知识都具有不可言说性。在传统教学中，面对这种意会型知识，教师会用一句“只可意会不可言传”一带而过，或者让学生多阅读、多体会，依靠自身感悟来突破这层“隔膜”。而这种形式大大降低了教学效率。现在，教师完全可以引入 AR 技术，将 AR 与微课相结合，阐述知识的不可言说性，让学生在真实环境下、在虚拟场景中具象体验、感知知识。

（三）促进小学教育教学的时效性

实现小学数学专题微课的 AR 化，将 AR 技术与微课融合在小学数学的日常教学和学习中，有利于深化教育信息化的研究，并且探究小学数学学习与 AR 技术相结合的实践与应用，拓宽了小学数学学习的路径与方法，也丰富了学习的形式。AR 技术的应用，有利于增强学生的学习态度和数学学习情绪，活跃课堂教学气氛，丰富学生学习的形式，改善学生学习状态和教师的教学工作状态，对促进小学数学教学活动发展有一定的现实意义。

四、AR 技术在实际教学中的应用案例

比如，在“绘画中的空间表现”一课的教学时，平行透视、成角透视、消失点等概念是比较抽象的教学难点，以往借助课本上简单的范图，教师无论讲得多仔细，都无法让学生对这几个概念有着本质的具体认识，现在利用多媒体教学就能很轻松地把这几个概念讲清楚。教师运用多媒体课件，先播放片段影像，在田野上有一排整齐的电杆、一条笔直的列车轨道，让学生从视觉上了解透视规律：近大远小、近宽远窄。接着播放多种多样的楼房，让学生加深对透视规律的认识，再让楼房慢慢变成长方体或正方体，从而导入新课，此时插入在视平线以上、以下、左边、右边不同方向的立方体，由远及近慢慢推出，使学生从不同角度不同距离去了解透视，从而理解、掌握透视的概念和规律。这比教师在黑板上画图分析讲解更直观、更易懂。又如：“一列长 500 米的火车以 800 米 / 秒的速度，通过一座铁路桥用了 4 分钟，问：这座铁路桥长多少米？”解答这类题，部分学生往往把火车行驶的路程与桥长等同起来，我们用多媒体计算机模拟火车通过铁桥：播放课件资料片，一列火车在隆隆声中到达桥头，从火车头到达桥上开始，在桥的下面跟随火车头同步显示火车行驶路线，直到火车尾部离开铁桥为止。这样，学生就很容易得出：“桥长＝火车 4 分钟行驶的路程－火车长度”这一数量关系式，在这过程中，启发、探究、实验、质疑、收集信息、分析、自主学习是教学的基本形式，这样利用多媒体形象地呈现了事物的现象，直观地表达了事物发展的过程，通过动态演示生动地揭示了事物的变化规律，使抽象的知识转化为一定的物质形态，再加上教师的适时讲解，做到把知识化难为易、化繁为简，突出了重点，突破难点，使学生对所学的知识理解得更透彻，掌握得更牢固。

五、在教学中应用 AR 技术的收获与感受

在接触、学习、掌握 AR 技术的过程中，建构小学数学微课资源的图谱，为小学数学教育研究者和实践者提供足够的数学微课，特别为小升初衔接提供优质的数学微课资源。随着信息时代的发展，现代科技不断融入到课堂教学中，扮演辅助教学的角色，从而达到较好的课堂效果，以现代科技作为辅助的课堂模式已经成为未来的一种走向。教师作为课堂的主导者，教师专业素养的高低决定了教学效果，同样教师对现代技术的了解与掌握，决定了技术的发挥效果。从调研过程中了解到两点：一是教师对一些新科技并不了解，没有主动地去学习一些走在时代前端的新科技，不利于教师

选择合适技术辅助教学，切实提高教学实效；二是 AR 技术引入课堂对教师的课堂把控能力要求较高。因此，培育双师型师资队伍，提高教师的专业素养以及现代技术应用能力，促进教师终身学习，使课堂从传统课堂为主向以生为本，注重培育学生创新精神和实践能力的方向发展尤为重要。首先需要从思想上培育终身学习的理念，其次可以从能力培养着手，在职前培养以及任职后的教师培养内容中增加现代技术应用能力培养的板块，但值得一提的是，教师应以发展专业素养为重点，现代技术只能作为一种辅助手段，并不能依靠现代科技，一味追求“哗众取宠、华而不实”的课堂教学。注重探讨小学数学微课设计的理论与方法，为小学数学微课的设计研究提供一定的教学实践参考，形成小学数学专题微课。共同研讨小学数学微课应用的理论与模式、策略与方法，为小学数学微课的应用研究提供一定的理论与实践参考，进一步将小学数学专题微课 AR 化。从而通过小学数学专题微课 AR 化实践应用的研究，提升学生学习的生命力和生长力，促进教师教育教学实践研究的能力提升。

参考文献

[1] 王辞晓，李贺，尚俊杰，等 . 基于虚拟现实和增强现实的教育游戏应用及发展前景 [J]. 中国电化教育，2017（8）：99-107.

[2] 陈向东，乔辰 . 增强现实学具的开发与应用——以“AR 电路学具”为例 [J]. 中国电化教育，2014（9）：105-110.

[3] 乔兴媚，杨娟 . 基于增强现实的新型职业教育学习模式探究 [J]. 中国电化教育，2017（10）：118-122，129.

[4] 张洪波 . 增强现实技术在教学中的应用研究 [D]. 开封：河南大学，2013.

[5] 张海森，杨光辉，刘超见，等 . 基于 AR 技术的跨平台移动终端的辅助学习系统 [J]. 图学学报，2018，39（1）：85-90.

作者简介

侯旭妙：西安市经开区第四小学数学教师。

关于 AR 技术融入小学数学课堂的思考

西安市经开区第四小学　高　佩

【摘　要】随着现实到虚拟技术的发展，增强现实（Augmented Reality，简称 AR）技术以其更加真实的感受越发受到人们的青睐，该技术与教育的结合已成为加强实践教学、提高教学质量的重要手段，为传统教学做了有效的补充。作为一项新的技术，AR 在“寓教于乐”这一理念的实现上，有着巨大的优势。本文将从运用 AR 技术辅助小学数学“七巧板”教学入手，提出可实践、可操作的策略，从而有效提升课堂教学的效率。

【关键词】AR（增强现实）；小学数学课堂；数学教学；七巧板

一、引言

增强现实（Augmented Reality，简称 AR）技术是虚拟现实技术的扩展分支，它通过电脑技术，将虚拟的信息应用到真实世界，真实的环境和虚拟的物体实时地叠加到了同一个画面或空间。基于增强现实的交互手段给小学数学教学现场提供了新的教学方式，AR 技术在教学中的整合给学生营造一个“将不可能变成可能”的充满惊喜和新奇的学习环境，能够模拟“实物再现眼前”的效果，支持学生的自主探索，而不局限在图片、视频等事物观察的平面图文。不仅能够实现学生的自主学习，更能与传统意义上的教学环境相融合，实现教学过程中不同环境的无缝切换，推动教学取得实效，在不同的技术层面间构建起一个完整的体系。

AR 技术如何有效应用于数学教学活动？主要是匹配教材，将教材知识点 AR 化、互动化，趣味立体地呈现在师生面前。把知识转变为学生动手实践、操作、探索的对象，辅助教师教学，提升学生对抽象知识的理解和应用能力。对于低年级的学生来说，在学习探索中以直接形象思维为主，善于在与材料、环境互动中获取知识，积累经验。带着思考和探索，我们寻找教学素材，开展丰富的教学活动，在实践中探求新方法，开辟数学教学新视野。借助课例二年级数学“七巧板”，谈谈如何将 AR 技术巧妙地运用于数学教学活动中，活跃课堂氛围的同时，激发学生的探索欲望，扩展学生的知识经验。

二、AR 技术在课例中的应用

为了探索 AR 技术数学教学软件在实际教学过程中的应用价值，本次研究选择了面向低年级学生的应用软件，在使用过程中，通过摄像头取景，可在屏幕上感应出七巧板实体对应的动态内容。

（一）借助 AR 实境剧情模式引入，激发学生参与活动的兴趣

通过 AR 技术，学生拼搭完成的七巧板实体可以被摄像头识别，同时，在智能终端上同步出相应的图形。这些图形作为工具帮助软件中的小松鼠解决旅途中遇到的各种问题，极大地增加课堂乐趣，有效激发学生的学习兴趣，使学生在欢乐的氛围中学习到新的知识。

（二）通过难度模式进行分层教学，做到因材施教

课堂教学中，第一个环节是帮助学生初步认识七巧板，知道七巧板是由五个三角形、一个正方形、一个平行四边形组成。完成该环节后，进入第二个环节——模仿拼搭。在这一环节的教学中，因为每个学生对于图形的敏感度不同，此时 AR 软件中会给出不同的拼搭范例，并且有多种难易度选择，学生可以根据自己实际能力选择适合自己能力的难度进行拼搭，这样就能让每一个孩子都能参与到活动中来，从而切实做到了因材施教。

（三）挑战模式，提供比拼展示平台

为进一步激发学生参与课堂的兴趣，可借助 AR 软件挑战模式，在巩固练习环节，出示随机图形让学生们进行拼搭比拼，满足学生的成就感，提升学习兴趣，极大地激发了学生的创造性。所谓师傅领进门，修行在个人。在课后学生也可以借助这一技术在七巧板的拼搭练习中继续自我提升，实现从课内走向课外的自主学习。

三、AR 技术的实际应用价值

（一）AR 技术能提高学生的学习兴趣

学生在拼搭七巧板的过程中，看到自己的作品能推动故事的发展，有代入感，从而对本节课的内容更加感兴趣。在一次次帮助软件中的小松鼠选择解决问题的方法和

解决问题的过程中，也培养了学生喜于思考、乐于助人的品格。AR 技术注重构建生动的、主动的、富有个性的学习过程，激发了学生学习数学的兴趣。

（二）AR 技术能提升教学效率

以往的教学中，对于模仿环节，学生拼搭的作品是否正确，进行检查是一个较大的工程。但是在 AR 技术支持下的软件中，别说是整幅作品的正确程度，学生的作品就算只有一部分图形的组合拼搭正确都会得到肯定提示。

此外，AR 技术也注重基于学生的认知水平和已有经验，不同的学生在数学上都会有不同的收获和感受。对于拼搭速度较快的学生而言，完成后就可以进行下一轮作品的拼搭，而不是被动坐在那里等老师讲解反馈，在有限的时间内得到了最大限度的练习，提升了学生的学习效率。

（三）AR 技术更能让学生体验成就感

在 AR 技术的支持下，基础拼搭环节感应区会根据已拼搭图形组合提示拼搭是否正确，对于基础薄弱的学生还会提示拼搭步骤。每一次拼搭成功的鼓励都会给学生带来很大的成就感。真正实现多元化教育，吸引每一位学生融入课堂学习中，为学生的思维插上想象的翅膀，提升学生学习效果。

（四）AR 技术便于开展分层教学

由于练习模式分为简单、一般和复杂，分别对应常规教学环节的照着内部有格子的图形拼一拼，再提升到保留外部轮廓线、但是内部会有提示的图形拼一拼，最后升华到只保留外部轮廓线的图形拼一拼。学生可以根据自己的掌握水平选择合适的难度进行挑战，并不断挑战自我完成新任务，这是普通的实物七巧板教学所不能实现的教学环境。让学生在用眼睛看、用耳朵听、动手操作、积极思考的过程中激发出潜在的创造力。

四、关于在小学数学课堂教学中运用 AR 技术的反思

AR 技术提供了多维体验的教学环境，促使学生充分自主探究学习，充分经历动手操作、观察、思考、验证、想象等过程。将 AR 技术融入到小学数学教学中，能起到画龙点睛的作用。但是，在实际操作的过程中，也有一定的局限性和一些值得反思的问题。

首先，AR 技术需要搭配智能手机或平板电脑进行操作使用，需要课上配有相关电子产品才能够进一步开展，而 AR 设备大多造价昂贵，并不是每所学校都能配备。

因此，如何降低设备的成本，成为尚待解决的问题。对此应大力发展计算机技术，降低设备造价，让每一所学校都有能力引进 AR 技术进行教学。

其次，尽管 AR 技术为学生提供了个性化学习条件，为积极主动地计划、组织和监控课程活动创造了机会，但它也对教师的综合素质和课堂把控能力提出了新的挑战。AR 技术并不能完全融入整节课的教学中，在运用 AR 软件进行练习的过程中，它只是起到了辅助作用，时间节点的把控还需教师时刻注意，在真正需要的环节合理应用才能真正切实提高教学效率。

最后，在学生练习环节，教师的任务绝不是下放 AR 软件任由学生发挥，而是要注重相关环节提出问题供学生带着问题去思考练习，然后脱离学具进一步设计教学环节，不能忽略学生的抽象思维能力培养。

随着信息技术的发展，现代科技不断融入到课堂教学中，以现代科技作为辅助的课堂模式已经成为未来的一种走向。教师作为课堂的主导者，专业素质的高低决定了教学效果。同样，教师对现代技术的了解与掌握，决定了技术的发挥效果。教师必须有终身学习的意识，才能不被社会淘汰，对于新教育技术的研究与运用教师团队也将会不断地探索下去。

五、结束语

巧妙使用 AR 技术使教学现场更加灵动，给予学生不同的体验，从而促进学生能力的提升。在获取知识经验的同时，也让学生得到了全面的发展。在之后的教学中，我们将适当融入 AR 技术，吸引学生参与到教学中，以互动的方式探索、研究，使学生获得更深层次的学习体验，从而真正实现多元化的自主学习。

参考文献

［1］程鸿芳．移动增强现实技术在数学学习教学中的应用研究［J］．芜湖职业技术学院学报，2018（2）：81−83.

［2］汪行东，张飞英．增强现实技术在童书中的应用研究［J］．西部广播电视，2019（12）：62−63，68.

［3］王东烁．基于移动端 AR 虚拟场景体验的优化策略研究［D］．北京：北京邮电大学，2019.

［4］文隽颖．交互界面设计在增强现实中的研究及应用［D］．北京：北京邮电大

学，2019.

［5］蔡苏，王沛文，杨阳，等．增强现实（AR）技术的教育应用综述［J］．远程教育杂志，2018，34（5）：27–40.

［6］莫莉敏.AR技术在职业教育中的应用前景初探［J］．电脑知识与技术，2017，13（29）：213–215.

作者简介

高佩：西安市经开区第四小学数学教师。

AR 技术在小学数学教学应用的实证研究

西安市经开区第四小学　马　俊

【摘　要】随着 AR 技术的不断成熟，其在各领域的应用、扩展也在不断加深。在教育教学领域，通过 AR 先进技术的辅助应用于课堂教学中，实现对数学的具象化体现，对教育教学有着积极正向的现实意义。

【关键词】AR 技术；小学数学；教学应用

一、引言

《义务教育数学课程标准（2011 年版）》中第四部分“实施建议”明确提出，数学课程的设计与实施可根据实际情况合理地运用现代信息技术，以丰富和多样化教学手段，期间要注意现代先进的信息技术与小学数学课程教学内容的有机结合，AR（Augmented Reality）技术的出现和应用可以将这种有机结合更丰富立体地呈现出来。AR 技术将数字化信息叠加在现实物理世界之上，带来数字世界和物理世界的融合，尤其是一些难以在现实世界具象化表达的场景、应用以及抽象的事物规律、变化都可以通过增强现实技术得到更丰富且灵活的表达。在数学教学上表现为 AR 具体技术可以很好地弥补传统教学中的一些不足，使枯燥无味、无法更好地展示和呈现的教学中的难点内容等通过现代信息技术呈现出来，作为学生数学学科学习理解与解决实际问题能力提升的辅助技术，有效地改变、提升教授与学习的方式，使学生在新颖、可感知中加强对数学活动现实性的探索趣味。AR 技术能呈现出灵活多变的教学信息，提供具备更多元化信息的内容以供探索，有效地改变了教学方式；同时充分释放学生的天性，不断吸引学生的注意力，还能够充分地刺激学生感官，进而影响学生的学习兴趣，减少学生学习中的枯燥感，激发学生对于知识的渴求欲望，提高课堂教学的实效。

为了能够探索和总结出一系列更科学、更有实践价值的教学规律及方法，更好地服务于数学课堂教学，我们就 AR 技术在我校小学数学中的实际应用进行了实证调查，并基于数据分析，对实证研究的积极影响进行了总结，以便于更好地评估和监测 AR 技术在小学数学教学应用中的实际作用和意义。

二、AR 技术为数学学科教学提供了更为广阔的认知场景及可能

AR 技术即增强现实技术，是在 VR（Virtual Reality）即虚拟现实的基础上发展起来的一种新的研究领域，是一种将计算机信息所产生的虚拟信息和现实环境有效结合的技术手段，不在是单纯地模拟一个并不存在的虚拟世界，它不在只满足于编制或者设计一个与应用对象或现实完全不一样的环境，恰恰相反的是，它试图创造出一个有虚有实、虚实结合的空间，即虚拟信息与现实环境不断地叠加，共同存在，两者之间紧密联系、相辅相成，创造出一个教育学家、科学家、工程师、设计师甚至是追梦者们梦寐以求的场景，重点是这种场景是辅助对于现实世界的认知的。AR 将数据（包括文字、图形、视频和 3D 模型）叠加在现实世界之上，是一种完全沉浸式的技术，尤其是和 VR 的不具备强移动性对比，其具有更为强大的生命力。AR 技术相较于 VR 技术，具有更为丰富的技术支撑与广阔发展空间，同时其更具备 VR 技术没有的广阔应用场景，被广泛应用于与我们生活息息相关的医疗、交通、教育、工业、设计领域等方面。在教育教学中，各个学科也不断创新尝试，结合学科特点将此技术应用于教学中，不断将复杂的知识和抽象的数理变得具体可视进而深入人心。

为促进学校教育教学，我校尝试将 AR 技术应用于数学教学中，通过实证研究与应用，发现使用 AR 辅助教学可以大大提高课堂教学的效率，提升学生学习数学的兴趣，也可以帮助教师更好地解决教学中的重难点的阐释传递，同时更提高了教师运用信息技术的水平。

三、AR 技术在我校“数学实验课程 AR 化”课题教学中应用的实证调查

（一）调查目的

为进一步了解学生对于 AR 技术教学的体验感受，激发学生的学习兴趣，提高学习效率，使学生能在玩中学，学中乐，乐中长，从而让学生更加清晰准确地理解知识点，提升学习能力，让每个学生都能有所发展，为全面实施素质教育打好坚实基础，我校实施了“数学实验课程 AR 化应用研究”的课题，专门对学生对于 AR 技术在数

学教学中的实践应用情况进行了调查。

（二）调查对象及方法

本调查采用了问卷调查法，调查对象为 3—6 年级学生，发放 300 份问卷，回收 300 份，回收率 100%。力求从整体上反映 AR 技术在现阶段小学中高段数学教学中的实践应用情况。

“实践应用”调查问卷分为多媒体技术的实际应用情况调查、学生对于传统教学和 AR 技术教学的体验结果调查、学生对于 AR 技术教学的期望结果调查三大部分。

由课题组成员完成问卷设计，其中学生对于传统教学和 AR 技术教学的体验结果调查问卷中设置了数学多媒体课件教学与传统教学对比，老师运用多媒体课件教学对你的数学学习的帮助，老师在数学课上运用多媒体教学和 AR 教学可提高注意力、减少开小差的情况等方面内容，这些内容是学校通过观察 AR 技术在课堂教学过程中学生的实际表现，召开师生座谈会、数学教研会，分析学生对 AR 技术融入课堂教学，使课堂从传统课堂为主向以生为本的方向发展所存在的问题而设置的。

（三）调查结果与说明

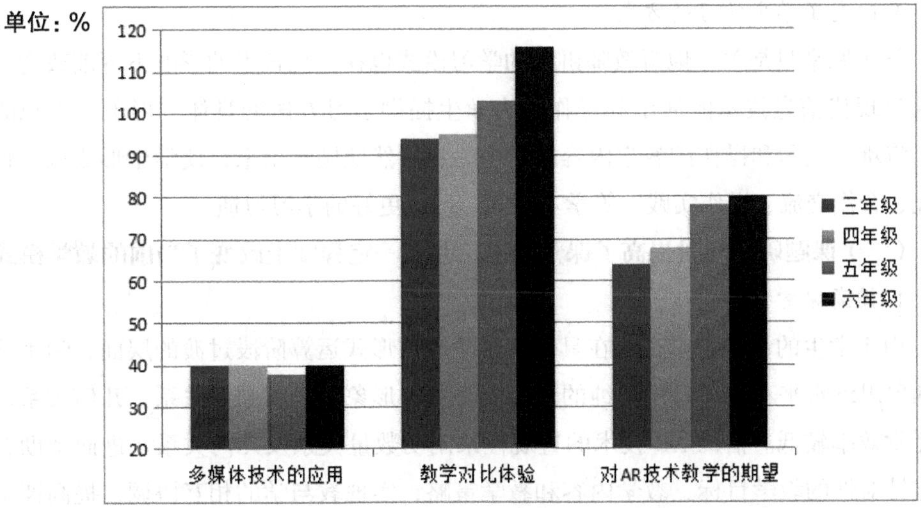

图 1　AR 技术在数学教学中的实践应用情况 3-6 年级调查统计图

从调查统计图中来看，有 98% 的学生认可老师能在课堂中较多地使用多媒体进行教学；84.44% 的学生认可 AR 技术教学可提高注意力，减少开小差的情况，可以更形象直观地理解教学内容，使学习更有趣；有 90% 的学生认可 AR 技术通过声音技术、三维影像、动漫制作使他们能达到沉浸式学习。

四、AR 技术在教学应用实证研究的结论启示

（一）课题研究证明 AR 技术从思维、兴趣、方式等多方面全面促进了学生的发展

1. 提高学生数学思维能力

AR 技术的应用注重学生在学习数学的过程中体验、理解、思考与探索，提高学生的数学思维能力。比如，在教学“认识分数”时，通过运用 AR 技术将要演示的平均分的操作形成微课，然后呈现给学生，这样可以促进学生思考平均分的意义，了解分数出现的必要性，促进学生的深度思考。

2. 提高学生课堂学习兴趣

AR 技术在课堂中的应用使教学内容更加丰富、有趣。纸质教材与 AR 技术结合，能将文字和图形不能表达的内容向学生进行展示，这在传统的纸质课本中是无法立体呈现的。同时与 AR 随时随地进行内容互动，更能大大提高学生的探知兴趣和学习效果。

3. 改变了学生学习的方式

学生原来只是单一地听教师讲解的学习模式也在信息技术的影响下逐渐改变，可以通过现代信息技术的演示和操作，为学生提供学习方法的具体、形象、直观的讲解，将难以演示和操作的教学内容向学生一目了然地展示出来，使学生形成以“自主探究、合作交流、操作实践”等学习方式，形成更好的学习习惯。

（二）课题研究同时提高了课堂效率，并在一定程度上改变了当前的教学模式

1. 提高课堂效率

由于学生的认知水平正处在具体运算阶段向形式运算阶段过渡的层面，学生整体的抽象思维水平不高，且用单纯的语言无法更加形象地表示数量关系、几何关系，所以课堂效率较低。借助 AR 技术的直观性来阐明数量关系及几何关系，进而帮助教师确定针对性的教学目标、教学内容和教学策略，实现教与学的相互协调，提高课堂教学的效果。

2. 教学模式发生变化

教师要逐渐更新教学观念，确立个性化教育理念，培养健全的人格的教学新模式。经过实践，数学实验课程 AR 化应用研究更能有效地突破重难点，使学生的学习

更加有效，课堂更加生动、高效，学生不仅学得轻松，老师也教得轻松。

比如，二年级数学“寻找身体上的数学‘秘密’”一课时，在测量和寻找人的身体上的关系时，学生可以猜出拳头的一周和脚长之间的关系，但是由于学生年龄尚小，还不能掌握测量的方法，所以，在本课教学中，课件使用 AR 技术，运用 4D 书城，让学生通过扫描二维码去学习准确地测量和比较拳头与脚长之间关系的小视频，学生都非常愿意去尝试，去发现。这样比教师一个人独自演示方法好得多。可见，现代信息技术的应用不仅可以提高学生在课堂中的学习兴趣，直观地演示还可以更好地帮助学生的学习，增强学生的学习能力。同时，还可以将应用现代信息技术的方法在教学中传授给学生，让学生从小就体验现代信息技术的魅力所在。

（三）课题研究从深层次带动了师生对学科的再认识，提升了教师的专业认知和素养

通过实验、交流、反思、总结，教师的教学能力和科研水平有了一定的提高。在课题研究的过程中，课题组的每位老师都进行了有关课题的公开课展示，在不断磨课、上课、研课的过程中提升了教学能力；在积极参与教研、集体备课、反思交流的过程中提高了教研能力。通过这次活动，教师的课堂教学能力得到显著提高。

五、结束语

在课题的研究中学到了先进的信息技术，并能够敢于创新，努力尝试将 AR 技术运用到数学教学中。但在实践的过程中，首先由于教师对 AR 技术的应用经验尚浅，在制作课件时需要花费大量的时间去调整和修改课件；其次，年轻的教师由于对教材的掌握不是很深入，所以还需继续将 AR 技术和教学内容很好地融合与应用。总之，先进的信息技术可以提高教师在教学中的效率，运用得当可以帮助教师解决教学中的重难点知识，同时，也能激发学生的学习的兴趣，促进学生积极思考。作为新时代的教师，我们要与时俱进，通过学习和交流不断提高自身的业务能力，要学无止境，研无止境！

参考文献

[1] 中华人民共和国教育部．义务教育数学课程标准（2011 年版）[M]．北京：北京师范大学出版社，2012.

[2] 苏凯，赵苏砚．VR 虚拟现实与 AR 增强现实的技术原理与商业应用 [M].

北京：人民邮电出版社，2017.

［3］吴中才．信息技术在数学教学中的应用［M］．上海：华东师范大学出版社，2021.

［4］蒙延霞．新课程与小学数学课题教学的整合［J］．新课程·中旬，2019（6）：13-14.

作者简介

马俊：西安市经开区第四小学数学组教研组长，市级教学能手，中小学一级教师。

AR 技术在小学数学课堂中的价值应用探究

西安市经开区第四小学　孟　欢

【摘　要】小学生的注意力特别容易分散，容易被新事物所吸引，从而导致注意力不集中。虽然小学生的有意注意在不断发展，但无意注意在小学阶段仍然起着重要作用。对吸引自己的课堂注意力还能保持稳定，对抽象的内容就很容易听得零零碎碎的。为了提高课堂教学效率，就必须借助信息技术手段来吸引学生的注意力，AR 技术作为一门新型的信息技术，被广泛应用于数学教学的课堂之中，也备受学生的喜欢。本文将以 AR 技术运用到课堂为实例，来论述 AR 技术在小学数学教学的课堂中如何激发学生的学习兴趣，保持学生学习注意力的稳定与持久。

【关键词】AR 技术；小学数学；注意力；价值

一、引言

小学数学学习内容与现实联系紧密，并富有挑战性。教师在教学过程中应引导学生去观察、动手实验、动脑猜测、主动验证、积极推理和交流；教学内容要满足多样化的学习需求。学生的数学学习活动不是机械的学习，而是动手实践、自主探索、团结协作式的学习。正是因为学生是学习的主体，为了满足学生的学习需求，教师要紧跟时代发展的步伐，借助现代信息技术来丰富数学学习内容和改变小学数学教学方式，开发并挖掘丰富的学习资源，以现代信息技术作为工具，改变学生的学习方式，激发学生的学习兴趣，让学生由被动地学，变为主动地学，激发学生的学习欲望，让学生爱上数学学习。

随着现代科学技术的发展和教育教学方式的不断创新，AR 技术在教育教学中的应用掀起了一股“千层浪潮”，实现了教育“质量”的飞跃，促进了教育教学的快速发展。增强现实（Angmented Reality，简称 AR）是虚拟现实（Virtual Reality，简称 VR）在广义上的延伸。增强现实技术使学生能够看到真实世界和融入真实世界的虚拟物体，可以用来模拟学习对象，让学生在真实环境的背景中看到虚拟模型对象，以最接近自然的互动形式为学生建立一个独立探索的空间，这对抽象内容教学和提高学生学习兴趣具有重要的意义。因此，如何更好地将 AR 技术融入小学数学课堂，如何充分利用 AR 技术的优势，更好地服务于小学数学教学课堂，这就需要教师在实践中不断探索，找出科学合理的整合方案。

二、AR 技术在小学数学课堂中的应用价值

（一）数学知识的直观性

在以往的小学数学教学过程中，我们时常会遇到一些“可以理解但又无法解释”的隐性知识。例如：在教授“方向和位置”时，没有具体的情景可以模拟，尤其是在教授物体的相对性时，或者在做相应的问题时，学生只能通过自己的理解来体验和了解“奥秘”。由于学生自身知识的局限性和实践经验的缺乏，打破这一“隔膜”可能需要一段时间，这极大地降低了数学课堂的教学效率。AR 技术可以通过超链接将这些难以言表的有意义的知识以微课堂的形式转化，使学生在虚拟现实环境中感知知识，增强数学知识的直觉，同时体验数学的真与美。

（二）数学课堂的趣味性

小学生的好奇心强。在好奇心的驱使下，他们会对一些新事物感到新奇，并愿意探索其中的奥秘。这在小学数学的空间教学中表现得非常明显。例如：在向学生讲授“认识图形”时，学生通过看、摸直观地认识了长方体、正方体、圆柱和球之后，为了吸引学生的注意，激发学生的求知欲，可利用 AR 技术向学生展示四种图形的横切或者竖切截面图以及他们之间的稳定性，视频中讲解并直观操作，加深了学生对长方体、正方体、圆柱和球的进一步认识，拓展了学生的知识面，激发了学生的动手操作欲望和需求，求真的精神此刻在小学生的心里萌芽。又例如：在教授“正方体的展开图”一课时，学生都知道正方体有 6 个面、12 条棱，当沿着某棱将一个正方体剪开，可以得到这个正方体的展开图形，但很难想象出展开图的形状，即便是有展开图的口诀“正方体展有规律，十一种类看仔细；中间四个成一行，两边各一无规矩；二三紧连错一个，三一相连一随意；两两相连各错一,三个两排一对齐。一条线上不过四，田七和凹要放弃；间一两端是对面，间二拐角面相邻”，学生依然一头雾水。这时候，教师可以利用 AR 技术进行模拟展开，让学生沉浸其中，会身临其境地感受到正方体的各种展开图形，也能使学生很快明白正方体的展开图形不是唯一的，但也不是无限

的。事实上，正方体的展开图形有且只有11种。因此，可以说AR技术不仅可以打破传统数学课堂的严肃性，还可以激活课堂的气氛，让学生沉浸在轻松愉快的学习氛围中，让学生在数学课堂中找到兴趣点，提高课堂兴趣。AR技术为小学数学教学注入了新的活力，不但吸引了小学生的注意力，而且提升了小学数学课堂的教学效率。

（三）助力小学数学教学活动的开展

在小学数学教学活动中，教学内容合理的微课化，可以使一些数学知识通过虚拟形式真实地感受到，还能开阔学生的数学视野。例如：在“探究圆的面积推导公式”的时候，如果我们将一个圆，沿着直径平均分成两份之后，再将这两个半圆切成众多大小相同的小扇形，然后将所得到的图形拼接起来，大家会发现一个很有趣的现象。所得图形开始有点类似平行四边形，再切小一点，就很接近平行四边形了。再细分，然后拼起来就变成了长方形。无论怎么切面积还是不变的。根据长方形的面积＝长×宽，而这里的长正好等于圆周长的一半，等于$2\pi r \div 2 = \pi r$，宽正好等于半径r。把它代入长方形的面积公式中大家会发现它就是圆的面积公式，而这个过程如果只放图片，学生未必能够理解，但是将这个过程AR化，性质就完全不同了。所以说AR技术拓宽了小学生数学学习的途径，丰富了小学生数学学习的形式和方法，有利于小学数学教学活动的开展。AR技术打破了传统的教学方式，真正把课堂交给了学生，让学生在“寓教于乐”的氛围中获得数学知识。

三、如何将AR技术融入小学数学课堂

（一）AR技术的方便使用

如果想通过AR技术来提升小学数学课堂的教学效率，就要让AR技术便于携带使用，方便操作，教会学生如何使用AR技术，使得学生能够随时运用AR技术进行学习。

（二）加强教师的学习

首先我们的教师必须提升自己的专业素养，主动地去学习新的信息技术，紧跟时代的步伐，增强自己对于AR技术的了解和使用能力，提升AR技术引入小学数学课堂中的把控能力。假如要给学生一瓢水，那么自己只拥有一桶水是远远不够的，教师应当具有终身学习、不断学习的精神。

（三）利用AR技术增强现实性

与其他学科相比，小学的数学课程没有那么有趣，似乎很枯燥，这就要求我们

的教师为数学教学创造有趣生动的场景，以增强课堂教学的趣味性和实用性。AR技术与数学教材的结合，可以将直接经验转化为间接经验，使数学课堂丰富、有趣、生动。例如：在学习“认识人民币”时，可以通过AR技术为学生打造虚拟的购票“真实”场景，让学生通过沉浸式购票体验加强虚拟世界与现实世界的沟通和互动，提高学生对人民币相关知识的认知和兴趣。

四、总结与展望

AR技术在数学课堂中的应用符合新课程改革“因材施教、寓教于乐”的教育理念。它是一种信息技术，对改善课堂教学气氛、增强课堂互动、使数学知识更加直观化、促进小学数学教学活动的开展有着很大的帮助和推动作用。要将AR技术合理地引入小学教学课堂，必须提高教师的专业水平和计算机应用能力，合理利用AR技术增强课堂的真实性。教师和学生会不断探索经验，总结经验，共同提高小学数学学习的效果。我坚信随着AR技术的日趋完善，AR技术在教育教学中的应用将会越来越广泛。

参考文献

[1] 胡志海．小学生心理学［M］．合肥：合肥工业大学出版社，2011.

[2] 中华人民共和国教育部．义务教育数学课程标准（2011年版）［M］．北京：北京师范大学出版社，2012.

[3] 人民网．虚拟现实，让学习更“沉浸”［J］．中小学信息技术教育，2017（3）：5.

[4] 张小敏．信息技术支持的小学数学教学创新研究［J］．中国电化教育，2016（8）：115-119.

[5] 赵晓燕．增强现实技术在基础教育教材领域的应用现状及发展策略［J］．出版科学，2019，27（6）：93-97.

作者简介

高欢：西安市经开区第四小学数学教师，二级教师。

互联网 + AR 技术在小学数学教学中的应用

玉林市玉州区迴龙小学　林　丽

【摘　要】随着社会经济和科学技术的蓬勃发展，现代信息技术的高速发展，网络教育早已覆盖到了我们生活的各个角落，在小学数学的课堂中，运用网络 + AR 技术能够给课堂上带来更多的教学资源，提高了课堂教学的互动性和趣味性，也能够使学生学习更多的专业知识。现在人们更加重视教育，互联网 + AR 技术慢慢地走进了学校的课堂中，它在教学应用具有独特的特征，在小学数学的教学应用中很有必要的。本文就目前小学数学教学对于互联网 + AR 技术的应用现状提出一些措施，为教学实践提出一些可行性指导。

【关键词】"互联网 +" AR；小学数学；教学；应用

互联网 + AR 技术给教育教学带来很不一样的影响，它能构建生动形象的教学情景，能充实课堂内容，为现代教学提供很大的方便和便利，对于改变传统的教学方式和形式有着很大帮助。采用此技术强调的是教学方法的创新性、完整性。在小学数学的教学中采用此方法，能够更直观地进行知识的理解，老师也便于教学，还能够帮助提高学生的素质，促进学生的全面发展。教师在进行教学活动的时候，要关注社会信息的快速变化，注重自己的知识和技能的补充和完善，根据本班学生的情况，跟随时代发展，灵活掌握运用各种工具，进行高效教学。

一、阐述小学数学教学应用互联网 + AR 的现状

信息技术的快速发展为教育行业带来了很大的方便，众多学校都在利用互联网进行教学的模式和形式的变革。在小学数学的教学中应用互联网，为教学带来了一定的效果，对于学生的全面发展提供了良好的平台。但是同样存在着不和谐的局面，不正确的应用，给学生带来了不利的影响。教师过度依赖互联网技术，只注重利用互联网

进行教学，而忽视了学生的真实情况，不符合学生的需求；教师在整理资料时大多照抄照搬，未根据实际情况进行备课；对于互联网技术的应用不当，为了开阔学生的视野，让学生多学习一些知识，就搜集大量的知识给学生呈现出来，但是不考虑学生的真正情况；等等。学生的基础各不相同，教师一定要合理科学地使用互联网，对于小学数学的教学实现趣味教学，提高教学的效率。学生也能够掌握更多的知识，并且也能够掌握得更加牢固。

二、浅谈小学数学教学应用互联网 +AR 的措施

（一）用互联网 + AR 技术整合更多的资源

“互联网 + AR”技术能够给学生带来不一样的体验，不受时间、空间、场地等各方面的限制，进行实时互动，很符合现代教学的特征。利用“互联网 +”AR 技术教师可以多渠道获得教学资源，根据自身的教学特点、学生的特点和教学的本章节的特点筛选教学资源，选择最合适的资源，采取多样的方式对学生进行教学。疫情期间，教师采用实时的教学方式，还可以选择不同的平台进行授课，利用 AR 技术给学生带来良好的体验，让学生有良好的学习氛围，跟学生实时进行交流互动，切实了解学生的学习及掌握情况，教师可以进行更好的教学。

例如：在讲授人教版“认识数字”这一章节的内容时，教师可以利用心理学中的那一张既有数字又有图案融合在一起的图片，可以多找几张，利用多媒体进行呈现，让学生看能看到什么，并让学生们仿照写出来，再问学生都认识这些吗，通过这样的方法来吸引学生的兴趣，然后可以展示 AR 下这些图片的样子，于是更好地展开接下来的教学，对于数字的辨认及记忆更加牢固，可以采用更多的教学资源对学生进行认识数字的教学，引导学生在生活中的不同地方进行数字的寻找活动，利用互联网 +AR 技术，增加课堂的趣味性，形成良好的学习、教学氛围，可以不局限于课本，扩大学生们的知识储备量。

（二）课后作业实施监督并及时掌握情况

数学的学习一定是系统的，每章每一年级学习的知识都是相联系的。因此，每一章甚至每一节的数学知识的学习一定要牢固扎实，才能为以后章节的学习奠定良好的基础，学习起来也会更加的轻松与容易。小学的学生身心各方面发展还不是很成熟，教师不仅要在课堂上下功夫，还需要在课后下功夫，让学生及时复习巩固。教师可以利用互联网 + AR 技术及时监督指导学生对于当天学习的数学知识的巩固，将章节的

重难点知识点上传到互联网信息平台，学生能够及时地复习、查漏补缺，老师还可以实时监控学生的作业情况、学习进度及正确率等，作业的发布和提交都可以在线上完成。这样家长还可以了解学生在校情况，可以和老师一起共同督促学生的全面成长。通过线上平台学生可以进行独立思考，学生的数学解题能力各方面也会有很大的提升，为学生的全面发展提供了很好的机会。

比如，在进行人教版“小数的加法和减法”学习时，教师可以在教授这一章节内容时，通过互联网在线平台对学生发布预习的任务，让学生先做几道整数加减法的横式列式的计算，可以出一两道简单的小数加减法让学生思考，如何用整数加减法计算出来。在本章节内容学习之后，老师在线上给学生讲解或者让学生回答整数加减法和小数加减法的区别和联系、在计算时应该注意些什么，再给学生布置一些关于小数加减法的作业，同时还可以发布几道整数加减法的作业，实时监控学生的掌握情况，及时进行辅导。

（三）在生活情景下进行教学，内容更加形象生动

应用互联网 + AR 技术，跟传统的教学形式相比，可以创设良好的学习氛围，知识可以变得更加形象生动，学生更加乐意学习，知识也便于理解。教师就要从学生的身心发展特点、自身对于知识的接受程度出发，教师根据章节特点等方面设计合适的情景，把学生吸引到本章知识的学习中来，学生通过互联网 + AR 技术可以更直观地理解知识点。

例如：讲授人教版“观察物体”这一章节的时候，教师可以用多媒体呈现一个物体，让学生把自己看到的形状画出来，学生所在角度不同，看到的物体也是不同的，画出的形状也是不同的，这时学生就有疑问，教师可以引导学生互换位置，看大家看到的有什么不同。借用互联网技术的同时也可以与生活实际的物品结合起来，数学本身就是解决生活中的实际问题，贴近生活，学生就会留意生活中的数学问题，再利用所学的知识进行不断的探索研究。数学的学习中好多知识都是抽象难懂的，需要利用互联网技术，需要与生活实际结合起来。

（四）转变教学观念，学生才是课堂主体

新课标的要求是学生的全面发展，大部分的学校都在利用互联网技术，用互联网进行教学。在利用“互联网 +”AR 技术前，老师必须要改变原来的课堂观念，而不是小学数学的课程需要教师进行一点点的讲解，老师必须板书，字写得越多效果越好，用好这种技能，使这种技能在小学数学的课堂中可以起到良好的作用，并将它看作一种教育的重要手段和有效途径。还有就是将课堂教学的主体还给学生，鼓励学生积极思维，同时老师也要充分运用互联网 + AR 技术，对学生的学习进行不断的引导和激励，通过积极思维，培养学生积极探索的能力，有了 AR 技术，学生的想象力、创造力也能得到很好的提升和训练，学生在掌握专业知识的同时，综合素质也得到了很好的提升。

三、结束语

简而言之，利用互联网 + AR 技术，教师应该把握好度，正视所存在的问题，把小学数学的教学打造成智慧课堂，创造良好的氛围，将抽象知识更加具体化，激发学生学习的兴趣。教师根据学生的特点等各方面的实际情况，设计出合理的教学方案。教师要有明确教学目的和任务，积极发展学生的核心素养，奠定数学知识的基础，不断在探索与实践中找到合适的学习和教学方法。

参考文献

[1] 刘金明 ."互联网 +" 背景下构建高效小学数学课堂策略研究 [J]. 新课程，2022（13）：111.

[2] 叶淑琴 ."互联网 +" 时代的小学数学课堂教学 [J]. 学周刊，2022（9）：100–101.

[3] 陆璎璐 . 利用 "互联网 +" 技术优化小学数学作业 [J]. 现代教学，2022（Z1）：105–106.

[4] 雍瑞 ."互联网 + 课堂" 助力小学数学课堂 提升学生核心素养 [J]. 中国新通信，2022，24（1）：214–215.

[5] 裴九军 ."互联网 +" 背景下小学数学高效课堂的构建研究 [J]. 科学咨询（科技·管理），2019（9）：150.

作者简介

林丽：玉林市玉州区迴龙小学教师，小学数学高级教师。

基于AR技术提升小学数学课堂教学质量的研究

西安市经开区第四小学　高　强

【摘　要】AR技术应用在教育教学领域已有大量的应用研究，也取得了一定的研究成果。AR技术应用在小学数学课堂中有很大优势同时也存在挑战。如何合理地使用AR技术进行教学活动，从而有效提升课堂的吸引力、创造力和感染力，达到提升课堂教学质量的目的，是现阶段需要解决的问题。本文通过对AR技术结合小学数学课堂的实际情况进行研究，发挥基于AR技术对提升小学生数学的学习能力、激发学生学习兴趣以及调动积极性的影响特性，将传统的教学和AR技术结合起来，互相改善促进，从而提升小学数学课堂教学质量。

【关键词】AR技术；小学数学；教学质量

一、引言

AR技术应用在教育领域中，不仅改变了学生的学习方式，还能够让学生在接近生活化的环境中获取相关的知识和技能，在虚拟的环境中和教学内容进行交互，提高知识所呈现出的情景性和直观性，而且为学生提供了自主探究和互动体验交流的机会。将AR技术应用到小学数学课堂中是否具有相关的优势和实用性，如何在实践过程中减少负面影响，成为教师需要关注的重点。

二、AR技术在教学中的优势

AR技术是一种将真实世界和虚拟信息巧妙融合的技术，它在真实世界的基础上将虚拟的信息应用到其中，从而实现对真实世界的增强。AR技术可以促进学生进行深度学习，学生在理解学习内容的基础上，掌握学科中的重点知识，将它们融入已有的认知结构中，并将已有的知识迁移到新的学习情景中，从而解决实际问题。对于数学这门抽象但又与实际密切结合的学科，AR技术的出现，恰好为数学进行深度学习提供了良好的材料和方法。

目前，在我国小学阶段，数学课程相对于其他课程而言学科的理论性较强，“乏味”“抽象”等词语经常会被用作数学的代名词，现代技术的辅助教学将这种情况做了部分改善，相较于之前的教学方法及环境，数学课堂逐渐变得生动化，但还缺乏现实性，学生不能直观地将直接经验与间接经验进行结合转变。如果能将数学教材与AR技术等课程资源相互融合，使用AR技术创设出良好的数学教学环境，利用AR的特性改进现阶段的不足，那么就能更好地提升课堂教学质量。

三、小学部分课程AR技术应用的研究

下面就小学数学部分课程，使用AR技术进行教学活动做简单的应用研究。

（一）促进学生主动学习

在学习北师大版一年级上册“认识图形”这部分内容时，可以利用AR技术模拟出一个房间的场景。教学时，教师引导学生从观察生活中的物品开始，使学生逐步归纳、抽象出图形的几何概念。通过学生在AR情景中的实际观察和动手操作，多方面多角度地去体会，加深他们对图形特征的认识和理解，并进一步判断这个图形的类别，从而感受AR情景中数学的无处不在。对于“图形”这样抽象的概念，通过让学生在生活实践情景中，在AR情景具体的参与过程中，学习、感悟、体验知识的由来和本质，将知识内化于心。AR情景的互动实践和趣味学习，使学生变被动为主动，养成探索习惯，提升思维能力，促进深度学习。AR课堂教学，可使现实世界与数学联系更加紧密，帮助学生将现实世界进行抽象，体验生活中的数学现象，解决生活中的数学问题，培养学生的数学应用意识和解决实际问题的能力。

（二）增强数学在生活中的体验

在教学北师大版二年级上册“购物”这部分内容的情景导入时，教师可以围绕生活中购物时都需要哪些面额的人民币、可能需要找零的人民币面额等主题情景，借助AR技术创设购买物品的实际场景，通过AR情景的视觉特性，让学生感受到身临其境的体验感，增强虚拟世界与现实世界的动感交互，活跃课堂气氛，激发小学生对学习人民币有关知识的兴趣。同时还可以使用AR技术全方位地缩放展示每种钱币的详细图案，这样可以代替真币教学，而且比使用真币更加方便和直观，为之后开展的互动课堂、趣味课堂打下良好基础。

（三）增强感知三维空间

北师大版二年级下册“方向与位置”的学习会带给学生一系列问题，如“自己家在学校什么方向和位置？学校在自己家的什么位置？学校的位置在哪里？”等，虽然平面坐标能够反映出问题的答案，使学生对方位有一定的了解，但学生在日常中处于三维的空间，让学生从实际生活中的三维空间直接跳跃到课堂中的二维平面中，对于接受能力一般或较差的学生来说，理解起来比较困难，但如果能够应用 AR 技术到课堂中，先让学生从实际生活的三维空间跳跃出来，从第三视角去看待问题、理解问题、建构模型，再从三维中抽象出平面模型，这不仅仅能够帮助学生学习、掌握、理解数学知识，还能够帮助学生从具体形象思维向抽象逻辑思维转变，提升其数学知识的学习能力和解决问题的能力。

（四）提高课堂真实性和效率

AR 教学还可以促进小学生数据分析观念的培养，提高课堂效率。以北师大版四年级下册“数据的表示与分析”的“栽蒜苗”这一课为例，传统课堂需要学生提前半个月栽蒜苗，并测量蒜苗每日高度，部分同学难以完成。课堂上教师为了讲授知识，只能提供已有的数据供学生使用，学生缺乏数据与实际的联系。而 AR 课堂则可以提供仿真的植物生长过程，将学生从烦琐的数据收集中解放出来，既简化了操作，展示了数据，节省了时间，同时又不失真实性地使学生接收数据，感受数据来源于生活。兼顾了课程内容的真实性与课堂时间的把控，使学生联系生活实际情况，解决生活中的数学问题。既培养学生数据分析的能力，又大大地提高了课堂效率，帮助学生减轻负担。

（五）加深空间观念培养

AR 技术的使用能促进小学生空间观念的培养。如北师大版四年级上册“图形的旋转”传统课堂讲解“面”与“体”的关系比较抽象，不易理解，学生也没有办法实物操作，部分同学难以建立空间观念。AR 技术应用在课堂中则可以让学生亲手操作将面旋转成体，并全方位观察图形。还可以自己动手操作，模拟画平面图形并旋转成体，使学生更好地理解面和体之间的关系，发展空间观念和空间想象力。

五年级下册“长方体”中，在计算几何体的体积、容积等量时，借助 AR 图形演示，可以让学生更深入了解到空间的量及它们之间的关系。在几何体的学习中，部分知识点比较抽象，且与学生日常生活联系较少，仅依靠课堂上积累几何体活动经验是不够的，一般学校的条件设施无法满足教学需求，这给教学带来了很大的挑战。AR

图形的应用解决了这样的问题，它更直观，更方便，更有空间感，可以强化学生的理解，更有利于学生的学习。

四、AR 技术应用的挑战

尽管 AR 技术为学生提供了个性化学习条件，为积极主动地计划、组织和监控课程活动创造机会，但它也对教师的综合素质和课堂把控力提出了挑战。

教师作为课堂的主导者，专业素养的高低决定了教学的效果和质量，同样教师对现代技术的了解、掌握与熟练程度，也决定了技术的发挥效果。从相关的调查中发现，部分教师对一些新时代教学技术并不了解，没有主动地去学习一些现代教育技术，这不利于教师选择合适技术辅助教学，切实提高教学实效。AR 技术在课堂中的使用，对教师的课堂把控能力有较高的要求，对于学生主体性较强的 AR 教学活动，教师需要对课堂中的突发事件和生成性问题有较强的应对能力，并且要把控好课堂的时间和进度。比如，小学阶段的学生自我管理能力普遍较弱，容易出现注意力转移，AR 技术的使用可能会导致学生的注意力不在数学学习上，而在 AR 提供的直观模型上，从而影响教师的课堂教学效果。所以，教师需要倾向于将 AR 技术作为数学课堂教学的辅助工具，在不影响正常教学的前提下，促进学生会学、好学、乐学，提升课堂教学质量。

五、结语

从研究过程中可以了解到，将 AR 技术融入到小学数学课堂教学中还存在一些需要改进的地方，但是不可否认的是——学生对 AR 技术引入课堂具有极大的兴趣，同时有利于学生对数学中某几个板块知识点的掌握与理解，特别是几何板块等需要空间想象能力的知识。因此，将 AR 技术引入数学课堂对提升学生数学的学习能力、激发学生兴趣和调动积极性具有非常重要的作用。在 AR 技术的使用中，还需要教师制定有效的相关问题及生成性问题的解决策略，根据实际教学情况采取对应的措施，将传统的教学和 AR 技术结合起来，互相促进，互相改善，降低 AR 引入课堂的不利影响，从而提升小学数学课堂的教学质量。

参考文献

［1］范明慧，张炜琴，李娜 .AR 在小学几何体教学中的应用探析［J］. 中国教育信息化，2020（22）：67–71.

［2］王楠，贺长雁，夏铃飞，等 .AR 技术融入小学数学课堂应用价值研究［J］. 中国校外教育，2020（3）：110–111.

［3］蔡苏，张晗，薛晓茹，等 . 增强现实（AR）在教学中的应用案例评述［J］. 中国电化教育，2017（3）：1–9.

［4］凌慧文 . 增强现实（AR）技术应用于小学低年级绘本阅读课程的教学研究［D］. 青岛：青岛大学，2020.

［5］魏伟，马歌 . 虚拟现实技术在高等教育中的应用和展望［J］. 中国教育信息化，2012（1）：83–84.

［6］苏梅婴 . 面向幼儿亲子绘本教育的 AR 交互设计研究［D］. 武汉：华中师范大学，2017.

［7］刘丽娜 . 提高数学教育质量的核心是提升学生驾驭知识的能力［J］. 学周刊，2013（5）：27–28.

［8］李祥栋 . 小学数学图形与几何教学中 AR/VR 的运用研究［J］. 文理导航，2020（10）：10–13.

［9］王同聚 . 虚拟和增强现实（VR/AR）技术在教学中的应用与前景展望［J］. 数字教育，2017（1）：1–10.

作者简介

高强：西安市经开区第四小学数学教师，西安市一级教师。

AR技术在数学课堂中的应用

西安经开第四小学　刘　晗

【摘　要】增强现实（Augmented Reality，简称AR）技术是一种新兴技术，是将计算机生成的虚拟信息加入到使用者所在的真实世界，是虚拟现实技术的其中一种。随着科学技术的发展，AR技术的研究也越来越多，在我们生活中的应用也越来越广。同时AR技术在教育中的应用也丰富了起来，通过各种各样的形式创新课堂内容、丰富课堂教学，为教育教学提供了便利。针对目前传统课堂的局限性，本文分析了AR技术在小学数学课堂的优势以及发展趋势，并结合教育实际，提出了可操作的策略，使数学课堂更加生动、直观，能有效地增强课堂吸引力，提高课堂效率。

【关键词】AR技术；数学课堂；双减政策

一、引言

AR全称Augmented Reality，是用计算机生成的一种非常真实的看、听等感觉的虚拟情景，通过各种设施让使用者感觉身临其境，处在一种较为真实的环境中。通过虚拟现实系统，使用者不仅能够真实地感受到在外部环境中所经历的，而且能够打破空间、时间以及其他各种限制，一些在实际生活中无法亲身经历的事情也能更好地感受和体验。

二、AR技术在数学中的应用

“双减”政策的实施，是教育改革和发展的必然趋势。对于义务教育学校而言，不仅要切实落实“双减”政策，还要提高教学品质，确实是一个很大的挑战。

那如何在落实国家政策的情况下，还能够提高教学质量呢？针对AR技术的特点，在数学课堂中我们可以合理地使用此技术。打破传统的数学课堂，运用AR技术，开展相应的一些数学教学活动，辅助教师教学，不仅能解决教学中不易演示、不易理解的各类问题，还能让学生更容易掌握数学知识的重点，突破数学知识的难点，让学生能够真正理解和运用一些抽象知识，让学生热爱学习，学得开心，促进学生积极主动学习，给学生打造多层次的学习形式，使课堂教学效率得到提升。

（一）将教材 AR 化、互动化

利用 AR 图书匹配教材，将书本知识趣味立体地呈现在师生面前，把知识转变为学生动手实践、操作、探索的对象。在教育领域里最早运用增强现实技术的案例是毕灵赫斯特制作的魔法书（Magic Book）。它根据书本内容制作成 3D 场景和动画，并且利用一个特殊的眼镜就能让儿童看到虚实相结合的场景。在实际教学中，对于课本中的知识，学生单靠自己不太容易理解其中的内容，必须有教师的讲授和引领，同时在双减政策下，要减轻学生的学习负担，就要求教师必须在有效的时间内让学生学会当天的知识，对于一些学习能力较弱的学生，可能就无法完成当天的学习任务，我们利用 AR 技术，将书本 AR 化，能够让学生看到有关知识的 3D 动画，不仅让学生对所学知识产生极大的兴趣，长期以往也能使学生增强自己的学习能力，同时也能够让一些学习能力较弱的学生提前观看预习，或者课后复习。

（二）3D 立体资源，解决空间想象的难题，促进数学理解

通过 3D 立体资料，帮助学生观察、想象、判断与推理活动，发展其空间观念。例如：在学习“体积和容积”的相关知识时，学生不容易想到容器内部的情况，以及不易理解体积单位之间的进率，我们可以通过 AR 技术，展示出容器内部的结构，也能从多个角度直观地观察物体的体积或是容器的容积，让学生很好地理解体积相同的容器，容积不一定相同。以及在学习“长方体和圆柱”等立体图形的横截面时，学生不易在脑中想出图形的横截面，我们可以利用 AR 技术，直观生动地将立体图形的横截面展示在学生面前。

（三）趣味互动资源，丰富教学情景

通过交互游戏方式，增加互动趣味，让知识变得不再枯燥。比如，在学习“人民币的认识”这一课时，教师可以借助 AR 技术创设出游乐园的实际情景，通过视觉和听觉让学生有身临其境的感觉，能够使课堂活跃起来，激发学生对人民币相关知识认识的热情，也可以在一幅图片中，插入一段有趣的 3D 立体的视频，或是知识点的视频讲解，然后学生利用手中的设备扫描图片，就可以独自反复观看。

三、AR 技术的优势

（一）能为学生创设自主学习的空间

学生的学习可以不受到空间和时间的限制，能保证学生完成有关内容的学习，并且可以随时随地复习和巩固，加强学生对于知识的理解和掌握。

（二）降低传统教具的成本，用 3D 虚拟来辅助教学

传统教学一般用的是图片、文字，或是制作的一些教具，甚至部分教具可能没办法满足课堂和学生的需要，有了 AR 技术，很多课堂中所需的实体教具就不需要再额外准备了。比如：在学习数学五年级下册中“立体图形的体积和容积”这一课时，学生和老师都不需要提前准备物品和容器，可以通过 AR 呈现 3D 的虚拟容器，教师可以控制操控，以三维立体图像的方式展示给学生，学生能直观地看到容器或物品的内部情况，比传统的教具更加生动直观，让学生的印象更加深刻。其实不只数学课堂，比如：在生物课上采用 AR 卡片的讲课方式，能更直观生动地对生物结构进行展示，可以大大减少生物标本的采购成本。

（三）增加学生的学习兴趣，提升课堂的趣味性

因为 AR 呈现的东西都是 3D 立体的，非常直观生动，学生能够提起学习的兴趣，并且能够很好地理解。在课堂教学中，利用 AR 技术，借助情景体验和互动，体验到新颖的学习方式，感受到生动的场景，学生的课堂能够从 2D 进入 3D，不在是课本和黑板所呈现的知识，而是非常真实有趣的三维立体。比如：对于物体横截面和辨别方向等较为抽象的知识，形象的教学取代了枯燥的讲解，另外利用 AR 的可视化，能够设计一些有趣的游戏化内容，极大地提升学生的学习积极性。

（四）沟通真实与虚拟，将知识内容简单化、可视化

当学习发生在现实世界的背景下，这样的学习环境不仅可以让学生获得经验，还可以了解课堂中的概念如何应用于现实世界。例如：邓利维等人的研究团队与麻省理工学院、麦迪逊威斯康星大学合作，开发了一个名为 Alien Contact 的 AR 模拟系统，目的是向学生传授数学知识和提高数学素养，新兴的多用户虚拟环境界面为学生提供了一种“爱丽丝梦游仙境”的体验，学生化身“密码学家”等角色“与外星人对话”，在不同情景中与队友协作解决数学问题，给予了学生在现实世界难以获得的学习体验。

（五）节省课堂的时间

在平时的课堂中，对于较为抽象的知识，学生不好理解的知识，教师一般会使用教学课件等方式进行讲授，其次拿出提前准备的实际物品或教具让学生进行观察。有了虚拟和现实相融合的 AR 技术，很多知识可以和实际的教学物品直接融合在一起，为教师带来便利，不需要在虚拟和实际之间进行反复切换，从而节省了大量教学时间，提高了教学效率。以 3D 地图为例，学生们一扫地图，就可以看到实际的周边环境，便于学生辨别方向，掌握并理解实际生活中的东南西北和地图上的东南西北。

四、总结与展望

AR 技术自诞生以来，便与教育产生紧密的联系。这种能够很好结合虚拟与现实，呈现知识实体、模型，方便人们亲身体验的技术能够给教育带来全新的课堂教学模式。将虚拟现实和增强现实技术广泛地应用到课堂中，对于贯彻落实教育部关于“发展未来学校”和“智慧课堂改革”的设想有重大意义。AR 技术能够为学生创设新颖的、更多层次的知识，以及更真实的教学情景，教师将传统教学内容、教学方式和此技术结合在一起使用，为学生创设更加系统的、情景化的学习氛围，真正实现沉浸式学习，很好地保障了后续的学习，在一定程度上，这种学习形式能增强学生自己学习的能力，真正把技能和知识融合在一起，真正让学生学得开心，认为学习是一件很有意思的事情，让学生在双减政策下，仍然能够很好地掌握必须具备的知识和技能。

在我们国家的教育系统内，学生核心素养的提高是非常重要的内容，我们要充分发挥 AR 技术和相关的信息技术的优势，创造出符合学生实际情况的 AR 教育模型，真正做到教育的全方位优化。

参考文献

[1] 赵晓嬿 . 增强现实技术在基础教育教材领域的应用现状及发展策略 [J]. 出版科学，2019，27（6）：93–97.

[2] 中华人民共和国教育部 . 义务教育数学课程标准（2011 年版）[M]. 北京：北京师范大学出版社，2012.

[3] BILLINGHURST M，KATO H.Collaborative Augmented Reality [J]. Communications of the ACM（S0001–0782），2002，45（7）：64–70.

[4] 王罗那 . 增强现实技术（AR）在数学教育中的应用现状述评与展望 [J]. 数学教育学报，2020，29（5）：91–97.

［5］周森，尹邦满.增强现实技术及其在教育领域的应用现状与发展机遇［J］.电化教育研究，2017，38（3）：86-93.

作者简介

刘晗：西安市经开区第四小学数学教师。

“互联网＋教育”背景下小学数学智慧课堂的优化策略

银川市阅海小学　张晓蕾　马　艳

【摘　要】本研究从智慧课堂内涵和特点分析的基础上针对目前“互联网＋”时代小学数学课堂存在的问题进行诊断，提出优化小学数学智慧课堂的策略，旨在改进教学方法，提高课堂效率，帮助教师减负赋能，培养学生创新素养，为开展智慧课堂教学实践提供参考。

【关键词】智慧课堂；小学数学；“互联网＋”；优化策略

“互联网＋”时代，随着大数据分析、智能终端技术的不断更新，同时推动着教育的变革。如何利用信息技术优化教师的教学过程，提高学生的学习效率，创建“高效互动、高阶思维”的数学课堂，成为越来越多的教育研究者与实践者聚焦的热点问题。这种以互联网信息技术为辅助的智慧课堂已成为教育信息化发展的新境界，其在减轻学生的认知负荷、拓宽学生学习体验、提高学习水平和增强智能方面都起到很大的辅助作用，目的是为了培养智慧型人才。

一、智慧课堂概述

智慧课堂建立在智慧教育之上，是在互联网＋背景下，通过变革教学方式方法，以智能技术支持学生深度学习为特征的课堂新样态，它的核心内容是以培养学生智慧能力为目标，利用大数据、互联网、云计算等新一代信息技术打造的智能、高效的课堂，强调通过技术与学科知识的深度融合精准教学，引导学生自主学习、合作探究，激发学生的内在潜能，促进学生核心素养的提升和智慧发展。因此，在互联网＋环境下，这种具有先进性、高效性的智慧课堂是当代学校课堂发展的主要趋势。

二、智慧课堂浅层学习的误区

目前许多学校开展了信息技术与学科教学融合的智慧课堂教学，但从整体来看，还跟不上“互联网+”时代的步伐，特别是在全面推进个性化智慧教学的过程中，互动形式多数都是截屏推送、内容共享、抢答、拍照互评等，缺少合作探究、质疑问难等深度学习的互动，这样的课堂看似使用了信息技术，学生兴趣也非常高涨，深究下去实则并不能促进学生思维的高度发展。从侧面也说明了人们对智慧课堂的认识还存在误区。

（一）对学生主体地位的误解

智慧课堂上，学生身处信息化网络构建的空间内，信息量非常大，如果教师不注重对学生信息的选择提炼、分析运用能力的培养，以及逻辑思维的训练和内在潜能的开发，单靠学生凭借认知去思考判断，这样的课堂是低效的，无法发挥智慧课堂的优势。教师应当转变观念，运用多种教学方法，完成对学生的引导教育，融会贯通，不断加强培养学生的自我探究能力，推动学生个性化学习动力。课堂应该从突出信息技术的运用转变为关注教学活动的实施上，要凸显学生在课堂中的主体地位，关注学生思维能力、创新能力的培养，真正实现智教慧学。

（二）对教师主导地位的误行

目前，许多学校都进行了智慧课堂教学的尝试，但是传统的教学模式仍然占据主导地位，许多教师还没有形成信息化教学的习惯，无法将先进的教学理念、教学方式、评价方式与新技术深度融合。在智慧课堂教学实践过程中，作为教师，我们应当加强学习新理念，积极转变教学观念，明确信息技术与教学深度融合的教学原理，积极构建和谐课堂氛围，提高学生的参与面，让每个学生都能进行个性化学习，真正把握智慧课堂教学的深刻内涵。

（三）对学习资源的误用

在智慧课堂环境下，教师为学生提供了丰富的学习资源，这些资源大多是从网络上下载的，如果老师没有经过提前筛选，修改整合，那么大部分学生获得的都将是没有层次的、笼统的、针对性不强的素材性资源，学生的认知结构也是断层的，无法做到层层递进，环环相扣，逐步提升。所以教师在备课时一定要将资源及时地加工整合，创造性地使用，而不是不加选择地拿来就用，这样势必会使整个教学变得很低效，更谈不上实现智慧教学。

（四）对技术支持的误判

在教学中，有的教师一味追求信息技术的效果，认为运用技术多多益善，甚至有“无多媒体技术不好授课”的偏激想法，把课堂变成一节以炫信息技术手段为主的课堂，原本简单的问题，为了使用技术，非要大费周折用技术呈现，忽视了学生的认知规律，结果弄巧成拙、本末倒置，影响了整个教学实效。其实技术的核心作用是为教学目标服务的，技术运用的好与坏，不在于量的多少，而在于质的高效。只有精准的定位，才能让学生扎扎实实地在智慧课堂上学有所思，学有所获。

三、小学数学智慧课堂的优化策略

（一）创建数学教学情景

数学知识点相对枯燥抽象，小学生理解和消化并不容易。在配备交互式电子白板及智慧平板的智慧课堂中，教师运用交互式电子白板所配置的各类资料，其中包含幕布、放大镜、旋转、拖拽等，以教学内容为核心打造鲜活灵动的教学情景。利用交互式电子白板打造各类问题情景，引发新旧知识的碰撞，找出数学问题，激起学生学习的动力。

（二）加强教学中的操作互动

数学有极强的逻辑性，还有一定的抽象特征，然而小学生的知识建构没有严密的逻辑，无法认知具体的数学知识。利用智慧课堂中的师生端交互，能够将教学内容进行随意的动态呈现，使得教师的教学易操作，可观察，并能帮助学生更好地理解和掌握知识点。智慧课堂增强了互动：师生、生生、学生与学习内容、教师和相关内容、人和交互式电子白板进行充分的互动。之前运用的多媒体课件，基本上均属于教学内容的电子展示，课件在投放的进程中学生不能充分参与进来，学生的主体位置不能保证。通常，课件的资料是教师在进行备课的时候已经提前设置好的，所以在推进教学活动的时候，大多数场合教师都仅是一个放映员，并没有展现引导的效果。课堂教学过程中使用交互活动后，教师应当依据学生对知识的认知情况，运用电子笔任意拖移教学材料，第一时间改变教学内容。在此探究过程中，教师利用“批注和板书”“对象调整”“展现教学内容”等多个层面和交互电子白板展开交互，并以此为根据，深化和学生、教学资料给予交互。智慧平板的“表现作品”“操作对象”“使用数学工具练习”“发表观点”等几个方面加强了学生与学生、师生之间以及学生和教学资料之间的互动。彰显出学生融入到学习之内的互动进程，推动了学生思维的发展，补充了传统课件交互性较弱的缺陷。

（三）规范教学使用数学工具

智慧教室所营造的教学情景可以在一定程度上协助学生更加深刻地认知抽象的数学知识，它能成为一个数学推演的平台，协助学生养成抽象的思维能力，提升他们对空间的塑造能力。数学是一个要求很精密的学科，很多教学内容都涉及到数学工具，智慧课堂中的交互工具不仅有圆规、直尺、三角板等普通的工具，而且有量角器等数学学科用品。不管是教师的演示还是学生的练习都要引导学生规范地使用数学工具，帮助学生去探索、发现，化抽象为直观，养成严谨的科学态度。

（四）及时展示与点评学生的作品

数学课堂中需要进行巩固练习，在此过程中利用智慧课堂中的交互式电子白板进行拍照上传或者希沃展台等功能，将学生的作品进行展示。拍照上传、实时反馈、发表观点等互动形式，不仅可以了解学生的掌握情况，还可以根据学生的掌握调整教学进度，引导启发学生进行深度学习，极大地提高了学生学习的积极性，激活了学生的创新思维。

（五）合理利用课堂的生成性资源

在教学过程中合理利用课堂的生成性资源。在小学数学课堂中会有很多的练习，练习时教师及时借助交互式电子白板的拍照上传或者希沃展台等功能，将学生的作品进行展示点评。通过清晰的拍照上传或展台展示，一方面调动了学生的积极性，认真练习，争先展示自己的作品，另一方面在展示时可以让全班的学生清楚地看到练习的解决方法或者针对错误的问题如何正确地改进。采用教师点评、学生点评等多种方式，不断地在教学中锻炼学生评价学习的能力，自我评价、评价他人、评价作品的能力。

四、结论

智慧课堂中的小学数学课堂教学，学生积极参与，热情高涨，注意力集中。利用智慧环境下的交互式电子白板及平板多种功能，根据学生新学习的知识与原本知识点之间存在的矛盾，营造问题情景，激起他们对于学习的兴趣和动机，归纳出对应的数学问题。通过智慧教室环境中的交互，使学生能够参与到学习互动的过程中，学生通过操作，主动发现问题，探究解决问题的思路；表达自己的想法、观点，促进了思维的传递，巩固与强化知识点的掌握，实现数学知识自主建构，主动获取。在整个实践过程中，教师应该全面转变教育教学理念，积极构建和谐氛围，坚持“以人为本”，努力打造具有高阶思维的数学智慧课堂。

参考文献

［1］庞雯婷．小学数学教学中智慧课堂构建模式探究［J］．中华志愿者，2021（5）：242.

［2］朱慧．小学数学智慧课堂教学模式构建方法与实践分析［J］．启迪与智慧（上），2021（7）：1.

［3］苏丽珍．小学数学智慧课堂教学模式的实践［J］．读天下（综合），2020（35）：1.

［4］张卫红．基于智慧课堂的小学数学教学应用研究［J］．中学课程辅导（教学研究），2020，14（23）：26-27.

［5］张玲．智慧课堂对小学数学教学的应用研究［J］．教育，2018（47）：1.

［6］刘佳慧．微课在小学数学教学中的有效融合［J］．中华少年，2018（31）：30.

［7］王志龙．新课程背景下如何将高效课堂模式融入小学数学教学中［J］．新课程（小学），2018（8）：168.

［8］阮小静．小学数学智慧课堂与网络学习空间的结合教育［J］．数学大世界（上旬），2020（3）：72-73.

［9］张敏．挖掘学生潜力，构建小学数学智慧课堂［J］．小学时代，2020（10）：52-53.

［10］冯丽华．小学数学智慧课堂教学模式构建与实践研究［J］．小学时代，2020（2）：41-42.

［11］郭长元．小学数学智慧课堂教学模式实践探索［J］．中小学电教，2020（9）：75-76.

［12］钱佳慧．小学数学智慧课堂教学模式构建与实践探究［J］．新智慧，2021（4）：23-24.

［13］李祎．基于电子书包的小学数学智慧课堂构建方法及支撑工具研究［D］．

长春：东北师范大学，2016.

［14］中华人民共和国教育部．义务教育数学课程标准（2011 年版）［M］．北京：北京师范大学出版社，2012.

作者简介

张晓蕾：银川市阅海小学副校长，高级教师。

马艳：银川市阅海小学教师，一级教师。

基于互联网数学实验室的课堂深度学习研究

——以应用网络画板进行“圆的周长”教学为例

首都师范大学附属小学柳明校区　黄燕舞
首都师范大学附属玉泉学校　史　远　刘嘉琪

【摘　要】随着信息技术的发展，教育信息化发展的要求逐步聚焦于信息技术与学科的深度融合。而如何在新型的课堂环境中利用信息技术来保证学生的深度学习成为教育教学研究的关键所在。本研究通过构建互联网数学实验室支持的课堂深度学习模型，旨在探究小学数学课堂中教师运用信息技术对学生深度学习的影响。通过借助互联网数学实验室中的网络画板工具，依据模型建设开展了相应的教学构思、设计、研究和实践。从深度学习的五个特征入手，对实践结果进行了深度剖析，最后总结出教师借助互联网数学实验室对小学数学学科课堂中学生深度学习具有一定的效果。

【关键词】数学实验室；网络画板；小学数学；深度学习；课例研究

一、引言

基于互联网数学实验室的新型的课堂学习环境，以先进的技术手段作为有力支持，转变传统课堂的师生角色，强调开展以学生为主体的教学活动，要求学生能够主动参与到学习过程中，从而实现知识和技能的深度学习。对于小学数学学科而言，其抽象且刻板的特点，让小学生在学习过程中易产生困惑。利用互联网数学实验室中网络画板这个有效载体，既可以实现技术与数学的深度融合，又可以帮助学生直观地、动态地感受数学学习对象，从而实现学生对数学知识的深度学习。

那么面对此应用场景，如何能保证学生在数学学科实现深度学习成为亟待解决的关键问题。因此，本研究主要采取了课例研究的校本教研形式，通过构建互联网数学实验室支持的智慧课堂深度学习模型，同时开展了一系列的教学构思、设计、研究与实践，并对实践课例进行了深度挖掘、剖析。

二、深度学习的概念及特征

（一）深度学习的概念

深度学习是指学习者主动开展具有批判性的学习方式，其目的是实现有意义的学习，更加强调学生能够积极主动地开展学习活动，理解知识内容，并且可以灵活地运用所学知识来解决实际问题。

（二）深度学习的特征

教师如何在教学活动中有效地引导学生实现学习真正发生，需要掌握深度学习所具备的五大特征，从而在课堂教学中帮助学生实现深度学习，如表 1 所示。

表 1　基于深度学习的五大特征

特　征	内　容
特征一 联想与结构：经验与知识的相互转化	强调处理外在知识与学生经验之间的转化问题。
特征二 活动与体验：学生的学习机制	强调学生的学习要通过主动的、有目的的活动来开展实施，要求学生全身心地投入，真正成为教学活动的主体。
特征三 本质与变式：对学习对象进行深度加工	强调学生要抓住教学内容的本质属性，全面把握知识的内在联系。
特征四 迁移与运用：在教学活动中模拟社会实践	强调将所学知识转化为学生综合实践能力。
特征五 价值与评价："人"的成长的隐形要素	强调深度学习的教学活动要能帮助学生形成正确价值观。

三、互联网数学实验室支持的课堂深度学习模型

在基于互联网数学实验室的智慧课堂中，课堂教学以教师为主导、学生为主体的形式开展。教师通过创设相应的教学情景，来引导学生应用互联网数学实验室完成相应的自主探究的实践操作。目的是使学生能够拥有更为丰富的学习体验，引发学生对所学数学知识和技能的深度学习。鉴于此，本研究创建了互联网数学实验室支持的课堂深度学习模型，如图 1 所示。

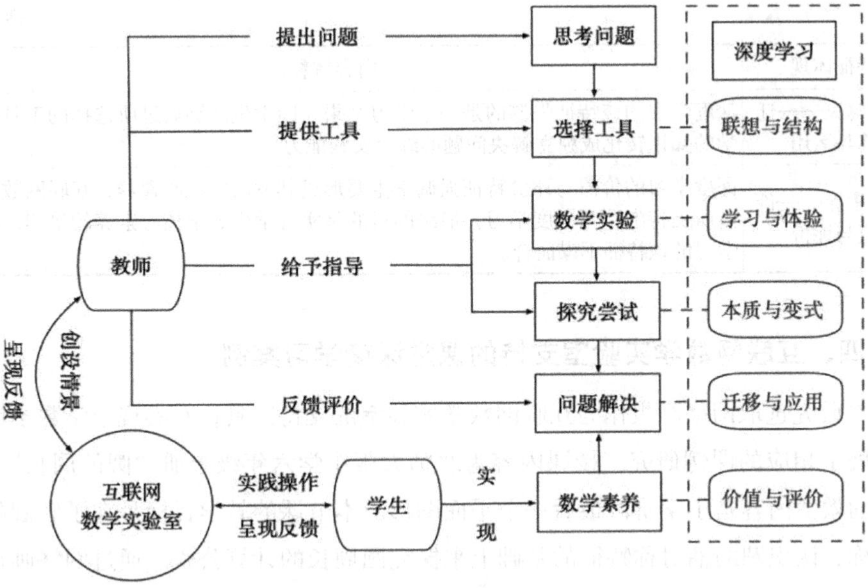

图 1　互联网数学实验室支持的课堂深度学习模型

在该模型中，教师创设情景，并向学生提供解决问题的工具。学生思考问题并甄别选择适宜的工具来开展数学实验活动。在此过程中，学生通过自主探究，不断地尝试，教师可以给予有针对性的指导，从而在师生共同的努力下实现对问题的解决，教师可以对学生的实践探索活动和已解决的问题进行及时的反馈评价，来帮助学生更好地实现知识体系建构，引导学生实现深度学习的目的。

该模型中，学生深度学习的体现主要依据其特征进行归纳划分，如表 2 所示。

表 2　互联网数学实验室支持的深度学习

特征体现	内容解释
选择工具——联想与结构	学生基于互联网数学实验来选择相应的、所需要的工具或者学习方式，通过对工具的选择实现处理外在知识与自身经验之间的转化。
数学实验——活动与体验	数学实验活动是互联网数学实验室所支持的核心活动，也是深度学习的核心特征。在数学实验活动中，学生是该活动的主体，数学实验的创设可以保证学生能够全身心地投入。
探究尝试——本质与变式	学生在数学实验活动中会进行多次的探究和尝试，这个阶段需要教师给予一定的指导，帮助学生能抓住学习内容的本质，全面把握知识之间的内在联系，从而学会独立处理学习对象和学习内容。

续表

特征体现	内容解释
问题解决——迁移与运用	深度学习的该特征强调的是一个学习结果，即学生能够通过所选择的工具以及所学的知识转化成独立解决问题的综合实践能力。
数学素养——价值与评价	深度学习的价值与评价特征强调学生要形成其发展的核心素养，互联网数学实验室所支持的课堂深度学习，最终的目的是实现学生数学核心素养的培养，与深度学习的该特征不谋而合。

四、互联网数学实验室支持的课堂深度学习案例

本研究选取网络画板作为互联网数学实验室的支持工具，对实现小学数学深度学习开展了相应的课例研究。授课内容为北师大版小学六年级上册“圆的周长”一课，该课的教学内容是小学阶段最后一个平面图形。本节课的教学目标是在了解圆的各部分名称、认识圆的轴对称特征的基础上来探究圆周长的计算公式。通过网络画板来帮助学生树立“化曲为直”的数学转换思想，为今后圆柱和圆锥的认识、圆柱表面积与体积的计算、圆锥体积的计算等数学知识奠定基础。

（一）互联网数学实验室支持的课堂教学活动

1. 提出问题

一般来说，传统课堂中教师会让学生手动测量圆的周长和直径的相关数据，将测量出的数据进行计算分析。由于学生在测量过程中存在不可避免的测量误差，计算之后大部分都无法得到相对稳定的规律值，也就是圆周率 π 值，甚至有的误差更大。面对这样的情况，为消解学生头脑中的疑虑，教师借助圆周率的由来，直接告诉学生“圆周长与直径的关系是 3.14 倍，$\pi \approx 3.14$”这个结论，可学生能否接受这个事实？学生是否会对圆的周长与直径的比值是定值表示怀疑，产生不同意见呢？

2. 提供工具

从学生的学习经历来看，大部分学生会有这些疑问，这对学生深度学习的思维培养和锻炼是一个非常有利的时机。教师要想抓住时机，引导学生进行更深层次的学习，就需要具备能够完美解决测量误差这一现实问题的方法，而网络画板恰恰成为解决该问题的有力工具，它既可以避免测量误差的出现，同时又能够为学生提供自主学习的空间。学生可以在自主操作、自主探究的学习方式下进行创造与思考。

3. 数学实验

学生利用网络画板进行数学实验操作。首先，学生在绘图工具栏（作图区左侧）

选择“线段工具”，作图区中即可得到任意大小的圆；之后选择“线段工具”，作出圆的一条直径。在画出圆的周长和直径之后，分别选中圆和直径，右击鼠标，找出菜单，点击“测量”一项，即可得到这个圆的周长数据和直径数据，这些数据都会显示在作图区的上方。作图区下方的工具栏称之为构造工具栏，找到计算功能，通过计算功能输入公式，求出周长除以直径的值，作图区就会显示周长与直径的比值，设定精确度，比值就是 3.14 的倍数。

4. 探究尝试

在课堂中，有的学生提出：任意圆周长和直径的比值都是定值吗？通过利用网络画板进行多次的实验探究，在对探究结果进行比较分析的过程中发现，并不是所有学生得到的结果都是 3.14，其中就有一个同学表示自己用网络画板得到的周长与直径的比值并不是 3.14。有学生提出质疑：“是不是他画的直径有问题？”这使得大家的思考一下子有了方向，顺着这个方向，反映情况的学生回顾整个操作过程，的确发现自己操作过程中存在问题，反思存在的问题，并找出关键所在。同时教师此时进一步引导学生，协助学生根据前面学习的内容，解释说明存在的问题，从而帮助学生加深对该部分知识的认识与理解。

5. 问题解决

小插曲的出现，使学生们在探究圆的周长与直径的比值过程中，利用已有的知识经验，对新问题进行了分析和说明，最终找到问题所在。学生也通过运用网络画板解决了圆的周长与直径的比值到底是多少的问题。

（二）互联网数学实验室支持的课堂深度学习

1. 联想与结构

学生在教师的指导下，能够通过互联网数学实验室中的网络画板工具来探究本节课亟待解决的问题。在已知圆的周长和直径的比值是一个定值和不能直接接受该结论的基础上，学生通过网络画板来进行数学实验探究，从而达到顺利转化的目的。

2. 活动与体验

学生通过两次实验探究，依据对两次的数据的总结分析，最终得到科学的结论。

3. 本质与变式

在第一次实验探究后，学生提出圆的周长与直径的比值是否为定值的问题。在第二次实验探究中，教师进行一些相应的引导，帮助学生抓住该问题的核心要素，从而实现学生对该问题的独立思考和处理。

4. 迁移与应用

通过本节课的数学实验，学生能够顺利使用网络画板，并独立完成圆的周长和直径的比值问题实验探究，从而培养了学生在该数学实验中的自主解决问题的能力。

5. 价值与评价

小学数学的核心素养主要是培养学生的应用意识和创新意识，本节课学生可以应用网络画板实现对数学问题的实验探究，同时在实验探索过程中进行了深度思考，能够发现问题、提出问题并解决问题，具备了一定的创新意识。

首都师范大学教育学院方海光教授带领其团队成员对本节课进行了相应的课堂观察，如图 2 所示。

同时从课堂可视化分析、课堂整体、教师课堂语言影响、信息技术使用程度、课堂问题影响程度、学生主动性六个方面进行分析。针对“圆的周长”这一节课，通过采集处理的数据可以得出，师生语言比率相差不大，体现教师和学生对课堂的影响较为均衡；信息技术的应用方面具有显著效果，整节课是以学生进行实验为主，信息技术作为主要支持工具；课堂体现出以学生为中心，教师以提出开放性问题为主，课堂的层层建构有利于学生的深度学习；学生应答以主动居多，主动参与到课堂的各个活动，活跃整堂课的氛围。

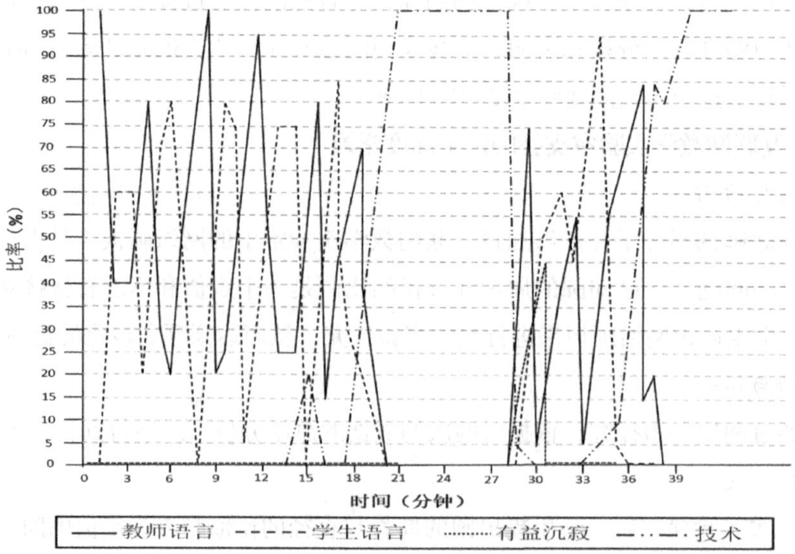

图 2　互联网数学实验室支持的课堂时间线分析图

五、结论

本研究通过构建互联网数学实验室支持的课堂深度学习模型，可以得出小学数学课堂中信息技术的使用能够有效支持学生的深度学习。通过信息技术所支持的数学实验，可以帮助学生对知识进行主动批判、获取、加工以及理解，在已有知识的基础上，帮助学生实现构建新的认知结构，完善数学知识体系。在信息技术所创设的真实情景中，学生可以应用所学知识与技能切实解决问题，从而实现有意义的知识建构和深度学习。

参考文献

[1] 方海光，魏文雅，刘嘉琪，等. 互联网数学实验室支持的智慧课堂实验活动研究 [J]. 中小学数字化教学，2019 (6)：24–27.

[2] 吴颖惠，李芒，侯兰. 基于互联网教育环境的深度学习 [M]. 北京：人民邮电出版社，2018.

[3] 方海光，王鹏远，焦宝聪，等. 应用互联网数学实验室实现深度融合的设想 [J]. 中小学数字化教学，2018 (3)：58–60.

[4] 王鹏远. 网络画板平台支持下的新一代数学实验室 [J]. 中小学信息技术教育，2018 (6)：54–56.

[5] 邱雪莲. 应用网络画板提升学生高阶思维能力的探究 [D]. 沈阳：沈阳师范大学，2019.

作者简介

黄燕舞：首都师范大学附属小学柳明校区数学教师，高级教师。

史远：首都师范大学附属玉泉学校信息技术教师，高级教师。

刘嘉琪：首都师范大学附属玉泉学校信息技术教师，二级教师。

模块四
互联网 + 数学实验课程
设计与深度学习

运用网络画板初探初中数学线上、线下融合教学

北京市第十中学　张　莉

【摘　要】当今中国，教育改革不断创新，教育信息技术得到了飞速发展和应用，以多媒体和网络技术为核心的教育信息化技术，越来越深刻地影响和改变着人们的传统学习方式。自2020年以来，受新冠肺炎疫情的影响，线上授课不但改变了学生学习数学的方式，而且也改变了教师的教学理念和教学方式。并且，随着“双减”政策的进一步落实，在减轻学生课业负担的同时又要提高学校课堂教学实效，是当前教育发展的新方向。利用网络画板探索改变教学方式是解决以上问题的途径之一。

【关键词】网络画板；初中数学；线上、线下融合

《义务教育数学课程标准（2011年版）》中提出：数学课程的设计与实施应根据实际情况合理地运用现代化信息技术，要注意信息技术与课程内容的整合，注重实效。要充分考虑信息技术对数学学习内容和方式的影响，开发并向学生提供丰富的学习资源，把现代信息技术作为学生学习数学和解决问题的强有力工具，有效地改进教与学的方式，使学生乐意并有可能投入到现实的、探索性的数学活动中去。

2020年新冠疫情以来，线上授课使得学生脱离了教师的面对面监管，学习的主动参与性受到极大挑战。我们数学教师用什么在线上课堂上吸引学生的注意力？用什么来化解知识上的难点？线下的作业如何创新反馈？……太多的新问题、新矛盾、新困难。尽管现在全国大多数学校复课，但个别地区仍有疫情反弹，所以教师们仍要时刻准备着线上线下授课的灵活切换。从自己的学科角度出发，探索研究适用于本学科教学的信息技术手段，促进学科线上与线下教学的有效深度融合，成为摆在教师们面前迫切待解决的问题。通过两年具体实践验证，网络画板是解决这一问题的教学利器。

一、创设情景，激发学习兴趣

我们都知道，学生的兴趣是内在动力，学生对学习的兴趣不是自然产生的，需要教师加以引导，帮助他们形成学习动机。但由于数学知识严谨抽象刻板，使得很多学生认为数学是很难学习的学科，数学课堂枯燥无趣，在长久的学习过程中逐渐失去了对数学的热爱。

解决这一困境，首先要根据初中生的年龄特点，运用现代的学习技术手段，发挥网络教学的优势，创设生动具体的学习情景，来引发学生的好奇心，激发学生的学习兴趣。

“网络画板”这一数学专业软件，是一种非常好用的动态数学工具，类似于“几何画板”软件，它基于数学知识的绘图功能强大，可以设置参数生成动画。特别是它的动态演示功能，可将抽象的数学知识变得可视化，枯燥的问题趣味化，不仅可以提高学生学习数学的积极性，还可以让学生对知识的生成过程留下深刻的印象。比如：学习“无理数”时，可以利用网络画板展示数学海螺图（如图 1），让学生观察图中直角三角形各边长数值的变化规律——被开方数是连续的整数，接着再引导学生探究其中的数学原理，体会勾股定理的作用。

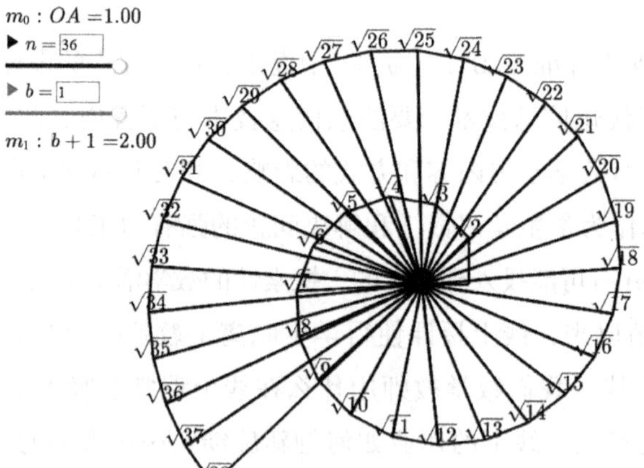

图 1　数学海螺图

类似地，讲授“相似图形”时，向学生们展示雪花曲线（如图 2）和连续迭代的 30° 特殊三角形（如图 3），让学生观察其中三角形的相似关系，思考几何作图的画法。这些数学图形还通过改变参数大小，实现迭代不同的次数，进而得到不断变化的图形动画。若把三角形的颜色也进行迭代，随着动画图形呈现出色彩变化，展示出了数学之美。对比传统的PPT静态图片展示，利用现代教育手段设计这些可人为操作的数学动画，视觉效果突出明显，在线上课堂中十分吸引学生眼球，达到了激发学习兴趣的目的。课后，能力强的学生，也利用该软件和相关知识画出了类似的图形，学生感觉很有意思，进一步增强了学生学习数学的欲望和学好数学的信心。

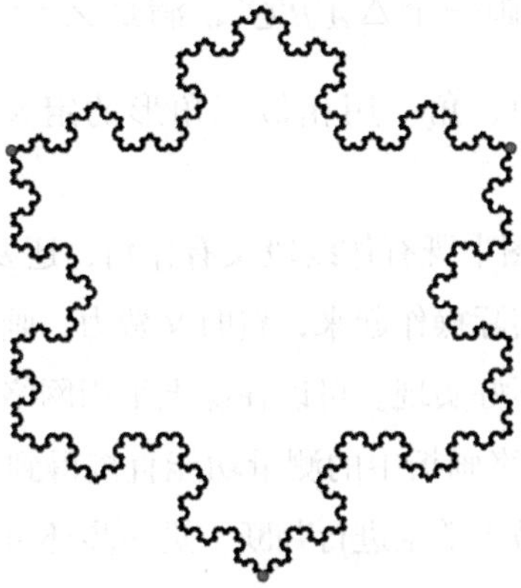

图2　雪花曲线

图3　连续迭代的30°特殊三角形

二、操作实验，探究知识生成

数学课堂仅有绚丽的情景创设还是不够的，关键在于如何设计数学活动来培养学生的数学能力。在《义务教育数学课程标准（2011年版）》中就提出了“四基”要求，增加了对学生基本活动经验的培养，强调数学新知识不再是由教师通过讲授获得，而是由学生主体经历探究活动构建生成。进一步利用网络画板开展数学实验进行探究，使学生在获得新知识的同时，基本活动经验也可以得到进一步提升。

例如：在讲授“相似三角形的判定”时，设计下面的活动：

画一个任意$\triangle ABC$，再画一个$\triangle A'B'C'$，满足$\angle A=\angle A'$，$\frac{AB}{A'B'}=\frac{AC}{A'C'}$，通过测量这两个三角形的其他边、角，用相似三角形的定义来判断这两个三角形是否相似。

在这一环节中，因为作图中既有作线段又有作角，还要度量线段长度或角度大小，再进行计算比较。学生真正实际操作起来，费时又费力，画图的精准性严重影响了正确结论的产生，最后教学效果不好实现。可以在课上采用网络画板这一工具，先根据条件进行画图（如图 4），再用网络画板中的测量功能直接得到其他各边、各角的大小。作图和测量的数据都很精准，易于学生进行判断。进一步还可以将两个三角形的相似比设置成了参数，可任意调整，已知三角形的形状大小也可任意拖动变化，学生可以看到另一个所画的满足条件的三角形也随之而变化，从而验证结论的一般性。

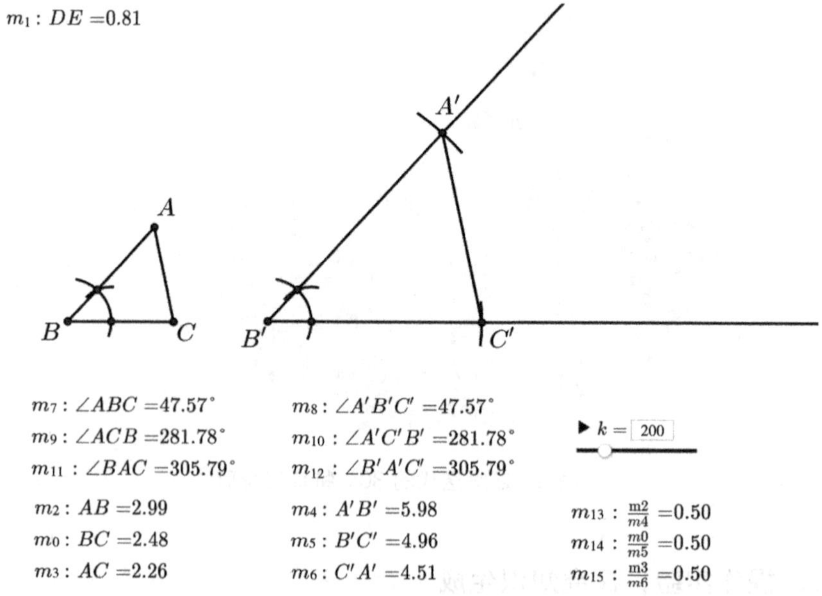

图 4 相似三角形的判定

除了线上授课过程中教师进行演示外，根据网络画板的多平台优势，还可以将这一课件通过二维码的方式分享给学生，学生在家用手机或电脑上网打开该课件，自己进行操作验证，体验数学探究过程的乐趣。可以说在疫情期间，网络画板发挥了极大优势，成为了学生一种新型的探究数学工具，成为线上教学的利器。当然，数学学科中还有很多教学内容，可以利用网络画板进行数学实验。再如，统计与概率部分的大量重复性实验——投针实验、抛硬币实验等，实验的条件等因素使得实验不适合实际开展，利用网络画板就可以实现模拟试验（如图 5）。

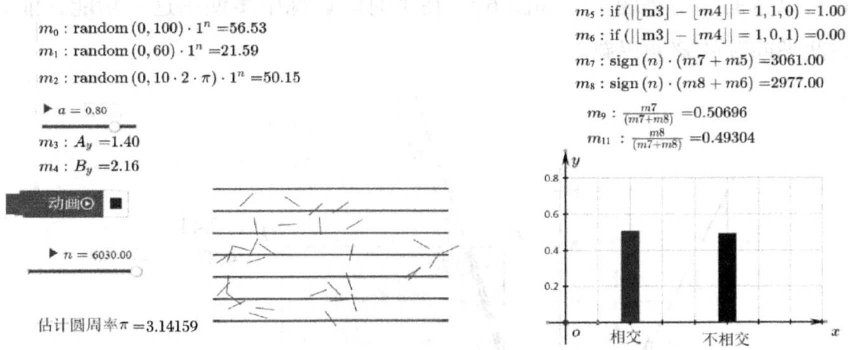

图 5　布丰投针实验

通过实践，数学探究活动中适当使用数学专业软件，让学生主动操作体验，借助于观察和比较，逐步探究知识的形成过程，能使学生能相对轻松地理解和掌握重要的知识。同时节省大量的探究时间，避免操作的客观条件制约，提高探究活动的有效性。

三、辅助解题，提升思维水平

数学学科中学生最怕动点（动线）的问题。这是因为学生的思维水平能力有限，他们遇到这类问题往往不知道该如何分析，头脑中缺乏运动的图形影像。这和在平时的训练中学生看到的数学多为静态图形，动态的太少有一定关系。网络画板的动态数学功能，可以让学生观察、体会、思考运动图形中的相互关联。在实践中，有的教师在班级中成立了一个由基础较好的学生组成的网络画板数学小组，将平时所做部分数学题利用画板辅助求解。比如：下面这个“控变点”问题：

在平面直角坐标系 xOy 中，已知点 $M(a, b)$，如果存在点 $N(a', b')$，满足 $a'=|a+b|$，$b'=|a-b|$，则称点 N 为点 M 的“控变点”。

（1）点 A（-1，2）的“控变点” B 的坐标为________；

（2）已知点 C（m，-1）的“控变点” D 的坐标为（4，n），求 n 的值；

（3）长方形 $EFGH$ 的顶点坐标分别为（1，1），（5，1），（5，4），（1，4）。如果点 P（x，$-2x$）的“控变点” Q 在长方形 $EFGH$ 的内部，直接写出 x 的取值范围。

这个问题的难度是双动点，学生很难想象出图形。利用网络画板画出图形，通过设置参数，让运动点 P 运动的同时点 Q 随之运动，进而找到符合条件的点的轨迹及边界值，就可以帮助学生解题了（如图 6）。在平时的训练中多使用这一功能，能让学生逐渐形成此类问题的解题思路。

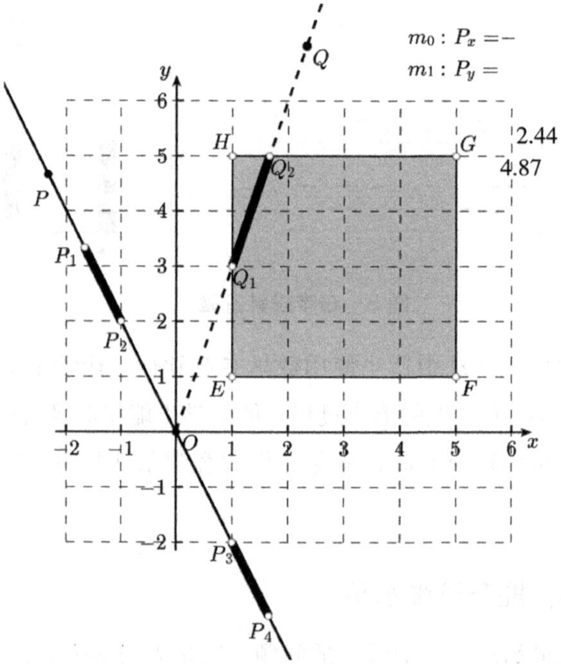

图 6　控变点

利用网络画板，一些过去只能通过思维、表象和想象领会的动态数学内容，可以得到直观表现；一些与数据处理的烦琐运算，也可以快速得到解决。帮助学生脱离了静态抽象、枯燥烦琐的数学困境，更利于提高学生学习数学的兴趣，发挥学生的主体创新能力，更好地掌握、理解数学知识本质。

目前，我们很多数学教师所用的课件大部分还停留在仅仅是 PPT 加批注的播放形式，课件只能预先设定机械地演示，不能即兴有效发挥，人机交互更是困难重重。老师们也普遍感觉做课件比较费时费力。所以通过课题实践，基于互联网技术开发的网络画板是进行数学探究活动的一个非常有力的工具，它功能完善，操作方便灵活，简单易学，是比较理想、开放共享的数学实验平台。学生可以利用网络画板自主探究、发现数学问题，甚至可以把数学问题从静态提升到动态，进而出现新的问题及现象，成为数学探究的出发点。它便于学生进行自主合作探究学习，充分体现了学生学习的主体地位，从而提升学生数学探究能力。而且网络画板平台的资源丰富、操作便捷，根据需要能调用共享课件，有效减轻教师备课负担，提升教学效果，为教师提供了一种新的提升信息化教学水平的途径。特别在疫情期间，学生坐在家里自己也可以操作网络画板课件进行探究思考，甚至把自己制作的网络画板课件通过平台进行共享，把边操作课件演示边讲解思路的过程录制成了小视频，发布在学科微信群中，与老师或同学进行互动交流，取得了很好的效果。

所有的实践经历说明，使用网络画板一方面提高了学生高阶数学思维能力，另一方面提高了数学教师的信息化教学水平。数学教师应不断加强学习与了解，熟悉并掌握一些优秀的学科专业软件，应用于实际教学，不断提高自我的信息化教学水平。当然，在数学问题的探究过程中，信息技术只是辅助手段，“好钢要用在刀刃上”，不能完全替代学生思考，应在思维关键点上起到辅助作用，主要用于对问题的深入研究，如对猜想结论的验证、对问题的拓展探索、需要大量重复实验数据等环节，起到节约时间、精准计算等作用。若长期坚持此项研究与实践，未来还可以创建物理空间和网络空间一体化的教学空间，即数学实验室，创新教学组织形式、学习任务管理、学习内容分发，提升学生的合作学习、探究学习、自主学习等方面的综合素养，为培养创新人才提供环境支撑，提升数学课堂教学效果，真正实现“双减”教育政策的目的——减负增效，同时继续提升数学教师的信息化专业教学能力。

参考文献

[1] 中华人民共和国教育部．义务教育数学课程标准（2011年版）[M]．北京：北京师范大学出版社，2012.

[2] 信息技术在教学中的应用与创新[EB/OL]．(2020-5-4)[2021-2-26]．https：//wenku.baidu.com/view/6dfac4d3df88d0d233d4b14e852458fb770b3808.html.

[3] 王刚．试谈多媒体技术在解决图形变换问题中的应用[J]．辽宁教育，2019(6)：37.

[4] 谭显英. 以信息技术激发小学生数学探究式学习的欲望［J］. 信息技术教育，2015（37）：65.

[5] 教育部基础教育课程教材专家. 义务教育数学课程标准解读［M］. 北京：北京师范大学出版社，2012.

作者简介

张莉：北京市第十中学数学教师，教研组组长，年级主任，北京市高级教师。

网络画板在初中数学图形教学中的实践应用

——以“勾股定理”单元教学为例

北京市教育科学研究院丰台学校　汪继清

【摘　要】在信息化时代的背景下，在课堂中整合信息化技术进行教育变革是当下教学发展趋势。本文研究的问题是网络画板在“勾股定理”中的应用，旨在说明在单元教学中整体性、结构化地融合网络画板开展学生活动，展示学生的学习成果和案例，遵循自主性、探究性、合作性三个原则。研究发现融合网络画板的单元式教学确实提高学生的学习兴趣，帮助学生理解本单元的教学难点，发展学生的几何直观和逻辑推理能力，为探索数学知识的学习奠定了基础。

【关键词】网络画板；勾股定理；图形教学；单元教学

一、引言

初中教师的传统教学课堂方式仍然是粉笔＋黑板，教师会板演主要知识点、相关图形以及重要例题的示范性过程。然而，这种方式对于某些抽象概念的呈现以及动点问题实际教学效果欠佳，我们需要积极改进自身教学策略，而国内兴起的信息化工具——网络画板正好可以解决这个问题。网络画板拥有强大的作图、轨迹跟踪、动态演示、测量计算等功能，利用现代信息技术来帮助学生改变学习方式，拓展教学内容，帮助学生解决数学学习过程中的各种问题。另一方面，现在倡导大单元式整合教学的概念，以整体化的思想进行备课。因此，笔者尝试在八年级数学“勾股定理”单元教学中融合网络画板，利用网络画板的交互性设计有效学生活动，帮助学生理解本章节知识，促进课程实效。

二、基于网络画板的勾股定理单元教学案例展示

（一）章节内容分析

1. 从《义务教育数学课程标准（2011 年版）》和考试说明上看

《义务教育数学课程标准（2011 年版）》：体验勾股定理的探索过程，会运用勾股定理解决简单问题。

《2019 北京市中考考试说明》：已知直角三角形的两边长，会求第三边长。要求：会运用勾股定理解决简单问题。较高要求：会用勾股定理解决有关的实际问题。

2. 从勾股定理教材地位上看

本章节勾股定理 3 个课时，勾股定理的逆定理 4 个课时，总结 2 个课时，一共 9 个课时。本次单元设计选择探究直角三角形的三边关系以及简单应用，分为以下三个课时。

第一课时：探究勾股定理

第二课时：勾股定理的简单应用

第三课时：在数轴上表示无理数

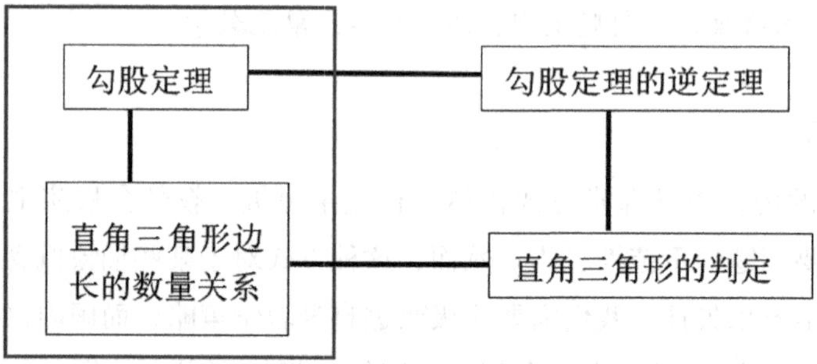

图 1　章节知识结构图

3. 从数学史的角度上看

从公元前数学家商高发现“勾三，股四，弦五”开始，出现了诸多著作对此部分内容做出阐释，比如《周髀算经》《九章算术》等，书中明确写出：“勾股各自乘，并之为玄实。开方除之，即玄。”数学家毕达哥拉斯观察地砖铺设也发现了此定理，后续也引发了第一次数学危机，人们发现无理数的存在，开启了数学新纪元。

（二）与网络画板相融合的创新

表 1　勾股定理在不同课时的融合点知识图谱

课时	课题	探究点	融合点	呈现方式
1	探究勾股定理。	猜想勾股定理。	利用网络画板动态演示图呈现直角三角形中以直角边为边长的正方形的面积相加等于以斜边长为边长的正方形的面积。	教师制作、呈现，学生观察探究。
2	勾股定理的简单应用。	利用代数方法解决应用问题。	学生拖拽网络画板例题中梯子的位置，在动态演示图中发现不同的直角三角形中边之间的数量关系。	教师制作，学生尝试操作，主动观察、探究。
3	在数轴上表示无理数。	在数轴上表示无理数。	学生自己动手操作网络画板，在已有数轴上作出边长为 1 的正方形，连接对角线，找到 $\sqrt{2}$，利用作圆在数轴上表示 $\sqrt{2}$。	学生制作、操作、观察、探究。

由上表可知，学生在第一课时接触网络画板时是由教师引导完成动态演示，发现勾股定理。在第二课时中，教师制作好课件后，利用网络画板的交互性，发给班级中的 6 个小组，学生利用电脑上的链接网址进行操作，探究勾股定理的应用题，学生的主动探究性提高了。在第三课时中，学生可以依据上课指令做出数轴上的 $\sqrt{2}$，明白每一步的作图依据，尝试探索 $\sqrt{13}$，探究性进一步加强。

（三）活动案例呈现

1. 活动片段：猜想勾股定理

（1）请画出一个任意边长的直角三角形；

（2）请用直尺测量直角三角形每条边的长度，记录数据。

学生从数据上无法发现三边之间的关系，教师引导观察网络画板动态生成的过程，如图 2 所示：

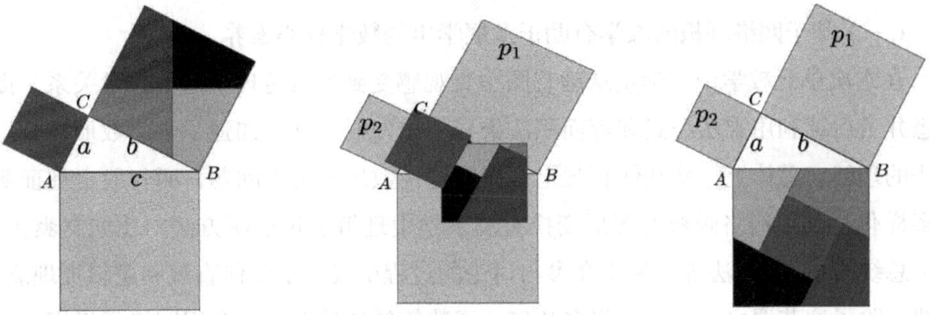

图 2　勾股定理猜想动态演示图

学生猜想直角三角形三边关系：$a^2+b^2=c^2$。我们从特殊推广到一般情况，随意变换直角三角形三边的长度，仍然可以得出以上结论，写出命题加以证明。

2. 活动片段：在数轴上表示无理数

教师提出问题：在数轴上如何找到$\sqrt{2}$？你能利用网络画板做一做吗？

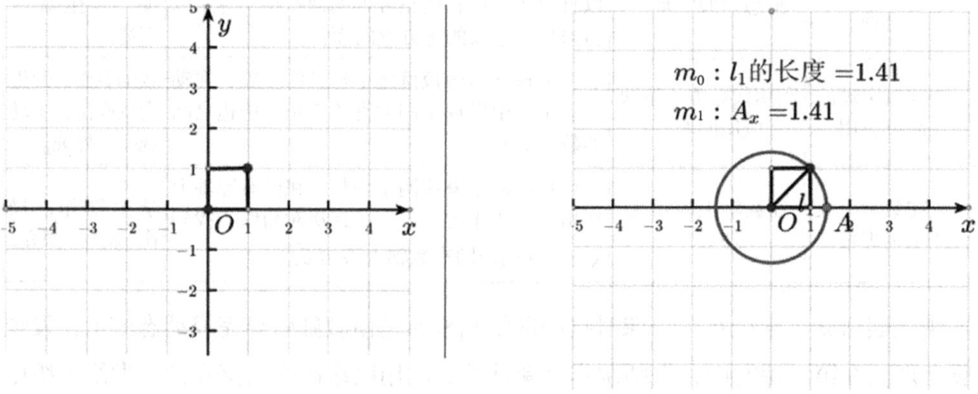

图 3　数轴上表示无理数图

学生先建立平面直角坐标系，再以单位长度 1 构建正方形，连接对角线后作圆，与 x 轴相交于 A 点，最终测量了对角线的长度和 A 点的横坐标，发现数值相等，恰好等于$\sqrt{2}$。接着学生依据已有的作图经验，探索在数轴上表示$\sqrt{13}$，课堂中以小组为单位探究应该做的是正方形还是长方形，它们的边长是多少。学生们展开了积极有效的讨论，最终确定以 2 为宽，3 为长的长方形对角线的长度是$\sqrt{13}$，完成作图，充分理解了无理数的几何意义与勾股定理之间的关系。

三、信息化教与学的思考

（一）基于网络画板的教学有助于发展学生的数学核心素养

在本次单元教学中，学生从动态图中直观感受到勾股定理中边的数量关系，提出猜想并且后续利用乘法公式和等面积法推导得出勾股定理，加强了学生数形结合思想方法的理解。总体上，从几何直观上观察，用代数思想解决问题，而勾股定理证明方法多样化，利用网络画板的图形变换有利于学生理解多种证明方法，比如赵爽弦图、美国总统 Garfield 证法等。学生在参与讨论的过程中发展了几何直观和逻辑推理能力。当然，除了这节课之外，还有很多几何、函数等领域的课也适合用网络画板探究，比如中考代数综合题，主要考查二次函数的性质，学生通过作图发现当二次函数参数变化时，图象也发现变化，找到对应题中要求的参数值，理解数与形之间的关系。

（二）基于网络画板的教学有助于发展学生的探究能力和合作意识

学生在探究数轴上表示无理数的学习活动中，用网络画板呈现出多种作图方法，有的学生先建立平面直角坐标系，再做正方形从而找到$\sqrt{2}$，最终隐藏了 y 轴，只显示 x 轴；有的学生是直接做出单位长度为 1 的正方形，再建立数轴，将正方形平移到数轴上进行表示；还有的学生直接以原点为圆心，$\sqrt{2}$为半径作圆，与数轴交点即为所求等等。从表现上看，学生的探究能力得到了充分的发展，组内成员献策献力，摸索出各种方法，明显提高了合作意识，构建了有效课堂。但是由于信息化的数据太过于容易得到，也出现学生直接运用$\sqrt{2}$进行作图，而不是探究作出$\sqrt{2}$，出现问题和条件没有分清的情况。

（三）基于网络画板的教学有助于提高学生学习兴趣

章节学习结束后，单元作业中要求学生查阅勾股定理的文化和证明方法，学生收集的有多种证明、应用、勾股树等网络画板的案例，还有学生依据作图步骤自制勾股树等相关图案。而且网络画板具有交互性功能，学生将案例发在学生微信群里展示，互相操作，已然成为了一项数学娱乐活动。后续我校开展数学史展演活动，本班学生积极报名，争先展示他们的劳动成果，学习数学的兴趣再一次被点燃，认为数学是一门好玩又烧脑的学科。在网络画板资源共享平台上，学生找到了很多未学过的数学动态演示案例，都一一下载下来研究学习，老师可以适时进行个性化指导，促进了学生自学能力的提高。

四、总结与展望

通过对前后测成绩、学生课堂表现进行分析，发现学生对网络画板的探究持欢迎态度，愿意继续进行数学知识的探究实验活动。在前后测试对比中发现，学生在理解图形变换、数形结合，以及数学知识的依据和背景等方面做题的正确率有明显的提高，确实提升了教学质量。网络画板更适用于有关函数、动点问题、空间几何以及图形的变化等方面的单元主题式教学，效果更为突出。

信息化时代的到来，带给我们教育新的变革，新的学习方式。我们仍然需要继续学习有效地在常规课堂中融合网络画板进行教学，持续开展以学生为中心的探究式学习活动，扩大研究范围，逐步落实双减背景下有效课堂的要求，培养学生自主学习能力，同时提升教学质量。

参考文献

［1］邓珍珍．辅助初中数学教学的实践研究［D］．合肥：合肥师范大学，2018.

［2］中华人民共和国教育部．义务教育数学课程标准（2011 年版）［M］．北京：北京师范大学出版社，2012.

［3］北京教育考试院．2019 北京市中考考试说明［M］．北京：北京理工大学出版社，2019.

［4］中学数学课程教材研究开发中心．数学八年级下册教师教学用书［M］. 北京：人民教育出版社，2019.

［5］莫益梅，董黎明，焦宝聪．信息技术与高中数学课堂深度融合应用探究［C］//2021 年中小学素质教育创新研究大会．2021 年中小学素质教育创新研究大会论文集．北京：教育部基础教育课程改革研究中心，2021.

作者简介

汪继清：北京市教育科学研究院丰台学校中学数学教师，北京市一级教师。

网络画板助力初中数学课堂提质增效的实践研究

——以圆中的成比例线段为例

北京市第 101 中学　张朝立

【摘　要】“双减”背景下，要求提升课堂教学质量和效率。网络画板在初中数学课堂中的应用，是对传统教学模式的创新。在网络画板辅助下，教师在几何教学过程中进行开放性问题的设计，学生在动态的环境中，体验了除分析问题、解决问题外，还可以发现和提出问题的全过程。在使抽象的数学问题直观化，静止的数学问题动态化的过程中，提升了教师的信息技术化能力，培养学生学习数学的兴趣，发展学生的创造性思维，使课堂教学效果最优化。

【关键词】教师信息技术能力；创造性思维；提质增效；网络画板

一、研究背景

（一）信息化时代对数学教师的要求

2018 年 4 月，教育部发布了《教育信息化 2.0 行动计划》，提出要到 2022 年基本实现“三全两高一大”的发展目标，普遍提升教师信息技术应用水平和信息素养。2019 年 2 月，中共中央、国务院印发了《中国教育现代化 2035》，中办、国办发布了《加快推进教育现代化实施方案（2018—2022 年）》，要求加快推进信息化时代教育变革，着力构建基于信息技术的新型教育教学模式、教育服务供给方式，促进信息技术与教育教学深度融合，并指出教育现代化的核心和基础是信息化，关键要素是教师。

（二）“双减”下对学生思维的培养

“双减”政策要求课堂教学减负增效，减少课业负担，提升课堂教学质量和效率。《新课标（2011 年版）》明确要求培养学生的创新意识。数学学习的核心要义是思维的发展，数学教师工作的重中之重是培养学生的思维能力，特别是创造性思维能力。在信息技术的辅助下展开中学数学创造性思维训练，其教学价值是值得肯定的。这主要是因为教师可利用信息技术为学生创设具直观性的教学情景，让学生能够自主融入到活跃的数学教学氛围之中，主动展开创造性的独立思考。

（三）网络画板的应用现状

网络画板是由张景中院士和其团队在超级画板的基础上开发的国内第一款互联网环境下的理科教学工具。它源自与互联网技术，开创了互联网＋数学教育模式，从而将数学教学与信息技术进行了有机融合。从其特征上看，可以通过不同的按钮进行几何图形的操作，如对图形进行平移或者旋转、对图形进行测量等。它不仅能提升教师的教学质量和效率，还促进了数学教学多元化的有效实现，比如：使教学中开展小型数学实验成为可能。

二、研究问题

新课标指出计算机技术与数学学科的结合能够给社会带来价值。当前国内学者也从不同视角将数学课堂与信息技术相融合。例如：大部分学者从教学创新角度，将信息技术与课堂相融合进行教学设计并付诸实践；还有部分学者从问题解决角度，应用几何画板等解决教学中学生遇到的疑难问题。

从国内中学生数学思维的培养方法相关文献中发现，数学高阶思维能力，整体上体现为深刻性、广阔性、灵活性、敏捷性、创造性和批判性六个方面。而已有的研究主要是从教学内容、数学基本活动经验等角度探讨如何培养学生的思维素养。但是利用信息技术来助力学生思维能力的培养还未有较多的研究。

在信息化时代，如何将信息技术与教师教学适度地融合，更好地提高学生的思维水平与数学核心素养是本文关注的主要问题。本文以“圆中的比例线段”的教学为例，谈谈在网络画板的技术支撑下，初中动态几何教学过程中，学生数学创造性思维培养及教师信息技术能力提升的心得与体会。

三、研究意义

信息技术助力培养学生数学思维的研究，对当下“双减”课堂中培养学生高阶思维的意义深远，是对教师课堂教学高效性、学生学习趣味性与创造性的促进和提升。教师应用信息化技术的实践能力与理论研究水平的不断提高，对落实“双减”政策下课堂教学质量的提质增效起到积极作用。对学生数学核心素养的提升、发展教师专业技能的提高都具有实际意义。

（一）问题引入　动手作图

问题 1：如图 1，两直线 l_1 与 l_2 相交于点 P，它们与圆可能有哪些位置关系？请动手画出来。

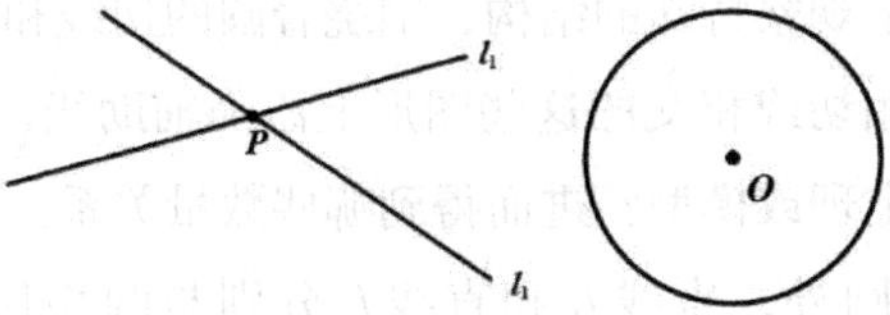

图 1　问题 1 图

师生活动：如何画出两条相交直线与圆的位置关系，这个问题让一部分同学思考遇到困难。教师针对学生的困惑进行进一步追问：

追问 1：两条相交直线中包含几个几何元素？它们与圆分别有几种位置关系？

追问 2：研究多个几何元素与圆的位置关系时，就要对研究对象进行分类讨论，该如何进行分类？

追问 3：本问题进行分类讨论的标准是什么呢？

利用学伴机的交互功能，请学生展示网络画板画出的图形，如图 2。点 P 在圆外：6 种。点 P 在圆上：2 种。点 P 在圆内：1 种。

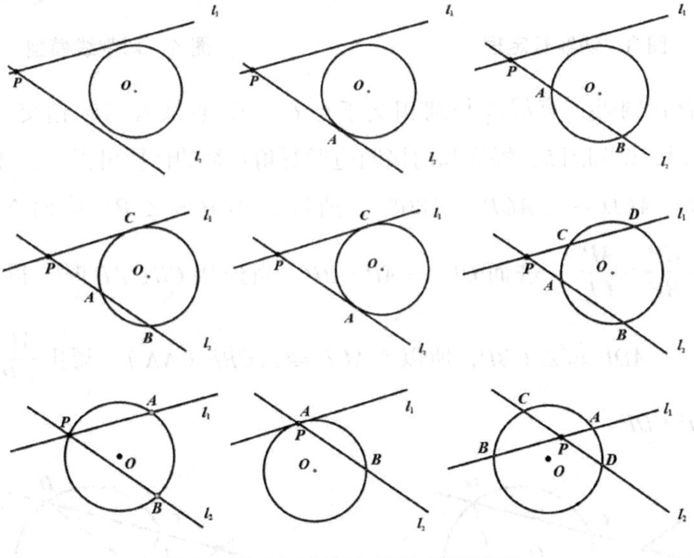

图 2　两条相交线与圆的位置关系

（二）探索知识　提升思维

问题 2：直线与圆的三种位置关系——相切、相交和相离，哪些更具有研究价值？为什么？

师生活动：学生很容易得出直线与圆相切和相交更具有研究价值，因为它们与圆联系更紧密。教师引导学生观察特殊的结构，围绕着圆的切线和割线来继续研究。

问题 3：在直线与圆相切或相交的这些图形上添加辅助线，可以得到哪些有价值的图形？你能联想到哪些定理或模型？进而得到哪些数量关系？

如图 3，当交点 P 在圆外，直线 l_1 和直线 l_2 分别与圆相切于点 C、D 时，连接 OC、OD。根据切线长定理，得出 $PA=PC$。

如图 4，当交点 P 在圆外，直线 l_1 与圆相切于点 C，直线 l_2 与圆相交于点 A、B，连接 CA、CB。根据弦切角定理，得 $\angle ACP=\angle B$，所以 $\triangle ACP$ ≌ $\triangle CBP$（AA），得出 $\frac{CP}{BP}=\frac{AP}{CP}$，进而 $CP^2=AP\cdot BP$。

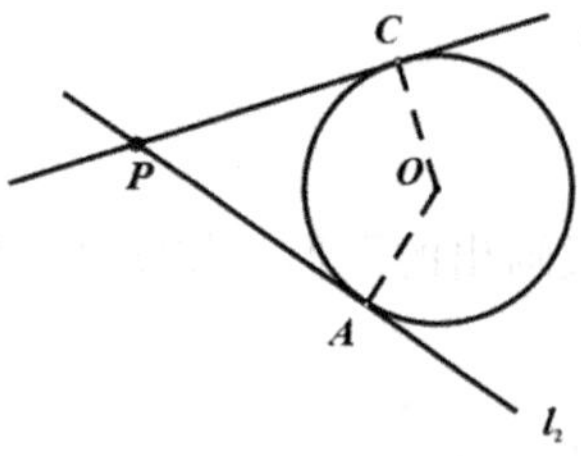

图 3　切线长定理

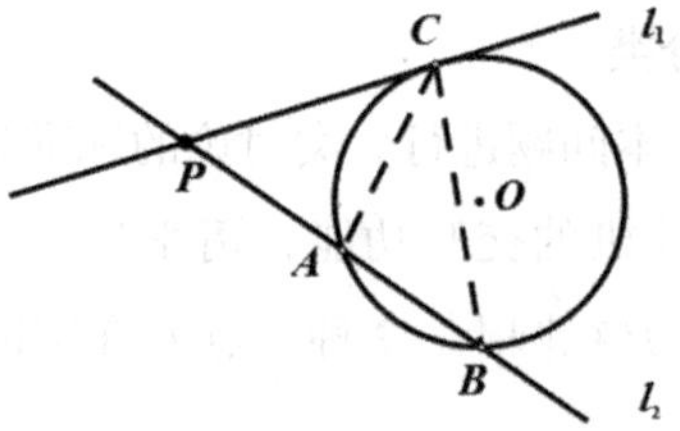

图 4　切割线模型

当交点 P 在圆外，直线 l_1 与圆相交于点 C、D，直线 l_2 与圆相交于点 A、B，当连接 CA、BD 时，得到图 5，根据圆内接四边形对角互补的性质可得，$\angle ACD+\angle B=180°$。因为 $\angle ACD+\angle ACP=180°$，所以 $\angle ACP=\angle B$，进而 $\triangle ACP$ ≌ $\triangle CBP$（AA），得出 $\frac{CP}{BP}=\frac{AP}{CP}$，进而 $CP^2=AP\cdot BP$。当连接 CB、AD 时，得到图 6，根据圆周角定理，$\angle ADP=\angle CBP$，所以 $\triangle ADP$ ≌ $\triangle CBP$（AA），得出 $\frac{AP}{CP}=\frac{DP}{BP}$，进而 $AP\cdot BP=CP\cdot DP$。

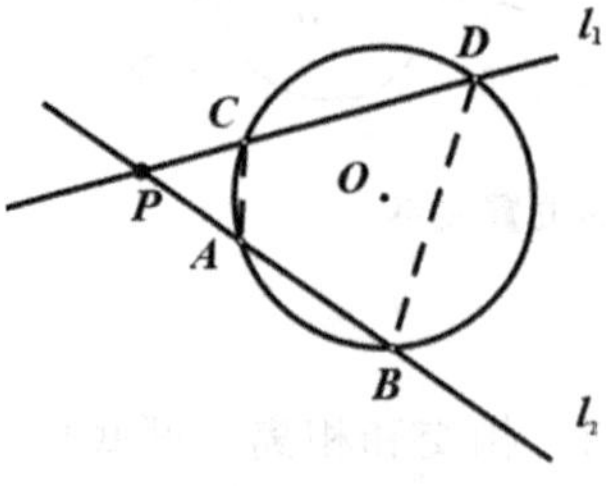

图 5　割线模型

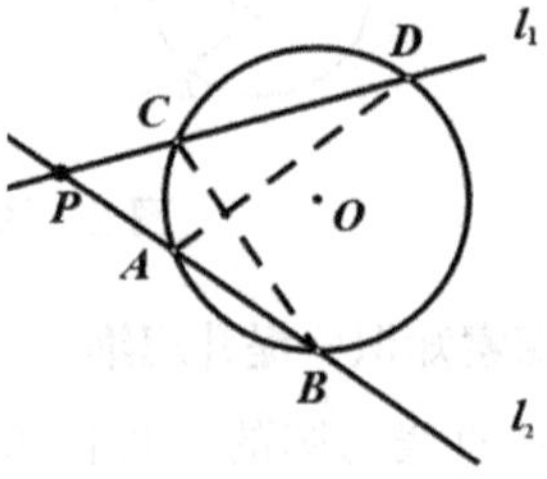

图 6　割线模型

当点 P 在圆上，直线 l_1 与圆相交于点 P、A，直线 l_2 与圆相交于点 P、B，当连接 OA、OB 时，得到图 7，由圆周角定理，得 $\angle APB=\frac{1}{2}\angle AOB$。

当点 P 在圆上，直线 l_1 与圆相切于点 P，直线 l_2 与圆相交于点 P、B，如图 8，在优弧 PB 上取一点 D，连接 PD、BD，可得 $\angle APB=\angle D$。因为，当连接 PO 并延长交圆于点 C，连接 CB，由圆周角定理推论易知，$\angle CBP=90°$，故 $\angle CPB+\angle C=90°$。又因为直线 l_1 与圆相切于点 P，所以 $\angle CPB+\angle APB=90°$。又因为根据圆周角定理可得，$\angle D=\angle C$，进而推出 $\angle APB=\angle D$。

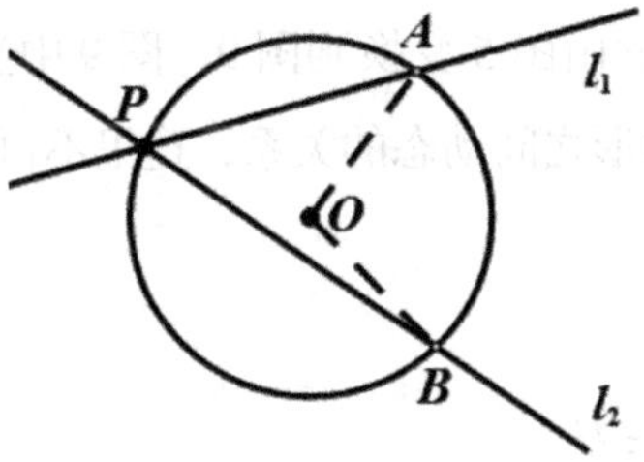

图 7　圆心角定理

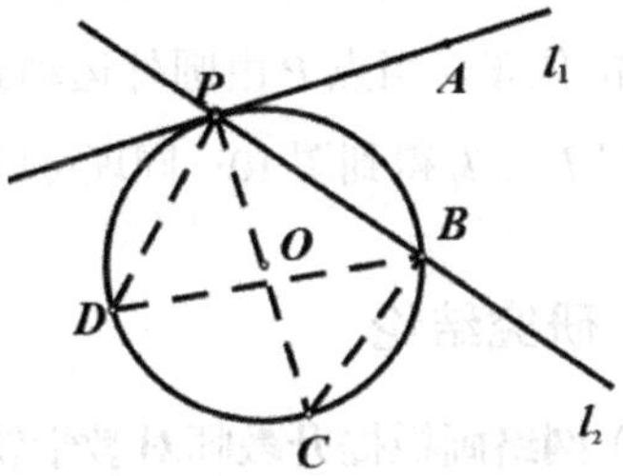

图 8　弦切角模型

当点 P 在圆内，直线 l_1 与圆相交于点 C、D，直线 l_2 与圆相交于点 A、B，连接 AD、AC、BD、BC 时，得到图 9，由圆周角定理，得 $\angle PCB=\angle PAD$，$\angle APD=\angle BPC$，所以 $\triangle APD\backsim\triangle CPB$（AA），得出 $\frac{PA}{PC}=\frac{PD}{PB}$，即 $PA\cdot PB=PC\cdot PD$。

图 10 是图 9 的特殊情况，即直线 l_2 过圆心 O，并且 $l_1\perp l_2$，易证 $\triangle AEC\backsim\triangle ACB$（AA），得出 $AC^2=AB\cdot AE$；易证 $\triangle BEC\backsim\triangle BCA$（AA），得出 $BC^2=BE\cdot BA$；易证 $\triangle AEC\backsim\triangle CEB$（AA），得出 $EC^2=EB\cdot EA$。

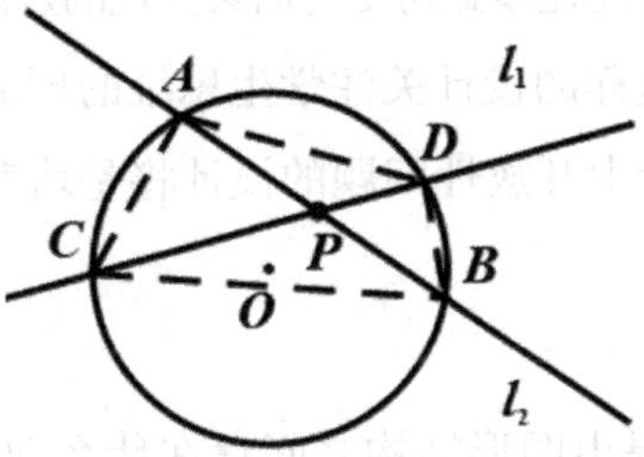

图 9　相交弦模型

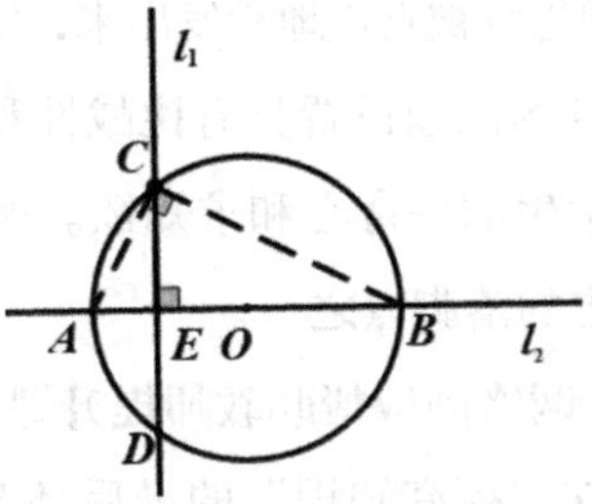

图 10　摄影模型

教学说明：通过这个过程学生将已有的简单图形创造性地建构成更加丰富的图

形，辅助线的介入方式越多，得到新的图形越多，这样的设计关注了学生思维的灵活性和创造性。

问题4：根据上面的研究过程，你还能提出新的问题吗？

师生活动：学生提出问题遇到困难，教师启发学生从运动变化的角度观察图形之间的结构关系。

学生自己提出新问题：这些图形与图形之间有什么动态关系？

教学说明：本环节教师进一步设计开放性问题，将结论开放，让学生自己提出新问题，旨在让学生进一步动态思考，深入理解图形与图形之间的结构关系。利用网络画板，拖动点 P 的位置，当点 P 由圆外运动到圆内，图形由图5变换到图9，图9中直线 l_2 过圆心，并且 $l_1 \perp l_2$ 得到图10；同理可以找到其他图形之间动态的关系，这里不再赘述。

四、研究结论

（一）网络画板提升教师对教学软件的操作能力

网络画板是建立在网络的技术上的，通过操作绘画软件进行绘图，图像还可以根据需要动态化操作，在教学过程中，将网络画板应用于课堂实践，改进课堂教学模式，并在这个过程中，提升教师对教学软件的操作能力，对于教师信息化教学能力的提高而言，有很大的推动作用。

（二）开放性设问培养学生创造性思维

问题3让学生自己在基本图形的基础上创造性地构造更加复杂的几何图形，这是个开放性的问题，复习与圆相关的性质和定理的同时，让学生亲身去经历探索曲折情节，主动参与教学活动的全过程，不断去追求新知识，使数学教学过程成为再创造、再发现的过程，学生的几何思维被真正地激发出来，实现了从几何直观感受到几何抽象推理的过渡。

开放性的问题设置具有挑战性和探究性，这样的设计关注学生思维的创造性，更容易激发学生的好奇心和求知欲。课堂教学设计中开放性问题的设计将是培养学生数学创新思维的落脚点之一。

（三）网络画板帮助教师提升课堂质量

本文在“探究知识”的最后环节中，学生提出图形结构之间存在什么动态关系，使本节课开放性问题进一步深入化。这个环节应用网络画板辅助教学，改变了传统几何教学课堂只能靠粉笔在黑板上进行绘图，效率低的困境，在网络画板的支持下，学生从运动变化的角度研究这个探究性的问题，实现了动态地、连续地展示一个研究对象变化的全过程，让"不动"的几何图形及元素"动"起来，学生的几何思维也跟着真正地"动"起来，让几何思维在教学中真正落地，实现几何教学的教育价值。将传统的教学媒体与现代教学媒体有机地联系起来，使抽象的数学问题直观化，静止的数学问题动态化，复杂的数学问题简单化，激发了学生学习数学的兴趣，进一步提升了学生的创造性思维，使课堂教学效果最优化。

适度使用网络画板等信息技术手段辅助教学是长期积累摸索的过程，不仅需要教师提高信息技术使用意识和提升应用信息技术的能力，更需要教师于教学一线反复地操作、实验、对比、分析，以期能寻求到最优的教学结合点，进而全面培养学生高阶数学思维。

参考文献

[1] 中华人民共和国教育部．教育部关于印发《教育信息化 2.0 行动计划》的通知［EB/OL］．［2019-05-13］．http：//www.moe.gov.cn/srcsite/A16s3342/201804/t20180425_334188.html.

[2] 中国教育现代化 2023［EB/OL］．［2019-05-13］．http：//www.gov.cn/zhengce//2019-02/23/content_5367987.htm.

[3] 加快推进教育现代化实施方案（2018—2022 年）［EB/OL］．［2019-05-13］．http：//www.gov.cn/xinwen/2019-02/23/content_5367988.htm.

[4] 王琼．基于网络画板的初中数学教学［J］．新课程教学（电子版），2021（15）：146-147.

[5] 柯瑞．信息技术对高中生数学思维影响的研究［D］．武汉：华中师范大学，2014：3-8.

[6] 麦蔚锋．初中动态几何教学与数学创造性思维的培养研究［J］．试题与研究，2019（4）：61-62.

作者简介

张朝立：北京市第 101 中学教师，北京市海淀区中学数学骨干教师，中学一级教师。

“网络画板”，一个让教学“活”起来的软件

成都市青白江区弥牟小学　张宇航

【摘　要】随着网络画板软件不断发展与普及的步伐，将课堂教学与网络画板相融合已成为一大趋势，为了研究网络画板对课堂教学的有效性，本校成功申报了国家级课题，并运用于日常教学中。合理应用网络画板辅助制作课件，不仅可以优化教学手段，还可以丰富教学内容。这也充分发挥了网络画板的动态演示功能，它将学生的思维由抽象逻辑向具体形象过渡，有效地调动学生学习数学的积极性，激发学生的学习兴趣，提高了教学的效率。

【关键词】网络画板；数学；学习兴趣；教学效率

一、引言

教育部在《基础教育课程改革纲要（试行）》中提出：“大力推进信息技术在教学过程中的普遍应用，促进信息技术与学科课程的整合，逐步实现教学内容的呈现方式、学生的学习方式、教师的教学方式和师生互动方式的变革，充分发挥信息技术的优势，为学生的学习和发展提供丰富多彩的教育环境和有力的学习工具。”

将信息技术融入到小学数学的课堂教学中，这样既摆脱了传统课堂教学的固定模式，又能提升了课堂教学的效果。网络画板这款基于互联网技术开发的移动网络数学实验室应运而生，它为数学课堂教学、学生的数学学习、开展数学实验提供了最大限度的可能。在课堂教学中展示和运用网络画板，可以很大程度上刺激学生的感官，通过化静为动、化虚为实、化难为易、化抽象为具体等多种方式，弥补了学生在抽象性思维方面的空缺。从而达到转变传统教学结构、促进教师教育教学能力、提高教学效率的目的。

二、网络画板与教学相融合的应用背景

苏霍姆林斯基认为学生的思维更重要，“学习困难的学生知识不够巩固，其根源就在于他们没有看出、没有理解各种事实、现象、真理、规律性之间相互交接的那些‘点’，正是在这些‘点’上产生了各种因果的、机能的、时间的及其他的联系”。在小学数学课堂教学中，合理地运用现代信息技术辅助教学，有助于学生理解并掌握学习的内容。网络画板就是这样一款重要的数学教学辅助软件。同时，它也是基于网页操作的跨平台的动态画图软件，它操作方便，简单易学，具有交互性强、动态演示效果好的特点。信息技术与数学教学的融合，其实就是新的教学理念与网络画板的融合，它能解决数学中的教学难点以及传统教学方式中不易说明白、较为抽象的教学内容。

因为网络画板这个软件的不断发展与普及，本校也跟上了时代步伐，申报了国家级课题《农村学校推进数学教师分层提高信息技术应用能力的研究》，在研究课题的这一年的时间里，学校曾多次组织课题组的老师们参与培训，互相学习、分享、交流。教师从最开始对于这个陌生软件无从下手的状态，到现在对软件越来越熟悉，这也让教师意识到了“网络画板”对数学教学确实有着很大的帮助！特别是软件的动态演示功能，比如“角大小的比较”“平移和旋转”“垂直和平行”“圆周长和面积公式的推导”，以及一些常见题目的动画演示等，这些知识如果通过网络画板的演示，学生就能直接观察到它们的运动路径，使抽象的知识变得更形象、更直观，也更易于学生接受。同时，将网络画板合理地运用到课堂教学中，通过多媒体将素材进行演示，既节省了教学的时间，又提高了课堂的教学效率。通过学习，教师在运用网络画板素材进行辅助教学时，不仅仅是去制作素材，而且还要在制作素材之前，先对所教授这节课的内容进行充分的理解，找到需要运用网络画板来制作素材的知识点，从根本上解决教学中的重难点，最后再细化到如何去制作素材，这是在制作过程中的关键点。充分利用“网络画板”这个软件，将多媒体信息技术与小学数学教学相结合，为以后运用现代教育手段、提高课堂教学效率奠定了良好的基础。

三、网络画板在课堂教学中的运用

在小学阶段，抽象性是小学数学知识的一大特点，对于数学的某些知识点，小学生是很难理解的，原因是小学生的思维正处于由具体形象思维向抽象逻辑思维过渡

期，而网络画板则是架起形象性和抽象性思维之间的一座桥梁。在教师教学中，当遇到了学生难以理解、比较抽象的知识时，教师可以在课堂上利用自己制作好的素材或者借用共享素材来给学生演示、操作，通过这样的方式能很大程度上激发学生的学习兴趣，从而调动学生学习数学的积极性。如教学案例 1：在学习北师大版数学五年级上册“平行四边形的面积”一课时，考虑到学生的抽象性思维能力不足，在上这堂课之前教师就花了一些时间，用网络画板制作出了关于如何用长方形的面积公式推导出平行四边形面积公式的转化素材。在教学时，教师先让学生回忆长方形的面积公式，并提出问题：“同学们，我们已经学会了长方形面积的计算，现有一题：公园里有一块平行四边形的草地，应该如何计算它的面积呢？”学生最开始会想到数方格的方式来求出平行四边形的面积，紧接着教师继续问学生：“除了这种方法以外还有其他的方法吗？”这时就可以让学生拿出教师要求的提前准备好的平行四边形纸片，让学生通过剪一剪、拼一拼的方式求出平行四边形的面积。当然，最关键的一步则是用网络画板制作好的素材进行展示，并让学生上台操作，实现了学生与网络画板之间的互动。下面是该班级某三位学生的操作演示（如图 1）。

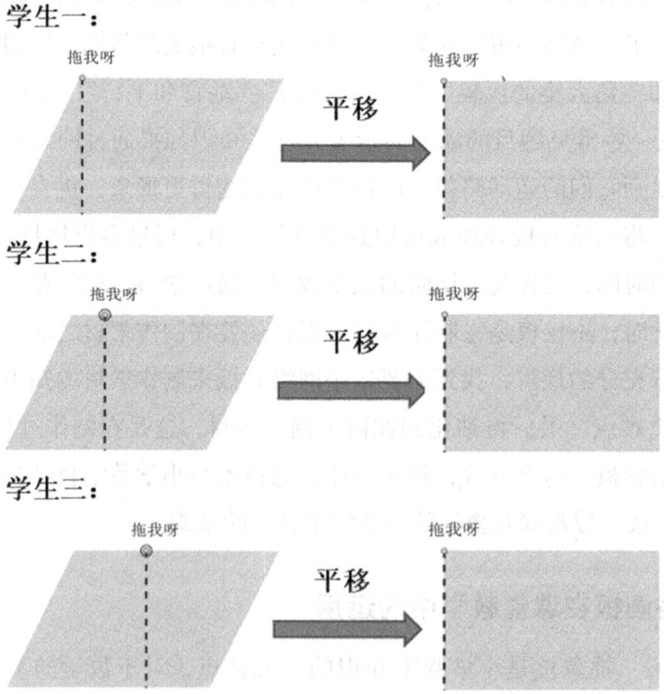

图 1　学生操作展示推导平行四边形的面积

通过学生的操作演示，教师和学生一起得出结论（如图2）。

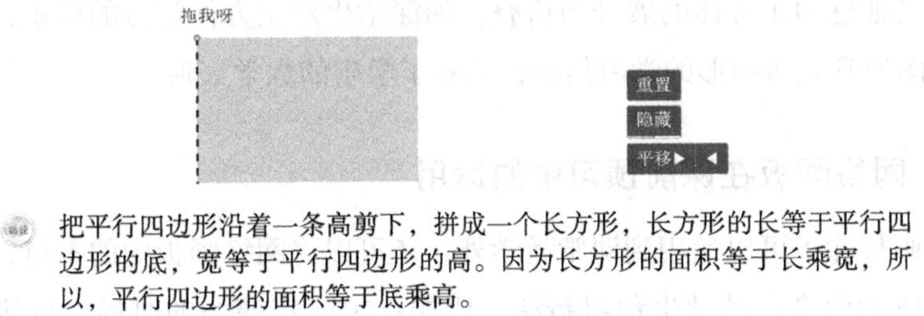

图2　推导平行四边形的面积公式

将网络画板运用到课堂教学中，非常形象生动地向学生展示了平行四边形如何转化成长方形的过程，通过这样的方式可以化繁为简、化难为易，不仅突破了教学的重点，还激发了学生的学习兴趣，提高了课堂教学的效率。

“网络画板”不仅是一个适用于教学和学习的工具软件，它更是一个可以让课堂教学“活”起来的软件。如教学案例2：在教授五年级下册第二单元“展开与折叠”这堂课时，需要学生感知平面图形与立体图形之间的联系，有部分学生在利用想象折叠判断一个展开图能否折叠成正方体这一环节中出现了困难。不过这也正好在教师的意料之中，如果是在以前的传统教学中，教师会用课件上自带的正方体展开图给学生进行讲解，虽然在课堂上教师感觉学生听懂了，但实际做题的时候学生又没有懂。所以为了规避这样的情况，上课之前教师可在网络画板的教学资源中搜索有关正方体的展开与折叠动画效果素材（如图3）。

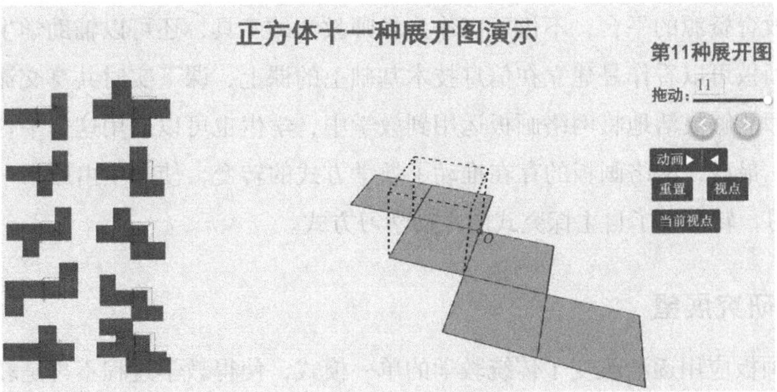

图3　正方体的十一种展开图

在课堂教学中应用网络画板将正方体十一种展开图进行演示，这样不仅可以让学生形象生动地感知正方体的展开与折叠，加深学生对正方体特点的认识，还树立了学生从平面图形到立体图形的学习信心，培养了学生的数学兴趣。

四、网络画板在课前预习中的运用

网络画板除了可以运用到课堂教学外，还可以将网络画板中的素材，通过录制剪辑，制作成微课来帮助学生预习新课。比如：2021年寒假的时候，虽然新冠疫情仍在全球肆虐，弥牟小学的师生寒假却过得愉快而充实。网络画板课题组的老师们精心制作了各年级下册部分教学内容的微课视频。一个个小小的视频，融入网络画板的课件，生动形象地展示了新学期的内容。孩子观看得津津有味，意犹未尽。在这次寒假的研学活动中，不仅锻炼了老师们制作课件的能力，而且增进了师生假期中的联系，还提前为新学期的学习打下了良好的基础。在平时的教学中，为了让学生在课前进行高效预习，教师会基于网络画板来制作微课来帮助学生课前预习，让数学新知识的重难点轻松突破，从而使课堂教学达到事半功倍的效果。

五、网络画板的作用效果

网络画板与数学教学之间的融合，逐渐改变了教师过去过度依赖PPT单一演示播放的教学模式。在教学中充分发挥网络画板的功能，让学生尽可能多去主动探索问题，提出自己的想法，进一步提高了学生的思维能力和创新精神。

将网络画板运用于数学教学中还有很多其他的优点：首先，教师可以把网络画板当作共享教育资源的平台，不仅可以作为教师教学的工具，还可以辅助学生学习；其次，网络画板可以看作是建立在信息技术基础上的课上、课下实时共享交流平台，这样一来教师能够灵活地将网络画板运用到教学中，学生也可以运用这个平台进行自主探究学习；最后，网络画板的存在推动了教学方式的转变，使学生由原来一味地接受式被动学习，转变成了自主探究式的主动学习方式。

六、研究展望

网络画板应用逐渐改变了传统教学的单一模式，使得教学过程不再是教师单方面地将一个数学公式、数学结论传递给学生，而是教师作为引导者，学生作为自主探究学习者。学生学习后可以把学习的成果反馈给教师，教师可以根据学生反馈的成果对学生的学习成效进行评价，从而形成了教师与学生的双向交流。

网络画板是小学数学教师教学的重要辅助软件，合理应用网络画板辅助制作课件，能够优化教学手段，丰富教学内容，有助于学生理解抽象的数学概念，提高教学效率。它不仅是一个适用于教学和学习的工具软件，它更是一个可以让课堂教学“活”起来的软件！

参考文献

[1] 苏向红. 信息技术与高中数学课程整合的研究 [D]. 长春：东北师范大学，2006.

[2] 樊广顺. 信息技术与课堂教学融合的实际应用——基于网络画板的数学教学实践 [C] // 人民教育出版社人教数字研究院、《中小学数字化教学》编辑部. 数字化教学探索与创新——第二届全国中小学数字化教学研讨会论文集. 人民教育出版社人教数字研究院、《中小学数字化教学》编辑部：中小学数字化教学研讨会，2017：412-421.

[3] 臧婷. 浅论多媒体在小学数学课堂教学中的应用 [J]. 新校园（中旬），2015（7）：130.

[4] 伍雪莲. 基于网络画板的初中数学探究教学研究 [D]. 成都：四川师范大学，2020.

[5] 马梦荣，雍进军，张加林，等. 网络画板在中学数学教学中的应用 [J]. 贵州师范学院学报，2018，34（12）：80-84.

作者简介

张宇航：成都市青白江区弥牟小学数学教师，中小学二级教师。

网络画板支持下初中函数教学的策略分析与实践

北京教育学院丰台分院　刘青岩

【摘　要】为全面深化课程改革，落实立德树人的根本任务，从2014年9月起，教育部基础教育课程教材发展中心组织专家团队，在借鉴国外相关研究成果和总结我国课程教学改革经验的基础上，着手研究开发函数学习教学改进项目，探索落实学生发展核心素养和各学科课程标准的重要途径和有力抓手。本文主要研究通过利用网络画板支持初中数学函数学习过程来营造一种信息化教学环境，实现一种既能充分发挥教师主导作用又能突出体现学生主体地位的，以“自主、探究、合作”为特征的新型教与学方式，从而把学生的主动性、积极性、创造性充分地发挥出来，使传统的课堂教学结构发生根本性变革——由教师为中心的教学结构转变为“主导—主体相结合”的教学结构。教师充分发挥信息技术手段抓住知识的本质，创设合适的教学情景，启发学生思考，让学生在掌握函数知识技能的同时，感悟函数的本质，积累用函数思想解决问题的思维和实践的经验，落实和发展学生的核心素养。

【关键词】网络画板；函数教学；实践研究

数学教学要突出对数学本质的理解，要提高学生发现、提出、分析与解决问题的能力，培养学生在不同情景下信息提取与知识的迁移的能力。函数是初中阶段数学学习的重点和难点。学生由于对函数的理解不到位从而在面对问题时，缺乏有效地解决问题的方法，老师在教学中也觉得无从下手。如何加强学生对函数本质的理解，灵活利用函数图象分析变量间的关系是每名数学教师都要思考的问题。本文将结合具体案例，对借助网络画板支持教师深入研究函数的教学策略进行阐述。

一、学生学习函数知识的障碍分析

函数概念具有抽象性，函数符号化的表示、函数形式定义的呈现方式、函数图象与性质、函数图象的平移都是学生学习的障碍点。

初中学生学习函数感到困难的主要的表现有以下几点：第一，函数概念理解不到位，将函数概念和性质当作公式记忆，不理解变量之间的动态关系；第二，对函数没有整体的把握，阅读能力较差，无法准确地理解题意；第三，在函数教学过程中，学生自主使用信息技术的利用率偏低，在学习函数的图象与性质时，利用描点法作图时取点困难；第四，教师在教学过程中对研究函数的学习方法的教学不够重视。

二、借助网络解决学生函数学习的障碍的教学策略分析与实践

（一）借助网络画板解决学生利用描点法作图时取点困难的问题

借助网络画板营造数学实验环境，网络画板能够使函数图象直观呈现，节省了学生作图的时间，从而集中精力探索函数图象的生成过程，从图象的生成与生生、师生的辨析中，进一步理解变量间的对应关系和函数的概念。

案例 1：二次函数 $y = x^2$ 的图象为什么是抛物线？

教学设计片段：在前测中，有 14.29% 的学生把 $y = x^2$ 的图象画成直线；有 41.33% 的学生把 $y = x^2$ 的图象画成折线；有 44.38% 的学生把 $y = x^2$ 的图象画成曲线，但大部分作图都不准确，所以针对这部分学生的问题，在课堂上引导学生借助网络画板动手参与，继续完善 $y = x^2$ 的图象。最终全班学生在“理性思维”“批判质疑”“动手实践”的过程中，会画二次函数 $y = x^2$ 的图象，并进一步理解画二次函数图象的方法。

具体教学环节设计：

活动 1：分析二次函数 $y = x^2$ 的图象的大致分布情况。

教师请同学们以小组为单位，讨论二次函数 $y = x^2$ 的图象的分布情况。

在学生发言的基础上，教师小结：二次函数 $y = x^2$ 的图象，可以从数和形两个角度进行分析。

1. 由于 $x^2 \geqslant 0$，所以 $y = x^2$ 的图象应分布在第一、二象限。

2. 一次函数的图象为直线，所以直线对应的应该是一次函数关系，函数 $y = x^2$ 显然不是一次函数，所以图象也应该是非直线。

【问题】$y = x^2$ 的图象应该具有哪些特征？

学生发言归纳，将表达式的特征与图象的特征联系起来。

表 1　二次函数表达式的特征和图象的分布特征

表达式的特征	图象的特征
$\because y = x^2$， $\therefore y \geqslant 0$（x 取任意实数）。	图象应该在 x 轴上方（图象分布在第一、二象限）。
$\because y = x^2$， $\therefore$ 当 x 取相反数时，y 值相同。	图象关于 y 轴对称。

教师小结：画函数图象时，我们可以先观察表达式特点，分析函数图象的大致分布。分析表达式我们可以得到，$y = x^2$ 的图象有三个特征：经过原点，分布在第一、二象限，关于 y 轴对称。

活动 2：解释与说明——$y = x^2$ 的图象是抛物线。

教师继续出示其他三个图象（如图 1）：上述三个图象是否是 $y = x^2$ 的图象呢？

【问题 1】请画图象（1）、（2）的同学回答，你是如何作图的？

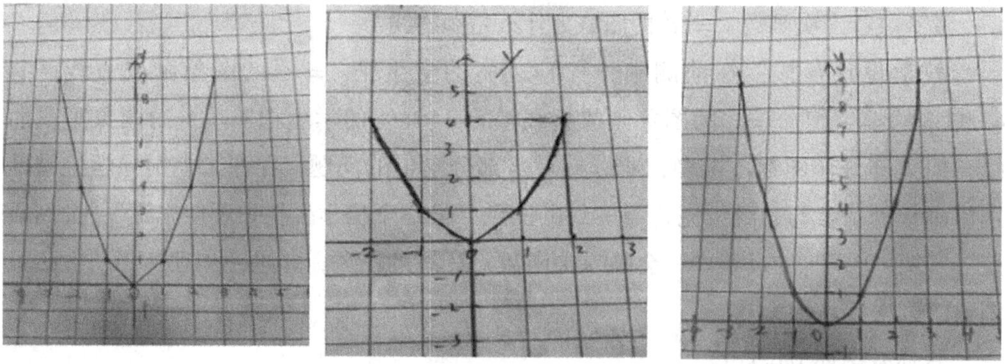

（1）　　（2）　　（3）

图 1　不同学生作的二次函数 $y = x^2$ 的图象

学生自由发表观点，教师引导学生给出合理解释：如果 O（0，0）、A（1，1）用线段直接连接，根据两点确定一条直线，那么直线 OA 对应的是一次函数关系。例如：我们取 OA 中点 B，易得 B（$\frac{1}{2}$，$\frac{1}{2}$）；把 $x = \frac{1}{2}$ 代入 $y = x^2$ 中，可以得到 $y = \frac{1}{4} \neq \frac{1}{2}$，所以 B（$\frac{1}{2}$，$\frac{1}{2}$）不在 $y = x^2$ 的图象上。

【问题 2】线段 OA 上的其他点是否在 $y=x^2$ 的图象上呢？请同学们用网络画板验证。

学生独立用网络画板完成验证，教师进行巡视，大部分同学完成后，1—2 名学生作为代表讲解验证方法和验证结果。

在学生验证的基础上教师进一步小结：1. 如果两点用线段直接连接，根据两点确定一条直线，那么这一段所对应的表达式应该是一次函数；2. 在线段上，除了两个端点之外的所有点的坐标，都不满足表达式 $y=x^2$，所以它们都不在 $y=x^2$ 的图象上，所以 $y=x^2$ 的图象应该是一条平滑曲线。

【问题 3】应该如何修改第一、二幅图象？如何避免作图不准确的问题呢？

图象（1）（2）应该按从左到右的顺序用平滑曲线连接；当函数图象走势不清晰时应用密集取点。

教师在黑板上示范画 $y=x^2$ 的图象，引导学生要注意 -1 到 0 和 0 到 1 之间图象的变化趋势，以及图象整体的变化趋势，组织学生用网络画板进行图象的缩放，观察图象的变化趋势。

分析：在函数图象和性质的探索中需要丰富的实例，利用网络画板可以很好地解决学生手绘图时间长、研究实例不够丰富的问题。可以把学生从烦琐的计算过程解放出来，学生能更集中精力观察函数的图象和变化。当然，运用网络画板并不是不强调学生的基本作图和运算技能的培养，而是在双基落实的基础上，突出函数教学的重点，借助网络画板突破教学的难点。

（二）借助网络画板的动态演示功能，帮助学生探索函数性质

在网络画板的帮助下，只需输入函数表达式，按作图键图象就能立刻呈现在眼前，利用网络画板图象可以对图象进行缩放，很好地解决了纸笔作图的限制，有利于学生观察函数的图象，解决由图象与函数表达式中字母系数关系带来的学习困难，帮助学生探索函数性质。

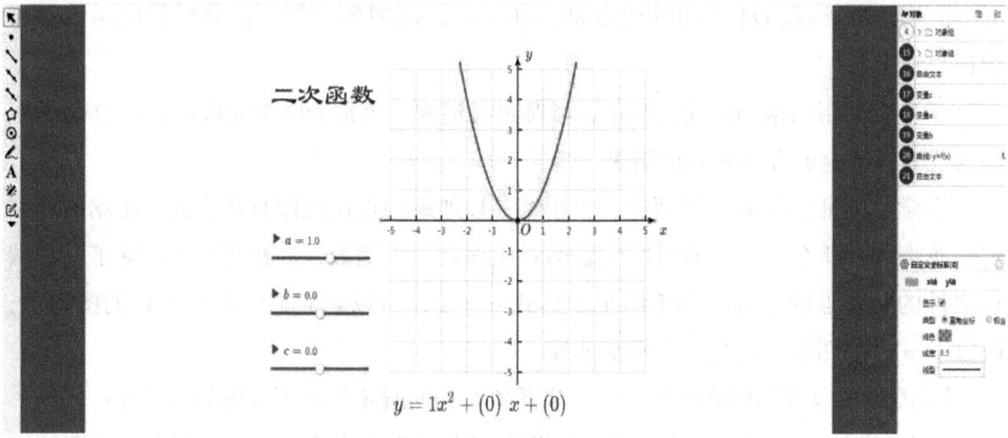

图 2　二次函数的图象

案例 2：“一次函数性质的探究”教学设计片段。

活动 1：对于一次函数 $y = kx + b$，$k \neq 0$，b 可以大于 0、小于 0 或等于 0。当 $b = 0$ 时，一次函数 $y = kx + b$ 就变成了什么？即正比例函数是一次函数的特殊情形。那么，它们的图象之间一定也有着密切的联系。所以现在每个小组的学生利用手中的 T1 网络画板绘制表格中的函数，并填写好下表：

表 2　探索一次函数的图象

函数	$y = 2x-3$	$y = 2x$	$y = 2x + 3$	$y = 2x + 5$
图象形状				
k 值				
b 值				
与 y 轴的交点坐标				

学生作品如图 3：

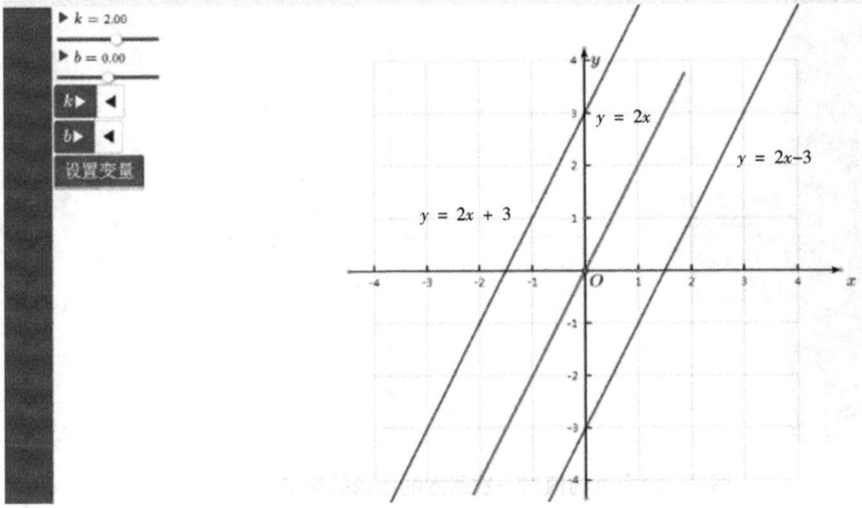

图 3　一次函数的图象

完成活动后，回答以下问题：

以上函数的 k 值和 b 值相同吗？函数图象都是怎样的形状？

以上函数图象是什么位置关系？

与 y 轴交点的坐标与 b 值有什么关系？你能得到怎样的猜想？

引导学生答出 b 值是与 y 轴交点坐标的纵坐标，得出猜想，相交于 y 轴（0，b）这个点，b 值的改变使得一次函数的图象上、下平移。

整理得出：

$y=2x-3$ $\xrightarrow{\text{向上平移 3 个单位长度}}$ $y=2x$ $\xrightarrow{\text{向上平移 5 个单位长度}}$ $y=2x+5$

$y=2x-3$ $\xleftarrow{\text{向下平移 3 个单位长度}}$ $y=2x$ $\xleftarrow{\text{向下平移 5 个单位长度}}$ $y=2x+5$

【设计意图】学生在探究合作过程中，感受从特殊 b 值对一次函数图象的影响，得出猜想。

活动 2：请使用网络画板做出 $y=2x+b$ 的图象，观察 b 值对一次函数图象的影响。学生作品如图 4：

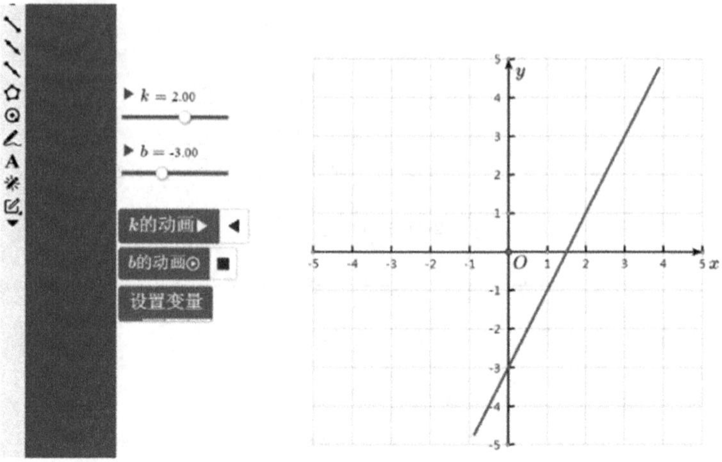

图 4　探索 b 的值对一次函数的图象的影响

完成活动后，小组讨论并完成填空。

（1）当 $b>0$ 时，图象向________平移，平移________个单位长度；当 $b<0$ 时，图象向________平移，平移________个单位长度；$y=kx+b$ 与 y 轴相交于点________。

（2）你是否能利用计算说明 $y=kx+b$ 与 y 轴相交于点（0，b）？

教师引导学生总结：

一次函数 $y=kx+b$（$k\neq0$）可以由直线 $y=kx$ 平移 $|b|$ 个单位长度得到（当 $b>0$，向上平移，当 b <0，向下平移）。一次函数 $y=kx+b(k\neq0)$ 是一条直线，我们称作直线 $y=kx+b$（$k\neq0$），与 y 轴相交于点（0，b）。

【设计意图】引导学生作图拖拽游标 b 的过程中，观察到 b 值的改变后图象向上或者向下平移，总结得出一次函数中 b 值影响图象的特征。

活动 3：每个小组的同学利用手中的 T1 网络画板绘制表格中的函数，并填写好下表：

表 3　探索 k 的值对一次函数的图象的影响

函数	$y=-3x$	$y=-2x$	$y=-0.5x$	$y=x$	$y=2x$	$y=3x$
k 值						
图象与 x 轴所成的角度（锐角）						
图象趋势						
$k>0$ 或 $k<0$ 图象的性质						

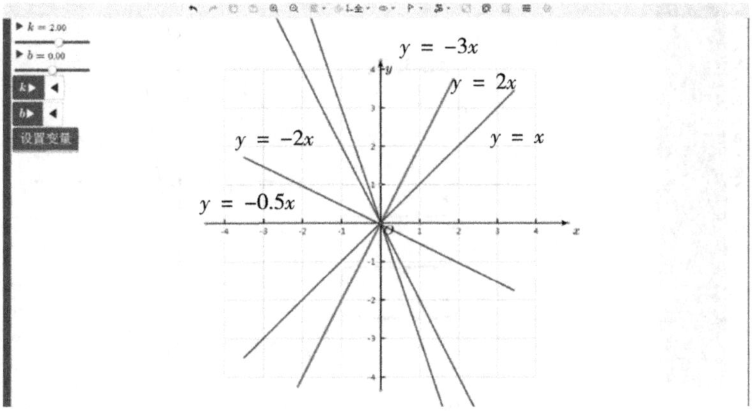

图 5　探索 k 的值对一次函数的图象的影响

引导学生作答：

当 $k>0$ 时，图象呈上升趋势，y 随着 x 的增大而增大；

当 $k<0$ 时，图象呈下降趋势，y 随着 x 的增大而减小。

当 $|k|$ 越大，图象与 x 轴所夹的角度数就越大（图象倾斜角度越大）。

教师提问：你觉得 k 值对一次函数图象的影响是什么？

生 1：决定了直线的倾斜程度。

【问题】请用网络画板作出 $y=kx+2$ 的图象，当拖拽游标 k 时，你看到什么？

生 2：直线围绕着（0，2）这一点旋转。

教师总结：

从我们的实验操作的过程中，验证了我们的想法，b 值决定了与 y 轴的交点坐标，k 值决定了直线的倾斜角度。

【设计意图】学生在填表和作图拖拽游标 k 的过程中，总结得出一次函数中 k 值影响图象的特征。

案例 3：“二次函数性质的探究”的教学设计片段。

活动：请同学们尝试为二次函数 $y=ax2+bx+c$（$a\neq0$）中的 a、b、c 赋值，借助手中的网络画板画出二次函数的图象，并以小组为单位结合图象说明当 x 的值增大时，y 的值的变化趋势。

关注字母取值的一般性，渗透探究问题时字母取值要广泛，这样探究出的结果更具有代表性。

小组合作完成。

学生代表展示并解说研究成果。

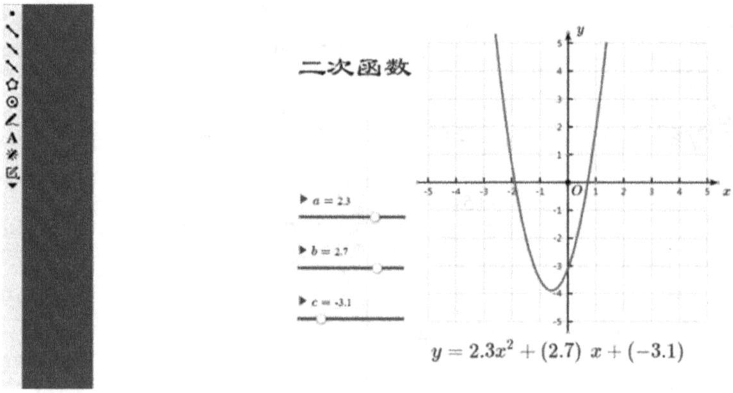

图 6　探索二次函数的图象的性质

小结：对于二次函数 $y = ax^2 + bx + c$（$a \neq 0$）来说，当 x 的值由小变大时，y 的值并不总是一直增大或减小的。

教师和学生借助网络画板一起归纳变化趋势，从图形上看学生说得非常好，从数的角度再看一遍，追踪点的坐标，关注 y 随 x 的增大的变化趋势。

【问题 1】从数的角度如何描述这种变化规律呢？

【问题 2】究竟是哪个系数影响了函数性质？

表 4　探索二次函数的性质

当 $a > 0$ 时，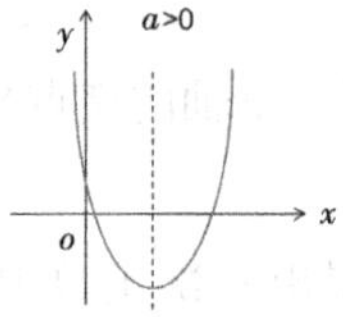	在对称轴左侧下降。	当 $x < -\dfrac{b}{2a}$ 时，y 随 x 的增大而减小。
	在对称轴右侧上升。	当 $x > -\dfrac{b}{2a}$ 时，y 随 x 的增大而增大。
当 $a < 0$ 时，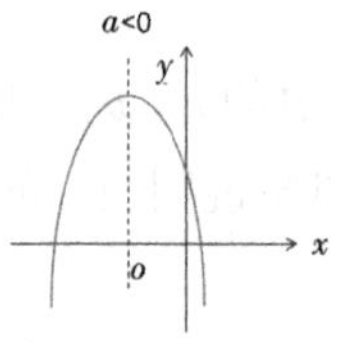	在对称轴左侧上升。	当 $x < -\dfrac{b}{2a}$ 时，y 随 x 的增大而增大。
	在对称轴右侧下降。	当 $x > -\dfrac{b}{2a}$ 时，y 随 x 的增大而减小。

分析：学生在函数学习中使用网络画板可以提升思考问题的深度，自主探索函数图象和性质，发现函数中两个变量对应变化的规律和结果。网络画板很好地体现了技术上的优势，给学生提供了一个拓展思路和发展思维的有力工具。从实践中可以看出，在函

数教学中，学生借助网络画板的动态演示功能，能进行自主操作，这也改变了以往老师制作动画、学生观看的教学方式，进一步促进学生主动地去学习有关知识，发现新问题，研究并解决这些问题，从而改变那种“被动地接受知识，机械模仿”的学习方式。

（三）在函数学习中使用网络画板加强师生、生生之间的互动，加强教学反馈的效果

在探究问题的教学活动中，教师可以将每位学生网络画板的界面呈现到电脑上，有助于学生与学生之间相互借鉴，展示探究结果；同时可以在观察学生的操作过程时，及时发现学生的问题，给予帮助和指导。小组合作完成网络画板课件也有利于学生之间形成一种自主合作的学习方式。

三、总结与展望

在函数学习中自主探究，借助网络画板可以有效将教师从学习的倡导者变为学习的组织者，有效地为学生营造自主探究的数学实验氛围。网络画板在函数学习中可以成为学生探索函数变量之间关系的工具，通过实验，知识的呈现更加直观具体，有利于学生自主建构数学认知结构，帮助学生理解函数的本质，发展学生的数学核心素质。

参考文献

［1］熊娅，夏吾才让．数学实验环境下利用图象开展数学教学的特点分析［J］．中学数学研究（华南师范大学版），2019（16）：3-4，20.

［2］胡高嵩．基于网络画板手持技术的高中数学实验教学策略探究［J］．中国教育技术装备，2019（11）：115-116，125.

［3］蒋奎．新课程理念下利用网络画板改进学生数学学习方式的几点体会［J］．数学学习与研究，2019（11）：120，122.

［4］何克抗．信息技术与课堂学科的整合［J］．电化教育研究，2002（1）．

［5］李馨．信息化教学设计的理论与模式研究［M］．长春：东北师范大学出版社，2015.

［6］王璇．数学中利用互动反馈技术促进学生能力发展的研究［J］．中国电化教育，2015（1）．

作者简介

刘青岩：北京教育学院丰台分院中学教研室副主任，中学高级教师，北京市骨干教师，北京市优秀教师。

基于“网络画板”的初中数学信息技术实验课堂

——以勾股定理教学为例

新疆师范大学附属中学　雷龙龙

【摘　要】在当前初中数学课堂教学中，教师对于信息技术手段的使用，多数都仅限于课堂展示，学生往往没有实践操作的机会，本研究以“勾股定理”教学为例，探究如何利用网络画板技术手段，实现数学课上学生能够进行实验操作，研究发现实验操作能够帮助学生理解相关数学知识和数学思想。本研究为数学常规教学提供了新的教学模式，体现信息技术手段在数学教学中的重要价值，有利于提高信息技术手段在初中数学教学中所发挥的作用。

【关键词】初中数学；信息技术；实验课堂；个案

一、引言

随着我国《教育信息化2.0行动计划》的持续推进，信息技术手段在初中数学课堂教学中的应用越来越成为教育研究与实践者关注的热点。广大教育研究者在开展实践研究中也取得了重要成果，如：蔡玲娟老师从利用信息技术构建初中数学高效课堂的角度，提出了“在构建高效课堂的教学实践中，教师可以利用信息技术呈现知识，引导学生思考探究；实施精准教学，让课堂教学变得更具针对性，从而实现学生自主学习能力和数学学科素养的培养”。李晓玲老师从初中数学教学与多媒体信息技术的整合研究角度，提出了“初中数学教学与多媒体信息技术的整合，能够提高初中课堂的指向性和有效性，可以让教师和学生得到相应的减负：一来可以激发学生的学习兴趣，使课堂效率得到有效提升；二来可以节省教师更多时间，从而专注于课程知识”。以上研究对于信息技术手段在初中数学课堂教学中的研究具有重要的指导作用。然而，随着教育信息化的不断发展，使用信息技术手段开展初中数学实验课堂具有自己的操作特点，随着对学生的实践能力不断提高的教学要求，数学实验的教学显得越来越重要。本研究将借助我国自主研发的“网络画板”专业教学软件，从开展数学实验课堂的方式展开研究，提出初中数学信息技术实验课堂能够激发学生课堂学习兴趣，提高学生学习参与度，提升学生数学实践能力，培养学生数学素养。

二、关键词文献综述

数学实验是计算机技术和数学、软件引入教学后出现的新事物。其目的是提高学生学习数学的积极性，提高学生对数学的应用意识并培养学生用所学的数学知识和计算机技术去认识问题和解决实际问题的能力。不同于传统的数学学习方式，它强调以学生动手实践为主的学习方式。学者们对于初中数学信息技术实验课堂的研究已经进行了初步的尝试，也得到了非常有参考价值的成果。

其中，“利用几何画板开展信息技术与初中数学实验教学整合”的研究中提到“学生在教师的指导下进行实验，可大大增强学生的好奇心，激发他们的探索与创新欲望”。以上研究不但获得了重要的成果，而且也提出了在研究中遇到的一些问题，也为我们今后开展研究提供了参考，虽然学者们在该项研究方面进行积极尝试，但也有着明显的区别，本研究将使用我国自主研发的专业教学软件网络画板进行，对本研究的开展提供很大方便，在实验操作及优质资源共享方面更具优势。

三、网络画板与数学实验的关系

网络画板与数学实验有着相互依存和相互促进的关系，数学实验为网络画板的使用提供了指导思想与平台，而网络画板为数学实验的开展提供了实践工具。

（一）数学实验是网络画板使用的理论基础

数学实验与活动是新课标下初中数学的重要学习内容，强调学生在数学实验活动中去学习数学知识、发现数学规律，网络画板为数学实验科学、高效地实施创造了条件，为真正实现促进学生数学素养的提升提供了切实有效的途径。

（二）网络画板是数学实验课堂的实践应用

“网络画板”是我国自主研发的数学专业教学软件，具有操作方便、功能全面、资源丰富等优点，这些优点为数学实验课科学、高效地开展提供了有效的实践工具，为初中数学信息技术实验能够真正实现促进学生数学素养的发展提供了切实有效的应用。

四、基于“网络画板”的数学实验教学设计

表 1　人教版教材八年级下册“17.1 勾股定理”教学设计案例

课题名称	17.1 勾股定理		
教学环节	教学过程（部分）	实验 / 素材设计	设计意图
知识探究（重、难点突破）	探究一：探究发现勾股定理。 思考：2500 多年前，毕达哥拉斯在朋友家作客时，发现朋友家地砖铺成的地面图案反映了直角三角形三边的某种数量关系，你能从中发现什么数量关系？ 结论：以等腰直角三角形两直角边为边长的小正方形的面积和，等于以斜边为边长的大正方形的面积。	 图 1　探究发现	通过网络画板，学生画图实验操作、观察、计算、探究发现数学规律，培养学生探究能力、动手实践能力、归纳总结能力，激发学生学习兴趣。
	探究二（学生实验 1）：在正方形网格中任意画一个直角三角形，“探究一”中的结论还成立吗？请你使用“网络画板”，移动图中点 A 的位置，通过计算你能发现什么结论？ 结论：“探究一”中的结果，对于一般的直角三角形都适用，并给出勾股定理的定义。	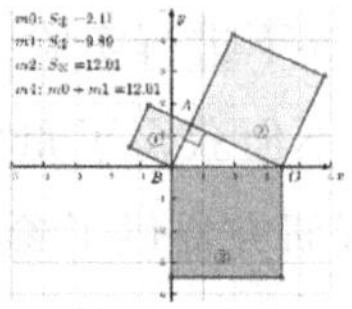 图 2　探究发现	
知识探究（重、难点突破）	探究三（学生实验 2）：先阅读课本自学，再操作“网络画板”，使用“赵爽弦图”证明勾股定理，并写出证明过程。 结论：学生在阅读自学的基础上，再通过网络画板的实验操作，更加直观地感受勾股定理的证明方法，帮助学生巧妙地证明了勾股定理，体验我国古代数学的辉煌成果。	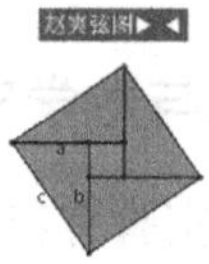 图 3　证明 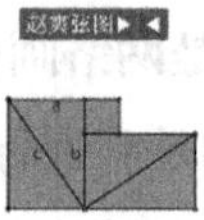 图 4　证明	
课堂展示（重、难点巩固）	对于以上两个实验，首先是教师导入，学生进行实践操作，观察实验结果，完成实验，在此基础上，对于本节课的难点——勾股定理的证明，组织学生进行组内交流，突破难点。再请学生结合图形变换，解释等式成立的原因，即面积为什么相等，突破教学难点。		通过实践观察帮助学生进一步加深对勾股定理的理解和记忆，为公式的灵活运用打好基础。
实验小结	以网络画板为载体，用“面积法”证明勾股定理公式，主要用到了图形变换中的“割补、旋转、平移法”。		

五、基于“网络画板”的数学实验设计原则

（一）以学生全面协调发展为核心

从当前初中阶段学生对各学科的学习情况来看，很多学生在数学学科的学习方面仍然存在比较大的困难，这部分学生大多是学习积极性欠缺、学习方法不够科学、基础较弱等原因。对于比较抽象的数学知识，单凭老师的讲解，往往很难取得较好的教学效果。借助现代信息技术手段，创新学生学习数学知识的方法，将传统的老师灌输式教学改为学生动手操作、自主探索的过程，可以大大提高学生在课堂的参与度，把听知识改变为自己发现数学知识，对于激发学生的数学学习兴趣有很大的帮助。另外，初中数学的教学中，数形结合的方法应用非常广泛，网络画板可以实现很多常规情况下难以实现的作图效果，从而提升课堂教学的有效性，促进学生全面发展。

（二）以学科核心素养提升为重点

在教学过程中，充分利用信息技术手段，实现数学课上学生能够进行实验操作，在实践的过程中深刻体会相关数学知识和数学思想，实现数学实验，将学生的被动接受转变为主动探索的过程，为数学课堂常规教学提供新的教学模式，体现信息技术手段在数学教学中的重要价值，使得信息技术手段更好地为数学教学服务，达到提高学生数学核心素养的目的。

（三）以师生的高效互动为基础

数学实验过程中，在老师的指导下，学生通过操作完成老师提前预设的实验过程，绘制、操作图形动画，再通过自己绘制的图形观察、探究发现数学规律，归纳数学知识，培养学生的动手实践能力。在实验的过程中不断使用数学知识和原理，让学生对数学知识和原理的理解更加透彻，使用更加熟练，起到巩固重点和突破学习难点的作用。在探究中对于较难的问题，学生之间进行小组合作相互交流，互相帮助，提升了学生的语言表达能力，交流和互相协作的能力。

（四）以高效的活动设计为前提

初中数学课堂教学，每节课都有特定的教学目标，如何在有限的时间内完成教学实验，实现教学目标，教师课前必须做到充分备课、科学设计、课件准备、设备调试等，课上有序推进，合理把控课堂节奏，师生积极参与，交流互动，发现问题及时引导，提升课堂教学效率。

（五）以数学抽象的形象化、直观化、具体化为方向

抽象是数学学科的一大特点，部分初中数学教学内容是枯燥的、抽象的和难以理解的。在初中数学实验课堂的教学过程中，通过网络画板教学软件，让学生动手实践，通过绘制、观察图形、动画等方式，操作、观察、探究得出数学规律、数学知识的过程，帮助学生理解数学知识，感受数学知识的探究发现、归纳总结、灵活应用的过程。

六、结束语

本文基于网络画板的初中数学信息技术实验课堂教学模式，并在教学实践中强调把教师的教学与学生的动手实践相结合。新的实验教学模式的提出到成熟应用都需要一个不断完善和改进的过程。本研究提出的基于网络画板的初中数学信息技术实验课堂在教学实践中的应用还存在一些需要完善之处：首先是此教学模式研究是在文献研究、自主探索、研讨交流、实践总结、逐步改进的基础上完成，其方法的可操作性需要实践数据进一步的论证；其次是本文提出的是一个基于网络画板的初中数学实验教学个案，不同的教学内容在实验教学方面存在方法上的差异性，如何在初中数学信息技术实验教学中体现不同内容的差异性有待进一步研究考证。

参考文献

［1］蔡玲娟．利用信息技术构建初中数学高效课堂略探［J］．新课程研究：中旬，2019（10）：77−78.

［2］李晓玲．关于初中数学教学与多媒体信息技术的整合研究［J］．内蒙古教育，2020（9）：46−47.

［3］焦光虹．数学实验［M］．北京：科学出版社，2010.

［4］董黎明，焦宝聪．创客教育中创新思维发展要素模型构建［J］．开放学习研究，2020（5）：14−22.

作者简介

雷龙龙：新疆师范大学附属中学数学教师，一级教师。

基于网络画板平台的高中数学实验资源开发及使用

北京市陈经纶中学　周明芝　孟　永

【摘　要】随着现代信息技术在高中数学教学中的应用日益广泛，为了给学生的数学学习提供丰富的问题情景，让学生亲身经历、直观感知数学“再发现”“再创造”的过程，笔者利用网络画板平台，以数学实验为抓手，在教学中开发、运用适当的数学实验，为学生提供探究、实验的平台，丰富数学学习方式，加强基本活动经验的积累，培养创新思维，有效地促进学生对数学本质的认识和理解。

【关键词】网络画板；数学实验；实验资源

一、引言

《普通高中数学课程标准（2017 年版）》指出，“数学素养是现代社会每一个人应该具备的基本素养；数学教育承载着落实立德树人根本任务、发展素质教育和功能。”在高中数学教学中经常出现过度强化逻辑推理，弱化观察、类比、归纳、直觉等合情推理的现象，导致学生在学习中缺乏对知识生成过程的体验感悟。

为了更好地激发学生的学习兴趣，有效改善学生的数学学习方式，培养学生数学学习的自主性、探究性及合作交流，笔者借助网络画板平台，以高中数学实验为抓手，利用适当的实物材料、模型和信息技术等工具，基于数学条件、假设或猜想，依据数学原理开展数学活动以探究数学结论、验证数学知识、发现数学问题。这种活动能够为学生的数学学习提供丰富的问题情景，有利于学生亲身经历、直观感知数学知识的原生态产生与发展的过程，加深对数学知识的理解、认识，提升学生对数学学习的获得感，丰富学生的数学学习方式，引导学生积极主动地探究、发现数学问题，有效地提升学生的数学素养。

二、数学实验资源的开发与使用

数学是抽象思维的产物，数学活动是高度抽象的思维活动。数学实验教学通过设计具体的、直观的、形象的、可操作的系列活动引导学生进行数学抽象思维活动，进而认识数学和理解数学。所以，数学实验是帮助学生实现“再创造”学习的一个有效的方式。经过多年的实践研究，笔者在教学中不断开发、运用数学实验，遵循直观性、探索性、参与性原则，结合教材内容，根据学校的数学课程体系，设计形式多样的实验内容：在课堂上突破教学重、难点以及促进对数学问题理解的微实验，在校本课上验证、探究的专题实验，在课后利用数学知识应用、实践的社团课及竞赛知识进行的实验。

（一）课堂微实验

结合高中数学教材中的重、难点内容，以网络画板为抓手，设计学生能同步参与，生生、师生交流互动的课堂微实验。让学生直观、动态地进行观察分析，提升想象力和抽象思维能力。

案例一　函数 $f(x)=ax+\frac{b}{x}$（$ab\neq 0$）的性质探究实验。

实验目标：

通过对参数 a，b 的分类讨论，探究函数 $f(x)=ax+\frac{b}{x}$ 的性质。在探究过程中，渗透探究函数性质的一般方法，让学生体会数形结合和分类讨论的数学思想。

实验过程与分析：

1. 探究参数 a 对函数 $f(x)=x+\frac{a}{x}$ 的影响

（1）当 $a>0$ 时，这个函数的定义域、值域是怎样的？单调性、奇偶性、最值又是怎样的？由于 a 的值是不确定的，你打算怎样探究这些性质呢？它还有什么其他性质吗？

利用网络画板作出 $f(x)=x+\frac{1}{x}$，$g(x)=x+\frac{2}{x}$，$h(x)=x+\frac{1}{2x}$ 的图象，并思考参数 a（$a>0$）对函数 $f(x)=x+\frac{a}{x}$ 的影响。观察图象，并填表 1。

表 1　$a>0$ 时的参数值

函数	定义域	值域	单调性	奇偶性	最值
$f(x)=x+\frac{1}{x}$					
$g(x)=x+\frac{2}{x}$					
$h(x)=x+\frac{1}{2x}$					

结合实例，学生观察、分析、交流，然后利用网络画板的动态演示过程，进行验证和总结。

（2）当 $a<0$ 时，你还能按上面的思路进一步探究这个函数的性质吗？学生可自己设计表 2，自行取定参数，如：

表 2　$a<0$ 时的参数值

函数	定义域	值域	单调性	奇偶性	最值
$f(x)=x-\frac{1}{x}$					
$g(x)=x-\frac{2}{x}$					
$h(x)=x-\frac{1}{2x}$					

学生相互交流、分析，然后利用网络画板的动态演示过程，进行验证和总结。

2. 探究参数 a，b 对函数 $f(x)=ax+\frac{b}{x}$ 的影响

类比上述方法，你能继续探究函数 $f(x)=ax+\frac{b}{x}$（$ab\neq 0$）的性质吗？

学生自己取定参数，结合网络画板的动态演示，思考参数 a，b 对函数图象的影响，并总结出函数的相关性质。

实验效果评价：探究函数 $f(x)=ax+\frac{b}{x}$（$ab\neq 0$）的图象和性质，可以加深学生对含参数函数问题的认识和理解，掌握研究函数的一般过程与方法。对于含参数函数问题的讨论是初学者学习的难点。在本实验中，主要通过对参数 a，b 的分类探究，

利用严格的逻辑推理和直观的数形结合的方式进行验证、探究。网络画板能让学生自主设定参数，观察图象的变化规律，猜想、验证结论，归纳相关函数的性质。这一过程不仅培养了学生的思维能力、动手能力，而且还有利于培养学生的创新意识和探究能力。

（二）校本课实验

在校本课中，利用网络画板的作图、变换、动态测量、逻辑动画、代数分析等功能，为学生进行探究、构建知识提供软件支持，为学生的合理猜想、科学验证提供技术平台。

案例二　探究频率随机性与稳定性的硬币抛掷实验。

活动一　抛掷两枚完整无损的 1 元硬币 50 次，记录并分析数据。

在重复实验中，频率的大小是否就决定概率的大小？唯一的验证方式就是实际动手进行实验。

步骤 1　准备工作：准备两枚完整无损的 1 元硬币。

步骤 2　执行实验：将两枚硬币拿起，松手让硬币自然落下，待硬币在桌上落定，记录下两枚硬币面朝上的结果为一正一反的实验次数，反复进行 50 次实验。

步骤 3　数据统计：分别统计出 10、20、30、40、50 次试验时“一正一反”发生的实验次数，填入表 3 中“频数”对应栏中，然后计算该“频数”与对应的“n”的比值，填入“频率 $f_n(A)$”一行中。

步骤 4　数据分析：观察表 3 中频率数据，思考问题：①在重复实验中，频率的大小是否就决定概率的大小？②频率的变化是否有规律？如果有，请描述规律；如果没有，请概括频率的无规律特点代表频率具有什么性质？

表 3　50 次实验频率数据结果汇总表

试验次数 n	$n=10$	$n=20$	$n=30$	$n=40$	$n=50$
频数累计					
频数					
频率 $f_n(A)$					

活动二　借助计算机模拟抛掷硬币实验 5000 次，记录并分析数据。

由活动一的 50 次抛掷硬币实验，实验者已经感知频率是具有随机性的，即实验次数相同，不同实验的频率仍有可能不同。那么，随着实验次数的增加，频率逐渐稳定在一个常数附近是否成立？应当如何验证？频率究竟与概率有什么关系？

步骤 1　学生用网址链接或二维码进入网络画板课件。

步骤 2　点击"抛掷硬币"按钮模拟实验，屏幕上自动统计正、反面出现的频数和频率绘制条形图，观察实验数据的变化，直至实验次数达到要求。

步骤 3　多次重复实验，思考问题：①在重复实验中，频率与概率有什么关系？②频率的变化是否有规律？偏差概率的变化是否有规律？频率与偏差概率哪个特征更加明显？应当如何理解频率具有稳定性？

表 4　5000 次实验偏差概率数据结果汇总表

试验次数 n	$n=10$	$n=50$	$n=100$	$n=1000$	$n=5000$
频率 $f_n(A)$					
偏差概率 $P(\lvert f_n(A)-0.5\rvert \leqslant 0.05)$					

实验效果评价：学生已经明晰随着大量重复实验的进行，频率会逐渐稳定在一个常数附近，这个常数就是概率。经过抛掷硬币实验的体验，实验者发现这一说法并不严谨。真正的频率与概率的关系应当是当实验次数比较多时，随着实验次数的增加，频率接近概率的可能性会增大。为了促进准确、直观地理解概念，让学生亲自动手操作、体验过程的合理性非常必要。由于需要大量数据的分析，借助网络画板课件可以让学生亲手操作，体会数据处理分析的完整过程，能够较好地渗透统计思想。

（三）社团课实验

网络画板具有的较强的交互共享功能，在互联网上可自由分享，通过转发网址链接或扫描生成的二维码，可以方便快捷地将资源分享到微信、QQ 空间等。在社团课探究活动中，除了帮助学生进行探究学习、数据处理等，小组成员之间可以合作共享，对学习资源进行生成、修改和发布，充分调动学习积极性，加强合作意识。

三、总结与展望

兴趣是促使学生积极思考和主动学习的关键。数学实验应该顺应学生乐于动手操作、观察思考的特点，丰富其对数学发现过程的展示，挖掘数学的直观性背景，充分激发学生的学习兴趣。通过实验操作的过程，引领学生经历直观想象、发现、猜想、验证的过程，从感性认识到理性思考，理解和掌握数学概念和原理，使学生在不断获得实践体验后，亲历数学知识的建构全过程。

传统的讲授方式已经很难适应现代中学生不同层次的需求，而基于网络画板的数学实验在一定程度上能充分发挥学生学习的主动性，并在他们各自能力的基础上得到较充分的发展。在数学实验教学中，如何创设主动探索的问题情景，引导学生积极地思考、尝试解决问题，凸显学生学习的主体性，改善学生的数学学习方式等一系列问题应该引起一线教师的思考。如何基于网络画板既不失数学思维训练的本真也能激发学生的学习兴趣，还能增加学生的成功体验、创新意识，也同样需要我们思考。

信息技术的发展，正对学校和数学教学产生着巨大的影响和冲击。信息技术在数学教学中的整合可以使数学知识由抽象转化为具体的形象，由静态转化为动态，可以促进学生对概念的理解，提升学习兴趣和学业表现。实现“信息技术对教育发展具有革命性影响”的愿景，不能止步于要不要技术、用什么技术的讨论，而是要在深入理解和掌握技术的基础上，真正解决教与学的实际问题，要在构建互动交流的数学学习环境的同时促进学生思维的提升。一线教师需要从促进学生对数学本质的认识和数学思想方法的感悟出发去应用技术，要充分考虑数学教学的规律与特点，包括目标、内容与方法，以达到切实满足师生需求、为数学教学精准服务的目的。信息技术与教学，需要从整合走向融合。

参考文献

［1］中华人民共和国教育部·普通高中数学课程标准（2017年版）［M］. 北京：人民教育出版社，2020.

［2］孙学东．“做数学”促进学生空间观念发展［J］. 教学与管理，2022（2）：90-91.

［3］陈美华．开展数学实验设计 提高数学实验效果［J］. 教学研究，2021（11）：11-12.

［4］蔺霄．信息技术与数学实验［J］. 中学教研（数学），2004（2）：33-34.

［5］向菲．信息技术在高中数学教学中整合的研究——以“空间几何体的三视图”为例［D］. 贵阳：贵州师范大学，2015.

[6] 孙彬博，郭衎，曹一鸣. 信息技术与数学教学“深度融合”：理想与现实[J]. 教育研究与实验，2019（5）：46-49.

作者简介

周明芝：北京市陈经纶中学教师，中学高级教师，北京市学科带头人，北京市中小学名师发展工程第四批优秀学员。

孟永：北京市陈经纶中学教师，中教一级教师。

网络画板辅助中学数学教学的实践研究

北京市京源学校　周春红　杜建明

【摘　要】随着新课程改革的推进和网络信息技术的发展，信息技术与数学课堂的融合成为了时代发展的需要。网络画板作为一款为我国基础教育量身定做的教育软件，促进了数学教学的变革。本研究基于网络画板辅助数学教学，通过在数学教学中使用网络画板，结合教师和学生的实际获得，对网络画板提升教师和学生的学科素养及应用信息技术能力做了实践研究。该实践研究表明，网络画板提升了学校教师的专业素养和信息化教学能力，提高了学生的数学学习兴趣和探究能力，促进了教师和学生共同发展。

【关键词】网络画板；数学学习；辅助教学；信息化能力

一、引言

高中数学逻辑思维强、抽象程度高，在很多情形下，学生看到的是一大堆的抽象的数学概念、数学符号，这对学生的数学能力要求颇高，因能力的不同使部分学生很难适应这门学科的学习，进而导致成绩不理想，甚至反感、排斥数学。在平时教学的过程中，有时教师在面对这种情形时，也很难提出有效的办法。

为了能有效地帮助学生提高学习数学的兴趣、提升教师的专业研究和信息化技术能力，我们在 2019 年做了基于网络画板的课题“数学教师利用网络画板辅助教育教学的研究与实践”，该课题是教育部教师司委托首都师范大学数学教育技术应用与创新研究中心所承担的课题“中小学数学教师信息化教学能力显著提升的研究与实践”下的子课题。

在日常的学校教学中，教师、学生尝试在教学设计、案例分析、教学研究以及研究性学习等方面应用网络画板，通过在教学中使用网络画板，提升了教师的专业教学能力，提高了学生的数学学习兴趣和探究能力，促进了教师和学生的共同发展。

二、网络画板的作用与价值

网络画板是几何画板的升级版，它是一款多功能数学学科教学工具。它是张景中院士及其团队为国内数学教育量身定制的数学教学软件。进入网站 netpad.net.cn 即可使用该画板，能够绘制直线、圆锥曲线等几何图形、函数图象、参数曲线等数学图形，能够进行迭代、映射、对称、旋转等数学变换，可以调出直角坐标系、极坐标系等，有着十分丰富的功能，能够有效地用于解决数学问题，进行数学分析和数学教学等。

网络画板使用方法简单，能将一些抽象复杂的问题直观地呈现出来，帮助学生很好地理解问题并进行深层次的探究。网络画板在帮助教师和学生解决问题的同时，其强大的动态图形功能还能启发、开拓学生的思维，让老师和学生找到解决问题的新思路。网络画板作为国内第一款互联网环境下的专业数学学科教学工具，已经极大地改变了教育资源的生成、传播、分享模式，助力了中学教学资源的开发，推动了基础学科教育信息化的发展。

三、网络画板在中学数学教学中的应用

教师和学生根据需要在网络画板上制作动态图形，可以更好地开展各种探究性研究，促进教师和学生共同成长。

（一）网络画板在辅助教师研究教学中的应用

1. 制作与使用课件，提高教师应用信息技术能力

相比初中数学，高中数学的很多问题变得更加抽象复杂，很多问题常以文字或者符号化的形式呈现，很难被理解透彻，而这些既是教学的重点，又是难点。通过网络画板做动态图形，可以使原本抽象的问题可视化成动态的图形，让原本静态的问题动起来，学生在课堂上有更多的观察和思考的机会，从而帮助学生更好地理解数学问题。

课题组老师们经常在一起研讨如何利用网络画板改进教学，并做了大量的教学实践课例研究。

例如：高中数学人教 B 版教材必修 2 中“两点的球面距离”的教学。使用这个平台上网进入网络画板界面绘制球，测量两点之间的曲面距离，经过对比发现，球面上两点所在大圆的劣弧长最短（如图 1），从而获得有关球面距离的直观感受。

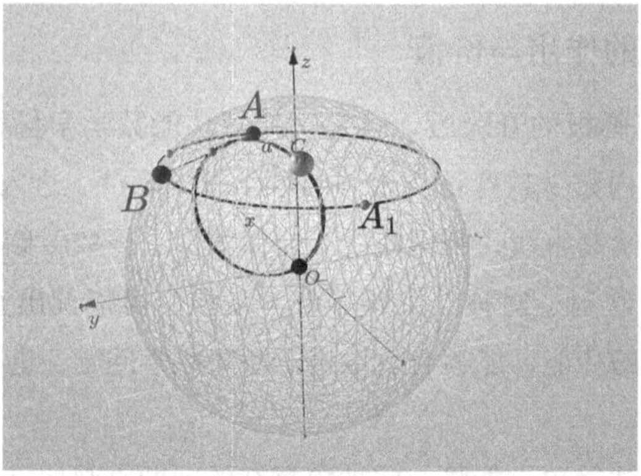

图 1 “两点的球面距离”3D 动画课件

在这个过程中，教师使用网络画板资源制作、查找、共享“两点的球面距离”3D 动画课件。通过动画展示，让学生从不同角度观察经过球面上两点的圆的圆心与球心重合时，其劣弧长最短，从而很好地理解球面距离的概念，改变了以往教师在黑板画几个典型不同位置的球比较而得出的特殊性，学生通过观察动态图形的演示很好地理解了“两点的球面距离”数学概念。通过实践我们认为网络画板在演示动态图形上有很大的优势，在立体几何、复杂函数图象、求点的轨迹时其作用更大。

2. 优化课堂教学设计，提升教师整体把握问题的能力

与初中的数学教学相比，高中的数学不仅内容多、思维量大，而且情形复杂多变。要想课堂教学高效，需要我们教师更好地把握好各个教学环节，尤其是对教学重、难点的处理。网络画板作为一款操作性强的教学软件，很好地解决了传统教学方式难以解决的数形结合、运动变化等“动态数学”问题，这能使教师较容易地突破教学难点，更好地做好课堂教学设计。

例如：高中数学人教 B 版教材必修第四册中“利用正弦定理解三角形”的教学中，问题“已知边 a，b 及角 A，如何直观判断满足条件的 $\triangle ABC$ 是否存在？存在几个？”是教学中的一个重、难点。

教师利用网络画板动态演示，借助网络画板体会解三角形模型，引导学生发现两解、一解、无解的情况，培养学生发散思维的同时，发展几何直观及数学运算的素养。

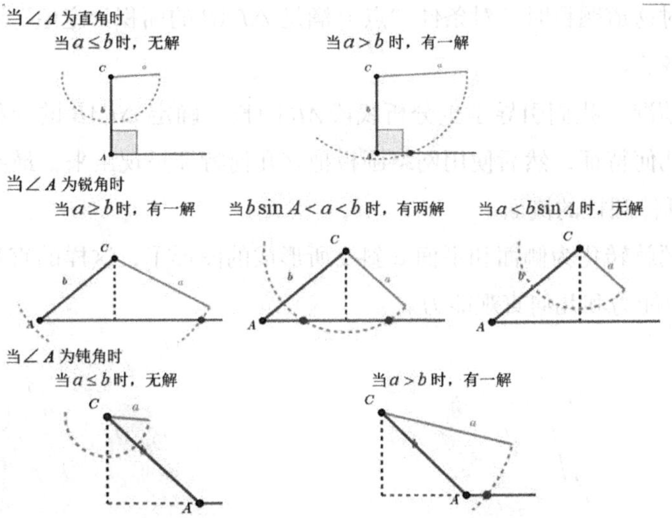

图 2　教师利用网络画板分析三角形解的情况

借助网络画板体会解三角形模型，引导学生发现两解、一解、无解的情况，培养学生发散思维，发展几何直观能力。而教师通过实践作图，深入理解问题本质，提升了教师在教学中整体把握问题的意识和能力。

（二）网络画板在辅助学生学习数学中的应用

1. 作图辅助分析，培养学生的核心素养

在学习立体几何时，教师可以利用网络画板动态演示点、直线、平面之间的位置关系以及在空间中的平行、垂直关系，帮助学生抽象出空间图形，认识立体图形与平面图形之间的关系，提高空间想象能力和几何直观能力。

例题 1：如图，线段 AB 是平面 a 的一条斜线段，A 为斜足，若点 P 为平面 a 内的一个动点，且满足 $\triangle PAB$ 的面积为定值，则点 P 在平面 a 内的轨迹是（　　）。

A. 椭圆的一部分　　B. 双曲线的一部分

C. 一段圆弧　　D. 一条线段

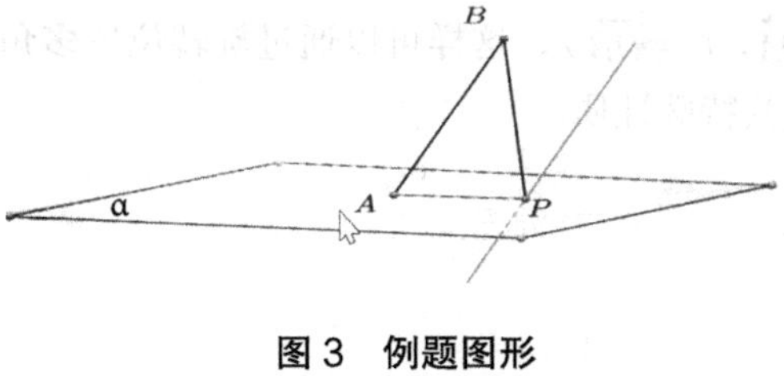

图 3　例题图形

学生在面对这道题目时，对条件“点 P 满足 $\triangle PAB$ 的面积为定值”不知所措，更无从谈解题思路了。

面对这种情况，我们引导学生分析线段 AB 的长，确定 $\triangle PAB$ 的面积为定值，则点 P 应满足的几何特征，然后使用网络画板把该几何特征呈现出来，最终点 P 在空间的轨迹是无限延伸圆柱的侧面。

此时该问题就转化为侧面和平面 α 斜交所形成的图形了，这样的直观有助于培养学生的空间想象能力和几何直观能力。

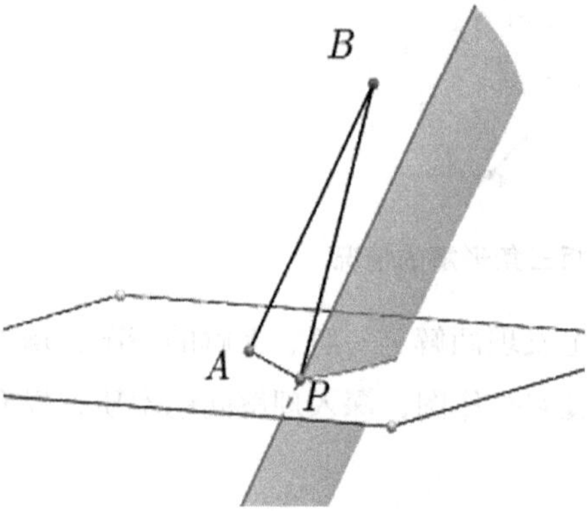

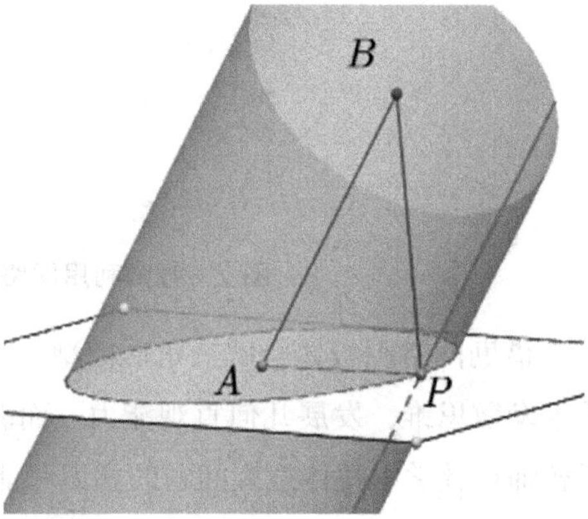

图 4　学生使用网络画板作图

例题 2：设向量 $u=(a, b, 0)$，$v=(c, d, 1)$，其中 $a^2+b^2=c^2+d^2=1$，下列命题：

① $|v|$ 是定值；② uv 的最大值为 $\sqrt{2}$；

③ u 与 v 的夹角的最大值为 $\frac{3\pi}{4}$；④ $ad-bc$ 的最大值为 1。

以上命题正确的有________。

这是一个以空间向量为主体的题目，对于题目中的条件 $a^2+b^2=c^2+d^2=1$，传统的解法就是硬算。借助网络画板的 3D 动画，可以根据条件画出满足条件的向量 u 和向量 v（如图 $u=\overrightarrow{OA}$，$v=\overrightarrow{OB}$），这样可以通过旋转位置多角度地观察两个向量的位置关系，进而分析出其特殊性质。

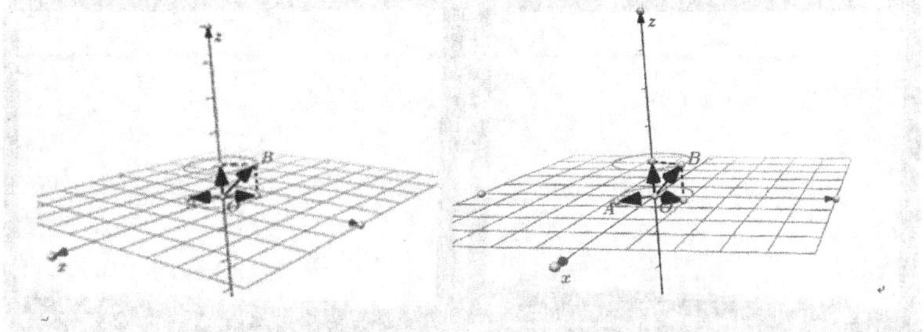

图 5　学生使用网络画板探究数学问题

通过网络画板 3D 动态演示，把一个抽象问题变得直观形象，有助于学生更好地理解问题，从而能形成系统完整的解决思路，既解决了实际问题，又提升了核心素养。

2. 优化学习方式，完善数学知识的建构

网络画板拥有互联网的优势，为学生自学、探究提供了可靠的平台。在网络画板所提供的工作平台上，学生进行实践探究，能更清楚地观察到图形的变化规律，主动地完善好知识的建构。

例如：高中数学人教 B 版教材选修 2–1 中“双曲线的标准方程”的教学。

传统的讲授，教师会让学生看书直接获得，或者在课堂上直接画图、直接告知。学生仅仅是获得知识本身，而学生没有经历发现问题、解决问题的过程，其学习能力很难获得提升。

有了网络画板，教师可以设计学习任务，学生可以使用网络画板进行实践探究，并通过观察、思考去发现双曲线的定义和性质，主动完善数学知识的建构。

教学片段：

课前，老师在课上发布学习任务。

利用网络画板完成作图，作图步骤：（1）作线段 HI 和射线 AB，在射线 AB 上选取一个自由点 C；（2）以点 C 为圆心，以线段 HI 的长为半径画圆交射线 AB 于点 D；（3）在网络画板平面内作点 F_1 和点 F_2，以点 F_1 为圆心，以线段 AC 的长为半径画圆 F_1，以点 F_2 为圆心，以线段 AD 的长为半径画圆 F_2，两圆分别交于 E 和 E'；（4）移动点 C，观察两圆交点 E 和 E' 的轨迹；（5）改变线段 HI 的长度，观察点 E 和 E' 轨迹的变化。

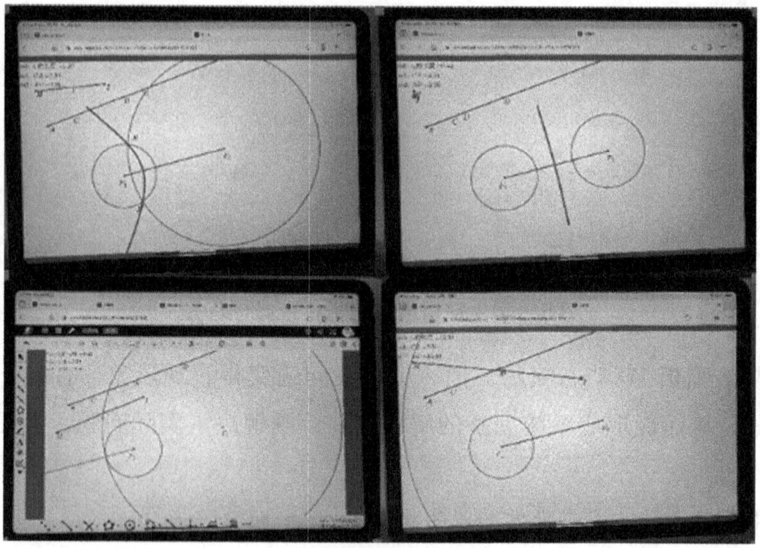

图 6　学生分享建构过程

【设计意图】课前让学生使用网络画板操作并观察点 E 和 E' 轨迹的变化，直观感知，获得“作图的经验”和“观察的经验”，激发学生学习的热情，培养学生自主探究数学问题、主动建构知识的意识。

四、总结与展望

本研究通过研究网络画板辅助教学，促进教师专业能力的发展，提升学校教师的信息化教学能力，推动教师利用线上资源破解部分教育教学的重、难点问题，创新课堂教学。学生通过网络画板等现代媒介获取信息，辅助思考，促进学习，提高学生的数学学习兴趣和探究能力。

但由于时间和认知水平的限制，本次研究只限于解决教学中的具体问题，对于一些复杂的问题还需要专业人员的帮助，还不能很自如地使用网络画板进行教学研究，这还有待于我们进行进一步的学习与研究。

参考文献

［1］刘俊生，余胜泉．一对一数字化学习研究的领域与趋势［J］．现代教育技术，2012（1）：19-24.

［2］陆兴华，李兴贵，尧刚，等．互联网 + 动态数学——网络画板推进数学教学

变革［M］. 长沙：湖南教育出版社，2019.

［3］王佑镁，王娟，杨晓兰，等. 近二十年我国移动学习研究现状与未来趋势——基于中西方对比的研究综述［J］. 现代远程教育研究，2013（1）：49-55.

［4］郁晓华. 美国 iPad 项目及其对中国电子书包的启示［J］. 开放教育研究，2014（2）：46-55.

［5］李玉顺，杨振涛，史鹏越，等. 平板电脑在教育教学中应用发展的现状［J］. 中小学信息技术教育，2014（4）：73-78.

［6］孙志明. 以“互联网 +”思维促进教育教学的变革与创新［J］. 中国教育信息化，2016（13）：42-43.

作者简介

周春红：北京市京源学校数学教师，北京市特级教师。

杜建明：北京市京源学校数学教师，中学一级教师。

基于网络画板提升乡村教师信息化教学能力

桐乡市濮院桐星学校　吴冠男
桐乡市高级中学　方　蕾

【摘　要】随着教育数字化改革的推进，共同富裕和教育均衡化的发展，乡村教师信息化教学能力急需提升。网络画板，是由张景中院士及其团队研发的互联网动态数学教学平台，是开放共享的移动数学实验室，它具有动态展示和网络交互等特点。在乡村学校资源短缺的情况下，借助“网络画板”平台，提高乡村教师数学信息化教学能力，是值得尝试的途径。笔者结合课题研究工作，以“网络画板”为载体，尝试多角度提升乡村教师信息化教学能力，以期能促进课堂教学的优化。

【关键词】网络画板；信息化教学；应用能力

一、数字时代，信息化教学亟待提升

2019年3月教育部发布了《关于实施全国中小学教师信息技术应用能力提升工程2.0的意见》文件，浙江省教育厅办公室于2020年8月印发了《关于实施全省中小学教师信息技术应用能力提升工程2.0》通知等，这些文件都提到了“要提高乡村教师信息技术应用能力”。可见，提升乡村教师信息化教学能力是十分重要的任务。

乡村学校教学资源的匮乏势必影响着现代化教育的均衡发展，更影响教师信息化教学的实现，而网络画板的出现，很好地解决了这个问题。网络画板是架构在互联网上的动态数学教学平台，它具备“免安装、跨终端、跨平台”的优势，只要有网络就可以开展信息化教学，能让学生全面参与到数学实验中，是开放共享的移动数学实验室。

2020年8月，作为世界互联网大会举办地乌镇旁的乡村学校教师，有幸参与教育部课题“中小学数学教师信息化教学能力显著提升的研究与实践”研究，在课题组专家的带领下，我校积极参加课题研究，并立项“农村学校基于网络画板提升初中数学教师信息技术应用能力的实践研究”子课题，以此推动我校教师数学信息化教学的发展。

二、多维构建，提高信息化教学能力

笔者以网络画板为载体，结合我们乡村学校的教学实际，以提升乡村教师信息技术应用能力为目标，努力尝试多角度促进教师的信息化教学能力。

（一）提高网络备课能力

网络画板提供了丰富的网络教学资源，在动态数学和空间三维方面有着独特的教学优势。教师可以借助网络画板，结合教学实际进行多元化的备课，在纸质备课的基础上进行信息化完善，尝试网络集体备课。把网络画板的特殊功能融合到教学备课的环节中，借助网络化的技术，不断整合网络教学资源，制定优质的教学课件，从而逐步实现集体备课的共享性。

在网络画板的备课过程中，借助一些优秀专业的教学数字资源，融入一些适合的教学情景元素，不断丰富制作课件的内涵。教师在备课中将教材的内容、教学的资源、教学的经验、学生的学习情况等实际元素进行充分融合，进一步给学生制作出适合学生发展的网络化课件。教师可以通过手机登录网络画板网站，打开相关网络链接，亲自看到整个备课的课件内容，在网络画板集体备课中进行探讨。通过讨论课件教学内容，实际操作课件，分析重点和难点问题，让每一位教师能表达自己的观点，教师结合课堂教学经验，经讨论、挖掘、修改、制作出适用于数学课堂的教学方案和策略。

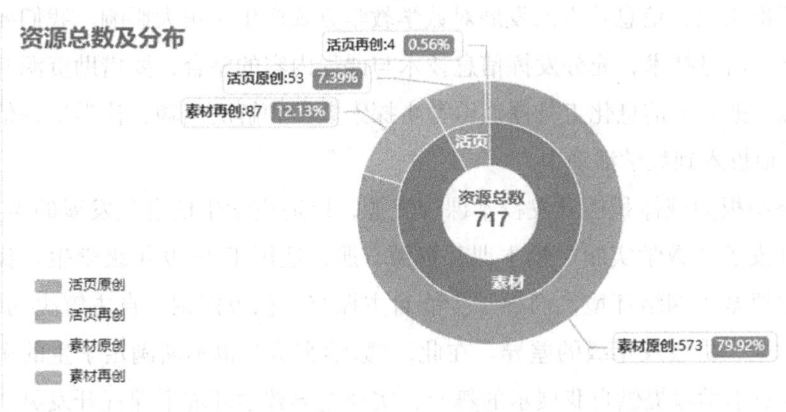

图 1　学校资源总数及发布

经过实际教学的不断积累，我校网络画板学校空间现有备课资源 700 余个，已被运用于课堂教学 400 余次，已经形成课件备课全校共享的良好形式，全校中小学数学教师把网络画板资源上传网络画板，搭建了具有我校特色的备课数字资源。

（二）提升数学实验能力

“实验—猜想—验证”是数学思维培养的重要途径。由于网络画板是基于互联网的动态数学实验软件，学校可根据基础环境配置的差异，配置不同层次、不同成本的数学实验环境，把数学实验搭建在网络画板上，学生可以随时通过网络进行数学实验。实现数学实验对教学各个环节的全覆盖，使学生人人享有数学实验的机会。

教师熟练地运用网络画板讲解和演示该知识点，以巧妙的技术为媒介达成教学目标，在传统的教学方式上有了创新和突破。通过让学生观察动态的网络画板课件，研究画板上动态问题的内容，这样能在最大限度上增强学生的数学学习能力。在这样的过程中，教师不断将数学中难以理解的抽象思维具体化，不断将数学中难以思考的问题简单化，帮助学生消化、吸收数学知识，促进学生对数学问题的进一步思考，从而提升学生学习数学的兴趣，增强学习的自信心。

我校教师利用网络画板承担各级各类公开课共计 65 节。其中浙江省级亮相公开课 6 节，“合并同类项”“圆面积拓展练习”“神奇的二次函数图象”“从勾股定理到图形面积关系的拓展”“三角形的内角和”均登上省级舞台并收获好评。嘉兴市级公开课 10 节，其中“变化中不变的面积——反比例函数专题复习”在嘉兴市“南湖之春”初中数学专场中作优秀课例展示。

（三）提高资源开发能力

数学课程标准指出，信息技术的发展对数学教学方式产生了很大影响。我们要合理地运用现代化的信息技术，充分发挥信息技术与课程内容的整合，要借助资源开发丰富的学习资源，把先进信息化工具提供给学生探索数学和解决问题，让学生在信息化的背景下乐意地投入到数学活动中。

学校以网络画板为载体积极开发校本课程资源，以适应学生信息化发展的需要。基于网络画板开发了“数学实验”校本课程资源 6 册，适用于 1—9 年级学生。我校数学校本课程主要基于网络环境，倡导学生能自主探究，积极探索，自主解决问题，尽可能地满足学生、班级及年级的差异。在此，“数学实验”也不断满足学生的多样化需求，为学生数学学习提供自我展示的舞台，实现差异教学环境下课程开发灵活性的提升。

数学实验通过信息化教与学的巧妙融合，增加了授课教学与信息化工具的融合性，依托网络画板的特性，将学生对数学学科强烈的求知渴望与浓厚的兴趣激发出来，让每一位学生都能从中详细琢磨，反复推敲，分析制作，大胆进行模型构造到验证猜想的数学实验，更能通过手动操作的方式从已知的结论论证猜想。

（四）提升作业创建能力

“双减”，需要教师提高课堂效率实现减负增效，“减”的效果是实现“增”。借助网络画板改变以往书面作业的形式，让学生通过动手操作边玩边学，增加作业的趣味性，丰富学生的想象力，增强学生的动手操作能力，锻炼学生分析问题和解决问题的能力。

针对乡村学校学生学习特点，整合网络画板的教育资源，采取现编现做学生自主讲解的形式，给学生提供分享数学学习的活动机会，最大限度地满足学生个体发展的需要。借助网络画板进行教学，从“数学语言表达”“数学动手操作”等各个角度来评价学生，从而更好地帮助、促进每一个学生的发展。

学校创建“桐星数学”公众号，为学生自主学习服务，并展示推广网络画板的教学课件，这些互动的课件分享出去作为学生的数学实验室。公众号内持续更新“学生说题”栏目，推送学生拍摄的说题视频，学生不用重复完成纸质作业，减轻学生作业负担。

（五）提高科研探究能力

通过网络画板教师的教研能力不断提高，再结合课堂教学实践，在教学过程中不断实践、反思与总结，形成了许多教研成果，教师们在课题和论文研究方面也有不同程度的提升。教师参与多个课题研究，浙江省信息化课题“基于‘网络画板’提升数学教师信息化能力的实践研究”于2021年2月立项；嘉兴市专项课题“一课一坊：基于网络画板的教师信息化研修路径研究”于2021年10月结题；嘉兴市重点规划课题“初中数学技术赋能‘可视化’互动学习策略研究”于2021年9月立项。教师各级各类论文评比多篇获得嘉兴市桐乡市奖项。开设讲座多场，2020年11月在台州玉环开设讲座《信息化网络画板技术的课堂应用》；2021年1月在江西南昌开设讲座《教师队伍信息化能力提升的路径》等，让更多教师受益于我校信息化研究的成果。

三、反思完善，信息化教学螺旋发展

在“信息化提升2.0”和“数字浙江”的大背景下，随着信息技术的深入发展，教学越来越趋向于智能化和数字化。在教学中，伴随着信息技术课堂化，网络画板这种新型的现代化教学工具必然会得到数学教师的青睐，将网络画板运用在课堂教学当中，以此来提升课堂的信息化教学水平。

（一）学校信息化规划不断优化

学校以网络画板为载体，本着大力推进信息化教学的原则，坚持学生为本、实验为先的思路，着力优化乡村学校信息化教学环境，提高数字管理水平，提升教师队伍信息素养，打造具有乡村特色的信息化教师队伍，致力于将信息化融入教学与工作，让教师的信息化教学水平有长足发展。

（二）教师信息化能力不断提升

教师结合自身的信息技术水平，在搭建的网络画板平台中，渐渐意识网络画板对比其他信息技术的优越性，在其基于互联网的基础上，教师能够在这一平台上进行课件资源的共享，并且结合自己的实际教学需求来对课件的资源进行重新的编辑和制作。

（三）学生信息化素养不断完善

学生借助网络画板进行学习，能够运用网络画板进行数学知识探索，以此来激发学生对数学知识的学习兴趣，还可以整理一系列网络画板背景下的数学实验课程，形成大量的优秀学生学习成果。

总之，信息化教学作为新的教育资源、学习方式、教学模式，已经在悄无声息地影响着我们的教学与学习。虽然，还有待进一步系统化、规范化，但我们应以积极的态度去接纳新事物，以期更好地将其运用在数学教学和学习当中，提升教师信息化教学水平，促进学生核心素养的发展。

参考文献

［1］张景中．张景中教育数学文选［M］．上海：华东师范大学出版社，2021.

［2］方海光，王鹏远，焦宝聪，等．应用互联网数学实验室实现深度融合的设想［J］．中小学数字化教学杂志，2018（3）：58-60.

［3］陆兴华，李兴贵，尧刚，等．互联网 + 动态数学——网络画板推进数学教学变革［M］．长沙：湖南教育出版社，2019.

［4］吴冠男．微过程，深反思——记一次数学微课比赛的反思［J］．中学教研，2015（9）：34-36.

［5］中华人民共和国教育部．义务教育数学课程标准（2011 版）［M］．北京：北京师范大学出版社，2012.

作者简介

吴冠男：桐乡市濮院桐星学校数学教师，桐乡市高级教师。
方蕾：桐乡市高级中学数学教师，桐乡市高级教师。

基于网络画板技术，打造小学图形与几何单元实验型数学课堂

上海市闵行区实验小学　匡肖祺

【摘　要】在教育信息化应用快速发展的当下，打造实验化、智慧型的数学课堂成为了小学数学课堂教学改革的一大重点。网络画板给数学课堂教学带来更多信息化、个性化以及可视化等教学效果，满足学生个性化学习需求，渗透数学美育的教学价值，打造符合小学生学习的实验型数学课堂。

【关键词】多媒体技术；网络画板；小学实验型数学课堂

当下随着技术的进步，我们周边的教学环境正发生着显著的变化，可供选择的工具和资源更加丰富了，面对这些新技术，教师要有一个逐步适应的过程，这便产生了教师信息化教学能力的提升问题。

常见的网络（几何）画板技术在初、高中的数学课堂中有较多的实践研究经验，由于小学学段学习内容的特点，之前的课堂应用涉及较少。但随着当下数学课堂愈发重视学生思维的发展，所以对于知识点内涵的理解与深化变得更为重要。尤其针对小学图形与几何单元的教学，以往的授课方式多以教师陈述、学生观看为主，这也是造成学生被动学习、难以有效养成空间观念的主因。借助网络画板的及时操作、动态演示的技术，让课堂中原本的陈述性知识可以通过学生的自主实验操作进行推演与掌握，也可以让更多小学阶段运用定义难以解释的几何概念，通过画板中的图形或者动画演示帮助学生更好地理解。

一、多维感官协同，创新学生课堂学习方式

运用网络画板打造小学实验型数学课堂，能有效地调动视觉、听觉、触觉等多种感官，并使其协调同步，是数学课堂中帮助学生强化体验、促进理解、提高综合能力

的有效方法，也能使不同层次的学生在课堂中都能得到有效的学习与发展。比如：人教版三年级下册“面积”单元中“长方形、正方形面积的计算”一课，长方形面积计算的方法是之后不规则图形面积计算的基础。在以往的教学中，教师往往采用“猜想—验证”的方法，为学生提供研究的素材，让学生通过数方格的方法发现长 × 宽的计算方法。而对于“为什么能这样计算？如何架起长度和面积之间的桥梁？长度和面积两者之间有什么不同？沟通在长方形面积计算中两者之间的联系是什么？”等都是我们在日常教学中常常忽略的地方。利用网络画板进行教学时，从具体的数方格到抽象的长 × 宽，帮助学生在经历视觉、听觉、触觉等多维感官协同下，多维度、多层次地理解长方形面积的内涵，如表 1 所示。在网络画板的动态实验操作中，学生经历自主观察、探究并在画板上进行实验活动探究，通过摆一摆、看一看以及听一听等多维感官协同的实验活动，学生不仅能主动发现数方格和长 × 宽两个方法之间的联系，还能打破常规课堂教学模式，自发向教师提出自己的发现与困惑。

表 1　长方体面积探究实验过程

环节	长方形面积探究实验活动	活动目的
出示探究活动	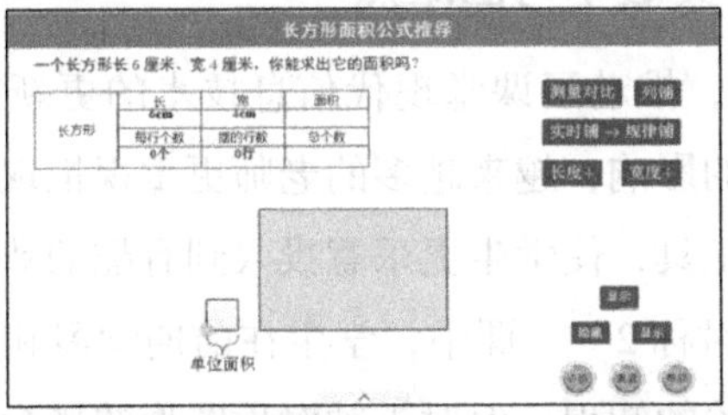	明确实验活动规则，观察并思考求长方形面积的方法。
摆一摆	第一次摆：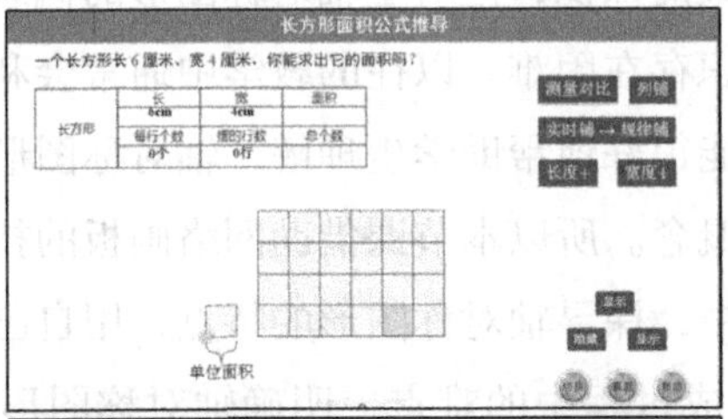 第二次摆：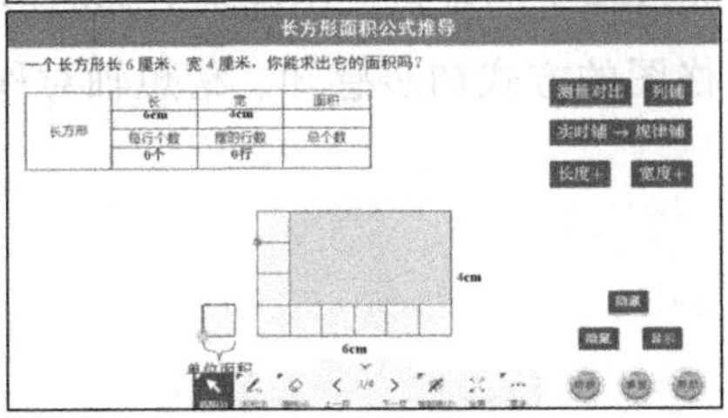	比较两种数方格的方法，并从中进行方法择优。

续表

环节	长方形面积探究实验活动	活动目的
探究求长方形面积的方法	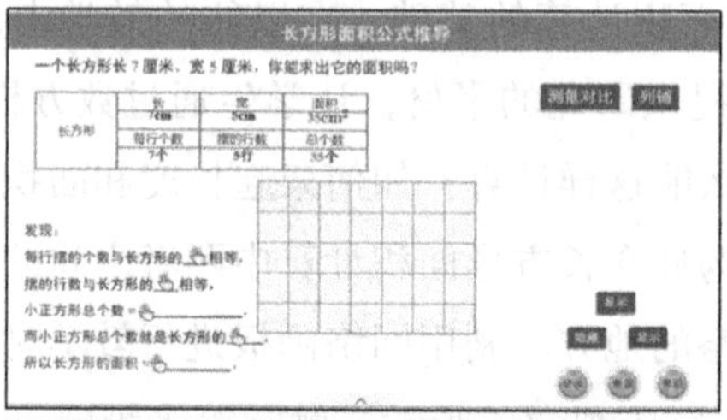	通过探究，学生自主构建数方格和长 × 宽两个方法之间的联系。
抽象长方形面积计算公式	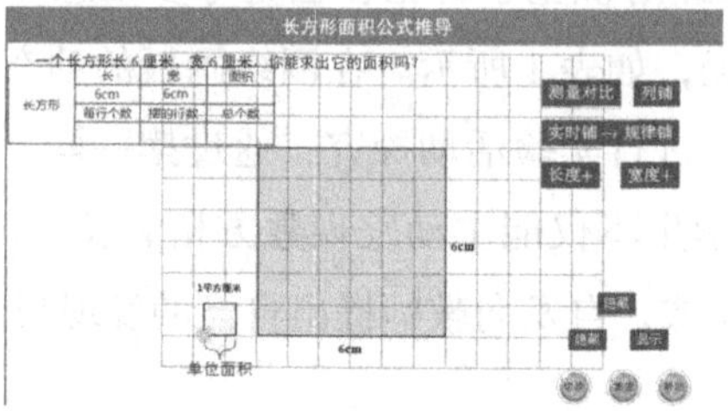	在长方形动态变化的过程中，抽象出长方形面积计算公式。

二、借助实验操作，突破学习困难点

当下数字化教室的普及，推动了课堂现代信息技术的更新发展，对数学教与学的方式、内容都产生了很大的影响，越来越多的老师更重视把现代信息技术媒介作为分析问题、解决问题的有力工具，使学生更乐意投入到有趣的数学探索活动中去。例如：人教版四年级上册“轴对称 2”一课中，学生在前期学习和生活经验中都已经能接触到许多与轴对称图形有关的知识，但对于轴对称图形的概念理解，关于如何找到对称轴以及轴对称图形的认识存在困难。以往的教学中通常会利用网格图来帮助学生理解，但是静态网格图并不能很好地帮助学生理解“轴对称图形可以沿着对称轴两边完全重合”这一相对动态的概念。所以本节课借助网络画板的技术，是让学生在一个开放化、实验化的学习空间中，探寻轴对称图形的特点，用自己的语言表述出来，同时在探究思辨中打破概念形成过程中的难点，明确轴对称图形的特征概念。教学中先让学生在网络画板借助网格图的方式初步感知、猜想轴对称图形的特征，如图 1 所示。

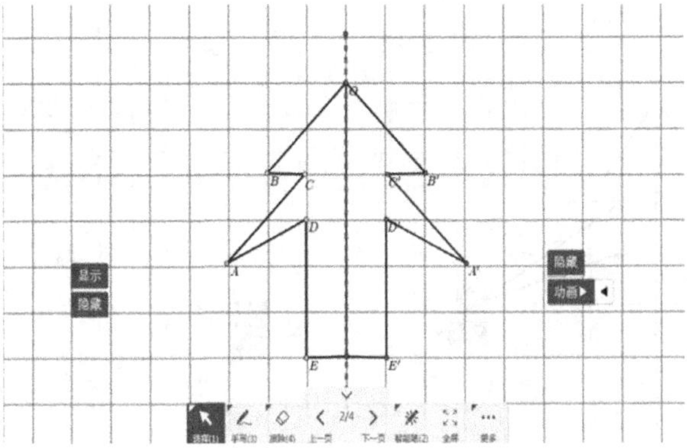

图 1　网络画板演示体验轴对称图形的特征

接着让学生借助网络画板动态演示的功能，观察翻折动画的演示过程，让学生直观感知轴对称图形“折叠”后“完全重合”的效果，如图 2 所示。

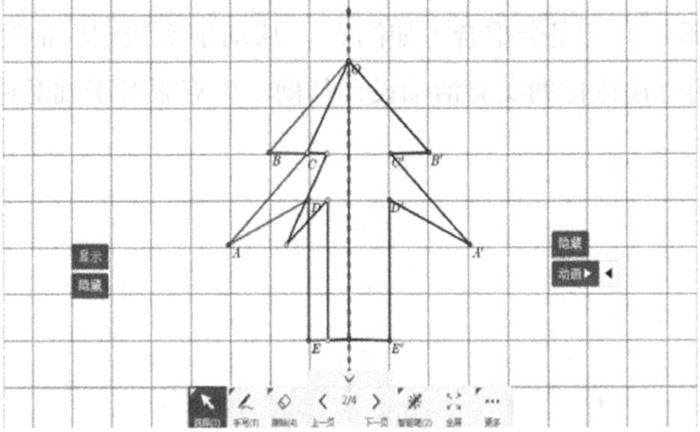

图 2　网络画板演示轴对称图形根据特征找对称点

通过“猜想假设→观察验证→归纳小结”的研究过程，归纳得到以下的结论：

在轴对称图形中，对称轴两边的图形可以沿着对称轴翻折并能够完全重合。

对称轴两侧相对的点到对称轴的距离相等，对应点连线垂直于对称轴。

在学生初步感知轴对称图形特征认识之后，教师借助网络画板操作，通过任意改变图形的形状，让学生在不同图形的动态的翻折过程中发现对称轴两侧相对的点到对称轴的距离相等的特征是不变的，进一步巩固学生对于轴对称图形的特征认识，如图 3、图 4 所示。

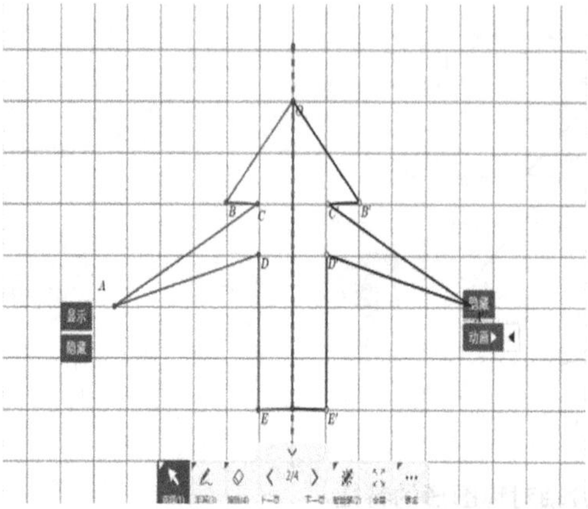

图 3　任意改变轴对称图形形状

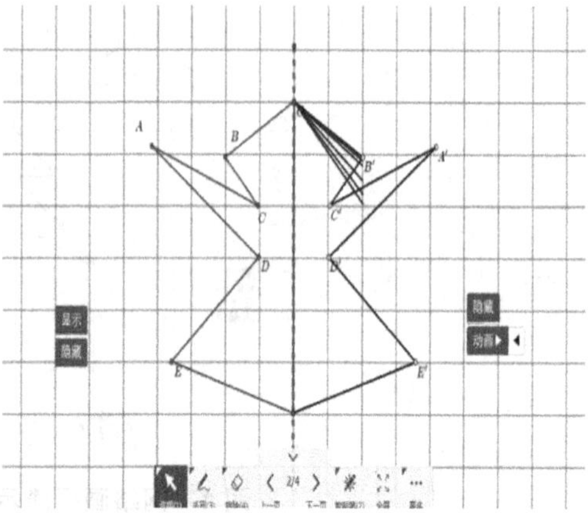

图 4　任意改变轴对称图形形状

经历以上两次探究活动后，教师让学生运用已掌握的轴对称图形的特征的认知，自己动手补齐轴对称图形（如图 5），再利用网络画板的折叠效果验证补齐的一半图形是否和已有的那一半能完全重合（如图 6）。从动手实践到验证结果，再到让学生自己设计图形，通过递进性的实验活动设计帮助学生克服对于轴对称图形特征认识的困难。

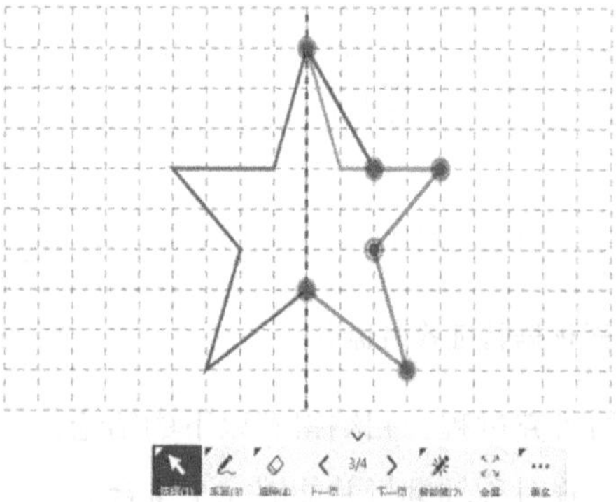

图 5　补齐轴对称图形

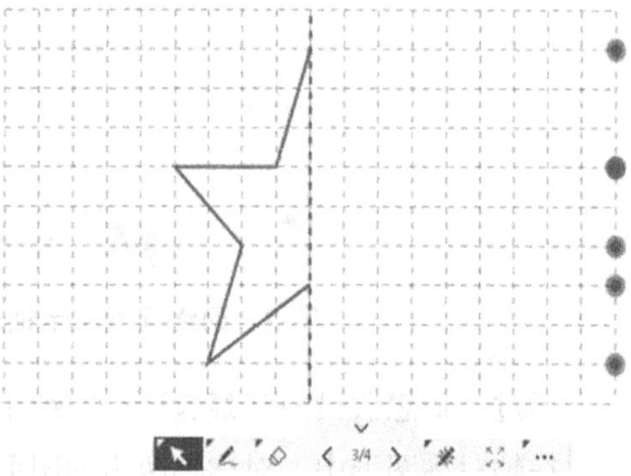

图 6　验证是否是轴对称图形

三、创造自主探究空间，满足学生个性化学习需求

《义务教育数学课程标准（2011 年版）》明确指出“数学课程应致力于实现义务教育阶段的教育目标，要面向全体学生，适应学生个性发展的需要，使得人人都能获得良好的数学教育，不同的人在数学上得到不同的发展”。当下的数学课堂教学，差

异化与个性化指导成为了教育者愈发关注的教学重点。如何在课堂中让不同层次的学生都能够得到基于自身学习水平的个性化发展，成为了我们教师设计教学时的困顿之处。利用网络画板所打造的实验型数学课堂，可以让每一位学生借助电子书包设备进行数学实验操作，根据自己的认知起点选择合理的方法进行自主探究，在这过程中学生自主选择研究方法、研究内容，让每一个孩子都能在自身认知基础上有所提升。例如：人教版教材五年级下册“探索图形”一课，面对课堂中空间感相差各异的学生，教师往往难以找到较为统一的探究方法，最后往往只是把结论性的概念告知学生。以往也有很多老师借助实务操作，但在化繁为简的过程中，时间的流失是实物操作的一大缺点，而网络画板正好解决了这一短板。

图 7　网络画板中的正方体涂色实验

在探究过程中，学生可以借助网络画板的 3D 演示功能，通过增加棱长的长度直观地观察正方体中小方块展开的涂色情况，如表 2 所示。学生从棱长为 2 厘米的正方体开始观察，初步感知正方体中不同位置的小方格涂色情况；再通过研究棱长为 3 厘米、4 厘米的正方体涂色情况中发现规律并得出规律；最后根据学生认知水平让学生自主选择拓展任务进行探究，空间想象能力一般的学生可以再找出棱长为 5 厘米的涂色情况，而空间感较好的学生则直接尝试去发现其中的规律并验证。学生可根据自身的数据分析能力选择直接得出规律并验证或者继续观察棱长更长的正方体涂色情况，也可根据空间想象能力选择观察正方体表面或是选择把涂色正方体展开更为直观地进行观察（如表 2 右侧）。对于本课中让学生感到既“心知肚明”但又“难以言表”的规律总结，画板演示实验中通过不同颜色的标注让学生感知方块所处位置与涂色面数量之间存在的关联，未能直接得出规律的学生可以借助实验操作中展开图的演示加深对于规律的理解与感悟。由此可见，网络画板的使用不仅创造了数学课堂实验探究的学习氛围，还满足了学生个性化的学习需求。

表 2　正方体涂色的具体情况

类型	涂色正方体	涂色正方体展开图
棱长 2cm		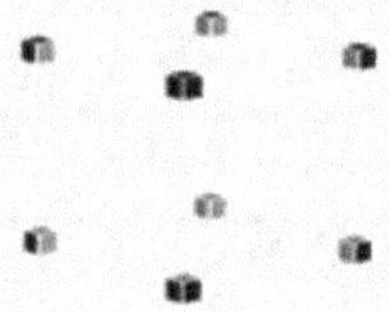
棱长 3cm		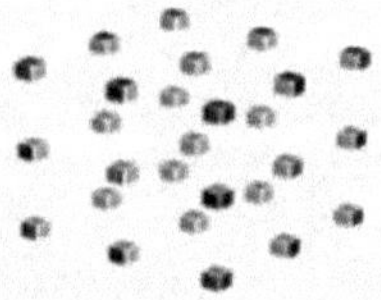
棱长 4cm		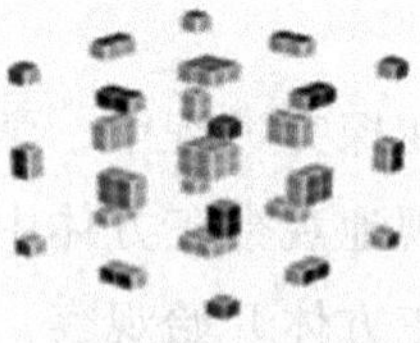
……	……	……

续表

类型	涂色正方体	涂色正方体展开图
棱长 10cm		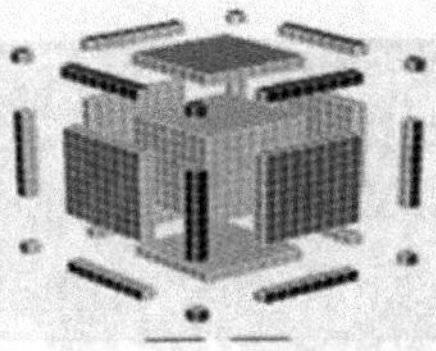
棱长 n cm		

四、激发学生主动学习欲望，渗透数学美育的教学价值

数学学习活动的意义是在教学设计中把学生的学习活动贯穿于教学全过程，使学生最大限度地处于主动学习状态，使课堂学习成为学生自己的学习活动。

数学课堂有时被冠以繁难与枯燥的“头衔”，过多地注重计算与推理，使原本应该富有生趣的数学课堂变得让学生觉得无趣，其中很大的主因便是当下很多数学课堂过于注重知识概念的教授，忽略了学生主动学习的意愿与兴趣，总是被动地接受知识，那么学生的学习欲望自然便会下降。如何将学生的学习欲望与有效的课堂教学结合起来呢?

例如：“从不同位置观察同一物体”是人教版四年级下册“观察物体”单元的学习内容，本课的教学重点在于让学生感知从不同位置观察同一个物体，所看到图形的异同。运用网络画板技术可以让学生直观地进行多角度的观察实验，让本课的探究过程有了更多的可能性，如图 8 所示。在网络画板的演示过程中，学生不仅能够观察到四面的不同角度，更能通过演示观察旋转的过程中所看到的变化。多角度观察不再只是静态的结果，通过画板的演示更是让动态与静态相结合，帮助学生理解观察角度变

化所造成的观察结果不同。在这里，3D 的实验操作还能让学生进行俯视、斜视等往常不曾经历的探究过程，提升了学生的想象能力，也让本课的探究有了更多的可能性。学生有了更多的探究欲望，也就学得更有兴趣。

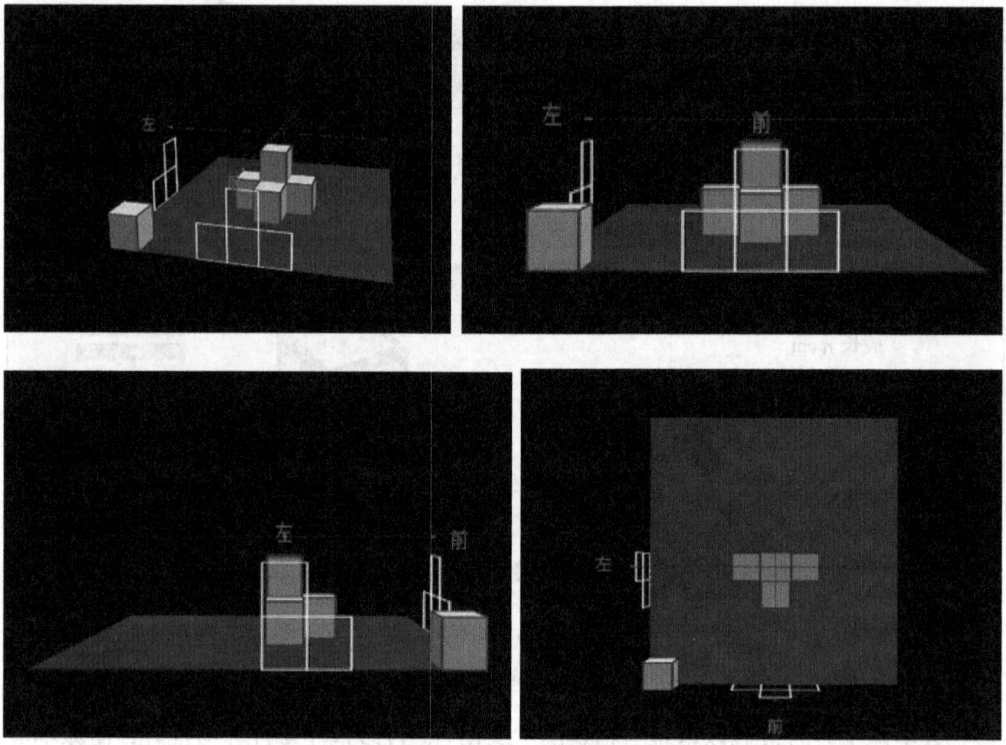

图 8　利用网络画板多角度观察物体实验

小学数学“图形与几何”部分的学习主要集中在具体的平面图形与立体图形。现在我们可以利用网络画板通过有效的图形设计，让学生在视觉上产生最直接、最感性的“美感”，我们还可以利用网络画板使数学课堂在学生充满“美”的感受下生机盎然，如图 9、图 10 所示。例如：学生在学习“巧妙的七巧板”时，可以通过动手探究“图形的组成”“轴对称现象”“等量代换”等知识进行思考与猜想，美丽的数学图形可以给学生带来视觉上的冲击，学生在“美”的刺激下也会有更多的思维提升。

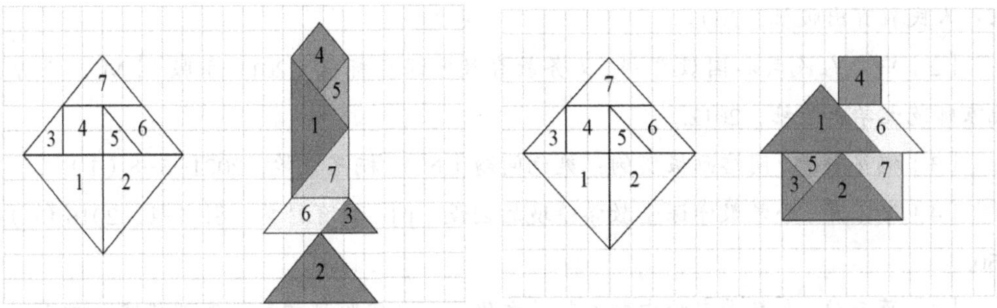

图 9　利用网络画板绘制的七巧板图形

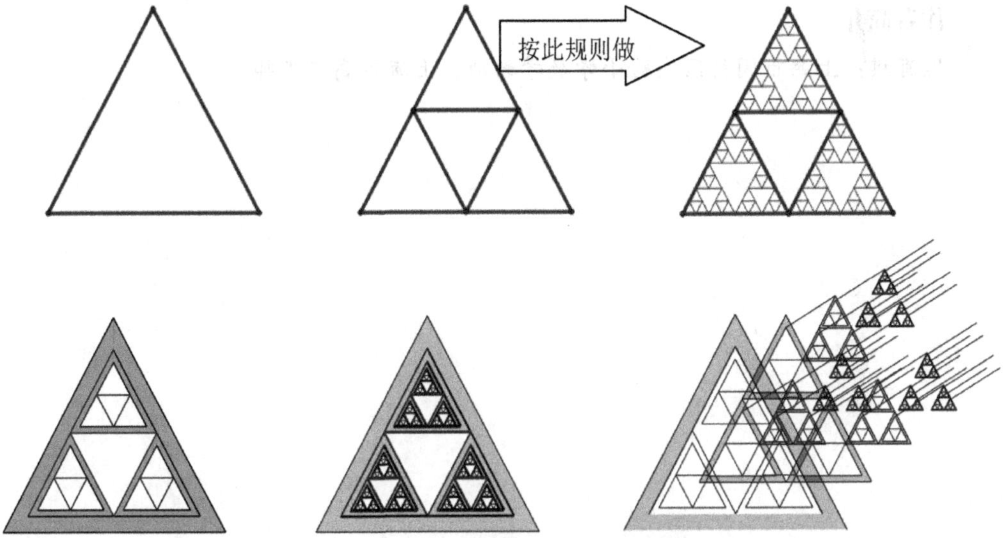

图 10　利用网络画板绘制的迭代数学图形

由此可见，网络画板具有强大的作图功能，用富含数学原理的美图引出数学问题，让数学课真正“美”起来。通过课堂实践，让学生真正感受到数学课也可以因美而有趣，通过放大“美”的感受，极大激发学生的学习兴趣，提高学习的积极性，促使学生主动参与到数学学习中，主动思考问题并解决问题，感受数学学习的乐趣，在积极思考的过程中获取更多的知识。

参考文献

[1] 课程教材研究所数学课程教材研究开发中心．小学数学教学与研究 [M]．北

京：人民教育出版社，2003.

［2］中华人民共和国教育部．义务教育数学课程标准（2011 年版）［M］．北京：北京师范大学出版社，2012.

［3］桐星数学．网络画板实例：染色问题［N］．桐星数学，2021-5-8（1）.

［4］李苏芹．小学数学课堂教学情境的创设［J］．教育科学：引文版，2016（6）：150.

［5］蒋云鹏．在数学实验中融入数学文化——“实验型学习”案例研究之四［J］．教育研究与评论，2015（11）：34-37.

作者简介

匡肖祺：上海市闵行区实验小学数学教师，上海市高级教师。

网络画板在小学数学教学中的应用与实践

陕西师范大学锦园小学　孙月萍　王莉华

【摘　要】本文是基于互联网、数字化资源教学条件下、小学数学教师教学能力的实践和研究背景下，而开展地实践研究活动。此次研究使用了实验研究法、文献研究法，依据小学数学学科特点，选取部分适合使用网络化的教学内容。设计详细融合教案课件进行实践，进而分析网络画板对小学数学抽象思维能力提高的效能。

【关键词】网络画板；小学数学；核心素养；几何直观；抽象思维

当前，利用网络画板等数字化手段融合教学逐渐成为教师教育改革、创新的一项新技能，也是教职队伍所需具备的一种职业素养。网络画板具有动态与直观演示的优点，有利于学生对抽象知识的理解。

一、研究背景

随着互联网技术的发展与应用，信息技术与教育教学相融合，已成当前教育教学改革与创新发展的重要途径。自2020年1月新型冠状肺炎病毒全球暴发，为防控疫情传播，全国许多地方按下暂停键，一线教师瞬间转变为“主播”，疫情暴发加速了教育教学课堂的改革。

学生为适应“停课不停学”教育理念，开启线上学习模式，如何科学使用信息技术成为教育的新问题。因此，首先培养学生正确使用信息技术的意识；其次将抽象的数学知识通过网络画板变得更直观、形象、生动，让学生的学习变得更简单、更轻松；最后将网络画板与教育教学融合，进行课堂教学改革，用“人机共育”模式，培育新一代接班人。《义务教育数学课程标准（2011年版）》指出义务教育小学阶段数学课程“强调以学生已有经验为起点，注重学生亲身经历，将生活中实际问题抽象成数学模型，转换为更容易理解与应用的过程”。

小学生正处于从直观运算到抽象思维的转变敏感时期，从直观、生动到抽象的思维是人类认知发展的自然规律。科学地应用直观性学习，可以有效地激发学生的学习兴趣和学习动力。引导学生对学习内容的选择性知觉，对所学知识的领悟、理解和掌握，可以提高教学、学习效果，所以把抽象思维直观化是目前需要解决的问题。利用网络画板是一种有效解决问题的方法，将抽象思维直观化、形象化和动态化，帮助学生理解问题，提高抽象思维能力，助推学生形成空间概念。

二、网络画板的优点

（一）网络画板简介

网络画板是在中科院张景中院士亲自参与下，结合其团队多年积累的成果——超级画板的基础上，为适应移动互联网环境下教育信息化发展的新趋势，利用国内先进的动态数字技术、符号运算、智能推理技术以及网络交互技术而开发的第一款领先的互联网环境下的专业动态数学教学工具。其服务于中小学理科教学应用，作为互联网改革教学资源生成的新模式，加速了课堂教学资源开发，促使了基础教育学科教学信息化发展。据不完全统计，自 2015 年问世以来，有数十万教师已使用或正在探索网络画板的课堂教学。

（二）网络画板的优点

网络画板是基于互联网环境下开发的一款数字化、动态化的软件产品，实现了“互联网 + 动态”数学学习工具。支持手机、平板、电子白板和一体机等各种终端，环境适应能力强，主要包含以下四个方面优点：一是能将网络网页链接课件直接、快速地分享到多种社交平台；二是利用关键字搜索实现分类资源搜索和查询课件，搜索资源结果收藏或者直接应用于课堂教学；三是网络画板还可以离线播放，不受在线时段“监督”；四是大部分功能都是免费的。

三、网络画板案例教学

（一）实验设计

依据《义务教育数学课程标准（2011 年版）》对小学生数学思维能力的要求，结合小学生自身认知特点，经与同行教师进行不断的交流与研讨，最终确定了小学数学抽象思维能力的测试指标如表 1 所示。

表 1　小学数学抽象思维能力的测试指标

维度	层次
原理型抽象思维能力	形成数学现象。
	在情景中对数学现象进行辨认。
	运用数学语言对数学现象进行简单描述，或者从实际问题中把数学现象抽象出来，用数学方法建立初步模型。
表象型抽象思维能力	使用符号来表示实际情景中的数学问题。
	利用数学符号对图形、数量关系以及图形之间的关系进行描述。
	运用符号进行运算与推理。
	把实际情景中的数学对象抽象出来，能用数学符号进行表示。
构建型抽象思维能力	应用相应的字母、符号、数学算式表示数学的运算定律。
	抽象出数学定律、数学法则或者抽象形成数学概念。
	利用数学思维以及模型解决实际情景中的数学问题。

（二）利用网络画板设计的教学课例

依托 2020 年学校组织的“基于数字化资源教学条件下的小学数学教师教学能力提升的研究和实践”研究课题，本课题组开展基于网络画板融合数学教学的创新探索实践。期间经历了探索尝试、小结经验和再次论证的反复实践过程，首次于一年级后半学期，开展网络画板设计的教学课例尝试，吸纳了教学过程中成功经验，稳步少量并逐步大量应用于二年级、三年级数学教学。利用网络画板设计共完成教学课例 17 项，现以北师大版教材三年级下册第二单元第三课时“平移与旋转”为课例，简介网络画板课堂教学的案例应用。

1. 本节课的教学知识目标

（1）结合生活经验和实例，感知平移与旋转现象，并直观区别两种常见的现象（重点）。

（2）能在方格纸上画出一个简单图形，沿水平方向、垂直方向、竖直方向平移后的图形（难点）。

2. 教学过程

（1）情景导入

利用网络画板依次演示图 1 中物体运动情况，让学生观察分别是怎样运动和运动方式分类，同桌交流并选择部分学生汇报体会。

图 1　网络画板演示物体运动示例

（2）探究新知

认识平移。红旗是沿着垂直方向向上运动，推拉窗是沿着水平方向向右运动，箱子是沿着水平方向向左运动，无论是水平方向的或垂直方向的在运动过程中物体本身的方向没发生改变，这种把物体沿直线运动的现象称为平移。

认识旋转。方向盘、风车和表针都是围绕着中心轴来旋转，像这样的物体，绕着某一点或轴运动的现象就叫作旋转，在旋转过程中，图形大小形状是不变的。

拓展探究。结合生活中平移或旋转的例子，应用网络画板数字化演示运动，让学生直观体验平移和旋转的知识。

认知小结。物体沿着直线运动的现象叫平移，绕着某一点或轴运动的现象叫旋转。在平移或旋转时图形的大小、形状均未发生改变，仅是位置变了。

（3）突破难点

根据要求平移物体，使得图 2 中左边图形平移到右边图形状态，主要体现三点：先把棋子向下平移 4 格（平移点），再把铅笔向右平移 3 格（平移线段），最后把三角尺向左平移 2 格（平移图形）。

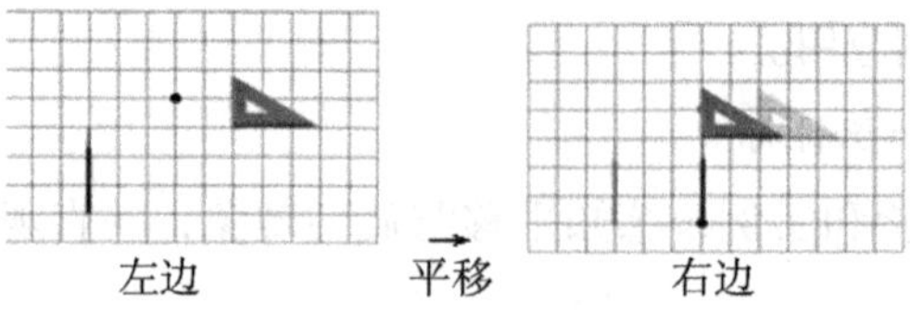

图 2　点线面图形平移示例

教学思维思路：引导学生理解要求→独立在格子上操作→展示代表性作品（含有误的）→利用网络画板演示平移过程→分析错误原因→总结经验→检查平移的图形形状、位置是否正确。

（4）课堂总结

梳理课堂内容，与学生共同回顾知识点，帮助学生建构知识结构。

（三）试验结果分析

学生对网络画板数学课堂教学的整体感受的试验：在试验前，将3班与4班两个班级的学生分别使用前期设计的测试量表进行检测，按照实验组和对照组进行划分，保持两班教学进度一致，及时记录数据与分析，并对试验中出现的问题进行快速调整，试验前后两个班级的分组量表分别如表2和表3所示。

表2　试验前测的分组量表

班级	N	均值	标准差	均值标准差
实验组（3班）	39	70. 55	13.97236	2.381157
对照组（4班）	40	70. 34112	14.36107	2.321174

表3　试验后测的分组量表

班级	N	均值	标准差	均值标准差
实验组（3班）	39	76.56315	9.17236	1.381157
对照组（4班）	40	71.5768	11.73610	1.743211

由表3可知，90%以上学生更喜欢老师用网络画板课件上课，94%的同学认为在网络画板数学课堂学习更容易、轻松，86%的学生认为网络画板课堂更容易理解几何概念和图形的动态变化，78.8%的学生希望自己操作网络画板探究图形的变化。

四、结论与建议

以课程标准为前提，在信息化广泛应用背景下，促使基础教育课堂教学大改革，探究网络画板提升学生学习能力。依托小学1—3年级数学课程，将网络画板融合课例教学及相应课件，进行实践记录、对比分析，最终得出网络画板教学更容易被学生接收与认可。

通过研究发现，网络画板功能虽然强大，但能熟练应用或完全掌握的教师队伍人数并不多。大多数教师仍习惯于手工教具或PPT演示授课，建议学校教育管理者加大教职队伍的网络画板培训力度，鼓励激发尝试新的教育方式，让数学课堂更生动有趣，有效地激发学生学习兴趣，打造高效课堂，科学有效地落实“双减”政策。

本研究也存在一些不足：研究样本基数较小，跟踪研究周期约 2.5 年，总体不算太长，难免存在实验数据的局限性，探索结论可能存在片面性，还需更多一线同行补充论证和共同探索。

参考文献

［1］中华人民共和国教育部．义务教育数学课程标准（2011 版）［M］．北京：北京师范大学出版社，2012.

［2］张伟刚．专业技术人员科学素养与科研方法［M］．北京：国家行政学院出版社，2013.

［3］史宁中．数学思想概论——数量与数量关系的抽象（第 1 辑）［M］．长春：东北师范大学出版社，2008.

［4］张景中．新概念几何——张景中院士献给中学生的礼物［M］．北京：中国少年儿童出版社，2002.

［5］刘重庆．网络画板与数学教学的融合与创新［J］．中小学数字化教学，2022（2）：48-52.

［6］季维新．通过网络画板让抽象思维直观化与动态化［J］．教育技术应用，2014（10）：87-90.

作者简介

孙月萍：陕西师范大学锦园小学数学教师，西安市二级教师。

王莉华：陕西师范大学锦园小学数学教师，西安市一级教师。

浅谈网络画板在小学数学课堂中的应用

成都市青白江区华严小学　李　亚

【摘　要】随着现代信息技术的飞速发展，数学与计算机技术的结合已成为必然趋势。网络画板可以作为小学数学教师教学活动的一套重要辅助制作软件，合理选择应用好网络画板辅助教师制作网络课件，及时优化现代教学手段、丰富传统教学内容，有助于指导学生理解较抽象的基础数学概念，提高课堂教学效率。本文将具体阐述网络画板在小学数学教学实践中运用的普遍适用性、简洁性要求和广泛性，在小学数学教学工作中常用的实践应用指导策略思路和经典案例。

【关键词】网络画板教学；小学数学；提升教学；应用策略

随着移动网络时代计算机技术的深入发展，各种交互式教学新技术已经得到科学有效的综合开发，网络画板应运而生。网络画板的出现无疑给小学数学网络教学带来了更多的实践可能性和学术可行性，让抽象的知识变得更加具体化。本文就网络画板在小学数学教学活动中的应用前景进行简要的研究分析。

一、网络画板的简介

网络画板技术是中国科学院张景中院士及其团队运用国内领先成熟的网络动态几何技术、智能网络推理运算技术、符号运算、网络多媒体交互技术开发的，它是世界第一款、国内最为领先的在移动与互联网环境下完成的交互式动态数学学科在线教学应用工具。张景中院士的寄语：创建真正好学、好用的数字化、智能化的教学及资源共享的操作环境，为全体教师、学生、家长做好服务，为推进中国的教育科学发展战略做出贡献。

（一）真正完整的移动互联网＋动态数学工具

目前国内流行的绝大部分画板产品皆为单机环境下的产品，需要通过下载客户端、安装、注册，在 PC 环境下使用，随着互联网、移动互联网时代的到来，原有产品已经不适应新的发展趋势了，而网络画板是国内第一款专业互联网动态数学产品，完全适应现有互联网环境。

（二）支持多种终端

在 Windows 环境和 PC 环境支持下，网络画板基本可以做到同时支持平板、手机、一体机、电子白板等适合于各种智能终端环境。

（三）跨平台

目前学校应用的终端操作系统是多元化的，Windows、IOS、安卓等多种系统共存。

（四）网络画板丰富的分享方式

网络画板生成的视频课件可通过该课件中的网页或链接被分享到各种在线社交平台网站上，如希沃、微信、微博、QQ 空间、人人通空间等。

（五）网络画板与第三方系统无缝整合

网络画板不仅能够支持与微软 PPT、Word、金山等专业版文字图片处理应用系统的无缝整合嵌入，还同时支持与各种企业网站系统、教师个人空间及手机各类应用等进行无缝的整合和嵌入。

（六）丰富的资源汇聚

教师可自己在网站或通过在网络画板网站分类的资源中和关键字中搜索找到所需的教学课件、课题资源或其他知识资料。如果教师有完全满足自身教学实际需要的课件，也可选择收藏保留下来或应用于日常课堂的教学，如果实在不能完美满足自己要求，还可尝试在一个完全可以公开共享的教学课件平台上进行二次的开发设计或者是自行创作。

（七）支持离线视频播放

考虑到学校的实际网络环境，可以直接下载离线播放器，以便在学校网络环境不完全稳定，或几乎没有任何互联网络连接的情况下正常地使用课件。

二、网络画板在小学数学课堂中的应用策略

（一）教师在备课开始前要应用好网络画板，激发学生学习数学的兴趣

在教学备课实践过程中，教师就需要能充分理解、挖掘、掌握书本教材以外的学习内容，结合教学所需搜索需要的素材，浏览优秀的网络画板教学课件和教学图

片资源，制作符合学生实际情况的课件，可以通过复制或收藏素材，创建活页、资源包。可以按所在区域或就读学校，搜索团队，互帮互助，不断地丰富网络画板的内涵。

在教授“长方体和正方体的表面积”和“长方体和正方体的体积”时，以前，教师在进行备课操作时往往需要精心准备很多的教学辅助工具，才能突破教学的重难点。当我们应用网络画板后，不仅将数学动态化，还为学生的思考提供了更多可能性。还有，在准备教学“三角形的内角和”时，总是遇到这样那样的困难，比如：在测量角的度数时数据不精准；由于时间关系，测量的三角形的种类有限；等等。现在这些问题通过登录网络画板网站，搜索与课题有关的素材，打开相关链接就能看到相关网络画板课件。通过观察网络画板课件内容，引导学生进行动手操作，初步产生猜想，再通过网络画板做实验直观形象展示“量一量”“撕拼法”“折拼法”。教师只需在备课时将所需要的素材插入课件或者制作成活页，既方便又有效。

（二）在课堂教学中，应用网络画板发展学生的自主探究能力

教师从学生的兴趣和疑问出发，鼓励学生大胆质疑，提炼出每节课的核心问题一起探讨。接着，学生用老师提供的网络画板素材做实验，验证自己的猜想，最终得出结论。在此过程中，学生不仅是参与者，也是知识产生的发现者，能够在最大限度上提升学生的学习动力，从而提高学生学习数学的自信心。

教师在教“图形的平移”时，可以在开课前对学生进行必要性的知识渗透。通过在讲课过程中对学生进行提问，掌握学生的质疑点以及产生疑问的原因。然后借助网络画板实现图形运动轨迹的可观性，促进学生研究运动后图形的性质。学生通过认真观察能发现图形平移的运动特性，也能掌握图形本身的内在性质。然后教师再依托网络画板对学生进行一些习题训练，逐步加深学生对图形平移知识的认知，使学生实现从知识表面的感性认识到深入地认识。

在教学四年级上册“温度”时，教师通过制作形象、生动的课件，将温度的变化过程展示给学生看，帮助学生感受温度的变化，调动学生求知的积极性，帮助学生更直观、形象地认识零上温度、0 摄氏度和零下温度，为后面认识负数奠定了扎实的基础。

（三）在课后复习中，应用网络画板让学生更好地巩固知识

网络画板教学及实验模式在当前具有十分重要的实践地位和极具实施之必要性。首先，教师可以尝试着将学生学习过程中存在的一些问题以教学电子课件形式，集中整理发布到其学生班级群系统资源库中，让其班级学生群成员进行系统而深入的分析、研究、交流，起到课后复习作用。

教师在教学“圆的周长”这一课题后，将学生不能在课堂上完全消化掉或需要课后复习的知识点，以网络画板链接的形式推送到班级微信群里。学生在合理规划自己的学习时间后，可以打开相关的链接，通过讲解录成小视频再发到班级群，教师能及时地了解评价学生的学习情况。教师还可以选出优质的小视频传给学校评奖，再把获奖的小视频推送到微信公众号。这样不仅提升数学教学的效益，而且激发学生学习数学的积极性。

在日常学习中，学生可以打开网络画板进行口算练习，随机数的变化可以提高学生学习的积极性和主动性，还能通过结果显示来确认自己的答案是否正确。口算是数学的基础，通过练习，学生的口算能力越来越强，实验班级比其他班级的成绩有明显提升。

（四）应用网络画板赋能智慧小学数学教育

网络画板可以在希沃白板 5、101 教育 PPT、WPS 等中使用。在课程教学中，培养学生初步的绘图、写、画、测、算、演、研、推理等基础数学素养，能更形象、直观地学会对图象作出平移、旋转、对称、缩放、反演算等基本变换。数学教师如何应用网络画板素材辅助课堂教学，精心设计和上好每一堂数学课？应用网络画板素材精心设计教学方案和学生感兴趣的作业，让学生健康、快乐、有效地学习数学。

应用网络画板教学受到众多学生的普遍喜爱，它不仅极大拓宽了学生的数学思维和艺术眼光，还大大地激发了学生对学习绘画的浓厚兴趣和创新意识的培养。课前，学生愿意利用老师提供的素材进行自学，提高了自主学习和探究的能力。课中，学生合作交流研讨，不再被动学习而是主动参与深入思考。课后，学生拓展实践，不断提升自己的数学思维。

三、网络画板在小学数学课堂的应用意义

一方面，网络画板技术能够迅速生成海量动态的有效的在线数学教学信息资源，而且还方便网上传播互动与师生分享，有利于实现教师教学方法模式的大胆创新、开发和充分整合各种优质多样的网上教学课程资源。另一方面，网络画板系统功能操作方面轻松简单，还同时拥有支持多种主流网络终端接入的多样化教学资源、丰富的在线分享及使用的方式、汇聚并整合了目前国内外的各种热门在线网络学习与课程资源

等功能特点。

综上所述，好好应用网络画板这个开放共享的移动数学实验室，能够优化教学手段、丰富教学内容，有助于提高教学效率，还能帮助学生理解抽象的数学概念。网络画板应用让我们的小学数学课堂更丰富多彩，提升了教师的教学质量和效率，促进了数学教学的多元化。

参考文献

[1] 马梦荣，雍进军，张加林，等 . 网络画板在中学数学中的应用 [D]. 贵阳：贵州师范学院，2018.

[2] 贾海涛 . 网络画板在中学数学教学中的应用浅析 [J]. 数理化解题研究，2020（29）：19–20.

[3] 赵小利 . 快速入门动态数学软件网络画板 [J]. 华夏教师，2019（14）：95–96.

[4] 马必武 . 网络画板在高中数学教学中的应用 [J]. 福建中学数学，2018（10）：48.

作者简介

李亚：成都市青白江区华严小学数学教师，中小学二级教师。

基于网络画板的初中数学创客活动探究

成都市新津区五津初级中学　任　君

【摘　要】创客教育是“互联网＋教育”的创新应用模式，基于网络画板的数学创客教育，为开展数学创客活动提供了条件，也为优化数学教学、全面提升学生的数学素养、更好地提升学生的创新精神和创造能力提供了思路和方向。本论文结合教学实践探究，提出了利用网络画板开展数学创客活动，应遵循“做中学”、自主建构和创新性三个基本原则，以及创新数学实验教学模式、开展主题创客实践活动、组建创客兴趣活动小组三个创客活动策略。

【关键词】创客活动；网络画板；初中数学

《教育信息化2.0行动计划》明确提出了推进“互联网＋教育”的目标、任务和行动计划，也对中小学积极推进教育教学信息化、创新人才培养模式提出了新的要求。创客教育是“互联网＋教育”的创新应用模式，是借助信息技术激发和培养学生创新意识和创造能力的新式教学方法。在数学教学中，有效地利用“互联网＋”手段，引导学生开展数学创客活动，是帮助学生深入理解数学原理、增强学习的参与性体验和创造性、促进数学教学提质增效的重要举措，也是推进信息技术与教学实践的深度融合、提升师生信息技术素养的重要途径。网络画板是互联网环境下的数学实验室，具有强大的动态展示功能和丰富的共享资源，能让学生自主、深入地进行数学学习和探究，有利于低成本、高效率开展数学创客活动。

一、利用网络画板开展数学创客活动的原则

1.“做中学”原则

“创客”一词来源于英文单词“Maker”，即“制造某种东西的人”，创客教育强调行动、合作和分享，注重与新科技的融合和创新。创客教育和杜威的“做中学”教

育都强调实践操作、学习兴趣培养和经验积累的重要性，二者具有异曲同工之处，创客教育思想实际上是“做中学”教育理论在当代的一个拓展延伸，只是创客教育被时代赋予了新的内涵。因此，利用网络画板开展数学创客活动，首先应遵循“做中学”的原则，让学生“动”起来。

2. 自主建构原则

创客教育和建构主义教学法都重视学生在教学中的主体地位，强调学生在数学活动中的自主建构和创新思考的过程，两者在核心理念和操作层面上都有很多相同或相似之处。利用网络画板开展数学活动，不仅有教师的示范、演示和讲解，学生在数学学习中不再被动接受，而是参与更多的自主活动和体验，通过自己发现问题和提出问题，以独立思考、动手操作、追求深度思考为基本学习形式，自主建构知识体系。

3. 创新性原则

创客思想的核心是创造和创新，所以在数学创客活动中也要以创新思想为核心，让学生“做中学、学中创”，在一系列的实践活动中激活创新热情，经历创造和创新过程。在数学活动中，教师要根据学情，结合网络画板的特点，基于创客思想，设计数学活动，引导学生在一系列创造性的活动中，激发创新思维，催生创客思想，培养创新品质。

二、利用网络画板开展数学创客活动的策略

（一）创新数学实验教学模式

网络画板不仅有丰富的共享资源，可供学生和教师直接搜索使用，而且制作素材门槛低，借助于网络画板，教师可以更好地改变过去以教师展示为主的简单、线性的实验教学方式，引导学生自己动手，边制作素材、边演示观察，通过自主活动理解数学原理，突破教学的重难点，培养自主构建能力。这样的实验活动过程，不仅让学生逐渐熟悉网络画板的操作方法，为其他创客活动奠定基础，同时其本身也是一种创造性的活动。我校网络画板实践研究团队经过切实的教学实践研究，逐渐形成了以学生自主探索发现为主的“互联网 + 网络画板”的智慧课堂实验教学模式：创设情景，明确问题—提出假设，动手验证—展示交流，归纳结论—巩固训练，反思小结。下面以“正比例函数的图象”的教学为例加以说明。

1. 创设情景，明确问题

结合学生已有的认知水平和认知规律，创设有趣的数学实验问题情景，让学生产

生认知冲突，激发学生的实验探究热情。在“正比例函数图象”的教学中，首先让学生明确横、纵坐标分别表示自变量和因变量的值；利用网络画板点的轨迹“跟踪”功能，引导学生自己利用坐标动点演示点的变化轨迹，体会函数图象的“点动成线”过程（如图 1）。接着顺势抛出问题：“正比例函数图象是什么样？”“正比例函数的图象与其系数 k 有什么关系？”。

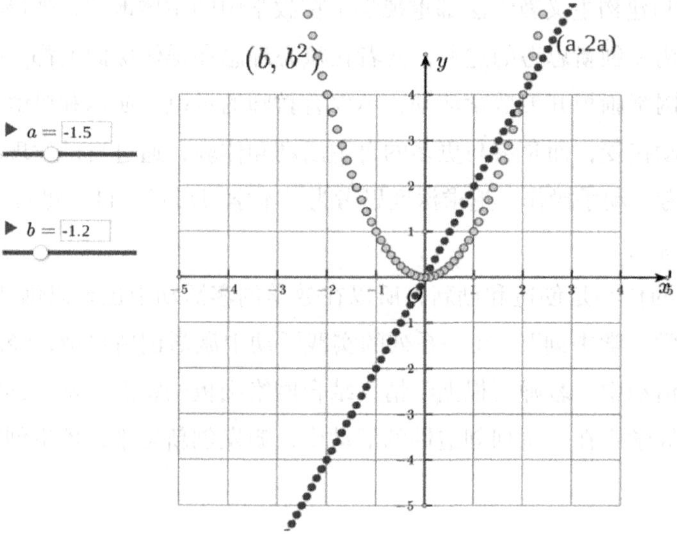

图 1　动点轨迹跟踪实验

2. 提出假设，动手验证

学生在教师的引导下提出假设猜想，利用网络画板展开动手操作实验活动，探究、验证猜想。如：针对“正比例函数图象是什么样？”，学生通过前面动点轨迹提出猜想，“正比例函数图象是经过原点的一条直线”；然后，引导学生将自变量的增量逐渐变小，观察、验证猜想（如图 2）。针对“正比例函数的图象与其系数 k 有什么关系？”，先让学生作 k 值确定的正比例函数的图象，提出猜想，再指导学生作函数 $y = kx$ 的图象，设置变量 k，并拖动变量 k，分别观察 k 值为正数和负数时图象的特征，验证猜想（如图 3）。

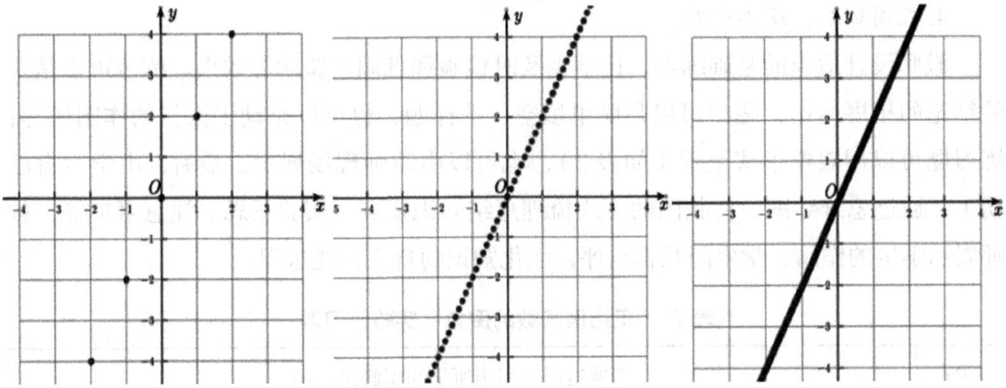

图 2　“正比例函数的图象是直线”实验验证

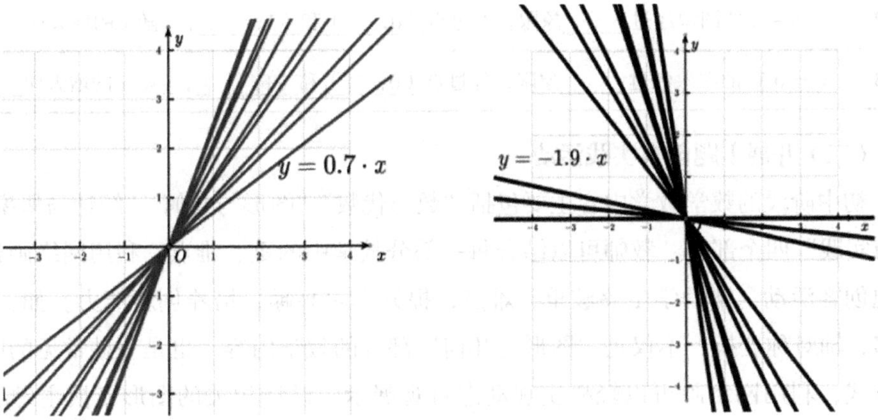

图 3　正比例函数的图象随 k 值变化的实验验证

3. 展示交流，归纳结论

实验前，教师设计好实验报告单（如表 1），以小组为单位发放给学生，引导学生通过小组合作交流的方式汇总实验结论，填写表格，然后进行全班交流展示，师生共同总结归纳、展示结论。

表 1　“正比例函数的图象”实验报告单

函数名称	图象形状	图象经过的象限		图象的增减性		图象的增减速度	
		$k>0$	$k<0$	$k>0$	$k<0$	$\|k\|$ 越大	$\|k\|$ 越小
正比例函数							

4. 巩固训练，反思小结

教师设计适当的基础练习，让学生及时检验和巩固实验学习效果。练习可以是实验结论的拓展运用，题型可以是简单填空、选择题，也可以是动手操作的作图题等；练习题可以用表单形式呈现（如表2），也可以由教师现场展示。最后，由学生自己动手，通过思维导图、树状图的方式梳理总结知识要点、实验反思、注意事项等，教师展示学生的作品、学生间互相点评，强化知识的自主构建过程。

表2 “正比例函数的图象”实验练习题

题序	拓展运用—利用所学知识解决问题
1	作 $y=0.5x$，$y=-3x$ 的函数图象，观察、分析它们的性质，并和同学分享。
2	$y=-5x$ 的图象经过______象限，经过点（0，　）和（1，　），y 随 x 的增大而______。
3	$y=0.3x$ 的图象经过______象限，经过点（0，　）和（1，　），y 随 x 的增大而______。

（二）开展主题创客实践活动

初中阶段的数学教学内容主要包括“数与代数”“图形与几何”“统计与概率”“综合与实践”四个部分，教师可以结合每一部分教学中的重、难点，利用网络画板开展主题创客活动，帮助学生突破重、难点，提升学习兴趣，培养创新能力。如：旋转、平移、轴对称变换，不仅是“图形与几何”部分的教学内容，也是一种常见的图形变换方式，利用网络画可以轻松实现动态直观展示。设计相关的图形变换主题创客活动，不仅可以让学生在创作的过程中学习常见网络画板图形变换素材的制作方法，而且加深对每一种变换的概念及其要素的理解。比如：针对“旋转”变换的“风车”制作，针对“平移”变换的“平铺”活动等。“数与代数”部分有不少通过平移和旋转重组图形的问题，如：平方差公式、完全平方公式、勾股定理的验证等，可以设计专门的创客活动，鼓励学生采用多种方式验证公式和定理。针对北师大版七年级上册的“生活中常见的立体图形”部分，利用网络画板的3D功能，不仅可以制作常见的立体图形，并从不同角度观察其特点，还可以指导学生利用炫彩的立体图形设计、制作漂亮的3D图案。勾股定理部分可以开展“勾股数”“勾股螺”等迭代变换专题活动；全等三角形部分可以针对常见的几何问题开展主题活动。“综合与实践”部分本身就是创造性实践活动，在利用实物动手实践的同时，结合网络画板的动态功能，使学生获得更丰富的活动体验。

（三）组建创客兴趣活动小组

网络画板的魅力会激发一些学生的探究激情，为鼓励有余力的学生开展自主探究，教师可以因势利导，组建网络画板创客兴趣活动小组，激励学生利用网络画板自主探究一些数学问题，培养创新思维能力。学生掌握了一些网络画板的基本作图和图形变换操作技能后，不少数学问题都可以通过网络画板更直观动态地呈现，这样可以激发学生更加积极、主动地思考和探究，使很多数学疑难问题迎刃而解。通过创客兴趣活动小组，同学们可以互帮互助，将自己制作的素材、创作的作品保存在学校资源空间，供其他同学或老师使用，也可以利用自制素材录制视频，在课堂上分享，助力班上其他同学释疑解惑。教师运用 AR 技术、思维导图等，将学生的视频或图片作品整理成电子书，不仅可以丰富学校的学习和教学资源，而且能大大增加学生的成就感和积极性。同时，学校方面制定奖励方案，对成果丰富的同学给予表彰和奖励，激励他们学以致用，提升高阶思维能力，培养科学探究素养。

三、总结

基于网络画板的数学创客活动，为创新数学教学模式、提升学生的创造能力提供了平台，也为优化数学教学活动，全面提升学生的数学素养，更好地提升学生的创新精神和创新能力，提供了思路和方向。前期的实践探究还比较肤浅，我们将继续努力，把创客思想深度融入到数学教学活动中，激活学生的创新潜能，提升数学教学质量。

参考文献

［1］教育部．教育部关于印发《教育信息化 2.0 行动计划》的通知［EB/OL］.（2018-04-13）［2022-03-26］.http：//www.gov.cn/zhengce/zhengceku/2018-12/31/content_5443362.htm.

［2］严瑾玉．创客视域下中职电子商务教学模式的创新［J］. 知识经济，2021（4）：171-172.

［3］百度百科“创客”词条［DB/OL］.（2022-02-01）［2022-03-26］.https：//baike.so.com/doc/6348395-6562021.html.

［4］林宇杰．基于 Hawgent 皓骏动态数学软件的数学实验教学模式研究——以“一次函数图象与性质”为例［D］. 桂林：广西师范大学，2021.

［5］瞿燕. 利用信息技术资源提升初中学生数学素养的策略探讨［J］. 新课程：中学，2018（11）：3.

作者简介

任君：成都市新津区五津初级中学数学教师，成都市高级教师。

基于网络画板的初中数学教学的应用研究

乌鲁木齐市第127中学　马海英

【摘　要】随着信息技术的发展，信息技术已经渗透到各个领域，在当今的教育教学一线，信息技术的使用也早已习以为常，但怎样使信息技术为教育教学服务最大化，是教育教学改革中的一个热点问题。而动态软件作为中学数学课堂的一个有效补充，发挥着积极的作用。相较于传统的几何画板，网络画板具有开放性、交互性、动态性、多平台操作等特点，尤其适合中学数学的一些图形与几何、数与代数（函数）教学。借助网络画板的优势，本文就笔者在初中数学教学当中使用的三个网络画板的教学片段案例，展开了网络画板在中学数学教学应用的积极作用研究。

【关键词】网络画板；初中数学教学；应用研究

一、引言

《基础教育课程改革纲要（试行）》（以下简称《纲要》）指出：在教育方面，我国要打破传统一味知识灌输的特点，注重培养学生积极主动的学习态度，从而让学生在收获知识和技能的过程中，形成正确的价值观。新课程改革倡导学生主动参与，乐于探究，勤于动手，改变过分依赖教材、强调接受学习、死记硬背、机械训练的状况。而基于网络画板的初中数学教学恰好给学生创造了良好的探究环境。《纲要》同时也提到：在教学过程中，大力推广信息技术的应用，让信息技术的发展与学科课程内容相结合，不断拓展和完善教学内容的呈现方式，积极改善学生的学习方式、教师的教学方式以及课堂的互动方式，借助信息技术打破传统课堂的束缚，提高知识传授效率，改善教育环境，让信息技术成为学生学习的重要工具。在《义务教育数学课程标准（2011年版）》（以下简称《标准》）当中，也指出信息技术在教育上的重要性：为学生提供多样化的课程资源，扩大现代化信息技术在课程上的应用，提高信息技术与课程内容的结合程度，打破传统教学方式的束缚，注重提升课堂教学的效率。尽管现代信息技术的应用无法完全取代课堂教育，但是这些技术的应用，真正的价值在于获得传统教学手段无法实现的效果，弥补课堂教学的不足。可见，《标准》积极提倡在数学教学中合理运用信息技术，实现课堂效率和效果的提高。网络画板具有操作简单、互动性好、交互性强、动态性等特点，可作为探究式教学有力的辅助性工具，从而灵活教学，课堂环境也能随着教学的特点进行适应性改变，为学生提供合适的教学情景。通过现代化的网络画板等信息技术，学生能够获取到多种类型的课堂资料，包括声音、图像、文字等，为学生提供多样化的选择，为学生提供数学探究的重要辅助工具；提供交流沟通的媒介，连接不同的课堂，从而提高学生学习数学的兴趣，提升学生的数学思维能力、空间想象能力等。

网络画板等信息技术的应用，能够彻底改变传统的数学教学和学习方式，因此，需要对其展开深入的探究。总而言之，学校是教育的主阵地，需要积极应用网络画板等信息技术，开发多样化的教学手段，组织团队开发出切合现代教育课堂的信息技术资源，让信息技术的优势在教学过程中得到充分体现，为学生的全面发展做出积极的贡献，提高学生的数学素养；同时也便于教师为有需要的学生提供教学引导帮助。教育资源相对欠发达地区的学生，响应号召，提升网络平台资源学习的能力，从而提升数学思维能力。

二、网络画板在图形与几何探究教学中的优势分析

（一）激发学生对图形与几何的兴趣，提高对数学学科学习的兴趣

图形与几何一直是教学难点，特别是对于中等或者中下等的学生来说，很难对几何知识感兴趣。要想学生对几何感兴趣，就必须改变传统的教学模式，毕竟兴趣是学生主动学习的源泉。教师可以通过网络画板，设计学生感兴趣的情景或者话题，激起学生对几何浓厚的兴趣。比如，人教版八年级下册教材第十七章“勾股定理”的复习题的第 12 题，求蚂蚁在圆柱上爬行这类求最短路径的问题时：如图 1 圆柱的底面半径为 6 cm，高为 10 cm，蚂蚁在圆柱侧面爬行，从点 A 到点 B 的最短路程是多少厘米？（结果保留小数点后一位）。教师通过讲解圆柱的侧面是曲面，要计算最短距离必须要将侧面展开为平面，然后根据两点之间线段最短来解决问题。但是对图形与几何不感兴趣的学生，很难接受教师这样的表达。教师通过网络画板，将圆柱侧面展开，同时真的让一只动画蚂蚁爬行过去，这不仅大大降低了对学生空间想象能力的要求，还让学生对数学学科产生了兴趣。

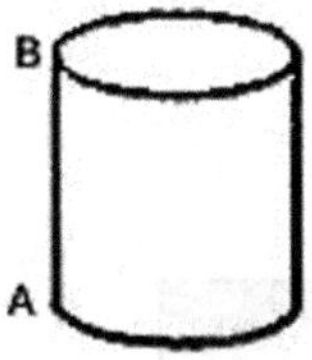

图 1　蚂蚁最短路径问题

（二）帮助学生突破重点与难点，提高空间想象能力

在“图形与几何”“数与代数”“概率与统计”“综合与实践”四个大板块中，“图形与几何”一直都是难点，对学生的要求较高，不仅仅是要求学生具有较好的空间想象能力，还必须具备缜密的逻辑思维，否则听课就成为了“坐飞机”。图形与几何难，主要是相对于其他知识点来说它更加抽象。但是图形与几何又是考试的重点，不容教师和学生的忽视。几何是教师的教和学生的学都必须跨过的一条坎。学生学起来费力，教师教起来更费力，这就不得不迫使教师改变传统教学方式，把网络画板引入课堂。网络画板将抽象的几何图形变为具体，特别是网络画板的 3D 动态演示功能，这是其他软件所不能比的。利用网络画板的优势，大大降低了教师上课的难度，并能提高数学课堂教学的实效。

（三）显示动态几何，提高对几何知识的理解能力

基于网络画板的初中数学探究教学课例研究，从七年级开始，学生就开始接触动点问题。动态几何问题一直是难点，一般只有优生能完成，其他学生则难以理解。但是网络画板的出现，使抽象的问题具体化、形象化。比如：在人教版七年级上册学习“点动成线，线动成面，面动成体”的时候，学生仅仅是看书上的图片，可能想象起来较困难。但是如果让网络画板帮助理解就容易多了。在网络画板课件中，如图 2，让一个点跑起来，追踪这个点的轨迹，就会发现点运动起来确实是一条直线，让线跑起来就是一个面，让面跑起来就成了体，这样就能很好地吸引学生的注意力。

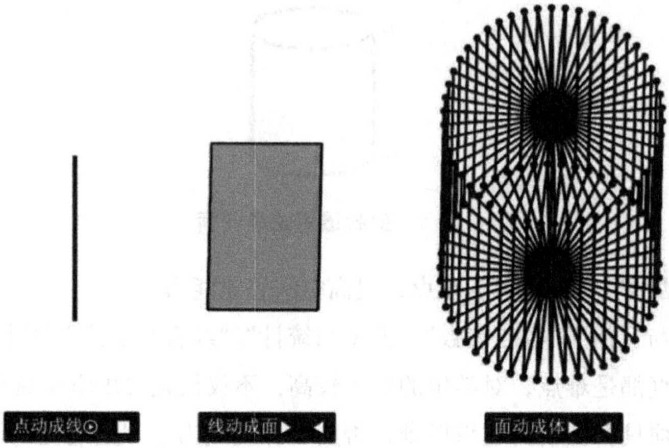

图 2 运动演示

（四）改变传统探究模式，培养数学思维能力

在传统的数学探究教学中，基本上教师都以实物进行教学，让学生亲自动手操作，一旦材料作废，就不能二次利用，这样增加了教育成本，降低了学生的学习效率。网络画板可以在短时间内重复做无数次探究活动，真正做到人人皆可实验，提高了学生的学习效率。以往要想做一个探究活动，学生可能要提早准备好材料、工具，带到学校，在老师指导下完成探究活动，一旦离开教室、材料或者工具，探究活动就不能进行。网络画板作为“可移动的数学实验室”就解决了这个问题。不论你在哪儿，只要有电脑，有网络，随时都可以进行探究活动。比如，在人教版九年级上册“概率”一章讲到用频率估计概率的大量实验就可以用网络画板中的模拟实验来演示，如图 3、图 4。学生无论在哪里进行探究活动，所获得的知识都是自己的，提高了学生的探索能力。虽然网络画板往往只能让学生探索出问题结果，但是仅仅知道结果的时候，想要知道为什么的好奇心是最重的，这时只要教师因势利导，往往就有意想不到的收获。学生此时的观察、分析、思考能力和比较归纳能力都能有所提升。

图 3　抛掷硬币实验

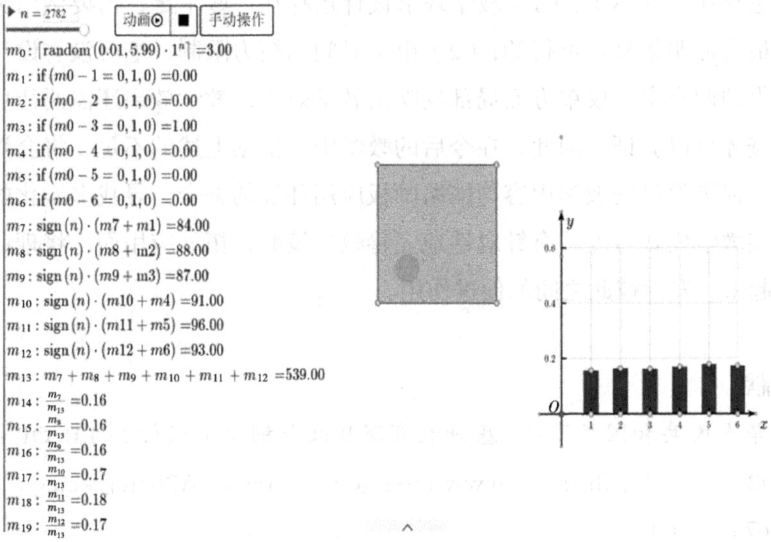

图 4　用频率估计概率实验

三、总结与展望

在研究过程中，笔者得到以下结论：在教学内容的选择上，首先，需要切合探究教学模式的特点，其次要切合初中数学教科书特点与课程标准要求。提出了基于网络画板探究教学内容的选择原则：（1）探究内容要能引起学生的兴趣；（2）探究内容要具有可操作性；（3）探究内容要具有探究的价值；（4）探究的内容要体现知识的形成过程；（5）探究的内容要具备适度原则。在探究模式的设计原则上，要满足主体性、实事求是、逐层抽象、情景性、差异性、开放性的原则。同时，探讨了适合基于网络画板的初中数学探究策略：一是落实基础，掌握探究技能，保证学生能熟练操作网络画板；二是构建设施，保障硬件环境，保障探究硬件环境的正常使用；三是创设情景，激发学生探究动机，教师利用网络平台为学生提供情景；四是引导学生，学生发现并提出问题，确定形式、进行探究；五是自主探究，营造探究氛围；六是相互点评，丰富交互模式；七是协作交流，学会合作共享。之后，结合初中数学教学内容，根据选择内容原则，选取使用网络画板较为频繁的内容进行课例研究。通过对多种探究文献的研读，对部分课例的研究，对自己上课的教学视频进行全面分析，从多维角度观察数学课堂上学生的反应，以及探究网络画板教学应用效果分析等一系列研究活动后，笔者得到：网络画板对初中数学探究教学的发展起到了良好的推动和辅助作用。当然，也存在一些不足：（1）教学环节设计还存在一些不足，需要做出细节上的完善，才能最终证明策略是可行的；（2）由于时间和精力限制，笔者没有设计问卷调查，因此提供的调查事实仅单方面局部反映出教学效果，教学效果还需要待后续大量的实验和调查才得以验证。因此，在今后的教学中，根据上述的不足，将会深入课堂和教学实践，促进教材的教学内容与网络画板应用环境的融合，寻找多样化的教学模式。根据这些教学模式特点，有针对性地完善教学策略，拓展应用面。将理论与实践更好地结合起来，发挥彼此之间的促进作用。

参考文献

[1] 中华人民共和国教育部. 基础教育课程改革纲要（试行）[EB/OL]（2001-06-08）[2022-03-22]. http://www.moe.gov.cn/srcsite/A26/jcj_kcjcgh/200106/t20010608_167343.html.

[2] 中华人民共和国教育部. 义务教育数学课程标准（2011年版）[M]. 北京：人民教育出版社，2012.

[3] 王学谦. 浅谈“皮格马利翁效应”对中技后进生转化工作的启示[J]. 科技信息，2010（35）：953-985.

[4] 杨亚敏. 基于几何画板的初中数学探究教学[D]. 上海：上海师范大学，2017.

[5] 冯继禄. 超级画板在初中数学教学中的应用研究[D]. 长春：东北师范大学，2016.

作者简介

马海英：乌鲁木齐市第127中学教师，高级教师。

网络画板动态破解中考压轴题

农安县伏龙泉镇中学　田　野　姜桂贤

【摘　要】随着2019吉林省长春市中考数学落下帷幕，破解中考压轴题、让孩子考更高的中考数学分数是每个家长的殷切希望，也是摆在初中数学教师面前急待解决的问题。研究发现，借助网络画板工具能制作含参数的抛物线的动态效果图，让学生真正体会数形结合思想。本研究有利于提高初中数学教师上课的作图效率，使学生直观感受数学的动态美。

【关键词】网络画板；初中数学；压轴题

一、引言

2018年4月，教育部印发《教育信息化2.0行动计划》；2019年4月，中共中央、国务院印发《中国教育现代化2035》；2019年10月，教育部印发《教育部办公厅下发关于推荐遴选“基于教学改革、融合信息技术的新型教与学模式”实验区通知》；2020年3月，教育部印发《关于加强“三个课堂”应用的指导意见》。两年间，党中央、国务院和教育部连续下发4个重磅级文件，充分说明当前教育信息化已经上升到国家战略发展高度。信息技术的发展对数学教育的价值、目标、内容及教学方式产生了很大的影响。“理科在试卷中适当增加开放性试题，以培养学生的创新能力和实践能力，初步体现素质教育的要求。”九年级的毕业生对含参数的二次函数的压轴题已进行多次模拟练习，学生对新定义图形既期待又存在恐惧心理，12分的分值题多数同学只能得到5—7分，能得到10分的学生就很少了，想得到12分更是难上加难。压轴题的得分情况直接关系到数学高分段或满分情况。

二、网络画板破解中考压轴题策略

网络画板是一款国内领先的移动互联网环境下的动态数学学科教学工具。2018年，笔者无意间接触到网络画板就爱不释手，到现在为止原创课件340个，全国排名85名。一路走来，有做不了动态效果图的困惑，有利用网络画板做过的公开课获得成功得到认可的喜悦。感谢网络画板交流群各位板友的无偿指导，特别感谢吉林省磐石市吉昌中学的张绍明老师的无偿分享。有了各位专家和板友的支持和鼓励才让笔者在网络画板的学习道路上越走越远。

以吉林省长春市2019年中考数学最后一道压轴题为例：

24.（12分）已知函数 $y=\begin{cases}-x^2+nx+n\ (x\geqslant n),\\ -\dfrac{1}{2}x^2+\dfrac{n}{2}x+\dfrac{n}{2}\ (x<n)\end{cases}$（$n$ 为常数）

（1）当 $n=5$，

①点 P（4，b）在此函数图象上，求 b 的值；

②求此函数的最大值。

（2）已知线段 AB 的两个端点坐标分别为 A（2，2）、B（4，2），当此函数的图象与线段 AB 只有一个交点时，直接写出 n 的取值范围。

（3）当此函数图象上有4个点到 x 轴的距离等于4，求 n 的取值范围。

本题作为含参数 n 的二次函数压轴题，并没有给出分段函数图象，学生在答题过程中需要自己作图解决问题，这就要求学生在学习过程中提升自身的作图能力，积累“基本活动经验”；另外，学生在学习二次函数时，应借助函数图象理解二次函数的主要特征及函数关系式中的系数与图象的关系，比如：二次项系数决定抛物线的形状及开口方向和开口大小；一次项系数 b 与二次项系数 a 决定了抛物线对称轴的位置；常数项 c 决定了抛物线与 y 轴的交点位置等。学生在学习二次函数，是一个从特殊到一般的认知过程，这个过程需要对特殊图象的对比分析和归纳才能得到一般的结论；二次函数是初中知识的重点亦是难点，是初高衔接的重要内容，需要学生有足够的毅力和坚持不懈的学习精神。

（1）首先，当 $n=5$ 时是一个固定的抛物线，如图1（1），将 $P(4,\ b)$ 代入 $y=-\frac{1}{2}x^2+\frac{5}{2}x+\frac{5}{2}$，很容易求出正确答案 $b=\frac{9}{2}$。另外求此函数的最大值，当 $x\geqslant 5$ 时，当 $x=5$ 时有最大值5；当 $x<5$ 时，$x=\frac{5}{2}$时有最大值为$\frac{45}{8}$，所以函数的最大值为$\frac{45}{8}$，这一问多数同学能得到分。（2）可以根据（$x>n$）抛物线过点A，将点（2，2）代入 $y=-x^2+nx+n$ 中，解得 $n=2$（如图2），还可以根据当（$x<n$）抛物线过点A将点（2，2）代入 $y=-\frac{1}{2}x^2+\frac{n}{2}x+\frac{n}{2}$ 中，解得 $n=\frac{8}{3}$（如图3），这是个临界点不能含等号。可以根据（$x>n$）抛物线过点B将点（4，2）代入 $y=-x^2+nx+n$ 中（如图4），解得 $n=\frac{18}{5}$，这是个临界点不能含等号，还可以根据当（$x<n$）抛物线过点B将点（4，2）代入 $y=-\frac{1}{2}x^2+\frac{n}{2}x+\frac{n}{2}$ 中（如图5），解得 $n=4$。综上所述：$\frac{18}{5}<n<4$ 或 $2\leqslant n<\frac{8}{3}$时，图象与线段AB只有一个交点。（3）当此函数图象上有4个点到x轴的距离等于4，求n的取值范围。首先，考虑 $n>0$ 的情况：由（2）题中当 $n=4$ 时（如图5），满足条件的点恰好有4个点到x轴的距离等于4。当空心点（n，$\frac{n}{2}$）的纵坐标是4时（如图6），此时 $n=8$。$n>8$ 时满足条件的点恰好有4个点到x轴的距离等于4。再考虑 $n<0$ 的情况：在 $y=-x^2+nx+n$ 中，顶点的轨迹是 $y=x^2+2x$，当 $y=4$ 时（如图7），解得 $x=-1\pm\sqrt{5}$。此时 $n=-2+\sqrt{5}$（舍），$n=-2-\sqrt{5}$，满足条件的点恰好有4个点到x轴的距离等于4。当空心点（n，$\frac{n}{2}$）的纵坐标是-4时（如图8），此时 $n=-8$。此时满足条件的点恰好有4个点到x轴的距离等于4。综上所述，函数图象上有4个点到x轴的距离等于4时，$n\leqslant -8$ 或 $n=-2-\sqrt{5}$或 $n=4$ 或 $n\geqslant 8$。

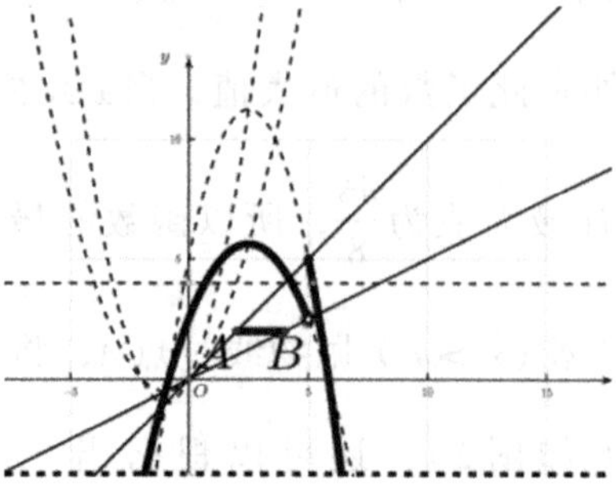

图 1　$n=5$

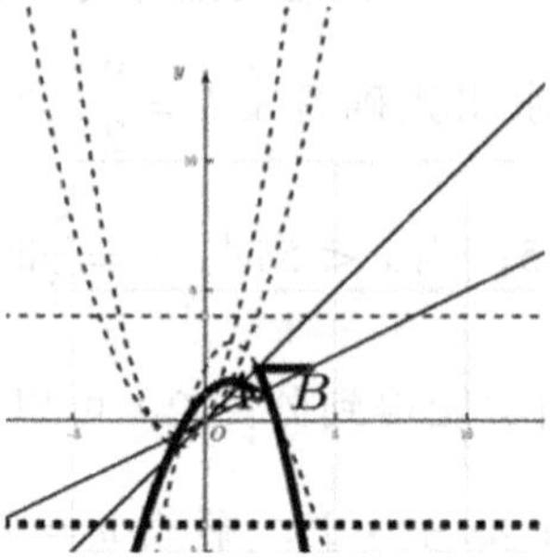

图 2　$n=2$

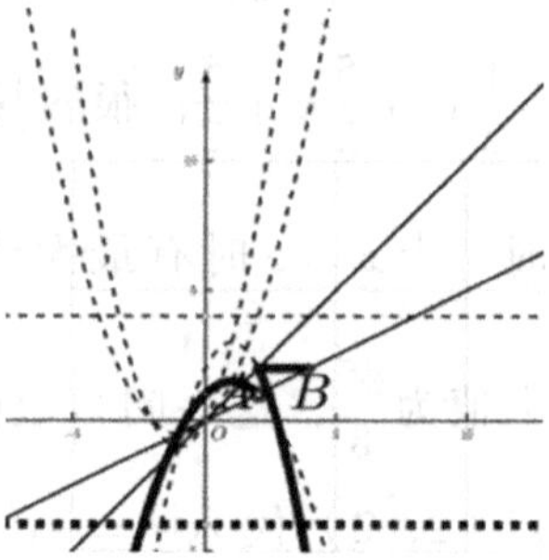

图 3　$n=\frac{8}{3}$

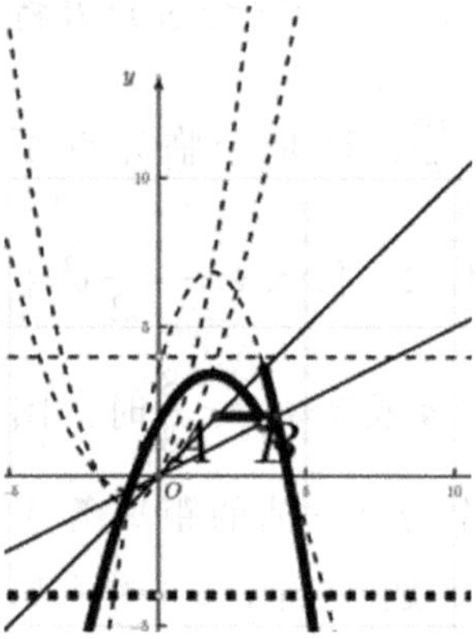

图 4　$n=\frac{18}{5}$

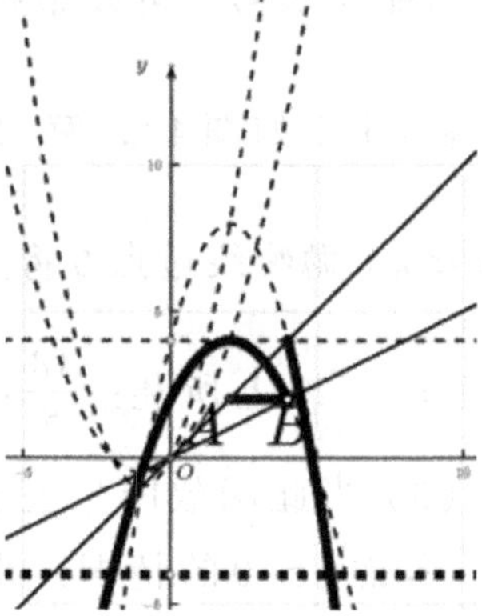

图 5　$n=4$

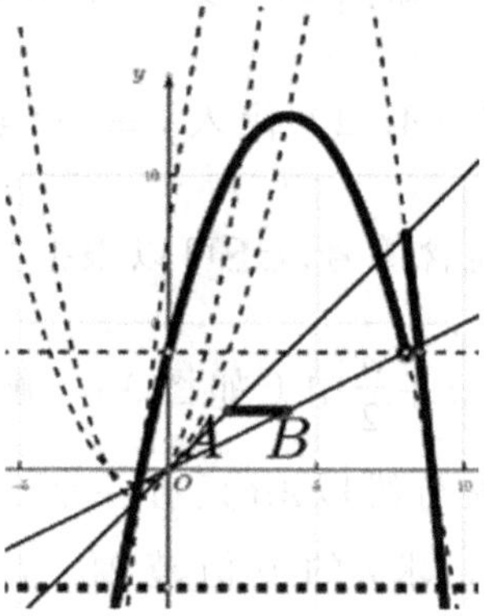

图 6　$n=8$

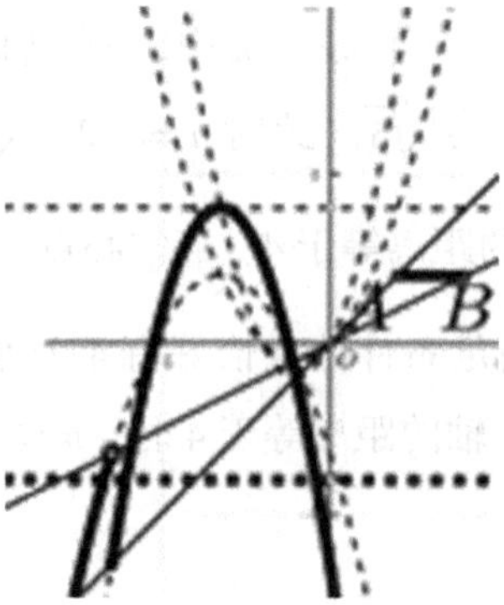

图 7　$n=-2-\sqrt{5}$

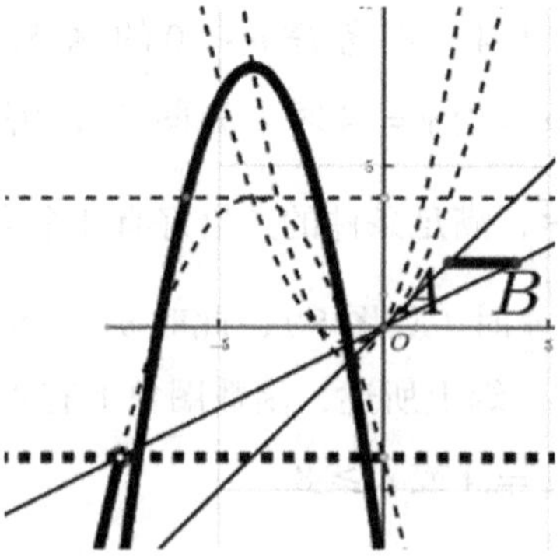

图 8　$n=-8$

在课堂上画图讲解，耗时费力，学生看不出动态效果。运用网络画板，教师提前做好动态效果图，节省上课作图的时间。教师点击动画按钮就可以让图形走走停停，能更直观地让学生把压轴题看得更清晰，理解动态二次函数的运动轨迹是什么样的图象，不但会解答数学问题，感受出题人的知识储备，体会数学的博大精深，还会为学好数学奠定基础，甚至于对带动全校数学成绩提高起到积极的作用。

借助网络画板不但能够破解像 2019 年吉林省长春市中考数学第 24 题这类新定义的题型，而且能下延到小学数学，上延到高中数学。在教学中应用网络画板辅助教学，便于把抽象图形变化变得可视化，帮助学生了解图形变化的过程，借助图形的运动变化情况增强教学的直观效果以及趣味性。这种教学过程注重学生观察、比较、讨论而得出结论的过程；而不是我们老师把数学公式或定理等直接告诉他们，让他们背下来。这样可以加深学生对知识的理解，熟练掌握数形结合的学习方法，而且让学生亲自感受一个有意义、有价值的数学活动过程，提高学生分析、解决问题的能力。

网络画板最为明显的特点是制作的课件能够实现网络化，网络画板课件网络化的特点决定了它在备课环节的应用是十分方便的。应用网络画板进行备课，教师首先要结合将要讲解的教材内容、重难点知识以及学生的实际学习情况等制作课件。之后，教师将课件分享到教师集体备课的微信群中，让每位数学教师都能够通过手机或电脑事先看到课件的制作情况，然后在微信群中进行充分的思考和交流。除了在备课环节应用网络画板，在课后学生复习与巩固教学内容的过程中也可以利用网络画板，在课堂教学结束之后，教师可以将这一课的课件链接分享到班级 QQ 群中，让学生在随时随地都能够查阅，特别是学习能力较为薄弱的学生更可以利用课外的时间反复观看课件，消化和吸收在课堂上还没有完全理解的内容。在以往的数学学习中，学生一般很难获得教学课件，而教师所制作的课件具有精简、明了的特点，对本节课重、难点知识的理解和吸收非常有帮助。基于此，教师利用网络画板制作课件是十分有必要的，对学生在课后复习和巩固课堂学习内容具有重大帮助。

三、总结和展望

网络画板是信息时代背景下应运而生的一种信息化辅助数学教学工具，它具有丰富的动态教学功能，能够绘制函数图象、双曲线、立体几何以及定积分等较为抽象化的图形，在抽象性较强且学生具有一定理解难度的相关教学内容的应用中能够体现出其较高的便捷性与直观性。因此，将网络画板有效应用于中学数学教学中，能够将抽象化的知识生动形象地展现在学生面前，便于学生理解，并且能够充分调动学生的学习积极性和自主性，营造良好的学习氛围，让学生全身心地投入到课堂学习中，从而有效提高课堂教学效率。基于此，中学数学教师要结合学生的实际情况及教学内容，将网络画板有效应用于中学数学课堂教学中，为学生构建高效的数学课堂。现在网络画板可以应用于小学、初中、高中等领域。2D、3D效果已经实现，需要学习的内容太多，我们还要继续努力争取让网络画板更好地服务于数学教学工作。

参考文献

［1］中华人民共和国教育部．义务教育数学课程标准（2011年版）［M］．北京：北京师范大学出版社，2012.

［2］李作任．中考命题分析总结［EB/OL］．（2019-08-25）［2022-03-27］. https：//www.zxxk.com/soft/11183393.html.

［3］张景中．关于网络画板［EB/OL］.https：//www.netpad.net.cn/netPadIntroduce.html.

［4］王佳．立足中考答题发掘教材内涵［EB/OL］.（2019-08-25）［2022-03-27］. https：//www.zxxk.com/soft/11183391.html.

［5］方海光，魏文雅，刘嘉琪，等．互联网数学实验室支持的智慧课堂实验活动研究［J］．中小学数字化教学杂志，2019（6）：24-27.

作者简介

田野：农安县伏龙泉镇中学教师。

姜桂贤：农安县伏龙泉镇中学教师。

网络画板与学生学习深度融合的教学实践

——以平行线的教学为例

北京师范大学实验中学丰台学校　李鑫亚

【摘　要】随着信息化的建设与发展，越来越多的信息技术与设备被广泛地应用到课堂教学中，创新了教师教学的手段，促进了学生思维的发展。网络画板是为了适应互联网环境下教育信息化发展的新趋势，开发的第一款国内领先的移动互联网环境下的动态数学学科教学工具。研究发现，教师对于课堂教学中使用信息技术的重视程度不够，也无法做到信息技术与学生学习的深度融合。本研究主要分析网络画板在初中几何教学中的应用，旨在提升网络画板与学生学习的深度融合，进一步促进教学质量与效果的提升。

【关键词】网络画板；深度融合；几何教学

随着信息技术的快速发展，相关技术与设备在教育领域不断推广和应用，特别是在初中数学的几何教学中，网络画板的使用越来越频繁。在已有的研究中，研究者更倾向网络画板这项技术的操作研究，对于网络画板技术的使用如何能够与学生的学习深度融合的研究还比较少。本文分析网络画板在初中几何教学中的优势，结合教学实践，提供网络画板在初中几何教学中的应用策略，从而帮助学生克服几何的学习难点，提升对几何问题的理解与思考，引导学生能够有意识地主动学习初中几何，促进网络画板与学生的学习深度融合。

一、网络画板在初中几何教学中的优势

（一）促进几何问题直观化

在初中几何学习中，主要探究的是几何图形变化中的不变量，体会运动变化过程中的变量与不变量。有研究表明，在几何计算和证明的实践活动中，图形的千变万化

使得学生在解题过程中难以抓住图形的本质和重点，对题目所给信息不能正确提取和重组，找不到解决问题的突破口，从而无从下手。究其原因，主要是传统画图的过程中，学生无法直观、清晰地理解图形要素之间的关系，特别是当某个点的位置发生变化时，学生无法准确识别图形中的线段、角是如何随着点的位置变化而变化的。使用网络画板，可以有效地解决这个问题，学生在作图、操作的过程中，能够更加清晰直观地观察图形，整体地认识图形，从而发现图形中所蕴含的本质特征，基于此，才能进一步寻找解决问题的思路与方法。

例如：学生在解决下面的例题时，会感到困惑。点 P 的位置变化是否会影响 $\angle B$、$\angle D$、$\angle P$ 之间的数量关系？此问题没有明确的结论，是一个开放性的问题，应该如何进行有效的操作从而找到解决问题的突破口？

如图 1，将两根笔直细木板 AB、CD 用钉子固定并平行摆放，在两根木板内部有一个钉子（点 P），将橡皮筋拉直后用钉子分别固定在木板两端 B、D 上。猜想 $\angle B$、$\angle D$、$\angle P$ 之间有何数量关系？

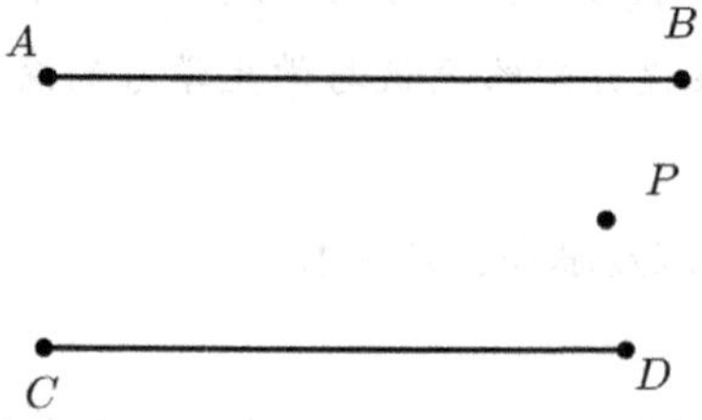

图 1　钉子例题

通过使用网络画板，当学生拖动点 P 时，可以直观地观察到随着点 P 位置的变化，产生了两类图形（如图 2、图 3）。在此过程中，网络画板实现了问题直观化，有效地突破了学生难点，从而为进一步解决问题打下基础。

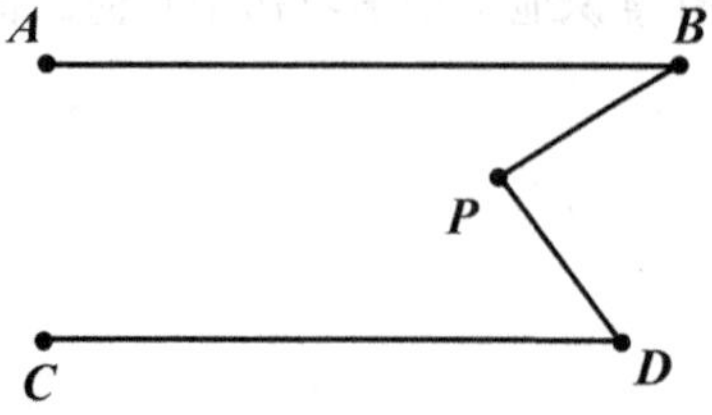

图 2　点 P 位置 1

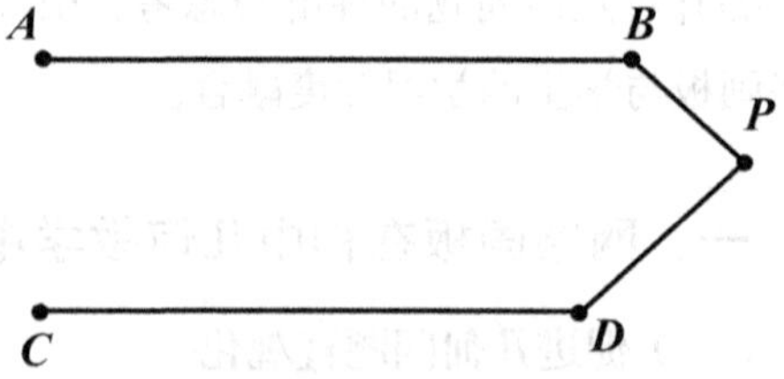

图 3　点 P 位置 2

（二）促进几何问题动态化

动态几何问题通常以几何知识和图形为背景，渗透运动变化的观点，尽管图形的某一元素运动变化，但问题的结论可能改变，也可能保持不变。通常，动态几何问题抽象难懂，学生不易理解，在传统的教学过程中，教师无法充分为学生展演图形的变化过程，如果只使用常规工具作图，所画出的图形只是图形变化过程中的某一个具体时刻，这样静态的图形很容易掩盖该图形变化过程中所隐藏的几何规律。长此以往，学生欠缺对图形变化中不变量的整体把握，无法深刻理解图形变化中线段（或角度）之间的关系，对学生的学习效果产生了不利的影响。

借助网络画板教学，可以清晰地演示图形的运动过程，使用软件中相关角度、长度的计算，直观地反映出图形变化中的不变量，从而起到良好的教学效果。例如：在上述问题中，通过测量$\angle B$、$\angle D$、$\angle P$的度数，并进一步计算相关角度的和，可以猜想三者之间的数量关系（如图4），在此基础上拖动点P，可以直观地发现点P在运动变化过程中，三个角数量关系是如何随之变化的。

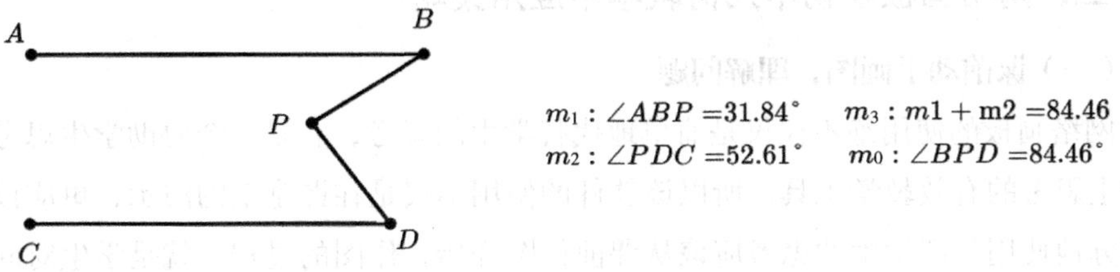

图4　$\angle B$、$\angle D$、$\angle P$的数量关系

（三）促进学生能力的发展

问题意识是数学核心素养的重要组成部分，也是学生创新意识培养的重要载体。《义务教育数学课程标准（2011年版）》中明确提出，创新意识的培养是现代数学教育的基本任务，应体现在数学教与学的过程之中。学生自己发现和提出问题是创新的基础；独立思考、学会思考是创新的核心；归纳概括、得到猜想和规律，并加以验证，是创新的重要方法。学生能够提出有研究价值的问题，并通过分析提出解决问题的方案一直是教学中的难点，本质原因是缺少一个“抓手”，无法抓住问题的核心与本质。

网络画板为学生提出问题、探索问题、分析问题、解决问题提供了这样的“抓手”，在教学过程中使用网络画板可以引发学生的思考，学生能够更加深刻地理解问题，从而提高分析问题、解决问题的能力以及逻辑推理能力。特别地，网络画板打破了时间与空间的限制，学生能够在对原有问题的学习的基础上，继续利用软件开展深入研究，进一步引发新的思考，进而提出并解决新的问题。例如：在上述例子中，学生可以继续提出问题，若点 P 的位置在直线 AB 的上方，$\angle B$、$\angle D$、$\angle P$ 又有何数量关系（如图 5、图 6）？

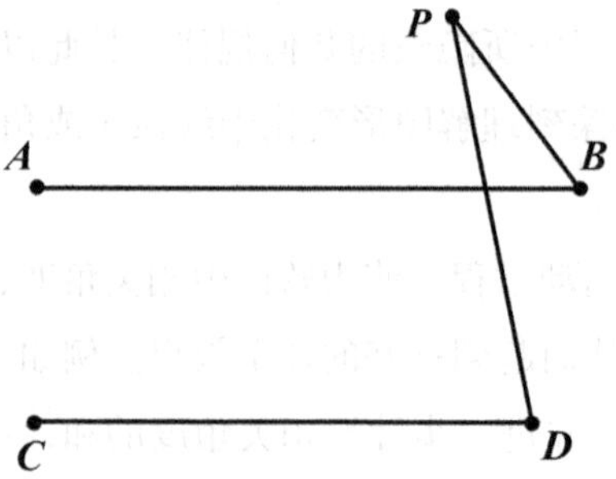

图 5　点 P 位置 3

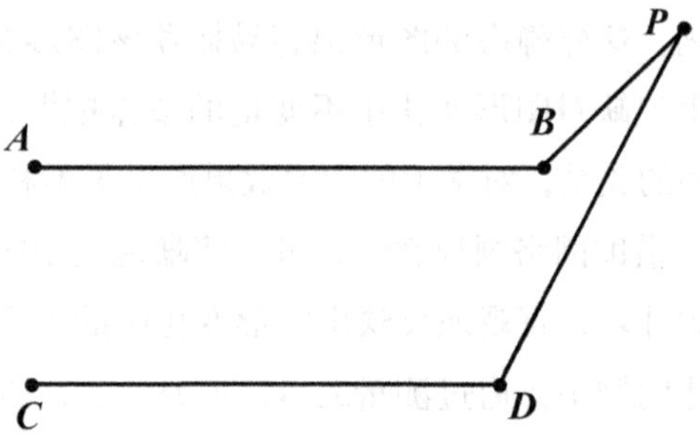

图 6　点 P 位置 4

二、网络画板在初中几何教学中应用策略

（一）课前动手画图，理解问题

网络画板的使用绝不仅仅是简单地代替学生的思考，它是一个协助学生思考、引发学生思考的有效教学工具。所以该软件的使用不仅是在课堂上的演示，更应该在课前充分地使用，即学生的思考应该从课前作图开始，作图的过程，就是学生对问题理解的过程。同时，不能忽视的是作图与推理的关系，作图的过程也是训练学生推理能力的过程。例如：在网络画板中作一组平行线，就蕴含了“过直线外一点，有且只有一条直线与已知直线平行”“两点确定一条直线”等公理。因此，在使用网络画板的过程中，教师应减少代替学生作图的现象，不能简单地把网络画板视为学生动手操作和教师演示的载体，而忽视其作图中的几何推理部分，应回到该软件的本质功能——作图，在作图的过程中使学生逐步理解问题。

（二）课上引发思考，深入探索

由于初中几何的学习逻辑性比较强，对学生的推理能力要求比较高，不容易引起学生的兴趣和积极性，当学生没有解题思路时，很容易产生抵触情绪，特别是当全班都产生思维障碍时，只凭教师的讲解与启发有时很难做到深入人心。网络画板有助于突破学生的难点，学生在教师引导的基础上，通过自己动手操作，探索问题，猜想验证，再结合小组讨论与交流，从而实现对问题的理解。

在学生自主探索的过程中，实际上就生成了一种“画面感”，使其能够直观地、深层次地理解所学知识。这种“画面感”还会继续对学生产生正向的影响，引发进一步的思考，促使学生提出新的问题并尝试解决。所以在使用网络画板探索几何问题时，不仅能提供解决问题的思路，也能进一步激发学生学习几何知识的兴趣，提升学习几何知识的动力。

（三）课后拓展提高，提升素养

在使用网络画板教学时，还要注意把相关功能延展到课后，为学有余力的学生提供相关素材，提升核心素养。例如：在前文中提到的例题，可以继续拓展，借助网络画板进一步探索、研究。

借助网络画板进一步研究，若直线 AB、CD 内部有 n 个点 P_1、P_2、…、P_n（如图 7），这些角与 $\angle B$、$\angle D$ 之间有何数量关系？

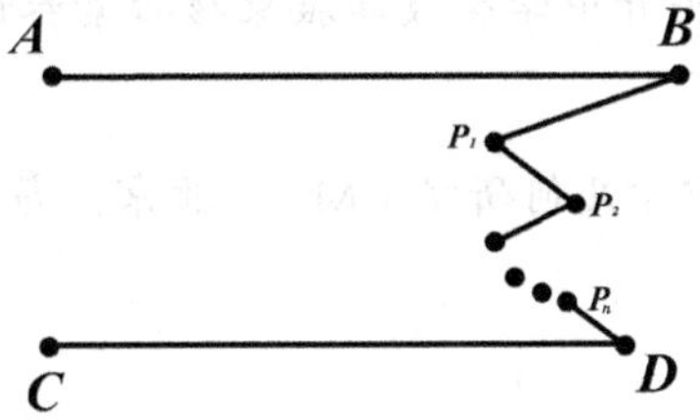

图 7　例题拓展

网络画板的使用不受空间与时间的影响，学生可以自主开展学习，这种方式不仅有利于拓宽学生的知识面，为学生自主学习提供便利，而且还能帮助学生养成良好的学习习惯，促使学生充分利用空闲时间进行几何知识的探索，提升学习的积极性和主动性。

此外，网络画板还可以借助网络平台分享个人作品，学生可以自由分组，在网络上分享他们的作品与发现，在课后也能对相关问题开展交流与讨论；同时教师通过浏览学生的作品，也能发现他们的学习状况以及在几何学习过程中存在的障碍，帮助学生查找自身学习方面的不足，便于进一步的优化和改进。

本研究结合教学实践，分析了使用网络画板的优势，结合软件优势与初中几何教学的特点，提出了网络画板使用过程中的策略。本研究的观点应渗透到今后日常几何教学的每一堂课，把网络画板与学生深度学习的研究长期化、系统化，从而通过长时间的追踪以及更准确的数据进一步优化网络画板的使用，帮助学生克服几何学习的障碍，促进核心素养的提升。

综上所述，网络画板在初中几何教学中的应用，推动了学生对几何问题的思考，提高了课堂质量与效果。因此，教师一定要加强对初中几何教学的关注，通过网络画板与学生学习的深度融合，激发学生学习几何知识的兴趣，提高学习几何的积极性与主动性。

参考文献

[1] 马瑞雅. 提炼基本几何图形 加强几何有效教学 [J]. 数学学习与研究，2009 (10)：16-17.

[2] 贾海涛. 网络画板在中学数学教学中的应用浅析 [J]. 数理化解题研究，2020 (29)：19-20.

[3] 李远朋. 网络画板提升中学生数学抽象核心素养调查分析 [J]. 中学教学参考，2021 (9)：30-31.

[4] 张奠宙，沈文选. 中学几何研究 [M]. 北京：高等教育出版社，2006.

作者简介

李鑫亚：北京师范大学实验中学丰台学校数学教师，丰台区骨干教师。

网络画板助力初中数学函数教学应用研究

磐石市教师进修学校　田　玲

磐石市吉昌中学　张绍明

【摘　要】“互联网 +”时代的东风已经悄然在我国这片沃土上盛放，随着教育教学改革的不断深化，信息技术与数学教学的融合更是成为了时代发展的趋势。信息技术走进课堂，融入学科教学，为教与学提供新的思路。网络画板助力数学教学的同时也为学生提供数学实验的空间，促进数学实验的开展，获得数学体验。本研究应用网络画板探究初中数学函数的图象与性质。通过引导学生动手实践、自主探索、合作交流等数学学习方式，使学生掌握初等函数的性质，更为重要的是体会函数的概念以及研究函数的基本方法和策略，为今后研究函数提供可迁移的学习方法。

【关键词】网络画板；函数；初中数学

一、引言

随着信息技术的迅猛发展和在教育教学中的广泛应用，传统的学科教学模式不仅在当下受到了巨大的冲击，同时对于学生来讲也产生了学习变革。我们不仅要主动改变传统的课程观、教育观、教学观，还要改变固有的学习观，信息技术与学科教学深度融合是教师们面临的共同问题。网络画板是国内领先的互联网动态数学工具，为中国数学教学量身定制的动态数学软件平台。网络画板为广大数学教师提供帮助，让教学更轻松高效，也能让学生动手实验探究，协助学生挖掘数学的深层次内在规律，感受到数学独特的魅力。在技术的支持下，网络画板不仅成为学生学习数学的得力助手，也使数学的学习变得容易，使学生从过去的“听数学”的被动吸收者，转变为现在的“做数学”的主动学习者，从而使学生变成学习的“小主人”。网络画板作为丰富的资源库，乃至工具箱，不仅仅是课件开发的平台，更是教师备课、讲课和学生学习的工具，深受师生的喜爱。

二、网络画板在初中数学函数教学中的优势

作为开放共享的移动数学实验室，网络画板既能画图、计算，还能演示，集各种功能于一身，避免了教师在课堂上在多个软件中来回切换带来的不便。能够适时地应对课堂中教学环节的变化与知识的变更，腾出更多有效的时间让教师去思考教学、优化教学。在函数教学中，应用网络画板不仅能精确地绘制函数的图象，还能进行函数图象动态的演示，帮助学生借助图象探究函数的性质，将抽象的知识具体化；将静止的图象动态化；将复杂的问题简单化，从而使学生对图象与性质有了更直观、更清晰的认识。有效地突破教学中的重点与难点，使学生更加深刻地理解函数的性质。网络画板还可以充分地调动学生学习的积极性，提高学生的课堂参与度，提升学习效率，进而培养学生的观察能力，提升学科素养。

三、网络画板在函数教学中的应用

在初中数学中，函数是重要的核心内容之一。学生通过对一次函数、二次函数、反比例函数的学习，对函数知识有了初步认识。在初中阶段掌握研究函数的方法为高中阶段函数学习奠定重要基础。初中阶段函数的研究对象、内容与研究方法如下：

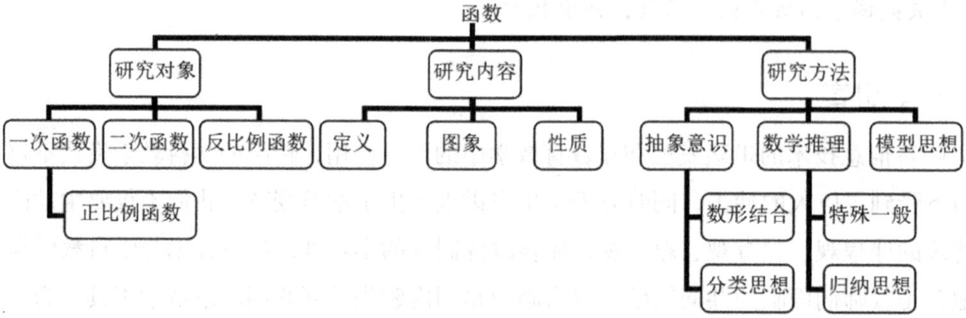

图 1　初中阶段函数的研究对象、研究内容与研究方法

（一）利用网络画板探究一次函数的图象与性质

一次函数是直线形函数图象，通过描点法绘制一次函数图象，随着描点个数的增多，图象会逐渐清晰地呈现。对于一次函数 $y = kx + b$，在探究过程中，设置变量 k，b，其中 k，b 可以改变函数解析式及对应图象的位置。

可设置如下教学问题，引导学生利用网络画板进行探究。

1. 启动参数 k 动画，观察函数 $y = kx + b$ 图象发生的变化情况。

2. 启动参数 b 动画，观察函数 $y = kx + b$ 图象发生的变化情况。

3. 观察函数 $y = kx + b$ 图象，当 x 等量增加（或减小）时观察 y 值的变化情况。

4. 显示函数 $y = kx$ 图象，观察函数 $y = kx + b$ 图象与函数 $y = kx$ 图象的位置关系。

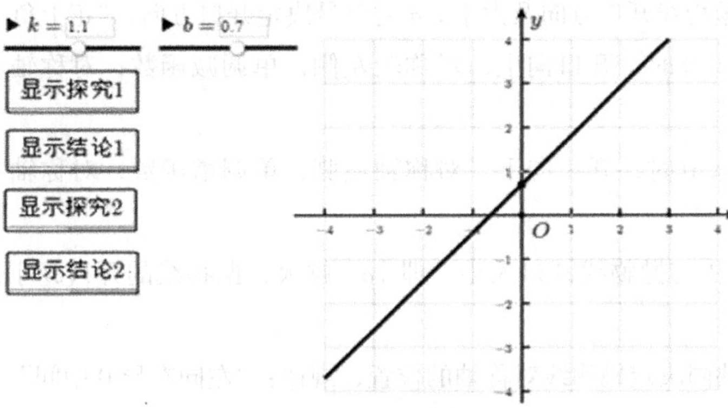

图 2　探究一次函数的图象与性质

通过观察，分析，归纳总结，得出结论：对于一次函数 $y = kx + b$（k，b 是常数，且 $k \neq 0$）的图象是直线，k，b 各司其职。k 的作用：当 $k > 0$ 时，y 随 x 的增大而增大（左低右高，形如“撇”）；当 $k < 0$ 时，y 随 x 的增大而减小（左高右低，形如“捺”）。b 的作用：直线与 y 轴交点的纵坐标为 b，决定与 y 轴交点的位置。当只有 k 改变时，直线是旋转变换；当只有 b 改变时，直线是平移变换。

一次函数的应用中，“匀速”变化都属于一次函数模型，即函数 y 的变化值与自变量 x 变化值成比例。当 x 每增加 1 时，y 也相应增加（或减小）的值为 $|k|$。

（二）利用网络画板探究二次函数的图象与性质

二次函数是抛物线形函数图象，描点法绘制二次函数图象，随着描点个数的增多，图象会逐渐清晰地呈现出来。对于二次函数 $y = ax^2 + bx + c$，在探究过程中，设置变量 a，b，c，其中 a，b，c 可以改变函数解析式与对应的函数图象位置。

利用网络画板探究二次函数 $y = ax^2 + bx + c$（$a \neq 0$）的图象与性质。

1. 启动参数 a 动画，观察函数 $y = ax^2 + bx + c$（$a \neq 0$）图象发生的变化，你有什么发现？

2. 启动参数 b 动画，观察函数 $y = ax^2 + bx + c$（$a \neq 0$）图象发生的变化，你有

什么发现？

3. 启动参数 c 动画，观察函数 $y=ax^2+bx+c$（$a\neq0$）图象发生的变化，你有什么发现？

通过观察、分析、归纳总结，得出结论：二次函数 $y=ax^2+bx+c$（$a\neq0$），特征数 a，b，c 既有分工又有合作。

1. a 决定抛物线开口方向及大小。a 的符号决定开口方向，“正上负下”。

（1）当 $a>0$ 时，开口向上，对称轴左侧，单调减函数；对称轴右侧，单调增函数；

（2）当 $a<0$ 时，开口向下，对称轴左侧，单调增函数；对称轴右侧，单调减函数；

（3）$|a|$ 决定抛物线开口大小，即 $|a|$ 越大，抛物线的开口越小，抛物线全等时，$|a|$ 相等。

2. b 与 a 共同决定抛物线对称轴的位置，规律：“左同右异 0 中间”。

当 a 与 b 同号时，抛物线的对称轴在 y 轴左侧；当 a 与 b 异号时，抛物线的对称轴在 y 轴右侧；当 $b=0$ 时，抛物线的对称轴是 y 轴。

3. 抛物线与 y 轴的交点纵坐标是 c，与一次函数 b 的作用类似。当 $c=0$ 时，抛物线 $y=ax^2+bx$ 过原点。

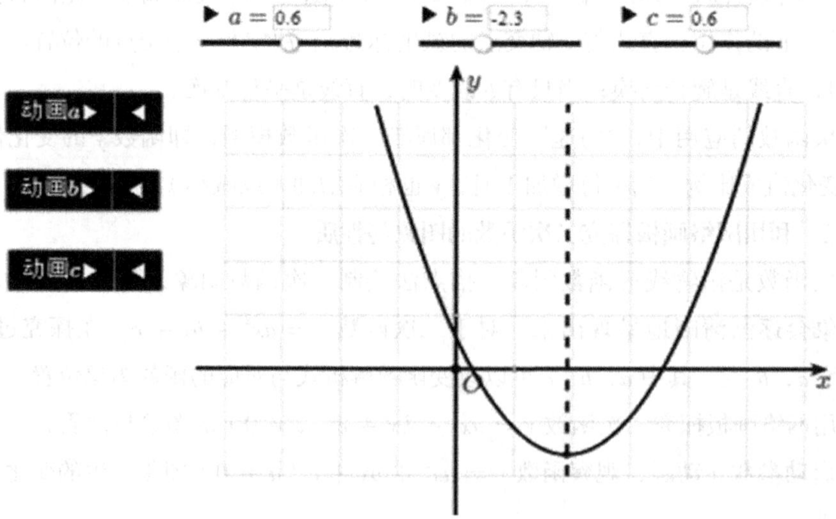

图 3　探究二次函数的图象与性质

（三）利用网络画板探究反比例函数的图象与性质

反比例函数是双曲线形函数图象，描点法绘制反比例函数图象，随着描点个数的增多，图象会逐渐清晰地呈现出来。

在探究过程中，设置变量 a，k，n，其中 a 可以改变自变量 x 的取值范围，k 可以改变函数解析式，n 可以改变描点个数动画。

1. 确定 a 与 n 的值，改变 k 的值，让学生观察图象位置的变化情况，提出问题：图象的位置与 k 的关系如何？从图象上获得的结论能否从解析式上找到答案？

2. 确定 k 的值，改变 a 与 n 的值，观察图象是否光滑？图象与坐标轴能否有交点？为什么？图象的对称性上你有什么发现？你能从解析式分析图象的对称性吗？

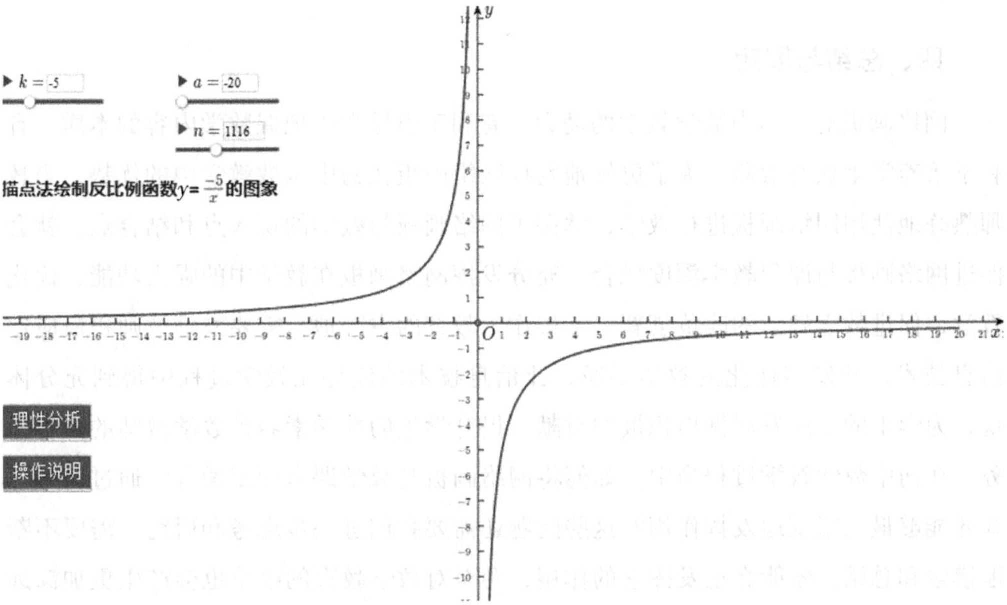

图 4　探究反比例函数的图象与性质

通过观察、分析、归纳总结，得出结论：对于反比例函数 $y=\dfrac{k}{x}$（k 为常数，$k\neq 0$）的图象是双曲线，既是轴对称图形，又是中心对称图形（对称中心为原点）。

k 的作用：（1）当 $k>0$ 时，图象位于在第一、三象限内，在每一个象限内，单调减函数（左高右低）；（2）当 $k<0$ 时，图象位于第二、四象限内，在每一个象限内，单调增函数（左低右高）。

（四）利用网络画板探究新函数的图象与性质

给出新的函数，形如 $y=|x-a|$（a 是常数）的函数叫绝对值函数。请画出图象，探究它的性质。

类比前面三类函数的研究，首先确定研究思路：从特殊到一般，先研究 $a=0$，$a=-1$，$a=1$ 的情况，分别画出图象。其次确定研究方法：画出具体图象观察、归纳；由特殊推广到一般；数形结合。最后研究图象和性质，观察图象，并推广到一般，得到函数的性质是：函数图象关于直线 $x=a$ 对称，在直线 $x=a$ 的左侧，y 随 x 的增大而减小，在直线 $x=a$ 的右侧，y 随着 x 的增大而增大；当 $x=a$ 时，y 有最小值 0。

四、总结与展望

网络画板对于初中数学教学的助力，有利于引导学生把握数学内容的本质，有利于培养学生核心素养。为了更好地发挥网络画板在初中函数教学中的优势，当教师熟练地使用网络画板进行教学，掌握了网络画板与教学的切入点和结合点，就会促进网络画板与课程教学深度融合，充分发挥网络画板在教学中的强大功能，优化教学，促进数学教学的改革创新。学校作为教育的主阵地，需要鼓励教师积极应用信息技术，开发多样化的教学手段，让信息技术的优势在教学过程中得到充分体现，为学生的全面发展做出积极的贡献，提升学生的数学素养是数学教师的根本任务。在初中数学教学过程当中，如何将网络画板与数学课堂深度融合？通过何种方式才能够最大限度地发挥作用？这些问题还需要我们进一步思考和研究，需要不断地摸索和总结，才能真正发挥它的作用，乃至对数学教育的改革也会产生更加深远的影响。

参考文献

[1] 吴增生．科学用脑高效复习［M］．杭州：浙江科学技术出版社，2018.

[2] 刘晓玫．深度学习：走向核心素养［M］．北京：教育科学出版社，2019.

[3] 刘金钟．铅笔数学［M］．广州：广东经济出版社，2018.

[4] 贺媛．网络画板在初中函数教学中的应用研究［D］．贵阳：贵州师范大学，

2020.

[5] 中华人民共和国教育部. 普通高中数学课程标准(2017 年版)[M]. 北京:人民教育出版社, 2018.

作者简介

田玲:磐石市教师进修学校初中数学教研员,高级教师。

张绍明:磐石市吉昌中学数学教师,高级教师。

小学数学教学中网络画板运用策略探究

成都市青白江区龙王学校　陈池蓉

【摘　要】随着全国教育信息化网络建设任务的持续纵深推进，教师主动与否，都不可避免地卷入信息化建设的洪流之中，信息化技术的掌握，势在必行。网络画板是教师系统掌握当今各种多媒体教学信息化新手段实践应用中其效果评价最为理想的教学技术辅助性工具。本文结合一线学校教师网络画板技术的实践运用的优势与实践短板，以及网络画板在小学数学课程教学及实践研究中取得的成功的实际案例，阐述了网络画板教学方法在当前小学数学新课程教学研究中所取得的四个典型运用策略。

【关键词】网络画板；运用策略；小学数学教学

一、引言

网络画板作为教育信息化手段中应用效果最为理想的一种教学辅助性工具，在实践操作中已经取得了较大的实效性认同，但对其探索是一个持续优化的过程，还有很大的成长、进步空间，需在运用方式和策略上不断提炼总结实践经验，不断优化、提高其使用质量，促进教学效率的进一步提高。

二、网络画板的运用优势与短板

（一）教师普遍了解使用网络画板的优势

随着信息化的迅猛发展，教师通过自我学习、学校培训以及在课堂实践中操作网络画板等途径，对使用网络画板参与教学的优势有深刻的价值认同。现代信息技术与小学数学教学模式的接合，使学校教师课堂教学方式和学生接受新知识的学习方式都相应地发生了重大的改变，利用网络画板进行教学，能更加促进学生迅速、有效地拓宽思路，打开思维，化静为动，化繁为简，变抽象为直观，能更有效地提高学生思维认知和应用能力。同时，网络画板软件作为新型互联网动态数学教学辅助性软件，不仅有大量可免费下载的资料使用的优点，还同时具有免费安装、跨手机终端、跨电脑平台运行的多种优势，特别是其在智能画图、动态测量、轨迹自动跟踪、数字与模拟符号混合演算的实验过程中的优势更加突出，并且数据资源库强大，教师们对此优势都有普遍的了解。

（二）教师对使用网络画板教学的有效性积极认同

使用网络画板手段参与教学，可以化静为动，使知识的形成过程更加丰富、立体、可感且高效。网络画板的运用使原来平面的、静态的、书面的知识、图画、推导过程等动起来，通过流程演示其变化过程，学生亲身经历感知变化过程，知识的形成就变得更立体。在此过程中，学生调动的感知手段更丰富，涉及眼观、耳听、口说、身行、意念、互动各个方面，在一个多方位、多角度的立体框架中认知、接收、形成知识体系，效果显而易见且不容易遗忘。特别是在数学实验中运用网络画板，效果更是特别突出。以前数学实验设施设备有限，对数学实验环节不可能实现全覆盖，更不可能实现人人参与，且实验准备工作量大，教师参与性也不高。网络画板功能免费安装，跨网络终端，汇聚大量全国优秀授课老师丰富的教学课程实验资源，在各个不同的操作系统平台基础上进行各种数学实验，且提供有大量的现成课件可下载或者是教师们自己动手制作上传后的教学课件免费开放供师生使用，教师和学生参与数学实验的积极性和热情因网络画板的运用而显著提高。

（三）教师对使用网络画板教学的实际操作性存有短板

大多数教师，特别是年轻教师，只要是有主动学习、自我提高的热情，就能熟练掌握使用网络画板的能力，同时，在实际操作中也会存在一些短板。比如，在学习心态和方法上，有的老师会以年龄为借口，对信息化技术的掌握持了解、知道、可以用、用得来就行的态度，还可能会持续停留在已有教学经验的舒适区，不愿为高效、高质的发展付出更多的努力。又如，网络资源丰富，信息量巨大，呈现的素材也有质量的高低，教师会存在因为不会挑选或者为了省心而随意挑选素材的现象，这也会降低网络画板的使用效果。

三、小学数学教学中网络画板的应用策略

（一）趣味教学内容的设计

良好的开端是成功的一半，有趣知识的巧妙导入不仅能有效地吸引到学生，而且还能帮助营造良好而愉悦的学习新课的心理氛围，激发学生积极主动地投入学习活动

的主观愿望，为学生整堂课的有序开展奠定基调，打好基础。在我国现代小学数学课程实际教学及工作过程环节设置中，有些学生对传统较枯燥而抽象的数学知识授课形式显得相对缺乏学习的兴趣和热情，课堂知识学习的效果相比使用现代信息技术手段呈现出的丰富多彩的教学活动效果会相对偏低。一线教师需进一步发挥网络画板形式新颖、功能多样、操作灵活便捷、简单实用和易学可操作等教学优势特点，设计编排一些富于教育趣味性特色的教学活动内容，借助大屏幕电脑、手机平板等智能终端平台将这些趣味教学内容展示出来，能够促使学生更加认真地投入到课堂知识的学习中去。例如：在学习“观察物体”这一教学内容时，要促使学生体会从不同视角观看物体会呈现不同的结果，学会以多角度、全方位的思维来思考问题，教师通过展示有趣的小动物或建筑物图片，有效地吸引学生快速注意，并适时提出关于“从不同角度看这些物体，会有哪些不同？”等问题，引发学生积极思考。同时，利用网络画板强大的三维图形自动旋转处理功能，能够实时将平面几何体（物体）在多种不同三维视角背景下会出现的图像变化情况以一个更加准确生动、灵活方便的显示方式及时动态清晰地展示出来，使学生能更加准确、清晰、快速地动态观察立体图形的变化规律和视觉差异。这样一来，学生能较为直观地感知、分析出图形从不同方向所观察而产生的巨大差异，从而使得学生今后在深入观察图形结构变化轨迹的科学实践研究活动中，对相关后续学科课程内容产生更为深入浓厚而广泛的兴趣。

（二）学生总结规律的引导

对数学规律的探索与总结特别是对图形的变化和背后所蕴藏的数学规律的探索和总结一直都是数学教学研究中的第一关键研究要素，也是学生知识掌握的难点。使用网络画板能够帮助学生方便快速地完成对任何二维几何图形的精细绘制，清晰地观察二维图形之间的交互变化的过程，同时，可以灵活进行各种参数的设置，对各个图形之间变化的过程自动进行跟踪调整，教师在课堂教学讲解过程中，使用网络画板授课能够方便快速地完成对任何二维几何图形的精细绘制，清晰地观察二维图形之间的交互变化的过程。同时，可以灵活进行各种参数的设置，对各个图形之间变化的过程自动进行跟踪调整，教师在课堂教学讲解过程中，通过使用网络画板来准确地展示出各种各样复杂的三维图形的交互变化过程，学生更可以自动结合这些图形交互变化展开深入的探究，又能在实践中更容易、更快速、更直观而准确地去总结并揭示出复杂图形变化背后的数学规律，实现知识规律的快速内化。例如：在学习“圆的定义”这一基础知识时，学生面对抽象的文字定义，往往很难将其与圆形联系在一起，理解起来也会显得比较困难，这时教师就可以先在网络画板上画出一个线段，并将线段两端分别设为 O、A，之后再按照定义中的描述，将线段旋转一周以画出圆形，同时借助动态演示功能，准确呈现出线段的运动轨迹。这样一来，由于整个动态演示过程与文字定义完全相符，同时又十分直观、生动，因此即便教师不对定义进行讲解，学生也同样可以对定义产生深刻的理解。

（三）直观知识难点的解析

小学数学知识学习掌握的过程中，学生对知识难点的掌握存在着很大的困难，特别是对于立体空间感较差的学生来说，尤其如此。教师上课时借助网络画板的动态演示，能将复杂的几何图形及物体运动轨迹进行动态展示，对难点内容直观地解析，以降低学生对这些知识点学习的理解难度，帮助他们快速懂得并理解知识难点。例如：学生在初步学习“圆的定义”这一圆形基础知识时，他们面对较抽象枯燥的几何文字的定义，很难准确将其定义与这个圆形基础知识联系在一起，理解使用起来也会非常困难。这时教师可以先在网络画板上画一条线段，并将这条线段的两端分别标注为 O 点和 A 点，根据图中的文字描述，学生再将此线段顺时针旋转一周形成一个封闭的图形（圆形），借助网络画板动态演示其形成过程，准确地呈现出线段的实际运动轨迹和变化过程。通过演示，学生很容易明白圆的文字概念描述，同时图形的形成过程又十分的直观、生动，因此不需要教师对圆的概念进行深入讲解，学生也完全可以深刻地理解圆的概念。

（四）课后作业形式的调整

学生在学习课本知识之后，通常的做法是做文字形式的练习题进行课堂巩固。久而久之，学生会对此单一的练习形式产生反感情绪，会越来越不喜欢这种呆板、枯燥的练习方式。为充分地发挥、展示出网络画板软件作为一个软件工具带来的支持多屏终端、操作方便快捷、跨平台等多方面优势，同样要求教师针对学生课后作业布置做出适当调整，在学生课后作业的实际布置环节过程中，将网络画板软件技术有效地应用于其中，使学生能够由此获得进行更多信息技术综合应用的实践机会，灵活而高效地完成各类课后作业。如：学生可以在微信留言自己对疑难问题的困惑，教师可以根据实际情况在微信语音留言，或者在线运用网络画板动态答疑等等，从而实现教与学互动时空的延长。

四、总结与展望

教师对网络画板的使用已经有效地融入到日常教学实践活动中，其效果有目共睹，但仍然需要教师在趣味教学内容上的个性化设计、知识难点直观图化解析、引导各层次学生课后总结与巩固数学知识、调整设计好学生课后作业等方面采取更加符合实际的有效教学辅助手段，教师自身更需持续学习现代网络画板技术，利用网络画板资源来进行科学有效的教学，变辅助教学为更有效的辅助导学，充分发挥出网络画板信息技术工具在现代小学数学课程实际教学中所独有的作用，切实而有效地辅助与提高学生的数学解题能力。

参考文献

［1］王艺凝．几何画板在小学低年段的运用［J］．教育观察，2019（26）：87-89.

［2］胡海芳．几何画板在小学数学教学中的应用实践［J］．数码设计，2017，6（9）：195-196.

［3］朱丽娟．浅谈几何画板在小学数学教学中的应用［J］．山西青年，2018（6）：32，116.

［4］程鹏．“几何画板”在小学数学教学中培养学生空间观念的运用［J］．数学学习与研究：教研版，2012（8）：102.

［5］陈结龙．运用几何画板教学动态几何［J］．中国现代教育装备，2018（8）：42-44.

作者简介

陈池蓉：成都市青白江区龙王学校数学教师，中小学一级教师。

网络画板在数学课堂教学应用研究

成都市大弯中学　李金蔚

【摘　要】新高考改革及知识考查方式的变化对学生的能力及学科素养提出了挑战，课程标准的变化要求教师更新教育理念。网络画板能够把数学问题转化为真实情景，动态展示复杂过程，帮助学生思维水平得以提升。在课堂教学中借助网络画板及有效的教学策略，可以把复杂问题简单化，将一个知识点扩展为一个知识面，有利于培养学生的数学学习兴趣。

【关键词】网络画板；信息技术；高中数学；形象直观

高中数学教学是学校基础学科教育建设的重要领域，21世纪是信息化的时代，信息技术迅猛发展，现代信息技术的发展对数学教育的价值、目标、内容以及学与教的方法产生了重大的影响，新课标明确指出："数学课程的设计与实施应重视运用现代信息技术。"这就要求教师在课堂教学中关注学生的学习过程，创设与生活关联的、任务导向的真实情景，促进学生自主、合作、探究地学习，在学习和交流中提升学生的学科核心素养。

在众多的教学辅助软件中，网络画板是我国自主研发的一款非常实用的教学工具。借助网络画板讲解知识点，创设真实的学习情景，让学生积极参与教学活动中，可以使授课达到事半功倍的效果。

一、网络画板教学理论的基本观点

（一）"网络画板"的基本情况及特点

网络画板是在超级画板的基础上开发的，是国内第一款互联网环境下的理科教学工具。和我们传统教学方式相比较，网络画板拥有跨平台、多终端支持、便于操作、储存也是非常安全等特点，特别是它的智能画笔这个功能，不仅作图非常快捷方便，同时它的功能更加完善，方便数学计算以及动态演示和自由移动等，教育资源丰富且开放，师生共享教育资源；同时网络画板具有强大的即时动画、编辑和函数功能。利用网络画板，学生学习突破空间和时间限制，由被动学习转化为主动学习；学生获取知识的途径从“单向传授”向“双向互动”转变，通过改变传统的教学模式，处处渗透数学思想和数学方法，从而培养学生的创造性思维。

（二）“网络画板”的方式方法

“让教育点亮每个人，就是在科技赋能教育的时代背景下推进教育更加开放、更加包容、更加公平。”在高中数学课堂中，将网络画板融入到数学课堂中，呈现平移的动态效果，化静为动，教师利用网络画板进行课堂教学的设计、资源开发等活动，无论是从教学理论方面，还是从教学实践方面，都能够保质保量地完成教学任务和教学目标。教师利用网络画板教学体现了动态性，学生也在动态中完成了相关学习。

网络画板很好地实现同学与同学之间的相互讨论、相互学习、相互交流，同时大家取长补短，共同学习和进步，同时，老师、家长、学生共同参与进来，增强相互之间理解、沟通和交流，家校共育同步促进学生的积极健康成长。

二、“网络画板”数学课堂设计策略

数学教学活动往往依托于学生已有的知识基础认知发展水平，其知识本身和生活经验有着一定的联系，但随着学习内容的不断加深，学生对知识的理解愈发困难，而利用网络画板能够把抽象难懂的问题转化为直观可视、形象生动的数学情景，把复杂过程分解为简单问题，这些手段对于降低学习难度和突破思维障碍具有积极作用。

（一）复杂过程动态化——在演示和讨论中生成

事物总是运动变化的，生活中的复杂现象所包含的数学问题，而解决问题的关键就在于把握“不变”的细节，并利用“整体打包”的思想突破难点，以达到解决问题的目的。使用网络画板作图及教学视频，展现动态变化图景，可以增强教学的直观性，减轻思维负担，再把直观印象逐步转化为抽象数学问题，在此基础上形成一整套严密的逻辑思维习惯。

在“三角函数”教学中，平移变换，周期变换及利用正弦线、余弦线、正切线作三角函数图象会对学生造成一些困扰，同时也给教师教学提出了挑战。如果老师只是进行单一的画图和枯燥的理论分析，学生会感到难以理解“利用正弦线、余弦线、正切线作三角函数图象”“平移变换和周期变换是如何变化”等问题，但在讲解的时候利用网络画板资源让学生观看三角函数图象变换动态过程，在此基础上进行分析，通过自主分析画图和小组讨论，便可以在大脑中生成“三角函数图象”的全部形成过程，学生通过这一动态变化过程获得知识更加容易，如图 1 所示。

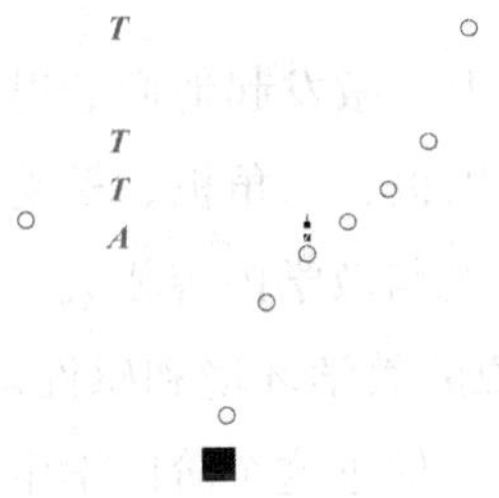

（1）正切线作图

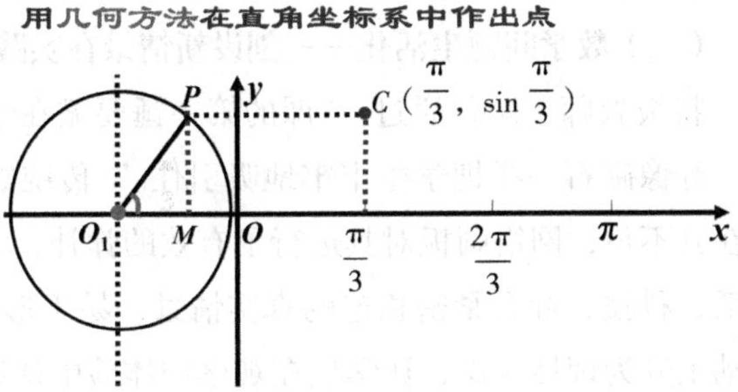

（2）几何法作图

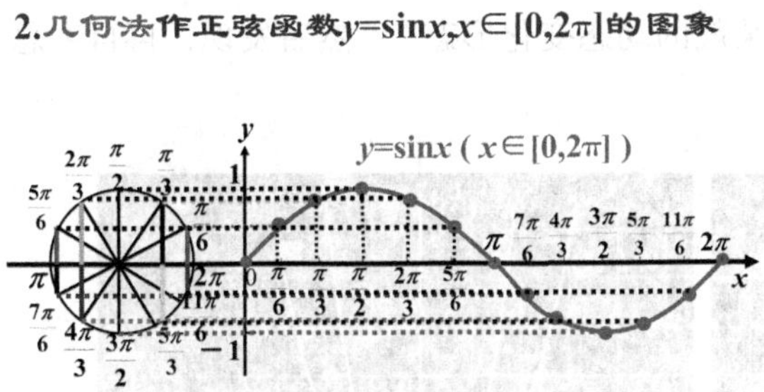

（3）几何法作正弦函数图形

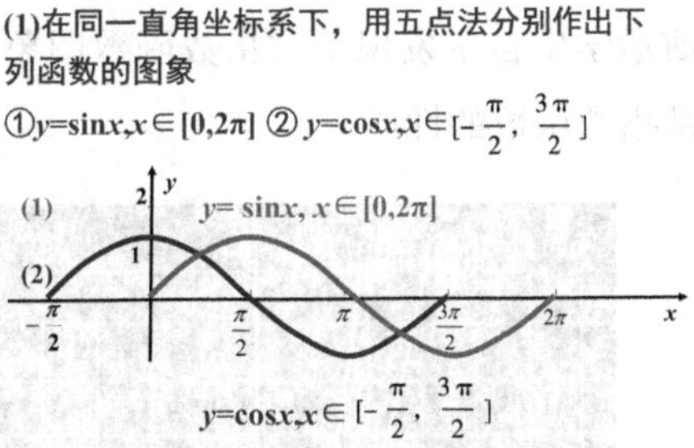

（4）平移变换法作图

图 1　三角函数图象

同时可以指导学生利用网络画板做“数学实验”，通过自主学习探究变换方式，掌握方式方法并灵活运用，便可把复杂的过程动态化、可视化，这样的操作过程有利于学生更加直观深入地理解三角函数图形变化细节，分析这个过程中横、纵坐标变换过程。

可见，将网络画板技术应用到数学教学中，在清晰地呈现事物变化过程的同时，也减轻学生的思维负担，而且可以把复杂问题简单化，抽象过程形象化，通过这个学习过程之后，当学生再次遇到相似的问题时，就可以通过图像联想法提取知识，突破思维障碍，从而解决问题。比如“圆锥曲线”“极坐标与参数方程”等知识的教学，都可以利用网络画板展现“图象与坐标”的动态变化过程，网络画板在学生学习兴趣和求知欲方面发挥了积极作用，学生能够快速地从记忆中回忆起这个动态的变化过程，让学生从被动地“听数学”变为积极主动地“做数学”。

数学源于生活，又服务于生活，只有将生活与数学紧密联系在一起，才会使我们的数学教学产生更大的吸引力和生命力。

（二）数学问题生活化——创设新情景在实践中学习

特级教师于漪曾说过：“课的第一锤要敲在学生的心灵上，激发起他们的思维火花，好像磁石一样把学生牢牢地吸引住。”传统数学教学中黑板、三角板、粉笔画图存在其不足，网络画板对其进行了有效的弥补，它可以创设既与教学内容相关，又与生活、科技、社会紧密相连的真实情景，易于形成轻松愉悦的教学环境和感性认识，推动上升为理性认识，让学生在观察和体验中认识数学现象，促进这个阶段学生的认知和理解。与此同时也引起学生注意，激发学生的学习积极性和主动性。

在“指数函数的性质”的教学中，用网络画板去展示函数的图象性质，利用动态演示学生自主发现了“指数函数图象花朵般的动态变化形态”，然后发现，再自主总结指数函数的性质。

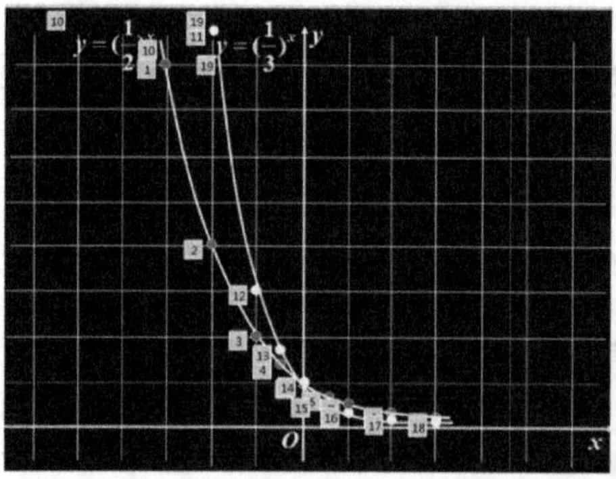

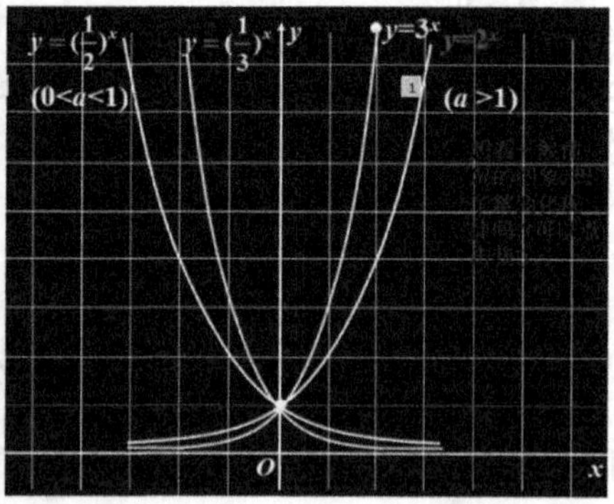

图2　指数函数图象

可见，利用网络画板把数学问题转化为生活情景并设计相应的教学活动，不仅可以激发学生的学习兴趣、调动学习积极性，而且在活动中可以获取大量的相关知识。把网络画板引入课堂不仅可以解决教学问题，还可以增加信息量，扩大学生的知识面，为学生今后的学习打下坚实的基础。

（三）教学资源网络化——在合作和分享中成长

教育信息化，利用网络平台获取丰富的教育资源，在培养学生的数学学习兴趣同时也能提升学生的数学核心素养，习得解决数学问题的方法，而且有利于加强学生之间的交流互动，扩大知识面，并在此过程中拓展知识的深度与广度，生成新的知识与技能，提升学生的学科核心素养。严密的逻辑思维让学生从复杂的信息中迅速找到解决问题的方向，同时也是解决问题的基本保障。

在“集合与函数”这一章的教学中，对于章末的阅读材料，学生通过网络查阅函数史的相关知识，利用网络画板中的教学课件等资源。在资源收集完成之后，选派学生代表通过“学生说课”的形式分享给大家。猛然发现，学生也可以是“小老师”，通过视频、文字及动手操作，讲解“心形”函数图象来历、各种数学符号有趣的来源、数学家发生的故事以及很出名的数学问题，讲解者严密的分析和风趣的语言表达赢得了同学的一致好评。

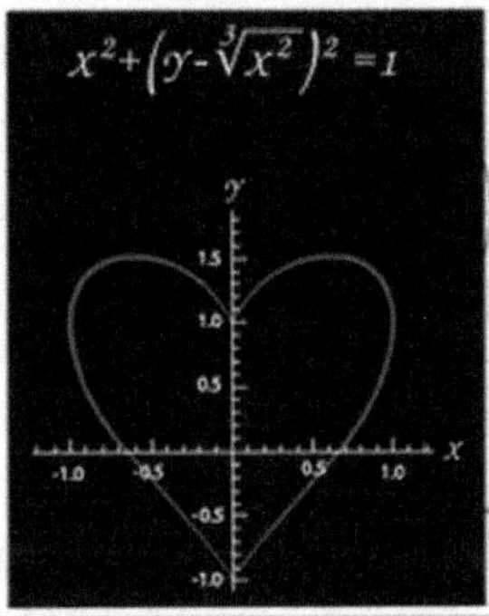

图3　学生介绍函数史知识

通过交流分享，学生利用网络画板平台呈现很多知识点，学生的知识面得以扩充，学生在了解函数史以后无不惊叹于数学的美，同时也为网络画板强大功能所折服。

三、网络画板的教学应用启示

随着我们教育教学改革的深入，网络画板将会不断与数学教学实践融合，引领教育范式变革，极大地改变了现有的数学教学，有以下几个方面：

1. 传统讲授课方式和网络画板的有效结合。

2. 多元化的学习结构：从单一的“教师讲解”向“网络、探究交流、分享展示”

等多种途径转化。

3. 教学目标发生变化：从“掌握知识”“做题应试”向“培养能力”“提升素养”“获取技能”转化。

在现代信息社会，网络画板成为数学教师教学的好帮手，有利于提高教师的信息技术能力。

四、研究展望

研究的不足之处在于繁重教学任务与技能提升之间的时间矛盾、立体几何相关的课件制作困难；使用的不足之处是，希沃白板中的嵌入画板，不能使用画板中自带的笔功能进行书写。

进一步研究的方向是：网络画板对教学的辅助作用向所有一线教师普及；课题组每位成员要强化网络画板的学习与研究，掌握网络画板尽量多的功能，使网络画板能真正体现在教学中的优越性；网络画板继续融入微专题；组建学生团队、课题组成员在任教班级中先挑选一小部分成绩优秀的学生组建“借助网络画板突破优等生压轴题”团队；继续扩充学生和教师网络画板视频教学。

参考文献

[1] 中华人民共和国教育部．普通高中课程方案［M］．北京：人民教育出版社，2017.

[2] 李克琳，许之民．“互联网＋教育”的本质及其内涵分析［J］．软件导刊（教育技术），2017，16（8）：15-17.

[3] 孙俣．信息技术在高中数学教学中应用现状研究［J］．中学数学教学参考，2016（4）：17.

[4] 李克东．数字化学习［J］．电化教育研究，2001（2）.

[5] 栾晓红．信息技术在高中数学教学中的应用［J］．中国校外教育，2018（23）：163-164.

作者简介

李金蔚：成都市大弯中学，成都市中学一级教师。

网络画板助“双减”，动态演示显奇效

——以“平行四边形的面积”教学为例

成都市青白江区祥福小学　李南妮

【摘　要】在现代化信息技术快速发展和“双减”背景下，小学数学教学方式发生着巨大的变化。在小学数学教学中，选择合适的信息化技术与教学有机整合尤其重要。网络画板是一款容易入门、方便普及、对小学数学课堂帮助非常大的互联网动态数学软件。在“双减”背景下，利用网络画板动态演示等功能的优势进行小学数学教学，能够激发学生学习数学的兴趣和开拓学生思路，有效提升教师的教学效果和培养学生数学核心素养。

【关键词】网络画板；双减；动态演示

一、引言

“双减”是要减轻义务教育阶段学生作业负担和校外培训负担，强化学生教育主阵地作用，让教育回归本真。教师如何增大课堂的容量，降低学生理解的难度？《义务教育数学新课程标准（2011 年版）》指出“把现代信息技术作为学生学习数学和解决问题的有力工具，有效地改进教与学的方式，使学生乐意并有可能投入到现实的、探索性的数学活动中去”。相较于传统的几何画板，网络画板具有开放性、交互性、动态性、多平台操作等特点。将网络画板与数学学科深度融合，把抽象乏味的数学知识直观化、动态化和趣味化，有助于学生在数学学习中发现问题、提出问题、分析问题和解决问题，树立学生学习数学的自信心和培养严谨求实的数学素养。本文以“平行四边形的面积”一课为例，浅谈网络画板如何助力“双减”数学课堂，提高学生学习的效度和深度，使数学课堂的教学效果显著提升。

二、例谈网络画板在小学数学教学中的应用

（一）网络画板助力“引新”

“以旧引新”导入法是小学数学教学中经常使用的一种课堂导入方法。此方法是将新知识建立在学生原有知识或者已有的活动经验上，向学生提出符合他们实际水平并且具有启发性的问题。这样的导入方式不仅复习了旧知识，还能由浅入深、从简到难地过渡到新知识的学习中。

在学习平行四边形的面积一课前，学生已经学习了面积的概念、长（正）方形面积的推导方法和面积单位等知识。本节课先展示一个长 6 m、宽 5 m 的长方形（如图 1），然后通过网络画板拖动动点，把长方形慢慢变成一个平行四边形的过程，动态演示给学生看（如图 2）。让学生直观感受图形变化前后，对应的四条边的长短虽然没有变化，但是面积变小了。通过充分观察图形变化前后之间的联系，猜测平行四边形的面积有以下几种可能：底 × 高、底 × 邻边或者邻边 × 高。然后顺理成章地引出本课的课题“平行四边形的面积”，培养学生敢于联想，有依据猜想的能力。

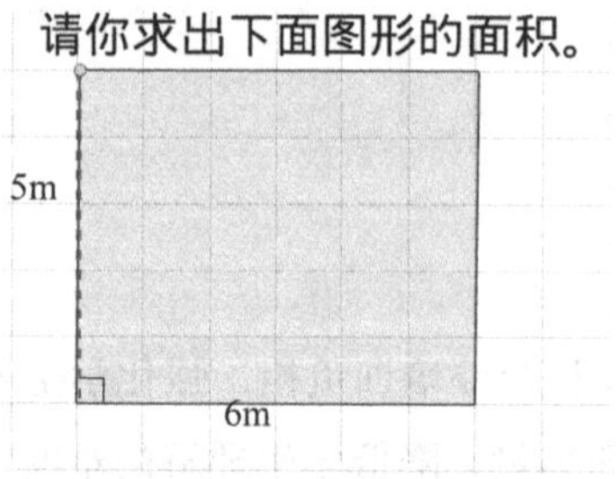

图 1　求长方形的面积

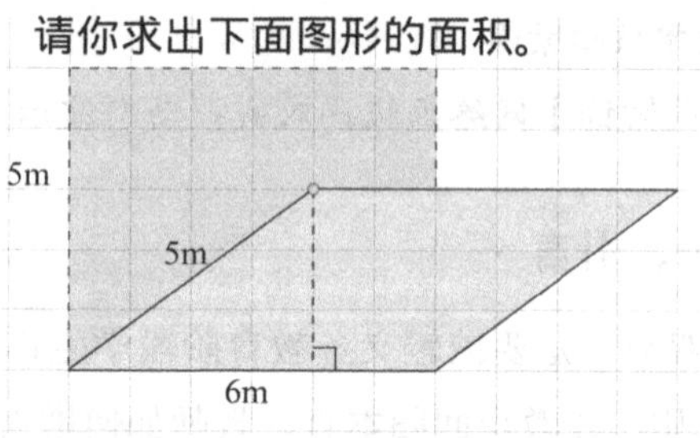

图 2　拉动长方形变成平行四边形

（二）网络画板验证“猜想”

数学语言能力既是小学生数学能力的重要组成部分，又是培养其他数学能力的基础，对学生学习数学知识和培养学生核心素养起到非常重要的作用。在小学数学课堂教学中，不仅要让学生大胆地说还要让学生说得清楚。利用网络画板可以将抽象的数学知识说清楚，把自己的猜想讲明白。

学生汇报验证猜想时，其中一种数格子的方法是通过割补法将不是整格的图形拼成一个整格。学生第一次用自己的题单投影汇报的时候，同学看不懂她是如何割补的，也不能确定是否两个图形真的能拼成一个整格。后来教师出示了网络画板，学生利用网

络画板的平移功能，能一边清楚地动态展示割补的过程（如图 3），一边将自己的思维清晰地外化呈现出来，从而验证自己的猜想。此处利用网络画板能培养学生的观察能力，让学生充分体验验证猜想的探索过程，引导学生发现割补法的本质就是等积变形。

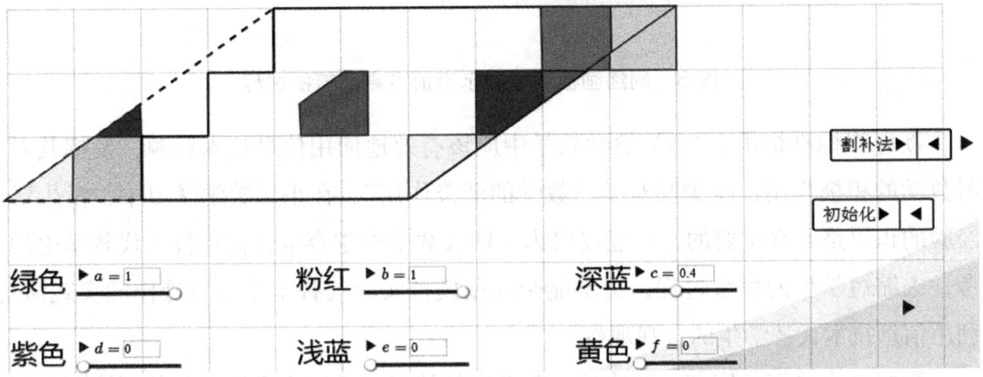

图 3　网络画板动态展示割补过程

（三）网络画板补充“操作”

瑞士教育心理学家皮亚杰认为：“知识来源于动作”。新课程标准要求小学生学习数学知识的时候，不能只看结果或者死记硬背公式定理，要重视知识发生和发展的过程。动手操作是小学数学课堂教学中积累直接经验的常用方法，对于小学数学的学习，起到至关重要的作用。

在学习“平行四边形的面积”一课时，学生通过动手操作，利用剪、拼等系列活动，将平行四边形转化成长方形。一般情况下有两种剪拼方式：一是沿着中间的高线剪开，拼成一个长方形（如图 4）；一是沿着顶点出发的高线剪开（如图 5），也能拼成一个长方形。但是中间的高线有无数条，是否沿着中间的任意一条高线剪开都能拼成长方形呢？因为时间和学生的人数有限，不可能将“无数”条高线一一剪开进行验证，这时候可以利用网络画板的动点功能进行验证，沿着平行四边形的底随机找一条高线剪开，都可以拼成一个长方形。

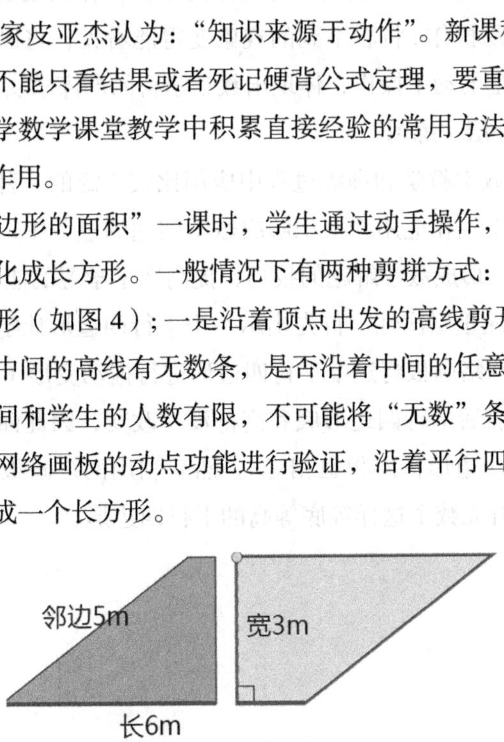

图 4　网络画板动态展示沿中间高线剪拼过程

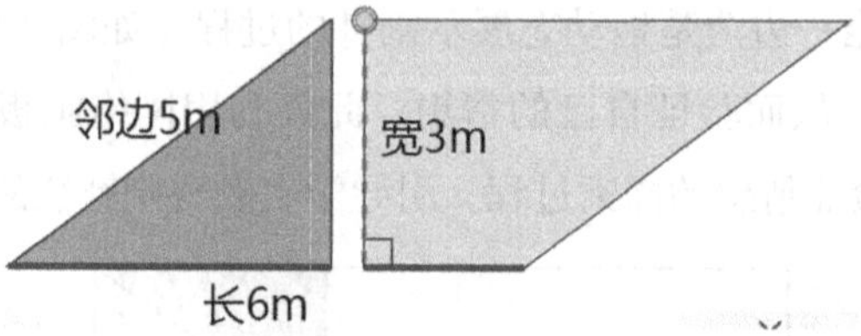

图 5　网络画板动态展示沿顶点高线剪拼过程

新课程标准指出：“小学数学教学中应该有效地使用信息技术资源，发挥其对学习数学的积极作用，减少其对学习数学的消极作用”。在小学数学学习中，学生活动经验的积累是非常重要的，不能仅仅为了增大数学课堂容量让信息技术代替学生的思考，去缩短学生的思维过程，更不能全部用模拟实验代替学生亲自操作的实践活动，利用信息技术代替学生的直观观察。

网络画板具有免安装、跨终端、跨平台的特点，可解决全校在各种环境下实现数学实验的需求，使学生人人享有数学实验的机会。虽然网络画板具有强大的数学实验功能，但是要在数学课堂中合理利用，将其作为学生操作活动的必要补充，把实物不易操作的活动变得容易操作；将看不到的现象变得能看见；将以前想象不出来的展示出来。完善和补充学生的动手操作，体现出数学学科的严谨求实性。

（四）网络画板分层“练习”

变式练习是小学数学教学和训练过程中应用比较广泛的一种方式，不仅可以丰富教学内容，还可以使学生在应用新知识解决数学问题的过程中，加深对所学知识的理解，探索解题的规律，形成数学解题的技巧，提高数学学习的能力。

本课的课堂练习注重层次性。首先出示一个平行四边形让学生根据本课学过的知识求面积，然后利用网络画板将这个平行四边形进行拖动变形（如图 6）。学生通过操作和观察发现，变化前后平行四边形底和高都没有改变，因此面积也不会改变，推导出“等底等高的平行四边形，面积也相等”。然后利用网络画板在两条平行线上进行任意拖动功能，发现有无数个这样等底等高的平行四边形。

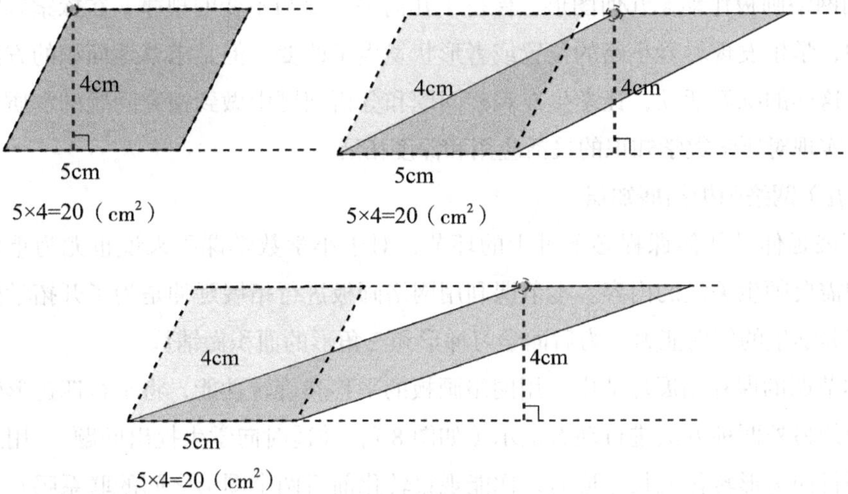

图 6　网络画板动态展示等底等高的平行四边形

本课的课外练习注重拓展性。将本课书本上的练习题作为基础，首先通过网络画板移动功能，将中间的长方形小路从左边移到右边，发现长方形小路的长和宽都没有改变，所以草地的面积不变。然后再通过网络画板移动功能，将中间的长方形的小路变成一条平行四边形小路，甚至任意移动平行四边形的位置（如图 7），发现小路的面积都没有改变，所以草地的面积也不变。

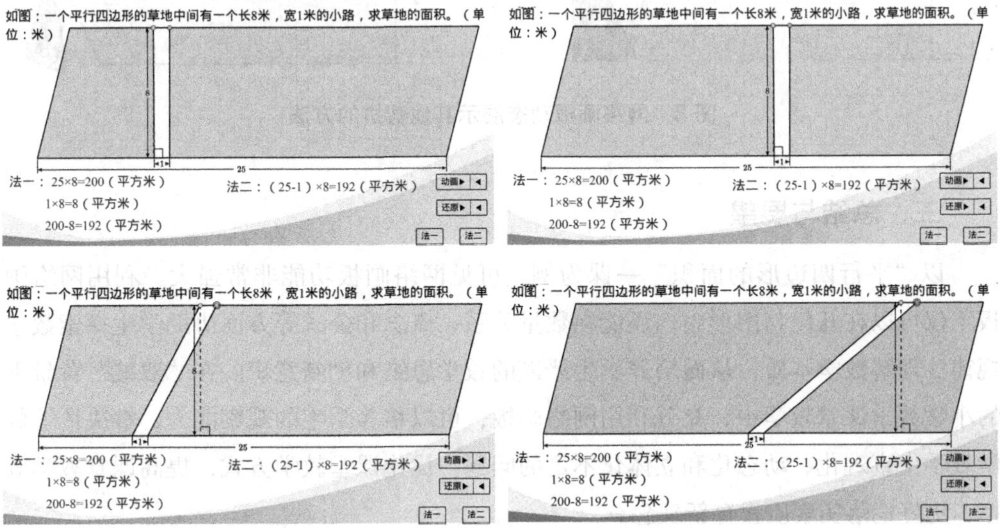

图 7　网络画板动态展示改变小路的位置和形状（高和底不变）

用网络画板作动态几何图形，保持了几何关系变与不变的规律。在探索答案的过程当中，学生发现尽管小路的位置或者形状发生了改变，但是求草地面积的方法是不变的。这样的练习活动，让学生在观察问题和分析问题中做到探究问题的本质并举一反三，实现对所学数学知识的灵活应用和深度拓展。

（五）网络画板拓展知识

拓展延伸是任何课程必不可少的环节，对于小学数学课程来说也尤为重要，是课堂中需要师生关注的内容。本节课利用网络画板进行拓展延伸是为了开拓学生的视野，培养学生的创新能力，为后面学习梯形和三角形的面积做铺垫。

本节课的课外拓展环节中，用网络画板的平移和旋转功能，将平行四边形转化成长方形的另外两种方法进行动态演示（如图 8），并适时向学生提出问题："用这种方法把平行四边形转化成长方形后，你能观察转化前后两个图形之间的联系吗？你能利用这节课的等积变形方法推导出平行四边形的面积吗？"数学教学不仅仅是向学生传授知识和技能，更重要的是传授思想和方法，思维的启发可以来源于教材，但不能仅限于教材，本课对转化思想进行了拓展和延伸，体现了数学思维的主动性和创造性。

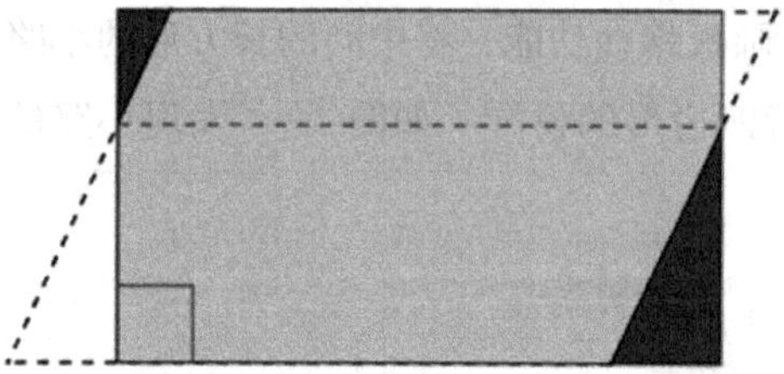

图 8　网络画板动态展示其他剪拼的方法

三、总结与展望

以"平行四边形的面积"一课为例，可见网络画板功能非常强大。利用网络画板不仅可以在几何与图形中，还能在数量关系、概念和公式等方面协助学生探索数学规律、理解数学本质，从而培养学生严谨的数学思维和创新意识。在"双减"背景下的小学数学课堂教学中，充分利用网络画板，可以培养学生的观察能力，解决传统数学教学中直观化、动态化和立体化不足的问题，优化课堂教学方式，提高课堂教学效率，更好地落实素质教育新理念。

参考文献

[1] 伍雪莲.基于网络画板的初中数学探究教学研究[D].成都：四川师范大学，2020.

[2] 中华人民共和国教育部.义务教育数学课程标准（2011年版）[M].北京：北京师范大学出版社，2012.

[3] 王鹏远.网络画板平台支持下的新一代数学实验室[J].中小学信息技术教育，2018（6）：56-58.

[4] 樊广顺.信息技术与课堂教学融合的实际应用——基于网络画板的数学教学实践[C]//数字化教学探索与创新——第二届全国中小学数字化教学研讨会论文集，2017.

[5] 陈欣飞.浅谈小学数学教学拓展延伸的策略[J].新课程（中），2018（2）：316-317.

作者简介

李南妮：成都市青白江区祥福小学教师，中小学一级教师。

网络画板在初中数学教学中的应用探究

——以“反比例函数”为例

榆林市第八中学　姬芦校　白东云

【摘　要】随着信息技术在中学数学教学中的广泛运用，网络画板作为一款在数学教学中应用普遍的软件，在教学中可以帮助学生理解抽象的数学知识，提高数学课堂效率，帮助学生突破重、难点，培养学生几何直观。本研究以“反比例函数”为例，在教学中运用网络画板，研究发现将网络画板运用于教学中在一定程度上可以使得数学作图规范，便于学生理解；克服学生畏难心理，激发学生学习兴趣；通过丰富的课堂活动培养学生数学素养；教师学习新的信息技术，转变教学方式，进而提高教师专业素养。

【关键词】网络画板；反比例函数；几何直观；数学素养

一、引言

教育部关于《教育信息化“十三五”规划》提出对教师的要求：“要建立健全教师信息技术应用能力标准，将教师信息技术应用能力纳入教师培训必修学时（学分），增强教师在信息化环境下创新教育教学的能力，深化信息技术与教育教学的融合发展。”在这样的大背景下，教师需要学习新的信息技术辅助教学。网络画板是一款专门为数学辅助教学设计的软件，操作简单，应用于课堂教学可以丰富课堂活动，激发学生求知欲望。初中生对于学习函数一直有畏难心理，正如数学家华罗庚所说：“数缺形时少直观，形缺数时难入微。”在数学教学中使用网络画板可以帮助学生突破课堂重、难点，通过几何直观得出函数的性质，提高学生的数学素养。目前关于几何画板在教学中的应用研究较多，关于网络画板与初中课堂研究较少，本研究从初中课堂具体如何应用网络画板出发，阐述使用网络画板的优点，展现网络画板的实用性与广泛性。

二、网络画板简述

网络画板是由中国科学院张景中院士主持开发的一款数学教学工具，它以超级画板为原型，运用了动态几何技术、逻辑推理、数值运算与符号运算及网络交互式技术。网络画板支持多样资源形态，支持跨平台、多终端使用，只要有网就可以使用，不用下载安装，便于分享。

网络画板作图方便，使用智能画笔可以快速画出所需要的点、线、圆、垂直、平行等基本几何图形；对图形进行平移、旋转、对称等变换；设置参数，形成动画；可对图形进行面积、角度、长度等方面的计算；建立平面直角坐标系，绘制函数，也可设置动点，依据点动成线形成函数图象，网络画板功能强大，适用于数学教学。

三、网络画板在反比例函数教学中的应用

（一）画反比例函数的图象

在反比函数图象的教学过程中，教师可以通过网络画板设置参数，跟踪点的运动轨迹，进行点的加密，形成反比例函数图象的轮廓，进而画出反比例函数的图象，使学生明确反比例函数图象是由两支曲线组成的。画板讲解中，点的移动可以激发学生的学习兴趣，加密点可以帮助学生理解反比例函数的图象，进一步体会反比例函数的图象是光滑的曲线，而不是折线，这是传统的黑板教学不能体现的部分，利用网络画板画反比例函数的图象，体现出数学知识的严谨性、准确性。

在传统的教学中，由于板书的限制，描点的个数有限，学生无法直观体会所有点组成的图象即为反比例函数的图象；也没有办法体会反比例函数与坐标轴无限接近，画出的图象有误差。通过网络画板的演示，我们发现，反比例函数的图象为光滑的曲线，且与坐标轴没有交点，体现出数学的严谨性。

在教学中要注意试错讲解，学生通过观看网络画板演示并不能独自绘制出正确的反比例函数图象，可能会与坐标轴有交点，可能会画到自己描的点为止，没有延伸，可能不是光滑的曲线，教师在授课中还需要重点强调，多练习。

（二）反比例函数图象的性质

1. 函数所处象限

对于反比例函数，设置参数使 k 值进行变化，发现当 k 大于零时，反比例函数的图象始终在第一、三象限，k 小于零时，反比例函数图象在第二、四象限，也可以设

置跟踪函数轨迹，形成函数集，让学生直观感受 k 值对反比例函数图象所处象限的影响，引导学生从数的角度来理解，当 k 大于零时，$k=xy$，反比例函数图象上的点的横坐标和纵坐标的正、负相同，故根据各象限点的特征可知，点在第一象限或第三象限；同理当 k 小于零时，反比例函数图象上的点在第二象限或第四象限。通过对函数的数值分析，结合网络画板演示，进一步加深学生对反比例函数图象的理解，同时培养学生思考问题时“数”与“形”相结合，体现数形结合的数学思想。

2. 增减性

在探究反比例函数增减性时，可以在函数上任意取一点 A，测量出点 A 的坐标，设置点 A 从左到右移动，观察点 A 的坐标变化，发现当 k 大于零时，点 A 从左到右移动，横坐标增大时，点 A 的纵坐标在减小；同理得出 k 小于零时的性质。学生通过对网络画板演示进行归纳总结，得出反比例函数的图象性质。这里可以培养学生的语言表达能力，归纳概括能力。

3. 对称性

利用网络画板做反比例函数的图象，在函数图象上任意取一点 A，作 A 关于原点的对称的点 A'，改变 k 值、点 A 的位置，观察 A' 的位置，发现反比例函数的图象关于原点对称，网络画板可以动态演示当第一象限的图象旋转 180° 后与第三象限的图象重合；网络画板也可以演示反比例函数的图象关于直线 $y=x$ 与 $y=-x$ 成轴对称。让学生从几何直观的角度理解反比例函数的对称性，加深对知识点的理解。

（三）反比例函数与几何图形结合

1. k 的几何意义

在反比例函数 $y=\frac{k}{x}(k\neq 0)$ 的图象上任取一点 A（a，b），过点 A 分别作 x 轴、y 轴的垂线段 AB、AC，则矩形 $ABOC$ 的面积 $S=|k|$，这一知识点在教学中引导学生从数值计算的角度进行分析。先利用网络画板作出反比例函数的图象，结合点 A 的坐标，得出矩形的面积。个别学生可能会产生疑问：怎么面积为 k 的绝对值？教师可对于不理解或是理解不深刻的学生，直接利用网络画板测量出所求矩形的面积，如图 1（1），发现矩形面积的 k 的绝对值，设置点的移动，改变点 A 的位置，如图 1（2），发现结论仍然成立；改变 k 的值结论仍然成立。由特殊到一般的思想，得出：矩形 $ABOC$ 的面积 $S=|k|$，通过网络画板的演示进一步加深学生对 k 的几何意义的理解，进一步渗透数形结合的数学思想。

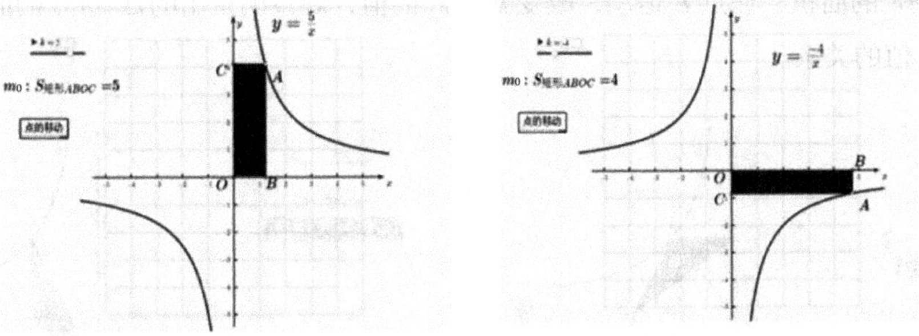

（1）　　　　　　　　　　（2）

图 1　变化点 A 位置求证 k 的几何意义

2. 基本图形面积

与反比例函数图象上有关点的图形面积基本模型：

点 A 在反比例函数 $y=\frac{k}{x}(k\neq 0)$ 上，$AC\perp y$ 轴，垂足为 C，点 E 在 x 轴上运动，则 $S_{\triangle ACE}=\frac{|k|}{2}$；点 A 在反比例函数 $y=\frac{k}{x}(k\neq 0)$ 上，$AB\perp x$ 轴，垂足为 B，点 D 在 y 轴上运动，则 $S_{\triangle ABD}=\frac{|k|}{2}$；点 A 在反比例函数 $y=\frac{k}{x}(k\neq 0)$ 上，点 A 与点 A_1 关于原点对称，分别过 A、A_1 作 x 轴、y 轴的垂线，交于点 G，则 $S_{\triangle AA_1G}=2|k|$；点 A 在反比例函数 $y=\frac{k_1}{x}(k_1\neq 0)$ 上，点 F 在反比例函数 $y=\frac{k_2}{x}(k_2\neq 0)$ 上，$AF//x$ 轴，点 E 在 x 轴上运动，当 $k_1k_2>0$ 时，则 $S_{\triangle AFE}=\frac{|k_1-k_2|}{2}$；当 $k_1k_2<0$ 时，则 $S_{\triangle AFE}=\frac{|k_1|+|k_2|}{2}$。

反比例函数与基本图形结合计算面积，这部分知识点对于学生来说比较困难，单纯的黑板作图分析对学生来说比较枯燥，引不起学生的学习兴趣，学生强行记忆也容易遗忘，通过网络画板演示，给 k 赋予具体的数值，动点运动起来，测量出需要求的三角形面积，观察与 k 值的关系，如图 2（1），测量出△ ACE 的面积，让点 E 运动，改变 k 的值，观察测量出的△ ACE 的面积数值；如图 2（2），测量出△ ABD 的面积，让点 D 运动，改变 k 的值，观察测量出的△ ABD 的面积数值；如图 2（3），测量出△ AA_1G 的面积，让点 A 运动，改变 k 的值，观察测量出的△ AA_1G 的面积数值；如图 2（4）、图 2（5），测量出△ AFE 的面积，让点 E 运动，改变 k 与 k_1 的值，观察测量出的△ AA_1G 的面积数值与 k 与 k_1 值的关系。

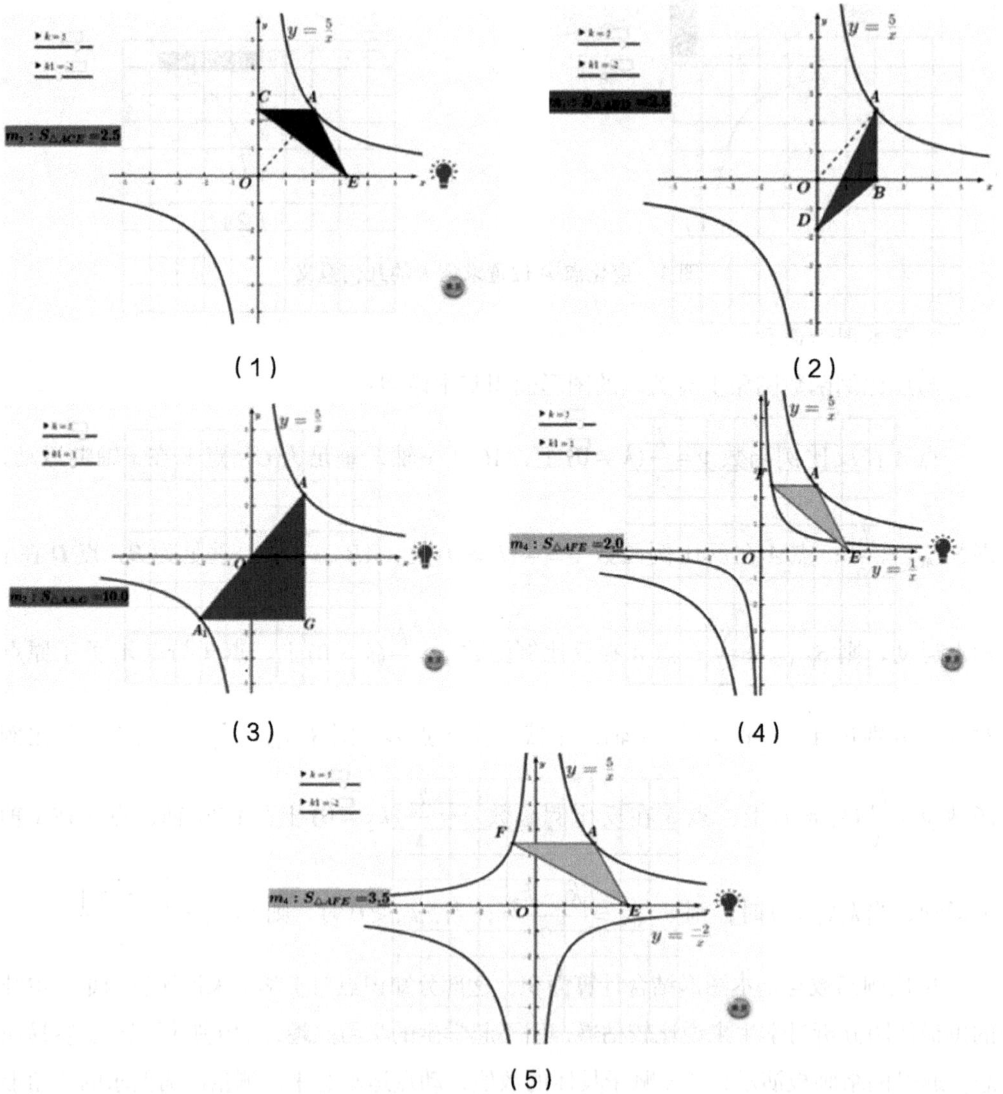

图 2　变化点 k 位置测量图象面积

四、研究结论

本研究通过研究网络画板与课堂教学相结合，得出使用网络画板有以下优点：

（一）作图规范，便于理解

传统的作图容易出现误差，用网络画板作反比例函数的图象可以更精准地展现反比例函数的图象，知识点以更直观的方式呈现，使学生对图象形成直观且精准的认知。使用网络画板探究反比例函数图象的性质，通过动点、测量、轴对称，使图象“动”起来，化繁为简，加深学生对反比例函数图象的印象，掌握反比例函数图象的特征。

（二）激发学生学习兴趣

在教学中使用网络画板将复杂的问题简单化，便于学生理解，可以提高学生的课堂参与度，激发学生的学习兴趣，使用网络画板画图，简单美观。比起传统的黑板画图，学生更喜欢网络画板画图，使用网络画板解题可以具体地体现出每道题的数值和图形的变化关系，可以展现出每个数值与图象出现的原因或方式，可以更好地让人了解解题思路。

（三）培养学生数学素养

通过网络画板演示，降低学习反比例函数的难度，学生根据数与形的结合，得出相关数学结论，展示了学生的分析概括能力、推理验证能力，有利于提高学生的数学素养。

（四）提高教师专业素养

在课堂教学中使用网络画板，需要教师在备课时改变传统的备课方式，运用网络画板突破教学重、难点，达成教学目标，提高课堂效率。同时，使用网络画板可以帮助教师更好地理解、思考数学问题，进行数学研究，提高教师的专业素养。

五、总结与展望

本研究对于网络画板的使用重点在课堂教学上给学生直观性感受，帮助学生理解所学内容，突破重、难点，培养学生几何直观，渗透数形结合思想，对网络画板在课前、课后帮助学生学习，进行巩固、拓展，还未涉及推广，期待在以后的研究中将网络画板“走”出课堂，让学生可以随时随地巩固学习，也可以通过学生自己制作绘图，深入理解数学知识，提高学生的动手能力和发散思维。

参考文献

［1］张泉，钟鸣．几何画板融入教学 激发学生深度思维——“反比例函数的图象

和性质”课例与反思［J］. 数学之友，2018（3）：84–88.

［2］贺媛. 网络画板在初中函数教学中的应用研究［D］. 贵阳：贵州师范大学，2020.

［3］张兴福. 简析网络画板在中学数学教学中的应用［J］. 智力，2020（7）：61–63.

［4］马复. 义务教育教科书数学九年级上册［M］. 北京：北京师范大学出版社，2013.

［5］金东风. 网络画板在初中数学教学中的应用研究——以图形变换为例［J］. 基础教育论坛，2021（23）：103–104.

［6］武泽涛. 万唯中考试题研究［M］. 西安：陕西科学技术出版社，2022.

作者简介

姬芦校：榆林市第八中学数学教师，榆林市二级教师。

白东云：榆林市第八中学数学教师，榆林市一级教师。

网络画板赋能小学数学学习

成都市青白江区实验小学　易成勇

【摘　要】教育部拟定《中小学数学教师信息技术应用能力规范（讨论稿）》中指出：数学教师信息技术应用能力是信息化社会数学教师必备学科专业能力。网络画板作为一款数学教与学的专业软件，如何赋能小学数学学习是我们重点研究的内容。我们从网络画板赋能数学概念理解、实践操作、自主探索、兴趣培养等方面进行实践研究。实践表明，网络画板赋能数学学习能将问题化难为易、化繁为简、化零为整，学生更容易理解、分析、解答，能明显提升教学效果，提高了学生学习数学的兴趣。

【关键词】网络画板；动态演示；赋能

网络画板是一款易学易懂、开发效率很高的软件，是一款门槛较低、易于普及的数学软件，体现了极简主义思想的宗旨。它不但是一个制作课件的平台，还是一个学习的平台，一个技术交流的平台，一个大家共建共享的资源库平台，尤其是它能跨平台使用，一个链接，一个二维码，一个嵌入，就可以实现分享，极大地方便了师生使用。在教学中，它的动态过程展示让我们以前能想到但看不到的现象变得能看到；以前想不到也看不到的现象，现在通过过程展示能看得到，从而能想得到；以前利用实物不易操作的活动变得容易操作；等等。简单地说，就是把抽象不可见的数学变得直观可见。网络画板赋能数学学习，使课堂更加形象生动、形式多样，能为学生发现问题、分析问题、解决问题提供丰富的直观经验，有利于数学概念的形成与发展，有助于数学思维品质的提升，同时也让学生在应用网络画板解决数学问题的过程中感受数学之美，享受数学之趣，体会数学之味，从而激发学习热情，使数学课堂教学获得事半功倍的效果。

一、网络画板赋能数学，让图形变化无穷，有利于师生感受数学之美

图案欣赏与制作是小学数学的一个重要内容，但在传统的教学中，因为缺少相

关材料与手段等原因导致这些内容的学习轻描淡写，效果常常不尽如人意。自从有了网络画板的参与，一方面老师可以利用网络画板的迭代等功能制作丰富的图案来熏陶学生；另一方面，学生在教师的引导下，运用所学的图形知识加上独特的创意再结合不同变换和改变参数亲自创作出千变万化、意想不到、美不胜收的图案，它对学生的视觉冲击是巨大的。学生在创作过程中，为了呈现自己的设计意图，学生会最大限度调动自己所学知识去解决问题，不懂的会主动求教或自学或互帮互学，这个过程既让学生体会到数学的用处，增强了学习的主动性，更让看似枯燥单一的数学变得魅力无穷。实践证明，每当学生看到这些图案都会被吸引，同时也激发了极强的探索热情，如图 1。

图 1　美丽图案

二、网络画板赋能数学，让抽象的数学问题直观可见，有利于学生体会数学之味

（一）网络画板赋能数学，有利于学生对概念的理解

概念教学是数学教学中的一个重要内容，概念理解不清，通常会导致数学学不好，但有些概念很抽象，不易理解。比如，容积的意义，“容器所能容纳物体的体积”的理解就很难，学生对容器内空间大小与所装物体的体积之间的关系画不上等号，我在教学中利用网络画板制作一个容器，并制作一个与容器内空间完全一样的一个立体图形，然后把立体图形放入容器内，让学生观察容器的内空间与立体图形的关系，当学生发现它们一样大时，再移出立体图形然后告知，这个立体图形的大小就是这个容器的容积，有了这样一个直观体验，学生就会真正理解容积的概念，如图 2。

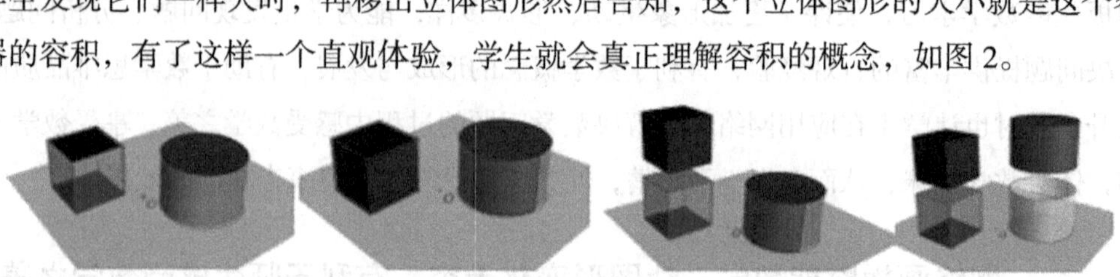

图 2　容积的意义

（二）网络画板赋能数学，有利于对学生进行数学思想的渗透

数学思想的渗透是数学教学的一个重要目标，理解和运用数学思想能大大提升学生的数学能力。但有些如极限思想往往存在于语言的描述或者是想象当中，缺少实实在在的直观体验。如教学“圆面积计算方法”时，如果用纸圆等分，最多也只能分到32等份，拼成近似平行四边形，学生对于把半径当作高总是有些想不通，毕竟看上去半径和底不是垂直的，底也不是直的。有了网络画板这一利器，这个问题就轻松解决了，我们可以将圆分为若干等份，由于等分的份数非常多，拼成的图形从直观上看已经是一个长方形。当学生看到随着等分的份数越多，圆在动态变化中逐渐变成一个长方形，这个直观体验能非常有效地帮助学生理解极限思想，化曲为直等转化思想。说实话，我和学生在第一次看到这种魔幻般的变化时，都深深地被震撼和折服，如图3。

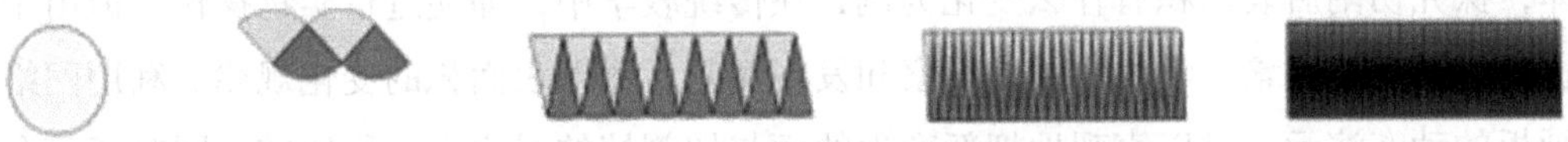

图3　圆面积计算公式推导

（三）网络画板赋能数学，有利于突破教学重、难点

对于重、难点知识，往往是比较抽象，又不易直观操作，导致学生不易理解，而我们借助网络画板的过程展示却能帮助学生理解和掌握。如，把一个高8厘米的圆柱增高2厘米，表面积增加了25.12平方厘米，求这个圆柱的表面积。如果没有直观演示，有些学生不知道增加的部分在哪里，更不用说计算了，那么通过网络画板的动态演示，让学生观察圆柱的变化，找到变化的部分，发现变化的地方在圆柱的侧面部分，而且这个部分就是2厘米高圆柱的侧面，然后进一步分析，从而轻松解决问题，最后还可以动态演示让学生思考：如果圆柱的高减少2厘米，表面积减少了25.12平方厘米又如何解决呢？又如，圆锥沿顶点纵切面是什么形状的问题，瓶子倒放等积转化的问题等，通过动态演示都能让学生直观感悟而容易理解，如图4。

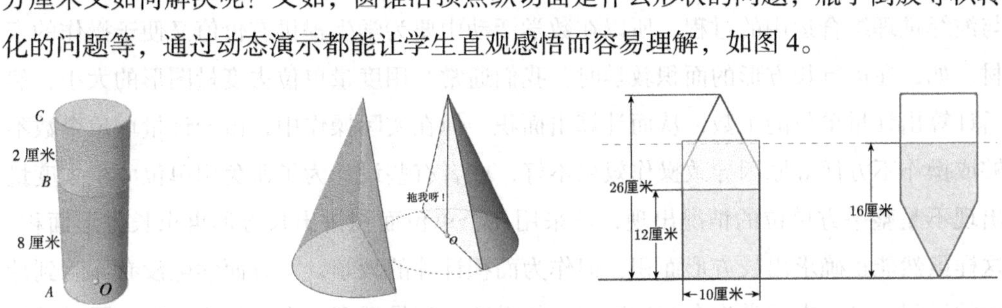

图4　图形的变换

三、网络画板赋能数学，让动手实践常态化、探究问题精细化，有利于学生享受数学之趣

（一）网络画板赋能数学，为学生的自主探究学习提供了更多可能

自主探究学习是新课程理念所提倡的一种学习方式，它要求学生在老师的引导下通过动手、动眼、动嘴、动脑，主动地去获取知识。但在实际操作中由于缺少探究素材或不易准备素材又或是实物不易操作等原因而影响探究效果，然而利用网络画板则可根据需求轻松制作素材，然后将活动要求及素材操作要求发放给学生，学生根据活动要求操作交互按钮进行探究，保证了探究的效果。

如，长方体的切割问题。以把一个长方体的顶点处平行于各面切下一个小长方体，探究切割后表面积有什么变化为例，在传统教学中，即使进行实物操作，但由于视角、遮挡等因素，学生也不易观察和发现切割后图形表面积的变化规律。利用网络画板的动态演示，可以直观地把新产生的面与切割掉的对应面进行比较，同时通过参数调整改变要割掉的长方体的大小进行多次比较，为学生提供充足的数据进行分析，从而发现规律，让学生在理解中记住规律，更重要的是掌握一些探索规律的方法，如图 5。

图 5　长方体的切割

（二）网络画板赋能数学，有利于学生对数学规律的探索和建模

探索规律性内容是小学数学内容的重要组成部分，探索规律的过程就是合情推理与演绎推理综合运用的过程，所以在数学活动中要为学生提供有价值又便于操作的素材。如，在进行长方形的面积教学时，我们通常会用度量单位去度量图形的大小，然后计算出计量单位的个数，从而计算出面积。但在实际操作中，由于计量单位个数不够或操作不方便等原因导致操作效果不好，或者有些设计为了避免用单位面积去度量出现不是整平方单位的情况出现，就采用几个单位面积拼出长方形再求长方形面积，这样虽然能正确求出长方形面积，但作为面积计算的教学，一方面学生没有体验到计量的过程，另一方面学生会产生疑问：如果度量到最后多一点又怎么办呢？同时学生

也体会不到为什么要学习不同的面积单位，这样就不利于量感的培养。我们用网络画板的迭代技术则可轻松应对，如果度量不是整分米数的长方形时，需要改为厘米或毫米为单位去度量，如果是实物操作是不容易进行的，但网络画板则通过变量尺改变单位大小重新度量，非常方便，让学生在度量操作中去探索面积计算的方法以及单位间的换算关系，如图 6。

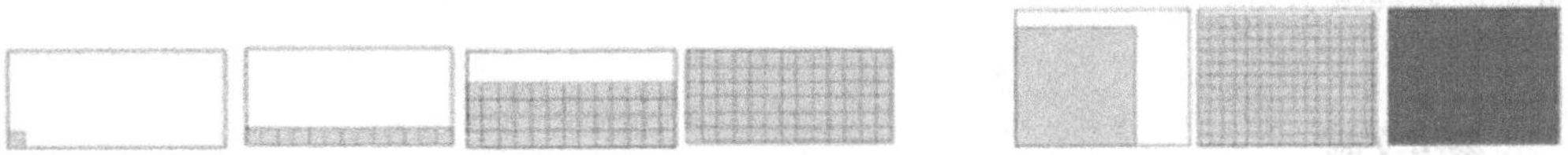

图 6　长方形面积的度量

（三）网络画板赋能数学，开拓学生视野，拓展学生思维

在数学教学中，我们常用一题多解、一题多变的方法开拓学生的思路，克服思维定式，培养发散性思维的创造性能力。比如，正方体的 11 种展开图，不是每个学生都能想到或做到的，学生对自己动手实践的两三种情况可能印象深刻而易于理解，但对于其他同学的展示可能只是远观而没有足够的时间去观察和理解，课后很快就会遗忘。网络画板能轻松展示各种情况，学生有机会反复操作观察每一种情况，加深理解，填补学生认识的不足。又如，三个圆柱层叠求表面积，一般情况下大家会想到凸出的形状，那么凹进去的又如何计算呢？两者之间又有什么联系呢？如果又凹又凸的情况呢？这些如果只靠大脑去想，对于大多数学生来说，都是无法理解的，而通过网络画板，把它们的动态变化过程展示出来，学生不但能看清看懂每一种类型，而且不同类型间的联系或区别也动态地展示出来了，这样既开拓了视野，又拓展了思维，如图 7。

图 7　图形的变化

四、研究总结

网络画板作为信息技术与教育教学融合的一个典型案例，它特有的动态过程展示让抽象、枯燥、神秘、复杂的数学知识变得直观、有趣、生动、简单。相信你的课堂有了网络画板的参与，教数学会因为生动有趣而更具感染力，学数学会因为易学易懂而变得更具吸引力。

参考文献

[1] 高正娟．初中数学思想的渗透方法探析［J］．数学学习与研究，2018（21）：1.

[2] 米雪．小学数学课堂教学中自主探究式学习模式探析［J］．成功：中下，2018（11）：1.

[3] 马银娟．把课堂还给学生，让课堂充满活力［J］．中国信息技术教育，2012（5）：113-114.

[4] 陈燕萍．如何提高初中数学教学的有效性［J］．农家科技，2011（A4）：3.

[5] 何间英．一题多解 一题多变 培养发散性和创造性思维［J］．西江教育论丛，2008（3）：2.

[6] 杨光伟．中学数学案例教学论［M］．杭州：浙江大学出版社，2012.

作者简介

易成勇：成都市青白江区实验小学，中小学高级教师。

浅谈网络画板在初中数学课程中的应用

——以“$PA+kPB$型最值问题”为例

成都市青白江区福洪中学　陈　光

【摘　要】网络画板具有非常强大的图形制作、几何变换、测量、跟踪等操作功能，以及动态性、共享性和交互性等特点，是中学数学教师教学的重要辅助软件。本文以“$PA+kPB$型最值问题”教学中合理应用网络画板为例，探讨网络画板在初中数学课程中应用的优势。

【关键词】网络画板；最值问题；胡不归问题；设计目的

一、引言

网络画板是由中科院张景中院士和其团队策划开发的，适应互联网环境、教育信息化发展新趋势的动态数学学科教学工具，具有支持多终端、跨平台、操作方便、储存安全等特点，其智能画笔作图方便快捷，功能也更加完善，可以进行动态演示、计算和任意移动等。因此，如何将网络画板与课堂教学结合起来，是中学数学老师需要思考的问题。在平时的初中数学课程教学中，只要选择恰当的专题，运用网络画板会为我们创设动态情景，突破教学重、难点，引导学生解决问题提供方便。

二、课例背景分析

（一）教学内容分析

本节课以北师大2012版九年级数学下学期第一章“直角三角形边角关系”为专题课，主要是让学生在学习了正弦的相关知识以后，对于“两定一动”且“系数不为1”，即“$PA+kPB$型最值问题”能够有一个比较清晰的认识和了解，并能较熟练地掌握解决此类问题的基本策略，同时逐步渗透“数形结合”思想和“化归”思想的理解和应用。

（二）学习者特征分析

学生在以前的学习中，已经对直角三角形的相关知识和轴对称中的“将军饮马”问题有了一定程度的认识。在学习了本章前几节知识之后，学生已经对一般直角三角形的边角关系和 30°、45°、60° 的三角函数值有了一定程度的了解。希望在学习了本节知识之后，能促进学生对“$PA+kPB$ 型最值问题”的认识，加深对正弦的认识，能初步体会数学建模，进一步提升探究问题和解决问题的能力。

（三）教学目标

经历解决“$PA+kPB$ 最值问题”的过程，理解“$PA+kPB$ 型最值问题”的解题策略，体会把简单的实际问题转化为数学问题。

（四）教学重、难点

通过“胡不归问题”情景再现和模型建立，让学生能够识别“$PA+kPB$ 型最值问题”。引导学生掌握解决“$PA+kPB$ 型最值问题”的基本策略。

三、教学过程及分析

（一）情景呈现

在网络画板上呈现问题情景，给同学们说明风靡千年的“胡不归问题”的来源和背景（如图 1）。并利用网络画板，展示动画效果，加深学生的印象。

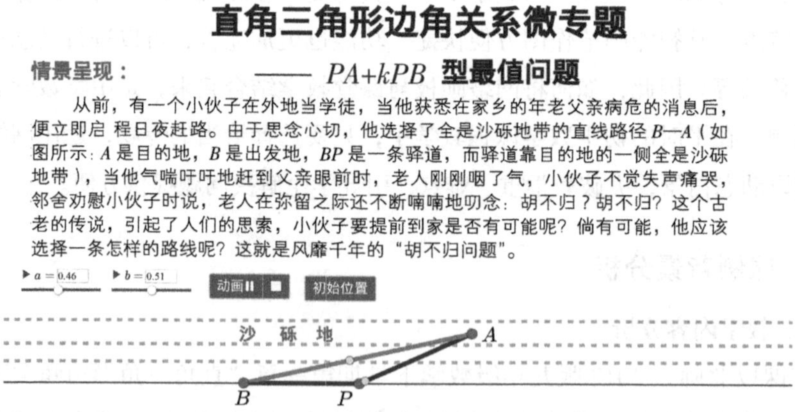

图 1　情景呈现

设计目的：①通过呈现“胡不归”问题的背景吸引学生的注意力，迅速让其进入到最佳的学习状态；②通过情景故事的两个设问为后续引出“$PA+kPB$ 型最值问题”

打下基础。

（二）情景分析

首先，利用网络画板展示出情景分析，并通过动画演示帮助学生归纳得到“$PA+kPB$”（如图 2）。

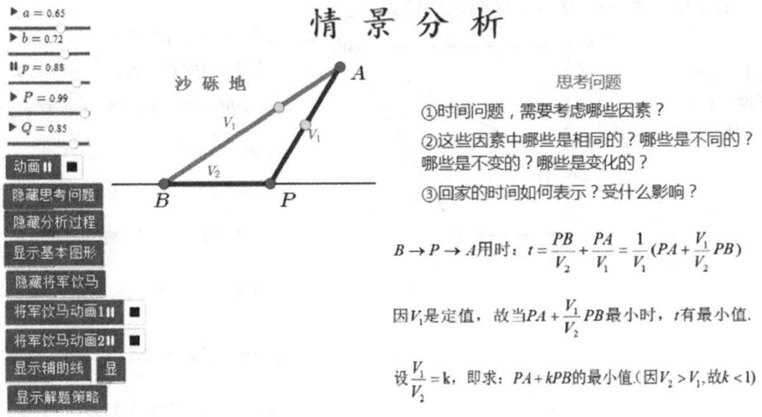

图 2　情景分析

设计目的：①通过问题串来搭梯子，降低学生思考的难度，从而一步步引导学生分析问题并归纳出：求 t 最小就是求 $PA+kPB$ 最小。②通过情景分析，让学生对“$PA+kPB$ 型最值问题”有了一个初步的认识。

然后，利用网络画板展示基本图形和“将军饮马”模型，帮助学生回忆旧知识。①定点到定点：两点之间，线段最短。②定点到定线：点线之间，垂线段最短。③解决这类问题的思路：折化直，斜化垂。④口诀：定点隔河看，那就连线段；动静手拉手，垂线作起走。

设计目的：①通过对旧知识的复习，有利于学生回忆以前在求类似的最值问题时是如何解决的，为后续解决“$PA+kPB$ 型最值问题”埋下伏笔，也从侧面引导学生在思考问题的过程中注意“化归思想”的应用。②由于没有具体的问题情景，所以学生对“$PA+kPB$ 型最值问题”的认识仍然是空洞的，所以在完成此处教学后，马上进入“例题分析”，处理完两个例题后再来归纳解题策略。

（三）例题分析

展示例题 1（如图 3），利用网络画板动画功能分析问题，引导学生思考“如何转化”，建立“胡不归”模型，再利用网络画板显示辅助线，解答过程，最后提出思考：

如果沿对角线 AC 将菱形剪开，只保留 $\triangle ABC$，我们又该如何处理呢？从而引出变式练习（如图 4）。

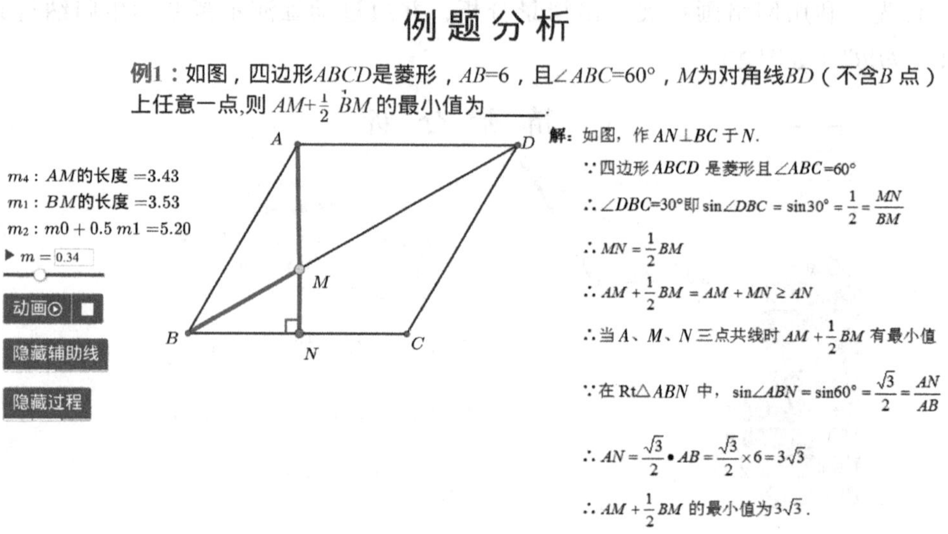

图 3　例题 1 分析

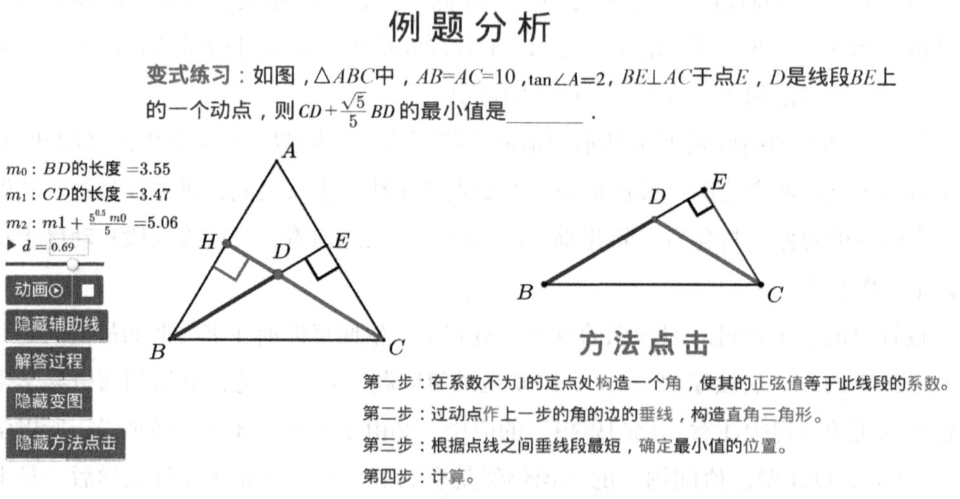

图 4　例题 1 变式练习

设计目的：①通过问题情景中利用“菱形对角线平分对角”把 60° 平分得到 30°，然后构造直角三角形 $\triangle BMN$，利用直角三角形的性质将 $\frac{1}{2}BM$ 转化为 MN，从

而把求 $AM+\frac{1}{2}BM$ 的最小值转化为求 $AM+MN$ 的最小值，利用复习的结论“定点到定线：点线之间，垂线段最短”，当“A、M、N 三点共线”时有最小值。②问题情景中的“菱形”和“60°”都是特殊情况，而我们需要总结的是一般情况，因此，通过“如果沿对角线 AC 将菱形剪开，只保留△ ABC，我们又该如何处理呢？”的设问，引导学生往一般情况去思考，让变式练习引出显得自然。

展示例题 2（如图 5），分析问题，引导学生思考“如何转化$\frac{1}{2}PB$”，作出辅助线，从而建立“胡不归模型”，并利用网络画板显示辅助线、解答过程。

设计目的：①例题 2 是将成都市青白江区 2020 年三诊数学试卷 28 题进行改编得到的，这样来自考场的题目，离学生更近，有利于提升学生学习的积极性。②在转化时，应该引导学生回忆例题 1 如何转化，在何处构造 30° 角得到 Rt △ BPH 并利用 $\sin 30°=\frac{1}{2}=\frac{PB}{PH}$，将$\frac{1}{2}PB$ 转化为 PH。③在引导学生讨论取最值时的位置时，应注意把重点放在“三点共线”和“点线之间，垂线段最短”上，并注意强调书写格式。

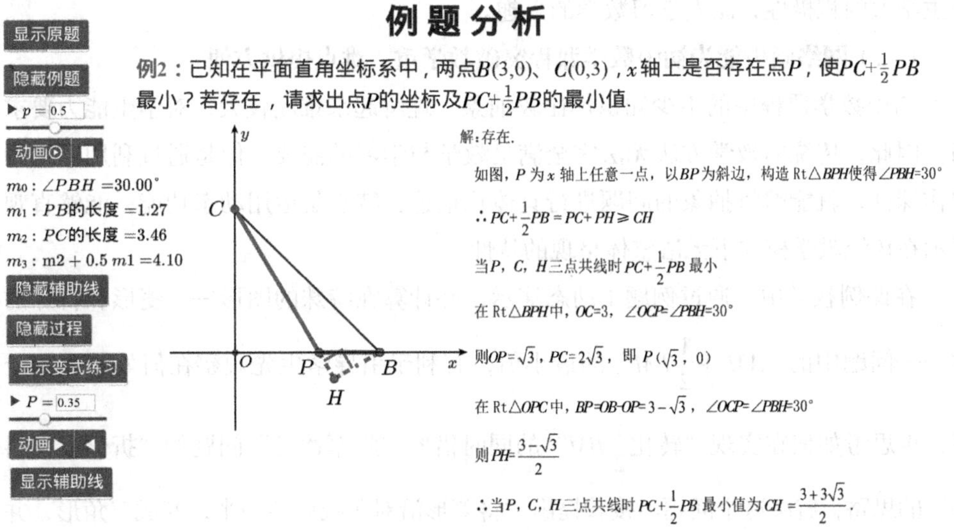

图 5　例题 2 分析

（四）解题策略

通过以上问题的分析，归纳出“$PA+kPB$ 型最值问题”的基本特点：涉及到两个定点，一个动点，且动点在直线上运动，并概括出解题策略。

表 1 “$PA+kPB$ 型最值问题”的解题策略

步 骤	口 诀	要 求
第一步	构角	使 $\sin a=k$
第二步	转化	系数化为 1
第三步	讨论	取最值时的位置
第四步	计算	结果为最简形式

四、网络画板在初中数学课程应用的思考

（一）网络画板能为初中数学课程创设动态情景提供方便

通过课例可以发现，教师利用网络画板制作动态课件，课堂教学时演示动态课件，有利于引导学生思考问题，理解动态问题，从而突破教学的重、难点。因此，在初中数学课程中加大对网络画板的应用，可以充分利用其动画的功能将学生对数学学科强烈的求知渴望与浓厚的兴趣激发出来，使得学生能够积极主动地参与到学习中来。这样一来，不仅能使学生对数学课的内容印象深刻，而且还能进一步地调动学生自主学习的积极性，激发学习数学的兴趣。

（二）网络画板能为初中数学课程突破教学重、难点提供方便

初中数学课程中的不少知识都比较抽象，理解起来难度较大，对学生能力要求较高。因此，传统的教学方法无法完全满足教学与学习的需要。但是通过利用网络画板制作课件，就能够将抽象的问题进行具体化描述，特别是运用动态功能，能够直观地展示在传统教学模式下无法整体呈现的特性。

在课例教学中，通过例题 1 动态演示，并计算在特殊的图形——菱形和特殊的系数——问题中的“$AM+\frac{1}{2}BM$”的最小值，有利于引导学生先观察在何处能取得最小值，再思考如何在实现“转化$\frac{1}{2}BM$”的同时借鉴“将军饮马”问题的“折化直，斜化垂”的思路，解决这个问题。接着提出“将菱形沿对角线剪掉一半，变成三角形，并且系数变为$\frac{\sqrt{5}}{5}$”又该如何解决，最后再提出“将三角形沿垂线剪掉一半，变成一个更普通的三角形”又该如何解决，采用了从特殊到一般的思想来搭建层层阶梯，让学生理解问题更轻松一点，更容易抓住解决“$PA+kPB$ 型最值问题”的本质。

（三）网络画板能为学生学会思考、学会解决问题提供方便

数学家及数学教育家乔治·波利亚认为：教育的根本目的不只是为学习者传授知识，而是强调学习者知识、能力的发展和理性的思维习惯的培养，让学习者学会思考，学会解决问题。数学教学过程中，公式、公理、定义等“纯形式”的知识只不过是其中的一小部分，最重要的仍然是学生数学思维的培养。通过课例可以发现，网络画板不仅是一个单纯的教学工具，而是一个具有先进性的学习工具。通过网络画板，不但能用数形结合的方法使学生更好地理解基本概念，也能够帮助学生更好地理解数学问题的本质。从而能够充分发挥学生的想象力，锻炼他们的思维，让学生学会思考，学会解决问题。

五、总结与展望

在初中数学课程中利用网络画板制作课件，可以利用动态性使问题更直观，让学生理解知识更容易，这样的课堂吸引力肯定是远远大于传统的“一根粉笔、一张黑板、一讲到底”的教学方式。因此，我们在初中数学课程中还要加大使用网络画板制作课件，并利用网络画板进行教学的力度，让它为我们的数学教学添砖加瓦。

参考文献

［1］马梦荣，雍进军，张加林，等．网络画板在中学数学教学中的应用［J］．贵州师范学院学报，2018（12）：80–84.

［2］马宝花．“直角三角形的边角关系”教学设计［J］．中小学数学（初中版），2019（4）：23.

［3］彭西东．从“胡不归问题”到一类最值问题［J］．中学数学教学参考，2018（24）：20–22.

［4］吴一峰．初中几何中常见的3类最短距离问题探究［J］．中学教研（数学），2019（5）：16–20.

［5］皮亚杰．发生认识论原理［M］．北京：商务印书馆，1981.

作者简介

陈光：成都市青白江区福洪中学数学教师，中小学高级教师。

浅析网络画板在平面图形性质探究中的应用

首都师范大学附属丽泽中学　杨笑竹

【摘　要】平面图形的相关内容始终是中学阶段数学学习的难点，灌输式的教学方式往往使得学生对平面图形的探究毫无兴趣，同时存在学生不知道该如何探究，探究的目的和意义不明确等情况。三角形的探究是平面图形学习的基础，此时，选择适合的教学方式和教学工具会帮助师生减少与平面图形的认知距离，适当地使用网络画板可使探究过程更加贴近学生，本文将以“13.2 角的平分线的性质”课时为例，浅析如何使用网络画板在平面图形性质探究中更好地促进学生对知识的理解与应用。

【关键词】平面图形；网络画板；性质探究

“双减”背景下，提升课堂教学质量、寻求最适合的教学方式成为数学教师时常在思考的问题。对于学生而言，平面图形的相关内容也愈发成为中学阶段数学学习的难点之一，诸多平面图形的性质探究会时常困扰学生。为更好地解决此类问题，教师应关注学生空间观念和几何直观的发展，在教学中引导学生关注平面图形探究的过程，体会知识的生成过程。此时，信息化技术的介入便成了教师最得力的助手，适当地使用网络画板可使探究过程更加贴近学生认知，学生能够充分体会知识的生成过程，同时在探究过程中积累数学活动经验，感悟探究过程中体现出的数学思想和方法。本文将以“13.2 角的平分线的性质”（以下简称：本节课）课时为例，浅析基于网络画板的平面图形性质的探究。

网络画板是在超级画板的基础上，为适应互联网、移动互联网环境下教育信息化发展的新趋势，运用国内领先的动态几何技术、网络交互技术等开发的动态数学学科教学工具。本节课师生采用网络画板开展“角的平分线的性质”探究，网络画板具有开放性、交互性等特点，尤其适合平面图形的探究活动。灵活、适当地使用网络画板，不仅能让数学课堂“动”起来，并且能让学生“主动”起来，积极地参与平面图形性质的探究。同时，通过合理地应用网络画板进行性质探究，可以达到“真”探究、“深度”探究的目的。

一、网络画板模拟实物，激发探究兴趣

很多同学对平面图形的探究毫无兴趣，同时不知道该如何探究，究其原因主要在于学生对探究的目的和意义不够明确，并且往往存在探究工具的缺乏使得探究过程远离实际生活的问题。周而复始，学生便渐渐地就失去了探究的兴趣。而网络画板强大的动态几何技术为模拟实物探究提供了可能，在以往实践中，我们能够通过网络画板实物演示说明三角形具有稳定性、“SSA”无法对三角形进行全等判定等，在平面图形教学中学生易混淆的相关概念和定理。同时，网络画板具有交互性等功能，教师可将制作完成的模拟实物分享给学生用以探究，学生也可与其他学生通过网页分享自己的探究过程。

本节课第一个环节为网络画板模拟展示平分角的仪器，如图 1（1），是一个平分角的仪器，可抽象成如图 1（2），其中 $AB=AD$，$BC=DC$，将点 A 放在角的顶点，AB 和 AD 沿着角的两边放下，沿 AC 画一条射线 AE，AE 就是∠ DAB 的平分线。教师进而追问：你能说明平分角仪器的原理吗？

（1）　　　　（2）

图 1　网络画板模拟展示平分角的仪器

学生使用网络画板，可以尝试将 AD、AB 两边与角的两边重合，射线 AE 即为该角的角平分线；同时可移动点 B 或点 D 的位置改变∠ DAB 的大小，作出不同角度的角的平分线。学生通过网络画板模拟使用平分角的仪器，利用全等三角形的判定尝试阐述平分角的仪器的原理，即 SSS，全等三角形的对应边相等。

网络画板模拟实物，学生在实际动手操作中体会数学与生活的紧密联系，阐明了

进行角的平分线探究的意义，体现了数学的应用价值。在模拟实物过程中不断地激发学生的探究兴趣，直观地为进一步探究角的平分线的性质做好了铺垫。

二、网络画板更加直观地演示尺规作角平分线的方法

用网络画板演示尺规作角平分线的方法，教师提问：从利用平分角的仪器画角的平分线中，你受到哪些启发？如何利用直尺和圆规作一个角的平分线？学生尝试运用全等三角形等相关知识和经验，利用尺规作图画角的平分线，并思考相关依据。

网络画板演示尺规作角平分线的功能类似于希沃教学平板中的学科工具画图，与大家熟识的几何画板的操作基本相同，区别就在于网络画板能够更直观地演示尺规作角平分线的方法，体会构造角平分线过程中蕴含的原理。网络画板的交互性保证了每位同学都有同等的机会进行相关操作，在向他人阐述自身观点时也能摆脱因座位靠后看不清作图或作图不清楚等困扰，从而更加直观地演示尺规作角平分线的方法。

三、网络画板探究角的平分线的性质，体会知识生成过程

偏重数学结论而忽视数学过程，这是数学课堂教学过程中普遍存在的问题。数学教学过程中如果没有知识生成过程的展示，没有学生思维的参与，就很难取得理想效果。为帮助学生充分体会知识生成的过程，引导学生思维真正参与探究，第三环节设置为利用网络画板探究角的平分线的性质。如图 2，任意作一个角∠AOB，作出∠AOB 的平分线 OC，学生在 OC 上任取一点 P，过点 P 画出 OA、OB 的垂线，分别记垂足为 D、E，测量 PD、PE 并作比较。学生观察图形，通过观察或网络画板的度量功能提出猜想，并尝试推理证明。

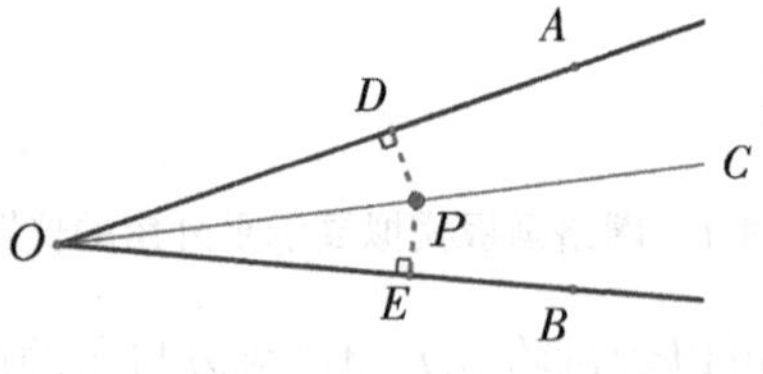

图 2　网络画板探究角的平分线的性质

这一环节看似平淡无奇，实际上充分地体现了知识的生成过程，我们都知道相关探究结论为：角平分线上的点到角两边的距离相等。根据以往经验，结合本班学情，角的平分线的性质在实际应用时经常会出现无垂直便出结果，或者无法分析基本图形

等情况。而利用网络画板进行探究时，学生则会更加关注点到直线的距离为垂线段的长度，既然有了垂线段肯定要通过点作直线的垂线。学生利用网络画板观察图形、提出猜想、推理论证、得出结论的探究过程正是平面图形探究的一般方法，既而学生尝试用文字语言和符号语言阐述角的平分线的性质定理。

在课后与学生沟通时，学生们纷纷表示利用网络画板作图，很多有效的信息给他们留下了深刻的印象。在阐述观点与人分享时，网络画板也给学生间架起了一座桥梁，边演示边阐述，有效地帮助学生体会知识生成的过程，知其然的同时知其所以然，真正达到了探究的目的。

四、网络画板展示相关题目，进一步深入探究

学生经历角平分线的性质探究后，第四环节为利用网络画板展示相关题目进一步深入探究。题目设置的目的在于灵活应用角平分线的性质解决问题。例题：如图3，△ *ABC* 的角平分线 *BM*、*CN* 相交于点 *P*。求证：点 *P* 到三边 *AB*、*BC*、*CA* 的距离相等。

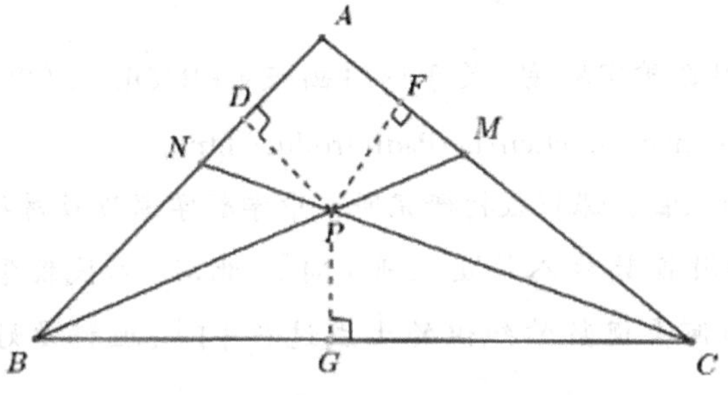

图 3　网络画板展示相关题目图

有了之前角平分线性质探究的活动经验，学生自然会作出点 *P* 到线段 *AB*、*BC*、*CA* 的距离，该题目需要利用两次角平分线的性质得到 $PD = PG = PF$，即为问题所求。此时，利用网络画板可改变△ *ABC* 的大小和形状，学生会很兴奋地发现，只要满足 *BM*、*CN* 分别为∠ *ABC*、∠ *ACB* 的角平分线，*BM* 和 *CN* 的交点 *P* 就满足到三边 *AB*、*BC*、*CA* 的距离相等。本环节不仅灵活应用角平分线的性质解决问题，对前面涉及的三角形中的重要线段进一步深入研究，而且为后面的内切圆的学习做好了铺垫。

本环节，网络画板的优势在于每位学生都能够按照自己的意愿改变△ *ABC* 的大小和形状，更加凸显出角平分线的性质的重要性，有了点在角平分线上才有到角两边

的距离相等。并且该性质在锐角、直角、钝角三角形中均成立，体现了该性质的一般性。

五、总结与展望

接触网络画板后，从最初的不知所措、不敢实际应用于日常教学，到不断学习和练习，熟练、恰当地应用于课堂教学，越发感触到网络画板在平面图形探究中起到的至关重要的作用。它不仅是学生探究平面图形的有力工具，而且逐渐会成为教师日常教学的得力助手，它在无形中拉近了师生与平面图形的认知距离。

普及数学教师信息技术的应用、提升应用能力势在必行，除了政策的引领、专家的指导，教师的主观能动性起着很关键的作用。万事皆怕开头难，唯有实践才能出真知。“角的平分线的性质”一课只是对于网络画板实践上的阶段性成果，或多或少会存在着些许不足，在日后的课堂教学中，我将继续潜心钻研网络画板的使用，发挥其在平面图形探究中的作用，期待学生和自己都能有所受益。

参考文献

［1］景中互联网数学实验室. 关于网络画板［EB/OL］.（2022-03-03）［2022-03-28］.https：//www.netpad.net.cn/netPadIntroduce.html.

［2］人民教育出版社，课程教材研究所，中学数学课程教材研究开发中心. 义务教育教科书教师教学用书 数学 八年级 上册［M］. 北京：人民教育出版社，2013.

［3］黄国聪. 如何重视数学知识的生成过程［J］. 理科爱好者：教育教学版，2013（5）：2.

［4］刘晓丹，陈少毅.《角的平分线的性质》教学反思与再设计——追求“逻辑连贯、自然生成”的几何命题教学［J］. 海外文摘·学术版，2017（15）：3.

［5］刘晓玫，高欣，马力芬，等. 中学数学教师学科专业素养与课堂教学实践［M］. 北京：首都师范大学出版社，2013.

作者简介

杨笑竹：首都师范大学附属丽泽中学数学教师，中学一级教师。

浅谈网络画板在小学数学教学中的应用

沈阳市皇姑区珠江五校实验小学　张雪英　贾林丽　鲁笑君　袁　媛

【摘　要】“互联网＋教育”是随着我国科技发展而产生的一种互联网与教育相结合的新型教育模式。面对新时代给我们提出的新课题，作为新时代的一线教师应该如何适应信息化，如何把新科技与我们传统的教育相融合，给学生们带来更加新颖且具有实操性的课堂，从而提高学生的数学素养，这就是值得教师思考的问题。网络画板打破了传统的数学教学模式，使数与形完美结合，将抽象的数学知识具体化，让学生具有更加直观的感受。同时，它调动了学生课堂学习的积极性，将传统的课堂“化静为动”，提高了课堂的整体参与度。本文对网络画板的特点及在小学数学课堂中的作用进行了浅谈。

【关键词】网络画板；小学数学教学；数形结合；教学模式

一、引言

在科技渗入生活方方面面的今天，小学数学教学再依循着“一根粉笔讲全堂”的教学模式已经不能满足现在的学生。将教育辅助技术融合到每一个教学环节已成为一个势在必行的趋势。那么，如何正确并适当地将现代技术融入到数学课堂中，辅助教师完成教学任务，达到更好地让学生建立数学思维、建立数学自信、促进学生的学习发展的目的，就成为了当今小学数学教师要思考的首要问题。

二、网络画板的特点

2015 年，张景中院士带领团队开始了网络画板的研发。2019 年第一届网络画板与学科深度融合应用研讨会在成都举行，此时的网络画板已经发展得相当成熟。网络画板的出现，成功地解决了无法将书面数学“动”起来的历史难题。这款互联网动态数学软件，简单易用，资源丰富。它能应用于各种教学环境，各个教学环节，并具有支持资源共享等强大优势。网络画板的出现，对小学数学课堂教学具有极大的实操价值，能极大地提高教师的教学效率和学生的学习兴趣。

三、网络画板在小学数学课堂中的作用

（一）网络画板让数学“动”起来

数学具有抽象性与严谨性，但小学生的理解能力和抽象概括能力非常有限，这就使得教师在教学过程中需要使用让学生容易理解的教学形式来帮助他们消化抽象化的数学概念。而直观的图画则更易让小学生理解并接受。因此，教师通常采用数形结合的方式进行教学。课前，教师花费大量时间和精力来制作幻灯片，希望通过幻灯片的不断连续变化，向学生展示出图形的变化趋势。甚至个别教师通过网络购买直观的教具，以达到将平面图形“动”起来的目的。但无论教师使用哪种教学展示方法，只能给学生展示一个“长”在黑板上的无法触碰的平面图。而网络画板的加入，则可以将平面的图形“动”起来，使抽象的数学概念及知识可视化、动态化，让学生真切地“触摸”到数学，真正地理解各种数学概念、公式、原理等抽象化知识，感受到数学的魅力。从而使课堂更加生动有趣，也更易理解。小学数学课堂中网络画板的应用，使长期以来倡导的数形结合照进现实。

案例 1：在“线的认识”教学中，教师引导学生去寻找“线段”“射线”“直线”，如图 1。在画板上学生们可以轻松地把脑中所想转换为亲自动手操作，解决问题，验证猜想。学生们亲手实践得出结论并与小组同学共同探讨结论的准确性，用画板验证结论，通过这一过程不断加深学生的思考，从而提高课堂上学生的自主性和参与度。在得出结论后，教师继而提出第二个问题：“线段、射线、直线它们之间又有怎样的关系？”在第一个问题中，学生们通过操作在网络画板中找到了“线段”“射线”“直线”，在寻找的过程中发现有的线段是从直线、射线上找到的，从而引导学生得出第二个问题的答案。这个过程完全地将课堂交给了学生，学生在自由的探索中，不断加深对知识点的掌握。

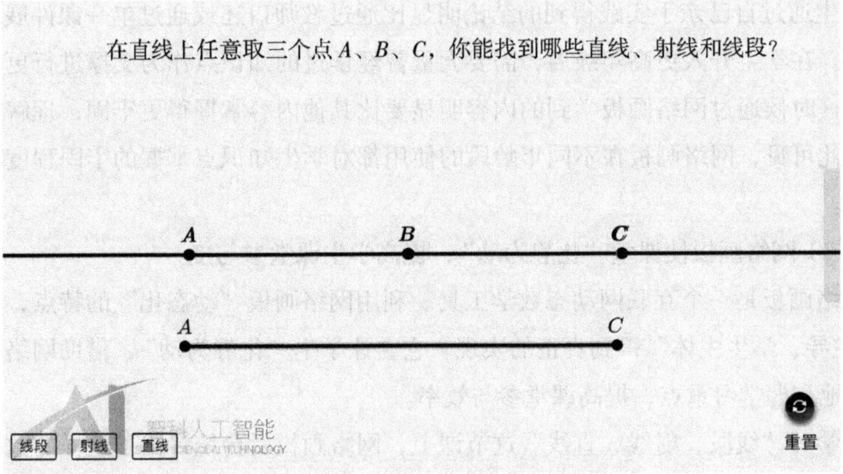

图 1　找出“线段”“射线”“直线”

案例 2：在“过一点和两点分别能画几条直线”的学习中，需要学生用图钉和硬纸条的学具去操作。这时运用网络画板不仅极大地提高了学习效率，而且教师在网络画板上的操作可以让学生更直观地看到整个演示推理的过程，如图 2。在操作过程中，学生们可以亲自动手拖拽画板上的纸条，并根据画板左下角的按钮，自主切换图钉数量。一个图钉时，学生发现纸条可以被拖动到无数不同的位置，两个图钉时，学生们发现无论如何用力都无法拖动纸条，继而学生自己通过操作便能得出问题的结论。

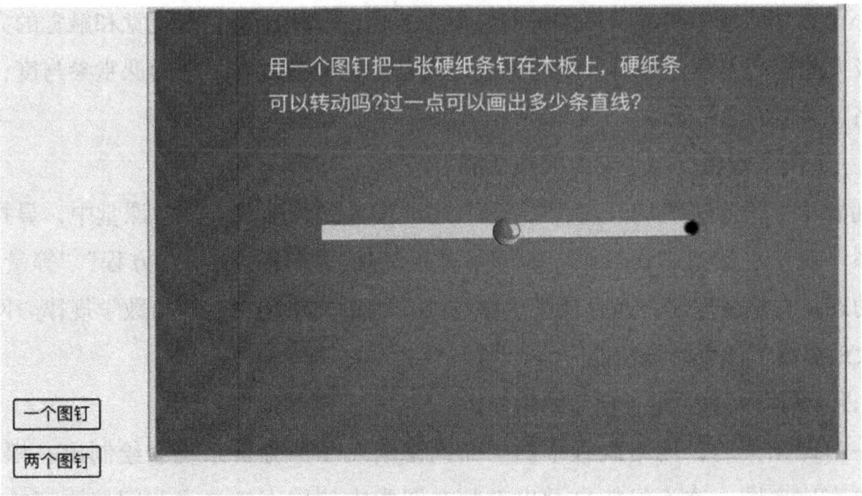

图 2　图钉实验

学生通过自己亲手实践得到的结论明显比通过教师口述或通过单一课件展示要更加深刻。在学生升入更高年级后，需要大量曾经学过的知识点作为支撑进行更深度的学习，这时候通过网络画板学到的内容明显要比其他内容掌握得更牢固，理解得更透彻。由此可见，网络画板在不同年龄段的使用都对学生知识点掌握的牢固程度有极大的好处。

（二）网络画板使课堂“化静为动”，提高学生课堂参与度

网络画板是一个互联网动态数学工具。利用网络画板“动态化”的特点，可以让“教师主导、学生主体”得到真正的实现。它会让学生“化静为动”，借助网络画板更加自主地掌握学习重点，提高课堂参与效率。

在学习“线段、射线、直线”这节课上，网络画板后台统计出了这样的数据（见表1）。

表1　课堂语言比例

教师语言比例	有益于教学的沉寂比例	技术应用比例
30%	6%	24%

分析结果：技术应用显著，教师语言比率均衡，体现教师和学生课堂影响均衡。

通过网络画板提供的参与率图表及课堂数据可以看出课堂具有明显的阶段性，学习活动设计明显，画板使用的频率高，课堂交互频率较高，节奏起伏略明显。

小学数学课堂中网络画板的辅助应用，不但使学生感受到了视觉和触觉的完美融合，极大地提高了学生学习数学的兴趣，而且大大地激发了学生的课堂参与度，有效地提高了学生的学习效率。

（三）网络画板提高了学生的概括能力

随着学生学习年级的升高，“方程”逐渐渗入到小学数学教学课堂中，寻找“等量关系”对于小学生来说较难。而网络画板的使用却使学生对“方程”“等量关系”有了动态、具象的理解，而且使学生在寻找“等量关系”中总结出数学规律。网络画板极大地提高了学生的概括能力。

（四）网络画板促进了课堂结构分析

一节课结束后，网络画板中的“弗兰德斯互动”分析系统会绘制出一幅教师、学生语言比率图。这不但能显示出教师在课堂中使用直接语言和间接语言的情况，同时也会反映出学生参与课堂教学情况和课堂小组合作教学情况，从而分析出该节课的课堂结构特征。课后，教师可通过真实的数据了解到本节课的结构，从而思考哪里有不足，哪里需要多加调控，进而有针对性地调整教学环节、课堂管控时间或教学方法。（如图 3）

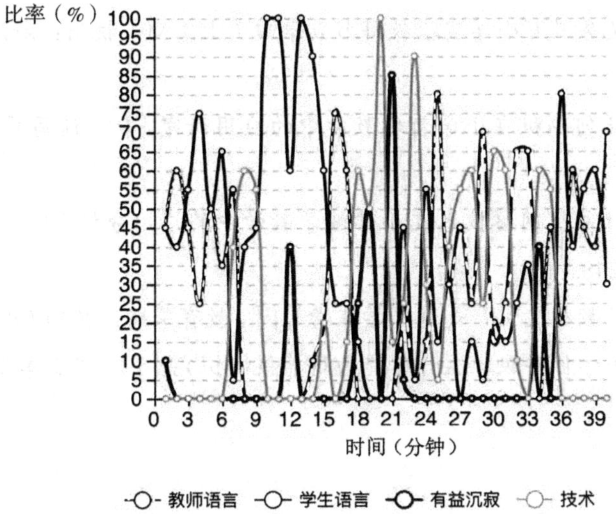

图 3　课堂时间线分析图

四、总结与展望

综上所述，网络画板的使用使数学课堂教学变得更加有趣，使抽象的知识概念变得具体化，让学生对数学知识更易理解与吸收。网络画板打破了“老师讲，学生听”的上课模式，也解放了教师，让教师不用再费尽心思地画图、制作幻灯片，而是运用网络画板更加直观地向学生展示数学的各种概念和原理。网络画板也让学生真正成为了课堂的主人，体会到了学习的主体感，让学生真正地“玩儿转”数学。网络画板的使用创设了更加浓厚的学习氛围，使学生更好地融入到数学学习中，为今后更高层次的学习奠定基础。

由于数据有限，本文对网络画板的特点和在小学数学教学中的作用只做了部分的说明和阐述。在今后的教育教学过程中，我们将继续探求网络画板更多更深的功能与作用，使其更好地应用到小学数学教学中，使其作用达到最大化，更好地服务于数学的教育教学。

参考文献

［1］史宁中 . 数学思想概论第一辑［M］. 长春：东北师范大学出版社，2008.

［2］张奠宙 . 小学数学教育概论［M］. 北京：高等教育出版社，2008.

［3］张天孝 . 义务教育小学实验教科书数学四（上）［M］. 杭州：浙江教育出版社，2008.

［4］于传洲 . 几何画板在小学数学教学中的应用研究［J］. 读写算，2020（13）：103.

［5］邢晶参 . 计算机网络技术在小学数学教学中的应用分析［J］. 计算机产品与流通，2020（3）：248.

［6］海瑛 . 让“数学文化”走进小学课堂［J］. 教育革新，2020（8）：40–41.

［7］陈生荣 . 小学低年级学生计算能力培养策略探究［J］. 教育革新，2020（8）：43–44.

作者简介

张雪英：沈阳市皇姑区珠江五校实验小学教师，皇姑区优秀教师。

贾林丽：沈阳市皇姑区珠江五校实验小学校长，高级教师。

鲁笑君：沈阳市皇姑区珠江五校实验小学教师。

袁媛：沈阳市珠皇姑区江五校实验小学教师。

浅谈网络画板在数学教学中的应用

沈阳市皇姑区宁山路小学　苏冬梅　薛薇薇　刘思琦

【摘　要】在新课程改革的浪潮中，移动互联网环境下的教学资源对数学教学产生了重大的影响。网络画板在智能化的数学教学中，将抽象复杂的数学问题形象化、具体化，构建了“数形结合”的脚手架，充分有效地调动了学生学习数学的兴趣，提升了教师课堂教学的效率，帮助学生理解，降低问题难度。如何在数学教学中应用网络画板，使之成为课堂中的最有力的辅助，成为了我们研究的话题。通过网络画板的应用，构建学生的数形结合观念，通过丰富的表象使学生感受“数学来源于生活，又应用于生活”的意义。

【关键词】网络画板；小学数学；数形结合

一、引言

《义务教育数学课程标准（2011 年版）》指出，数学课程通过“经历、探索、体验”等方法，“了解、理解、掌握、运用”知识。在移动互联网教育环境中，教育信息化发展的新趋势下，运用网络画板中的动态几何技术、网络交互性技术、智能推理、符号运算，使数学课堂“动”起来。通过网络画板在各教学内容中的应用，可以充分利用网络画板的动态性、交互性、开放性，帮助学生构建数学模型。

二、例析网络画板在数学教学中的应用

（一）构建“数形结合”思想，探索数与代数规律

在小学全学段，要经历数与代数抽象、运算与建模等过程，掌握基本的知识与基本的技能。而抽象的代数对于学生而言很难理解，算理构建得也模糊不清。借助网络画板的直观性特点，可以逐步帮助学生构建“数”的概念。例如：在北师大版一年级下册第三单元“谁的红果多”一课当中，通过实际操作，体会数量的“多”和“少”。

在传统的数学教学中，教师利用问题情景，利用多种教具，如小棒、计数器等帮助学生比较。在网络画板的辅助下，教师可以将数字具体化，用贴近学生生活的实物来代替，引导学生“一一对应”的思想来解决比较问题，由“具体实物比较—模型比较—抽象比较”，有梯度地构建知识，激发学生学习的主观能动性。

在三年级上册第七单元“认识几分之几”一课中，学生虽然借助教材中的图片，能直观地对比感知几分之几的概念，但对于“由一些物体组成的整体”理解得还很浅显。在传统的教学中，教师可以制作教具，通过演示帮助学生理解。但由于教具制作的困难和没有针对性，教学的质量反而不高。借助网络画板中的饼状图，让学生利用几分之几描述图片的变化，在学习的过程中渗透数形结合的思想，培养学生的数感。课后，教师可以制作小游戏，使学生在游戏中巩固，在娱乐中加深概念，起到寓教于乐的作用。

（二）创建动态、可操作情景，激发兴趣

人体获取的信息有 80% 依靠于视觉，在教学过程中，如果能充分调动视觉与多种感官相结合，促进学生学习的主动性，能有效地提高学生的学习质量和课堂质量。在小学阶段，学生的空间感不强，在很多图形与几何的课程中，都要依托于更具体的实物来支撑。

在二年级下册第三单元“图形的运动（一）”一课中，学生第一次认识轴对称图形。通过本课的学习，帮助学生感受生活中的图形运动，增强数学与生活的联系。同时，它也是学生四年级下册学习轴对称知识的基础，成为日后学习图形运动的表象积累，发展学生的几何知觉。旧知识是新知识的基础，新知识是旧知识的深化。学生学习数学知识的实质其实就是在已有的认知基础中建立与新知识之间的联系。在课本学习后，学生得到“对折后剪出来的图形都是轴对称图形”的概念，有的学生会形成“左右两侧都一样就是轴对称图形”这样的认识。概念的理解还要结合具体示例，引导学生在自主的交流、探索中，获得深刻的认识。由于学生的年龄阶段特点，处于形象思维为主导的阶段，仅通过教材展示的图片和教师的语言直观，很难令学生完全理解轴对称图形的运动。利用网络画板的动态性，教师可以制作相关动画，通过课件进行直观展示，让学生看到图形运动的过程，对轴对称和旋转的理解更加清晰。在课后练习时，教师可以利用网络画板的交互性，制作副本，引导学生自己动手，感受图形的动态变化，不仅增加了学习的趣味性，也提高了学生学习的质量和效率。

由薛薇薇老师执教的三年级下册第五单元第一节“什么是面积”一课中，利用网络画板，创造交互式的教学情景，充分发挥了数学课堂中学生的主体地位。在头脑风暴一环节中，教师设置了可操作的方形图，解决教材中“设计不同的两个图形，使它们的面积都等于 7 个方格的面积”这一问题，如图 1。借助 iPad 网络画板新媒体参与课堂，学生在数学课动手动脑，获得更多的快乐，也利用了学生有意注意和无意注意相结合的规律，使课堂气氛高涨，学生兴趣浓厚，提高了学习的效率。

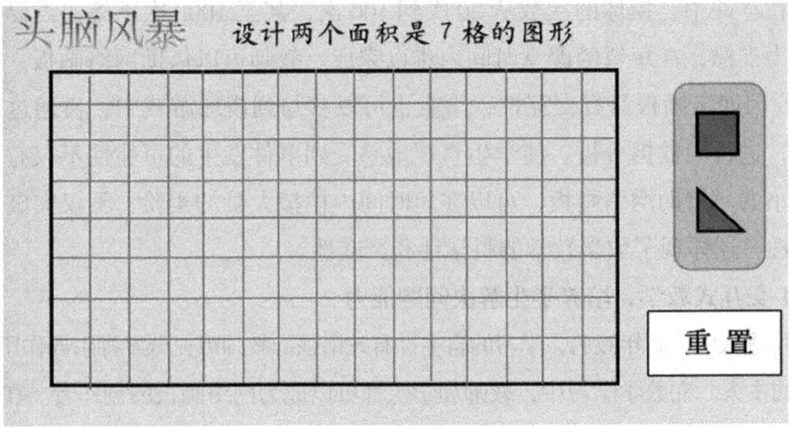

图 1　头脑风暴设计图

在五年级下册“圆的认识”一课中，培养学生的观察能力和动手操作能力，理解和掌握圆的特征。这既是一节起始课，同时也作为后继学习内容——圆的周长、圆的面积、圆柱的基础。学生对于圆并不陌生，生活中这个完美的曲线几乎处处可见。学生看到的圆一般都是静态的，而圆的本质是定点距离等于定长的点的轨迹，是动点的轨迹，这本质上区别于直边图形。要想让学生感悟圆的特性，就需要让学生看见动点，看到圆“动态生成”的过程——点动成线。利用网络画板，教师可以制作动圆。随意移动圆心，圆随着圆心移动，说明圆心决定了圆的位置；可以改变圆的半径，圆的大小也发生改变，说明圆的大小由半径决定；还可以通过动图的折叠，印证学生“圆是轴对称图形”的猜想；借助网络画板还可以有效展示圆有无数条半径和直径。通过丰富有效的活动，发展学生的空间想象能力，使学生对“圆”的认识更加深刻，让学生的的思维也动起来，从单一走向复杂。

（三）突出重难点，降低学习难度

在小学阶段，统计与几何中收集与处理数据，由于计算比较复杂，题目晦涩难懂，也成为了一部分难点。在教学中，如何利用现代化信息技术手段，结合生活实际，帮助学生利用数据分析问题，掌握统计与概率的基础知识和基本技能成为教学任务中的难点。

在四年级上学期“摸球游戏”一课中，学生初步学会预测某些事情发生的可能性，体会事件发生的可能性是有大有小的。教材中摸球的问题情景来源于生活，为学生提供自主探索和合作交流学习的空间，体现“猜测—试验—分析数据—推测”的教学过程。在本课中，摸球的次数从 20 次到 100 次，甚至 1000 次不等，需要大量的实验数据作为支撑，在短暂的课堂时间内难以完成。教师可以借助网络画板，模拟“摸球实验”，因网络画板具有交互性，学生也可以参与到摸球游戏中，再通过观察进行表格记录，进行大数据分析。使学生直观地感受到事件发生的可能性不仅有规律，还是有大有小的。借助网络画板，可以在短时间内模拟大量的实验，不仅突破了课堂时间的局限性，还体现了数学教学的科学性和严谨性。

（四）交互式教学，培养学生解决问题能力

在学生进入中、高年级后，学习的自主性有效增强。教师可充分发挥引导作用，使学生成为学习的主人。在数学学习中，教师和学生都可以成为网络画板的创作者。在分析疑难数学问题时，学生可以利用画板进行简单演示，看似复杂的问题，瞬间变得一目了然。

在二年级上册“观察物体”一课中，学生通过多角度地观察房子、汽车、茶壶、玩具熊等活动，理解从不同方向观察物体，看到的图像也不同，如图 2。空间感弱的学生，对于教材中的很多物体没有办法进行想象。教师可以借助网络画板，制作可以旋转的图形，帮助学生从各个角度观察物体，构建基本的空间感受能力，也可以让学生参与其中，做“转一转、找一找”的游戏，通过实际的操作，帮助学生提高观察的能力，使学生从知识的“浅表”走向“深入”。

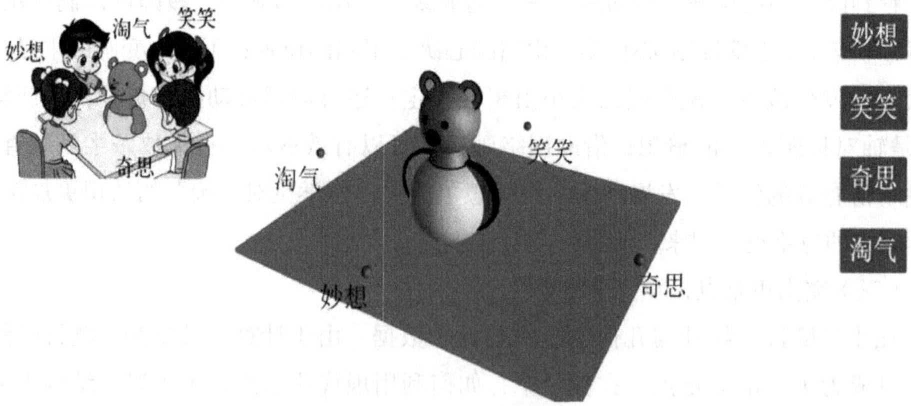

图 2 “转一转 找一找”

在二年级上学期，“七巧板”是学生非常感兴趣的知识点，学生可以利用七巧板摆出多种多样的造型。教师可以通过网络画板制作出相应图形，进行拖拽和摆放，即便是放大或者缩小，也不会对整体画面产生影响，实现等比例放大或缩小。真正意义上地把学生手中的七巧板请到黑板上，将学生的奇思妙想分享给大家，边摆边介绍。这样的课堂灵动、精彩、充满了童真童趣，也能有效突破本节课的重、难点。

三、总结与展望

综上所述，网络画板在数学学科教学中，对于数与代数、图形与几何、统计与概率、综合与实践等问题，都有着非凡的作用。它作为教学中的脚手架，为学生与课堂、知识与演示间建立好桥梁。通过可视化、可操作化的过程，将重、难点转化为易于理解、贴近生活的直观表象展示在课堂中。在传统的数学课堂中，教学模式单一，学生学习兴趣不高。利用网络画板，让学生“在学习中玩，在学习中乐”，真正体会到“数学好玩”的真谛。网络画板是提高数学教学质量的有效工具，将成为今后数学教学中不可缺少的辅助工具，在数学学科教学中运用网络画板，让数字“动”起来，让学生的思维“活”起来，让课堂更精彩。将信息技术与数学学科深度融合建构，使数学课堂融会贯通。

参考文献

［1］中华人民共和国教育部．小学数学课程标准（2019 年版）［M］．北京：人民教育出版社，2019.

［2］孙惠蓉．经历建模过程积累建模经验——以“图形覆盖规律”为例［J］．新课程研究，2013（9）：73－75.

［3］刘震．轨迹是圆的动点路径问题［J］．数理天地，2017（12）：19－20.

［4］周成海，陈莉欣．小学数学课程与教学［M］．长春：东北师范大学出版社，2012.

［5］张炳意．小学数学课堂教学有效性的多元视角［J］．新课程教学，2013（6）：7－11.

作者简介

苏冬梅：沈阳市皇姑区宁山路小学副校长，高级教师。
薛薇薇：沈阳市皇姑区宁山路小学教师，一级教师。
刘思琦：沈阳市皇姑区宁山路小学教师。

浅谈网络画板在初中数学教学中的应用

成都市青白江区福洪中学　杨华兰

【摘　要】更新观念是实施新教改的关键，信息技术在初中数学课堂中的良好应用不仅成功地转变了课堂教学模式——由向学生“灌知识”转变为学生主动“索取知识”，使学生的课堂角色从“被动的接受者”变成“主动的参与者”，还为学生提供传统教育模式所不能提供的信息、知识容量。这在满足学生对知识需求的同时也拓宽了他们的视野，发散了他们的思维。本文以网络画板在初中数学课程中“几何教学”与“函数教学”板块知识的应用为案例。发觉网络画板不仅能够帮助学生建构空间模型，培养、发展思维能力；还能帮助教师突破教学难点；最终达到调动学生学习的积极性、提高课堂效率的目的。

【关键词】信息技术；网络画板；应用案例；积极性；课堂效率

一、引言

现代教育背景下，教师应考虑将信息技术充分运用到日常教学中，以期改变学生的学习方式，让他们自愿投身到学习生活中去，将“不得不学”变成“心甘情愿学”。网络画板作为功能强大的数学教学辅助工具，已被越来越多的一线数学教师应用在课堂教学中，极大地提高了课堂效率，优化了课堂效果。

二、网络画板简介

网络画板使用简单，基于它在作图、轨迹运动、动态演示图形变化中的突出优势，在课堂中恰当地运用网络画板能很好地改变学生的学习方式——由被动接收知识转变为主动获取知识，同时还能帮助教师拓展教学内容，打开学生视野，发散学生思维，让课堂效果事半功倍。初中数学课程中“几何教学”与“函数教学”是两个非常重要的知识板块。传统课堂上，教师在讲解这两块知识点的时候，往往都是“粉笔+

黑板”的教学模式，教师在黑板上书写主要知识点，画典型的图形，再针对典型图形做详细讲解。这种环境下，小部分同学能清楚地知晓并掌握课堂的主要内容，但大部分同学却是游离在课堂之外的。因为，对他们而言，这种“静态”的课堂是枯燥的、乏味的、无趣的。课堂上，学生的积极性、主动性很难被调动起来，这与现代课堂倡导的“教师为主导，学生为主体，教师在教学过程中要充分调动学生学习的主动性”这一理论相悖。为了改变这种现状，在讲解这两块内容时，我们引入了网络画板，以期改变传统数学课堂的教学模式，让知识“活了”，“动了”起来。让更多的学生乐意并有更多的精力投入到现实的、探索性的数学教学活动中去。

（一）网络画板在空间几何教学中的应用

空间与图形的学习能帮助学生建立抽象的几何模型，使他们更好地认识生活空间。“丰富的图形世界”一章作为空间与图形学习的基础，课标要求：通过对本章的学习，学生能够了解从实物抽象出来几何体、平面、直线和点；了解直棱柱、棱锥的展开图，能根据展开图想象和制作实物模型。在小学时，学生对空间图形的学习只停留在观察、操作、认识和辨认的层次，要达到现在要求的思维从物体到模型再到几何图形的抽象，对教学而言有一定的难度，但网络画板的引入能很好地解决该问题。

1. 把握知识本质，建构空间模型

空间中的几何体都是由点、线、面三种基本元素构成，三者之间密切相关。点运动产生线，线运动产生面，面运动产生体。单纯的叙述或展示都只能呈现静态的图形，而让学生忽略图形产生的根本原因。此时，网络画板的引入，很好地演示了“点动引发系列变化”的过程，让学生在直观看到几何体形成的同时，也建构了体的空间模型。

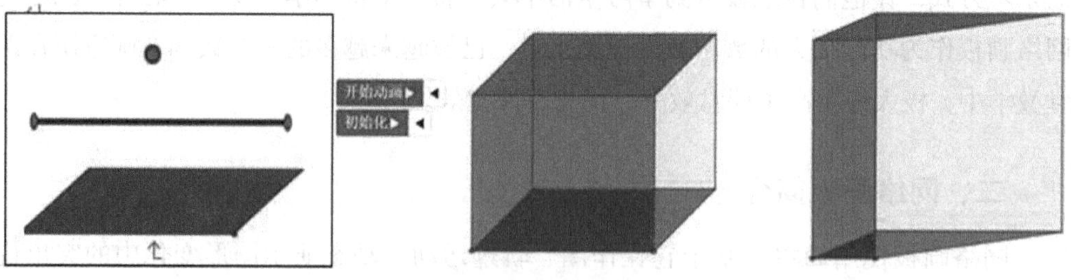

图 1　网络画板演示“点动成线，线动成面，面动成体”

2. 动态展示教学内容，培养学生的空间思维能力

在讲解棱柱的展开与折叠知识点时，网络画板更是为课堂“增色”不少。在教师

通过教具展示最简单的三棱柱的展开与折叠后提问：你能想象 n 棱柱（$3 \leqslant n \leqslant 10$）的表面展开图是怎样的吗？

脱离教具的展示，学生的空间思维变得比较混沌，对 n 棱柱的概念模糊起来，很难想象出空间几何体的变化情况。此时，可以借助网络画板，参数 n 决定棱柱的底面边数，a 决定棱柱的展开程度，当 a 正向运动时，得到棱柱的表面展开图。当 a 反向运动时，得到棱柱的折叠图，而动画按钮的工作则完整地呈现了棱柱的展开与折叠的全过程。改变参数，我们可以看到 n 棱柱（$3 \leqslant n \leqslant 10$）表面展开图。在画板页面的空白处长按并移动鼠标，甚至可以看到不同视角下的 n 棱柱及其表面展开图，促使学生精准理解几何概念的内涵，培养了学生的空间思维能力，让图形与几何教学更具实效性，也让课堂变得更有趣味性。

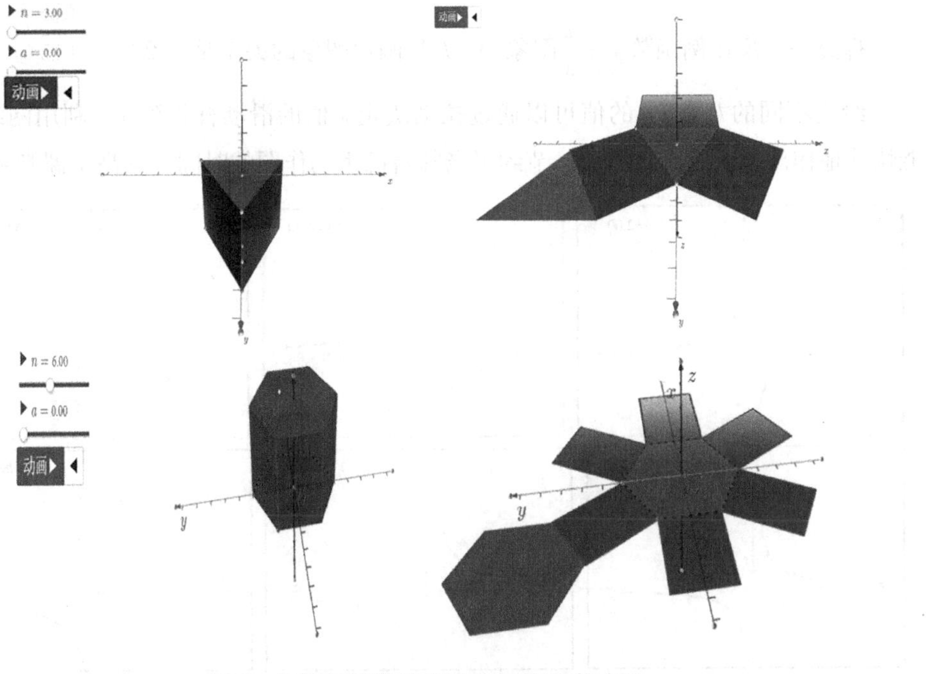

图 2　网络画板动态展示棱柱的形成过程

（二）网络画板在函数教学中的应用

函数知识是初中数学的重要内容之一，它是初中数与代数领域学习的主线。网络画板在函数中的应用则能将静态的函数图象“生动”起来，在提高学生学习主动性的同时，还启发了学生对函数本质知识的思考。以网络画板在“探索反比例函数的图象与性质”一课中的具体应用为例。

表 1　反比例函数图象与性质的课堂设计

教材内容	一般地，反比例函数 $y=\frac{k}{x}$ 的图象是双曲线，它具有的性质是：当 $k>0$ 时，双曲线的两支分别位于第一、三象限，在每一个象限内，y 随 x 的增大而减小；当 $k<0$ 时，双曲线的两支分别位于第二、四象限，在每一个象限内，y 随 x 的增大而增大。
对应的学习目标	知道反比例函数的图象是双曲线，牢记并理解其性质。
对应的学习目标	理解性质，系数 k 的作用。
课件设计说明	k 值可控，能体现 k 的作用，形象演示增减性。

1. 数形结合，便于学生理解，突破教学难点

探究一：反比例函数 $y=\frac{k}{x}$ 图象中，k 与函数图象的关系是什么？

给定不同的 k 值（k 的值可以通过拉动决定 k 值的滑动杆得到），利用网络画板能快速地作出相应的函数图象。节约了老师自己手动作图的时间，提高了课堂效率。

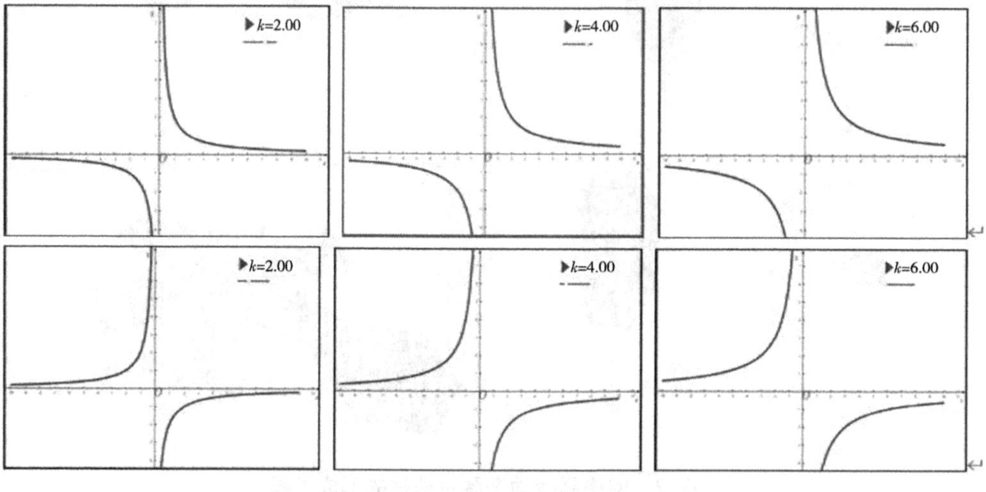

图 3　不同 k 值下的反比例函数图象

师：观察函数图象，思考当 $k>0$ 时，函数 $y=\frac{k}{x}$（$k\neq 0$）的值随自变量 x 的增大怎样变化？函数图象是怎样变化的？

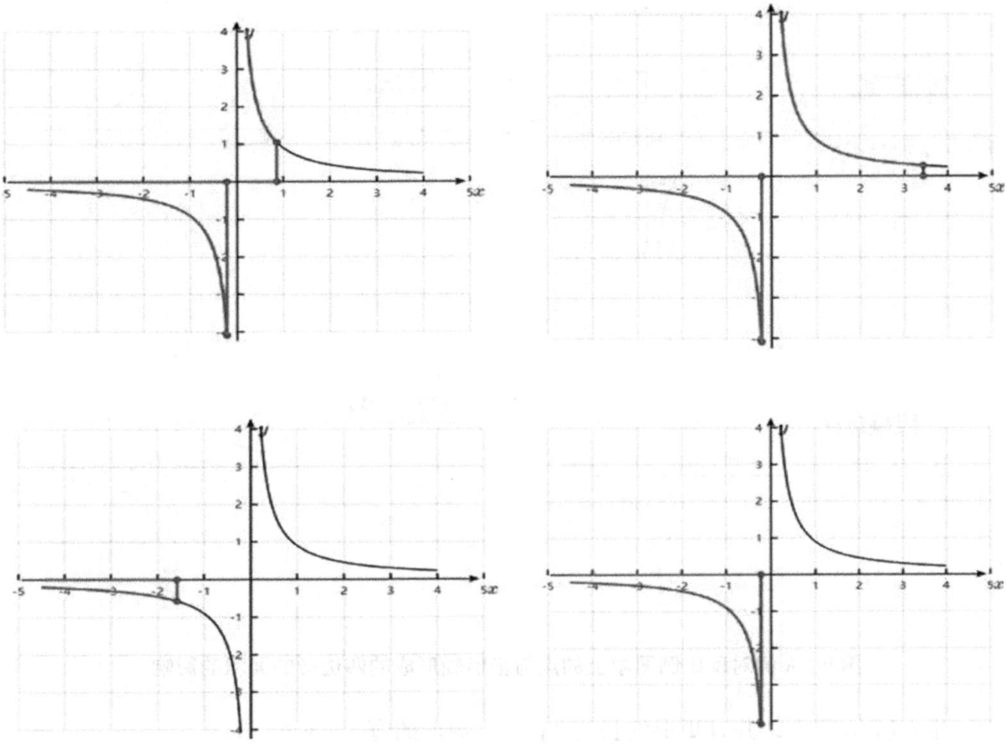

图 4　$k>0$ 时，y 随 x 的变化情况

通过网络画板动态演示，学生能直观看到确定 k 值下，在每一象限内，函数值随自变量的变化而产生的变化。通过老师引导学生能最终回答出：对于反比例函数 $y=\frac{k}{x}$（$k\neq 0$）的图象，当 $k>0$ 时，在每一象限内，函数图象随 x 的增大而呈现下降趋势，函数值随着 x 的增大而减小；当 $k<0$ 时，在每一象限内，函数图象随 x 的增大而呈现上升趋势，函数值随着 x 的增大而增大。

2. 化静为动，有效延伸学生思维

探究二：反比例函数 $y=\frac{k}{x}$ 图象上的点与坐标轴形成的四边形的面积问题。

师：作出给定任意 k（$k\neq 0$）值的反比例函数的图象，在图象上任取一点 P，过点 P 分别做 x 轴、y 轴的平行线，与坐标轴围成的矩形面积为 S_{P1}，则 S_{P1} 与点 P 的坐标有什么关系？

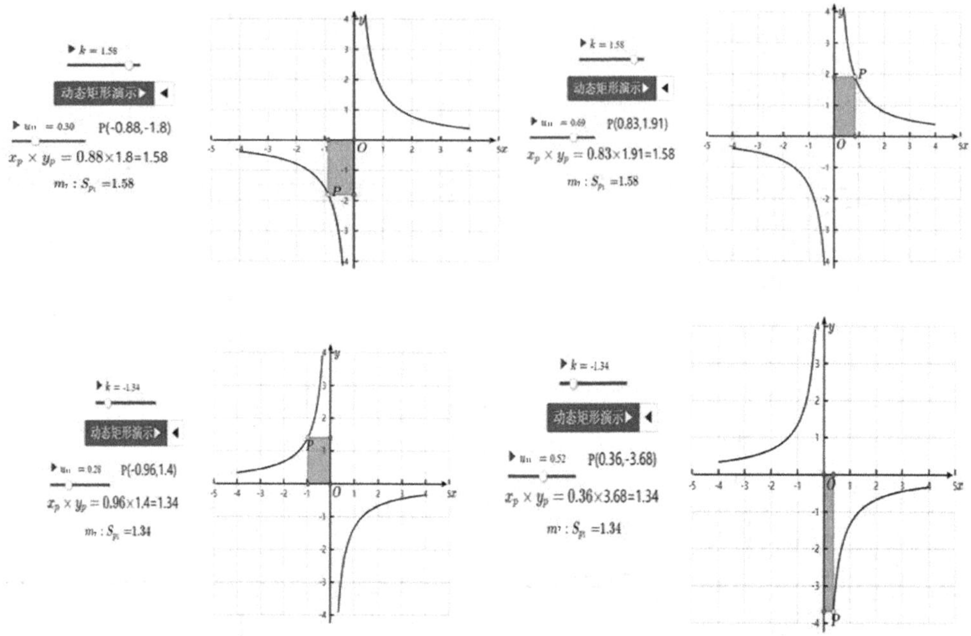

图 5　*k* 值对反比例图象上的点与坐标轴形成的四边形的面积的影响

生：$S_{P1}=|k|$，并且矩形的长为 $|y_P|$，矩形的宽为 $|x_P|$。

师：拖动滑条 k（决定 k 值）和 $u11$（决定反比例函数图象上的点），观看曲线上点横坐标、纵坐标变化情况，观察矩形面积变化情况。验证得出：$S_{P1}=|x_P \cdot y_P|=|k|$。直观地理解与观察，并得出结论，很好地延伸并扩宽了学生思维。

三、总结与展望

相对于传统的数学课堂教学，网络画板强大的作图、轨迹跟踪、动态演示、测量计算等功能生动地还原数学元素——点、线、面的运动情况，让静态的数学图形“动”起来，提高课堂趣味性，帮助学生对知识的理解和掌握。尤其是对数学中一些几何抽象知识的学习和理解，网络画板在帮学生建构模型的同时，也能为分析问题、解决问题提供多种方法及思路。

网络画板的使用扭转了传统课堂上“老师一讲到底”的局面，很大程度上让数学知识“动”起来，促进学生学习方式的改变。有效地利用网络画板能突出学生的主体性，能为数学课堂教学增色不少。因此，我们可以得出当信息技术全面应用于课堂教学时，势必会让课堂教学更加活泼、高效，会很好地促进教学改革。但我们也需要明白，不管是网络画板还是信息技术都只是作为辅助课堂教学的工具，传统教学的优势仍不能被忽视，只有将信息技术与传统课堂更加有效地结合起来，才能有效地推动教育教学改革的不断前进。

参考文献

[1] 陶芬．几何画板在初中数学几何图形教学中的应用［D］．南昌：南昌大学，2016.

[2] 周晓琳．几何画板在“空间与图形”教学中的作用［J］．教学月刊小学版（数学），2011（12）：32–34.

[3] 卢秋燕．几何画板在高中数学教学中运用分析［J］．数学学习与研究，2018（17）：46.

[4] 刘文华．浅谈几何画板在中学数学教学中的应用［J］．湖北师范学院学报（自然科学版），2012，32（2）：96–101.

[5] 马梦荣．网络画板在中学数学教学中的应用［J］．贵州师范学院学报，2018，34（12）：80–84.

[6] 杨黎．超级画板与高中函数教学整合的有效性研究［D］．海口：海南师范大学，2012.

作者简介

杨华兰：成都市青白江区福洪中学数学教师，中小学二级教师。

浅谈网络画板在小学数学教学中的应用

——以“圆柱”为例

成都市青白江区祥福小学　何青青　李　婷

【摘　要】随着信息技术的快速发展，越来越多的教学软件应运而生，网络画板是小学数学教学中一种教学工具，具有作图、动态演示等功能，同时其具备共享性与及时性，给师生之间的有效互动提供方便。本文以网络画板在小学数学六年级“圆柱”章节的具体应用来阐述网络画板在小学数学教学中的积极意义以及不足。

【关键词】网络画板；小学数学；圆柱

北师大版小学数学高年级段课本涉及到的“图形与几何”知识有圆柱与圆锥、圆以及圆的面积、平行四边形的面积等，“图形的运动”知识有图形的旋转、平移、轴对称。这些知识非常抽象，特别是在圆的面积公式、圆柱的体积公式的推导方面，学生理解起来比较困难。如果教师能利用好网络画板的动态演示，那么可以帮助学生更简单地理解复杂数学知识，提升课堂教学效率。不是所有的教学都可以应用网络画板来解决，因此必须结合教学实际内容，有的放矢地选择网络画板教学资源。

一、网络画板的概述

网络画板是一款互联网动态教学软件，具备免安装、跨终端、跨平台的特点，在平板、手机、一体机环境下都能顺利使用。网络画板可以通过动画按钮，让图形“动”起来，包括图形的旋转、平移、轴对称，同时还可以保留图形运动留下的痕迹，帮助学生理解几何图形的一些特征。还可以利用网络画板的作图功能，快速绘出一些基本图形，如线段、直线、射线，两点作圆，还可以画出三维空间立体图形，帮助学生360度清晰地认识立体图形。作为一线教师，也可以直接在网络画板的主页搜索课题相关素材资源，素材资源很丰富，可以直接下载；还可以以二维码及网络链接的方式分享给学生，极大地方便了师生互动、沟通，网络画板还可以制作活页，在课堂上直接演示，方便老师的教学；网络画板还可以跨平台使用，在教学的某一个环节使用网络画板，就可以将网络画板的素材插入到希沃电子白板中使用，实现教学资源与网络画板无缝衔接。

二、网络画板在教学中的应用，以北师大版六年级下册“圆柱”章节为例

（一）圆柱、圆锥的形成

课本结合风筝的运动、汽车雨刷器的运动、酒店旋转门等具体情景，引导学生经历“点动成线”“线动成面”“面动成体”的过程，体会“点、线、面、体”之间的联系。在面动成体的基础上，通过快速旋转小旗，引导学生结合空间想象体会立体图形的形成过程。传统教学（PPT）只能演示静态的点动成线，风筝在飞，它运动的痕迹怎样才能留下来呢？学生怎样才能直观地发现点动成线的过程呢？线运动只能形成平面，还能形成曲面吗？怎样通过信息技术来模拟演示线的运动呢？在旋转小红旗时，只有快速地旋转小红旗，学生才可以想象出形成的立体图形是圆柱、圆锥，什么工具可以保留小红旗旋转的痕迹，让学生直观感知圆柱、圆锥的形成呢？网络画板可以一一解决这些问题。

1. 点动成线的过程

A、B 运动之前是独立的两点，鼠标点击“点动成直线”按钮，点 A 开始向右运动，运动的痕迹形成一条直线。鼠标点击“点动成曲线”按钮，点 B 开始运动，运动的痕迹形成一条曲线。学生观察点 A、点 B 的动态运动过程，以及运用网络画板显示点 A、点 B 的运动痕迹，可以直观得出：点 A 运动的痕迹是一条直线，点 B 运动的痕迹是一条曲线。网络画板帮助教师清晰地呈现出点动成线的过程。

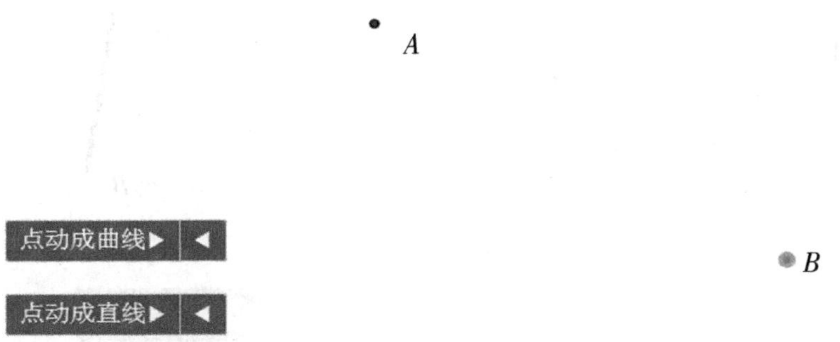

图 1　点运动之前

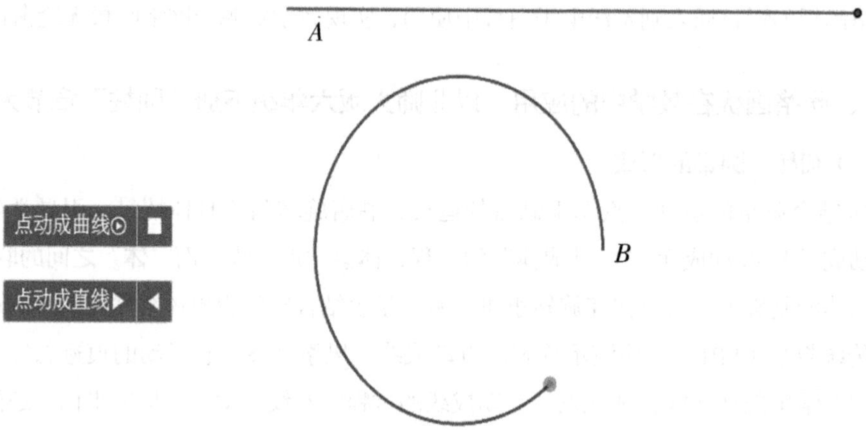

图 2　点运动后

2. 线动成面

图 3（左图）线段 AB 绕 z 轴运动，运动的痕迹形成一个曲面（图 4 左图）。图 3（右图）线段 AB 绕点 A 逆时针旋转，运动的痕迹形成一个平面（图 4 右图）。学生对平面比较熟悉，对曲面的认识很模糊，于是在教学中，可以借助网络画板模拟线动成面的两种情况，既可以形成平面，也可以形成曲面。通过观察，学生还可以认识曲面的特征，为后面学习圆柱的侧面奠定基础。

图 3　线运动前

图 4 线运动后

3. 面动成体

学生通过快速旋转小红旗，可以想象旋转后形成的图形是圆柱。这是同学们通过想象得到的结果，基础知识薄弱的学生，可能想象不出来。用什么方法可以直接呈现小红旗的旋转过程呢?

长方形小红旗（图 5 左图）以长为轴逆时针旋转一周，网络画板动态演示旋转过程，旋转后形成的图形是圆柱（图 5 右图）。学生不仅可以观看教师的网络画板演示，还可以动手操作网络画板，来探究圆柱的形成。借助网络画板还可以 360 度观察圆柱，直观看出圆柱由三个面构成，上、下两个圆面，中间是一个曲面。为后续研究圆柱的特点奠定基础。

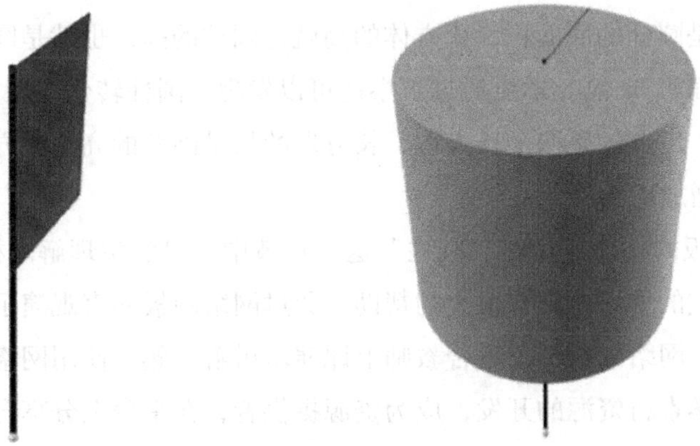

图 5 小旗旋转前后

（二）圆柱的体积

教材中两种方式呈现圆柱体积公式的推导。第一种通过叠放硬币的方法，硬币底面积不变，高增加，硬币体积也随之增加，进而得出结论：圆柱的体积＝底面积 × 高。第二种是用转化的方法推导圆柱体积的计算公式，圆柱被平均分成若干小份（如图 6），将这些小份拼成近似长方体（如图 7），平均分的份数越多，拼成的图形越接近长方体。转化成长方体后，让学生理解长方体的长、宽、高和圆柱的关系，这是本节课的难点，可以借助网络画板让学生感知这个过程。

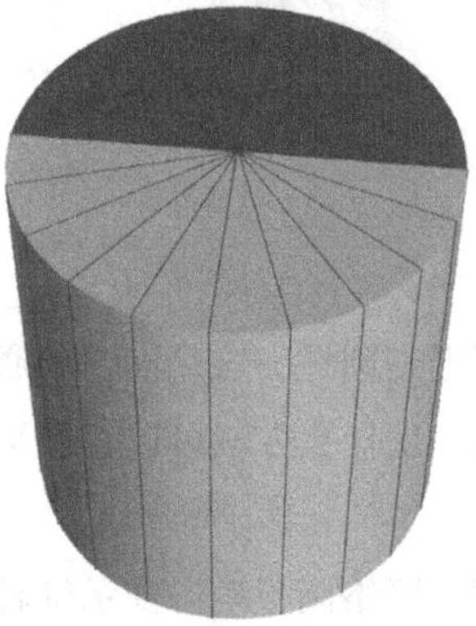

图 6　圆柱被平均分成很多份

图 7　拼成长方体

学生可以操作网络画板，控制圆柱被平均分的份数，可以是 4 份、8 份、16 份、32 份，分的份数越多，拼成的图形越接近长方体。学生通过动手操作、观察，发现圆柱的体积就是转化后长方体的体积，体积不变。长方体的体积＝底面积 × 高，长方体的底面积就是圆柱的底面积，长方体的高就是圆柱的高，也就是圆柱的体积＝长方体的体积＝底面积 × 高。学生通过观察还可以发现，圆柱转化成长方体，体积不变，表面积增加了，增加的是两个长方形，长方形的长是圆柱的高，长方形的宽是圆柱的半径，表面积增加了 $2rh$。

将网络画板的功能应用在“圆柱”这一章节中，对学生理解圆柱、圆锥的形成，圆柱的面积公式的推导，都有很大的帮助。通过网络画板的直观演示让学生达到对知识的意义建构。网络画板不仅适合教师上课演示讲解，熟练使用网络画板的教师还可以自己进行数学素材资源的开发，成为资源提供者，在平台上分享自己的资源，学生通过老师分享的资源链接或二维码可以有针对性地进行数学实验，学生可以在这个平台上获得更多学习乐趣，体验到创造的喜悦。教师使用网络画板的资源，还可以跟其他平台实现无缝对接（希沃、安卓、苹果系统），让教学更加轻松、方便。

三、网络画板在小学数学教学中应用的意义

（一）为学生提供良好的探究环境

传统课堂上学生探究知识时借助学具，探究的时间成本较高，教师一般会一带而过，或是让学生回家自己探究。例如“把下面的立体图形切开（圆柱、圆锥、长方体），想一想切开后的面分别是什么形状”，如果教师在课堂中让学生切开立体图形，再去观察切开后的面，就会花费很多时间，且这些立体的可以切开的学具也不好准备，也会给老师的教学带来困难。相反，在教学中融入网络画板，学生可以借助网络画板，探究出每种立体图形沿不同方向切开，切开后的面分别是什么？可以直接观察得出结论，降低了课堂探索的时间成本，提高了课堂效率。同时学生利用网络画板主动进行研究、探索，在头脑中生成新知识，真正掌握学习的方法，提高学习兴趣，落实数学核心素养。

（二）有利于帮助学生突破重、难点知识

小学数学高年级段中的立体几何知识非常抽象，一些基础薄弱的同学想象不出直角三角形沿着一条直角边旋转后是什么图形，也想象不出长方形以长为轴旋转一周后得到的是什么立体图形。传统的教学就是通过学生快速旋转小旗得到圆锥、圆柱，需要学生具备一定的抽象思维能力及空间想象能力。对于小学生来说，当跟不上老师的步伐时，就会掉队，这样就会使学生对数学学习失去兴趣，没有在数学学习中体验到成就感。而网络画板可以将立体几何的一些特征通过三维空间呈现，学生不需要在头脑中想象，眼睛观察就可以得出。通过网络画板模拟圆柱、圆锥的形成，促进了学生对立体图形的理解，将抽象知识形象化，轻松突破教学重、难点。

四、研究不足与展望

本文主要以六年级上册“圆柱”为例阐述网络画板在小学数学中的应用，论述范围比较窄，不够全面。目前，网络画板在小学数学中的应用研究较少，在以后的教学中，还可以将网络画板应用于“数与代数”“概率与统计”等教学内容上，真正帮助教师教学，帮助学生学习，发挥网络画板的价值。

参考文献

［1］王小石．小学生数学自主学习能力的培养策略［J］．学周刊，2021（33）：33-34.

［2］赵小利．用网络画板开展数学实验，助力小学数学教与学——以六年级教材“圆”为例［J］．数学学习与研究，2019（22）：102.

［3］伍雪莲．基于网络画板的初中数学探究教学研究［D］．成都：四川师范大学，2020.

作者简介

何青青：成都市青白江区祥福小学数学教师，二级教师。

李婷：成都市青白江区祥福小学数学教师，二级教师。

网络画板在初中数学“图形与几何”教学中的应用

——以“图形的旋转”教学为例

成都市青白江区姚渡学校　滕雪梅

【摘　要】网络画板是一款移动互联网环境下的动态数学学科教学工具，能实现从静态分析到动态分析的转变。本文以“图形的旋转”为例，将网络画板应用于初中数学“图形与几何”课堂教学中，改变课堂教学模式。学生应用网络画板开展探究活动，将抽象的图形动态变换变得直观可视，触动学生学习几何知识的欲望和兴趣。提高课堂教学效率，培养学生数学核心素养，使信息技术深度融合数学教学的价值得以体现。

【关键词】网络画板；图形与几何教学；教学应用

一、网络画板简介

1996年张景中院士主持的“Z＋Z智能教育平台”在广州大学开始开发，2001年我国第一款动态数学软件产品“超级画板”面世，“超级画板”经过发展趋于成熟；2015年，成都景中教育软件有限公司成立，致力于开发适应移动互联网时代的动态数学软件——网络画板。2016年，“网络画板”正式发布，进入国家及省市区平台，与各大软件、硬件产品融合，目前合作平台有：希沃、优学派、Microsoft、北京大学中小学教师培训平台等。

网络画板具有跨平台、多终端的特点，它支持Windows、安卓、苹果等系统平台，支持平板、手机、Windows PC等各种教学终端。正是多终端的环境为学生可以更好地利用碎片化的时间进行学习提供了时间条件和空间环境。

网络画板的使用也非常容易，它无需安装，只需要百度搜索“网络画板”，点击“网络画板 / 开放、共享的实验室”即可进入官方网站，再注册登录即可永久使用。在连网状态可以制作网络画板课件。如果没有网络或者网络不稳定的情况下，可以使用单机离线应用，只需提前下载资源和离线播放器。

网络画板有非常丰富的资源，网络画板汇聚了海量资源，并且资源每天都在增长，使用者通过搜索标题、简介、标签或作者等寻找资源，进行查看、下载和使用。当然使用者也可以自己创作课件并共享资源。

网络画板有非常强大的功能，支持几何变换、测量、数值运算、符号运算、概率统计、机器证明等。网络画板便于分享，它上边的每一个教学资源就是一个网页链接，我们可以将每一个素材右上角的网址链接或者二维码分享到 QQ、微博、微信等各种社交平台。

二、初中数学“图形与几何”教学中存在的问题

兴趣是最好的老师。传统的几何教学课堂上，大部分老师讲课枯燥无聊，缺乏生动形象的几何图形，导致教学抽象，学生难以理解或是根本不能理解。因此，学生学习“图形与几何”板块的兴趣比较低下，缺乏学习动力。

教师的教学观念中缺乏“以学生为中心”的意识，学生在学习中的主体地位没有得到良好的体现。因此，教学手段单一，更多的教学方式是填鸭式的讲解，学生被动接受。因此，学生对知识只是停留在识记的基础上，存在理解困难、不会应用的状况。

三、网络画板在初中数学“图形与几何”教学中的应用

表 1 “图形的旋转（第 1 课时）”教学设计

<table>
<tr><td colspan="6">课程基本信息</td></tr>
<tr><td>学　科</td><td>数学</td><td>年　级</td><td>八年级</td><td>学　期</td><td>春季</td></tr>
<tr><td>课　题</td><td colspan="5">3.2 图形的旋转（第 1 课时）</td></tr>
<tr><td>教科书</td><td colspan="5">书名：义务教育教科书《数学》八年级下册教材
出版社：北京师范大学出版社
出版日期：2014 年 11 月</td></tr>
<tr><td colspan="6">教材分析</td></tr>
<tr><td colspan="6">平移、旋转和轴对称是初中数学所涉及的平面图形的基本变换的三大类型。北师大版八年级数学下册第三章“图形的平移和旋转”第二节便是本文所列举的“图形的旋转（第 1 课时）”。旋转被公认为是培养学生高阶思维、树立运动变化观点非常好的素材；从教材的编排顺序来看，学习“图形的旋转”也是为下一小节“中心对称图形”做铺垫，更是为九年级下册学习“圆”做知识储备。</td></tr>
</table>

续表

<table>
<tr><td colspan="2">教学目标</td></tr>
<tr><td colspan="2">1. 掌握旋转的定义。
2. 通过小组活动，辅之网络画板探究旋转的性质。
3. 通过动手操作网络画板、观察图形和数据变化、汇报交流、归纳总结等活动，培养学生的动手能力、观察能力、探究问题的能力以及与人合作交流的能力。</td></tr>
<tr><td colspan="2">教学内容</td></tr>
<tr><td colspan="2">教学重点：
1. 旋转的定义。
2. 旋转的基本性质。
教学难点：
1. 定义的形成和性质的探究过程。
2. 确定旋转中心。</td></tr>
<tr><td colspan="2">教学过程</td></tr>
<tr><td>环　节</td><td>师生活动</td></tr>
<tr><td>（一）
启动</td><td>生活中有许许多多的旋转现象，通过生活经验，学生对旋转有一定的认识，首先请学生欣赏小品《听我口令——“转”》。
学生 1 发出口令“转”；学生 2 绕自己顺时针旋转一圈；学生 3 绕自己逆时针旋转一圈；学生 4 绕学生 3 旋转一圈；学生 5 绕自己方向旋转 90°。
通过观看小品，学生发现绕的中心、旋转的方向和转动的角度影响旋转。</td></tr>
<tr><td>（二）
构建旋转的定义</td><td>出示生活中的旋转图片。如果我们将生活中的旋转现象抽象为平面图形的旋转运动，同学们如何定义图形的旋转？

归纳出图形的旋转的定义，并说明旋转的三要素。</td></tr>
<tr><td>（三）
巩固旋转的定义</td><td>请同学们观察图形旋转过程，回答问题。（网络画板动态演示三角形旋转的过程，旋转过程截图如右图）
（1）说出旋转中心 、旋转方向、旋转角度。
（2）找出对应点。
（3）找出对应线段。
（4）找出对应角。
（5）找出旋转角。
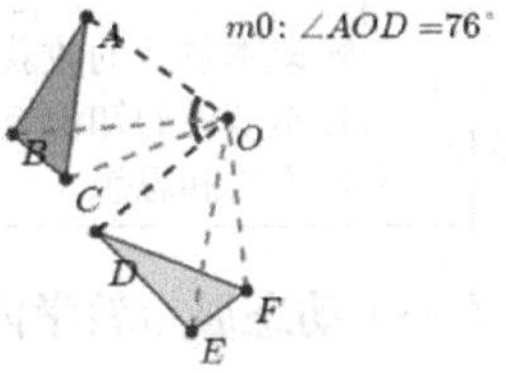
</td></tr>
</table>

续表

（四） 构建旋转的性质	小组活动要求如下所示。 小组活动：在一个四边形的硬纸板上钉一颗图钉，作为旋转中心 *O*，硬纸板下面放一张白纸。先在白纸上描出这个四边形，标为 *ABCD*，然后围绕旋转中心转动硬纸板，再描出这个四边形，标为 *EFGH*，移开硬纸板。 提问： （1）你能发现哪些相等的线段和相等的角？ （2）连接 *AO*，*BO*，*CO*，*DO*，*EO*，*FO*，*GO*，*HO*，你又能发现有哪些相等的线段和相等的角？ 学生小组活动结束后，请一个小组上台汇报。 小组汇报后，应用网络画板验证学生的结论。 师生共同总结出旋转的性质。 旋转的性质 （1）对应线段相等，对应角相等，旋转前后的图形全等。旋转不改变图形的形状和大小，只改变位置。 （2）对应点到旋转中心的距离相等。 （3）对应点与旋转中心的连线所组成的角都等于旋转角。 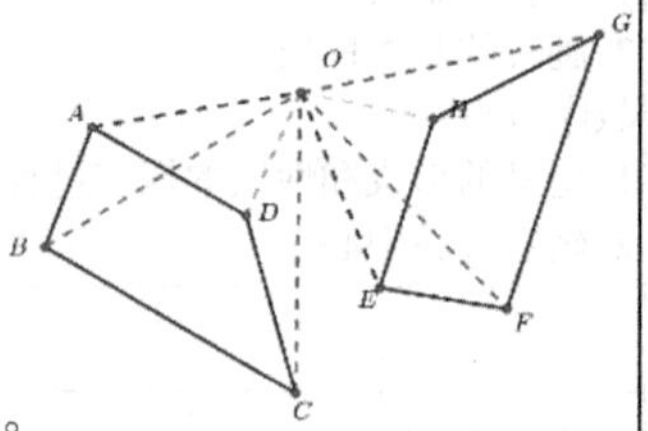
（五） 巩固旋转的性质	如图，正方形 *ABCD* 中，*E* 是 *AD* 上一点，△ *CBM* 是△ *CDE* 的旋转图形，连接 *EM*。 （1）旋转中心是哪一点？ （2）旋转了多少度？ （3）△ *CEM* 是怎样的三角形？ 解：（1）旋转中心是点 *C*。 （2）旋转了 90 度。 （3）由旋转的性质知： $CM = CE$，$\angle MCE = BCD$ ∴△ *CEM* 是等腰直角三角形。 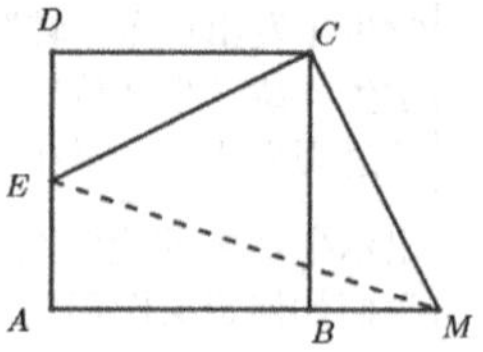
（六） 运用	（逆向思维）如图，*P* 是等边△ *ABC* 内的一点，把△ *ABP* 通过分别旋转得到△ *BQC* 和△ *ACR*。 （1）指出旋转中心，旋转方向和旋转角度。 （2）若 $PA = 5$，$PC = 4$，$PB = 3$，则△ *PQC* 是什么三角形？ （3）△ *ACR* 是否可以直接通过把△ *BQC* 旋转得到？（网络画板先演示可以得到，再让学生寻找旋转中心） 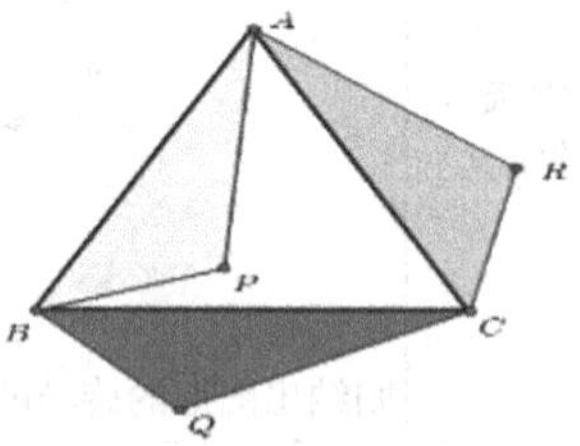
（七） 总结	畅谈本节课的收获 1. 本节课的知识点。 2. 方法和思想。

（一）动态展示教学内容，将抽象的数学知识形象化

在第三环节“巩固旋转的定义”时，应用网络画板的动态演示功能直观展示△ *ABC* 旋转得到△ *DEF* 的过程，并且将对应的点和对应的线段用相同的颜色表示，将旋转角进行自动测量（画面截图如图 1）。传统的教学需要学生自己去想象图形的旋转过程，应用网络画板后，学生从画面中认识图形旋转的真实情况，将抽象的数学教学变得直观形象，帮助学生理解和掌握旋转的定义，突出本节课的重点，同时也能为后续学习旋转的性质做铺垫。

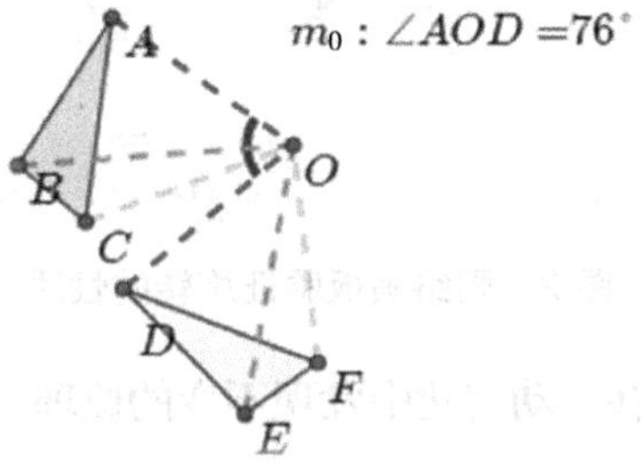

图 1　自动测量旋转角

（二）进行数学实验，让学生自主探究数学知识

在课堂的第四环节“构建旋转的性质”时，虽然学生动手操作旋转硬纸板，并通过测量线段和角度得出了结论，但这样的数学活动有些局限，于是有同学提出疑问：“刚刚所取得对应点都是四边形的定点，如果在图中任意取一些对应点，它们到旋转中心的距离也相等吗？”这个问题问得非常好，如果能验证，那么可以帮助学生理解旋转的本质：在旋转过程中，图形上的每一点都绕旋转中心沿相同方向转动了相同的角度。

教师可以课前准备好网络画板，课中邀请学生借助网络画板进行数学实验探究（如图 2）。在图形中取一组对应点，命名为点 M 和点 N，连接 OM 和 ON，并测量它们的长度，发现 $OM = ON$。为了体现点 M 是图形中的任意一点，在实验时，学生拖动点 M，随着点 M 的移动，OM、ON 的长度在不断变化。通过网络画板实验，学生会发现，虽然 OM、ON 的长度在变化，但是 OM 的长度始终等于 ON 的长度，即 $OM = ON$。帮助学生理解旋转的本质，验证旋转的性质，突破本节课的难点。

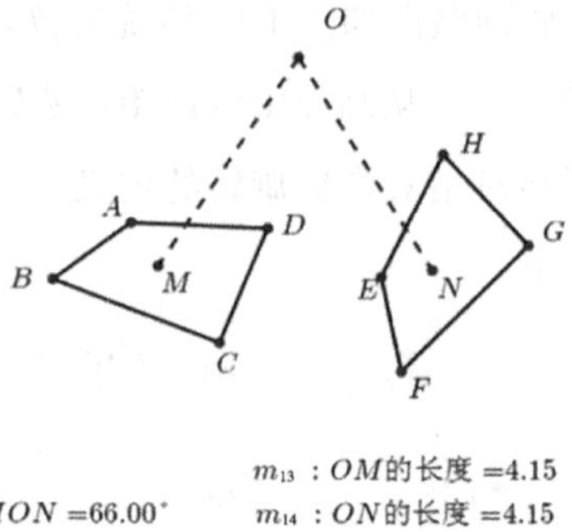

图 2　网络画板验证旋转的性质

（三）进行数学实验，在运动变化中发现不变的原理

在第四环节“构建旋转的性质”时，还有学生提出这样的问题：“硬纸板的操作，旋转中心只能在图形外，如果旋转中心在图形内，结论还成立吗？”

同样，教师可以课前准备好网络画板，课中邀请学生借助网络画板进行数学实验探究（如图 3）。首先测量对应点到旋转中心的距离，再测量旋转角。接着拖动旋转中心点 O，将点 O 从四边形外部缓慢拖动到四边形内部，再在四边形内部缓慢移动。学生可以发现，随着点 O 的运动，对应点到点 O 的长度在不断变化，但是每一组对应点到点 O 的距离始终保持相等，从而再次验证了“对应点到旋转中心的距离相等”这一结论，帮助学生理解旋转的本质，验证旋转的性质，突破本节课的难点。

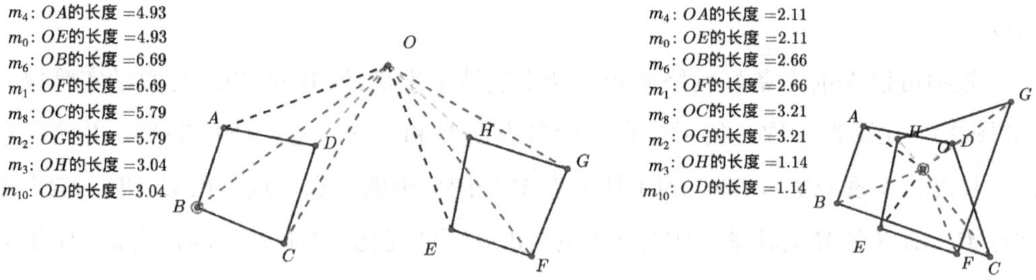

图 3　构建和验证旋转的性质

（四）进行数学实验，有益于学生深度思考

在第六环节“运用”中，问题（3）对学生来说比较难。在学生猜测后，教师可以利用网络画板演示，激发学生的求知欲望。既然△ ACR 可以直接通过△ BQC 旋转得到，那旋转中心在哪里呢？引发学生深度思考。

学生操作网络画板，运用逆向思维，调用旋转的性质、垂直平分线的判定定理解决问题（如图 4）。在这个过程中，会得出“旋转中心必在对应点连线的垂直平分线上”的结论。利用这个结论，学生可以归纳得出寻找旋转中心的方法：先画出两组对应点连线的垂直平分线，两条垂直平分线的交点即为旋转中心。

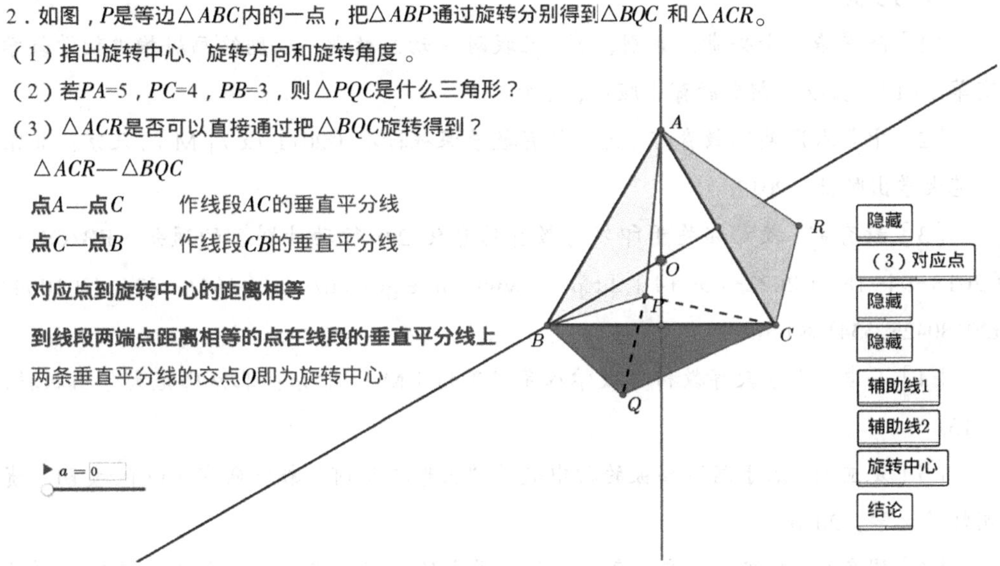

图 4　寻找旋转中心的方法

四、总结与展望

本节课利用网络画板进行教学，学生直观地看到了图形的旋转过程，并且看到了图形在旋转过程中线段长度和角度大小变化的数据，使抽象的数学知识转变为直观形象的数学知识，这颠覆了传统的数学课堂，触动了学生的求知欲和学习数学的兴趣。

学生是学习的主体。本节课利用网络画板进行教学，邀请学生上台操作网络画板，拖动图形中的点或线，学生通过观察图形和数据，体会图形变化中变与不变的性质，对旋转的性质进行验证，学生的主体地位得到体现。学生通过应用网络画板进行探究活动，亲身体验知识的产生过程，从而主动构建知识。

几何教学总是离不开作图、测量和计算。应用网络画板进行几何教学，减少了作图时间、减少了重复而没有意义的测量和计算时间，学生有更多的时间经历猜想、探究和交流得出知识，打破了传统的教学方式。为在“双减”背景下，实现初中数学教学“提质”“增效”提供了工具和环境。

利用网络画板进行教学，还体现了信息技术辅助教学的价值，推动了现代信息技术的发展。

参考文献

[1] 陆兴华，李兴贵，尧刚，等. 互联网 + 动态数学——网络画板推进数学教学变革 [M]. 长沙：湖南教育出版社，2019.

[2] 中华人民共和国教育部. 义务教育数学课程标准（2011 版）[M]. 北京：北京师范大学出版社，2012.

[3] 教育部. 教育部关于印发《教育信息化 2.0 行动计划》的通知 [EB/OL].（2018-04-18）[2022-03-14]. http://www.moe.gov.cn/srcsite/A16/s3342/201804/t20180425_334188.html.

[4] 马复. 义务教育教科书数学八年级下册 [M]. 北京：北京师范大学出版社，2013.

[5] 龙应菊. 基于网络画板的初中数学“图形与几何”教学研究 [D]. 贵阳：贵州师范大学，2020.

[6] 周冬梅. 超级画板在八年级几何教学中的应用研究——以秦皇岛市 K 中学为例 [D]. 秦皇岛：河北科技师范学院，2020.

[7] 伍雪莲. 基于网络画板的初中数学探究教学研究 [D]. 成都：四川师范大学，2020.

作者简介

滕雪梅：成都市青白江区姚渡学校数学教师，中小学一级教师。

数学教学中，信息技术如何才能用得恰到好处?

——例谈网络画板的教学实践应用

成都市青白江区实验小学　张凤峨

【摘　要】信息技术的发展带动了教育技术和方式的变革，毋庸置疑，网络画板等信息技术的合理应用能够提升教学效率和质量，然而需要思考的是网络画板等信息技术如何才能与传统教学有机结合，用得恰到好处呢？基于新课程改革的教学理念——以学生为中心，让知识“自然生成”，设计了《平行四边形的面积》一课，通过找准学生知识结构的“生长点”，在问题的驱动下，尝试将实物操作和网络画板演示结合应用，让学生进行自主探究，发现知识之间的本质联系，将新旧知识进行有意义的联结，在“凑整”的旧知识下自然生成了“转化”的思想。

【关键词】网络画板；实物操作；知识本质；转化思想

新课程改革提倡学生是学习的主体，教师是学习的组织者、引导者、帮助者。教学要注重学生知识获得的过程性、学生学习的主动性，聚焦学生思维深度和广度的发展，通过学生的思考、探究和归纳，让知识“自然生成”。在教育技术不断发展的今天，合理利用网络画板等信息技术辅助教学，可以让课堂教学事半功倍，更能给学生带来耳目一新的新体验，深化学生对重难点知识的理解。

一、课前思考：如何避免常见的信息技术应用误区

在实际教学中，信息技术用得越来越多了，那么也有一些使用误区，比如忽视学生学情特点、教学内容和规律而随意使用，也有只要信息技术、摒弃实物操作等现象，只有规避这些误区，才可能将网络画板等好的教学信息技术用得恰到好处。

（一）教学设计为主，信息技术为辅

一节课最重要的不是有没有使用信息技术，而是教学目标、重难点的设计和达

成，教学方式是否符合教学规律，是否促进学生更好地达成学习目标。明确了这一点，我们就能清楚地认识到，好的教学设计比信息技术更为重要，没有好的设计，即使技术运用得再好，也是徒有其表，对于教学目标的达成作用很小。

因此，对于一节好的课来说，信息技术的应用是锦上添花，而非雪中送炭。如果想要用好信息技术，那么首先应该要做好教学设计。

（二）实物操作为主，信息技术为辅

教育技术越来越先进，做出来的电子效果非常炫酷，是不是意味着可以完全取代数学探究活动中传统的实物操作呢？我认为不行。因为实物操作能带给学生手、眼、脑等多感官的体验和感受，学生在操作的过程中调动各种感官，辅助大脑思考，这种体验更为深刻、具体、多方位，信息技术则更多是视觉上的感受，这一点上，无法取代实物操作。

那么不用信息技术，只用实物操作可以吗？也不可以，因为有些知识本身的特点和教学具的局限性决定了实物操作有些时候无法达到某些操作效果，如剪、拼等操作活动，实物不便于多次反复操作，如果遇到需要多次尝试探索的操作活动，那么就需要很多教学具，不够方便。再如，在“圆的面积公式推导”一课中，将圆均分成小扇形再拼成类似平行四边形的图形，均分的份数越多，就越接近平行四边形，在这里，利用网络画板可以轻松地将一个圆均分为成百上千个扇形，但是如果用实物来操作，是很难做到的。

由此，单一使用某种策略是不够的，实物操作和网络画板等技术需要根据实际情况选择并结合使用。

（三）根据实际情况，合理应用

信息技术虽好，但是不能迷信其效用，不能夸大其作用，不能为炫技术而随处都用，不能忽视学生特点、教育规律、教学内容而乱用，需要根据实际情况，按需而用，合理应用，用得恰到好处。

二、深化内容分析，为教学设计奠基

“平行四边形的面积”是北师大版五年级上册第四单元“多边形的面积”的第三课时，这一课，学生第一次用“转化”的思想进行平行四边形的面积计算公式的推导，能为学生后续学习中推导三角形、梯形面积的计算公式提供思想方法迁移，促进学生的“转化”思想逐步结构化，发展学生的空间观念。

“转化”的思想方法是在研究和解决有关数学问题时采用某种手段将问题通过变换使之转化，进而解决的一种思想方法。在解决许多数学问题时，“转化”的巧妙运用可以带来“以退为进”的新角度和“山重水复疑无路，柳暗花明又一村”的新思路。因此，“转化”思想是本课教学重点之一。

三、找准生长点，让新旧知识自然联结

“跳一跳，能摘桃”——这句话是对维果茨基的“最近发展区”理论的形象比喻。维果茨基认为：教学要根据学生的已有知识起点和身心发展规律，找准知识的生长点和学生的“最近发展区”，为学生搭建学习支架，提供一定的帮助，让学生通过努力和思考发现知识的本质联系，实现对新知识的有意义的学习。

（一）生长点 1：用面积单位度量的方法

此前，学生已经学习了长方形的面积计算方法是通过面积单位——小方格进行度量的方法得出的，那么面对新问题“平行四边形的面积”学生是否能想到用面积单位进行度量呢？为了解学情，通过问题“你还记得长方形面积公式是如何得到的吗？”进行了课前学情抽查，并在课上用微课帮助学生进行回顾，促进新旧知识自然联结。

（二）生长点 2：长方形的面积 = 长 × 宽

由于长方形的面积公式为长 × 宽，学生很容易联想到，同样是四边形的平行四边形的面积是否也是邻边相乘？此处便产生了知识的负迁移。

如何通过学生自己的思考和探究来纠正这个错误的猜想？针对这个问题，设计了学生的实物操作活动：拉一拉长方形框架，仔细观察，什么变了？什么没变？通过学生自己动手操作和网络画板进行直观演示，学生深刻理解到：邻边、周长不变，而面积随着高的变化而变化。邻边相乘得到的数据始终不变，与随高变化的面积显然不一致，从中也发现，平行四边形的面积与底及其对应的高相关，由此，学生否定了错误猜想，发掘到了平行四边形面积变化的本质因素。

四、实物操作与网络画板相结合，让“转化”自然生成

通过研究课程标准和教材，可以发现，在前面的学习中已经渗透了“转化”的思想。例如，在学习除数是小数的除法计算时，通过商不变的规律将除数“转化”为整数来计算。对学生来说，“转化”的思想已初步接触过，但是针对本课的新问题——如何求平行四边形的面积，学生需要重点解决两个问题：一是如何自然地想到用“转

化”思想来解决；二是采用什么具体的方法进行转化，即如何转化的问题。

（一）实物操作与信息技术互为补充，探究“数格子”的方法

【教学片段 1】

师：老师为大家准备了方格纸，方格纸上的小正方形的边长为 1 厘米。我们用 1 厘米来表示图中的 1 米，请同桌的孩子一起数数看，并说一说你是怎么数的？

生 1：我们先数的整格有 12 格，不足一格按半格算，有 12 个半格，也就是 6 个整格，合起来是 18 格。

生 2：我们可以将这些不完整格子进行“凑整”，拼凑在一起刚好得到了 18 个完整格子。

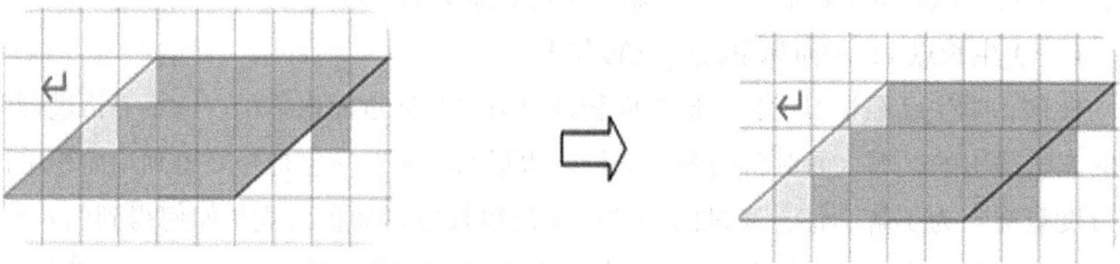

图 1　网络画板演示：将零散的格子进行“凑整”

学生具备一定的数格子的经验，很容易数出完整的格子数，对于不完整的格子，想出了 3 种不同处理办法，三种方法层层深入，尤其是第二种方法，巧妙地“化零为整”，通过将不完整的格子两两拼凑之后，学生有了进一步的发现——可以将三角形切割下来进行平移，这样便“凑”出了一个长方形。通过“凑整”思想这个桥梁，让“转化”思想悄然而至，自然生成。

（二）“求同存异”，多元“转化”

解决了“如何自然地想到转化”这个问题后，“如何转化”成为研究的重点。

【教学片段 2】

师：如果没有了方格纸，我们还能将平行四边形转化成长方形吗？

生 1：我们把它分成了一个三角形和一个梯形，通过平移，转化成了一个长方形。大家同意我们的想法吗？有没有什么疑问？

生：是不是随便沿一条线切开都可以呢？

教师用网络画板进行演示，学生观察发现这样切开，平移后得到的还是平行四边形。

必须是沿高切开才能转化为平行四边形。

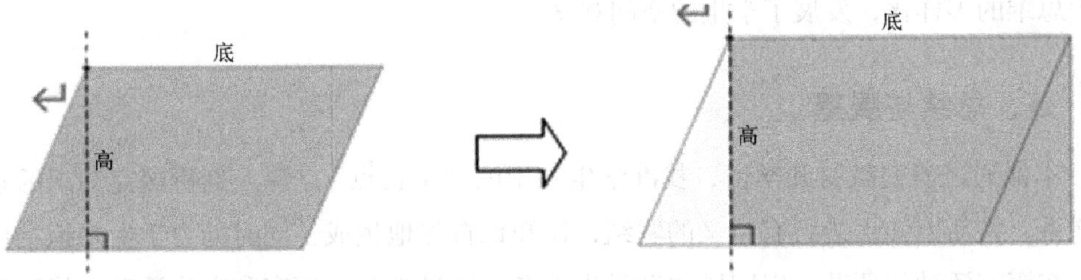

图 2　网络画板演示：沿高切下一个三角形

生 2：我们沿平行四边形的高，将这个平行四边形分成了一个三角形和一个梯形，通过平移，转化成了一个长方形。

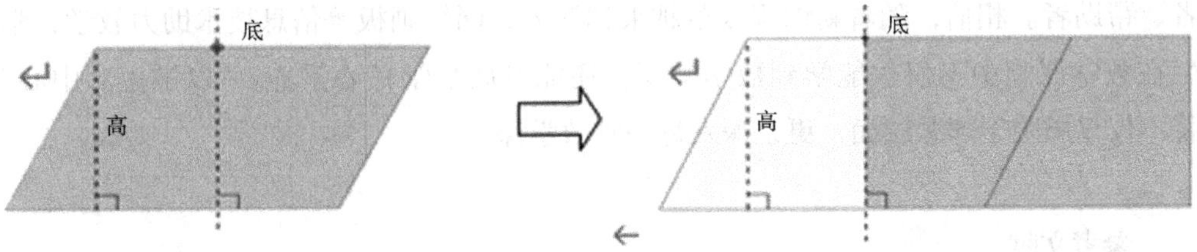

图 3　网络画板演示：沿高切下一个梯形

生 3：我们沿高将这个平行四边形分成了 2 个梯形，通过平移，转化成了一个长方形。

师：这两种分法有什么共同点？（都沿高、都拼成了长方形）

师：平行四边形转化成长方形的方法还有很多，让我们一起来看看。

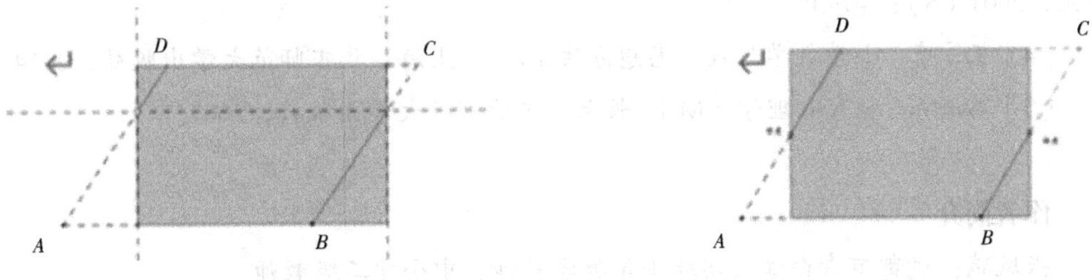

图 4　其他割补方法

围绕着“如何转化”这同一个问题，学生通过实物操作对“转化”的方法进行了充分的探究，展示出多种的“转化”方法，引导学生发现虽然大家的想法有所区别，但本质上却有联系——都运用了“转化”的思想。同一个学习目标下，学生有自己的不同的理解和想法，“求同存异”让每个孩子在数学课堂上得到应有的发展。体现出学生思维的多样化，发展了学生的空间观念。

五、总结与展望

本课通过研究教材和学情，找准学生知识的“生长点”，深入剖析深究知识的本质联系，将新旧知识进行有意义的联结，让知识自然地生成，同时助力学生知识结构化。在探究活动的环节，以问题驱动学生思考，通过观察、探究和交流活动，将实物操作和信息技术——网络画板动态演示有机结合，深化了学生对平行四边形面积推导过程的认识和“转化”思想的感悟，体现了学生获得知识的过程性，促进了学生数学思维的发展。本节课上，学生真正成为学习的主体，教师成为学习的组织者、促进者、帮助者。相信，随着新课程改革越来越深入，网络画板等信息技术助力教学，学生在数学课堂中不仅仅能学到数学知识，还能发展数学核心素养，“以学生为中心”将不仅仅局限于理念层面，更是深入每一堂数学课。

参考文献

［1］中华人民共和国教育部．普通高中数学课程标准（2017 年版）［M］．北京：人民教育出版社，2018.

［2］李成龙，张庆美．试析小学数学教学内容与信息技术整合的原则［J］．中国校外教育，2016（16）：165.

［3］李克东．数字化学习（上）——信息技术与课程整合的核心［J］．电化教育研究，2001（8）：46-49.

［4］王永春．小学数学与数学思想方法［M］．上海：华东师范大学出版社，2014.

［5］路海东．教育心理学［M］．长春：东北师范大学出版社，2002.

作者简介

张凤娥：成都市青白江区实验小学数学教师，中小学二级教师。

浅谈“双减”下网络画板提升小学数学教学质量

昌吉市第十二小学 骆 瑛 卡里哈什·哈几别克

【摘 要】作为小学、中学到大学必修的重要课程，数学是人类必不可少的知识。数学在日常生活中处处可见，有着很重要的地位。但是在现实生活中，学生对数学的兴趣较低，导致数学事业停滞不前。针对这种现象，网络画板出现得恰到好处，其主要目的就是提高学生的学习兴趣，让学生在学习数学时更加的轻松有趣，提高学生的学习效率，让“双减”政策落地落实，提高小学数学教学质量指日可待。

【关键词】双减；网络画板；小学数学；途径与方法

“双减”给教育带来了深刻变化。它给学校的管理、教育教学质量及评价方式带来了深刻的变化，要求我们进一步提升课堂教学质量。网络画板的使用使学生的数学学习不再枯燥，不再复杂，对于学生的数学学习有着很重要的作用。网络画板是一种动态的数学工具，结合了多方面的技术，使数学学习更加轻松有趣。本文主要探讨的问题就是“双减”背景下看网络画板如何提升小学数学教学质量。

一、数学类比思考法，感受数学魅力

由于学生天性比较活泼好动，就使得学生在上课时不能很好地集中注意力，认真听课，数学教学本身就是用来开拓学生的思维能力，建立学生的数学思维，使学生拥有清晰的头脑，但是现状却是截然相反的，为了改变这种现状就出现了网络画板这一学习工具，网络画板能够很好地解决此类问题，因为网络画板将抽象的理论知识变成动态的学习，能够让学生集中注意力，产生学习的积极性，一定程度上提高了学生的学习效率。

例如，在学习“变化的图形”时，教师就可以利用网络画板来进行教学，将平移、旋转和轴对称等知识利用网络画板来进行教学。相对于传统的教学方法来说大大提高了教师的教学质量，使学生不再只凭教师的讲解来进行数学学习，而是通过网络画板学习到了更多的数学知识，也让学生发现了数学的美，因为网络画板将抽象的理论知识变成了动态且立体的真实物像，让数学知识更加简便化，有助于学生更好地学习数学知识，并且在潜移默化之中使学生产生学习的欲望，大大提高了学生的学习效率。

网络画板平台为数学课堂提供了实验探索的环境。学生可以利用其动态作图、动态计算、动态测量及编程功能来帮助自己理解知识、探索解题的思路、解决疑问、寻找答案，并用可视化的动态图像表现抽象的定理公式。网络画板的平台，能画、能算、能动、能变、能测，是实验探索得心应手的环境。例如概率中的转盘游戏实验，利用网络画板制作课件，直观展示给学生观察。再如“三角形面积的推导”探索过程中，用网络画板课件展示证明过程，学生通过观察动态的动画演示，很直观地理解了证明过程。在技术的支持下，教师可以通过对实验活动的精准设计，让学生更深入地体验实验、归纳、类比、猜想这一相对完整的数学发现过程，更好地实现数学实验的教育价值（如图 1）。

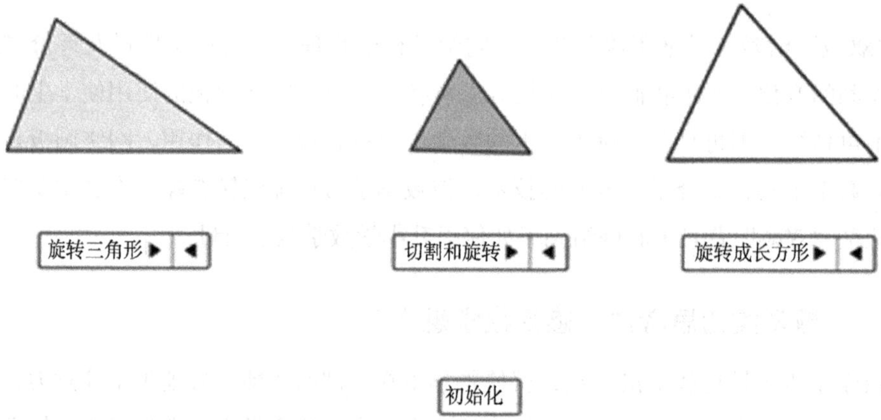

图 1 《三角形面积的推导》

二、数学情景思考法，吸引学生兴趣

在学习过程中，小组学习也是我们学习过程中一个好的选择。在学习知识之前，教师可以利用网络画板设立问题，让学生在课下进行讨论与探究，这样学生在探究过程中就会进行学习。

例如，在学习“统计与猜测”时，教师在进行教学之前，可以为学生设立一个数学问题，比如抛硬币有几种可能性，所占比例是多少？让学生下课进行讨论与学习，几个学生为一组，也可以进行数学实验，进行统计与猜测。在上课时，学生可以自由地表达出自己在课下得出的结论。在上课时，教师可以利用网络画板进行演示，利用动态的硬币来让学生进行记录与统计。统计完成后，教师再为学生进行理论知识的讲解，针对学生存在的问题进行着重讲解。当上升到更高层次的学习之中，教师也可以利用相同的教学方式，将知识点以动态的形式或者是更加有意思的形式进行讲解，让学生产生好奇心，产生学习的欲望，使学生学习到更多实质性的知识点。网络教学可以帮助学生更直观地进行学习，将理论知识变为实践，从而提高学生的学习效率。

例如，网络画板在图形变化教学中的应用。网络画板提供了六种“变换”工具，包括平移、旋转、缩放、反演、仿射和迭代变换。在图形变换的过程中，图形的某些性质始终保持一定的不变性，网络画板能很好地反映出这些特点。在之前的数学教学中，用传统作图工具在黑板上画图，不仅费时抽象，更重要的是不能表达出变化中的不变量。现在用网络画板来研究图形的变换可以更好地激发学生的求知欲，培养他们自主探究的习惯。如果分小组进行，每个小组选派代表上讲台亲自动手操作，不断改变三角形或原图形的形状、大小和位置，学生就能看到变换后的图形随着原图形的变化而变化，把抽象的图形变换为可视化过程。学生对每一点的坐标的研究也观察得更清晰，更加直观理解知识点。

利用网络画板的直观性，以形助数，将其应用于抽象概念解析中，促进知识理解，使得学生认知概念生成，培养数学抽象；概念教学一直以来都是老师们特别头疼的内容，自从推广了网络画板之后老师们不断尝试、摸索，终于有了新的突破。

三、数形结合思考法，提高学习效率

数与形是现实世界中客观事物的抽象与反映，是数学的两大支柱。由数想形，以形辅数，数形结合，是帮助学生正确理解题意、找到解决问题的方法而进行思维过渡的中间环节。当然对于一些简单的知识点，教师也可以让学生进行动手实践，而对于一些抽象且难以搭建的数学知识来说，网络画板就极为重要了，教师可以通过网络画板来进行教学，用具体的动态变化来向学生展示所学的知识，让学生进行学习。

例如，在学习“物体的分类”时，物体的分类对于学生来说是比较抽象且难以理解的一个知识点，教师在进行讲解时也不能够让学生很好地理解，如果学生只是一味地接受教师理论知识的传播，不但不能理解其主要内容也不能学习到实质性的数学知识，这种传统教学方式的弊端显而易见，而网络画板就能很好地解决这一问题，能够利用动态的事物将抽象的知识点变得生动起来。同时网络画板与理论知识的结合能够最大限度上将数学知识简便化，使学生更准确地掌握其数学知识，在营造一个好的学习氛围的同时也打破了传统以教学为主要方式的教学模式，更有助于学生的数学学习，如图 2 所示。

图 2 《物体的分类》

老师们在进行“认识平行四边形”的教学时，通过网络画板的构造菜单画出两组对边平行的四边形，让学生仔细观察平行四边形的绘制过程，又通过网络画板变换菜单中的平移功能绘制对边平行且相等的四边形，再次让学生感受平行四边形的特点，接着还让学生自己动手实践，发现即使怎么改变相应的四边形的端点，怎么调整图形都不会更改平行四边形的图形性质与特点。

四、总结与展望

一年来，由于着力推动网络画板课堂，所以，走到哪，老师们都在谈网络画板，都在有意识地搜集素材，自觉运用，网络画板成为常挂在口头的词语。开发渠道可谓广泛，有校本网络画板、各种媒体资源、教师的课程资源和学生方面的课程资源；开发的总类和数量可谓多矣；从课上延伸到课下。特别在校本课程资源开发方面，做了大量的有益的工作，结合教材内容，有年级网络画板、小学数学知识点网络画板，有些老师做得非常好，将年级知识点校本化处理，对应的小学数学知识点，如常见的量，整数的认识和运算，式与方程，测量，分数的认识和运算，小数的认识和运算，比和比例，图形的变换，图形的认识，位置与方向，统计，探索规律，实践与综合应用，应用题专题等按年级、按模块制表，在学校数学教学中广泛应用，也常常成为老师们外出参赛的杀手锏。网络画板应用做到一定阶段，其实更主要的是启发大家的自觉性，逐步形成“网络画板校本化”的思维和意识，“网络画板数学课堂”变成常态，平时自觉地搜集、积累和开发素材，设计校本化的数学课堂。

在当前“双减”背景下，我们教师要从小培养学生的逻辑思维能力，网络画板的出现使得数学课堂更加生动有趣，因为网络画板将抽象的数学知识变成动态的事物，更吸引学生的学习兴趣，同时也能够让学生感受到数学的魅力。教师也要懂得将网络画板成为教学的有力辅助，懂得利用网络画板的特性更好地帮助学生学习数学知识，使学生更好地融入到数学学习的氛围之中。并且网络画板也使得课堂真正成为以学生为主体的课堂，将所学的数学知识更加简便化，符合现代社会的教学方式。

参考文献

[1] 中华人民共和国教育部．国务院办公厅印发《关于进一步减轻义务教育阶段学生作业负担和校外培训负担的意见》[EB/OL]．(2021-07-24)[2022-03-31]．http://www.gov.cn/zhengce/2021-07/24/content_5627132.htm.

[2] 邢晶参．计算机网络技术在小学数学教学中的应用分析[J]．计算机产品与流通，2020(3)：248.

[3] 中华人民共和国教育部．义务教育数学课程标准(2011年版)[M]．北京：

北京师范大学出版社，2012.

［4］成都景中教育软件有限公司．网络画板［EB/OL］．（2018-09-26）［2022-03-22］.https：//www.sohu.com/a/256371534_816139.

［5］海瑛．让“数学文化”走进小学课堂［J］．教育革新，2020（8）：40-41.

作者简介

骆瑛：昌吉市第十二小学校长，正高级教师，自治区特级教师。

卡里哈什·哈几别克：昌吉市第十二小学数学教师，初级教师。

网络画板在小学数学课程中的广泛运用有关探讨

新疆昌吉市第十二小学　党宏叶

【摘　要】随着社会对人才的多方面需求，对于学生的教育越来越重视。俗话说，青年强则国家强，青年富强则国家富强。因此，有必要加强对青少年的教育。尤其要重视小学生的数学教育，数学在日常生活中处处可见，有着很重要的地位。但是在现实生活中，学生对数学的兴趣较低，导致数学事业停滞不前。针对这种现象，网络画板出现得恰到好处，其主要目的就是提高学生的学习兴趣，使学生在练习数学时会感到容易好玩，提升了学生的复习效果等。

【关键词】网络画板；小学数学；应用探讨

2018年，教育部印发《教育信息化2.0行动计划》，在原“三通两平台”基础上提出更高的应用要求和行动目标。简单地说就是“三全两高一大”，“三全”是指：教学应用覆盖全体教师，学习应用覆盖全体适龄学生，数字校园建设覆盖全体学校。“两高”是指：信息化应用水平普遍提高，师生信息素养普遍提高。“一大”是指：“互联网+教育”大平台。

网络画板是一款互联网动态数学软件，具备免安装、跨终端、跨平台的特点，在平板、手机、一体机环境下都能顺利使用，并且基本功能完全免费，能让学生全面参与到数学实验中来，这样就极大降低了开展数学实验的门槛，使学生人人享有数学实验的机会。

由于当前科学技术的迅速发展以及人们对教学问题的日益关注，促使学校产生了很多用于教学的新工具，例如网上画板的诞生便是一例。它的广泛应用使学生的数学学习不再乏味，也不再烦琐，对学生的数学学习也具有非常关键的意义。而网络画板则是一个动态的数学工具，融合了多种的信息技术，让数学练习变得更加简单有趣。今天主要探讨的问题就是网络画板在小学数学教学中的广泛运用。

一、体现数学美，启发阅读乐趣

孩子们天生活跃好动，这就导致孩子们在上课时不能很好地集中注意力，认真听讲，而数学课本来就非常乏味无趣，学生只能听到老师的片面介绍，学生在上课时也不会有参与感，跟老师之间也不会交流，就使得学生掌握数学的能力非常浅薄，也没有掌握数学知识的重点，使得数学的学习效率大大降低。

例如，在学习“变化的图形”时，教师就可以利用网络画板来进行教学，将平移、旋转和轴对称等知识利用网络画板来进行教学。相对于传统的教学方法来说大大提高了教师的教学质量，使学生不再只凭教师的讲解来进行数学学习，而是通过网络画板学习到了更多的数学知识，也让学生发现了数学的美，因为网络画板将抽象的理论知识变成了动态且立体的真实物像，让数学知识更加简便化，帮助了学生更好地掌握数学知识，同时也在潜移默化当中让学生产生了学习的欲望，从而极大地提高了学生的学习效果。

二、数形结合，提升了学习效果

在小学数学课程中，某些抽象化的数学知识问题，是常用知识所无法说明的。在教学此类知识点时必须使之数形结合，使学生可以见到真正的数学模型，同时利用真正的数学模型为学生展开对数学知识的解释，这样才能使学生近距离地进行观察和分析，有助于学生掌握基础知识，更好地学习数学知识。当然对于一些简单的知识点，教师也可以让学生进行动手实践，而对于一些抽象且难以搭建的数学知识来说，网络画板就极为重要了，教师可以通过网络画板来进行教学，用具体的动态变化来向学生展示所学的知识，让学生进行学习。

例如，在学习“物体的分类”时，物体的分类对于学生来说是比较抽象且难以理解的一个知识点，教师在进行讲解时也不能够让学生很好地理解，如果学生只是一味地接受教师理论知识的传播，不但不能理解其主要内容也不能学习到实质性的数学知识，这种传统教学方式的弊端显而易见，而网络画板就能很好地解决这一问题，能够利用动态的事物将抽象的知识点变得生动起来，学生通过近距离的观察与分析，再加上教师的引导使其视觉与理论知识相结合，有助于学生更好地掌握数学知识，而这种网络画板式的教学方法也可以在一定程度上培养学生的学习兴趣，让学生在学习数学时会更为简便。同时，网络画板技术和理论知识的融合也可以在很大程度上将数学简便化，让学生更加准确地了解其数学知识，在形成了一种较好的数学环境的同时也颠覆了传统的以教师讲授为主体方式的教学模式，从而更加有利于提高学生的数学学习能力。

三、营造良好教学情境

在教育过程中，分组学习也是一个人在受教育过程中的一个非常好的方法。所谓一个人的智慧，总归抵不过一群人的智慧，而一个人的学习又抵不过和一群人的学习。因此进行分组教学，也是一个人现在所必须掌握的学习方式。在进行学习知识之前，教师可以利用网络画板设立问题，让学生在课堂下进行探讨和研究，这样学生在进行研究的过程中也会进行学习。但如果学生单单听教师的讲解，很可能会陷入一个似懂非懂的状况。与小组讨论式学习相比，效果大大低于小组学习。在上课时，利用网络画板进行模拟，利用动态的实物为学生解答困扰，这样的教学方法，一方面使学生进行了思考，在上课时能够集中注意力，另一方面创建了数学情景，吸引了学生的学习兴趣。

例如，在学习“统计与猜测”时，教师在进行教学之前，可以为学生设立一个数学问题，比如抛硬币有几种可能性，所占比例是多少？让学生下课进行讨论与学习，几个学生为一组，也可以进行数学实验，进行统计与猜测。在上课时，学生可以自由地表达出自己在课下得出的结论。在上课时，教师可以利用网络画板进行演示，利用动态的硬币来让学生进行记录与统计。统计完成后，教师再为学生进行基础知识的介绍，并根据学生出现的问题加以着重说明。当上升到更高层次的学习之中，教师也可以利用相同的教学方式，将知识点以动态的形式或者是更加有意思的形式进行讲解，让学生产生好奇心，产生学习的欲望，使学生学习到更多实质性的知识点。网络教学可以帮助学生更直观地进行学习，把理论变成实践，以提高学生的学习效果。

四、总结与反思

网络画板平台是开放的云资源，不仅适合教师演示讲解，还适合学生互动探究和学生动手操作，学生可以在不同环境下实现全面参与，满足学习过程中随时开展实验的需求，网络画板的资源还可以跟其他平台实现无缝对接，比如，通过代码分享方式添加到学校学习空间或教师、学生的个人网络学习空间，学生可以在这个平台上获得更多学习乐趣，体验到创造的喜悦。

总而言之，数学是十分重要的一门课程，因此教师要训练学生的思维能力，网络画板的出现使得数学课堂更加生动有趣，因为网络画板将抽象的数学知识变成动态的事物，更吸引学生的学习兴趣，同时也可以使学生体会到数学的魅力。教师也要懂得将网络画板变成教学的有力辅助，懂得利用网络画板的特性更好地帮助学生学习数学知识，使学生更好地融入到数学学习的氛围之中，为学生今后更深层次的学习打下基础。并且网络画板也使得课堂真正成为以学生为主体的课堂，将所学的数学知识更加简便化，符合现代社会的教学方式，同时也希望为社会培养出一批又一批的社会人才。

参考文献

［1］王鹏远．网络画板平台支持下的新一代数学实验室［J］．中小学信息技术教育，2018（6）：56-58.

［2］于传洲．几何画板在小学数学教学中的应用研究［J］．读写算，2020（13）：103.

［3］邢晶参．计算机网络技术在小学数学教学中的应用分析［J］．计算机产品与流通，2020（3）：248.

［4］海瑛．让“数学文化”走进小学课堂［J］．教育革新，2020（8）：40-41.

［5］陈生荣．小学低年级学生计算能力培养策略探究［J］．教学改革，2020（8）：43-44.

作者简介

党宏叶：昌吉市第十二小学副校长，一级教师。

巧用网络画板，辅助教学相长

乌鲁木齐市第127中学　徐学琴　李　慧

【摘　要】如今的信息化时代大背景，对教师进行信息网络技术发展应用能力提出更高的要求。中小学数学与信息技术的整合以信息技术的形式呈现基础教育阶段的数学知识，它可以潜移默化地将知识融入学生的知识结构中。作为一名基础教育数学教师，就需要掌握一个或多个动态几何软件来辅助数学教学。文章主要对中小学数学教学中网络画板的应用和实践进行了研究，介绍了网络画板的概念和功能。研究发现，网络画板作为数学课堂教学的辅助工具，有效地整合了教学目标、课堂内容和方法，有效地提高了课程内容的信息承载能力，成为一个学生进行探究活动的有力帮手，进而帮助学生学习数学，提高其数学素养。

【关键词】网络画板；学科整合；正方体涂色问题；动点问题

随着现代信息技术的发展，教育部也应时对基础教育进行了系统且全面的改革。在教育管理方面，应该改变传统知识教育的特点，在教学活动中应侧重于培养学生积极主动的学习、生活态度。《全日制义务教育数学课程标准（实验）》中也强调："数学这门课程的教学设计应充分利用信息技术与相关课程内容的整合，提高课堂教师教与学生学的效率。"

近年来，数学课程与信息技术融合进行了不少积极的尝试，实验范围不断扩大，实验效果逐步提高。然而，在实际使用的过程中，有一些困难出现：没有融合信息技术和数学教育，教师的信息素养滞后不能满足如今教学的需要，导致学生的信息技术应用于学习的能力没有得到培养和发挥。因此，本文研究了利用数学学科专业软件网络画板对数学教学的作用和影响，探索数学学科与信息技术的有机融合的契机点，为数学教学提供了一个新的思路，将数学和数学思维可视化，使学生能够亲历数学知识的形成和探索规律的过程。

一、相关概念界定与研究的理论基础

网络画板简介

1. 概念

网络画板是针对国内中小学数学教育教学特点设计出来的一款数学软件，是为适应教育信息化发展的新趋势，运用国内领先的多媒体互联网技术开发的一款在移动互联网环境下使用的动态数学学科教学工具，不用下载安装，有网即可轻松在线进行 2D、3D 作图，支持本地作图与离线播放，也可插入到多媒体课件中，让课件与动态数学完美融合，甚至可以单独使用多个素材组成活页，连续播放轻松组装。还可在教学中随时圈点勾画，补充作图，随时随地进行问题的探讨，便于老师的教和学生的学。网络化是网络画板的最大特点，正因为它有这个特点，所以它非常有利于学生进行数学研究性学习的探究。

2. 功能

网络画板绘图页面的左侧是点、线、面等基本元素，可以进行轨迹的绘制、计算量度、变换和组合；页面下侧内容更是丰富，关于中学的大部分知识内容都可通过网络画板来呈现。

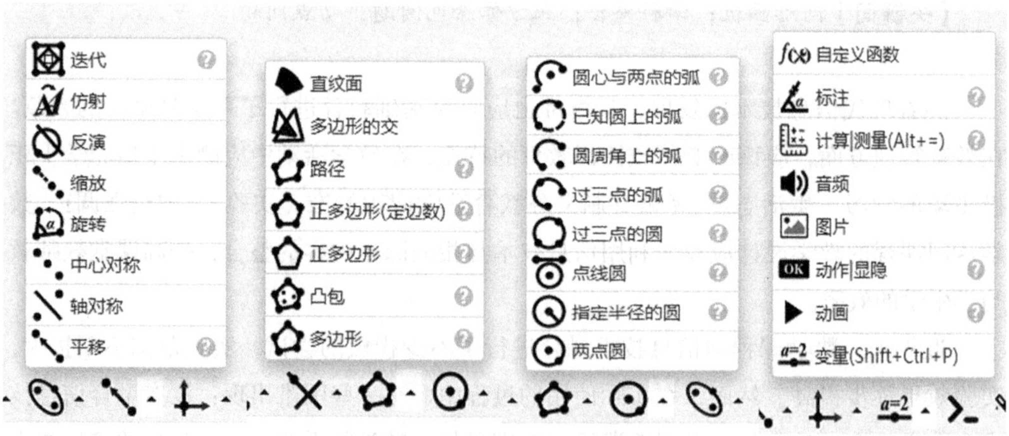

图 1　网络画板绘图功能页面

二、应用网络画板教学的具体案例片段分析

（一）用网络画板探究正方体涂色问题

传统教学模式下教师教授人教版五年级下册第 44 页数学活动探索图形——正方体涂色问题，很难通过课本上的“一面之词”让学生理解并掌握随着正方体个数的增加，一面、两面、三面以及没有涂色块数的规律。随着科技的发展，近些年依赖多媒体技术的教学普及全国，这确实为这一块的学习提供了极大的帮助。

1. 多媒体课件演示正方体涂色教学

在教学三面、两面、一面涂色环节，多媒体课件勉强可以让学生直观感受到三面在顶点、两面在棱中心、一面在面中心的规律。

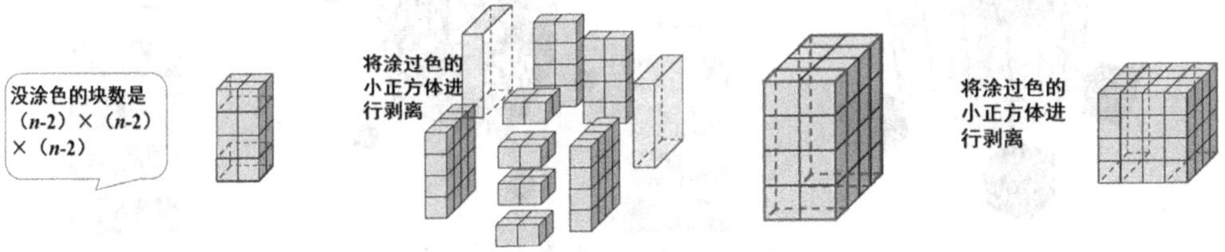

图 2　多媒体课件观察效果图

但在教学没有涂色部分的环节时，大正方体外层剥离过程突兀且断续，不能形成深刻的直观记忆，使学生只知其然，不知其所以然地陷入死记硬背规律公式，一遇到相关变式便无处下手。再有，该多媒体课件制作并不简单，程序复杂，费时费力。

2. 网络画板演示正方体涂色教学

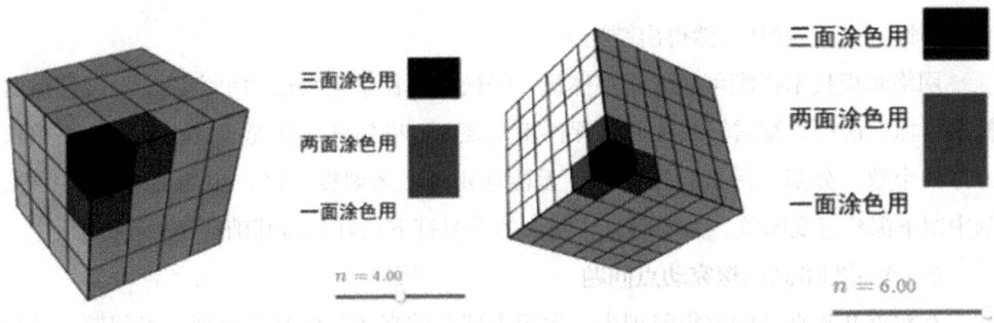

图 3　通过网络画板轻松改变角度、大小及块数效果图

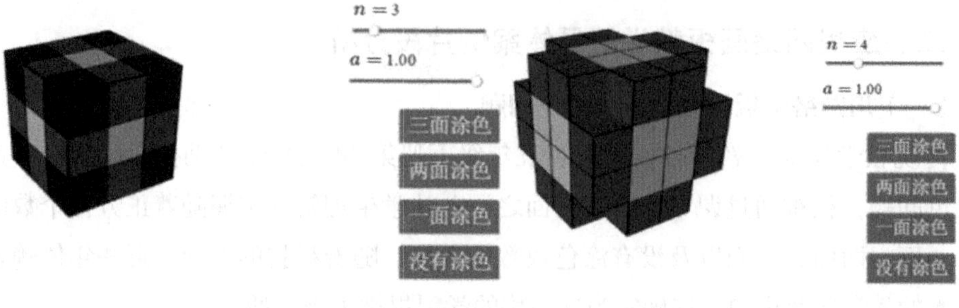

图 4　动态展现涂色情况

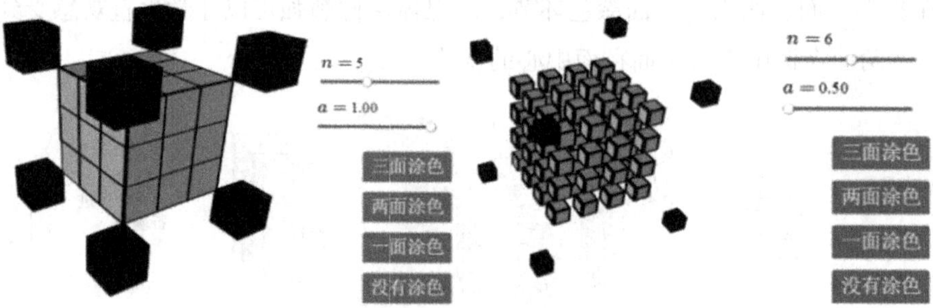

图 5　空间剥离观察

小正方体的数量	三面涂色（块）	两面涂色（块）	一面涂色（块）	没有涂色（块）
n^3	8	$12\times(n-2)$	$6\times(n-2)^2$	$(n-2)^3$

图 6　归纳小正方体涂色规律

（师生总结，顺其自然得出结论）

网络画板技术搭配可触屏式一体机，轻松实现让学生自己动手实践、发现规律的教学目标，还可以按需轻松在一张课件里实现 360 度旋转，快速改变图形大小、小长方体的个数，分割、拼接轻松操作。无视觉死角、无刻板记忆，在学生眼中、手中、脑中留下深刻直观印象，为今后立体图形的学习打下良好几何基础。

（二）用网络画板探究动点问题

在对近几年真题的收集整理中，发现大部分的真题卷中都会出现动点问题，且很多都是高达 12 分值的压轴题里，足见其重要性。

动点问题在初中阶段的知识点中踪迹处处可循，它不光可以与数轴结合，还可以与三角形、坐标、四边形等结合起来，后期更是和方程、函数等大难题一起考查难倒大部分学生。如今的数学压轴性题正逐步向数形结合、实验探究、动态几何、动手操作等方向发展，目的是考查学生的分析问题、解决问题的能力。所以动点问题的题型才会非常灵活并且难度较大，学生在求解时不易理解且得分率很低。而到目前为止对教师来说，又没有一个统一的、明确的教学标准和教学方法，因而对教师的教学也造成了一定的困扰。以下提供几种可以用网络画板解决的动点问题。

1. 一个半自由点的点值获取问题

通过做时间 t 与点值之间的折线图，再通过折线图上点的纵坐标倒回去表示半自由点的点值，计算量小，且具备一定的通实性。此做法可解决大部分同类动点问题。

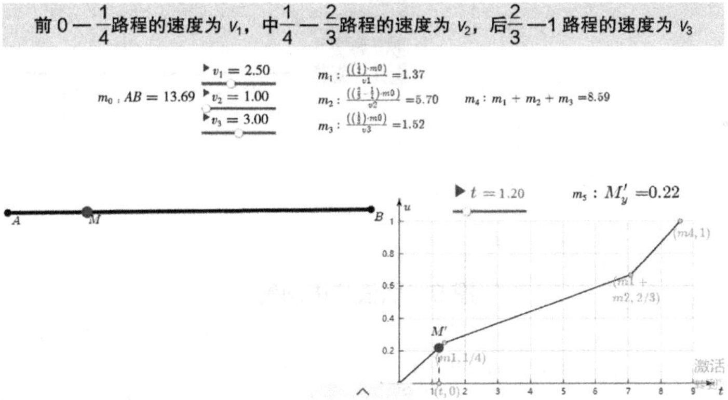

图 7　同一个点在同一路径上速度不同

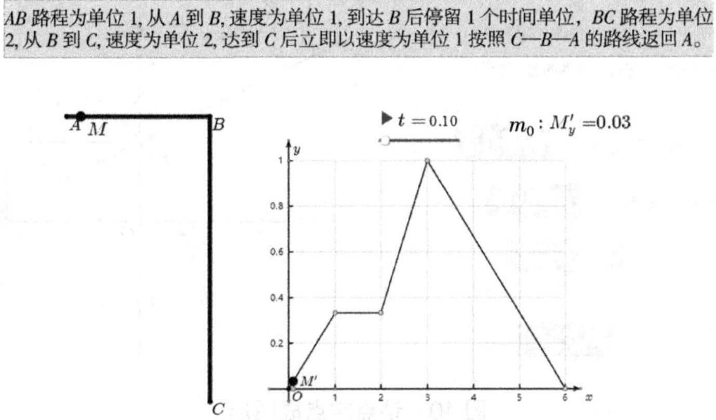

图 8　折返跑

2. 二次函数动点问题

动点问题一直是中考热点，近几年考查探究运动中的特殊性：等腰三角形、直角三角形、相似三角形、平行四边形、梯形、特殊角或其三角函数、线段或面积的最值。在解题过程中可借助多媒体信息技术渗透空间观念并进行及时的合情推理。选择基本的几何图形，让学生经历“亲眼所见”探索的过程，这样既可以考查学生的自主探究能力，又促进了学生解决问题的能力。

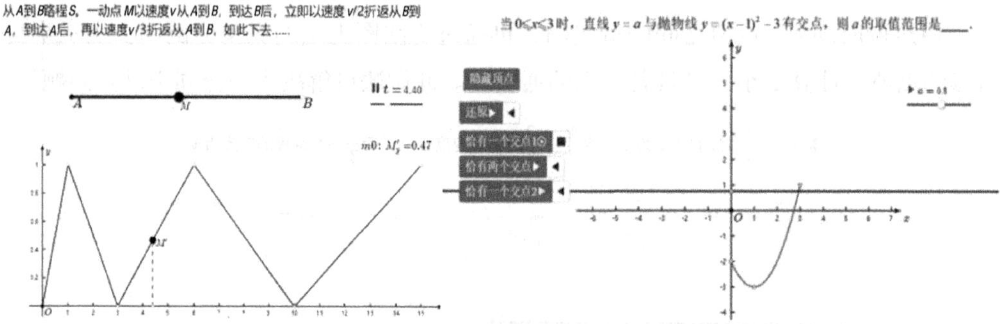

图 9　取值范围问题

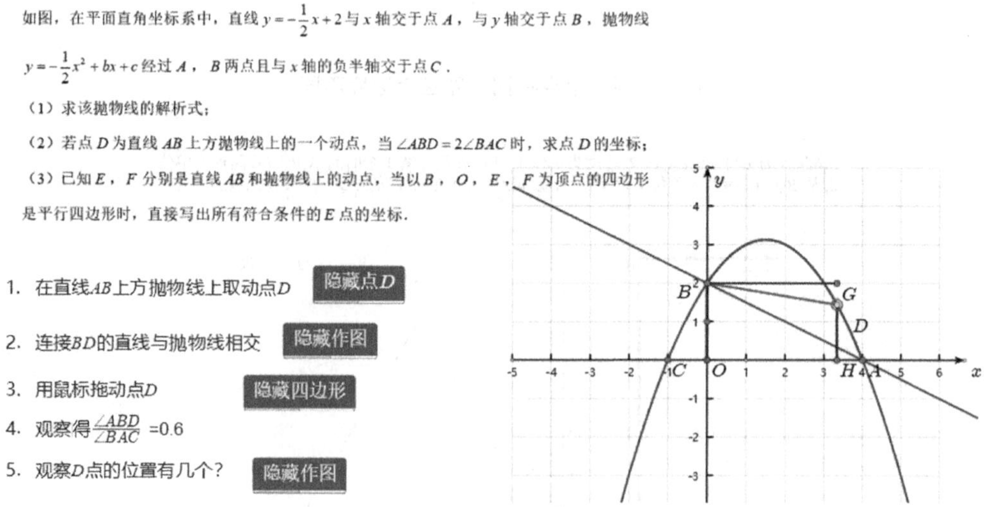

图 10　动点定点成图形

三、师生使用网络画板教学的调查结果及分析

（一）学生版问卷调查结果

学生版问卷调查结果表明，多数学生对在教学中应用网络画板技术持赞成态度，绝大多数学生觉得使用网络画板教学可以有助于对抽象的数学概念的理解尤其是对于图形与几何方面的知识领悟与掌握。在学习过程中发现自己的"四能"即观察能力、实践与创新能力、思维能力、探究数学的能力均得到了不同程度的提高，并且希望教师可以以引导式为主、小组合作探究式为辅经常使用网络画板教学。也有部分学生表示愿意主动去学习网络画板技术，提高自己的实操能力。

（二）教师版问卷调查结果

教师版问卷调查结果表明，几乎所有教师都同意和支持在课堂教学中融入网络画板技术，认为对学生的数学学习有帮助。《义务教育数学课程标准（2011 年版）》里倡导将现代化教学手段和信息技术与数学课程整合，我校数学教师都能很好地按照教学需要，使用多媒体教学或者网络教学。教师们认为教学中采用网络画板技术可以丰富学生学习数学的方式，将以往难以呈现出来的内容展示出来，在一定程度上提高了学习兴趣并激发了学习动机，以帮助学生更加理解数学知识的本质，进而提高学习数学的能力。

在对网络画板教学表示认同的同时，教师们也提出了一些问题和遇到的困难。网络画板课件虽然好用，但作为学生学习的辅助工具来说制作课件很是费时费力，平时工作繁忙，也没有时间去系统学习该软件，再加上不知道教材中哪些内容用该软件的教学更合适，因此导致教师在教学过程中使用网络画板的频率不高。所以，就使一线教师在数学教学中主动使用网络画板辅助教学，并能产生较好的教学效果，提出以下的建议：

第一，针对小学数学教材与网络画板的结合进行教材培训，课程设置要求，培训安排在工作时间内，让老师能够安心扎实地学习该项技术。

第二，在学习技术的同时有足够的可用的精品教学资源供老师使用。意识到了网络画板教学的教学价值和作用，那么教师的主动使用意识就会增加。

四、结论与展望

本论文研究了在网络画板与中小学数学整合教学下，师生对于教学过程的体会、

教学效果的反馈。通过教师或者学生操作网络画板，来“做数学”、开展数学实验，去研究数学现象与规律。但由于教育教学所面对的对象是一个动态发展变化的社会群体，影响其变化发展因素有很多，我们只能是不断地实践与探索。

现在几乎每位教师都是使用多媒体教学或者网络教学，这在相当程度上昭示了现代教育技术应用的方向，网络画板作为近些年新出的一种多媒体教学技术，与传统教学相比只能说是有一点优势，不能完全取代。在操作层面上，包括演示实验、学生实验还缺少系统性研究。若想全面投入实施，需要进一步对教材进行挖掘，在实践中加以研究开发、移植改造，并记录关于网络画板的教学设计，整理教学案例，形成相对稳定可供参考的“数据教材”，供一线教师结合教学实际，在多媒体教室单机演示或修改重组后投入使用，形成一套适合于学生主体参与的教学策略和方法，初步建立现代课堂教育的模式，并提高教师现代数学教学理念和信息技术辅助教学水平。

参考文献

[1] 李远明 . 网络画板提升中学生数学抽象核心素养调查分析 [J]. 中学教学参考，2021（9）：30-31.

[2] 张爽，李海红 . 基于互联网的线性代数课程教学创新实践——评《互联网 + 动态数学》[J]. 科技管理研究，2020，40（23）：266.

[3] 李萌 . 基于网络画板的小学生数学抽象思维能力培养研究 [D]. 沈阳：沈阳师范大学，2020.

[4] 贾海涛 . 网络画板在中学数学教学中的应用浅析 [J]. 数理化解题研究，2020（29）：19-20.

[5] 赵小利 . 用网络画板开展数学实验，助力小学数学教与学——以六年级教材“圆”为例 [J]. 数学学习与研究，2019（22）：102.

作者简介

徐学琴：乌鲁木齐市第 127 中学数学教师，乌鲁木齐市二级教师。

李慧：乌鲁木齐市第 127 中学数学教师，乌鲁木齐市二级教师。

利用网络画板进行数学研究性学习

北京市第十八中学　李坤朋

【摘　要】网络画板是数学教师教学重要的教学辅助软件，合理应用网络画板进行数学研究性学习，有助于学生理解抽象的数学概念，提高教学效率，同时学生借助网络画板自主研究数学问题，更有助于学生理解抽象的数学概念。本文阐述了网络画板在初中函数及几何教学中的应用，体现网络画板在数学研究性学习中的作用和地位。

【关键词】网络画板；初中数学；数学研究

《全日制义务教育数学课程标准（实验）》中指出："数学课程的设计与实施应根据实际情况合理地运用现代信息技术，要注意信息技术与课程内容的整合，注重实效。要充分考虑信息技术对数学学习内容和方式的影响，开发并向学生提供丰富的学习资源，把现代信息技术作为学生学习数学和解决问题的有力工具，有效地改进教与学的方式，使学生乐意并有可能投入到现实的、探索性的数学活动中去。"

信息技术与数学教学的融合是必要的，它能解决数学中的教学难点及传统方式不易说明白的内容。网络画板是一款基于超级画板软件和互联网技术开发的开放共享的移动数学实验室，为数学教育教学，为学生的数学学习、进行数学实验提供了最大限度的可能性。

一、网络画板的简单介绍

网络画板是张景中院士及其团队为中小学教师量身定制的一款教学软件，其网址为：www.netpad.net.cn。它能通过网络实现数学课件的制作、开发和共享，便于老师的教和学生的学，入门门槛低，学生和老师比较容易掌握。正是因为它的这个特点，特别有利于学生进行教学研究性学习。很便于学生之间交流，学生可以通过微信等网络软件进行分享和交流。现代中学生对信息技术的掌握有时快于教师，所以很多本文中介绍的例子都可以由学生自主研究尝试解决。

网络画板一个很大的优势是，画板本身就自带学习教程，对于零基础的学生和老师来说也是特别容易驾驭的。另外一个最大的优势是如果教师制作课件的技术不是很高，里面有很多共享课件可以直接利用，这样真正实现了全国教学共享，是一个巨大的资源共享库，真正实现了共享备课。

二、借助网络画板对初中数学进行研究

（一）借助网络画板加深对函数的认识

函数是初中数学中极为重要的基本概念。函数概念涉及运动变化，抽象性非常强，初学者接受并理解它有很大难度。同时我们发现直接利用三角板、量角器、圆规等这些工具作图只能展示其静态时刻，很难展现其运动变化的过程，同时初学者难以想象其动态过程，所以利用网络画板进行研究恰到好处，其便于帮助学生理解图形变化过程，进而培养学生的理解力。

1. 借助网络画板加深对函数图象的认识

初次画某个函数图象时，一般采用描点连线法。我们知道描出的点越多，画出的函数图象越准确，但是，仅靠手工操作有时很难画出准确的图形，网络画板可以帮助我们又快又准确地画出函数图象，同时也可以验证我们手工画的大致函数图象是否准确。例如在函数表达形式时，对于图象法，我们可以利用网络画板直接输入一个表达式生成一个函数图象，让学生理解图象法也是函数的一种表达方式。在画函数图象$y=x^2$时，学生初次接触曲线型的函数，学生初次画取有限个点时，极容易画成折线形状，并不是圆滑的曲线，同时学生也无从知晓函数的图象的样子及函数的大致位置及趋势。同时我们发现取点时取有限几个点时并不能猜测出函数的图象，这时我们可以利用网络画板的功能给学生展示这一函数图象，借助网络画板的动画功能，学生可以清楚地看出函数图象的生成过程。学生在学习反比例函数图象时，对于函数图象不过原点及函数图象无限靠近坐标轴但是永远与坐标轴没有交点，抽象想象理解困难，借助网络画板的动态生成直观地呈现，学生印象深刻。学生对于密集取点无法手工画图实现，可以借助网络画板的强大功能实现这一操作。

2. 借助网络画板加深对函数性质的认识

函数的性质指的是两个变量在变化过程中的关系，初中阶段函数的性质重点研究

函数的增减性及对称性。这种变化是抽象的，不容易理解的，所以函数的性质往往借助函数的图象来研究，正像著名数学家华罗庚先生所说："数少形时少直观，形少数时难入微；数形结合百般好，一朝分家万事休"。运用网络画板的动态演示功能可以直观地展示函数的抽象性，这样教学难点能够更加直观、生动地展示在学生眼前，也便于学生更好地体会数形结合思想。例如在研究一次函数或二次函数的性质时，我们可以通过网络画板追踪点的横纵坐标的功能清晰地看出两个变量之间的变化关系。下图图1动画追踪一次函数中两个变量之间的关系，学生通过观察两个变量数值的变化直观地发现规律。图2动画追踪二次函数的点可以直观感受两个变量之间的动态关系，同时很清晰地看出二次函数的对称性。

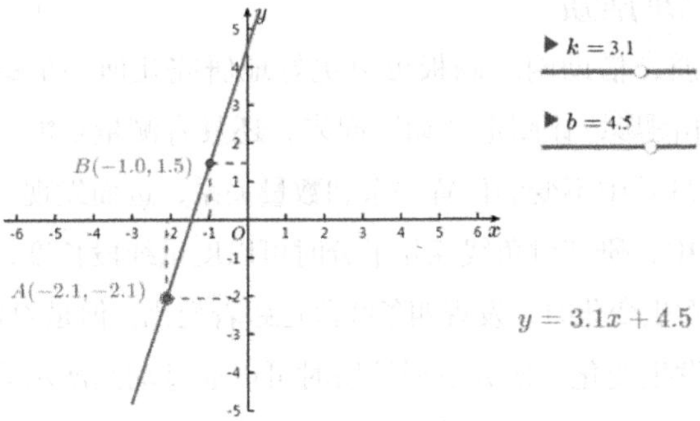

图1　一次函数

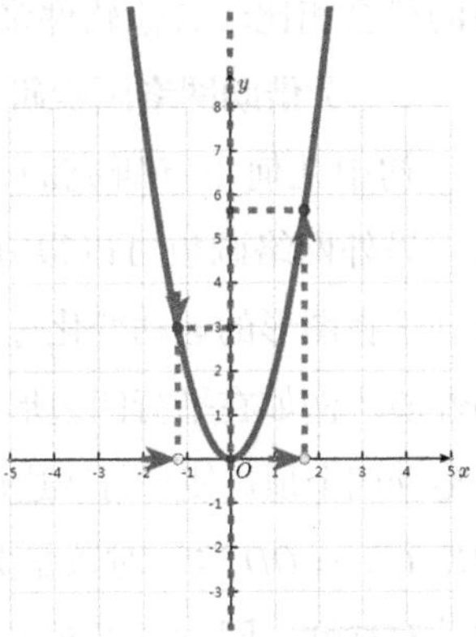

图2　二次函数

3. 网络画板解决参数对函数图象的影响问题

进行一次函数的学习时，可以通过对网络画板进行设置，更改 k 和 b 的值说明参数对一次函数图象的影响。如果学校有Pad教室或者允许学生实现机房上课的学校，学生可以自己在网络画板上操作体会参数对函数图象的影响，加深对一次函数图象的理解。

进行二次函数的学习时，通过把 a、b、c 设置为动态参数，观察二次函数图象的变化情况，方便学生直观得到：抛物线的开口方向和大小与参数 a 的直接关系，对称轴与参数 a、b 的联系；抛物线与y轴的交点和参数 c 有关；顶点与参数 a、b、c 之间的关系；以及函数图象所经过的象限与 a、b、c 之间的关系。这样一方面节省了老师讲解的时间，另一方面便于学生理解教学中的难点。另外由于其可操作性，学生可以课下自己动手操作直观感受，这样学生学习的印象更加深刻，相比较传统的教学方式提高了教学效率同时便于学生理解深刻不容易遗忘，同时培养学生从实践中发现问题、解决问题，主动地学习数学，提高数学思维能力。充分体现了“教为主导，学为主体”的教学思想。

在二次函数轴对称教学时，为了深入研究二次函数的轴对称，借助网络画板可以更直观地观察到二次函数两个点的高低反映出中点与对称轴的关系。这一内在关系通过教师生硬的推理讲授学生不容易理解，加入网络画板直观呈现一目了然，而且这一环节可以让学生自己制作网络画板进行体会，学生理解深刻、牢固。由于网络画板是一款好进行操作的教学软件，因此很多实际操作可以由学生自己亲身体验，效果更好，同时网络画板本身就有一些学习教程且好学习，学生容易学会，所以学生亲身体验的机会相比较其他软件多。

（二）借助网络画板研究几何图形的性质

初中几何重点研究的是图形性质，借助网络画板可以更好地研究几何图形的性质，另外网络画板可以很方便地制作图形，让图形“动”起来，还具有测量功能，这有利于在图形的运动变化过程中，发现其中不变的位置关系和数量关系，进而发现图形的性质。例如在平行四边形性质探究中，研究对角线互相平分时可以度量线段长度，同时拖动四个顶点使平行四边形的大小发生变化时，发现四条线段也跟着变化，但是 $OA = OC$，$OB = OD$ 这一对数量关系并未发生变化。研究菱形性质时可以通过动画演示菱形的轴对称性，同时可以通过拖动顶点更改菱形的大小发现其性质并未改变，几何画板的演示更具有一般性，优于教师只能画某种特殊情况。同样在研究圆周角与圆心角的数量关系时，借助网络画板的测量和动画功能更直观地观察两个角的关系，从而从变化中找到不变的量。

据调查，较多的初中生开始并不理解数学知识的重要性和价值性，更多的是觉得数学神奇，数学运算有趣。解出一道难题，当时的兴奋是学生无法形容的。挑战一道数学难题，几天冥思苦想得不到结果，进行继续思考的精神便于培养学生不畏困难的心理，这一过程不断提高学习数学的积极性，不断提升学习的幸福感。恰到好处地利用网络画板进行数学研究性学习恰好能提高学生的学习兴趣。

（三）网络画板在数学美育教育中的作用

网络画板不仅仅是在教学任务上帮助学生解决难点，它还能很直观地给学生展现出数学的神奇美，在基于网络画板的平台上，运用跟踪、轨迹、变换和迭代等功能，容易创作千变万化的美丽图案。更有趣的是，利用网络画板可以创作美丽的动态的艺术作品，看来简单的数学图形，通过网络画板设置后，可以产生无法想象的效果，创造出非常美的几何图形。教师可以利用这样的数学欣赏课，培养学生欣赏数学的美。学生经历这样的学科素养的培养，会不断获得学习的内驱力，不仅对数学产生浓厚的兴趣，更具有了感受数学美、发现数学美的能力，会用数学的眼光来观察世界。

最后想说两点关于网络画板使用的建议：第一，利用网络画板研究数学问题要注重实效，不能为了用而用，有时特别直观地呈现反而不利于学生空间想象力及逻辑推理的发展，所以要结合课程内容恰当地应用，不能为了追求利用信息技术而使用信息技术，这样反而会破坏学生对数学研究的兴趣。第二，利用网络画板进行研究性学习，要在学生学有余力的情况下进行，防止学生沉溺其中，要结合学生的自律性进行。网络画板应用得好的学生，数学思维必定不会差，网络画板中图形的生成很多凸显了数学逻辑思维，所以一定要结合本校学生特点应用。

参考文献

[1] 中华人民共和国教育部. 全日制义务教育数学课程标准（实验稿）[M]. 北京：北京师范大学出版社，2001.

[2] 张景中，彭翕成. 数学教育技术 [M]. 北京：高等教育出版社，2009.

[3] 宋秋妹. 网络画板在初中数学图形变换教学中的应用 [C] // 中小学数字化教学研讨会. 数字教材·数字化教学——第四届中小学数字化教学研讨会论文案例集. 北京：人民教育出版社人教数字教育研究院，2019.

[4] 刘文华. 浅谈几何画板在中学数学教学中的应用 [J]. 湖北师范学院学报（自然科学版），2012，32（2）：96-101.

[5] 陶维林. 几何画板新版特色与实用技巧 [M]. 北京：清华大学出版社，2003.

作者简介

李坤朋：北京市第十八中学数学教师，北京市高级教师。

基于网络画板技术的“实验型数学学习”浅谈

上海市闵行区马桥复旦万科实验中学　李彦泠

【摘　要】信息技术在学科教学中的应用，是当今基础教育改革的一个热点。信息技术的不断发展，使得数学知识也能进行“实验”，“实验型数学学习”以信息技术为载体，以学生为中心，强调学生对数学活动的体验。网络画板由于其功能完善、操作简便深受中小学师生的喜爱。利用网络画板可以突破教学重难点，实现教学目标，可以创造“数学实验室”，培养学生探究能力，让学生感受数学之美，激发学习兴趣，调动学生学习的主动性。

【关键词】信息技术；实验型数学学习；网络画板

一、引言

21世纪是信息技术高速发展的时代，教育与信息技术相融合，是教育发展的趋势。《义务教育数学课程标准（2011年版）》中强调要充分考虑信息技术对数学学习的影响，重视信息技术在教学中的应用，把信息技术作为学生学习数学的有力工具。为了更好地发挥信息技术在数学教学中的优势，我们必须进一步探索信息技术与数学课程有机融合的方法，加强学习资源的开发与丰富，引导学生利用信息技术学习数学和解决问题，主动投入到探索学习的活动中去。

信息技术使得有些数学知识也可以进行“实验”，通过“实验”使学生更好地理解知识。“实验型数学学习”模式由蒋云鹏老师提出，该模式以信息技术为载体，强调以学生为中心，从学生的实际感知出发，通过观察、操作、实践、思考、交流获得结论，形成概念和规则，强调学生对数学活动的体验。采用这种方式充分调动学生多种感官，并使之协调一致，从而激发兴趣，引发学生思维活动，从实验中发现数学规律，感受数学的魅力。

目前，可用于“实验”的信息技术已经有很多，如网络画板、几何画板、

GeoGebra、Cabri3D以及几何图霸等，综合比较来说，网络画板功能更完善，操作更简便，因此本文以网络画板为例，浅谈其在“实验型数学学习”中的作用。

网络画板是中科院张景中院士和其团队在超级画板的基础上新开发的开放共享的移动数学实验室，它具有几何画板等许多数学软件都没有的符号计算、自动推理和编程等功能，既能画图，还能计算，又能演示，集各种功能于一身，既是资源库，又是工具箱，既是课件开发的平台，又是教师备课讲课和学生学习的工具，是为中小学数学教育量身定做的一款软件，深受师生的喜爱。那么网络画板在“实验型数学学习”中有哪些功能呢？

二、突破教学重难点，实现教学目标

在教学中，突破重难点是教师的重要任务。对于一些抽象复杂的知识，仅靠教师的讲授很难让所有学生接受，而网络画板可以改善传统的教学方式，化抽象为具体、化复杂为简单，直观形象地呈现知识，能够有效地突破重难点，促进学生理解知识，帮助教师顺利实现教学目标。比如人教版七年级上册第四章《几何图形初步》中的4.1.1立体图形与平面图形一节，学习正方体展开图，大多数老师采取的教学方法是让学生课前制作多个正方体，在课上将每个正方体沿着它的棱剪开从而得到其展开图，有的老师干脆让学生凭借想象直接画正方体的展开图，不管是哪种方法，学生都只是机械地按照老师的指令去操作，没有思考其中的缘由，既浪费时间、精力，又很难让学生通过寻找规律得到正方体展开图的所有情形，并且学生随意画的展开图并不一定都能折叠成正方体，因此有一定的局限性，不能很好地达到教学目标。而网络画板中的3D立体作图功能可以很好地实现这个目标，利用网络画板制作动态演示课件，如图1，拖动按钮n可以很直观地显示正方体展开图的11种情形，每种情形都可以随时再折叠成正方体，便于学生观察每种展开图的生成过程。在展示的过程中，学生可以根据不同展开图的形状特征，总结归纳出正方体11种展开图的四种类型，即“1–4–1”型、“1–3–2”型、“2–2–2”型和“3–3”型，如表1所示。通过网络画板的动态演示，学生不仅能直观地观察并理解正方体展开图的所有情形，还能根据展开图总结归纳其特征，不仅能顺利实现教学目标还能提高课堂效率，最重要的是能逐步提高学生的抽象思维和空间想象能力。

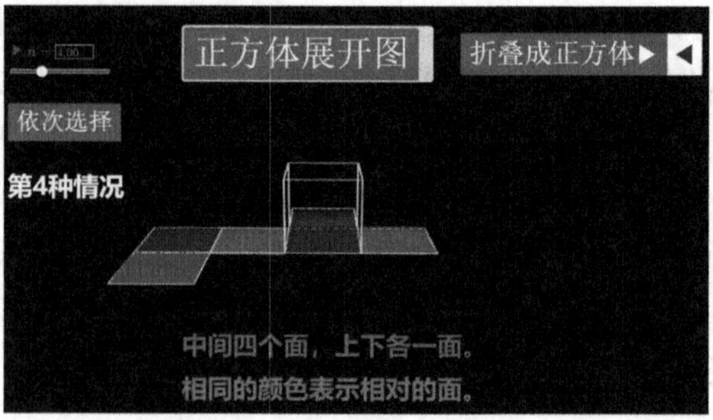

图 1　网络画板下的正方体展开图

表 1　正方体 11 种展开图的四种类型

类型	正方体展开图的具体形状		
1-4-1 型	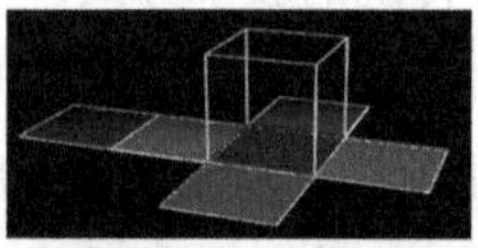	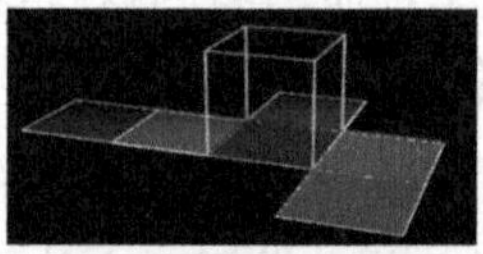	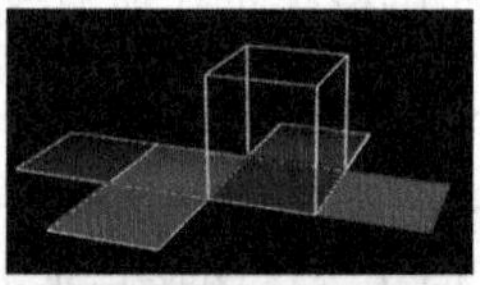
	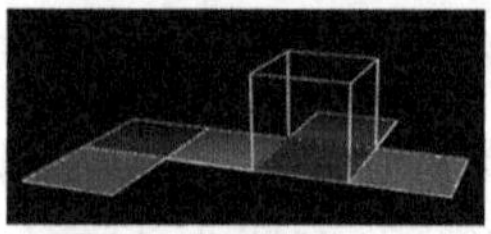	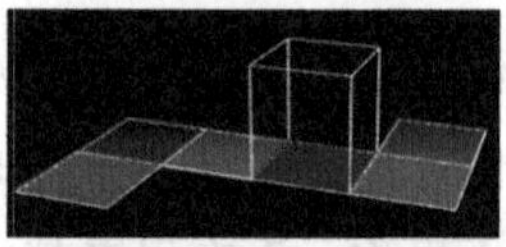	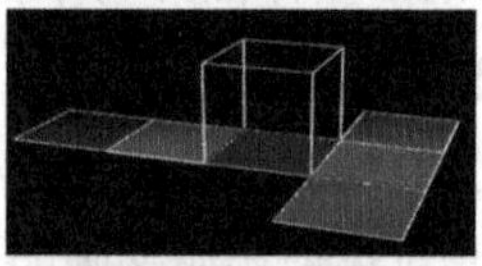
1-3-2 型	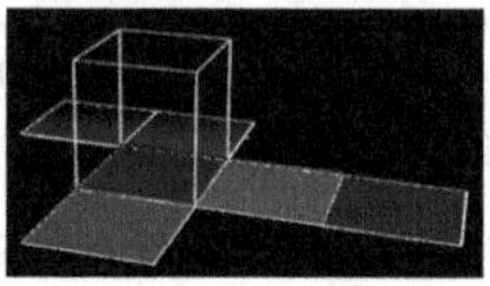	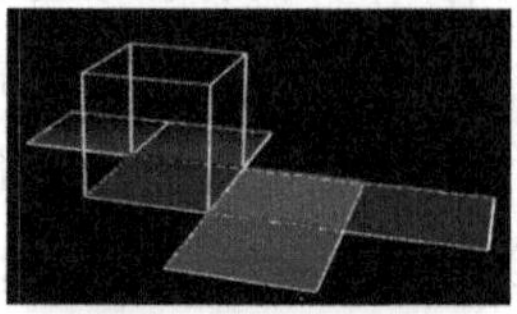	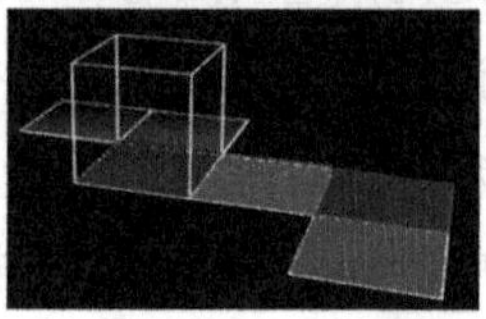
2-2-2 型	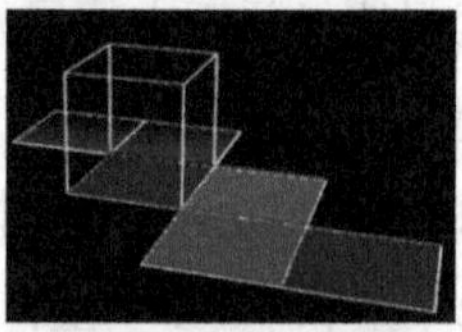		
3-3 型	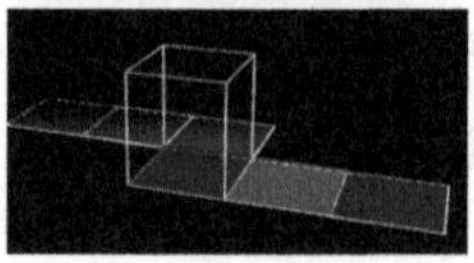		

三、创造“数学实验室”，培养学生探究能力

网络画板不仅可以作为教师上课时的演示工具，还可以作为学生自主探究的动态的“实验室”，为学生开展数学实验活动提供平台。学生可以通过亲手操作网络画板探究一些问题，体验知识的发生发展过程。在自主、探究、合作的学习氛围中主动构建知识，掌握探究的方法，建立自己的数学思维模式。比如人教版八年级下册第十九章“一次函数”中的 19.2.2 一次函数 $y = kx + b$（$k \neq 0$）图象和性质的探究一节，传统的教学方式是教师用 PPT 展示 k、b 取不同值时的函数图象，让学生根据老师所给的函数图象观察 k、b 取不同值时对函数图象的影响以及图象所经过的象限，最后进行总结。这样的教学方式虽然节省了时间，但是学生失去了探究的机会，只是机械地对老师给出的知识进行记忆，没有进行深层次的思维活动。而网络画板可以给学生提供数学探究“实验室”，通过设置参数来对各项的系数变化和函数图象变化之间的关系进行探究。学生先在网络画板上任意画一条一次函数的图象，对变量 k、b 的取值设置动画按钮，如图 2 所示，分别点击两个按钮，随着 k、b 取值的变化，函数图象跟随发生相应的变化。通过该探究学生可以直观地感受到系数 k、b 分别对函数图象的影响，总结得到以下结论：

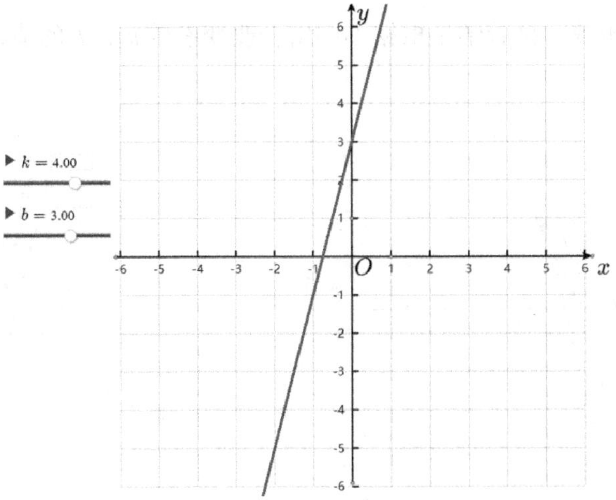

图 2　网络画板下的一次函数图象

（1）在一次函数图象中，拖动改变 k 的值，会发现：函数图象发生旋转变化，且都经过点（0，b）；$k > 0$ 时，y 随 x 增大而增大；$k < 0$ 时，y 随 x 增大而减小，如图 3

所示。

（2）在一次函数图象中，拖动改变 b 的值，会发现：函数图象发生平移变化；$b<0$ 时，与 y 轴交于负半轴；$b>0$ 时，与 y 轴交于正半轴，如图 4 所示。

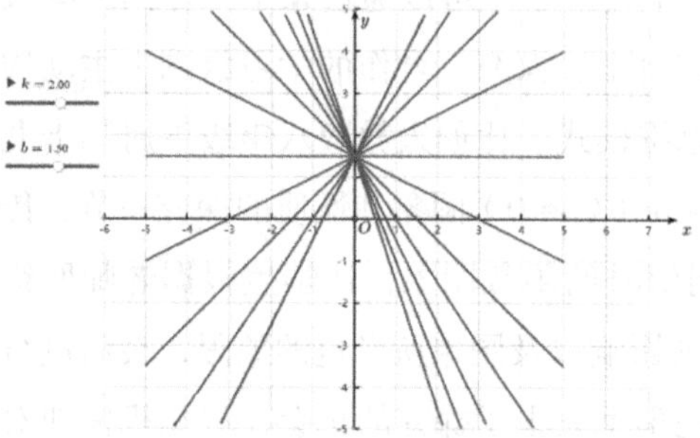

图 3　k 值变化与一次函数图象

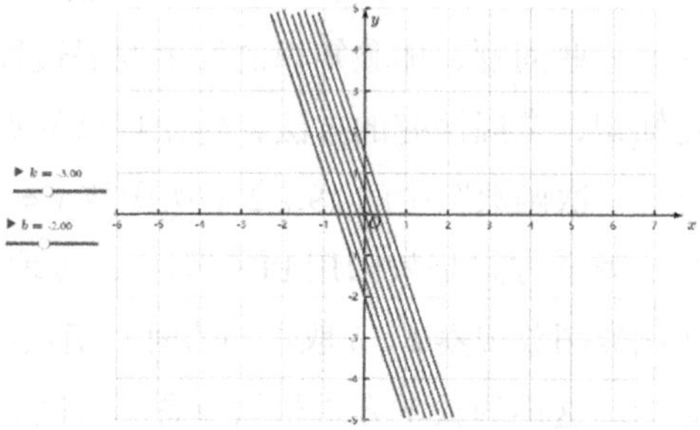

图 4　b 值变化与一次函数图象

通过以上的探究，学生会发现参数 k、b 的取值范围是正数、0、负数（$k\neq0$），那么学生会思考 k、b 的正负取值有哪些组合呢？不同的组合所对应的函数图象又有哪些特征呢？学生可以马上得到 k、b 的正负取值有以下组合：①k、b 都为正数；②k、b 都为负数；③k 为正数、b 为负数；④k 为负数、b 为正数；⑤k 为正数、b 为 0；⑥k 为负数、b 为 0。其中⑤和⑥就是之前学过的正比例函数，因此可以得出正比例函数是特殊的一次函数。接着学生根据不同组合改变参数 k 和 b 的值，得到以下不同的函数图象：

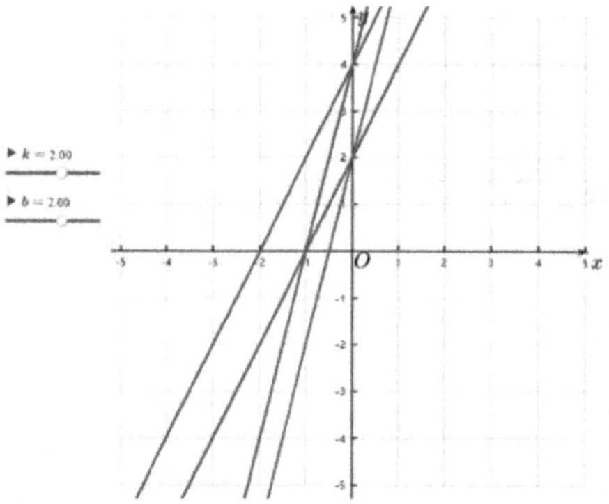

$k>0$，$b>0$ 时的函数图象

（1）

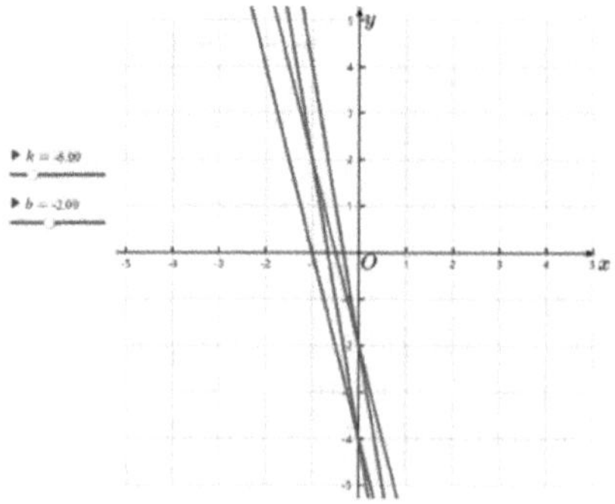

$k<0$，$b<0$ 时的函数图象

（2）

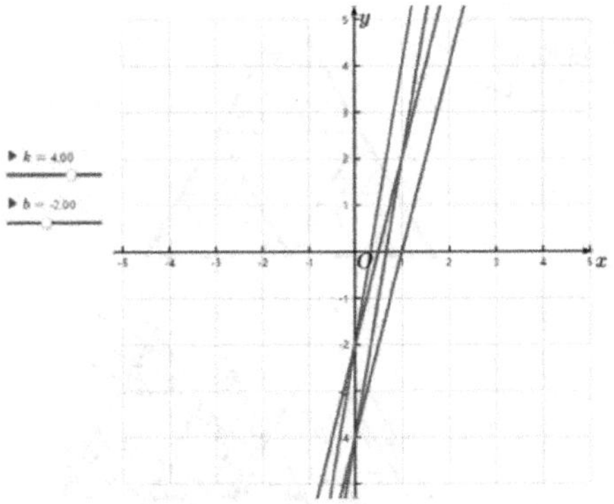

$k > 0$，$b < 0$ 时的函数图象

（3）

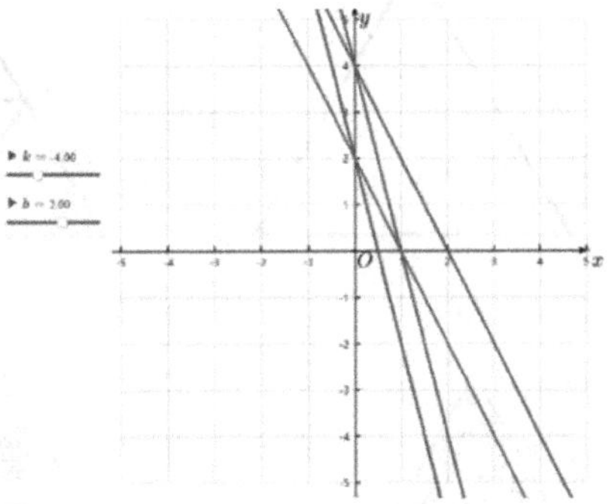

$k < 0$，$b > 0$ 时的函数图象

（4）

图 5　函数图象

根据以上函数图象的特征，学生可以很快总结得出以下结论：

（1）当 $k > 0$，$b > 0$ 时一次函数图象经过第一、二、三象限；

（2）当 $k < 0$，$b < 0$ 时一次函数图象经过第二、三、四象限；

（3）当 $k > 0$，$b < 0$ 时一次函数图象经过第一、三、四象限；

（4）当 $k < 0$，$b > 0$ 时一次函数图象经过第一、二、四象限。

这些结论的得出都是学生通过不断实验，自行探究的结果，这样主动探究无疑会加深对知识的理解，降低记忆的难度，或者说无需刻意记忆，自然就记住了。在一次函数图象与性质的探究过程中，网络画板为学生架设了数形结合的桥梁，直观显示了图形变化过程中的数量关系，开拓了学生的思路，促进了学生对知识的认识与理解。同时，学生利用网络画板研究问题，在探索结论的过程中，培养了学生的观察能力、解决问题的能力以及探究能力，提升了学生的数学素养。

四、感受数学之美，激发学习兴趣，调动学生主动性

数学在很多人看来是枯燥无味的，只有无休止的计算、推演，并且很多数学知识在实际生活中用处不大，感觉数学学习很无趣，怎么打破这种对数学的偏见呢？请欣赏以下用网络画板绘制的数学图形：

图 6　利用网络画板绘制的数学图形

这组图形可以给人很美的视觉冲击。这是一组由一个正三角形按一定的法则变换得到的图形，单从视觉感受上，相信一定也能让学生产生最直接感性的“美感”。数学课上，如果能从以上图形现象中提出问题，诸如“等边三角形的性质”“相似三角形”“位似图形”“等比数列”“循环与迭代”“极限”等，数学课“枯燥乏味抽象难懂”的问题，就很大程度上得以化解，即所有学习者在“美”的视觉刺激下，产生相应的思维活动（趣味感）是必然的。由此可见，利用网络画板强大的作图功能，用富含数学原理的美图引出数学问题，让数学课真正“美”起来，实现数学课因美而趣，极大激发学生的学习兴趣，提高学习的积极性，促使学生主动参与到学习中，主动思考问题并解决问题，感受数学学习的乐趣，在积极思考的过程中获取更多的知识。

参考文献

［1］张明 .GeoGeBra 在小学数学教学中的应用研究［D］. 兰州：西北师范大学，2016.

［2］蒋云鹏 . 实验型学习中的数学文化［J］. 教育研究与评论，2015（6）.

［3］贺媛 . 网络画板在初中函数教学中的应用研究［D］. 贵阳：贵州师范大学，2020.

［4］荣海波 . 利用《几何画板》的辅助教学提高九年级学生成绩的研究［C］//《现代教育教学探索》组委会 .2014 年 7 月现代教育教学探索学术交流会谈论文集 .《现

代教育教学探索》组委会：北京恒盛博雅国际文化交流中心，2014：26-27.

［5］王宗信．利用《几何画板》探究一次函数的图象及其性质的实验设计与思考［J］．中国数学，2012（5）：44-48.

作者简介

李彦泠：上海市闵行区马桥复旦万科实验中学教师，上海市一级教师。

基于网络画板的几何探究课教学实践

——以中点四边形的教学为例

北京市丰台区黄土岗中学　蒙永凤

【摘　要】随着“互联网＋教育”的发展，信息技术融入课堂改变了传统课堂教与学的方式。网络画板作为开放、共享的数学实验室，为初中数学几何探究课的教学提供了交互、共享的平台，同时满足学生多样化、差异化、个性化的需求。本文以中点四边形的教学为例，尝试在网络画板环境下开展几何探究课，通过实践，希望能够引发利用网络画板有效融入数学课堂，提高课堂时效和学生探究能力的思考。

【关键词】网络画板；初中数学；探究教学

在2018年教育部制定的《教育信息化2.0行动计划》中，明确提出要积极推进“互联网＋教育”发展，加快教育现代化和教育强国建设。网络画板的诞生为“互联网＋教育”提供了新的研究思路。现有课例的研究中，主要集中在教师层面如何进行教学设计，让网络画板融入课堂，更多的是教师的使用和展示，本课例，上课地点由传统的教室变为机房，每个学生都能在课堂上利用网络画板进行探究活动，以期能够弱化教学形式，改善教与学的方式，从而提升学生学习的主体地位，提高探究的深度和广度。

一、基于网络画板的几何课探究部分的开展

在人教版二十九章教材中，“图形与几何”部分占了十二章，超过40%。几何有利于形成科学世界观和理性精神，有助于培养良好的思维习惯，有助于发展演绎推理和逻辑思维能力，显然学好几何尤为重要。在几何部分的教学中，新课改倡导教师要引导学生进行探究性学习，引导学生通过提出问题、思考问题、分析问题和解决问题来掌握知识。那么该怎样借助网络画板，更好地指导学生进行探究性学习呢？

（一）缩小基础差距，激发学习兴趣

本节课的课前自主学习任务单中，教师在给出中点四边形的定义后，提出问题：提到一个图形，我们马上会想到它的形状，结合图形你觉得任意四边形的中点四边形是一个怎样的四边形呢？并给出提示：当想象困难时我们可以通过画图来解决，学生在此基础上独立完成此问题的研究。随后，明确操作步骤：

第一步：操作、观察。（以下操作请结合实际任选其一完成）

操作 A：请在下面空白处，多画几个四边形，你发现它的中点四边形是个怎样的四边形？

操作 B：利用网络画板画一个任意四边形 *ABCD*，请你拖动一个顶点，改变原四边形的形状，观察其中点四边形 *EFGH* 的形状变化，你有怎样的发现？

第二步：测量、发现。

（1）*FE* 与 *GH* 有何位置关系和数量关系？

（2）四边形 *EFGH* 是一个怎样的四边形？

猜想：四边形 *EFGH* 是一个__________________________

第三步：证明。你能证明你的猜想吗？

得出结论：任意四边形的中点四边形都是__________________________

【课后反思】此次探究，是教师自己提出问题，学生在研究问题时，教师给出了较为详尽的研究步骤，对于基础薄弱的学生也可以动手作图完成。在授课中发现，班上仅有不到 10% 的同学选择动手作图，绝大部分均采用网络画板进行探究，说明网络画板能够激发学生的探究热情。调查还发现，一些基础差的学生是借助素材库里的资料进行研究，还有些同学通过网络画板生成一个链接分享给他人，帮助学习困难的同学，从而使得每个人都能得到自己的结论。笔者认为相较于其他数学学科工具，网络画板较突出的优势为其拥有极其丰富的素材库，无论师生均可使用，并在此基础上进行修改、探究，能够极大地缩小不同学生学习基础的差距，并对枯燥的几何图形探究不再畏惧，从而激发学习兴趣。

（二）经历操作过程，提升思维能力

环节一：交流展示　新知初探

教师出示学生代表作业，肯定所示作业的优点或不足，学生代表用网络画板移动自由点，教师配合引导学生观察变化过程中的变量与不变量以及它们之间的关系。

【课后反思】实际上课中，学生代表移动自由点，教师引导学生依据动态值的变化进一步思考：在变化的过程中哪些量在变，哪些量没变，原因是什么？在移动过程中，不仅出现了常见的凸四边形（如图 1），还出现了凹四边形（如图 2），结果是否发生变化？原因是什么？

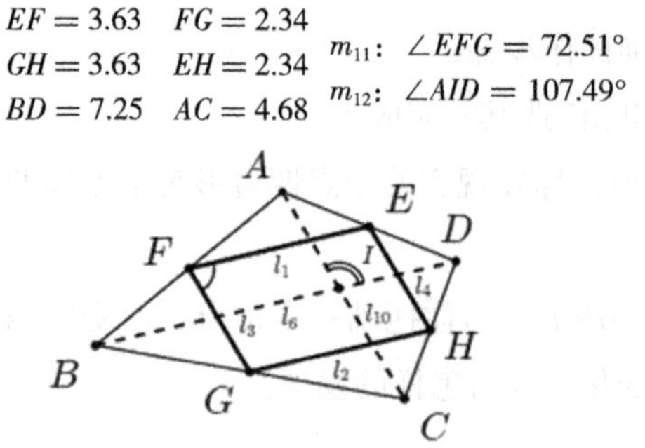

图 1　凸四边形

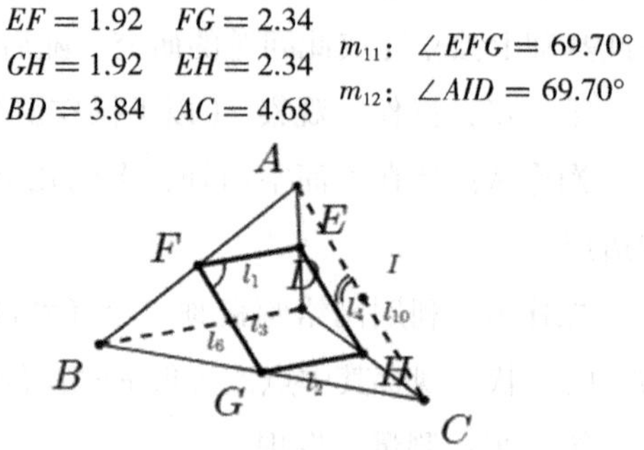

图 2　凹四边形

环节二：实验操作　新知再探

“通过上面的研究，我们知道任意四边形的中点四边形是平行四边形，按照从一般到特殊的几何问题的研究方法，我们可以继续考虑平行四边形的特殊性，改变原命题的某些内容，你能提出新的问题或猜想吗？”教师引导学生思考分别改变命题的题设或结论并自己提出问题。在组内交流讨论后最终教师确定各组探究的任务。

【课后反思】在进行环节二的两个探究时，事实上我们进行的是正反两个方向的探究。例如某个组需要探究原四边形两条对角线有何关系时其中点四边形为矩形，在操作的过程中就应明确需要先依据矩形的定义或判定定理得到中点四边形是矩形的图形，再借助测量工具探究对角线的数量关系和位置关系；反方向的探究则需要先满足对角线的数量关系和位置关系，再观察所得到的中点四边形是什么特殊的四边形，这些操作都需要学生有一定的思考分析后才能进行，且需要较强的思维能力，此时教师的适时点拨和组内的互助均可使学生的思维得到一定的提升。

（三）搭建探究平台，提高课堂效率

课上的合作探究相较课前的自主探究最大的区别是学生自己提出问题，学生既可以改变命题的结论提出问题，也可以改变命题的题设提出问题，给了学生极大的思考空间，并以组为单位，教师就学生猜想明确各组研究的内容，学生利用网络画板探究问题，分组完成探究任务。期间，教师巡视，帮助学生解决网络画板使用问题，并提示学生及时添加或标注证明所涉及的辅助线和角标等。在如上两个环节中，笔者发现课前自学学习任务单中手动画图的 2 名同学也在尝试使用电脑画图，笔者询问原因后了解到他们发现同组同学用网络画板作图非常快，点几个点一个任意四边形便可出现，并且能够非常快速地找到中点形成中点四边形，远比手动画图要快捷准确得多。在整个探究过程中，通过师生互助、合作学习的方式，经历操作观察、发现猜想、证明归纳等过程，灵活利用信息技术顺利开展探究活动，共享各组间的探究成果，极大地提高了课堂效率。

（四）拓展学习空间，促进个性发展

拓展 1：中点四边形作为一个封闭图形，我们还可以研究它的周长与面积，请你就中点多边形和原多边形的周长与周长、面积与面积之间是否存在某些规律，利用网络画板进行探索后提出你的猜想，并尝试证明，再将探索的结果表达出来。

对于基础较差的学生则可以选择另外两个探究：

拓展 2：请你设计一个除正方形外，其中点四边形也为正方形的图形。

拓展 3：查阅关于中点 n 边形的有关资料。

【课后反思】：设计给出了三个拓展任务，学生可根据自身情况选择，满足了学生个性化发展的需求，对于第一个拓展任务，属于开放性探究活动，需要学生类比前两次探究自选某个角度并提出自己的猜想从而完成整个探究活动。

二、网络画板融入几何探究课的几点思考

（一）如何弱化教学形式，提高学生的探究能力

美籍匈牙利数学家和数学教育家乔治·波利亚，认为教育的根本目的不只是为学习者传授知识，而是强调学习者知识、能力的发展和理性的思维习惯的培养，让学习者学会思考，学会解决问题。本节课从课前、课上到课后，教师均只是探究活动的组织者，实现了整个探究活动由教师提出问题到学生自己提出问题，再到最后自选角度发现问题再解决问题。搭设台阶，层层递进，期间有自主探究，有合作探究，有组内讨论探究，有全班分享成果，让每名学生都尽可能地参与到探究活动中，而不仅是旁观者。

（二）关注信息技术使用的广度和深度，更要实现用“数学的方式”育人

“数学的核心是对学生进行数学的思维和语言的教育，及通过数学的阅读、运算、推理和表达的训练，使学生正确理解数学知识，形成用数学知识合理解释直至创造性

地解决问题的能力。在数学课中，只有发挥好数学的内在力量，才能使学生的核心素养得到发展，才能使立德树人根本任务落在实处。”本节课上课地点为机房，每名学生独立使用一台电脑，为每名同学都全程参与教学活动提供了条件支持。网络画板可以作为学生经历观察、猜想、证明（验证）得出结论的有利工具，学生不仅看到的是图形最终的呈现，其变化的过程也尽收眼底，这种动与静的结合可以形象而具体地突破难点，此时需要教师不断进行有效追问，让学生以“数学的思维”找到变化过程中不变的量或者关系。同学之间的分享、交流和展示也是在进行数学的表达和语言的教育。

三、研究展望

本节课教师借助网络画板，在课堂中创设与本教学内容密切相关的探究情景，从而激发学生对于数学内容和探究学习的欲望，使学生能够在原有知识经验之上，将课堂教学内容与其有效融合，从一定程度上弱化教学形式，改善教与学的方式，使学生学习的主体地位有较大的提升，提高了探究的广度。但自主探究不够充分，部分学生缺少独立思考的意识，直接进行小组探究，教师应当拟定更加详尽的研究计划，并在教学过程中对学生进行积极的引导，在探究中兼顾统筹全班学习进程。另外，教师可从加强活动设计和问题设计的明确性，以引发学生深度思考并借助网络画板的助力提升学生高阶思维能力，着手进行更深层次的研究。

参考文献

［1］樊广顺．信息技术与课堂教学融合的实际应用——基于网络画板的数学教学实践［C］//数字化教学探索与创新——第二届全国中小学数字化教学研讨会论文集．北京：人民教育出版社，2017.

［2］何克抗．语觉论［M］．北京：人民教育出版社，2005.

［3］有关美国著名信息技术教育专家观点的报道［N］．中国电脑教育报（教育信息化专刊），2004-8-16.

［4］皮亚杰．发生认识论原理［M］．北京：商务印书馆，1981.

［5］章建跃．树立课程意识，落实核心素养［J］．数学通报，2016，55（5）：1-4.

作者简介

蒙永凤：北京市丰台区黄土岗中学数学教师，一级教师。

网络画板在初中数学课堂教学中的应用探究

——以“图形的变换”为例

榆林市第八中学　白东云　姬芦校

【摘　要】随着课程改革的不断深入，信息技术在教育教学工作中的运用日益广泛。网络画板作为一款数学动态软件，能让抽象性的东西形象化，让枯燥的数学变得生动，课堂教学中合理运用网络画板技术手段，能更好地解决教学上的重难点，使得学生更好地理解与思考问题。本研究以初中数学教学中的几个关于图形变换的案例为例，阐述如何运用网络画板软件进行数学实验，展示作图过程，使得教学知识点动态化，直观化，从而激发了学生的学习兴趣，发展了学生的数学思维，调动了学生参与数学活动的积极性，培养并发展了学生的数学学科核心素养。

【关键词】网络画板；核心素养；图形变换；初中数学

一、引言

《义务教育数学课程标准（2011 年版）》指出：“数学课程的设计与实施应根据实际情况合理地运用现代信息技术”。初中数学教学中的平面几何部分、函数部分，对学生的空间想象能力、数学抽象能力等核心素养要求很高，学生在学习这部分内容时会感到困难，更有部分学生产生畏难情绪，从而放弃学习数学。而网络画板能够通过动态演示功能，将复杂、抽象的问题变得形象、可视化，有助于学生直观地理解数学，从而探索解决问题的思路。所以，教师在教授这部分内容时，可结合教学，恰当地应用网络画板，让学生能够理解数学本质，掌握知识之间的内在规律，进而用数学的思维去学数学，在提升学生学习数学兴趣的同时，达到培养学生数学学科核心素养的目的。目前关于网络画板与数学教学相融合的研究越来越多，但是具体在每一堂课中如何制作并应用网络画板的相关研究比较少，本研究通过具体案例进行阐述。

二、网络画板简介

网络画板是在中科院张景中院士亲自参与下，在张院士团队多年积累的成果——超级画板的基础上，为适应移动互联网环境下教育信息化发展的新趋势，运用国内领先的动态几何技术、智能推理技术、符号运算、网络交互技术开发的第一款国内领先的移动互联网环境下的动态数学学科教学工具。它有快捷的动态作图功能，能支持三角、代数、平面几何、立体几何、解析几何、统计、概率、微积分等多种动态数学教学的需求，用户基于浏览器就能方便地制作复杂的动态数学资源。

三、网络画板在初中数学中的实例展示

（一）图形的平移

对于平移的概念学生容易明确，但对于平移的性质没有动图比较难以理解，教学中利用网络画板制作课件，制作方法如下：首先利用智能画笔画出基本图形，利用绘图工具栏绘制线段 MN，在线段 MN 上绘制一点 P，测量 MP 的距离，利用绘图工具栏绘制圆 J，在圆上任取两点——点 K 与点 L，测量出圆心角，选中图形，在构造工具栏找变换工具组点击平移，如图 1 所示。

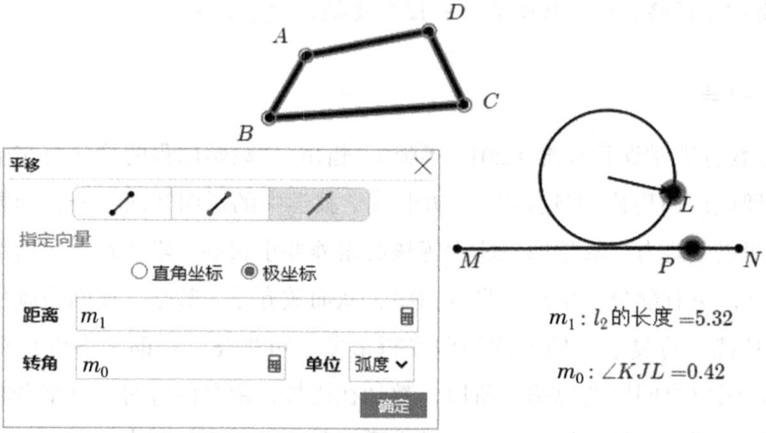

图 1　图形的平移

教学中，移动点 L 改变平移的方向，移动点 P 改变平移的距离，学生通过观察平移动画，容易得出平移的性质。利用网络画板授课，不仅能节省课堂作图时间，还能培养学生几何直观。

（二）图形的旋转

在教学中，教师通过导课引出图形的旋转概念，单纯的文字描述对于学生来说过于抽象，教师可以利用网络画板的动态功能直观地给学生演示图形的旋转：首先利用智能画笔画出基本图形，然后设置变量 a 作为旋转角度，在绘图工具栏绘制一点作为旋转中心，先选中图形，接着选中旋转中心，在构造工具栏找变换工具组点击旋转，设置旋转角为变量 a，点击确定，在变量与动作工具组找到动画，设置变量 a 的动画，如图 2 所示。

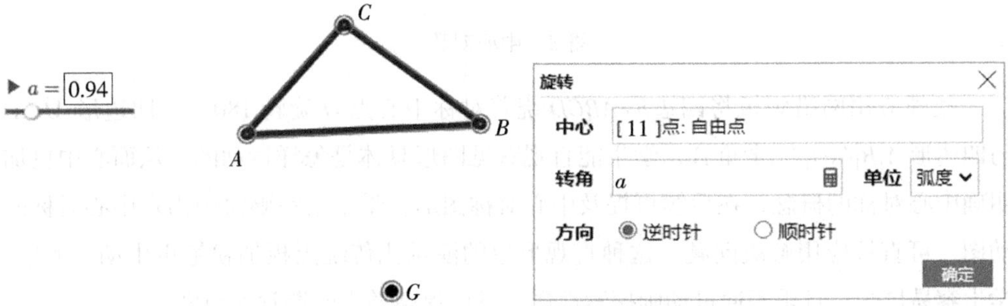

图 2　图形的旋转

教学中点击动画，就可以向学生直观展示图形的旋转。动画的图形可以吸引学生的注意力，教师再让学生在图形中找旋转中心、旋转角，学生通过观察图形的运动，结合旋转的概念，迅速找出旋转中心、旋转角。相比于教师课堂绘图让学生理解旋转的概念，利用网络画板制作课件既能节省课堂时间，又能避免板演绘图误差，影响学生下一步对旋转性质的分析。

（三）中心对称

教学中关于中心对称的概念，学生对于旋转 180° 能够完全重合的图形，在脑海中可能形不成概念，需要直观地演示帮助学生理解，利用网络画板可以制成旋转动图，制作方法如下：首先利用智能画笔画出基本图形，在绘图工具栏绘制一点 O 作为对称中心，依次选中一个图形与点 O，构造工具栏找变换工具组点击中心对称，设置变量 a，设置变量 a 的动画，初值为 0，终值为 ∞，依次选中一个图形与点 O，构造工具栏找变换工具组点击旋转，旋转角设置为变量 a，如图 3 所示。

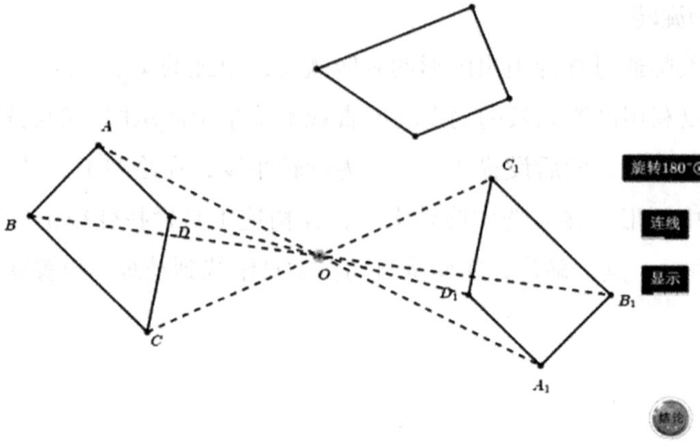

图 3　中心对称

教师应用网络画板将四边形 $ABCD$ 绕着对称中心点 O 旋转 180°，四边形 $ABCD$ 与四边形 $A_1B_1C_1D_1$ 完全重合，学生能直观看见图形具体是怎样运动的，从而心中更加明确中心对称的概念，在后续再提及中心对称图形，学生会在脑海中出现中心对称的动图，可直接应用解决问题。这种直观形象的演示比传统黑板加粉笔更生动、形象，学生容易接受，且乐于通过动画探索性质，进而提高学生的课堂参与度。

（四）位似

位似变换相较于平移、旋转及中心对称更抽象，它需要探究位似中心到图形各边对应长度的比，学生光靠想象难以理解，教学中利用网络画板课件帮助学生探究，制作方法如下：首先利用智能画笔画出基本图形，在绘图工具栏绘制一点 O 作为位似中心，依次选中一个图形与点 O，设置变量 a，初值为 0，终值为 1.5，增量为 0.1，构造工具栏找变换工具组点击缩放，连接点 O 与对应点，分别测量出点 O 到各个对应点的距离，分别计算出点 O 到对应点的距离之比，如图 4 所示。

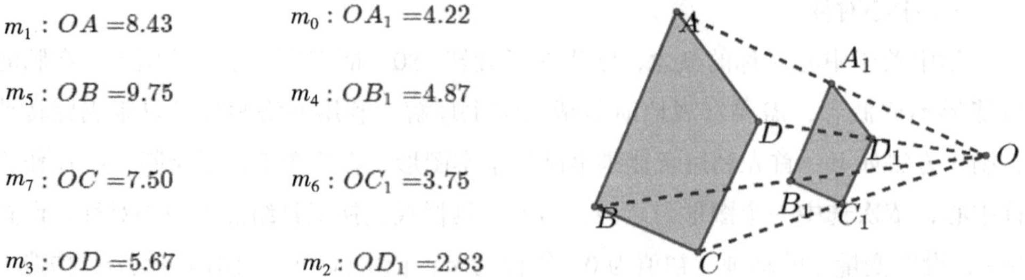

图 4　位似

教学中拖动点 O 可以改变位似图形的位置，让学生直观感受位似变换，通过网络画板的测量与计算演示位似的特征，通过数形结合验证位似的性质。

四、网络画板在初中数学中的应用价值

（一）弥补了传统教学中的缺陷

在传统教学中，图形的平移、旋转、中心对称、位似等变换是通过教师应用直尺与粉笔画的静态图形进行讲解的，它的动态效果全靠学生想象，这对学生空间想象及抽象思维素养的要求很高，所以教学效果并不乐观。应用网络画板软件可动态地演示图形是如何具体进行平移、旋转、中心对称、位似，其性质学生通过直观观察动态变换就能很好地理解与掌握，避免了教师传统手工绘制图像既浪费时间，效果又不好的缺陷的同时，又使得教师在展示图像环节中节省了时间，能更多关注学生的学习效果，而且教师运用网络画板绘图也使得画图过程很真实，不让学生觉得图像是老师事先准备的，提高教学内容的真实性。

（二）提升了学生的学习积极性

在类似图形变换等相关动态教学内容中，教师语言描述有时不能让学生明晰其中的规律或原理，学生会对学习数学产生畏难情绪，而网络画板的动态演示可引导学生清晰事物变化的过程，通过对形象具体的知识学习，减少学习抽象知识的困难，从而提高对所学知识兴趣与积极性。其次，学生通过网络画板过程演示能理解知识的相互关系及发展过程，能形成科学的概念，从而发展学生的数学核心素养。

（三）有效提升教师学科素养，改善教师的教学方式

网络画板作为数学动态软件能帮助教师更好地解决教学上的难点，有利于学生更好地理解与思考，但前提条件是教师要有一定的信息技术素养，这样才能在日常教学中需要的时候熟练操作，将教学思路与网络画板技术有效融合，从而展现高效课堂。所以网络画板的应用会潜移默化地提升教师的信息技术素养和学科教学素养，其价值也就达到技术层面与思维层面的完美结合，其教学方式更加灵活、多样，教学目标达成也更深远。

五、总结与展望

发展学生思维，培养学生核心素养，是每一位教师不断追求的终极目标，网络画板这一专业数学软件的动态操作，在教师的合理有效应用下有利于学生更好地理解

与思考所学知识，有利于引导学生把握数学内容的本质，发展学生思维，从而培养学生核心素养。本研究重点在于教师制作网络画板课件，引导学生进行学习，没有让学生参与网络画板的制作；如果让学生自己动手操作，那么学生将会对于相关知识点理解得更加深刻。期待在以后的研究推广下，更多的教师能将网络画板应用于数学教学中，学生也有能力应用网络画板自主构图进行问题探究，网络画板在助力教师提升教学效果的同时，能有效激发学生学习数学的兴趣，发展学生数学思维，提升学生数学核心素养。

参考文献

［1］中华人民共和国教育部．义务教育数学课程标准（2011 年版）［M］．北京：北京师范大学出版社，2012.

［2］金东风．网络画板在初中数学教学中的应用研究——以图形变换为例［J］．基础教育论坛，2021（23）：103-104.

［3］马复．义务教育教科书数学八年级下册［M］．北京：北京师范大学出版社，2020.

［4］马复．义务教育教科书数学九年级上册［M］．北京：北京师范大学出版社，2021.

［5］王刚．试谈多媒体技术在解决图形变换问题中的应用［J］．辽宁教育，2019（11）：37-40.

［6］张泉，钟鸣．几何画板融入教学 激发学生深度思维——“反比例函数的图像和性质”课例与反思［J］．数学之友，2018（3）：84-88.

作者简介

白东云：榆林市第八中学数学教师，榆林市一级教师。

姬芦校：榆林市第八中学数学教师，榆林市一级教师。

网络画板在初中数学教学中的应用

鄂尔多斯市康巴什区实验中学　杨　娇

【摘　要】国家“双减”政策的提出与新课程标准改革对初中数学教学提出了更高的教学要求，为了更好地顺应时代的发展、满足学生的学习需求，引入了网络画板作为初中数学教学的辅助工具。本文结合初中数学案例设计与课堂实践，对网络画板在初中数学教学中的应用进行了行动研究。研究表明利用网络画板能帮助学生更深入地理解数学知识，将抽象的知识具体化；学生借助网络画板进行直接的操作和观察，空间想象能力和数学思维都能得以提升。

【关键词】初中数学；网络画板；实践应用

一、引言

网络画板是一款支持在互联网、移动互联网环境下运行的动态几何软件，具有丰富动态教学资源，可以完成平面几何、圆锥曲线、函数曲线、平面直角坐标等几何图形的绘制，可以支持平移、旋转、对称、缩放以及自动变换等多种变化，具有强大的动态和迭代功能。初中数学涉及到非常多关于平面图形、立体图形的学习内容，网络画板的应用无疑为初中数学课堂教学带来了不可忽视的重要作用。

当前初中数学教学过程中存在着学生学习兴趣不高、几何问题学生理解困难、学生主体意识较差等问题，本文结合网络画板的应用，通过多方面的探究找出解决措施，提升初中数学教学效率。网络画板的应用对于初中数学教学具有重要意义，有利于提升学生的学习兴趣，调动学生多感官进行学习，帮助学生更加深入地理解数学知识，同时培养学生的思维能力，随时随地满足学生的学习需求。

二、网络画板在初中数学教学中的重要作用

（一）有利于激发学生的学习兴趣

经过小学阶段的学习，学生已经开始接触更难更复杂的数学知识。针对图形这类内容来说，很多学生本身想象能力较差，即使在教师的教学和指导下，学生也很难通过自身的想象将文字转变为具体的图像。久而久之，学生就会产生畏难心理，逐渐失去学习的自信心，丧失了学习兴趣。网络画板的应用改变了传统课堂的乏味，为初中数学课堂注入了新鲜活力。网络画板多样化的使用方法和知识点的展示，极大地促进了学生学习兴趣的提升，让学生在枯燥的学习生活中感受到不一样的乐趣。

（二）有利于学生理解数学知识

在以往传统的教学模式下，教师通常是以板书或 PPT 的形式向学生进行知识点的讲解。平面化的展示方式对学生来说并不利于数学知识的学习。特别是对于立体几何来说，学生很难通过语言的描述直观地进行观察学习。而网络画板对图形进行平移、旋转等操作，学生可以直接观察到图形的变化过程，将抽象的知识转化为具体可见的画面，从而帮助自身更为深入地了解数学知识。

（三）有利于培养学生的思维能力

培养学生的思维能力是初中数学教学目标之一，学生在锻炼思维的同时能够提升综合学习素养。网络画板在使用过程中，教师可以根据题目条件的变换随意变换图形的细节，学生根据图形的变换进行举一反三，运用同一种思维方法解决不同的问题，或是运用不同的思维方式解决同一个问题。这有助于学生培养不同的思维方式，在今后的实际生活中可以更好地应用知识解决不同的问题，真正做到学以致用。

（四）有利于满足学生随时学习的需求

除去学生跟随教师在课堂中进行集中学习的时间以外，学生大多数时间需要进行自主学习。网络画板的使用不限时间地点，学生可以在任何时间进行学习。在课下，学生可以按照教师的要求，在网络画板上完成数学作业或进行知识探索，并且在遇到问题时，可以通过网络社交平台与同学、老师进行分享，一同进行知识探讨，从而充分满足了学生的学习需求。

三、网络画板在初中数学教学中的应用措施探究

（一）借助画板，直观展示

初中数学知识中有很多相近的内容，学生在学习时很容易混淆某些知识点，在应用过程中产生错误思想。为了帮助学生打下坚实的基础，教师可以借助网络画板直观地展示数学知识，将学生容易混淆的知识点对比进行教学，学生根据教师的指导直接观察其中的异同点，以便其自身在今后的学习和应用中能够轻松地辨别和使用。在利用网络画板进行学习的过程中，学生可以充分发挥主观能动性，针对疑问及时提问，教师通过画板进行答疑，充分保证了学习的及时性，避免问题的堆积。

例如，在学习立体图形中的最短路径问题时，需要将立体图形先转化成平面图形，后确定关键点，找出路径求出最短路径，这是初中教学的一个难点，一部分同学空间想象能力较差，不能找出展开后的位置。在实际教学中，就可以借助网络画板进行直观展示，有效降低了题目的难度，提升了学生的学习兴趣和学习效率。

（二）小组合作，自主探究

小组合作学习模式是当下最常见的教学模式之一，可以将其与网络画板结合起来进行应用。尤其在探究相关定理时需要学生合作进行测量猜想。

例如，在探究平行四边形性质时，教师可组织每一小组先进行观察和度量，猜想对边相等、对角相等等性质。在学生猜想之后，教师可用网络画板进行演示验证，让学生直观感受，初步得出命题，之后对其进行证明。

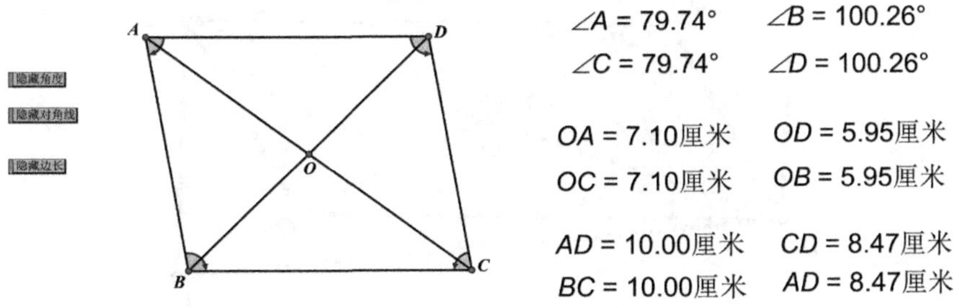

图 1　平行四边形的性质探究

（三）举一反三，创新思维

网络画板不仅能够绘制图形，还能够提供教学视听素材。教师应该充分利用视听

素材，为学生展示课本之外的数学知识，适当地拓展学生的知识储备，鼓励学生进行创新。数学题目是千变万化的，稍微改动一个数字就会出现不同的结果。教师在教学过程中要有意识地培养学生举一反三的能力，在变式中寻找共同点，从而突破难题。在网络画板上，学生可以按照需求学习不同的数学知识，借助教学素材了解数学题目中多面化的知识内涵，透过现象看本质，将相似的题目之间联系起来，加以系统化的知识网络，切实提高学习质量。

例如探究题目：如图，▱$ABCD$ 的对角线 AC，BD 相交于点 O。E，F 是 AC 上的两点，并且 $AE=CF$。求证：四边形 $BFDE$ 是平行四边形。

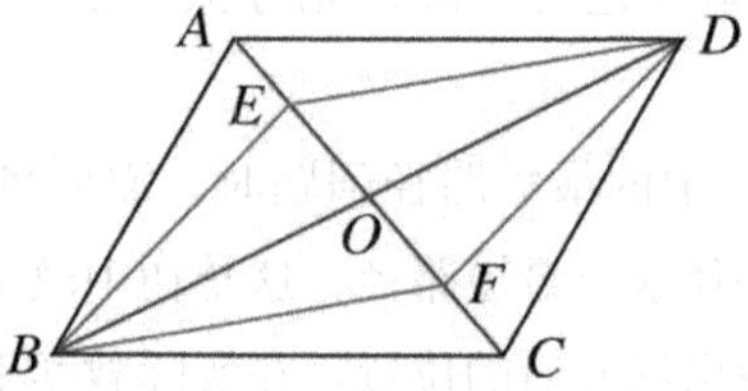

图 2　例题图

变式训练 1：E，F 分别是 OA，OC 的中点，结论还成立吗？

变式训练 2：点 E，F 在直线 AC 上移动时，并且 $AE=CF$，结论仍然成立吗？

学生在思考之后，教师可以用网络画板进行直观演示，从而让学生体会数学中的变与不变。

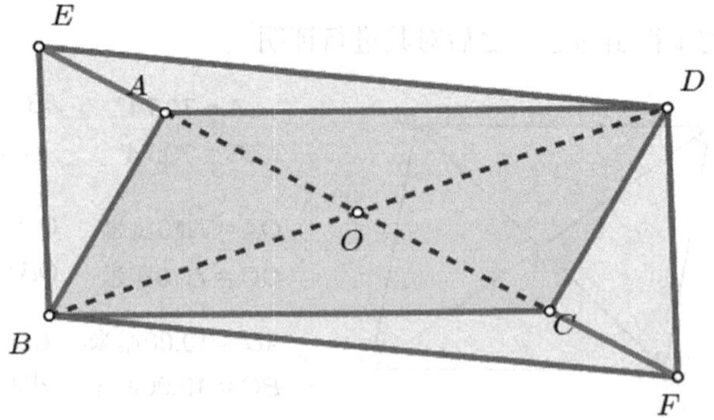

图 3　例题变式探究

学生在思考过程中进行对比，不断丰富自身的思维模式，在接下来相似题目的练习中，采取不同的方法解题，摸清题目并讨论，在以后遇到类似题目时可以迅速找到缺口逐一击破。另外，教师要实时观察学生的学习状态，在适当时候给予一定的指导和帮助，适当地点拨有时更有利于学生进行探究学习。

四、总结与展望

综上所述，当前初中数学教学过程中存在着许多问题。教师首先要根据自身的教学情况明确教学中的不足之处，从多角度寻找问题所在，找准问题才能对症下药，才能更为准确地解决问题。在实际教学过程中，教师要熟练掌握网络画板的使用方法，这是课堂教学顺利开展的前提，也是教师专业素养的体现。借助网络画板直观展示数学知识，将抽象的文字转化为直接可见的图形或动态图，锻炼学生的空间想象能力和观察能力；小组合作进行数学探究，小组成员之间互帮互助，明确学习目标后共同学习研究，在培养团队精神的同时提升学习质量；创新思维是学生必须掌握的学习能力之一，在举一反三中不断探究、总结，寻找问题的共同点，用最简单的方法解决问题。教师需要按照实际教学效果进行教育策略的调整，充分发挥网络画板的优势，全面提高初中数学教学质量。

本文缺少不同类型的数学内容在网络画板应用上的不同方法；同时对于应用过程中可能出现的问题没有给予具体的阐述。在后期的研究中需结合不同类型的题目进一步探究网络画板的应用措施，深入研究应用过程中可能存在的问题，结合实际案例进行全面的思考，尽可能地发挥出网络画板的优势，促进初中数学教学效率的提高。

参考文献

[1] 金东风．网络画板在初中数学教学中的应用研究——以图形变换为例［J］．基础教育论坛，2021（23）：103-104.

[2] 李华艳．依托初中数学网络画板助推师生信息化素质提升浅析［J］．新教育时代电子杂志（学生版），2020（41）：167.

[3] 李艳，王平．拓展教学空间完善教学方式——谈初中数学教学与信息技术整合策略［J］．中国教育技术装备，2017（13）：29-30.

[4] 杨必化．巧用几何画板，构建高效课堂——创设活力四射、异彩纷呈的数学

课堂［C］//2016 新媒体新技术教学应用研讨会论文集，2016.

［5］中华人民共和国教育部．义务教育数学课程标准（2011 年版）［M］．北京：人民教育出版社，2012.

作者简介

杨娇：鄂尔多斯市康巴什区实验中学数学教师，一级教师。

浅谈网络画板在培养学生数形结合思想中的应用

乌鲁木齐市第127中学　赵　丹　赵鑾英

【摘　要】数形结合是小学数学范围里最基本且重要的思想，数形结合在教学中的运用，不仅为学生学习抽象概念和解决复杂问题提供教学方法和解决策略，也有助于为学生打下良好的数学思维基础。但在教学中，数形结合中的“形”很难得到展现，教师只能利用传统工具在黑板上简单画出图形，并不能动态展示，使用PPT也只能流程式地展示，效果没有预想的好。网络画板软件的动态性、形象性、可操作性可以大大助力于教师实现在图形教学中的构想，它给学生提供了可自主探索的平台。因此，很有必要将网络画板这款功能极强的数学工具与数形结合这种重要的思想方法进行有效整合，将工具的运用融入到思想方法中，本文结合具体运用案例，阐述在教学中运用网络画板工具进行“图形认识的教学”“读图画图能力培养”“动态呈现，增加互动”“学生小组探究”等有效培养学生数形结合思想的教学途径。

【关键词】网络画板；数形结合数学思想；教学途径

随着新课程改革的深入推进，传统的教学模式已跟不上多元化的现代教学步伐。教育信息化已成为必然趋势，把数学课程设计与信息技术有效融合已成为新时代教师的必备能力，这将会有效地改进教与学的方式，提高学习效果。

新课标将发展学生“几何直观”“空间观念”“推理能力”作为数学核心素养。“数形结合思想”是学生学习中重要且运用广泛的数学思想。利用图形描述和分析问题，借助几何直观，增强表象，用简明、形象的方式助力于较为复杂的问题的理解与解决。

在以往研究中，教师使用的工具主要有传统板书、Microsoft Office PowerPoint、希沃白板、几何画板等，但是它们都有各自的弊端，应用范围不广。依托于学校申报成功的网络画板应用国家课题，作者体验到它在数学教学中动画演示功能强大、图形变化准确性高的特点，在教学实践中更加感受到它实现各项功能的便捷性。教师根据课程需求选择恰当的网络画板资源，或独立制作资源可以遵循以下教学途径，实现数形结合思想方法在小学数学中的渗透。

一、实现基本图形的运用，全方位认识图形特征，加强表象

当学习图形的认识、统计图相关的内容时，在网络画板中可以直接进行画图，并能动态、即时地改变图形的特点，充分利用网络画板中的基本图形、表格、数轴、方格纸等元素进行教学，从动态的变化中，学生更好地理解、领悟图形的本质。在教学中教师有意识地强化对基本图形的运用，精心设计教学和作业内容，让学生持续地运用这些基本图形去发现问题、描述问题，理解知识的内涵、记忆结果。

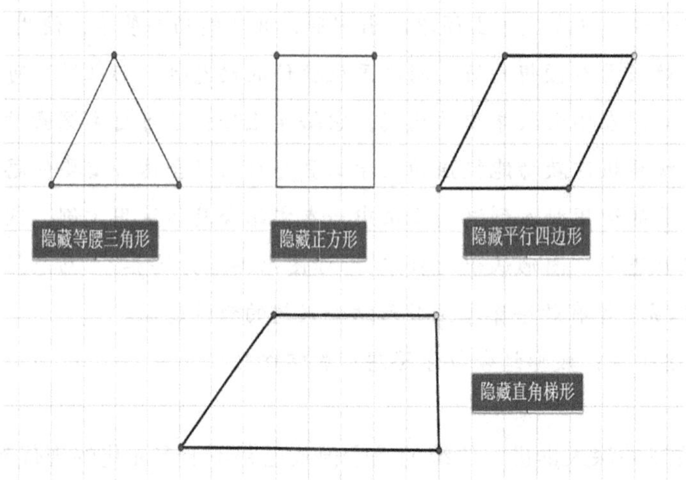

图 1　基本图形绘制

二、教学中培养学生读图能力，助力于学生分析并解决问题

在数学学习中，图形作为一种很重要的学习工具，想要很好地加以利用，还需要学生有一定的读图能力，能够正确地从图表等显性化数据中提取信息，组织利用。在实际教学中，教师有意识地对学生进行了如下的培养与训练。

（一）观察、理解题意

找到文字、图画、图表中交代的数学信息。找出和数学问题有关的信息，圈出

关键词，它们是学生理解数量关系的支架。教学时教师利用读、说、写、画等各种活动，将解决数学问题的思维过程尽量外化，这样有利于给学生一个抓手，当遇到其他应用题时，按照这种基本流程，学生头脑中容易形成较为清晰的思考环境。利用网络画板中变量的可视化、动态化特点，在课堂中带领学生，辨析几个解决问题的关键量——“大圆半径”“小圆半径”“圆心距”，教师可以随机变换参数的大小，举出一些例子，帮助学生感悟和理解。在这个学习过程中学生体会到规范画出图形、标出相关量对于解决问题的便利性。

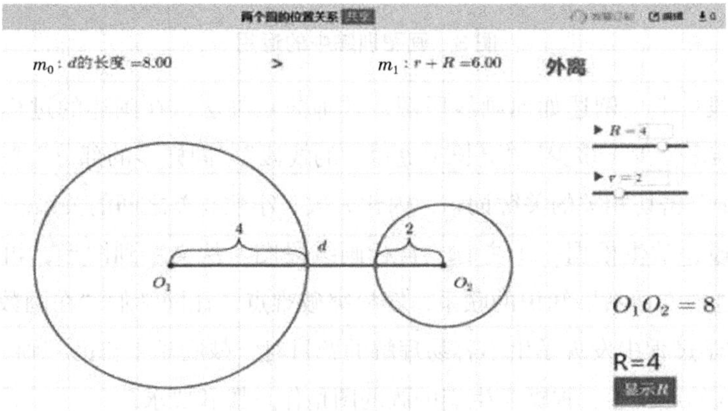

图 2 动态变量的运用

（二）动手画图训练

画图的训练要依据学生的所处阶段提出不同的要求，并结合具体类型进行指导。以线段图为例。

第一阶段：看线段图，编应用题，让学生清晰“多少关系在线段图中可以怎样表示”，学生在一年级上学期刚接触两个数量关系的比较，课本中采用直观形象图的方式帮助学生理解小兔和砖块同样多，教师可以顺势提出形象图可以转化为线段图，要求学生能够理解即可，为学生初次介绍线段图。结合相关习题，训练学生在线段图中找到“同样多”的能力，加强“同样多”的表象，因为后续更加复杂的相差关系应用题，都要围绕“同样多”这一核心概念展开分析；一年级下册课本中出现了两数相差问题的应用，即“大数比小数多多少？”“小数比大数少多少？”，通过线段图的直观演示，让学生清楚关键概念。

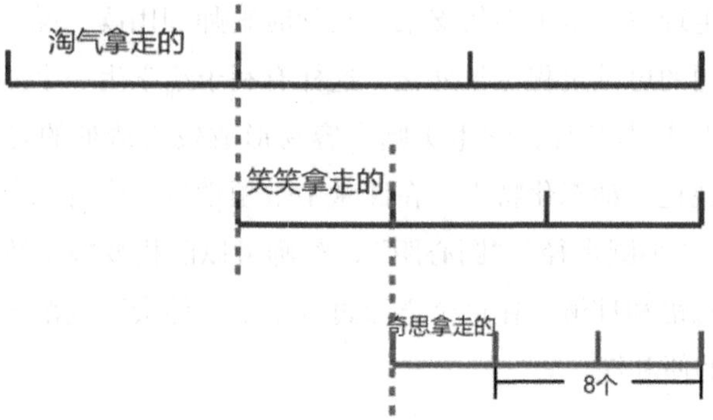

图 3　画图训练中的运用

第二阶段：学生阐述如何画线段图，教师演示画法，在阐述的过程中学生会自觉用“谁比谁多（少）多少”“更长（更短）的线段”“同样多的部分”“多出的部分”等和“比多少”密切相关的关键词句，内化大数、小数、差之间的关系。

第三阶段：学生根据一个主题，自行画线段图。从文字到图形，再从图形到文字，不露痕迹地沟通新旧知识的联系，轻松突破难点，让同学们“在画数学中体会到乐趣”。在教学过程中发现学生不容易理解的题目时，鼓励学生自己“画”，体会到画图法解决问题的成就感，根据学生们的画的图稍作点拨和要求。

（三）图文结合训练

画图是理解与解决问题的重要策略，把学生较难理解的抽象文字用图示表示出来，是对一类数学问题的提炼和概括，在组织学生画图过程中，教师可以观察发现学生对问题的理解情况，学生也可以更好地厘清各条件和问题之间的关系。但是大家的图看起来也许各不相同，学生又比较喜欢追问“哪一种才是正确的？”，教师要抓住这个好契机，组织学生交流，可以利用网络画板，动态展现几种典型的画法，并引导学生比较所画图形的异同，体会画图的形式不同，但结构相同，所表达的意思与数量关系与题意相符，使实际问题抽象为数学问题，达到明晰数量关系、促进问题解决的目的。

三、组织有效的学生活动，提供工具与平台，实现深度学习

将“数”和“形”紧密结合起来，培养小学生思维能力需要一定的教学环境，在学习新知的过程中，学生需要对新旧知识进行整合，抽象出数学知识的本质，学习方式就显得很重要，仅仅依靠教师的讲解，学生很难体会知识的产生过程，对知识的学习仅仅停留在理解这一层次。所以，教师应该在设计教学时，首先根据教学需要选好

每次活动的素材。其次注意活动的时效性，为此教师必须根据教学目标明确活动目的，避免盲目低效地动，此外设计好学生要思考的问题，带着问题操作和思考。最后应引导学生及时将具体活动抽象为相应的数学方法。在这一过程中，网络画板可以成为学生探究的一个辅助工具，提供探究的平台，也可以帮助老师在总结的环节归纳总结，起到画龙点睛的作用。

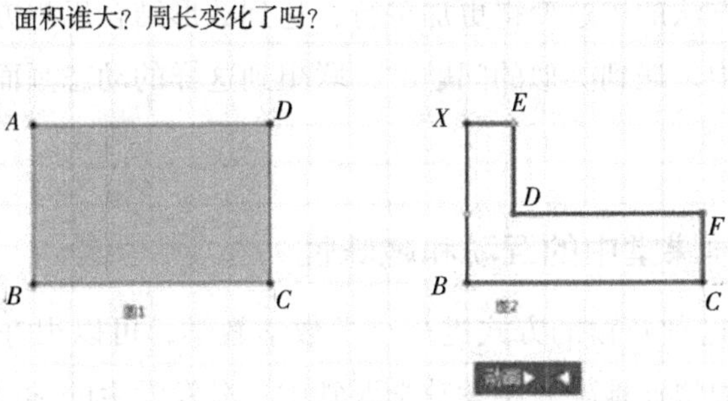

图 4　主题探究中的运用

四、借助数学工具，直观感受数学思想

数学学习中常常需要学生活用公式和定理，把握图形结构关系，通过特殊事例，进而得出一类事物所具有的特征，从而逐步建立模型，培养学生的抽象概括能力。网络画板在一些典型的数学思想和方法的运用中起到了特别明显的助力作用，是以往传统手段很难实现的，例如极限思想、转化思想、建模思想、化曲为直的方法。

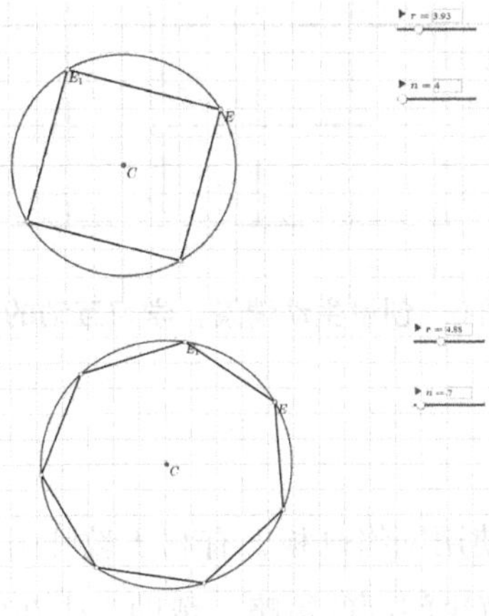

图 5　图形变化的运用

如上述案例中，通过为多边形的边数设定动态数值，可以渗透极限思想，当边数无限多时，接近于圆。在教学圆的体积、圆柱体积时，也可以利用极限思想，将圆柱经过无限平均细分和转化后，转化为近似长方体求体积，从而推导出圆柱的体积计算公式。在网络画板的直观支持下，教师将线段长度、细分次数、角度以及动态路径等进行设定，在课堂真实随机地变化，接近于实际操作，可以给学生直观印象，从而使教师对数学思想和方法的渗透变得更加可行，达到数形结合思想方法应有的目的。学生也能在后续学习中，遇到类似的问题时，联想到这样的动态画面，对思想的领悟和运用起到促进作用。

五、增强数学课堂中的互动和趣味性

使用网络画板这种新颖的方式进行小学数学教学，可以很好地吸引学生的注意力，使学生能够更加快速地融入小学数学课堂中，激发学生的学习兴趣，增加投入程度。在互动和游戏中不知不觉锻炼了空间观念，练习了相应的知识点。

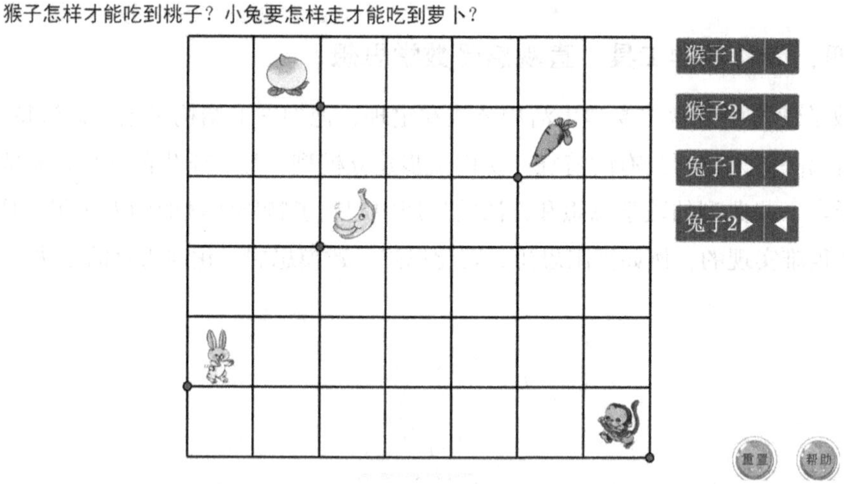

图 6　创设生动情景，学习互动的运用

六、结束语

总之，在数学教学中使用网络画板，有利于教师引导学生“数形结合”，渗透多种数学思想方法、多元化解决问题的策略，帮助学生在学习较复杂的概念时，从直观到抽象，建立概念表象。生动、形象和动态的演示效果大大提高了学生学习数学的积极性，增加了学习的趣味性，一定程度上降低了学习抽象概念的难度。在探究性数学学习活动中，网络画板提供了有效的学习平台，提供丰富、真实的数学学习素材。因此，教师在今后的教学中应该将网络画板作为教学的辅助工具，最大限度发挥其作用，同时，组织学生深入了解网络画板的功能，在学习中主动运用，增加自主探究数学知识的空间和愿望。

参考文献

[1] 周进荣，周玲华. 着力发展学生几何直观想象素养的若干途径 [J]. 中学数学，2008 (22)：51.

[2] 温寒江. 小学数学两种思维结合学习论——马芯兰教学法的研究与实践 [M]. 2016 (5)：173.

[3] 田丹妹. 数形结合思想方法在小学数学教学中的应用策略研究——以人教版五年级为例 [D]. 锦州：渤海大学，2017.

[4] 胡亚娟. 兴趣驱动视角下小学数学教学有效性提升方法 [J]. 新智慧，2019 (26)：79.

[5] 李萌. 基于网络画板的小学生数学抽象思维能力培养研究 [D]. 沈阳：沈阳师范大学，2020.

作者简介

赵丹：乌鲁木齐市第 127 中学教师。

赵蓥英：乌鲁木齐市第 127 中学教师。

网络画板与数学教学的融合与创新

玉林市玉州区迴龙小学　林　丽

【摘　要】网络画板教学的应用是数学学科信息化发展的开始。网络画板教学是现代教育技术更新的切入点，也是现代科学技术的代表，可以在一定程度上提升学生的数学学习效率，可以满足教育教学的根本需要。网络画板的应用为学生的数学课堂打造了新颖的教学方式，增强直观性、互动性、趣味性、实效性。现代信息技术在教学中的应用是一个热点问题，调动了学生的学习兴趣和学习动力。

【关键词】网络画板；数学教学；研究策略

教师利用网络画板教学，可以让学生在教学中更好地掌握并理解一些抽象的数学概念，让抽象的数学概念变成形象动态的知识呈现到学生面前。网络画板为学生发现数学当中的问题和进行数学问题的研究提供了可能，学生通过自身的努力来获得数学的定理和公式以及法则。网络画板是教师教学的辅助手段，可以用来解决拓展应用型问题，还可以发展学生的数学应用意识，有效提高了学生的创新能力，是互联网数学实验室技术的一个体现。

一、利用网络画板，巧设导入环节

教师不会直接告诉学生数学结论，而是让学生来了解数学结论探究的过程，延长了学生学习数学知识的获得过程，进而理解抽象概念的本质属性，提高了学生对于数学知识的实践能力。网络画板可以引导学生动手实际操作，感受图形的变化，重视了学生理解知识的生成发展的过程。教师利用网络画板与学生进行互动沟通，打造了数学实验室的学习效果，让学生在数学课堂上提高自身的观察能力。

例如：在学习小学数学人教版“1—5 的认识和加减法”的时候，教师利用网络画板展示农家小院的场景，让学生数一数上面有什么物什么人各多少个。要求学生按顺序数，先数数少的，再数数多的。教师通过不断地提问来提高学生主动发言的频率，营造了生动轻松的数学学习氛围。教师教学始终以学生为中心，贯彻了以人为本的教学理念。教师不断地引导学生思考，这是一门技术学习型的课堂。师生的关系积极融洽，教师发挥了自身的教学智慧，打造了积极创新的课堂，发挥了自身的教学风格。

二、丰富数学教学内容，发挥网络画板的最大价值

网络画板在数学课堂的应用，加深了教师对数学教材的理解，教师对教学有了自己的想法。教师通过网络画板培养了学生的数学思维，拓展了学生学习数学的空间，给予了学生思考数学问题的时间。网络画板资源为学生的数学知识学习打开了新的窗口，开阔了学生的眼界，丰富了学生的数学资源。教师要充分发挥网络画板的综合优势，使得学生的各种感官接受刺激，促进学生的思维能力发展。网络画板的知识储备量很大，可以帮助学生搜集数学相关的信息，充实数学学习的内容。教师要巧妙地利用网络画板，避免传统的数学教学方式，使得网络画板下的数学教学产生质的飞跃。

例如：在学习小学数学人教版“分类和整理”的时候，用画板出示一些物品，铅笔盒、橡皮、尺子等，让学生想一想如何摆放可以显得整齐、美观。学生说分类，铅笔盒、橡皮、尺子放一起。教师对于学生的回答进行精彩的点评，让学生多方面地了解自身的认知，进而取得进步。在网络画板融入的数学课堂中，教师将若干个问题组成问题串，问学生还有没有别的分类想法？学生会说按颜色，这样有助于数学知识点的归纳和整合。教师可以利用小组合作的方式，让学生来探索研究数学知识，体现了教师组织者和学生合作者的角色。学生互相讲解，把数学课堂还给了学生，充分发挥了学生的主体作用。

三、增强数学课堂参与感，提高学生数学学习的效率

网络画板的应用是一门新型的教学方式，教师要不断地积累经验，与其他的同事一起沟通交流，打造优秀的数学课堂。教师之间的分享和交流，提高了数学教学的效率，发挥出了网络画板的新功能和最大价值。网络画板为学生带来充足的数学资源，让学生感受到了数学学科的魅力和数学知识的熏陶，激发了学生奋发学习的自信心和决心。

例如：在学习小学数学人教版“角的初步认识”的时候，网络画板下的角图像精确美观，交互性强，可以带给学生动态的效果。教师结合网络画板告诉学生张口大的

是钝角，张口小的是锐角，横平竖直的是直角，这一过程减轻了教师教学的负担和学生学习的压力，降低了数学学习的难度。当学生面对疑难问题和理解不了的习题时，可以根据自身的水平，有目的地在网络画板上选择性地学习，培养了学生获取知识、分析数学题目、处理学习中困难的能力，使学生拥有创造性的学习方式。学生是独立的个体，他们之间的理解和看法是不一样的。数学来源于生活，也应该应用于生活，网络画板利用学生现有的知识经验进行对学生的拔高，挖掘出了学生的智力潜能，让学生将数学知识由内到外地进行转移和传递。网络画板帮助学生构建自己的知识经验，从而充实丰富自己的大脑和思维，完善学生的认知体系。

四、优化教师教学手段，加强了学生的数学实践能力

网络画板可以为学生创造贴合学生实际的情境，让学生感受到数学与我们的生活距离很近，加强了学生对于数学知识的接受能力，拉近了学生和数学知识之间的距离。网络画板的声色兼备，调动了学生各种感官参与其中，解决了教师讲不清、学生听不懂的问题。网络画板有利于学生联系新旧知识，养成举一反三的数学思维，减少了教师进行板书的时间，节约了教学的时间，可以使得学生在有限的数学课堂上学到更多的数学知识。

例如：在学习小学数学人教版“分数的初步认识”的时候，网络画板可以有效地反馈学生的数学学习状况，加强学生对数学知识的认识。教师让学生看画板上面的蛋糕，如果分给 3 个人，要公平起见，该怎么分？ 5 个人、6 个人又该怎么分呢？小学数学阶段有两大难点——立体几何和应用题，网络画板会将这两部分内容做成实验模拟的效果，在多次出现这种题型后，会刺激学生的大脑，帮助学生复习掌握知识。小学生的年龄较小，各个方面都处在发展阶段，注意力也非常不集中，网络画板可以抓住学生教学的最好时期，帮助学生找到数学学习的最佳状态，提高了教师的教学质量。教师根据所教的学习内容，利用网络画板为学生创造新奇的学习情境，激起了学生对于数学知识的好奇心和想要学习数学知识的欲望，吸引了学生的眼球。

五、提高教师素质，改善教师教学理念

教师不仅要有高超的教学技术和深厚的数学底蕴，更要贯彻终身发展的理念，做到与时俱进，紧跟时代潮流。教师要不断关注现代教学的现状，在课堂上体现出数学的时代感和新型的数学知识。教师要增强自身使用现代信息技术的意识和现代教育的

观念，提高自身使用信息技术的能力，为学生构建新型的数学教学课堂，提高数学课堂的教学效率。网络画板可以突出数学学科的教学重点和难点，让学生的学习更加有侧重，教师的教学更加有侧重。网络画板向学生无声地传递了数学教学信息，使数学知识清晰、生动地展现在学生面前。信息技术是一个网络化的学习工具，可以帮助学生进行资源共享，打破了数学教材的束缚性和学校教师教学的局限性，促进了数学教学的个性化和小组合作的团结性。学生在小组讨论过程中互相补充、集思广益，从而形成全面科学的数学认识和数学结论。

例如：在学习小学数学人教版“三位数乘两位数”的时候，在网络画板的课堂当中，学生不再被动地学习，而是主动地加深对知识的理解。教师在网络画板上面给学生演示三位数乘两位数的书写步骤，要求学生注意要数位对齐，细心，保证十位对准十位，百位对准百位，最后得数末尾的零可以省略不写。网络画板教学活跃了学生的数学思维，消除了数学思维阻碍。网络画板能让学生产生顿悟的感觉，为学生提供了展示自身的平台，提高了学生的动手能力和综合素质，有利于学生综合发展，教会了学生数学转化的思想。数学知识的计算能力非常重要，教师要重点培养学生的数感。网络画板与数学教学整合，培养了学生的信息素养，也让学生感受到了学好数学与计算的必要性。教师精心设计教学环节，增加数学的亲切感和数学的应用意识。

六、结束语

信息技术和数学课堂的有效融合，适应了时代发展的要求，改变了学生学习数学的方式。教师要不断提高自身的终身发展理念，紧跟时代来完善自身的教学，发挥网络画板功能来完善小学数学课堂。网络画板运用到数学课堂当中，丰富了数学教学的课程资源和学生的生活学习经验，进而促进学生将数学知识转化成学习的内动力。网络画板操作方便灵活，非常容易学，是一个理想的数学教学平台。

参考文献

[1] 金东风．网络画板在初中数学教学中的应用研究——以图形变换为例 [J]．基础教育论坛，2021，385（23）：103-104.

[2] 王玉柳．以中小学数学题为例探究网络画板的应用 [J]．数学学习与研究，2021（19）：66-67.

[3] 卓玛草．“互联网＋”背景下的小学数学课堂教学 [J]．中国农村教育，2019

（15）：51.

［4］黄奕宇 . 虚拟现实（VR）教育应用研究综述［J］. 中国教育信息化，2018（1）：11.

［5］王爱珍 ."互联网 +"时代小学数学教学困境与突破途径探索［J］. 课程教育研究，2019（27）：151.

作者简介

林丽：玉林市玉州区迴龙小学教师，小学数学高级教师。

网络画板在初中数学中的应用

沈阳市第四十三中学　谭丽英　李艳霞

【摘　要】随着新课程改革的推进，"双减"政策的落地，随疫情而来的线上教育，教育信息技术的发展对数学教学产生了重要的影响，网络画板与初中数学教学的融合让广大数学教师和学生感受到了数学的生动。本文通过具体的教学案例，介绍了网络画板与初中数学教学融合的方法以及它对学生和老师所具有的促进作用和不足。它既能激发学生的学习兴趣，提升学生的数学学科素养，又能提高教师的数学研究水平。但是网络画板的推广普及还不到位，要想让网络画板更好地服务于初中数学教学，我们还需在推广、教师培训等方面多做努力。

【关键词】网络画板；学科素养；动态课件；思维可视化

初中数学课本中所涉及的知识是非常丰富的，有些知识贴近学生生活，学生学起来轻松容易；但有些知识非常抽象，晦涩难懂，比如图形的动态变换，学生学习起来难以想象，比较困难。教师利用网络画板制作动态课件，则可以帮助学生更好地理解图形的动态变换，有利于培养学生的直观想象能力，提高学生的数学学科素养，提升课堂教学的质量。但是网络画板属于一种新型的教学辅助工具，并不是所有教师都可以对其应用自如，如若不加大对一线教师进行技术培训的力度，则很难将网络画板与数学教学有效融合。

一、网络画板在初中数学中的应用

网络画板是一款动态数学教学软件。它具有写、画、测、变、编、演、推、算八大功能，可以跨平台、多终端使用，不必安装、易分享，较比之前的几何画板功能更加强大，使用更加便捷容易。所以，在网络发达的今天，有越来越多的初中数学教师开始研究并使用网络画板辅助数学课堂教学，这样既可以激发学生的学习兴趣和探究欲望，提高学生的数学学科素养，同时又能够提高自身的数学研究水平。

（一）激发学生的学习兴趣和探究欲望，提高初中学生的数学学科素养

1. 课前激发学生探究欲望

利用网络画板制作的动态课件，可静可动，可测可算，且易于分享，不受移动终端限制，所以能够很好地抓住学生的眼球，吸引学生的注意力，从而激发学生的学习兴趣。以北师大版七年级数学下册第四章第1节“认识三角形”为例，课前分享给学生一个关于三角形边角关系的网络画板课件，通过动态演示、测量、计算可以让学生充分体会到几何图形在变化过程中永恒不变的关系，感受到几何图形的魅力，激发学生探索的欲望。

图1　北师大版七年级数学下册第四章第1节“认识三角形”课件

2. 课中提高学生的数学学科素养

作为初中学生必备的基本素质能力，数学核心素养不仅可以反映出学生的基本思维意识，同时也可以提高学生分析与解决问题的能力。初中数学有六大核心素养，包括数学抽象、逻辑推理、数学建模、数学运算、直观想象和数据分析。借助形象化的教学手段可以培养学生的数学思维。在开展课堂教学的过程中，教师可以将一些晦涩难懂的动态几何问题利用网络画板制作成课件，融入到教学过程中去，以此来提高学生的学习效果，提升学生的数学学科素养。

网络画板功能强大，可以制作动态图形，对于帮助学生建立几何直观、提高空间想象能力有较大的帮助。众所周知，三角形有三大全等变换：平移、旋转、轴对称。学生在遇到动态问题时，常因直观想象能力不足而停下解题脚步。学生的直观想象能力并不是一朝一夕就能发展起来的，它需要教师在授课过程中不断地引导、渗透。一种发展学生直观想象能力的方法是让学生看到实物，或者是动手操作，通过直观地看来发展这种能力。但是很多图形变换是不方便学生观察实物或动手操作的，这就需要教师在讲解后，利用网络画板制作动态课件，给学生展示出图形变换的过程，并辅助测量或计算功能，让学生直观看到图形变换的过程和结果，这种教学的可视性提高了学生的直观想象能力。

（2016 年济南第 15 题）如图，在四边形 $ABCD$ 中，$AB \parallel CD$，$\angle B = 90°$，$AB = AD = 5$，$BC = 4$，M、N、E 分别是 AB、AD、CB 上的点，$AM = CE = 1$，$AN = 3$，点 P 从点 M 出发，以每秒 1 个单位长度的速度沿折线 MB—BE 向点 E 运动，同时点 Q 从点 N 出发，以相同的速度沿折线 ND—DC—CE 向点 E 运动，当其中一个点到达后，另一个点也停止运动．设 $DAPQ$ 的面积为 S，运动时间为 t 秒，则 S 与 t 函数关系的大致图象为（　　）

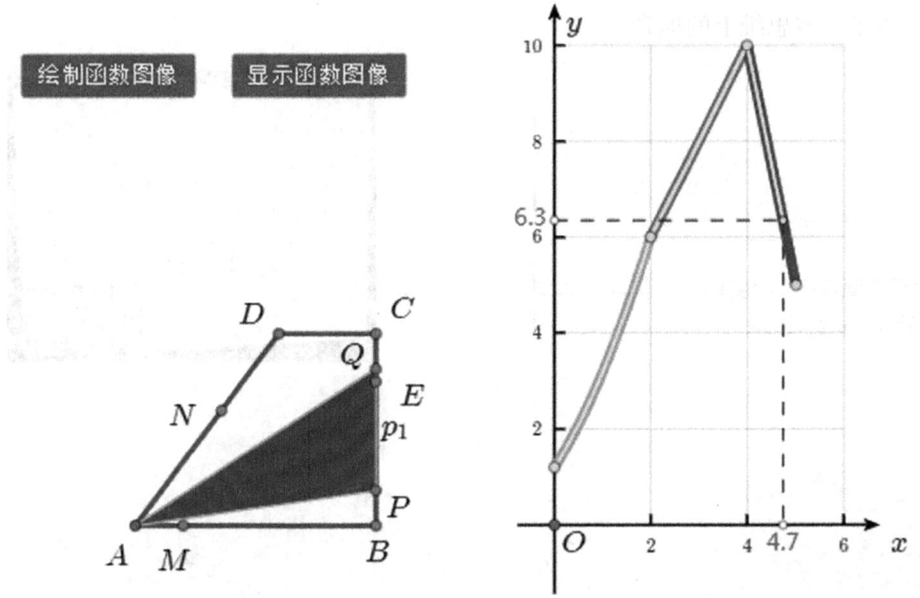

图 2　北师大版数学九年级动点与函数动态演示

3. 数学课后学生利用网络画板提高数学学科素养

网络画板网络资源丰富，多终端，易分享，易使用。课后给学生布置作业时同时分享网络画板课件，更能让抽象的问题可视化、一般化，既能让学生感受到从静到动、从二维到三维的神奇与奥妙，又能够引发学生更深层次的思考。可以说学生自己应用网络画板的过程，就是提升自身数学学科素养的过程。

（二）教学案例分析

北师大版数学教材七年级上册有一个实践探究课题“制作一个尽可能大的无盖长

方体盒子”。要求学生利用边长为 20 厘米的正方形纸片做一个容积尽可能大的无盖长方体盒子。课前我给学生布置了作业清单，然后在两个班级做了对比实验。一个班只布置作业清单，另一个班同时分享了利用正方形纸片折一个无盖长方体盒子的网络画板动态课件。随后我要求学生将探究过程制作成 PPT 并录制成视频进行讲解。通过对比发现，观看了网络画板课件的同学通过课件的动态演示及伴随折叠过程而产生的函数图象，在思维上有了更多的思考，他看到的不仅仅是怎么探究，结论如何，他还能关注到变量之间的关系，初步建立了函数观念，这对学生模型思想的建立有着非常大的促进作用。而没有看过网络画板课件的同学在讲解中就有些稍显平淡，更多的是就事论事，少了一些思维上的提升。

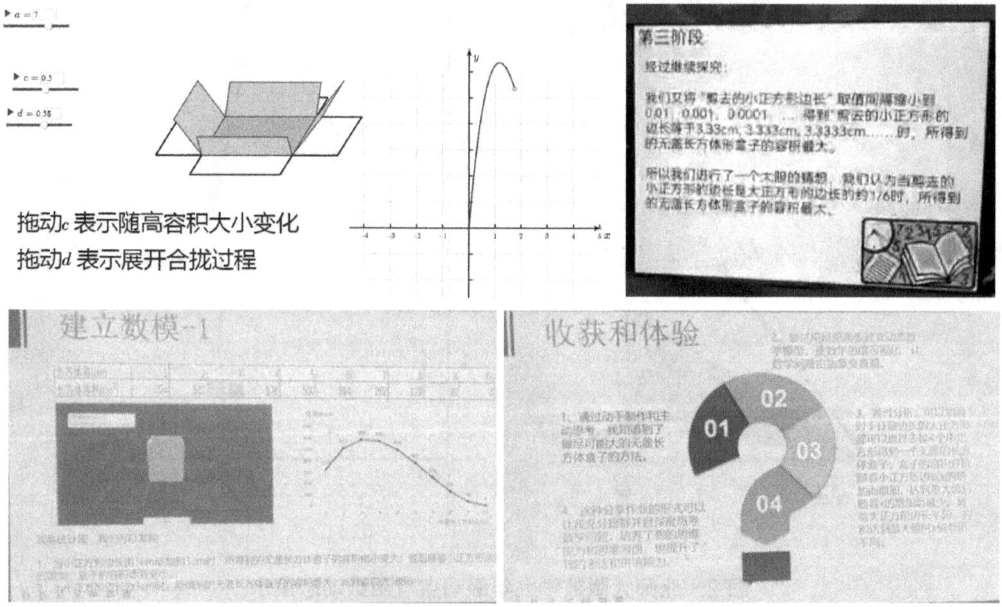

图 3　网络画板动态课件及学生展示对比

（三）提升教师自身研究数学的水平

1. 利用网络画板编题、改题，验证猜想

要想给学生一碗水，我们不仅要求自己有一桶水，我们还要力求自己成为源源不断的小溪水。所以作为一名数学教师，我们要不断地研究数学，一要研究数学教学方法，二要研究数学问题，自己原创或改编数学题。在创作试题和改编试题的过程中，我们就可以利用网络画板制作一些动态图形，寻找动点的轨迹，或利用网络画板的测量、计算功能，去发现变化过程中某些不变的边角关系，或者去验证自己的某些想法。例如：笔者在编写二次函数与几何动态相结合的的试题时，本以为动点 D 的轨迹是以 P 为圆心、PC 长为半径的圆，结果利用网络画板画出图形后，发现点 D 的轨迹不是整个圆，与 x 轴负半轴无法相交。

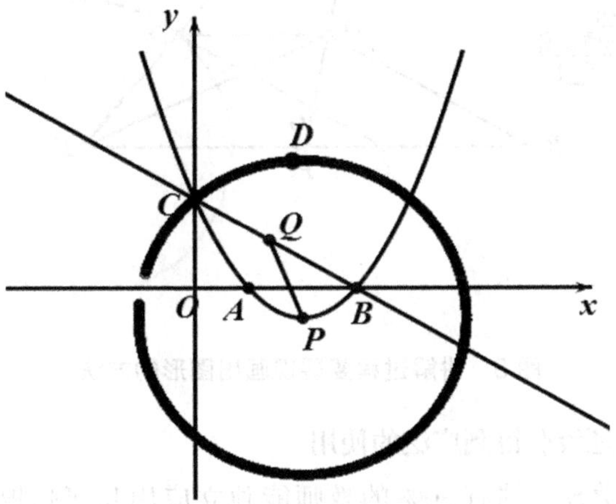

图 4　利用网络画板验证试题

2. 制作网络画板课件引发教师深层思考

教师利用网络画板作图的过程其实也是编题人的思考过程。这个过程有助于教师从编题人的高度理解试题，理解编题人的意图。这样教师在讲解试题时，更能把握解决问题的关键点，从而提高课堂效率，提升自己的教学能力。

二、网络画板在初中数学教学中存在的问题

（一）网络画板是数学教学的辅助工具，不能忽视教师的“教”

网络画板的动态演示使几何动态教学更加可视化，极大地丰富了学生的空间想象能力，提升了学生的几何直观。但是教师在教学中不能过分依赖网络画板做成的动态课件。教师不能只给学生呈现动态过程，还需要给学生讲解图形变化过程的画法、依据。以辽宁省沈阳市皇姑区 2021 年九年级二模 24 题最后一问为例，教师在讲解的过程中，除了要呈现所求的图形，还要给学生讲解图形是怎样联系前面的问题一步一步画出来的，关注学生思维上的连贯性。

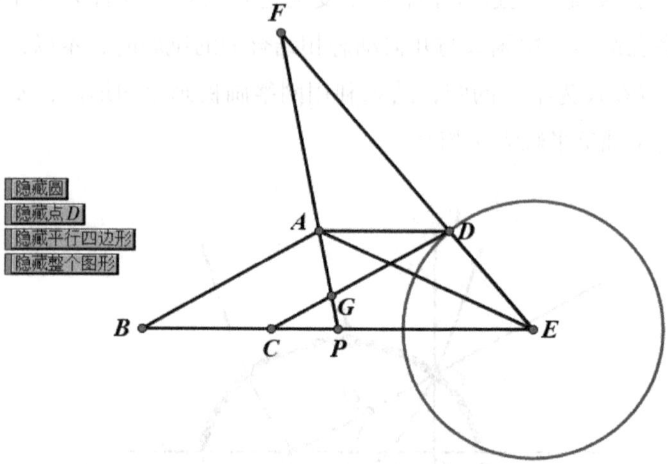

图 5　讲解过程要展现画出图形的方法

（二）网络画板还没有得到广泛的使用

在我所任教的学校，约有 30% 的教师能独立应用几何画板制作课件，已有超 70% 的教师能够在课上将几何画板课件与数学教学相融合。而对于 2015 年由 79 岁的张景中院士带领年轻团队进行研发的，经过四年的发展日渐成熟，如今正在发展期的网络画板，虽然其功能强大，使用便捷，易于与初中数学教学相融合，但对于很多一线数学教师，其实它还是很新的一个软件，所以能够熟练应用网络画板制作课件的一线数学教师人数并不多，甚至可以说是非常少。作为一名初中数学教师，我曾在朋友圈中发过这样一条消息“万能的朋友圈，谁会用网络画板，求救！”，结果随后私信我的人只有 3 人，大多数朋友给我的回复是我会几何画板。我的朋友圈中初中数学教师有近百人，其中不乏市、区教研员和各类名师、学科带头人。由此可以看出，网络画板还并未在初中数学教学中广泛使用，对教师进行网络画板的培训亟待解决。只有教师能熟练运用网络画板，才能让网络画板与初中数学教学更好地融合，让网络画板更好地服务于数学教学，为数学教学画出技术翅膀。

三、总结与展望

网络画板具有动态问题可视性、易分享、多终端等优势，教师利用网络画板与初中数学相融合，有利于提高课堂效率，提升学生的数学学科素养，提高自身的数学研究水平。笔者从课前、课中、课后三个方面结合自己平时的教学案例，简要说明了网络画板对于学生学科素养提升的作用。笔者又从教师自身出发，说明了网络画板对于提高教师自身数学研究水平的帮助。同时，笔者对网络画板的普及和有效利用提出了担忧。

网络画板与初中数学教学的融合已经开启，未来网络画板的更多功能将被数学教师开发利用。希望未来，能有更多的初中数学教师更有效地将网络画板与数学教学相融合，将网络画板这个工具用熟、用好，让网络画板更好地服务于数学教学，为数学教学画出技术翅膀。

参考文献

［1］王琼．基于网络画板的初中数学教学［J］．新课程教学，2021（15）：146-147.

［2］龙应菊．基于网络画板的初中数学“图形与几何”教学研究［D］．贵阳：贵州师范大学，2020.

［3］巫锡富．提升初中生数学核心素养的策略［J］．教育论坛，2018（7）：54-55.

［4］卞红艳．培养数学核心素养促进深度学习探研［J］．成才之路，2018（31）：34.

［5］马必武．网络画板的新应用——指导学生进行数学研究［J］．福建中学数学，2017（10）：42-44.

作者简介

谭丽英：沈阳市第四十三中学数学教师，一级教师。

李艳霞：沈阳市第四十三中学党委书记，高级教师。

“双减”政策下网络画板在四边形动点问题中的应用

北京市第101中学 曹雪莹

【摘 要】平面几何中的动点问题一直以来是老师讲解时的难点，不仅考查内容多综合性强，而且难以课上课下实现师生实时互动的操作，为更好地解决这一问题，学校在教学中引入网络画板，建立社团，让学生亲手感受平面几何动点的运动过程，感受变化中的不变量。本文以四边形中的动点问题为例，主要探讨“双减”政策后本校引入网络画板在提质减负方面的应用和效果。

【关键词】“双减”政策；网络画板；平行四边形；动点问题

一、引言

数学的核心是对学生数学思维的培养，“双减”政策下如何有效在教学活动中提升学生数学思维，这是新时代对教师课堂的要求，也是数学教师教学持之以恒追求的目标。《义务教育数学课程标准（2011年版）》总目标中要求义务教育阶段的学生应该经历图形的抽象、分类、性质探讨、运动、位置确定等过程，掌握图形与几何的基础知识和基本技能，其中在初中学段中图形与几何模块明确地指出学生除基本几何知识外需要掌握图形的变化。平面几何中的动点问题是初中几何知识的重要组成部分，其中以运动变化的观点来探究平面几何图形变化规律的问题是学生学习的难点。为解决这一问题，老师们将网络画板引入课堂教学，为平面几何的教学提供生动形象直观的图形变化过程，给予学生视觉的冲击力，缩短了学生们与数学解题的距离。这对于几何逻辑思维还在发展中的初中生来说更加容易操作。网络画板不仅可以加深几何学习的印象，还可以让学生自行验证一些基本定理，便于探究性学习、合作学习的开展。在网络画板网站中还有一些老师们做好的优秀课件和动态演示，方便动手能力弱的同学参与探究，体会变化中的不变量。

本文以四边形中的动点问题为例，探究如何应用网络画板进行动态几何的讲解。

八年级学生组建了网络画板社团，老师们手把手地教授学生如何使用网络画板，数学教师在教学过程中适当地使用网络画板进行动态几何问题的讲解。四边形是学生们继三角形后系统学习的第二个封闭平面几何图形，在基础知识教授的过程中为学生渗透过图形的变化，例如，利用旋转由平行四边形引出矩形的概念，让学生感受静中有动、动中有静、动静结合的四边形动点问题。在四边形的动点专题课中老师应用网络画板进行探究，让学生直观感受动态几何，以运动的角度看待静态的图形。

二、应用网络画板提高课堂效率

网络画板在数学课堂中的应用，不仅节省了课堂上画图的时间，而且拓展了课堂的内容。它与初中数学教学的有效结合，可以直观表现出动态几何中动点运动轨迹，从而激发学生的数学学习兴趣，拓宽学生获取数学知识的渠道，让数学教学取得事半功倍的效果。学生课堂效率更高，教师也有更多的时间来关注学生的学习，对于教学效率的提高和学生的高效学习意义重大。例如，数学课堂中使用的数学题目与几何图形都可以提前利用软件制作好，无论在何处都可以随时打开。

例 1：如图，菱形 $ABCD$ 中，$AB=4$ cm，$\angle ADC=120°$，点 E，F 同时分别从 A，C 两点出发，分别沿 AB，CB 方向向点 B 匀速移动（到点 B 为止），点 E 的速度为 1 cm/s，点 F 的速度为 2 cm/s，经过 t 秒△ DEF 为等边三角形，求 t 的值。

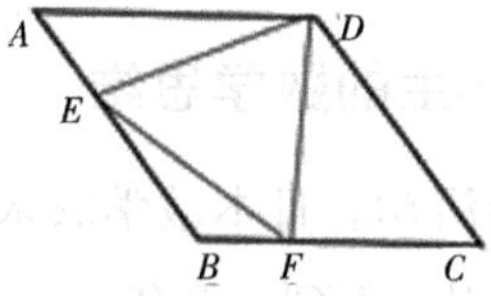

图 1　例 1 示意图

例 1 主要研究动点问题中的特殊位置，学生最大的困难是很难在静态的图形中理解运动过程，很难准确地画出对应的示意图，从而找不到对应的数量关系。所以平时数学教学中老师可以借助网络画板逐步帮学生建立起动点运动轨迹的想象力，培养数形结合的思想。在四边形的动点问题专题课中，学生先分析题目信息，分析作图的逻辑顺序，借助网络画板做出动点运动的示意图。在作图过程中，学生们积极参与讨论如何利用网络画板画出菱形，在讨论过程中相互纠错，通过判定说明某些作图方法的不严谨。经过了一次次讨论，同学们得出了几种不同的作图方法，如平移旋转等，例如利用线段 AB 的绕点 A 逆时针旋转 60°，再利用线段 AB 的绕点 B 顺时针旋转 120

度，最终连接点 C 和点 D 即可得到菱形 $ABCD$，在作图的过程中学生们运用了菱形不同的判定画出了菱形，加深了对菱形判定应用的理解，同时提高了学生们的综合动手操作能力。在网络画板中学生们利用动画效果完整地演绎了动点 E 和动点 F 的运动过程，对于题目中所求的等边三角形则可以通过拖动点，利用测量角 EDF 的角度，直接找到特殊位置，个别同学可以利用网络画板中的函数作图，画出当点 E 和点 F 运动时，三角形 DEF 的面积随时间 t 变化的函数图象。

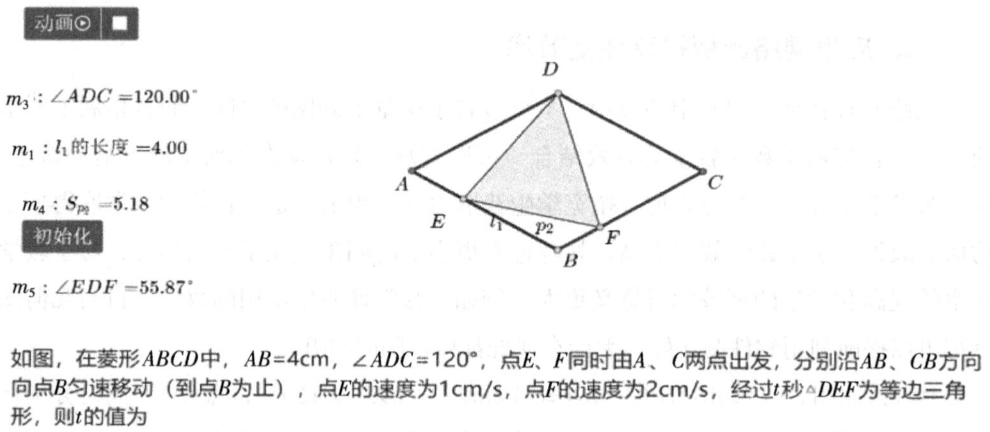

图 2　例 1 的网络画板演示图

三、应用网络画板培养学生的数学思维

数学的本质是一种数学思维活动。日本数学家米山国藏曾说过：“在学校学的数学知识，毕业后若没什么机会去用，不到一两年，很快就会忘掉了。然而，不管他们从事什么工作，那些深深铭刻于头脑中的数学的精神，数学的思维方法、研究方法、推理方法和看问题的着眼点等，却随时随地发生作用，让他们终身受益。”长时间的数学学习给予人们理性的思维方式，促进人们有条理地思考，有效地进行交流。数学作为基础性学科，其基本思想方法、思维方式与其他学科相比有着不可替代的作用。随着信息技术引入数学教学，其新颖的教学形式必将对学生的数学思维产生影响。

例 2：矩形 $ABCD$ 中，$AB = 3$ cm，$BC = 6$ cm，动点 P 从 B 出发沿 BC 向 C 运动，速度为 1 cm/s，动点 Q 从 C 点出发，沿 CB 向 B 运动，速度是 2 cm/s，P，Q 两点同时出发，当 Q 点到达 B 点时，两点同时停止，设运动时间为 t s。

（1）求 P，Q 何时相遇？

（2）求三角形 APQ 的面积。

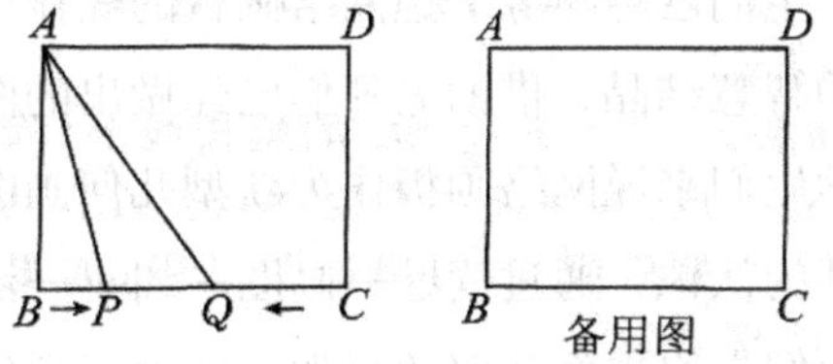

图 3 例 2 示意图

在日常的数学教学中，教师们可以借助网络画板发展学生数学思维深刻性的品质，帮助学生拓展思维，提高学生的逻辑思维能力，培养学生透过现象看本质、分清问题实质的思维能力，例如：从几何直观的角度利用分类讨论解决数学问题，从数形结合的方面解决几何问题等。例 2 主要研究动点的相遇问题和三角形面积与时间 t 之间的函数关系，学生们类比小学的路程问题，可以快速地解决两动点的相遇问题，但在表示三角形 APQ 的面积与时间 t 时没有用分类讨论的思想，只将图中所示的三角形 APQ 面积求出来，没有想象出动点的运动轨迹。其实本题在利用网络画板进行作图的过程中，学生们在演示动画时发现 PQ 两点的位置根据相遇的时间 $t=2$ 秒划分为两种情况：$0<t<2$ 和 $2<t<3$。通过动手操作网络画板，学生们观察动点运动轨迹，自然地产生了分类讨论思想。根据建构主义理论和发现学习理论，学生们根据自身已有的知识经验和对问题操作的直观感受进行学习，更有利于理解和加深知识记忆，有利于在未来的学习中，类比问题进行正向知识迁徙，培养学生们自主探究的能力。

四、应用网络画板创造作业的多样性

本校在八年级学生中介绍网络画板的使用方法，积极开展网络画板社团，随着社团活动的进行，同学们在网络画板的应用上有了一定的基础，在数学学习上遇到一些问题和困难时，他们会有意识地主动利用网络画板去解决。“双减”政策下老师们利用网络画板布置个性化作业，比如利用网络画板设计图案迎国庆，借助网络画板平台已有资源探究动态几何题，老师们也会提前做好作业中几何问题相关图像，方便学生们及时查看探究再创造。网络画板丰富了学生们课后的数学作业，摆脱了数学作业枯燥乏味的刻板印象，让数学作业动起来，有趣多样，学生们课下讨论网络画板中作业的频率大大提高，增强了师生之间的互动性，提高作业设计质量，顺应了“双减”的作业要求。

本文主要探讨了“双减”政策下网络画板在四边形动点问题中的应用，经过了一学年的互动几何教学，学生们已经熟练掌握网络画板的操作，可以随时随地查找网络画板中全国数学老师们的智慧结晶，借助老师们已经做出的图形进行二次加工，从而自己动手解决问题。对学生们来说网络画板作为新型几何画图工具，操作简单，引起了学生们对于画图重要性的认识，通过读题—画图—纠正—演示等过程，巩固复习了之前的知识，激发了学生们学习平面几何的兴趣，缓解了学生们对于解决动点问题的畏惧心理。课堂中网络画板的使用顺应了《义务教育数学课程标准（2011 年版）》中使用现代信息技术的号召和“双减”政策的提质减负要求，使教学手段多样化，提高了课堂效率，提高了学生们的数学综合能力，培养学生的问题意识、应用意识和创新意识，积累学生的活动经验，有利于提高学生的高阶思维能力。

参考文献

[1] 马梦荣，雍进军，张加林，等. 网络画板在中学数学教学中的应用[J]. 贵州师范学院学报，2018（12）（80–84）.

[2] 中华人民共和国教育部. 义务教育数学课程标准（2011 年版）[M]. 北京：北京师范大学出版社，2012.

[3] 刘蕙萱. 运用 GeoGebra 软件辅助初中数学教学效果研究[D]. 南昌：南昌大学，2014.

[4] 熊永昌. 构建生态智慧课堂 培育学生核心素养——以数学学科为例[J]. 基础教育课程，2020（18）：47–55.

作者简介

曹雪莹：北京市第 101 中学数学教师，北京市中级教师。

探索网络画板在小学数学教学中的应用

沈阳市皇姑区宁山路小学未来校区　高英仙　周　岚　吴　俣　许　佳

【摘　要】《义务教育数学课程标准（2011年版）》中明确指出数学课程要培养学生的抽象思维能力和推理能力，但小学生正处于形象思维阶段，很难理解数学的抽象性和逻辑性。网络画板作为一种互联网动态教学软件，为广大小学教师提供了新的数学的教学思路。本文通过阐述多个教学中利用网络画板的典型案例，分析目前网络画板在小学数学教学中应用的四种方式——创设问题情境，自主探究，数形结合，概念教学，总结与讨论网络画板的应用价值。

【关键词】网络画板；小学数学；应用方式

一、背景分析

教育部在2018年印发了《教育信息化2.0行动计划》，要求学校利用“互联网+教育”大平台，建设数字校园，与此同时教师应提高自身信息素养与信息化应用水平。课程与信息技术相结合已成为课程改革的前进方向。变革传统的教学方式将信息技术完美地融入课程成为了教师的一大挑战。在《义务教育数学课程标准（2011年版）》中明确指出数学课程要培养学生的抽象思维能力和推理能力。要求学生在知识与技能方面“建立数感、符号意识和空间概念，初步形成几何直观和运算能力，发展形象思维与抽象思维”。可以看出“抽象思维”在小学数学课程内容中的地位在不断加强。《义务教育数学课程标准（2011年版）》中指出数学课程要从学生已有的生活经验出发，让学生亲身经历将实际问题抽象成数学模型并进行理解与应用的过程。新课程提倡学生自己动手亲身实践的学习方式，整个教学过程中要始终坚持学生的主体地位。

网络画板作为一种“互联网”动态教学软件，可以将抽象复杂的数学概念变得生动且直观，在数学的学习过程中，教师使用网络画板有利于增强尚处在具体形象思维阶段的小学生对数学的抽象性和逻辑性的理解。网络画板的出现对于教师探索新的教学模式，改变学生原有的学习方式有重要的意义。本文将通过现实教学中的案例探索网络画板在小学数学教育中的应用方式及其价值。

二、网络画板的特点

（一）普及性强

张景中院士和他的团队所研发的网络画板其本质是一个学生和教师都可以操作使用的动态网络数学实验室。老师在使用网络画板进行教学的同时还可以在网络上进行分享，学生则可以通过网络画板随时随地进行学习，感受亲身实践的乐趣。网络画板成为各地师生们沟通交流的互动平台。网络画板作为网络化的超级画板，拥有着其他教学软件无法比拟的优势，不受终端限制、不需要安装，各类平台无论是手机、平板还是教学一体机都能使用，下载后也可离线使用，基本功能完全免费。网络画板的应用降低了数学实验的门槛，实现数学实验的可操作性。各学校由于条件的限制数学实验环境参差不齐，网络画板可以根据学校基础条件的不同配置不同的数学实验，实现数学实验对教学各个环节的全覆盖，使学生人人享有数学实验的机会。

（二）操作简单，功能强大

网络画板还有着上手容易、操作简单、学习方便的特点。随着信息技术的发展，当前市场上的教学软件种类繁多，良莠不齐，操作复杂，一线教师难以掌握。与这类软件相比，网络画板操作简单，功能强大。初接触网络画板的老师可以在其资源库中找到大量的资源直接拿来使用。自己开始设计也很容易操作上手。页面设计简洁，工具栏和绘制工具位置清楚明了。通过工具栏内的智能画笔能够快速地画出各种平面与立体几何图形，网络画板有大量的提示与指示，使用者根据指示就可轻松上手操作。除了平面几何、立体几何等画图功能外，网络画板还有强大的计算功能，可以计算图形的面积大小、长度、坐标、角度等。操作简单、功能强大的网络画板为小学数学的教学革新提供了新的思路。

三、网络画板在小学数学中的应用方式

网络画板作为一款互联网动态数学软件可以有效地激发学生的学习兴趣，抽象复杂的数学概念在网络画板的演示下变得清晰直观，当对数学的恐惧消失，学生也就不再排斥数学。通过“数学实验”让学生主动探索问题，解决难题，学生的发散思维和

直觉思维得到进一步强化的同时，思维逻辑能力与空间想象能力也得到了提升。网络画板在小学数学教学中的应用范围广泛，下面将从创设问题情境、自主探究、数形结合、概念教学四个主要方面对其应用进行分析。

（一）创设问题情境

采取灵活多样的教学方法与课堂教学模式，在课堂教学中培养学生的应用意识，通过积极的“问题解决”和数学实践活动，引导学生把数学知识同生活实际相联系。新课程标准明确要求要为学生提供自主探究、独立思考的机会，通过问题情境导入数学的学习过程。传统的数学课都是由老师描述情境，同学根据描述自行想象情境，有了网络画板就可以改变这一传统的授课方式，网络画板能够为学生提供丰富的数学实验情境和解决问题情境，让学生亲手操作，在“做”的过程中学到知识。例如小学阶段的重点问题“相遇”与“追击”问题，学生仅通过教师的板书和语言叙述是很难理解的。借助网络画板，这些抽象的教学问题都能以直观动态图形的形式出现辅助学生理解。如图 1，这是一道典型的相遇问题，以前教师在讲授时，学生对于车辆的运动过程不清晰，无法在头脑中想象出甲、乙两车相遇的状态，而在网络画板中可以很轻松地解决这一问题，通过动画操作按钮，甲、乙两车相向而行的运动路径被演示出来，学生通过观察路径，可以轻而易举地得出答案。当问题的情境展示在同学们的面前时，问题就迎刃而解了。

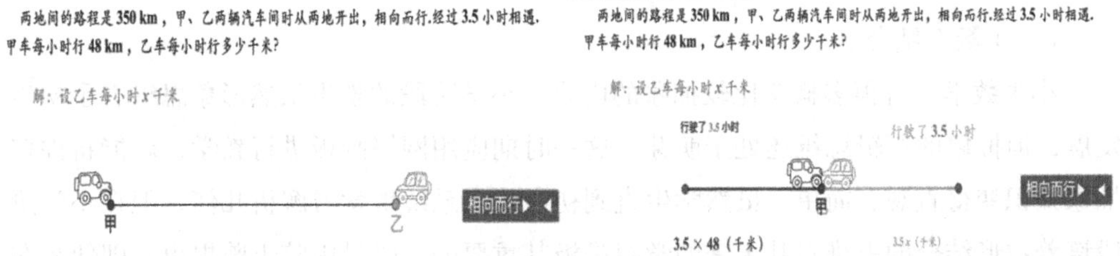

图 1　相遇问题情境演示图

（二）自主探究

通过学生自己动手操作，实验解决未知问题，让学生成为真正的知识的探索者，而不再被动地接受知识，成为老师灌输知识的对象。学生通过自主探索充实并完善自身的知识体系，整合信息，提高获取知识的能力。比如在小学研究等式的性质的时候，传统的教学只能通过教师板书、教师演示、学生观察算式的变化这一途径进行教学，学生看似理解明白，实则只是机械地背诵下老师口中的性质，“等号两边同时加上或减去一个数结果不变”，并不明白性质的真实意义。但有了网络画板就可以改变这一教学现状。如图 2 所示，学生亲自动手操作，每个人都可以在天平上通过直观的图形变化，总结出等式的性质。在具体学习的时候也可以通过小组共同合作共同操作软件，看不同条件下的天平的变化，讨论出“等式的性质”。

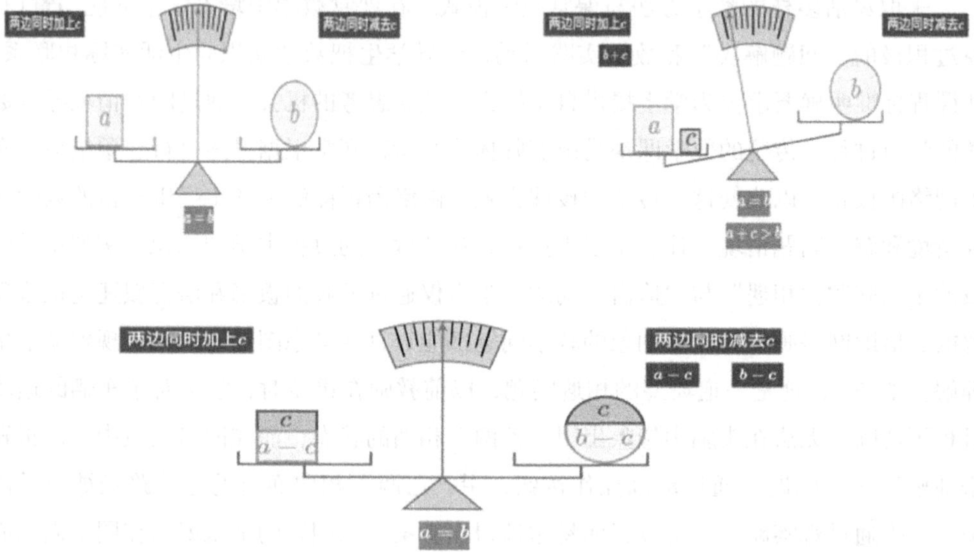

图 2　等式的性质 1

（三）数形结合

小学数学中有很多概念比较抽象的内容，小学阶段的学生虽然形象思维有了初步发展，但抽象的逻辑思维还处于萌芽。这一时期应用网络画板进行教学，就能将许多抽象知识变得直观、简单。虽然学生直到初中才会系统地学习解析几何，但在小学阶段培养数形结合的思维对其未来的学习是极其重要的。张景中院士曾提出：即便是在数立方体的几个顶点时，也必然地播撒下数形结合的种子。网络画板生动形象的演示能够让图形在动态的变化过程实现数与形的高度结合。例如：我们可以使用网络画板的动态演绎研究三角形面积公式的变式。如图 3 所示网络画板展示的变化过程，既从形上演绎了三角形面积的推导方法，又从数上证明了三角形面积公式的变式，形和式在网络画板的演示下完美结合。

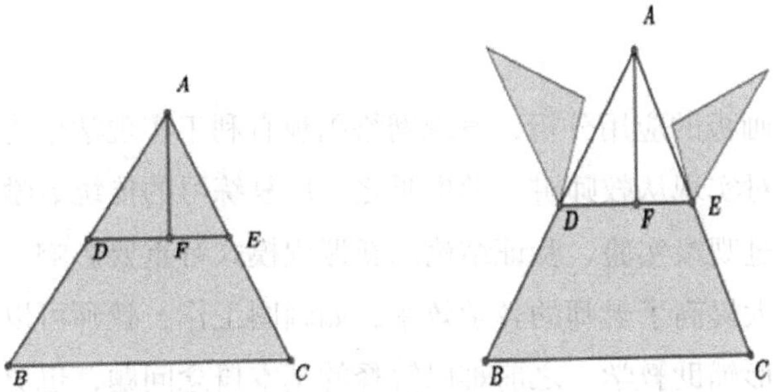

图 3 三角形面积公式的变式 $S = a\left(\frac{1}{2}h\right)$

（四）概念教学

通过网络画板绘制出的各种平面、立体几何图形，使学生实现从二维空间到三维空间的思维跨越。学生通过网络画板进入一个数形奇妙世界中，黑板上的乏味枯燥的固定图形变成生动形象的立体图形。在小学数学教学中，有大量需要直观呈现的概念，学生只有自身直观经历体会过才能真正理解领会，否则学生只是重复老师的描述并不是真实地掌握，例如圆的认识一课，教师在进行这一课的教学时大多通过简述画圆的过程再引出圆的概念。学生似乎理解了圆是什么，但对圆的定义“圆是到定点等于定长的点的集合”这一概念并未深入理解。该概念用传统的方法教学的确存在困难。但是网络画板的出现，给“概念”教学提供了新的可能。如图 4 所示，首先在屏幕上确定一个定点，再选取任意一条从该定点出发的线段，伴随线段的旋转，屏幕上形成许多的点，这些点所形成的封闭的曲线就是圆，网络画板清晰的演示过程揭示了圆的实质——“到定点等于定长的点的合集”。同时学生还可以通过自己动手调整定长的距离，清晰地看到圆的大小随着线段长度的变化而发生的变化，进一步掌握学到的新概念与新知识。

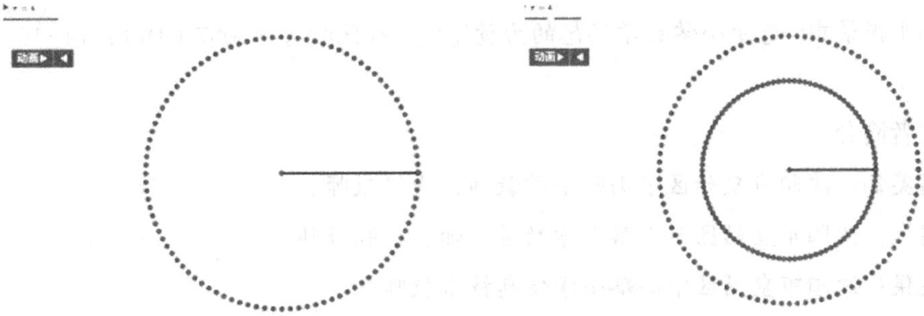

图 4 圆的形成

四、总结与讨论

通过对小学数学教学中网络画板的应用分析，发现网络画板有利于实现学生为主体、教师为主导的新课程模式，对实现从教师讲、学生听之后反复练习的传统数学课堂模式转变以问题为导向的、通过观察实验、验证结论的新课程模式有重要影响。对于教师来说，网络画板的应用大大提高了老师的教学效率，如画图工作，教师可以在很短的时间内画无数个复杂的图形辅助教学。之前难以解释的基本概念问题，也更容易展示教学。其次网络画板成功地使学生从被动接受知识转变为知识的探寻者，使教师从知识的灌输者变为学习过程的指导者。使用网络画板有利于学生融入数学情境中，激发学习兴趣，提高了对数学的喜爱程度。学生通过自主探究深入思考，提升实践操作能力。网络画板极大地丰富了数学课程，使数学教学活动得到有效的开展，相信网络画板在未来的小学数学教学中将发挥更大的作用。

参考文献

［1］中华人民共和国教育部．义务教育数学课程标准（2011年版）［M］．北京：北京师范大学出版社，2012.

［2］王丽美．探索“几何画板”在中小学数学教学中的应用［J］．教育教学论坛，2021（14）：150-153.

［3］赵小利．用网络画板开展数学实验，助力小学数学教与学——以六年级教材“圆”为例［J］．数学学习与研究，2019（22）：102.

［4］常亮．基于几何画板软件的平面几何数学建模教学设计研究［D］．拉萨：西藏大学，2018.

［5］张景中．感受小学数学思想的力量［J］．人民教育，2007（18）：14-16.

作者简介

高英仙：沈阳市皇姑区宁山路小学教师，中级教师。

周岚：沈阳市皇姑区宁山路小学数学教师，一级教师。

吴俣：沈阳市皇姑区宁山路小学信息技术教师。

许佳：沈阳市皇姑区宁山路小学数学教师。

网络画板辅助下基于深度学习的探究性教学实践

——以“平行四边形的性质”为例

西安市铁一中分校　付粉娟

【摘　要】在进行平行四边形的性质教学时，可以借助几何作图唤醒学生小学学习的平行四边形的知识；可以借助图形变换探究平行四边形的性质，在变换中对性质形成深入的理解，同时形成探索图形性质的一般过程和一般路径；可以借助典型例题及例题变式加深学生对所学知识的理解和应用能力；可以借助网络画板这一信息工具，直观生动地呈现几何图形，动态展示图形变化，在发展学生的几何直观的同时，促进学生对所学内容的整体掌握。

【关键词】深度学习；平行四边形的性质；网络画板；一般观念

一、引言

深度学习是一种基于理解的学习，是指学习者以高阶思维的发展和实际问题的解决为目标，以整合知识为内容，积极主动地、批判性地学习新的知识和思想，并将它们融入原有的认知结构，且能将已有的知识迁移到新的情境中的一种学习。“平行四边形的性质”作为北师大版初中数学教材中四边形的起始课，承载着深化三角形相关知识的应用、揭示特殊四边形研究的一般过程、搭建三角形和四边形的桥梁的任务。如何在本节课的教学过程中开展引领学生深度学习的教学呢？又如何借助网络画板来辅助教学呢？笔者借助教学实践，探索这两个问题的解决方案。

二、网络画板在教学实践中的应用

网络画板是基于信息技术所发展起来的一种新型的理科教学的工具，其包含智能推理、动态几何以及网络交互技术等功能。在中学数学教学中，网络画板能良好地调动学生的学习主动性，减轻教师烦琐的教学操作。基于本节课作为几何图形性质探究课的特点，选择使用网络画板强大的制图功能及动画制作功能，提升教学效率。活动二中，学生展示出自己画的图后，用网络画板呈现出各种各样的平行四边形，使学生通过观察多个规范平行四边形，抽象出其定义；活动三中，学生用两张平行四边形纸片展示几何变换后，借助网络画板动态演示两个平行四边形的平移、旋转，让学生能观察到标准的变换过程，发展学生的几何直观和空间想象；活动四中，借助网络画板依次呈现三种解法，提升课堂的效率；活动六中，课后让学生借网络画板进一步探索平行四边形的性质。

在教学实践中发现，用网络画板辅助几何教学，一方面，借助网络画板可以呈现丰富的、规范的、动态的图形，从而改善传统教学中作图不规范、无法动态呈现图形、受黑板所限无法呈现多个图形等问题，很好地培养学生的几何直观，让学生养成规范地作图、表述的习惯，提升几何教学的趣味性和效率；另一方面，网络画板的特点是制作的课件能实现网络化，课后可以把课件发给学生，学生可以课后使用网络画板探索相应的图形的性质、探索几何问题的解法，也可以借助网络画板工具与同伴展开合作学习，进行更加有效的交流，从而提升学生对几何的理解和对数学学习的兴趣。

三、教学实践

（一）创设问题情境，激发学生探究热情

在实际教学中，教师应创设符合学生实际和认知水平的情境，借情境激发学生进一步学习和探究的热情。好的情境是生活的，从学生熟悉的日常场景中选取的情境对学生来说显得更为亲切，更能引起他们共鸣；好的情境是数学的，应体现数学的发生与发展。

活动一：请同学们观察下面 3 幅图的生活场景，它们用到了数学中的什么知识？

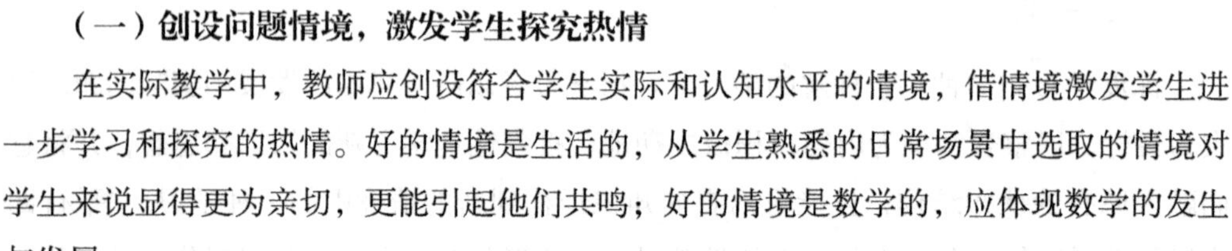

地锁　　苗木支撑架　　伸缩门

图 1　生活中的三角形和四边形

教学说明：从生活场景中三角形的稳定性和平行四边形的不稳定性的应用，引出特殊图形的性质在生活中应用非常广泛，平行四边形除了不稳定性之外，还有什么性质？引出课题。

（二）借作图唤醒，促概念生成

如何唤醒学生已有知识储备？教材中安排了展示生活中的平行四边形图片，以此勾起学生回忆。基于深度学习理论，笔者以为这样的唤醒是记忆的、简单理解的唤醒，不足以激发学生深层次的认知，于是设计了活动二，借开放性问题和动手作图，让学生主动回忆起小学学过的相关知识。

活动二：（1）请大家画出一些你心中的平行四边形。

（2）结合画图过程，观察图2中图形的共同特征，请同学们说说什么是平行四边形？

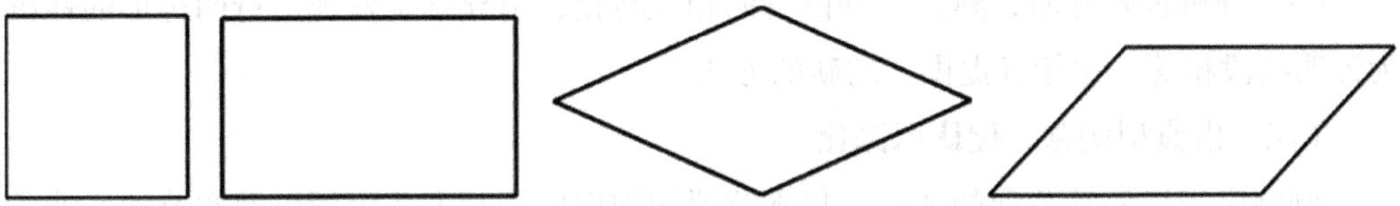

图2　平行四边形

教学说明：在画的过程中，学生会思考以下问题：什么样的图形是平行四边形？怎样画？有哪些特殊的平行四边形？以一个问题勾起学生心中的诸多问题，从许多同学画出的平行四边形中，抽象概括平行四边形的定义。

（三）借图形变换，促性质探究

“平行四边形的性质”是北师大版教材中学生首次完整经历性质探索的全过程，边探索、边证明。在此，教师应该引导学生的探索的方向，为学生搭建好探究的平台，同时借追问，将性质探究和证明引向深处。

活动三：（1）由平行四边形的定义得到了边的位置关系，那么边之间存在数量关系吗？平行四边形的角呢？请用老师发给大家的两个全等的平行四边形纸片进行探究。

（2）从观察、测量等方式得到的结论，未必都是可靠，怎么证明我们的猜想呢？

教学说明：（1）学生会通过常规的测量去发现，在测量的基础上会沿着图形变换的方向去思考，由平行四边形的对边平行联想到图3（左）所示的平移；由平行四边形的中心对称性，联想到图形旋转。通过动手动脑，自主探究，经历完整的发现性质的过程。

（2）引导学生体会把四边形问题转化为三角形问题的基本想法，突破教学难点。通过追问凸显一题多解，达到训练学生发散思维的教学目的。值得一提的是，学生因动手操作而想到如下证明方法：如图3（右），∵四边形 $ABCD$ 是平行四边形，∴ $AD//BC$，$AB//CD$，∴ $\angle B=\angle DCF$，$\angle ADC=\angle DCF$，∴ $\angle B=\angle ADC$，同理可得：$\angle A=\angle BCD$。

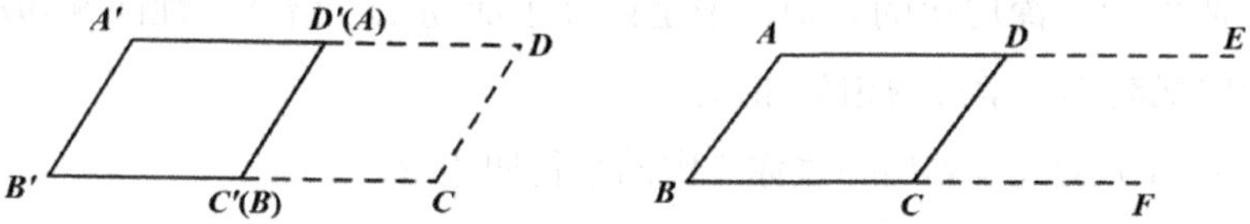

图3　图形变换，探究平行四边形性质

（3）分析理解性质，熟悉三种语言的相互转化，引导学生发现平行四边形的性质为证明线段相等、角相等提供了的新的方法。

（四）借典型例题，促认识深化

例题应当统领整节课的知识，集本节课的知识应用和方法应用以及本节课所涉及的重要思想方法的应用于一体。基于这个考虑，笔者将课本例题作为学生阅读自学的内容，而精心选择了如下例题，促进学生能力的发展。

活动四：已知，如图4，在平行四边形 $ABCD$ 中，作 $AE\perp BC$ 于点 E，作 $CF\perp AD$ 于点 F，求证：$AF=CE$。

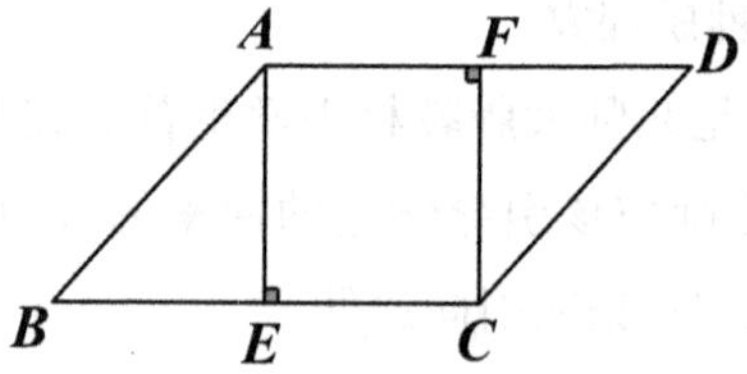

图4　例题1

证法1：通过证明 $\triangle ABE\cong\triangle CDF$（AAS）得到 $BE=DF$，进一步证明 $AD-DF=BC-BE$，即 $AF=CE$.

证法2：连接 AC，通过证明 $\triangle AEC\cong\triangle CFA$，证明 $AF=CE$。

证法3：∵四边形 $ABCD$ 是平行四边形，∴ $AD=BC$，$AD//BC$，∵ $AE\perp BC$ 于点 E，$CF\perp AD$ 于点 F，∴ $\angle AEB=\angle CFA=90°$，∴ $\angle AEB=\angle FCB=90°$，

∴ $AE // CF$，∴四边形 AECF 为平行四边形，∴ $AF = CE$。

教学说明：三种解法分别从利用题中已有的全等三角形（证法 1）、主动构造全等三角形（证法 2）、借助平行四边形的性质和定义解决（证法 3）三方面，让学生一方面学会应用平行四边形的知识解决问题，另一方面体会到应用平行四边形知识解决问题的优越性。

（五）借过程梳理，促一般观念

课时小结应先由学生从各个方面有层次地呈现，借此发现本节课学生的知识掌握情况及问题，同时，教师应借小结，将学生的认识引向深处。

活动五：课时小结

本节课你有哪些收获？

教学说明：重点厘清三个问题。（1）探索性质的一般过程：观察、实验、猜想、证明。（2）证明文字命题的一般步骤：画图、写已知、写求证、分析条件（由因导果）、分析结论（执果索因）、展开证明。（3）应用新知解决问题的一般方法：四边形问题转化为三角形问题；四边形中常用辅助线作对角线；平行四边形提供了证明线段相等、角相等、线平行的新的工具。

（六）借作业布置，促学力发展

好的作业应兼顾巩固性、延展性、联系性、趣味性。立足于以上思考，布置以下作业。

活动六：作业布置

（1）已知：如图 5，在平行四边形 $ABCD$ 中，BE 平分 $\angle ABC$，交 AD 于点 E，DF 平分 $\angle ADC$，交 BC 于点 F，求证：$DE = BF$。（请尝试用多种方法解决）

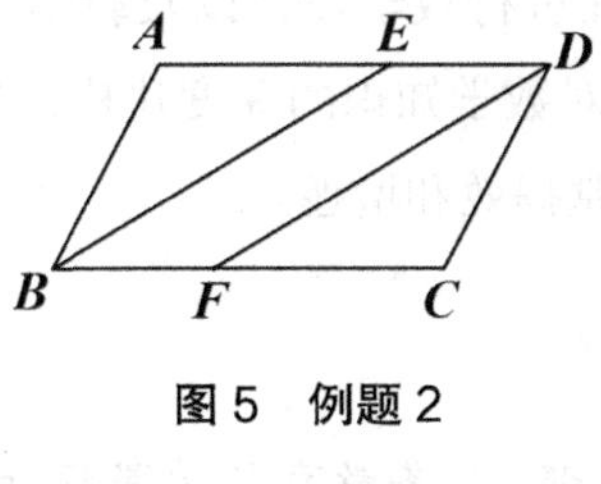

图 5　例题 2

（2）请借助手中的平行四边形纸片，继续探究平行四边形还有什么性质？

教学说明：通过相适应的练习题，巩固知识，加深对知识的理解，提高分析问题解决问题的能力，为下节课的探究埋下伏笔，也为后续的研究打下基础。

四、教后反思

（一）在理解学生和理解教材的基础上进行再设计

北师大版教材设计了丰富的学生活动，但是因教材设计的简洁性和普适性的特点，在具体如何活动环节，教材给出的是一般化的方案。在实际实施教学的过程中，我们可以在理解教材的基础上，对教材所设计的活动进行再设计，充分发挥活动的特点。本节课将教材中“展示生活中的平行四边形”变为“画一个平行四边形”，将一张平行四边形纸片变成两个全等的平行四边形纸片，自然为学生借助图形变换（平移和旋转）研究图形性质埋下伏笔，借助图形变换研究图形性质的方法，促进学生动态几何观的形成。

（二）在理解例题功能的基础上选取兼具巩固性和发展性的例题

本节课课本所配例题的功能为巩固平行四边形定义及性质的应用，而本节课所选定的例题则在具备以上功能的基础上，通过一题多解的对比分析，可以更好地促进学生对应用平行四边形定义和性质解决问题的优越性的认识，及对一题多解中，解法逐步优化的感知，通过解后反思，可以将学生对本节课所学知识的理解引向深处，也将分析和解决问题的能力引向深处。另外所选例题更具有发展性，可由此题出发改编出更多的问题，在此不再赘述。

五、总结与展望

《义务教育数学课程标准（2011 年版）》指出：“积极开发和有效利用各种课程资源，合理地应用现代信息技术，注重信息技术与课程内容的整合，能有效地改变教学方式，提高课堂教学效益。”在进行教学设计以及教学实施时，我们一方面要积极探索合适的教学方法，促进学生对数学知识的深度建构，另一方面，要注重信息技术的合理应用，借助信息技术为课堂提效和增趣。

参考文献

［1］中华人民共和国教育部．义务教育数学课程标准（2011 年版）［M］．北京：北京师范大学出版社，2012.

［2］安富海．促进深度学习的课堂教学策略研究［J］．课程教材教法，2014，34（11）：57-62.

［3］王琼．基于网络画板的初中数学教学［J］．新课程教学，2021（15）：146-147.

［4］马必武．网络画板教学在高中数学中的应用［J］．福建中学数学，2018（10）：48-49.

［5］马梦荣，雍进军，张加林，等．网络画板在中学数学教学中的应用［J］．贵州师范学院学报，2018, 34（12）：80-84.

作者简介

付粉娟：西安市铁一中分校教师，高级教师。

网络画板在初中数学教学中的应用研究

磐石市吉昌中学　张绍明
磐石市教师进修学校　田　玲

【摘　要】数学课标指出，在数学教学中，教师应注重信息技术与数学课程的深度融合，注重实效。网络画板是专业的数学软件，合理应用网络画板制作课件，能使原本抽象、枯燥的数学知识变得生动、易理解。本文主要研究网络画板在初中数学教学中的绘制图形、动态演示、模拟实验、创设教学情境、习题变式教学等情况下的应用，并提出网络画板在课堂教学中的应用要遵循学生思考在先、网络画板演示在后的原则。

【关键词】网络画板；初中数学；课堂教学

一、引言

数学课程标准明确指出“数学课程的设计与实施应合理地运用现代信息技术，注重信息技术与课程内容的融合，注重实效。充分考虑信息技术对数学学习内容和方式的影响，开发并向学生提供丰富的学习资源，把现代信息技术作为学生学习数学和解决问题的有力工具，有效改进教与学的方式，使学生乐意并可能投入到数学活动中去”。网络画板是在张景中院士亲自参与下，在超级画板的基础上，为适应移动的互联网环境下教育信息化发展的趋势，开发的第一款国内领先的动态数学学科教学工具。这款软件不需要安装，只要有网络就可以进行使用，可以避免电脑系统版本导致的不兼容。网络画板为广大数学教师提供帮助，让他们的教学更轻松高效，也能让学生动手实验探究，协助他们挖掘数学的深层次内在规律，感受到数学独特的魅力，在技术的支持下，成为学生学习数学的得力助手。合理应用网络画板制作课件，能使原本抽象、枯燥的数学知识变得生动活泼、易理解，提高了教学效率。目前网络画板的素材资源达到50万个，而且还在不断地递增，以前笔者注重网络画板素材的制作，如今更关注网络画板素材在数学教学中的应用。本文基于网络画板的优势，主要研究网络画板在初中数学教学中的绘制图形、动态演示、模拟实验、创设教学情境、习题变式教学等情况下的应用，并提出网络画板在课堂教学中的应用要遵循学生思考在先、网络画板演示在后的原则，找准教学需要，适时进行辅助教学；不走入“为用技术而用技术”的误区。希望为初中数学教师利用网络画板开展数学教学提供借鉴。

二、网络画板在数学课堂教学中的应用

（一）动态展示教学内容，揭示数学规律

如图 1 所示，讲解“圆周角定理”时，以往的教学中笔者在小黑板上画好圆后，利用橡皮筋和小铁钉，演示圆上一条弧所对的不同位置的圆周角，操作起来费时费力，还难以度量圆周角的大小。如今运用网络画板课件演示，启发学生对无数个圆周角进行位置的分类，度量圆周角和圆心角的大小，直观得到定理的结论，验证猜想。这样的动态演示可以促进学生的深度学习，加深对圆周角定理的理解。还有讲解“三角形内角和定理”时，以前笔者通过剪纸拼接或度量角度来验证三角形内角和，误差很大，效果一般。利用网络画板演示更直观快捷，发现不变的数学规律。

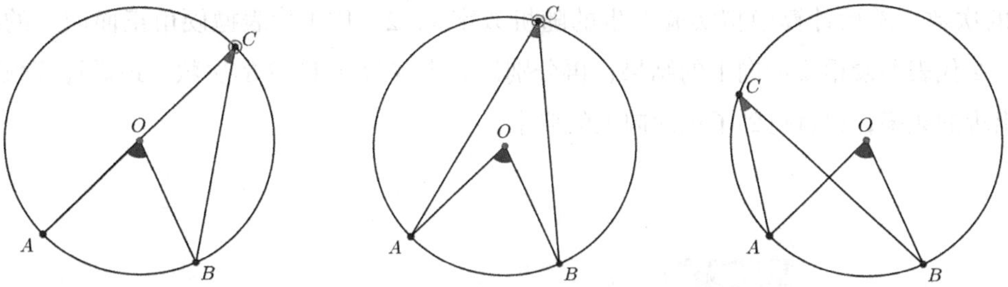

图 1　圆周角的三种情况

（二）绘制精准的几何图形、函数图象

画图技能是数学教师的一项必备的教学基本功，精准的作图有助于数学探究。网络画板在教学中不仅可以快捷准确地绘制出任意的几何图形、函数图象，而且还可以在运动的过程中动态地保持元素间的几何关系。另外在编制试卷、写文章时，网络画板为我们提供很大的方便。如图 2 所示的图形利用一般方法很难画出，但是用网络画板的“平移和迭代”功能就很容易实现。利用网络画板的轨迹和直纹面功能还可以画出各种复杂的图形。

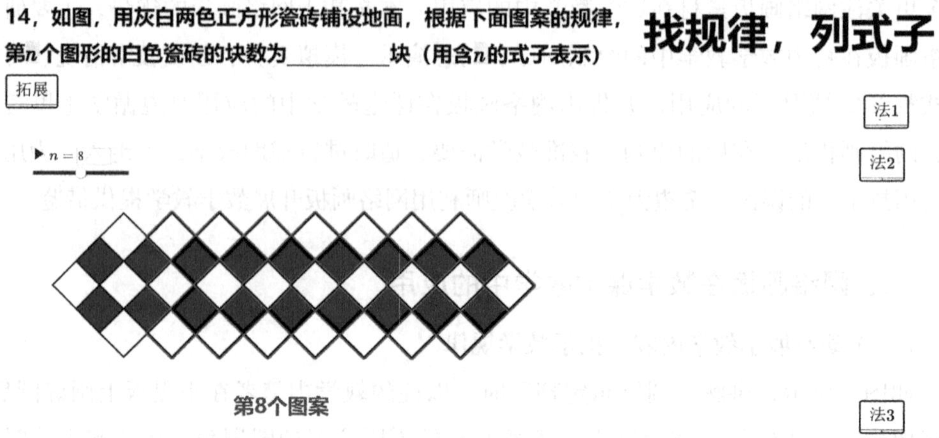

图 2　网络画板的迭代构图

（三）进行数学模拟实验，提高数学素养

如图 3 所示，学习抛硬币的概率时，传统的教学需要进行抛硬币实验，费时费力。如果利用网络画板进行模拟实验，不仅省时省力，能直观地看到实验的统计结果，还可以提高学生的学习兴趣。制作原理：利用网络画板的计算功能，计算累计实验的次数，然后计算模拟实验产生的随机数字 1，2。用 1 代表抛硬币正面向上的结果，2 代表抛硬币反面向上的结果，再分别计算出现数字 1，2 的次数，最后计算数字 1 出现的频率，也就得到了正面向上的概率。

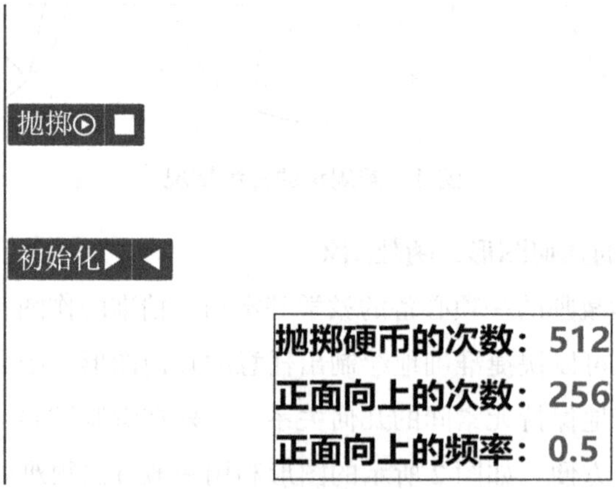

图 3　模拟抛硬币实验

（四）创设问题情境，激发学生学习兴趣

如图 4 所示，在学习二次函数时，研究系数 a，b，c 对函数图象的影响，以前的办法是通过分情况画函数图象，观察得出 a，b，c 对函数图象的影响，不能进行动态演示。利用网络画板可以实现改变 a，b，c 的值，实现图像的时时变化，观察图像的特征、开口方向、顶点位置、对称轴的位置。老师打开网络画板的作图页面，建立新的坐标系，绘制函数 $y = ax^2 + bx + c$ 的图像，再新建三个变量 a，b，c，分别拖动 3 个变量可以观察图像的变化找出规律。这样的情境，引起学生的求知欲，先感性后理性，通过代数推理得到现象背后的数学道理。网络画板还可以进行图形的平移、旋转、轴对称变换，有助于学生增加对图形变换的性质认识。这样创设的问题情境，可以激发学生的学习兴趣。

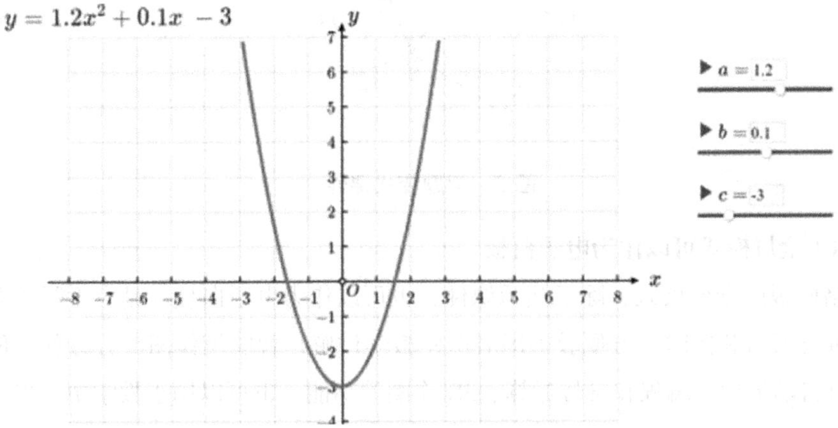

图 4　二次函数图象课件

（五）进行习题变式教学，提高学生解题能力

应用网络画板进行习题课教学时，可以方便快捷改变题设的条件，随时对课件进行修改，一题多变，一题多解。如图 5 所示，这是一个典型的一题多变，先改变题目的条件，两个三角形的位置由特殊到一般，研究结论的不变性，然后增加结论求角的度数，体会到两线夹角的度数不变的性质，最后变三角形为正方形，依然探究两线段的位置关系和数量关系。通过这样的变式练习，达到举一反三的效果，还可以帮助学生概括总结出手拉手模型，实现学会和会学的转变。网络画板更是研究中考动态几何压轴题的利器，可以动态展示图形的变化轨迹、构成图形的面积变化情况及与其他图形的位置关系。利用网络画板研题、磨题、品题，感悟解题之道，能加快教师的专业成长，只有老师对数学题的感悟深了，才能更好地指导学生的解题，提高学生的解题能力才能得到落实。

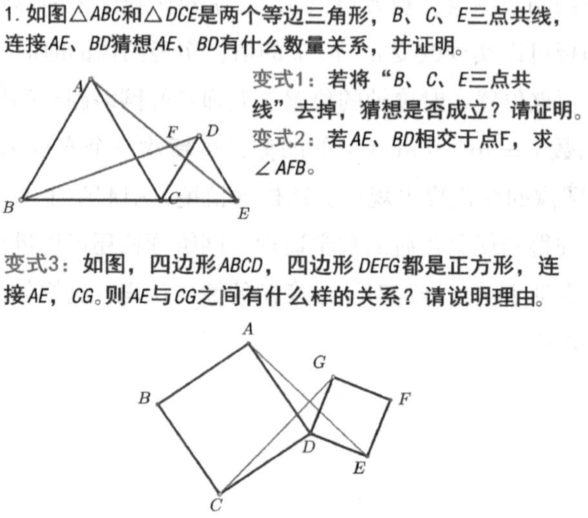

图 5　习题变式课件

（六）全屏模式可以作为电子白板

网络画板的全屏模式，除了演示课件，也可以作为电子白板，具有手写笔和擦除功能，进行书写和擦除，方便教师即时课堂教学讲解，智能笔作图十分方便。网络画板还具有自动推理、编程和符号运算、3D 作图等功能，也可以用于教学中，发挥工具的作用。

三、网络画板在教学中应用的注意事项

（一）学生思考在先，网络画板演示在后

学之道在悟，教之道在度。数学的育人途径是对学生进行系统的逻辑思维训练，网络画板固然先进，但无法代替学生的操作，操作固然直观，但无法代替学生的思考。在课堂上先启发学生思考，让学生真正参与到数学活动中来，一边充分利用网络画板的直观性，而不是看热闹，才是启发式的课堂教学。数学习题课教学坚持不做不讲，尤其是讲评数学压轴题，没有学生之前的思考，仅仅利用网络画板讲解是无效的。例如通过三视图想象立体图形，先是学生描述思考的图形，再利用网络画板直观演示，验证猜想是否正确。

（二）找准教学时机，适时进行网络画板演示

网络画板的功能再强大也不能代替教师，更不能代替学生的思考，它只是学习工具。例如，学生画反比例函数的图象时，笔者还是主张分析在先，分析函数对应的点的坐标的特征，判断点所在的象限，回顾函数图象的画法，经历“列表—描点—连线”的过程。学生的疑惑是连线是否一定要是“平滑的曲线”，知其然而不知所以然。此时，利用网络画板的轨迹功能，直观说明动点形成的图象确实是“平滑的曲线”。学生经过观察思考，心中的疑惑自然得到解决，出现折线是因为描点的个数太少造成的，对于函数性质的研究，也可以利用网络画板度量图象上动点的坐标，观察纵坐标与横坐标的关系，数形结合得到函数的性质。

不能为了使用技术而使用技术，网络画板的应用不能走入误区，数学教师在黑板上的作图、证明、解题的过程本身就是一个不可缺少的示范教学过程。信息技术与数学教学的融合，需要恰当处理信息技术与数学教学的关系，使得二者在动态中找到平衡。在应用网络画板的时候，要充分地利用它来引导学生的学习。

四、总结与展望

本文研究了网络画板在初中数学教学中在绘制图形、动态演示、模拟实验、创设教学情境、习题变式等情况下的应用，体现了网络画板的快捷性和直观性。网络画板基于互联网更方便学生的使用，无论课前，还是课后都可以进行数学探究，真正落实学生为中心的数学教育。网络画板更能将抽象的数学内容变得生动活泼，激发学生的学习兴趣；可以因材施教促进学生个性化的发展。本文还提出网络画板在课堂教学中的应用要遵循学生思考在先、网络画板演示在后的原则；找准教学需要，适时进行辅助教学；不走入“为用技术而用技术”的误区。然而，任何一种信息技术在数学课堂教学中的成熟应用都需要一个过程。本文提出的网络画板在数学课堂教学中的应用还存在一些需要完善的方面：一是本研究是小规模的实验，学生的数学成绩得到了提升。虽然表现出积极的实验效果，但是缺少大范围的网络画板应用的实验数据进行论证；二是本研究提出的网络画板的应用模式只是在数学课堂教学中的使用，对于课前、课后的应用缺少研究；三是本文关于网络画板在数学教学中应用的注意事项关注的是外在的形式，缺少对网络画板课件内容的科学性、必要性研究；四是本研究对网络画板的应用还是基于传统的数学教学的延伸，弥补传统教学难以达到的效果，还没有精准对口教师的教学需求，更没有对口学生的学习需求。今后还将继续进行网络画

板在教学中的应用研究，加强和同行的交流互动，提高网络画板的应用的针对性和实效性，完善网络画板应用的策略。

参考文献

[1] 中华人民共和国教育部. 普通高中数学课程标准（2017 年版）[M]. 北京：人民教育出版社，2018.

[2] 徐凡. 几何画板在初中图形教学中的实例运用 [J]. 数学教学通讯，2016（20）：28-29.

[3] 王清全. 几何画板在初中教学中的应用 [J]. 数学之友，2020（24）：94-95.

[4] 孙彬博，郭衎，曹一鸣. 信息技术与数学教学"深度融合"：理想与现实 [J]. 教育研究与实验，2019（5）：45-50.

[5] 徐冉冉，裴昌根，宋乃庆. 互联网 + 数学教育："机遇""挑战"与"应对" [J]. 数学教育学报，2016，25（3）：6-9.

作者简介

张绍明：磐石市吉昌中学数学教师，高级教师。

田玲：磐石市教师进修学校初中数学教研员，高级教师。

信息技术 2.0 背景下网络画板在初中函数中的应用

——以一次函数的图象和性质为例

成都市武侯区石室锦城外国语学校　郑明义

【摘　要】 为适应现代化的教育教学，在信息技术 2.0 背景下、在“双减”政策背景下，如何提高课堂效率和教学质量，信息技术的应用尤为重要。网络画板在数学课堂中的应用逐渐被广大教师所接受。网络画板与数学课堂深度融合，从而使课堂变得生动、有趣起来。本文以网络画板在初中函数中的应用为例，介绍网络画板在函数教学课堂中可以直观展示图象的形成过程，使静态的数学知识转化为动态的图形运动过程，激发学生的学习兴趣。

【关键词】 网络画板；信息技术；直观性

一、引言

2018 年 4 月，教育部印发《教育信息化 2.0 行动计划》以来，信息技术与学科的融合越来越成为教师所关注的热点。在数学教学课堂中，为了更好地动态展示数和形的变化，在 20 多年前，我国就引入几何画板并作为数学教学的辅助工具并广泛应用。超级画板是我国张景中院士团队开发的 Z + Z 超级画板作图，操作简单，功能强大，动态演示展示形成过程。为适应移动互联网环境下教育信息化发展的新趋势，张景中院士团队在超级画板的基础上研发了在移动互联网条件下使用的动态数学学科工具——网络画板，开放共享的移动数学实验室。网络画板具备免安装、跨终端、跨平台的优点，通过网络画板资源平台，全国师生可以共建共享，相互交流。函数是初中数学的核心内容，光靠教师用直尺、三角板在黑板上画，学生难理解，兴趣不高。数形结合在数学教学中的使用非常必要。本文就网络画板在一次函数教学中的动态演示展示过程，帮助学生理解图形的形成过程以及图形的性质，使教学更加直观、生动，也体现数形结合思想，激发学生的学习热情。

二、网络画板与信息技术的关系

在信息技术 2.0 背景下，信息技术教学体系发生了变化，信息技术融入学科教学课堂中，改善了传统课堂的单一、枯燥等现象。网络画板在数学课堂中的融入，使数学课堂生动起来，使学生的思维灵动起来。

（一）信息技术

信息技术是教学内容的重要组成部分，在网络环境下，使各种教学资源、教学课件、教学环节有机地结合在一起，这些理念科学、高效的实施，为网络画板的应用提供了切实有效的理论指导。促进教师教学效率的提高，学生全面的发展。

（二）网络画板

网络画板是一个“个性化、开放式”的数学学科平台，这个平台能帮助老师在教学中快速精确地画出需要的图形、图象，能形象直观地展示图形、图象的运动变化，把抽象的数学概念、命题转变为形象直观的图形、图象，把静态的数学知识转变为动态的图形、图象运动变化，网络画板信息技术与数学课程深度融合，可以改进教师教的行为。网络画板提供了一个“数学实验”的平台，适合学生开展探究性学习。学生在操作实验中可直观体会图形的形成过程以及观察到变化过程中不变的规律性结论，从而引发学生去猜想、推理和论证，培养学生的动手操作能力、观察能力，发展学生的空间观念和几何直观，以此转变学生学的方式。网络画板的应用，为信息技术真正实现促进学生全面发展提供了切实有效的应用场所。

三、基于信息技术 2.0 下网络画板在一次函数的图象和性质中应用的教学设计

表 1　正比例函数的图象和性质的教学过程设计

<table>
<tr><th>教学过程</th><th>教师活动</th><th>学生活动</th><th>设计意图和作图说明</th></tr>
<tr><td>教学活动 1</td><td>知识回顾，引入新课。
练习 1：什么是一次函数和正比例函数？并回答：
在下列函数（1）$y=x^2-3$　（2）$y=2x$　（3）$y=\frac{4}{x}$　（4）$y=2-5x$ 中是一次函数的是______，是正比例函数的是______。
练习 2：什么是函数的图象？
自变量　点的横坐标
函数值　点的纵坐标
今天我们就学习一次函数的图象和性质（一）（板书）</td><td>1. 学生回答，不完整地方老师补充。
2. 思考：怎样才能得到图形中的点呢？</td><td>1. 引起一次函数和正比例函数定义的回顾。
2.（1）引起对函数图象的回顾。
（2）怎样得到点的坐标，回顾给一个自变量的值就求出一个函数值。
作用：为列表做准备。</td></tr>
<tr><td>教学活动 2</td><td>数形结合，操作猜想。
例 1：画出正比例函数 $y=2x$ 的图象。
解：列表 x 的取值范围是任意实数。
<table><tr><td>x</td><td>…</td><td>−2</td><td>−1</td><td>0</td><td>1</td><td>2</td><td>…</td></tr><tr><td>y</td><td>…</td><td>−4</td><td>−2</td><td>0</td><td>2</td><td>4</td><td>…</td></tr></table>描点：在直角坐标系中描出点。
动作：按钮课件，网络画板展示。
教师用电脑作图可以看更多点在坐标系中的位置，引入网络画板，展示形成过程，得到 $y=2x$ 的图象是一条直线。
动作：按钮课件，网络画板。
结论：作函数图象的步骤为列表、描点、连线。
请同学们按照这个步骤作 $y=-3x$ 的图象，教师巡回观察指点。
动作：按钮课件。</td><td>3. 学生观察体会。
学生回答（活跃）但是没有统一答案。
学生专注，得出结论：$y=2x$ 的图象是一条直线。
4. 学生按照步骤动手作 $y=-3x$ 的图象。</td><td>3.（1）学生不熟练，老师示范作用让更多学生熟悉数形结合，初步了解作函数图象步骤，为下一步探究做好铺垫。
（2）网络画板展示更直观得到正比例函数的图象是一条直线的形成过程，激发他们探究的欲望，在潜移默化中体验“数”与“形”的转化过程，也提高了学生的学习兴趣。
4. 展示作品，对正比例函数的图象是一条直线让学生自己得出，激发学生兴趣，培养学生分析问题，教师给予评价。</td></tr>
</table>

续表

教学过程	教师活动	学生活动	设计意图和作图说明
教学活动 3	分析问题，探究规律。 通过 $y=2x$ 和 $y=-3x$ 的图象分析提问： 问题 1：正比例函数的图象是什么？ 答：正比例函数的图象是一条直线。 问题 2：怎样画正比例函数的图象最简单？为什么？ 答：两点作图法。 画一画： 例 2. 用你认为最简单的方法画出下列函数（1）$y=\frac{3}{2}x$ （2）$y=\frac{1}{2}x$ （3）$y=-x$ （4）$y=x$ 的图象，教师做（1），学生在坐标纸上完成（2）（3），各小组合作，两人一组。 动作：按钮课件，网络画板动态展示。	5. 各小组拿出课前准备的坐标纸，进行小组合作，准确画出函数图象。	5. 让学生熟练掌握画图的技能，同时为后续总结性质提供素材，通过合作，互帮互助，体现互助组的作用，让更多学生有收获。 网络画板激发兴趣。
教学活动 4	观察思考，总结性质。 教师提出 3 个问题： 议一议： （1）在上述所作函数中，图象分布在哪几个象限？ （2）上述所作函数中，随着自变量 x 的增大，函数值 y 是怎么变化的？ （3）$\|k\|$ 越大，图象又是怎么变化的？ 学生 4 人小组讨论，写下来展示。 教师通过网络画板引导学生观察，当学生总结后教师再用网络画板动态展示一次，深化提高。	6. 学生积极参与，认真讨论，得出结论： （1）当 $k>0$ 时，图象在第一、三象限，y 的值随着 x 值的增大而增大（图象左低右高，直线是向上倾斜的）；（2）当 $k<0$ 时，图象在第二、四象限，y 的值随着 x 值的增大而减小（图象左高右低，直线是向下倾斜的）； （3）$\|k\|$ 越大，直线越陡，直线越靠近 y 轴。	6. 让学生通过对函数图形的观察和比较，归纳出正比例函数中 k 对分布性和增减性的影响；同时培养学生观察、思考问题的意识和能力以及语言表达能力。 通过网络画板的展示，学生直观体会对任意 k 值，图象所经过象限以及图象的性质就一目了然，体现数形结合思想。
教学活动 5	巩固练习，深化理解。 教师展示题目。	7. 学生在给定的题单上迅速完成。	7. 检验同学们对本节课基础知识的掌握情况，对本节课的学习进行查漏补缺。

续表

教学过程	教师活动	学生活动	设计意图和作图说明
教学活动 6	分享收获，课堂小结。 教师展示： 网络画板。	8. 小组讨论，学生畅谈收获。	8. 学生在回忆的过程中，进一步加深对正比例函数图象的理解，对本节课知识有一个总结性的认识。
教学活动 7	拓展拔高。 教师展示 PPT。	9. 让有余力的学生积极思考。 教师可以再显示网络画板的作图变化。	9. 让学生思考上面的问题，有助于对正比例函数图象的认识更深入，学生对网络画板的认识更进一步，激发学生的热情。

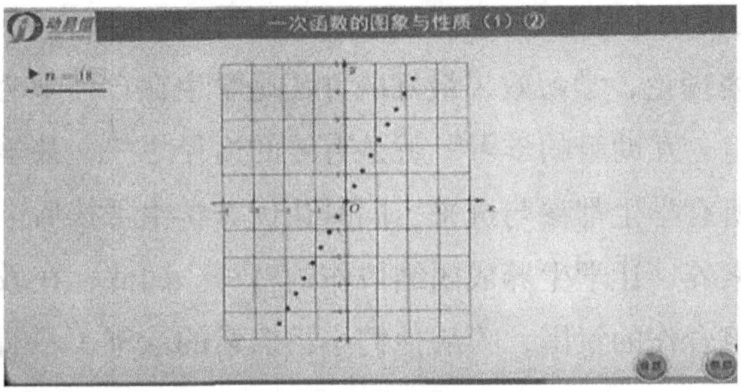

图 1　正比例函数图象的形成过程

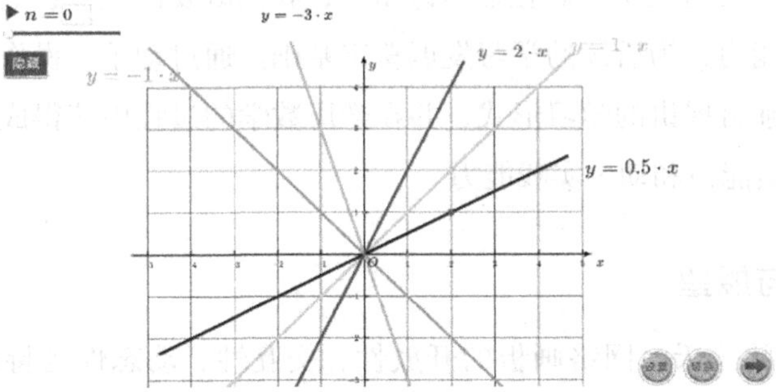

图 2　正比例函数图象的性质的直观体现

四、基于信息技术 2.0 下网络画板在一次函数的图象和性质中应用的教学设计原则

（一）以学生全面协调发展为核心

在教学过程中，教师通过亲自演练并用网络画板激发学生的兴趣，对函数与图象的对应关系让学生去动手实践，去发现，对正比例函数的图象是一条直线让学生自己得出。教师把主动权充分还给学生，让学生人人参与到课堂中来，通过教师的引导和学生的自主探究、合作交流，使学习者主动地将知识融入已学知识结构中，而不是被动地接受。教师力求引导学生学会学习，为学生后续学习、终身学习提供策略和方法。通过探索过程，提高了学生解决问题的能力，发展了数学思维。

（二）以学生的活动为基础

根据学习金字塔理论，学习效果最好的方法是学生在自己学会的基础上去教会别的学生。而“共学组、互助组的学习”就是有效的途径之一，共学组的学习就是调动学生的积极性，让所有学生都参与进来，同时让优秀学生帮扶后进学生，让学生养成敢说、会说的数学素养，让学生养成团结协作的精神。因此，在教学过程中，从学生实际出发，营造小组合作的氛围，唤醒他们小组探索的欲望，不断提升自主探究的能力和学习效果。

（三）以学科核心素养提升为重点

学生的学习是终身的学习。在数学课堂中，我们既要注重知识的传授，还要培养学生的合作交流能力，为后续的学习发展奠定基础。通过动手、操作、自主探究、合作交流以及学生独自展讲的学习形式，并在亲历数学的过程中获得成功的体验，提高了学生的交流表达能力和动手实践能力。

五、总结与展望

在信息时代的今天，网络画板的开放性、交互性、动态性的特征，已被广大教师所喜爱。网络画板在数学教学中的应用，不仅有助于在教学中突破难点，帮助学生理解知识，形成能力，而且有助于初中数学综合问题特别是动点问题的解决，同时有助于指导学生的探究性学习，既能总结规律有助于解题，又能激发兴趣发展创造性思维，从而提升学生学习的效果。在今后的教学中，我们要充分利用信息技术手段，利用网络画板的动态变化，可以将形与数有机结合起来，把运动和变化过程展现在学生

面前，生动、形象地展现出一个精彩纷呈的数学世界。

参考文献

[1] 中华人民共和国教育部 . 教育部关于印发教育信息化 2.0 行动计划的通知 [EB/OL].(2018-04-18)[2022-03-26].http://www.moe.gov.cn/srcsite/A16/s3342/201804/t20180425_334188.html.

[2] 贺媛 . 网络画板在初中函数教学中的应用研究 [D]. 贵阳：贵州师范大学，2020.

[3] 陆兴华，李兴贵，尧刚，等 . 互联网＋动态数学——网络画板推进数学教学变革 [M]. 长沙：湖南教育出版社，2019.

[4] 宋秋妹 . 网络画板在初中数学图形变换教学中的应用 [C]// 数字教材 · 数字化教学——第四届中小学数字化教学研讨会论文案例集，2019.

[5] 马小芹 . 信息技术与学科教学深度融合研究与实践 [J]. 数字通信世界，2021(12)：240-242.

作者简介

郑明义：成都市武侯区石室锦城外国语学校数学教师，成都市中学高级教师。

网络画板在初中数学教学中的实践研究

北京市第十中学　刘　洋

【摘　要】随着“互联网＋教育”的不断发展，各学科的一线教师都在不断地探索和实践着新型的教学模式。网络画板作为数学学科特有的“互联网＋课件”，与传统的几何画板等数学教学软件相比，更具有交互性，更易于学习和操作，也因此越来越被数学教师所认可和喜爱。本文通过对网络画板的初中数学教学中的实践经验进行简单的梳理和总结，发现合理利用网络画板进行辅助教学，可以发展学生的作图能力、逻辑推理能力等，更利于学生主动参与数学活动，激发学习数学的兴趣，促进核心素养的落实，希望本文能为提升数学教师的信息技术应用能力提供一些有价值的参考意见。

【关键词】网络画板；初中数学；核心素养

《义务教育数学课程标准（2011版）》中提出数学教学活动是师生积极参与、交往互动、共同发展的过程，数学课程的设计与实施应根据实际情况合理地运用现代信息技术，几何画板等软件虽然实现了一些动态操作，但是教师在使用几何画板等软件授课时反而代替了学生的深入思考。或者说这类信息技术的辅助，只是提高了教师讲授的效率，而并没有充分体现学生的主体性，也缺乏师生之间、生生之间思维的碰撞和交流。网络画板是网络版的超级几何画板，开创了“互联网＋数学”教育模式，将数学教学与信息技术更深入地融合。更好地推广网络画板在初中数学教学中的应用，可以更好地优化数学课堂，体现学生的主体地位，进而促进学生核心素养的落实。

一、课前自制课件探究，激发学生学习兴趣

网络画板的应用门槛低，操作简单，无需安装任何软件，只需要在网络环境下用

浏览器打开网址 netpad.net.cn 即可使用。教师在网络环境下，用网络画板可以直接演示课件的制作过程，学生边观察边自己动手操作尝试，很快就可以独立完成一些简单的课件来探究一些数学问题了。如在学习一次函数单元时，传统教学模式一般都是先让学生用描点法画出函数图象，再观察自己画出的图象得到性质。学生由于还没有学习函数性质，无法准确而快速地画出图象，因而在画图象上耽误了很多时间，冲淡了探究函数性质的探究热情。如果在学习函数性质和图象之前，先布置自制课件探究任务，网络画板节省了绘制函数图象的时间，提高了学习效率（见图 1）。学生在课前自主探究时，发散思维积极思考，从不同的角度观察课件中图象的特征并提出自己的发现，激发了学生学习一次函数单元的学习兴趣。一次函数是初中函数学习的起始单元，这种借助网络画板课件探究函数性质的学习模式也可以沿用到学习二次函数（见表 1）、反比例函数单元，学生根据自制课件探究新函数解析式中的系数对图象的影响，更利于激发学生进一步探究新函数性质的学习欲望。学生高中阶段继续学习幂函数、指数函数、对数函数等新函数时，也可以继续使用网络画板开展学习探究，网络画板让抽象的函数学习更直观，更形象，给想要主动探究学习的学生提供了随时随地实验探究的可能性。

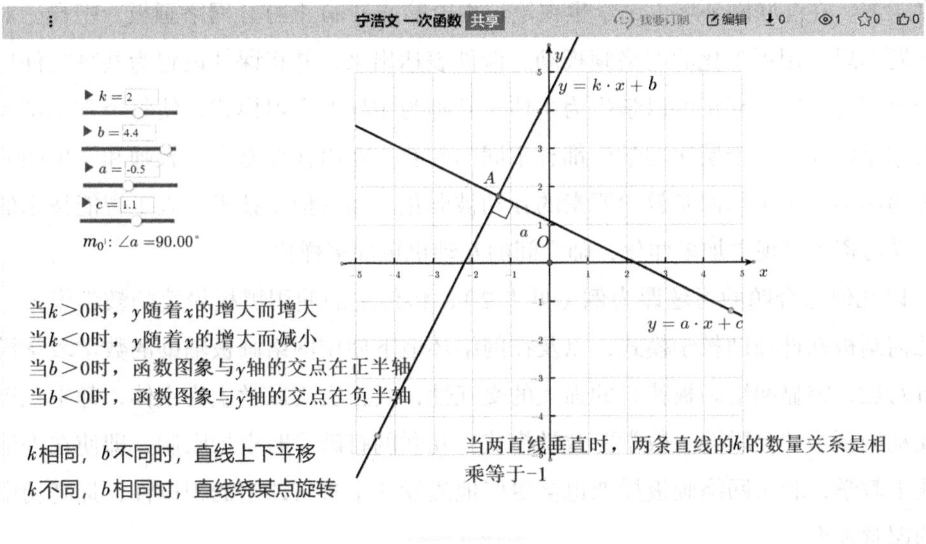

图 1　某学生探究一次函数系数与图象关系的预习作业展示

表 1　二次函数单元学习中知识点与网络画板的融合

对于二次函数 $y=ax^2+bx+c(a\neq 0)$ 图象，网络画板课件实现的具体操作任务	学习目标	归纳图象特征与系数之间的关系
令系数 b 和 c 不变，改变参数 a 的值	观察得出 a 与图象的关系	当 $a>0$ 时，开口向上 当 $a<0$ 时，开口向下 a 的绝对值越大，开口越小
令系数 a 和 b 不变，改变参数 c 的值	观察得出 c 与图象的关系	当 $c>0$ 时，图象与 y 轴交于正半轴 当 $c<0$ 时，图象与 y 轴交于负半轴 当 $c=0$ 时，图象与 y 轴交于原点
令系数 a 和 c 不变，改变参数 b 的值	观察系数 a 和 b 的符号与对称轴的关系	当 a 和 b 同号时，对称轴在 y 轴左侧 当 a 和 b 异号时，对称轴在 y 轴右侧

二、课上合作交流分享，促进学生深度学习

在互联网、人工智能时代教师完全可以借助互联网、动态数学工具软件等改进充实数学教学，实现技术与数学教学的深度融合。而网络画板这种支持多终端的“互联网 + 课件”可以很好地实现人机互动，促进学生在数学课堂上深入思考，交流分享，深度学习。在互联网环境下，学生在笔记本电脑或 iPad 上打开网络画板，把自己对数学问题的思考用可视化的网络画板动态课件表达出来，并将课件设置为共享文件后进行分享交流。实现真正的以学生为主体、教师为主导的学习模式，使每个学生都积极参与课堂活动，每个层次的学生都有不同的收获。在以往课堂中，教师和学生间的单向传递居多，学生与课堂教学要素的互动被弱化。随着信息技术、人工智能技术的参与，学习资源呈现更加多样化，师生间的互动也更加多样化。

以几何综合题的习题课为例（见表 2），将传统的使用黑板粉笔的教学模式，利用几何画板软件辅助教学模式，以及在网络环境下使用网络画板辅助的数学教学模式进行对比，突显网络画板特有的强大的交互性，真正实现以学生为主体，师生积极参与互动的新型“互联网 + 数学”教学模式。互联网打破了时空的限制，即使在疫情期间线上教学，利用网络画板授课也会更好地激发学生参与课堂的积极性，提高初中数学的课堂效率。

表 2　几何综合题的习题课在三种教学模式下的对比

教学模式	传统板书讲授式教学	基于几何画板辅助教学	基于互联网环境的网络画板辅助教学
对教学环境的要求	对硬件要求不高，只要有黑板的教室环境即可。	需要安装能打开几何画板软件的终端设备，如电脑加投影仪或希沃电子白板等； 需要提前安装好几何画板软件。	需要网络环境； 需要可以连接网络的终端设备，如笔记本电脑、Pad、手机等。
优势与不足	板书画图花费时间较长，作图不够精准。 如有一题多解需要画多幅图，由于黑板空间有限，需要合理规划使用。	作图精准，有动态展示的几何画板课件，利于学生直观观察并猜想，一定程度上提高课堂效率。 但是课件由老师制作，老师操作，学生观察，不一定有更深入的思考。	无需下载和安装任何软件，用浏览器打开网页即可使用。 网络画板课件可由老师指导学生小组合作共同制作，在作图过程中加深对已知条件的理解；动态演示也由老师引导学生制作并自己演示观察。 将不同的思路形成不同的课件并通过互联网分享，学生在分享交流中实现深度学习。

三、课后作业拓展延伸，实现学生减负增效

自从“双减”政策被提出以来，作业形式的创新成了热点问题。在进行几何综合题专题复习时，传统的数学作业一般会直接给学生布置一些难度很大的综合题。这种作业不但没有成为课堂的巩固练习，反而造成了学生繁重的作业负担，很多学生解题时有困难，容易出现抄袭作业或依赖搜题软件的现象。数学教师可以尝试借助网络画板来布置长时作业，例如给学生一个星期左右时间自主完善网络画板课件，最终用录屏软件录制成几分钟的讲题微课视频。数学教师可以在学生制作课件遇到问题时给予及时的针对性的指导，帮助学生解决网络画板的一些操作层面的问题。学生在完成此类作业的过程中深入思考，认真反思，如果制作课件有困难也可以直接在老师或同学提供的课件上进行编辑和完善。录制讲题视频的作业督促学生提前梳理好自己的思路，做好准备再边操作课件边录制，在这个讲授输出的过程中，学生真正经历知识方法内化的过程，提升自己的逻辑推理能力和表达能力。学生可以根据自己对题目的理解表达自己的想法，可以是对难点“如何添加辅助线”的突破，可以是自己解题思考梳理的成果，可以是对多种解题思路的汇总反思，可以是自己在完成作业的过程中生成的新的想法的反馈。教师评价这种新型作业的形式也由简单的批改对与错，发展为多维度过程性激励性的评价。这种基于网络画板的创新型作业真正实现了对课堂学习任务的补充延伸，激发学生探究数学问题的欲望，促进生生之间、师生之间的深入交流。使得每一次作业的评价和反馈都

是一次师生思想的深度交流，每一次完善作业的过程都是对每个学生个性化的私人订制。在实践中发现，经常有学生在经历了一段时间的积累后，会受到已有探究经验的启发，而发现新的解决方案。这种形式的作业不仅给学生深入思考和反思的机会，还能激发学生在这个过程发现问题和提出问题，培养学生的创新意识。

四、总结与展望

网络画板不仅仅是辅助教师上好数学课的教学课件，更是师生一起共同探究数学问题的平台。数学教师在教学实践过程中要逐渐提升自身的信息技术应用能力，才能更好地指导学生学好数学，喜欢探究数学问题。无论课前、课上还是课后，数学教师合理地利用网络画板平台设计学习任务，能更好地帮助学生深度学习，逐步提升学生的核心素养。本文的实践研究经验大都是在疫情期间进行线上教学时积累的，后续恢复线下学习时因学校没有网络环境的 iPad 教室，所以缺乏在网络环境下进行师生互动的线性课堂教学实践研究。未来学校可能是"互联网+"背景下，通过空间、课程、技术的融合，为每个学生提供私人订制的教育。未来的数学课堂将越来越注重与互联网信息技术的融合，希望后续有机会可以尝试借助网络画板实现远程协同等新型教学模式的实践研究。

参考文献

[1] 中华人民共和国教育部．义务教育数学课程标准（2011 年版）[M]．北京：北京师范大学出版社，2012.

[2] 李明．几何画板在初中数学教学中的实践与探索 [C] //2021 课程教学与管理论坛论文集，2021.

[3] 方海光，张景中．应用互联网数学实验室实现深度融合的设想 [J]．中小学数字化教学，2018（3）：58-60.

[4] 方海光，李海芸．人机协同课堂教学理论与实践研究 [J]．中国现代教育装备，2022（2）：1-4.

[5] 曹培杰．未来学校的兴起、挑战及发展趋势——基于"互联网+"教育的学校结构性变革 [J]．中国电化教育，2017（7）：9-13.

作者简介

刘洋：北京市第十中学数学教师，北京市中学一级教师。

初中数学教学中基于网络画板的几何直观研究

厦门市同安区教师进修学校　杨建强

厦门市柑岭中学　杨毓涵

【摘　要】网络画板具有以网页操作、跨平台、兼容性强和易操作等特点。在大力推进“互联网＋教育”背景下，网络画板将占有重要一席之地。初中生抽象能力正处于萌芽发展阶段，在教学中通过培育学生几何直观，将为发展数学抽象能力奠定基础。适时借助网络画板可增强直观示范、明晰直观表征、凸显直观探究和清晰直观解释，学生几何直观素养将会显著提升。

【关键词】网络画板；几何直观；初中数学

一、引言

教育部在2018年4月发布的《教育信息化2.0行动计划》通知中谈到，在教育发展中，应大力推进“互联网＋教育”。同时，智能技术的应用能改变教与学的方式。

网络画板是在中国科学院张景中院士引领下，整合和拓展国内外多种动态几何技术的教学软件，是国内第一款在移动互联网环境下使用的多维动态几何技术的教学软件。它依托网页平台，具有兼容性强和易操作等特点，并能借助自身平台丰富资源共享，快速绘制相关图形与动态演示，有效减轻老师技能操作的负担。

几何直观是指借助图象或图形进行描述和对象分析。它是《义务教育数学课程标准（2011年版）》提出应当注重的十个基本素养之一。直观想象素养包含几何直观、空间想象和空间观念，它是《高中数学课程标准（2017年版）》的六大数学学科核心素养之一。同时高中数学课程要求我们在情境中加强运用几何直观和空间想象思考问题，这样有利于培养学生直观素养，在活动中感悟数学的本质。

这说明了初中加强几何直观培养，将为后续学习提供支撑，更有利于促进学生几何直观素养的提升。因此，在初中数学教学中借助网络画板不仅能体现几何直观，还是贯彻“互联网 + 教育”的具体体现。

二、初中数学教学中基于网络画板的几何直观实践

借助网络画板培养学生几何直观，不能仅仅直观呈现，而应当充分利用网络画板的动态性和交互性等特点。它能凸显直观中的内涵与本质及其蕴含思维方式和思想方法，提高师生互动水平。同时要明确借助网络画板能为几何直观做什么，如何实现设定目标。下面从四个方面进行阐述。

（一）借助网络画板增强直观示范

考试是国家政策方针的引领者，也是引导教学的指挥棒。以福建中考数学试卷为例，近五年来，试卷含有作图题是标配。同时，通过画图才利于解题或提升解题效率和精确度的题目数量逐年增多，这说明画图在数学中考中的地位重要。章建跃博士说：“几何教学的第一要务是指导学生画图”。画图示范是培养学生良好的思维素质的一个辅助手段。

在教学过程中，有计划、步骤，高精准示范画图，为学生提供模仿的对象，而且学生从中感受到有序、有向是正确画出图形的思维方式。

在教学中应充分利用教材，开展直观示范教学。在人教版九年级 28.1 锐角三角函数中有如下情境：

问题：为了绿化荒山，某地打算从位于山脚下的机井房沿着山坡铺设水管，在山坡上修建一座扬水站，对坡面的绿地进行喷灌，如图 1。现测得斜坡与水平面所成角的度数是 30°，为使出水口的高度为 35 m，那么需要准备多长的水管？

图 1　山坡地上的机井房与水管

为解决这道实际问题，老师首先引导学生观察思考，如何从具体情境中勾画出几何图形。然后借助网络画板直观演示作图过程：第一步画出水平方向，第二步画向上 30° 倾角，第三步在倾斜线上取一点，再向水平线画垂线，如图 2。

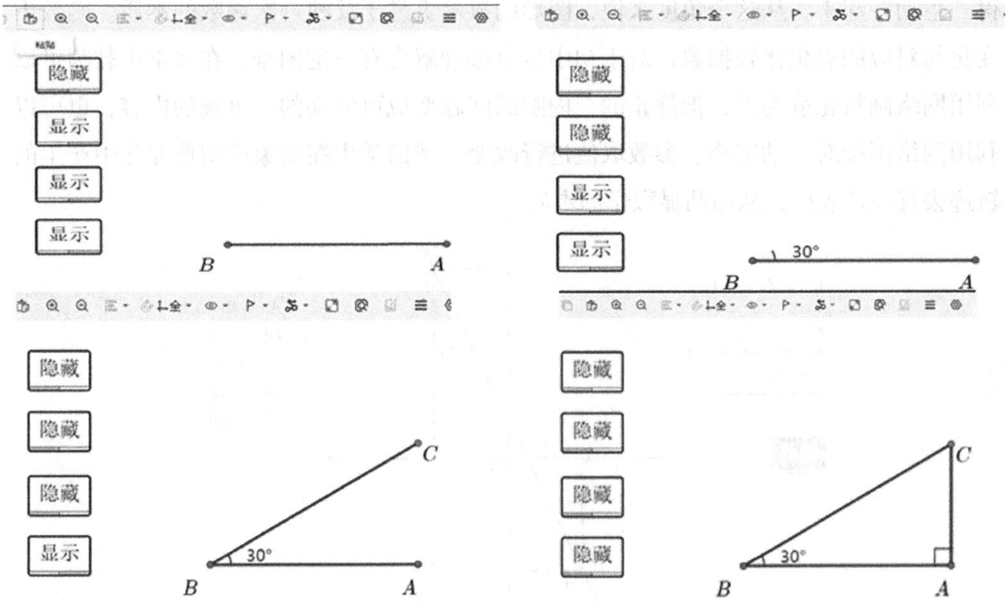

图 2　作图示范过程

这样，借助网络画板的有序、有向画出图形的形成过程，学生耳濡目染，给他们创造了模仿的机会。心理学认知论指出，直接感官的刺激比语言文字对大脑皮层的刺激更为有效、强烈。在教学中适时示范，为学生创造模仿过程，才有利于学生画图能力的提高和培养。因此，每个数学教师在教学中对于能用图形表示的问题，要重视画图示范。

（二）借助网络画板明晰直观表征

直观表征，即借助图形或图象表达数学对象，侧重于对数学对象“形”的表达。数学内容借助图形或图象直观表征，可加强内容本质的生成、抽象、理解和知识体系的构建，并从直观中领悟数学本质。在教学中引入数学对象后，如能借助图形或图象加以直观表征，可以较好地帮助学生理解数学对象。如一次函数 $y = kx + b$（k，b 都是常数且 $k \neq 0$），这只是一个抽象的数学表达式，需要关注的是：作为一个函数，有什么特殊的特征？

为此，给 k，b 赋具体值并借助网络画板，再通过演示，可以直观地呈现规律。即从图 3 的标示，可直观感知 y 随着 x 均匀变化而均匀变化的规律，再将它们依序连接，反映到图象上，显示为一条直线。同时也可以看到借助图形表征，函数 k，b 才变得“生动”起来，从这个角度来说，图形的显示更易于反映一次函数的本质。函数中变化与对应的思想比较抽象，对于初中生直接理解会有一定困难。在教学中教师可以利用网络画板化静为动，把静止的、内隐的问题变成可活动的、可视的内容，也可以利用网络画板对运动速率、参数取值进行改变，帮助学生在图象或图形变化中产生的轨迹去直观地表征，从而凸显数学的本质。

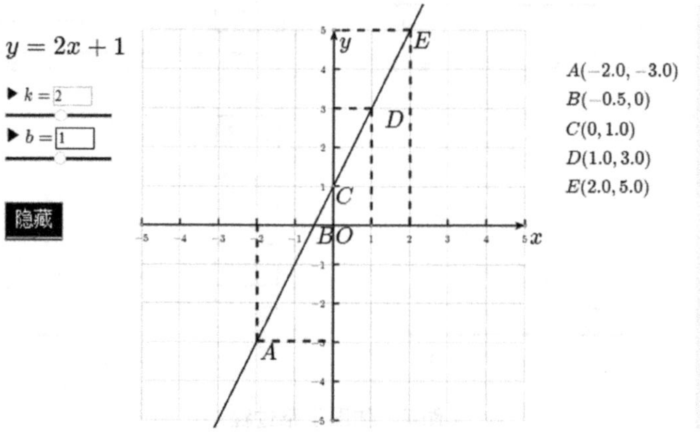

图 3　一次函数直观表征

（三）借助网络画板凸显直观探究

几何直观具有发现探究结果的功能。英国数学家阿蒂亚指出，视觉思维在几何中占主导地位，而代数中有序思维占主导地位，两者相辅相成。因此几何中可先用形象观察，再形象思维，最后用逻辑思维严谨化，从而达成几何与代数和谐统一。

下面将利用网络画板动态性与直观性特点，引领学生共同探究如下问题：

问题：如图 4，牧马人从 A 地出发，到一条笔直的河边 l 饮马，然后到 B 地。牧马人到河边的什么地方饮马，可使所走的路程最短？

图 4　问题的实际情境位置

通过研讨交流，发现解决本题的关键是在河边 l 上找一点。为此，利用网络画板，在河边 l 上取点 C，将点 C 从左到右拖动，如图 5 所示，学生直观感受到点 A 与点 B 的距离之和由大到小，再到大的变化规律。通过图形的直观可发现，存在唯一一个点分别到点 A 与点 B 的距离之和最短，这样明确了研究方向，也激发学生探索欲望，进而通过转化，问题得到解决。学生对动态图形的直观感知，能迅速形成对探究的数学问题解决做出较为准确的判断，有利于抓住探究方向，从而敏捷地转化为数学思维，最终形成解决问题的策略。

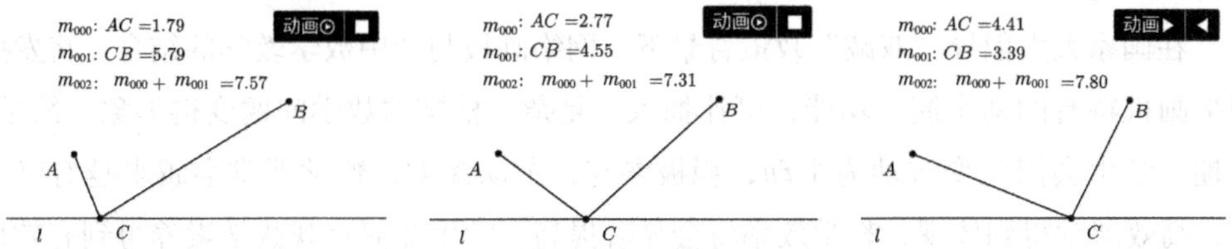

图 5　动点 C 到 A、B 两定点距离之和演示

（四）借助网络画板清晰直观解释

我们知道，从多角度认知问题，将提升对问题理解的广度和深度。很多数学概念、法则和定理等数学内容同时具有“数”和“形”的特征，这是我们认识数学对象的两个基本角度，也体现用数学眼光观察它们，就能通过直观性解释它们，从而掌握它们的本质意义。我们知道，规则不是客观存在的，是根据需要人为创造出来的，但又要符合客观规律。因此，通过几何直观，有利于理解规则，才能够灵活应用规则，了解规则是什么以及为什么，即算理。

为了解释加法运算规则，在教学中借助网络画板可清晰直观解释下面“思考”对应的规则：

小明在与一些小朋友玩弹珠子游戏，小明先将珠子向右弹行 5 dm，第二次继续向右弹行 3 dm，那么两次弹行的最后结果是什么？

从图 6 能清晰直观得出结果，同时为算理提供清晰直观的运动过程与结果的解释，能帮助学生心理上接受加法运算法则的合理性。学生感受规定的合理性，对理解这个规定并形成有痕记忆是有益的。

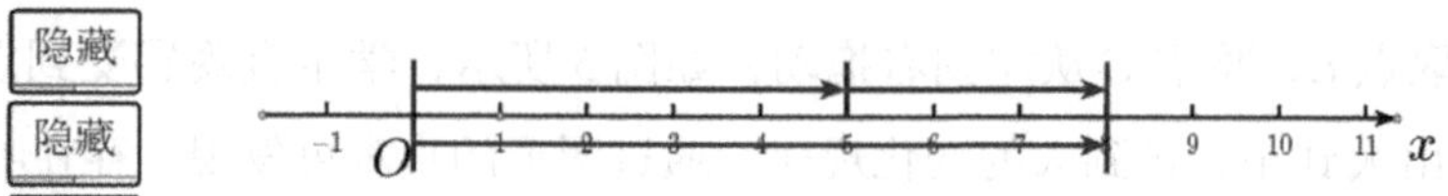

图 6　加法法则直观解释

三、结束语

在国家大力倡导“双减”政策背景下，网络画板与初中数学教学的结合，将发挥网络画板特有的动态演示功能，可让抽象、复杂、枯燥的数学问题变得形象、简单、风趣，学生会因此变被动为主动，积极参与，主动探索，数学课堂会越来越有吸引力，高效课堂得到体现，教学效率将会显著提高，学生几何直观数学素养得到有效培养，最终有利于学生数学核心素养提升。

参考文献

［1］顾继玲，章飞．初中数学教科书中“几何直观”的设计类型及原则［J］．数学教育学报，2021（6）：59.

［2］黄翔．数学课程标准中的十个核心概念［J］．数学教育学报，2012，21（4）：18．

［3］中华人民共和国教育部．普通高中数学课程标准（2017 年版）［M］．北京：人民教育出版社，2018.

［4］胡国庆．初中几何教学中的画图示范与思维训练［J］．绍兴文理学院学报（教育教学研究），2001（11）：123.

［5］章建跃．义务教育数学教科书九上［M］．北京：人民教育出版社，2021.

［6］俞求是．义务教育数学教科书八上［M］．北京：人民教育出版社，2020.

作者简介

杨建强：厦门市同安区教师进修学校数学教研员，高级教师。

杨毓涵：厦门市柑岭中学数学教师，二级教师。

传统教学手段与现代教学技术的结合

——浅谈网络画板在低段数学教学中的实践应用

成都市青白江区弥牟小学　张　婷

【摘　要】数学是小学教学的重要组成部分，具有较强的抽象性和严谨性。由于小学生的年龄较小，思维方式也较为单一，要想促进数学教学取得良好的教学效果，需要让数学课本上的知识“动”起来，给学生以直观的展现，有利于增强数学教学的趣味性，强化学生的理解能力，从而降低学生学习的难度，达到既定的教学目标。而随着新课程改革的逐步推进，信息技术的飞速发展对数学教学产生了非常显著的影响，因此，网络画板在小学数学教学中的应用越来越广泛。那教师应该如何在低段数学教学中运用网络画板来帮助学生快速理解知识点，有效突破教学重难点，提高学生学习数学的兴趣？本文主要阐述了笔者在低段数学教学中使用网络画板的一些所思所感。

【关键词】网络画板；小学低段；动态演示

一、引言

网络画板是一种互联网＋动态的数学工具，作为当前小学数学教学中的一种全新的教学软件，它的应用给枯燥的小学数学课堂增加了很多活力和色彩。教师利用它可以把静态图形进行动态展示；把抽象的数学知识或问题可视化教学；有利于突出教学重点，突破教学难点；培养学生的学习主动性与动手实践能力。在数学教学中有机融入网络画板，能够有效改进课堂教与学的方式，为数学课堂教学营造一种动态、开放、新型的教学环境。但是，对于小学低段的学生而言，要想较好地达到教学目的，仅仅有先进的教育信息技术是不够的，还需要传统的教学手段相配合。

二、由数学教学手段入手，寻找与现代教育信息技术的结合点

（一）重视问题情境，让学生亲近数学（网络画板＋交互式电子白板——互补）

在数学教学中，教师要精心创设课程的问题情境，从学生的生活实际出发，以激发学生学习新知识的欲望，缩短数学与生活的距离，让学生亲近数学，热爱数学。因此，在创设具体的教学情境时，可以适时加入动画、微课、语音等，这样更能增添学习的趣味性。但是，由于网络画板中的一些限制，笔者认为可以结合现在的一些交互式白板软件，以达到互补的作用。

（二）重视动手操作，让学生体验数学（网络画板——演示、再现、巩固）

学生通过动手操作获得的经验是非常深刻的。因此，教师要将数学教学设计为看得见、摸得着的物化活动，通过学生实际的动手操作、分享交流、总结巩固，让学生清晰地认识并理解抽象的数学知识。在笔者看来，小学数学低段课堂中的动手操作是绝不可少的，这有助于学生们直观地获取新知，因此，网络画板更多的是在学生动手操作之后，进行情景再现，帮助学生更为深刻地理解知识点。当然，涉及到较为抽象或者现实情况所局限的情况下，网络画板的动态演示功能能轻易地解决如何直观演示的问题。如：笔者在教学“认识角”解决“角的大小与什么有关？”这一问题时，教具的演示及画图演示均能得出相应的结论，但是，如果使用网络画板进行直观的动态演示，不仅可以快速吸引学生的注意力，还可以更加直观地得出结论，达到本课的教学目的。

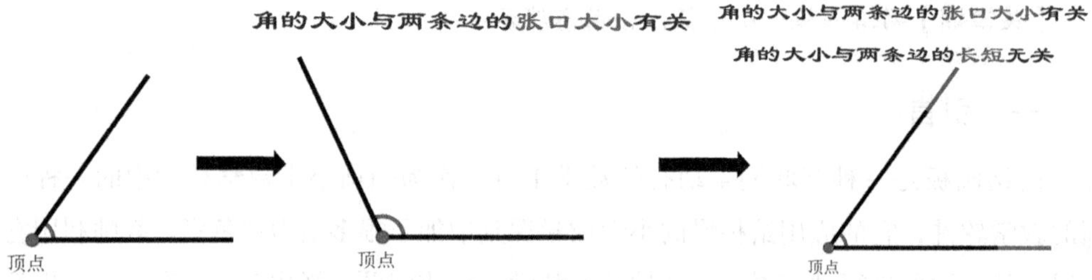

图1 “角的大小与什么有关？”演示图

（三）重视自主探索，让学生“再创造”数学（网络画板——尝试、探索）

当学生对自己感兴趣的事物有疑问并渴望了解其中的奥秘时，教师不能简单地将所知道的知识直接传授给学生，而应充分相信学生的认知潜力，鼓励学生去自主探索，积极地观察、实验、猜测、推理、交流，大胆“再造”数学。在小学数学低段的教学中，涉及到的主要是总结一些简单的规律或者“数学好玩”中的一些内容，所

以，笔者认为教师更多的是要给学生提供尝试的机会与时间。如：在教学“华容道”一课时，利用网络画板的动作、重置等功能，可以让学生在不断的尝试中，找到正确的路线，获得成功的体验，也能提高学生学习数学的兴趣。对于学习较为困难的学生，还可以让其通过小组合作共同尝试，亦能培养学生的团队合作能力。

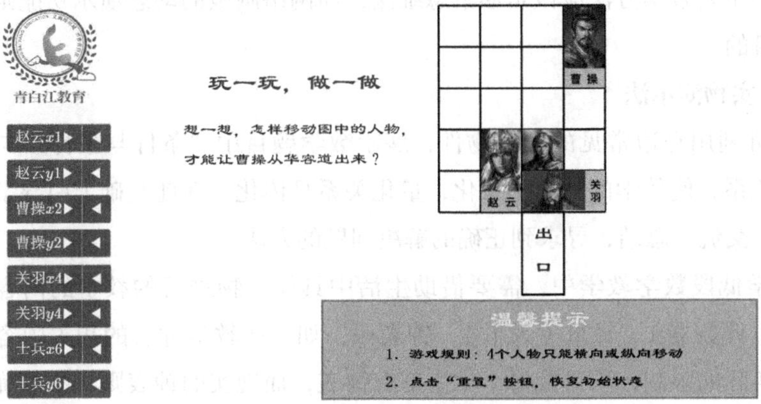

图 2　网络画板“华容道”素材

（四）重视生活应用，让学生实践数学（网络画板——动态展示）

近年来，在数学教学中不断强调“让数学生活化”。教师要经常让学生运用数学的知识去解决生活中一些简单的实际问题，让学生在实践数学的过程中逐步掌握所学知识。而网络画板中的素材极多，内容覆盖面大，对于小学低段教学而言，教师可以通过其中素材的动态演示，让学生切身体会到“数学之美”（如：对称、旋转、设计……），培养其学习数学的兴趣，感受数学与生活的紧密联系。

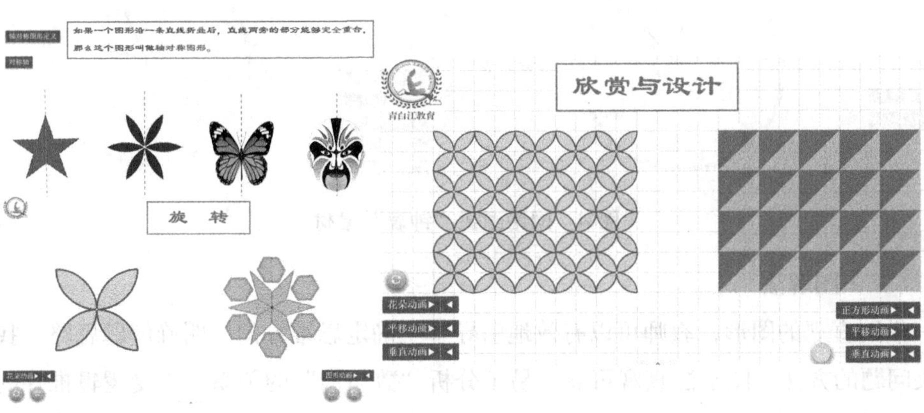

图 3　网络画板相关素材

三、选择合适的数学教学方法，结合现代教育信息技术突破教学重难点

虽然小学低段的学生年龄比较小，自律、自控能力较为薄弱，注意力容易分散，但他们的模仿能力强，好奇心强，想象力极为丰富。因此，在课堂教学中，笔者认为教师使用的主要教学方法应该是形象思维法，而网络画板的动态演示功能则能很好地达到这一目的。

（一）实物演示法

教师可利用身边常见的一些物件，展示数学题目中“条件与条件”与“条件与问题”的关系，使数学的内容形象化，量化关系具体化。在此基础上引导学生进行分析、思考、交流、总结，寻求到正确的解决问题的方法。

在小学低段数学教学中，需要借助生活中具体事物进行的教学的内容不少，数数（小棒、计数器）、轻重（天平）、钟表……如：在教学钟表的相关内容时，由于受到教学实际的限制，不可能每个学生都有钟表，而现实的钟表则无法准确地让全班学生观察指针运动的变化。所以，此时，可以借助网络画板中的钟表素材进行动态演示，既能配合教学过程，又能让学生真正认识、感受钟表指针的运动，发现其中的联系。当然，由于本部分内容对于很大一部分学生都较为困难，所以还得结合一些常见的、重复的课堂练习或者添加一些音频、视频的配合，以尽可能地降低这一部分的教学难度。

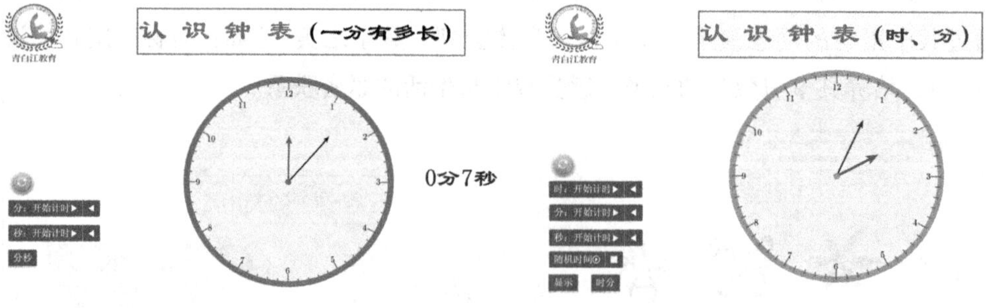

图 4　网络画板“钟表”素材

（二）图解法

借助直观的图形，教师可以有效地引导学生确定思维方向，明确解题思路，找到解决问题的方法。图解法直观可靠，易于分析“数与形”的关系，不受逻辑推导的限制，思路开放灵活，但在小学低段数学的教学中运用较少，而在小学中高段的相遇问

题、倍数问题……运用较多，这时，利用网络画板的动态演示功能，能够帮助学生快速理解问题，寻找到其中的数量关系，获得解题思路。

（三）观察法

观察法是指通过大量具体案例归纳发现事物普遍规律的方法。巴甫洛夫曾说：“你应该先学会观察。如果你不学会观察，你永远不会成为科学家。”小学数学中的“观察”主要涉及“数的变化规律及其位置特征”和“图形的特征和位置关系”。笔者认为网络画板主要可以使用在“图形”这一部分，直观、形象地帮助学生突破教学重难点，而对于这一部分，网络画板中的资源非常丰富，教师可根据本班学生的实际学情对教学素材进行更改，以更好地达到教学效果。如：在“认识图形”这一单元的教学中，通过网络画板的演示能够让学生清晰地观察到长方形、正方形与平行四边形之间的区别与联系，为后续的学习做铺垫。

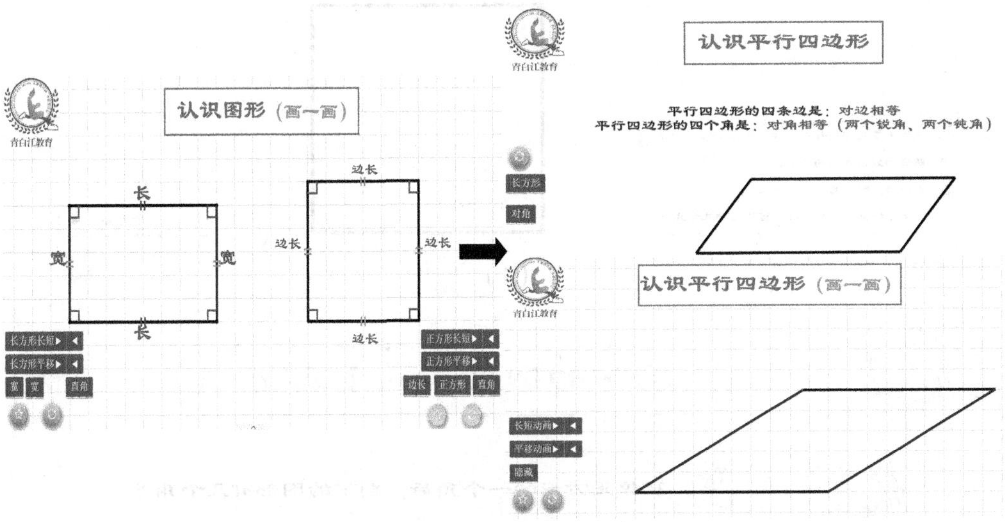

图 5　网络画板“认识图形”素材

（四）验证法

“你的结果正确吗？”不能只等着老师的评判，重要的是，学生一定要心里清楚，对自己的学习有清晰的评价，这是成为优秀学生必不可少的学习素质。验证方法的适用范围比较广，教师需要结合学生的实践训练和学生长期经验的积累，让学生不断提高验证能力，逐步养成严谨细致的好习惯。因此，从一、二年级开始，教师就应培养学生验证的良好学习习惯，而网络画板中的动态演示功能可在学生独立或小组探究、动手操作之后，再现思考过程，既能验证结论，也能有效地巩固新知。如：在教学一道补充习题“长（正）方形减去一个角后，还剩下几个角？”时，学生第一个想到的答案就是“4-1 = 3（个）”，教师可引导学生通过小组合作，让学生亲自动手“折一折”“剪一剪”来探究是否还有其他的答案。探讨后，可通过网络画板进行答案的验证。网络画板的动态演示以及重置功能可以让学生重复地、多次地进行验证，而且十分的形象生动，能引发学生的探索热情，让其主动地、积极地、轻松地去获取新知。

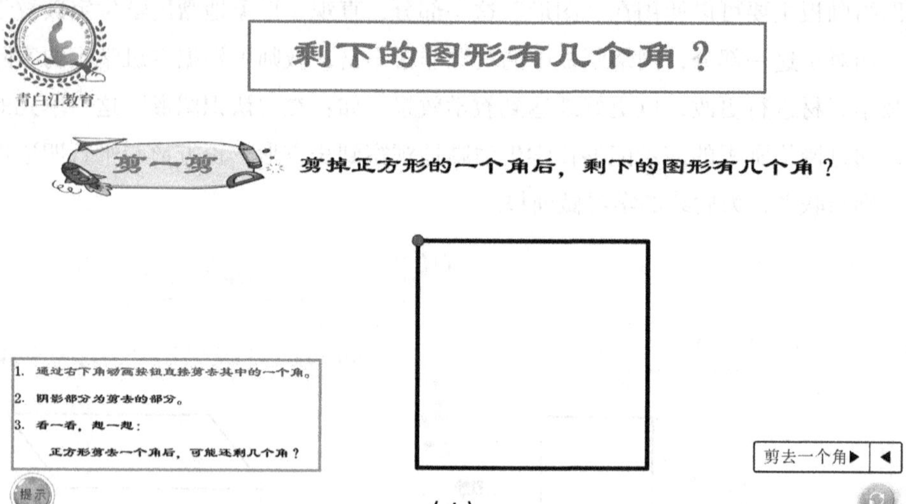

（1）

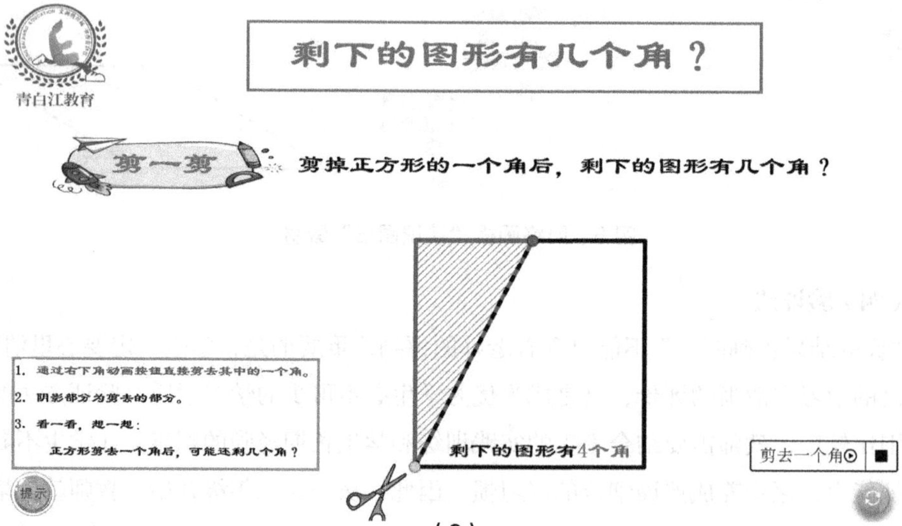

（2）

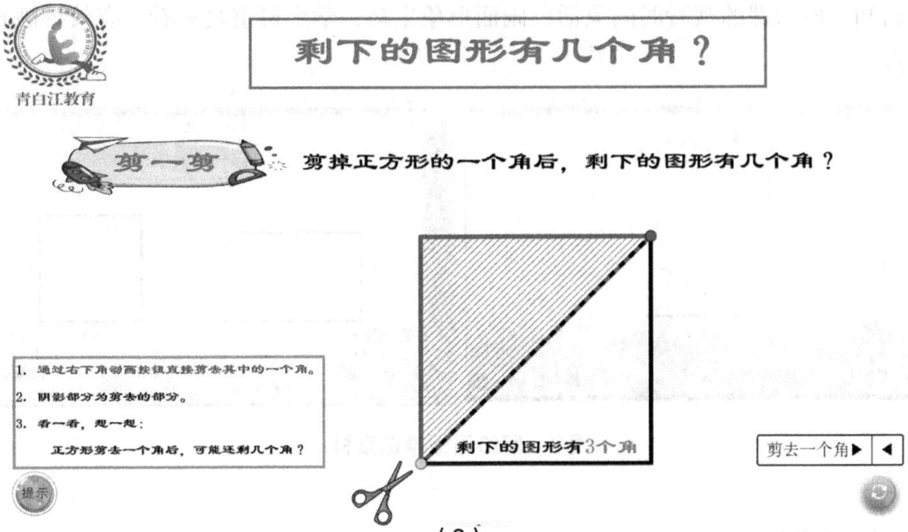

（3）

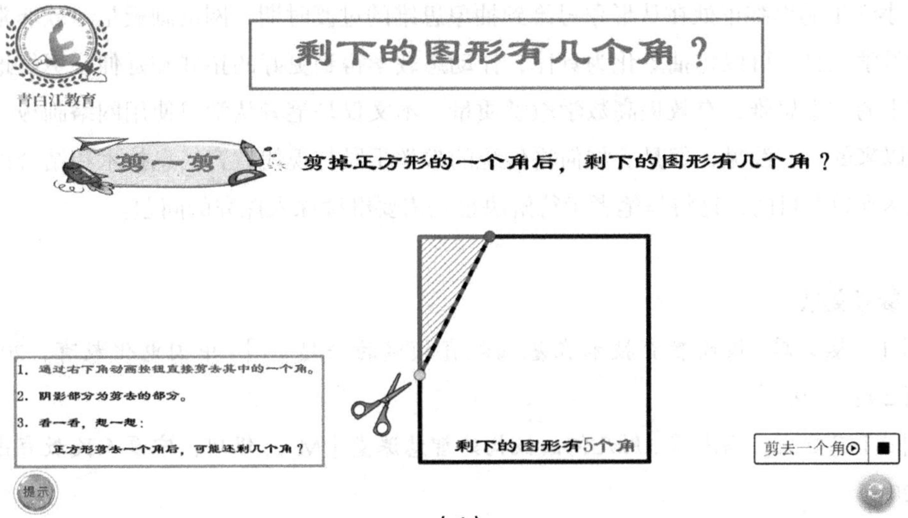

（4）

图 6　网络画板相关素材

（五）讲解法

由于近几年的疫情反复，学生的学习之地也不仅仅局限于学校，那网络画板还可以在什么时候使用呢？因此，笔者尝试将部分素材制作成微课，再定期发送到家长群里，这样，让孩子们既能提前预习，为后续学习做铺垫，也可以将其作为课后讲解，巩固新知。而微课的观看时间灵活，画面形象生动，学生可重复观看，有效突破教学重难点。

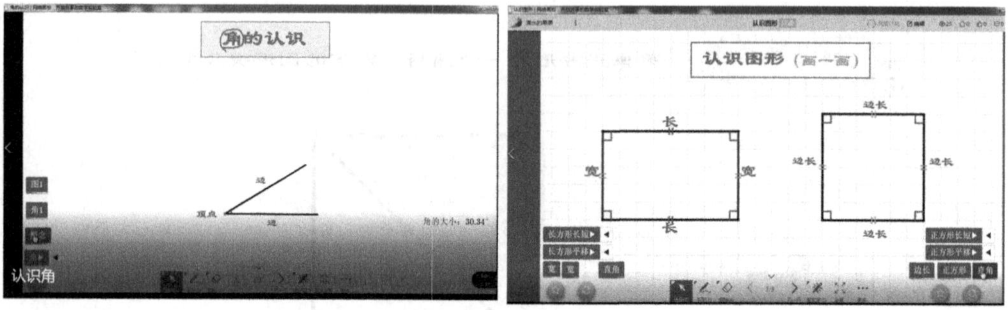

图 7　网络画板微课素材

四、结语

小学生的思维正处在从形象思维到抽象思维的过渡时期，网络画板是一款非常实用的教学工具，可以将抽象化为具体，让动态教学得到更好的拓展和延伸，更好地培养学生的数学思维，有效提高数学教学质量。本文仅是笔者从学习使用网络画板这段时间以来的一些浅见，但是，如何将传统的教学手段与现代教育信息技术相结合以更好地达到教学目的，这将是笔者亟待解决也是需要继续深入探究的问题。

参考文献

［1］黎加厚．极简教育技术在基础教育领域的兴起［J］．中国电化教育，2019，385（2）：6-9.

［2］王晓文，高志军．用几何画板构建智慧课堂［M］．银川：宁夏人民教育出版社，2019.

［3］于玲．课堂教学中如何渗透数学思想方法［J］．数学学习与研究，2017（9）：1.

［4］邢改萍．中华教育理论与实践科研论文成果选编 第 4 卷［M］．北京：北京燕山出版社，2013.

［5］周乃勋，张俊．做好教学情境的创设 让学生真正成为数学学习的主人［J］．教育教学论坛，2016（14）：247-250.

[6] 陈亚红．数学课堂教学反思 [J]．教育科研论坛，2006 (S1)：1.

[7] 郑国莱．小学生数学辞海 [M]．上海：上海人民出版社，1998.

[8] 刘冬梅．几何画板在小学数学教学中的应用探讨 [J]．小学生（下旬刊），2015 (12)：2.

[9] 贾琼．让学生成为数学学习的主人 [J]．牡丹江教育学院学报，2004 (5)：2.

作者简介

张婷：成都市青白江区弥牟小学数学教师，二级教师。

利用网络画板，碰撞出思维的火花

成都市青白江区华严小学　刘　寒

【摘　要】互联网技术的不断发展与应用为数学的教学带来了翻天覆地的变革，对教师和学生有着深远的影响。以下谈谈运用网络画板培养学生的高阶思维的一些具体做法。

【关键词】小学数学；网络画板；思维

一、网络画板让枯燥的数学学习灵动起来

在数学课堂教学中利用网络画板素材，在课堂教学这个主阵地为学生营造和谐的学习氛围，创设探索新知的问题情境，激发学生的求知欲，从而引起学生对数学学习的兴趣。更重要的是让学生在学习数学的过程中可以更多更好地体验到数学的“乐趣”。众所周知，“兴趣才是最好的老师”，为了充分调动学生的感官，可以利用网络画板变抽象为具体，变静为动，这些素材在课堂教学中能有效地引起学生的注意，激发学生探究问题的兴趣。比如，在教学“三角形的内角和”一课时，可以让学生先“量一量”各种三角形的内角是多少度，算出三角形的内角和大约是 180° ；再动手进行操作，用“撕拼法”或者“折拼法”再次验证，得出结论：三角形的内角和是 180° 。到这里，我们一般的教学会戛然而止，因为我们要的重要结论已经得到了，学生大概也知晓了。但是，如果最后再利用网络画板素材进行动态演示：一个三角形，我们拖动动图，不管是直角三角形，还是锐角三角形和钝角三角形，它们的三个内角之和还是 180° ，到这里，学生对知识的理解升华了，学生总结出：任意一个三角形内角之和都是 180° ！这是传统的、一般的教学不能媲美的，这样的教学具有深刻意义，有助于学生理解和掌握数学的结论，深刻体验学习是理解性的过程。这样极具动感而又直观的动态演示，无疑在教学中起到画龙点睛、锦上添花的作用，不仅能让枯燥的数学灵动起来，而且能促进学生的高阶思维发展。

二、利用网络画板，为培养学生的高阶思维搭建“桥梁”

一、二年级学生主要是以形象思维为主，到中高年级要逐渐培养抽象思维，并且教师要有意识地把握契机注重培养学生的高阶思维。在教学中，有些知识学生理解起来有一定的难度，可以借助网络画板制作的 3D 素材，生动形象地展示给学生看看，让学生观察特点，再点击操作，想一想，试一试，尝试着解决问题。例如，“长方体、正方体的表面积”一课中有一道题目：“从一个棱长是 6 厘米的正方体木块上挖去一个棱长为 2 厘米的小正方体，剩下部分的表面积是多少平方厘米？”物体表面挖坑求剩余部分表面积问题，更像是给学生挖了个“坑”，有的学生弄不明白究竟哪些是剩余部分的表面积。表面积是立体图形表面的面积之和，在这里，有位老师借助了网络画板制作出精美、实用的 3D 素材，课堂上放手让学生在平板上操作，分小组探讨，最后小组上台交流汇报展示。学生探索出有三种情况：一是在顶点处挖，二是在面上挖，三是在棱上挖。学生们借助网络画板探索出第一种情况剩余部分的表面积和原来一样；第二种情况，剩余部分的表面积多出了四个边长是 2 厘米的小正方形的面积；第三种情况剩余部分的表面积多出了两个边长是 2 厘米的小正方形的面积。上述例子中，当学生的思维“卡壳”时，利用网络画板适时为学生搭建出一座桥梁，最后碰撞出智慧的火花。

三、网络画板，为培养学生的“说”的能力提供更多的空间

在数学学习过程中，学生“说”的能力极其重要。很多时候，学生想说，愿意说，但是课堂教学时间只有 40 分钟，因此，教师除了在课堂中为学生提供“说”的机会，也可以在课外为学生提供“说”的平台和空间。例如，在北师大版四年级《数学》下册，摆 1 个正方形需要 4 根小棒，摆 2 个正方形要 7 根小棒，摆 3 个正方形要（　　）根小棒，摆 15 个正方形要（　　）根小棒，摆 n 个正方形要（　　）根小棒。在教学这一课时，可以运用网络画板，放手让学生在手机或者平板、电脑操作，摆 1 个、2 个、3 个……再自己去发现规律，并和同伴交流自己的发现。学生们发现规律并和同伴交流发现：增加 1 个正方形，小棒就增加 3 根。教师再提出，你能运用网络画板验证自己的发现是否正确吗？学生兴致盎然，纷纷运用网络画板验证了自己的发现。教师再鼓励学生总结出规律，并在全班交流。大多数学生得出以下规律：如图这样摆正方形，所用小棒的根数＝正方形的个数 $\times 3+1$。回顾学生在探索规律的过程中，利用交流展示的机会，充分地“说”出了自己的发现是什么，在说的过程中，有的学生不断学习和完

善自己的发现，最后自己也能总结出规律和表达出规律。课后，很多学生说，“网络画板太有趣了”“我喜欢用网络画板！”“我想多操作几次”……教师可以抓住契机，布置课后作业：录屏。具体做法是：把“找规律”中网络画板的一系列素材的链接发给学生，要求学生运用网络画板，至少选择一个素材，边操作边说一说自己的发现，进行“找规律”练习，并进行录屏。这种作业创新形式，学生们觉得有趣，并且具有挑战性，也为学生提供了“说”的机会，大大地提高学生的学习兴趣，教学效果相当不错。有的学生还回放自己的录屏和看同伴的录屏，感觉非常有成就感。

四、基于网络画板的小学数学教学课例设计

（一）创设情境，导入新课

师：学校有一个空地，准备给这个空地铺上草皮，要用多少草皮才能铺满这个空地呢？拿出你们的学习单，看看同学们是怎么解决这个问题的。（视频）

师：谁懂她的意思？

生：×× 先数整格，再把不满一格的当半格，这样她就估出了梯形的面积比谁（几平方米）大，比谁小。

师：数格子是最简单的方法，你的想法真好。再看 ×× 是怎么做的。（视频）你想对她说点什么？

生：×× 真棒，我喜欢你的方法，你把梯形补成了一个长方形，用我们以前所学的长方形、三角形的面积就解决了这个问题，你真会动脑筋，我要向你学习。

师：一个说得好，一个评得好，你们两个都很棒。再来看看 ×× 的。（视频）

师：刚才孩子们用数格子，把梯形补成长方形，用两个完全一样的梯形拼成一个平行四边形，这些方法都非常好。再来看看同学们提出了什么问题呢？

师：我想知道梯形的面积是什么？

师：我想知道梯形的面积和什么有关。

是不是这样呢，待会儿我们再来揭秘。

师：我想知道梯形的面积公式该怎么推导，今天我们就来重点解决这个问题（板书），在此之前，先来回顾，我们是怎样推导出平行四边形和三角形的面积计算公式的？听听这两位同学是怎么推导的。（视频）

（二）猜想并自主探究

1. 公式的猜想

师：我们在推导平行四边形和三角形的面积计算公式时，把它转化成了学过的图

形，你能用这种方法探索梯形的面积吗？先独立思考，你想把梯形转化成学过的什么图形。想好后，把你的想法和同桌说说。

师：谁来说说自己的想法？

生：我想把梯形转化成平行四边形。

师：还能转化成什么图形？

生：我想转化成长方形和三角形。

师：现在根据自己的想法，动手拼一拼吧。

2. 公式的探究

师：同学们拼得很认真，谁愿意把自己拼好的图形展示给同学们看？

师：请这三位同学依次介绍他们的作品吧。（视频）

师：你们的动手能力真强，先来看第一个同学的。她把两个完全一样的梯形拼成一个平行四边形（如图 1）。

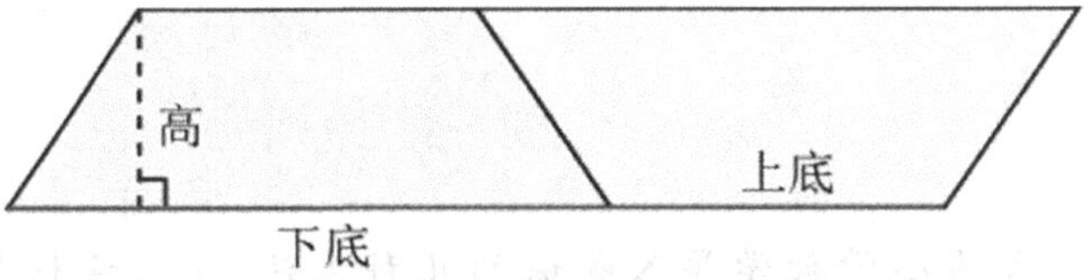

图 1　图形转化

师：孩子们，找一找，你能发现什么？

生：我发现拼成的平行四边形的面积是梯形面积的 2 倍，拼成的平行四边形的高与梯形的高相等，拼成的平行四边形的底等于梯形的上底与下底之和。

师：说得真清楚。刚才还有同学把梯形拼成了三角形、长方形，课后和小伙伴一起找一找拼成的三角形、长方形与梯形之间的关系。

师：在前面我们学习了三角形、平行四边形，发现并找出了拼得的图形与原来的图形之间的关系，就可以进行面积的推导，你们愿意尝试一下吗？先独立思考，再和同桌说说自己的想法。

师：谁来分享一下自己的想法。

生：因为平行四边形的面积＝底 × 高，而平行四边形的底等于梯形的上底与下底之和，平行四边形的高与梯形的高相等，平行四边形的面积是梯形面积的 2 倍。所以可以推出“梯形的面积＝（上底＋下底）× 高 ÷ 2”。

师：表达得真清晰。如果梯形的面积用 S 表示，上底用 a 表示，下底用 b 表示，

h 表示高，那么用字母怎样表示梯形的面积计算公式呢？

生：$S=(a+b)\times h\div 2$

3. 运用公式解决问题

师：回过头来，如果我告诉你梯形的上底为 3 米，下底为 6 米，高 4 米，你能计算出梯形的面积吗？试一试。

学生尝试计算，交流后汇报。（师巡视）

$(3+6)\times 4\div 2$

$=9\times 4\div 2$

$=36\div 2$

$=18\ (m^2)$

师：你们赞同吗？你们课前的问题都解决了吗？

培养学生的高阶思维是长期的过程，只要我们持之以恒，把握好契机，终会孕育出智慧之花。

参考文献

[1] 田秀莉．浅谈小学数学导入新课的几种方法［J］．课程教育研究，2015（15）:183-184.

[2] 吴国和．考虑问题要周全［J］．读写算，2017（1）：84-85.

[3] 黄玉春．让学生品数学之“味”——北师大版四下〈连接排列图形中的规律〉教学实录与评析［J］．江苏教育，2020（3）：67-69.

[4] 郭秀敏．凸现主体、张扬个性，体验“做数学”的快乐——“梯形面积的计算”教学设计［J］．小学教学参考，2011（26）：17.

[5] 王怀环，付丽．经历猜想和探索的过程，积累数学活动经验——“探索活动：梯形的面积”教学实录及评析［J］．小学教学，2018（22）：45-47.

作者简介

刘寒：成都市青白江区华严小学教师。

用网络画板做数学实验助力学生学好

成都市青白江区华严小学　陈秀娟

【摘　要】作为一项前瞻性的教育技术，网络画板在“因材施教，寓学于乐”这一教育理念的实现上，有着巨大的优势，网络画板技术作为一种新的教育技术，以其优越的实践性、操作性、现实性取胜传统的多媒体。本文以“圆面积一”课堂教学为例，谈一谈网络画板辅助教学，以逼真、生动的动态技术让学生做数学实验，把实物不易操作的数学活动变得能够实现，使数学知识由静态的灌输变为身临其境的体验。

【关键词】网络画板；数学实验；自主学习；探究能力；思维

《中国教育现代化2035》强调“加快信息化时代教育变革、提升教育质量、促进教育公平”。为了每一个学生都有动手的机会，我把网络画板技术引入课堂，下面是我教学“圆面积一”的想法和做法。

一、在前置学习中培养学生自主学习的习惯

（一）教学前的思考

“圆的面积一”涉及圆面积的公式推导，但六年级的学生仅仅认识了圆，知道用转化的方法推导直线围成的平面图形面积公式，而圆是曲线围成的，对化曲为直、极限的数学思想他们又非常的陌生。而传统的教学往往是老师干巴巴地讲学生死死地记，或是老师用教具演示给学生看，这样的教学往往都是学生只死记住了圆面积的公式，根本不知道它是怎么来的。所以我们团队在设计本节课时，大胆地、创造性地把网络画板技术引入课堂，使学生在实验中产生视、听、触的感官体验，让学生在实物操作和数学实验中知道圆面积公式推导的来龙去脉。

（二）学情分析

课前对全班同学做了简单的前测。前测的结果如下：90% 的同学通过翻阅学习

资料和课本知道圆的面积公式而且能进行简单的面积计算；2% 的同学推导过程完整，18% 的同学有不完整的推导过程，照搬书上的片段，80% 的同学都没有推导过程。根据前测发现，圆的面积公式对学生来说很简单，大部分都知道，并且还会套公式计算，但对于这个公式的推导过程却不清楚，他们不知道如何把曲线转化成直线。根据教学内容和学生的实际情况，我们团队制定了本节课学生学好的评价标准。

（三）评价标准

表 1　学生学好的评价标准

一级指标	二级指标	内涵
学好	兴趣	1. 有更强的数学学习主人翁意识 2. 较好地维持自己的兴趣聚焦在数学材料、活动上，对下一阶段的学习保持好奇心【自控】 3. 能够感受到数学的魅力
	认知	1. 能够掌握对应的数学知识，并合理应用 2. 能够实现数学知识的合理迁移 3. 通过学习活动，解决存在的疑惑，将新知识、思想方法纳入学生自己的数学认知结构【建立新知与旧知的联系，搭建扎根学生内部的数学知识网络】 4. 掌握数学知识背后蕴含的数学思想方法，并积累相应的解题策略
	思维	1. 学生能够感受到学有收获，并能用自己的语言表达对数学的理解 2. 能够更充分和全面地关注问题情境中的信息，并提炼成数学问题【思维的深度和广度】 3. 能够根据已经学习的内容，自主发现和提出新的问题，分析和解决该问题

（四）前置学习单的设计

在设计前置学习单时，我们作了 2 次修改，第一次我们要求学生通过读数学课本进行自主学习来完成前置学习单，从课堂反馈上看学生学习积极性不高，只是草草完成任务，根本没有自己的思考，并且公式都是死记硬背的，解决问题都是直接套用公式，第一次设计有待改进；第二次设计大家一致认为应在前置学习单中增加学生动手实践操作的机会，提高动手实践能力。可在设计问题的时候我们团队出现了两种不同的声音：有的老师认为本节课重点就是解决圆面积公式的推导问题，我们就应该大胆地重组教材，把格子度量圆面积这个环节直接删去或轻描淡写地一带而过，让学生直接将圆转化成以前学过的平面图形；有的老师认为学生在求长方形面积、不规则图形面积都是用“数方格”的方法，这种方法是学生最容易想到的方法，不能删。意见不能统一的情况下我们翻阅了课标、教师用书，同时也请教了我区省特级教师马绍萍专家，马老师指导我们说教学时一定要弄清编者的意图，教材在把圆转化成平行四边形之前安排学生数一数环节，目的是将数格子和转化这两种方法相互印证，同时也渗透了形不变积变的思想，马老师明确指出这个环节不能省。

二、在数学实验中提升学生探究能力

（一）学生的学习需要在数学实验中激活

我们都知道，学生对学习有了兴趣后，他们对感兴趣的东西，往往不需要老师、家长的督促都会自觉地学习。教材中没有明确地提出什么是圆的面积这个概念，为了让学生清楚地知道圆面积的含义，为了激发学生学习的欲望，我们创设了一个生活情境引出问题：我们学校操场新修了一个花坛，这个花坛的占地面积有多大呢？并指一指这个花坛的面积？根据学生的汇报，发现他们能指出花坛的面积，但不能用准确的语言来描述，这时我们就想到了网络画板——借助网络画板技术动态演示半径绕圆心顺时针旋转 360° 扫过的部分就是圆的面积（见图 1），让学生清楚地看到圆所占平面的大小就是圆的面积，并且圆的面积有大有小，它随着半径的变化而变化，通过网络画板的动态演示让学生清楚地看到圆的面积大小和它的半径有关，从而提出问题：圆的面积和半径究竟有什么关系呢？这样通过网络画板动态演示提出问题，学生的学习兴趣被极大地激发起来，产生了强烈的探索兴趣和欲望，都迫切地想知道圆的面积和半径之间究竟有什么关系，注意力一下子就集中到要研究的问题上来，于是整堂课学生都兴趣盎然，积极主动地去探索圆的面积和半径的关系。

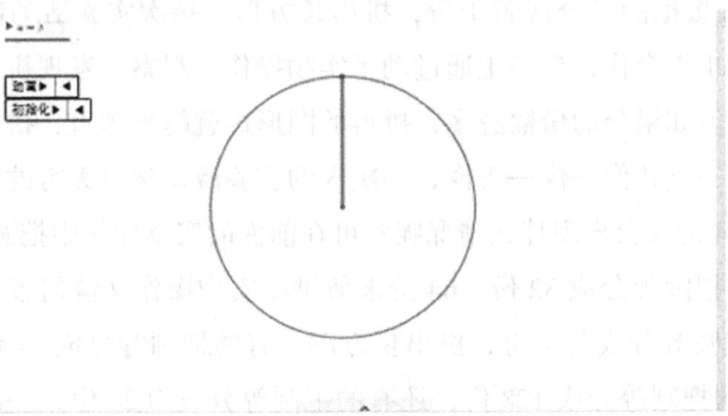

图 1　圆的面积含义

（二）数学思考在数学实验中深入

1. 在数学实验中，积累活动经验

我们的教学，不能脱离了学生，必须建立在学生学的基础上。为了使学生从学会到会学，我们老师就要指导学生巧抓新旧知识的内在联系，借助自己已有的知识经验去探求新知。本节课教学时我们就抓住学生已有探索图形面积的活动经验“数方格”设计了实验一（见图 2）：利用方格纸估计圆的面积。设计小组合作学习单时，我们让不同的组估计大小不同圆的面积，学生通过数一数、算一算得出正方形的面积（也就是 r^2）大约是圆面积的 3 倍这个结论，为后面把圆转化为近似长方形所得出的结论相互印证。

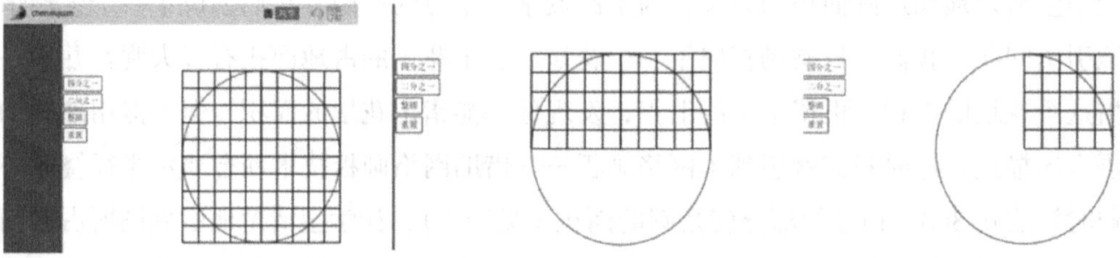

图 2　实验一——数方格

2. 在数学实验中，体会数学思想方法

“数方格”是最基本的度量思想，但它也存在计算误差的问题，而“转化”是推导平面图形面积计算公式的更优方法，围绕转化，我们设计了实验二和实验三，实验二（见图 3）：动手剪一剪、拼一拼，把圆拼成已学过的平行四边形。实验三（见图 4）：借助网络画板把圆等分成若干份，拼出长方形。每次实验活动都有明确的指向性，实验二重在小组合作，让学生通过动手实物操作、观察，发现拼得的图形边不是直的是弯曲的，但如果分的份数越多，拼得的图形边就越来越直，拼得的图形也由一点儿也不像—有一点儿像—像—更像，一次次的实验激发学生无穷的想象，如果把圆等分成 32 份、64 份又会出现什么情况呢？可在前面的实物操作中把圆等分成 16 份都是那么的困难，把圆等分成 32 份、64 份来剪拼靠实物操作又谈何容易呢？于是学生借助网络画板把圆等分成若干份，拼出长方形。有的把圆等分成 32 份，有的把圆等分成 64 份，有的把圆等分成 128 份，还有的把圆等分成 1024 份，一次次的实验，学生清楚地看到，他们拼成的图形随着等分的份数越来越多，拼成的图形边也就越来越直，拼得的图形就越接近长方形。学生借助网络画板做实验，把实物不易操作的数学活动变得能够实际操作，把难以想象的、抽象的知识动态地形象地展示在他们面前，他们从前置学习的实物操作到网络画板的实验中经历了圆面积公式的推导过程，切实地体会到化曲为直、转化和极限的数学思想。

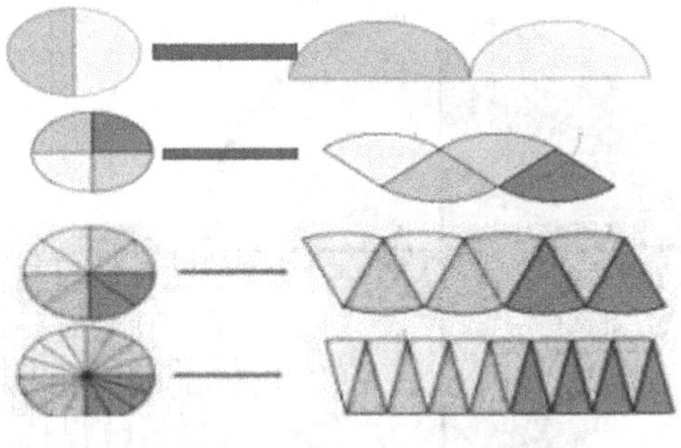

图 3　实验二——把圆剪拼成平行四边形

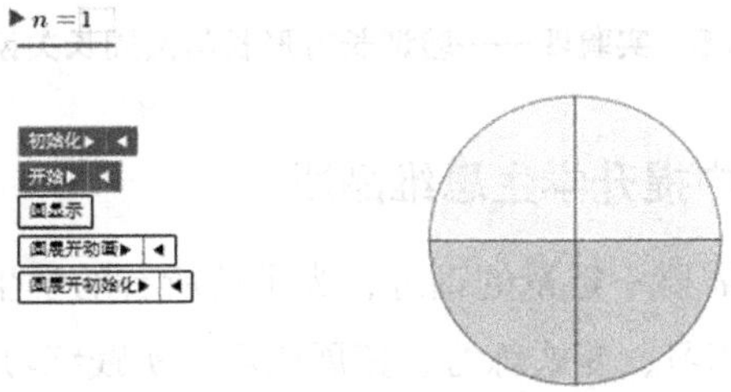

图 4　实验三——网络画板把圆拼成长方形

（三）数学建模在数学实验中建构

经历了转化，体会了极限，我们又以 16 等份为例，让学生自主找出近似平行四边形和圆的关系，有的学生根据把圆等分成 16 份，每份曲线的长度就是$\frac{1}{16}C$，而拼得近似平行四边形的底由 8 份这样的曲线组成，也就是 8 个$\frac{1}{16}C$，所以它的底就是圆周长的一半，而高就是圆的半径；有的学生直接从剪拼中发现近似平行四边形的底就是圆周长的一半。当学生找到近似平行四边形和圆的关系后，老师质疑：把圆等分成其他份数时，它们还有这样的关系吗？带着这样的疑惑，我们设计了实验四（见图 5）：借助网络画板把圆沿着拼得的长方形的长滚动，观察长方形的长和圆的周长有什么关系？通过实验，发现无论把圆分成多少等份，拼得图形的底都是圆周长的一半。学生在经历了“质疑—转化—猜想—验证”的过程后，完善了圆面积计算公式的建构。

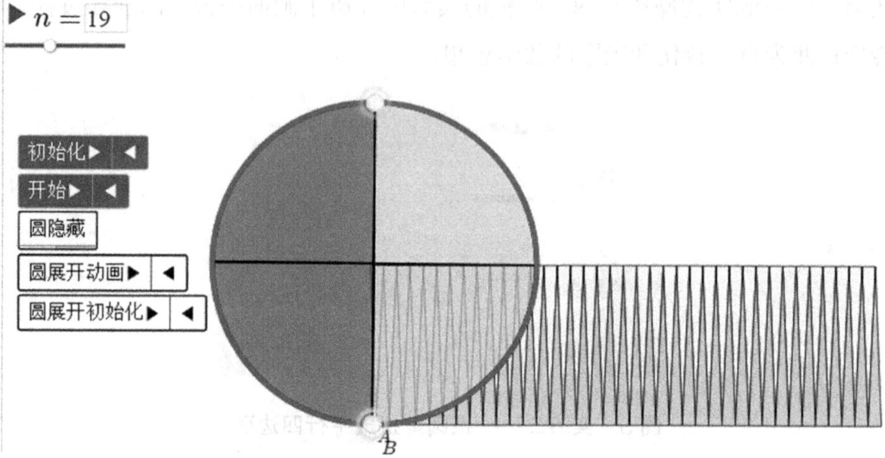

图 5　实验四——验证长方形长与圆周长关系

三、在应用拓展中提升学生思维品质

基本技能的形成，需要一定量的训练，为了让所有的学生都有获得感、成就感，本节课我们设计了基础练习、变式练习、拓展练习、实践练习 4 个层次的练习。基础练习避免了简单机械的重复又巩固当堂所学的知识；变式练习消除学生思维定式的影响，培养学生的应变能力；拓展练习让学生将课堂上学习到的知识应用于解决生活中的实际问题；实践练习针对学有余力并对学数学有兴趣的学生，我为他们提供了网络画板素材做实验，鼓励他们寻找不同转化方法，并鼓励他们把自己的想法和见解录制成小视频发布到我们学校的华小微课堂，供同学学习交流，这样不仅激发了学生学习的兴趣和潜能，更拓宽他们的思维，发展了他们的数学才能。

数学实验走进课堂，学生自主地“玩数学”，不但可以培养学生的思维能力，孕育学生核心素养，还能提高课堂实效，助力学生和数学共同成长！

参考文献

［1］黄荣怀．人工智能变革教育已成全球共识［J］．中国教育网络，2019（6）：28-29.

［2］中华人民共和国教育部．义务教育小学数学课程标准［M］．北京：北京师范

大学出版社，2012.

［3］程蕾霏．浅析绘画中的沉浸性因素［D］．重庆：四川美术学院，2020.

［4］徐瑾．从“学会”到“会学”［J］．职业教育研究，2009（3）：80−81.

［5］言克琴．“数方格”的学问——《圆的面积》教学评析［J］．教育研究与评论·课堂观察，2014（3）：24−26.

作者简介

陈秀娟：成都市青白江区华严小学数学教师，高级教师。

利用网络画板解析圆的轴对称性

北京市丰台区中央民族大学附属中学丰台实验学校　杜　慧

【摘　要】随着新课程改革的推进，教育信息技术的发展对数学教学产生了重要的影响，现代信息技术越来越广泛地被应用于初中数学教学实践。尤其是网络信息技术在初中数学中的应用，将复杂抽象的数学知识、概念直观形象地呈现在学生面前，加深了学生对所学知识的理解和掌握程度。网络画板作为新型的教学辅助工具软件已广泛地应用到初中数学的教学实践当中，帮助教师将抽象的数学概念知识化为具体的图像，提升了初中数学教学质量。

【关键词】网络画板；初中数学；圆的轴对称性

在探索数学智能化教学的道路上，教师应以人为本，发挥学生主观能动性，借助互联网和网络画板等工具，科学应用知识图谱、问题生成单、网络画板素材、数学实验，促进信息技术与教学内容、教学活动、教学方式的深度融合，创新教学模式。网络画板可用于动态、直观演示，有利于学生进行抽象、概括，有效突破想象与理解的难点。下面，笔者结合课题实践与研究，简要陈述网络画板与数学教学的有效融合与创新。

一、利用网络画板对数学教学的意义

初中数学的知识具有抽象的特点，不但增加了初中数学的学习难度，而且使得教学氛围过于枯燥，学生对数学几何知识的学习缺乏热情和兴趣，而网络画板在初中数学中的应用很好地解决了这一问题。网络画板对初中数学教学的意义主要表现在以下几个方面：一是网络画板可以将抽象的知识转化为动态画面展示给学生，降低几何教学的难度；二是有利于帮助学生突破重难点知识。初中数学知识非常抽象，其中融入的几何知识也较多，通常是几何图形和数字计算结合在一起，需要学生具备一定的抽象思维能力以及对图形的理解和计算能力。传统的数学几何教学都是以老师讲述为主，让学生自己在脑海中想象。对初中生而言，他们的思维还在发展，有些无法跟上教师脚步的学生，必然会掉队。而网络画板可以将几何的一些图形动态化进行展现，在展现的过程中促进了学生对几何图形知识的理解，将抽象知识变得更加的具体化，也有利于增强学生学习数学时的自信心；最后，网络画板可以极大便利初中数学课堂教学，解放教师的双手，减少课堂时间的浪费，从而提高初中数学课堂几何知识的教学质量。

二、用好网络画板素材改进学生学习方式

笔者通过课堂观察报告分析，学生主动说话频次总计为 218，学生主动应答频次为 216，主动应答占学生主动说话比例为 99.08%；学生主动提问频次为 2，主动提问占学生主动说话比例为 0.92%；学生应答频次总计为 283，学生主动应答频次为 216，主动应答占学生应答比例为 76.33%；学生被动应答频次为 67，被动应答占学生应答比例为 23.67%。分析结果显示网络画板功能更强大、优势更明显，学生应答以主动为主，主动参与课堂的各个活动。学生通过亲自动手及观察课件演示，感受知识形成的整个过程，真正体会到由自己的努力得到新知识过程的快乐，从而产生成就感，进一步激发学习热情，从而产生不可阻挡的学习兴趣。

首先已知点 A 在⊙ O 上，如何确定点 A 关于对称轴的对称点 A'？

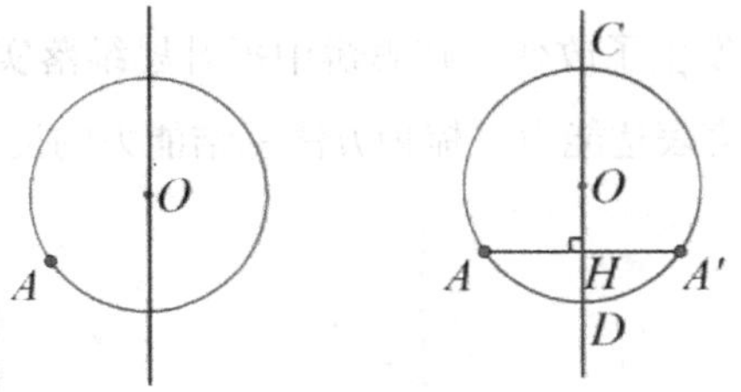

图 1 对称轴例题

总结对称轴的特征：垂直、平分、过圆心。通过作垂直，证平分，作对称点，发现对称点在圆上，进一步发现当对称轴改变时，圆上的对称点位置改变。所以，圆上任意两点的对称轴一定是某条过圆心的直线。

反之，已知⊙ O 上的对称点 A 与 A'，如何确定对称轴？学生亲身经历逻辑推理，尝试解决问题。根据经验寻找解决问题的途径，多角度思考和解决问题，学会用数学语言表述问题。学有余力的同学通过网络画板验证猜想。

明确对称轴的特征，可以选择先作垂直平分线，再证明过圆心；可以选择过圆心做垂直，将垂直作为条件，证明平分；进一步探究作图过程中的图形的基本元素及关系，发现有圆上的两个点既可以得到弦又可以将圆分为两端弧，所以直径除了平分弦，还平分弦所对的两条弧，得到了垂径定理，体会了定理的形成过程。另一种作法，还可以选择过圆心，取弦中点连线，将平分弦作为条件，证明垂直，进一步探究图形中的元素及关系，可以得到弧的等量关系，从而得到垂径定理的推论。

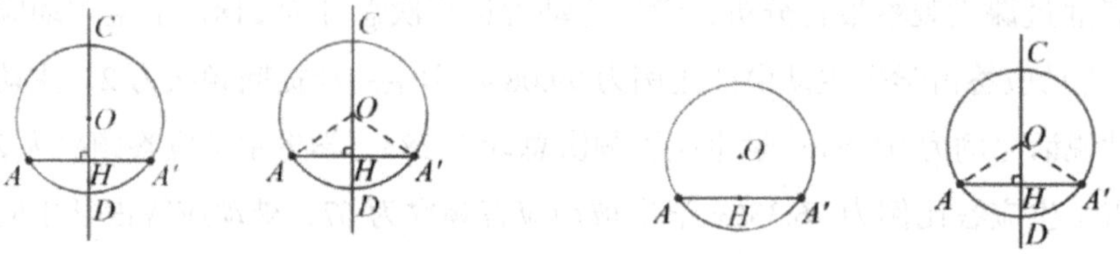

作垂直　证中点　　　　作中点　证垂直

图 2　确定对称轴

通过提问“已知⊙ O 的直径，如何确定一对称点 A 与 A'？”类比抛物线上确定对称点的方法，确定圆上的两个对称点。就是过直径 CD 上任一点作直径的垂线，与圆有两个交点，则这两个点关于对称轴对称，当直径 CD 上的点 H 位置改变时，对称点的位置改变，则弦长也发生了改变。在思辨中提升思维落实圆性质——垂径定理的探究，培养识图能力、语言表达能力、梳理方法总结能力的提升。

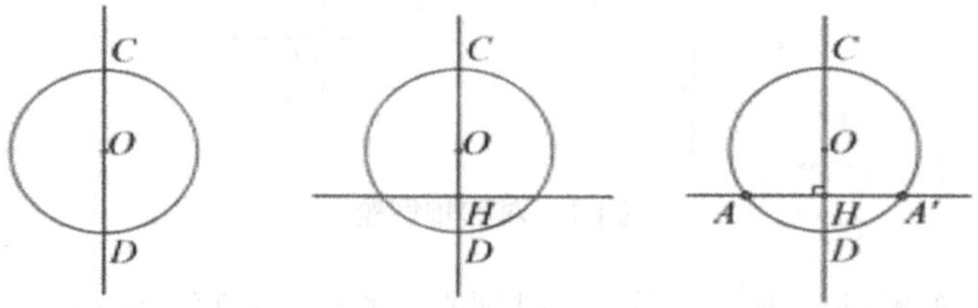

图 3　垂径定理应用

观察特殊的位置（由对称性，只观察 H 在 OD 上运动的情况），当点 H 由下向上

逐渐运动到圆心 O 时，弦长是逐渐增大的，为什么会有这样的变化规律呢？当 H 逐渐向上运动的过程中，OH 的长度逐渐减小，那么 OH 和弦长是否有关系呢？

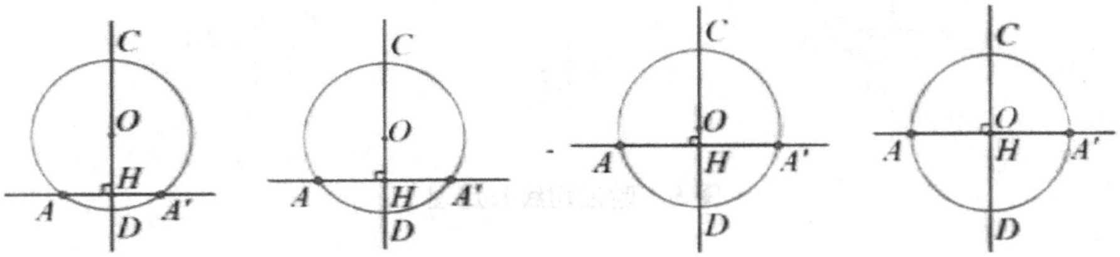

图 4　特殊位置

我们发现 OH、弦长的一半 HA 以及半径 OA 构成直角三角形的三边，满足勾股定理，即 $AH^2+OH^2=r^2$，同一个圆中半径 r 不变，所以 AH 随着 OH 的变化而变化，OH 越小，则 AH 越大，即 AA' 越大，所以弦长与直径上的点 H 的位置有关。

所以，在变化的过程中找到两个特殊的位置：①当点 H 恰好为圆心时，弦为直径；②当点 H 恰好为点 D 时，此时 $OH=r$，而对称点 A，A' 以及点 H 都重合在了半径 OD 的外端点 D 处，此时直线与圆只有一个交点，得到切线及切点的定义。那么如何用位置关系描述切线呢？由于 A，A' 还有 H 都重合在点 D 处，此时直线经过圆半径 OD 的外端，弦就不存在，但是直线的垂直关系仍然存在，因此刻画切线的位置就是经过圆半径的外端且垂直于半径的直线，就得到了切线的判定定理。

在理解垂径定理的基础上，渗透从特殊与一般互相转化的研究方法，引导学生关注特殊位置的情况，进而梳理结论。

利用圆的轴对称性研究圆的性质，首先研究的是垂径定理及推论，过直径上一点作直径的垂线，如果和圆有两个交点，就得到了垂径定理；如果直径上的该点恰好是直径的端点，则对称点重合在该端点处，弦不存在，但是垂直的关系存在，就得到了切线；进一步研究对称轴上的点，从圆外的点出发画两条切线，得到切线长定理。

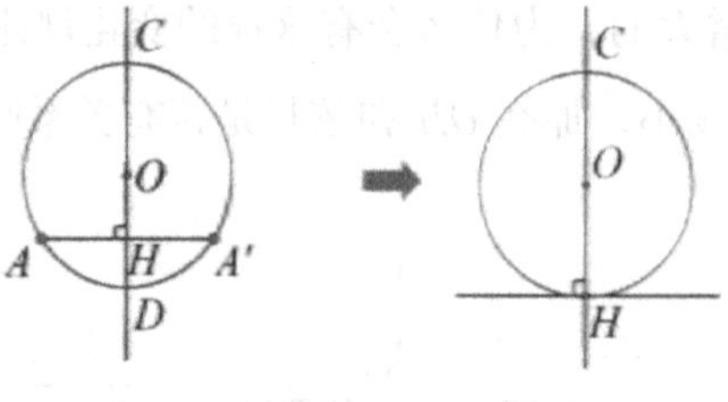

图 5　验证切线长定理

利用圆的轴对称性建立了垂径定理及推论、切线定义及判定定理、切线长定理之间的关系，以轴对称性为主线，能够帮助深刻地理解知识及知识之间的关系。

让学生养成良好的学习习惯，及时将所学到的知识进行梳理汇总，并且在交流收获的同时培养学生的语言表达能力，让平时不愿发言或不敢发言的学生得到相应的锻炼，关注每一位学生，从而实现全员发展的要求。通过独立思考、合作交流、展示汇报、质疑释疑等学习方式，学生经历了猜想、计算、推理、验证等过程，掌握了数学的本质，在富有个性的、自主参与的学习中，增强了学好数学的信心。

三、总结与展望

数学实验的核心是实验教学的资源，网络画板改变了原有的以厂商为中心的资源开发模式，调动了全国一线教师的能力，教师的成果可以私用也可授权给其他教师使用，方便进行二次开发和重用，减少重复劳动。网络画板在初中数学课堂中的应用，是对传统教学模式的创新，是培养学生的数学探究能力、提升学生创新力的一种有效方式。在应用的过程中，教师要遵循趣味性、可操作性、探究性的原则，可以在教学的过程中融入情境创设、问题引导等方式，培养学生的数学学习的能力，促进学生数学成绩的提升。

参考文献

［1］肖志成．几何画板在初中数学教学中的应用分析［J］．中学生数理化（教与学），2018（9）：33.

［2］王琼．基于网络画板的初中数学教学［J］．新课程教学（电子版），2021（15）：146-147.

［3］王鹏远．网络画板平台支持下的新一代数学实验室［J］．中小学信息技术教育，2018（6）：54–56.

［4］马梦荣，雍进军，张加林，等．网络画板在中学数学教学中的应用［J］．贵阳：贵州师范学院学报，2018，34（12）：80–84.

［5］马静．基于 OBE ＋ PBL 理念下小学书法创新课堂模式实践研究［D］．石家庄：河北师范大学，2020.

作者简介

杜慧：北京市丰台区中央民族大学附属中学丰台实验学校初中数学教师。

网络画板在数学教学中应用的实践研究

沈阳市北塔中学　刘　冰

【摘　要】信息技术与数学教学课堂相结合，是时代发展的必然需要。传统的数学教学模式已经不能满足学生日益增长的数学学习需求，数学教学需要更加的开放与自由。网络画板是中学数学教师教学的重要辅助软件，在教学中应用网络画板，可以激发学生的学习兴趣，培养学生的数学能力，提升学生的数学素养。网络画板还能通过网络制作和共享大大减少学生的作业时间，积极响应了“双减”政策的同时，也切实提高了学习的效率和质量。

【关键词】网络画板；数学教学；数学素养

一、引言

数学是一门逻辑思维性较强的学科，涉及的知识丰富且抽象，传统教学过程中，学生都在进行被动性的学习及消化，理解不足，成效一般，久而久之，学生学习兴趣低迷，教学效果不尽如人意，数学素养无法提升。《义务教育数学课程标准（2011 年版）》指出，要充分考虑信息技术对数学学习内容和方式的影响，开发并向学生提供丰富的学习资源，把现代信息技术作为学生学习数学和解决问题的有力工具，有效地改进教与学的方式，使学生乐意并有可能投入到现实的、探索性的数学活动中去。所以，信息技术将作为教师在课堂或课后教学实践过程中的辅助性工具，能获得传统教学手段无法实现的效果，弥补课堂教学的不足。网络画板在中学数学课堂中发挥了积极的作用。

二、网络画板在初中数学教学中的应用

网络画板是一款跨平台的动态几何软件，可以构造 2D、3D 的几何图形，可对图形进行轴对称、平移、旋转、测量等多种操作，具有强大的轨迹、动画及迭代功能。

（一）网络画板在坐标系动态几何问题中的应用

动点问题、动线问题、动形问题构成了数学中的动态几何问题，它包括平移、旋转、翻折等几大板块。坐标系中的动态几何问题主要以几何图形本身具备的性质为基础，以运动变化的特点为抓手，以函数为背景，此类题目集几何与代数为一体，综合性强，对学生的空间想象能力、作图能力及分析问题和解决问题的能力要求很高，一直是教学中的难点。借助网络画板，可以作出半自由点，通过拖拽使点开始运动，此时构成的几何关系保持不变，观察整个动态过程，很容易观察出符合题意的具体位置，帮助学生拨开疑惑，顺利解决问题。以九年级某数学题为例（如图 1）：

在平面直角坐标系中，点 F 的坐标为 $(0, 10)$，点 E 的坐标为 $(20, 0)$，直线 l_1 经过点 F 和点 E，直线 l_1 和直线 l_2：$y=\frac{3}{4}x$ 相交于点 P。矩形 $ABCD$ 的边 AB 在 y 轴的正半轴上，点 A 与点 F 重合，点 B 在线段 OF 上，边 AD 平行于 x 轴，且 $AB=6$，$AD=9$，将矩形 $ABCD$ 沿射线 FE 的方向平移，边 AD 始终与 x 轴平行。已知矩形 $ABCD$ 以每秒 $\sqrt{5}$ 个单位的速度匀速运动（点 A 移动到点 E 时停止移动），设移动时间为 t 秒（$t>0$）。①矩形 $ABCD$ 在移动过程中，B, C, D 三点中有且只有一个顶点落在直线 l_1 或 l_2 上，请直接写出此时 t 的值；②若矩形 $ABCD$ 在移动过程中，直线 CD 交直线 l_1 于点 N，交直线 l_2 于点 M。当 $\triangle PMN$ 的面积等于 18 时，请直接写出此时 t 的值。

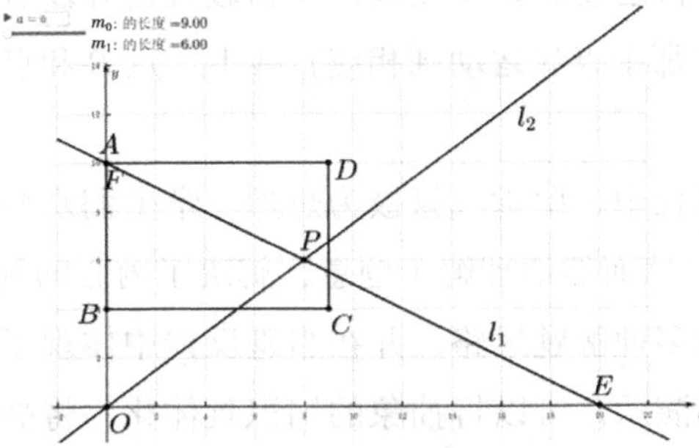

图 1　例题图

初见题目时，学生存在以下几点疑惑：1.B，C，D 三点中究竟哪个点会落在直线上？2. 哪个点会落在 l_1、l_2 中的哪条直线上？3. 为什么会强调有且只有一个顶点？4. $\triangle PMN$ 只存在某一种固定的情况吗？它的顶点应该在哪里？以上几个问题接踵而至，学生找不到切入点，思路混乱，题目的解决陷入困境。为验证网络画板动态的演示功能能帮助学生更直观地理解题目、找出突破口，本题目在某校九年级一、二两个班级分别采用了传统板演教学方法和网络画板辅助教学方法进行对比分析（如表 1）。

表 1　两个班级课堂数据对比

班级	等级	题意理解	活跃程度	用时	接受情况	学生信心	当堂反馈
传统板演教学一班（40 人）	A	7（17.5%）	2（5%）	30 分钟	6（15%）	4（10%）	5（12.5%）
	B	16（40%）	10（25%）		17（42.5%）	10（25%）	14（35%）
	C	17（42.5%）	28（70%）		17（42.5%）	26（65%）	21（52.5%）
网络画板辅助教学二班（42 人）	A	39（92.8%）	32（76.2%）	10 分钟	23（54.8%）	24（57.1%）	25（59.5%）
	B	1（2.4%）	6（14.3%）		11（26.2%）	12（28.6%）	12（28.6%）
	C	2（4.8%）	4（9.5%）		8（19.0%）	6（14.3%）	5（11.9%）

结果显示，在一班的教学过程中，学生气氛沉闷，对题目普遍梳理不清，教师在黑板讲解时，也显得呆板烦琐，部分学生显现出放弃的表情和行为。在教师进行第二遍讲解时，采用教材书本为教具模仿矩形进行平移，才有一部分学生表示刚刚了解思路，但不保证自己能够独立完成，实物教具也并没有完全解决学生存在的疑惑，比如点 B 和点 D 那个点先运动到相应直线上，点 B 和点 D 会不会出现在同一条直线上等。

在二班的教学过程中，课堂气氛极为热烈，学生们观察到了矩形的整个动态变化过程（如图 2），自然而然地理解了题意，解决了内心的疑惑，学生表示有兴趣有信心完成题目并提出多种解题思路，并在当堂反馈中体现了明显的积极效果。教学中应用网络画板直观演示，可以将抽象的知识具体化、将静止的图象动态化、将复杂的问题简单化，提高了学生课堂参与程度，提升学习效率，提高学习成绩，提升数学素养。

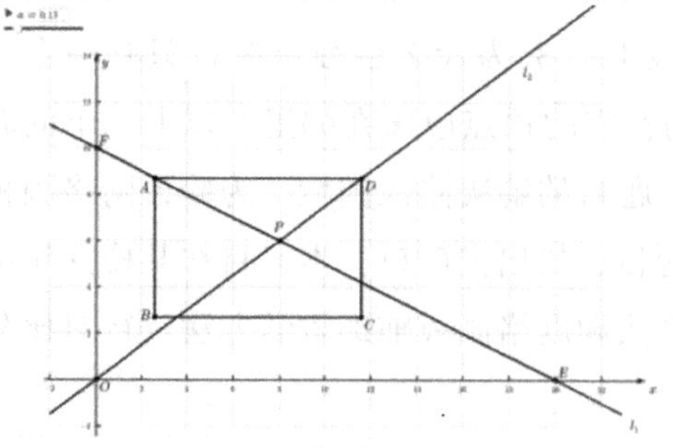

（1）

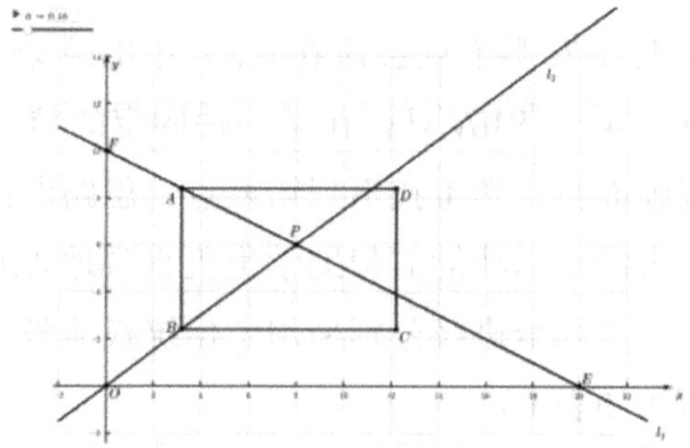

（2）

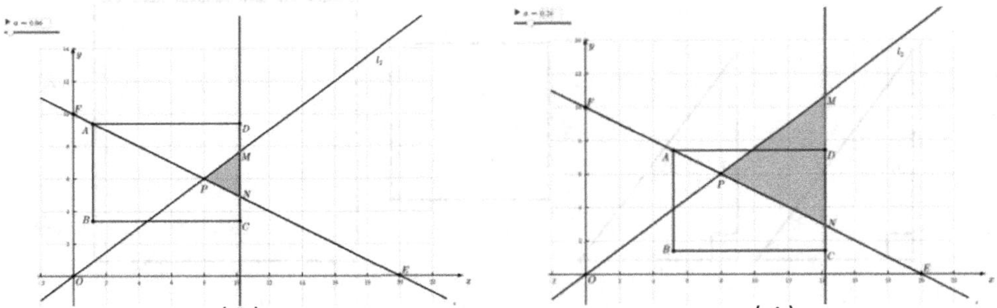

（3）　　　　　　　　　　　　　　（4）

图 2　矩形动态变化过程

（二）网络画板在利用数形结合思想解决相关知识点中的应用

我国著名数学家华罗庚曾说过：“数形结合百般好，隔裂分家万事休。”这充分说明了数形结合在数学学习中的重要性，这种思想能够化抽象为形象，很多问题得以迎刃而解，苏联著名数学家柯尔莫哥洛夫说过：“只要有可能，数学家总是尽力把他们正在研究的问题从几何上视觉化。”下面以利用数形结合思想证明勾股定理的课堂环节为例，说明网络画板在数学教学中的应用。

首先，利用网络画板作出若干可随意旋转和平移的直角三角形和正方形（如图 3），散落放置，然后，小组成员进行讨论，并在电脑上进行拖拽和旋转操作，拼接成功后写出证明过程。在操作过程中，学生们的兴趣非常浓厚，积极地提出自己的设想并参与讨论，时而出现争论的情形。这种沉浸式的学习，最大限度上培养了学生观察、思考、动手、创作、表达、整合知识的能力。能力是能增值的东西，即能力会产生和创造出其他知识、技能。能力和树根一样具有生长性和可持续发展性，是能让人受用一生的无价之宝。长此以往，一定可以形成较高的数学素养。以下为学生在课堂上讨论出来的证明方法（如图 4）：

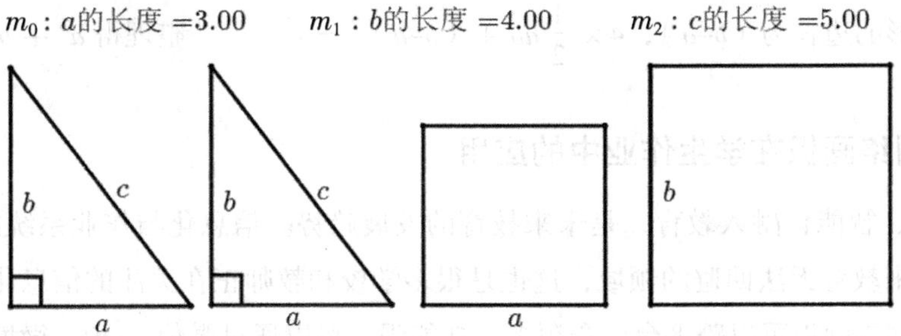

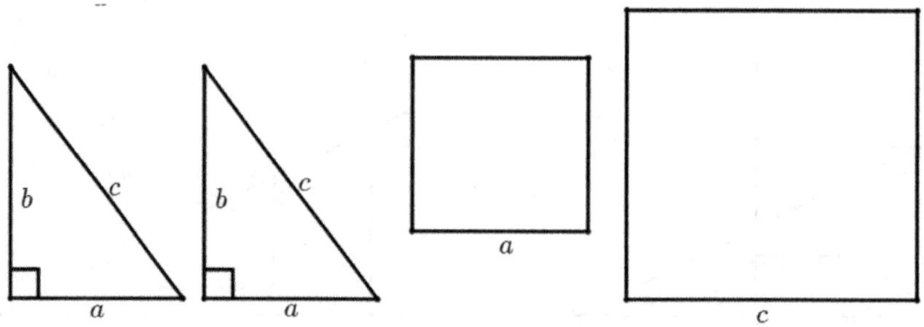

图 3　教师在网络画板上准备的基本图形

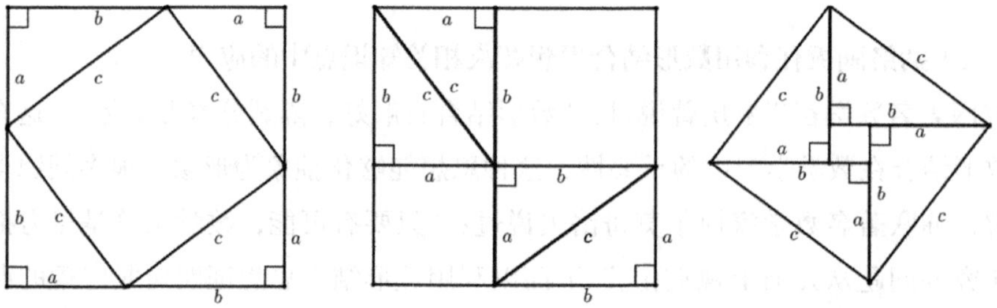

图 4　学生讨论出的证明方法

证法一：如图 4 中第一个和第二个正方形，可以看出边长都是（$a+b$），所以面积相等，即：

$c^2+4\times\frac{1}{2}ab=a^2+b^2+4\times\frac{1}{2}ab$　　　　整理得 $a^2+b^2=c^2$

证法二：单独观察图 4 中的第一个正方形，可以分为一个小正方形和四个全等的直角三角形，$(a+b)^2=4\times\frac{1}{2}ab+c^2$　　　　整理得 $a^2+b^2=c^2$

证法三：如图 4 中最后一个正方形，也称为赵爽弦图，由图中数据可以分析出，中间小正方形的边长为（b–a），$4\times\frac{1}{2}ab+(b-a)^2=c^2$　　　　整理得 $a^2+b^2=c^2$

三、网络画板在学生作业中的应用

信息化、智能化融入教育，是未来教育的发展趋势。信息化与作业系统的结合，成为面向未来教育无法回避的领域，这也是很多学校和教师正在关注的信息化在教育中的应用。网络画板可以跨平台、资源多、功能强，可以通过微信、QQ、微博、空间等转发链接，就可以很方便地使用，所以非常适合学生离校后完成课业任务，进行自主学习。如，教师可制作完成某个动态变化类几何习题资源，分享到班级群，让学有余力的学生得以深度思考和练习。同时，对学生发出调查问卷进行统计（如图5）。由统计图可知，应用网络画板布置作业之后，学生完成率增加了31%，说明学生学习数学的兴趣有很大增长；所需时间平均节省了20分钟，积极响应了国家“双减”的政策；答案完整度增加了35%，反映出学生通过观察动态的翻折、旋转，分析出了题目出现的多种可能性，丢解情况大大降低。

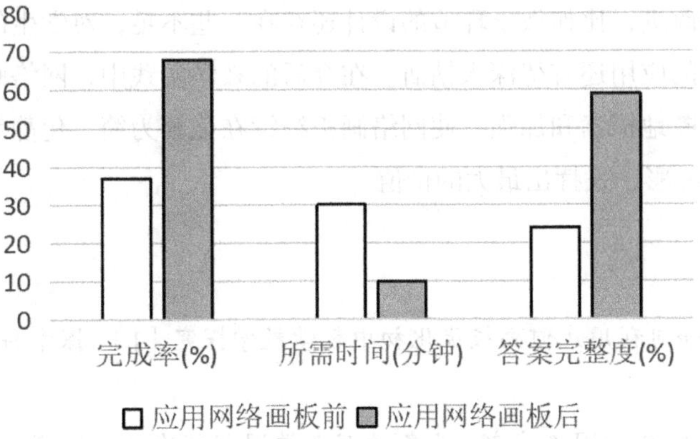

图5　学生作业调查问卷结果

同样值得欣慰的是，学生通过网络自学，利用网络画板制作了很多美丽的图形，在北京冬奥会来临之际，为表达喜悦之情，学生还制作了精美的雪花（如图6）：

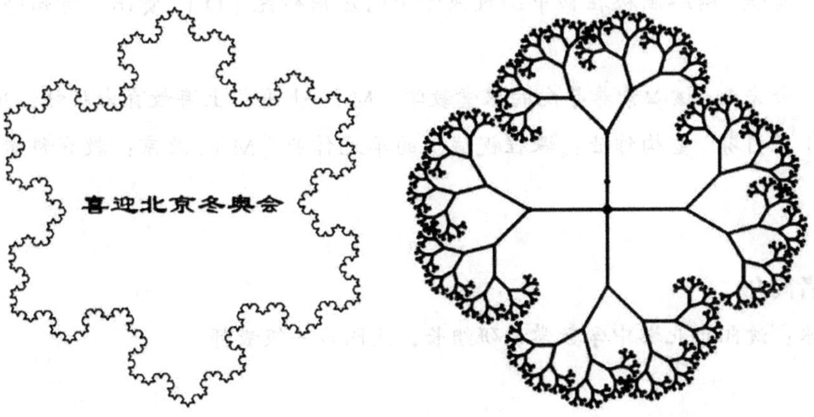

图6　学生制作的图案

四、总结与展望

网络画板在初中数学教学中的应用，是对传统教学课堂的创新，是培养学生的探究能力和提升数学素养的一种非常有效的方式。首先，网络画板的应用激发了学生的学习兴趣，提高了学习的效率和成绩。其次，网络画板的应用锻炼了学生的观察、想象和动手能力，培养了学生的数学素养，提升了学生的数学审美。最后，网络画板的应用使得学生的课业负担得以减轻，知识互动更加方便灵活，其实，网络画板的应用无形中还在提高教师的教学水平和对课堂的把握程度。当然，本研究还存在着很多不足，有待进一步改进，比如教学环节的设计还存在一些不足，对学生的调查样本数量较少，网络画板的应用还有待深入钻研。在今后的教学实践中，网络画板在数学教学中的应用仍需不断地探索和加强，使网络画板继续在化繁为简、化静为动、化抽象为直观的路上大放异彩，发挥出最大的价值。

参考文献

［1］王娇．如何利用几何画板优化初中数学教学探究［J］．探索科学，2020（6）：126.

［2］中华人民共和国教育部．义务教育数学课程标准（2011 年版）［M］．北京：北京师范大学出版社，2012.

［3］徐光明．浅谈如何利用课程资源有效地进行数学教学活动［J］．学园（教育科研），2012（14）：68.

［4］贺媛．网络画板在初中函数教学中的应用研究［D］．贵阳：贵州师范大学，2020.

［5］余文森．核心素养导向的课堂教学［M］．上海：上海教育出版社，2017.

［6］王月芬．重构作业：课程视域下的单元作业［M］．北京：教育科学出版社，2021.

作者简介

刘冰：沈阳市北塔中学数学教研组长，沈阳市一级教师。

网络画板助力小学数学教学

成都市青白江区华严小学　彭翠平

【摘　要】素质教育背景下，学生课堂上数学学习时间相对较少。为了课堂教学能做到提质增效，网络画板被广泛应用于小学数学课堂教学中。尤其在小学数学教学情境的创设、重点难点的突破、学生自主学习的有效性及思维训练上显得特别重要。

【关键词】网络画板；自主学习；数学教学

一、引言

随着现代教育信息技术的快速发展，网络画板应运而生。传统课堂教学中，很多时候会出现老师滔滔不绝地讲解，学生死气沉沉地听、不动脑、不动口、也不动手，教学效率极其低下，思维得不到锻炼。为改变这一现状，让学生思维得到锻炼和发展，促进学生有效的自主、全面发展，网络画板起着至关重要的作用。

二、网络画板与小学数学深度融合并助力数学教学

（一）网络画板支持下的教学情境更贴近学生实际

教学有法，但无定法，贵在得法。从教学实际出发，创设恰当地贴合学生生活实际的问题情境，不仅能够激发学生的学习兴趣，而且能够帮助学生理解所学内容，促进学生思维的发展，提质增效。小学数学课堂教学创设的情境，可以是一个教师口述的故事，也可以是一个微视频，也可以是一个谜语等。相比之下，运用一定的教育技术比口述故事更能提高学生的学习兴趣，让学生大胆地对相关的问题说出自己的看法。由于小学生在思想上正从具体的形象思维转变到抽象的逻辑思维，而且抽象的逻辑思维的产生和发展则取决于具体的形象思维。所以，我国的小学生必然会对一些有意义、具体和真实的东西产生兴趣。网络画板的优势之一在于它能够简洁、便捷地给师生们提供多样化、形象鲜明的素材。具体而形象鲜明的课堂可以为课堂教学营造

一种浓厚的教学氛围，激发学生的学习兴趣。不然教师在讲课时，学生可能会一头雾水，完全不清楚教师所讲的内容。所以在课堂教学中，恰当地使用网络画板是创设情境的最佳途径之一。

例如：在第一次教学“三角形内角和”一课时，学生在本单元已经学过三角形的分类，所以在本节课导入部分，结合本单元的整体知识结构，我口头向学生提问锐角三角形、钝角三角形、直角三角形哪种三角形的内角和大？班上只有极个别同学举手回答了我的问题，一节课也在大部分学生没有兴趣的情况下结束。

在下一个班教学“三角形内角和”一课时，我用网络画板结合微课展示了三个形状大小完全不同的锐角三角形、直角三角形、钝角三角形，让他们讨论谁的内角和大？顺势引发学生的思考与争论。恰当利用微课创设这样的情境，诱导学生主动参与学习，主动思考和辩论。微课把无声的教材内容化静为动，让学生对学习产生了浓厚的兴趣。（如图 1）

图 1　三角形内角和

（二）网络画板支持下的难点突破更形象直观

利用教学情境突破教学的难点，使小学数学知识形象化，便于学生的理解。就如《应用网络画板培养小学生几何直观能力的教学策略研究》中提到应用网络画板培养小学生几何直观能力教学策略具有有效性和可行性；并且网络画板能显著提升小学生的几何直观能力，尤其是对中高段成绩的学生提升更为显著，对形成图形的认识维度的能力提升效果更为显著。教学的难点之所以是难点，是因为学生对这一内容理解不透彻。这些内容有的可能是太抽象，如钟面上分针转动一周针尖走过的路程，问题是现实生活中分针转动一周针尖不会留下任何痕迹，学生很难想象针尖走过的路程是哪些；有的内容又很难理解，如任意三角形的内角和是 180°，学生能够理解个别三角形满足条件，但很难理解所有三角形都满足。尽管老师拼尽全力地讲，学生对相关知识仍然不清不楚。所以在教学中，要适时利用教育技术把一些抽象的内容具体化、把教学的重难点化难为易，增强数学教学的直观性、形象性和生动性，为重难点创设巧妙的突破口。例如，我在教学“三角形内角和”一课时，利用网络画板动态演示“任意三角形内角和都是 180°”，让学生亲身体验任意拖动出一个三角形，无论用测量法、撕拼法、折拼法去验证内角和都是 180°。打破传统教具三角形的个数的限制，让学生去主动思考得出结论而不是死记硬背。这既强化了重点，又突破了难点。利用网络画板以动态的效果将抽象内容直观形象地展示给学生，学习的重难点也在不知不觉中巧妙地化解。（如图 2、图 3）

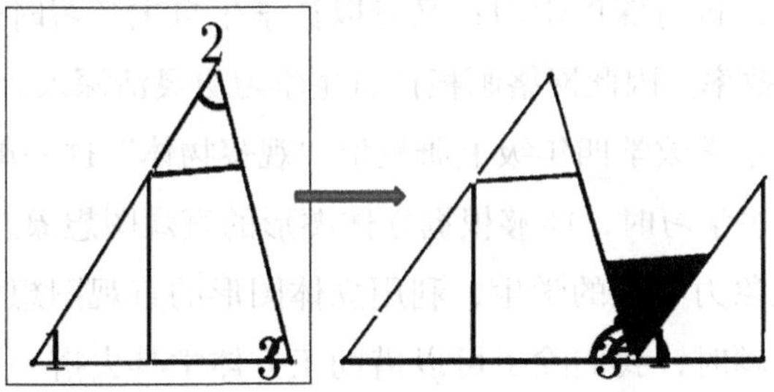

图 2　撕拼法

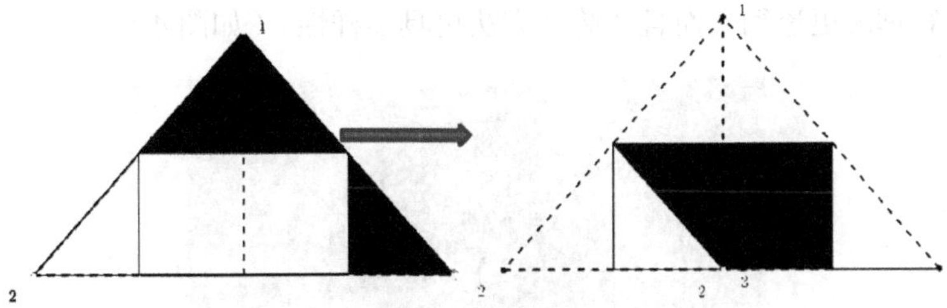

图 3　折拼法

（三）网络画板支持下的自主学习更灵活深入

所谓自主学习是指学生有主见地主动学习。而传统教学具有浅层化、零碎化、机械化，学习材料不易理解，解决问题方法单一等弊端，导致学生自主学习效率不高。新课程改革提出：师生角色发生了转变，学生是学习的主人，在教学过程中，学生起主体作用，教师仅仅起着引导的作用，教学也从“先讲后学”转变成“先学后教”，在教学过程中要发挥学生的主观能动性，培养学生自主探究的学习方式，而网络画板非常的生动直观，为学习方式的转变提供了可能。借用现代信息技术教育，把网络技术与数学内容结合，改进教学方法，促进学生自主学习，并通过“课内—课外”相结合、“个体—合作”相结合，提高获取信息、分析信息、处理信息的能力，培养学生自学能力，让学生成为学习的主人。例如，在课前教师可将网络画板素材推送给学生，让学生能借助网络画板素材去感知图形的变化，进一步加深了对知识的理解，从而更加有效地促进学生进行自主探究；课中学生也可在预习的基础上借助网络画板素材进行自主合作探究，让一些不好理解且不易操作的实验在网络画板中得以实现；课后也可借助网络画板素材，对课上一些暂时没理解透彻的知识，再次去理解，进行自主学习。因此借助网络画板既可以帮助学生更好地进行结构化、理解性的学习，让学生形成知识网络框架，进行深度学习；又可以让学生自主学习时选择的方法多样性，提高学生自主学习的效率。因此网络画板让自主学习更灵活深入。

例如：在北师大小学数学四年级上册教学“观察物体”这一单元内容。依靠传统正方体教具让学生自主学习时，能够根据立体图形的直观图想象三视图。但同时我们也会发现对于空间想象力不强的学生，利用立体图形的直观图想象三视图非常困难。因此，在解决这一问题时，我们除了可以借助正方体学具去搭一搭进行自主探究外，而且也可借助网络画板素材去搭一搭，看一看。网络画板素材中不仅正方体个数可以自由选择，而且转动立体图形可清楚直观地看出它的三视图的形状。这不仅让学生对自主学习内容理解更透彻，而且让验证方法更具多样性。（如图 4）

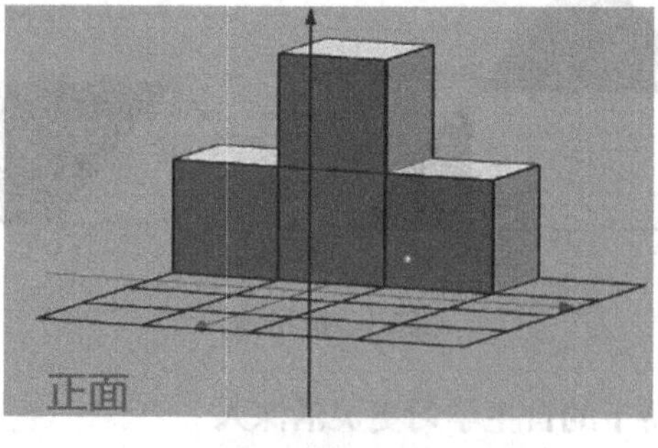

图 4　验证立体图形的三视图

（四）网络画板支持下的思维训练更有趣有效

兴趣是记忆的催化剂，小学生由于生理特点，对于直观的、色彩绚丽的东西更喜欢、更容易接受一些，对比较新颖的事物也会表现出强烈的兴趣。并且兴趣是最好的老师，要让学生进行有效学习，锻炼学生思维，学习内容就应该有趣。所以我们在课堂教学和日常生活中，要让学生记住的东西，一定要想方设法把它变得有趣，努力培养小学生对学习内容的兴趣，引起孩子的注意。经教育实践研究，网络画板以其特有的技术资源，能增加师生互动、生生互动的渠道，呈现多样性的知识，并能把教学变得有声有色又有形，充分调动学生学习积极性，使课堂轻松有趣，让教学更加有趣和有效。就如巩江源在学术论文中提到网络画板在基于心理机制的逻辑推理素养培养方面的培养效果良好。应用网络画板进行教学，可以提升学生的数学抽象思维能力，最后在此基础上提出提升学生数学抽象思维能力的策略。

例如：在推导圆面积计算公式时，在网络画板中把圆沿半径剪开等分成 4 份、8 份、16 份、32 份 ...... 随着分的份数越多，最后拼成一个近似的长方形，其中长方形的长是圆周长的一半，长方形的宽是圆的半径，由此推导出圆的面积公式（如图 5）。在网络画板内剪的过程中学生兴趣高昂，并且随着份数越来越多，学生兴趣越来越浓，完全吸引了全班学生的注意力。并且如果借助教具圆片，学生发现随着分的份数越来越多，操作越来越难实现，最终无法理解圆为何能剪拼成一个近似的长方形。

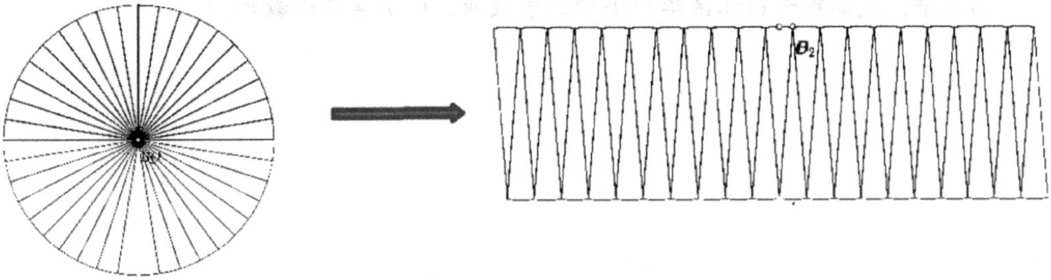

图 5 圆剪拼成近似的长方形

总而言之，网络画板是“有温度的”教育技术，它是为教育而服务的，其核心就是“人”。在探索数学智能化教学的道路上，教师应以人为本，发挥学生主观能动性，借助互联网和网络画板等工具，科学应用知识图谱、问题生成单、网络画板素材、数学实验，促进信息技术与教学内容、教学活动、教学方式的深度融合，创新教学模式。网络画板可用于动态、直观演示，有利于学生进行抽象、概括，有效突破想象与理解的难点。所以教师应该针对小学生身心健康发展的不同需求，进行个别化、多样化的课堂教学，并且紧紧跟着时代发展的变化，努力培养自己的信息技能和素养，充分借鉴汲取并运用中国人的智慧，用网络画板的思想和方法来解决教育信息化工作实践中存在的现实问题，充分发挥其务实与实干的精神，在日常的教学中使用教育技术推动小学数学教学。

参考文献

[1] 叶兰琴.现代信息技术与自主学习能力的培养[J].科技资讯，2008（16）：197-198.

[2] 巩江源.网络画板在逻辑推理素养培养中的应用策略研究[D].兰州：西北师范大学，2021.

[3] 李萌.基于网络画板的小学生数学抽象思维能力培养研究[D].沈阳：沈阳师范大学，2020.

[4] 刘重庆.网络画板与数学教学的融合与创新[J].中小学数字化教学，2022（2）：48-52.

作者简介

彭翠平：成都市青白江区华严小学数学教师，中小学二级教师。

模块五

智慧课堂环境下
数学精准教学方法分析

基于大数据的初中数学精准教学实践研究

——以试卷讲评课为例

西安市第七十五中学 牛春蕾

【摘　要】随着大数据迅猛发展，信息化技术与教学不断融合，让精准教学成为可能。越来越多的老师开始利用智能平台，通过大数据对学生的考试情况进行分析，以期实现精准教学，提升教学效率。本文主要研究如何利用大数据实现试卷讲评课精准教学并给出实例。研究发现通过试卷分析平台的大数据可以精准掌握学生的答题情况，并据此设计试卷讲评课，对学生进行针对性训练，有利于提升学生的知识掌握水平，进一步实现精准教学。

【关键词】精准教学；初中数学；试卷讲评课；大数据

一、引言

精准教学是一种理想化的教学状态，因一直受困于数据采集困难而无法实现。现在，大数据的出现使得初中数学精准教学成为可能。试卷讲评课是初中数学教学的重要组成部分，通过试卷讲评课，教师能够指导学生解决数学学习过程中的学习困难，培养学生分析问题、解决问题的能力，能提升学生的数学核心素养。但实际上，试卷讲评课的教学功能并未被教师充分发挥。通过阅卷平台对学生学习相关数据进行搜集和分析，掌握学生的具体学习情况，为教师在教学计划的制订上提供参考，以便实现个性化教育，培养学生数学综合素养，而且对于提升教师自身教学效率与质量都能够产生积极作用。因此研究如何利用大数据实现试卷讲评课精准教学是极为重要的。下面笔者就基于大数据的初中数学精准教学实践研究的相关内容进行详细阐述。

二、大数据对初中数学试卷讲评课精准教学的应用价值

试卷讲评课教学离不开学情分析，学情分析离不开学生的考试分析数据。阅卷平台提供的考情分析数据为教师试卷讲评课的学情分析提供了强有力的数据支撑，节省了教师人工整合数据的时间，让教师便捷快速地了解学生的学习状态，并且设计精准的教学行为。根据教学工作中借助大数据分析考情，进行试卷讲评课的课堂教学实例，笔者认为大数据对初中数学试卷讲评课精准教学具有三个重要的应用价值。

（一）大数据有助于精准分析考情

近几年来，一些中学陆续采购了网上评卷系统，在中学的常态化教学中使用，将信息技术与讲评课程融合，利用网上评卷系统的多种功能来辅助教师授课。

通过这些平台可以获取学生的考情。本研究选取自己所带的班级 11 月的期中考试和 12 月的第二次月考做对比。表 1 是学生两次考试的数学成绩，从中不难看出，通过一个多月的复习，在第二次月考中，我所带的班级的整体成绩有较大提升，参考人数 47 人，在 100 分以上的人数相比期中考试有一个突破，优秀率也由原来的 8.33% 上升到 10.42%。

表 1　两次考试得分情况对比

考试时段	最高分	100 分以上的人数	90 分以上的人数	优秀率
期中考试	104	2	12	8.33%
第二次月考	110	4	10	10.42%

在第二次月考中选择 B 班作为参照，因为 B 班的数学成绩各方面表现一直优于 A 班，成绩稳定，并在年级前列。因此用 B 班作为参照比较有参照价值。

表 2 是期中考试 A 班和 B 班考试情况对比分析，可以明显看出 B 班各分数段表现及平均分都明显优于 A 班。

表 2　期中考试 A、B 班成绩对比

班级	参考人数	最高分	100 分以上的人数	90 分以上的人数	80 分以上的人数	72 分以上的人数	平均分
九年级 A 班	48	104	2	14	24	33	76.7
九年级 B 班	53	117	6	18	27	32	78.5

经过一个月的学习调整，针对具体同学精准提升，在第二次月考中，A 班成绩有

了明显提升。表 3 是第二次月考 A 班和 B 班考试情况对比分析，可以看出，A 班在参考人数少于 B 班的前提下，各分数段人数紧追其后，甚至平均分超过了 B 班，但最高分表现还是差一些，B 班最高分 115 分，而 A 班最高分只有 110 分。

表 3　第二次月考 A、B 班成绩对比

班级	参考人数	最高分	100 分以上的人数	90 分以上的人数	80 分以上的人数	72 分以上的人数	平均分
九年级 A 班	47	110	4	10	22	29	74.88
九年级 B 班	53	115	5	12	21	30	74.6

表 4 和表 5 是两班第二次月考全卷 25 道题学生答题情况对比。可以看出：A 班在选择题 3 题答题情况较差，特别是第 3 题差距比较大；在主观题 11—14，16，17，20，23 表现稍差。

表 4　第二次月考 A、B 班 2—10 题学生答题情况对比分析

题号	A 班满分率（%）	B 班满分率（%）
2	89.36	86.79
3	57.45	88.68
4	78.72	75.47
5	72.34	71.7
6	59.57	35.85
7	85.11	69.81
8	74.47	69.81
9	74.47	88.68
10	42.55	37.74

表 5　第二次月考 A、B 班 11—25 题学生答题情况对比分析

题号	分值	九年级 A 班			九年级 B 班		
		均分	满分率（%）	得分率（%）	均分	满分率（%）	得分率（%）
11—14	12	7.69	19.15	64.06	8.09	18.87	67.45
15	5	4.35	85.11	87.08	4.19	79.25	83.77
16	5	4.52	89.36	90.42	4.81	90.57	96.23

续表

题号	分值	九年级 A 班			九年级 B 班		
		均分	满分率（%）	得分率（%）	均分	满分率（%）	得分率（%）
17	5	3.67	63.83	73.33	3.85	67.92	76.98
18	5	4.58	89.36	91.67	4.55	79.25	90.94
19	7	5.13	48.94	73.21	4.79	47.17	68.46
20	7	1.85	23.40	26.49	2.3	28.30	32.88
21	7	4.52	21.28	64.58	4.49	15.09	64.15
22	7	4.06	19.15	58.04	4	26.42	57.14
23	8	4.23	6.38	52.86	4.7	7.55	58.73
24	10	4.17	6.38	41.67	4.21	7.55	42.08
25	12	3.08	0	25.69	2.89	1.89	24.06

通过阅卷平台多角度对比数据，可以清楚地分析出教学班级整体成绩及具体表现、易错题、知识盲区及和年级其他班级的差距或优势，更准确地发现学生知识掌握的具体状况，从而调整试卷讲评方式，有的放矢。

（二）大数据有助于设计精准教学行为

基于阅卷平台提供的多角度数据分析，教师可以快速方便地了解班级学生的学习状态和知识需求，并推断教学的优先顺序和学生的学习困难，设计更准确的教学行为。阅卷平台自动生成的分析报告，不仅统计了错误人数，还记录了相应的学生名单及答题原卷；不仅统计得分率还给出选择题的高频错误选项，及相应的同学名单。教师可以快速精准地定位需要重点讲授的高频错题及相关知识。事实证明，在数据帮助下教师可以根据班级每个小题的得分率来确定教学内容，这样的教学效率要高于传统仅凭经验进行的试卷讲评课。

（三）大数据有助于促进家校合作

通过阅卷平台，学生家长能及时了解学生在校的真实学习状态，进而对学校教学进行辅助。例如，对初中生的真实学习成绩进行了解，查看具体学科成绩的分析报告，最近几次考试的成绩对比分析报告，打印错题、类型题，供学生课后强化练习，等等。如今，大数据为家长进行协同教育提供了所需的精准信息，为家校紧密合作提供有力的支撑。同时，随着大数据与教学领域的不断融合，家长的协同教育、落实机制和纠偏调控这些支持系统可以让家校合作变得更加高效、精准。

三、基于大数据的试卷讲评课的数学课堂教学的实例展示

表6　案例1

<table>
<tr><td>案例1</td><td>如图，△ABC与△DEF位似，点O为位似中心；若OA ∶ OD = 1 ∶ 2，△ABC的面积为2，则△DEF的面积为
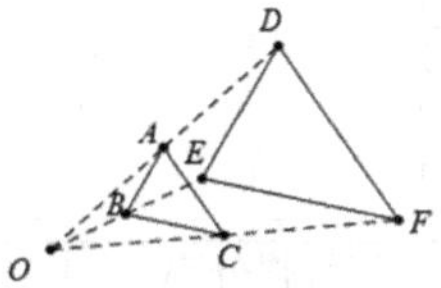

A. 1
B. 2
C. 4
D. 8</td></tr>
<tr><td>数据分析</td><td><table><tr><td>年级得分率</td><td>班级得分率</td><td>答对人数</td><td>答错人数</td></tr><tr><td rowspan="2">63.03%</td><td rowspan="2">56.25%</td><td rowspan="2">D：27</td><td>A：1</td></tr><tr><td>C：19</td></tr></table></td></tr>
<tr><td>教学对策</td><td>题目分析——本题考查位似图形的性质，相似的性质：面积比等于相似比的二次方。利用相似转化边比关系。
失分原因分析——有19人选C：没有掌握好相似比和面积比的关系；有1人选A：没弄懂题。
教师分析过程中，请做错的学生回答位似的性质，相似的性质。
题目解析——由△ABC与△DEF位似可以得出：△ABC∽△DEF，又因为OA ∶ OD = 1 ∶ 2，所以△ABC和△DEF的相似比为1 ∶ 2，所以△ABC和△DEF的面积比为1 ∶ 4。
讲评完本题，请2名答错的学生分别总结本题的答题思路和考查的知识点和方法。
设计意图——本题考查了位似的概念及性质。相似的性质：面积比等于相似比的二次方。利用相似转化边比关系。凸显了对学生逻辑推理与数学运算等数学核心素养的考查，同时要求学生对相似知识的综合运用熟练掌握。针对学生的失分原因，教师指导学生分析和理解题意，并请学生回答相关知识，帮学生梳理相关知识，加深学生对相似的理解。</td></tr>
<tr><td>变式训练</td><td>变式1：如图，△A'B'C'是△ABC以点O为位似中心经过位似变换得到的，若△A'B'C'的周长与△ABC的周长比是2 ∶ 3，则OB' ∶ OB为（　　）
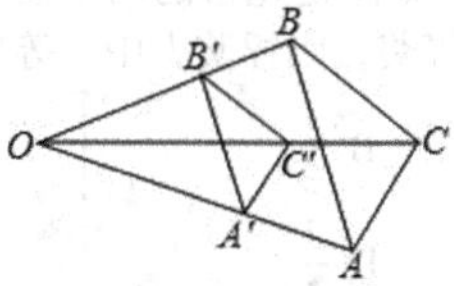

A. 4 ∶ 9
B. 3 ∶ 2
C. 4 ∶ 5
D. 2 ∶ 3

变式2：如图，四边形ABCD与四边形A'B'C'D'位似，点O为位似中心，若OB ∶ OB' = 2 ∶ 3，则四边形ABCD与四边形A'B'C'D'的面积比为（　　）
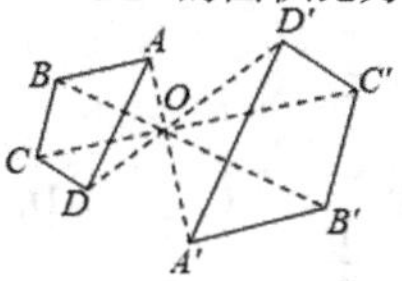

A. 2 ∶ 3
B. 2 ∶ 5
C. 4 ∶ 9
D. 4 ∶ 25</td></tr>
</table>

表 7　案例 2

<table>
<tr><td>案例 2</td><td>有一个转盘如图所示，让转盘自由转动两次（若指针落在分界线上，则重转），则指针一次落在红色区域，一次落在黄色区域的概率是
A. $\frac{1}{3}$
B. $\frac{4}{9}$
C. $\frac{5}{9}$
D. $\frac{2}{3}$
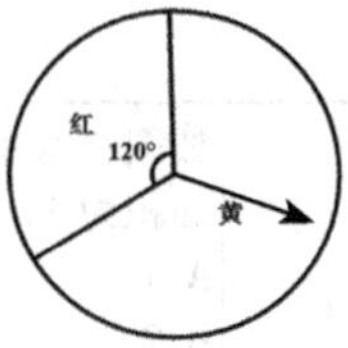
</td></tr>
<tr><td>数据分析</td><td><table><tr><td>年级得分率</td><td>班级得分率</td><td>答对人数</td><td>答错人数</td></tr><tr><td rowspan="3">61.88%</td><td rowspan="3">70.83%</td><td rowspan="3">B：34</td><td>A：0</td></tr><tr><td>C：1</td></tr><tr><td>D：13</td></tr></table></td></tr>
<tr><td>教学对策</td><td>失分原因分析——有 13 人选 D，忽略了运用等可能事件概率公式计算的前提，事件是等可能的；有 1 人选 C，没弄懂题。
题目分析——在利用树状图或列表的方法求概率时，各种结果出现的可能性必须相同，若不相同，需转化成可能性相同，再应用等可能概型的概率计算公式进行计算，即等可能事件概率计算的前提：事件是等可能的。
教师分析过程中，请做错的学生说他考试时的解题思路，错误原因是什么。
题目解析：本题中红黄色区域面积不同，所以落在红色区域和黄色区域的可能性也不相同，我们需要将黄色区域分成两份，这样各种结果出现的可能性就相同了，也就可以使用等可能概型的概率计算公式计算概率了，即列表或画树状图进行求解。
讲评完本题，请 1 名答错的学生分别总结本题的答题思路和考查的知识点和方法。
设计意图：本题考查了对等可能概率模型的理解及等可能概型事件概率计算。让学生不要“知其然不知其所以然”。让学生理解我们研究的等可能概型是概率模型的一种情况，掌握等可能概型的特征。考查了学生对概率模型的掌握。针对学生的失分原因，教师指导学生分析和理解题意，并请学生回答相关知识，帮学生梳理相关知识，加深学生对等可能概型的理解。</td></tr>
<tr><td>变式训练</td><td>变式 1：如图是超市的两个摇奖转盘，只有当两个转盘指针同时指在偶数上时才能获一等奖，则摇奖人中一等奖的概率是（　　）
A. $\frac{1}{2}$　　B. $\frac{1}{3}$
C. $\frac{1}{4}$　　D. $\frac{1}{6}$
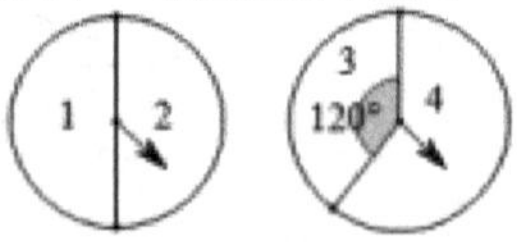

变式 2：用图中两个可自由转动的转盘做“配紫色”游戏：分别旋转两个转盘，若其中一个转出红色，另一个转出蓝色即可配成紫色，那么可配成紫色的概率是（　　）
A. $\frac{1}{4}$　　B. $\frac{1}{3}$　　C. $\frac{1}{2}$　　D. $\frac{3}{4}$
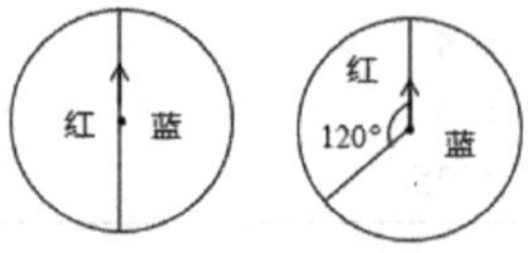
</td></tr>
</table>

四、总结与展望

精准教学需要教师充分了解学生的学习情况，从而进行教学设计。大数据为教师充分了解学生学习情况提供可能。大数据有助于精准分析考情，设计精准教学行为，促进家校合作。在大数据快速发展的时代背景下，数学教师应更加注重分析数据，而非仅凭原有经验。这样一来可以促使数学教师教学教研等方面朝着精准化这一方向发展。本研究仅从三个方面探讨大数据对于教育教学的意义，如何更好地将大数据与试卷讲评课教学融合，课前课后如何做还有待进一步研究。

参考文献

[1] 王蓉．初中数学试卷讲评课教学研究 [J]．数学教学通讯，2019（11）：62-63.

[2] 陈乐安．大数据视域下初中数学精准教学策略研究 [J]．名师在线，2020（15）：20-21.

[3] 傅颖萍．基于网上评卷系统的高中数学讲评课精准教学模式设计及应用研究 [D]．福州：福建师范大学，2020.

[4] 周毅．基于大数据的初中数学精准教学 [J]．福建中学数学，2018（3）：35-38.

[5] 周枝鸿．极课大数据在初中数学精准教学中的应用 [J]．中学数学，2021（18）：96-97.

[6] 李宁．基于大数据的初中数学精准教学 [J]．试题与研究，2019（24）：108.

作者简介

牛春蕾：西安市第七十五中学初中数学教师，西安市中学一级教师。

利用信息技术进行精准反思与评价研究

西安市铁一中分校 刘文静

【摘　要】精准教学作为一种新的教学模式，依托信息技术的发展。在“互联网＋”快速发展和大数据时代来临的背景下，对教学模式的优化必须充分发挥信息技术的作用，从而将课堂教学和新媒体教学结合起来。既要充分地发挥课堂教学的主体作用，又要借用新媒体教学“锦上添花”，以促进精准教学的高效实施，激发教学活力。精准教学自产生之日起就和信息技术的发展休戚相关。依靠大数据和计算机的强大计算能力，精准教学才获得了更加“精准”的可能性。一些针对线上学习的平台或某些特定技能的软件、强大的数据库、先进的通信技术等也为教师提供了更加科学的工具，笔者相信在信息技术迅猛发展的“加持”下，对思维逻辑、已学知识掌握情况、课堂知识吸收程度等不同类型的学生实现精准有效的关注和学习内容的量身定制已成为可能。笔者以《探索三角形相似的条件》为例利用信息技术进行精准教学，结果表明，信息技术给精准教学提供了良好的媒介和工具。

【关键词】信息技术；精准教学；反思；评价；初中数学

一、引言

在国家“双减”政策的引领下，“如何提高教学质量，优化作业布置，减轻学生负担，提升学生综合素养，构建教育良好生态”就成为教师重点研究的内容。随着互联网和人工智能等的快速发展，社会发展对素质教育的需求也逐渐提高，精准教学重在关注学生的学习动机、学习过程、学习兴趣、学习方法等，逐渐成为受广泛关注的新型教学模式，其突破以往经验主义教学的低效与含糊，更加清楚学情、尊重差异、分层学习。

大数据背景下的精准教学更是凸显出以下优势和效能：大数据技术的应用使得教学更为精准可行；系统对学生学习行为过程的记录和分析使得精准教学更能保障学生

的个性化发展；大数据技术应用的多样性、异构性使得精准教学环境更为开放高效。

二、精准教学研究背景

精准教学的理论基础要追溯到哈佛大学行为研究实验室中斯金纳（Skinner）的行为学习理论，其主张学习就是操作性条件反射，且其操作性反射是自发产生的，人类的行为几乎都是由于操作性强化，人们可以通过强化作用去影响或改变别人的反应。1954年，他将其理论引入课堂，认为教学需要提出学习目标并控制学习过程，辅以训练、反馈和纠正性补救等，若形成所要求的行为即达到目标，立即给予强化；而对于那些偏离目标或未达到目标的行为，应及时进行纠正。那么，如何判断是否达到了教学目标呢？斯金纳认为应该用学生的行为来检测。若学生准确率越高、反应速度越快，就说明这位学生的学习目标达成得越好。故精准教学用准确度和速度两个方面来衡量学生的学习发展。

20世纪60年代，斯金纳的学生——美国学者奥格登·林斯利（Ogden Lindsley）将“精准”引入教学并提出了一种系统的教学评估方法。随着之后的发展，任何学段、任何学科均可以进行评估。梁美风对当代精准教学下如下定义：即指借助信息技术的发展，在精准把握课程标准和学生发展实际的基础上，精准设计目标、精选教学内容与形式、精准测绘学习表现并精准应用，使整个教学过程达到可度量、可调控等精准要求，实现班级内授课的差异化教学。

三、信息技术在精准教学中的作用

精准教学从出现开始，就和信息技术息息相关。实践证明，信息技术对精准教学十分重要，主要表现在：一，信息技术使得学习不再受时间和空间的限制，比如微课等，学习者可以随时随地地进行精准的碎片化学习，省时高效且极具针对性；二，信息技术使得数字可以精确地表达现象，比如学生考试结果的多维度分析、学情的精准把握等，进一步促进教师以更加科学的手段了解学生，提高教学效率。

授课软件如几何画板、网络画板、GeoGebra等使得几何类章节更加规范且极具说服力；演示文稿使得教学生动精彩起来，增加学习动机，获得学习效能感；利用大数据对学生知识短板进行挖掘和班级差异化的教学等。如果没有信息技术，很难准确地界定当前教学是否已经达成目标、学生需要什么方面的补充和帮助。因此，信息技术在精准教学的各个环节中都有着非常重要的作用。

（一）有助于精准了解学情

精准教学首先要从研究学生开始，只有分析清楚学生之前的学习情况、学习态度、知识能力等，教学才能做到有的放矢。给基础好、学习能力强的同学重心放在基础练习上，或者反之，给基础差、学习能力弱的同学教学重心放在拓展提升上，这都是极不可取的。

（二）有助于精准确定学习目标

如何判断教学目标是否达成？在利用信息技术进行精准教学的过程中，精准了解学情后要精准确定学习目标。此目标包括知识与技能目标，以及为了掌握该知识和技能学生需要掌握的其他子目标（如数学考虑、问题解决、情感态度等）。精准确定学习目标就是要把“理解”“掌握”等含糊的词语，变成可检测的、量化的过程。

（三）有助于精准进行教学设计

教学设计和教学内容是实现教学目标的载体，但实现教学目标不是唯一的目标。为了激发学生的学习热情和兴趣，一般地，教师会增设趣味性强和贴近生活的引入，可以使用多媒体课件、不乏科学性但生动有趣的小视频、小动画等让学生爱上学习。

（四）有助于精准反思与评价

可以通过五个层面来分析学生的行为：一是没有其他额外的练习能否根据需求来执行任务；二是能否在较长时间内持续地执行任务；三是若遇到干扰能否继续执行任务；四是所掌握的知识技能能否容易地应用到新的情境；五是缺乏指导的情况下，是否会产生较复杂的行为技能。

在传统的教学中，教师常用课后作业完成程度、学习态度、考试成绩来评价学生，甚至有非常多人为且主观的评价。随着信息时代的来临，教师可利用图标、数据分析软件等对学生精准且全方面多维度地进行评价。评价是为了更好地教学，利用信息技术科学地掌握学生的情况便可更为准确地判断学生的学习情况，有助于教师之后对学生更为个性化地教学。

四、利用信息技术进行初中数学精准教学的措施——以“探索三角形相似的条件”为例

（一）研究设计

依据精准教学的要求，为充分发挥“精准”在教学中的作用，本研究构建了基于“调查问卷—微课”相结合的精准教学模式，如图 1。该模式分为 5 个精准环节：精准

了解学情、精准教学目标、精准导学、精准评估、精准反思与拓展。在以上的5个精准环节中，学生的学习活动为：课前自学、填写问卷反映个人学习诉求、课堂小组研学、积极参与课堂、课后微课辅学、针对性练习再突破。

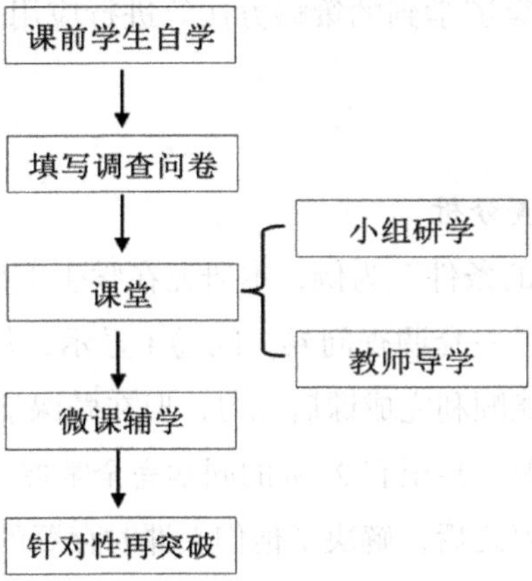

图1　基于"调查问卷—微课"相结合的精准教学模式

具体的实施流程如下：

①课前自学，带着问题高效学习。应鼓励学生自学，逐渐培养自学能力。带着问题走进课堂也能增加其自主学习的兴趣，并减少学习吃力感。而对于课堂内容的了解也会给学生带来安全感和成就感。

②填写调查问卷。数学课由于其数、几何等章节的不同，导致学生的学情并不易完全把握。有些学生计算能力强但几何能力弱，有些则反之。根据调查问卷结果，教师将进一步了解学情，改进微课内容，注重知识联系、解题思维的培养，对普遍存在的薄弱环节录制专题微课，也可适当地选择具有重难点或提升训练的一些微课，让不同层次的学生都有所收获；丰富知识的呈现形式，寓教于乐，增强学生学习兴趣；适度调整讲解进度，直切重点，提高效率；增强各章节之间知识的联系，充分发挥单元化教学的优势。

③课堂导学。课堂上对于小组研学和教师导学过程中自然生成的问题，教师将引起足够的重视，精准讲解并将生成的重难点问题以专题的形式合理融合在微课中。

④微课辅学，精准理解。针对单元中的问题，教师录制对应的微课并将其上传至QQ群中。学生可根据自己掌握的情况自主选择一个个专题开展个人的自主学习，重复捡拾原来对于知识点的记忆，发现知识盲点并充分理解。微课中，教师会更多地对

其理解层面进行相较于课堂更深一步的点拨。

⑤精准反思，针对性再突破。在微课辅学的基础上，教师可根据后台各微课的播放量等数据再次分析学生学习的薄弱环节，组织变式练习等。此时，学生可根据从课堂、小组研学、微课等多渠道学到的策略方法等进行应用和创新，达到“温故知新”的效果。

（二）研究结果

1. 精准教学有效性调查分析

以“探索三角形相似的条件”为例，本研究在学生上课之前（问卷 1）及微课学习之后（问卷 2）各设置了一套调查问卷，问卷 1 显示，仅有 8% 的同学表示可独立完成本节课课程学习，并能顺利完成课后练习，但在微课学习之后，约 68% 的同学表示对本大节的课程已经掌握，甚至有 22% 的同学完全掌握，基本能应对各种题型。有 86% 的同学表示在微课学习之后，解决了他们上课时存疑的知识点。此外，有 92% 的学生表示微课对他们的学习帮助很多，聚焦重难点，能让他们随时都可以复习薄弱知识点。

2. 精准反思与评价

在问卷 1 中，仅有 62% 的同学表示基本可以掌握之前有关几何的学习，有 54% 的同学对之前的全等三角形判定定理完全理解。因此在此学情的了解下，笔者在教学目标以及教学设计上将再次重点地将分类讨论的过程逐一引导学生们进行探索，而不是轻描淡写地让学生类比全等三角形的判定定理过程。对于预习中的难点，和笔者所想一致，三个定理中学生对于第二个定理——两边成比例且夹角相等的两个三角形相似理解起来较其他两个更加困难，因为学生很难理解为什么夹角可以但是一条边的对角就不可以？故在教学设计中，笔者将此环节放慢，放手让学生自己探索，找出反例，由此加强理解。

在问卷 2 中，有 32% 学生希望增加多种题型的基础练习和讲解，且 44% 学生希望增加拓展提升等难题的练习和讲解。基于此，笔者在之后的微课录制中将补充多种题型练习专项和拓展提升专项，供有需要的同学选学。

（三）研究结论

利用信息技术进行精准教学及反思评价有助于教师更好地把握课堂、把握学生。课后增设微课供学生选学，极大地扩宽了学生的学习途径。有 64% 的学生表示在遇到不懂的问题时会主动去学习微课，因此微课的设置丰富了学生的学习生活，使学生产生了主动学习的学习动机。精准了解学情有助于教师优化教学结构和教学内容，起到“减负”“增效”的效果。

五、总结

利用信息技术来进行精准教学，突破了以往的经验主义教学，避免教师想当然地认为学生程度如何、易错点在哪里等，使教师对于学情的了解更加科学，制定教学目标更加精准，教学评价更加高效且可视化。所以信息技术可以优化教学模式，实现线上线下联动，使教师精准了解学情、精准确定教学目标、精准反思和评价。

参考文献

[1] 祝智庭，彭红超．信息技术支持的高效知识教学：激发精准教学的活力[J]．中国电化教育，2016（1）：18–25.

[2] Binder C. Precision Teaching: Measuring and Attaining Exemplary Academic Achievement [J]. Youth Policy，1988，10（7）：12–15.

[3] 梁美凤．“精准教学”探析[J]．福建基础教育研究，2016（6）：4–7.

[4] 王永固，肖镭，莫世荣，等．电子书包赋能的精准教学模式有效性研究——以初中数学复习课为例[J]．中国电化教育，2019（5）：106–113，119.

作者简介

刘文静：西安市铁一中分校数学教师。

建构小学数学智慧课堂教学新范式的行动研究

广州市白云区新市教育指导中心　卢月明　余振江
广州市白云区景泰小学　李志勇

【摘　要】为满足当前智慧教育形态下教学模式和学习模式的新需求，本文通过行动研究建构了基于互联网技术的小学数学课堂“引入—探究—交流—总结”的互动型教学模式，“自学—启发—练习”互动型教学模式和“交互—评价—提高”互动型教学模式。基于这三种模式，总结形成小学数学智慧课堂教学新范式。新范式有助于提高数学教师信息技术应用能力，促进现代教育技术与数学教学融合应用，提升教学质量。

【关键词】智慧课堂；小学数学；教学范式；行动研究

一、问题的提出

随着科学技术的不断发展，课堂教学已基本步入“互联网+”的教学模式，课堂上信息技术与学科的教学融合，对教师信息技术能力提出新的要求：既需要充分用好教材和资源，又要重视使用教学互动的工具，把增强互动作为教学设计的中心切入点。在基于“互联网+”的智慧教育形态下的思维方式和新一代教育技术支持下，打造互动、智能、高效的课堂，成为学校和一线数学老师实践研究的重要内容。

多年来笔者在一线教学实践中发现，当前数学课堂教学中仍存在以教师讲授为主、满堂灌的现象，师生互动少，技术工具运用不合理，实效性不强，教学效果往往并不理想。

陕西师范大学陈晓端教授指出，教学范式是指人们对教育领域教学这一特殊现象和复杂活动的最基本的理解或基本看法。随着“互联网+”思维和大数据、云计算等智慧教学平台在教育中发展应用，“互联网＋教育”将加速信息时代教学范式的变革，而基于生态后现代主义的互联网思维将转变传统教学的哲学范式，引领教学观念、理论、实践的系统变革。基于“互联网＋教学”的智慧教学理念和理论技术以及操作策略、操作体系的共同体，可以称为智慧教育形态下的一种新教学范式。从教学范式的操作层面下基于不同的学科又可以构建不同类别的学科教学范式，本文试图探索的是小学数学学科在智慧教育形态下的课堂教学新范式，以点带面，带动其他学科全方位开展智慧教学应用创新，全面提升学校教与学的质量。

二、行动研究的过程

行动研究最早在社会学领域提出，后引入教育研究领域。教育行动研究是将行动与研究结合在一起，行动中有研究，研究中有行动，是一线教育工作者开展教学研究的最佳选择之一。为达成目标，结合工作实际，以解决教育教学存在的“师生互动少，技术工具运用不合理”的问题为抓手，笔者以面促点、以点带面，开展了一次次的教师校本培训，着力提升教师信息技术应用能力：端正认识、明确导向、纠正偏差、转变观念；听课评课，利用数学教研活动，指出不足，提设想提要求；定期召开研讨会，及时了解、跟进平板试点班的各项工作，解决问题；聚焦智慧教育的融合运用，开展不同层面的专题培训，促进队伍建设。笔者采用的行动包括：

1. 培训与建设先行，软硬结合，保障研究基础

抓好培训与建设两个重点，建成WiFi覆盖支持条件、101PPT软件课堂教学的普及建设。根据工作进展需要，安排若干场骨干教师培训，进行软件应用的全员轮训，开展常态化骨干研讨培训。

2. 普及创新中运用101PPT教学软件

为了提高学校信息化普及水平，促进项目研究，2018年前后，着重抓好101PPT教学软件在课堂教学上的应用研究。在普及应用研究的过程中，创造性地采取了手机与教学平台连接的办法，增强课堂教学中教师、学生和学习资源相互交互的方式，充分利用教学资源。成功创设了简易教学平台与教师手机投屏相结合使用，提高课堂的教学效果。

3. 创建平板试点班，推动教学新范式的探讨

随机在两个年级设立4个平板电脑课堂教学试点班，并于2019年初，正式投入课堂使用。为了保障平板试点班的运行，为各个试点班铺设了独立专用电信光纤，更

换试点班教学平台，保证课堂教学需要。

4. 推动项目实施，形成操作模式

2019年以来，项目组着眼试点班，以点带面，开展新一轮智慧教育融合范式探索。以行动研究的方式，把培训、实操、研讨、尝试、点拨、感悟，以六个环节为一周期，环环相扣，形成一个开放性的循环往复系统，一个周期一个周期推进，形成“培—操—研—试—点—悟”推进方式。

课堂教学活动中，整合学生平板、剪辑师、希沃白板、腾讯会议、晓黑板、国家课程数字教材应用平台网络等教学软件和教学工具，充分融合学习资源和应用系统，实现统计反馈、学习记录、师生互动评价、资源共享等功能，构建具有规范性、互动性、探究性特点的全新智慧课堂。

三、研究结果

习近平总书记指出：“教育的根本任务在于立德树人。”而数学教育的核心任务是“数学育人”。数学学科的“立德树人”目标，首先体现在鲜活的生命活动过程中。通过上述行动，教师在教学过程中逐渐形成了新的“教育三观”。首先是教学观，新课标和智慧教育形态下教学范式所倡导的教学观认为教师和学生是课程的有机构成部分，是课程的创造者和主体，他们共同参与课程开发的过程。其次是学生观，新课改认为学生是发展、独特、具有独立意义的人，在智慧教育形态下的课堂教学中，提供了生命成长充足的“教育环境”条件，学生在课堂学习互动中展现出令人欣喜的旺盛生命力。最后是教材观，新课程要求“用教材教”，要求重视挖掘教材资源，拓宽、延伸知识结构，智慧教育形态下的课堂教学，活用了教材，打破了以往封闭的教学格局，形成了开放的势态。在新“教育三观”的指引下，行动研究建构了智慧教育形态下基于互联网技术的互动型教学模式。

根据不同的教学内容、教学主题、教学目标等，可以构建出基于互联网技术的不同的互动型教学模式。笔者在行动中构建出了3种互动型教学模式。

（1）根据教学内容，构建“引入—探究—交流—总结”的互动型教学模式

教学案例1：数学四年级下册的“运用平移知识解决面积问题”。在课上，老师首先对问题展开谈论，吸引学生兴趣，要求学生作业纸上尝试画一画，数一数，对转化先产生初步思路，进而在平板电脑（移动终端）上通过希沃白板5的互动功能展现此不规则图形课件，让学生在各自的平板上动手摆一摆，移一移，从左到右，右也可以

到左，对刚才的转化思想进行直观的验证。基于平板电脑互动技术的触摸屏功能，教师在设计课件时可以很轻松地预设好几个情况，让学生每个人可以直观反复地操作，通过互联网 + 平板，使这种传统教学难以展示的过程成为容易的事情。老师在后台就可以轻松收集到每个学生的完成信息。在整个学习过程中，教师不断通过网络和课件，引导学生一直探究学习，并且师生一直在交流互动。

“引入—探究—交流—总结”的互动型教学模式是以问题为导向，使用技术手段让学生形成亲身体验，接着生生交流和师生交流提升课堂参与度，最后以总结作为知识闭环。这种教学模式能较好地让学生针对问题形成解决能力。

（2）根据教学主题，构建“自学—启发—练习”互动型教学模式

教学案例 2：五年级上册“掷一掷”。该内容是一节数学的活动课，如何设计活动环节，让学生感知可能性大小是教学的重点和难点。以往教师在教学时，经常通过“掷骰子”等有趣的游戏活动来开展，在数据统计上不够快速、全面。利用金山文档的在线录入和图表即时生成功能，可巧妙突破这一难点。在软件的支持下，学生可以自主在平板电脑打开金山文档把“掷一掷”的结果录入，并即时生成结果可能性大小的图表，直观地理解可能性大小与事件发生不确定的关系。在实验过程中，教师依据统计信息反馈正确分析、评价与诊断学生的学习效果，随时调整学习进程。使用信息技术后，课堂教学效果比原来大大提高。

“自学—启发—练习”互动型教学模式是指以游戏为教学方法，学生自学后通过游戏进行启发，之后进行练习、推广。学生能运用本节课所学的知识解释生活中遇到的类似问题，从而达到教与学互融的目的。

（3）根据教学目标，在教学中构建“交互—评价—提高”的互动型教学模式

教学案例 3：课堂教学中，采用一些教育软件 App，把测试、作业数字化、数据化，对学生的学习作智能分析、学情分析。对某单元或专题开展系列的前测、练习、检测、教材分析与学情分析，由 App 端的大数据分析的报告做到“学情画像，以学定教”。从而老师在备课时，针对学生的困惑点、易错点，从学生的角度和水平切入，老师再设计题组对比练习，并收集数据分析。通过系统大数据后台支持下的课前前测练习、复习和对比练习，突出重点专项练习，辨析明理提高练习，解决问题课堂小测，学生通过观察辨析、互动讨论交流等环节，进一步理解和掌握知识。

“交互—评价—提高”的互动型教学模式是指通过技术交互手段，将实时评价引入课堂，教师和学生再根据评价进行提高反馈，从而形成螺旋正向反馈的教学模式。

在进行以上几类的互动型教学模式的新范式研究后，通过听课和数据显示，在课堂教学中，随着教师的信息技术应用能力不断提升，互动教学手段呈多样化，更加有针对性和有效性，既便于重难点突破，又提高了学生的学习兴趣，增强了学习自信，促进了学困生的转变，课堂教学效果比原来大大提高，学生和家长满意度大大增强。

四、研究结论与展望

本研究通过行动研究法，开展运用教育技术，构建了师生互动型教学的新范式，从而总结出智慧课堂教学模式（见图 1）。在以学生为主体的课堂教学当中，智慧课堂教学模式与传统教学模式相比较，更加凸显融合“互联网 +”的智慧环境学习工具和教材资源的运用，为课堂教学管理、思维创新教学方式提供条件，以“互联网 +”为代表的智慧教育理论为改进传统教学模式提供指导。在新课标指引下，具备网络、教学平台和教学工具的智慧教学环境技术支撑下，围绕教学目标，根据不同的内容、主题、目标等，选择适用的教学资源（系统）和工具，组织开展智慧教学活动、学习评价及整合资源，增强教学互动行为、反馈与评价，是智慧课堂教学模式的实施主线。

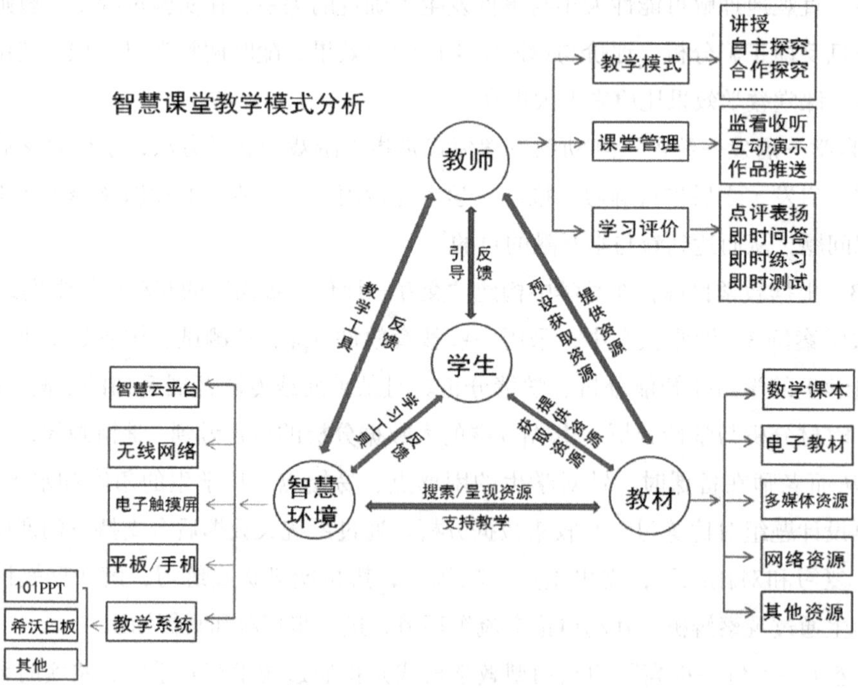

图 1 智慧课堂教学模式

我们利用现代教育技术，通过智慧教育形态下数学课堂新范式的研究探索，既促使教师信息技术应用能力提升，也通过让学生在自主探索和小组协作学习中创造，架起了抽象数学知识与学生形象思维之间的桥梁，以具体的图、文、声、像来创造人文情境，拓展教学空间，革新学习手段，构建了高度融合的师生互动型教学探究的呈现模式，提高了教学效果和师生工作学习的质量。

由于多种条件的限制与笔者能力水平的有限，还存在一些不足，如案例研究的深度等。由于教育技术不断更新，教师还需要不断加强学习，更加深入具体地展开研究，所取得的教学效果还有待于长时间的检验。展望下一阶段，项目组准备继续加强理论学习和实践操作，特别是在教学模式上再具体深入研究，提高研究效果。

参考文献

[1] 范永丽．运用现代教育技术构建多维互动的课堂教学模式 [J]．教学与管理，2007（6）：135-136.

[2] 陈晓端．当代教学范式研究 [J]．陕西师范大学学报（哲学社会科学版），2004（9）：113-118.

[3] 李爽，林君芬．互联网 + 教学：教学范式的结构化变革 [J]．中国电化教育，2018（10）：31-39.

[4] Lewin，K. Action Research and Minority Problems [J]. Journal of Social Issues，1946，2（4）：34-46.

[5] Corey，S.M. Action Research to Improve School Practices [M]. Oxford，England：Bureau of Publications，Teachers Co，1953.

[6] 郑蕴铮，郑金洲．教育行动研究：成效、问题与改进 [J]．教育发展研究，2020，40（4）：18-23.

作者简介

卢月明：广州市白云区新市教育指导中心主任，中小学高级教师。

余振江：广州市白云区新市教育指导中心副主任，中小学高级教师。

李志勇：广州市白云区景泰小学教科处主任，中小学高级教师。

技术赋能课堂　提升学生思维

——小学数学智慧课堂“211”教学模式探索与实践

鄂尔多斯市准格尔旗沙圪堵镇第一小学　祁进元　郭　虹

【摘　要】随着信息时代的到来，在各行各业中人工智能、各项技术的应用得到了很大的发展，技术在教育上也发生着改变，使得当前的教学和曾经相比有了日新月异的变化。为了更好发展、创新，先进的教育思想与现代信息技术的融合势在必行。在小学数学教学中，教师要摒弃传统教学观念，与时俱进。研究发现，利用信息化工具与数学教学的融合，让学生在信息化环境中养成多角度思考的习惯，可以逐渐提高理性思维，实现数学思维向高阶延伸，从而促进数学素养提升。本文站在技术赋能课堂、提升学生思维的角度，重点阐述了小学数学智慧课堂“211”教学模式的实施策略，以线上线下教学模式相结合，达到在教学中落实重点、落实实践、落实方法，从而使数学学习更加有味道，回归教育的本真，整体提高教育教学效率。

【关键词】信息技术；小学数学；高阶思维；智慧课堂

一、引言

数学是一门提高学生思维水平的学科。2011 年数学课标中明确指出，现代信息技术的发展对数学教育的价值、目标、内容以及学与教的方式产生了重大的影响。数学课程的设计与实施应重视运用现代信息技术，特别要充分考虑信息化工具对数学学习内容和方式的影响，大力开发并向学生提供更为丰富的学习资源，把现代信息技术作为学生学习数学和解决问题的强有力的工具，致力于改变学生的学习方式，使学生乐意并有更多的精力投入到现实的、探索性的数学活动中去。史宁中教授在讲座中指出，2021 年数学课程标准中明确说明，要从一年级开始加强数学思维训练。在国家“双减”政策提出之下，要使孩子在较短的时间内，接受和理解所学的数学知识，就需要信息化助力我们的数学课堂，让数学课堂有了思维并且是深度思维、高阶思维。

二、小学数学高阶思维

高阶思维，是指发生在较高认知水平层次上的心智活动或认知能力。它在教学目标分类中表现为分析、综合、评价和创造。高阶思维是高阶能力的核心，主要指创新能力、问题求解能力、决策力和批判性思维能力。对学习者创新能力、问题求解能力、决策力和批判性思维能力进行提升。在知识时代对人才素质提出的新要求，是适应知识时代发展的关键能力。发展学习者高阶思维能力势在必行。

提升学生的思维能力是小学数学教育教学的核心目标之一。信息化是在小学数学课堂中循序渐进提高学生的高阶思维能力的一个利器。信息化使学习不再受时间、地点、空间的限制，在知识的理解中起到推波助澜的作用，例如在讲授“周长”一课的时候，就可以利用动图操作让学生图文并茂地感受周长，使抽象问题变得更直观。在学生评价中利用信息技术手段可以实时统计，并在精准教学中起到无可比拟的作用，同时也有比学赶帮超的效果。在学业评价中可以快速统计出问题结果，大大提高了课堂教学效率。让课堂更加智慧、智能，利用“互联网 +”实现量的变化，质的提升。

三、智慧课堂“211”教学模式实践阐述

在传统小学数学课堂教学中，讲授为主、小组合作、学生自主学习、先学后教、先教后学等教学方法各有优劣，而依托信息化创造高阶思维学习环境，给小学数学课堂焕发了不一样的生机。更符合新课标的要求和教育信息化的发展，本研究主要从以下几个方面进行：

（一）课前精准施策，定会事半功倍

学生只有在深度学习中才能达到高阶思维，好的教学设计至关重要，所设计的教学是基于情境、问题导向，以实验为基础的科学探究活动，进而围绕主题让学生在活动中体验知识的来源，感受通过自己实践获取知识的快乐。

课前做好顶层设计，教师根据教材内容，设定目标，精心备课，设计培养学生思维的问题，可在上课前一天或者几天（一般情况下为前一天）下发微课和任务单，学生按照任务单学习微课，同时在移动终端上完成课前检测，教师在备课前可以根据学生课前检测的完成情况，提前确定学生疑难点，针对性地设计课堂教学，做到有的放矢。这是非信息技术环境下望尘莫及的。

例如：在教学“平行四边形的面积”一课中，学生通过微课学习完成课前习题，重点就平行四边形底和高的确认、对应底上的高如何寻找等进行测试，根据学生的反馈，学生在对应底上的高的寻找不是太明确，因此在新课教学中对平行四边形面积=底 × 高这一公式中的底和高呈现的关系要进行重点阐述，高是对应底上的高，存在一一对应的关系，如图 1 所示。

1. 平行四边形 $ABCD$ 的底是 CD，高是（　　）

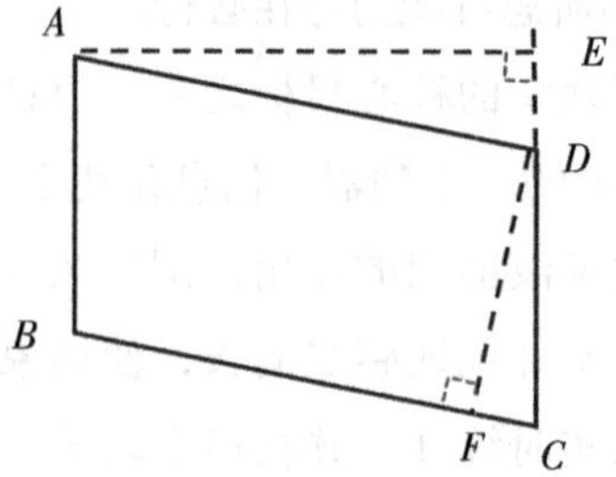

（第 1 题图）

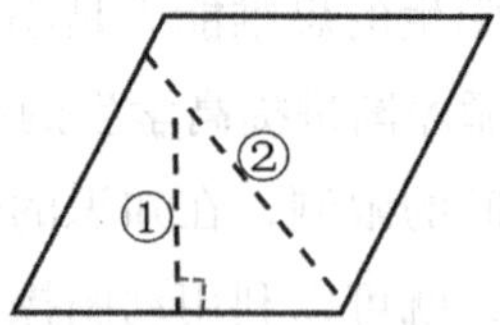

（第 2 题图）

A. CD　　B. AE　　C. DF　　D. BC

2. 如图，平行四边形底边上的高是（　　）

A. ①　　B. ②　　C. ①和②均是　　D. ①和②均不是

图 1　“平行四边形的面积”课前习题节选

（二）课中集思广益，拓展思维提升

采用“211 智慧课堂教学模式”，即教师根据学生的预学反馈，利用 20 分钟左右的时间，有针对性地对教材内容进行重点讲解，重点培养学生记忆、理解能力，是一个从前一天碎片化的学习进行系统归纳联系、记忆的一个输入过程；再用 10 分钟时间，由教师引导学生对相关的开放型问题进行学习，通过自主学习、小组讨论、汇报交流、点评更正、练习巩固，重点培养学生的分析能力、判断能力、推理能力、应用能力和小组合作能力，是一个知识内化过程；最后 10 分钟时间，教师指导学生完成综合问题、课堂检测，重点培养学生解决实际问题的创新能力和综合评价能力，是一个知识输出过程。

这里面特别说明一下，学生在课前的预习过程中，对于问题解决的思考上自己的思想方式可能是单一的。例如在“平行四边形的面积”一课中，在探索平行四边形面积计算方法的时候，有的学生可能是数的，有的学生可能是多次剪拼的，还有的学生可能是一次剪拼为熟悉图形，在众多的方法中，都是学生自己思维水平的呈现，需要在教师的发问和同学的思考中从单一思维走向深入、多元思维，使问题解决的渠道更广、方法更多。

学生围绕着具有挑战性的学习主题，是全身心积极参与、体验成功、获得发展的有意义的学习过程。设计好的教学问题尤为重要。问题是发展高阶思维的载体，高阶思维发展需在具体的问题情境中进行。经过课前自主学习和教师讲授，学生对于所学知识有了初步理解，能够进行简单应用，需要通过参与支持学生高阶思维发展学习活动，提升对知识的理解水平。通过创设能够激发学生已有经验的问题情境，让学生在新情境中利用所学知识解决相对复杂的问题，促进知识应用迁移，提升思维品质和知识理解水平，对应分析、综合、评价三个高阶目标。这里的问题是开放性的，往往没有统一的标准答案，能够引发学生深度思考，进行个性化表达。

例如：在讲解“平行四边形的面积”一课中，在进入到公式应用环节中的时候，教师可以抛出这样的问题：平行四边形的面积表示正确的是？如图 2 所示。

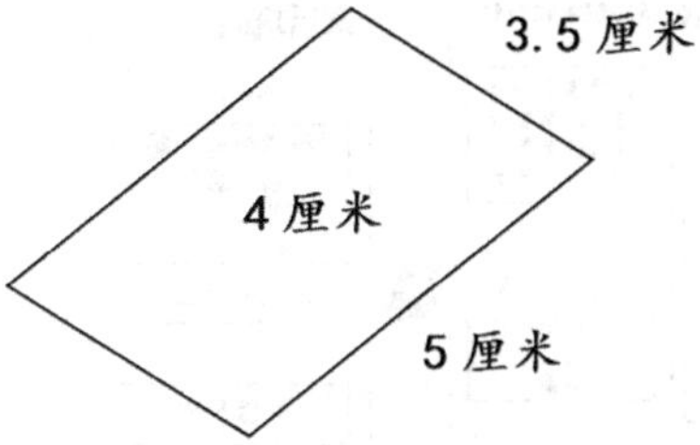

A. $5 \times 3.5 = 17.5\ (cm^2)$

B. $3.5 \times 4 = 14\ (cm^2)$

C. $5 \times 4 = 20\ (cm^2)$

学生利用平板进行选择，实时统计数据，在答题结束后，三种选项只有 C 选项人数最少，A、B 选项基本持平，要对 A、B 两种结果要进行辨析，让学生各抒己见，充分对对应的“高”有个清晰的认识。

图 2　“平行四边形的面积”课中练习节选

学生在学习同伴作品、评价同伴作品的过程中，从他人作品中感受、理解问题解决过程中的优缺点，并逐渐形成对自己作品进行评价、修改的方案，为自我修改奠定基础。自我修改是自我反思的过程，可以促进学生元认知能力的发展，对应分析、综合、评价三个高阶目标。

例如：在讲解“平行四边形的面积”一课中，在把长方形拉成平行四边形的过程中，周长和面积什么没变、什么发生了变化一题中，学生通过拉一拉，真切感受高的变化引起面积的改变，如图 3 所示。

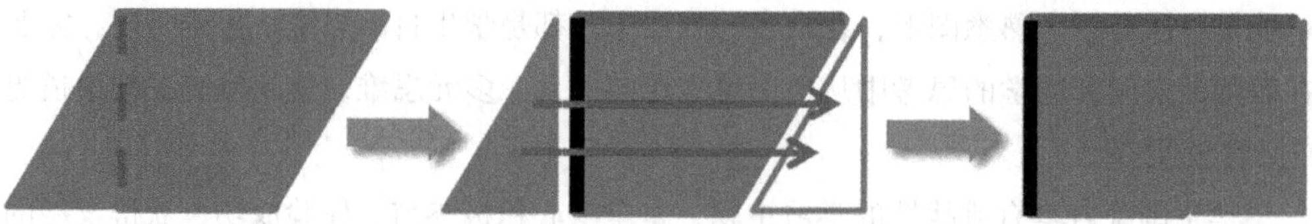

图 3 “平行四边形的面积”巩固迁移

（三）课后针对指导，知识盲点勿留

课后借助信息化手段精准施策，对学习困难的学生针对性指导，学生可以根据教师指导和答案提示完成相应的补充练习，使得学习的自由度更好。让不同的学生在同样的教学中有不同的收获，同时也避免重复机械地被动完成作业。例如：在“平行四边形的面积”一课中，老师留的家庭作业学生可以通过学习平台完成、提交、进行交流，学生也可以查看答案的解析过程，使自己的问题解决的思路和同学之间、平台之间进行交流，也使学习有困难的学生解了后顾之忧。

以上就是我校小学数学智慧课堂“211”教学模式探索与实践详细操作介绍，图 4 为流程图。

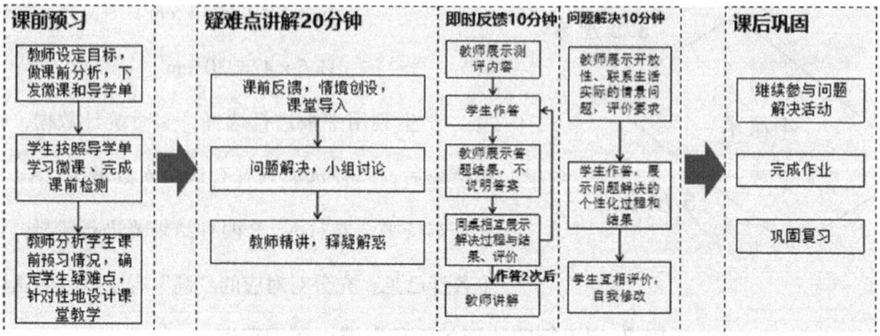

图 4 小学数学智慧课堂“211”教学模式流程结构图

四、总结与展望

以“211”智慧课堂模式为抓手，借助信息技术辅助课堂内教育教学效率提升，利用信息技术实现课外内容补充，从而实现线上线下相结合、课内课外相补充的立体学习网，使学生在同样的时间内收获不一样的学习效果，为小学数学学习奠定良好的基础。

营造时可学的泛在学习环境是当前建设学习型社会的必经之路，让孩子通过信息技术也能感受到老师的谆谆教诲。依托信息化可以很好地解决课前自主学习无资源、课中参与学习不广泛、课后讲解难度大等系列问题。

让思想的火花贯穿数学学习始终，让思维的小种子扎根在每一名求知孩子的源泉中。让数学学习不再枯燥乏味，而是充满乐趣。这也是我们每一位教育人共同追求的学习状态。

参考文献

[1] 张阳花，徐国裕．把握课程变化实质领悟标准修订精神——《义务教育数学课程标准（2011 年版）》解读［J］．福建基础教育研究，2012（6）：10–12.

[2] 赵双利．信息技术下小学生数学高阶思维能力的培养［J］．中小学电教（教学），2020（4）：51–52.

[3] 刘慧．鄂尔多斯市小学数学信息化教学现状研究［D］．呼和浩特：内蒙古师范大学，2019.

[4] 梁凯华．学校教育信息化发展规划制定方法研究［J］．中国现代教育装备，2021（4）：17–19.

[5] 曾懿．兰东梅．技术赋能，创建同步互动课堂教研新生态［J］．基础教育研究，2021（12）：17–18.

[6] 中华人民共和国教育部．教育信息化 2.0 行动计划［EB/OL］．（2018–04–18）［2022–03–26］.http：//www.moe.gov.cn/srcsite/A16/s3342/201804/t20180425_334188.html.

作者简介

祁进元：鄂尔多斯市准格尔旗沙圪堵镇第一小学数学教师，一级教师。

邬虹：鄂尔多斯市准格尔旗沙圪堵镇第一小学数学教师，高级教师。

教师助手在小学数学课堂的应用与探究

广州市白云区三元里实验小学　杨彦婷

【摘　要】"互联网+"、信息技术等的迅猛发展对小学数学课堂的教学冲击也越来越大，小学数学的教学需要注重课程目标的整体实现，注重学生对基础知识、基本技能的理解和掌握，并重视学生在学习活动中的主导地位。因此，在数学课堂教学过程中，教师助手是连接教师与学生互动时所需要的一种重要辅助工具。本文以"图形的放大与缩小"课堂教学为例，将教师助手中的各项功能应用于课堂教学，使学生学习数学知识更具趣味性、多元化、形象生动以及可操作实践性，对学生的学习积极性更易于激发与引导，帮助学生提升学习的效果，以便达到高效课堂教学的目的。

【关键词】知识技能；教师助手；激趣生动；高效课堂

一、引言

正如《义务教育数学课程标准（2011年版）》所述：信息技术的发展对数学教育的价值、目标、内容以及教学方式产生了很大的影响。数学课程的设计与实施应根据实际情况合理地运用现代信息技术，要注意信息技术与课程内容的整合，注重实效。知识与技能的掌握，特别是与空间图形相关的内容，有时单靠教师的讲授，学生在理解方面本就稍微欠缺一些，掌握起来就更加的吃力，从而导致知识与技能的掌握不到位。而教师助手的使用，让学生在学习上多了更直观的手段，教师在信息技术上的操作也是比较方便的，教师助手的简单易操作性，给学生在学习上以及与教师的互动方面，提供了更多的可能性。例如通过教师助手可控制学生的学习平板页面，通过题目的发送与练习及时掌握学生当堂的学习情况。而在数学空间与图形的教学课堂上，因为图象的展示更直观、图形的变化具有动态化，更加有利于学生空间与图形的知识描述，并借助这个直观的手段解决问题。

二、教师助手在小学数学课堂教学中的使用效果

随着信息化教育过程的实施，在一线教学岗位的教师越来越能体会到信息技术的重要性，因此重视信息技术与课程的整合，更是根据我们教育改革的推动与发展，体现在国家层面上，可以看出对信息技术与课程整合同样提出了越来越高的要求。一个教师助手的应用，各学科的教学方式方法更是呈现多样化，考虑到信息技术对数学学习内容和方式的影响，笔者认为教师助手的使用效果在小学数学课堂上所得到的关注与效果分别有以下几方面：

（一）动手操作方面的能力培养，更有利于学生思维能力的拓展

一节有活力、有效的课堂教学，要么有师生的积极参与、要么有师生的交往互动；更需要有师生的共同发展过程。而有效的教学活动更是学生学与教师教的统一，在“图形的放大与缩小”课例中，就分了两大部分：一是在教师引导下对图形放大的教学；二是在学习完图形放大之后，让学生自主学习图形的缩小。如何使课堂的教学更有效，在教师仔细思考过后，选择教师助手作为教学的辅助手段，利用教师助手中的白板、图画功能进行演示操作，帮助学生拓展空间想象的思维能力，在这种实际的操作中使学生更易于理解图形的放大与缩小。

（二）学生观察探究的能力培养，得益于信息技术手段的多元化

从课堂的情景导入开始，利用形象鲜明的图片展示、信息技术演示动态的图形变化，以及让学生在平板上进行具有针对性的作图功能等。学生对形象鲜明的图象进行仔细的观察研究，或者通过小组合作让组内学生动手操作形成具有汇报性的成果，都有助于学生在探究过程当中进行观察和发现。而空间与图形的抽象化，经过这诸多的活动后，把所遇到的问题逐一解决，在此过程则是加深了学生对所观察图形的探究与学习。因此学生作为本节课学习的主体，主动地学习与发现更能达到课堂学习的效果。教师作为本节课学习的组织者，合理地使用教师助手，帮助和有效地引导学生通过小组的合作进行学习。

（三）提升课堂教学的效果，契合教学目标实现教与学的共赢

传统教学中注重的是教师讲授、学生的听讲学习。而在笔者的教学经历中，印象最深的是空间与图形的学习，对于大部分学生来说是一个特别难的教学点，不管是哪一个年级学习，都会碰到相同的问题。但近两年来发现这种规则开始变化，通过纵向、横向的比对后，可以认为是信息技术手段的应用所起的作用，大大促进了

学生在空间与图形方面的理解与掌握。例如在图形的直观、变化、动态等方面的演示，加强了学生对此的理解力和掌握度。同样在“图形的放大与缩小”的教学中，学生通过白板，能够在方格上按一定的比，将简单的图形进行放大以及缩小，更易于学生上手操作。同时让学生在操作的过程中明确了图形在按照一定的比放大或缩小后，通过观察发现图形的大小发生了变化，但是形状没有变，因此体会到图形相似变化的特点。

因此，在数学的教学活动中，学生的学习不仅仅是生动活泼的也是主动的，更是一个富有个性的过程。学生除了在课堂上要认真听讲、积极思考之外，在动手操作方面也是必不可少的，在与同学的自主合作、探索、交流的同时，明确教师助手这个信息技术的应用是调动各种观感进行学习数学的重要方式。

三、小学数学课堂教学中信息技术手段的应用

小学数学课堂的教学，特别是在教师准备一节有关空间与图形的课，进行教学前更应该以学生的认知发展水平和已有的经验为基础，设计相关的教学环节应该面向全体学生的同时，还需注意到个别学生的特殊性，课堂预设需注重启发式及因材施教。在各种方式方法的作用下，教师的教与学生的学往往是一系列活动建构成一节完整的课堂。要想获得有成效的课堂，教师通过教师助手对学生作品的收集或是相关数据的收集，以及对学生个人或小组合作的成果展示中，都能很好地在这个信息技术手段中得以呈现。就如学生利用充足的时间和空间经历图像的观察—动手实操—估计、计算—推导及验证的学习过程。例如学生直观观察放大或缩小的图片，使用平板操作横向拉伸或者是纵向拉伸，发现照片被挤压后的观感不舒服，触发学生去思考，图形这样的变形是放大吗？有了质疑的猜想才会有进一步的验证操作，后面的教学自然就水到渠成。

（一）情境创设，图象的演示激发学习兴趣

课堂的导入一般以教师为主导，图像的直观出示，学生观察和体验图片的放大与缩小，适当地引发了学生的数学思考，激发学生的学习兴趣，并调动起学生学习的积极性，而在主动探索的过程中，发散学生的创新性思维，鼓励师生合作的交流学习，促使学生理解和掌握基本的数学知识与技能，体会和运用数学思想与方法，获得基本的数学活动经验。

（二）动手操作，合作学习与探究新知

数学课堂教学具备信息技术的手段，就可以为学生提供大量丰富的学习资源，因此把现代信息技术作为学生学习数学和解决问题的有力工具，更有利于学生的合作学习，所以有效地改进教与学的方式后，可以使学生乐意并有可能投入到现实的、探索性的数学活动中去。如在课堂教学中利用教师助手中的画图、白板、数据收集、计时器等功能，针对空间与图形的学习部分，图象的动态演示对小学生来说更直观、更形象也更容易理解和掌握。

1. 理解意义

通过图画的观察，把图画抽象成数学图形，在这个过程当中，预设学生用语言准确地进行描述“倍”“比”关系，再进行动态的图形变化，亲历按一定的比放大图形的过程，让学生有时间进行独立思考，并在小组内交流自己的想法，然后利用平板功能的方格纸画图。

2. 亲历按比进行图形放大的动手操作学习

在师生进一步共同归纳小结方法时，可以一边对图形的放大进行演示和操作，教师进行解说明确图形是按比放大，放大之后的图形，再与原图形进行比较，明确它们的相同点与不同点。在图形放大方法的学习与讲解之后，学生则进行图形缩小的自主学习，同样通过使用平板的操作，把按比缩小后的图形变化，进行迁移学习，并尝试着使用画板进行缩小图形的作画。教师利用信息技术手段进行“图形的放大与缩小”教学，主要考虑到的因素是：放大或缩小都是图形或物体的动态变化，在不影响观感的情况下，学生在平板上进行画图操作，如在把图形放大或缩小的过程中，能更直观地感受到放大或缩小的动态化，使得新知识点在学生已有的认知中体会更深、印象更深。

3. 小组合作，自主学习图形的缩小汇报展示

在学生动手操作画图时，同时进行教师助手的图片收集。在汇报展示过程当中，可以通过操作平板放大后的图形，让学生一边说一边展示合作成果，老师同时利用课件进行画法的演示，引导学生进一步理解和掌握图形的缩小方法，全面掌握图形放大与缩小的变化特点。

（三）回归生活，巩固提升

数学来源于生活，并应用于生活。生活中物体的放大与缩小现象经常可见，而教师助手中对数学课堂教学比较有利的部分，更在于数学的练习巩固，有了这方面的技

术应用，教师可以当堂给学生推送相关的练习题，并能即时收集数据并做出相应的学情分析，有效地帮助教师对课堂教学效果的把控。

四、总结与展望

小学数学的课堂教学，应用了信息技术手段，加大、加深了学生对空间图形的感受与直观想象，对学生的观察能力、探究能力以及动手操作能力有了更进一步的促进作用；新兴事物的应用有利有弊，就像我们与他人相处时，需要"放大"别人的优点，"缩小"别人的缺点一样，尽量发挥信息技术手段的优势，扬长避短，促使我们的数学课堂教学更具活力，提高数学课堂教学的效果。

参考文献

[1] 束君．中英小学数学课程标准比较研究[D]．扬州：扬州大学，2013.

[2] 中华人民共和国教育部．义务教育数学课程标准（2011 年版）[M]．北京：北京师范大学出版社，2012.

[3] 刘志诚．信息技术与中学数学教学整合问题之我见[J]．博览群书·教育，2013（7）.

[4] 叶琳．凸显生活化内容 培养学生数学能力——以《图形的放大与缩小》为例[J]．成才，2018（9）：41-43.

[5] 高海岩，王秀和．谈优化课堂教学[J]．吉林教育，2000（4）：27.

[6] 赵庆华．如何培养小学生数学的自主学习能力[J]．课程教育研究，2018（46）：130-131.

作者简介

杨彦婷：广州市白云区三元里实验小学数学教师，广州市中级一级教师。

一对一数字化教学在高中数学分层教学中的应用研究

沈阳市第十一中学　孟聪会　代　晶

【摘　要】教育信息化带来教学方式和学习方式的改变，《普通高中数学课程标准（2017 年版）》对此做出明确教学建议。一对一数字化教学运用现代化教学手段，激发学生学习的热情和主动性，有助于解决高中数学教师教学中分层教学难以实现，课上互动单一、即时反馈效果差等方面问题。本文结合这些问题从课前预习、课上互动、课后反馈三个环节进行一对一数字化教学实践，例谈一对一数字化教学在分层教学实践中的作用。在一对一数字化环境下，将教育资源与移动技术相结合，不仅为中学数学教师信息化教学能力发展提供理论依据，也有利于教师信息化教学能力发展和学生信息素养、数学科学素养的提高。

【关键词】一对一数字化教学；分层教学；高效互动

教育信息化是指在先进的教育理念指导下，信息技术在教育教学中的多个方面得以积极应用，深入开发、广泛利用信息资源，培养适应信息社会要求的创新人才，加速实现教育现代化的系统工程。《教育信息化十年发展规划（2011—2020 年）》明确指出，信息技术与教育要深度融合，建立现代化教学环境。刘延东在第二次全国教育信息化工作会议讲话中强调，要确立教育信息化的战略地位，实现“网络学习空间人人通”的跨越式发展。新课程改革倡导三个基本理念：关注学生的发展，强调教师的成长，重视以学定教。2014 年教育部开展“一师一优课、一课一名师”活动，2017 年《普通高中数学课程标准（2017 年版）》也在教学建议中提出：加强数学教学与信息技术的结合，实现人人都能获得数学教育，得到不同的发展。一对一数字化教学，可以通过 Pad 建立师生之间一对一互动的桥梁，采用分层限时预习作业、视频推送、即时答题反馈、错题针对性推送等手段，帮助教师因材施教，实现分层教学，也实现了学生学习方式的转变。下面，笔者结合教学实践，简述一对一数字化教学在高中数学分层教学中的应用。

一、一对一数字化教学有助于教师开展分层教学

建构主义理论倡导以学生为中心，一对一数字化教学基于大数据分析，采集和储存教学全场景的数据，及时为教师提供了真实的学情反馈，通过精准的数据分析为分层教学提供技术支持。数字时代，丰富的数字化工具和资源改变了学生的学习方式。学习不再受时间地点的限制；学习活动源于自身的主观意愿与需求，学习过程中交流更有理有据；学习内容由传统的单纯记忆知识，转换为对知识的深入理解和再创造；学习结果也变得更加富有成效和意义。

（一）课前分层预习助学生树立信心

在一对一数字化教学环境下，围绕知识目标设置分层预习作业帮助同学们了解新课内容，使每个级别的学生都可以提前做好知识和心理准备，建立学习数学的兴趣与自信心，给老师的教学也带来新灵感。

案例 1：抛物线弦长问题。

【教师活动】利用教师空间，根据学情，教师向班级的三个不同组别发送题数相同难度不同的学案。认真批改后，收集数据进行精准备课，如图 1 所示。

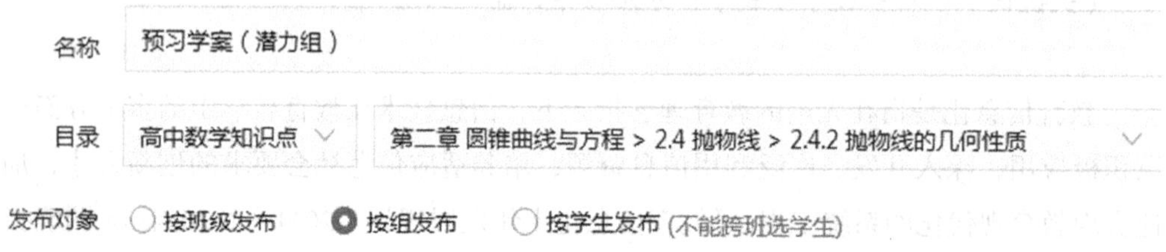

图 1　教师发送预习作业

【学生活动】利用 Pad 限时完成题目，按时传回答题结果，如图 2 所示。

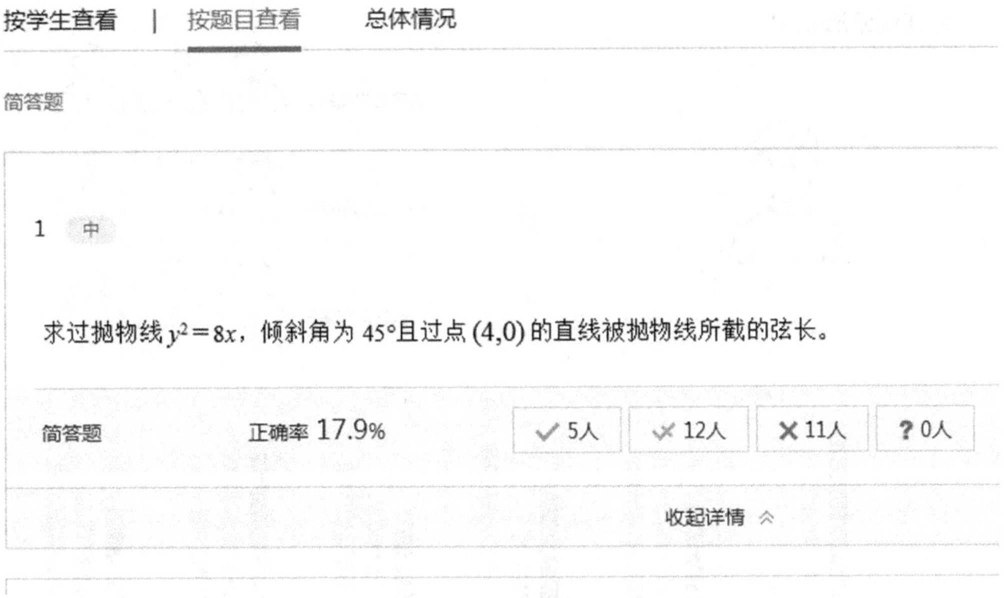

图 2　学生预习完成情况

通过课前预习教师将准备好的分层学案按照分层对象推送至学生端，学生在智能终端完成后，教师第一时间收集学生的答题情况，还可以结合学习内容和学情，向学生推送与教学内容相关的视频、微课等资源辅助预习。教师可以掌握每个学生的整体答题情况，如准确率、作答时间、作答明细等；也可以查看每个题目同学们的整体答题情况，如准确率、做对的同学、做错的同学等。获取第一手数据资料后，教师可以准确把握备课内容，新知讲解时牢牢抓住教学重点，设计恰当的教学方式突破难点。不同层次的同学都有相同的待遇，学生学习数学的主动性越来越强。如图 3 所示。

● 实现分层教学

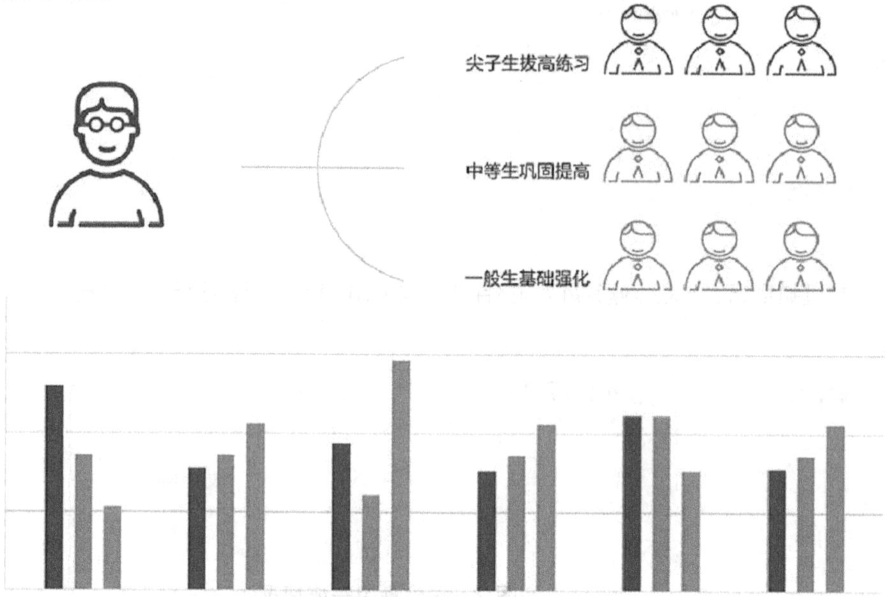

图 3　实现分层高效互动

（二）课上教学层次鲜明，互动针对性强

课上互动意味着教师和学生在课堂上进行沟通交流。高效多元的课堂互动，可以产生教学共振，能让课堂更加鲜活有生气。

案例 2："导数的几何意义"。

片段 1：

【教师活动】向学生端推送 PPT 资源展示知识网。

片段 2：

【教师活动】展示学生预习作业中的一题多解。

【教师活动】向学生端推送视频，动态展示，辅助理解"在"与"过"点求切线类问题的区别与联系。

片段 3：

【教师活动】根据预习及课上表现，对学生当堂分层即时检测。

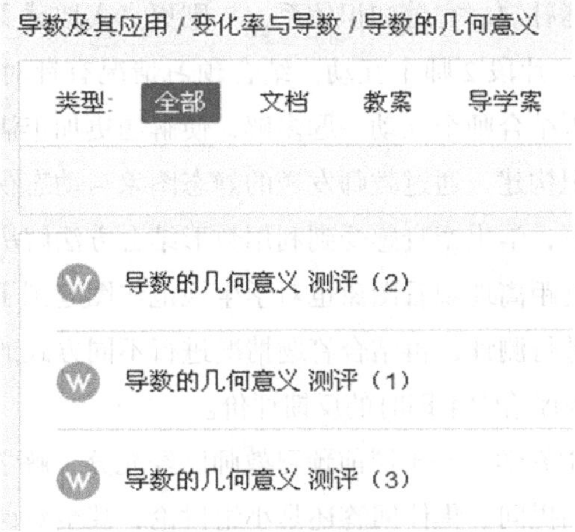

图 4　分层测评截图

【教师活动】根据学生的答题情况做出安排，如：正确率 40%以下的题目教师讲解，正确率 40%—80%之间的题目小组讨论，正确率 80%以上的题目课下个别处理。

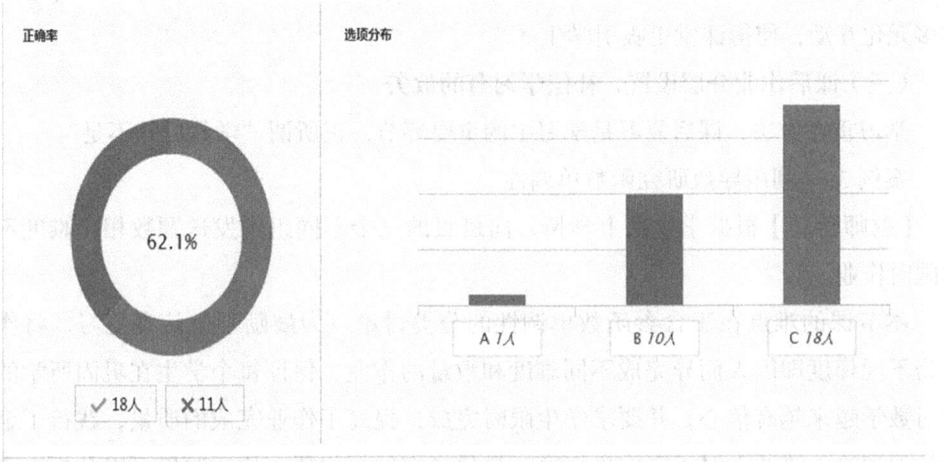

图 5　测评数据截图

课上提问是教师最常用的沟通方式，但在传统课堂上，大多变成一种习惯性方式，没有实际效果。通过一对一数字化教学，师生互动有目标，教学反馈即时精准。用到 Pad 极大调动了学生的学习热情，学生专注度更高。片段 1 温故知新环节，教师将同学总结好的知识网络图播放给大家，大家近距离地观看对比自身总结情况，通过这种师群互动一则查漏补缺，完善知识体系，二则更真实地感受到榜样就在身边，增强了学生的学习动力。片段2师个互动，结合预习情况有针对性地将典型易错点暴露，引发学生共鸣，再结合师个互动一题多解，使解题更加丰满；同时，本节课借助图象数形结合完成知识构建，通过教师发送的静态图象与动态视频进行不同的视觉冲击，这样的师群互动下，学生亲身感受到利用数形结合方法解决问题的妙处，突破了学习上的瓶颈；这种近距离地观看图象也对学生规范作图起到了很好的示范作用。片段3教师分层对学生进行测评，再结合答题情况进行不同方式的处理，既实现了互动的多元化又通过课上测评给学生即时的反馈评价。

一对一数字化课堂教学，基于课前预习教师已经充分了解学情，一切提问都是有目的地进行，无论个别提问、集体回答还是小组讨论，甚至对课堂节奏的把控都是在翔实数据支撑下准确进行的，体现了建构主义理论中以学生为中心的核心理念。最重要的是，教师使用教师端分层推送题目对不同层次的学生进行学习情况验收，即时反馈给学生正确的指导，例如通过数据显示学生知识点不清，教师可以在课堂上针对该知识点，对学生多加提问总结，或者单独发送讲解资料帮助学生渡过难关。课上的立体多元化互动，使得课堂更吸引学生。

（三）课后作业分层设置，补偿学习有的放矢

学习重在方法，课后复习是学习中的重要环节，正所谓“学然后知不足”。

案例3：“利用导数研究函数单调性”。

【教师活动】根据学生课上学情，向班级的三个不同组别发送题数相同难度不同的限时作业。

本节课的难点在于含参函数单调性的分类讨论，为鼓励学生认真复习，将作业分为不同梯度即因人而异完成不同难度和数量的作业，保证每个学生在巩固所学的同时对数学越来越有信心，并要求学生限时完成，提高了作业完成的质量，践行了金字塔学习理论。错题本对于高中生而言，是最亲密的好伙伴。从错题里可以分析自己学习上的漏洞与薄弱环节，从错误中吸取教训。可事实上，学生的错题本往往是常建常新、常建常丢，还有学生虽然保留完整，但是在错题本的整理过程中，花费时间太多，增加了许多负担。一对一数字环境下，学生终端能够自动生成错题集，将学生最初的做题痕迹和正确答案等信息永久保存。学生不必再花费大量的时间在建立错题本上，而是将自己的精力放在消化错题上。更重要的是，在记忆了学生的错题类型后，系统不仅会向学生推送错题重做，还会把同一类型的其他题目推送给学生巩固练习，让学生真正学会解答该类型题目。错题本功能再次填充之前建立的知识框架细节，真正实现知识的无盲点衔接，这并不是知识和错题的简单累积，而是智能的、量身定做地帮助学生建立自己的大数据。

二、有助于学生于实践中完善学习方法

教师的教是为了学生更好的学，一节课高效与否，学生的反馈更直接更有说服力。笔者通过访谈，从学生的视角来了解教学效果。

首先，一对一数字化教学增强了学生的学习兴趣。教育心理学认为，学习兴趣是一个人倾向于认识、研究获得某种知识的心理特征，是可以推动人们求知的一种内在力量。兴趣是最好的老师，笔者了解到学生更愿意操作 Pad，喜欢一对一数字化教学下的数学学习。很现代化，课堂上参与的积极性也越来越高。

其次，一对一数字化教学改变了学生的学习习惯。整理错题不再是负担，学生还喜欢关注系统个性化提供的资源和针对薄弱环节推送的题目，无论是学优生还是学困生对数学的学习都充满了信心。

最后，一对一数字化教学改善了学生的学习方法。通过使用 Pad 对课前预习更加重视，课上参与课堂的意识与能力越来越强，作业完成质量也更高。由于大家的题目不同，难度却更适合自己，不再是随便完成或是抄袭应付老师。

三、总结展望

一对一数字化教学，实现了分层教学，个性化的课前预习、数据准确即时的课上测评和层级分明的课后作业具体落实了分层教学；使得师生互动立体化、反馈即时有效；限时作业质量高，课后作业限时完成，提高了作业完成的效率和学生的重视程度。在开展研究的过程中，由于时间和资源有限，访谈调查选取的样本范围较小，笔者希望能在更多的班级中展开数字化教学，研究周期更长，各项功能的应用更加系统化。一对一数字化教学基于“互联网＋教育”的教学模式探究，必将引发高效教与学的新思考！

参考文献

[1] 李莉．信息技术在高中数学教学中的应用研究［D］．西安：陕西师范大学，2012.

［2］李宝，唐明珍．电子书包环境下个性化学习资源建设服务模型的构建［J］．中国远程教育，2016（2）：10–16.

［3］王庆阳．中小学教师一对一数字化教学能力培训研究［D］．沈阳：沈阳师范大学，2018.

［4］李步炎．互动视角下多媒体技术在高中数学教学中的应用研究［D］．贵阳：贵州师范大学，2015.

［5］赵书静，白敏．“互联网 +”教育环境下基于联通主义理论的移动学习资源设计研究［J］．教育教学论坛，2016（28）：165.

作者简介

孟聪会：沈阳市第十一中学数学教师，沈阳市一级教师。

代晶：沈阳市第十一中学数学教师，沈阳市一级教师。

运用课堂观察技术促进精准教学

——基于弗兰德斯互动分析系统

西安市第七十五中学　张　嫚

【摘　要】 随着教育信息化2.0和“双减”政策的提出，如何运用课堂观察技术促进精准教学显得尤为重要。由于课堂观察是课堂研究和改进的主要切入口，通过课堂观察，可以对课堂整体实施情况进行记录、分析和研究。在教育数据驱动下，运用课堂观察技术，如弗兰德斯互动分析系统，对课堂整体结构、课堂师生交互比例情况等方面开展分析和研究，对精准教学有促进作用。

【关键词】 课堂观察；弗兰斯德互动分析系统；精准教学

随着教育信息化2.0和“双减”政策的提出，如何运用信息技术促进精准教学成为教育研究者和实践者关注的热点。如李利杰、徐济惠、潘世华通过利用大数据技术、人工智能等信息技术与精准教学融合，深度挖掘学习过程中的数据价值，促进教师运用人工智能、大数据等辅导教学，提升了备教调的精准性和有效性；如任海龙、赵雪梅、钟卓认为智能技术赋予了精准教学新的内涵，从硬件、技术、方法、应用四个层次构建了精准教学的技术架构，从教学目标精准确立、教学内容精准定制、教学活动精准设计、学习表现精准测评四个方面，对智能技术支持下的精准教学运行体系进行了诠释与论证；如郭利明、杨现民、张瑶设计了数据层、技术层、方法层、管理层以及文化层的精准教学五维支持服务框架，在实验学校进行了应用，并获得了良好的效果，有效增强了教师教学的获得感等。然而，信息技术的范围很广，本研究从如何运用课堂观察技术促进精准教学展开研究，提出在教育数据驱动下，运用课堂观察技术，如弗兰斯德互动分析系统，对课堂整体结构、课堂师生交互比例情况等方面开展分析和研究，以期对精准教学有促进作用。

一、单元起始课例“确定位置”教学设计片段

（一）教学目标

在现实情境中感受确定物体位置的多种方式方法，并能比较灵活地运用不同的方式确定物体的位置，进一步发展空间观念和数形结合的意识。

（二）教学环节

1. 情境引入

视频——北斗卫星；情境：小明是西安市第七十五中学八年级9班的一名学生，大洋彼岸的笔友准备来他的学校参观访问，电话中，小明向笔友介绍了学校的位置。

（设计意图：1. 北斗卫星的视频引入，意图培养学生的爱国情感，同时北斗卫星是空间上确定位置，而本课时是在平面上确定物体的位置上，意图激发学生的学习热情和好奇心。2. 情境从介绍学校的位置引入，更贴近学生的生活，易展开学习。此处可以继续引导思考：要介绍学校的位置，你打算以什么样的顺序进行介绍？由此顺利引出活动1，过渡自然。）

2. 活动环节

活动1：介绍学校的位置，感受确定位置的多种方法。（小组合作学习）

问题1：大洋彼岸的笔友准备到你的学校参观访问，你能告诉笔友怎么在中国地图上找到你所在城市的位置吗？

问题2：试着在西安市地图上指引笔友你的学校相对机场的位置。（注意“参照物”）

问题3：到了学校，怎么在教学楼找到你的教室、你的座位，你准备怎么介绍？（参照物）

问题4：座位“4列5排”和“5列4排”有什么区别？如果用有序实数对（4，5）表示4列5排，那么5列4排如何表示？

（设计意图：学生通过“给笔友介绍学校位置”这一活动，感受确定物体位置的多种方式方法，且在确定物体位置时需要注意参照物的选取。）

活动2：再次认识确定位置的多种方法。（先独立思考，再同桌交流，最后以点“座位号”的形式回答下列问题）

问题1：小华和同学相约周末去电影院看国产大片《长津湖》，他们各自买了一张票，座位号分别是6排5号和5排6号。他们怎样才能快速地找到座位呢？如果6排5号用有序实数对（6，5）表示，那么5排6号如何表示？

问题2：这是某次海战中敌我双方舰艇对峙示意图，对我方潜艇O来说：（1）北偏

东 40° 的方向上有哪些目标？要想确定敌舰 B 的位置，还需要什么数据？（2）距离我方潜艇 20 海里的敌舰有哪几艘？（3）要确定每艘敌舰的位置，各需要几个数据？

问题 3：2022 年冬奥会在北京举行，你能在图中找到北京的位置吗？

问题 4：若用 C3 表示“天”，请按下列顺序组成两句话：① B4 A3 B3 E4；② B4 C2 D4 C5 A1 D3 E1。

问题 5：平面上确定物体的位置有哪些方法？一般需要几个数据？

问题 6：你还能举出生活中其他确定物体位置的例子吗？

（设计意图：学生在现实情境中感受确定物体位置的多种方式方法，并能比较灵活地运用不同的方式确定物体的位置，进一步发展空间观念和数形结合的意识。）

二、运用弗兰斯德互动分析系统进行课堂教学交互行为分析

（一）弗兰斯德互动分析系统简介

弗兰斯德互动分析系统（FIAS）是课堂学习过程中重要的信息反馈工具，是师生在课堂上言语互动过程中的观察分析工具。它由四个维度组成，即教师、学生的言语行为以及沉寂情况、技术应用情况，共包含 14 种互动行为编码。

1 教师接受情感	2 教师表扬或鼓励
3 教师采纳学生观点	4.1 教师提问开放性问题
4.2 教师提问封闭性问题	5 教师讲授
6 教师指令	7 教师批评或维护权威
8 学生被动应答	9.1 学生主动应答
9.2 学生主动提问	10 学生与同伴讨论
11 无助于教学的混乱	12 有益于教学的沉寂
13 教师操纵技术	14 学生操纵技术

图 1　14 种互动行为编码

根据编码系统采集课堂行为编码，然后形成序列对，统计相同序列对的频次数，

填入迁移矩阵表格。由迁移矩阵分析：区域描述（紫色：积极整合格，师生氛围融洽。粉色：缺陷格，师生存在隔阂。*：稳态格，持续做某件事）；两组环（蓝色：创新型、开放型课堂。粉色：讲授型课堂。红色：技术支持型，侧重教师教。紫色：技术支持学习型，侧重学生学）；课堂整体结构分析；课堂师生交互比例情况。

（二）课堂整体交互可视化分析

课堂观察借助课堂实录，在对本课进行整体感知之后，对课堂实录进行反复观看，每隔 3 秒取样一次，按编码系统规定赋予其代码，依次记录。本课教学时长 40 分钟，实际教学用时 38 分钟，各项数据详见下图。

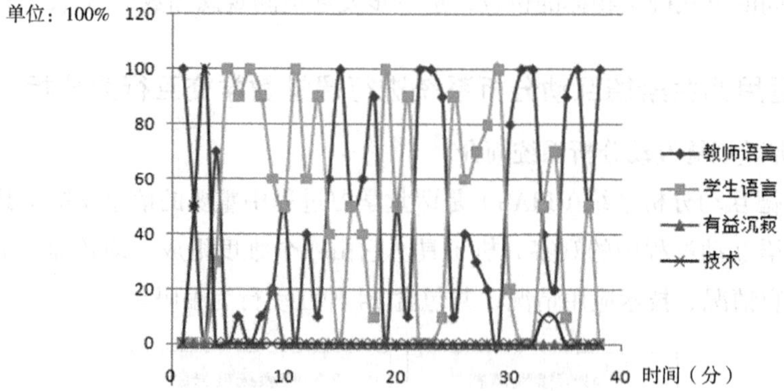

图 2　课堂时间线分析图

迁移矩阵（注：下画线表示绿色，双下画线表示蓝色● 表示红色▲ 表示黄色）														
	1	2	3	4	5	6	7	8	9	10	11	12	13	14
1	▲0	▲0	▲0	0	0	0	0	0	0	0	0	0	0	0
2	▲0	▲12	▲1	0	0	1	0	1	2	0	0	0	1	0
3	▲0	▲2	▲17	1	0	0	0	2	0	0	0	0	0	0
4	0	0	2	22	2	3	0	2	1	0	0	0	0	0
5	0	1	0	1	19	0	0	2	0	0	0	0	0	0
6	0	0	0	0	2	80	0	1	3	2	0	0	1	0
7	0	0	0	0	0	●0	●0	0	0	0	0	0	0	0
8	0	1	2	0	0	●1	●0	59	3	0	0	1	0	0
9	0	1	0	8	0	0	0	0	61	0	0	0	0	1
10	0	0	0	0	0	2	0	0	0	36	0	0	0	0
11	0	0	0	0	0	0	0	0	0	0	0	0	0	0
12	0	0	0	0	0	1	0	0	0	0	0	1	0	0
13	0	0	0	0	0	1	0	0	1	0	0	0	14	0
14	0	1	0	0	0	0	0	0	0	0	0	0	0	0

1. 积极整合格（师生氛围融洽程：8%
2. 缺陷格（师生存在隔阂程度）：0%
3. “提问引导”课堂类型：83
4. “主动延伸”课堂类型：78
该课堂属于：提问引导类型

图 3　迁移矩阵

课堂可视化分析：课堂具有明显的阶段性，学习活动设计明显，技术使用频率不够高。课堂交互频率较高，节奏起伏明显。师生氛围融洽，属于提问引导类型的课堂。

（三）课堂交互比例

1. 课堂整体数据分析

表 1　课堂整体数据

内容	数值（%）
教师语言比例	48
学生语言比例	46
无助于教学的混乱	0
有益于教学的沉寂	0
技术应用比例	4

分析结果：技术应用较低，教师和学生语言比例均衡，体现教师和学生课堂影响均衡。

2. 教师课堂语言影响分析

表 2　教师课堂语言影响

内容	数值（%）
教师语言中对学生间接影响与直接影响比例	64
教师语言中对学生积极强化与消极强化比例	44
教师语言中提问所占比例	17
学生语言中学生主动说话比例	19

分析结果：语言间接影响明显，积极强化影响较明显，学生主动说话比例较低。

3. 信息技术使用程度分析

表 3　信息技术使用程度

内容	数值（%）
信息技术应用中教师操纵技术比例	94
信息技术应用中学生操纵技术比例	5

分析结果：教师操作技术为主，技术支持学生学习，是一节技术教学型课堂。

4. 课堂问题影响分析

表 4　课堂问题影响

内容	数值
教师提问频次总计	32
教师提问开放性问题频次	21
开放性问题占教师提问比例	65%
教师提问封闭性问题频次	11
封闭性问题占教师提问比例	34%

分析结果：开放性问题为主，课堂有利于学生深度学习。

5. 学生主动性分析

表 5　学生主动性

内容	数值
学生主动说话频次总计	71
学生主动应答频次	71
主动应答占学生主动说话比例	100%
学生主动提问频次	0
主动提问占学生主动说话比例	0

分析结果：学生应答以主动为主，主动参与课堂的各个活动，但主动提问较少。

三、分析结论及对课堂教学的改进建议

（一）结论

课堂具有明显的阶段性，学习活动设计明显，技术使用频率不够高；课堂交互频率较高，节奏起伏明显；师生氛围融洽，属于提问引导类型的课堂。

从课堂整体数据分析得：由于课堂仅用到了多媒体课件、微课，所以技术应用较低；教师和学生语言比例均衡，体现了教师和学生课堂影响均衡。从教师课堂语言影响分析得：语言间接影响明显，积极强化影响较明显，学生主动说话比例较低，说明课堂上学生主动发言的积极性还不够。从信息技术使用程度分析得：教师操作技术为主，技术支持学生学习，是一节技术教学型课堂。从课堂问题影响分析得：开放性问题为主，课堂有利于学生深度学习。从学生主动性分析得：学生应答以主动为主，主动参与课堂的各个活动，但主动提问较少，后期需注意改进。

（二）改进建议

加强技术的使用，如在课堂中适当地使用微课、几何画板、动画演示、希沃白板等，也可在教学中鼓励学生使用，如适当地使用实物投影、视频录制播放等；注意课堂上引导学生积极思考，主动发言，敢于表达自己的想法和观点；培养学生主动提问的能力，这一能力是目前学生比较欠缺的，可以进行适当的引导。

本研究提出了运用弗兰斯德互动分析系统，对课堂整体结构、课堂师生交互比例情况等方面展开分析和研究，对精准教学有促进作用，然而，任何一个技术的成熟应用都需要一个过程，本文提出的弗兰斯德互动分析系统在实践中还存在一些需要完善的地方：一是对编码系统的理解，二是对课堂改进之后的继续跟踪。在"双减"的政策下，如何提高课堂效率，如何精准教学是我们一直在思考的问题。课堂作为学习的主阵地，利用信息技术进行课堂观察，值得我们不断学习与探索。

参考文献

[1] 王鉴．课堂研究概论[M]．北京：人民教育出版社，2007.

[2] 李利杰，徐济惠，潘世华．基于大数据学习分析的精准教学模式建构与实践[J]．中国多媒体与网络教学学报（中旬刊），2021（10）：121-123.

[3] 任海龙，赵雪梅，钟卓．智能技术支持下的精准教学：技术框架与运行体系[J]．教育理论与实践，2021，41（27）：56-58.

[4] 郭利明，杨现民，张瑶．数据驱动的精准教学五维支持服务框架设计与实践研究[J]．电化教育研究，2021（4）：87-94.

[5] 马复，史炳星，章飞，等．义务教育教科书数学教师教学用书八年级上[M]．北京：北京师范大学出版社，2014.

[6] 张乐平．职业教育信息化课堂师生互动策略的研究[D]．重庆：西南大学，2019.

[7] 欧光琳．运用课堂观察技术优化教学设计的行动研究——基于弗兰德斯互动分析系统和课堂志的分析技术[J]．教育科学论坛，2019（24）：20-28.

[8] 马静．基于 OBE + PBL 理念下小学书法创新课堂模式实践研究[D]．石家庄：河北师范大学，2020.

作者简介

张嫚：西安市第七十五中学数学教师，中学一级教师。

浅谈校内数学课堂交互教学行为的分析与反思

沈阳市皇姑区宁山路小学　王恩亮　汪珊珊　韩睿琳

【摘　要】建构育人环境，技术是手段。在当今教育背景下，刻板的灌输式教育已无法满足我国目前主张的构建网络化、数字化、个性化、终身化的学习型社会的要求。交互教学可以集中学生的注意力，促进学生对数学学习的主动性与积极性，调动学生数学思维的发展，从而促进教学目标的实现。本文将交互教学与数学课堂相联系，简述了其中蕴含的意义并进行反思。最终得出交互教学行为可以优化教学过程，拓展教学资源，提高教学效率。

【关键词】交互教学行为；数学课堂；数学教学

建构育人环境，技术是手段。随着互联网的发展，交互教学逐渐走进校内课堂。交互教学区别于传统教学方式，主要是以双方交流互动为导向的教学方式，它既不是教师的“一言堂”教学，也不是学生漫无目的的自学。交互教学明确了教学目标，教师与学生在课堂上利用身边的各种资源进行互动学习。在这一过程中能够培养学生解题能力和数学素养，从而提高校内数学课堂的教学质量。所以我们需要合理地应用交互教学，注重交互教学的重要性，有效地改变教学方式，提高校内数学课堂的效率。

一、交互教学行为的背景

（一）国内教育信息化发展的需要

2015 年 5 月 23 日在国际教育信息化大会上，国务院副总理刘延东提出要“以人为本，推动信息技术与教育教学的深度融合。推进教育信息化，信息技术是手段，发展教育是目的，关键是融合创新，促进传统教育与信息化教育的优势互补”，这给我们指出了明确的方向。

（二）教师教育信息化发展的需要

部分数学教师对教育信息化认识不足、重视程度不高、观念不新，依然在使用传统的教育观念，这必然阻碍了学校数学信息化教育的发展。在数学教学过程中，我们必须树立和运用技术的现代化和教学理论的现代化，将现代科学技术应用于教学，高效地实现数学教学目标。

（三）学生教育信息化发展的需要

部分学生对学习的认知不够充分导致其在学习过程中会认为学习是枯燥无味的，并且不同于游戏，学习的结果不是即时获得的，所以他们会对学习失去耐心、失去学习的积极性，更有甚者产生厌学的心理。存在这种想法的学生不会积极配合教师更不会主动向教师提出知识性问题。在这种情况下教师无法展开信息化教学，学生无法获得数学知识，无法提高解决数学问题的能力，无法提高自身数学素养。

二、交互教学行为的现状

（一）使用形式单一，资源利用率低

部分数学教师对于信息技术的利用仅仅停留在使用多媒体课件这一层面上。上课时仅仅是将书本上的知识点和习题照搬在电子屏幕上。学生仅仅是从以前的看课本变成现在的看屏幕。

（二）应用形式化，忽视学科的特点。

部分数学教师的观念传统，信息技术应用能力不强，这会导致课堂进程缓慢，课件内容繁杂，有碍于师生情感之间的交流。

（三）教学评价体质不健全

《义务教育数学课程标准（2011 年版）》中指出“自主探索与合作交流是学习数学的重要方式”。然而当前“高成本，低效率”偏离整合目的；学校没有确定一套既完整又科学的课堂评价体系，学生们数学课堂上的小组合作学习也只是流于形式。这些问题使数学教学过程没有得到优化，并且影响数学课堂上的教学效果。

三、交互教学行为的意义

（一）激发学生学习兴趣

在交互教学方式下教师与学生开展多样化的互动交流方式，首先对不同层次的学生开展分类教学，有针对性的个别辅导教学；其次采取分组讨论，相互交流，培养小组合作精神。交互式教学突出了师生互动教学，也改变了传统重视教材的情况，给每个小学生提供了新的发展空间，学生通过实践交流获取知识，拓展了学生学习渠道，让学生提升自我学习认知感和存在感，进而激发了小学生学习的积极性。教师作为一名组织者、引导者，为学生点拨讲解课程的重点与难点，帮助学生学会方法、理解算理。在“探索活动：三角形的面积”一课中，学生先利用所学的平行四边形面积公式进行自主学习，数学教师提出问题：请你把三角形转化成学过的图形。学生们根据教师提出的问题进行思考、探索、讨论、研究最终将三角形转化成学过的平行四边形或长方形，并且利用平行四边形的面积公式或长方形的面积公式推导得出三角形的面积公式。在这一教学过程中教师可以使用电子白板向学生展示三角形转化成平行四边形或长方形的过程（如图 1）。这种方法不同于以往教授给学生面积公式让他们死记硬背。这一环节增强了学生对平面图形的了解并理解三角形面积公式的由来。

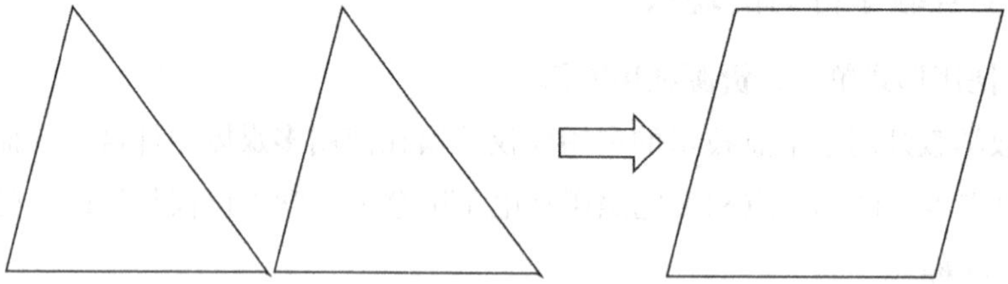

图 1　三角形转化为平行四边形的平面图

（二）改善课堂学习效果

小学数学课堂是打开学生思维的过程，需要营造一个愉快、活泼的课堂氛围，目的是吸引学生集中注意力。交互教学有利于改善课堂教学效果，在交互背景下改变了数学教师的主导地位，使得学生成为了学习的主体。交互教学增加课堂的氛围，加深学生对数学知识的理解和掌握，从而提升小学数学课堂教学质量。小学数学是学习数学的启蒙阶段，也是奠定将来学习数学的基础。所以，提升小学数学的教学质量，教师需要提供轻松自由的学习环境和学生积极思考的动力，而高效的交互教学课堂教学则可以有效弥补传统教学的不足。在交互教学中的组织方式、思考方式都是交互教学中的核心环节。在交互教学中可以交流思想，教师可以全面了解每个学生。所以，教师在备课前就要提前预测好课堂的教学环节，做出不同预测方案从而推动交互教学顺利实施教学目标。

（三）提升探究性学习能力

小学数学引入交互式课堂有助于小学生开发思维，将脑、眼、手等方面全部投入到学习的全过程。交互式教学以小组交互式学习为主，在此模式下要求学生以合作探究为学习方式，而小组的成绩就是团队成员表现的主要参考。所以，需要合理的分配小组形式，给每个小组成员明确角色定位，贯彻因人设岗、人人参与的原则，从而提升小组合作研究的能力。交互教学可以有效填补教学时间的限制，使每个学生互相交流互补学习。尤其是在交流中学习思维方式、解题思路，反思自己的思维逻辑的不足，在讨论中形成自己的逻辑思维模式，有助于取长补短又不断优化自己。

四、交互教学行为的内容

（一）设置科学的教学过程

校内数学课堂交互教学行为需要注意两点：第一，教师提问环节。教师在数学教学中需要注重引导和启发学生，尽量改变整堂课都是一问一答的教学模式。要将课堂充分还给学生，让学生自己能够提出问题，乐于思考。并且在提出问题的环节中，应回避提出问题的泛化，缩小交互范围、减少学习被动或者交互失范的现象。

第二，交互环节。交互教学行为中教师应该有引导性和指示性，这是成功交互的关键。教师应确保在交互过程中时刻关注每位学生的学习状况并对之进行指导，提出适时的教学评价，让学生能够在数学学习中找到快乐，成为数学学习的主人，感受其中的“数学之美”。

（二）实施科学的教师评价

在课堂教学评价上，教师要对学生的具体表现做出即时的表扬或批评。教师评价要与校内数学课堂教学活动相结合，要有即时性原则。此外，教师评价还要坚持激励性原则，教师运用正确、有效的激励手段提高学生学习数学的积极性，让他们能够在课堂上迅速进入学习状态。最后教师评价要注意语言的多样性原则，准确合理地评价学生的每一个方面而减少使用“你真棒！你真聪明！”等笼统的教学语言，取而代之的是“你算数真仔细、你图形画得真准确”等明确具体的语言，提高教师评价的效率。

五、结束语

综上所述，将交互教学行为引入校内数学课堂有助于提高学生学习数学的兴趣，能够提高他们探究性学习的能力从而改善数学课堂的学习效果。因此，在校内数学课堂上广泛使用交互教学行为可以拓展数学教学资源，优化数学教学的过程，提高数学教学的效率，更好地实现数学教学改革目标，实现我国建设学习型社会的要求。

参考文献

[1] 教育部课题组 . 深入学习习近平关于教育的重要论述 [M]. 北京：人民出版社，2019.

[2] 朱霞 . 交互教学模式在小学数学课堂教学中的应用探微 [C] //2021 年教育创新网络研讨会 . 2021 年教育创新网络研讨会论文集（一）. 北京：中国管理科学研究院教育科学研究所，2021.

[3] 在国际教育信息化大会上的致辞 [N]. 中国教育报，2015-06-09.

[4] 中华人民共和国教育部 . 义务教育数学课程标准（2011 年版）[M]. 北京：北京师范大学出版社，2012.

[5] 吴蓉烨 . 小学数学课堂教师评价语言有效性的实践与思考 [J]. 新课程导学 .2022（3）：71-7.

[6] 王本陆 . 课程与教学论 [M]. 北京：高等教育出版社，2017.

作者简介

王恩亮：沈阳市皇姑区宁山路小学校长，沈阳市高级教师。

汪珊珊：沈阳市皇姑区宁山路小学数学教师，沈阳市高级教师。

韩睿琳：沈阳市皇姑区宁山路小学教师。

优化课堂 提质增效

——网络画板在小学数学教学中的有效应用

沈阳市皇姑区岐山路第一小学 卞 巍 范 琳

【摘 要】《义务教育数学课程标准（2011年版）》中明确提出，教育信息化的发展趋势将对数学基础教育的价值、目标、内涵及其教学模式产生重要的影响。数学课程的设计和实现应当针对现实情况科学合理地利用现代信息技术，要重视现代信息技术和课程内涵的融合，注重实效。那么，老师需要如何合理地利用信息技术，优化课堂教学方式，从而提质增效，是目前教学实践中的研究重点。本文将通过具体案例，探讨如何在小学数学教学中有效运用网络画板这一技术来提高学生思维水平。

【关键词】网络画板；优化结构；提质增效；思维水平

一、引言

当今的社会发展日新月异，信息技术的发展正在改变人们生活的各个领域。在教育界，早在2011年国务院办公厅出台了《教育信息化十年规划》中明确提出了："要推动信息技术和教学融合，建立智能教学平台，提升教师信息化教学水平。"信息技术是在数学意识的高度抽象与学生思维的形象具体化间搭建的一个桥梁，它能够帮助学生从具体形象思考向抽象式思考转变，从而提升学生的思维水平。教师们唯有借助并充分利用更加生动、形象的信息技术教育工具训练学生的高阶思维能力，才能让数学课程越来越吸引学生，更符合现代社会的高速发展趋势。网络画板的出现和发展，正在为学生数学思维能力的训练进行着新的尝试。如何能更高效地利用信息技术优化课堂结构，从而提质增效，是目前教学实践中的研究重点。本文将通过具体案例探讨如何在数学教学中有效运用网络画板这一技术来提高学生思维水平。

二、网络画板的特点

网络画板是用新技术赋能智慧数学教育，开源共享的移动数学实验室，是符合信息技术发展趋势的教学工具。它源于网络信息技术，并打造了“互联网 +”的数学教育模式，它使数学教育和信息技术实现了有机的融合，不但可以提升教学质量和效果，还推动了中国数学教育的多样化发展，可以充分调动学生的学习兴趣，提升数学高阶思维能力，不断实现无死角的数学教学体系。

网络画板具有免安装、跨端口、跨平台的特性，动静融合，变抽象为具体，能够充分调动学习者的各类感觉协调功能，破解老师无法讲明白、学习者也无法听懂的内容，进而高效地进行精讲，突出重点，攻破难点。能让学生全面参与到数学实验中来，实现数学实验对教学各个环节的全覆盖，使学生人人享有数学实验的机会。

三、网络画板在数学教学中的有效应用案例分析

（一）优化结构，创新型数学课堂

1. 化静为动，优化兴趣

新课标提出：“注重培养学生的实际经验和兴趣爱好，利用生活中生动有趣的知识素材导入新知，使抽象的数学基础知识，有着丰富多彩的实际背景，力求为学生的发展创造生动有趣、活跃积极的材料与学习环境”。动态画面比静态物体更能刺激学生的感官，引起其注意。在数学教学过程中，教师如果利用信息技术辅助课堂教学，就可以很有效地营造学生研究问题的情境，从而调动学生研究问题的积极性，使较烦琐的问题转变为学生更容易掌握的问题。

在教学“角的认识”一课时，我们知道一条射线围绕着它的端点由某个地方转动到另一个地方而产生的图形被称为“角”。所转动射线的端点称为角的顶点，起始位置的射线被称为角的始边，结束位置的射线被称为角的终边。使用网络画板，可以动态演示 0° —360° 的任意角，使学生看后马上能领悟出角是怎样形成的。然后，学生任意拖拽角的一条边，从而产生了大小不同或边的长短不同的各种角，使学习者了解到角的大小与角的两条边张口的大小有关，而与边的长度无关。通过这种动态方式，让一个看起来静止的事物活跃开来，从而化静为动，不仅能够充分调动学生的学习兴趣，更让他们掌握了一个更加全面、清晰的概念。

2. 全面参与，优化探究

苏霍姆林斯基这样说过：“在人的心灵深处，都有一种根深蒂固的需要，这便是渴望自身是一位发现者、研究者、探究者。”在整个课堂教学过程中，只有引导学生积极投入课堂的全过程，才能让学生全身心地投入学习，勤于思考，积极探究，敢于实践，才能让学生真正地掌握知识，学会运用技巧，发展能力。

如教学圆柱体积公式的推导过程，一般教科书中的做法都是把圆柱垂直纵切为几个等份，再拼成长方体，就是这样得到了圆柱体积公式的。静态图片所讲述的过程十分抽象，而且学生使用实物验证的过程中会产生质疑，“切割后，圆柱的弧面并不是直的，为什么说能拼成长方体呢？”实际上，若圆柱沿半径垂直纵切，则分割的份数越多，所拼成的形状才越近似长方体，但在实际操作中，这种效果很难实现。网络画板便可以实现圆柱切开的份数的可控性，学生可以自己设定切开的份数，并动态演示圆柱被切拼成近似长方体的过程。学生不但能主动参与到课堂探究活动中来，还能在活动中起到主导的作用，能感受到更直观的形象，记忆更深刻，理解更透彻。

（二）提质增效，筑高阶数学思维

“数学是思维的科学。”根据本杰明·布鲁姆的“教育目标分类学”，数学思维可包括记忆、理解、运用、研究、评价和创新。其中，记忆、理解和运用主要是在学生已经懂得怎样做的情形下进行的，属于传统数学低阶段思维；而研究、评价和创新则主要是学生在不懂得怎样做的情形下进行的，属于传统数学高阶思维。高阶思维需要学生在创新的条件下，运用信息和概念去处理新的问题、完成较高难度的任务。但是，日常课堂中往往不够注重对传统数学低阶段思维的教育，老师讲解、指导，学生操练、强化记忆，也只是课堂的主要形式。长此以往，很容易导致枯燥乏味的机械练习，学生也缺乏学习的动机和趣味。所以，我们应该重视训练学生的数学高阶思维，并利用挑战性的题目，调动学生对学习的兴趣，从而训练学生将来学习、生活与工作中的综合数学思考和解题能力。而接下来，笔者将以“认识三角形和四边形”这节复习课为例，解析教师应怎样利用网络画板，进行对学生高阶数学思维的训练，从而提高教学质量，增强教学效果。

1. 课堂案例

本节课中，笔者设计了两项探究活动，让学生分别通过设置角的度数和边的长度来构造一个属于自己的独特的三角形。网络画板的强大功能，让三角形活了起来，学生可以根据自己的意愿随心所欲地进行设计。

活动一：设置角的度数，构造三角形。

如果学生想构造一个钝角三角形，就可以先设置一个钝角，假设是110°，180° − 110° = 70°，那么两个锐角的度数之和就是70°，接着学生只要把70°拆成两个锐角的度数就可以了，最后只需要点击一个小小的“显示”按钮，就可以直接演示构造的结果。这个数据拆分的结果就会有很多种了，在以前的教学中，我们更多的是用理论来求出角的度数，最多只能画出其中的一种或几种构造的结果，但是借助网络画板，学生设置所有的数据都是可以根据自己的想法，任意并且反复多次地进行调整。当然，如果学生设置的数据是有错误的，画板中还可以展示出不能组成三角形的情况。这样就能让学生更直观地体会和运用三角形的内角和等于180°。同时，在这个构造三角形的活动中，学生还会有新的发现，如直角三角形中的两个锐角之和等于90°，钝角三角形中的两个锐角之和小于90°，而锐角三角形中的两个锐角之和大于90°。

活动二：设置边的长度，构造三角形。

学生可以根据自己设定的两条边的长度，计算出第三条边的取值范围，然后在这个范围中任意取一个数来尝试是否能组成三角形。实际在取值范围内，即使只取整数，也会有很多种数据。在平时的课堂操作中，我们不可能要求孩子做出所有长度的小棒，逐个去尝试构造三角形，而网络画板就帮助我们弥补了这一不足。它不但可以演示在取值范围内的所有三角形，还可以演示任意一种错误案例。如有的孩子很好奇，想尝试一下，如果超出了范围，会组成什么样的图形呢？通过动态的演示，学生可以看到，如果第三条边的长度超出取值范围，就无法组成三角形。这样，学生能更明确为什么三角形的任意两边之和必须大于第三边了。

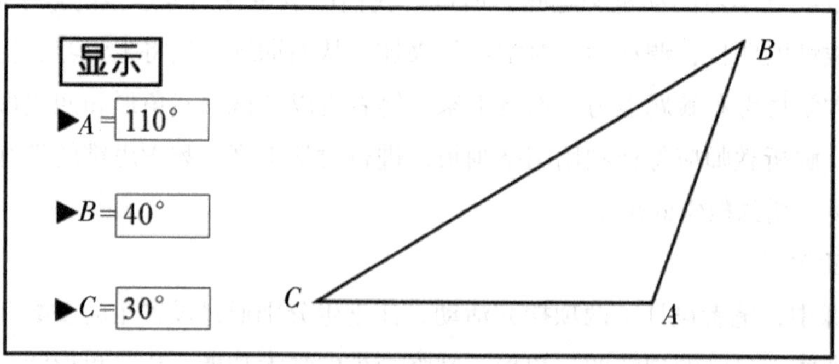

图1　活动一：设置角的度数构造三角形

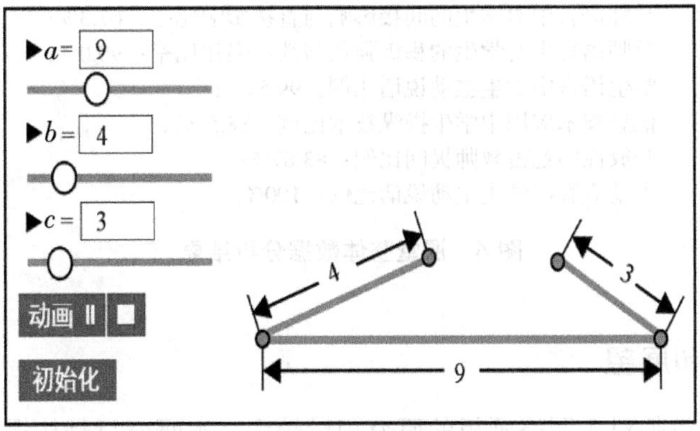

图 2　活动二：设置边的长度构造三角形

借助网络画板，学生可以依照主观意识参与探究活动，在不断的尝试和分析中，轻松地抓住了本章节的重点，并突破学习难点，数学思维能力得到了提升。

2. 数据分析

在授课过程中，方海光教授的团队进行了实时观察和量表记录，并且形成了《课堂观察分析报告》。报告中对课堂交互频率、教师语言影响、信息技术应用程度、课堂问题影响、学生主动性和课堂评价进行了精准的数据分析。分析表明，在网络画板这一新型网络课堂教学设备的辅助下，师生交互频率较高，节奏起伏略明显。学生通过分组合作，积极投入到数学实验研究活动当中，不仅对本章节的知识进行了深度学习，信息技术操作水平和数学思维水平也得到了提升。

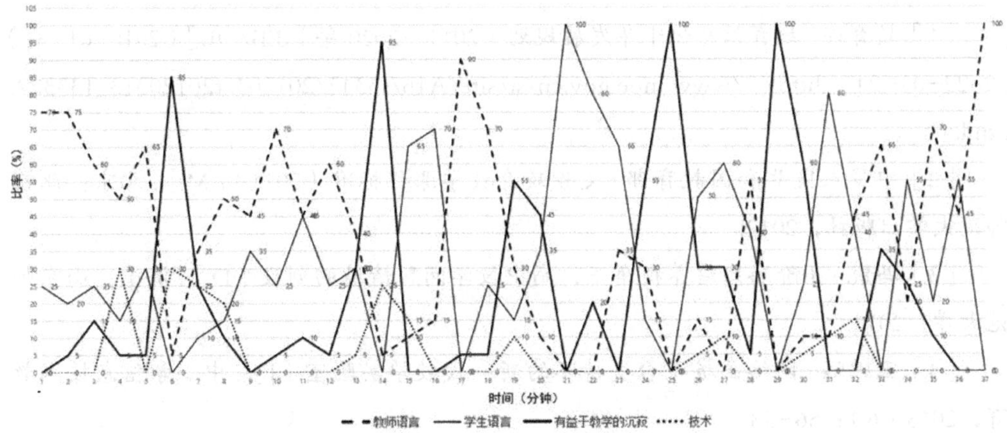

图 3　课堂整体交互可视化分析图

教师语言中对学生的间接影响与直接影响比率：67.3%；
教师语言中对学生的积极强化与消极强化比率：90.0%；
学生语言中学生主动说话比例：99.59%；
信息技术应用中学生操纵技术比例：88.57%；
开放性问题占教师提问比例：83.87%；
主动应答占学生主动说话比例：100%。

图 4　课堂整体数据分析结果

四、总结和展望

目前，小学教师对于网络画板的研究相对较少，本研究只是从提高课堂效率、提升学生思维的角度探索应用策略，但由于研究条件的限制，案例选取较少，时间较短，可能影响研究结论的信度和效度。虽然在网络平台上已经有海量的实验资源，但是如果教师能熟练地掌握资源开发的技术，成为资源的提供者，就能制作出更符合自己教学需求、符合学生特点的教学资源了，这将是今后我们要努力探索的方向。二十一世纪是信息化的社会，互联网技术、多媒体技术得到了前所未有的发展，进而极大地推动着教育教学的发展，并影响着教育系统的方方面面。作为一名新时期的小学数学教师，必须紧跟时代科技发展的脚步，力求了解并运用现代教育信息技术，在资源无限的网络世界寻找新知识与新资讯，以提升自身素质，革新学校教学内容、教学方法与教学手段。

参考文献

［1］教育部．教育信息化十年发展规划（2011—2020 年）［EB/OL］.（2018-01-31）［2022-03-24］.http：//www.moe.gov.cn/srcsite/A16/s3342/201203/t20120313_133322.html.

［2］中华人民共和国教育部．义务教育数学课程标准（2011）［M］．北京：北京师范大学出版社，2012.

［3］冯锐．高阶思维培养视角下，高中数学问题情境的创设［D］．济南：山东师范大学，2013.

［4］王鹏远．网络画板平台支持下的新一代数学实验室［J］．中小学信息技术教育，2018（6）：56-58.

［5］黎加厚．教育信息化环境中的学生高级思维能力的培养［J］．中国电化教育，

2003（9）：59–63.

作者简介

卞巍：沈阳市皇姑区岐山路第一小学党委书记，沈阳市一级教师。

范琳：沈阳市皇姑区岐山路第一小学数学教师，沈阳市一级教师。

“双减”政策下小学数学课堂信息化教学实践探究

广州市白云区三元里小学　李江英

【摘　要】《中国教育现代化 2035》的基本理念中提到，加快信息化时代教育变革，建设智能化校园，统筹建设一体化智能化教学、管理与服务平台，利用现代技术加快推动人才培养模式改革，实现规模化教育与个性化培养的有机结合。狸米虚拟助教教学系统融入数学课堂教学，能辅助教师们在数学教学实践中快速获得精确的教学信息，实施个性化教学，有效实现教学目标，培养学生数学素养，提升教师信息化教学水平，真正实现减负提质增效。

【关键词】信息化教学；狸米虚拟助教教学系统；数学核心素养；减负提质增效

一、引言

近十年来，教育部发布了大量《教育信息化十年发展规划》等政策性文件，全面深化改革，推进教育信息化建设“互联网 +”教育、重视教育公平和教育质量。信息化教学越来越成为教育研究与实践者关注的热点。狸米虚拟助教教学系统融入数学课堂教学，符合当前教育改革和发展的新形势，适宜学生在课堂上的使用，能提高学生的学习能力，培育学生数学核心素养，提高教学质量和教育水平，助力乡村振兴和教育公平。

二、狸米虚拟助教教学系统助力数学课堂教学之尝试

一直以来，数学学习被认为是枯燥无味的，尤其对于数学学习能力差的孩子来说，更视数学学习为洪水猛兽。怎样才能减轻学生学习数学的压力呢？笔者认为，信息技术与课堂教学深度融合，对提高学生数学素养大有裨益。

（一）创设问题情境，激发学习兴趣

在当今“互联网 +”教育的大趋势下，依托现代信息技术，改变传统教学方式，创造有利于每一位学生主动学习、充分发展的教育环境，不失为一个更新颖有效的教

学方式。信息技术是电子技术、计算机技术和教学理论发展的必然趋势，以其强大的文字功能、精美图像、音响功能辅助教学，给教学带来了前所未有的便利。在教学中，如能恰当地应用信息技术，能充分发挥技术的优势，可以活跃课堂气氛、激发学习兴趣、突破教学重难点、开拓学生思维，培养其数学素养。在这部分，笔者以执教的五年级课例“位置”为分析案例，剖析信息技术如何助力数学课堂教学，展示数学魅力，真正实现减负提质增效。

上课伊始，授课教师请同学们分享“课前预习单”（见表1），说一说“生活中，什么情况下需要我们寻找位置？”。学生根据自己日常所见，各抒己见，说出生活中自己理解的“位置”。接着授课教师根据同学们的回答，将备课时在网上精心挑选的具有代表性的又是同学们熟悉的电影院、飞机座位、首都北京及居住地的广州地理位置、体育大课间的站位等有关位置的精美图片显示在大屏幕上，让“位置”这一知识与日常学习生活联系起来，形式多样、画面生动，利用信息技术将其可视化，直接呈现在眼前，便于学生理解与接受。

表1 “位置”课前预习单

班级：	姓名：	学号：
一、你已经了解了哪些表示位置的知识？你是怎样知道的？ 1. 2. 3.		
二、用自己的方法表示你在教室里的位置。		
三、预习数学书第19页的位置知识，你有什么不明白的地方，请记录下来。		

（二）智慧处理教材，突破知识难点

在教学用“数对”表示张亮的位置环节时，多媒体课件中先显示包括张亮在内的一行小朋友，授课教师问：怎样表示张亮的位置？此处教师设计多媒体课件只显示张亮一个人的位置，就是让同学们的视线不受无效信息干扰，画面一出，就能很快找到张亮坐在哪儿，简洁明了。这一设计重点突破了“在一行人中表示张亮的位置，可以从左往右数，也可以从右往左数，都能确定其位置”。授课教师再明确指出：在数学中，我们一般从左往右数，从而将确定一行人位置的说法统一起来。

接着，多媒体课件显示在张亮的前后左右都有其他的同学的情形，将张亮置于一个有行又有列的方阵中。此时要确定张亮的位置，必须有两个数据。此处教师设计同学们根据自己的原有知识来确定张亮的位置。同学们的回答可能不是很标准甚至是错误的。授课教师设计给课堂“留白”，让学生充分思考，大胆发表自己意见，最后，授课教师再统一规定用数对（2，4）表示张亮位置的方法。

利用强大的信息技术支持，先学后教，教师熟练用多媒体课件依次显现，第一——六列第一——五行，形象生动地将行列的知识分层次巧妙一一展现在同学们的面前。让知识的学习在学生的思考中不断摩擦、比较、分析、理解透彻，从而建立起正确的知识架构，让知识丰满起来。教师对教学内容恰当处理，精心设计，将知识的教学细化、层层递进，突出重点，突破难点，充分发挥了多媒体教学的表现力，提高了教学效率。

（三）巧妙融入史料，拓宽数学视野

数学史是教师在小学数学课堂教学中传递数学文化、数学思想的重要载体之一，在小学数学课堂上，依托信息技术，恰到好处地引入数学史内容，可以调动学生兴趣，有利于引导学生学习数学，拓展思维，推动课程教学顺利完成。备课时，根据教学需要，教师可以在网上或课外书中查找有关数学史，精挑细选，将数学史巧妙融入课堂教学中，展示知识的来龙去脉。这样能让学生多学习数学文化，拓宽其眼界和思维，培养核心素养。如上文所提到的“位置”课程，笔者在备课阶段，多方面寻找有关“位置”的相关知识，巧妙借用强大的信息技术手段，录制了精美的小视频“数对的来历”，展现了在历史上法国哲学家、数学家、物理学家笛卡尔通过自身的不断探究与思考，找到了用“数对”表示位置的方法，进而对学生进行努力学习、坚持不懈的思想教育。智慧课堂教学模式，数学史融入课堂教学，不仅激发了学生的兴趣，也促使我们教师通过积累丰富的数学史料，加强自身综合素质，提升教学水平。

（四）创新练习设计，智能调控反馈

对于传统数学课堂来说，教师们会花大量时间用于准备课程资料，搜寻相对应的专题习题，认真批改课后作业，但由于个人精力有限，很难有更多的时间与精力进行课堂教学设计及创设最佳教学情境，也很难在课上对同学们的学习效果给予全面关注并及时反馈。

狸米虚拟助教系统平台中的数据从多方面、多角度对学生的学习效果进行智能化分析，将学生学情数据和教学过程数据智能转化为可视化报表，电子错题本的建立、学生做题记录、条形统计图表示的做题比例、用颜色标注出的各种错题分类则将教师从重复改题判题中解放出来，帮助教师洞察教学过程中出现的问题，调控课堂讲练，结合难点进行讲解，布置举一反三的针对性练习，有利于实现分层教学，在课堂中，提醒同学们针对自己的错题个性化选择同类型题练习，帮助学生巩固重点难点，实现学生个性化学习，提高教学效率。

在巩固练习环节，授课老师坚持“数学知识从实际中来、到实际中去”的思想。把数学问题与实际生活联系在一起，使学生有更多的机会从周围熟悉的事物中学习数学、理解数学的价值和作用，利用“狸米老师课堂版”中类型化智能题库，巧妙设计，勇于创新，智能备课，灵活组题，精心设计了用“数对”表示象棋中棋子的“位置”、座位号的秘密、找规律、聪明题等分层练习，层层递进，逐渐加深题目难度，有助于提升学生解决生活中的实际问题能力，培养其数学思维能力。教师通过不断地学习实践，及时调控课堂教学，提高了自己熟练使用狸米虚拟助教教学系统的信息化能力，提升了信息技术与教学整合的能力，能更好地促进教学的高效和教师自身的专业成长。

（五）多元互动探究，培养数学素养

信息化教学还能有效培育学生学习自主性，让“以教为主”转向了“以学为主”，提升了学习力。与传统只用课本和习题册的方法相比，狸米虚拟助教系统改变了学生们的学习方式，将巩固习题转化提炼成一个学习任务。学生完成提交后，平台立即反馈结果，及时做出奖励，激发了学生的学习兴趣，促使学生在不断修正错误、奖励成功的体验中理解与掌握知识。狸米虚拟助教系统的及时反馈和丰富的激励机制充分调动了学生学习积极性，做到“学习就像玩游戏”，增强了学生的学习自觉性与成就感，引导学生们由被动学习转向主动学习。

一个学生说：“自从用了狸米学习这个软件，我的数学成绩有了起色。老师在平台发布任务，每次学完新的知识，老师总会布置几道练习作业，系统会根据我们做的情况评星级，还有班级同学的积分排名，让我很有学习动力。我可以复习所学知识点，查漏补缺，提高口算和计算能力。”信息化教学引导学生们自行建立数学体系，让孩子们学习数学热情高涨，参与兴趣浓厚，自觉在课后除了做练习外还自行进行错题复习和专项知识点复习，真正做到了学生自我提升，培养了数学素养。

三、总结与展望

综上所述，基于创新教育理念下的课堂教育已成为新形势下的大势所趋，信息化教学的最终目的是服务于课堂教学和学生核心素质的成长。教师如能巧妙运用信息技术辅助课堂教学，关注学生已有的知识基础和生活经验，积极创设生活中的情境，在课堂教学中把学生已有的知识、经验作为生长点，让学生参与知识的建构，对学生的思维进行有效的引导，通过学生非常喜欢的游戏方式调动学生参与课堂学习的热情和积极性，引导学生进行个性化学习，有利于学生对数学知识的理解，提升学生的学习力和综合素质，真正实现减负提质增效。

参考文献

［1］王媛．智能平板进课堂 开启课程新体验——“移动学习”数学教学的实践研究［J］．小学教学研究，2021（15）：43-44.

［2］刘晓峰，刘贯南．中小学教师信息技术应用能力提升研究［J］．中小学教师培训，2021（7）：28-31.

［3］李娟．小学数学教学中学生创新意识的现状研究——从图形与几何领域为中心［D］．延边：延边大学，2018.

［4］沈丽，夏晋．教育治理现代化视角下家校合作价值的实现［J］．教学与管理，2021（24）：42-44.

作者简介

李江英：广州市白云区三元里小学数学教师，一级教师。

数学教师信息化教学能力提升策略研究

——“互联网＋教育”理念在教学中的应用

西安市鄠邑区电厂中学　郭波涛

【摘　要】在“互联网＋教育”背景下，初中数学教与学的模式发生了改变，互联网使知识学习变得触手可及，不受时间、地点限制，为学生课后个性化、多渠道、大容量的学习创造了条件。同时对教师信息化教学能力提出更高的要求，本文基于“互联网＋教育”理念在教学中的应用，探究数学教师信息化教学能力提升的若干策略。

【关键词】互联网＋；信息化；数学教学；策略

一、引言

1. 研究背景

目前，农村初中数学课堂现状是，教师不善于运用“互联网＋教育”技术辅助教学，或是技术技能不够熟练，缺乏技术策略支持，导致教学不能充分发挥“互联网＋教育”的作用，教学效率得不到大幅度提高。

2. 研究问题

（1）探索出“互联网＋教育”背景下初中数学教学的有效策略和方法。

（2）提升教师应用多媒体辅助教学的应用意识及技能，充分发挥“互联网＋教育”的作用，从而提高教学效果，并促进教师专业化发展。

3. 研究内容

“互联网＋教育”背景下初中数学教学的有效策略和方法。

4. 研究意义

“互联网＋教育”背景下初中数学教学要充分利用信息技术以及互联网平台，对教学模式进行变革，创造出适应“互联网＋教育”时代背景的数学课堂，促进数学教师信息化教学能力提升。在数学教学中，信息技术是学生学习和教师教学的重要辅助手段，为师生交流、生生交流、人机交流搭建了平台，为学习和教学提供了丰富的资源。教师应注重信息技术与数学课程的深度融合，实现传统教学手段难以达到的效果。

二、数学教师信息化教学能力提升的若干策略

（一）利用“互联网＋教育”技术，实现翻转课堂

借助“洋葱数学”平台，依据互联网资源的优势，以微课的形式让学生课前自主预习，完成布置的预习题目，学生通过观看微课，对新课的重难点有了一定的了解，课堂上听讲会更积极主动，在观看微课时，利用互联网的交互性，可以随时监测学生的预习情况，督促完成。由于微视频的可重复观看性，对于课堂教师讲解没能理解透彻的知识点，课后可以反复观看，可以选择重点难点片段有针对性地观看。另外，平台上可以布置检测题，对学习情况进行检查，大数据统计反馈跟踪学情，从而帮助教师有效地开展教学。

（二）利用“互联网＋教育”技术开展数学实验活动，为探究性学习提供平台

新课程倡导探究式学习，而数学学科的性质，抽象、高度概括性，给探究活动带来一定困难，借助“网络画板”“几何画板”能把抽象的函数绘制为具体直观的图象，通过设置不同的变量值，追踪函数点的运动轨迹，形象具体直观，反映函数图象和点的运动的关系。如在讲述一次函数图象这一课时，利用“几何画板”软件，让学生体验利用软件绘制图象，观察图象和表达式之间的对应关系，变换 k，b 的值对函数图象的影响，加深对知识的理解。利用“希沃白板”的几何动态演示功能，为学生探究立体图形的性质提供平台，比如学习北师大版七年级数学丰富的图形世界，立体图形的展开图，通过“希沃白板”中链接的“网络画板”课件演示立体图形，可以把学生看不到的面旋转到前面，让学生自己体验，学生对展开、折叠、从不同方向看有了直观的认识，应用网络画板在线探究学习，一些数学实验如概率实验，抛硬币、掷骰子等可以用网络智能平台辅助教学。

（三）利用“互联网＋教育”技术，培养学生的学习兴趣

利用“互联网＋教育”技术，展示数学的动态美、抽象艺术美，给学生美的熏陶，使学生学会鉴赏数学，从而激发学生学习兴趣。比如在教授勾股定理一章时，利用“几何画板”的迭代功能，制作勾股树、谢尔宾斯基三角形、弦图螺旋线等，课堂上呈现出来，学生被几何的美折服了，颠覆了对几何原有的枯燥机械难懂的刻板印

象，学生表示：原来几何也就可以这样学。

（四）利用“互联网＋教育”技术，辅助讲解几何动点问题

动点问题系列中考题，用几何画板可以直观形象地描述随着自变量的变化取值，函数图象的对应变化，图象和表达式的关系互相联系，中考复习时，学生对中考压轴题繁杂的信息、复杂的图形变化较难理解，传统的讲解费时，借助几何画板，动态演示，课堂效果较好，例如，对历年的中考动点最值问题，运用几何画板能够直观演示最短路线问题，学生容易理解。

（五）利用“互联网＋教育”、多媒体信息技术设置活动

课堂上可以用希沃白板编辑活动游戏，比如学习有理数减法一节时，希沃白板出示互动课堂活动——摘苹果，苹果算式上面编辑有减法算式“$0-(-8)$”“$|-8|$”“$-1-(-9)$”等算式，匀速下落，小组派两名代表比赛，符合条件“结果不小于8的算式”的，在下落到屏幕底之前点击得分，点击错误扣分，两个同学上黑板进行PK，答题比赛，比知识、比反应、比智力。

在班级开展评比优秀手抄报、思维导图活动。把手抄报拍成照片通过问卷星在网络上进行投票。极大地调动同学们的参与度。

放手让同学们参与微课录制。安排同学对部分课后习题录制讲解视频。使学生感觉到学习微课并不陌生，就来自身边，培养他们的学习兴趣。

（六）开展利用“互联网＋教育”、多媒体信息技术制作微课的课题研究，提升信息化教学能力

通过微课制作与应用课题研究，录制课前自主学习型微课、课堂同步观看型微课、课后补偿型学习微课，分类整理设计制作成微视频，以供学生课前预习、课堂观看、课后复习之用，满足学生的需求，可以结合当前教学实际需要，根据学情、校情灵活地选择课题录制，从而提高教师信息技术应用能力，打破以往只有在参加微课比赛才录制微课的情况，让微课制作常态化，校本化，同时，结合“双减”作业设计的文件精神强化作业指导，制作作业讲解视频，点拨作业题目的思路和方法，为需要帮助的学生提供便利，同时通过视频的点击量也能反馈出本节作业中学生的难点，为教师的教学反思提供数据支撑。

（七）利用“互联网＋教育”技术，实现优质资源共享学习

国家优质资源共享平台以及省市级网络资源平台为教师提供了自我提高学习的机会，优质的资源共享，使课堂教学策略有更多的借鉴资源，从而可以促进信息化教学能力大幅度提升。通过“一师一优课一课一名师”网上晒课整合现代信息技术和教学，参与各级各类信息化教学比赛，不断学习提高信息化应用能力。

三、总结与展望

通过对该课题的研究，在数学课堂教学中探索出“互联网＋教育”背景下初中数学教学的一些有效策略和方法，利用“互联网＋教育”技术，实现翻转课堂；利用“互联网＋教育”技术开展数学实验活动，为探究性学习提供平台；利用“互联网＋教育”技术，培养学生的学习兴趣；利用“互联网＋教育”技术，辅助讲解几何动点问题；利用“互联网＋教育”、多媒体信息技术设置活动；开展利用“互联网＋教育”、多媒体信息技术制作微课的课题研究，提升信息化教学能力；利用“互联网＋教育”技术，实现优质资源共享学习。从而提升教师应用多媒体信息化工具辅助教学的应用意识及技能，充分发挥“互联网＋教育”的作用，提高教学效果，并促进教师专业化发展。

参考文献

[1] 丛秀霞.初中数学教学中信息化教学策略的应用[J].中国校外教育，2016（9）：156.

[2] 新华社.中共中央 国务院关于全面深化新时代教师队伍建设改革的意见[EB/OL].（2018-01-31）[2021-05-14].http://www.gov.cn/zhengce/2018-01/31/content_5262659.htm.

[3] 张延发.互联网＋时代初中数学信息化教学的利弊分析[J].科学咨询，2020（6）：141-142.

[4] 阮征.浅谈数学微课在初中数学教学中的应用[J].合肥师范学院学报，2017（6）：123-125.

[5] 王红，赵蔚，孙立会，等.翻转课堂教学模型的设计——基于国内外典型案例分析[J].现代教育技术，2013（8）：5-10.

作者简介

郇波涛：西安市鄠邑区电厂中学数学教师，一级教师。

浅谈信息技术对小学数学高效课堂构建的策略探究

西安市高新第一学校　张　静

【摘　要】小学数学是学生学习数学的开端，也是基础。而数学对于部分学生来说是一个比较难的学科，需要同学们认真地、细心地坚持学习。只有这样，学生的数学成绩才会逐步提高，数学思维才能逐渐形成。信息技术在数学教师的教学中、学生的学习中都有很广泛的应用，数学课堂教学的方式对于学生学习数学来说是至关重要的。因此，数学教师要采取一定的措施，利用信息技术帮助学生学好小学数学。构建一个小学数学高效课堂不是一件很容易的事情，需要数学教师和同学们的共同努力，只有这样学生在数学课堂的学习中才会有更大的好奇心和兴趣。

【关键词】小学数学；信息技术；高效课堂

一、引言

随着新课改的实施，信息技术应用的范围拓展到了教育领域，信息化教学显然已成为中小学数学教学的新型学习模式。教师利用各种硬件设备、技术软件开展形式多样、妙趣横生的教学活动，而学生也能通过手机、电脑、iPad 等各种电子设备进行学习，并从中充分地感受数学的魅力。各地区、学校对教师信息化能力提升培训的内容却往往停留在学习新理念或新技术，缺乏应用与融合的实践性指导培训，使技术与教学融合难于走向深度。

特别是与高科技快速发展紧密相连的数学学科，掌握信息化技能对中小学数学教师的教学要求更是密不可分。小学数学教师需要合理运用信息技术去改善小学数学课堂教学，并去构建一个更加高效的小学数学课堂，让学生能够有效地进行数学学习。数学教师可以采取一些相关措施，将信息技术以一种特别的方式在数学课堂中呈现给学生，这样就可以让学生逐渐地喜欢上学习数学，并能够很好地掌握数学知识。此篇文章主要是针对数学教师的信息技术能力在高效课堂中的应用而提出几点想法。

二、利用信息化让学生更好地理解数学知识点

信息技术下的高效课堂可以帮助学生更好地理解那些零碎的知识点，让学生喜欢上学习数学，并自觉努力地去掌握每节课所学的知识，达到课课清、天天清、周周清、月月清。高效课堂的创建对学生学习有很大的好处，可以让学生的学习效率进一步提高，并帮助学生改善数学成绩。作为一名数学教师，提升自身信息化教学能力是有效实施课堂教学、帮助学生很好地学习数学的必行之举。

三、建构信息技术下的教学模式让课堂更高效

学习效率高的课堂与学生的听讲状态密切相关，听讲状态直接决定了学生每节课知识掌握的情况，只有学生在数学课上认真听讲，才能更好地学习数学、理解数学。那么如何让学生在数学课上聚精会神地听讲呢？数学教师必须要改变以往的教学模式，让信息化融入小学数学课堂教学中，如：利用4D书城、AR高分宝二维码技术、希沃白板交互课件、网络画板、几何画板、狸米数字化教学系统、PPT课件、视频教学等技术，改善学生的学习环境、增强教学氛围、激发学习兴趣、提升学习能力，并用一种强吸引力的方式来改善学生的听课状态。

数学源于生活，在数学课堂中，数学教师要尽可能地把课堂交给学生，让学生有充足的时间去对数学知识进行消化，这样才能让学生彻底地掌握在数学课堂上所学的知识点。课堂中信息化手段的多样性，能将抽象的数学知识学习与贴切的生活实践相关联，适时地利用信息化手段，可以让学生在日常生活中看见数学、体验数学。这些信息技术手段都会很清晰地、直观地展示出数学教学中的重难点，并以较容易的方式让学生读懂、接受和掌握这些知识点。除此以外，信息化不仅仅只在课堂上发挥着高效、重要的作用，在课下，信息化（如AR高分宝二维码技术、微课视频）的教学应用也不断发挥着不可取代的作用。现在搜题平台比比皆是，不仅可以搜索自己不会的题目，还可以通过大数据分析类比出同类型的题目。学生通过举一反三的练习对自己的学习效果进行检查或提升巩固，这样可以进一步提高学习效率。

四、信息化教学让学生产生浓厚的学习兴趣

现如今，信息技术在小学数学课堂中的应用是非常广泛的。如果数学教师还是采用以往的教学方法去引导学生学习数学，学生可能会因为数学课堂教学过于枯燥，而

提不起学习的积极性，进而导致学生不愿意学习数学、排斥数学。但数学教师利用信息化在课前对学生进行预习指导，调动学生的学习兴趣。课中利用 PPT 课件或希沃白板交互课件进行教学，不仅从视觉上可以让学生上一节生动活泼的数学课，而且还可以让学生养成良好的思维习惯。课后利用人工智能助教系统对学生的学习效果进行及时监督和反馈。

小学数学高效课堂的创建非常困难，需要数学教师不断地去努力学习，不断地提升自身信息化教学能力，只有这样才能改变数学课堂教学现状，打破枯燥无味的课堂境地，才能让学生更好地学习数学。在数学学习的过程中，学生没有自主学习的意识，一方面需要数学教师进行严格督促，一方面还需尽可能地对学生数学学习进行帮助，只有这样学生在课堂上的学习效率才会更高。例如，利用几何画板或者网络画板制作动态图形课件，可以很好地实现动态数学技术的价值。很多实例证明融入信息技术教学的班对数学课的渴望程度高于没有融入信息技术教学的班，使得短短 40 分钟的数学课更高效。为此落实、促进数学高效课堂的创建一直在路上，需要广大教师和学生的共同努力。

五、信息技术课堂改变学生学习状态让其更专注

大部分家庭都十分重视对孩子专注度的培养。小学数学中的数学游戏、计算练习就是对学生专注度的培养。对于小学生来说，在课上一直保持认真听讲的状态是很困难的，所以，想要提高课堂效率，那么教师一定要采取一些措施让学生集中注意力去听课，只有这样，学生的数学学习状态才会有所改善，才会真正聚精会神。例如，可以制作一些新颖的数学课件、有趣的数学教具、与内容相关的的教学视频，或者是设置一些数学游戏，多与同学们进行互动，增强了课堂氛围，同时也提高了课堂效率。

学习数学不光要加强基础知识的掌握，也要学会如何运用这些数学知识。教师通过利用信息化的手段，不仅可以让学生的听讲状态有所改善，还可以改变学生对数学的学习态度，并在一定程度上提高学生对数学的运用能力，达到学以致用的目的。特别是对于不同层次学生的引领，数字化教学系统和人工智能助教系统，可以有效地解决教师在有限时间内，面对众多学生的个性化训练与辅导的需求矛盾问题。信息化的教学方式旨在于通过更加直观、具体的方式对学生进行教学，让学生通过这种方式对数学产生浓郁的兴趣，学会知识的同时还可以灵活地、自然地输出。

六、结束语

随着21世纪各项高科技迅速发展，教育部对数学教师信息技术应用能力显著提升的培养逐步加强力度，无论是从课题研究还是学科实践，数学教师们都努力将信息技术与现代教学特性相融合，获得更具体、详尽、全面的整校推进数学教师信息技术应用能力显著提升研究的实践资料，使数学课妙趣横生、保质高效。同时，教师们还要不断增强自身的信息技术学习信心，每学期要在信息技术方面有所得，为高效数学课堂添砖加瓦。只有坚持学习信息应用技术，并从思想上注重信息技术与数学课程相融合、相辅助，才能用科学技术手段将数学历史和数学知识重现，为数学课增添亮点。希望本文的浅谈可为广大数学教师的高效课堂构建或教学工作提供一点可行策略。

参考文献

［1］肖冉.基于信息技术的小学数学高效课堂构建研究［J］.求知导刊，2020（41）：25-26.

［2］颜赟.基于信息技术的小学数学高效课堂构建刍议［N］.贵州民族报，2020-09-03（B03）.

［3］张奠宙.数学教育的全球化、开放化和信息化［J］.数学教学，1998（5）：1-3.

［4］姬相如.浅谈信息技术在小学数学课堂教学中的应用［J］.科技风，2018（26）：72-73.

作者简介

张静：西安市高新第一学校教师，小学数学一级教师。

基于网络画板的初中函数实践研究

首都师范大学附属丽泽中学　颜丽娟

【摘　要】随着信息技术的发展，信息技术辅助教学的研究也越来越得到重视，网络画板是国内第一款领先的互联网环境下的理科教学工具，本文主要研究网络画板适用于初中函数教学的实践研究，网络画板是学生学习函数的很好的研究工具，帮助建构知识，调动学习兴趣。

【关键词】网络画板；初中函数；实践研究

近年来，世界各国纷纷将信息技术应用于数学教学，与发达国家相比，我国在信息技术与数学课程整合领域研究的起步较晚，虽然现在我国的信息技术已经取得了很大的发展，但信息技术与数学教学还没有完美融合，如信息技术在函数教学中的应用研究仍存在诸多问题，理论较少结合实际，实践教学经历还不够丰富。基于网络画板的初中函数实践研究为学生学习函数提供了研究工具，帮助学生在“做中学”，构建知识体系，激发学生学习兴趣，信息技术和数学教学实现了完美融合。

一、网络画板

网络画板是张景中院士团队为适应网络环境信息技术新发展而开发的一款服务中小学理科教学的产品，它完全基于互联网环境，它支持平板、手机、电子白板等各种终端环境，另外，网络画板可以通过网页链接分享到微信、微博、邮箱等社交平台，方便人们随时点开查看；而且，教师们也可以在网站上分享自己的课件或下载收藏其他老师上传的课件资源，实现资源共享。

二、初中函数

函数是数学的重要内容之一，它是描述运动变化规律的重要模型，是初中数学和高中数学的重要衔接内容，是描述现实世界中变量之间关系的重要数学模型。初中主要学习的函数的概念，函数的表示方法和函数图象的画法，主要研究正比例函数、一次函数、二次函数和反比例函数。在初中阶段打好函数的学习基础，就能为学生进一步学习数学及其他学科知识、参加生产社会实践提供必要的条件。

三、研究意义

数学是一门逻辑性强的学科，函数部分的相关知识比较抽象，而将信息技术应用在函数教学中能够将抽象的知识变得具象化，给抽象枯燥的函数教学注入活力。在教学中应用网络画板可以打破目前教学中静态展示的局限，把静态抽象的知识动态形象地呈现在学生眼前，充分调动学生的视觉感受，让学生直观地感受数量之间“变化”与“恒定”的关系。教师在函数教学中通过网络画板直观演示知识，将“数”与“形”相结合，动态地展示知识的形成和发展过程，形象生动地把“数”与“形”的外在关系都表现出来，帮助教师传授知识，促进学生对知识的理解，提高教学效率，培养学生函数建模的意识与能力。网络画板作为学生“做数学”、进行学习探究的数学实验室，为学生创设教学情境，帮助学生对知识进行建构，达到深入理解数学知识的目的，把数学学习变得简单生动，从而达到意义建构的学习目标。

四、实践研究

以人教版八年级的一次函数性质课程教学为例，教学设计如下：

（一）教学目标

1. 能画出一次函数的图象，能从图象角度理解正比例函数和一次函数的关系。

2. 经历一次函数图象和性质的探究过程，体会数形结合和从特殊到一般的思想方法。

3. 在合作交流中培养交流合作能力，在学生探究过程中培养勇于探究的科学素养和数学抽象的学科素养。

（二）教学过程

1. 评价学生小报，引出研究内容。

本节课是在学生学习了正比例函数的定义、图象和性质以及一次函数的定义之后开设的一节课。

本节课我设计了一个小环节——作业展示，学生课前制作正比例函数相关知识的手抄报，然后全班同学进行投票，上课展示投票得分最高的前三名同学的手抄报，让学生评价这三份手抄报的优点，最后教师点评，评价手抄报可以从两个方面进行评价：

（1）知识是否正确，全面。

从知识的内容上看，要从定义、图象、性质几个方面进行梳理。

从知识之间的联系看，正比例函数是我们接触的第一个具体的函数，从函数到正比例函数的学习是抽象到具体的学习，从正比例函数到一次函数是特殊和一般的关系。

（2）版面设计是否美观。

问题：一次函数的定义是什么？

【设计意图】评价分为自评、生生评价和教师评价，学生自己梳理正比例函数的相关知识，回顾研究函数的一般思路，在生生评价过程中逐渐加深对正比例函数的认识，为研究一次函数的图象和性质提供方法。从正比例函数和一次函数的关系引入，体现从特殊到一般的数学思想方法，进而说明研究本节课的必要性。

2. 发现数学问题，探究数学新知。

为了更好地体现“深度学习”，在本环节我设计了四个小环节。

探究活动一：发现问题

通过一个问题引发学生思考，发现本节课所要研究的问题。

问题：正比例函数 $y = kx$（$k \neq 0$）和一次函数 $y = kx + b$（$k \neq 0$）的解析式有什么区别和联系？

学生回答：都是一次式，一次函数解析式比正比例函数多了一个常数 b，当 $b = 0$ 时，一次函数变成正比例函数，它们是特殊和一般的关系。

探究活动二：提出问题

问题 1：按照研究函数的一般思路和方法，接下来我们要研究一次函数的哪些内容？

学生回答：图象和性质。

问题 2：正比例函数的图象和性质能不能直接迁移到一次函数上？

学生回答：不能，特殊的不能迁移到一般。

教师小结：因为正比例函数是特殊，一次函数是一般，所以一般函数的图象和性质需要重新探究。

问题3：针对图象和性质，你想研究哪些具体的问题呢？

学生提问题：

（1）图象的形状是什么？

（2）图象具体经过哪几个象限？

（3）图象是否过同一个点？

（4）它的变化趋势是什么？

（5）一次函数的性质是什么？

探究活动三：分析问题

动手画图

1. 教师出示四组一次函数解析式：

（1）$y = x$，$y = x + 1$，$y = x-1$

（2）$y = -x$，$y = -x + 3$，$y = -x-3$

（3）$y = 2x$，$y = 2x + 2$，$y = 2x-2$

（4）$y = -2x$，$y = -2x + 1.5$，$y = -2x-1.5$

2. 学生按组画出上面一次函数的图象。（一学生利用电脑作图，如图1）

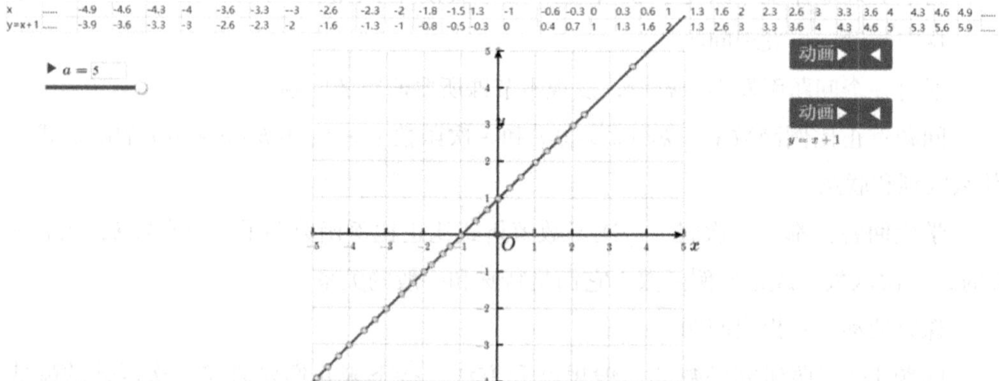

图1　学生利用网络画板画图

探究活动四：解决问题

1. 小组交流。

请学生观察函数解析式和图象，回答前面提出的两个问题，并说明判断依据是什么？

2. 解决问题 1：图象的形状。

一次函数的图象是一条直线，可以从以下两个角度得到：

（1）网络画板展示密集取点，可以说明一次函数的图象是一条直线。

（2）一次函数 $y=kx+b$（$k\neq0$）的图象可以由正比例函数 $y=kx$ 的图象平移 $|b|$ 个单位长度得到，所以一次函数 $y=kx+b$（$k\neq0$）的图象也是一条直线。

（3）学生网络画板展示动态图象。（如图 2）

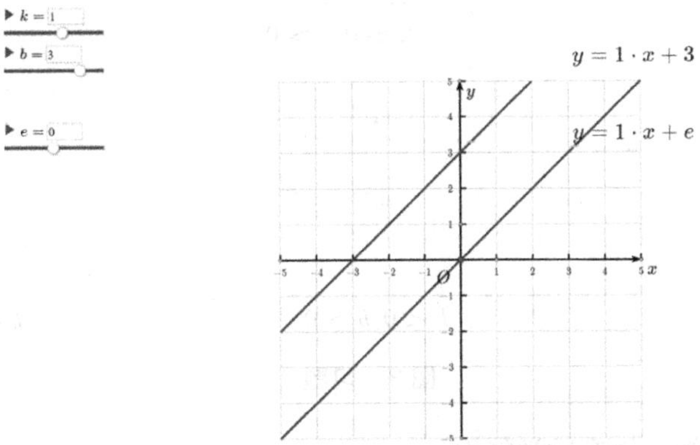

图 2　学生利用网络画板画图

教师小结：通过观察发现一次函数和正比例函数的解析式的右边都是一次式，具有这样结构的式子对应的函数图象都是直线，反过来非水平或垂直的直线对应的函数都是一次式，体现了数形结合的思想。

追问：我们以后画一次函数的图象需要几个点？选哪两个点最简洁？

教师小结：选与 x 轴与 y 轴的交点。

问题：图象平行时，这组解析式有什么共同特点？

教师小结：k 值相同，一组平行线。

3. 解决问题 2：图象的变化趋势。

一次函数图象的变化趋势是什么？是受解析式中的哪个系数影响？

类比正比例函数 $y=kx$ 探究一次函数中 k 的正负对函数图象有什么影响，并在此基础上总结函数的性质，$k>0$，y 随 x 的增大而增大；$k<0$，y 随 x 的增大而减小。

教师小结：一次函数的性质还是由 k 决定，与 b 无关，b 决定平移的方向和距离。

4. 应用数学新知，解决数学问题。

（1）函数 $y = -3x-2$ 随 x 的增大而____________，它的图象可由直线 $y = -3x$ 向____________平移____________个单位得到。

（2）已知 $y = kx + b$（$k \neq 0$），根据已知条件画出示意图。（如图 3）

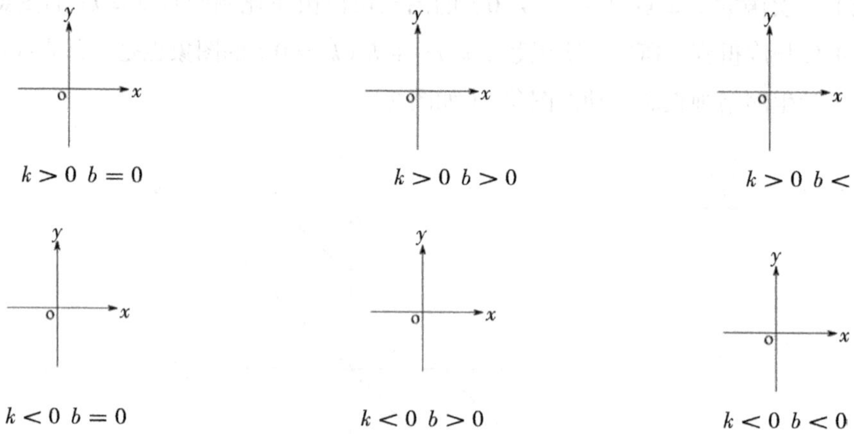

图 3 习题

5. 学生小结新知，提升数学能力。

通过这节课的学习，谈谈你的收获。从知识和思想方法两个方面进行总结。

【案例分析】

本案例依据初中数学课程改革的理念，在一次函数性质的教学中使用网络画板，促进学生对函数知识的理解。

第一次学生通过网络画板画一次函数，学生通过密集取点作图，自主探究发现一次函数的图象是条直线，解决了纸笔作图不能大量取点的弊端，充分体现了网络画板的优势，学生的自主探究能力得到提高。

第二次展示是学生汇报，展示课前完成的一组图象，通过改变变量 k 和 b 的取值动态作图，说明更多的一次函数的图象都是一条直线，将函数与对应图形间的关系生动地演示出来，既促进学生理解和记忆知识，又节约手工作图的时间，为教师的教和学生的学提供便利，体现了信息技术的优势，提高了课堂的教学效率。

实践研究表明：网络画板作为学生"做中学"、进行学习探究的数学实验室，帮助学生对知识进行建构，提高学生学习的积极性和主动性，在初中函数教学中应用网络画板，能够激发学生的学习兴趣及内在求知欲，提升学习效率，提高学习成绩；网络画板成了学生自主探究、合作学习的实验室，增强了学生的直观想象能力与自主探究能力。同时，网络画板能够帮助教师进行数学探究，增强了教学效果，提高了教学与科研能力。网络画板的使用有助于提升学生的数学思维能力、直观想象能力和探究能力。同时，作为辅助教学的工具，网络画板对教师的教和学生的学都有很好的积极作用，有较强的应用价值。

五、总结

通过现阶段一些教学实例的分析表明：网络画板功能强大，操作灵活方便，简单易学，能够与数学结合，做到试听协同、文理兼具、艺术互通，是比较理想的数学实验平台，值得我们进一步深入研究。

参考文献

[1] 王玉柳．以中小学数学题为例探究网络画板的应用 [J]．数学学习与研究，2021（19）：66-67.

[2] 中华人民共和国教育部．义务教育数学课程标准（2011 年版）[M]．北京：北京师范大学出版社，2012.

[3] 雷建金．《一次函数的图象及其性质 人教版初中数学八年级下册 19.2.2.》教学案例 [J]．学校教育研究宽带多媒体，2018（26）.

作者简介

颜丽娟：首都师范大学附属丽泽中学数学教师，北京市一级教师。

融媒技术在小学课堂教学中的应用

西安市经开区第四小学　郑春苗

【摘　要】随着信息技术的日益激增和教育本身的飞速发展，现代教育观念的转变，提倡教师要教学生怎样学习，发展学生的个性潜力及其创造精神，让学生在学中思、思中乐、乐中学，这就要求我们要改革过去传统的教育方式和陈旧的、落后的教育手段，探究新的教育教学方式和先进的教学手段。作为一项前瞻性的教育技术，融媒技术在“因材施教，寓学于乐”这一教育理念的实现上，有着巨大的优势。针对目前传统的课堂互动性、情境性不强等问题，我从文献研究和调查访谈入手，分析融媒技术在小学数学课堂教学应用中的优势和挑战，并结合我国的教育现实情况，提出可实践、可操作、可推广的路径和策略，极大地优化了教育的过程，使课堂的教学更为生动、形象、直观，极大程度地调动学生的学习兴趣和积极性，有效提升课堂的吸引力、创造力和感染力，从而提高教学效率和教学效果。

【关键词】课堂教学；融媒技术；应用

一、引言

数学最重要的是对事物进行抽象理解的能力，而融媒技术则擅长显示抽象的三维图形。因此，融媒技术在数学课堂教学中得到了广泛的应用。

在小学的教育阶段，利用情境故事的教学模式和增强现实的技术充分调动了学生的积极性，从而对于所学知识有了更加深入的了解和掌握。这种方式为我们现阶段的教育教学模式提供了一种新的学习方法。实验表明，融媒技术可以在学习数学中发挥作用。

二、例谈融媒技术在小学数学教学中的应用价值

数学教学离不开直观形象的图象，操作简单和丰富有趣的融媒技术不仅可以帮助

学生将抽象的事物更加形象化地展示出来从而提高课堂的效率，而且还能培养学生直观的想象能力，弥补传统教学中的立体感、动态感和直观感不足等问题。进而优化小学数学教学，立足于培养学生在数学学科的核心素养，推进新课程改革。根据教学工作中借助融媒技术辅助数学课堂教学的实例，我认为有以下几个重要作用。

（一）有利于创设情境，激发学生学习的兴趣

学习兴趣是学习活动的强化剂，在学生活动中起着巨大的推动和内驱的作用，它能集中注意、活跃思维，使各种竞技因素处于全面的竞技状态，它能调动情感、坚定意志，使人积极地寻求满足认识需要的途径和方法，而当认识需要得到满足后，又会使兴趣更为丰富和深刻，产生更高水平的认识需要和兴趣。“知之者不如好之者，好之者不如乐之者”，也形象生动地说明了兴趣在学习中的作用。因此，在教学过程中根据教学内容和特点，运用融媒技术的声色并茂、视听兼有、生动有趣的特点创设的情境，在新的教学内容与学生求知心理之间制造强烈的矛盾冲突和感官刺激，激发学生对所学知识的浓厚兴趣和强烈的求知欲望，使学生由厌学、苦学变为好学、乐学。

针对一年级学生纯真幼稚、富有幻想的心理特征，我们在学习 7 的认识和 6 以内加减法时创设了“小老鼠背土豆”的童话故事，以生动有趣的连环画的形式呈现了一加一减两个场景，激发学生的学习兴趣。由于小学生的思维能力和语言表达能力不是很强，通过观察图画，进一步引导学生描述图中的情境，借此培养学生发现数学信息、提出数学问题的能力。这一探究过程有助于激发学生的学习兴趣，更利于学生高效地、深刻地、理解性地掌握 6 以内加减法的相关知识，也能使学生感受到生活中处处有数学，从而体现“课堂小天地，天地大课堂”的新教学理念。

（二）有利于直观演示，突出课堂的重难点内容

小学生从在学校的操场上认识方向，到在地图上认识方向，学生需要在头脑中多次把观察到的景象与地图上的内容联系起来。这个不断联系的想象的过程，就是一个促进学生空间观念发展的过程，这使得小学生对方位有一个比较直观的了解，但是学生平时处于三维的空间，让学生从实际生活中三维物体直接地跳跃到课堂中的二维平面，对于接受能力一般或较差的学生来说，接受起来比较困难，但是如果能够将融媒技术请到课堂教学中来，可先让学生从实际生活的三维空间跳跃出来，作为旁观者去看问题模型建构，再从三维中抽象出平面的模型。这不仅仅能够帮助小学生学习、掌握、理解数学知识，还能够帮助学生由具体形象思维向抽象逻辑思维转变，从而逐步突出重点，突破难点，进一步地提高教学效率、教学质量。

这幅地图的出现，恰好验证了西安经开第四小学的位置（在钱家庄的南面），解开了学生的困惑处，使学生非常容易地读懂地图上的信息。

图 1　西安经开第四小学仿真地图及坐标示意图

（三）有助于化抽象为具体，提高学生的学习效率

执教“认识分数”一单元时，由于分数的认识是学生关于数的认识的又一次扩展，学生建立起分数的概念需要一个比较长的过程。因此，在教学设计时利用课件的动画演示，结合“分苹果”“分图形”等的具体情境展示具体的事物，形象生动地展现平均分，说明分数产生的原因，使学生进一步认识分数的意义。在同分母分数加减法的学习过程中，结合融媒技术利用图形的几何直观帮助学生理解分数。如分数减法，通过动画演示“从圆中拿走部分”，这样能直观地帮助学生理解分数减法的意义。因为有形象的故事情节，有计算机生动有趣的图象动态显示，使抽象的数学概念形象化，使数学课上得更生动、更活泼，学生在轻松愉悦的学习氛围中更深层次地理解和掌握了数学知识，从而提高学生的学习效率。

表 1　位置与方向在不同学段的融合点知识图谱

章节	知识点	融合点
北师大版《数学》一年级上册	前后、上下、左右	呈现平面图形和可拖曳的图形，帮助学生直观认识平面中的前后、上下、左右，激发兴趣。
北师大版《数学》二年级下册	东、南、西、北	仿真地图和坐标示意图演示地图上（生活中）的东、南、西、北。
北师大版《数学》四年级下册	去图书馆	根据融媒技术虚拟路线图，帮助学生根据方向和距离确定位置并简单描述路线图。

三、总结与展望

尽管融媒技术为学生提供了个性化的学习条件，为积极主动地计划、组织和监控课程活动创造机会，但它也对教师的综合素质和课堂把控能力提出了挑战。对于学生主体性较强的融媒技术教学，教师需要充分对课堂中的突发事件和生成性问题有较强的应对能力，掌握好课堂的进度。例如，小学生的自我管理能力较弱，容易出现注意转移，导致学生的注意力不在数学学习上，而在融媒技术提供的直观模型上，容易影响教师的课堂教学。所以，教师更多地倾向于将融媒技术作为课堂教学的辅助工具，在不影响正常教学的前提下，促进学生会学、好学、乐学。

培养学生数学学科核心素养，引导学生把握数学内容的本质是我们数学教师不懈的追求与使命。在小学数学课堂教学中我们应充分发挥现代教育技术的优势，既能引导学生主动参与学习，又能激发学生学习的兴趣，培养发散学生的数学思维，还可以增大课堂信息容量和教师控制教学信息的灵活性，丰富学习资源，帮助学生突破重点、难点。实现课堂教学的有效及时的反馈与矫正，大大提高了教学效率，学生学习的主动性、积极性、趣味性融为了一体，使课堂教学收到事半功倍的效果，集中解决了教学重难点，充分发挥学生的主体作用，确实是提高教学效率的有效途径。融媒技术深度融合小学数学课堂教学，是新时代新技术背景下的教学实践活动，有利于促进新课程改革，有利于转变传统教学方式，有利于培养学生核心素养，有利于引导学生把握数学内容的本质。

参考文献

[1] 莫莉敏.AR 技术在职业教育中的应用前景初探[J].电脑知识与技术，

2017，13（29）：213-215.

［2］严家丽．“教师使用教科书水平”与课堂教学效果之间关系的实证研究——以小学数学为例［D］．长春：东北师范大学，2014.

［3］李晶，何元清．“互联网 +”背景下的教育教学模式探析［J］．软件导刊·教育技术，2018，17（1）：1-3.

［4］王德宇，宋述强，陈震，等．增强现实技术在高校创客教育中的应用［J］．中国电化教育，2016（10）：112-115.

［5］张艳．利用 Unity3D 在 Android 平台开发移动 AR 应用的研究［J］．教育教学论坛，2017（52）：55-56.

作者简介

郑春苗：西安市经开区第四小学数学教师，二级教师。

基于微课的应用和小学数学教学的有效整合

广州市番禺区剑桥郡小学　李计超

【摘　要】微课是现代信息技术融入教学的产物，为了更好地完成教学目标，利用微课的优势突破教学的重难点，帮助提升教学的质量。可让课堂教学更有吸引力，更具趣味性，提升课堂教学中学生的参与度。本文主要研究微课助力数学课堂教学，利用微课优势突破传统的教学方式，进一步整合微课与小学数学教学，使用微课，让微课走进数学教学中去，可让学生学得更轻松，同时也让老师信息技术应用能力不断提升。

【关键词】小学数学；微课；有效整合

日新月异的信息技术时代，传统的教学已然不适应时代的需要，信息技术的不断提升，促使教学方式进一步革新。2018 年提出《教育信息化 2.0 行动计划》是加快实现教育现代化的途径。微课成为信息技术整合到课堂教学的重要手段，微课进入课堂已经是一种趋势，在课堂教学中的应用已经非常广泛。因此笔者结合本校的实际情况对微课应用到小学数学教学的整合进行研究。

一、关于微课

微课在广大教师中有着不同的解读，有的老师认为微课就是一个阐述单一知识点的小视频，又有的老师认为微课是利用较短的时间，通过多媒体技术呈现知识的结构，载入知识的视频片段。结合本校的使用实际情况，笔者是这样理解的，微课是为了突破知识点而设计的融合多种素材、帮助学生形成、完成教学任务的小课视频。微课可以是突破目标的知识片段，也可以是某一提升学生能力的小视频。因而微课的设计和应用是以生为本，将教学需求作为设计微课的中心，把完成教学目标作为设计的导向，提高知识的趣味性，让学生学得更主动、更轻松、更投入。

虽说微课的优势和好处甚多，根据实际使用情况，并不是每一堂课教学都需要用上微课。要根据实际教学内容和教学任务选取和应用。微课的时间不长，但整个知识引导过程和呈现过程必须是完整的，能让学生学习可以学得更快、更专注、更深刻。

二、微课的应用

（一）课前预学

微课的素材，很多可以是声音，可以是场景，也可以是动画，是知识与各种素材之间的有效融合所形成的多媒体视频教学片段。具有直观性，可视化，可重复的优势。这一些优势正好可以应用到课前预学，从而降低课前预学的难度。因此我们要组织好关于这些知识点的素材利用，这些素材的有机融合设计成帮助学生课前预学微课视频。预学微课的主要作用是能够引导学生主动思考知识，能让学生对知识有相应的理解，还能引导学生思考，或者有疑问的可以主动备注。然后可以通过课堂教学突破未能在预学中产生的疑问；有的时候预学，微课要做到唤醒学生过往旧知识，更好地理解新知识，对知识形成一个铺垫作用，方便学生形成知识的迁移，达到温故而知新的效果。当然这也是需要对新学内容进行有效的递进或者引申。通过多媒体把教学内容联系在一起形成的知识脉络，帮助学生形成更多的猜想与疑问，有利于学生产生更深入的思考。如果课前预学的内容无法得到落实，那么我们得根据课堂的需要、内容的需要制作设计一些预学微课，提前给学生学习，又或者学生预学经常只是蜻蜓点水时，无法达到预期的学习目标，因为预学的难度较大，很多学生不能通过预学活动掌握一定的基础知识，这个时候为预习而设计的微课就有了很大的空间，我们要为这些预学微课精心设计知识的呈现过程，有序地帮助学生进行理解，提高学生对知识的理解程度。

例如，在学习“小数的意义”这个知识点时，传统的教学会让学生理解小数是什么环境下产生的，学生需要学习小数的形成过程，然后通过学习把 1 米平均分成 10 份、100 份、1000 份，来理解分数，再转化理解与一位小数、两位小数、三位小数之间的联系，这时产生的理解是比较生硬的，中间分数与小数的联系没有打通。这样学生只能线性填鸭式地去学习小数的意义。如果通过学生微课视频预学，学生对学习小数的环境是身同感受、身临其境的，而且可视化的微课，视频把知识之间的联系呈现得更好、更清晰，这时可让学生有亲自在测量的体验感，经历真实的感性认知，由于学生对分数的认识有一定的基础，可以清晰地理解并能总结出规律：十分之几用一位小数表示，百分之几用两位小数表示，千分之几用三位小数表示。引导学生自主发现，加深学生的认识和理解，达到了最好的预学效果。

（二）课中助学

小学数学知识的传递过程，是抽象化的。教学内容形象化学习，知识点深入浅出，微课的出现，很好地解决小学数学课堂教学的难度，微课的可视化、直观化优势在教学过程中体现得淋漓尽致。利用好微课，帮助学生掌握知识，培养数学思维，形成数学素养。通过有效的课前预学，教师在课堂可以鼓励学生，把自己遇到的问题与同学分享，和同学一起研究，为了教学中不断地拓展孩子们的思维，创设更真实的情景，我们设计一系列的微课视频，帮助学生学习的提升，培养各方面的数学能力。例如教学“四边形的内角和是 360° ”的这一规律。通过微课的展示，让学生体验从特殊到一般的思想，培养学生的推理能力，鼓励学生通过测量并交流，引导学生任意画一个四边形，并思考：这样的四边形会得到同样的结论吗？通过微课创设思考猜想的情景，鼓励学生经历推理的过程，进而发现四边形的内角和都是 360° 的。

微课还可以用在一些图形的计算公式生成过程中，通过利用微课引导学生进行图形计算公式的学习，例如，教学“平行四边形的面积”这一课的公式形成过程，发挥微课可视化、形象化的优势进行教学，可让学生很快地理解到平行四边形的底相当于长方形的长，平行四边形的高相当于长方形的宽；通过计算长方形的面积产生对平行四边形的面积公式的推理和归纳形成平行四边形面积公式就是底乘高。

微课好用，但在教学中是不能滥用的，过度地使用微课，或者不当地使用微课，还会对我们的教学效果产生一定的负面影响，因而对微课的设计和使用一定要切合教学的实际需要，不要为了使用而使用，这样微课的应用才能对教学产生积极的影响。

（三）课后提升

微课应用到数学教学中，对数学教学的效果了产生深远的影响。微课用得好，当然可以在数学教学中取得事半功倍的效果，除此之外我们还可以把微课用在课后作业、复习、期末总复习等场景，帮助学生进一步提高学习的效果。

课后使用微课，教师要综合学生在课堂中掌握知识的程度，或者是学生在课堂中的学习效果。重新根据学情设计一些课后习题等微课视频，以帮助学生巩固所学的知识；课后微课的设计，还可以对学生所掌握知识进行查漏补缺。微课视频最大的特点就是可以反复地播放，随时重播，还可以调整进度，选取自己需要的片段进行学习，这样可以帮助学生对刚学知识进行重整和巩固。通过针对课后设计的微课练习，引导学生通过练习，加深理解，提高学习效率，形成更紧密的知识脉络。课堂教学的空间和时间就很好地在微课的作用下达到延伸。随着信息技术的不断发展，线上教学的方式也是可行的，因此我们可以利用微课进行网上教学，这也是课堂教学的一个补充。我们可以利用网络技术和多媒体技术的结合，把微课和网络教学有机搭配在一起，有效地进行远程线上教学，有效地解决当前新冠肺炎疫情居家防控时教学的需要。例如，教学“线段、直线、射线”这个内容时，把这些图形的差异和联系制作成微课视频，创设一定的情景，设计有针对性的练习题，通过线上教学的方式或者是线上分享的方式，帮助学生解决学习上的需要，增强学生居家学习时对知识的理解和记忆。

三、结语

微课走进我们的数学教学，同时也翻转我们的数学课堂，我们也不断地实践微课在数学教学中的应用。经过长期的实践和思考，不断把微课技术与数学教学进行整合，微课可通过网络穿梭于课堂的内外，帮助学生根据老师设计的数学教学微课视频进行学习；学生还会根据自身学习需要选择学习时间、学习地点，随时进行学习。这样可以保持学生学习的自由和热情。微课的出现是信息技术教学发展的新生重要手段，延伸了数学的课堂教学，拓展了课堂教学时间和空间，让教学走出课堂，走进学生家里。教学中合理地利用微课，能有效地整合、帮助学生形成数学的知识脉络，掌握数学的技能。教师设计微课视频时，有机结合数学的知识点与多媒体素材等生成寓教于乐的微课视频，对学生因材设计，合理施教，这样学生的数学综合素养就会得到有效的提升。

参考文献

［1］李和平．微课在数学教学中的应用［J］．东西南北：教育，2021（4）：298.

［2］吴海燕．小学数学教学与微课教学的整合［J］．东西南北：教育，2021（3）：1.

［3］辛君位．浅谈微课在优化小学数学概念教学中的运用［J］．启迪，2020（5）：33-34.

［4］张功兴．浅谈微课在小学数学课堂教学中的运用［J］．文渊（小学版），2020

（7）：708.

［5］李崇琎．微课教学：数学课堂隐形的翅膀——浅谈微课在小学数学教学中的应用［J］．数学教学通讯，2017（25）：2.

［6］肖古松．小学数学基于微课整合的应用研究［J］．当代家庭教育，2019（26）：1.

作者简介

李计超：广州市番禺区剑桥郡小学，小学一级教师。